Hans-Walter Herrmann
Püttlingen in bewegter Zeit

HANS-WALTER HERRMANN

Püttlingen in bewegter Zeit

Politik und Gesellschaft 1918–1945

herausgegeben von der Stadt Püttlingen

Wir danken dem Ministerium für Bildung, Familien, Frauen und Kultur des Saarlandes und der Saarland-Sporttoto GmbH für die finanzielle Unterstützung zur Herausgabe dieses Buches.

Bibliografische Information der Deutschen Bibliothek
Die Deutsche Bibliothek verzeichnet diese Publikation in der Deutschen Nationalbibliografie; detaillierte bibliografische Daten sind im Internet über http://dnb.d-nb.de abrufbar.

ISBN 978-3-936950-73-1

Das Werk einschließlich aller seiner Teile ist urheberrechtlich geschützt. Jede Verwertung ist ohne Zustimmung des Verlags unzulässig. Dies gilt insbesondere für Vervielfältigungen, Übersetzungen, Mikroverfilmungen und die Einspeicherung und Verarbeitung in elektronischen Systemen.

© Hans-Walter Herrmann
© Stadt Püttlingen
© CONTE Verlag, 2008
Am Ludwigsberg 80-84
66113 Saarbrücken
Tel: (06 81) 4 16 24-28
Fax: (06 81) 4 16 24-44
E-Mail: info@conte-verlag.de
Verlagsinformationen im Internet unter www.conte-verlag.de

Satz: Markus Dawo
Lektorat: Daniela Hartmann
Druck und Bindung: PRISMA Verlagsdruckerei GmbH, Saarbrücken

Inhalt

Grußwort 9
Vorwort des Autors 11
Kapitel I Strukturen 19

Abriss der Geschichte der Kommunalverwaltung 19, Organe der Kommunalverwaltung 26, Amtsbürgermeister in Püttlingen 28, Amtsbürgermeister in Sellerbach/Riegelsberg 29, Bevölkerungsstatistik 31, Kirchen und Schulen 33, die katholischen Gemeinden 33, die evangelischen Gemeinden 37, Neuapostolische 39, Schulen 40, Domanialschule 41, Juden 43, zur Wirtschaft 44, Berufstätigkeit 44, Bergbau 45, Landwirtschaft 47, Spar- und Darlehenskassen 49, Gesundheitswesen 49, Vereine 49, in Püttlingen 51, in Ritterstraße 59, in Köllerbach 60, in Engelfangen 61, in Etzenhofen 62, in Herchenbach 62, in Kölln 63, in Rittenhofen 63, in Sellerbach 64

Kapitel II Das politische Leben zwischen dem Ende des Ersten Weltkrieges und dem Beginn des Abstimmungskampfes 1918-1933 . . 67

Vom Kaiserreich zur Republik 67, Frühe Streiks 70, Abtrennung vom deutschen Mutterland 74, Unter internationaler Verwaltung 76, Keine demokratische Volksvertretung 77, Neues Wahlrecht 79, Die Parteien 82, Zentrum 84, Christlich-Soziale Partei/Arbeiter- und Bauernpartei 89, Liberale 95, Sozialdemokratische Partei 103, Unabhängige Sozialdemokratische Partei Deutschlands (USPD) 112, Kommunistische Partei 114, Kommunistische Partei – Opposition (KP – O) 122, Sozialistische Arbeiterpartei Deutschlands (SAPD) 122, Deutschnationale Volkspartei (DNVP) 123, Nationalsozialistische Deutsche Arbeiterpartei (NSDAP) 124, Liste Otto Fried 130, Wahlergebnisse 131, Reichstagswahl 1912 131, Wahlen zum Landesrat 132, Wahlen zum Kreistag Saarbrücken-Land 134, Kandidaten aus Püttlingen und den Talgemeinden bei Kreistagswahlen 135, 1920 135, 1923 137, 1926 137, 1929 138, Gemeinderatswahlen 139, Püttlingen 140, Wahlvorschläge 1929: 142, Engelfangen 147, Etzenhofen 149, Herchenbach 150, Kölln 151, Rittenhofen 152, Sellerbach 152, Köllerbach 153, Anteil von Frauen am politischen Leben 158,

Größere Interessenverbände 161, Arbeitnehmerorganisationen (Gewerkschaften) 161, Saarbund 173, Bund der Frontsoldaten »Stahlhelm« 177, Kriegsopferverbände 179, Interessenvertretungen von Hauseigentümern und Mietern 180, Organisation der Landwirte 181, Soziale Probleme und Defizite 182, Arbeitskämpfe 183, Politische Aktivitäten und Manifestationen 192, Nationale Grundeinstellung 192, Wirtschaftliche Not und sozialer Abstieg 206, Polarisierung 218, Versuch einer Charakterisierung der politischen Struktur 225

Kapitel III Der Abstimmungskampf 1933–1935 229

Radikale Veränderungen im Reich 229, Reaktionen im Saargebiet 232, Erstarken der NSDAP-Saar 233, Bildung der Deutschen Front 236, Gleichschaltung von Verbänden 255, Gewerkschaften 256, Stahlhelm 258, Kriegsbeschädigte und Kriegshinterbliebene 260, Bauernschaft 264, Selbstschutzorganisationen 264, Haltung der Kirchen 265, Evangelische Kirche 265, Katholische Kirche 269, Problematisierung der Abstimmungsfrage 275, Gründung neuer Parteien 276, Saarländische Sozialistische Partei (SSP) 276, Saarwirtschaftsvereinigung (SWV) 278, Saarländische Friedensgesellschaft und Liga für Menschenrechte 283, Deutscher Volksbund für christlich-soziale Gemeinschaft 284, Das neue Programm der SP-Saar 287, Festhalten der KP-Saar am alten Kurs 288, Bildung einer antifaschistischen Front 292, Formen und Mittel des Abstimmungskampfes 302, Veranstaltungskalender Februar 1933 bis Januar 1935 302, Versammlungen, Sprechabende, Kundgebungen 328, Kabarett und Theater 332, Musikalische Umrahmung 335, Uniformen, Abzeichen, Grußformeln 336, Fahnen 338, Printmedien 341, Rundfunk und Film 343, Einbeziehung von Frauen, Jugendlichen und Kindern 345, Paramilitärische Ausbildung 347, Umgang mit dem politischen Gegner 348, Denunziationen und Anzeigen 348, Beleidigungen, Verleumdungen, Einschüchterungen 350, Sachbeschädigungen 352, Boykott 353, Schlägereien und Körperverletzung 353, Parteilichkeit von Verwaltung und Justiz 361, Antijüdische Aktionen 361, Unterstützung aus dem Reich 363, Großveranstaltungen 364, Kindererholungs-

reisen 366, Freiwilliger Arbeitsdienst 366, Reichsdeutsche
Emigranten 368, Unterstützung des Widerstandes im Reich 373,
Die Abstimmung 374, Vorbereitung 374, Internationale
Schutztruppe 377, Die letzten hundert Tage 378, Ablauf des
Abstimmungstages 392, Ergebnis 397, Interpretation des Ergebnisses 403, Der Weg in die Emigration 410

Kapitel IV Die ersten vier Jahre unter NS-Herrschaft 1935-39 . . 417
*Rückgliederungsfeiern 417, Staatliche Neuordnung 419, Kommunale Neuordnung 419, Bürgermeisterei und Gemeinde
Püttlingen 423, Bürgermeisterei Sellerbach/Riegelsberg und
Gemeinde Köllerbach 426, Aufbau der NSDAP und ihrer Gliederungen 428, NSDAP 428, SA 435, SS 438, NSKK 439,
NSFK 439, NS-Frauenschaft 440, Jugendorganisationen 441,
Reichsarbeitsdienst 446, der NSDAP angeschlossene Verbände 447, Deutsche Arbeitsfront (DAF) 447, Nationalsozialistische
Volkswohlfahrt (NSV) 449, Nationalsozialistische Kriegsopferversorgung (NSKOV) 451, NS-Lehrerbund (NSLB) 451,
Reichsnährstand 451, Freiwillige Feuerwehr 454, Technische
Nothilfe 454, Deutsches Rotes Kreuz (DRK) 455, Reichsbund
der Kinderreichen Deutschlands zum Schutz der Familie 455,
Gleichschaltung im Sport und Vereinsleben 456, Reichsbund
für Leibesübungen (NSRL/RfL) 457, NS-Reichskriegerbund
Kyffhäuser 458, NS-Kulturgemeinde 460, Verhältnis zu den
Kirchen 464, Zur katholischen Kirche 465, Zur evangelischen
Kirche 477, Kirchenaustritte 481, Behandlung anderer Glaubensgemeinschaften 482, Zur Schulpolitik 483, Propagierte
Volksgemeinschaft 489, Veranstaltungen 490, NS-Rituale 490,
NS-Festkalender 491, Sammelaktionen 493, Umbenennung
von Straßen und Plätzen 493, Ausgrenzung aus der Volksgemeinschaft 494, Arbeitsscheue 494, Homosexuelle 496, Erbkranke 496, Juden 499, Zigeuner 501, Ehemalige politische
Gegner 503, Wirtschaftliche Lage 519, Kriegsgefahr und Westwallbau 523, Wiedereinführung der Wehrpflicht 523, Wehrertüchtigung 524, Luftschutz 524, Westwallbau 525, Dem Krieg
entgegen 528*

Kapitel V Die Kriegsjahre 1939-1945 529

Evakuierung 530, Wiedereinräumung 533, Kommunalverwaltung 537, Örtliche Parteileitung 537, Alltagsleben im Krieg 538, Luftschutz 541, Schulversäumnisse 544, Jugendschutz 545, Sonstige Straffälle 546, Gemeindliches Kulturleben 547, Veranstaltungen in Püttlingen und Köllerbach 549, Volksbücherei 555, Totaler Krieg 556, Kriegsgefangene und Zwangsarbeiter 558, Räumliche Unterbringung 561, Verhältnis Ortsbevölkerung – Kriegsgefangene/Zwangsarbeiter 563, Sicherheitspolizeiliche Probleme 566, Feindpropaganda 568, Die letzten Kriegsmonate 569, »Stunde Null« 574

Kapitel VI Anpassung und Widerstand 577

Akzeptanz des NS-Regimes 577, Ablehnung des NS-Regimes 594, Distanzierung von der NSDAP 597, Überwachung, Bespitzelung, Denunziation 598, Widerstand gegen das NS-Regime 604, Gruppen und Kreise 605, Einzelpersonen 609, Formen des Widerstandes 610, Opfer des NS-Regimes 627, Schlussbemerkung 629

Kapitel VII Emigrantenschicksale 631

Baldige Rückkehr 639, Arbeitsmöglichkeit und Niederlassung im Grenzgebiet 645, Unterbringung in innerfranzösischen Départements 652, Spanienkämpfer 657, Fremdenlegionäre 658, Veränderungen seit Kriegsausbruch 659, Dienst in der französischen Armee 663, Zwangsweise Rückführung ins Reich 665, Dienst in der Wehrmacht 670, Verbindung zum französischen Widerstand (Résistance) 671, Emigration in andere Staaten 674, Unbekannte Aufenthaltsorte 675, Heimkehr 677, Offene Fragen 678

Anhang 681

Abkürzungen 681, Archivalische Quellen 684, Amtliche Drucksachen 685, Literatur 685, Interviewpartner 692, Abbildungsnachweis 693, Register 694

Grußwort

Die Stadt Püttlingen blickt auf eine lange und wechselvolle Geschichte zurück. Um sie zu wahren und vor allem an die folgenden Generationen weiterzugeben, hat die Stadtverwaltung seit den 80er Jahren des vergangenen Jahrhunderts immer wieder Bücher und Schriften mit lokalem Bezug herausgegeben. So wurden zum Beispiel in der Buchreihe »Beiträge zur Geschichte des Köllertals«, bisher elf Arbeiten verschiedener Autoren mit unterschiedlichen Themen der jüngeren Geschichte Püttlingens publiziert.

Die Zeit von 1918 bis 1945 lag allerdings aus unterschiedlichsten Gründen außerhalb des Interesses unserer Heimatforscher. Erst 1995, aus Anlass des 50. Jahrestages des Kriegsendes 1945, trat der Heimatkundliche Verein Püttlingen mit einer weit beachteten Ausstellung über die Kriegsereignisse in unserer Stadt an die Öffentlichkeit. Auf Grund des breiten Interesses hat die Stadt Püttlingen das erheblich erweiterte Material 1998 unter dem Titel: »Die Kriegsereignisse in Püttlingen und Köllerbach 1937-1945« als Buch herausgegeben.

Offen geblieben ist bisher allerdings eine umfassende Betrachtung und die Auseinandersetzung mit der Entwicklung des politischen und gesellschaftlichen Lebens in den Jahren zwischen dem Ende des Ersten und des Zweiten Weltkrieges.

Der Umstand, dass die Zahl derer, die diese Zeit miterlebt haben, im Laufe der Jahre immer mehr abnimmt, und dass es sich immer schwieriger gestaltet, authentisches Material, gesicherte Erkenntnisse und fundierte Aussagen zu finden, zu analysieren und auszuwerten, hat die Stadt Püttlingen schließlich veranlasst, die nun vorliegende Forschungsarbeit in Auftrag zu geben.

Diese schwierige Aufgabe hat dankenswerterweise Herr Prof. Dr. Hans-Walter Herrmann übernommen. Ihm ist es gelungen, die noch fehlende politische Geschichte dieser Epoche unserer Stadtgeschichte kritisch aufzuarbeiten. So liefert er mit seinem Buch einen neuen und wichtigen Beitrag zur Geschichte unserer Stadt. Dafür möchte ich Herrn Prof. Herrmann meine Anerkennung aussprechen und ihm ganz herzlich danken für die jahrelange gute, reibungslose und vertrauensvolle Zusammenarbeit.

Martin Speicher
Bürgermeister

Vorwort des Autors

Nachdem die Schilderung von Ereignissen und Zuständen der zwanziger, dreißiger und vierziger Jahre des vergangenen Jahrhunderts im ortsgeschichtlichen Schrifttum lange Zeit bewusst ausgelassen worden war, regte sich im Saarland in den achtziger Jahren, ausgelöst u.a. durch die 50. Wiederkehr des Tages der Volksabstimmung vom 13.01.1935 und die 30. Wiederkehr des Jahrestags des Referendums vom 23.10.1955, Interesse und Bereitschaft, auch Zustände und Vorgänge im engeren heimatlichen Bereich im Abstimmungskampf und der NS-Zeit nicht primär aus politischer Sicht, sondern auch aus historischer zu betrachten. Freilich waren hier Schwellenängste zu überwinden, die, wie bei der Materialsammlung zu dem vorliegenden Buch spürbar wurde, bis heute noch nicht gänzlich abgebaut sind. Für das Köllertal stehen die von der Geschichtswerkstatt Püttlingen der Volkshochschule des Stadtverbandes Saarbrücken im Jahr 1990 gezeigte Ausstellung »Nationalsozialismus im Köllertal« und der von Hans-Joachim Kühn, Ursula Briel und Hans Dommermuth herausgegebene Katalog am Anfang einer Entwicklung, in deren weiterem Verlauf Luitwin Bies einige Studien[1] vorlegte. Aus dem Püttlinger Stadtrat wurde ein Forschungsprojekt angeregt, das Opposition und Repression in der NS-Zeit ausführlicher behandeln sollte. Als dann 1995 Rat und Verwaltung der Stadt Püttlingen sich entschlossen, ein solches Projekt auf den Weg zu bringen, konsultierte mich Herr Bürgermeister Rudolf Müller über Quellenlage und mögliche Gliederung der Arbeit. Da kurz zuvor die Arbeiten an dem letzten Band des von mir herausgegebenen, von Klaus Michael Mallmann und Gerhard Paul bearbeiteten dreibändigen Werks »Widerstand und Verweigerung im Saarland 1935-1945« abgeschlossen worden waren, interessierte mich das Püttlinger Vorhaben. Ich riet, die Darstellung nicht auf die NS-Zeit im engeren Sinn (1935-1945) zu beschränken, auf jeden Fall müsse der Abstim-

---

1 Vgl. Literaturverzeichnis.

mungskampf (1933-1935) breiter dargestellt und zu dessen Verständnis die Entfaltung politischen Lebens in Püttlingen nach dem Ersten Weltkrieg in dem vom Deutschen Reich abgetrennten, als Mandatsgebiet des Völkerbundes verwalteten Saargebiet, das eine besondere, von der Weimarer Republik abweichende Entwicklung durchlaufen hatte, beschrieben werden. Es stand von vornherein fest, dass das Gebiet der Stadt Püttlingen, wie es aus der saarländischen kommunalen Gebiets- und Verwaltungsreform des Jahres 1973 hervorgegangen ist, den geographischen Rahmen der Untersuchung bilden sollte. Das bedeutete, dass innerhalb des zu behandelnden Zeitraums bei vielen Angaben zu unterscheiden war zwischen der Bürgermeisterei Püttlingen, zu der auch die Gemeinde Altenkessel gehörte, und der Gemeinde Püttlingen, deren Gemeindegebiet kleiner war als das der heutigen Stadt, und dass auch Strukturen und Ereignisse der kleinen Talgemeinden Engelfangen, Etzenhofen, Herchenbach, Kölln, Rittenhofen und Sellerbach, die 1932 zur Gemeinde Köllerbach zusammengefasst worden und Teil der Bürgermeisterei Sellerbach/Riegelsberg waren, berücksichtigt werden mussten.

Da ich selbst mit anderen Forschungsvorhaben befasst war, galt es qualifizierte BearbeiterInnen zu finden. Frau Gerhild Krebs M.A. konnte in einer vom Arbeitsamt Saarbrücken bewilligten Arbeitsbeschaffungsmaßnahme (ABM) beschäftigt werden. In dem von mir umrissenen Projektrahmen trug sie einschlägige Quellen aus den in Betracht kommenden Archiven zusammen, führte teilweise allein, teilweise zusammen mit mir Befragungen von Zeitzeugen[2] durch und begann mit der Formulierung des Textes. Da sie nach Ablauf der befristeten Arbeitsbeschaffungsmaßnahme nicht weiter beschäftigt werden konnte, kam die Arbeit zunächst zum Stillstand.

Starkes eigenes Interesse und Nachfragen aus dem Stadtrat veranlassten Herrn Bürgermeister Rudolf Müller, nach Möglichkeiten einer Fortführung der Arbeiten an einer Geschichte der Stadt Püttlingen zwischen den beiden Weltkriegen zu suchen. Da auch mir als an der Konzipierung des Projektes Beteiligter daran gelegen war, Angefangenes weiterführen und beenden zu sollen, ging ich im Juli 2001 eine vertragliche Verpflichtung zur Vorlage eines druckreifen Manuskripts

---

2 Die mir vorliegenden Verschriftungen von Interviews von bzw. mit Frau Krebs sind in der Zusammenstellung der Befragten (vgl. S. 692) mit * gekennzeichnet.

ein. Da Frau Krebs unter Bezugnahme auf ihre Autorenrechte die von ihr erstellten Textteile, mit Ausnahme eines kleinen Abschnittes über den Soldatenrat und Streiks in den Jahren 1918-1923 nicht freigab, gestaltete sich die Erstellung meines Textes zeitaufwendiger, als ich zunächst erwartet hatte. Bürgermeister und Rat zeigten Geduld und stimmten der Verschiebung des ursprünglich vorgesehenen Publikationstermins zu, wofür ich auch an dieser Stelle Dank sage.

Die Ausarbeitung des Manuskripts wurde erschwert durch Verlust und Unzugänglichkeit einschlägiger Akten. Die schriftliche Überlieferung aus den Jahren 1918-1945 ist nur noch lückenhaft erhalten, die Altregistratur der früheren Bürgermeisterei Püttlingen bis auf wenige Reste verloren, die der Bürgermeisterei Sellerbach/Riegelsberg zwar zu großen Teilen erhalten, aber durch Feinordnung noch nicht voll erschlossen. Viel konnte den Akten des ehemaligen Landratsamts Saarbrücken bis zum Jahr 1938 entnommen werden. Von der Registratur der Stapo-Stelle Saarbrücken sind nur spärliche Reste erhalten geblieben. Besser überliefert sind die Akten der Nebenstelle Saarlouis der Generalstaatsanwaltschaft, die aber schon 1938 aufgelöst wurde. Da auch die Akten der NSDAP-Kreisleitung Saarbrücken und der NSDAP-Gauleitung Saarpfalz vernichtet sind, ließen sich Aktenverluste auf der lokalen Ebene der NSDAP-Ortsgruppen Püttlingen und Köllerbach nicht ausgleichen. Das bedeutet, dass über parteiinterne Vorgänge mir so gut wie nichts bekannt wurde. Die Auswertung personenbezogener Akten aus der NS-Zeit und aus der frühen Nachkriegszeit wurde beschränkt durch datenschutzrechtliche Bestimmungen. Die umfangreichen Materialien der zentralen Nachweisstelle des Internationalen Roten Kreuzes in Arolsen waren zur Zeit der Erstellung meines Manuskriptes für historische Forschungen noch nicht freigegeben. Die Auswertung der regionalen und lokalen Zeitungen ergab für die Zeit bis zur Volksabstimmung ein facettenreicheres Bild als die Jahrgänge 1935-1944 der gleichgeschalteten Presse. Die Befragung von Zeitzeugen war für die NS-Zeit wenig ergiebig. Die Gründe solcher Zurückhaltung liegen auf der Hand.

Aus den angesprochenen Gründen kann und soll das vorliegende Buch nicht als annähernd vollständige Dokumentation des politischen Lebens in den beiden ehemaligen Gemeinde Püttlingen und

Köllerbach zwischen dem Ende des Ersten und dem Ende des Zweiten Weltkriegs betrachtet und bewertet werden. Fragen bleiben offen, oft fehlen Details über Personen und Ereignisse. Ich hoffe, dass das Buch trotz dieser Lücken und Schwächen einen Eindruck vom Handeln und Leiden, vom Hoffen und Zweifeln der Menschen in den bewegten und schicksalsschweren Jahren vom Ende des Ersten Weltkriegs bis zum Ende des Zweiten Weltkriegs zu vermitteln vermag.

Die wörtliche Wiedergabe zeitgenössischer Texte, teilweise in eigenwilliger Orthographie, Syntax und Interpunktion, soll einen Eindruck von der Sprache der damaligen Zeit, auch vom NS-Jargon, vermitteln. Dabei ist zu beachten, dass die von mir ausgewerteten und teilweise wörtlich edierten Berichte über Verlauf und Inhalt von Veranstaltungen nicht die originalen Aufzeichnungen der betreffenden Redner, sondern Berichte der die Versammlung beobachtenden oder überwachenden Polizisten oder von Journalisten sind. Für eine quellenkritische Bewertung ist dies wichtig; denn der Berichterstatter kann manches ausgelassen, anderes vielleicht falsch verstanden haben. Fälle offensichtlicher Verfälschung konnte ich nicht mit Sicherheit feststellen, öfter aber sehr unterschiedliche Akzentuierungen und Bewertungen des Gesagten oder Geschehen, wenn von verschiedenen Seiten über dasselbe Ereignis oder dieselbe Person Aussagen vorliegen. Trotz solcher Vorbehalte gegenüber der Zuverlässigkeit, auf die hier hingewiesen werden muss, vermögen die Berichte viel Zeitkolorit zu vermitteln. Durch Kursivdruck sind sie ebenso wie die wörtlichen Zitate aus den Interviews von dem von mir formulierten Text unterschieden.

Ortsgeschichte lässt sich nicht losgelöst vom Ablauf der Geschichte des zugehörigen größeren Gemeinwesens – Land, Staat – darstellen. Ich habe mich bemüht, die allgemeingeschichtlichen Abschnitte knapp zu fassen. Aufgrund meiner jahrzehntelangen Erfahrungen in der Erwachsenenbildung und bei der Beratung von Verfassern von Ortschroniken und Dorfbüchern ist mir bekannt, dass den Nachkriegsgenerationen das breite Parteienspektrum der Zeit zwischen 1918 und 1933 und das engmaschige Netz der NSDAP, ihrer Formationen und angeschlossenen Verbände nicht geläufig sind. Daher schienen mir Angaben zum Programm und zur Organisation der damals im Saargebiet agierenden Parteien und Verbände unerlässlich.

Persönlich reizte mich, in einer lokalen Fallstudie den für das gesamte Saargebiet – also auf der Makroebene – gewonnenen Raster historischer Forschungsergebnisse auf die Mikroebene zu projizieren und die Ergebnisse auf beiden Ebenen zu vergleichen. Wie zu erwarten war, hat die Untersuchung auf der Ortsebene im Verhalten der hiesigen Bevölkerung gerade gegenüber den kleineren Parteien und den Verbänden Abweichungen vom Landesdurchschnitt ergeben. Andererseits behindern Forschungsdefizite in der Organisation und dem politischen Agieren von Verbänden auf der Makroebene die Einordnung der Tätigkeit der entsprechenden lokalen Gruppen.
Methodisch ist wünschenswert, die für Püttlingen gewonnenen Untersuchungsergebnisse mit denen anderer Orte zu vergleichen, um dabei Ähnlichkeiten oder Parallelen, Verschiedenheiten und Besonderheiten, letztlich die spezifischen Züge der Püttlinger Geschichte herauszuarbeiten. Dies war leider nur in Ansätzen möglich, weil nur wenig Vergleichsmaterial vorhanden ist. In den meisten bisher vorliegenden saarländischen Ortschroniken und Dorfbüchern wird die Zeit der Völkerbundsverwaltung und des NS-Regimes nur knapp abgehandelt. Die im Landesarchiv Saarbrücken aufbewahrten Berichte der Bürgermeister an den Saarbrücker Landrat bieten zwar reiches Material für eine vergleichende Auswertung vornehmlich für die Zeit von 1920 bis 1937/38, sie hätte aber viel Zeit erfordert und wäre weit über den mir von der Stadt Püttlingen erteilten Auftrag hinausgegangen.

Menschen machen Geschichte, Geschehen trifft Menschen, bestimmt ihren Lebensraum und prägt sie. Um dies anschaulich und verständlich zu machen, habe ich neben der Institutionen- und Parteiengeschichte dem persönlichen Handeln und Erleben einzelner Bürger breiten Raum gegeben. Die relativ hohe Zahl der geschilderten Einzelfälle soll veranschaulichen, wie hart politische Gegnerschaften im Köllertal ausgefochten wurden, wie schnell der einzelne von parteipolitischen Gegnern angegriffen wurde und in das Blickfeld staatlicher Kontrollorgane geriet. In Übereinstimmung mit dem Auftraggeber habe ich die handelnden Personen bewusst nicht anonymisiert, soweit die datenschutzrechtlichen Bestimmungen dies zuließen; denn nach meiner Ansicht wird die Verstrickung der/des Einzelnen, einer/s Verwandten, einer/s Nachbar/In, eines Arbeitskollegen in die Tagespolitik durch seine namentliche Nennung eindringlicher als bei Anonymisierung und Verschlüsselung. Die Schilderung der Schicksale den Leserinnen und Lesern persönlich bekannter Menschen aus ihrer Verwandtschaft, dem Bekanntenkreis der Eltern, der Nachbarschaft soll erleichtern, das Handeln und Leiden der Bewohner Püttlingens in bestimmten Situationen und unter diversen Einflüssen besser verstehen zu können, vielleicht sogar ein Stück nachvollziehbar zu machen. Übrigens werden die meisten Namen hier nicht erstmals veröffentlicht, sondern Funktionäre einer Partei, engagierte Befürworter oder Gegner politischer Ideologien und Tendenzen, agile Mitglieder der vielen Vereine wurden schon in Presseberichten der 1920er und 1930er Jahre und in Veröffentlichungen der Nachkriegszeit genannt. Zudem agierten sie in der Öffentlichkeit, bei Kundgebungen und Aufmärschen, in Kirchen und Schulen. Auch die Namen der NS-Opfer werden genannt, mit Ausnahme der aus »erbbiologischen« Gründen Verfolgten und der wegen nicht politisch motivierter Straftaten Verurteilten. An mich herangetragene Wünsche auf Anonymisierung wurden respektiert. Zum schnellen Auffinden einzelner Personen wurde dem Band ein Personenregister beigegeben. Bei der relativen Häufigkeit von Namensidentitäten erschien es mir unverzichtbar, zur Unterscheidung Lebensdaten, meist das Geburtsdatum, hinzuzufügen. Da dieses mir aber nicht immer zugänglich war, rechne ich damit, dass ich hin und wieder Personen für identisch gehalten habe, die es nicht waren, und umgekehrt eine tatsächliche Identität nicht immer erkannt habe.

Der Auftrag der Stadt Püttlingen und mein persönliches Interesse deckten sich in der Beschränkung auf die politische Geschichte. Daher habe ich wirtschaftliche, soziale und demographische Fragen und die Kirchen- und Schulgeschichte nur behandelt, soweit sie für den Ablauf politischer Entwicklungen und Verwicklungen interessant erschienen. Siedlungs- und Verkehrsgeschichte blieben bewusst ausgeklammert. Eine anschauliche Schilderung des Alltagslebens in den ersten Jahrzehnten des 20. Jahrhunderts hat inzwischen Erich Becker im »Einwohnerbuch Püttlingen 1868-1910« publiziert.
Schon vor dem Anlaufen des Projektes einer politischen Geschichte Püttlingens zwischen den Enden der beiden Weltkriege hatten Paul Sperling und Michael Müller begonnen, sich mit der Geschichte Püttlingens im Zweiten Weltkrieg zu befassen. Sie konnten das von ihnen zunächst für eine Ausstellung zusammengetragene Material im Lau-

fe einiger Jahre erheblich erweitern, dann im Jahr 1998 ein umfangreiches Manuskript vorlegen, das die Stadt Püttlingen unter dem Titel »Die Kriegsereignisse 1939-1945 im Raum Püttlingen – Köllerbach« als Band 7 der Schriftenreihe »Beiträge zur Geschichte des Köllertals« herausgab. Das von mir geleitete Projekt war von Anfang an so konzipiert, dass möglichst wenig Überschneidungen und fast keine Wiederholungen zum Buch von Paul Sperling und Michael Müller eintreten sollten. Diese Tendenz habe ich beibehalten, dementsprechend Westwallbau, Evakuierungen, Luftkrieg und Erdkämpfe nur dort, wo es mir zum Verständnis von Geschehensabläufen und Strukturen notwendig erschien, in geraffter Form referiert anhand der ausführlichen Darstellung bei Sperling-Müller und auf neue Literatur verwiesen.

Der Anmerkungsapparat wurde, weil das Buch einen größeren Leserkreis ansprechen soll, meist auf den Nachweis der Quellen und gelegentlich auf weiterführende Literatur beschränkt.
Nach Abschluss meines Typoskriptes erschien das »Biographische Organisationsbuch der NSDAP…«, ich konnte den Titel noch ins Literaturverzeichnis aufnehmen, die darin enthaltenen Angaben zu im Saarland tätigen Amtsträgern der NSDAP aber in Text und Anmerkungsapparat nicht mehr einarbeiten.
Bei der Zusammenstellung der Bilder konnte auf die seit Jahren ergänzte Sammlung des Stadtarchivs Püttlingen zurückgegriffen werden.
Das vorliegende Buch konnte nur zustande kommen dank tatkräftiger und bereitwilliger Unterstützung von Institutionen und Einzelpersonen, denen allen ich zu danken habe, zuerst den Frauen und Männern, die aus eigenem Erleben oder aus der Familientradition berichteten, in Schriftstücke Einblick gewährten und/oder Fotos zur Verfügung stellten, dann den von mir in Anspruch genommenen Archiven und Bibliotheken, vornehmlich dem Landesarchiv Saarbrücken und den Stadtarchiven Püttlingen, Saarbrücken und Völklingen, schließlich den beiden Bürgermeistern der Stadt Püttlingen Rudolf Müller und Martin Speicher und den Mitgliedern des Stadtrates Püttlingen für das Interesse, das sie dem Projekt entgegenbrachten, und für die Geduld, die sie bis zu dessen Fertigstellung zeigten.

Riegelsberg, im Frühjahr 2008　　　　　　　Hans-Walter Herrmann

Kapitel I
Strukturen

Abriss der Geschichte der Kommunalverwaltung

Wunsch und Auftrag des Bürgermeisters und Stadtrates von Püttlingen zielen auf eine Geschichte der Stadt Püttlingen in der Zeit vom Ende des Ersten Weltkriegs bis zum Ende des Zweiten Weltkriegs in dem Umfang, wie er aus der großen saarländischen kommunalen Gebietsreform des Jahres 1973 hervorgegangen ist. Seit Ende des Ersten Weltkriegs hat sich die Verwaltungseinteilung des Köllertals mehrmals geändert, konstant geblieben bis 1972 ist allein die Zugehörigkeit des gesamten Köllertales zu dem Landkreis Saarbrücken.
Unsere Darstellung wird immer wieder Rücksicht zu nehmen haben auf die Verwaltungseinteilung, wie sie zwischen 1918 und 1945 bestand, auf die Zugehörigkeit der einzelnen Orte zu verschiedenen Bürgermeistereien und auf deren sich verändernden Gebietsumfang. Diese wechselnde Zugehörigkeit erschwert auch den Vergleich statistischer Daten, weil sie auf einen unterschiedlichen Gebietsumfang bezogen sind. Die Gemeinde Püttlingen hatte 1919 ein anderes Flächenareal als die Bürgermeisterei Püttlingen in den 1930er Jahren und diese wiederum eine geringere Fläche als die Stadt Püttlingen seit dem Inkrafttreten der Gebietsreform am 01.01.1974. Es ist daher notwendig, in einem einleitenden Kapitel die Veränderungen der Gemeindestrukturen und Bürgermeistereizugehörigkeit darzulegen, bevor wir uns der Schilderung der geschichtlichen Ereignisse zuwenden.
Kurz nach dem Übergang der Lande an der mittleren Saar an das Königreich Preußen im Jahr 1815 war der Kreis Saarbrücken als neue Verwaltungseinheit gebildet und in 10 Bürgermeistereien unterteilt worden. Püttlingen gehörte zur Bürgermeisterei Völklingen. Die Grenzen der Püttlinger Gemarkung waren aus dem Mittelalter und der Frühneuzeit überkommen und galten auch noch im 19. Jh. Die Gemarkung – in älteren Schriftstücken oft auch »Bann« genannt – reichte im Süden bis zur Saar, die Grenze nach Westen gegen die

Gemeinde Völklingen bildete der Frommersbach. Im Osten grenzte Püttlingen an Malstatt-Burbach. Innerhalb der Gemarkung Püttlingen lagen nicht nur das gleichnamige Dorf Püttlingen, dessen Anfänge ins 1. Jahrtausend nach Chr. zurückreichen, sondern Rockershausen nahe der Saar und die im Zusammenhang mit der Steinkohlengräberei entstandenen kleinen Siedlungen Großwald, Neudorf sowie Wohnplätze bei der Grube Gerhard und der Louisenthaler Glashütte. Diese Siedlungen sehr unterschiedlicher Größe bildeten die Gemeinde Püttlingen und waren Teil der Bürgermeisterei Völklingen. Ihre Vertreter saßen im Völklinger »Schöffenrat«. Im Zuge der Industrialisierung entstanden die neuen Siedlungen Ritterstraße (1839) und Altenkessel (1856). Die im südlichen Teil der Püttlinger Gemarkung, also im Saartal, gelegenen Siedlungen erstrebten eine Lösung aus der Gemeinde Püttlingen. Seit der Mitte des 19. Jhs. trugen sie diesen Wunsch immer wieder vor, der manchmal auch von den Bewohnern des Dorfes Püttlingen geteilt, aber nicht verwirklicht wurde[1]. Durch Erlass des preußischen Innenministers vom 16.07.1868 wurde Püttlingen zur Bürgermeisterei erhoben, die flächenmäßig auf die alte Püttlinger Gemarkung beschränkt blieb, also außer dem Dorf Püttlingen auch Rockershausen, Altenkessel, Neudorf, die Siedlungen bei der Grube Gerhard, der Luisenthaler Glashütte, auf der Ritterstraße und an den 1866 abgeteuften Viktoriaschächten umfasste.

Im Jahre 1913 zählte der Püttlinger Gemeinderat 24 Mitglieder:

	Name	Beruf	Ortsteil
1.	Altmeyer, Jakob	Steiger	Püttlingen
2.	Anschütz, Peter	Steiger	Neudorf
3.	Baldes, Michael	Bergmann	Püttlingen
4.	Beck, Jakob	Schuhmachermeister	Rockershausen
5.	Becker, Jakob	Wirt	Püttlingen
6.	Besch, Peter	Stellmacher	Püttlingen
7.	Blank, Wilhelm	Bergmann	Püttlingen
8.	Blank, Wilhelm	Bergmann	Püttlingen
9.	Busse, Peter	Obersteiger	Püttlingen

---

1 Zur Lösung der Orte im südlichen Teil der Püttlinger Gemarkung und ihrer Zusammenfassung in einer eigenen Gemeinde vgl. ausführlich Gerhard Heckmann, Das preußische Jahrhundert (1815–1919), in: Ortschronik Altenkessel, Sperling, Püttlinger Geschichte 1868–1910, S. 22–26.

10.	Dilk, Johann	Steiger	Ritterstraße
11.	Gauer, Michael	Bergmann	Püttlingen
12.	Groß, Ludwig	Obersteiger	Luisenthal
13.	Kaps, Christian	Steiger	Neudorf
14.	Knopp, Heinrich	Rentner	Rockershausen
15.	Leblang, Johann	Kaufmann	Püttlingen
16.	Mathis, Heinrich	pens. Bergmann	Püttlingen
17.	Melling, Conrad	pens. Bergmann	Altenkessel
18.	Ott, Michael	Rentner	Püttlingen
19.	Dr. Plaßmann, Wilhelm	Knappschaftsarzt	Püttlingen
20.	Sartorius, Johann	Maschinenwerkmeister	Püttlingen
21.	Schaller, Christian	Sattlermeister	Neudorf
22.	Schmidt, Nikolaus	Bergmann	Püttlingen
23.	Wahlster, Ludwig	Steiger	Altenkessel
24.	Werth, Nikolaus	Bergmann	Altenkessel

Den alten Wunsch nach Bildung einer selbständigen Gemeinde aus den im südlichen Gemarkungsteil gelegenen Siedlungen und Wohnplätzen griff eine Bürgerversammlung in Altenkessel am 20.11.1921 wieder auf. Da eine vorherige Abstimmung mit den Bewohnern von Rockershausen nicht erfolgt war, fühlten sich die Rockershausener von den Altenkesseler überfahren, artikulierten eine Woche später in einer Bürgerversammlung ihren Protest und schlugen die Bildung einer Bürgermeisterei Luisenthal unter Einbeziehung von Obervölklingen vor. In Püttlingen war man prinzipiell mit der Abtrennung von Altenkessel einverstanden, konfliktträchtig war aber die Teilung des Gemeindevermögens, vornehmlich des Waldes. Der Saarbrücker Landrat Vogler befürwortete das Vorhaben, *weil Püttlingen und Altenkessel längst schon durch die Macht der Tatsachen kein wirkliches Gemeinwesen bilden, weil ein gemeinsames kommunales Leben nicht bestanden hat und nicht besteht und weil die Tatsache des Auseinanderlebens in wirtschaftlicher und in kommunaler Beziehung längst vollzogen ist und weil somit durch die förmliche Gründung einer eigenen politischen Gemeinde Altenkessel nur praktisch schon bestehende Tatsachen anerkannt werden.* Der Gemeinderat beschloss am 11.04.1922 die Trennung, als Grenze wurde der Frommersbach festgesetzt. Der Gemeindewald sollte für 20 Jahre gemeinsam genutzt und verwaltet werden. Die neue Verwaltung des inzwischen vom Deutschen Reich

abgetrennten Saargebiets, die vom Völkerbund eingesetzte internationale Regierungskommission, trug dem Wunsch der Gemeinde und der Befürwortung durch den zuständigen Landrat Rechnung und verfügte durch Erlass vom 29.06.1922 rückwirkend ab 01.04.1922 die Abtrennung der bisherigen Püttlinger Ortsteile Altenkessel, Neudorf, Rockershausen und Großwald und ihre Erhebung zur selbständigen Gemeinde Altenkessel[2]. Die Gemarkung Püttlingen schrumpfte infolge der Ausgliederung Altenkessels auf 11.795 km², die der neu geschaffenen Gemeinde Altenkessel umfasste 5.363 km². Die Gemeinde Altenkessel blieb Teil der Bürgermeisterei Püttlingen. Der pensionierte Bergmann Nikolaus Werth wurde ihr erster Gemeindevorsteher[3].
Altenkesseler Bemühungen, sich aus dem Verwaltungsverbund mit Püttlingen zu lösen, zeitigten erst nach dem Zweiten Weltkrieg Erfolg. Der aus den ersten Kommunalwahlen nach dem Krieg hervorgegangene Gemeinderat von Altenkessel erreichte bei der Verwaltungskommission des Saarlandes die Erhebung zur eigenen Bürgermeisterei. Sie ordnete auf Grund des § 14 der Amtsordnung vom 13.07.1935 an:
1. Das Amt Püttlingen wird aufgelöst.
2. Das Vermögen des Amtes Püttlingen wird im Verhältnis 2:1 unter die Gemeinden Püttlingen und Altenkessel aufgeteilt[4].
Während Altenkessel bei der großen saarländischen kommunalen Gebietsreform vom 01.01.1974 der Landeshauptstadt Saarbrücken zugeschlagen wurde, blieb Püttlingen, dem am 22.05.1968 die Bezeichnung »Stadt« verliehen worden war,[5] nicht nur selbständig, sondern erfuhr eine Aufweitung nach Norden.
Bei der preußischen Besitznahme 1816 waren die Siedlungen im oberen Köllertal in der neu gebildeten Bürgermeisterei Sellerbach zusammengefasst worden. Sie bestand aus den Gemeinden Güchenbach, Hilschbach, Überhofen, Engelfangen, Etzenhofen, Sellerbach, Kölln, Rittenhofen, Herchenbach, Walpershofen und Niedersalbach, umfasste also vorwiegend kleinere weilerartige Siedlungen, allein Kölln war als Kirchdorf etwas größer. Dort stand auch die einzige zunächst

---

2 Amtsblatt der Regierungskommission 1922, S. 132.
3 Heckmann (wie Anm. 1) S. 87ff., LA SB LRA SB Nr. 869.
4 Bekanntmachung vom 12.04.1947 (Amtsblatt 1947, S. 152), Gertrud Meyer, Kommunales Leben in Altenkessel nach dem Zweiten Weltkrieg, in: Altenkessel (wie Anm. 1) S. 107ff.
5 Amtsblatt 1968, S. 316.

noch simultan genutzte Kirche. Die geringe Zahl von 1.328 Einwohnern in den Jahren 1819/20 in der gesamten Bürgermeisterei Sellerbach veranschaulicht die Kleinheit der einzelnen Orte. Zur Einsparung von Verwaltungskosten waren die Bürgermeistereien Sellerbach und Heusweiler von 1822-1830 zusammengelegt, dann bis Anfang der 1860er Jahre meistens in Personalunion verbunden. Es bestanden also zwei selbständige Verwaltungseinheiten, die aber von demselben Bürgermeister geleitet wurden. Auf Drängen der Sellerbacher Bürger wurde 1867 die endgültige Trennung vollzogen, zunächst in Sellerbach ein eigenes Amtslokal eingerichtet, 1872 nach Kölln verlegt und schließlich 1875 nach Güchenbach.

Die Einwohnerzahl und damit auch der Geschäftsumfang der Bürgermeisterei Sellerbach wuchsen in dem Maße, wie die drei neu angelegten Bergmannskolonien Zuzug erhielten: Buchenschachen auf der Gemarkung von Güchenbach, Pflugscheid und Hixberg auf der Gemarkung von Sellerbach. Die Bildung einer neuen Gemeinde aus diesen drei Kolonien scheiterte am Widerspruch der Bevölkerung der älteren Orte. Sie begründete ihre Ablehnung vor allem damit, dass jede der alten Gemeinden, die an dem Köllertaler Wald Nutzungsrechte hatten, unmittelbar an diesen Wald angrenzen müsste. Wenn nun eine neue Gemeinde Buchenschachen geschaffen würde, könnten künftig die Bewohner von Engelfangen, Etzenhofen und Sellerbach nicht mehr direkt in den Wald gelangen, sondern müssten über die Gemarkung der neuen Gemeinde Buchenschachen fahren. In Anbetracht dieses begründeten Widerspruchs und anderer deutlich spürbarer Ressentiments gegen eine mehrheitlich von zugezogenen Bergleuten bewohnte, neu zu bildende Gemeinde ließen die preußische Bezirksregierung in Trier und der Landrat in Saarbrücken den Plan einer Gemeindegründung fallen.
Im Juli 1875 bat der Ortsvorsteher von Sellerbach, die »Bergarbeiterkolonien« Pflugscheid und Hixberg von Sellerbach abzutrennen und der Gemeinde Güchenbach zuzuteilen, weil das finanzschwache Sellerbach kaum etwas für die Kolonien tun könne. Die Güchenbacher Gemeindeväter sträubten sich gegen die Eingliederung, weil sie die auf die Gemeinde zukommenden Kosten für Ausbau und Unterhaltung von Wegen und Brunnen fürchteten. Schließlich erfolgte doch die Eingliederung zum 01.04.1888. Fünfzehn Jahre später (1903) wurde

dann ein Streifen Land auf dem Hixberg von Etzenhofen abgetrennt und ebenfalls der Gemarkung Güchenbach zugeschlagen.
Niedersalbach hatte schon 1893 seine Umgliederung aus der Bürgermeisterei Sellerbach in die Bürgermeisterei Heusweiler erreicht. Die Bergarbeiterkolonien Buchenschachen, Hixberg und Pflugscheid ließen nicht nur die Bevölkerungszahl der Gemeinde Güchenbach kräftig ansteigen, sondern veränderten auch die Sozialstruktur des alten Bauerndorfes und gaben Güchenbach größeres Gewicht im Kreise der Köllertalgemeinden, als es früher besessen hatte. In Güchenbach waren eine katholische und eine evangelische Kirchengemeinde entstanden und damit die alt überkommenen Bindungen an den bisherigen kirchlichen Zentralort Kölln gekappt worden. Durch die Verlegung des Bürgermeisteramtes von Sellerbach nach Güchenbach erhielt es auch im administrativen Bereich zentralörtliche Funktionen. Für die Sellerbacher dürfte es ein schwacher Trost gewesen sein, dass die nun in Güchenbach sitzende Verwaltung immer noch unter der Bezeichnung »Bürgermeisterei Sellerbach« firmierte[6]. Durch die Eröffnung einer Straßenbahnlinie nach Saarbrücken wurde seine verkehrsgeographische Lage aufgewertet, damit auch eine stärkere Orientierung auf das nun leichter erreichbare Saarbrücken eingeleitet[7].
Um ein Gegengewicht zur wachsenden Bedeutung von Güchenbach zu schaffen, stellte 1901 der Ortsvorsteher von Sellerbach den Antrag, für die Talgemeinden eine eigene Bürgermeisterei zu bilden.[8] Damit gab er den Anstoß zu Überlegungen und Beratungen, die im Frühjahr 1908 in einer Resolution mündeten, aus den Gemeinden Kölln, Engelfangen, Etzenhofen, Herchenbach, Rittenhofen, Sellerbach und Walpershofen eine neue Bürgermeisterei mit Amtssitz in Sellerbach zu bilden, mit anderen Worten eine Lösung aus der Zuständigkeit der nach Güchenbach verlagerten Kommunalverwaltung, die paradoxerweise immer noch »Bürgermeisterei Sellerbach« hieß. Dieser Plan

---

6 Zur Verwaltungsgeschichte der Bürgermeisterei Sellerbach/Riegelsberg vgl. Hans-Walter Herrmann, Von der Bürgermeisterei Sellerbach zur Gemeinde Riegelsberg – ein Abriss der Verwaltungsgeschichte, in: Ortschronik Riegelsberg, Riegelsberg 1980, S. 207-226 und Seifert, Ortschronik Riegelsberg, Fortschreibung, Riegelsberg 1993, S. 17-32.
7 Alois Paul Bost, Aus der Verkehrsgeschichte, in: Ortschronik Riegelsberg 1980, S. 365-378.
8 Vgl. dazu ausführlich LA SB LRA SB Nr. 446 u. 447.

fand weder die Zustimmung der preußischen Verwaltung noch die der 1920 folgenden internationalen Regierungskommission. Auch der Saarbrücker Kreisrat lehnte 1922 einen diesbezüglichen Antrag der sogenannten »Talgemeinden« – ohne Walpershofen – ab. Doch diese ließen nicht locker. Das einzige was erreicht wurde, war die Errichtung einer Nebenstelle des Bürgermeisteramts und eines Standesamts in Kölln. In den Jahren 1927/28 setzte sich der politisch sehr einflussreiche Unternehmer Hermann Röchling bei dem Saarbrücker Landrat für die Talgemeinden ein. Sie begründeten ihren Wunsch nach Ausscheiden aus dem Bürgermeistereiverband damit, dass sie von den drei Gemeinden Güchenbach, Hilschbach und Überhofen ausgebeutet würden, und versuchten dies durch eine Auflistung des Anteils jeder Gemeinde an den Verwaltungskosten zu veranschaulichen. Der Saarbrücker Kreistag lehnte den Antrag wiederum ab, ebenso der Präsident der Regierungskommission, weil die Gemeinden zu klein und daher finanziell zu schwach zur Unterhaltung einer eigenen Verwaltung seien. Einen neuen Weg wies der Gemeindevorsteher Johann Prinz von Etzenhofen, als er am 14.07.1930 den Zusammenschluss mehrerer oder aller Talgemeinden zu einer Großgemeinde vorschlug. Gestützt wurde sein Plan durch den Bürgermeister Heinrich Ahrens. In den nächsten Monaten wurden die entsprechenden Beschlüsse in den Gemeinderäten und der Bürgermeistereiversammlung gefasst. Am 23.03.1932 verfügte die Regierungskommission, dass mit Wirkung zum 01.04.1932 die Gemeinden Engelfangen, Etzenhofen, Kölln, Sellerbach, Herchenbach und Rittenhofen zu einer Gemeinde unter dem Namen Köllerbach vereinigt werden, die aber im Bürgermeistereiverband bleibt[9]. Damit war die Zahl der Gemeinden in der Bürgermeisterei, die immer noch »Bürgermeisterei Sellerbach« hieß, auf fünf reduziert: Güchenbach, Hilschbach, Köllerbach, Überhofen, Walpershofen. Im Jahr 1936 erhielt sie dann die ihren tatsächlichen Amtssitz kennzeichnende offizielle Bezeichnung »Amtsbürgermeisterei Riegelsberg in Güchenbach-Riegelsberg«, die traditionsreiche Benennung nach Sellerbach gehörte nun der Vergangenheit an. Von den 15.100 Einwohnern der Bürgermeisterei entfielen 5.090 auf die Gemeinde Köllerbach (Volkszählung vom 02.09.1935).
Zwei Jahre später wurden die drei »oberen Gemeinden« Güchenbach,

---

9 Amtsblatt der Regierungskommission 1932, S. 121.

Hilschbach und Überhofen unter dem Namen »Riegelsberg« zusammengelegt, der Bürgermeistereiverband dadurch auf drei Gemeinden – Köllerbach, Riegelsberg, Walpershofen – reduziert. Nach dem Zweiten Weltkrieg setzte sich das Streben nach weiterer Lösung von der Amtsbürgermeisterei Riegelsberg fort. Die Nebenstelle in Kölln war bei Kriegsbeginn geschlossen und inzwischen noch nicht wieder eröffnet worden. Mit Unterstützung aller Parteien konnte nun die volle Lösung der in der Gemeinde Köllerbach zusammengeschlossenen früheren Talgemeinden von der Amtsbürgermeisterei Riegelsberg durchgesetzt werden. Die Regierung des Saarlandes verfügte, dass mit Wirkung zum 01.04.1948 die Gemeinde Köllerbach aus dem Verwaltungsbezirk Riegelsberg ausgegliedert und zur amtsfreien Gemeinde erhoben wurde[10]. Mit Inkrafttreten der kommunalen Gebietsreform am 01.01.1974 ging die zuletzt amtsfreie Gemeinde Köllerbach in der Stadt Püttlingen auf.[11]

Der kurze Abriss der kommunalen Organisation soll begründen und rechtfertigen, dass in der folgenden Darstellung Ereignisse, Strukturen und Personen der ehemaligen Gemeinden Altenkessel und Köllerbach und auch der Bürgermeisterei Sellerbach/Riegelsberg einbezogen werden. Ältere statistische Angaben betreffen mitunter nicht die Gemeinden, sondern die alten Bürgermeistereien Püttlingen (mit Altenkessel) und Sellerbach (mit Köllerbach, Walpershofen, Riegelsberg). Umrechnungen auf das heutige Püttlinger Stadtgebiet sind nach Verlust des unveröffentlichten Primärmaterials nicht mehr möglich.

Organe der Kommunalverwaltung

Die Basis der Kommunalverwaltung bildete bis 1920 die Gemeindeordnung für die preußische Rheinprovinz vom 23.07.1845. Der Gemeinderat wurde nach dem Dreiklassenwahlrecht auf sechs Jahre gewählt. Seine hauptsächliche Aufgabe war die Beschlussfassung über den Gemeindehaushalt und über das Gemeindevermögen, damit also auch über alle Bauvorhaben, ferner die Kontrolle der Rechnungsfüh-

---

10 Amtsblatt des Saarlandes 1948, S. 418
11 Gesetz über die Neugliederung der Gemeinden u. Landkreise vom 19.12.1973, § 1 (ebenda 1973, S. 852).

Geschichte der Kommunalverwaltung 27

rung und der Amtsführung von Bürgermeister und Gemeinde- bzw. Ortsvorstehern. Der Gemeindevorsteher wurde von dem Gemeinderat auf Vorschlag des Bürgermeisters auf sechs Jahre ernannt. Sein Dienst war ehrenamtlich, ihm oblag die Aufsicht über die Unterbeamten der Gemeinde, die nach Anhörung des Gemeinderates und des Bürgermeisters vom Landrat ernannt wurden. Der hauptamtlich tätige Bürgermeister war das Exekutivorgan der Gemeinde. Entscheidungen oblagen ihm nur in den Fällen, die nicht dem Gemeinderat zustanden. Er wurde nicht gewählt, sondern vom Oberpräsidenten der Rheinprovinz ernannt, und unterstand der Dienstaufsicht des Landrates in Saarbrücken. Die eigentlichen Verwaltungsaufgaben wurden durchweg von den Bürgermeistereien erledigt, da die Gemeindevorsteher in den wenigsten Fällen in der Verwaltung erfahren oder geschult waren. Angelegenheiten, die die gesamte Bürgermeisterei betrafen, wurden von der Bürgermeistereiversammlung behandelt, in die die Gemeinderäte ihre Vertreter, meist den Ortsvorsteher und einen weiteren Abgeordneten, entsandten. Es bestanden also zwei Vertretungsorgane der Bevölkerung nebeneinander: der Gemeinderat und der Bürgermeistereirat[12]. Im ehemals preußischen Teil des Saargebiets, zu dem Püttlingen gehörte, sind die Gemeindeverfassungsgesetze, wie sie am 11.11.1918 bestanden, im Wesentlichen in Kraft geblieben, d. h. es galt die Gemeindeordnung für die Rheinprovinz in der Fassung des Gesetzes vom 15.05.1856 mit Abänderungen, die sie durch spätere Verwaltungsgesetze (Landesverwaltungsgesetz, Zuständigkeitsgesetz usw.) erfahren hatte. Auch hinsichtlich der Wahl der Bürgermeister, Beigeordneten und Gemeindevorsteher traten außer der Einführung der Änderung des Wahlrechts[13] keine wesentlichen Änderungen ein. Die Bürgermeister wurden immer noch nicht gewählt, sondern durch den Präsidenten der Regierungskommission ernannt, der somit eine früher dem Oberpräsidenten der Preußischen Rheinprovinz obliegende Funktion wahrnahm. Eine Verordnung vom 25.08.1925 brachte die Öffentlichkeit der Sitzungen des Gemeinderats und der Bürgermeistereiversammlung.[14]

---

12 Zur Kommunalverfassung in preußischer Zeit vgl. Max Bär, Die Behördenverfassung der Rheinprovinz seit 1815, Bonn 1919, Neudruck Düsseldorf 1998, S. 271-291.
13 Vgl. Kapitel II, S. 79 f.
14 Westhoff, Recht und Verwaltung, S. 29-32.

Mit der Rückgliederung des Saargebietes in das Deutsche Reich wurde das Gebiet jetzt offiziell »Saarland« genannt. Nun wurde die deutsche Gemeindeordnung vom 30.01.1935 eingeführt. Gemäß dem damals überall durchgesetzten »Führerprinzip« wurden die Befugnisse des Bürgermeisters erweitert, die von Gemeinderat und Bürgermeistereirat geschwächt.[15]

Abb.1 Dr. iur. Josef Mattonet, Bürgermeister in Püttlingen vom 15.01.1905–31.02 1920

Amtsbürgermeister in Püttlingen:

- **Dr iur. Josef Mattonet** (geb. 05.01.1869), zuvor bei der Stadtverwaltung Aachen beschäftigt, dann Bürgermeister in Püttlingen 15.01.1905 – 31.01.1920. In der darauf folgenden Vakanz (01.02.1920 – 30.03.1921) führte Beigeordneter Angel die Geschäfte, er bewarb sich um die Nachfolge, wurde aber *angesichts der scharfen Gegensätze, die sich herausgebildet hatten,* für dieses Amt als nicht geeignet gehalten und für eine Bürgermeisterstelle in einer anderen saarländischen Kommune vorgesehen. Die Berufung seines Nachfolger erfolgte nach vorheriger Zustimmung der drei Fraktionen (Zentrum, SPD und USPD) des Bürgermeisterei- und Gemeinderates.

Abb. 2 Ludwig Georg, Bürgermeister in Püttlingen 01.05.1920 – April 1938.

- **Ludwig Georg** kam aus Gerolstein, wurde am 01.03.1921 kommissarisch mit der Leitung der Bürgermeisterei Püttlingen beauftragt, Amtsantritt in den letzten Märztagen, definitive Ernennung zum Bürgermeister von Püttlingen durch den Präsidenten der Regierungskommission im Dezember 1921.[16]

---

15 Vgl. dazu Kapitel IV.
16 LA SB LRA SB Nr. 842.

- **Jakob Jung** (geb. 27.10.1895 in Rückweiler, Krs. St.Wendel), Hüttenangestellter, frühes Mitglied der NSDAP (seit 29.11.1926), Parteifunktionär, 1936-1938 Amtsbürgermeister in Gersweiler, Amtsbürgermeister in Püttlingen vom 01.05.1938 bis 28.04.1945.[17]

Amtsbürgermeister in Sellerbach/Riegelsberg[18]

- **Julius Langer**, geb. 29.03.1871 in Neumarkt, Reg.Bez. Breslau, am 01.10.1908 zum Vertreter des Bürgermeisters Lukas Speicher, am 01.04.1909 zu dessen Nachfolger ernannt, schied am 31.12.1927 aus gesundheitlichen Gründen aus. Er soll allgemein nicht sehr beliebt gewesen sein, er habe den Bauern zuviel auf die Finger geguckt.[19]
- **Heinrich Ahrens**, geb. am 13.07.1891 in Mühlhofen bei Koblenz durch die Regierungskommission am 01.02.1928 zum kommissarischen Bürgermeister bestellt, nach mehrstimmiger Entscheidung der Bürgermeistereiversammlung definitiv ernannt, am 11.01.1936 abberufen und nach Bous, Landkreis Saarlouis, versetzt.

Abb. 3 Julius Langer, Amtsbürgermeister von Sellerbach 01.10.1908–31.12.1927

- **Fritz Wüsten** Januar 1936 – 31.10.1937.
- **Dr Ernst Christmann** 01.11.1937 bis zu seiner Einberufung zur Wehrmacht im September 1943, vorher Betriebsprüfer beim Finanzamt Saarbrücken.

Ortsvorsteher der 1932 neu gebildeten Gemeinde Köllerbach war Johann Peter Glessner.
Die Leitung der örtlichen Polizei in der Bürgermeisterei Püttlingen war bis zum 31.3.1935 einem Polizeioberinspektor unterstellt. Im

---

17 LA SB Best. StKpolS, Nr. 228, vgl. auch Kap. IV S.
18 Herrmann, (wie Anm. 5), S. 212ff. u. 219.
19 Aus den Lebenserinnerungen von Lorenz Himbert, ediert von Kühn, Dokumente, S. 87.

Abb. 4 Johann Peter Glessner, Ortsvorsteher in Köllerbach

polizeilichen Außendienst waren 3 Polizeihauptwachtmeister, 1 Landjägermeister, 4 Oberlandjäger und 6 Landjäger tätig, im Bürodienst ein Sekretär, 2 Gehilfen und 1 Bote[20]. Interessant mag auch der Geschäftsumfang der Polizei in den Jahren 1933 und 1934 sein, wobei natürlich lange nicht alle Anzeigen politisch motiviert waren, sondern teilweise auf die wirtschaftliche Notlage zurückzuführen waren, wie die Zuwiderhandlungen gegen Feld- und Forstpolizeigesetze und wegen unbefugten Betretens der Bergehalde – wahrscheinlich zum Kohlensammeln – erkennen lassen.

Anzeige wegen	1933	1934
Verstoß gegen Bestimmungen des Strafgesetzbuches	593	614 Pers.
Zuwiderhandlungen gegen Feld- und Forst-Polizeigesetze	225	184 Pers.
Verstoß gegen Bestimmungen des Kraftfahrzeugwesens	181	146 Pers.
Unbefugten Betretens der Bergehalden und Grubenanlagen	2.850	6.480 Pers.[21]
Verstoß gegen sonstige Gesetze und Verordnungen	446	574 Pers.
Polizeiliche Strafverfügungen erlassen in	624	405 Fällen
Gerichtliche und polizeiliche Haftbefehle erledigt in	1.166	2.486 Fällen
dem Amtsgericht vorgeführt	236	374 Pers.
in Polizeigewahrsam genommen	70	78 Pers.

---

20 StadtA PÜ Verwaltungsbericht 1933/34, S. 19.
21 Einzelvorgänge über unerlaubtes Kohlenraffen und -schürfen in Akten des Landratsamtes, z.B. LA SB LRA SB Nr. 325 S. 435, 376, 577.

Bevölkerungsstatistik

Die ausführlichsten Angaben liefert die große Volkszählung von 1927

	Bevölkerung insges.	davon männl.	weibl.	ev.	kath.	Juden	Sonst.	ohne Angaben
Bürgerm. Püttlingen	19.404	7.753	9.651	2.137*)	17.129	42	29	16
Bürgerm. Sellerbach	14.366	7.312	7.054	4.254**)	10.023	10	14	34

*) davon freikirchlich 13
**) davon freikirchlich 34

Bevölkerung nach dem Familienstand Bürgermeisterei	Püttlingen	Sellerbach
verheiratet	8.095	5.696
ledig	10.478	8.112
verwitwet	802	546
geschieden	29	12

Talgemeinden der Bürgermeisterei Sellerbach

	insges.	männl.	weibl.	ev.	kath.	Juden	Haushaltg.	Wohnhsr
Engelfangen	1.615	806	809	304	1074		372	232
Etzenhofen	459	231	228	160	298		103	71
Herchenbach	354	160	194	83	271		66	54
Kölln	714	354	360	195***)	514		160	104
Rittenhofen	355	190	165	355	69		55	
Sellerbach	1.072	541	531	133	937	1²²	221	150

***) in Kölln wohnten weitere fünf Personen, die der freikirchlich lutherischen Gemeinde Walpershofen angehörten.

---

22 LA SB Dep. Riegelsberg Nr. 143.

Weitere Zahlen zur Bevölkerungsstatistik

Gemeinde Püttlingen:

Amtliche Volkszählung am 06.04.1922	10.219	
Amtliche Volkszählung am 19.07.1927	11.605	
Personenstandsaufnahme 1933	12.691	
Personenstandsaufnahme 1934	12.720	
Fortschreibung des Einwohnermeldeamtes 1934	13.043	
Adressbuch 1938 und 1939 gleiche Zahlen	12.668	davon männl. 6.353, weibl. 6.315
Personenstandsaufnahme vom 16.10.1943	13.538	davon männl. 4.182, weibl. 4.196, minderjährig 5.160, kath. 12.922, evangelisch 485, andere 122, ohne Angabe 9[23]

Geburten und Sterbefälle[24]

	Lebend Geborene	Gestorbene (ohne Totgeborene)
1933	259	97
1934	286	73
1938	290	davon gestorben unter 14 Jahren 15
1939	211	11
1940	74	9
1941	255	23
1942	167	17
1943	178	16

Gemeinde Altenkessel:

Adressbuch 1938 u.1939 (gleiche Zahlen)   8.291, davon männl. 4.135, weibl. 4.156

---

23 Verwaltungsbericht vom 20.01.1944 (StadtA PU 13/2003).
24 Ebenda.

Gemeinde Köllerbach
Adressbuch 1938 u.1939 (gleiche Zahlen)   5.123, davon männl.2.345, weibl. 2.578

Kirchen und Schulen

Das zahlenmäßige Verhältnis der beiden christlichen Konfessionen, so wie es sich in den frühen zwanziger Jahren darstellte, war weniger durch in der Frühen Neuzeit vom Landesherrn getroffene Verordnungen über die Konfession seiner Untertanen als durch die starke Zuwanderung ins Saarrevier seit der Mitte des 19. Jhs. bestimmt. Die Gemeinden waren gewachsen, das Netz der Pfarreien war enger geworden, hatte aber noch nicht seinen heutigen Stand erreicht.
Die katholischen Gemeinden gehörten zum Bistum Trier, die evangelischen zur Rheinischen Kirchenprovinz der Altpreußischen Union. Erst nach dem Zweiten Weltkrieg entstand die selbständige Evangelische Kirche im Rheinland. Von französischer Seite unternommene Versuche zur Lösung aus den überkommenen kirchlichen Verwaltungsstrukturen und zur Errichtung eines »Saarbistums« und einer »Protestantischen Kirche des Saargebiets« scheiterten am Widerstand der kirchlichen Behörden im Reich und der Gemeinden im Saargebiet.[25]

Die katholischen Gemeinden[26]

Die Ausdehnung der Pfarrei St. Sebastian[27] deckte sich mit den Grenzen der Gemarkung Püttlingen. Sie besaß zwei Gotteshäuser. Neben der 1907-1909 erbauten großen neuromanischen Kirche St. Sebastian, die wegen ihres eindrucksvollen zweitürmigen Baukörpers und ihrer weithin sichtbaren, das Ortsbild prägenden Lage nicht selten »Köllertaler Dom« genannt wurde, gab es am Hang östlich des Köl-

---

25 Altmeyer, Saardiözese und Evangelische Landeskirche des Saarlandes
26 Sperling, Püttlinger Geschichte 1868-1910, S. 58-62, vgl. auch Handbuch des Bistums Trier, 1952, S. 833f., 837-839.
27 Pfarrgeschichte der Pfarrei St. Sebastian hg. anlässlich des 50-jährigen Jubiläums der neuen Pfarrkirche St. Sebastian im Oktober 1959, Püttlingen 1959.

lerbachs die 1888/89 errichtete Kirche Assumptionis Beatae Mariae Virginis, kurz Liebfrauen (ULF) genannt.[28] Die Ausdehnung des Pfarrsprengels erwies sich im Laufe der zwanziger Jahre als zu groß. So wurde am 01.10.1929 der links des Köllerbaches gelegene Teil des Dorfes von der Mutterpfarrei St. Sebastian abgetrennt und die Pfarrei Püttlingen-ULF kanonisch errichtet. Die Grenze zwischen beiden bildet der Köllerbach. Zur Pfarrei St. Sebastian gehört der Ortsteil Berg, während die Pfarrei Liebfrauen zunächst die Ortsteile Bengesen und Ritterstraße umfasste. Wenig später erhielt der Ortsteil Ritterstraße ein eigenes Gotteshaus mit der Kirche St. Bonifatius, damit wurde die Errichtung einer dritten katholischen Pfarrei in Püttlingen eingeleitet. Am 05.09.1937 wurde Püttlingen-St. Bonifatius als Vikarie von Püttlingen-ULF abgetrennt, am 01.01.1938 zur Kapellengemeinde erhoben, aber erst nach dem Zweiten Weltkrieg am 20.05.1947 kanonisch errichtet. Außer den Pfarrhäusern gab es das am 12.11.1933 eingeweihte Pfarr- und Jugendheim St. Sebastian[29] und im Sprengel der Pfarrei ULF das 1896 entstandene Franziskushaus der Franziskanerinnen von Waldbreitbach. Im Jahr 1937 war es mit 8 Schwestern besetzt, die eine Nähschule unterhielten.[30]

Die katholische Pfarrei Kölln-St.Martin war in den 1680er Jahren auf Veranlassung der damaligen französischen Verwaltung wieder errichtet worden. Sie umfasste im 18. Jh. 26 Orte. Im Laufe des 19. Jhs. verkleinerte sich ihr Sprengel in dem Maße, wie in den durch den Zuzug von Bergleuten anwachsenden Dörfern selbständige Pfarreien errichtet wurden. Die jahrzehntelange simultane Nutzung der alten Martinskirche in Kölln entfiel, nachdem am 09.06.1899 die neu erbaute Herz-Jesu-Kirche in Kölln geweiht worden war. In unserem Untersuchungszeitraum gehörten zur Pfarrei die Orte Kölln, Rittenhofen, Engelfangen, Etzenhofen, Herchenbach, die 1932 zur Zivilgemeinde Köllerbach zusammengefasst wurden, ferner Walpershofen und Sprengen. Zusammen mit dem Pfarrhaus war 1929 ein Pfarrsaal entstanden und in demselben Jahr ein Kloster mit Karmeliterinnen

---

28   Norbert M. Scherer, Liebfrauenkirche Püttlingen, Baugeschichte und Architektur, Püttlingen 1990.
29   LA SB LRA, Nr. 312.
30   Meldung des Bürgermeisters an den Landrat von Saarbrücken vom 01.03.1937 (LA SB LRA SB Nr. 335).

aus einem Mutterhaus in Luxemburg, die einen Hort für Kinder unter sechs Jahren unterhielten.[31]

Der Zusammenhalt der katholischen Gemeinden wurde gestärkt durch die Mitgliedschaft von Frauen, Männern und Jugendlichen in kirchlichen Vereinen (vgl. folgende Tabelle).

Kirchliche Vereine
Soweit in der Fußnote nichts anderes vermerkt ist, ist jeweils das Gründungsjahr angegeben. Ein Kreuz (+) bedeutet, dass ein Verein bestand, das Gründungsjahr aber nicht ermittelt werden konnte.

Verein	PÜ-St. Sebastian	PÜ-ULF	PÜ St.Bonif.	Kölln Herz-Jesu
Männerkongregation	1917			
Arbeiterver. St. Josef[32]	1910	1930		1923
Kolpingfamilie		1931	1931	
Jungmännerverein[33]	1893	1930[34]		1905[35]
Gesellenverein	+			
Jungschar	1930[36]			
Jungfrauenkongreg.	1894	1930	1930	1914
Mütterverein		1930	1930	
Kindheit-Jesu-Verein	1854	1930	1930	1914
Agnes-Verein	+	+		
Aloysius-Verein	1896[37]			

---

31 Ebenda.
32 1922 Vorsitzender Pastor Heß, 380 Mitglieder (Nachweis der 1922 bestehenden Vereine LA SB LRA SB Nr. 420 S. 211f.).
33 Im J. 1922 geleitet von Kaplan Lackas, 180 Mitglieder (ebenda).
34 Am 12.06.1932 trafen sich auf Veranlassung des katholischen Jungmännerverbandes die männlichen katholischen Jugendvereine von Eiweiler, Güchenbach, Heusweiler, Kölln, Altenkessel und Püttlingen an der Kreuzkapelle in Püttlingen zu einer rein religiösen Veranstaltung ohne politische Tendenzen unter Leitung von Pfarrer Schommer als Bezirkspräses (Antrag vom 27.06.1932 auf Umzug (ebenda Nr. 310). Antrag auf geschlossenen Kirchgang zu einer Gemeinschaftsmesse am 08.07.1934 (ebenda Nr. 314).
35 Im J. 1922 geleitet von Kaplan Weber, 105 Mitglieder (Nachweis der 1922 bestehenden Vereine LA SB LRA SB Nr. 420 S. 211f.).
36 Erwähnt in der Völklinger Zeitung vom 21.03.1928 und bei Genehmigung einer Veranstaltung am 22.04.1934 (LA SB LRA SB Nr. 313).
37 Besteht 1922, geleitet von Kaplan Becker, 158 Mitglieder, Vereinszweck ist

Barbara-Verein	1850[38]	1925	1931	1925
Bonifatius-Verein	1922	1930	1930	+
Borromäus-Verein	1856	+	1928	1913
Elisabeth-Verein[39]		1912		1927
Eucharius-Werk	+			
Franz-Xaver-Verein	1922	1934	1934	1937
PfarrCaritas.	1923	1930	1930	1935
DJK Spielvereinigung	1922			

Jungmännerverein, Jungschar (auch Sturmschar genannt), Jungfrauenkongregation, DJK-Spielvereinigung, Gesellenverein und Agnesverein waren in der Pfarrei ULF-Püttlingen im Jugendring zusammengeschlossen. Er bestand seit 1930 und zählte rund 700 Mitglieder, Präfekt war Pastor Lermen.[40] Pastor Schommer war 1932 Bezirkspräses des katholischen Jungmännerverbandes.[41]
Hinzu kamen kirchliche Gruppen, die keinen Vereinsstatus hatten, wie z.B. die Kirchenchöre.[42]

Pfarrer:
Pfarrei Püttlingen-St. Sebastian:
1919-1927   Johann Heß
seit 1927   Jakob Schommer[43]

Jugendpflege (wie Anm. 33). (Völklinger Volksfreund vom 04.05.1928).
38 Die Pfarrgesch. St. Sebastian (wie Anm. 25), S. 81 nennt 1850 als Gründungsjahr, ein Antrag von 1934 aber 1852 (LA SB LRA SB Nr. 315), im Jahr 1933 970 Mitglieder. Vorsitzender Pfarrer Schommer, 2. Vorsitzender: Franz Becker, Pensionär, Schriftführer: Jakob Kurtz, Pensionär, Antrag auf Genehmigung des Stiftungsfestes am 18.09.1933 (ebenda Nr. 311 u. Nr. 315 S. 590).
39 Pfarrgesch. St.Sebastian, S. 82.
40 Anträge auf Genehmigung von Veranstaltungen vom 27.06.1932 u. 30.06.1933 (ebenda Nr. 310 u. 311).
41 Antrag auf Genehmigung einer Kundgebung am 12.06.1932 (ebenda Nr. 310).
42 Kirchenchor St. Caecilia (ebenda Nr. 309), Kirchenchor St. Caecilia Kölln (Antrag auf Genehmigung von 17.07.1933 ebenda Nr. 311).
43 Geb. 14.07.1886 in Quierschied. 1918-1927 Pfarrer in Hostenbach (Handbuch Trier 1952, S. 1093).

Pfarrei Püttlingen-Liebfrauen
1930-1949   Johann Peter Lermen[44]

Kapellengemeinde Püttlingen-St. Bonifatius:
seit 01.09.1937 Georg Kronenberger[45]

Pfarrei Kölln-Herz-Jesu:
1914-1928   Jakob Porz
1928-1934   Peter Hennes
1934-1937   August Braun[46]
1938-1944   Nikolaus Kolling[47]
Neubesetzung erst nach Kriegsende

Besondere Häuser oder Wanderheime für die Jugendarbeit besaßen die katholischen Gemeinden nicht[48].

Die evangelischen Gemeinden

Eine evangelische Kirchengemeinde Püttlingen gibt es bis heute nicht, vielmehr wurden und werden die evangelischen Bewohner von den evangelischen Kirchengemeinden Kölln und Altenkessel-Neudorf betreut. Eine Trennlinie stellte früher die Grubenbahn dar. Die Evangelischen im Ortsteil Ritterstraße und in den angrenzenden Straßen des Ortsteils Bengesen, und zwar Hengstwald-, Hohberg-, Eisenbahn- und

---

44 Geb. 25.02.1889 in Neunkirchen (damals oldenburg. Landesteil Birkenfeld, heute LK St. Wendel), 1921-1930 Pfarrer in Schren, 1949 Wechsel auf Pfarrei Fremersdorf (Handbuch Trier 1952, S. 1011).
45 Geb. 16.12.1903 in Neunkirchen, 27.07.1936 Kaplan in Püttlingen-ULF, 20.07.1937 Expositur Püttlingen-St. Bonifatius, ab 20.05.1947 Pfarrer in Püttlingen-St. Bonifatius (Handbuch Trier 1952, S. 1008).
46 Geb. 10.06.1890 in Wengerohr, 1921-1930 Pfarrer in Kappel, 1930-Nov. 1934 Definitor in Simmern, Oktober 1937 Wechsel nach Saarbrücken-St. Michael, 1949 Dechant in Saarbrücken, 1950 Ehrendomherr Trier (Handbuch Trier, 1952, S. 978).
47 Gest. am 23.10.1944 im Alter von 45 Jahren (Handbuch Trier, 1952 S. 1071).
48 Antwort auf eine Rundfrage des Landrats vom November 1935 (ebenda Nr. 332).

Schlehbachstraße, sind in die ev. Pfarrgemeinde Altenkessel-Neudorf eingepfarrt. Zur evangelischen Kirchengemeinde Kölln gehören die heutigen Püttlinger Ortsteile Kölln, Sellerbach, Engelfangen, Etzenhofen, Rittenhofen, Herchenbach und das außerhalb des heutigen Stadtgebiets liegende Walpershofen, wo im Januar 1929 das schon vor dem Ersten Weltkrieg angestrebte eigene Gotteshaus in Dienst genommen werden konnte.[49]

Seit 1913 fand zunächst unregelmäßig, seit 1931 dann in zweiwöchigem Turnus ein Gottesdienst in dem evangelischen Schulhaus am Hengstwald statt. Angesparte Gelder zum Bau einer kleinen Kirche oder Kapelle auf der Ritterstraße zerschmolzen in der Inflation. Erst in den frühen 1950er Jahren konnte der lang gehegte Wunsch nach einem eigenen Gotteshaus auf der Ritterstraße verwirklicht werden. Durch sozialdemokratische und kommunistische Propaganda in den ersten Nachkriegsjahren hatten sich viele Gemeindeglieder der Kirche entfremdet, jedoch ohne dass sie ihren Austritt erklärt hatten.[50]

Das evangelische Vereinswesen war bei weitem nicht so vielfältig und auch nicht so mitgliederstark wie das katholische. Es gab einen gemeinsamen Ev. Arbeiterverein für die Kirchengemeinden Kölln, Heusweiler, Wahlschied und Güchenbach.[51]

In der Kirchengemeinde Kölln bildete sich neben der älteren, in ihren Anfängen bis 1912 zurückreichenden Frauenhilfsgruppe Kölln[52] im Jahr 1924 eine eigene Gruppe Walpershofen, zu der sich auch die Frauen von Herchenbach hielten[53].

In der Kirchengemeinde Altenkessel/Neudorf war ca. 1888 ein Ev. Arbeiterverein gegründet worden, im Juni 1934 wurde sein Mitgliederbestand mit 361 angegeben[54], es bestand auch eine Frauenhilfsgruppe

---

49 Dazu Conrad, Evangelisches Leben in Walpershofen, Derselbe, Ev. Christen in Altenkessel und Püttlingen, in: Altmeyer, Einwohnerbuch, S. 63ff.
50 Gemeindechronik Kölln (LA SB Nachl. Rug Nr. 315)
51 Ev. Wochenblatt 1890, S. 264 u. 304. S. auch Conrad, Evangelisches Leben in Walpershofen. Mitglied konnten nur ev. Gemeindeglieder aus dem Bereich der Amtsbürgermeisterei Sellerbach werden.
52 Anfangs Ev. Frauen- und Jungfrauenverein genannt (Erna Krauß, 85 Jahre Frauenhilfe Köllerbach — ein historischer Rückblick, in: Gemeindebrief Januar bis Mai 1998, S. 2-5).
53 Dorfbuch Walpershofen, S. 147, S. auch Conrad, Walpershofen (wie Anm. 49).
54 LA SB LRA SB Nr. P-V 10.

Ritterstraße[55]. In Altenkessel-Neudorf gab es weiterhin eine Ortsgruppe des Ev. Bundes[56]. Die Jugendarbeit war nicht vereinsmäßig organisiert.

Pfarrer[57]:
Ev. Kirchengemeinde Altenkessel-Neudorf:
1912-1928   Gustav Robert Kühnen
1928-1931   Wilhelm Peter Maximilian Katz
1931-1939   Otto Geuther
1939-1947   Maximilian Susewind

Ev. Kirchengemeinde Kölln:
Seit 1909 Wilhelm Michel, infolge eines Schlaganfalles ausgeschieden am 06.11.1926, Vakanzvertretung durch den Güchenbacher Pfarrer Richard Braun,
Karl Ludwig Rug, ab 01.04.1927 zunächst als Hilfsprediger, nach seiner Ordination am 22.04.1928 als Inhaber der Pfarrstelle bis zu seinem altersbedingten Ausscheiden am 01.10.1968, unterbrochen von Wehrdienst Mai-Juli 1936, Februar 1937, Mai-Juli 1938, Mai 1940-Ende Mai 1945[58], Vakanzvertretung durch den Güchenbacher Pfarrer Richard Braun.

Neuapostolische

Kleine neuapostolische Gemeindegruppen mit festen Treffpunkten bestanden in Altenkessel in der Schule (Leiter Matthias Eder), in Püttlingen, Hengstwaldstraße 74 (Leiter Erich Bickelmann), in Pflugscheid, Pflugscheider Straße 27 (Leiter Friedrich Nermerich) und in Güchenbach (Leiter Friedrich Klein). Sie bildeten einen Teil des Bezirks Kla-

---
55 Liste aufgelöster Vereine vom 14.12.1951 (LA SB MdI, Nr. 823) u. 100 Jahre lutherische Kirche Altenkessel, S. 58.
56 Ebenda.
57 Soweit nichts anderes angegeben Albert Rosenkranz, Das Evangelische Rheinland. Ein rheinisches Gemeinde und Pfarrerbuch, Bd. 1: Die Gemeinden, Düsseldorf 1956, S. 634, 636f.
58 Conrad (Hg.), Karl Ludwig Rug (1901-1985).

renthal, der seinerseits zum Distrikt Saarpfalz der Vereinigten Neuapostolischen Gemeinde Süd- und Mitteldeutschlands e.V. gehörte.[59]

Schulen

Der Fortbestand der deutschen Schulen im Saargebiet war im Versailler Vertrag zugesichert. Grundsätzlich war das Volksschulwesen nach Konfessionen und Geschlechtern getrennt, doch brachte es die Bevölkerungsstruktur mit sich, dass mancherorts gemischte Klassen gebildet wurden.
Einen Überblick der Schulgeschichte vornehmlich im 19. Jh. gibt Paul Sperlings.[60] Der Verwaltungsbericht von 1929 liefert Material für die zwanziger Jahre.[61]

Püttlingen:
- 3 Kath. Volksschulen in Berg-, Bengesen- und Ritterstraße mit je 16 Klassen von Knaben und Mädchen und 5 gemischten Klassen
- 1 Ev. Volksschule in Ritterstraße am Hengstwald, einklassig für Knaben und Mädchen, sie wurde auch von einem Teil der evangelischen Kinder aus Püttlingen besucht, andere gingen in eine der kath. Volksschulen.

Gesamtzahl der eingeschulten Kinder: 859 Knaben, 786 Mädchen.[62]

In der Bürgermeisterei Sellerbach gab es zwei Schulverbände, der eine umfasste die Schulen in Von der Heydt, Pflugscheid, Buchenschachen, Riegelsberg, Güchenbach, Hilschbach und Walpershofen, der andere die Schulen in den Talgemeinden, nämlich Kath. Volkschule Engelfangen mit 2 Knaben-, 2 Mädchen- und 4 gemischten Klassen, insgesamt 120 Knaben und 122 Mädchen,
- Kath. Volksschule Kölln-Sellerbach mit 2 Knaben-, 2 Mädchen- und 4 gemischten Klassen, insgesamt 162 Knaben und 193 Mädchen,

---

59 Amtshandbuch Saarpfalz 1937, S. 72.
60 Sperling, Püttlinger Geschichte, S. 56f.
61 LA SB LRA SB Nr. 993.
62 Zur Schulgeschichte vgl. auch J. Schneider, Püttlingen und seine Schulen,. Festschrift anlässlich der Einweihung der St. Barbara-Schule und der ev. Viktoriaschule am 27.04.1966, Püttlingen 1966.

- Kath. Volksschule Herchenbach mit 1 gemischten Klasse, insgesamt 20 Knaben und 29 Mädchen,
- Ev. Volksschule Kölln mit 1 Knabenklasse und 2 gemischten Klassen, insgesamt 69 Knaben und 60 Mädchen.

Die evangelischen Kinder von Herchenbach besuchten die vierklassige Ev. Volksschule Walpershofen.

Domanialschule

Ausgehend von der im Saarstatut des Versailler Vertrags enthaltenen Möglichkeit, dass Frankreich für das Personal der Saargruben Volksschulen und technische Schulen gründen und unterhalten könne, begann die *Administration des Mines Domaniales de la Sarre* im Laufe des Jahres 1920 mit der Errichtung der sogen. »Domanialschulen« an den wichtigsten Grubenstandorten. Die neue Schulform knüpfte an die laizistische Tradition Frankreichs an und nahm Elemente der Reformpädagogik auf: Interkonfessionalität und Koedukation, Lernmittelfreiheit, Verbot der Prügelstrafe, Elternräte, kostenlose ärztliche Betreuung der Kinder, jährliche Schullandheimaufenthalte. Die Kinder wurden mit Bussen zu den Schulen gebracht. Ranzengeld sowie Kleider und Spielsachen an Weihnachten und Ostern sollten den Bergarbeitereltern unter die Arme greifen und den Entschluss zur Einschulung ihrer Kinder erleichtern. Da die Domanialschulen anfangs überhaupt keinen Religionsunterricht erteilten, wurden sie vom Klerus und den Lehrerverbänden als atheistisch abgelehnt. Daraufhin wurde nach 1920 an jede Schule ein Geistlicher berufen, die Teilnahme am Religionsunterricht war aber nicht obligatorisch. Eine Verordnung der Regierungskommission gestattete den Besuch der Domanialschulen allen Kindern von Grubenangehörigen und auch anderen saarländischen Kindern, wenn deren Eltern um Erlaubnis nachsuchten. Die saarländischen Parteien hielten entgegen, der entsprechende Paragraph des Versailler Vertrages sehe besondere Schulen nur für die Kinder des französischen Personals vor, nicht für die der deutschstämmigen Saarbergleute. Als Anfang 1923 in Heiligenwald neun deutsche Volksschulklassen geschlossen werden mussten, weil die Kinder zu der Domanialschule abgewandert waren, steigerte sich der Kampf gegen die Domanialschulen, in denen Parteien, Kirchen, Lehrerverbände, Kommunen, Presse und auch die Reichsregierung ein Instrument der französischen Kulturpolitik, der gefürchteten und geschmähten *Pénétration pacifique,* sahen. Der Trierer Bischof Bornewasser wandte sich in einem Hirtenbrief gegen diese Schulen. Der SPD-Vorsitzende Valentin Schäfer erreichte im Januar 1923 eine gemeinsame Erklärung von Deutsch-Nationalen, Liberalen, Zentrum und Sozialdemokraten »*Unsere deutsche Schule ist in Gefahr*«. Die KPD machte ihren Mitgliedern zur Pflicht, der allerdings nicht alle nachkamen, ihre Kinder in die deutsche Volksschule zu schicken. Umgekehrt förderte die *Administration des Mines Domaniales* den Besuch der Domanialschulen durch möglichst viele Bergmannskinder, mancherorts auch mit einem gewissen Druck. Eine Entschärfung des saarländischen Schulkampfes, der international Beachtung fand, gelang der Regierungskommission durch eine Bekanntmachung vom 06.02.1925, wonach *es jedem Angestellten der französischen Gruben nach den bestehenden Gesetzen freigestellt ist, sein Kind in die öffentliche deutsche Volksschule oder in die Domanialschule zu schicken und daß ihm aus diesem freien Entschlusse kein Schaden von irgend jemand zugefügt werden darf*. Kindern, deren Eltern nicht zum Grubenpersonal gehörten, sollte der Besuch der Domanialschulen nur in Ausnahmefällen genehmigt werden. Dennoch blieb der Besuch der Domanialschulen, wie übrigens auch die Teilnahme am fakultativen Französisch-Unterricht in den saarländischen Volksschulen, umstritten und galt als Indikator für die nationale Zuverlässigkeit[63].

Schülerzahlen der Domanialschulen im Saargebiet[64]
1924	5.176	Schüler/innen (Höchststand)
Ende 1929	2.777	
Dezember 1932	4.823	
Ende 1934	2.581	

---

63 Zu den Domanialschulen vgl. Zenner, Parteien u. Politik, S. 100-107 u. Mallmann-Steffens, Lohn der Mühen, S. 165-169, beide mit Hinweisen auf ausführlichere ältere Literatur mit teils polemischem Charakter.
64 Rapport sur l'exploitation des Mines domaniales de la Sarre par l'Etat français 10 janvier 1920 — 28 février 1935, Paris 1936, S. 49 (Fotokopie in LA SB Dep. Saarbergwerke Nr. 78).

Domanialschule Püttlingen 4 Klassen und 4 Lehrpersonen [65]

15.2.1929	84	39 Knaben	45 Mädchen
10.1.1930	89	43	46
1933	140	70	70
1934	104	53	51

Mit der Rückgliederung löste sich die Domanialschule von selbst auf. Die sie zuletzt noch besuchenden Kinder der französischen Bergwerksbeamten und Angestellten sowie der Emigranten wanderten nach Frankreich ab. Der seit 1924 hier tätige Lehrer Aubry verließ am 28.02.1935 das Saargebiet. Die Qualität des Unterrichts problematisiert der Verwaltungsbericht: *Die verhältnismäßig sehr schlechte Beschulung der Kinder, die bis zur Rückgliederung die Domanialschulen besucht hatten, erforderte für die zurückgebliebenen Kinder die Einrichtung von Hilfsklassen und zwar 2 für Püttlingen und 1 für Altenkessel*[66].

Juden

Die Zahl der ortsansässigen Juden war gering. Sie gehörten zur jüdischen Kultusgemeinde Saarbrücken, deren Sprengel die Großstadt Saarbrücken und den gesamten Kreis Saarbrücken-Land umfasste.

	1927	25.06.1935
Bürgermeisterei Püttlingen	42	
Gemeinde Püttlingen	27	16
Bürgermeisterei Riegelsberg	10	
Gemeinde Köllerbach	1	

Namen: [67]
- Baer, Ida, Witwe, Schuhgeschäft, Püttlingen, Hindenburgstraße 26
- Baer, Hilde
- Herz, Geschäft in der Picardstraße

---

65 Zahlen in den Verwaltungsberichten des Bürgermeisters (LA SB LRA SB Nr. 993 u. StadtA Püttlingen).
66 StadtA PÜ Verwaltungsbericht 1933/34, S. 21f.
67 Kühn, Nationalsozialismus, S. 17-19.

- Hirsch, Max, Manufakturwaren, Püttlingen, Hindenburgstr. 32
- Hirsch, Kaufhaus, Püttlingen, Marktstraße 32, Bettfedern, Barchent, Drelle und Bettwäsche
- Jakob, Viehhändler, Püttlingen, Derlerstraße
- Jakubowitsch, David, Püttlingen, Völklingerstraße 12, Kurz-, Weiß-, Woll- und Manufakturwaren, Arbeiterkleidung
- Neumark, Max (geb. 04.02.1876) hatte von seinem Vater Salomon N. (gest. 23.11.1921) das 1869 gegründete Kaufhaus (Manufakturwaren, Confection, Schuhwaren) in Püttlingen und Lebach übernommen. Er hatte sich vor 1905 vermählt mit Doris Baum, aus der Ehe waren die Kinder Anna Maria, Jenny, Werner und Lotte hervorgegangen.[68]
- Salomon, Robert, Kurz-, Weiß- und Wollwaren, wohnhaft Pickardstraße 16, unterhielt aber kein offenes Geschäft, sondern besuchte Märkte (1937)
- Samuel, Geschwister, Manufaktur- und Modewaren, Kurz-, Weiß- und Wollwarengeschäft, Herren- und Damenwäsche, Herren- und Damenkonfektion in Püttlingen.

In Köllerbach wird jüdischer Grundbesitz erwähnt, Namen ortsansässiger Juden wurden mir nicht bekannt.

Zur Wirtschaft

Berufstätigkeit

Berufszugehörigkeiten in der Gemeinde Püttlingen nach Erhebung vom 16.10.1943[69]

Bergarbeiter	1.432
Hüttenarbeiter	907
Reichsbahnarbeiter	85
Sonstige Arbeiter	1.370
Gewerbetreibende	291

---

68 Altmeyer, Einwohnerbuch Nr. 5049 u. 5050.
69 StadtA PÜ Verwaltungsbericht vom 20.01.1944.

Beamten u. Angestellte	343
Privatangestellte	507
Ärzte, Dentisten, Hebammen	21
Landwirte	16
Pensionäre, Rentner	110

Bergbau

Größter Arbeitgeber nicht nur in Püttlingen, sondern im Saarrevier insgesamt war in der Kaiserzeit der preußische Bergfiskus gewesen. Seine Abbauanlagen waren in *Inspektionen* organisiert. Die im Köllertal ansässigen Bergleute arbeiteten vornehmlich auf den Inspektionen II (Viktoria) und III (Von der Heydt). Der Versailler Vertrag verfügte die Übertragung des Eigentums an allen saarländischen Steinkohlenbergwerken an den französischen Staat. Die Übergabe erfolgte am 17.01.1920, wenige Tage nach dem Inkrafttreten des Vertrags. Dass der französische Staat die Führung des Grubenbetriebs in Eigenregie übernahm, lässt sich einesteils mit der im Friedensvertrag vorgesehenen Rückkaufsmöglichkeit der Gruben nach 15 Jahren, die für eine private Gesellschaft ein hohes Risiko dargestellt hätte, erklären, andererseits mit den vielerlei politischen Einwirkungsmöglichkeiten, die sich ihm, nun größter Arbeitgeber an der Saar, größer als es der preußische Bergfiskus gewesen war, auf die gesamte Saarbevölkerung, nicht nur auf die Bergarbeiterschaft eröffneten. Durch Dekret vom 23.10.1919 war ein nach privatwirtschaftlichen Gesichtspunkten geleitetes Unternehmen, die *Administration des Mines Domaniales de la Sarre*, geschaffen worden, das in seiner Finanzgebarung flexibler agieren konnte als der preußische Bergfiskus, der enger an den Staatshaushalt gebunden gewesen war. Die französische Verwaltung ließ die Einteilung in Inspektionen bestehen.

Verteilung der Bergleute auf Inspektionen, Stand vom 14.12.1925 [70]

Ort	Gesamtzahl	davon tätig in		
		Inspektion II	Inspektion III	andere Inspektionen
Altenkessel	954	641	76	237
Püttlingen	2.066	1.991	61	14
Ritterstraße	198	163	33	2
Summe	2.264	2.154	94	16
Engelfangen	340	318	26	
Etzenhofen	72	59	11	2
Herchenbach	62	48	6	8
Kölln	108	102	5	1
Rittenhofen	69	65	3	1
Sellerbach	196	179	12	5
Summe	847	771	63	3
Buchenschachen	295	9	283	2
Güchenbach	466	2	445	19
Von der Heydt	68	0	68	0
Hilschbach	61	5	56	0
Hixberg	66	4	62	0
Pflugscheid	139	24	115	0
Riegelsberg	238	3	230	5
Überhofen	110	5	103	2
Summe	1.443	52	1.362	28

Die Statistik zeigt, dass die Hauptmasse der in den Talgemeinden wohnhaften Bergleute auf Anlagen der Inspektion II arbeitete. Leider unterscheidet die veröffentlichte Statistik nicht zwischen dem Bergwerk Viktoria und dem Bergwerk Louisenthal. Doch darf man annehmen, dass die meisten Bergleute aus dem Köllertal wegen des kürzeren Weges zur Arbeitsstätte auf Grube Viktoria beschäftigt waren. Die

---

70 Statistique du Personnel ouvrier des mines et usines de l'Administration des Mines domaniales de la Sarre d'après les resultats du recensement du 14 décembre 1925, Saarbrücken 1927 (LA SB Dep. Saarbergwerke Nr. 1).

Bergleute aus den Orten der später gebildeten Gemeinde Riegelsberg waren mehrheitlich nach den Amelungschächten und den Steinbachschächten der Inspektion Von der Heydt ausgerichtet, wohin eine gute Straßenbahnverbindung bestand. Ganz wenige Bergleute aus den vorstehend genannten Orten arbeiteten auf anderen Inspektionen der *Mines Domaniales*.
Die Bergleute, denen seit dem 01.07.1920 die Löhne in Franken ausgezahlt wurden, erlebten trotz steigender Lebensmittelpreise die Jahre 1920-1922 als »fette Jahre«[71]. Sie waren die Gewinner des Währungsdualismus an der Saar und profitierten von jedem Wechselkursverlust der Mark, während die Marklohnempfänger stark benachteiligt waren. Ab 01.06.1923 wurde der französische Franken alleiniges Zahlungsmittel im Saargebiet.

Der Hunderttagestreik des Jahres 1923[72] markierte für die saarländischen Bergleute einen Wendepunkt, die Zeit der »Frankenkönige« war vorbei. In der zweiten Hälfte der 1920er Jahre spitzte sich die soziale Lage zu. Die Lohnerhöhungen blieben hinter den Preissteigerungen zurück, die Reallöhne sanken, und mit den Auswirkungen der Weltwirtschaftskrise wuchs die Arbeitslosigkeit.[73]

Landwirtschaft

Der Verwaltungsbericht von 1935 enthält dazu für die Jahre 1933/34 folgende Ausführungen:
Die Landwirtschaft wird..., abgesehen von einigen größeren und ausgesprochen landwirtschaftlichen Betrieben in der Hauptsache nebenberuflich betrieben. Die Größe des im allgemeinen bewirtschafteten Einzelbesitzes bewegt sich zwischen 1-10 Morgen Acker und Wiesenland. Die Besitzer haben meist noch ein Nebeneinkommen aus ihrer Tätigkeit als Bergmann oder Hüttenarbeiter. Der Bodenertrag ist meist nicht größer als dass er die aufgewendeten Kosten deckt. Die Ursachen dürften neben einer minderen Bodenqualität in der Haupt-

---

71 Heckmann (wie Anm. 1), S. 89.
72 Vgl. dazu Kapitel II S. 184-189
73 Vgl. dazu Kapitel II S. 206-218

sache darin zu suchen sein, dass den Leuten das Geld zur Beschaffung der zur Erzielung eines gesteigerten Ertrages erforderlichen künstlichen Düngemittel fehlt.
Im Jahr 1933/34 ist die Zahl der landwirtschaftlichen Kleinbetriebe weiter gewachsen. Dies machte sich auch in einer Steigerung der Kauf- und Pachtpreise für Acker- und Wiesenland bemerkbar. Während in den vorhergehenden Jahren noch sehr viel Land brach lag, ist jetzt alles Land, bis auf wenige Parzellen die sich nach Lage und Bodenbeschaffenheit nicht eignen, wieder in Benutzung genommen.
Die schlechten Einkommensverhältnisse der Arbeiter hatten ein Ansteigen der Kleinviehbestände zur Folge, während die Pferde- und Rindviehhaltung weiter zurückging.

Viehbestand Gemeinde Püttlingen

	1932	1933	1934	1935	03.12.1943	01.03.1944
Pferde	59	55	52	51		
Rindvieh	402	491	386	349		
Schafe	21	22	22	27		
Schweine	936	1.029	1.186	835	473	244
Ziegen	977	1.072	1.122	1.062		
Kaninchen	648	1.656	1.269	1.262		
Federvieh	5.940	6.053	4.949	5.533	3.698*)	3.338*)
Bienenvölker	94	128	140	115		

*) Statistik nennt nur Hühner.

Zuchtstiere und -böcke wurden lange Zeit in gemeindlicher Regie gehalten, ab 01.03.1934 dann Privaten übertragen, nachdem die Eberhaltung schon früher an Private übergegangen war.

Der Rückgang im Schweinebestand ist einerseits auf den Mangel an Ferkeln zurückzuführen, anderseits aber auch durch die starke Einschränkung der Einkaufsgenehmigung durch die Ernährungsämter verursacht. Es steht zu befürchten, daß sich diese Tatsachen in unseren Gemeinden (Altenkessel u. Püttlingen), *in denen bisher der weitaus größte Prozentsatz der Arbeiterfamilien sich jedes Jahr sein Schwein gehalten hat, im kommenden Winter inbezug auf die Fleisch- und Fettversorgung besonders nachteilig auswirken wird. Der Rückgang im Hühnerbestand ist eine Folge der Maßnahmen, daß für die*

Selbstversorgungshaushalte in Eiern nur noch 1 Huhn statt bisher 1 ½ Huhn pro Kopf zugestanden wurde.[74]

Spar- und Darlehenskassen

Die Kreissparkasse Saarbrücken unterhielt Hauptzweigstellen in Altenkessel, Püttlingen und Riegelsberg, Nebenzweigstellen in Köllerbach und Ritterstraße.
Außerdem gab es die Püttlinger Sparkasse GmbH und den Köllertaler Spar- und Darlehenskassenverein eGmbH, beide gehörten der Genossenschaftlichen Zentralbank, Saarbrücken an.[75]

Gesundheitswesen

Die ärztliche Versorgung des Köllertales war in den zwanziger und dreißiger Jahren viel weitmaschiger als heute. Im Jahr 1937 gab es nur sieben niedergelassene Ärzte:
- in Altenkessel: Dr. Margarethe Lamour, Dr. Robert Lamour, Dr. Hubert Schwarz,
- in Püttlingen: Dr. Ludwig Kunkel, Dr. Aloys Müller und Dr. Wilhelm Plaßmann,
- in Köllerbach: Dr. Joseph Lang.
- Apotheken befanden sich nur in Püttlingen, und zwar die Glückauf-Apotheke (Inhaber Dr. O. Saal) und die Liebfrauenapotheke (Inhaber Felix Mohr)[76].
- Als Tierarzt praktizierte in Püttlingen Joseph Krämer.

Vereine

Einen guten Überblick über das Vereinswesen in den ersten Jahren unseres Betrachtungszeitraumes geben Listen, die die Bürgermeister-

---

74 Verwaltungsbericht vom 20.01.1944.
75 Amtshandbuch Saarpfalz 1937, S. 135f. u. 138f.
76 Ebenda, 1937, S. 171.

ämter auf Anforderung des Saarbrücker Landrates im Februar 1922 zu erstellen hatten.[77] Einige Vereine waren schon im Kaiserreich entstanden, aber ein starkes Aufblühen erlebte das Vereinswesen in den ersten Nachkriegsjahren mit einer Fülle von Neugründungen recht unterschiedlicher Größe und Lebensdauer. Das Nebeneinander von Vereinen mit gleichem Zweck lässt darauf schließen, dass der Beitritt zu einem bestimmten Verein nicht nur von dessen Zweck, sondern auch nach anderen Gesichtspunkten bestimmt wurde, z.B. nach konfessionellen, sozialen oder weltanschaulichen. Zweifellos bestand eine Vernetzung mit einem Milieu. Sie ist im Stichjahr 1922 in unserem Untersuchungsraum aber nur für das katholische Milieu feststellbar. Ausgesprochen kirchliche Vereine werden daher im Zusammenhang mit der kirchlichen Organisation (vgl. S. 35 f.) genannt. Spezifische Vereinsgründungen im proletarischen Milieu werden erst im Laufe der zwanziger Jahre greifbar. So gab es neben den allgemeinen Sportvereinen die Arbeitersportvereine, sie werden bei der Vorstellung der politischen Parteien erwähnt (vgl. S. 108-111 und 120 f.)
Die Vereine entfalteten ein rege Aktivität. Durch Stiftungsfeste, Fahnenweihe, Kranzniederlegungen, gemeinsame Ausflüge, meist in Begleitung einer Musikkapelle, und andere gesellige Veranstaltungen präsentierten sie sich in der Öffentlichkeit.

Das Köllertaler Vereinswesen soll in diesem Buch nicht ausführlich behandelt werden. Entsprechend der schwerpunktmäßigen Ausrichtung des Buches auf die politische Geschichte wird auf die einzelnen Vereine in den folgenden Kapiteln nur in dem Maße eingegangen, wie sie sich politisch betätigten. Die Veränderung der Vereinsstruktur in der NS-Zeit wird in Kapitel IV behandelt.

---

77 Sie sind erhalten in LA SB LRA SB Nr. 420 S. 208-217 für die Bürgermeisterei Sellerbach und S. 256-265 für die Bürgermeisterei Püttlingen. Sie enthalten neben dem Namen jeweils den Vereinszweck, das Gründungsjahr, Name des Vorsitzenden und Mitgliederzahl. Sie werden in den folgenden Quellennachweisen nicht immer wieder zitiert.

Püttlingen

Berufsständische Vereine:
- Bergmannsunterstützungsverein II, gegr. 1875, 1922: Vors. Peter Speicher, 70 Mitgl.
- Bergmanns-Unterstützungsverein I (Knappenheil), gegr. 1889, 1922: Vors. Franz Becker, 250 Mitgl., 1934: 1. Vors. Peter Backes, pensionierter Bergmann, 2. Vors. Mathias Warken, Bergmann, Schriftführer Wilhelm Strauß, Bergmann, Kassierer Georg Hirschmann, 40 Mitglieder, Vereinslokal Wirtschaft Wwe. Karl Koch.[78]
- Alter Bergmannsverein, gegründet im späten 19. Jh., Zweck: Unterstützung in Not geratener Mitglieder, 1922: Vors. Peter Hirschmann, 750 Mitglieder.
- Unterstützungsverein Bengesen II, gegründet wohl vor dem Ersten Weltkrieg, 1922: Vors. Philipp Boßmann, 170 Mitglieder.
- Metallarbeiter-Unterstützungsverein, gegründet 25.07.1926, Vereinslokal Pabst-Roth, *konfessionel und politisch neutral*, Vors. Friedrich Ott, 17 Gründungsmitglieder.[79]
- Zentralverband der Arbeitsinvaliden und Witwen Deutschlands, Gau Saargebiet, Ortsgruppe Püttlingen, Vors. Dörr.[80]

Kriegervereine:
- Kriegerverein, 1875 gegründet, von der Regierungskommission verboten, 1926 wieder zugelassen, Vors. Fritz Baldauf, 1935 Peter Blaß.
- Artillerieverein Püttlingen.[81]
- Kavallerieverein.
- Marineverein 1927: 1. Vors. Phil. Würtz, Jugendgruppe, Vereinslokal »Bürgerbräu«.[82]
- Reichsvereinigung ehemaliger Kriegsgefangener, Ortsgruppe Püttlingen, gegr. 1919, Vors. Wilhelm Speicher,[83] 1933: 70 Mitgl., Vereins-

---

78 Antrag auf Genehmigung einer Veranstaltung am 13.05.1934 (LA SB LRA SB Nr. 313).
79 LA SB LRA SB Nr. 430, S. 361-363.
80 Erwähnt in Volksstimmne vom 04./05.02.1934.
81 Bericht über Mitwirkung bei Volkstrauertag 1934 (ebenda Nr. 996).
82 Völklinger Nachrichten vom 09.05.1927.
83 Notiz über Zahlung von Entschädigung in Völklinger Nachrichten vom

lokal Wirtschaft Peter Heckmann[84], vermutlich identisch mit dem 1920 gegründeten »Kriegsgefangenenverein«, 1922: Vors. Johann Albert, 50 Mitgl.

Selbstschutzorganisationen:
- Freiwillige Feuerwehr, gegr. 1882, 1922: Vors. Polizeioberwachtmeister Jung, 125 Mitgl., 1927 Branddirektor: Baumeister Nolte, 1934: 140 Mitgl., Vors. Oberbrandmeister Emil Weber, Bauunternehmer, weitere Vorstandsmitglieder Brandmeister Jakob Baldauf, Pensionär und Heinrich Breining, Bergmann.[85]
- Freiwillige Sanitätskolonne vom Roten Kreuz, gegr. 1907, 1926: 72 Mitgl., 1933: 120 Mitgl., 1. Vors. Bürgermeister Georg, 2. Vors. Rentmeister Peter Lackes, 1. Kolonnenführer Georg Kammer.[86]

Vereine zur Vertretung wirtschaftlicher Interessen:
- Haus- und Grundbesitzerverein, gegr. 1920, 1922: Vors. Lehrer Schneider, 180 Mitgl.
- Mieterschutzverein gegr. 1921, 1922: Vors. Johann Becker, 180 Mitgl.
- Notgemeinschaft (später Verein) der Kleinwohnungsbauschuldner, Ortsgruppe Püttlingen, Einberufer der Versammlung: Bergmann Johann Herres, 1930: Vorstand Johann Herres, Karl Utter, Johann Gehl, 29 Mitgl. [87]
- Verein selbständiger Handwerker u. Handwerkerinnen, Vors. Emil Weber, Bauunternehmer, Mitglieder 1927: 53 Männer, 5 Frauen (Schneiderinnen), 1933: 40 Mitgl., 1. Vors. Josef Weber, Schreinermeister, 2. Vors. Emil Weber, Bauunternehmer.[88]

04.05.1927, Antrag auf Genehmigung einer Veranstaltung im Turnerheim Püttlingen am 15. u. 17.04.1934 (LA SB LRA SB Nr. 313).
84 Antrag auf Genehmigung eines Ausflugs am 01.07.1933 (ebenda Nr. 311).
85 80 Jahre Freiwillige Feuerwehr Gemeinde Püttlingen/Saar am 14. u. 15.07.1962, Püttlingen 1962, vgl. auch LA SB LRA SB Nr. 312.
86 Festschrift zur Feier des 75-jährigen Bestehens des Ortsvereins des Deutschen Roten Kreuzes, Püttlingen 1983 (ebenda Nr. 431, S. 533-539), Antrag auf Genehmigung einer Übung im August 1933 (ebenda Nr. 311).
87 Antrag auf Genehmigung einer Versammlung am 09.10.1928 (ebenda Nr. 312), Satzung als eingetragener Verein vom 09.02.1930 (ebenda Nr. 434, S. 52-54).
88 Satzung vom 01.04.1927 (ebenda Nr. 431, S. 139-145), Antrag auf Genehmigung eines Umzuges am 18.10.1933 (ebenda Nr. 312).

- Gastwirteverein.[89]
- Schutzverein für Handel und Gewerbe, Vors. der Ortsgruppe Püttlingen vor der Rückgliederung Jakob Jungmann.[90]
- Ortsinteressen- und Verkehrsverein.[91]

Sportvereine:
- Ortsverband für Leibesübungen.[92]
- Turnverein Püttlingen e.V., gegr. 1890, 1922: Vors. Jakob Forster, 300 Mitgl., Mitglied der deutschen Turnerschaft IX. Kreis (Mittelrhein) Saargau, 1933 Vors. Rektor Johann Schneider, 250 Mitgl., 1934: 420 Mitgl., Vereinsführer Dr. Wilhelm Plassmann, Knappschaftsarzt, 2. Vors. Johann Meyer, Schriftführer und Kassierer Johann Frank, Verwaltungssekretär[93], Stiftungsfest und Festzug am 20.07.1930.[94]
- Athletenclub, gegr. 1906, 1922: Vors. Ludwig Nahlbach, 20 Mitgl.
- Fußballverein 08 Püttlingen, gegr. 1908, 1922: Vors. Bernhard Kammer, 260 Mitgl.
- Radfahrerverein, gegr. 1890, 1922: Vors. Jakob Graf, 50 Mitgl.
- Radfahrerverein Weiße Rose.[95]
- Sportschützenverein, gegr. 1904.[96]
- Schützenverein Ruhig-Blut, gegr. am 03.07.1908, 1922: Vors. Nikolaus Geber, 40 Mitgl., 1933: 50 Mitgl., 1.Vors. Johann Blaes, Eisenbahnassistent, 2. Vors. Peter Bläsius, Eisenbahnassistent, Schriftführer Nikolaus Baldauf, Bergmann, Kassierer Peter Gauer, Beisitzer Franz Erschens, Sparkassenleiter Püttlingen.[97]

---

89 Keine Veranstaltungen wegen des großen Streiks (Völklinger Volksfreund vom 08.02.1923).
90 Wiedergutmachungsakt StadtA Pü.
91 Ankündigung einer Mitgliederversammlung am 14.05.1927 (Völklinger Nachrichten vom 12.05.1927).
92 Bericht im Völklinger Volksfreund über Neuanlage eines Sportplatzes.
93 Antrag auf Genehmigung zu Veranstaltung am 27.05.1934 (ebenda Nr. 313).
94 Ebenda Nr. 315, [Festschrift] 85 Jahre Turnverein Püttlingen, 26.-28.07.1975, Püttlingen 1975, [Festschrift] 90 Jahre Turnverein Püttlingen e.V. 1890, Püttlingen 1980.
95 Völklinger Volksfreund vom 03.05.1928.
96 Festschrift zum 75-jährigen Vereinsjubiläum am 10./11.11.1979, Sportschützenverein Püttlingen e.V., Püttlingen 1979.
97 Antrag auf Genehmigung des 25. Stiftungsfestes (LA SB LRA SB Nr. 311). Durch Verordnung der Regierungskommission vom 30.09.1921 u. 21.08.1924

54 Kapitel I *Strukturen*

Abb. 5 Fußballverein 08 Püttlingen, Foto aus dem Jahr 1928

- Schützenverein Kernschuss Püttlingen, gegr. 1926, wahrscheinlich Nachfolger eines schon 1912 bestehenden Schützenvereins, dessen Vorsitzender 1922 Nikolaus Geber (40 Mitglieder) war, als pensionierter Bergmann war er auch Vorsitzender des neuen Schützenvereins, 1934: 54 Mitgl.[98]

Gesang- und Musikvereine:
- Musikverein Fidelio, gegr. 1890, 1922: Vors. Johann Blum, 35 Mitgl.
- Musikverein Eintracht, gegr. 1898, 1922: Vors. Johann Groß, 30 Mitgl.
- Verein der Musikfreunde, gegr. 1919, 1922: Vors. Lehrer Maas, 350 Mitgl.
- Musikverein Harmonie Püttlingen, gegr. 1927, Vors. Johann Bach-

---

waren Schützenvereine nicht zugelassen, im Juli 1926 erreichten beide Püttlinger Schützenvereine die Wiederzulassung unter der Auflage, dass nur Schießen mit Zimmerstutzen erlaubt sei, aber keine Schießübungen im Freien (ebenda Nr. 427, S. 534-544).
98 Wiederzulassung im Juli 1926 (ebenda Nr. 428, S. 567-575), Antrag auf Genehmigung für Veranstaltung am 31.05./02.06.1930 (ebenda Nr. 308), Antrag auf Standartenweihe am 05.08.1934 (ebenda Nr. 315).

mayer, Bergmann, 25 Gründungsmitgl., 1933/34: 300 Mitgl., Vors. Johann Blum.[99]
- Musikvereinigung Püttlingen, gegr. 1932, Vors. Ing. Erich Becker, 275 Mitgl.[100]
- Musikverein Püttlingen, gegr. 1932, 340 Mitgl., 1. Vors. Fritz Konrad, Gerichtsreferendar, 2. Vors. Josef Both, Eisenbahner.[101]
- Gesangverein »Cäzilia«, gegr. 1875, 1922: Vors. Jakob Bär, 120 Mitgl.
- Gesangverein »Eintracht«, gegr. 1921, 1922: Vors. Franz Karrenbauer, 33 Mitgl.
- Männergesangverein Fidelio, gegr. 1874[102], 1922: Vors. Johann Pistorius, 140 Mitgl.
- Männergesangverein Heiterkeit, gegr. 1897, 1922: Vors. Nikolaus Pistorius, 60 Mitgl.[103]
- Männergesangverein, gegr. 1903, 1922: Vors. Peter Maas, 40 Mitgl.
- Männergesangverein Heimatliebe.[104]
- Frauen- und Mädchenchor, 1928: Vorsitzende Anna Speicher, 14 Mitgl.[105]
- Bandonion-Klub »Gut Ton«, Vors. Paul Balcauf.[106]
- Mandolinenklub gegr. 1921, 1922: Vors. Ludwig Hasdenteufel, 20 Mitgl.
- Mandolinenclub Almenrausch, Vors. Peter Becker, 13 Gründungsmitglieder, Vereinslokal Johann Krass.[107]

---

99 Satzung vom 05.02.1927 (ebenda Nr. 430, S. 486-493), Antrag auf Genehmigung eines Ausflugs nach Engelfangen am 06.05.1934 (ebenda Nr. 313).
100 Antrag auf Genehmigung eines Ausflugs nach Schwalbach am 17.06.1934 (ebenda Nr. 314).
101 Antrag auf Genehmigung eines Kinderfestes am 06.08.1933 (ebenda Nr. 311).
102 Im Nachweis der 1922 bestehenden Vereine wird 1874 als Gründungsjahr angegeben, in der Festschrift 95 Jahre »Fidelio« Männergesangverein Püttlingen, Püttlingen 1967, Festschrift zum 100-jährigen Jubiläum der Chorgemeinschaft Fidelio, Püttlingen 1972, aber schon 1872.
103 Beide MGV Teilnehmer an einer Liedertafel in Wehrden am 30.09.1933 (LA SB LRA SB Nr. 311).
104 Erwähnt in Völklinger Volksfreund am 07.04.1928.
105 Zugelassen im August 1928 (ebenda Nr. 432, S. 359-362).
106 Zulassung vom 02.12.1926 (ebenda Nr. 430, S. 264f.).
107 Satzung vom 09.01.1927 (ebenda Nr. 430, S. 383-387).

- Mundharmonikklub, Vors. Adolf Pink, 14 Gründungsmitglieder, Vereinslokal: Heckmann.[108]
- Quartett-Verein (Zweck: Pflege des Gesangs), 1928: Vors. Georg Schikofsky, 39 aktive Mitgl., 20 inaktive.[109]
- Zitherklub, gegr. 1919, 1922: Vors. Rudolf Speicher, 20 Mitgl.
- Zitherverein, gegr. 1920, 1922: Vors. Karl Korn, 34 Mitgl.[110]

Wandervereine:
- Saarwaldverein Ortsgruppe Püttlingen, gegr. 1921, 1922: Vors. V. Schäfer, 85 Mitgl.
- Touristenclub Edelweiß, gegr. 1921, 1922: Vors. Albert Papst, 20 Mitgl.
- Pfälzer Wald Verein Ortsgruppe Püttlingen, gegr. 1922, 1933: 75 Mitgl. 1. Vors. Jakob Schäfer, Fahrsteiger.[111]
- Wanderklub Frohsinn, 1922 gegr., 1933: 1. Vors. Gustav Kiefer, 40 Mitgl.[112]
- Kneippverein, gegr. 1925, 1934: 80 Mitgl., Vors. Lehrerin Anna Speicher, Schriftführer: Alois Becker, Bergmann.[113]
- Verband Deutscher Jugendherbergen, Ortsgruppe Püttlingen, gegr. im April 1928[114], zugelassen 1929, Vorsitzender Peter Bellmann, 62 Mitgl.

Geselligkeitsvereine:
- Heizerclub gegr. 1903, 1922: Vors. Heinrich Westhofen, 73 Mitgl.
- Verein »Kasino«, gegr. 1912, 1922: Vors. Franz Meyer 10 Mitgl., vielleicht identisch mit dem späteren Casino-Verein, neue (?) Satzung vom 30.08.1927[115], 1927: Vors. Johann Blaes. Eisenbahnassistent, 28 Mitgl.

---

108 Antrag auf Zulassung vom 1.10.1927 (ebenda Nr. 431, S. 573-577).
109 Satzung vom 22.07.1928 (ebenda Nr. 432, S. 315-323).
110 Veranstaltung am 26.10.1927 (Völklinger Nachrichten vom 27.10.1927).
111 Antrag auf Genehmigung eines Ausflugs nach Heusweiler am 15.10.1933 (LA SB LRA SB Nr. 312).
112 Antrag auf Genehmigung eines Ausflugs am 24.09.1933 (ebenda Nr. 312).
113 Antrag auf Genehmigung eines Familienfestes im Kneipp-Luftbad in dem dem Verein gehörigen Distrikt Ettgental im Gemeindewald (ebenda Nr. 314).
114 Völklinger Volksfreund vom 05.04.1928, Antrag auf Zulassung vom 12.01.1929 (LA SB LRA SB Nr. 432, S. 655-663).
115 LA SB LRA SB Nr. 431, S. 4213-428.

- Casino-Verein Viktoria, 1932 belegt.[116]
- Gemütlichkeit »Rheingold«, gegr. 1917, 1922: Vors. Peter Rach, 25 Mitgl.
- Gemütlichkeit »Saargold«, gegr. 1919, 1922: Vors. Aloys Westrich, 30 Mitgl.
- Gemütlichkeit »Concordia«, gegr. 1919, 1922: Vors. Jakob Becker, 50 Mitgl.
- Verein »Gemütlichkeit«, gegr. 1919, 1922: Vors. Wilhelm Weber, 20 Mitgl.
- Karnevalsverein Maikäfer, gegr. 1919, 1922: Vors. Jakob Becker, 50 Mitgl.[117]
- Karnevalsverein »Fröhliche Laune und Einigkeitsklub Edelweiß«, Vors. Mathias Ott, wohnhaft in Völklingen, 11 Mitgl.[118]
- Billardclub Püttlingen, gegr. 28.07.1926, Vors. Karl Hirtz, Vereinslokal: Theis Speicher, 36 Mitgl.[119]
- Kegelclub »Gut Holz«, gegr. 1919, 1922: Vors. Heinrich Neumeyer, 30 Mitgl.
- Kegelklub »Gradaus«, Antrag auf Zulassung vom 04.02.1928, 9 Gründungsmitgl.[120]
- Kegelclub der Saarwäldler, 1929: Vors. Wilhelm Becker, 11 Mitgl.[121]
- Kegel-Club »Stolz vorbei«, Vors. Peter Leinenbach, 13 Gründungsmitgl.[122]
- Kegelgesellschaft »Unter uns«, Vors. Ludwig Becker-Natus, 12 Gründungsmitgl.[123]
- Skat- und Schachklub, gegr. 1919, 1922: Vors. Johann Pistorius, 32 Mitgl.
- Skatclub Püttlingen 1926, Vors. Albert Schirra, Kassierer Jakob Schackmann, Vereinslokal Schackmann.[124]

---

116 Ebenda Nr. 435, S. 515f.
117 Keine Veranstaltungen wegen des großen Streiks (Völklinger Volksfreund vom 05.02.1923).
118 LA SB LRA SB Nr. 430, S. 322-325.
119 LA SB LRA SB Nr. 429, S. 612.
120 Ebenda Nr. 431, S. 480-486.
121 Satzung vom 27.09.1929 (ebenda Nr. 433, S. 336-338).
122 Satzung vom 14.06.1927 (ebenda Nr. 431, S. 277-281).
123 Satzung vom 29.06.1927 (ebenda Nr. 431, S. 429-434).
124 LA SB LRA SB Nr. 429, S. 155-158.

- Skatclub Geselligkeit, Vors. Rudolf Baltes (geb. 17.04.1894), Satzung vom 13.05.1926, Vereinslokal: Johann Kraß, 23 Mitgl.[125]
- Skatclub Heimatliebe, 1929: Vors. Michael Kockler, 12 Mitgl., Vereinslokal Geibel.[126]
- Club »Hilaritas«, gegr. 1919, 1922: Vors. Ludwig Blank, 21 Mitgl.
- Rauchclub, gegr. 1908, 1922: Vors. Johann Eckle, 23 Mitgl.
- Rauchklub, gegr. 1912, 1922: Vors. Johann Kraß, 30 Mitgl.
- Rauchclub »Volldampf« gegr. 1920, 1922: Vors. Mathias Altmeyer, 25 Mitgl.

Tierzuchtvereine:
- Geflügelzuchtverein.
- Kaninchenzuchtverein, gegr. 1908, 1922: Vors. Jakob Altmeyer, 17 Mitgl.
- Kaninchenzuchtverein, gegr. Februar 1926, Vors. Johann Stein, 10 Mitgl.[127]
- Schweinezuchtverein, Vors. 1928 Wilhelm Kiefer, 20 Mitgl.[128]
- Ziegenzuchtverein, gegr. 1908, 1922: Vors. Johann Holsdorfer, 127 Mitgl.
- Ziegenzuchtverein, gegr. 1921, 1922: Michel Bär, 33 Mitglieder.

Sonstige:
- Ortsviehversicherungsverein gegr. 1879, 1922: Vors. Johann Peter Meyer, 120 Mitgl.
- Obst- und Gartenbauverein, gegr. 1900, 1922: Vors. Lehrer Herber, 600 Mitgl.[129]
- Vogelschutzverein, gegr. 1906, 1922: Vors. Jakob Brunder, 22 Mitgl.
- Kosmopolit, Vereinszweck: Austausch von Briefmarken, gegr. 1918, 1922: Vors. Johann Türk, 23 Mitgl.
- Theaterverein, gegr. 1910, 1922: Vors. Johann Kraß, 30 Mitgl.
- Theaterverein, gegr. 1911, 1922 Vors. Wilhelm Baus, 35 Mitgl.

---

125 LA SB LRA SB Nr. 429, S. 468-472.
126 Satzung vom 05.03.1929 (ebenda Nr. 432, S. 758-763).
127 Ebenda Nr. 429, S. 205-207.
128 Zulassung vom September 1928 (ebenda Nr. 432, S. 400-403).
129 [Festschrift] 70 Jahre Obst- und Gartenbauverein Püttlingen e.V. 1906-1976, Püttlingen 1976.

- Theaterverein »Harmonie«.[130]
- Tanzverein, gegr. 1912, 1922: Vors. Johann Kraß, 40 Mitgl.
- Verein für Einheitskurzschrift, 1929: Vors. Alois Becker, 36 Mitgl., davon 14 Frauen.[131]
- Verband Deutscher Rundfunkteilnehmer, Ortsgruppe Püttlingen.[132]
- Vereinigung der Amateurphotographen, zugelassen im März 1928, Vors. Burgard, 19 Mitgl.[133]
- Denkmalverein siehe Kapitel II, S. 195.

Ritterstraße

- Bergmannsverein gegr. 1891, 1922: Vors. Heinrich Wasmuth, 85 Mitgl.
- Zentralverband der Arbeitsinvaliden und Witwen, Gau Saar, Ortsgruppe Ritterstraße.[134]
- Landwirtschaftliche Lokalabteilung, gegr. 1928, Vors. Georg Hubertus, 90 Mitgl.
- Bund der Kinderreichen.
- Männer- und Jünglingsverein gegr. 1897, 1922: Vors. Leo Hubertus, 80 Mitgl.
- Turnverein Ritterstraße, gegr. 1909, 1922: Vors. Johann Engel, 106 Mitgl., 1933: 120 Mitgl., 1.Vors. Hüttenarbeiter Jakob Becker, 1934: 108 Mitgl.[135]
- Sportverein 1922.[136]
- Schützenverein Ritterstraße, Vors. Matthias Altmeyer.[137]

---

130 Erwähnt in Völklinger Volksfreund vom 18.05.1928 und in Saarbrücker Zeitung vom 03.04.1933,.
131 Satzung vom 03.03.1929 (ebenda Nr. 432, S. 749-757).
132 Erwähnung einer Veranstaltung mit 700 Teilnehmern in Püttlingen am 08.12.1934 (Bericht von Oberlandjäger Schwarz II vom 10.12.1934 (ebenda Nr. 997).
133 Antrag auf Zulassung März 1928 (ebenda Nr. 432, S. 27-31).
134 Antrag an Gemeinderat Püttlingen am 24.04.1928 (Völklinger Volksfreund vom selben Tag).
135 Festbuch zur Fahnenweihe 1956, Antrag auf Genehmigung eines Ausflugs nach Herrensohr am 22.04.1934 (ebenda Nr. 313).
136 Festschrift zum 50-jährigen Vereinsjubiläum vom 27.05.-01.06.1972.
137 Satzung vom 08.01.1928 (ebenda Nr. 431, S. 813-820).

- Männergesangverein, gegr. 1893.[138]
- Männergesangverein, gegr. 1919, 1922: Vors. Peter Gräsel 68 Mitgl.
- Mädchen- und Frauenchor, gegr. 09.09.1928, Vors. Helene Mörsdorf, Mitglieder:16 Frauen, 1 *Fräulein*.[139]
- Mandolinenklub, gegr. 1920, 1922: Vors. Konrad Schneider, 28 Mitgl.
- Salonorchester Lyra, 1929: Vors. Valentin Schäfer, 14 Mitgl.
- Jazz-Band-Club, Vereinslokal Wirtschaft Strauß, Vors. Alois Gräßel, 10 Gründungsmitgl.[140]
- Unterhaltungsklub, gegr. 1921, 1922: Vors. Ludwig Sieg, 45 Mitgl.
- Verein der Kunstfreunde, gegr.1924, 1934: 48 Mitgl., Vors. Leo Altmeyer, Bergmann.[141]
- Verband der Rundfunkhörer.[142]

Köllerbach

- Freiwillige Feuerwehr Köllerbach, gegründet 1905.[143]
- Ortsverein Köllerbach des Deutschen Roten Kreuzes, gegr. 1925.[144]
- Kriegerverein, 2. Vors. Schulleiter Geiß.[145]
- Reiterverein, Vorsitzender Feld.[146]
- Musikverein Harmonie, gegr. 1910.[147]

---

138 Festschrift zum 80-jährigen Jubiläum des MGV Ritterstraße 17, 23./24.06.1973, Püttlingen 1973, der Verein wird in dem Nachweis von 1922 nicht genannt.
139 Ebenda Nr. 432, S. 707-711.
140 Satzung vom 20.10.1926 (ebenda Nr. 430, S. 450-455).
141 Satzung vom 06.10.1929 (ebenda Nr. 433, S. 294-297), Antrag auf Genehmigung eines Umzuges von Ritterstraße zum Püttlinger Bahnhof und zurück am 29.06. und 01.07.1934 (ebenda Nr. 314).
142 Antrag vom 21.10.34 (LA SB LRA SB Nr. 315).
143 [Festschrift] 60 Jahre Freiwillige Feuerwehr Köllerbach, [Roden] 1965, [Festschrift] 75 Jahre Freiwillige Feuerwehr Löschbezirk Köllerbach, Redaktion Leo Altmeyer, Ottweiler 1980.
144 Festschrift zur Feier des 60-jährigen Bestehens des DRK-Ortsvereins Köllerbach, Köllerbach 1985.
145 Erwähnt 08.0.1932 (ebenda Nr. 312).
146 Antrag auf Genehmigung für Umzug am 20.05.1934 (ebenda Nr. 314).
147 Festschrift zum 75-jährigen Vereinsjubiläum des Musikvereins Harmonie Köllerbach, Köllerbach 1985.

- Männerchor, gegr. 1924.[148]
- Gemischter Chor, gegr. 1901.[149]
- Mandolinenverein »Gut Klang«, gegr. 1923.[150]
- Obst- und Gartenbauverein gegr. 1919.[151]
- Rassegeflügelzüchter, gegr. 1906.[152]

Engelfangen

- Fußballverein, Gründungsversammlung am 31.05.1931, Vors. Peter Kuhn, 28 Mitgl.[153]
- Wanderclub »Frisch auf«, gegr. 17.07.1921, 1922: Vors. Karl Kläs, 18 Mitgl.
- Musikverein, 1929: Präses Peter Sommer, 16 Mitgl.[154]
- Geflügelzuchtverein Engelfangen und Umgebung, gegr.1906,[155] Vors. Julius Müller, Engelfangen, 1926: 22 Mitgl., davon 15 aus Engelfangen, 4 aus Sellerbach, 2 aus Kölln, 1 aus Etzenhofen.[156]
- Kegelclub »Alle Neune«, gegr. 09.07.1921, 1922: Vors. Jakob Himbert, 10 Mitgl.
- Kegelclub »Gut Holz«, gegr. 01.08.1921, 1922: Vors. Leo Rupp, 13 Mitgl.
- Schachclub Gut Zug, 1929: Vors. Rudolf Waschbüsch, Vereinslokal: Johann Meyer.[157]
- Skat- und Spielvereinigung, 1931: Vors. P. Kuhn.[158]

---

148 Festschriften zum 50-jährigen und 60-jährigen Bestehen 1974 bzw. 1984.
149 Armin Becker, 90 Jahre gemischter Chor Köllerbach e.V., eine Bilanz, Köllerbach 1991, erscheint nicht im Nachweis der Vereine von 1922..
150 Festschriften zum 50-jährigen und 60-jährigen Bestehen, Köllerbach 1973 u. 1983.
151 [Festschrift] 60 Jahre Obst- und Gartenbauverein 1919 e.V. Köllerbach, Riegelsberg 1979.
152 Jungmann, Willi, 60-jähriges Jubiläum der Rassegeflügelzüchter Köllerbach, in: Saarbrücker Landeszeitung Ausgabe A/B vom 10.11.1966.
153 LA SB LRA SB Nr. 435, S. 198-202.
154 Satzung vom 05.07.1929 (ebenda Nr. 433, S. 56-59).
155 Saarbrücker Landeszeitung Ausgabe A/B vom 10.11.1966.
156 Ebenda Nr. 430, S. 378-384, Versammlung am 21.05.1934 (Anzeige).
157 Satzung vom 14.07.1929 (ebenda Nr. 433, S. 43-49).
158 Antrag auf Zulassung vom 17.01.1931 (ebenda Nr. 434, S. 537ff.).

- Rauchclub »Blaue Wolke«, gegr. 05.02.1921, 1922: Vors. Wilhelm Sehn, 22 Mitgl.

Etzenhofen

- Männerchor, gegr. 12.11.1920, 1922: Vors. Peter Altmeyer, 31 Mitgl.
- Verein Sportfreunde, gegr. 1931.[159]
- Obst-und Gartenbauverein, 1930: Vors. Karl Hegmann, 14 Mitgl.[160]
- Junggesellenverein »Bleib Treu«, gegr. 06.09.1931, Vors. Leo Schmidt, 12 Mitgl.[161]
- Gemütlichkeitsverein Etzenhofen, gegr. 13.04.1913, 1922: Vors. Gustav Strauß, 46 Mitgl.
- Kegelclub Kurze Bahn, 1930: Vors. Ludwig Sander, 7 Mitgl.[162]
- Unterhaltungsverein, Vereinslokal Gasthaus Eduard Krauß, 1929: Vors. Ludwig Krauß, 9 Mitgl.[163]

Herchenbach

- Landwirtschaftliches Casino, gegr. 02.10.1910, 1922: Vors. Johann Altmeyer, 25 Mitgl.
- Turnverein, gegr. 01.01.1914, 1922: Vors. Johann Altmeyer, 16 Mitgl.
- Sportverein Herchenbach 1932, gegr. 1932, 1. Vors. Hermann Weiland, Bergmann, 41 Mitgl.[164]
- Kasino »Erholung«, gegr. 03.06.1908, 1922: Vors. Wilhelm Klein, 35 Mitgl.

---

159 Festschrift zum 30-jährigen Vereinsjubiläum 29.07.-06.08.1961, Völklingen 1961, [Festschrift] 50 Jahre Sportfreunde Köllerbach e.V., Köllerbach 1982.
160 Satzung vom 01.03.1930 (ebenda Nr. 433, S. 610ff.).
161 Antrag auf Zulassung (ebenda Nr. 435, S. 249f.), Meldung des Oberlandjägers Six I über Ball in der Wirtschaft Eduard Krauß am 21.01.1934 (ebenda Nr. 312).
162 Satzung vom 02.11.1930 (ebenda Nr. 434, S. 403f.).
163 Satzung vom 03.11.1929 (ebenda Nr. 433, S. 428-433).
164 Antrag auf Genehmigung der Sportplatzeinweihung am 13.08.1933 (ebenda Nr. 311).

Kölln

- Haus- und Grundbesitzerverein, gegr. 07.10.1920, 1922: Vors. Mathias Schikofsky, 26 Mitgl.
- Kriegsbeschädigtenverein, gegr. 09.08.1919, 1922: Vors. Adolf Gleßner, 112 Mitgl.
- Turnverein, gegr. 01.08.1901, 1922: Vors. August Feuerstoß, 87 Mitgl.
- Radfahrerverein »Blitz«, gegr. 31.07.1921, 1922: Vors. Johann Mühlhausen, 18 Mitgl.
- Männergesangverein Eintracht, Vors. 1926: Nikel Maringer, 25 Mitgl.[165]
- Orchesterverein Kölln-Sellerbach, Vors. Aloys Folz, 12 Gründungsmitgl.[166]
- Kegelklub, gegr. 01.08.1919, 1922: Vors. Nikolaus Altmeyer, 35 Mitgl.
- Skatclub Kölln, gegr. Januar 1926, Vors. Nikolaus Rehlinger, 13 Mitgl.[167]
- Obst- und Gartenbauverein, gegr. 07.09.1919, 1922: Vors. Jakob Kremp, 280 Mitgl.
- Theaterverein »Bühnenfreunde«, gegr. 15.11.1918, 1922: Vors. Oskar Krebs, 30 Mitgl.
- Dilettantenclub Thalia, Zweck: Pflege von Kunst und Wissenschaft, 1929: Vors. Mathias Paul.[168]
- Stenografenverein, gegr. 05.05.1912, 1922: Vors. Johann Altmeyer, 25 Mitgl.
- Verkehrs- und Ortsverein, gegr. am 26.11.1931, Zweck: Förderung der wirtschaftlichen Interessen, Vors. Fr. Gebhard, 23 Mitgl.[169]

Rittenhofen

- Athleten-Club Adler, 1931: Vors. August Himbert, 27 Mitgl., davon 2 aus Kölln.[170]

---

165 Satzung vom 27.10.1926 (ebenda Nr. 430, S. 222-227).
166 Satzung vom 27.04.1927 (ebenda Nr. 431, S. 185-189).
167 Ebenda Nr. 429, S. 228-232.
168 Satzung vom 26.09.1929 (ebenda Nr. 433, S. 265-268).
169 Ebenda Nr. 435, S. 388-395.
170 Satzung vom 11.02.1931 (ebenda Nr. 435, S. 1-7).

Sellerbach

- Feuerwehrverein, gegr. 05.05.1907, 1922: Vors. Georg Serf, 76 Mitgl.
- Gewerbeverein für das untere Köllertal, Zweck: Förderung gemeinschaftlicher Interessen, 1930: Vors. Gottfried Groß, Sellerbach, 66 Mitgl., davon Dilsburg 1, Engelfangen 23, Etzenhofen 2, Herchenbach 4, Kölln 16, Rittenhofen 4, Sellerbach 12, Walpershofen 4.[171]
- Pensionärverein, gegr. 01.10.1919, 1922: Johann Zimmer, 74 Mitgl.
- Athletik-Verein Einigkeit Sellerbach, gegr. 1926, 1930: Vors. Johann Dörr, 40 Mitgl.[172], 1933: Vors. Johann Himbert, 13 Mitgl.
- Schützenverein Tell, Vors. Nikel Becker, 34 Mitgl.[173]
- Musikverein »Harmonie«, gegr. 12.02.1908, Vors. Jakob Altmeyer, 18 Mitgl.
- Gesangverein Concordia, gegr. 16.01.1901, Vors. Friedrich Brockhaus, 58 Mitgl.
- Gesangverein »Einigkeit«, gegr. 04.02.1921, 1922: Vors. Nikolaus Becker, 17 Mitgl.
- Gesangverein Eintracht Sellerbach.[174]
- Gesangverein Liedertafel Sellerbach.[175]
- Orchesterverein Sellerbach.[176]
- Tambourverein Sellerbach, gegr. 22.06.1920, 1922: Vors. Johann Baus, 18 Mitgl.[177]
- Zitherverein Edelweiß, 1930: Vors. Peter Michaely, 17 Mitgl.[178]

---

171 Satzung vom Juli 1930 (ebenda Nr. 434, S. 202-211).
172 Festschrift zum 50-jährigen Jubiläum KSV Athletik Eintracht Köllerbach am 24.01.1976, Riegelsberg 1976, [Festschrift] 60 Jahre Kraftsportverein Athletik – Einigkeit Köllerbach / 55 Jahre Sportfreunde Köllerbach, Köllerbach 1986, Antrag auf Genehmigung eines Gaufestes mit Festzug am 16.07.1933 (LA SB LRA SB Nr. 311).
173 Satzung vom 25.09.1927 (ebenda Nr. 431, S. 508-513), Meldung über Familienfeier am 26.12.1933 (ebenda Nr. 312).
174 Meldung über Familienfeier am 01.01.1934 (ebenda Nr. 312).
175 Bericht über Bannerweihe bei Veranstaltung am 30.10.1927 (Völklinger Nachrichten vom 02.11.1927).
176 Meldung über Veranstaltung am 26.12.1933 (LA SB LRA SB Nr. 312).
177 [Festschrift] 60 Jahre Tambourverein Köllerbach, Köllerbach 1981, am 01.06.1930 Antrag auf Umzug mit kostümierten Teilnehmern (teilweise in Uniformen aus der Zeit König Friedrichs d. Großen von Preußen) (LA SB LRA SB Nr. 308).
178 Satzung vom 01.08.1930 (ebenda Nr. 434, S. 231-234).

- Bürgerkasino, gegr. 27.11.1899, 1922: Vors. Wilhelm Gemmel, 32 Mitgl.
- Unterhaltungsverein, gegr. 31.10.1908, 1922: Vors. Heinrich Weyland, 30 Mitgl.
- Kegelclub »Alle Neun«, Vors. Jakob Müller, 20 Mitgl.[179]
- Ziegenzuchtverein, gegr. 05.02.1911, 1922: Vors. Johann Zenner 132 Mitgl.
- Verein für Vogelschutz und Naturfreunde des unteren Köllertals, Vereinslokal Schmitt/Sellerbach, 1928: Vors. Johann Görgen, 19 Mitgl.[180]
- Köllertaler Verkehrs- und Volksbildungsverein, Einzugsbereich erstreckte sich über die Gemeinden Engelfangen (16 Mitgl.), Etzenhofen (6), Herchenbach (8), Kölln (22), Rittenhofen (8), Sellerbach (14), Walpershofen (9), Sitz des Vereins war der Wohnort des jeweiligen Vorsitzenden, 1929: Vors. Dr. Josef Lang, Sellerbach.[181]

Da die vorstehende Liste aus recht unterschiedlichen Quellen zusammengestellt wurde, ist sie uneinheitlich und unvollständig. Statt der Gründungsdaten ist mitunter das Jahr der Ersterwähnung angegeben, Mitgliederzahlen und Namen der Vorsitzenden meist nur für ein Stichjahr und nicht über einen längeren Zeitraum hinweg. Sie ist zu ergänzen durch die an anderer Stelle genannten kirchlichen und politischen Vereine (vgl. S. 35 f., 108-112, 120 f). Es ergibt sich daraus ein recht differenziertes Bild gesellschaftlichen Lebens. Es bleibt offen, wie lange die einzelnen Vereine bestanden haben. Ein Vergleich mit den nach Neuordnung des Vereinswesens unter NS-Verwaltung übrig gebliebenen Vereinen zeigt nicht nur Kontinuitäten (vgl. S. 432-441). Die in den Fußnoten enthaltenen Hinweise auf Genehmigung und Verlauf von Veranstaltungen spiegeln die Überwachung und Kontrolle auch des unpolitischen Vereinslebens durch die vom Völkerbund eingesetzte Verwaltung.

---

179 Satzung vom 23.01.1928 (ebenda Nr. 431, S. 709-713).
180 Satzung vom 16.12.1928 (ebenda Nr. 432, S. 611-617).
181 Satzung vom 21.01.1929.

Kapitel II
Das politische Leben zwischen dem Ende des Ersten Weltkrieges und dem Beginn des Abstimmungskampfes 1918-1933

Vom Kaiserreich zur Republik

Die Friedensverträge des Deutschen Reiches mit Russland am 03.03.1918 in Brest-Litowsk und mit Rumänien am 07.06.1918 in Bukarest hatten zwar formell an der Ostfront die Waffenruhe gebracht, aber die instabilen politischen Verhältnisse in den beiden besiegten Staaten banden größere deutsche Truppenkontingente. Sie konnten nicht für die am 21.03.1918 angelaufene Offensive an der Westfront eingesetzt werden. Spätestens im August mussten Reichsregierung und Oberste Heeresleitung einsehen, dass ihre Hoffnung auf einen Verständigungsfrieden im Westen eine Illusion war, die auf der Fehleinschätzung der tatsächlichen Kräfteverhältnisse beruht hatte. Bei der Bevölkerung wuchsen Enttäuschung und Unzufriedenheit mit der politischen und militärischen Führung. Eine grundlegende Verfassungsänderung, nämlich der Übergang zum parlamentarischen Regierungssystem, kam zu spät, um den sich anbahnenden Zusammenbruch des deutschen Kaisertums aufzufangen. Da die militärische Niederlage unabwendbar war, wurde am 04.10. dem US-Präsidenten Wilson ein Angebot auf Waffenstillstand zugeleitet.
Die innenpolitische Krise ließ sich nicht mehr eindämmen. Am 07.11. wurde in München die Republik ausgerufen. In Berlin drohten am selben Tag die sozialdemokratischen Führer aus der Regierung auszuscheiden, wenn nicht der Kaiser bis zum Abschluss des Waffenstillstandsvertrags zurückgetreten sei. Während noch der Vorstand der Mehrheitssozialisten mit der weiter links stehenden USPD um die Führung der Arbeitermassen rang, kam es zu spontanen Arbeitsniederle-

gungen, bei denen Militär sich mit streikenden Arbeitern verband. Am 09.11.1918 um 14 Uhr rief der Sozialdemokrat Philipp Scheidemann vor dem Reichstagsgebäude in Berlin die deutsche Republik aus. Zwei Stunden später proklamierte der Führer des Spartakus-Bundes Karl Liebknecht vom Balkon des Berliner Schlosses aus eine »freie sozialistische Republik«. Im deutschen Hauptquartier im belgischen Badeort Spaa gab Kaiser Wilhelm II. dem Drängen Hindenburgs und anderer hoher Militärs auf Abdankung nach, um, freilich zu spät, einen Bürgerkrieg zu vermeiden. In den frühen Morgenstunden bestieg er den Zug ins holländische Exil. Damit war eine Epoche der deutschen Geschichte zu Ende gegangen.

Zwei Tage später, am 11.11.1918, unterzeichnete eine deutsche Delegation im Wald von Compiègne nordöstlich von Paris den Waffenstillstandsvertrag.

Im Saarrevier vollzog sich der Umsturz von einem Tag auf den anderen. Die bürgerlichen Tageszeitungen spiegelten in den ersten Novembertagen noch Vertrauen auf die Durchhaltekraft Deutschlands. Am 06.11. hatte der Pressebeauftragte des XXI./XVI. Armeekorps, das seit Kriegsausbruch die Exekutivgewalt ausübte,[1] zusammen mit 19 Organisationen zu einer großen Treuekundgebung für die Hohenzollerndynastie am 10.11. aufgerufen. Am Tag vor der geplanten Veranstaltung versammelten sich mittags rund 150 Soldaten und Arbeiter am Saarbrücker Hauptbahnhof, zogen zum Gewerkschaftshaus in der Futterstraße und wählten dort einen Arbeiter- und Soldatenrat. Bei einer Volksversammlung auf dem Rathausplatz am frühen Abend wurde verkündet, dass auch für Saarbrücken die Stunde der Volksfreiheit geschlagen habe. Politisches Ziel sei die Errichtung einer sozialistischen Republik. In den nächsten Tagen bildeten sich Räte in den Kreisstädten und in einigen größeren Industrieorten wie Dudweiler, Neunkirchen, Wiebelskirchen. Sie verbürgten sich bei ihren Verhandlungen mit dem Generalkommando für Ruhe, Sicherheit und Ordnung im Innern, für den Schutz der Person und des Eigentums. Die

---

1 Hanns Klein, Das stellvertretende Generalkommando des Saarbrücker XXI./XVI. Armeekorps als Organ der Militärverwaltung im Ersten Weltkrieg, in: Herrmann, Hans-Walter (Hg.), Das Saarrevier zwischen Reichsgründung und Kriegsende (1871-1918), Saarbrücken 1989, S. 148-182, hier S. 174-181 mit Schwerpunkt auf den Abläufen in Saarbrücken.

Exekutivgewalt blieb beim Generalkommando. Es gelang den Räten, die sich als Organe einer Übergangsverwaltung verstanden, Ruhe und Ordnung aufrechtzuerhalten. Nachrichten über einen Arbeiter- und Soldatenrat im Köllertal sind sehr spärlich. Peter Rech aus Kölln, Sprengerstraße, und der Hirte Weyand aus Sellerbach, genannt »der rote Weyand«, der aus Rittenhofen gebürtige Siegwart[2] und Rösner aus Püttlingen[3] gehörten dem Arbeiter- und Soldatenrat an. Beim Bahnhof Etzenhofen lagernde größere Holzmengen zum Ausbau von Unterständen und Schützengräben wurden vom Arbeiter- und Soldatenrat der Bürgermeisterei Sellerbach versteigert.[4]

Abb. 6 Offizier der französischen Besatzung zu Pferd im Hof des Püttlinger Rathauses, darunter Text *En souvenir de mon séjour à Püttlingen le 15 mars 1919*.

Auf der Berginspektion III Von der Heydt verliefen der 09.11. und die folgenden Tage ruhig und ohne Störung des Grubenbetriebs. Der Waffenstillstandsvertrag sah die Besetzung des linksrheinischen Reichsgebietes durch alliierte Truppen vor.[5] Am 21.11. marschierten die letzten deutschen Truppen durch die Städte und Dörfer des Re-

---

2 Zu einem Antrag des Rudolf Siegwart Anfang März 1920 auf Einreise ins Saargebiet bemerkt Bürgermeister Langer von Sellerbach, er sei Mitglied des Arbeiter- und Soldatenrates gewesen sei und habe strafbare Handlungen begangen (LA SB Dep. Riegelsberg VI/IV/1 b).
3 Ihn erwähnt die »Volksstimme« vom 18.07.1934 beiläufig ohne nähere Angaben.
4 Bericht von Benzmüller, Walpershofen vom 16.01.1924 und Aus den Lebenserinnerungen von Eduard Kläs, beide ediert von Hans Joachim Kühn in: 75 Jahre SPD-Ortsverein Köllerbach S. 83f. u. 87.
5 Für die Übergangszeit zwischen Waffenstillstand und Amtsantritt der Regierungskommission vgl. Hans-Walter Herrmann, 1919 – Schicksalsjahr für die Saar, in: «Als der Krieg über uns gekommen war...« Die Saarregion und der

viers. Am 01.12. rückten französische Truppeneinheiten im Köllertal ein.[6] Spätestens zu diesem Zeitpunkt endete die Tätigkeit des Arbeiter- und Soldatenrates, den der kommandierende französische General schon durch Verfügung vom 24.11. in seinem Befehlsbereich aufgelöst hatte. In die Landgemeinden wurden kleinere Militärposten gelegt und bei der Bevölkerung einquartiert.[7] Nach den Erinnerungen von Lorenz Himbert seien auch »Senegal-Neger« dabei gewesen.[8] Nach einer Zusammenstellung des Saarbrücker Landrates aus dem Jahr 1936 waren französische Kolonialgruppen einquartiert in Heusweiler, Dilsburg, Holz, Güchenbach, Völklingen, Wehrden, Geislautern und Fürstenhausen[9], also nicht in Püttlingen und den Talgemeinden.[10] Die Bevölkerung verhielt sich gegenüber der Besatzung reserviert bis ablehnend.

Frühe Streiks

Die preußischen Steinkohlenbergwerke im Revier wurden einem französischen Grubenkontrolldienst, der in die Saarbrücker Bergwerksdirektion einzog, unterstellt. Schon wenige Tage nach dem Einmarsch der französischen Truppen geriet er in Konflikt mit den Saarbergleuten, weil er die Einlösung der von der preußischen Bergverwaltung zugesagten Einführung des Achtstundentags mit dem Hinweis auf die Kohlenknappheit in Frankreich ablehnte. Die Bergleute antworteten mit der Ankündigung eines Arbeitskampfs, wenn sie länger als acht Stunden arbeiten müssten. Während es auf anderen Inspektionen tat-

---

Erste Weltkrieg. Katalog zur Ausstellung des Regionalgeschichtlichen Museums im Schloß, Saarbrücken 1993, S. 239-265.
6 Dieses Datum nennt Benzmüller, Walpershofen in einem Bericht vom 16.01.1924, ediert von H. J. Kühn in: 75 Jahre Ortsverein Köllerbach, S. 84.
7 Ortschronik Riegelsberg, S. 165, Lebenserinnerungen von Lorenz Himbert, in: 75 Jahre SPD-Ortsverein Köllerbach, S. 88.
8 In 75 Jahre SPD-Ortsverein Köllerbach, S. 88.
9 Zusammenstellung durch den Landrat des Kreises Saarbrücken aufgrund einer Rundfrage von November 1936 (LA SB LRA SB Nr. 333).
10 Auf eine Umfrage des Landrates Saarbrücken im November 1936, in welchen Orten des Kreises *farbige* franz. Soldaten stationiert gewesen seien, erstatteten die Bürgermeister von Püttlingen und Sellerbach Fehlanzeige (LA SB LRA SB Nr. 333).

sächlich am 02.12. zum Streik kam, fuhr die Belegschaft der Inspektion III (Von der Heydt)) vollzählig ein und hielt sich an die bisherige Arbeitszeit.
Im Frühjahr 1919 versuchten Kräfte der Freien Gewerkschaften die vom französischen Grubenkontrolldienst immer wieder hinausgeschobenen Lohnverhandlungen zu erzwingen. Obwohl die christlichen Gewerkschaften dringend von der Niederlegung der Arbeit abrieten, brach am 26.03. der Streik auf den Gruben Dudweiler und Jägersfreude aus, am folgenden Tage auch auf der Inspektion III (Von der Heydt). Am 30.03. sprach Bergmann Meyer vom Hixberg in Etzenhofen auf einer Streikversammlung vor etwa 75-80 Personen. Am folgenden Tag verlas der Bergmann Görgen auf einer von 55-60 Personen besuchten Versammlung in Engelfangen die Bedingungen der Bergarbeiter für die Wiederaufnahme der Arbeit.
Der Kommandeur der französischen Besatzungstruppen vermutete politische Hintergründe, erklärte die Bergarbeiter für dienstverpflichtet und reagierte repressiv. In der Bürgermeisterei Sellerbach wurden neun Bergleute verhaftet, darunter Jakob Peter Krebs, Heinrich Weiland, Ludwig Balzert und Johann Alt, alle aus Sellerbach, und Matthias Haag aus Engelfangen.[11]
Zu den 400 Bergleuten, die von der Besatzungsbehörde ausgewiesen wurden, gehörten auch Johann Müller-Prüm, Matthias Scherer und Albert Eckler aus Püttlingen. Trotz solcher Maßnahmen blieb ein Teil der Bergleute der Inspektion III bis zum 09.04. im Ausstand, verhielt sich jedoch diszipliniert.[12] Der Streik vom Frühjahr 1919 machte deutlich, dass auch unter den Köllertaler Bergleuten radikalere Parolen zunehmend Gehör fanden. Die Bergleute sahen sich in ihrem Verhalten bestätigt, als die Löhne schließlich doch erhöht wurden. Die Verkürzung der Arbeitszeit lehnte die französische Besatzungsmacht weiterhin ab.[13] Anfang Juli erlaubte der französische Militärbefehlshaber die Rückkehr der Ausgewiesenen.[14]

---

11 Bericht des Bürgermeisters an den Landrat (LA SB Dep. Riegelsberg Nr. 706).
12 Mallmann/Steffen, Lohn der Mühen, S. 132f.
13 H.W. Herrmann, 1919 – Schicksalsjahr für die Saar, S. 259ff.
14 Volksstimme vom 07.07.1919, die Identität von Albert Eckler mit dem später genannten Albert Eckle ist nicht gesichert, vgl. auch Sperling, Püttlinger Bergbau Bd. 2, S. 6.

Rapide Preissteigerungen, die durch Lohnerhöhungen keineswegs ausgeglichen werden konnten, einerseits, horrende Gewinnspannen kleverer Kaufleute andererseits ließen in den nächsten Monaten die Unzufriedenheit in der Arbeiterschaft rasch ansteigen. Bei einer Versammlung im Kaisersaal am 05.10.1919 protestierten 2.500-3.000 Bergleute gegen die Missstände im allgemeinen und speziell auf Grube Viktoria und artikulierten ihren Unmut gegenüber dem Leitungspersonal, besonders gegen Obersteiger Buße. Die zwei Tage später (07.10.1919) erfolgte Arbeitsniederlegung in der Eisenbahnwerkstätte in Saarbrücken-Burbach und in den Hüttenwerken eskalierte rasch zu einem »wilden« Generalstreik, ohne Einschaltung der Gewerkschaften, verbunden mit Androhung von Selbstjustiz der Arbeiter gegen Kriegsgewinnler, Wucherer und Schieber. Wiederum wurde der Belagerungszustand ausgerufen und die unmittelbar an den Krawallen Beteiligten mit hohen Strafen belegt. Im weiteren Verlauf wurde an die Aufstellung von Bürgerwehren gedacht.[15] Aus der Tatsache, dass in der Bürgermeisterei Sellerbach die vorgesehene Bürgerwehr nicht gebildet wurde,[16] darf geschlossen werden, dass hier die öffentliche Sicherheit nicht in dem Maße wie in anderen Orten des Reviers gefährdet war. Der Generalstreik wurde von den politischen Gruppierungen unterschiedlich beurteilt, die damit verbundenen Ausschreitungen manchmal als »Spartakus-Krawalle« bezeichnet.

Im Köllertal kam es anscheinend nur in Heusweiler zu Plünderungen.[17] Der Bürgermeister von Sellerbach erstattete hinsichtlich der Tumultschäden Fehlanzeige.[18] In Püttlingen entlud sich der seit den letzten Kriegsjahren aufgestaute Volkszorn gegen die Gemeindeverwaltung. Am 09.10.1919 wurden Bürgermeister Mattonet, Obersekretär Ganser, dem während des Krieges die Bearbeitung von Gemeindeunterstützungssachen und der Kartoffelversorgung übertragen worden war, und Vollziehungsbeamter Kohley gezwungen, ihre Ämter niederzulegen. Ganser schilderte die Vorgänge am ausführlichsten: *Am 9. October 1919 gegen 7 ½ Uhr vormittags erschien der hiesige Polizeikommissar Baldauf in meinem Dienstzimmer und erklärte mir, dass die obengenannten Parteien* [= sozialdemokratische] *von Herrn*

---

15 Mallmann/Steffen, Lohn der Mühen, S. 144-149.
16 LA SB Dep. Riegelsberg KA 31.
17 Mallmann/Steffen, Lohn der Mühen, S. 144-149; Benzmüller (wie Anm. 4).
18 Schreiben vom 20.08.1920 (LA SB Dep. Riegelsberg VI/III/3).

Bürgermeister Dr. Mattonet und mir nicht nur die Amtsniederlegung, sondern auch verlangen würden, in dem gegen 9 Uhr stattfindenden Umzuge eine rote Fahne abwechselnd zu tragen. Weiter erklärte mir der Polizei-Kommissar, daß er uns nicht schützen könne. Ich entgegnete hierauf, daß ich mein Amt nicht niederlegen würde. Auf Zureden des Genannten und um mich vor Schimpf und Schande zu bewahren, begab ich mich in meine Wohnung. Vor dem Rathause versammelte sich die Menschenmenge und forderte die Führer die obenerwähnte Amtsniederlegung. Wie ich am Tage nachher erfuhr hat Polizei-Kommissar Baldauf vom Balkon des Rathauses verkündet, daß Herr Bürgermeister und ich unser Amt niedergelegt hätten. Bei ersterem war dies zutreffend, bei mir dagegen nicht. Einige Tage später traf ich mit dem Polizeikommissar zusammen und stellte ihn zur Rede, wie er zu der unwahren Bekanntgabe bezüglich meiner Person komme. Darauf erklärte mir derselbe wörtlich »Es war dies von mir ein Diplomaten-Schachzug und sollte für die Umzugsteilnehmer eine Beruhigungspille sein«. Der Umzug hat auch unter Verwendung einer roten Fahne stattgefunden. Der Zug führte vor meine Wohnung, jedoch bin ich unbelästigt geblieben. Die Führer waren gleich nachher für einige Zeit ausgewiesen und kehrten dann nach wiederholten Bittgesuchen zurück.[19] Mehrere hundert Sozialdemokraten demonstrierten mit einer roten Fahne vor Kohleys Wohnung, so dass auch er sich notgedrungen entschloss, aus dem Amt zu scheiden. Mattonet beantragte die Ruhestandsversetzung, die von dem französischen Militärverwalter des Saargebietes General Andlauer am 22.10.1919 genehmigt wurde.[20] Der Saarbrücker Landrat, den Ganser einige Tage später aufsuchte, beurlaubte ihn bis 01.12. Ganser nahm seinen Dienst nicht mehr auf. Da seine Gegner *mit allen Machtmitteln* ihm den Dienst unerträglich gemacht hätten, sah er sich veranlasst, seine Ruhestandsversetzung zu beantragen. Schon am 20. November entschied der Gemeinderat, ihm das volle Gehalt als Pension zu gewähren. Er behielt seine Wohnung in Püttlingen, während Kohley nach Kaiserslautern verzog.[21] Die Vorgänge sind wohl aus einem aufgestauten Unmut gegen die Amtsfüh-

---

19 Bericht von Ganser vom 22. 06.1923 (LA SB LRA SB Nr. 842), dort auch weitere Belege.
20 Ebenda.
21 Schreiben von Kohley vom 28.09.1923 an den Saarbrücker Kreisausschuss (ebenda).

rung der drei Männer in den beiden letzten Kriegsjahren zu erklären, insbesondere gegen ihre rigide Durchführung der Kriegswirtschaftsbestimmungen.[22]

Abtrennung vom deutschen Mutterland

Bald nach der Unterzeichnung des Waffenstillstandsvertrags berichtete die Presse von französischen Ansprüchen auf das Saarrevier, sie wurden teils mit historischen, teils mit wirtschaftlichen Argumenten begründet. Bereits am 23. November protestierte die Reichsregierung gegen solche Abtrennungsversuche, in den folgenden Wochen trat jedoch in der deutschen Außenpolitik die Saarfrage zurück hinter den im Osten zu befürchtenden Gebietsverlusten. Im Revier selbst konnten unter der strikten Kontrolle der Besatzungsmacht nur verdeckt Aktivitäten entfaltet werden. Immerhin konnten Unterschriften zu einer Adresse an den US-Präsidenten Wilson zur Belassung des Saarindustriegebiets bei Deutschland gesammelt werden. Es versteht sich, dass die Menschen an der Saar alle Andeutungen über eine eventuelle französische Annexion sehr ernst nahmen und allen Nachrichten über den Fortgang der Friedensverhandlungen hohes Interesse entgegenbrachten.[23] Anfang Mai wurde der Reichsregierung der Entwurf des Friedensvertrags offiziell zugestellt und sein Inhalt in der Presse veröffentlicht. Er übertraf die schlimmsten Befürchtungen. Das Saarindustrierevier mit den zugehörigen Arbeiterwohngebieten sollte aus dem Deutschen Reich und den Ländern Preußen und Bayern gelöst und 15 Jahre lang von einer international besetzten fünfköpfigen Regierungskommission, die vom Völkerbund bestellt und allein ihm verantwortlich sein sollte, verwaltet werden. Nach Ablauf der fünfzehn Jahre sollte die Bevölkerung in einer Volksabstimmung zwischen drei Möglichkeiten entscheiden: Fortdauer der internationalen Verwaltung (sogen. Status quo-Lösung), Vereinigung mit Frankreich oder Vereinigung mit Deutschland. Das Eigentum an allen im Revier gelegenen Steinkohlenbergwerken, sowohl den preußischen und bayerischen

---

22 Schreiben von Ganser und Kohley vom August 1923 (ebenda).
23 Zum Versailler Vertrag vgl. den Überblick von Eberhard Kolb, Der Frieden von Versailles, 2005.

Fiskalgruben als auch den wenigen Privatgruben (Hostenbach und Frankenholz), sollte dem französischen Staat übertragen werden als Teilentschädigung für Kriegsschäden an Gruben in Nordfrankreich. Die deutsche Verhandlungsdelegation lehnte die Abtrennung des Saarreviers ab und berief sich dabei auf die Deutschstämmigkeit und Deutschsprachigkeit der Bevölkerung, zeigte aber Verständnis für Frankreichs Kohlenbedarf und bot an, sich vertraglich zu langfristigen Kohlelieferungen zu verpflichten. Die Alliierten lehnten ab, ihr einziges Zugeständnis betraf die Zahlungsbedingungen für den Rückkauf der Gruben bei einem für Deutschland positiven Ausgang der Volksabstimmung. Nach langen Debatten beugte sich der Reichstag den politischen Realitäten und entschied sich mehrheitlich für die Annahme des Friedensvertrags. Die aus dem Saarrevier stammenden Abgeordneten stimmten dagegen. Am 28. Juni 1919 unterzeichneten der deutsche Außenminister Müller und der deutsche Justizminister Bell den Vertrag im Spiegelsaal des Versailler Schlosses, genau dort, wo im Januar 1871 König Wilhelm von Preußen zum Deutschen Kaiser proklamiert worden war.

Der Zeitpunkt des Inkrafttretens des Versailler Vertrags hing von seiner Ratifikation durch die beteiligten Staaten ab, sie zog sich Monate hin bis zum 10.01.1920. Sieben Tage später fand die Übergabe der Bergwerke statt, die Betriebsleitung übernahm die neu gegründete *Administration des Mines Domaniales françaises de la Sarre*. Ihre Verwaltungsspitze bezog das Gebäude der bisherigen preußischen Bergwerksdirektion in Saarbrücken in der Triererstraße. In den folgenden Wochen wurden die leitenden Positionen in den einzelnen Inspektionen und Abteilungen mit Franzosen besetzt. Die hohen preußischen Bergbeamten mussten das Revier verlassen. Da die internationale Regierungskommission des Saargebiets am Tage des Inkrafttretens des Versailler Vertrags noch nicht gebildet war, übernahm die französische Besatzungsmacht interimistisch bis zum 26.02.1920 deren Funktionen.[24]

---

24 Für die Übergangszeit zwischen Kriegsende und Amtsantritt der Regierungskommission vgl. H.W. Herrmann (wie Anm. 5).

Unter internationaler Verwaltung

Die Regierungskommission bestand aus einem Franzosen, einem Vertreter der Saarbevölkerung und drei Neutralen. Vorsitzender war bis 1926 der französische Staatsrat Victor Rault, der sich mehr als Vertreter französischer Interessen denn als unparteiischer Beauftragter des Völkerbunds verstand und verhielt. Saarländisches Mitglied wurde zunächst der aus der bekannten Keramikfabrikantenfamilie stammende Alfred von Boch. Als er schon im Sommer 1920 zurücktrat, wurde er durch den frankophilen Arzt Dr. Jakob Hector, seit 1919 Bürgermeister von Saarlouis, ersetzt, ihm folgte 1923-1924 der Saarlouiser Landrat Julius Land und dann der sich tatkräftig als Sachwalter der saarländischen Interessen einsetzende Gewerkschafter und frühere Zentrumsabgeordnete im Deutschen Reichstag Bartholomäus Koßmann.[25]

Die saarländische Bevölkerung stand der Regierungskommision von Anfang an ablehnend gegenüber. Trotz der Garantie ihrer Freiheiten und Rechte nach dem Stand vom 08.11.1918 und trotz der in Aussicht gestellten Volksabstimmung empfand sie die Abtrennung vom Deutschen Reich als Unrecht. Der Versailler Vertrag wies der Kommission alle Befugnisse zu, die früher dem Deutschen Reich, Preußen und Bayern zugestanden hatten. Sie hatte volle Freiheit in der Verwaltung und volle Nutznießung des Staatseigentums mit Ausnahme der Steinkohlenbergwerke und der links der Saar gelegenen Eisenbahnen, die zu den elsass-lothringischen Bahnen gerechnet und daher von Frankreich verwaltet wurden.

Eine Zentralverwaltung des Saargebiets musste im Frühjahr 1920 erst neu geschaffen werden, einige leitende Positionen wurden mit Franzosen und anderen Ausländern besetzt, ebenso in dem neu geschaffenen Obersten Gerichtshof. Hinzu kam, dass die preußischen Landräte, der Saarbrücker Oberbürgermeister, eine Reihe von Landbürgermeistern, Gerichtspräsidenten und Vorstände anderer Behörden von ihren Posten entbunden und ausgewiesen wurden.

Wenige Monate nach Amtsantritt geriet die Regierungskommission in Konflikt mit der Vertretung der Beamten im Saargebiet über Fragen

---

25 Zu Koßmann vgl. die Biographie von Reinhold Bost, Bartholomäus Koßmann. Gewerkschaftler – Politiker 1883-1952, Blieskastel 2002.

der Übernahme in den Dienst der Regierungskommission und über die Gestaltung des Dienstrechtes. Der Konflikt eskalierte zu einem mehrtägigen Beamtenstreik (06.-14.08.1920), dem sich zahlreiche andere Arbeitnehmer in einem eintägigen Sympathiestreik anschlossen. Diese Ereignisse bewirkten, dass sich schon bald eine Front der politischen Parteien, Gewerkschaften und übrigen Verbände, der Kirchen und der freien Presse gegen die als landfremd und profranzösisch eingeschätzte Regierungskommission bildete. Sie scheute weder den Konflikt mit ihr, noch Beschwerden gegen sie beim Rat des Völkerbunds in Genf. Als Rault 1926 aus der Kommission ausschied und ihm im Vorsitz Briten und Kanadier folgten und die neutralen Mitglieder mehr um eine wirklich neutrale Wahrnehmung ihrer Funktionen bemüht waren, war es zu spät, um die in sechs Jahren gewachsene Opposition der Bevölkerung in ein gedeihliches Miteinander zu kehren. Die Ablehnung der Regierungskommission durch die Masse der Bevölkerung blieb ein Grundzug der saarländischen Innenpolitik in den Jahren der internationalen Verwaltung. Sie wurde von den Regierungen des Deutschen Reiches früh erkannt, latent moralisch und finanziell gefördert und in unterschiedlichem Maße auch instrumentalisiert, am stärksten von der Regierung Hitler.

Keine demokratische Volksvertretung

Die ersten Maßnahmen zur Neuordnung des politischen Lebens nach dem Sturz der Monarchien liefen in den französisch besetzten linksrheinischen Reichsgebieten in gleicher Weise an wie im unbesetzten Deutschland. Im Frühjahr 1919 standen gleich zwei Wahlen an, am 19.01.1919 zur Deutschen Nationalversammlung, die in Weimar zusammentrat, und am 26.01.1919 zur Preußischen Nationalversammlung. Für beide stellte sich als primäre Aufgabe die Erarbeitung einer neuen Verfassung, die sich an den Grundsätzen einer parlamentarisch-demokratischen Staatsform auszurichten hatte. Zum Zeitpunkt der beiden Wahlen kursierten zwar schon Gerüchte über eine eventuelle Abtrennung des Saarindustriegebiets, aber nur wenige saarländische Wähler dürften geahnt haben, dass sie nach diesen beiden Wahlen lange Zeit nicht mehr die Möglichkeit haben würden, sich an freien Wahlen zu einem Parlament zu beteiligen. Der Versailler Vertrag sah nämlich für das unter Verwaltung des Völkerbundes gestellte Saargebiet keine Volksvertretung mit gesetzgebenden Befugnissen vor. Die am 11.11.1918 geltenden Gesetze sollten in Kraft bleiben, die Regierungskommission konnte Änderungen und Ergänzungen auf dem Verordnungsweg vornehmen. In der Tat wurde eine stattliche Zahl von Verordnungen durch die Kommission erlassen. Bei Gesetzesänderungen und der Neuauflage von Steuern war die Meinung der gewählten Volksvertreter einzuholen. Im Versailler Vertrag war jedoch die Art der Volksvertretung nicht näher definiert. Die Regierungskommission glaubte der Vertragsklausel zunächst dadurch zu genügen, dass sie die Kreistage und den Stadtrat der kreisfreien Großstadt Saarbrücken aufforderte, zu den entsprechenden Entwürfen schriftlich Stellung zu nehmen, und zwar jedes Gremium einzeln, nicht in einer Versammlung aller saarländischen Kreistagsabgeordneten. Die Kreistagsfraktionen fanden dieses Verfahren unbefriedigend und verlangten eine parlamentarische Volksvertretung. Als die Regierungskommission dieser Forderung nicht nachkam, verweigerten sie die Erstellung weiterer Gutachten und begründeten dies mit der Nichtbeachtung ihrer bisherigen Stellungnahmen. Die Regierungskommission hatte zwar die Meinung von Vertretern der Bevölkerung abgefragt, aber ihre Entwürfe nicht dementsprechend geändert. Das Sekretariat des Völkerbunds und die Regierungskommission arbeiteten daraufhin eine *Verordnung über die Errichtung eines Landesrats* aus. Auch jetzt blieben die Wünsche der saarländischen Parteien weitgehend unberücksichtigt. Das neu geschaffene Gremium hatte nicht das Recht zu Initiativanträgen, Anfragen und Interpellationen, die Abgeordneten besaßen keine Immunität. Sie durften den Vorsitzenden nicht selbst wählen, er wurde von der Regierungskommission ernannt. Sie legte auch die Tagesordnung der Sitzungen fest. Die Mitglieder der Regierungskommission erschienen nicht persönlich im Landesrat auf einer »Regierungsbank«, sondern ließen sich von einem Staatskommissar vertreten. Die Regierungskommission war verpflichtet, die Voten des Landesrats einzuholen, aber nicht, sich daran zu halten. So wurde manche Verordnung, gegen die sich der Landesrat ausgesprochen hatte, doch erlassen. Ganz dem Begriff des Wortes »Landes r a t« entsprechend hatte das Gremium eben nur beratende (= konsultative) Befugnisse, nicht wie ein echtes Parlament gesetzgebende (= legislative). Der Landesrat des Saargebiets stellte ein Unikum in West- und

Mitteleuropa dar, insofern als die ihm angehörenden gewählten Vertreter der Bevölkerung keine rechtlich abgesicherte Mitwirkung bei der Gesetzgebung hatten.[26] Für die Saarbevölkerung bedeutete dies, dass sie im Gegensatz zu der Bevölkerung des übrigen Reichsgebiets sich nicht mit den Arbeitsweisen und Verhaltensformen einer parlamentarischen Demokratie vertraut machen konnte – ein Faktum, das sich auf die Entscheidung für die Beibehaltung des Status quo bei der 1935 anstehenden Volksabstimmung negativ auswirken sollte.

Neues Wahlrecht

In der Vorkriegszeit waren die Wahlen zum preußischen Landtag und zu den Gemeinderäten nicht nach dem Gleichheitsgrundsatz erfolgt, sondern nach dem Dreiklassenwahlrecht. Die Ortsbewohner waren nach ihren Vermögensverhältnissen in drei Klassen eingeteilt worden. Jede Klasse wählte die gleiche Anzahl von Gemeindeverordneten. Das bedeutete, dass die Stimmen der Wähler der Klasse I und II mehr wogen, als die der Wähler der Klasse III. Zahlen aus der damaligen Gemeinde Güchenbach sollen dies verdeutlichen. Bei den Wahlen des Jahres 1912 waren 121 Wahlberechtigte in die Klasse I eingestuft, 228 in die Klasse II und 582 in die Klasse III. Jede Klasse wählte 6 Mitglieder in den Gemeinderat, dabei waren die Wähler nicht an die Mitglieder der eigenen Klasse gebunden, sondern konnten einen zu einer anderen Klasse gehörenden Mann – Frauen hatten noch gar kein Wahlrecht – wählen, was nicht selten geschah. So war 1905 der zur Klasse I gehörende Obersteiger Carl aus Riegelsberg als Kandidat der Klasse III aufgestellt und auch gewählt worden[27]. Eine weitere Abweichung vom Gleichheitsgrundsatz lag darin, dass mindestens die Hälfte der Mitglieder des Gemeinderats Grundbesitzer sein mussten. Es liegt auf der Hand, dass dieses Wahlsystem die ärmeren Schichten der Bevölkerung deutlich weniger repräsentierte, ihre politischen Mitbestimmungsmöglichkeiten zugunsten der wirtschaftlich besser

---

26 Zum Landesrat vgl. Zenner, Parteien u. Politik, S. 67ff., Verordnung über die Errichtung des Landesrats in Amtsblatt der Reg.Kom. d. Saargebiets 3 (1922), S. 41f.
27 Herrmann in: Ortschronik Riegelsberg, S. 156.

Gestellten einschränkte, also nicht ein auf dem Gleichheitsgrundsatz basierendes Wahlrecht war.

Bei der staatlichen Neuordnung nach dem Sturz der Monarchien wurde die Geltung des allgemeinen, gleichen, direkten und geheimen Wahlrechts auch auf Preußen ausgedehnt, den Frauen Wahlrecht zuerkannt und die Abgeordneten nicht nach dem Mehrheitsprinzip, sondern dem Verhältnisprinzip ermittelt. Das neu eingeführte Verhältniswahlrecht ermöglichte die Berücksichtigung jeder Stimme, brachte aber die Gefahr einer starken Aufsplitterung mit sich, weil nun auch kleine Parteien Abgeordnete durchbringen konnten, und erschwerte dadurch die Mehrheitsbildung. Durch seine Einführung erübrigten sich die bisher üblich gewesenen Stichwahlen zwischen den beiden Spitzenkandidaten.

Das neue deutsche Wahlrecht galt aber nicht automatisch im Saargebiet. Zwar wurden die Wahlen zur Deutschen Nationalversammlung und zur Preußischen Nationalversammlung auch hier in der neuen Form abgehalten, aber mit Inkrafttreten des Versailler Vertrags (10.01.1920) verloren alle seit dem 11.11.1918 verabschiedeten deutschen, preußischen und bayerischen Gesetze im Saargebiet ihre Gültigkeit. Die Frage des hierzulande anzuwendenden Wahlrechts stellte sich erstmals bei den Gemeinderatswahlen vom 11.07.1920 und den Kreistagswahlen vom 18.07.1920.[28] Sie erfolgten als allgemeine, gleiche, unmittelbare und geheime Listenwahl nach den Grundsätzen der Verhältniswahl. Die Wahlberechtigung wurde aber eingeschränkt auf die Personen, die am Wahltag in dem Wahlbezirk wohnten und die am Tag des Waffenstillstandes (11.11.1918) ihren Wohnsitz im Saargebiet hatten oder von Eltern abstammten, die zur Zeit der Geburt der wählenden Person ihren Wohnsitz im Saargebiet hatten, oder von einem Vater, bei unehelicher Geburt von einer Mutter, der/die im Saargebiet geboren war und dort mindestens 10 Jahre ansässig war. Jede Wahlperiode dauerte drei Jahre. Nach 1920 wurden Gemeinderats- und Kreistagswahlen gleichzeitig abgehalten und zwar am 08.07.1923, 11.07.1926, 17.11.1929 und 13.11.1932.

Die Wahlen zum Landesrat erfolgten durch allgemeine, gleiche, unmittelbare und geheime Listenwahl nach den Grundsätzen des Ver-

---

28 Zu den Gemeinde- und Kreistagswahlen ausführlich S. 134-158.

Das ernste Mahnwort der Stunde!

An alle Zentrumswähler und Zentrumswählerinnen!

Es ist wahr, daß der Landesrat undemokratisch ist. Es ist wahr, daß er nur wenige Rechte hat. Jedoch wäre es grundfalsch, deshalb nicht zu wählen.

Denn der Landesrat hat große, alles andere überragende Aufgaben. Größere Aufgaben können keinem Parlamente gestellt werden.

Was soll der Landesrat?
Er soll das stark gefährdete Deutschtum an der Saar schützen.

Wir sind von Französierungsbestrebungen aller Art umgeben. Die geistigen Bande mit unserem Mutterlande will man abschneiden. An vielen Orten des Saargebiets entstehen rein französische Schulen, in denen deutsche Kinder widerrechtlich ihrer Schulpflicht genügen können. Wir aber wollen unsere deutsche, christliche Schule unversehrt erhalten. Unsere christlichen und deutschen Ideale werden hier auf der gleichen Front verteidigt. Denn jeder Schritt weiter in westlicher Richtung bedeutet eine Schädigung der christlichen Schule, da ein vollständiges Aufgehen in der französischen, dem Einfluß der Religion entzogenen Schule, der Schule ohne Kruzifix, der Tod der christlichen Schule ist.

Wirtschaftlich wird aus politischen Gründen kein Mittel unversucht gelassen, uns an den Westen zu fesseln. Das Saargebiet ist zum allergrößten Teil Industrieland und aus rein wirtschaftlichen Notwendigkeiten sind wir mit dem deutschen Wirtschaftsgebiet unlösbar verbunden. Wird die Einheit mit dem deutschen Wirtschaftsgebiet nicht erhalten, so sind wir hier der Verelendung preisgegeben.

Abb. 7 Aufruf der Zentrumspartei zur Beteiligung an den Wahlen zum Landesrat 1922 (LA SB Best. Parteidrucksachen Nr. 87).

hältniswahlrechts. Das Verhältniswahlrecht begünstigte die Chancen kleiner Parteien. Da es eine 5%-Klausel nicht gab, entstand im Saargebiet ähnlich wie im Deutschen Reich eine breit gefächerte Palette politischer Parteien. Wahlberechtigt waren alle Personen ohne Unterschied des Geschlechts, die die Eigenschaft eines Saareinwohners und am Tag der Wahl das 20. Lebensjahr vollendet hatten. Zu wählen waren 30 Männer oder Frauen. Die Landesratswahlen fanden statt am 25.06.1922, 27.01.1924, 25.03.1928 und am 13.03.1932.[29]
Die Kandidaturen für den ersten Landesrat stellten insofern eine Besonderheit dar, als nicht nur die politischen Parteien – Zentrum, Liberale, SPD, USPD und KPD – um Stimmen warben, sondern auch ad hoc aufgestellte Listen zur Vertretung von wirtschaftlichen und sozialen Interessen bestimmter Gruppen, nämlich die »Vereinigung von Hausbesitz und Landwirtschaft im Saargebiet«, der Mieterschutzverband und die Kriegsbeschädigten. Sie waren nicht identisch mit den schon länger bestehenden, in Form von Verbänden organisierten Interessenvertretungen. Von den etablierten Parteien und dem größeren Teil der Pressemedien wurden diese *Sonderlisten* abgelehnt, einmal weil sie die Zersplitterung förderten und damit dem *gemeinsamen Kampf* schadeten, aber noch mehr, weil sie von französischer Seite empfohlen wurden. Sie verschwanden bei den nächsten Landesratswahlen mit Ausnahme der »Vereinigung von Hausbesitz und Landwirtschaft«, die sich später in »Wirtschaftspartei« umbenannte (vgl. S. 102).

Die Parteien

Von den im Saarrevier in der Vorkriegszeit agierenden Parteien hatten das Zentrum und die SPD die große Zäsur überstanden, während die ohnehin nicht straffe Organisation der Nationalliberalen, die lange Zeit die Abgeordneten des Wahlkreises Saarbrücken für den Preußischen Landtag und den Reichstag gestellt hatten, zerfiel und nun zwei neue Parteien um Wähler aus dem liberalen Lager warben: die

---

29 Verordnung betr. die Wahlen zum Landesrat vom 19.05.1922 (Amtsblatt d. Reg.Kom. 3 (1922), S. 76-80), für die weiteren Wahlen Amtsblatt 4 (1923), S. 242, 8 (1927), S. 270f.), Kandidatenliste veröffentlicht in Saarbrücker Kreisblatt 48 (1922), S. 43f., 50 (1924), S. 7f., 58 (1932), S. 41-44, siehe auch LA SB LRA SB Nr. 1763, 1764.

Deutsche Demokratische Partei und die Deutschnationale Volkspartei. Die Wahlbewegung zur Weimarer Nationalversammlung stand noch nicht unter dem Zeichen einer Abtrennung des Saarreviers, infolgedessen wählte die Bevölkerung nicht in einem eigenen »saarländischen« Wahlkreis sondern im 21. preußischen und im 27. bayerischen Wahlkreis.

Die Stärkeverhältnisse der Parteien, wie sie sich in den Wahlen vom 19.01.1919 spiegelten,[30] wichen ganz erheblich von der Vorkriegszeit ab, sie wurden aber nicht repräsentativ für das kommende Jahrzehnt. Die 1920er und frühen 1930er Jahre brachten stärkere Verschiebungen, als sie vor dem ersten Weltkrieg stattgefunden hatten.

	Zentrum	Demokraten	SPD	DNVP
Püttlingen	2.146	124	1.501	-
Ritterstraße	111	39	200	-
Altenkessel	307	192	634	-
Neudorf	405	176	604	-
Rockershausen	204	107	283	-
Bürgerm. Püttlingen	3.173	583	3.222	-
Bürgerm. Sellerbach	2.288	200	2.023	37
Kölln u. Engelfangen	1.037	299	589	-

Den erhalten gebliebenen Quellen über die Wahl des Saarbrücker Kreistages am 18.07.1920 lassen sich die Namen von Personen entnehmen, die in den ersten Monaten nach Beginn der Sonderverwaltung des Saargebiets bereit waren, sich aktiv am politischen Leben zu beteiligen. Unter den aufgestellten Kandidaten[31] finden sich auch Personen aus unserem Untersuchungsbereich (vgl. S. 135).

Die Parteien, die im Köllertal um Wähler warben, sollen nun vorgestellt, ihre Entstehung, ihr Programm, ihre Struktur, ihre führenden Köpfe und angeschlossenen Organisationen kurz beschrieben, ihr Agieren im Gebiet der heutigen Stadt Püttlingen ausführlich behandelt werden. Programmatisch entsprachen sie meist einer Schwe-

---

30 Völklinger Volksfreund vom 21.01.1919.
31 Saarbrücker Kreisblatt 1920 S. 97f. u. 102.

sterpartei im Reich, zu der eine mehr oder weniger enge Verbindung gehalten wurde. Die besondere politische Konstellation des Abstimmungskampfes ließ dann aber im Saargebiet neue Parteien entstehen, die keine Parallelen im Reich hatten.

Maßstab für die Akzeptanz einer Partei bei der Bevölkerung sind Mitgliederzahlen und Wahlergebnisse. Überlieferte Mitgliederzahlen sind spärlich. Dagegen ließen sich die bei den Wahlen für die einzelnen Parteien abgegebenen Stimmen meist noch feststellen. Sie sind im Anschluss an die Vorstellung der Parteien, getrennt nach Landesrats-, Kreistags- und Gemeinderatswahlen zusammengestellt.

Zentrum

Der Zentrumspartei fiel im politischen Leben unter der Völkerbundsverwaltung eine beherrschende Stellung zu. Sie blieb all die Jahre hindurch im Saargebiet stärkste Partei, wenn auch mit Einbußen. Ihr Anteil an den abgegebenen gültigen Stimmen schwankte auf Landesebene zwischen 48 und 43%. Sie erhielt in den Wahlen zum Landesrat 1922 16 von 30 Sitzen und behauptete in den drei folgenden Landesratswahlen 14 Sitze.[32] Schon in der Kaiserzeit hatte sie hohe Anteile eingefahren, dennoch war der Wahlkreis Saarbrücken infolge des Mehrheitswahlrechtes meist an die Nationalliberalen gefallen. Als Gründe für ihre Stabilität in der Saargebietszeit werden genannt:
- die katholische Mehrheit der Bevölkerung,
- die für eine Industriebevölkerung ungewöhnlich starke heimatliche Verwurzelung,
- ihre aus den Zeiten des Kulturkampfes noch lebendige Rolle als Vorkämpferin für eine freiheitliche Entwicklung gegenüber staatlicher und kapitalistischer Bevormundung.

Die Zentrumspartei des Saargebietes verstand sich als Zweig der deutschen Zentrumspartei, die 1922 ihr Programm neu definiert hatte: starke Zentralgewalt bei Anerkennung des Eigenlebens der Länder,

---

32 Allgemein zur Zentrumspartei des Saargebiets vgl. Zenner, Parteien und Politik, S. 152-170, Dieselbe, Saarländischer Katholizismus in der Völkerbundszeit, in: Richtig Daheim, S. 143-147, Mallmann/Steffens, Lohn der Mühen, S. 143, Paul Mallmann, Milieus und Widerstand, S. 35-38.

Erziehung der Jugend durch Staat und Kirche, Bejahung der nationalen Selbstbehauptung und des Völkerbundsgedankens, Revision des Versailler Vertrags, Anspruch auf Kolonien, Arbeitsgemeinschaft zwischen Arbeitern und Unternehmern.
Die Partei versuchte in allen Wahlkämpfen die Religionsfeindlichkeit und den Atheismus der Sozialdemokraten und der Freien Gewerkschaften nachzuweisen. Daraus resultierte eine scharfe weltanschauliche Trennungslinie zwischen Zentrum und sozialistischen Parteien als ein Grundzug der saarländischen Parteienlandschaft. Die Distanziertheit des Zentrums gegenüber dem Staat in der Kaiserzeit schmälerte nicht das Zugehörigkeitsgefühl zum Deutschen Reich. In der Erhaltung der Zugehörigkeit zu den Bistümern Trier und Speyer und der konfessionellen Volksschulen stimmten die Bischöfe mit Klerus, Kirchenvolk und Zentrumspartei des Saargebiets überein. Aus dem Festhalten an diesen beiden Grundlinien entwickelte sich eine theologische Begründung der Liebe zum Vaterland: Vaterlandsliebe wurde als sittliche Forderung und moralische Pflicht des Christen postuliert.
Das Zentrum scheint in den ersten Wochen und Monaten nach Kriegsende eine vergleichsweise lockere Organisation gehabt zu haben. Diesen Eindruck gewinnt man aus dem Bericht des Sellerbacher Bürgermeisters, wonach infolge der Umwälzungen die Zahl der ausgeschiedenen Mitglieder und der Zuwachs an neuen Mitgliedern nicht feststehe.[33] Der erste Parteitag des Saar-Zentrums am 30. Juni 1920 demokratisierte die Organisationsstruktur. Es wurde eine effiziente mehrstufige Gliederung geschaffen. Die meisten Ortspfarrer überließen ihre bisher übliche Funktion als Vorsitzende der Zentrumsortsvereine den Laien, blieben aber Vorstandsmitglieder. Höchste Parteiinstanz war die in der Regel einmal jährlich zusammentretende Landesdelegiertenversammlung. Das eigentliche Leitungsgremium war der Landesparteiausschuss mit etwa achtzig Mitgliedern, darunter die Vorsitzenden und etwa je drei Delegierte der Kreisverbände. Die Kreisverbände waren untergliedert in Ortsgruppen. Chancen zu einer effizienten politischen Einwirkung auf das gesamte katholische Milieu eröffnete die Verbindung zu dem engmaschigen Netz von Bruderschaften, religiösen, karitativen, volksbildenden, sporttreibenden,

---

33 Herrmann, in: Ortschronik Riegelsberg, S. 169.

So

machens die **Pferde**, wenn sie Gefahr wittern!

Köpfe nach innen, Hufe nach außen!

So

machens die deutschen **Parteihengste** in der Stunde höchster politischer Gefahr:

Hufe nach innen, Köpfe nach außen!

Katholisches Saarvolk willst du das?

Nein!

Du willst **Volksgemeinschaft**, nicht **Volkszerreißung**?

Darum wähle

Liste 12 Zentrum!

Wenden!

Abb. 8 Flugblatt der Zentrumspartei zur Wahl des Landesrates 1932 (LA SB Best. Parteidrucksachen Nr. 96)

wirtschaftliche und ständische Interessen vertretenden Vereinen auf lokaler und überlokaler Ebene. Infolge der starken Unterstützung durch den Klerus und das katholische Vereinswesen konnte das Zentrum auf einen organisatorischen Unterbau verzichten. Damit mag zusammenhängen, dass Mitgliederversammlungen der Zentrumspartei weniger oft stattfanden als die anderer Parteien; denn die potentielle Wählerschaft ließ sich mindestens ebenso gut über die katholischen Vereine und Verbände erreichen.

Landesvorsitzende waren zunächst Sanitätsrat Dr. Jordans (bis 1927), dann Rechtsanwalt Franz Steegmann, dessen Frau Klara die Vorsitzende des katholischen Frauenbundes-Saar war, und schließlich Pfarrer Franz Bungarten. Auf allen Stufen der vertikalen Gliederung der Partei begegnen Männer aus der Führungsschicht der Christlichen Gewerkschaften, des katholischen Lehrerverbandes, der katholischen Standesvereine und der Geistlichkeit.

Die Christlichen Gewerkvereine hatten zwar bei der Vereinigung mit den katholischen Fachvereinen ihren überkonfessionellen Charakter durchgesetzt, die Mehrzahl ihrer Funktionäre war katholisch, was ja der Konfessionsstruktur der saarländischen Bevölkerung entsprach.

In der seit 1920 erscheinenden »Saarbrücker Landeszeitung« besaß die Partei ein auflagenstarkes Printmedium. Auch der »Völklinger Volksfreund« war ein Zentrumsblatt.

In der Gemeinde Püttlingen war das Zentrum immer stärkste Partei und erreichte meist die absolute Mehrheit. Im Nachweis der Vereine in Püttlingen von 1922 erscheint die Zentrumspartei nur in Altenkessel, das damals ja noch keine eigene Gemeinde war, mit dem Gründungsjahr des Ortsvereins 1920 und einem Mitgliederstand von rund 800. Es ist möglich, dass 1922 Büro oder Vorsitzender des Ortsverein in Altenkessel ansässig waren. In den folgenden Jahren erscheint der Püttlinger Pastor Heß als aktives Parteimitglied, er kandidierte 1923 und 1926 für den Gemeinderat. Ob er Ortsvorsitzender war, konnte ich nicht mit Sicherheit ermitteln; aber sein Nachfolger Pastor Schommer hatte 1928 dieses Amt inne, stellvertretender Vorsitzender zur selben Zeit war der Gemeindevorsteher Georg Hirschmann.

Die im Sommer 1927 in Püttlingen einsetzende Agitation der Christlich-Sozialen kostete das Zentrum zwar nicht seine Stellung als stärkste Partei vor Ort, brachte aber einen Rückgang auf 39,7% der Stimmen, obwohl es einen seiner besten Redner, den Gewerkschafts-

sekretär Peter Kiefer, ins Rennen geschickt hatte. Ausführlich legte er in einer *Männerversammlung* am 22.01.1928 in der Püttlinger Bürgerhalle Programm und Politik seiner Partei im Reich und im Saargebiet dar, stellte deren Einsatz für Christentum, Kirche und soziale Wohlfahrt der Arbeiterschaft heraus und speziell im Saargebiet ihr Eintreten für das *bedrängte Deutschtum*. Das Zentrum allein sei die Partei, *die den rechten Weg gehet. Sie erstrebe in sozialem Ausgleich die Interessen aller Stände des Volkes*. Im Hinblick auf die mit dem Zentrum konkurrierenden Christlich Sozialen warnte er: *Eine Spaltung der katholischen Kräfte in unserem Vaterlande ist verkehrt, ja verhängnisvoll*. In flammenden Worten forderte er auf, die Stimme der Partei zu geben, *die stets unentwegt gekämpft hat für Wahrheit, Freiheit und Recht*. Er endete mit dem Ausruf *Das katholische Volk muß restlos Zentrum wählen!*[34]
Vorsitzender der Ortsgruppe Engelfangen war 1924 Peter Wollmeringer.[35]

Wahlvorschläge zum Landesrat:
1922 Wilhelm Müller, pensionierter Bergmann und Landwirt, Sellerbach, 21. Listenplatz
 Joseph Gärtner, Gewerkschaftssekretär, Güchenbach, 29. Listenplatz
1924 Joseph Gärtner, Güchenbach, 18. Listenplatz
1927 Joseph Gärtner, Güchenbach, jetzt als *Vertrauensmann der Versicherten des Saarknappschaftsvereins* tituliert, 8.Listenplatz
 Georg Hirschmann-Sutor, Bergmann, Püttlingen, 10. Listenplatz, wurde gewählt
1932 Joseph Gärtner, 8. Listenplatz
 Georg Hirschmann-Sutor, 10. Listenplatz

Die Namen weiterer aktiver Mitglieder finden sich in den Angaben über die Wahlen zum Gemeinderat.
Unterorganisationen des Zentrums waren der Handels- und Industrie-

---

34 Bericht über diese Versammlung in der Bürgerhalle in Püttlingen am 22.01.1928 in: Völklinger Volksfreund vom 27.01.1928.
35 Himbert (wie Anm. 7), S. 89.

beirat, dem Jungmann aus Püttlingen angehörte, und die Jugendorganisation Windthorstbund. In Püttlingen bestand schon 1912 neben Saarbrücken, Saarlouis, Sulzbach und Völklingen eine der fünf Ortsgruppen des Gauverbands für das Saargebiet. Mit 30 Mitgliedern lag die Püttlinger Ortsgruppe vor Völklingen (29) und Sulzbach (14).[36]

Vernetzung mit Vereinen:
- Kath. Arbeiterverein der Pfarrei St. Sebastian, gegründet 1912, 480 Mitglieder, Vorsitzender: Pastor.
- Kath. Arbeiterverein St. Josef in der Pfarrei ULF, gegründet 1930, 500 Mitglieder, Vorsitzender: Pastor.
- Kath. Arbeiterverein Kölln,
- Bergmannsverein Sellerbach,
- Kath. Jungschar Püttlingen St. Sebastian, gegründet 1930, 120 Mitglieder, Vorsitzender 1934: Kaplan Raskop.[37]
- DJK mit verschiedenen Abteilungen.

Christlich-Soziale Partei/Arbeiter- und Bauernpartei

Im Reich war 1926 die Christlich-Soziale Reichspartei aus dem Zusammenschluss des Volksvereins für das katholische Deutschland mit anderen Gruppierungen christlicher Sozialisten entstanden unter Leitung von Vitus Heller. In ihrem Programm trat sie ein für die »gründliche und ernste Lebensreform, eine Lebenserneuerung auf allen Gebieten mit Einschluß und unter Mithilfe der Politik auf der Grundlage der Lehre Christi«. Sie verlangte die »Zerschlagung und Enteignung des Großgrundbesitzes gegen Entschädigung, Auflösung aller Aktiengesellschaften, Trusts, Syndikate und kapitalistischer Unternehmungen«, vertrat also offen klassenkämpferische Motive und bot sich vor allem den Bergleuten als Alternative zum Zentrum an. Im Vorfeld der 1928 anstehenden Reichstagswahl trat der Konflikt zwischen ihr und dem Zentrum offen zutage. Unter Berufung auf bischöfliche Ent-

---

36 Der Zentrumswähler. Politischer Kalender für das Jahr 1912 2. Jahrgang, das Fortbestehen unter der Völkerbundsverwaltung wird belegt durch einen Antrag auf Genehmigung zu einem Umzug vom 23.10.1932 (LA SB LRA SB Nr. 310).
37 Anträge auf Genehmigung von Veranstaltungen im April 1934 (ebenda Nr. 313).

scheidungen wurde in katholischen Arbeitervereinen vor ihrem Programm gewarnt und ein öffentliches Eintreten für sie verboten. Das Programm der Partei soll durch Inhaltsangaben von Reden bei ihren Veranstaltungen verdeutlicht werden.

Die Anfänge der Partei in Püttlingen sind nicht recht fassbar. Dass sie bei der Gemeinderatswahl 1926, als sie sich erstmals den Wählern stellte, in Püttlingen über 900 Stimmen und damit 7 von 30 Sitzen im Gemeinderat erringen konnte, spricht für den Anklang, den sie mit ihrem Programm und ihren Kandidaten bei der Ortsbevölkerung fand. Für 04.06.1927 hatte Jakob Backes zu einer öffentlichen Versammlung nach Püttlingen in den Saal des Gastwirts Jakob Pabst eingeladen. Vitus Heller selbst sprach zum Thema »Kapitalistische Wirtschaft und christlich-soziale Idee«. Vor 80-90 Zuhörern führte er aus, dass die missliche Lage der Arbeiterschaft im Saargebiet und in Deutschland auf die Regierungen, die Parteien und die Gewerkschaftsführer zurückzuführen sei, weil diese kapitalistische Tendenzen verfolgen würden und für die Arbeiterinteressen nichts übrig hätten. Die Lage der Arbeiterschaft könne verbessert werden, wenn die bürgerlichen Regierungen gestürzt und eine Arbeiterregierung an die Spitze gestellt würde. Das sei aber nicht mit Kampf und Blut zu erreichen, sondern nur durch eine geistige Revolution. Die Christlich-Soziale Reichspartei habe sich zum Ziel gesetzt, Arbeiter, Handwerker, untere und mittlere Beamte zu einem Block zusammenzubringen, ihnen durch Aufklärung zum nötigen Wissen zu verhelfen und dann gegen das kapitalistisch-bürgerliche System mit geistigen Waffen zu kämpfen. Im zweiten Teil sprach er über die Religion in seiner Partei, der Zentrumspartei und den Gewerkschaften. Abschließend streifte er die Arbeiterverhältnisse und sozialen Einrichtungen in Russland und betonte, dass dort die Arbeiter besser gestellt seien als in den kapitalistischen Staaten. Diese Äußerung fand den vollen Beifall der vier anwesenden Kommunisten. Georg Schorr (KP) berichtigte aber, dass die allgemeine Weltrevolution nicht mit geistigen Waffen zu erkämpfen sei, sondern nur mit Gewalt. Als er dann fortfuhr, dass wenige Jahre nach Kriegsende von verschiedenen Geistlichen in Kirche und Schule durch Reden und Verteilen von Bildern Hetze betrieben würde, wurde er von den anwesenden Zentrumsmitgliedern stürmisch unterbrochen. Bläs als Bezirksvorsitzender der Christlich-Sozialen dankte, Heller habe ihm aus dem Herzen gesprochen. Die breiten Massen könnten nur durch

intensive geistige Arbeit zu einem menschenwürdigen Dasein gebracht werden und nicht, wie die Kommunisten meinten, mit Waffengewalt. Den gleichen Gedanken griff Backes als Versammlungsleiter in seinem Schlusswort noch einmal auf.[38]
Die Ortsgruppe Kölln organisierte eine Veranstaltung am 04.12.1927 im Saal Peter Raber, Referent war der Studienrat Dr. Nassenstein aus Völklingen.[39]
Das Konkurrieren der beiden christlichen Parteien im Vorfeld der für 25.03.1928 angesetzten Landesratswahlen wurde schon angesprochen. Recht aufschlussreich für den Umgang mit dem neuen politischen Gegner ist der Bericht im dem Zentrum nahestehenden »Völklinger Volksfreund« über eine Zentrumsversammlung im Völklinger katholischen Vereinshaus am 23.03., zu der Christlich-Soziale als Gäste geladen waren: *Die Vitus-Heller-Leute, die immer mehr zu der Erkenntnis kommen, dass ihnen hier im Saargebiet die Felle fortschwimmen, hatten sich eigens den Kopf ihrer »Bewegung« verschrieben, um zu retten, was zu retten war. Wir wollen es gleich vorwegnehmen: Der Verlauf der Versammlung war für die Helleranhänger geradezu katastrophal, sie war eine vernichtende moralische Niederlage. Ehrlich gesagt, wir glaubten an einen Führer und Kopf der Christlich-Sozialen an einen überzeugten Mann, der von Idealismus und Feuereifer getragen, ein politisches Programm entwickeln und verteidigen könnte. Was haben wir gehört? Einen Schwarmgeist, einen Demagogen übelster Sorte, voll ätzender Kritik. Nichts, aber auch gar nichts Positives konnte er für die offenbare Not des arbeitenden Volkes, zu dessen Anwalt er sich in Wort und Schrift ausgibt, anführen. Mit Grauen denkt der politisch reife Mensch an die furchtbaren Folgen, die aus der bewußt negativ eingestellten oppositionellen Tätigkeit dieser zersetzenden Bewegung und ihres unverantwortlichen »Führers« erwachsen. So konnte es nicht ausbleiben, dass der Zentrumsreferent Herr Hüskes, in vornehmer, sachlicher Rede das angeblich »christliche« Programm zu Nichts zerpflückte. Er hatte sich die Aufgabe gestellt, was das »Programm« der Christlich-Sozialen ist und was sie angeblich erstreben. Allgemeine Heiterkeit erregte es, als er die*

---

38 Bericht des Landjägers Schmitt II vom 06.06.1927 (ebenda Nr. 306).
39 Antrag des Ortsgruppenvorsitzenden auf Genehmigung vom 29.11.1927 (ebenda Nr. 306).

politischen Wünsche des jüngsten »Kindes« der deutschen Parteien, der Christlich-Sozialen aus ihrem eigenen Organ vorlas. In staatspolitischer Beziehung findet man bestimmte Annäherungspunkte zwischen Ständepolitik, Faschismus und Diktatur. Sie sind sich also über die ganz elementaren staatspolitischen Dinge völlig im Unklaren. Hüskes vertrat hier nicht seine Meinung, sondern ließ die Christlich-Sozialen in ihren eigenen Organen reden. In Wirtschaftsfragen pendelen sie zwischen den Wünschen der Völkischen und der Kommunisten. Mit Recht nannte der Redner dieses verschwommene Sammelsurium eine politische Hanswurstiade. Das angebliche Programm ist Spuck, das sich unter dem kritischen Auge des Redners zu einem Phantom »verdichtete«. So verschwommen und unklar, ohne festen Boden unter den Füssen, so unklar ist auch Heller in seinem Kulturprogramm. Der treffliche Kenner der Bewegung Hüskes zeigte anhand von Belegen, daß sie die konfessionelle Schule und die Religion ernstlich gefährden. Mit Wehmut erfüllt es alte, erprobte Gewerkschaftler, wie Heller in verwerflicher Weise anerkannte Verdienste führender Gewerkschaftler (Stegerwald[40], Dr. Müller) schmäht. Seine Ausführungen riefen in berechtigter Weise den Unwillen der organisierten Arbeiterschaft hervor. War es doch die Zentrumspartei und vor allem ihre geistlichen Führer, die in schlimmster Zeit, zur Zeit der Aera Hilger[41], die Interessen der Arbeiter in wirksamster und unerschrockener Weise vertraten. Es bleibt bedauerlich, dass die Christlich-Sozialen mit Mitteln kämpfen, die von den Kommunisten nicht überboten werden können. Hüskes zeigte in überzeugender Weise, daß eine Splitterpartei, die nur verneint, niemals der Not des arbeitenden Volkes steuern kann. Abhilfe kann hier nur eine große, innerlich gefestigte und straff organisierte Partei schaffen. Für den deutschen katholischen Arbeiter gibt es nur die eine Partei, die Partei des Ausgleichs die kämpft unter dem sturmerprobten Banner Windhorsts, die Partei für Wahrheit, Freiheit

---

40 Adam Stegerwald (1874-1945), Zentrumspolitiker, Vorsitzender des Deutschen Gewerkschaftsbundes bis 1929, 1929/30 Reichsverkehrsminister, dann bis 1932 Reichsarbeitsminister.
41 Gemeint ist die Amtszeit von Ewald Hilger als Vorsitzender der Bergwerksdirektion Saarbrücken, Biographische Daten bei Rolf Banken, Zwischen Administration und Unternehmertum. Die Unternehmensverwaltung der preußischen Staatsgruben an der Saar im 19. u. frühen 20. Jh., in: Herrmann/Hudemann/Kell, Forschungsaufgabe Industriekultur, S. 203 Anm. 78.

und Recht, die deutsche Zentrumspartei. Spontaner Beifall lohnte den Redner für seine treffenden Ausführungen. Herr Heller selbst eröffnete den Reigen der Diskussionsredner. *In ¾ stündiger Rede versprach er den Zuhörern das Programm zu entwickeln. Mit 51 Prozent Zerfahrenheit trug er mit viel Pathos etwas vor, von dem wohl wenige etwas mit nach Hause genommen haben. Selbst die überzeugtesten Anhänger waren baß erstaunt über ihren Führer und dessen »Programm«. Aufmerksame Zuschauer wollen gesehen habe, wie die Unterführer zusammenknickten. Einen solchen Wust ideologischer, unausgegorener Phantastereien haben wir lange nicht mehr gehört. Er setzte ungewollt die Lachmuskeln der Zuhörer in Bewegung, die ihm dankbar waren, daß er ihnen den letzten Glauben an die Existenzberechtigung der Christlich-Sozialen Partei genommen hatte. Das zweite Referat hielt der Landesratsabgeordnete Gärtner, Güchenbach. Dieser alte Gewerkschaftler zeigte, wie schädlich die Hellerbewegung für den Arbeiter an der Saar sich auswirkt, Gott sei dank ist sie so schwach, daß sie noch keine ernstlichen Schäden verursachen konnte.* Dieser letzte Satz der Berichterstattung im »Völklinger Volksfreund« traf zwar für das Saargebiet insgesamt zu, aber nicht für Püttlingen. Auf Landesebene erhielten die Christlich-Sozialen bei den Landesratswahlen 1928 9.321 Stimmen (= 3,3% der gültigen Stimmen). In Püttlingen dagegen wurden sie mit 30,6% zweitstärkste Partei. Daher habe ich über sie ausführlicher berichtet. Aus Püttlingen kam auch der Mann, dem das einzige Mandat der Christlich-Sozialen im Landesrat zufiel, nämlich der Bergmann Josef Backes. Auch in den kleinen Talgemeinden konnte die Partei prozentual hohe Ergebnisse einfahren, ein Beweis, dass die Köllertaler Wähler sich von ihr mehr versprachen als die Zentrumsfunktionäre. In einem »Nachwort zur Wahl« spielte der »Völklinger Volksfreund« unter Hinweis auf das Landesergebnis die Rolle der Christlich-Sozialen herunter, sie hätten in der Arbeiterschaft kaum Resonanz, würden aber *von einigen katholischen Intellektuellen, den sogen. Jugendbewegten* unterstützt.[42]
Die schon im Jahr 1927 erkennbaren Kontakte zwischen den Ortsgruppen der Christlich-Sozialen und der KP setzten sich fort. Auf einer Versammlung am 12.10.1928 im Saal Pabst in Püttlingen referierten die beiden Mitglieder des Landesrates Weiß (KP) aus Völklingen und

---

42 Ausgabe vom 31.03.1928.

Josef Backes (Christlich-Soziale) aus Püttlingen vor etwa 60 Personen, darunter 2 Frauen. Beide wandten sich mit scharfen Worten gegen die internationale Aufrüstung. Ihre Aufforderung, eine in den nächsten Tagen zirkulierende Liste gegen den Bau eines deutschen Panzerkreuzers[43] zu unterschreiben, beleuchtet beispielhaft, wie stark die Parteien des Saargebiets Anteil nahmen an den politischen Tagesfragen im Reich.[44] Im Schlusswort sprach Weiß die Zusammenarbeit mit den Christlich-Sozialen an. Er schätze und achte sie *als charakterfeste Menschen. Er sei jederzeit bereit, mit diesen hand in hand zusammenzuarbeiten.*

Die Partei benannte sich nach reichsdeutschem Vorbild um in »Arbeiter- und Bauernpartei«. Funktionäre aus dem Reich traten weiterhin als Redner im Saargebiet auf.

Bei den Landesratswahlen 1932 verringerte sich die Zahl der Stimmen auf 6.500. Aufgrund höherer Wahlbeteiligung entsprach dies einem Prozentsatz von nur 1,8%. Im Köllertal hatte aber die Partei wieder einen deutlich über dem Landesdurchschnitt liegenden Prozentsatz erreicht: in Kölln 5,8%, in Püttingen 8,7%, in Sellerbach sogar 15,5%.[45] Die Berufsangaben der Kandidaten für den Landesrat und den Gemeinderat (vgl. S 157 f.) lassen auf einen stärkeren Anhang in der Bergarbeiterschaft schließen.

Die Organisation der Ortsgruppe Püttlingen wurde mir nicht bekannt, doch dürfte der Bergmann Josef Backes hier eine bestimmende Rolle gespielt haben.

Vorsitzender der Ortsgruppe Kölln war Sylvester Rupp, wohnhaft in Etzenhofen, Bergmann auf Grube Viktoria, Gemeinderatsmitglied 1923-1935, Schriftführer Nikolaus Heib, Bergmann aus Sellerbach, Kassierer Adam Nalbach, Bergmann aus Etzenhofen, die Mitgliederzahl wurde 1927 mit 40 angegeben.[46]

---

43 Es handelt sich dabei um den Versuch, unter Respektierung der vom Versailler Vertrag auferlegten Beschränkungen ein hoch modernes Kriegsschiff mit maximalem Gefechtswert zu entwickeln, amtlich zunächst als *Panzerschiff Deutschland*, später als *Schwerer Kreuzer Lützow* geführt, vgl. dazu Hans Georg Prager, Panzerschiff Deutschland, Schwerer Kreuzer Lützow. Ein Schiffs-Schicksal vor den Hintergründen seiner Zeit, Hamburg 2001, dort auch Hinweise auf die Polemik der sozialistischen Parteien im Reich gegen den Bau (S. 7ff.).
44 Bericht des Landjägers Schwarz II vom 13.10.28 (LA SB LRA SB Nr. 307).
45 Vgl. die Ergebnisse in den Tabellen auf S. 132 ff.
46 Angaben im Antrag auf Genehmigung einer Versammlung am 04.12.1927

Wahlvorschläge zum Landesrat:
1928   Josef Backes, Bergmann, Püttlingen, 1. Listenplatz
       Jakob Weiland, Bergmann, Engelfangen, 7. Listenplatz
       Eduard Seibert, Bergmann, Püttlingen, 23. Listenplatz
       Nikolaus Heib, Bergmann, Sellerbach, 27. Listenplatz
       Sylvester Rupp, Bergmann, Etzenhofen, 30. Listenplatz
1932   Sylvester Rupp, Bergmann, Etzenhofen, 2. Listenplatz
       Johann Klein, Bergmann, Güchenbach, 8. Listenplatz
       Alois Walz, Bergmann, Sellerbach, 14. Listenplatz
       Johann Christ, Bergmann, Riegelsberg, 18. Listenplatz
       Matthias Haag, Bergmann, Engelfangen, 27. Listenplatz

Noch deutlicher wird der starke Anhang in Püttlingen und den Talgemeinden bei der Aufstellung von Kandidaten für die Wahl zum Saarbrücker Kreistag im November 1929, von 21 Kandidaten kamen 11 aus Püttlingen und den Talgemeinden, 5 aus Völklingen, 3 aus Quierschied und je einer aus Heusweiler und Götteborn.[47]

Liberale[48]

Im liberalen Lager traten große Verschiebungen gegenüber der Vorkriegszeit ein. Dass der Wahlkreis Saarbrücken nicht eine Domäne der Nationalliberalen bleiben würde, hatte schon das Wählerverhalten bei der Wahl eines Nachfolgers für den im Juli 1917 verstorbenen nationalliberalen Abgeordneten Bassermann gezeigt. Die Wahlbeteiligung war gering gewesen, viele Wahlberechtigte hatten ihre Wahlunterlagen zurückgesandt, ohne davon Gebrauch zu machen.

Deutsche Demokratische Partei und Deutsch-Saarländische Volkspartei
Die Neugründungen »Deutsch-Nationale Volkspartei« und »Deut-

(LA SB LRA SB Nr. 306).
47 Saarbrücker Kreisblatt 1929, S. 128-130.
48 Zenner, Parteien und Politik, S. 170-178.

sche Demokratische Partei«, die im Saargebiet für die Wahlen zu den Nationalversammlungen eine liberal-demokratische Arbeitsgemeinschaft als Sammelbecken aller bürgerlichen Kräfte, soweit sie nicht Anhänger des Zentrums waren, gebildet hatten, konnten nur 14,4%[49] erringen. Die Arbeitsgemeinschaft blieb als Wahlbündnis nur bis zu den Stadtratswahlen in Saarbrücken im Juni 1920 bestehen. Nach dem Beamtenstreik im Sommer 1920 nannte sich die Deutsche Volkspartei um in »Liberale Volkspartei des Saargebiets«. Sie fand größere Beachtung in der Öffentlichkeit durch ihre Beteiligung an der ersten Saar-Delegation nach Genf im September 1921, der Unternehmer aus den alt eingesessenen Familien Röchling, von Boch und von Vopelius angehörten. Bei den Wahlen zum Landesrat 1922 trat sie unabhängig von der Deutsch-Demokratischen Partei auf. In ihrem Wahlaufruf formulierte sie drei Ziele:
• Kampf um die Rechte und Wohlfahrt der Saarbevölkerung,
• Kampf gegen die französische Annexionspolitik,
• Kampf gegen die verfehlte Politik der Regierungskommission aus Sorge um die wirtschaftliche Zukunft des Saargebiets.

Während die liberale Volkspartei 12,8% und 4 Mandate erhielt, mussten sich die Demokraten mit 3,9% und 1 Mandat begnügen. Dies führte dazu, dass beide Parteien sich vor den nächsten Landesratswahlen (1924) zur »Deutsch-Saarländischen Volkspartei« (DSVP) vereinigten. Sie bezeichnete sich in ihrem Programm von 1924 als *rückhaltlose offene Vorkämpferin für die Erhaltung des Deutschtums an der Saar*. Sie konnte jedoch nicht Sammelbecken aller Liberalen werden und musste sich damit abfinden, dass Wähler ihre Stimmen der »Vereinigung von Hausbesitz und Landwirtschaft«, die bei den Landesratswahlen 1928 und 1932 als »Deutsche Wirtschaftspartei« firmierte, gaben.
Die DSVP und die anderen kleinen bürgerlichen Gruppen erlebten einen stetigen Rückgang. Sie erreichte 1932 nur 6,6% und zwei Sitze im Landesrat. Ihr Einfluss in der saarländischen Politik sank aber nicht im Maß des Wählerschwundes. Sie behielt ihr Gewicht in wirtschaftspolitischen Fragen des Saargebiets. Es gründete vornehmlich auf Per-

---

[49] Deutsche Demokratische Partei 13,7%, Deutsch-Nationale Volkspartei 0,7%.

sönlichkeit und Verbindungen ihres zeitweisen Vorsitzenden Hermann Röchling [50], der fast allen saarländischen Delegationen nach Genf angehörte, in dieser Position wegen seines Verhandlungsgeschicks und seiner internationalen Beziehungen auch von seinen Gegnern aus dem sozialistischen Lager als nützlich erachtet wurde.
Weltanschauung und politische Leitlinie der Partei deckten sich weitgehend mit der der »Saarbrücker Zeitung«, der größten saarländischen Tageszeitung, so dass sie zwar nicht als Parteiorgan der Liberalen, aber doch als deren wirksamstes Sprachrohr bezeichnet werden kann.
Im Köllertal fanden die Liberalen keinen großen Anklang. Gegen Ende des Jahres 1919 hielt eine Ortsgruppe der Deutschen Demokratischen Partei Versammlungen im Saal Groß in Riegelsberg ab. Die Nachweisung der ortsansässigen Vereine von 1922 nennt eine 1919 gegründete Ortsgruppe der Demokratischen Partei mit 150 Mitgliedern unter Führung von Heinrich Meyer im damaligen Püttlinger Ortsteil Neudorf. [51]
Die geringe Resonanz der Partei spiegeln die bei den Landesratswahlen für sie abgegebenen Stimmen und der Verzicht auf Aufstellung von Kandidaten bei den meisten Gemeinderatswahlen vor 1932.
Ortsgruppen der Deutsch-Saarländischen Volkspartei (DSVP) gab es in Püttlingen und den meisten Talgemeinden nicht, nur für Walpershofen ist im Dezember 1927 eine von Bäckermeister Huppert geleitete Ortsgruppe belegt.[52] Vorsitzender der Ortsgruppe Heusweiler war im April 1925 Fritz Petzinger.[53]

---

50 Eine ausgewogene Biographie steht noch aus. Seibold, Röchling - Kontinuität im Wandel, S. 203-289, stellt ihn zu sehr aus der Sicht der Familie dar. Kritischere Betrachtung bei Inge Plettenberg, »Eine Schraube ohne Ende«. Die Saar-Industrie in der deutschen Kriegsproduktion 1914-1918, in: »Als der Krieg über uns gekommen war.«, S. 172-189, Dieselbe, Über die Beziehungen saarländischer Schwerindustrieller zum Nationalsozialismus, in: Zehn statt tausend Jahre, S. 60-77, und Hans-Christian Herrmann, Hermann Röchling in der deutschen Kriegswirtschaft, in: Jahrbuch für westdt. Landesgeschichte 20 (1994), S. 405-450, Derselbe, Plante Hermann Röchling 1940 ein zusammenhängendes Montanrevier Saar-Lor-Lux ?, in: ZGSaargegend 42 (1994), S. 214-224.
51 LA SB LRA SB Nr. 420, S. 259f.
52 Bericht über einen Familienabend am 22.12.1927 (Völklinger Nachrichten vom 23.12.1927).
53 Hinweis auf öffentliche Versammlung am 26.04.1925 (LA SB LRA SB Nr. 305).

Eine undatierte Liste der Vertrauensmänner der DSVP in 96 saarländischen Orten, die zwischen 1924 und 1932 entstanden sein dürfte, enthält nur wenige Namen aus den Köllertalgemeinden: in Altenkessel Steiger Friedrich Schmidt, in Kölln Georg Obalsky, in Walpershofen Hauptlehrer Krauss, in Heusweiler Lehrer Julius Gensheimer, in Güchenbach Steiger a. D. Chr. Klein.[54] Lorenz Himbert erinnert sich, die Bauern in Herchenbach seien meist Liberale gewesen.[55]

Aus den ersten Jahren nach dem Zweiten Weltkrieg gibt es Äußerungen, wonach die Leitung der Röchling'schen Eisen- und Stahlwerke, Völklingen ihre Arbeitnehmer zugunsten dieser Partei beeinflusst habe. Der früher dort beschäftigte Hermann Lydorf brachte vor, dass er 1930 auf der Hütte entlassen worden sei, weil er es abgelehnt habe, aus der SPD auszutreten und Mitglied der von seinem Arbeitgeber Hermann Röchling geführten DSVP zu werden. Der Bürgermeister von Köllerbach bestätigte im Januar 1950, dass damals (um 1930) Völklinger Hüttenarbeiter entlassen worden seien, weil sie nicht der DSVP angehörten.[56] Es stellt sich die Frage, ob die bei den Landesratswahlen 1928 und 1932 deutlich über dem Landesdurchschnitt liegenden Ergebnisse der DSVP in Etzenhofen, Kölln und Herchenbach mit einer politischen Einflussnahme der Völklinger Werksleitung erklärt werden können.

Zu bedenken ist auch, dass Hermann Röchling gute Verbindungen zur evangelischen Pfarrerschaft, nicht nur zu dem Völklinger Pfarrer Jacob, unterhielt. In der oben erwähnten Liste der Vertrauensmänner erscheint auch der Wahlschieder Pfarrer Friedrich Wilhelm Hermann Reimers. Familienmitglieder und engste Mitarbeiter bekleideten Ehrenämter in kirchlichen Gremien: Direktor Rodenhauser im Synodalvorstand des Kirchenkreises Saarbrücken, Generalsekretär Rupp im Presbyterium der Ev. Kirchengemeinde Völklingen, sein älterer Bruder Karl Röchling im Verwaltungsrat des Ev. Stiftes St. Arnual. Deshalb galt die DSVP zuweilen als politische Heimstatt des evangelischen Bürgertums

Auf der Linie dieser Partei dürfte auch der Köllner Pfarrer Karl Ludwig Rug gelegen haben. Auch wenn ich seine Mitgliedschaft in der

---

54 LA SB Nachlaß Schmelzer Nr. 56.
55 In: 75 Jahre SPD Ortsverein Köllerbach, S. 89.
56 LA SB LEA Nr. 5846.

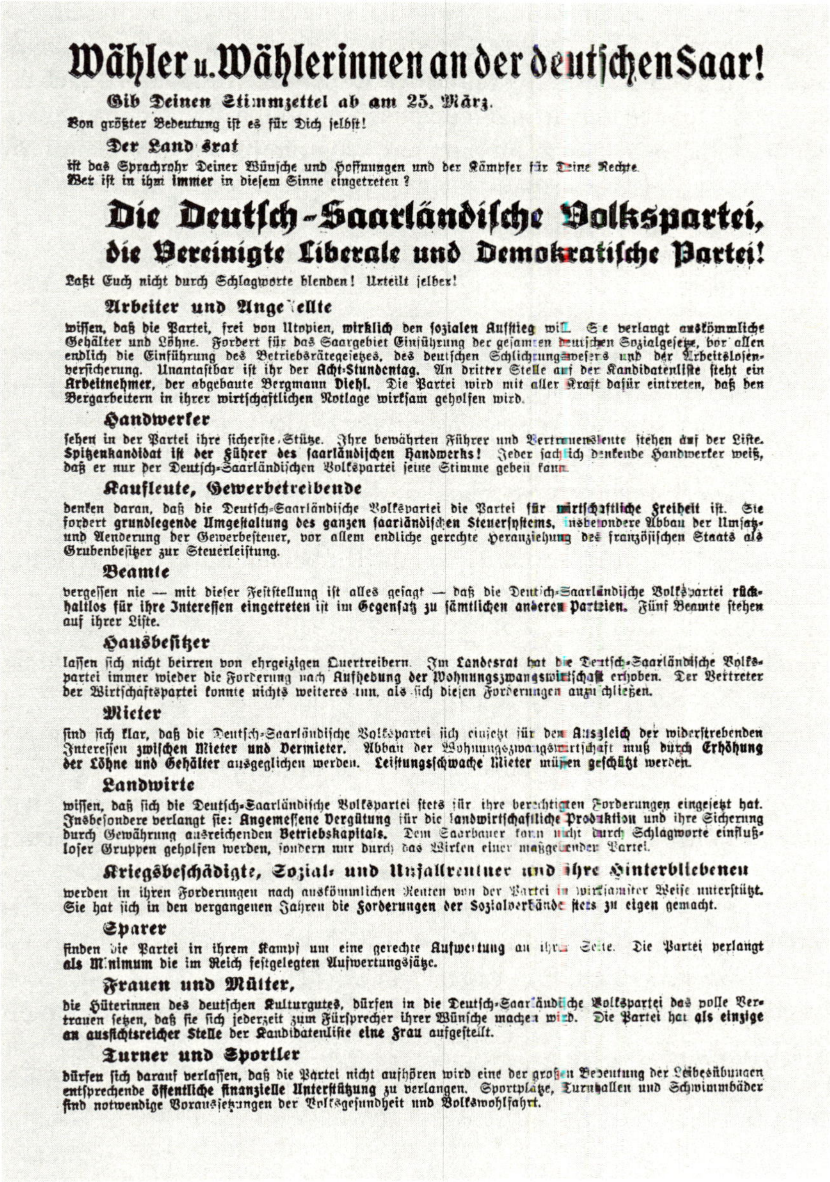

Wähler u. Wählerinnen an der deutschen Saar!

Gib Deinen Stimmzettel ab am 25. März.

Von größter Bedeutung ist es für Dich selbst!

Der Landesrat

ist das Sprachrohr Deiner Wünsche und Hoffnungen und der Kämpfer für Deine Rechte.
Wer ist in ihm **immer** in diesem Sinne eingetreten?

Die Deutsch-Saarländische Volkspartei, die Vereinigte Liberale und Demokratische Partei!

Laßt Euch nicht durch Schlagworte blenden! Urteilt selber!

Arbeiter und Angestellte

wissen, daß die Partei, frei von Utopien, **wirklich** den **sozialen Aufstieg** will. Sie verlangt **auskömmliche** Gehälter und Löhne. Fordert für das Saargebiet Einführung der gesamten deutschen Sozialgesetze, vor allen endlich die Einführung des Betriebsrätegesetzes, des deutschen Schlichtungswesens und der Arbeitslosenversicherung. Unantastbar ist ihr der **Acht-Stundentag.** An dritter Stelle auf der Kandidatenliste steht ein **Arbeitnehmer,** der abgebaute Bergmann **Diehl.** Die Partei wird mit aller Kraft dafür eintreten, daß den Bergarbeitern in ihrer **wirtschaftlichen** Notlage **wirksam** geholfen wird.

Handwerker

sehen in der Partei ihre sicherste Stütze. Ihre bewährten Führer und Vertrauensleute stehen auf der Liste. **Spitzenkandidat ist der Führer des saarländischen Handwerks!** Jeder sachlich denkende Handwerker weiß, daß er nur der Deutsch-Saarländischen Volkspartei seine Stimme geben kann.

Kaufleute, Gewerbetreibende

denken daran, daß die Deutsch-Saarländische Volkspartei die Partei **für wirtschaftliche Freiheit** ist. Sie fordert **grundlegende Umgestaltung des ganzen saarländischen Steuersystems,** insbesondere Abbau der Umsatz- und Aenderung der Gewerbesteuer, vor allem endliche gerechte Heranziehung des französischen Staats als Grubenbesitzer zur Steuerleistung.

Beamte

vergessen nie — mit dieser Feststellung ist alles gesagt — daß die Deutsch-Saarländische Volkspartei **rückhaltlos für ihre Interessen eingetreten** ist im **Gegensatz zu sämtlichen anderen Parteien.** Fünf Beamte stehen auf ihrer Liste.

Hausbesitzer

lassen sich nicht beirren von ehrgeizigen Quertreibern. Im **Landesrat** hat die Deutsch-Saarländische Volkspartei immer wieder die Forderung nach **Aufhebung der Wohnungszwangswirtschaft** erhoben. Der Vertreter der **Wirtschaftspartei** konnte nichts weiteres tun, als sich diesen Forderungen anzuschließen.

Mieter

sind sich klar, daß die Deutsch-Saarländische Volkspartei sich einsetzt für den **Ausgleich** der widerstrebenden Interessen **zwischen Mieter und Vermieter.** Abbau der Wohnungszwangswirtschaft muß durch **Erhöhung der Löhne und Gehälter** ausgeglichen werden. **Leistungsschwache Mieter** müssen **geschützt** werden.

Landwirte

wissen, daß sich die Deutsch-Saarländische Volkspartei stets für ihre berechtigten Forderungen eingesetzt hat. Insbesondere verlangt sie: **Angemessene Vergütung** für die **landwirtschaftliche Produktion** und ihre Sicherung durch Gewährung ausreichenden **Betriebskapitals.** Dem Saarbauer kann nicht durch Schlagworte einflußloser Gruppen geholfen werden, sondern nur durch das Wirken einer maßgebenden Partei.

Kriegsbeschädigte, Sozial- und Unfallrentner und ihre Hinterbliebenen

werden in ihren Forderungen nach auskömmlichen Renten von der Partei in wirksamster Weise unterstützt. Sie hat sich in den vergangenen Jahren die **Forderungen der Sozialverbände stets zu eigen** gemacht.

Sparer

finden die Partei in ihrem Kampf um eine gerechte **Aufwertung** an ihrer Seite. Die Partei verlangt **als Minimum** die im Reich festgelegten Aufwertungssätze.

Frauen und Mütter,

die Hüterinnen des deutschen **Kulturgutes,** dürfen in die Deutsch-Saarländische **Volkspartei** das volle Vertrauen setzen, daß sie sich jederzeit zum Fürsprecher ihrer Wünsche machen wird. Die Partei hat **als einzige an aussichtsreicher Stelle** der Kandidatenliste **eine Frau** aufgestellt.

Turner und Sportler

dürfen sich darauf verlassen, daß die Partei nicht aufhören wird eine der großen Bedeutung der Leibesübungen entsprechende **öffentliche finanzielle Unterstützung** zu verlangen. Sportplätze, Turnhallen und Schwimmbäder sind notwendige Voraussetzungen der Volksgesundheit und **Volkswohlfahrt.**

Abb. 9 Flugblatt der DSVP zur Wahl des Landesrates 1928 (LA SB Best. Parteidrucksachen Nr. 134)

DSVP nicht belegen kann, – nur die seines Lehrers und späteren Schwiegervaters, des Völklinger Studienrates Wilhelm Perizonius,[57] möchte ich ihn aufgrund zahlreicher Äußerungen in seinen nachgelassenen Papieren dem gemäßigt deutsch-nationalen Lager zurechnen, »deutsch-national« nicht im Sinn des Programms der gleichnamigen konservativen Partei, sondern eines kontinuierlichen Befürwortens und Sich-Einsetzens für das politische und militärische Wiedererstarken des Deutschen Reichs und gegen jegliche Abspaltung deutschen Staatsgebiets.

Wahlvorschläge zum Landesrat:
1922   DDP u. Mieterschutzverband u. Liberale Volkspartei, Vereinigung von Haus- und Grundbesitz: niemand aus den Bürgermeistereien Püttlingen und Sellerbach,
1924   DSVP Friedrich Michler, Landwirt, Herchenbach, 27. Listenplatz,
1928 und 1932 keine Kandidaten aus den beiden Bürgermeistereien. Parteipolitisch aktiv war der Hüttenwächter Albrecht Serf.[58]

Die der Partei nahestehende Jugendorganisation, der Jugendverband »Deutsche Saar«, hatte Ortsgruppen in Völklingen,[59] seit Mai 1926 in Altenkessel, seit 1927 auch in Heusweiler und Püttlingen.[60] Letztere wurde geleitet von Josef Hastenteufel, sie zählte 1927 42 Mitglieder, je 3 aus Ritterstraße und Sellerbach, je 1 aus Engelfangen und Herchenbach, alle anderen aus Püttlingen. Die Gründung zweier neuer Ortsgruppen 1929 spricht für wachsendes Interesse. Die Leitung der Ortsgruppe Sellerbach übernahm der 24-jährige Hans Rieth aus Etzenhofen, – 1. Gruppenführer wurde Willi Huppert[61] – die der Ortsgruppe Walpershofen Willi Klein aus Hilschbach.[62]
Es gab anscheinend eine Rahmensatzung, die den Ortsgruppen Spiel-

---

57 Er kandidierte bei den Wahlen zum Saarbrücker Kreistag für die DSVP (Saarbrücker Kreisblatt 1926, S. 86).
58 Anzeige von Schackmann gegen sein Auftreten im August 1933 (ebenda Nr. 311).
59 Bericht von Kriminalkommissar Zech oder Lech vom 26.06.1927 (ebenda Nr. 307) über die Sonnwendfeier auf dem Rozenberg/Völklingen.
60 Ebenda Nr. 430, S. 448 (Heusweiler) u. Nr. 431, S. 578-585 (Püttlingen).
61 Antrag auf Zulassung vom 12.08.1929 (ebenda Nr. 433, S. 171-178).
62 Antrag auf Zulassung vom 21.02.1929 (ebenda Nr. 432, S. 736-738).

raum für eigene Formulierungen ließ. Feste Bestandteile waren die Erklärung parteipolitischer Neutralität und der engen Verbundenheit mit Deutschland. Ihre Formulierung variierte. In der Satzung der Ortsgruppe Altenkessel vom Mai 1926 ist als Vereinszweck angegeben *Liebe zu Heimat und Vaterland zu pflegen und zum Verständnis der deutschen Kunst anzuregen.* In der Satzung der Ortsgruppe Walpershofen heißt es: *insbesondere soll das Deutschtum an der Saar erhalten und auf eine baldige Wiedervereinigung mit dem deutschen Vaterland hingearbeitet werden.* Die Sellerbacher Satzung formuliert: *Als Grenzlandjugend erkennen wir es als unsere erste Pflicht an mitzuarbeiten in dem Kampf um die Deutscherhaltung unserer Saarheimat. Neben der Grenzlandfrage findet der Großdeutsche und Kolonialgedanke reiches Betätigungsfeld in unserer Gruppen.* Die starke vaterländische Komponente spiegelte sich auch in der Grußformel *Treudeutsch Allewege.*
Der Beitritt stand *männlichen und weiblichen Deutschen* vom 14. bis vollendeten 20. Lebensjahr offen, Ausnahmen waren möglich.
Verbindungen zur DSVP werden deutlich in § 11 der Satzung der Altenkesseler Ortsgruppe, wonach bei Auflösung deren Eigentum an die Ortsgruppe der DSVP übergehen solle.[63] Die Satzungen der anderen Ortsgruppen sahen eine Entscheidung bei Auflösung vor oder nennen den Verband.[64]

Deutsche Staatspartei
1925 trennte sich eine linksorientierte Gruppe von der DSVP und kandidierte selbständig als Deutsche Demokratische Partei bei den Landesratswahlen 1928. Mit 21 Stimmen in Püttlingen (= 0,4%), 2 in Sellerbach und je 1 in Engelfangen und Herchenbach blieb sie bedeutungslos. Daran änderte sich nichts, als sie bei den Landesratswahlen 1932, nun nach reichsdeutschem Vorbild in Deutsche Staatspartei, Landesverband Saargebiet umbenannt, um Wähler warb.
Für diese politischen Gruppierungen kandidierte bei den Landesratswahlen 1928 und 1932 niemand aus den beiden Bürgermeistereien Püttlingen und Sellerbach.

---

63 Satzung ebenda Nr. 429, S. 456-462. Die Gruppe zählte im Mai 1926 72 Mitglieder, davon 1 aus Ritterstraße.
64 Satzung der Ortsgruppe Ludweiler, gegründet 1929 (ebenda Nr. 433, S. 423).

Deutsche Wirtschaftspartei

Sie ging aus der bei der ersten Landesratswahl heftig kritisierten Sonderliste »Vereinigung von Hausbesitz und Landwirtschaft im Saargebiet« hervor. Treibende Kräfte waren der Architekt Major a.D. Gustav Schmoll gen. Eisenwerth und der Syndicus des Haus- und Grundbesitzervereins Dr. Groß. Die Titulierung »...und Landwirtschaft« erweckte den Eindruck, dass die Liste von den beiden Interessenvertretungen der Landwirte, nämlich dem Trierer Bauernverein und der Freien Bauernschaft Saar mitgetragen würde. Dem war aber nicht so.[65] In den folgenden Jahren knüpfte Schmoll Verbindung mit einer im Deutschen Reich seit 1920 bestehenden Mittelstandspartei, die ihre Wählerschaft bei Handwerkern, Groß- und Einzelhändlern, kleineren Unternehmern, Gastwirten und anderen Selbständigen suchte und durch Zusammengehen mit den Haus- und Grundbesitzervereinen einige Reichstagsmandate gewinnen konnte. Sie nannte sich zunächst (bis 1925) »Wirtschaftspartei des deutschen Mittelstandes«, später dann »Deutsche Wirtschaftspartei«. Schmoll und sein politischer Anhang, die bei der Landesratswahl 1924 noch einmal als »Vereinigung für Haus- und Grundbesitz (VHL)« kandidiert hatten, benannten sich 1928 um in »Wirtschaftspartei«, bei der Wahl von 1932 firmierte sie als »Wirtschaftspartei des Mittelstandes bzw. Bürgerliche Mitte«. Schmoll blieb Vorsitzender bis zur Auflösung 1933 und vertrat die Partei im Landesrat. Ein persönlicher Gegensatz bestand zu Hermann Röchling, der Schmolls nationale Zuverlässigkeit infrage stellte,[66] im Grunde aber wohl in Schmoll einen Kontrahenten aus dem liberalen Lager sah, der die Interessen des Mittelstandes in der von einem Industriemagnaten dominierten DSVP nicht befriedigend vertreten sah. Den Röchling'schen Verdächtigungen begegnete Schmoll mit der Erklärung, seine Partei lehne *jede Französisierungspolitik* ab und stehe auf *einwandfreiem deutschem Standpunkt* .

Für diese Partei wurden bei keiner Landesratswahl Kandidaten aus den beiden Bürgermeistereien aufgestellt.

---

65 Saarbrücker Zeitung vom 22.06.1922.
66 Abdruck diesbezüglicher »offener Briefe« in Völklinger Volksfreund vom 07. u. 19.06.1923.

Sozialdemokratische Partei

Bei den Wahlen zur Nationalversammlung am 19.01.1919 wurden die Sozialdemokraten im Saarrevier stärkste Partei[67] und veränderten damit total die Stärkeverhältnisse der Parteien in der Vorkriegszeit. Zu Zeiten des Kaiserreichs waren sie hierzulande schwach gewesen, hatten im 1. Wahlgang der Reichstagswahl 1912 im Wahlkreis Saarbrücken 7,8% der Stimmen erhalten und erzielten jetzt, auch aufgrund des geänderten Wahlrechts bei den Wahlen zur Deutschen Nationalversammlung, 36% und schnitten damit überraschend gut ab. Diese Ergebnisse stellten für die Sozialdemokratie im Saarrevier den einzigen großen Wahlerfolg dar. Die Landesratswahlen brachten ihr nie mehr als 18%. Allerdings ist zu berücksichtigen, dass bei den drei genannten Wahlen 1912, 1919 und 1922 die geographische Abgrenzung der Wahlkreise jeweils unterschiedlich war. Die Sozialdemokratische Partei erwies sich damit im Saargebiet schwächer und instabiler als in vergleichbaren Gebieten des Reichs. Ihre Stimmenverluste kamen vornehmlich der Kommunistischen Partei zugute. Dabei sollte man ihren Charakter als »integralen Bestandteil des übergreifenden linksproletarischen Milieus« beachten. Die Zugehörigkeit von Sozialdemokraten und Kommunisten zum selben Milieu beruhte neben einer gemeinsamen Herkunft vornehmlich auf den den »Charakter einer Ersatzreligion annehmenden historischen Hoffnungen und Visionen, auf einem grenzenlosen Fortschrittsoptimismus, auf einem sich überschneidenden Festkalender, auf gemeinsamen gewerkschaftlichen und kulturellen Institutionen sowie identischen Feindbildern«.[68]
Außenpolitisch bildete die saarländische SPD zunächst zusammen mit dem Zentrum und der DSVP eine vornehmlich gegen Frankreich und die Regierungskommission gerichtete nationale Einheitsfront, deren Aktionen und Reaktionen in einem interparteilichen Ausschuss abgestimmt wurden. Ende 1924 schied sie wegen einer Kontroverse mit Hermann Röchling (DSVP) aus diesem interparteilichen Ausschuss aus, gab aber weiterhin außenpolitisch bedeutsame Erklärungen im Landesrat zusammen mit Zentrum und DSVP ab, kooperierte auch

---

67 Paul/Mallmann, Milieus und Widerstand, S. 185-197, Zenner, Parteien und Politik, S. 179-190, Zur Mühlen, Schlagt Hitler, S. 40-44.
68 Paul/Mallmann, Milieus und Widerstand, S. 185.

gelegentlich mit dem »Saarverein«[69]. In der zweiten Hälfte der zwanziger Jahre rückte sie von einem zu stark betonten nationalen Pathos ab, brachte den Gedanken einer Bereinigung der Saarfrage durch einen internationalen Sieg des Sozialismus ein, setzte Begriffe wie »internationaler Frieden« und »Völkerversöhnung« gegen den anderenorts propagierten Revanche-Gedanken. Je mehr der Radikalismus im Reich wuchs, desto deutlicher bekannten sich die führenden saarländischen Sozialdemokraten zur Erhaltung der Demokratie, zur Abwehr des Nationalismus und zu einer Versöhnungspolitik. Seit dem Bruch der großen Koalition im Reich unter Hermann Müller (27.03.1930) nahmen sie eine kritische Haltung gegenüber der Reichsregierung ein und in der Saarfrage nach dem Scheitern der deutsch-französischen Saarverhandlungen des Jahres 1929/30 eine versöhnlichere und vermieden einen scharfen Kampf gegen die Regierungskommission. So verließ die Partei aus ihrem demokratischen und internationalen Denken die traditionellen Gleise der Politik der saarländischen Parteien, wodurch ihr Verhältnis zum Zentrum und der DSVP zeitweise sehr gespannt wurde. Diese beiden Parteien sahen in der neuen politischen Linie der Sozialdemokraten eine Gefahr für die nationale Einheitsfront im Saargebiet.[70]

Innenpolitisch verfolgte die Partei eine auf die saarländischen Verhältnisse abgestimmte gemäßigt sozialistische Linie. In ihrem Bemühen, bisher zum Zentrum tendierende Teile der Arbeiterschaft für sich zu gewinnen, versuchte sie immer wieder die Zentrumspropaganda, sie sei religionsfeindlich, zu widerlegen und legte dar, dass Christentum und Sozialismus miteinander vereinbar seien. Mit der wachsenden Radikalisierung im Reich machte sie Front gegen alle Rechtsparteien, besonders gegen den Nationalsozialismus.

Organisatorisch war die SPD im Saargebiet ein Unterbezirk des SPD-Oberbezirks Oberrhein und damit ein Teil der reichsdeutschen Sozialdemokratie. Seit der von der Regierungskommission verfügten organisatorischen Trennung der saarländischen Parteien von den deutschen Mutterparteien nannte sie sich Sozialdemokratische Landespartei Saar, abgekürzt SLS. Vorsitzender war bis 1928 Valentin Schäfer, ihm folgte dann Max Braun, von Haus aus Lehrer, dann Redakteur des

---

69 Bies, Klassenkampf, S. 90.
70 Zenner, Parteien und Politik, S. 182-190.

Parteiorgans »Volksstimme«, ein geschickter Verhandlungsführer, gewandter Parlamentarier, brillanter Journalist, mitreißender Redner[71], der alle anderen saarländischen Politiker seiner Zeit – mit Ausnahme von Hermann Röchling – überragte.
Im Jahr 1927 gliederte sich der Unterbezirk Saar in 11 Agitationsbezirke mit 83 Ortsgruppen (auch Ortsvereine genannt) und 5.000-6.000 Mitgliedern. Das Köllertal gehörte zum Bezirk Völklingen, dessen letzter Vorsitzender Thomas Blank aus Püttlingen war.[72] Bei ihrer Agitation stützte sich die Partei auf am Ort schon vorhandene Organisationsstrukturen der freien Gewerkschaften, im Köllertal vornehmlich auf die Zahlstellen des Bergarbeiterverbandes (BAV).[73]
Im proletarischen Milieu hatte die SPD Anhänger und Sympathisanten gewonnen durch parteinahe Organisationen, die meist von Sozialdemokraten geleitet wurden, nämlich Arbeiter-Sportvereine, Arbeiter-Musik- und -kulturvereine, Arbeitersamariterbund. Die Gesangvereine waren zusammengeschlossen im Arbeitersängerbund, mit 3.920 Mitgliedern im Oktober 1932 hatte er seinen Abstand zum bürgerlichen Saarsängerbund (6.839 Mitglieder) verringert.[74]
Nachwuchsorganisationen waren die Jungsozialisten und die Sozialdemokratische Arbeiterjugend (SAJ), 1923 entstanden aus den Arbeiter-Jugend-Vereinen der Großstadt Saarbrücken und dem Bergarbeiterjugendverband. Während der zwanziger Jahre schwankte die SAJ zwischen bündischer Tradition und Sporttreiben, erst gegen Ende des Jahrzehnts verstand sich ihre Führung «als Speerspitze des Kampfes gegen den aufkommenden Nationalsozialismus«[75].
Im Mai 1924 war in Magdeburg das »Reichsbanner Schwarz-Rot-Gold« gegründet worden als parteiübergreifende Schutztruppe der Republik gegen außerparlamentarisch durchzusetzende Verfassungsänderungen. Im Saargebiet war zunächst daran gedacht, eine Gründung bis zur Rückkehr ins Deutsche Reich zurückzustellen, dann entstanden aber doch Ortsgruppen, z.B. in Völklingen im Dezember 1925.[76] Weil die saarländischen Zentrumspolitiker von vorneherein an einer

---

71 Zur Mühlen, Schlagt Hitler, S. 40.
72 Kunkel, S. 148.
73 Vgl. S. 164 f.
74 Michalik, S. 386.
75 Paul/Mallmann, Milieus und Widerstand, S. 189.
76 LA SB LRA SB Nr. 305.

Mitarbeit desinteressiert waren, blieb das Reichsbanner hierzulande eine vornehmlich von der Sozialdemokratie getragene Organisation, abgesehen von einigen linksliberalen Anhängern der Deutschen Demokratischen Partei,[77] mit der vorrangigen Aufgabe, Versammlungen der Partei, Redner, Klebekolonnen, parteieigene Einrichtungen und Gebäude zu schützen. Vorsitzende des Bezirksvereines Saargebiet waren 1928 Dr. Faber, Quierschied, 1929/30 Dr. Ing. Eberbach[78], aktiv betätigte sich auch Wilhelm Kaupp, der zugleich Sekretär des saarländischen Bezirks der Eisenbahner war.[79] Im Juni 1933 wurde der Name geändert in »Sozialistischer Schutzbund« (SSB). Die meisten seiner Mitglieder besaßen eine eigene Schusswaffe.

Der Sozialdemokratie nahe stand die Arbeiterwohlfahrt, obwohl sie sich in der Satzung als *unpolitisch, interkonfessionell und international* bezeichnete. Sie war 1924 aus dem sozialdemokratischen Frauenhilfskomitee hervorgegangen, ihre Untergliederung in Ortsausschüsse[80] ermöglichte eine Breitenarbeit auf lokaler Ebene.

Keine unmittelbare Parteigliederung, aber der SPD ebenfalls nahestehend war der Freidenkerbund, dem 1934 etwa 1.000 Mitglieder, darunter zahlreiche Kommunisten, angehörten. Alle diese Gruppen bekannten sich zur »Eisernen Front«.

Es war der SPD gelungen, Mitglieder und Wähler in mannigfaltiger Weise an die Partei zu binden. Sozial war dieses Milieu weitaus homogener als das katholische Sozialmilieu. Dennoch umfasste diese Anbindung nicht wie auf katholischer Seite den gesamten Lebensbereich »von der Wiege bis zum Grabe«.[81]

Die Anfänge sozialdemokratischer Agitation in Püttlingen lassen sich bis in die letzten Jahre vor dem Ersten Weltkrieg zurückverfolgen. Nach den Erinnerungen von Emil Meyer sen. (geb. 1885) ist damit verbunden der Name des Bergmannes Johann Müller-Prüm. Das bisher unsichere Gründungsdatum des Püttlinger SPD-Ortsvereines lässt

---

77 Aber doch in den Satzungen aufgenommen, z.B. der Ortsgruppe Scheidt vom September 1926 (LA SB LRA SB Nr. 430, S. 133-141).
78 Adressbücher der Stadt Saarbrücken
79 Zur Mühlen, Schlagt Hitler, S. 43ff.
80 Statuten des Vereins Arbeiterwohlfahrt des Saargebiets e.V. vom März 1928 in LA SB LRA SB Nr. 432, S. 33-37, damaliger Vorsitzender Karl Becker.
81 Paul/Mallmann, Milieus und Widerstand, S. 190f.

sich nun anhand des Nachweises der Vereine aus dem Jahr 1922 belegen, und zwar für das Jahr 1917.
Starke Verschiebungen in den parteipolitischen Stärkeverhältnisse, bedingt durch Krieg und Revolution, spiegeln sich auch in Püttlingen. Bei den ersten Nachkriegswahlen im Januar 1919 wurde die SPD mit 41,3% zweitstärkste Partei, in Anbetracht der konfessionellen Struktur ein beachtlicher Erfolg, auf den die Partei stolz sein konnte. Sozialdemokraten beteiligten sich am Maiumzug 1919. Als frühe Parteimitglieder (seit 1917/20) aus Püttlingen wurden bekannt Johann Becker, der Vater von Jacques Becker, Franz Dörr und Oskar Messinger. In einer Nachweisung der in der Bürgermeisterei Püttlingen bestehenden Vereine vom 07.10.1919 werden Peter Leinenbach in Püttlingen und Peter Thiel in Ritterstraße als für die SPD verantwortlich Zeichnende genannt. Das könnte so gedeutet werden, dass anfangs ein eigener Ortsverein Ritterstraße bestand.[82]
Frühe SPD-Versammlungen wurden mir bekannt am 22.09.1919 in der Turnhalle Altenkessel und in der Wirtschaft Maus Rockershausen.[83] Den ersten Jahrestag der Deutschen Revolution feierte die örtliche SPD am 09.11.1919 mit Veranstaltungen in der Turnhalle in Altenkessel und im Kaisersaal in Püttlingen, es sprachen auswärtige Referenten, der DMV-Sekretär Anton Heugel in Altenkessel und Lehmann aus Saarbrücken in Püttlingen.[84]
Doch wie im gesamten Revier konnte die Partei auch in den Köllertalgemeinden diesen Stand nicht halten. Schon die Kreistagswahlen vom 18. Juli 1920 brachten einen Erdrutsch. In der Bürgermeisterei Sellerbach sank ihr Stimmenanteil auf 6,34%. Die Partei konnte diese starken Stimmverluste nicht mehr aufholen.
Die Wahl zum ersten Landesrat (1922) bestätigte diesen Trend. In der Gemeinde Püttlingen wurden statt der 1.701 Stimmen bei der Wahl zur Deutschen Nationalversammlung (1919) nur noch 731 Stimmen für die SPD abgegeben, in den Talgemeinden ergab sich ein Rückgang von 689 auf 162 Stimmen. Bei der nächsten Landesratswahl (1924) konnte die SPD in Püttlingen wieder etwas aufholen, jetzt hatten ihr 1.091 Wähler ihre Stimme gegeben, aber vier Jahre später (1928)

---

82 Dostert, Sozialdemokraten in Püttlingen.
83 Angekündigt in Volksstimme vom 20.09.1919.
84 Volksstimme vom 09.09.1919.

rutschte sie auf 448 Stimmen ab und konnte sich bei der letzten Landesratswahl (1932) mit 475 Stimmen kaum verbessern. Ähnlich fielen die Ergebnisse in den Talgemeinden aus. Für 1924 sind sie nicht bekannt, 1928 erhielten dort die Sozialdemokraten 223 Stimmen, 1932 nur noch 176.

Der Nachweis über die örtlichen Vereine von 1922 nennt Peter Leinenbach als Vorsitzenden des 230 Mitglieder starken Ortsvereins.[85] Ihm folgten 1925 Volksschullehrer Fritz Zimmer, später Paul Baldauf, zuletzt Thomas Blank. Georg Altmeyer war Vorsitzender der Sozialdemokratischen Fraktion im Püttlinger Gemeinderat. Das von ihm gepachtete Arbeiterheim, das später in »Volkshaus« umbenannt wurde, war Stammlokal der Püttlinger SPD und der ihr nahe stehenden Vereine.
Auf der Ritterstraße erscheint nach Peter Thiel Oskar Messinger (geb. 07.09.1888)[86] in Leitungsfunktionen, dann (1932) Johann Gräsel.[87]
Die Zusammenfügung einzelner Nachrichten ergibt für Püttlingen ein breites Spektrum parteinaher Vereine:
- SAJ-Ortsgruppe Püttlingen belegt 1927, ihr gehörte Jacques Becker an.
- Freie Sportvereinigung Püttlingen, Vorsitzender 1926: Fritz Derrenbächer, 48 Mitglieder, davon 2 aus Engelfangen. Satzungsgemäß sollte bei Auflösung des Vereins sein Vermögen an den Arbeiter Turn- und Sportbund e.V. Leipzig fallen.[88]
- Arbeiter-Turn- und Sportverein, mindestens seit 1929
- Arbeitersportverein Altenkessel [89]
- Freier Wassersportverein Püttlingen, Vorsitzender 1929 Albert Müller,[90]
- Arbeiterradfahrverein Altenkessel 1926,[91]

---

85 LA SB LRA SB Nr. 420, S. 257f.
86 Altmeyer, Einwohnerbuch Nr. 4887, 3.
87 Einberufer einer Wahlversammlung am 06.11.1932 (Dostert).
88 Satzung vom 06.09.1926 (LA SB LRA SB Nr. 429, S. 724-729).
89 Arbeiter Zeitung vom 03.01.1934.
90 1929 gegründet, besteht noch im August 1934 (ebenda Nr. 315).
91 Ebenda Nr. 430, S. 17-21.

Abb. 10 Treffen des Arbeitergesangsvereins Freiheit, Püttlingen, mit der Union Chorale Merlebach, um 1930

- Arbeitergesangvereine »Freiheit« in Püttlingen[92] und Ritterstraße,[93] Leiter 1934: Heinrich Speicher.
- Frauen- und Mädchenchor, geleitet von Anna Speicher mit dem Sitz im Arbeiterheim Püttlingen, Satzung enthielt den Passus *politische Erörterung darf in den Gesangsproben nicht vorgenommen werden*.[94]
- Arbeiterschützenverein »Frei Schuß« Püttlingen, Standartenweihe mit Festzug am 19.07.1931.[95]
- Freie Volksbühne Thalia, Sitz: Arbeiterheim Püttlingen. Vereinsziel: Kunst und Wissenschaft in der Arbeiterschaft zu pflegen, Vorsitzender: Dezember 1925 Peter Leinenbach, 18 Mitglieder.[96]

---

92 Erwähnt in Polizeibericht vom 02.05.1929 (LA SB LRA SB Nr. 307), feiert Stiftungsfest am 27./29.06.1931 (ebenda Nr. 309), besteht noch im September 1933 (ebenda Nr. 311).
93 Satzung vom 31.05.1928, Vorsitzender Peter Quirten, 41 Mitglieder (ebenda Nr. 432, S. 192-199).
94 Antrag auf Zulassung vom August 1928 (ebenda Nr. 432, S. 359-362).
95 Ebenda Nr. 309.
96 Ebenda Nr. 429, S. 414-417.

- Arbeiterwohlfahrt, Ortsgruppe Püttlingen, gegründet am 16.01.1927, den Vorsitz hatte Frau Josef Kurtz inne[97], die Ortsgruppe Ritterstraße, geleitet von Frau Gräsel, hatte im Oktober 1927 60 Mitglieder.[98]
- Arbeitersamariterbund e.V. Kolonne Püttlingen, Vorsitzender: Leo Schwindling, Bergmann, richtunggebend war die auf dem Bundestag in Weimar vom 15.-18.04.1927 beschlossene Einheitssatzung. Die Kolonne hatte 1928 23 Mitglieder (18 Bergleute, 1 Lehrer, 4 Frauen).[99]

In Köllerbach brachte die SPD es im Januar 1919 auf ein glattes Drittel der Wählerstimmen.
Das Gründungsdatum des SPD-Ortsvereins Engelfangen, zu dem auch Mitglieder aus Kölln und Sellerbach gehörten, ist nicht genau belegt. Die Nachweisung der in der Bürgermeisterei Sellerbach bestehenden Vereine vom 10.03.1922 nennt keine SPD-Ortsvereine in den Talgemeinden.[100] Eduard Kläs setzt in seinen Lebenserinnerungen die Gründung einer SPD-Ortsgruppe in Engelfangen schon ins Jahr 1918 und nennt als Beteiligte Jakob Faust, Heinrich Kattler, Wilhelm Ackermann, Jakob Groß, Franz Lind, Nickel Neu, Peter Schramm, Peter Darm, Wilhelm Lydorf, Fritz Diehl, Jakob Schmidt, Jakob Ackermann, Wilhem Schmidt, Johann Schneider, Peter Görgen und Wilhelm Speicher. Hans Joachim Kühn[101] berichtet mit Hinweis auf ein jüngeres Protokollbuch, Heinrich Kattler habe nach Rückkehr aus der Gefangenschaft den Ortsverein mitbegründet. Das bedeutet, dass dies erst nach dem Waffenstillstand (11.11.1918) gewesen sein kann. Dies würde der Bemerkung in der »Volksstimme« vom 17.05.1949, dass die Gründung 1919 unter Mitwirkung von Jakob Faust geschehen sei, nicht widersprechen. Unbestritten ist, dass Kattler und Faust die Initiative mitgetragen haben, weitere Gründungsmitglieder waren Fritz Diehl und Jakob Schmidt. Am 20.06.1920 wurde Jakob Faust zum Vorsitzenden gewählt.
Spätere Ortsvereinsvorsitzende waren Jakob Schmidt, Jakob Kattler

---

97 Ebenda Nr. 431, S. 131f.
98 Ebenda Nr. 431, S. 596-599.
99 Antrag auf Zulassung (ebenda Nr. 431, S. 726-754).
100 LA SB LRA SB Nr. 420, S. 208-216.
101 Kühn, in: 75 Jahre Ortsverein, S. 26.

und Fritz Klein[102]. Stammlokal war »Schmidts Wirtschaft« oberhalb des heutigen Kulturhauses.[103]
Ein nach dem Zweiten Weltkrieg angelegtes Mitgliederverzeichnis der SPS-Ortsgruppe Köllerbach enthält die Namen von 24 Männern und 2 Frauen, die schon zwischen 1919 und 1935 der SPD angehört hatten.
Die SAJ-Ortsgruppe Engelfangen wurde von Hermann Lyorf geleitet.[104]
Eine ideologisch geprägte Auseinandersetzung in dem seit 1884 bestehenden Evangelischen Kirchenchor Engelfangen führte 1924 zur Umbenennung in »Arbeitergesangverein Engelfangen«, Vorsitzender 1931: Johann Kiefer[105], am Aufbau beteiligt war Hermann Lydorf. Noch im selben Jahr entstand ein Frauenchor und 1927 ein Kinderchor.[106]
Auch in Engelfangen bestand 1929 eine Kolonne des Arbeitersamariterbundes.[107]
Die parteipolitische Anlehnung der Naturfreunde[108] ist weniger deutlich. Der Saargau des Touristenvereins »Die Naturfreunde« wurde 1924 von Fritz Schneider, Sulzbach geleitet. Der Druck des Gaumitteilungsblattes in der Druckerei der Volksstimme deutet auf eine Verbindung zur SPD. Obmann einer Ortsgruppe Püttlingen war 1930 Karl Becker, Köllnerstr. 77, Treffpunkt bei Zusammenkünften war das »Arbeiterheim«. Die Ortsgruppe Engelfangen der »Naturfreunde« wurde am 10.08.1924 gegründet als Nachfolgeverein des im Vorjahr (1923) entstandenen Wander-Clubs »Frischauf«. Als Vorsitzende sind belegt Karl Kreutzberger 1925 und August Faust 1927-1930.[109] Die Püttlinger »Naturfreunde des Neuen Volkes« dürften zur KP tendiert

---

102 Kühn, ebenda, S. 30.
103 Himbert, in: ebenda, S. 89.
104 LA SB LEA Nr. 5846.
105 Beteiligte sich am Maiumzug 1929 (Polizeibericht vom 02.05.1929 in LA SB LRA SB Nr. 307), Stiftungsfest am 27./29.06.1931 (ebenda Nr. 309).
106 Gilcher, Aus der Arbeiterbewegung entstandene Vereine, in: 75 Jahre Ortsverein Engelfangen, S. 81.
107 LA SB Dep. Riegelsberg Nr. 18.
108 Veranstaltet Filmabend am 03.12.1934 (ebenda Nr. 997).
109 Einige Exemplare des Gaumitteilungsblattes in LA SB Best. Parteidrucksachen Nr. 2514, vgl. auch Gilcher (wie Anm. 106), S. 75.

haben[110], während der »Verein für Vogelschutz und Naturfreunde des unteren Köllertals« eher parteipolitisch neutral gewesen war.[111]

Wahlvorschläge zum Landesrat:
1922   Johann Müller-Grün, Bergmann, Püttlingen, 16. Listenplatz
1924   Fritz Zimmer, Lehrer, Püttlingen, 18. Listenplatz
       Martin Forsch, Sekretär des Einheitsverbandes der Kriegsopfer, Altenkessel, 27. Listenplatz
1928   Johann Müller-Prümm, Verbandssekretär, Püttlingen, 26. Listenplatz
1932   kein Kandidat aus den beiden Bürgermeistereien.

Unabhängige Sozialdemokratische Partei Deutschlands (USPD)

Während des Krieges hatte sich von der SPD ein radikaler Flügel abgespalten und im April 1917 als »Unabhängige Sozialdemokratische Partei Deutschlands« (USPD) konstituiert. Im preußischen Teil des Saarreviers hatte sie vorerst nur wenige Anhänger gefunden und deshalb auch bei den Wahlen im Januar 1919 nicht kandidiert, im pfälzischen Wahlkreis hatte sie 0,5 % der Stimmen erhalten. In den nächsten Monaten wuchs sie an zu einer Massenpartei. Bei einer Bezirkskonferenz im Februar 1920 hatte sie bereits mehr als 5.000 Mitglieder, vornehmlich Berg- und Hüttenarbeiter, und konnte bei den Gemeinde- und Kreistagswahlen im Juli 1920 einen ansehnlichen Gewinn einfahren.

Sie war in den ersten Nachkriegsjahren die einzige Partei im Saarrevier, die nicht gegen die Unterzeichnung des Versailler Vertrags polemisierte. Sie erkannte damit im Gegensatz zur SPD auch die Abtrennung des Saargebiets vom Deutschen Reich an. Sie propagierte die *Bekämpfung jedweder nationaler Tendenzen in der saarländischen Politik und die Förderung des internationalen Gedankens.* Sie war die erste Partei, die die Möglichkeiten einer regionalen Sonderentwicklung des Saar-

---

110   Dies schließe ich aus den Vorstandsmitgliedern: 1. Vorsitzender Jakob Mathis, 2. Vorsitzender Ludwig Kern, Kassierer Peter Dörr, Schriftführer Nikolaus Heckmann (Antrag auf Zulassung vom Juli 1928, LA SB LRA SB Nr. 432, S. 324-328).

gebiets zwischen Deutschland und Frankreich auslotete und die Befreiung aus preußischer Bevormundung ausdrücklich begrüßte.
Als erster namentlich bekannter Anhänger aus dem Köllertal ist der Bergmann Jakob Ninnig, Riegelsberg, für Oktober 1919 belegbar. Eventuell ist auch der dem Arbeiter- und Soldatenrat angehörende aus Rittenhofen gebürtige Siegwart dieser Partei zuzurechnen. Der Sellerbacher Bürgermeister Langer vermutete Anfang März 1920, dass er *in spartakistischem Fahrwasser stehet.*[112] Bei der Wahl in den Saarbrücker Kreistag am 18.07.1920 kandidierten für die USPD Josef Gehl und Rudolph Stephan aus Püttlingen, die beiden Bergarbeiter Michael Becker und Wilhelm Groß und der Hüttenarbeiter Fritz Linxweiler aus Sellerbach und Engelfangen.[113] Ernst Pistorius gehörte als USPD-Vertreter dem Bürgermeistereirat an.
Noch vor dem USPD-Parteitag in Halle im Oktober 1920 forderte die Mehrheit der saarländischen USPD-Bezirkskonferenz den Anschluss an die Dritte Internationale und damit die Fusion mit der KPD, die im Dezember 1920 dann vollzogen wurde. Die Landesratswahlen 1922 zeigten, dass etwa die Hälfte der USPD-Wähler zur KP gewechselt hatte, von den namentlich bekannten Mitgliedern Ernst Pistorius und Josef Gehl aus Püttlingen, Michael Becker und Wilhelm Groß aus Engelfangen.
Die Rest-USPD blieb zunächst noch bestehen. Nachdem es der Partei bei den Wahlen zum Landesrat 1922 nicht gelungen war, im Spektrum der saarländischen Parteien eine eigenständige Position zwischen KPD und SPD den Wählern plausibel zu machen, fusionierte sie im Oktober desselben Jahres mit der SPD.[114] Keiner der für die Landesratswahl 1922 aufgestellten Kandidaten kam aus dem Köllertal, dementsprechend hatten wenige diese Partei gewählt: 11 aus Püttlingen, 19 aus den Talgemeinden.

---

112 LA SB Dep. Riegelsberg VI/IV/1 b.
113 Bies, Zeitz, S. 5.
114 Paul/Mallmann, Milieus und Widerstand, S. 183f.

Kommunistische Partei

Nach den Forschungen von Klaus-Michael Mallmann reichen die Anfänge der KPD im Saargebiet nicht zurück bis in den Oktober 1919, wie früher angenommen wurde, sondern sie entstand erst nach der Verschmelzung der KPD im Reich mit der linken USPD nach deren Spaltung in Halle. Die meisten USPD-Leute im Saargebiet schlossen sich Ende 1920/Anfang 1921 der VKPD an. Noch am 16.11.1920 hatte sich die Regierungskommission geäußert: *Kommunistische Parteien: Spartakusbund sind im Saargebiet noch nicht genehmigt.* [115] Kurz darauf erfolgte die Bildung von Ortsgruppen in Schnappach, Dillingen, Saarbrücken, Dudweiler, Sulzbach, Völklingen, Ludweiler, Neunkirchen, Wiebelskirchen, Homburg und St. Wendel. Im April 1922 bestanden dreißig Ortsgruppen.

Ihr landesweites Anwachsen wird u.a. ihren gut geschulten Funktionären zugeschrieben. Sie erzielte ihre Gewinne nicht nur auf Kosten der Sozialdemokraten; denn ihre Zugewinne sind höher als die Verluste der SPD.

Die saarländische KP sah sich von vornherein als Kämpferin gegen Imperialismus und Kapitalismus, dementsprechend ihre Gegner in der französischen Regierung, der *Administration des Mines Domaniales* als größtem Arbeitgeber im Saargebiet und in der Regierungskommission als Erfüllungsgehilfin französischer Machtpolitik, aber auch in den hiesigen Unternehmern, Betriebs- und Werksleitern als Repräsentanten deutschen, französischen und saarländischen Kapitals. Sie fand sich nie zu einer Zusammenarbeit mit der Regierungskommission bereit, markierte aber auch deutlich ihre Distanz zu den anderen saarländischen Parteien, indem sie nie dem interparteilichen Arbeitsausschuss angehörte und sich nicht an gemeinsamen Delegationen nach Genf oder anderen Aktionen beteiligte. Sie verharrte noch im ersten Jahr des Abstimmungskampfs in ihrer selbst gewählten Isolation. In der Abstimmungsfrage befürwortete sie bis zum Frühjahr 1934 die Wiedereingliederung ins Deutsche Reich, dessen Staatsform sie sich als Räterepublik nach russischem Vorbild wünschte.

Innenpolitisch kämpfte sie gegen den kirchlichen Einfluss auf das Schulwesen, begrüßte deshalb den laizistischen Charakter der Doma-

---

115 Ebenda, S. 339ff.

nialschulen, lehnte sie aber andererseits als Instrument französischer Expansionsbestrebungen ab. Eine Zusammenarbeit mit der Sozialdemokratie scheiterte daran, dass sie zwar sozialdemokratische Arbeiter zu sich herüberzuziehen suchte, was auch gelang, die Parteiführer aber als Sozialfaschisten attackierte und unrealistische Maximalforderungen für eine Kooperation aufstellte. Damit behinderte sie selbst eine mögliche Partnerschaft mit den Gewerkschaften und der SPD/Saar.

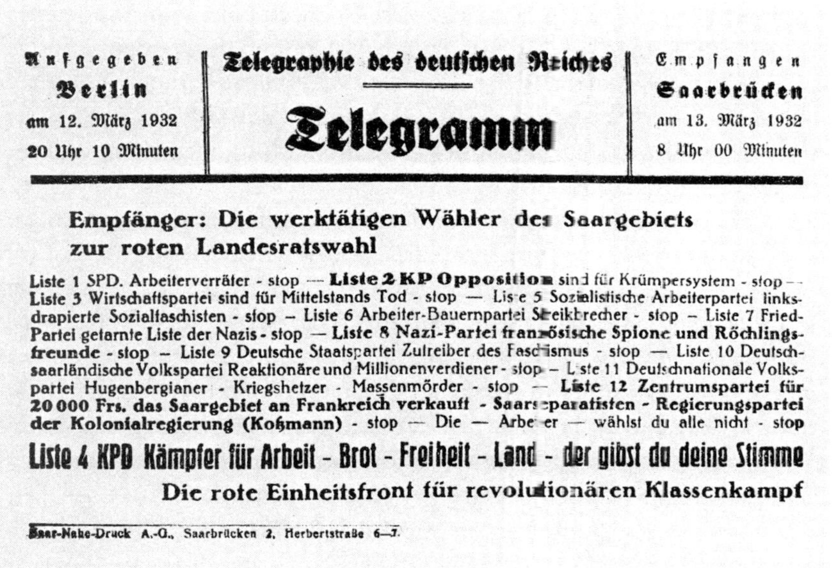

Aufgegeben Berlin am 12. März 1932 20 Uhr 10 Minuten

Telegraphie des deutschen Reiches

Telegramm

Empfangen Saarbrücken am 13. März 1932 8 Uhr 00 Minuten

Empfänger: Die werktätigen Wähler des Saargebiets zur roten Landesratswahl

Liste 1 SPD. Arbeiterverräter - stop — **Liste 2 KP Opposition** sind für Krümpersystem - stop — Liste 3 Wirtschaftspartei sind für Mittelstands Tod - stop — Liste 5 Sozialistische Arbeiterpartei linksdrapierte Sozialfaschisten - stop — Liste 6 Arbeiter-Bauernpartei Streikbrecher - stop — Liste 7 Fried-Partei getarnte Liste der Nazis - stop — **Liste 8 Nazi-Partei französische Spione und Röchlingsfreunde** - stop — Liste 9 Deutsche Staatspartei Zutreiber des Faschismus - stop — Liste 10 Deutsch-saarländische Volkspartei Reaktionäre und Millionenverdiener - stop — Liste 11 Deutschnationale Volkspartei Hugenbergianer - Kriegshetzer - Massenmörder - stop — **Liste 12 Zentrumspartei für 20 000 Frs. das Saargebiet an Frankreich verkauft - Saarseparatisten - Regierungspartei der Kolonialregierung (Koßmann)** - stop — Die — Arbeiter — wählst du alle nicht - stop

Liste 4 KPD Kämpfer für Arbeit - Brot - Freiheit - Land - der gibst du deine Stimme

Die rote Einheitsfront für revolutionären Klassenkampf

Saar-Nahe-Druck A.-G., Saarbrücken 2, Herbertstraße 6—7.

Abb. 11 Flugblatt der KPD zur Wahl des Landesrates 1932 (LA SB Best. Parteidrucksachen Nr. 97).

Die KP propagierte die Abschaffung des kapitalistischen Wirtschaftssystems, das an der ganzen Misere schuld sei, und versuchte dadurch ihr Profil gegenüber der SPD zu schärfen. Als Beispiel seien einige Sätze aus einer Rede des Bezirksleiters Peter Baumann, Dillingen bei einer Versammlung im Püttlinger Arbeiterheim am 08.02.1925 zitiert: *Früher sei der deutsche Arbeiter nur von den deutschen Kapitalisten ausgebeutet worden. Heute hätte sich eine internationale Gaunerschaft zusammengeschlossen um einen gemeinsamen Raubzug gegen die deutsche Arbeiterschaft zu unternehmen. Dieses alles unter dem Schutz der deutschen Reichswehr unter der Billigung der Sozialde-*

mokratie……Wenn die Arbeiter einig wären, die Vertreter der Saararbeiterschaft es nicht notwendig hätten nach Paris zu gehen, um dort durch Bauchrutschen etwas herauszuholen. Das beste Mittel gegen die räuberische Wirtschaft sei der Generalstreik, denn nur dadurch könne etwas für die Arbeiterschaft erreicht werden.[116]
Obwohl der überwiegend katholischen und konservativ gesinnten Arbeiterbevölkerung anfangs proletarisches und marxistisches Denken und Selbstbewusstsein fernlagen, gelang es der KP in zunehmendem Maße im Saargebiet Anhänger zu gewinnen und bei den Landesratswahlen 1928 die SPD zu überrunden. Bei den folgenden Landesratswahlen (1932) erhielt die KP sogar 23,2%. In keinem Wahlkreis im Deutschen Reich erfolgte ein solch steiler Anstieg der kommunistischen Stimmen. Parallel verlief die Entwicklung in unserem Untersuchungsraum.

Die KPD/Saar bildete zunächst keinen eigenen Bezirk, sondern gehörte zu dem 1921 gegründeten Parteibezirk Mittelrhein, wurde dann 1923 zusammen mit der Pfalz und Rheinhessen dem neugeschaffenen Bezirk Rhein-Saar zugewiesen, Anfang 1925 wurde der Unterbezirk Saargebiet unmittelbar der Berliner Zentrale unterstellt und Ende desselben Jahres zum selbständigen Bezirk erklärt, untergliedert in 14 Unterbezirke mit insgesamt 124 Ortsgruppen. Die beiden Ortsgruppen Püttlingen und Engelfangen gehörten zum Unterbezirk Bous. Personell wurde der neue Bezirk zunächst von Kommissaren des Zentralkomités (ZK) geleitet. Im September 1928 trat mit Philipp Daub, früher Hüttenarbeiter in Burbach, dann Geschäftsführer des Parteiorgans »Arbeiterzeitung« und Parteiangestellter, ein Einheimischer an die Spitze. Als er im Mai 1930 als Polleiter den Bezirk Hessen-Frankfurt übernahm, folgte ihm der Bergarbeiter Paul Lorenz aus Sulzbach, seit 1929 Chefredakteur der »Arbeiterzeitung«.

Im Nachweis der 1922 in Püttlingen bestehenden Vereine erscheint auch die KP, als Vorsitzender wird Josef Gehl genannt, die Zahl der Mitglieder mit 2(!) angegeben.[117] In der Leitung der Ortsgruppe Püttlingen folgte Georg Schorr bis Frühjahr 1934, wohnhaft Bengeserstr. 55. Er zog sich im Frühjahr 1934 zurück. Den Vorsitz der Ortsgruppe und der KP-Fraktion im Gemeinderat übernahm Ernst Pistorius (geb.

---

116 Bericht von Landjäger Schmitt IX (ebenda Nr. 305).
117 LA SB LRA SB Nr. 420, S. 259f.

03.02.1899), Sohn von Mathias Pistorius, Schlossermeister, Kassierer war Jakob Scharl (geb. 17.01.1905 Ebermannsdorf/Oberpfalz), bis 1929 Hochofenarbeiter auf der Völklinger Hütte, dann Bauarbeiter, auch Literaturobmann und als solcher verantwortlich für den Vertrieb der Arbeiterzeitung.[118] Nach Kriegsende beteiligte sich Schorr wieder aktiv an der Parteiarbeit.

In Püttlingen hatte die KPD bei der ersten Landesratswahl 1922 156 Stimmen, in den Talgemeinden 60 erhalten. Zwei Jahre später (1924) erreichte sie in Püttlingen nur noch die Hälfte (78), aber bei der Wahl von 1928 verzehnfachte sich die Zahl der ihr zuteil gewordenen Stimmen auf 765 und 1932 konnte sie sich weiter verbessern auf 1.155 Stimmen (= 19,5%) und zweitstärkste Partei in Püttlingen werden. Auch in den Talgemeinden ergab sich zwischen den Landesratswahlen von 1928 und 1932 ein Anstieg von 157 auf 335 Stimmen. Dies war sowohl das Ergebnis einer verstärkten Agitation als auch der allgemeinen Unzufriedenheit mit der wirtschaftlichen Entwicklung und dem Absinken des sozialen Standards. Eine Wählerwanderung von der SPD zur KP ist in Einzelfällen nachweisbar. Der bekannteste Fall in Püttlingen war der Übertritt von Jakob Nalbach im Jahr 1930. Das Ansteigen der Wählerstimmen für die KP ist in erster Linie als Zeichen des Protestes gegen die wirtschaftliche und soziale Misere zu verstehen, nicht als Ausdruck der Festigung eines proletarischen Bewusstseins. Klaus Michael Mallmann kommentiert diesen Wahlsieg: »Dennoch wäre es grundfalsch, dieses Bild eines Siegeszuges für bare Münze zu nehmen. Denn diese Erfolge auf parlamentarischer Ebene führten bereits damals zu ständiger Selbsttäuschung über die eigene Stärke, kompensierten die Instabilität der kommunistischen Basis und bestätigten immer wieder die Hoffnung der KPD auf eine revolutionsbereite Klasse, obwohl in diesem Votum lediglich das Verlangen der Massen nach einer grundlegenden Verbesserung ihrer Situation zum Ausdruck kam«,[119] m.a.W. die Wähler artikulierten ihren Protest gegen Arbeitslosigkeit, Hunger und Wohnungsnot und legten nicht ein ideologisches Bekenntnis zum Kommunismus ab. Bei der kräftigen Zunahme des Stimmenanteils bei der Landesratswahl von 1932 dürfte die drohende Stilllegung der Grube von der Heydt mitgespielt

---

118 Kommunisten in Püttlingen, S. 45.
119 Paul/Mallmann, Milieus und Widerstand, S. 340.

haben, die Angst vor dem Verlust des Arbeitsplatzes addierte sich zu den Auswirkungen der Weltwirtschaftskrise.
Peter Dörr aus Püttlingen eröffnete am 15.03.1925 eine Versammlung der KP im Saal Strauss, Ritterstraße. Anwesend waren 44 Personen, darunter 4 Frauen. Nachdem der bestellte Referent ausgeblieben war, ergriff Georg Schorr aus Püttlingen das Wort. Seine Ausführungen bezogen sich vorwiegend auf die fortdauernde internationale Ausbeutung der Arbeiterschaft. Abschließend rief er die Versammlungsteilnehmer auf, mit der Arbeiterschaft des Staates – Deutschland oder Frankreich –, in dem die Revolution zuerst ausbreche, geschlossen gegen das Kapital aufzutreten. Der ihm folgende Redner Ott, ebenfalls aus Püttlingen, schlug eine Sammlung zur Finanzierung der Reise einer Abordnung nach Russland vor, die sich *von den dortigen gesunden Verhältnissen* überzeugen solle. Nikolaus Schmitt, Hüttenarbeiter, übte Kritik an der Vermehrung des Landjägerkorps und bedauerte den geringen Besuch der Veranstaltung.
In der zweiten Hälfte der 1920er Jahre war Georg Schorr einer der aktivsten KP-Männer vor Ort. Er begegnet als Versammlungsleiter, als Referent in Versammlungen seiner eigenen Partei, auch als Zwischenrufer und Diskussionsredner bei Veranstaltungen anderer Parteien oder überparteilicher Art. Bei einer SPD-Versammlung am 21.02.1926 in Püttlingen warf er dem Sozialdemokraten Max Braun vor, nur der Unterstützung der SPD sei es zuzuschreiben, dass Deutschland ein reaktionäres Luther-Kabinett hätte, und stellte die Frage, *was wir denn bis jetzt vom Völkerbund Gutes erreicht hätten? Wir hätten ja hier im Saargebiet eine Völkerbundsregierung und die hätte nur gebracht, dass der Arbeiter den Hungerriemen von Tag zu Tag müsste enger schnallen. Dabei würde eine solche Regierung noch von der sozialistischen Partei unterstützt....Deutschland würde nur in den Völkerbund gezerrt, um als Aufmarschgebiet der Entantetruppen (!)*[120] *gegen Russland zu gelten und das mit Einwilligung der S.P.D....Der Völkerbund sei ein kapitalistisches Gebilde, der keine Kriege verhindern konnte. Er verwies dabei auch auf die Unterdrückung der deutschen Minderheiten in Südtirol, in Polen und in der Tschechoslowakei. Ferner auf die Kriege in China, Marokko und Syrien. Diese Menschen-*

---

120 Mit *Entente*, meist mit dem Zusatz *cordiale*, wurde die enge Bundesgenossenschaft Frankreichs und Großbritanniens bezeichnet.

schlächterei könne oder wolle der Völkerbund nicht verhindern. Die Kommunisten wüssten, dass der Arbeiter vom Völkerbund nichts zu erhoffen habe, sondern dass nur die Macht des Proletariats das Recht für die unterdrückten Massen schaffen könnte. Wenn das Proletariat die Macht einmal habe, so habe es alles, was es zur Verbesserung seines Lebens bedarf. Zur Macht aber käme das Proletariat nur durch die Gewalt und nicht durch die geistige Schulung der sozialistischen Presse, die genau so lügen würde, wie die bürgerlichen Blätter.[121] Max Braun bezeichnete Schorr *als einen dummen konfusen Menschen, der gar nicht wisse, was er eigentlich wolle. Schorr hätte wohl eine gute Lunge, aber dafür nichts im Kopf. Schorr gehe nur darauf aus, die Arbeiter auseinander zu bringen anstatt zu vereinigen*[122].
Auf Einladung der Ortsgruppe Püttlingen – Einberufer war Georg Schorr – sprach im September desselben Jahres Landesratsmitglied Heckler aus Wiebelskirchen auf einer *Volksversammlung* im Arbeiterheim Püttlingen (späteres Volkshaus) über Steuerfragen. Der Besuch war laut Bericht des Landjägers Birkelbach schlecht.

Gründungsmitglied der Ortsgruppe Engelfangen (1919) war Jakob Faust, Bergmann, Vorsitzender 1925/26 Wilhelm Groß, Bergmann.
Lorenz Himberts Erinnerung «Engelfangen sei die Hochburg der Kommunisten im Köllertal» gewesen,[123] wird durch Wahlergebnisse bestätigt. Doch ist auch hier wie in anderen Fällen die verhältnismäßig geringe Einwohnerzahl zu berücksichtigen. Bei den Landesratswahlen 1932 machten die 156 KP-Stimmen in Engelfangen 21,4% aus, die 1.155 KP-Stimmen aus Püttlingen aber »nur« 19,5%.

Vorsitzender der Ortsgruppe Köllerbach war Georg Becker (geb. 1898), Bergmann, dann Kranführer auf der Burbacher Hütte, seit 1929 arbeitslos, Mitglied im RFB.

---

121 Bericht des Landjägers Schmitt IX vom 24.02.1926 über eine Versammlung in Püttlingen am 21.02.1926 (LA SB LRA SB Nr. 305).
122 Zitiert aus demselben Bericht.
123 In: 75 Jahre SPD-Ortsverein Köllerbach, S. 89.

Wahlvorschläge zum Landesrat:
1922 Johann Dörr, Sellerbach, 22. Listenplatz
1924 keine Kandidaten aus den beiden Bürgermeistereien
1927 Wilhelm Groß, Bergarbeiter, Engelfangen, 25. Listenplatz
1932 keine Kandidaten aus den beiden Bürgermeistereien

Wie Zentrum und Sozialdemokraten betätigte sich die KP in der Gewerkschaftsarbeit (vgl. S. 167 f.) und erweiterte ihren Wirkungskreis durch den systematischen Aufbau von kommunistischen oder kommunistisch gelenkten Organisationen:

Kommunistischer Jugendverband Deutschlands (KJVD):
Nachdem schon 1920 die erste saarländische Ortsgruppe des KJVD in Dillingen entstanden war, erfolgte 1922 seine Gründung auf Landesebene.[124] Der KJVD war recht aktiv und nahm zu zahlreichen Fragen des Schul-, Erziehungs- und Berufsausbildungswesens Stellung. Vor allem aber diente er der frühzeitigen Schulung eines aktiven Kaderapparates. Eine Reihe später führender Funktionäre sind aus ihm hervorgegangen, als bekanntester Erich Honecker.[125] Im April 1934 bestand eine eigene Ortsgruppe im Ortsteil Ritterstraße.[126]
Als Mitglieder traten in den frühen 1930er Jahren hervor Jakob Kurtz (geb. 13.02.1912 in Püttlingen) und Dora Zeitz aus Engelfangen.[127]

Rotfrontkämpferbund (RFB):
Im Reich wurde 1924 der RFB konzipiert als Parallelorganisation zu dem SPD-nahen Reichsbanner Schwarz-Rot-Gold. Er verstand sich als Interessenverein proletarischer Kriegsteilnehmer und der im Waffendienst ausgebildeten Männer, durchbrach aber diese personelle Beschränkung durch die Aufnahme von Frauen und Jugendlichen. Jeder RFB-Anwärter musste eine dreimonatige Ausbildung in einem Lehrzug absolvieren, in dem er über Zweck und Ziel des RFB informiert, im Wehrsport geschult und für Auftritte gegenüber Polizei und Gericht vorbereitet wurde. Ein Jahr später entstand der RFB im Saar-

---
124 Paul/Mallmann, Milieus u. Widerstand, S. 387.
125 Zur Mühlen, Schlagt Hitler, S. 53, Bies, Klassenkampf, S. 127.
126 Anzeige vom 23.04.1934 gegen zwei 16-jährige Mitglieder (LA SB LRA SB Nr. 326, S. 506).
127 Vgl. Kap. III und VI.

gebiet, 1926 wurde er schon als eigener Gau Saar geführt.[128] In den frühen 1930er Jahren soll er in 23 Ortsgruppen insgesamt 1.500 Mitglieder gezählt haben.[129] Er war hierzulande die aktivste kommunistische Organisation, vor allem wenn es um Saalschutz, Kurierdienste und Propagandaaktionen ging.[130]
Die Püttlinger RFB-Gruppe wurde geleitet von Peter Dörr (geb. 31.05.1896), wohnhaft in der Bahnhofstraße.[131]

Kommunistische Wohlfahrtsorganisationen:
Anliegen der »Roten Hilfe« war praktizierte Solidarität gegenüber in Not geratenen Genossen. Im Saargebiet formierte sie sich erst um 1928.[132] Eine stärkere Tätigkeit vor 1933 kann ich nicht nachweisen. Eine Versammlung am 03.02.1934 belegt ihre Existenz in Püttlingen.[133] Aktive Mitarbeiterin war Elise Scharl, die Ehefrau des Kassierers der KP-Ortsgruppe.
Daneben gab es die Internationale Arbeiterhilfe (IAH).

Es war mir nicht möglich, für Püttlingen und Köllerbach sozialdemokratische und kommunistische Arbeitervereine deutlich voneinander zu unterscheiden. Ich vermute, dass die Mitglieder der Arbeitervereine, die im Abschnitt über die SPD genannt sind, sich aus dem sozialdemokratischen und dem kommunistischen Lager rekrutierten. Speziell kommunistische Vereine waren die »Kampfgemeinschaft der Arbeitersänger«, der »Bund der Freunde der Sowjetunion« und die »Rotsport«-Vereine.
Die sozialistischen Parteien wurden nicht nur abgelehnt von ihren parteipolitischen Gegnern und von der Unternehmerschaft, vor allem in den akzentuierten Attacken des Schwerindustriellen Hermann Röchling, Arbeitgeber vieler Köllertaler Metallarbeiter, sondern auch von beiden Kirchen. Der evangelische Pfarrer von Kölln Karl Lud-

---

128 LA SB LRA SB Nr. 306., vgl.auch Zur Mühlen, Schlagt Hitler, S. 55, Paul/Mallmann, Milieus und Widerstand, S. 387.
129 Muskalla, NS-Politik, S. 363.
130 Zur Mühlen, Schlagt Hitler, S. 53ff.
131 Antrag auf Genehmigung eines Umzugs am 16.10.1927 (LA SB LRA SB Nr. 307).
132 Zur Mühlen, Schlagt Hitler, S. 56.
133 LA SB LRA SB Nr. 312.

wig Rug wandte sich in seinen Predigten in den frühen 1930er Jahren gegen die sozialdemokratischen und kommunistische Ideologien, warnte vor der *Geißel des Bolschewismus,* sprach von den Russen als dem *Volk, das in seiner Revolution zwei Millionen Menschen gemordet hat* und *grenzenlos verwildert ist.*[134]

Kommunistische Partei – Opposition (KP – O)

Die KP – O war 1928 im Reich aus der Abspaltung des rechten Parteiflügels der KPD entstanden, ihre Hochburgen hatte sie im mitteldeutschen Raum. Die Bildung einer Bezirksorganisation an der Saar 1929/30 hängt eng zusammen mit den persönlichen Verhältnissen von Philipp Reinhard und des DMA-Sekretärs Albin Weiss, die Ende Mai 1929 wegen ihres Protestes gegen die ultralinke Wendung aus der KPD als Brandleristen ausgeschlossen worden waren. Der Schwerpunkt der KP – O lag anfangs in Völklingen, später verlagerte er sich nach Ludweiler und Umgebung. Die Partei erlangte hierzulande keine nennenswerte Bedeutung. Nikolaus Schmitt, der 1926 für die KP bei der Püttlinger Gemeinderatswahl kandidiert hatte, wechselte zur KP-O. Bei der Landesratswahl 1932 erhielt sie 5.353 Stimmen (=1,45%), zu wenig, um ein Mandat im Landesrat zu erringen. Bei einem Überblick über ihr Abschneiden in den einzelnen Teilen des Saargebiets fällt ein relativ hoher Anteil im Kreis Saarbrücken-Land auf (2,2%). In Püttlingen erhielt sie immerhin 124 Stimmen (= 2,1%) und lag damit über dem Landesdurchschnitt. Von ihren Kandidaten für die Landesratswahl 1932 kam keiner aus den Bürgermeistereien Püttlingen und Sellerbach.

Sozialistische Arbeiterpartei Deutschlands (SAPD)

Im Reich traten im Oktober 1931 einige Oppositionelle und Unzufriedene aus der SPD aus und gründeten eine neue sozialistische Partei, die im Reich wie im Saargebiet kaum Anhänger fand. Ihre Kandidatur bei den Landesratswahlen 1932 erwies sich als Flop, im Landesdurch-

---

134 Herrmann, Rug, S. 22.

schnitt erreichte sie 0,7%, in Püttlingen kam sie auf 59 Stimmen (= 1,0%), in Sellerbach auf 5, in Herchenbach und Rittenhofen je 2, in Kölln 1. Von den aufgestellten Kandidaten stammte keiner aus dem Köllertal.

Deutschnationale Volkspartei (DNVP)

Diese Partei war im November 1918 aus dem Zusammenschluss aller Rechtsgruppen der Kaiserzeit entstanden. Sie sah ihre Aufgabe in der Bekämpfung der Demokratie und aller sozialistisch-kommunistischen Tendenzen und im Widerstand gegen eine militärische Unterwerfung unter die Siegermächte des Ersten Weltkriegs, gegen den Versailler Vertrag und gegen die Reparationsleistungen. Im Saarrevier warb sie im Januar 1919 um Stimmen bei den Wahlen zur Nationalversammlung, erhielt aber im Landkreis Saarbrücken nur 643, ein deutliches Zeichen dafür, dass sie hierzulande keine Basis hatte[135]. Als im Februar 1924 zehn nationalistische und völkische Vereinigungen von der Regierungskommission verboten wurden, darunter auch die NSDAP, fanden deren Mitglieder vorübergehend Unterschlupf bei der DNVP. Die dabei geknüpften Kontakte bestanden nach Aufhebung des NSDAP-Verbotes fort und ließen später die DNVP »Rekrutierungsreservoir« der NSDAP-Saar werden[136]. Im Jahr 1928 entfiel auf sie ein Abgeordneter im Landesrat.

Im Köllertal blieb sie ohne Bedeutung. Bei den Landesratswahlen 1924 erhielt sie in Püttlingen eine einzige Stimme, im Jahr 1928 zwar 26 und 1932 dann mehr als doppelt soviel, nämlich 54 Stimmen, aber das waren auf die abgegebenen gültigen Stimmen bezogen nur 0,9%.

Wahlvorschläge zum Landesrat:
1922, 1924 und 1932   keine Kandidaten aus den beiden Bürgermeistereien.
1928   Ludwig Klein, pensionierter Bergmann, Hilschbach, 25. Listenplatz

---

135 Zenner, Parteien u. Politik, S. 170f.
136 Paul, NSDAP des Saargebiets, S. 40f.

Nationalsozialistische Deutsche Arbeiterpartei (NSDAP)

Der Nationalsozialismus hat sich im Saargebiet zögerlicher als im Reich entwickelt. Gerhard Paul hat diese Entwicklung in 7 Phasen gegliedert, davon vier für die Zeit vor Hitlers Machteinsetzung:[137]

1. **Phase 1920-1924:** die von der Öffentlichkeit weitgehend unbemerkte Phase der Entstehung einer nationalsozialistischen Gruppe [138]
Seit 1920 existierte eine kleine Gruppe mit Querverbindungen und personellen Doppelmitgliedschaften zu anderen Verbänden des rechtsradikalen Lagers, zur DNVP und ihrem stark rechts orientierten Handlungsgehilfenverband. Zur Gründung einer NSDAP-Ortsgruppe Saarbrücken scheint es im Lauf des Jahres 1922 gekommen zu sein, eine kleine SA-Formation bestand 1923. Nachdem die NSDAP im Reich am 23.11.1923 verboten worden war, erließ die Regierungskommission am 28.02.1924 das Verbot von zehn nationalistischen, nationalsozialistischen und völkischen Vereinigungen im Saargebiet.

2. **Phase 1924-1926:** Illegalität infolge des Verbots der Regierungskommission und Sicherung eines organisatorischen Zusammenhalts in Tarnorganisationen.
Nach dem Verbot vom Februar 1924 hatten die hiesigen Nationalsozialisten zunächst Unterschlupf bei der DNVP gefunden, dann traten sie aus und trafen sich fortan in einer von ihnen unter dem Decknamen »Deutscher Sport- und Wanderbund Edelweiß« gegründeten Tarnorgansisation, später kam als überörtliche Tarnorganisation der »Saardeutsche Volksbund« hinzu.

3. **Phase 1926-1929:** Wiedergründung, erstes öffentliches Auftreten und innerparteiliche Auseinandersetzung
Während bereits Mitte Februar 1925 das NSDAP-Verbot im Reich aufgehoben worden war, mussten die saarländischen Nazis noch bis Ende des Jahres 1926 auf ihre Zulassung warten. Schon im Mai 1925 war die Ortsgruppe Saarbrücken wiederbegründet worden, am 01. 08.

---

137 Ebenda, S. 33-61.
138 Paul (ebenda, S. 33) spricht von »Milieu«, die Zahl der frühen Sympathisanten erscheint mir dafür zu klein.

desselben Jahres die 15 Mitglieder zählende Ortsgruppe Völklingen, beide noch in der Illegalität. Die reichsdeutsche NSDAP blieb auch weiterhin im Saargebiet verboten, aber die Gründung einer »NSDAP des Saargebiets« wurde am 4.12.1926 genehmigt. Dass die organisatorische Abhängigkeit von der Partei im Reich nur mehr oder weniger geschickt kaschiert wurde, ergibt sich allein schon daraus, dass Hitler den von der Mitgliederversammlung am 8.12.1926 zum ersten offiziellen Gauleiter gewählten Jakob Jung, den späteren Püttlinger Amtsbürgermeister, in diesem Amt bestätigte. Mit der Zulassung setzte eine rege organisatorische und propagandistische Tätigkeit ein, die zwar in der Öffentlichkeit die bislang konspirativ arbeitende Partei bekannter machte, aber ihr dennoch nicht viele neue Mitglieder zuführte. Bis Jahresende 1928 waren es nur 234. Gründe dürften u.a. innere Querelen und Finanzschwierigkeiten gewesen sein, dennoch entstanden neue Ortsgruppen in Kirkel, Überherrn, Fraulautern, Differten, Merchweiler, Sulzbach, Einöd, Wallerfangen, Homburg und Wustweiler. Die frühen Ortsgruppen waren Gemeindegrenzen übergreifend konzipiert. Zur Gewinnung von Anhängern in den Nachbarorten eines Ortsgruppensitzes wurden »Stützpunkte« als Zentren der lokalen Agitation gebildet.

4. Phase 1929-1932: Konsolidierung und organisatorischer Ausbau mit dem Resultat des Einzugs in den Landesrat
Dem auf dem Nürnberger Reichsparteitag am 31.07.1929 mit der Reorganisation der NSDAP des Saargebiets beauftragten und zum neuen Gauleiter ernannten Studienassessor Adolf Ehrecke gelang es, die Zusammenarbeit der untereinander zerstrittenen Ortsgruppen zu verbessern. Jetzt entstanden auch in vorwiegend katholischen Orten wie Dillingen und Merzig Ortsgruppen. Bei den Gemeinderatswahlen am 17.11.1929 stellte sich die NSDAP des Saargebiets erstmals den Wählern. In Saarbrücken, Überherrn und Berschweiler zog sie in die Kommunalparlamente, in Ottweiler und Saarlouis in die Kreistage ein. Wegen seiner antisemitischen Propaganda wies die Regierungskommission Ehrecke im Frühjahr 1931 aus.
Sein Nachfolger wurde der Sandformer Karl Brück. Er und seine Parteigenossen strebten ein gutes Ergebnis bei den im Frühjahr 1932 anstehenden Landesratswahlen an. Die NSDAP kandidierte nun landesweit. Eine von dem Stahlhelmführer Royer angeregte Listenverbin-

dung der DNVP, DSVP und NSDAP scheiterte an der Ablehnung der DNVP, mit Hermann Röchling zusammenzuarbeiten.
Auf die NSDAP entfielen 6,7% der Stimmen und 2 Mandate im Landesrat. Die Verteilung auf Kreise und Orte zeigt große Unterschiede. Während die Partei in Dörfern des ehemals bayerischen Bezirksamts Homburg Ergebnisse bis zu 80% (Böckweiler) erzielte, ergaben sich für die Stadt Saarbrücken 10,5% und für den Landkreis Saarbrücken (5,3%) viel geringere Resultate.
Peter Baltes, einer der beiden NSDAP-Abgeordneten im Landesrat, steuerte zu einem 1934, also noch vor der Volksabstimmung, erschienenen Sammelband »Kampf um die Saar« einen kurzen historischen Rückblick der Geschichte der saarländischen NSDAP bei,[139] in dem er den Einsatz der aktiven Parteimitglieder, besonders des damaligen Gauleiters Alois Spaniol, rühmt. Das Engagement von SA-Männern wird in einer zeitgenössischen Veröffentlichung in geradezu »rührender Weise« geschildert. Eine Passage sei hier als informatives Beispiel der damaligen nationalsozialistischen Phraseologie zitiert:[140] *immer bei ihm [= Spaniol] war seine treue SA, junge Menschen und alte Soldaten, die meisten von der Kaltherzigkeit des Unternehmertums dem Elend der Erwerbslosigkeit überantwortet, sie waren aber treu bis zur Selbstaufopferung. Abend für Abend gingen sie mit ihrem Kreisleiter der tagsüber in achtstündiger Bürotätigkeit seinen Lebensunterhalt für seine Frau und seine vier Kinder verdienen mußte, hinaus zu ringen und zu werben um die Seelen ihrer Volksgenossen. Oft hatten sie nicht einen Pfennig in der Tasche, um sich etwas zur Erfrischung zu erstehen. Hungrig und durstig, von unten gehetzt und verfolgt vom Untermenschentum, von oben durch unverständliche Maßnahmen gedrückt und verboten, erfüllten sie stumm und verbissen, opferbereit bis zum letzten die harte Pflicht, die ihnen das Gewissen und das Blut diktierte für Volk und Heimat.* Der Text enthält für die NSDAP charakteristische programmatische Aussagen: die »Treue« bis zur Selbstaufopferung, die Verpflichtung durch *Blut und Gewissen* für Volk und *Heimat* (= Vaterland), die drei politischen Gegner: 1. Unternehmer,

---

139 Peter Baltes, Hitlers Alte Garde an der Saar, in: Kampf um die Saar, S. 420-428.
140 Speicher, Edmund – Buchleitner, Hans-Peter, Überherrn – die Wiege der NSDAP im Kreis Saarlautern. Zur 10-Jahresfeier der Gründung der Ortsgruppe, 06.-08.08.1937, Völklingen 1937, S. 36.

2. Regierungskommission (*von oben gedrückt....*). 3. die Gegner aus dem sozialistischen Lager als *Untermenschen*.

Die schon im August 1925 gegründete NSDAP-Ortsgruppe Völklingen entfaltete im Sommer 1930 eine rege Versammlungstätigkeit, die wiederum antifaschistische Kundgebungen auslöste. Auch die HJ war in Völklingen im Herbst 1930 aktiv[141]. Beteiligung aus dem Köllertal an den frühen NSDAP-Veranstaltungen und an Gegenveranstaltungen in Völklingen[142] konnte ich nicht nachweisen, ist aber zu vermuten. Bei den Wahlen zum Landesrat am 13.03.1932 erhielt die NSDAP 151 Stimmen aus dem Bereich der Stadt Püttlingen in ihrem heutigen Umfang, 106 aus Püttlingen und 45 aus den kleinen Talgemeinden, die kurz darauf zur neuen Gemeinde Köllerbach zusammengefasst wurden. Das entspricht 1,89% der gültigen Stimmen, ein Ergebnis weit unter dem für das gesamte Saargebiet (6,7%) und für den Landkreis Saarbrücken (6,61%).
Aus den Bürgermeistereien Püttlingen und Sellerbach waren keine Kandidaten aufgestellt worden. Die NSDAP kandidierte auch bei den Gemeinderatswahlen 1932 nicht in Köllerbach und Püttlingen.
Den mir zugänglichen Akten entnahm ich, dass Heinrich Grünwald[143] (geb. 20.07.1897 in Müttenz, Kanton Basel, Schweiz), eines der frühesten NSDAP-Mitglieder in Püttlingen war. Er hatte am 1. Weltkrieg teilgenommen, zuletzt im Rang eines Unteroffiziers, war seit 1931 Lehrer an der einklassigen evangelischen Volksschule auf der Ritterstraße. Er beantragte am 01.05.1932 seine Aufnahme in die NSDAP, wurde Mitglied ab 01.09. desselben Jahres, aber schon vorher mit der Bildung der Ortsgruppe Püttlingen beauftragt, und wurde Ortsgruppenobmann des NSLB, nachdem er dem Preußischen Lehrerverein schon seit 1923 angehörte.[144] Stammlokal war die von dem Völklinger Kinobesitzer Theis betriebene Gaststätte »Kaiserhof«, die bald auch »Braunes Haus« genannt wurde.

---

141 Öffentliche Veranstaltung im Oktober 1930 (LA SB LRA SB Nr. 308).
142 NSDAP-Kundgebungen am 09.07. und am 05.09.30, Antifa-Kundgebung am 06./07.09.1930 (LA SB LRA Nr. 308).
143 Die Schreibung des Namens variiert in den Akten zwischen »Grünwald« und »Grünewald«.
144 LA SB MK Nr. 4539.

Auch für Köllerbach sind zwei Parteieintritte aus dem Jahr 1932 bekannt, von Alois Meyer (geb. 20.04.1903) und von Fritz Michler (geb.18.01.1884) aus Herchenbach,[145] der 1929 erfolglos für ein DNVP-Mandat im Saarbrücker Kreistag kandidiert hatte.
Für eine Mitwirkung von Völklinger Nationalsozialisten bei der Werbung für die Partei spricht, dass der erste bekannte *Sprechabend* – so der zeitgenössische Ausdruck für die Veranstaltungen – am 08.07.1932 in Püttlingen von einem Amtmann Auler aus Völklingen einberufen wurde, und zwar in den Saal der Witwe Christian Eckle in der Völklingerstraße 89. Redakteur Theo Schlemmer aus Saarbrücken sprach über die »Geschichtliche Bedeutung des Nationalsozialismus«. Anwesend waren ungefähr 180 Personen, darunter 4 Frauen. Der Polizeibericht enthält zum Inhalt des Referates zwei knappe Zeilen, berichtet dagegen ausführlich über den anschließenden Tumult.[146]
Vom Herbst 1932 liegen Polizeiberichte über zwei weitere *Sprechabende* – in Püttlingen im Kaisersaal am 13.10.1932 und in der Gastwirtschaft Baldes auf der Ritterstraße - vor.[147] Der Bericht über den *Sprechabend* auf der Ritterstraße nennt die *N.S.D.A.P. Ortsgruppe Püttlingen* als Veranstalter und belegt damit den damaligen Organisationsgrad, im Bericht über den *Sprechabend* im Kaisersaal wird als Einberufer die *N.S.A.* genannt. Leiter beider Veranstaltungen war der *Arbeiter Schikofsky aus Kölln*[148]. Im Kaisersaal referierte Sarg aus Heusweiler über Christentum und Nationalsozialismus. *Am Eingang seines Referates bedauerte er, dass die Geistlichkeit zu diesem Sprechabend nicht erschienen seien (!) Der Nationalsozialismus sei kein Bekämpfer des Christentums, sondern derselbe sei noch immer dort für die Christen eingetreten wo es galt die Belange des Christentums zu unterstützen. In ihrer Partei würde nicht nach der Religion gefragt, der Protestant sei ihnen so willkommen wie der Katholik. Sie träten aber dafür ein, dass die Politik von der Kanzel und aus der Kirche gehöre, sondern dafür wäre das Versammlungslokal da. Aus den Aus-*

---

145 LA SB StKpolS. Nr. 1794.
146 Bericht des Oberlandjägers Schmitt IX vom 09.07.1932 (ebenda Nr. 310), zum Tumult vgl. S. 222 f.
147 Beide in LA SB LRA SB Nr. 310.
148 Diese Orthographie im Bericht der Veranstaltung auf der Ritterstraße, der Bericht über die Veranstaltung im Kaisersaal hat die Schreibung *Chikovsky,* an der Identität der Person besteht kein Zweifel.

führungen im Großen und Ganzen war zu entnehmen, dass sie nicht gegen das Christentum, sondern für dasselben eintreten. Auch sie würden die Gottlosenbewegung bekämpfen genau wie der Katholik und der Protestant.[149]
Referent auf der Ritterstraße war Heinz Frey aus Saarbrücken. Er sprach zum Thema *Was will der Nationalsozialismus. Er führte unter anderem aus, dass der Nationalsozialismus aus dem Volke geboren und dieser das Ziel verfolge alle deutsch gesinnten Personen zu erfassen um endlich geordnete Verhältnisse in Staat und Kommunen herbeizuführen. Dann wurde die Haltung der einzelnen Parteien von dem Redner kritisiert. Vor allem übte er Kritik an der S. P.D. und K.P.D. Zum Schluss seiner Rede ermahnte er die anwesenden von ihnen schriftlich eingeladenen Gästen, doch die N.S.D.A.P. nicht als das anzusehen, wie sie von dem grössten Teil der bürgerlichen Presse als Partei des Kapitalismus verschrieen würde.*[150]
Beide Veranstaltungen waren relativ schwach besucht, jeweils von ungefähr 30 Personen. Der über Ritterstraße berichtende Landjäger vermerkt ausdrücklich, dass Frauen nicht anwesend waren.
Die verstärkte Agitation brachte der NSDAP bei den Kreistagswahlen vom 13.11.1932 im Landesdurchschnitt einen Zuwachs von rund 2% auf 8,6%, im Bereich der heutigen Stadt Püttlingen aber keinen, die NSDAP erhielt eine einzige Stimme mehr als bei der Landesratswahl vom März . Seine Partei im Aufwind spürend veranstaltete Gauleiter Brück am 19./20.11.1932 in Saarbrücken den 1. Gauparteitag der saarländischen NSDAP.

Bald nach Entfaltung der öffentlichen Agitation der NSDAP wurden die ersten SA-Trupps gebildet[151]. Erster SA-Führer im Saargebiet war Wilhelm Welter (geb. 04.06.1898), wegen einer Kriegsverletzung (Beinamputation) musste er nach kurzer Zeit den SA-Dienst aufgeben, er wurde Gauschatzmeister, dann 1933 NSDAP-Kreisleiter für Saarbrücken-Land. Anfängliche Aufgabe der SA war der Schutz von Veranstaltungen der Ortsgruppen, dann aber auch die demonstrative Repräsentanz der Partei in der Öffentlichkeit. Im Dezember 1928 un-

---

149 Bericht des Landjägers Grobler vom 14.10.1932 (LA SB LRA SB Nr. 310).
150 Bericht von Landjäger Seibert (ebenda).
151 Allgemein zur SA vgl. Peter Longerich, Geschichte der SA, München 2003.

ternahmen 50 SA-Männer einen Propagandamarsch durch das Saargebiet. Ob sie auch durchs Köllertal zogen, wurde mir nicht bekannt. Vier Jahre später (im November 1932) wurden die Stürme, die die SA-Brigade 70 bildeten, auf 1.200 Mann geschätzt.[152] Zu diesem Zeitpunkt gab es schon SA-Männner in Püttlingen, einige werden in dem Polizeibericht über den Sprechabend auf der Ritterstraße namentlich genannt. Der Hinweis auf die *mit einem Lastwagen und einem Omnibus aus anderen Orten eingetroffenen Sturmtrupps* belegt ihren gut funktionierenden überlokalen Einsatz.

Die illegale Motor-SA wurde 1930 gegründet[153].

Ein *Schutzstaffel-Führer*, sprich SS-Führer, wurde im Dezember 1926 gewählt. Da die SA weitgehend den Saalschutz übernahm, entwickelte sich die SS hierzulande zunächst zögerlich. Baltes[154] nennt 1931 als »Geburtsjahr« der saarländischen SS und rühmt Pg. Lonsdorfer für seine Aufbauleistung. Beim Verbot am 06.11.1932 gab es nur einen SS-Sturm.

Im Reich war seit 1926 die Hitler-Jugend (HJ) als Jugendorganisation der SA für Heranwachsende von 10-18 Jahren gewachsen. Im Juni 1933 wurde sie eine eigene Organisation, und Baldur von Schirach als Reichsjugendführer die Erziehung der gesamten deutschen Jugend übertragen. In Saarbrücken bestand eine HJ-Gruppe schon im Frühjahr 1927.[155]

Liste Otto Fried

Otto Fried aus Neunkirchen, Inhaber eines Kalkwerkes, war Gründungsmitglied der NSDAP-Ortsgruppe Neunkirchen. Seine nicht mit der Parteileitung abgestimmten Angriffe gegen die Rentenpolitik der Regierungskommission und Angriffe auf das Privatleben des saarländischen NSDAP-Gauleiters Jakob Jung führten zu seinem Ausschluss aus der NSDAP im Dezember 1929. Ihm wurde Verschwörung gegen die Parteileitung und ständiges Vermischen der Parteiarbeit mit seiner Tätigkeit in der Sozialrentnervereinigung »Deutsche Hilfe« vorgewor-

---

152 Muskalla, NS-Politik, S. 360f.
153 LA SB Best. Stapo-Stelle Nr. 1.
154 Baltes, Alte Garde, S. 426.
155 Volksstimme vom 28.03.1927.

fen. Sein Wiederaufnahmeantrag wurde im Januar 1930 abgelehnt. Er engagierte sich weiterhin in der Sozialrentnerfrage, wurde Mitglied des kommunistisch beeinflussten »Bundes der Opfer des Krieges und der Arbeit« und trat zusammen mit KPD-Funktionären in Protestveranstaltungen gegen die Notverordnungen der Regierungskommission zur Rentenkürzung auf. Während für die Wahlen zum Landesrat die übrigen Parteien meist 30 Kandidaten aufstellten, umfasste die *Liste Fried* nur sieben Namen, keinen aus den Bürgermeistereien Püttlingen und Sellerbach. Sein Versuch, der Unzufriedenheit der Rentner ein eigenes Sprachrohr im Landesrat zu schaffen, scheiterte, bei den Wahlen 1932 erhielt die von ihm angeführte *Liste Otto Fried* nur 4 Stimmen aus Püttlingen, 2 aus Altenkessel, keine aus den Talgemeinden. Fried soll sich später der KPD zugewandt haben[156].

Wahlergebnisse

Nachdem Entstehung, Programm und Organisation der im Saargebiet unter der Völkerbundsverwaltung agierenden Parteien vorgestellt worden sind, sollen nun die Ergebnisse der Wahlen in den uns interessierenden Gemeinden mitgeteilt werden, soweit sie sich noch feststellen ließen.

Reichstagswahl 1912

	gültige Stimmen		Zentrum	
	HW	StW	HW	STW
Püttlingen	1.796	1.814	1.524=84,9%	1.589=87,6%
Altenkessel	1.277	1.299	804=63,0%	850=65,4%
Engelfangen Etzenhofen Kölln Rittenhofen Sellerbach Herchenbach	543	559	380=70,0%	389=69,6%

---

156 Paul, NSDAP des Saargebietes, S. 50f. u. 131f., Muskalla, NS-Politik, S. 49.

	Nationalliberale		SPD
	HW	StW	HW
Püttlingen	212=11,8%	225=12,4%	60=3.3%
Altenkessel	444=34,8%	449=34,6%	29=2,3%
Engelfangen Etzenhofen Kölln Rittenhofen Sellerbach Herchenbach	162=29,8%	170=30,4%	1=0,2%

Wahl zur Deutschen Nationalversammlung am 19.01.1919

	gültige Stim.	Zentrum	DDP	DNVP	SPD
Püttlingen	4.122	2.257=54,8%	163=4,0%	1	1.701=41,3%
Altenkessel	2.863	916=32,0%	425=14,8%		1.521=53,1%
[Köllerbach]	2.030	1.037=51,1%	299=14,7%	5=0,2%	689=33.9%

Wahlen zum Landesrat

1922

	Gültige Stimmen	Zentrum	DDP	VH+L
Püttlingen	2.958	1.758=59,4%	211=1%	0
[Köllerbach]	1.425	920=64,6%	44=3,1%	0

	Mietsch.	Kriegsopf.	SPD	USPD	KP
Püttlingen	91=3,1%	887=30,0%	731=24,7%	11=0,4%	156=6,3%
[Köllerbach]	92=13,5%	250=17,5%	162=11,4	19=1,3%	60=4,2%

1924

	Gültige	Zentrum	DSVP	DNVP
Püttlingen	4.144	2.041=49,3%	246=5,9%	1=0,0%

	VH+L	SPD	KP
Püttlingen	165=4,0%	1.091=26,3%	78=6,7%

1928

	Gültige Stimmen	Zentrum	DDP	DSVP
Püttlingen	4.972	1.972=39,7%	21=0,4%	198=4,0%
Engelfangen	601	160=26,6	1=0,2	44=7,3
Etzenhofen	171	50=9,2	–	17=9
Kölln	233	104=44,6	–	36=15,5
Rittenhofen	153	80=52.3	–	2=1,3
Sellerbach	370	177=47,8	2=0,5	29=7,8
Herchenbach	156	67=42,9	1=0,6	27=17,3

	DNVP	DWP.	SPD	ChrSo	KP
Püttlingen	26=0,5%	37=0,7%	448=9,0%	1.505=30,3%	765=15,4%
Engelfangen	4=0,7	1=0,2	148=24,6	152=25,3	91=15,1
Etzenhofen	3=1,8	1=0,6	18=10,5	62=36,3	20=11,7
Kölln	2=0,9	5=2,1	26=11,2	51=21,9	9=3,9
Rittenhofen	2=1,3	1=0,7	4=2,6	64=41,8	-
Sellerbach	1=0,3	4=1,1	23=6,2	111=30,0	23=6,2
Herchenbach	5=3,2	–	4=2,6	38=24,4	14=9,0

1932

	Gültige Stimmen	Zentrum	DStP	DSVP
Püttlingen	5.928	3.140=53,0	6=0,1	208=3,5
Engelfangen	728	271=37,2	–	58=8,0
Etzenhofen	224	91=40,6	1=0,4	30=13,4
Kölln	291	150=51,5	–	54=18,6
Rittenhofen	174	119=68,4	–	–
Sellerbach	470	260=55,3	–	40=8,5
Herchenbach	153	67=43,8	–	16=10,5

	DNVP	DWP	ChrSo	Otto Fried
Püttlingen	54=0,9	83=1,4	514=8,7	4=0,1
Engelfangen	3=0,4	3=0,4	98=13,5	-
Etzenhofen	–	-	25=11,2	-
Kölln	4=1,4	9=3.1	17=5,8	-
Rittenhofen	–	1=0,6	25=14,4	-
Sellerbach	1=0,2	3=0,6	73=15.5	-
Herchenbach	5=3,3	2=1,3	14=9,2	-

	SPD	SAP	KP	KPO	NSDAP
Püttlingen	475=8,0	59=1,0	1.155=19,5	124=2,1	106=1,8
Engelfangen	121=16,6	–	156=21,4	10=1,4	8=1,1
Etzenhofen	8=3,6	–	62=7,7	5=2,2	2=0,9
Kölln	13=4,5	1=0,3	25=8,6	10=3,4	8=2,7
Rittenhofen	9=5,2	2=1,1	13=7,5	2=1,1	3=1,7
Sellerbach	24=5,1	5=1,1	45=9,6	3=0.6	16=3,4
Herchenbach	1=0,7	2=1,3	34=22,2	4=2,6	8=5,2

Wahlen zum Kreistag Saarbrücken-Land

Das Wahlrecht zum Kreistag wie auch zu den Gemeindevertretungen erfuhr eine grundlegende Änderung, als die Wahl in drei Wahlverbänden für die Landkreise im Saargebiet und das Dreiklassenwahlrecht für die Gemeinden abgeschafft und durch ein demokratisches Wahlsystem ersetzt wurden. Die näheren Bestimmungen wurden vor jeder Wahl in den einschlägigen Amtsblättern veröffentlicht, dabei aber meist die der vorhergehenden Wahl übernommen.

Die erste Kreistagswahl nach dem Kriege wurde am 18.07.1920 abgehalten[157], die folgenden gleichzeitig mit den Gemeinderatswahlen am 08.07.1923, 11.07.1926, 17.11.1929 und 13.11.1932.

Ergebnisse

Partei	1920	1923	1926	1929	1932
	Sitze	Sitze	Sitze	Sitze	Sitze
Zentrum	6	17	15	10	17
Christlich-Soziale	X	X	X	1	1
DDP	1	1	–		
Liberale	7				
DSVP	X	X	5	3	1
DNVP	1	–	–		
Dt. Wirtschaftspartei	1				
Bürgerliche Mitte	1	1			
Wirtschaftliche AG	5				
SP	11	9	9	3	2

---

157 Gedruckte Wahlordnung für die Gemeinde- und Kreistagswahlen im Saargebiet (LA SB LRA SB Nr. 1763).

USPD	8	0	X	X	X
KP	X	5	8	4	9
NSDAP	X	X	X	X	2

X = Partei bestand noch nicht oder nicht mehr.

Kandidaten aus Püttlingen und den Talgemeinden bei Kreistagswahlen

(Die mit * versehenen Namen bezeichnen die Gewählten.)

1920

- von der Deutschen Demokratische Partei: Becker, Georg, Steiger, Altenkessel; Schallert, Christian, Sattler, Neudorf; Beck, Jakob, Schuhmacher, Rockershausen; Pitz, Georg, Steiger, Herchenbach; Füldner, Wilhelm, Lehrer, Püttlingen; Kemmer, Ludwig, Rockershausen.
- vom Zentrum: *Altmeyer, Georg, Bergmann, Püttlingen; *Müller, Wilhelm, Bergmann u. Knappschaftsältester, Sellerbach; Thomas, Matthias, Sparkassenrendant, Püttlingen; Michely, Jakob, Gewerkschaftssekretär, Altenkessel; Werth, Nikolaus, Bergmann, Altenkessel.
- von der SPD: *Eisenbarth, Bergmann, Neudorf; *Meiß, Hauptlehrer, Altenkessel; Leinenbach, Peter, Bergmann, Püttlingen; Müller-Prüm, Johann, Bergmann, Püttlingen
- von der USPD: *Stephan, Rudolph, Bergmann, Püttlingen; *Linxweiler, Fritz, Hüttenarbeiter, Engelfangen; Gehl, Josef, Eisenbahner, Püttlingen; Becker, Michel, Bergmann, Sellerbach; Groß, Wilhelm, Bergmann, Engelfangen.
- von der Wirtschaftlichen Vereinigung: Ackermann, Friedrich, pensionierter Bergmann, Engelfangen.[158]

Da Altenkessel, Neudorf und Rockershausen noch zur Gemeinde Püttlingen gehörten, sind die dort wohnenden Kandidaten hier mit aufgeführt.

---

158 Saarbrücker Kreisblatt 1920, S. 97f. u. 103.

Für ein Rotes Saargebiet, in einem freien, sozialistischen Räte-Deutschland!

Dafür wählen die Werktätigen an der Saar

am 13. November

die Listen der KPD.

Revolutionäre Einheit – Kampf – Sieg!

BL. der KPD. Bezirk Saar

Gegen National- und Sozialfaschismus
Gegen das Doppeljoch deutsch-französischer Ausbeutung
Gegen die Fremdherrschaft
Gegen den imperialistischen Krieg, die Kriegshetzer und Kriegsverbrecher
Für das Selbstverwaltungsrecht der Kommune
Für das Selbstbestimmungsrecht des deutschen Saarvolkes
Für den Schutz und Verteidigung der Sowjetunion
Für die soziale und nationale Freiheit aller Unterdrückten und Ausgebeuteten

Abb. 12 Programm der KPD aus einem Flugblatt zur Kreistagswahl am 13.11.1932 (StadtA Püttlingen).

1923[159]

- **vom Zentrum:** Wilhelm Müller, pensionierter Bergmann, Sellerbach, Johann Heß, Pfarrer, Püttlingen, *Georg Altmeyer, Bergmann, Püttlingen. Er rückte erst am 27.01.1926 beim Ausscheiden von Peter Schweitzer, Buchenschachen nach,[160]
- **von der Liberalen Staatspartei:** Friedrich Gebhard, Hauptlehrer, Kölln,
- **von der SPD:** *Johann Müller-Prümm, Püttlingen, *Heinrich Kattler, Engelfangen, Wilhelm Kattler, Engelfangen, Josef Zimmer, Lehrer, Püttlingen,
- **von der KPD:** Josef Gehl, Schlosser, Püttlingen, Wilhelm Groß, Bergmann, Engelfangen, *Georg Schorr, Püttlingen, Johann Speicher, Bergmann, Püttlingen, Peter Altmeyer-Schwarz, Püttlingen, Mathias Pistorius, Pensionär, Püttlingen, Peter Müller, Bergmann, Engelfangen.

1926[161]

- **vom Zentrum:** *Johann Heß, Pastor, Püttlingen, Wilhelm Müller, pensionierter Bergmann und Landwirt, Sellerbach, Georg Hirschmann, Bergmann, und Georg Altmeyer, beide Püttlingen,
- **von der DSVP:** Hauptlehrer Gebhard, Kölln,
- **von der SPD:** *Peter Becker – Helm, Bergmann, Püttlingen, *Jakob Faust, Bergmann, Engelfangen, Peter Leinenbach, Bergmann, Püttlingen,
- **von der KP:** *Wilhelm Groß, Bergmann, Engelfangen, Georg Schorr, Bergmann, Püttlingen, August Faust, Bergmann, Engelfangen, Peter Dörr, Püttlingen, Jakob Mathis, Maurer, Püttlingen.

---

159 Saarbrücker Kreisblatt 1923, S. 37, 39, 47, 61-71.
160 Ebenda 1926, S. 14.
161 Ebenda 1926, S. 86.

1929[162]

- **vom Zentrum:** *Alois Jungmann, Bergmann, Sellerbach, *Philipp Schmidt-Koch, Knappschaftsältester, Püttlingen, Georg Hirschmann, Gemeindevorsteher, Püttlingen,
- **von der Christl.Soz. Partei:** Silvester Rupp, Bergmann, Etzenhofen, Johann Albert, Maschinist, Püttlingen, Georg Kirsch, Grubenschlosser, Ritterstraße, Peter Müller, Bergmann, Engelfangen, Johann Wilhelm Dörr, Bergmann, Kölln, Johann Peter Schmidt, Pensionär und Landwirt, Püttlingen, Ludwig Kern, Bergmann, Püttlingen, Josef Backes, pensionierter Bergmann, Püttlingen, Alois Walz, Bergmann, Püttlingen, Michael Warken, Bergmann, Püttlingen, Alois Speicher, Bergmann, Püttlingen,
- **von der DNVP:** Friedrich Michler, Landwirt, Herchenbach,
- **von der DSVP:** Johann Ewen, Lehrer, Etzenhofen, Friedrich Loeb, Lagerverwalter, Püttlingen,
- **von der Deutschen Wirtschaftspartei** auf dem 26. (= letzten) Platz Schichtmeister Fritz Kleinpeter aus Rockershausen,
- **von der SPD:** *Johann Müller-Prümm, Gewerkschaftsekretär, Püttlingen, *Heinrich Kattler, Gelderheber, Engelfangen, Georg Altmeyer-Grün, Bergmann, Püttlingen, Johann Becker-Debes, Pensionär, Püttlingen, Jakob Görgen, Bergmann, Kölln,
- **von der KPD:** Wilhelm Groß, Bergmann, Engelfangen, Georg Schorr, Bergmann, Püttlingen, Peter Dörr, Reisender, Püttlingen, Georg Becker, erwerbslos, Engelfangen,
- **Von der KPO:** Nikolaus Schmitt, Hüttenarbeiter, Püttlingen.

Bei der letzten Kreistagswahl **1932** wurden gewählt.
Philipp Schmidt-Koch, Knappschaftsältester, Püttlingen und Alois Jungmann, Köllerbach (beide Zentrum), Thomas Blank (SPD) und Georg Schorr (KPD).

---

162 Ebenda 1926, S. 57, 59-68, 117.

Gemeinderatswahlen

Rund drei Wochen nach Amtsantritt der Regierungskommission wurde am 24.03.1920 schon eine Wahlordnung für die Kommunalwahlen erlassen. Das Dreiklassenwahlrecht wurde abgeschafft. Aufgehoben wurde auch die bisherige Regelung, wonach die meist begüterten Grundeigentümer dem Gemeinderat bzw. der Bürgermeistereiversammlung angehörten. Wahlberechtigt waren alle Personen ohne Unterschied des Geschlechts, die die Eigenschaft als Saareinwohner besaßen, am Wahltag das 20. Lebensjahr vollendet hatten und in dem Wahlbezirk wohnten, in dem die Wahl stattfand. Das Wählbarkeitsalter betrug 25 Jahre. Jeder Wahlberechtigte hatte so viele Stimmen wie Gemeinderatsmitglieder zu wählen waren, innerhalb der Vorschlagsliste konnte er die Kandidaten seiner Wahl ankreuzen. Das hatte zur Folge, dass nicht immer die Kandidaten mit den vorderen Listenplätzen gewählt wurden, sondern diejenigen, die die notwendige Anzahl von Stimmen erhalten hatten. Damit hängt zusammen, dass in den veröffentlichten Ergebnissen von Gemeindewahlen die Zahl der Stimmen immer weit höher als die Zahl der wahlberechtigten Personen ist. In den folgenden Tabellen sind die Stimmenzahlen nur angegeben, wenn sie wieder auf die Zahl der Wähler zurückgerechnet waren. Die Zahl der zu wählenden Gemeindevertreter (= Sitze) richtete sich nach der Einwohnerzahl:

In Gemeinden mit
- weniger als 500 Einwohnern 10 Vertreter: Etzenhofen, Rittenhofen, Herchenbach, im Jahr 1923 auch Kölln
- mit 501 – 1.500 Einwohnern 12 Vertreter: Engelfangen (1920-1926), Kölln, Sellerbach
- mit 1.501 – 2.500 Einwohnern 16 Vertreter: Engelfangen (nur 1929)
- mit 2.501 – 3.500 Einwohnern 21 Vertreter
- mit 3.501 – 10.000 Einwohnern 23 Vertreter: Altenkessel, 1932 auch Köllerbach
- mit 10.000 – 20.000 Einwohnern 30 Vertreter: Püttlingen.

Wahlvorschläge mussten mindestens von 20 Stimmberechtigten unterzeichnet sein und durften nicht mehr Namen enthalten als Vertreter zu wählen waren. Kandidaturen und Wahlen zu den Gemeinderäten waren damals noch nicht so stark parteipolitisch ausgerichtet wie nach dem Zweiten Weltkrieg. Auf Listen, die unter den Stichworten *Bürgerblock*, *Bürgerpartei*, *Bürgerliche Mitte* oder *Freie Bauern* firmierten, kandidierten parteipolitisch nicht gebundene Vertreter von Standes- und Berufsinteressen. Dies wird in den damals selbständigen kleinen Talgemeinden deutlicher als in dem größeren Püttlingen.

Listen der aufgestellten und gewählten Kandidaten sind nicht für alle hier interessierenden Gemeinden und für alle fünf Wahlen erhalten. Für die Gemeinderatswahl am 17.11.1929 liegen sie vollständig vor und werden von mir nachstehend beim jeweiligen Ort mitgeteilt.[163] Die darin enthaltenen Angaben zum Beruf der Kandidaten vermitteln auch einen Eindruck von der Soziographie der jeweiligen Partei. Die Wahlvorschläge für die Gemeinderatswahl am 13.11.1932 wurden nicht im Saarbrücker Kreisblatt veröffentlicht, sondern nur in den Rathäusern zur Einsicht ausgelegt.[164]

Ergebnisse Gemeinderatswahlen

Püttlingen

Partei	1926[165]		1929		1932	
	Stimmen	Sitze	Stimmen	Sitze	Stimmen	Sitze
Zentrum	1358	10	2354	15	2146	13
Christlich-Soziale	924	7	1017	6	759	4
Bürgervereinigung					401	2
Arbeiterpartei	305	2	–	–	–	–
Wirtschaftliche AG	529	4	345	2	–	–
DSVP	–	–	–	–	233	1
SP	601	4	844	5	702	4
KP	466	3	394	2	1107	6
NSDAP	–	–	–	–	152	–

---

163 Ebenda 1929, S. 135-140 u. 168-170, 173f.
164 Ebenda 1932, S. 194.
165 Ebenda 1926, S. 122f.

Im Frühjahr 1921 gehörten dem Bürgermeistereirat,[166] der vor der Erhebung von Altenkessel zur eigenen Gemeinde gleichzeitig Gemeinderat war, an Schackmann, SPD, Gemeindeverordneter, Müller-Prüm, Johann, SPD, Püttlingen, Eisenhuth, Jakob, Bergmann, Altenkessel, Beck, Bezirksvorsteher Rockershausen, Pistorius, Ernst, USPD, Beigeordneter Gehl, Zentrum, Püttlingen.

Gemeinderat 1920, als Mitglieder wurden mir bekannt:
- Emil Meyer, Bergmann, Johann Müller-Prüm, Peter Leinenbach, Peter Becker, Ettlinger, alle SPD.[167]

Bei der zweiten Gemeinderatswahl am 08.07.1923 wurden als Abgeordnete der SPD gewählt:
- Emil Meyer, Bergmann, Peter Leinenbach, Jakob Speicher-Dörr, Landwirt, Johann Becker-Debes, Bergmann.[168]

Der 1926 neu gewählte Gemeinderat bestand aus[169]
- der Zentrums-Fraktion mit Georg Hirschmann, Bergmann, Jakob Suttor, Bergmann und Wirt, Josef Morschhäuser, Oberlehrer, Peter Hubertus-Breinig, Bergmann, Ritterstraße, Alois Balzert, Kaufmann und Buchdrucker, Michael Gauer, Pensionär, Peter Gehl, Bergmann, Johann Scherer-Zimmer, Bergmann, Jakob Forster, Bergmann und Wirt,
- der Christlich-Sozialen Fraktion mit Josef Backes, Bergmann, Eduard Seibert, Bergmann und Kriegsinvalide, Johann Weber-Schwarz, Bergmann, Konrad Peter, Bergmann, Johann Albert-Rock, Maschinist, Johann Blank, Bergmann, Johann Michaely, Bergmann und Landwirt,
- von der Wirtschaftlichen Arbeitsgemeinschaft Jakob Speicher, Bergmann, Paul Rösner, Kaufmann, Karl Texter, Oberlehrer, Max Neumark, Kaufmann,
- der SPD-Fraktion Emil Meyer, Bergmann, Josef Fritz Zimmer, Leh-

---

166 Diese Liste ist nicht vollständig, im Aktenstück (LA SB LRA SB Nr. 842) sind nur diese Namen genannt.
167 Dostert.
168 Saarbrücker Kreisblatt 1923, S. 34-40, 64f., Dostert.
169 Saarbrücker Kreisblatt 1926, S. 123.

rer, Wilhelm Warken, Bezirksvorsteher, Ritterstraße, Peter Leinenbach, Bergmann,
- von der Arbeiterpartei Philipp Bär-Grün, Bergmann, und Peter Jungmann-Kiefer, Bergmann,
- von der KPD Georg Schorr, Bergmann, Peter Dörr, Reisender, und Nikolaus Schmitt, Hüttenarbeiter.

Wahlvorschläge 1929:

- **Zentrum:** * Hirschmann, Georg, Bergmann, * Scherer-Zimmer, Johann, Bergmann, * Hubertus, Peter, Pensionär u. Landwirt, Ritterstr., * Mörschhäuser, Josef, Konrektor, * Blank-Sutor, Georg, Bergmann, * Forster, Jakob, pens. Bergmann, * Schwarz, Peter, Bergmann, * Balzert, Alois, Kaufmann, Bergmann, * Gehl, Peter, Grubenschlosser u. Kriegsbesch., * Kirch, Johann, Pensionär u. Landwirt, * Leidner, Johann, Vollziehungsbeamter, * Albert, Peter, pens. Bergmann, * Zimmer, Peter, Verwaltungsangestellter, * Britten, Jakob, Bergmann, Ritterstr., * Ludwig, Wilhelm, Hüttenarbeiter, Heisel, Johann, Pens. u. Fuhrunternehmer, Schmitt, Philipp, Bergmann, Albert, Johann, Pens. u.Landwirt, Latz, Michel, Pensionär, Grün, Peter, Bergmann, Baus, Wilhelm, Bergmann, Lehnhoff, Peter, Pensionär, Albert, Richard, Schlosser, Faust, Johann, Maschinist, Ritterstr., Meyer, Johann, Pensionär, Müller, Jakob, Bergmann, Becker, Franz, Pensionär, Raubuch, Peter, Bergmann, Karrenbauer, Jakob, Pens. u. Landwirt, Kockler, Johann, Kaufmann,

- **Christlich-Soziale Partei:** * Backes, Josef, pens. Bergmann * Maas, Peter, Bergmann, * Weber-Schwarz, Johann, Bergmann * Conrad, Peter, Bergmann, * Albert, Johann, Maschinist, * Blank, Johann, Bergmann, Michaely, Johann, pens. Bergmann, Hentges, Michael, Bergmann, Mathis, Jakob, Bergmann, Becker-Schmidt, Johann, Bergmann, Kirsch, Georg, Schlosser, Ritterstraße, Hirschmann, Johann, pens. Bergm., Bläs, Johann, Bergmann, Speicher, Alois, Bergmann, Heckmann, Max, Bergmann, Kiefer, Jakob, Bergmann, Schneider, Johann, Bergmann, Pistorius, Peter, Bergmann, Loris, Johann Peter, Bergmann, Utter, Karl, Bergmann, Buchheit, Alois, Bergmann, Kern, Ludwig, Bergmann, Serf, Heinrich, Bergmann, Dörr, Peter, Bergmann, Strauß, Wilhelm, Bergmann, Noh, August, Bergmann,

Warken, Matthias, Bergmann, Müller-Kern, Peter, Bergmann, Kirch, Karl, Bergmann, Speicher, Georg, Bergmann

- **SPD:** * Altmeyer-Grün, Georg, Bergmann, * Müller-Prümm, Gewerkschaftssekretär, * Becker-Debes, Johann, Pensionär, * Peter, Ernst, Bergmann, Ritterstraße, * Meyer, Emil, Maschinist, Bär, Philipp, Bergmann, Becker-Türk, Peter, Bergmann, Hubertus, Jakob, Bergmann, Ritterstraße, Altmeyer, Johann, Bergmann, Dorst, Jakob, Schneidermeister, Baldauf, Paul, Bergmann, Schmeer, Fritz, Bergmann, Ritterstraße, Welsch, Jakob, Hüttenarbeiter, Kleer, Karl, Schlosser, Kockler, Georg, Bergmann, Hirschmann, Jakob, Bergmann, Ritterstraße, Speicher, Wilhelm, Bergmann, Baldauf, Heinrich, Bergmann, Lang, Rudolf, Bergmann, Ritterstraße, Becker, Karl, Pensionär, Scholtes, Johann, Bergmann, Becker, Jakob, Eisenbahner, Müller, Albert, Bergmann, Gräßel, Johann, Eisenbahner, Ritterstraße, Wahl, Alois, Krankenwärter, Schorr, Peter, Bergmann, Albert, Wilhelm, Pensionär, Müller, Albert, Bergmann, Becker-Speicher, Jakob, Pensionär, Becker-Weber, Gelderheber

- **KPD:** * Schorr, Georg, Bergmann, * Altmeyer, Peter, Händler, Ritterstraße, Dörr, Peter, Arbeiter, Ritterstraße, Welsch, Johanna, Hausfrau, Ritterstraße, Quinten, Peter, Bergmann, Ritterstraße, Schmitz, August, Hüttenschmied, Pistorius, Ernst, Schlosser, Setz, Oskar, Wirt, Schlang, Johann, Ritterstraße, Schille, Wilhelm, Bergmann, Ritterstr., Mathis, Jakob, Maurer, Weber, Jakob, Schneider, Buchheit, Peter, Pensionär, Wiesen, Felix, Bergmann, Ritterstraße, Albert, Michel, Arbeiter, Burger, Maria, Hausfrau, Ritterstraße, Ott, Matthias, Kriegsbeschädigter, Ritterstraße, Müller, Friedrich, Bergmann, Ritterstraße, Schorr, Ludwig, Maurer, Forster, Fritz, Arbeiter, Roth, Jakob, Kriegsbeschädigter, Ritterstraße, Frischmann, Valentin, Pensionär, Hussong, Adam, Arbeiter, Welsch, Jakob, Eisenbahner, Ritterstr., Mörsdorf, Helene Wwe., Hausfrau, Ritterstraße, Becker, Jakob, Arbeiter, Pabst, Jakob, Bergmann, Heisel, Johann, Bergmann, Krach, August, Arbeiter, Mathis, Alex, Arbeiter

- **Wirtschaftliche Arbeitsgemeinschaft:** * Buchheit, Michel, Pensionär, * Schröder, Nikolaus, Kaufmann, Pistorius, Ernst, Betriebsmonteur, Baldauf, Jakob, Schmiedemeister, Fexmer, Michel, Kaufmann, We-

Bürgervereinigung Püttlingen
(parteilose Liste).

1. Was gab Anlaß zur Gründung der Bürger-Vereinigung?

Der Wunsch eines großen Teiles der Bürgerschaft Püttlingens, sich nicht mehr wie bisher von der Gemeindepolitik abdrängen zu lassen, sondern ihrer Bedeutung und der von ihr verlangten Opfer entsprechend an der Gestaltung der Gemeindebelange mitwirken zu dürfen.

2. Warum wollen wir eine Vereinigung und keine Partei sein?

Wir haben erfahrungsgemäß erkannt, daß das Parteiwesen, das wohl in der hohen Politik seine Berechtigung hat, im Gemeindewesen trennend und hemmend wirkt und jede ersprießliche Gemeindepolitik erstickt.

3. Was ist somit unser Ziel?

Die Zusammenfassung aller in der Gemeinde vorhandenen gesunden Kräfte zu einem Zusammenwirken für das Gemeinwohl unter Zurückstellung der dem Gemeinwohl gefährlichen unberechtigten Sonderinteressen, in der Erkenntnis, daß bei einem gerechten Ausgleich der Interessen der verschiedenen Berufsgruppen, naturgemäß das Wohlergehen jeder einzelnen Berufsgruppe erreicht wird.

4. Wer gehört daher zu uns und gibt uns seine Stimme?

Jeder Bürger und jede Bürgerin Püttlingens, ob Arbeiter oder Pensionär, ob Handwerker, Landwirt, Gewerbetreibender oder Kaufmann, ob Angestellter, Beamter oder Angehöriger freier Berufe, kurzum jeder, der in einem gerechten Ausgleich Aller sein eigenes Wohl erblickt, und an der Verwirklichung dieses Zieles mitzuwirken bereit ist.

Es wählt uns jeder der erkannt hat,

daß es nicht möglich ist, zwischen den Trümmern anderer Klassen, Stände und Verbände, seine Früchte zu pflanzen.

Darum wählt jeder, der echten Gemeinsinn hat, die

Liste Nr. 5   **Bürgervereinigung**
(parteilose Liste).

Abb. 13
Flugblatt der Bürgervereinigung zur Gemeinderatswahl 1932 (StadtA Püttlingen)

ber, Nikolaus, Zimmermeister, Rösner, Paul, Kaufmann, Kohler, Karl, Kaufmann, Schmeer, Peter, Pensionär, Ritterstraße, Grimmer, Josef, Hüttenarbeiter, Speicher, Jakob, Pensionär, Marx, Karl, Bierverleger, Kreutzer, Heinrich, Autotransport, Vogt, Josef, Hüttenarbeiter, Kiefer, Jakob, Malermeister, Loeb, Friedrich, Lagerverwalter, Landes, Gustav, Oberbahnhofsvorsteher, Hirsch, Max, Kaufmann, Türk, Peter, Spediteur, Baldauf, Johann, Pensionär, Bennecke, Friedrich, Kaufmann, Stockum, Philipp, Unternehmer, Kaul, Peter, Bäckermeister, Kaspar, Johann, Schneidermeister, Harion, Fritz, Automobilschlossermeister, Groß, Peter, Steiger, Ritterstraße, Schorr, Ludwig, Pensionär, Papst, Georg, Bergmann, Neumark, Max, Kaufmann

Die gemeindlichen Ehrenämter wurden aufgrund der Wahl 1932 wie folgt besetzt:
Bürgermeisterei Püttlingen
A. unbesoldete Beigeordnete der Bürgermeisterei
1. Kaufmann Jakob Jungmann-Bohr, Püttlingen
2. pensionierter Bergmann Georg Altmeyer-Grün, Püttlingen (SPD)
3. Fabrikant Hermann Josef Bruck, Rockershausen (Zentrum)
4. Steiger a.D. Peter Schmidt, Altenkessel
Die Beigeordneten waren nur stimmberechtigt, wenn sie ein Mandat im Bürgermeistereirat hatten.

B. Gemeindevorsteher und Bezirksvorsteher
Gemeindevorsteher Püttlingen Georg Hirschmann (Zentrum)
Bezirksvorsteher Ritterstraße Peter Hubertus
Gemeindevorsteher Altenkessel Jakob Michels (Zentrum)
Bezirksvorsteher Rockershausen Fritz Rüffler[170]

Bürgermeistereirat[171]:
der Gemeindevorsteher von Altenkessel Jakob Michels, Zentrum
der Gemeindevorsteher von Püttlingen Georg Hirschmann, Zentrum
Johann Scherer-Zimmer, Zentrum
Georg Rinnmark, Altenkessel, Zentrum
Aloys Balzert, Zentrum

---

170 Verwaltungsbericht 1933/34, S. 5 (StadtA PÜ).
171 Beschlussprotokoll (StadtA PÜ).

Rudolf Lamour, ausgeschieden am 12.06.1933, Zentrum
Hermann Josef Bruck, Rockershausen, Nachf. von Lamour, Zentrum
Heinrich Meyer, Bürgervereinigung
Josef Backes, Christlich-Sozial
Georg Altmeyer, SPD
Wilhelm Bärwinkel, SPD
Rudolf König, verstorben 03.10.1934, KP
Hermann Nickles, KP
Theodor Becker, Nachfolger von Rudolf König, KP.

Gemeinderat Püttlingen (Angaben sind nicht vollständig)[172]
Ihm gehörten von Amts wegen an der Gemeindevorsteher Georg Hirschmann und der Bezirksvorsteher Peter Hubertus.
Zentrum: Alois Balzert, Philipp Balzert, Wilhelm Baus, Johann Bläs, Jakob Forster, Jakob Leidner, Johann Leidner, Josef Morschhäuser, Johann Müller, Johann Scherer-Zimmer

Christlich-Sozial: Josef Backes, Johann Blank, Georg Kirsch, Peter Konrad

DSVP: Albrecht Serf
Bürgervereinigung: Michel Buchheit

Sozialdemokratische Partei: Georg Altmeyer, Fraktionsvorsitzender, Philipp Bär, Baldauf (Paul oder Valentin),Peter Ernst.

Kommunistische Partei: Georg Schorr,Fraktionsvorsitzender 1932-1934, Ernst Pistorius, letzter Fraktionsvorsitzender, Peter Dörr, Jakob Nalbach (geb. 08.01.1886), Hermann Nickles, Friedrich Ott.

---

172 Zusammengestellt aus den Anwesenheitslisten des Protokollbuchs des Gemeinderates (StadtA Püttlingen Nr. 11/30/7).

Engelfangen

Ergebnisse Gemeinderatswahlen Engelfangen [173]

Partei	1920		1923		1926		1929	
	Stimmen	Sitze	Stimmen	Sitze	Stimmen	Sitze	Stimmen	Sitze
Zentrum			219	5		5	243	7
DP				1				
Bürgerpartei	–		96	2		2	60	1
Christl.Soziale	–		92	2				
SPD			166	4		4	148	4
KP	82	2	74	1		1	82	2

Georg Becker, erwerbslos, war 1920 Spitzenkandidat der KPD für den Gemeinderat Engelfangen, gefolgt von Philipp Bär, Wilhelm Groß, Wilhelm Darm, Jakob Franz, Anna Bär, August Faust, Margarete Becker und Jakob Kläs. Die Liste erhielt 82 Stimmen und 2 Mandate.[174]

1923 wurden gewählt
- Liste Zentrum: Peter Wolmeringer, Bergmann, Albert Johann, pensionierter Bergmann, Johann Altmeyer, Postassistent, Wilhelm Becker, Bergmann, Altmeyer-Müller, Bergmann, Mathias Haag-Hoersel, Bergmann, Nikolaus Schikofsky, Bergmann
- Liste der SPD: die Bergleute Heinrich und Wilhelm Kattler, Jakob Schmidt, Mathias Gerstner, Hermann Groß, Jakob Faust
- Liste der KP: August Faust, Bergmann
- Liste der Demokratischen Partei: Jakob Posth, Bürogehilfe.

Zur Gemeinderatswahl 1926 stellte die KPD sieben Kandidaten auf: Faust, August, Bergmann, der auch gewählt wurde, Becker, Georg, Hüttenarbeiter, Groß, Wilhelm, Bergarbeiter, Bär, Philipp, Bergarbeiter, Kläs, Jakob, Bergarbeiter, Darm, Wilhelm, Bergarbeiter, Franz, Jakob.[175] Gewählt wurde August Faust.

---

173 Ausführliche Unterlagen in LA SB Dep. Riegelsberg Nr. 104.
174 Bies, Zeitz, S. 5.
175 Bies, Zeitz, S. 5.

- Liste Bürgerpartei:
Altmeyer-Kläs, Bierverleger und Peter Lydorf, pensionierter Bergmann.

Wahlvorschläge 1929
- Zentrum: * Kattler, Peter, Bergmann, * Altmeyer, Matthias, Bergmann, * Meyer, Nikolaus, Bergmann, * Sommer, Matthias, Bergmann, * Kläs, Jakob, Bergmann, * Altmeyer, Georg, Bergmann, * Glessner, Peter, Bergmann, Jost, Jakob, Bergmann, Tabellion, Georg, Bergmann, Müller, Wilhelm, Bergmann, Himbert, Johann, Bergmann und Landwirt, Wolmeringer, Peter, pens. Bergmann, Albert, Johann, Bergmann und Landwirt, Nikels, Mathias, Bergmann, Mang, Peter, Bergmann

- **Christlich-Soziale:** * Müller, Peter, Bergmann, * Roschel, Jakob, Hüttenarbeiter, Haag, Matthias iun., Bergmann, Weiland, Jakob, Schönecker, August, Bergmann, Loew, Pankratius, Grubenschlosser, Hassel, Johann, Bergmann, Sutor, Matthias, Bergmann, Weiland. Bernhard, Bergmann, Balzert, Sebastian, Bergmann, Bär, Wilhelm, Bergmann, Jost, Johann, Bergmann, Weiland, Heinrich, Bergmann, Meyer, Georg, Bergmann, Kartes, Matthias, Hüttenarbeiter, Brunder, Matthias, Bergmann

- **SPD:** * Kattler, Heinrich, Gelderheber, * Lydorf, Fritz, Kraftfahrer, * Faust, Jakob, Bergmann, * Schmidt, Jakob, Bergmann, Görgen, Matthias, Bergmann, Meyer, Ernst, Bergmann, Schmidt, Wilhelm, Wirt, Kläs, Eduard, Bergmann, Ney, Nikolaus, Bergmann, Kattler, Jakob, Bergmann, Pfundt, Georg, Dreher, Klein, Fritz, Bergmann, Groß, Jakob, Bergmann, Diehl, Fritz, Bergmann, Zeitz, Fritz, Bergmann, Lydorf, Wilhelm, Bergmann

- **KP:** * Becker, Georg, erwerbslos, * Bär, Philipp, Bergmann, Groß, Wilhelm, Bergmann, Darm, Wilhelm, Bergmann, Franz, Jakob, Bergmann, Bär, Anna, Hausfrau, Faust, August, pensionierter Bergmann, Becker, Margarethe, Ehefrau, Kläs, Jakob, Bergmann

- **Bürgerpartei:** * Posth, Jakob, Bergmann, Ries, Heinrich, Maschinist, Herbricht, Oskar, Hüttenarbeiter, Krebs, Jakob, Bergmann

Etzenhofen

Ergebnisse Gemeinderatswahlen Etzenhofen

Partei	1923[176]		1926		1929	
	Stimmen	Sitze	Stimmen	Sitze	Stimmen	Sitze
Christl. Volkspartei	119	6	X		X	
Liste 1			60	3	X	
Christl. Soziale					30	1
Zentrum					67	3
Freie Arbeiterpartei			58	3	59	3
Freies Gewerkschaftskartell	28	4	X		X	
Bürgerpartei			61	4	70	3

Gewählt wurden 1923:
- Christliche Volkspartei: Alois Biesel, Jakob Latz, Friedrich Theodor Feld, Nikolaus Gebhard, Jakob Altmeyer, Johann Prinz
- Freies Gewerkschaftskartell: Ludwig Sander, Friedrich Huppert, Friedrich Diehl, Karl Krauß.

Gewählt wurden 1926:
- Liste 1: Johann Ewen, Lehrer, Ernst Huppert, Monteur, und Nikolaus Hammerschmidt, Kreisstraßenmeister
- Freie Arbeiterpartei: Wilhelm Krauß, pensionierter Bergmann und die beiden Bergleute Friedrich Diehl und Karl Krauß,
- Bürgerpartei: Johann Prinz, Ackerer, und die Bergleute Nikolaus Gebhardt, Friedrich Huppert und Georg Zeiger.

Wahlvorschläge 1929:
- Bürgerpartei, * Ewen, Johann, Lehrer, * Huppert, Friedrich, Bergmann, * Ziegler, Georg, pensionierter Bergmann, Nolte, Friedrich, Bahnhofsvorsteher, Schmidt, Johann, Bergmann, Frischmann, Fritz, pens. Bergmann, Rupp, Johann, Schlosser, Feld, August, Bergmann, Leik, Albert, Bergmann, Krauß, Ludwig, Bergmann

- Christlich-Soziale: * Rupp, Sylvester, Bergmann, Messinger, Heinrich, Bergmann, Detzler, Johann, Bergmann, Jungmann, Johann,

---

176 LA SB Dep Riegelsberg Nr.104.

Bergmann, Nalbach, Adam, Bergmann, Wernet, Josef, Bergmann, Rupp, Jakob, Bergmann

- Arbeiterpartei: * Diehl, Fritz, Bergmann, * Leinenbach, Peter, Schreiner, * Huppert, Ernst, Rohrschlosser, Speicher, Johann, Eisenbahnschlosser, Krauß, Theodor, pensionierter Bergmann, Knappe, Otto, Dreher, Kläs II, Wilhelm, Bergmann, Kläs, Fritz, Bergmann, Ackermann, August, Bergmann, Scherer, Johann Karl, Bergmann

- Zentrum: * Prinz, Johann, Landwirt, * Gebhardt, Nikolaus, pens. Bergmann, * Hammerschmidt, Nikolaus, pens. Straßenmeister, Biesel, Alois, pens. Bergmann, Altmeyer, Jakob, Bergmann, Maas, Peter, Landwirt, Kern, Wilhelm, Bergmann, Latz, Jakob, pensionierter Bergmann, Hoffmann, Johann, pensionierter Eisenbahner, Himbert, Johann, Eisenbahner

Herchenbach

Ergebnisse Gemeinderatswahlen Herchenbach

Partei	1926		1929	
	Stimmen	Sitze	Stimmen	Sitze
Nur 1 Liste	81	10		
Zentrum			84	5
Arbeiterpartei			34	2
Bürgerpartei			48	3

1926 war nur eine einzige Liste aufgestellt worden.

Wahlvorschläge 1929
- Zentrum: * Feld, Johann, pens. Bergmann, * Maas, Johann, Bergmann, * Blug, Jakob, Bergmann, * Feld, Benedikt, Landwirt, * Altmeyer, Johann, Kriegsbeschädigter, Folz, Johann, Hüttenarbeiter, Hoffmann, Alois, Bergmann, Himbert, Peter, Bergmann, Folz, Alois, Bergmann, Kurtz, Karl, Lehrer

- Arbeiterpartei: * Philippi, Heinrich, Bergmann, * Blug, Johann, Bergmann, Speicher, Karl, Bergmann, Folz, Ferdinand, Bergmann,

Hein, Franz, Bergmann, Trauden, Jakob, Bergmann, Weiland, Hermann, Bergmann

- Bürgerpartei: * Michler, Friedrich, Landwirt, * Schampel, Anton,[177] Landwirt, * Krebs, Oskar, Hüttenarbeiter, Groß, Karl, Bergmann, Kreutzberger, Karl, Bergmann, Diehl, Peter, pens. Bergmann, Zeitz, Heinrich, pens. Bergmann, Klein, Wilhelm, Bergmann, Große, Georg, Landwirt, Klein-Schäfer, Theodor, Landwirt

Kölln

Ergebnisse Gemeinderatswahlen **Kölln**

Partei	1926		1929	
	Stimmen	Sitze	Stimmen	Sitze
Bürgerpartei	58	2	134	5
Zentrum	148	6	172	7
Ev. Bürgerpartei	62	2		

Wahlvorschläge 1929
- Bürgerpartei: * Gebhard, Friedrich, Hauptlehrer, * Dörr, Johann, Bergmann, * Görgen, Jakob, Bergmann, * Rupp, Gustav, Gastwirt, * Kreutzberger, Wilhelm, Bergmann, Groß, Wilhelm, Maschinist, Klein, Josef, Eisenbahner, Groß, Nikolaus, pens. Bergmann, Lydorf, Fritz, Hüttenarbeiter, Wenzel, Nikolaus, pens. Bergmann, Forster, Philipp, Maschinist, Kreutzberger, Ludwig, Bergmann

Zentrum: * Feld-Löw, Jakob, Landwirt, * Stuppi, Peter, pens. Bergmann , * Schikofsky-Neu, Jakob, pens. Bergmann, * Leinenbach, Jakob, Bäckermeister, * Mohm, Georg, pens. Bergmann, * Gemmel, August, Bergmann, * Feld-Groß, Kaufmann, Altmeyer, Nikolaus, Bergmann, Kiefer, Peter, Bergmann, Altmeyer, Peter, Bahnassistent, Schikofsky, Nikolaus, Bergmann, Steimer, Johann, Bergmann

---

177 In der Bekanntmachung des Wahlergebnisses (Saarbrücker Kreisblatt 1929, S. 169) wird sein richtiger Vornamen Agaton genannt

Rittenhofen

Ergebnisse Gemeinderatswahlen Rittenhofen

Partei	1926		1929	
	Stimmen	Sitze	Stimmen	Sitze
Zentrum	72	5		
Liste 2	85	5		
Bürgerpartei			172	10

Einziger Wahlvorschlag 1929: (Bürgerpartei)
* Arweiler, Johann, Bergmann, * Müller-Himbert, Jakob (ohne Berufsangabe), * Derr, Peter, Ackerer , * Himbert, Baptist, Bergmann, * Jungmann, Johann, Bergmann , * Müller-Folz, Jakob, Ackerer, * Rupp, Jakob, pens. Bergmann , * Philippi, Michel, Bergmann, * Albert-Altmeyer, Alois, Hüttenarbeiter , * Detzler, Johann, pens. Bergmann

Sellerbach

Ergebnisse Gemeinderatswahlen Sellerbach

Partei	1926		1929	
	Stimmen	Sitze	Stimmen	Sitze
Arbeiterpartei	75	3		
Bürgerpartei	230	9	99	3
SPD			19	1
Zentrum			215	6
Christl.-Soziale			75	2

Wahlvorschläge 1929

- SPD: * Görgen, Peter, Bergmann, Braun, Viktor, Bergmann, Diehl, Peter, Bergmann, Maurer, Wilhelm, Bergmann, Schmidt, Wilhelm, Bergmann, Schneider, Johann, Bergmann

- Zentrum: * Jungmann, Alois, Bergmann, * Müller, Michel, Kaufmann, * Kiefer, Josef, Schulleiter, * Schneider, Jakob, pens. Bergmann, * Philippi, Karl, Monteur,, * Müller, Wilhelm, pens. Bergmann, Weiland-Altmeyer, Johann, Bergmann , Himbert, Wilhelm, pens. Bergmann, Alt, Matthias, Bergmann , Thielen, Peter, Bergmann, Feld, Nikolaus, pens. Bergmann, Schikofsky, Josef, Bergmann

- Christlich-Soziale: * Walz, Alois, Bergmann, * Görgen, Johann, Bergmann, Heib, Nikolaus, Bergmann, Meyer-Knapp, Johann, Bergmann, Dörr, Josef, Bergmann, Wolmeringer, Adolf, Bergmann, Müller, Alois, Bergmann, Lampert, Nikolaus, Bergmann, Meier-Rech, Johann, Bergmann, Kirsch, Peter, Bergmann, Walz, Peter, Bergmann , Sander, Jakob, Bergmann

- Bürgerpartei: * Altmeyer, Nikolaus, pens. Bergmann, * Lang, Dr. med. Arzt, * Schmidt, Josef, Landwirt, Folz, Peter, Schlosser , Welbers, Heinrich, Elektriker, Haag, Fritz, Bäckermeister, Krebs, Peter, Landwirt u. pens. Bergmann, Sauer, Matthias, Bergm.u. Landwirt, Himbert-Altmeyer, Johann, Bergmann , Becker, Johann, pens. Bergmann, Himbert, Peter, Bergmann, Rech, August, pens. Bergmann

Köllerbach

Am 22.05.1932 fanden in der neu gebildeten Gemeinde Wahlen zum Gemeinderat statt.[178] Es kandidierten:

- SPD: * Kattler, Heinrich, Arbeiter, Engelfangen, *Görgen, Peter, Bergmann, Sellerbach, Kläs, Eduard, Bergmann, Kölln, Krauß, Eduard, pens. Bergmann, Etzenhofen, Görgen, Jakob, Bergmann, Rittenhofen, Schmidt, Jakob, pens. Bergmann, Engelf., Braun, Viktor, Bergmann, Sellerbach, Kläs, Wilhelm, Bergmann, Kölln, Ackermann, August, Bergmann, Etzenhofen, Jung, Wilhelm, Bergmann, Rittenhofen, Klein, Fritz, Bergmann, Engelfangen, Schmidt, Wilhelm, Bergmann, Sellerbach, Feld, Theodor, Bergmann, Etzenhofen, Meyer, Heinrich, Bergmann, Engelfangen, Bernetti, Bruno, Bergmann, Engelfangen, Diehl, Fritz, Bergmann, Engelfangen, Lydorf, Wilhelm, Bergmann, Engelfangen, Kläs, Fritz, Bergmann, Etzenhofen, Diehl, Fritz, Bergmann, Etzenhofen, Schmidt, Wilhelm, Wirt,

---

178 Bekanntmachung von Bürgermeister Ahrens vom 11.04. u. 09.05.1932 (Saarbrücker Kreisblatt 1932, S. 65f. u. 75f.).

Engelfangen, Groß, Jakob, pens. Bergmann, Engelfangen, Faust, Jakob, pens. Bergmann, Engelfangen, Ackermann, Wilhelm, pens. Bergmann, Engelfangen

- KP:[179] * Becker, Georg, Arbeiter, Engelfangen, * Faust, August, pens. Bergm., Engelfangen, * Speicher, Hans, Eisenbahner, Etzenhofen, Bär, Anna, Hausfrau, Engelfangen, Bär, Philipp, Arbeiter, Engelfangen, BAV, Groß, Wilhelm, Bergmann, Engelfangen, Rech, Peter, Arbeiter, Kölln, Darm, Karl, Metallarbeiter, Herchenbach, Darm, Wilhelm, Bergmann, Engelfangen, Becker, Margareta, Hausfrau, Engelfangen, Franz, Jakob, Bergmann, Engelfangen

- DSVP: * Posth, Jakob, pens. Bergmann, Engelfangen, Obalski, Georg, Eisenbahnassistent, Kölln, Feld, Artur, Hüttenarbeiter, Etzenhofen, Straub, Karl, Bergmann, Sellerbach, Walter, Eduard, Hüttenarbeiter, Rittenhofen, Kläs, Jakob, Bergmann, Engelfangen, Groß, Johann Nikolaus, pens. Bergm., Kölln, Frischmann, Erich, Bergm., Etzenhofen, Schneider, Otto, Arbeiter, Sellerbach, Huppert, Karl, Bergmann, Feld, August, Bergmann, Etzenhofen, Forster, Philipp, Bergmann, Kölln, Jungmann, Peter, Hüttenarbeiter, Etzenhofen, Bachmann, Rudolf, Hüttenarb., Kölln, Huppert, Friedrich, Bergmann, Etzenhofen, Maurer, Friedrich, Hüttenarbeiter, Kölln, Sander, Gustav, Bergmann, Etzenhofen

- Arbeiter- und Bauernpartei (früher Christlich-Soziale): * Rupp, Sylvester, Bergm., Etzenhofen, Altmeyer, Alois Albert, Hüttenarb., Rittenhofen, Walz, Alois, Bergmann, Sellerbach , Loew, Pankratius, Bergmann, Engelfangen, Weiland, Eugen, Bergm., Herchenbach, Walz, Peter, Bergmann, Kölln, Schönecker, August, Bergm., Engelfangen, Lambert-Forster, Johann, Bergm, Sellerbach, Stanger, Karl, Maurer, Kölln, Nalbach, Adam, Bergmann, Etzenhofen, Schneider, Johann, Bergmann, Sellerbach, Detzler, Johann – Blaß, Bergm., Engelfangen, Dörr, Johann-Knapp, Bergmann, Sellerbach, Meyer, Georg, Bergmann, Engelfangen, Wolmeringer, Adolf, Bergmann, Sellerbach, Jost, Johann, Bergmann, Engelfangen, Ney, Johann, Bergmann, Sellerbach, Wernet, Josef, Bergmann, Etzenhofen,

---

[179] Bies, Zeitz, S. 5 u. 7.

Heisel, Johann, Bergmann, Engelfangen , Heib, Nikolaus, Bergmann, Sellerbach

- Liste der Zentrumspartei: * Glessner, Peter, Bergmann, Engelfangen, * Jungmann, Alois, Bergm., Sellerbach, * Leinenbach, Jakob, Bäckermeister, Kölln, * Derr, Peter, Landwirt, Rittenhofen, * Prinz, Johann, Landwirt, Etzenhofen, * Feld, Benedikt, Landwirt, Herchenbach, * Schario, Hubert, Rektor, Rittenhofen, * Becker, Wilhelm, pens. Bergm., Engelfg., * Weiland, Johann, Bergmann, Sellerbach, * Feld-Löw, Jakob, Landwirt, Kölln, * Jungmann, Johann, Bergmann, Rittenhofen, * Messinger, Heinrich, Bergm., Etzenhofen, Detzler, Jakob, Bergmann, Engelfangen, Schikofsky, Josef, Bergm., Engelfangen, Steimer, Johann, Bergmann, Kölln, Arweiler, Johann, Bergm., Rittenhofen, Altmeyer-Kläs, Peter, pens. Bergm., Etzenhofen, Kläs, Jakob, Bergmann, Engelfangen, Himbert, Nikolaus, pens. Bergm., Herchenb., Schikofsky, Nikolaus, Bergmann, Kölln, Waschbüsch, Franz, pens. Bergm., Sellerbach Latz, Jakob, pens.Bergmann, Etzenhofen, Müller-Himbert, Jakob, pens. Bergmann, Rittenhofen

- Bürgerliche Wahlliste: * Altmeyer-Kläs, Peter, Bierverleger, Kölln, Krebs, Jakob, Bergmann, Engelfangen, * Lesch, Johann, Ackerer, Herchenbach, Schneider, Theodor, Bierverleger, Sellerb., Altmeyer, Jakob, Bergmann, Rittenhofen, Ziegler, Georg, pens. Bergmann, Etzenhofen, Rupp, Jakob, Anstreichermeister, Kölln , Schmidt, Heinrich, Chauffeur, Engelfangen, Meyer, Alois, Schmiedemeister, Sellerbach, Diehl, Fritz, Gastwirt, Herchenbach, Schlang, Nikolaus, Bergmann, Rittenhofen, Schmidt; Johann, Bergmann, Etzenhofen, Klein, Josef, Betriebsassistent, Kölln, Schmidt, Josef, Landwirt, Sellerbach, Trauden, Johann, Steinbruchbesitzer, Herchenbach, Groß, Alois, Bergmann, Rittenhofen, Jungmann, Johann, Bergmann, Etzenhofen , Rech, August, Bergmann, Kölln, Schramm, Johann, Pensionär, Engelfangen, Zeitz, Hch., pens. Bergmann, Herchenbach, Raber, Felix, Steinhauer, Sellerbach, Schmidt, Ernst, Bergmann, Rittenhofen

Ergebnis Köllerbach 22. Mai 1932:

Partei	Stimmen	Mandate
Zentrum	799	12
Arbeiter- u. Bauernpartei (früher Chr.-Soz.)	160	2
Deutsch-Saarländische Volkspartei (DSVP)	127	1
Sozialdemokraten (SPD)	169	2
KPD	207	3
Bürgerliche Wahlliste	210	3

Die NSDAP hatte wohl in Anbetracht des Ergebnisses bei den Landesratswahlen die Aufstellung einer Kandidatenliste unterlassen.
In der Gemeinde Köllerbach fanden am 13.11.1932 keine Gemeinderatswahlen statt, weil der Rat der neu gebildeten Gemeinde ja erst am 22.05. des gleichen Jahres gewählt worden war.[180]

Die Ergebnisse der Gemeinderatswahlen vermitteln einen Eindruck vom Organisationsgrad der Parteien in den einzelnen Orten unseres Untersuchungsraumes. Die klassische Parteientrias – christliche, liberale, sozialistische – ist in den 1920er Jahren nur in Püttlingen und Engelfangen anzutreffen. Selbst das Zentrum als stärkste politische Partei im Köllertal stellte nicht bei allen Kommunalwahlen in allen Orten Kandidaten auf, in Sellerbach erstmals 1929, in Rittenhofen überhaupt nicht. Die Christlich-Sozialen als mit dem Zentrum konkurrierende Partei fanden jedoch so starken Zuspruch, dass sie zur Kommunalwahl 1929 in allen Orten unseres Untersuchungsraumes nicht nur Kandidaten aufstellen, sondern auch durchbringen konnten. Dies glückte der SPD in Etzenhofen, Herchenbach, Kölln und Rittenhofen nicht, in Sellerbach erst 1929. Die KPD konnte nur in Püttlingen und Engelfangen Kandidaten nominieren. Die DSVP schaffte es in den 1920er Jahren in keinem der uns interessierenden Orte, in dem großen Püttlingen erst 1932.
Die Einschätzung der Wahlchancen durch die jeweilige Partei lässt sich an der Zahl der aufgestellten Kandidaten erkennen. Während 1929 in Sellerbach Zentrum, Christlich-Soziale und Bürgervereinigung jeweils 12 Kandidaten präsentierten, beließen es die Sozialdemokraten bei

---

180 Bekanntmachung des Wahlkommissars vom 28.09.1932 (Saarbrücker Kreisblatt 1932, S. 148f.).

6. Für die Kommunalwahl 1932 stellten Zentrum, Sozialdemokraten und Bürgerpartei 22 bzw. 23 Kandidaten auf, DSVP nur 17 und KP sogar nur 11.
Anstelle oder neben den auf Landesebene etablierten politischen Parteien traten bei den Gemeindewahlen ad hoc gebildete Interessenvertretungen auf unter unterschiedlicher Bezeichnung:
- Bürgerpartei in Engelfangen 1923 und 1929, in Etzenhofen 1926 und 1929, in Herchenbach 1929, in Kölln 1926 und 1929, in Rittenhofen 1929, in Sellerbach 1926 und 1929
- Bürgervereinigung in Püttlingen 1932
- Ev. Bürgerpartei in Kölln 1926
- Wirtschaftliche Arbeitsgemeinschaft in Püttlingen 1926 und 1929
- Arbeiterpartei in Püttlingen 1926, Etzenhofen 1926 und 1929, Herchenbach 1929, Sellerbach 1926.

Die Berufsangaben in den vollständig überlieferten Kandidatenliste der Gemeinderatswahlen 1929 liefern Material zur soziographischen Struktur des kommunalpolitisch engagierten Teiles der jeweiligen Ortsbevölkerung. In allen Orten fällt der hohe Anteil der im Bergbau Beschäftigten auf, in den einzelnen Köllertalorten aber doch in deutlich unterschiedenem Maße. In Püttlingen machten die Bergleute nur 40,2% der Kandidaten aus, in Sellerbach 80,4%, in Engelfangen 78,3%, in Etzenhofen 67,6%, in Herchenbach 66%, in Kölln 58%.

Nachstehend gebe ich eine Differenzierung der Kandidaten nach Parteien und Berufen für die Gemeinde Püttlingen für das Wahljahr 1929, für die Gemeinde Köllerbach für das Wahljahr 1932. Für die anderen Orte mag der interessierte Leser sich selbst an den Kandidatenlisten von 1929 orientieren.

Beruf		Zentrum	Christl. Soz.	DSVP	SPD	KPD	Bürgerpartei
Bergleute*)	PÜT	13(2)	28(9)	–	17	7	1
	KÖL	17(6)	18	10(2)	21(5)	4(1)	10(2)
Maschinisten	PÜT	1	1	–	1	–	–
Steiger	PÜT	–	–	–	–	–	1
Hüttenarbeiter	PÜT	1	–	–	1	2	1
	KÖL	–	1	5	–	–	–
Arbeiter**)	PÜT	–	1	–	–	7	1
	KÖL	–	–	1	1	4	1

Handwerker***)	PÜT	1	1	–	1	–	1
	KÖL	–	1	–	–	–	1
Lagerverwalter	PÜT	–	–	–	–	–	1
Gewerkschafter	PÜT	–	–	–	1	–	–
Eisenbahner	PÜT	–	–	–	2	1	–
	KÖL	–	–	–	–	1	–
Eisenbahnbeamte	PÜT	–	–	1	–	–	1
	KÖL	–	–	–	–	–	1
Verwaltgsangest.	PÜT	1	–	–	1	–	–
Lehrer	PÜT	1	–	–	–	–	–
	KÖL	1	–	–	–	–	–
andere Beamte	PÜT	1	–	–	1	–	–
	KÖL	1	–	–	–	–	1
Landwirte	PÜT	4	–	–	–	–	–
	KÖL	4	–	–	–	–	2
Handwerksmeister	PÜT	–	–	–	1	2	6
	KÖL	1	–	–	–	–	–
Kaufmann	PÜT	1	–	–	–	1	7
andere Selbständige	PÜT	1	–	–	–	1	4
	KÖL	–	–	–	1	–	–
Kriegsbeschädigte	PÜT	1	–	–	–	2	–
Pensionäre ****)	PÜT	4	–	–	4	2	5
	KÖL	–	–	–	–	–	1
Hausfrauen	PÜT	–	–	–	–	3	–
	KÖL	–	–	–	–	2	–

*) Die in ( ) gesetzte Zahl gibt den Anteil pensionierter Bergleute an
**) So die Bezeichnung in den Listen
***) Zusammenfassung verschiedener Berufsbezeichnungen von mir (Maurer, Schlosser, Schneider usw.)
****) ohne Angabe des ehem. Berufs, pensionierte Bergleute sind bei der Berufssparte in ( ) gesetzt.

Anteil von Frauen am politischen Leben

Frauen beteiligten sich in den zwanziger Jahren sehr selten am politischen Leben, obwohl das neue Wahlrecht ihnen die Wahlberechtigung gebracht hatte. Alle Parteien bemühten sich, die Frauen zur

Ausübung ihres neu erworbenen Rechtes zu motivieren. Dem Bürgermeister von Sellerbach fiel dabei besonders das Engagement der Geistlichen auf.[181] Wie hoch die Wahlbeteiligung der Frauen war, lässt sich den erhalten gebliebenen Quellen nicht entnehmen. In Parteiversammlungen waren sie kaum anzutreffen. Dafür einige Beispiele:[182]

- KPD-Versammlungen:
  15.03.1923 Ritterstraße, Saal Strauß 44 Personen, darunter 4 Frauen
  08.02.1925 Püttlingen, Arbeiterheim 150 Personen, darunter 4 Frauen
  20.06.1925 Püttlingen, Arbeiterheim 80 Personen, 1 Frau
  30.08.1925 Püttlingen, Wirtschaft Johann Schmitt 26 Personen, 1 Frau
  06.06. 1926 Ebenda 32 Personen, 1 Frau
  20.03. 1927 Püttlingen etwa 300 Personen, darunter 30 Frauen

- RFB-Versammlung
  23.07.1931 Altenkessel, Saal Weber, 68 Personen, darunter 5 Frauen

- SPD-Versammlungen
  07.07.1925 Püttlingen, 80 Personen, darunter 10 Frauen
  08.11.1925 Püttlingen, 90-100 Personen, keine Frauen
  23.11.1925 Püttlingen, Gastwirtschaft Straus, 60 Personen, keine Frauen
  06.11.1932 Ritterstraße, 180-200 Personen, darunter ca. 25 Frauen
  15.11.1932 Püttlingen, 80 Personen, davon 10 Frauen.[183]
  29.11.1925 Püttlingen, Saal Pabst-Roth, 500 Personen, darunter 10 Frauen.

- Versammlung des Bergarbeiterverbandes (BAV) am 06.07.1926 in Püttlingen 80 Personen, 10 Frauen.
- Versammlung der Internationalen Proletarischen Gewerkschaftsfront am 20.03.1927, Püttlingen, 300 Personen, darunter 30 Frauen (vgl. S. 167).

---

181 Herrmann, in: Ortschronik Riegelsberg, S. 168.
182 Die Zahlen sind Berichten von Polizeibeamten entnommen (LA SB LRA SB Nr. 305).
183 Dostert nach Bericht von Oberlandjäger Birkelbach.

- Versammlung des Gewerkvereins Christlicher Bergleute am 16.10.1929, Püttlingen, *neben 600 Bergarbeitern viele Frauen anwesend*[184].
- Versammlung der Christlich-Sozialen am 01.10.1928, Püttlingen, Saal Pabst ca. 60 Personen, darunter 2 Frauen.
- Versammlung der NSDAP am 08.07.1932, Püttlingen, Saal Eckle 180 Personen, darunter 4 Frauen.

Es versteht sich, dass von Funktionären über das mangelnde Interesse der Frauen geklagt wurde.[185]

Die von SPD, KPD und Gewerkschaften organisierten Maiumzüge sprachen mehr an, sie hatten mitunter den Charakter gemeinsamer Familienausflüge (vgl. S. 199 ff.).

Dem erkennbar geringen Interesse entspricht das fast völlige Fehlen von Frauen in den Kandidatenlisten bei den Wahlen, nur die KPD stellte einige wenige Frauen auf. Für den Gemeinderat Engelfangen kandidierten 1920 und 1929 und dann 1932 für den Rat der neu gebildeten Gemeinde Köllerbach die beiden *Hausfrauen* Anna Bär und Margarethe Becker. Gewählt wurden sie ebenso wenig wie die 1929 in Püttlingen ebenfalls von der KPD nominierten Maria Burger, Helene Mörsdorf und Johanna Welsch.[186] Für ein Mandat reichte bei keiner die Zahl der für sie abgegebenen Stimmen. Die Politik blieb Domäne der Männer.

Aufsehen dürfte erregt haben, dass im Januar 1931 Emma Darm zur stellvertretenden Vorsitzenden des SPD-Ortsvereins Engelfangen gewählt wurde.[187]

Bei der SPD treffen wir 1927 zwei Frauen als Leiterinnen der Ortsgruppen der Arbeiterwohlfahrt, nämlich Frau Kurtz in Püttlingen und Frau Gräsel in Ritterstraße. In der Arbeitersamaritergruppe Püttlingen betrug der Frauenanteil 1928 immerhin ein Sechstel (4 von 23).

Auch an der Spitze der kommunistischen Roten Hilfe in Püttlingen stand eine Frau, Elise Scharl, die Gattin des Kassierers der KP-Ortsgruppe.

Im Vergleich mit den bürgerlichen Parteien ist zu bedenken, dass ihre

---

184 Völklinger Nachrichten vom 19.10. 1927.
185 Z.B. in der SPD-Versammlung in Püttlingen am 07.07.1924 (ebenda).
186 Vgl. die Listen in diesem Band auf S. 135–155.
187 Hans Joachim Kühn, in: 75 Jahre Ortsverein Engelfangen, S. 31, Roswitha Gilcher, Astrid Schwamm, ebenda, S. 69.

in der karitativen/diakonischen Arbeit engagierten Mitglieder nicht parteipolitisch, sondern konfessionell organisiert waren, im katholischen Bereich vornehmlich, aber nicht nur in der Pfarr-Caritas, im evangelischen in den Gruppen der Frauenhilfe.

Größere Interessenverbände

Neben den vorgestellten politischen Parteien bestanden im Saargebiet mehr oder weniger straff organisierte Interessengruppen, die spezifische wirtschaftliche oder soziale Belange bestimmter Gruppen vertraten. Daneben bestanden Gruppierungen, die unter deutlicher Akzentuierung der nationalen Frage um Mitglieder und Sympathisanten warben, einmal der weit rechts stehende »Bund der Frontsoldaten«, kurz »Stahlhelm« genannt, dann der »Saarbund« als bewusst das Saarstatut des Versailler Vertrages bejahende Organisation.

Arbeitnehmerorganisationen (Gewerkschaften)

Die gewerkschaftliche Organisation der Arbeitnehmer der Saargebietszeit unterscheidet sich deutlich von der Vorkriegszeit, stimmt aber im Grobraster mit der Organisation im Reich überein. Nebeneinander bestanden der Allgemeine Deutsche Gewerkschaftsbund (ADGB) als Dachverband der sozialistisch ausgerichteten »Freien« Gewerkschaften, der Deutsche Gewerkschaftsbund mit den christlichen Berufsverbänden und der Deutsche Gewerkschaftsring der Hirsch-Dunker'schen Richtung, der sowohl im Saargebiet als auch im Reich an Mitgliederzahl und politischem Gewicht deutlich hinter den beiden anderen Gewerkschaftsbünden rangierte. Nach dem Umbruch von 1918 wuchsen die freien Gewerkschaften kräftig an und überrundeten anfangs die christlichen Parallelorganisationen, die aber nicht zuletzt durch die Beseitigung des bisherigen Dualismus von Christlichen Gewerkschaften und katholischen Fachvereinen bald wieder an Mitgliederzahl mit den freien Gewerkschaften gleichzogen.
Ein saarländisches Spezifikum waren die dem Saarbund nahestehenden »Unabhängigen Gewerkschaften«.

Für den Untersuchungsraum Püttlingen sind vornehmlich die Organisationen der Bergleute und der Metallarbeiter von Interesse.

Christliche Gewerkschaften
Die Anfänge einer größeren Arbeiterbewegung lagen an der Saar in den katholischen Arbeitervereinen und den Christlichen Gewerkvereinen, nicht bei den freien Gewerkschaften. Püttlingen gehört mit Altenkessel, Kölln und Dudweiler zu den Orten, in denen der Gewerkverein Christlicher Bergarbeiter (GCB) 1904 seine ersten Zahlstellen gründete,[188] und zwar in Püttlingen am 01.05. und in Kölln am 16.06. In Ritterstraße wurde eine eigene Zahlstelle erst 1917 eingerichtet.[189] Bald nach Kriegsende erfolgte im christlichen Lager eine Fusion: Die katholischen Arbeitervereine der Berliner Richtung, bisher streng konfessionell in die kirchliche Hierarchie eingebunden, gingen mit Wirkung zum 01.01.1920 in den Christlichen Gewerkschaften auf, zu denen sie in der Vergangenheit öfter in gespanntem Verhältnis gestanden hatten. Gegen Kriegsende (1917/18) waren im Saarrevier der Gewerkverein Christlicher Bergarbeiter (GCB) und der freigewerkschaftliche Bergarbeiterverband (BAV) mit etwa je 17.000 Mitgliedern gleich stark. Um 1920 hatte der BAV mit fast 41.000 Mitgliedern den Gewerkverein (ca. 29.000) kräftig überrundet. Für unseren Betrachtsraum liegen Zahlen vom März 1922 vor. Demnach hatten die GCB-Zahlstelle Püttlingen 1.050, Ritterstraße 70 und Kölln 292, insgesamt also 1.412 Mitglieder, die BAV-Zahlstelle Püttlingen 900, Ritterstraße 130, Kölln 150 und Sellerbach 70; insgesamt 1.250. Auf Landesebene wird ein Mitgliederschwund beim BAV konstatiert, ausgelöst vornehmlich durch zwei Faktoren, nämlich Ausbleiben finanzieller Vorteile und Reaktion der katholischen Kirche. Sie wirkte mit allen Mitteln der in der frühen Nachkriegszeit zu beobachtenden Abkehr der Arbeiterschaft entgegen, ergriff dabei auch Zwangsmaßnahmen, wie die Androhung der Verweigerung der Absolution von Mitgliedern der freien Gewerkschaften oder der massiven Einwirkung auf Arbeiterfrauen. Sie wurden, sogar im Beichtstuhl, aufgefordert, ihren Männern die ehelichen Pflichten solange zu verweigern, bis diese

---

188 Mallmann/Steffens, Lohn der Mühen, S. 102.
189 Nachweis der Vereine von 1922 (LA SB LRA SB Nr. 420, S. 211f. u. 263f.).

ihre politische Tätigkeit im sozialistischen Lager aufgegeben hätten. In Püttlingen sollen solche Maßnahmen dem BAV einen Verlust von 300 Mitgliedern gebracht haben.[190] Dank der massiven Unterstützung durch den katholischen Klerus lag 1928 der GCB mit 35.000 Mitgliedern um 10.000 vor dem BAV und stellte die stärkste Arbeiterorganisation im Saargebiet dar.
BAV-Zahlstelle Püttlingen: Vorsitzende 1922 Georg Hirschmann, 1925 Peter Konrad
Vorsitzender der Zahlstelle Ritterstraße: 1922 Johann Wollmeringer
Vorsitzender der Zahlstelle Kölln: 1922 Peter Altmeyer.[191]

Der Christliche Metallarbeiterverband (CMV) als zweitstärkste Christliche Gewerkschaft im Saarrevier hatte mit größeren Schwierigkeiten zu kämpfen, erreichte nie mehr als rund 17.000 Mitglieder und konnte nicht eine dem freigewerkschaftlichen Pendant entsprechende Stellung erringen. Seine Zahlstelle in Püttlingen war 1917 eingerichtet worden[192].
Die elf christlichen Verbände bildeten gemeinsam mit den konfessionsneutralen Berufsverbänden der Bediensteten von Verkehr, Bahn und Post und den Angestelltenverbänden – soweit sie nicht der Hirsch-Dunkerschen Richtung angehörten – den Deutschen Gewerkschaftsbund (DGB). Sein Landesausschuss für das Saargebiet wurde geführt von Karl Hillebrand, Habedank, Noll und Franz.
Die Christlichen Gewerkschaften betrachteten sich nach Abtrennung des Saargebiets weiterhin als Teil der deutschen Zentralverbände. Vom nationalpolitischen Blickpunkt her interessiert besonders, dass in dem Forderungskatalog des Gewerkvereins der Christlichen Bergarbeiter der Saar an die Grubenverwaltung außer sozialpolitischen Themen auch *Achtung der Liebe und Anhänglichkeit der Bergleute zum angestammten Vaterland* enthalten war. Diese Komponente blieb während der gesamten Saargebietszeit erhalten und führte dazu, dass der Gewerkverein sich aus nationalen Gründen und wegen der Solidarität

---

190 Mallmann/Steffens, Lohn der Mühen, S. 183.
191 Nachweis der Vereine (LA SB LRA Nr. 420, S. 251f., 259f. u. 263f.) u- Bericht über Versammlung vom 28.05.25 (ebenda Nr. 305).
192 Nachweis der Vereine (LA SB LRA SB Nr. 420, S 259f.).

mit den übrigen Bevölkerungsgruppen gegen eine Frankenentlohnung im Bergbau aussprach.[193]

Zwischen den christlichen Gewerkschaften und der Zentrumspartei bestanden personelle Verflechtungen auf verschiedenen Ebenen. Der ehemalige Bergmann und Sekretär des Christlichen Gewerkvereins Bartholomäus Koßmann war vor dem Krieg Zentrumsabgeordneter im Deutschen Reichstag gewesen, nach dem Krieg Mitglied kurz im Preußischen Landtag, 1922 dann im saarländischen Landesrat, bis er 1924 Mitglied der Regierungskommission wurde. Fritz Kuhnen[194], Leiter des saarländischen Bezirks der Christlichen Gewerkschaften, gehörte seit 1930 als Zentrumsabgeordneter dem Reichstag an, der Bergarbeitersekretär Karl Hillenbrand der gleichen Partei im preußischen Landtag. Repräsentant des rechten nationalen Flügels war der Bergarbeitersekretär und DBG-Funktionär Peter Kiefer. Eine parteipolitische Ausnahme machte der Bezirksleiter des Christlichen Metallarbeiterverbandes Otto Pick. Als Protestant gehörte er nicht dem Zentrum, sondern zunächst der linksliberalen Deutschen Demokratischen Partei, dann der Deutsch-Saarländischen Volkspartei an.[195]

»Freie« Gewerkschaften
Die sozialistischen oder »freien Gewerkschaften« hatten in der Vorkriegszeit im Saarrevier nur geringen Anhang besessen. Im Nachweis der Vereine der Bürgermeisterei Püttlingen aus dem Jahr 1922 wird angegeben, dass der Verband der Bergarbeiter (BAV) seit 1889 bestehe. Dies ist aber wohl nicht im Sinne einer kontinuierlichen Vereinsexistenz zu verstehen, sondern eher als traditionsbewusste Anknüpfung an eine damals entstandene Ortsgruppe des Rechsschutzvereins.[196] Immerhin gehört Püttlingen zu den wenigen Orten des Saarreviers, in denen im Mai 1905 schon Mitglieder des Bergarbeiterverbandes (BAV) wohnten. Sie waren zunächst als Zeitungsabonnenten geführt worden, um die Anmeldepflicht zu umgehen. Erst nach Inkrafttreten

---

193 Zitiert nach Zenner, Parteien u. Politik, S. 164f.
194 Biographie bei Mallmann/Paul, Das zersplitterte Nein, S. 149-155.
195 Zur Mühlen, Schlagt Hitler, S. 64-67.
196 Vgl. dazu Klaus-Michael Mallmann, Die Anfänge der Bergarbeiterbewegung an der Saar (1848-1904), Saarbrücken 1981, mit zahlreichen Hinweisen auf Püttlingen.

des neuen Reichsvereinsgesetzes im Mai 1908 waren ihnen Mitgliedsbücher ausgestellt worden.[197]
Bezirksleiter des BAV, mitunter »Alter Verband« genannt, war Julius Schwarz, der gleichzeitig stellvertretender Vorsitzender des SPD-Unterbezirks Saar war. Der Rückgang der Mitgliederzahlen wurde schon angesprochen. Sie sanken von 41.000 im Jahr 1920 auf 18.652 in 1931.[198]
Neben der Zahlstelle Püttlingen waren solche 1917 in Neudorf und Ritterstraße, 1918 in Sellerbach und 1920 in Kölln eingerichtet worden.[199]
Zahlstelle Püttlingen, Vorsitzende: 1922 Jakob Schackmann, dann Johann Müller-Prüm, (geb. 08.04.1878), er arbeitete hauptberuflich als Gewerkschaftssekretär in Saarbrücken, ab 1926 Georg Altmeyer, zuletzt Peter Mayer (geb. 06.05.1886) SPD, Kassierer war Wilhelm Blank (geb. 20.06.1880) SPD, weitere Vorstandsmitglieder Johann Altmeyer (geb. 16.04.1895) und Paul Baldauf (geb. 20.04.1901), beide SPD. Ein langjähriges Mitglied (seit 1912) war Jakob Nalbach.
Zahlstelle Ritterstraße: Vorsitzender Oskar Messinger, 1922 Wilhelm Warken, zuletzt Ernst Peter (geb. 30.06.1892). Kassierer war Arthur Mathis (geb. 30.12.1904), beide SPD.
Zahlstelle Kölln: 1922 Vorsitzender Heinrich Kattler.
Zahlstelle Sellerbach: zunächst Johann Goergen, dann seit 1922 Matthias Görgen.
Zahlstelle Engelfangen: Vorsitzender war längere Zeit Jakob Faust (SPD).
1932 wurden die Zahlstellen Engelfangen und Sellerbach zur Zahlstelle Köllerbach zusammengelegt, Görgen blieb Leiter bis 1935,[200] Kassierer Bruno Bernetti, später Wilhelm Lydorf (SPD).
Bezirksjugendleiter war seit 1924 Valentin Baldauf (geb. 23.06.1905), SPD.
Treffpunkt der Freien Gewerkschaften war das Arbeiterheim/später Volkshaus in Püttlingen, dort hielt vor der Abstimmung Gewerkschaftssekretär Johann Dreher jeweils sonntags Sprechstunden ab.[201]

---

197 Mallmann/Steffens, Lohn der Mühen, S. 101.
198 Zenner, Parteien und Politik, S. 182f.
199 Nachweis der Vereine (LA SB LRA SB Nr. 420, S. 211f., 263-265).
200 Volksstimme Nr. 287 vom 09.12.1932 u. Nr. 285 vom 15.12.1934.
201 Interview mit Maria Altmeyer.

Der Bezirk Saar des Deutschen Metallarbeiterverbandes wurde geleitet von Max Bock. Von den mehr als 30.000 Mitgliedern waren am Vorabend der Weltwirtschaftskrise noch 7.646 übrig geblieben, sie schmolzen bis 1932 auf 4.437 zusammen.[202] Nutznießer des Auszehrungsprozesses waren auch hier die Christlichen Gewerkschaften.
Neben dem Bergarbeiterverband (BAV) und dem Deutschen Metallarbeiterverband (DMV) bestanden 10 weitere freigewerkschaftliche Organisationen für Bauarbeiter, Nahrungs- und Getränkearbeiter, Werkmeister, Fabrikarbeiter, Maschinisten und Heizer, Eisenbahner und Transportarbeiter, Holzarbeiter, Arbeitnehmer der öffentlichen Betriebe und des Warenverkehrs, die aber nur wenige Mitglieder aus der Bevölkerung des Köllertales hatten, mit zwei Ausnahmen, nämlich die Maschinisten und Heizer und das Personal der Straßenbahn Heusweiler-Saarbrücken.
Die freigewerkschaftlichen Verbände waren im Allgemeinen Deutschen Gewerkschaftsbund (ADGB) zusammengeschlossen und zählten im Saargebiet Ende der zwanziger Jahre etwa 80.000 Mitglieder. Im Streikjahr 1923 wurde der Bezirk Saar von Wilhelm Kimmritz geleitet. Im Köllertal bildeten die Freien Gewerkschaften schon im September 1919 ein Kartell unter Vorsitz des Bergmanns Johann Meyer vom Hixberg. Ihm gehörten an:
- der BAV mit Zahlstellen[203] in Püttlingen, Ritterstraße, Güchenbach, Buchenschachen, Pflugscheid,[204] Hilschbach, Engelfangen, Sellerbach,
- der Deutsche Metallarbeiterverband Ortsgruppe Güchenbach mit den Zahlstellen Riegelsberg und Von der Heydt,
- der Deutsche Transportarbeiterverband, Abteilung Straßenbahner, Ortsverwaltung Güchenbach.[205]

---

202 Paul/Mallmann, Milieus und Widerstand, S. 187.
203 Meldung der ehemals der SPD angehörigen Gewerkschaftsfunktionäre im September 1935 durch die beiden Bürgermeister an Saarbrücker Landrat (LA SB LRA SB Nr. 332).
204 Besteht noch 1932 (ebenda Nr. 308).
205 Zu den Vorläuferorganisationen der ÖTV wie Deutscher Transportarbeiterverband, Deutscher Verkehrsverbund, Verband der Gemeinde- und Staatsarbeiter, die sich im Reich zum 01.01.1930 zu dem Gesamtverband der Arbeitnehmer der öffentlichen Betriebe und des Personen- und Warenverkehrs zusammenschlossen, vgl. Heinz, Geschichte ÖTV, S. 25ff.

Revolutionäre Gewerkschaftsorganisation (RGO)
Die kommunistische Gewerkschaftspolitik war zunächst auf die Bildung eigener Verbände ausgerichtet. Peter Heinrich Bettendorf (geb. 03.06.1890), Bergmann auf Grube Viktoria, der von einer Mitgliedschaft 1918/19 spricht, könnte Mitglied in einer dieser frühen kurzlebigen Organisationen gewesen sein. Sie wurden schon bald aufgelöst zugunsten des Versuches, in den bestehenden freigewerkschaftlichen Verbänden Einfluss durch den fraktionellen Zusammenschluss der KP-Mitglieder zu erreichen, doch blieben die Schlüsselpositionen in Hand der Sozialdemokraten. Im Jahr 1927 ersetzte eine Doppelstrategie den bisherigen Kurs. Die kommunistischen Basisgruppen innerhalb der freien Gewerkschaftsverbände sollten bestehen bleiben, ihre Zahl nach Möglichkeit vermehrt werden, zum anderen aber wurde die Erfassung der gewerkschaftlich noch nicht Organisierten in eigenen kommunistischen Gewerkschaftsverbänden angegangen. Eintreten in die RGO konnte jeder Arbeiter, der das Programm anerkannte, auch Erwerbslose, KP-Mitgliedschaft war nicht Vorbedingung. Kleinste Organisationseinheit war die Betriebsgruppe und die Stempelgruppe (für Arbeitslose), die zusammen eine RGO-Ortsgruppe bildeten.

Über die Betätigung der RGO im Saargebiet wurden bisher nur wenige Quellen bekannt und ausgewertet. Am 20.03.1927 veranstaltete die KP in zahlreichen saarländischen Orten Kundgebungen der internationalen proletarischen Gewerkschaftsfront. Der aktive KP-Mann Schorr organisierte die Veranstaltung in Püttlingen, zu der etwa 300 Personen, darunter 30 Frauen, gekommen waren. Der Bericht erstattende Polizist charakterisierte die Ausführungen der verschiedenen Redner – der Kommunist Birang aus Straßburg, Fuchs aus dem Ruhrgebiet, ein nicht namentlich genannter Jugoslawe, der Reichstagsabgeordnete Höllein und Belken aus Lothringen – als *Kampfansage gegen Sozialdemokratie und Kapitalismus*. Er schloss seinen Bericht mit den Worten *Die Mehrzahl der Versammlungsteilnehmer bestand aus Neugierigen, welches sich besonders beim Absingen der Internationale unterschied. Beim Singen derselben, welche stehend erfolgte, verliessen bis auf 50 Personen den Saal*[206]. Das Gewicht der RGO ließe

---

206 Ebenda Nr. 306. Die »Internationale« war das damals bevorzugte und daher gut bekannte Kampflied der sozialistischen Arbeiterbewegung, gedichtet 1871 von dem Franzosen Eugène Pottier (1871), deutsche Nachdichtung von Emil Luckhardt.

sich aus dem prozentualen Anteil ihrer Mitglieder in den Arbeiterausschüssen ermitteln, 1930/31 waren dies im BAV nur 3,3%. Große Erfolge konnte die kommunistische Gewerkschaftsarbeit hierzulande also nicht vorweisen. Die RGO wurde im Mai 1933 durch die Regierungskommission verboten, bestand aber illegal fort.[207]
Innerhalb der RGO bestanden die »roten Verbände«, von denen im Saargebiet nur drei in Erscheinung traten. Den RGO-Verband der Bergarbeiter hatte Wilhelm Frisch[208] gebildet, er war auch dessen Vorsitzender. Daneben sind nachgewiesen der »Einheitsverband für das Baugewerbe« und der »Verband der Eisenbahner«. Patrick von zur Mühlen konnte noch nicht ermitteln, seit wann sie existierten. Für den »Einheitsverband der Bergarbeiter Deutschlands, Bezirk Saargebiet« fand ich einen Existenznachweis vom Herbst 1931. Am 25.10. referierte Peter Backes auf einer Versammlung im Kaisersaal in Püttlingen[209]. Im kommenden Frühjahr wurden die Aktivitäten verstärkt durch die Abhaltung von *Schulungsabenden*[210], u.a. am 15.02.1932 in Riegelsberg im Gasthaus Volz, dazu sollten auch die *BAV-Kameraden und die Christlichen* eingeladen werden.
Die Regierungskommission verfügte am 07.06.1933 die Auflösung der RGO.[211]

Die Unabhängigen Gewerkschaften

Das Attribut *unabhängig* sollte eine Arbeiterorganisation kennzeichnen, die sich ihre Entscheidungen und Stellungnahmen nicht von einer außerhalb des Saargebiets sitzenden Zentrale vorschreiben lassen wollte, im Gegensatz zu den als *nationalistisch* bezeichneten reichstreuen Gewerkschaften. Politisch lagen die »Unabhängigen« auf der Linie des Saarbundes. Ende 1920 war der »Saar-Eisenbahner-Verband« gegründet worden, zwei Jahre später der von dem Steiger

---

207 Zur Mühlen, Schlagt Hitler, S. 56-59, Paul/Mallmann, Milieus u. Widerstand, S. 345f.
208 Geboren am 29.03.1891 in Wemmetsweiler, emigrierte im Frühjahr 1935 nach Forbach, arbeitete dort als Kontaktmann des ZK für das Saargebiet, am 28.08.1940 in St. Dizier (Dép. Marne) verhaftet, hingerichtet durch den Strang am 20.10.1940 (Mallmann/Paul; Das zersplitterte Nein, S. 74-81, Zur Mühlen, Schlagt Hitler, S. 51, 57, 260).
209 Anmeldung bei Landrat Saarbrücken (LA SB LRA SB Nr. 309).
210 LA SB LRA SB Nr. 309.
211 Amtsblatt des Saargebiets 1933, S. 219.

Eckel aus Püttlingen geführte »Saarverband der Fahrhauer«[212]. Noch vor Beginn des großen Bergarbeiterstreiks wurde von der Existenz des »Verbands der Bergarbeiter« berichtet, der dann im »Verband der Saarbergleute« aufging. Er und der »Saarzentralverband der Bergbauangestellten«[213] waren die beiden wichtigsten frankophil eingestellten Gewerkschaften, ihre Entstehung steht in engem Zusammenhang mit dem großen Bergarbeiterstreik, insofern ihre Initiatoren die Bergleute zum Abbruch des Arbeitskampfes und zur Wiederaufnahme der Arbeit aufforderten. Am 22.04.1923 fand die erste Versammlung des »Saarzentralverbandes der Bergbauangestellten und -beamten« statt. Es wurde beschlossen entsprechend der Organisation der *Mines Domaniales* drei Inspektionsgruppen zu bilden: Neunkirchen, Sulzbach und Völklingen, zur letzten gehörten die Inspektionen Luisenthal und v.d.Heydt, also die beiden Steinkohlenbergwerke, in denen die meisten der im Köllertal wohnenden Bergleute arbeiteten. Mitglieder konnten Angestellte der *Mines Domaniales*, Beamte der Bergrevierämter und Bergschüler werden. Auf einer Delegiertenversammlung am 13.05.1923 waren 81 Vertreter der Ortsgruppen anwesend.

Neben den Saarzentralverband der Bergbauangestellten trat Mitte 1923 der »Saarzentralverband der technischen und Bürogehilfen«[214] mit Unterabteilungen für Fahrhauer, Fördermaschinisten, Grubenwächter, Bürogehilfen und Büroarbeiter. Er scheint sich mehrheitlich aus Fahrhauern rekrutiert zu haben. Eine rege Tätigkeit entfalteten die beiden Saarzentralverbände nicht. Ende des Jahres 1924 ergab sich Mitgliederzuwachs durch den Eintritt von *Micum*-Angestellten, Männer, die während des Ruhrkampfes bei der internationalen Verwaltungskommission des besetzten Ruhrgebiets (*Mission interalliée de contrôle des usines et des mines*) beschäftigt gewesen waren, nach dem Rückzug der Alliierten aus dem Ruhrgebiet dort nicht nur arbeitslos wurden, sondern wegen mangelnder nationaler und sozialer Solidarität mit den Streikenden angefeindet und bedroht wurden. Zum Teil kamen sie bei der französischen Saargrubenverwaltung unter. Von einem dieser *Micum*-Angestellten, Josef Ackermann, soll

---

212 Lempert, »Das Saarland den Saarländern«, S. 150f.
213 Ebenda, S. 154f.
214 Ebenda, S. 155-163.

der Anstoß zur Umbenennung in »Berufsverband der saarländischen Bergbauangestellten« (abgekürzt Bedsab) gekommen sein. In den Statuten vom 05.07.1925 hieß es: *Der Verband sammelt seine Mitglieder unter dem Banner strenger parteipolitischer und religiöser Neutralität. Als parteipolitisch neutral steht der Verband insbesondere den Bestrebungen ferne, welche sich für den Verbleib oder Abtrennung des Saarlandes vom übrigen Preußen oder Deutschland einsetzen.* Er grenzte sich damit bewusst vom Programm des Saarbundes ab; aber die postulierte Neutralität in der Frage Verbleib beim Reich oder Abtrennung entsprach nicht der Mehrheit der Bevölkerung und stand in krassem Gegensatz zu den Programmen aller anderen Parteien im Saargebiet und der Christlichen und der Freien Gewerkschaften. Es ist bemerkenswert, dass dem neunköpfigen Vorstand drei Steiger aus Püttlingen angehörten: der Maschinensteiger Julius Müller als 2. Schriftführer, der Fahrhauer Georg Altmeyer als 2. Kassierer und der Steiger Adolf Römer als einer der drei Beisitzer. Der Büroangestellte Rudolf Baltes aus Püttlingen fungierte als einer der drei Kassenrevisoren. Detaillierte Angaben über die Zahl der Ortsgruppen und deren Mitgliederstärke liegen erst für Anfang 1933 vor. Da war die Zahl der Verbandsmitglieder auf Grube Viktoria von 17 auf 3 gesunken, weil im Gegensatz zu anderen Gruben die örtliche Bergwerksleitung Verbandsmitglieder bei der Vergabe von Wohnungen und gut bezahlten Arbeitsstellen wider alle Erwartungen nicht bevorzugt hatte. Für Ende November 1934 wurde die Zahl der Bedsab-Anhänger mit 350 angegeben. Mehrheitlich waren sie bei der Volksabstimmung nicht stimmberechtigt, weil die Micum-Leute erst nach 1923 ins Saargebiet zugezogen waren.

Der Saarzentralverband der Bergarbeiter hatte sich im Februar 1923 gleich bei Beginn des Bergarbeiterstreiks mit einem Aufruf von fünf Vorstandsmitgliedern, darunter auch Altmeyer/Püttlingen, gegen den Arbeitskampf gewendet. Zwar hielt auch er angesichts der gestiegenen Lebenshaltungskosten eine Lohnerhöhung für notwendig, doch sollte sie durch Verhandlungen und nicht durch einen Streik, der sich in erster Linie als Demonstration gegen die französische Politik an Rhein und Ruhr richtete, erreicht werden. Drei führende Mitglieder des Saarbundes, darunter Eckel aus Püttlingen, machten Propaganda für den Saarzentralverband, der sich selbst als Berufssektion des Saar-

bundes bezeichnete. Im April scheint der Saarzentralverband seine eigene Agitation eingestellt und sich dem neuen »Verband der Saarbergleute« angeschlossen zu haben, den die ehemaligen Sekretäre des Alten Bergarbeiterverbandes (BAV) Karl Krämer und Emil Becker neu gegründet hatten, dabei aber auf die geschlossene Abwehrfront sämtlicher saarländischer Parteien getroffen waren. Anfang November 1923 wurde die Übereinstimmung der politischen, wirtschaftlichen und sozialen Ziele des Saarbundes und des Saarzentralverbandes erklärt und erläutert. Der Niedergang des Saarbundes nach seiner Schlappe bei den Landesratswahlen 1924 wirkte sich auch auf den Verband der Saarbergleute aus. Sein indirekter Nachfolger wurde der Verband der Bergarbeiter des Warndts. Mitte 1930 dehnte er seine Agitation auf das gesamte Industrierevier aus. Der Zustrom erklärt sich aus der Notlage der Bergleute, die sich aus einer Mitgliedschaft materielle Vorteile erhofften. In einer Veranstaltung der Ortsgruppe Püttlingen führte der Redner, ein Lehrer der Domanialschule, aus, dass von den 151 Mitgliedern des Verbandes diesem ganz wenige aus Interesse und Überzeugung angehörten. Der Neuanmeldung läge zumeist ein Gesuch um finanzielle Unterstützung oder um Gewährung einer Grubenwohnung bei. Ähnliches sei bei der Entsendung der Kinder in die Domanialschule zu beobachten.[215] Der in einem Vermerk des Auswärtigen Amtes vom 10.01.1934 erwähnte »Saar-Arbeiter-Verband« in Püttlingen[216] dürfte eine Ortsgruppe des Saarzentralverbandes gewesen sein.
Benedikt Hoffmann war seit 1931 Vorstandsmitglied im Verband der Saarbergleute.
Der Grubenmaschinist Jakob Schackmann, 46 Jahre alt, katholisch, Püttlingen, Hengstwaldstraße, stand im Juli 1932 an der Spitze des Verbandes, es heißt man habe ihn dafür gewinnen können durch seine Verlegung von Grube Von der Heydt als Maschinenführer nach Grube Viktoria. Im August 1933 erscheint er auch als 1. Vorsitzender der Ortsgruppe Püttlingen des Verbandes der Saarbergleute.[217] Er vertrat auch den Saarverband in der französischen Gewerkschaft CGT (Con-

---

215 Ebenda, S. 178f.
216 Ebenda, S. 182.
217 Eigene Angaben zur Person bei Anzeige gegen Albrecht Serf am 07.08.1933 (LA SB LRA SB Nr. 311).

féderation général de Travail)[218], im Jahr 1922 war er von der SPD als Beisitzer zum Wahlvorstand vorgeschlagen worden,[219] er hatte also das politische Lager gewechselt. Als Schackmann im Laufe des Jahres 1934 zum Kreisleiter der SWV berufen wurde, übernahm Karl Krämer seine Funktion im Saarzentralverband.
Zahlstellen des Verbandes bestanden noch im April 1934 in Engelfangen (58 Mitglieder) und in Püttlingen (60 Mitglieder).[220]

Weitere kleine Gewerkschaften
- Deutschnationaler Handlungsgehilfenverband (DHV).
- Gewerkschaft der deutschen Kaufmannsgehilfen.

Maßgebend war die auf dem Verbandstag am 18. Juni 1926 beschlossene Satzung. Die Hauptgeschäftsstelle hatte ihren Sitz in Hamburg, im September 1927 wurde eine Ortsgruppe Püttlingen gegründet, sie umfasste 25 Mitglieder, Vorsitzender war Fritz Loeb, Vereinslokal das Schlosshotel Kockler.[221]

Nationalsozialistische Betriebszellenorganisation (NSBO)
Bei der grundsätzlichen Frontstellung der NSDAP gegen die die Regierungen der Weimarer Republik tragenden oder stützenden Parteien und gegen die KP erstaunt es nicht, dass die NSDAP eine Erfassung und Sammlung der Arbeiterschaft außerhalb der bestehenden Gewerkschaften anstrebte und eine entsprechende Organisation aufbaute, nämlich die nationalsozialistische Betriebszellenorganisation. Schon ihr Name lässt erkennen, dass ein Aufbau von unten nach oben erfolgen sollte durch die Bildung kleiner Basisgruppen (= Zellen) in den Betrieben. Über Aufbau und Umfang der NSOB im Saargebiet wurde bisher wenig bekannt. Dass sie existierte, ergibt sich aus dem Vorschlag des NSDAP-Führers Spaniol bei der Besprechung mit Hitler im Mai 1933, der NSOB bei der Propagierung der Rückkehr der Saar ins Reich eine wichtige Rolle zuzuweisen.[222] Das Verbot der NSBO

---

218 Lempert, S. 193 u. 195.
219 Bgrm. Georg an Landrat am 02.05.1922 (LA SB LRA SB Nr. 1763).
220 Lempert, S. 196.
221 LA SB LRA SB Nr. 431, S. 479-508.
222 Vgl. S. 238.

durch die Regierungskommission am 07.06.1933 vereitelte die ihr zugedachten Aktivitäten.[223]

Sonstige berufsständische Vertretungen im Köllertal
An berufsständischen Interessenvertretungen begegnen in den Akten der 1920er Jahre der Angestelltenverein der Straßenbahn, Riegelsberg, der Bureau-Angestelltenverband der Saargruben – Ortsverband Von der Heydt, der Beamtenbund und der Freie Lehrerverein des Köllertals.

Saarbund

Der Saarbund war die größte frankophile Organisation im Saargebiet, ein Mittelding zwischen Partei und Gewerkschaft.[224] Seine Existenz wurde der breiten Öffentlichkeit erst bei dem großen Bergarbeiterstreik 1923 bekannt, als seine Stimme im Konzert der Parteien, Verbände und Medien sich von dem harmonischen nationalen Pathos durch schrille Dissonanzen abhob. Seine Anfänge liegen im Sommer 1920. Die vermutlich im Frühjahr 1921 entstandene Satzung enthielt die charakteristische Aussage, dass der Saarbund (= Vereinigung der Saargebietsbewohner zur Wahrung ihrer wirtschaftlichen Interessen) sich aus *realpolitischen und wirtschaftlichen Gründen voll und ganz auf den durch den Friedensvertrag geschaffenen Boden* stelle.
Das bedeutete nicht mehr und nicht weniger, als dass er die Abtrennung des Saarreviers vom Deutschen Reich anerkannte und nicht dagegen polemisierte. Die den Saarbund gründende und zunächst leitende Personengruppe war nach ihrer beruflichen Herkunft recht heterogen. Die im Kreis Saarlouis wohnenden Personen sind mehr dem bürgerlichen Lager zuzurechnen, es finden sich aber auch Vertreter der Arbeiterschaft aus dem Industrierevier darunter, die sich aus unterschiedlichen Gründen von den Freien Gewerkschaften getrennt hatten. Die Mitgliederzahl wird für Mitte 1921 auf 2.000 geschätzt, von denen ein beträchtlicher Teil aus der mittleren und unteren Beamtenschaft gestammt habe. Vorsitzender wurde Albin Weis, der wegen

---

223 Amtsblatt des Saargebiets 1933, S. 219.
224 Ausführliche Darstellung bei Lempert, S. 123-149.

seines politischen Kurswechsels sein Amt als Bezirksleiter des Kreisverbandes Deutscher Angestellten für das Saargebiet verloren hatte und bei der kurzlebigen »Neunkircher Abendpost« untergekommen war. Im Laufe des Jahres 1922 gelang es, Arbeiter und Angestellte der *Mines Domaniales* nicht nur für die Ziele des Saarbundes zu interessieren, sondern auch als Mitglieder zu gewinnen. Als Werber traten Grubensteiger auf, die teils aus politischer Überzeugung, teils auf materiellen Gewinn hoffend die ihnen unterstellten Arbeiter zum Eintritt veranlassten. Anfang 1923 wird der Steiger Eckel aus Püttlingen als Nachfolger von Albin Weis im Vorsitz des Saarbundes genannt. Außer ihm tauchten weitere Grubenangestellte als Werber für den Saarbund auf, darunter auch ein Steiger Müller aus Püttlingen. Als Anreiz wurden den Bergleuten leichtere und besser bezahlte Arbeiten versprochen. Im Besitz der grünen Mitgliedskarte des Saarbundes werde es ein Leichtes sein, dass ihr Schichtlohn angehoben und sie von Entlassungen verschont blieben.[225] Neben dem Eintritt in den Saarbund versuchte man die Bergleute zur Abonnierung des »Neuen Saar-Kurier« zu bewegen und zur Unterrichtung ihrer Kinder in den Domanialschulen. Anfang 1923 waren Ensdorf, Püttlingen und Neunkirchen die Hochburgen des Saarbundes. Im Dezember 1922 wurde eine Ortsgruppe in Kölln gegründet. Die Ziele waren in § 17 seiner in Püttlingen gedruckten Richtlinien niedergelegt:
Zweck des Saarbundes ist die restlose Sammlung aller denkenden, aufrechten und friedfertigen Saarländer, die Pflege pazifistischer Ideen, Erforschung und Pflege heimatlicher Tradition und Geschichte, Schutz, Ausbau und Vervollkommnung der allgemeinen politischen, wirtschaftlichen und sozialen Verhältnisse, Schutz der Heimat und der Saarbewohner, der Sitten und Gebräuche, der Gewohnheiten, Erziehung und Bildung der Bevölkerung zu gegenseitigem Verstehen, zu Ruhe, Frieden und Völkerversöhnung, zu selbständigem Denken und Handeln und objektiver Würdigung und Beurteilung der Gesamtverhältnisse des Landes und seiner Bevölkerung und deren Zukunft.
In dem am 05.02.1923 beginnenden großen Bergarbeiterstreik setzten sich der Saarbund und die ihm angeschlossenen Arbeitnehmerorganisationen von Anfang an für die Wiederaufnahme der Arbeit und für Verhandlungen mit der französischen Grubenleitung ein. Neben dem

---

225 Lempert, S. 128.

schon früher gegen ihn erhobenen Vorwurf des Landesverrats musste er jetzt die Titulierung als »Streikbrecherorganisation« und »Verräter der Arbeiterinteressen« hinnehmen.
Auf seinem ersten Delegiertentag am 15.04.1923 in Saarbrücken, auf dem mehr als 100 Vertreter der einzelnen Ortsgruppen anwesend waren, wurde die bisher zum Streik eingenommene Haltung bestätigt. Bei der Wahl des Bundespräsidiums wurde Johann Thiery aus Neunkirchen Vorsitzender, Julius Müller aus Püttlingen 1. Schriftführer und Georg Altmeyer, Ritterstraße, einer der vier Beisitzer. Bedeutsam für die weitere Entwicklung wurde ein Artikel des »Neuen Saar-Kurier« vom 29.05.1923, in dem es hieß, dass *diese Männer* [des Saarbundes] *restlos ihre Kräfte in den Dienst unserer allgemeinen Saarlandsache [stellen]*[226]. Damit war der Wahlspruch geboren, der auch noch im Endkampf von den den Status quo propagierenden Organisationen verwendet wurde. In der Folgezeit agierte der Saarbund immer deutlicher als politische Partei, deren Hauptforderung die Bildung eines eigenständigen Saarstaates war. Die Delegiertenversammlung vom 2. Dezember 1923 formulierte ein neues Programm. Artikel 1 lautete: *Der Saarbund ist eine politische Organisation, die, auf dem Boden des Versailler Vertrages stehend, ihr Ziel in der Parole zusammenfasst:«Das Saarland den Saarländern!«*. Artikel 3 enthielt Vorschläge zur Umgestaltung der bestehenden Verhältnisse: *Bei dieser Neugestaltung tritt der Saarbund für die Schaffung eines republikanischen Staatswesens ein, das auf dem allgemeinen, gleichen und direkten Wahlrecht fußt. Jedem Saarländer wird dadurch eine wirksame Beteiligung an der Gesetzgebung und Verwaltung eingeräumt und es wird in der Hand des Saarvolks liegen, sich die wirtschaftlichen und sozialen Verhältnisse, die es braucht, zu schaffen.*[227]
Anfang des Jahres 1924 stand an der Spitze des Saarbundes der Steiger Detemple aus Velsen, der gleichzeitig Leiter des Bezirkes Köllerbachtal und Mittlere Saar war.

Stärke in unserem Untersuchungsgebiet
• Ritterstraße im April 1923 – 60 Mitglieder

---

226 Zitiert nach Lempert, S. 132.
227 Neunkircher Saarkurier vom 3.12.1923, zitiert nach Lempert, S. 135.

- Ortsgruppe Püttlingen Vorsitzender: Baltes, Rudolf (geb. 17.04.1894 in Quierschied), Fahrhauer auf Grube Viktoria
- Ortsgruppe Dilsburg, gegründet 12.12.1923
- Ortsgruppe Kölln, schon älter.

Mitgliedschaften von Steigern und Bergarbeitern werden gelegentlich in Akten aus der NS-Zeit und in Wiedergutmachungsverfahren der frühen Nachkriegszeit genannt. Manche Mitglieder behaupteten später, die Werbung unter dem Personal der Grube Viktoria durch den Obersteiger Musler sei so geschickt inszeniert worden, dass die Eintragung in zirkulierende Listen als Eingabe zur Gehaltsverbesserung und nicht als Beitrittserklärung zum Saarzentralverband aufgefasst werden konnte.[228]

Am 07.01.1924 veröffentlichte der Saarbund seine Absicht, sich an den Wahlen zum Landesrat des Saargebietes im Wahlbündnis mit der »Saar-Wirtschafts-Partei«, einer frankophilen Vereinigung im Kreise Saarlouis, als »Saarländische Arbeitsgemeinschaft« zu beteiligen. Auf den Wahlvorschlägen stand auf Platz 13 Oskar Messinger, Bergmann aus Altenkessel. Die politischen Ziele waren die schon bekannten. Das Wahlergebnis brachte eine herbe Enttäuschung, nur 6.592 von insgesamt 252.448 Wählern hatten der »Saarländische Arbeitsgemeinschaft« ihre Stimme gegeben, das waren nur 2,7% auf Landesebene, es reichte nicht zu einem einzigen Sitz im Landesrat. Im Landkreis Saarbrücken ergab sich ein Stimmenanteil von 3,35%, in Püttlingen aber das Doppelte, nämlich 6,8% (465 von 6.832 Stimmen), deutlich mehr als in den benachbarten Orten:

- Heusweiler 111 von 4.665 Stimmen = 2,38%
- Quierschied 76 von 2.551 = 2,9%
- Riegelsberg 197 von 4.511 = 4,37%
- Völklingen 225 von 12.632 = 1,78%.

Bei der Umbildung des Vorstandes im März 1924 wurde Detemple als Vorsitzender von Dr. Schoettler abgelöst, auch Steiger Müller, Püttlingen, schied als 1. Schriftführer aus, neuer Leiter des Bezirks Saarbrücken wurde Fritz Ziegler, Fahrsteiger auf Grube Camphausen.

Der Ausgang der Landesratswahl hatte gezeigt, dass der Saarbund mit seinem Programm eines selbständigen Saargebiets keinen Anklang bei der Wählerschaft fand. Statt eines weiteren Anwachsens setzte nun

---

228 LA SB OFD Bergbeamte Nr. 711.

eine Austrittswelle ein. Dazu trugen auch Einwirkungen aus dem Reich bei. Der Hauptausschuss des Preußischen Landtages beschloss im Juni 1924 *die Arbeiter und Angestellten des Saarbergbaus in Wahrung ihrer nationalen Gesinnung mit aller Kraft zu unterstützen.... und gegen alle Angehörigen des deutschfeindlichen Saarbundes, die sich in preussischen Staatsbetrieben befinden, disziplinarisch einzuschreiten.* Der Beschluß wurde dahingehend erläutert, dass Saarbündler, die ihren Arbeitsplatz im Saargebiet verlieren würden und gezwungen sein sollten, in einem preußischen Gebietsteil eine neue Beschäftigung zu suchen, mit einem Disziplinarverfahren rechnen müssten. Schwerer wog noch, dass solche Verfahren auch nach einer Wiedereingliederung des Saargebietes in das Reichsgebiet drohten. Derartige Ankündigungen wirkten natürlich abschreckend. Die Austrittswelle schwoll an, als die reichstreue Presse Namenslisten der örtlichen Saarbundmitglieder veröffentlichte. Damit war der Saarbund als politische Partei erledigt. Bei der Wahl der Sicherheitsmänner auf den Saargruben im April 1925 konnte er von 70.000 Stimmen nur noch 68 auf sich verbuchen. Spätestens mit der Einstellung des Erscheinens seines Propagandablattes »Neuer Saar-Kurier« am 31.01.1926 muss sein Ende angesetzt werden. Seine Berufssektionen, die sogen. *Unabhängigen Gewerkschaften* (vgl. S. 188 ff.), bestanden jedoch fort.

Bund der Frontsoldaten »Stahlhelm«

Der Bund der Frontsoldaten, kurz »Stahlhelm« genannt, wurde im Reich im November 1918, wenige Tage nach der Unterzeichnung des Waffenstillstandsvertrages, als freikorpsartiger Heimatschutzverband gegründet. Er entwickelte sich neben den Gewerkschaften zur größten außerparteilichen Organisation in der Weimarer Republik. Er diffamierte in seiner Halbmonatszeitung »Der Stahlhelm« die den Weimarer Staat stützenden Parteien, die Katholische Kirche und die Juden, propagierte einen militanten Nationalismus und die Stärkung der Stellung des Reichspräsidenten. Ein Vorgehen der republikanischen Kräfte gegen ihn wurde durch die Ehrenmitgliedschaft Hindenburgs erschwert. Beitreten konnten ursprünglich nur Soldaten, die mindestens sechs Monate an der Front gekämpft hatten, später wurden alle Männer über 23 Jahre aufgenommen, die die Ziele des Verbandes –

Ablehnung des Versailler Vertrages, Ablehnung des parlamentarischen Systems, Kampf gegen den Marxismus, Stärkung des Wehrwillens – teilten. Mit den Deutschnationalen und den Nationalsozialisten bildete der Stahlhelm 1931 die Harzburger Front. Er unterstützte die Regierungen Papen und Hitler.

Unter den von der Regierungskommission am 18.06.1923 verbotenen neun rechtsgerichteten Organisationen befand sich auch der »Stahlhelm«.[229] Später wurde er im Saargebiet wieder zugelassen. Als Zweck der Organisation nennt die Satzung vom 03.01.1931 *Erhaltung und Pflege der im Felde begründeten Kameradschaft* und *Förderung der Belange der Frontsoldaten*. Der Verband selbst verstand sich als unpolitisch und verwies auf seine Satzung: *Der Bund der Frontsoldaten lehnt es ausdrücklich ab irgendwelche Politik zu betreiben oder sich irgendwelchen parteipolitischen oder sonstigen politischen Organisationen anzuschließen. Der Bund ist daher eine unpolitische und überparteipolitische Organisation, die die Frontsoldaten aller Kreise und Schichten der Saarbevölkerung unabhängig von ihrer parteipolitischen Zugehörigkeit zusammen schließen will*. Dennoch meldete der Bürgermeister von Püttlingen die Ortsgruppe des Stahlhelm auf eine Frage der Regierungskommission nach in den Bürgermeistereien bestehenden »politischen Vereinen«[230]. Für politische Ambitionen spricht, dass im Vorfeld der Landesratswahlen 1932 der Stahlhelmführer Rechtsanwalt Royer den Anstoß zu einer Listenverbindung zwischen DNVP, DSVP, DWP und NSDAP, in Analogie zum Zusammenschluss von Rechtsparteien im Reich unter dem Kennwort »Harzburger Front«, gab. Sein Vorschlag scheiterte an den zwischen den Parteien bestehenden Gegensätzen.[231]

Die im Saargebiet wohnenden Mitglieder waren im Gau-Saar zusammengeschlossen. Der sozialdemokratische Landesratsabgeordnete Petri bezifferte die Mitgliederzahl des »Stahlhelm« im Jahr 1928 auf insgesamt 2.500, von denen etwa 1.000 in Saarbrücken lebten[232]. Ortsgruppen bestanden in Püttlingen und Köllerbach[233], die Püttlin-

---

229 Paul, NSDAP des Saargebietes, S. 40.
230 Meldung an den Landrat auf dessen diesbezügliche Anfrage am 30.06.1933.
231 Paul, NSDAP des Saargebietes, S. 55.
232 Ebenda, S. 47.
233 Bericht von Oberlandjäger Schwarz II vom 15.10.1934 (LA SB LRA SB Nr.

ger wurde im Juni 1933 von Albert Schirra als *Kameradschaftsleiter* geführt. Ihr Stammlokal war die Wirtschaft Heckmann, gegenüber vom Volkshaus. Im folgenden Jahr werden Schirra und Feuerstoß als Führer der Ortsgruppe Püttlingen des BdF genannt.[234]

Kriegsopferverbände

Im Saargebiet lebten am 01.04.1933 7.611 Kriegsbeschädigte, 3.476 Kriegerwitwen, 2.617 Elternteile und 2.333 Kriegerwaisen. Es versteht sich, dass ihre Zahl sich seit Kriegsende durch natürlichen Abgang und durch das Herauswachsen der Waisen aus dem Unterstützungsanspruch laufend verringerte. Sowohl das Versorgungswesen als auch die Organisation der Interessenvertretung im Saargebiet lehnte sich eng an das reichsdeutsche Vorbild an,[235] d. h. es gab zwei getrennte Verbände: den bürgerlichen Reichsbund und den 1918 im sozialistischen Lager gegründeten Reichsverband der Kriegsbeschädigten, Kriegsteilnehmer und Kriegshinterbliebenen, der später als Zentralverband firmierte.

Auch für diese Personengruppe wurde 1922 eine eigene Vertretung im Landesrat angepeilt und eine Kandidatenliste (*Sonderliste*) erstellt. Der Zentralverband bekräftigte kurz vor der Wahl seine parteipolitische und religiöse Neutralität und veröffentlichte eine Erklärung, wonach er an der sogenannten Kriegsopferliste nicht beteiligt sei.[236] Bei der Landesratswahl 1922 erhielten die Kandidaten der Kriegsopfer in Püttlingen 11, in Altenkessel 27 Stimmen, das entsprach einem Prozentsatz von 0,4 bzw. 1,3.

Im Reich vereinigten sich beide Verbände am 23. Juli 1932. Die Geschichte der Kriegsbeschädigten-Verbände im Saargebiet wurde noch nicht aufgearbeitet.

Der Nachweis der Vereine von 1922 nennt für Püttlingen den 1920 gegründeten Kriegsgefangenenverein mit dem Vereinszweck *Anforderung von Entschädigungen* mit 50 Mitgliedern unter Leitung von Jo-

---

325, S. 420), vgl. auch S. 258 f.
234 Bericht des Oberlandjägers Schwarz II vom 13.01.1934 (LA SB LRA SB Nr. 325, S. 420f.).
235 Westhoff, Recht u. Verwaltung, S. 280-287.
236 Saarbrücker Zeitung vom 23.06.1922.

hann Albert und für Kölln einen Kriegsbeschädigtenverein, gegründet 1919, mit 112 Mitgliedern unter Leitung von Adolf Gleßner. Die Zuordnung dieser Vereine zum »Reichsbund« oder zum »Reichsverband« war mir nicht möglich. Dagegen lässt sich der 1922 für Altenkessel genannte Verein Kriegsbeschädigter, gegr. 1917 mit 130 Mitgliedern unter Leitung von Martin Forsch, dem der Sozialdemokratie nahe stehenden Reichsverband zuordnen, weil Forsch bei der Landesratswahl 1928 für die SPD kandidierte. Der Reichsverband wurde längere Zeit von Johann Alles geleitet. Er war gegliedert in Bezirke, Unterbezirke und Ortsgruppen, das Köllertal gehörte zum Unterbezirk Völklingen. Er veranstaltete im Sommer 1930 ein Wohltätigkeitsfest im Völklinger Schillerpark, zu dem 5.000 Teilnehmer erwartet wurden.[237]
Erster Vorsitzender der Ortsgruppe Püttlingen war der Hüttenarbeiter Ernst Albert aus Püttlingen, Bengeserstr., Schriftführer und Kassierer Jakob Gregorius, Bergmann, Ritterstraße, ihm folgte der Bergmann Eduard Seibert. Die Ortsgruppe zählte im Herbst 1933 130 Mitglieder.[238]
Erster Vorsitzender der Ortsgruppe Köllerbach war Johann Jungmann.

Interessenvertretungen von Hauseigentümern und Mietern

Die Wohnungsnot nach Kriegsende hatte eine Zwangsbewirtschaftung des Wohnraumes ausgelöst und als Gegengewicht dazu die Bildung einer Interessengemeinschaft, die als Verein der Haus- und Grundbesitzer firmierte. Sie versuchte über eine Sonderliste unter Einbeziehung von Vertretern der Landwirtschaft in den Landesrat zu gelangen. Bei den Wahlen 1922 errang sie zwei Mandate, in Püttlingen 6,9%. Von den Talgemeinden liegen keine eindeutigen Zahlen vor. Im Laufe der zwanziger Jahre entwickelte sich der Interessenverband zu einer kleinen liberalen Partei, die sich zuletzt (1932) »Wirtschaftspartei des Mittelstandes« benannte[239] und organisatorisch vom Haus-

---

237 Antrag auf Genehmigung eines Wohltätigkeitsfestes im Schillerpark in Völklingen am 20.07.1930 (LA SB LRA SB Nr. 308).
238 Antrag auf Genehmigung einer Versammlung in Püttlingen am 05.11.1933 (LA SB LRA SB Nr. 312).
239 Zenner, Parteien u. Politik, S. 204f.

und-Grundbesitzer-Verein unterschied. Letzterer hatte seit 1920 eine Ortsgruppe in Püttlingen.

Als Reaktion auf das Bestreben der Haus- und Grundbesitzer bemühte sich auch der Mieterschutzverband 1922 um eine Vertretung im Landesrat durch Aufstellung einer Sonderliste. Im Kreis Saarbrücken-Land erhielt er 2,8 % der gültigen Stimmen, in der Gemeinde Altenkessel 5 Stimmen, in der Gemeinde Püttlingen und den Talgemeinden gar keine, obwohl es in Püttlingen einen Mieterschutzverein gab (vgl. S. 52).

Organisation der Landwirte

Wie im Reich gab es auch im Saargebiet keine einheitliche und einmütige Interessenvertretung der Landwirte, sondern mehrere Organisationen, die mitunter gegensätzliche Ansichten vertraten, als größte der Trierer Bauernverein, der der Zentrumspartei nahestand, und die Freie Bauernschaft. Ortsgruppen des Trierischen Bauernverein bestanden in
- Püttlingen, seit 1880, 1922: Vorsitzender Johann Blum, 182 Mitglieder,
- Sellerbach, seit 1892, 1922: Vorsitzender Johann Kern, 68 Mitglieder.

Daneben gab es die Lokalabteilungen des Landwirtschaftlichen Vereins für Rheinpreußen, oft auch *Landwirtschaftliches Kasino* genannt.
Lokalabteilungen bestanden in:
- Püttlingen seit 1902, hatte sich 1929 eine neue Satzung gegeben, zählte 1922 200 Mitglieder unter Leitung von Johann Heisel und 1934 50 Mitglieder unter Vorsitz des Pensionärs Jakob Scherer.[240]
- Ritterstraße, 1928 gegründet, hatte damals 90 Mitgliedern, Vorsitzender: Georg Hubertus.
- Engelfangen, gegründet 1911, 1922: Vorsitzender Friedrich Ackermann, 90 Mitglieder.

---

240 Satzung in LA SB LRA SB Nr. 315.

- Herchenbach, gegründet 1910, 1922: Vorsitzender Johann Altmeyer, 25 Mitglieder.
- Rittenhofen mit 72 Mitgliedern, geleitet von Johann Detzler.

Zur besseren Durchsetzung der Anliegen der saarländischen Landwirte wurde eine Interessengemeinschaft zwischen Trierischem Bauernverein und Freier Bauernschaft angestrebt und auch realisiert, aber die zwischen beiden Organisationen bestehenden inneren Gegensätze nicht beseitigt.[241]

Soziale Probleme und Defizite

In den ersten Jahren der Völkerbundsverwaltung bestand im Saargebiet ein Währungsdualismus – ein Nebeneinander zwischen dem damals stabilen französischen Franken und der immer mehr in den Strudel der Inflation geratenden deutschen Mark. Nach § 32 des Saarstatuts des Versailler Vertrags hatte der französische Staat das Recht, für seine aus der Ausbeutung der Kohlenbergwerke resultierenden Zahlungen und Käufe sich französischen Geldes zu bedienen. Schon wenige Monate nach Inkrafttreten des Vertrags machten die *Mines Domaniales* von dieser Möglichkeit Gebrauch. Ab 01.07.1920 zahlten sie die Löhne und Gehälter ihres gesamten Personals in Franken aus. Diese Maßnahme bevorteilte die Bergleute gegenüber allen anderen Berufsgruppen und hatte massive politische Hintergründe. Sie leitete aber auch den stufenweisen Übergang zur Einführung des Franken als alleinigem gesetzlichen Zahlungsmittel ein. Schon am 01.12.1920 folgte die eisenschaffende Industrie dem Beispiel der französischen Grubenverwaltung, ab 01.05.1921 auch Eisenbahn und Post. In der damals heftig geführten Währungsdiskussion stellte sich die Regierungskommission auf die Seite der Frankenbefürworter, zahlte konsequenterweise die Besoldungen, Gehälter und Löhne ihrer Bediensteten ab 01.08.1921 ebenfalls in Franken aus und empfahl den Kommunen, ab 01.10. auch dazu überzugehen. Etwa die Hälfte der Gemeinderäte folgte jedoch nicht sogleich dieser Anregung.
Zum 01.06.1923 erfolgte dann die offizielle Frankeneinführung, der

---

241 Groß, Saarländische Landwirtschaft, S. 264.

Kurs stand an diesem Tag auf 1 Franc = 4.875 Mark, bis zum Tag der Einführung der Rentenmark im Reich (15.11.1923) änderte sich die Notierung auf 1 Franc = 138 Milliarden Mark. Die Frankeneinführung verschonte die saarländische Bevölkerung von der Endphase der galoppierenden Inflation der Mark.
Die nun allein im Saargebiet gültige französische Währung blieb ihrerseits nicht von Kaufkraftverlust verschont und erreichte einen Tiefstand Mitte Juli 1926. Nach allmählicher Besserung stabilisierte sie sich ab Dezember 1926 (100 Franken = 16,50 Reichsmark). Die Währungsturbulenzen hatten einen Dauerverlust von etwa einem Drittel des Geldwertes gebracht.[242]

Die im Reich von der Arbeitnehmerschaft durchgesetzten sozialen Fortschritte waren von der Regierungskommission nur teilweise übernommen worden mit dem Ergebnis, dass im Lauf der Jahre das Saargebiet sozialpolitisch gesehen hinter dem Reich zurückgeblieben war. Die Verordnung vom 23. Dezember 1918 über Tarifverträge, Arbeiter- und Angestelltenausschüsse und Schlichtung von Arbeitsstreitigkeiten, das Betriebsrätegesetz von 1920, das Arbeitsgerichtsgesetz von 1926, das Arbeitsnotgesetz von 1927 und das Gesetz zur Arbeitsvermittlung und Arbeitslosenversicherung sowie eine Reihe von Neuerungen im Bereich der Sozialversicherung galten hierzulande nicht[243].

Arbeitskämpfe

Es wurde bereits berichtet, dass es schon in den ersten Wochen der französischen Besetzung des Saarindustriereviers zu Streiks im Bergbau gekommen war und die erneute Niederlegung der Arbeit im Frühjahr und Herbst 1919 teilweise mit tumultarigen Ausschreitungen verbunden war. Nach wenigen ruhigen Jahren erreichten die Arbeitskämpfe im einhunderttägigen Bergarbeiterstreik 1923 einen bisher nicht gekannten Umfang.

---

242 Wirtschaft zwischen den Grenzen – 100 Jahre Industrie und Handelskammer des Saarlandes, Saarbrücken 1964, S. 110-112.
243 H.-C.Herrmann, Entwicklungsbedingungen gewerkschaftlicher Interessenvertretung, S. 309ff., 317-324.

Hundert-Tage-Streik der Bergarbeiter 1923

Seit dem Jahresende 1920 waren die Durchschnittslöhne im Saarbergbau stetig gesunken. Verhältnismäßig viele Feierschichten hatten Lohnausfälle verursacht, was beim Anstieg der Lebenshaltungskosten empfindlich spürbar wurde, obwohl die Entlohnung in französischen Franken den Bergleuten seit Juli 1920 eine größere Kaufkraft als den Empfängern von Löhnen und Gehältern in Mark bescherte.

Der »Hundert-Tage-Streik« des Jahrs 1923,[244] der längste und härteste aller Arbeitskämpfe in der saarländischen Geschichte, ist nicht nur als Lohnkampf zu sehen. In Ausbruch und Verlauf verquickten sich Forderungen nach Lohnerhöhungen mit Solidaritätsbezeugungen für den Ruhrkampf. Betrachten wir zunächst den Lohnkonflikt.

Der Gewerkverein christlicher Bergleute (GCB) und der Bergarbeiterverband (BAV) kündigten am 30. Dezember 1922 den bisherigen Tarifvertrag, am 28.01.1923 sprachen sich die Revierkonferenzen beider Verbände für einen Arbeitskampf aus. Daraufhin vermittelte die Regierungskommission neue Verhandlungen zwischen der französischen Grubenverwaltung und den Gewerkschaften, dabei machten die *Mines Domaniales* so weit reichende Zugeständnisse, dass die Vertreter der Bergleute diesem Angebot zustimmten, die Revierkonferenzen lehnten aber am 04.02. den Kompromissvorschlag ab und riefen zum Ausstand auf.

Wenige Wochen vorher war im rheinisch-westfälischen Industrierevier der »Ruhrkampf« ausgebrochen. Die zur Überwachung der dem Deutschen Reich durch den Versailler Vertrag auferlegten Reparationsleistungen eingesetzte internationale Kommission hatte förmlich festgestellt, dass Deutschland mit den ihm auferlegten Holz- und Kohlelieferungen im Rückstand sei. Nachdem diplomatische Demarchen ohne ein die Alliierten befriedigendes Ergebnis geblieben waren, besetzten am 11.01.1923 französische und belgische Truppen das Ruhrgebiet »als Pfand«. Die deutsche Regierung unter Reichskanzler Cuno kündigte daraufhin passiven Widerstand an, stellte alle Reparationslieferungen ein und untersagte jegliche Dienstleistung für die beiden Besatzungsmächte. Die deutschen Gewerkschaften riefen den Generalstreik im Ruhrgebiet aus und ordneten sich damit ein in die nationale Abwehrfront.

---

244 Ausführlich Mallmann/Steffens, S. 154-164.

Die Saarbevölkerung verfolgte politische Auseinandersetzungen im Reich immer mit hohem Interesse, so auch den Ruhrkampf. Mit der Parole »Deutschlands Trauer ist unsere Trauer« bekundeten die Parteien des Saargebiets in breiter Front von der DNVP bis zur SPD ihre Solidarität und riefen für den 15.01. zu einem halbstündigen Generalstreik gegen die Ruhrbesetzung auf.²⁴⁵ Als die Regierungskommission Versammlungen zu diesem Thema verbot, kam es in Saarbrücken zu Krawallen. Dadurch wurde das Klima im Lohnkonflikt der Saarbergleute aufgeheizt. Die Verquickung wirtschaftlicher und politischer Motivation des Hunderttagestreiks haben Klaus-Michael Mallmann und Horst Steffens trefflich charakterisiert: »*Unter dem Deckmantel des legalen Arbeitskampfes ließ sich eine effektive Unterstützung des Widerstandes an der Ruhr inszenieren, ohne einen politischen Streik proklamieren zu müssen, der sofort zum Belagerungszustand, Verboten und Verhaftungen geführt hätte. Da der Ausstand zudem auf einen geschwächten Gegner traf, stiegen gleichzeitig die Siegchancen eines Lohnstreiks. Nationale Pflicht und soziale Erwartung schienen übereinzustimmen....Hunderte von Versammlungen verankerten den vordergründigen Augenschein: Tarifauseinandersetzung, kein politischer Streik. Hinter den Kulissen wußte jeder, dass dies eine Schutzbehauptung war*«²⁴⁶.
Am Vormittag des 05.02.1923 begann der Streik im Saarrevier, dazu aufgerufen hatten nicht nur BAV und GCB, sondern auch die Metallarbeiterverbände der Christlichen und Freien Gewerkschaften. 98% der Belegschaft folgten dem Aufruf.²⁴⁷ Der Püttlinger Bürgermeister meldete am selben Tag, 3.500 Bergarbeiter aus seinem Bezirk seien nicht zur Arbeit angefahren. Die *Mines Domaniales* gingen scharf gegen die Streikenden vor. Sie forderten die einzelnen Bergleute zur Wiederaufnahme der Arbeit auf. Wer dieser Aufforderung nicht nachkam, musste mit Entlassung und auch mit der Kündigung seiner Werkswohnung rechnen. Die Mehrheit der Bergleute ließ sich davon nicht

---

245 Völklinger Volksfreund vom 13.01.1923.
246 Mallmann/Steffens, Lohn der Mühen, S. 155f., ausführlich Sperling, Bergbau Bd. 2, S. 15-30 mit nationalem Akzent.
247 Über den Streikverlauf unterrichten Aktenstücke in LA SB LRA Nr. 1844 und 2058 sowie Dep. Riegelsberg VI/III/4, vgl. auch Herrmann in: Ortschronik Riegelsberg, S. 155-157.

abschrecken; denn für 15.02. konnte der Bürgermeister nur von 46 Arbeitswilligen auf Grube Viktoria berichten.
Schon bald bekam die nicht bergmännische Bevölkerung die Streikfolgen zu spüren, zunächst durch die Einstellung der Stromlieferung durch die *Mines Domaniales*. Am 11.02. musste die Straßenbahn von Heusweiler über Riegelsberg nach Saarbrücken stillgelegt werden, die Wohnungen blieben ohne Strom. Noch am gleichen Tage reagierte die Bevölkerung mit Protestversammlungen. Erst am 16.03. wurde die Lieferung von Fahr- und Leuchtstrom wieder aufgenommen. Eine Mindestversorgung der Bäckereien mit Kohlen konnte die Regierungskommission erreichen. Der Saarbund und der etwa 100 Mitglieder zählende Verband der Fördermaschinisten sprachen sich gegen den Streik aus,[248] folglich fuhren ihre Mitglieder auf den Gruben an.
Eine erhebliche Verschärfung der Situation löste der Einsatz von französischem Militär aus. Obwohl die Gewerkschaften der Regierungskommission versichert hatten, selbst für Ruhe und Ordnung im Revier zu sorgen, wurde französisches Militär eingesetzt. Dabei kam es wiederholt zu Gewalttätigkeiten gegen die Streikposten. Die Streikleitung Kölln beschwerte sich schon am 08.02. beim Bürgermeister in Riegelsberg, am Aspenschacht seien Streikposten *mit blanker Waffe* bedroht worden. Auf der Grube Von der Heydt wurde eine Abteilung des 146. Infanterieregiments stationiert, die regelmäßig Patrouille ging. Auch in Grube Viktoria war französisches Militär stationiert.[249] Die Situation eskalierte, als französische Kavallerie eingesetzt wurde. Der Saarbrücker Landrat berichtete an die Polizeiabteilung der Regierungskommission, dass auch die von der Regierungskommission als zulässig bezeichneten Streikposten *mit zusammengedrehten Stricken körperlich mißhandelt*, in Engelfangen am Schacht Viktoria III *mit Reitpeitschen und Stricken geschlagen* wurden. Am Nachmittag des 19.02. trafen sich zu einer Krisensitzung im Püttlinger Rathaus Kabinettsrat Dr. Delfau als Vertreter der Regierungskommission, Landrat Dr. Vogeler, die Bürgermeister von Püttlingen und Riegelsberg, der Leiter (*Ingenieur principal*) der Inspektion II de Birran, der *Ingenieur divisionnaire* der Grube Viktoria Boileau, ein französischer Hauptmann und Oberleutnant de la Brosse, derzeitiger Kommandeur der

---

248 Völklinger Volksfreund vom 14.02.1923.
249 Ebenda Volksfreund vom 23.02.1923.

auf Grube Viktoria stationierten Truppen. Vertreter der Arbeitnehmer waren nicht geladen worden. Zweck der Besprechung war die Frage, wo und wie eine Kooperation von französischen Militärpatrouillen und saarländischen Landjägern zur *Überwachung der Streikposten und zur Verhütung von Übergriffen* möglich sei.[250] Aufgrund dieser Vereinbarung entspannte sich die Lage etwas. Eine Verschärfung brachte wieder das Verbot der Regierungskommission vom 02.05., Streikposten in jedweder Form aufzustellen. Aus der Sicht der Streikenden waren solche Posten notwendig geworden, weil Kritik an dem Verhalten der Streikleitung aufgekommen war.
Ende März 1923 gründeten Karl Krämer und Emil Becker den schon genannten Verband der Saarbergleute (vgl. S. 169 ff.), weil ihr bisheriger Verband zu politischen Zwecken missbraucht werde. In Flugblättern, die auch im Bereich der Bürgermeisterei Sellerbach verteilt wurden, vertraten sie die Ansicht, dass mit dem Geld des BAV der Streik höchstens zwei Wochen hätte durchgehalten werden können. Das für eine längere Dauer benötigte Geld stamme aus deutschen Kassen, sei nationalistisches Geld, der Streik somit kein Arbeitskampf, sondern ein politischer Streik. Daraufhin verbreiteten die Bezirksleiter Julius Schwarz und Jakob Frank in einem anderen Flugblatt die Devise »Hört nicht auf die Saarbündler, weiter mit dem Streik an der Saar!«
Der Prozentsatz der Streikenden war hoch, doch nicht alle waren dem Aufruf zum Ausstand gefolgt. Die Arbeitswilligen, die sich aus dem Saarbund und dem ihm unterstehenden »Verband der Saarbergleute« rekrutierten, hatten keinen leichten Stand. Zwar ist aus dem hiesigen Bereich kein einziger Fall bekannt geworden, dass ein Bergmann mit Brachialgewalt am Anfahren gehindert wurde, alle waren aber einem starken psychischen Druck ausgesetzt, wurden als *Streikbrecher, Arbeiterverräter, Drecksäcke, Gelbmännchen*[251] und *Mauschbacher* tituliert und gesellschaftlich geschnitten. Die Streikleitung drohte Gastwirten und Lebensmittelhändlern Boykottmaßnahmen an, wenn sie an Streikbrecher Waren verkaufen oder Bier ausschenken würden. Die Auswertung des Aktenstückes über den Streikverlauf in der Bürger-

---

250 Niederschrift in LA SB Dep. Riegelsberg Nr. 706.
251 Damit wurde auf die vor dem Ersten Weltkrieg bestehenden arbeitsfriedlichen Werkvereine, sogenannte »Gelbe« angespielt.

meisterei Sellerbach zeigt, dass alle Seiten – Bürgermeisterei, Polizei, französisches Militär und die örtlichen Streikleiter Peter Bernarding und Mathias Straub – bemüht waren, Zusammenstöße, Schlägereien, Sachbeschädigungen zu vermeiden. Einzelne Betroffene haben dies jedoch durchaus anders empfunden. Veronika Michels berichtete nach dem Krieg, dass ihr Mann die Missgunst seiner Arbeitskameraden erregt habe, weil er während des Streiks arbeitete, als *Saarbündler* öffentlich beschimpft wurde, ihm nachts, wenn er von der Arbeit heimkehrte, aufgelauert und sogar zweimal nach ihm geschossen worden sei.[252] Häufiger kam vor, dass arbeitswillige Bergleute auf dem Heimweg von Kindern mit *Blechmusik* begleitet wurden. Die Regierungskommission wies die Kreisschulräte an, die Lehrerschaft solle gegen diesen *Unfug* einschreiten. Die Sellerbacher Freiwillige Feuerwehr schloss im April drei ihrer Mitglieder als Streikbrecher aus. Der Bürgermeister beanstandete dies, weil kein *satzungsgemäßer Ausschließungsgrund* vorläge.[253]

Die üblichen Maifeiern wurden im Krisenjahr 1923 eingeschränkt, öffentliche Versammlungen wurden nur am Vormittag des 01.05. erlaubt, Rückkehr in geschlossenen Reihen mit Musik untersagt. Weil der Gemütlichkeitsverein Etzenhofen dennoch im Ort einen Umzug in Stärke von 15 Mann mit Musik ohne Genehmigung veranstaltet hatte, wurde gegen den Vereinsvorsitzenden ein Strafverfahren eingeleitet.

Die schwieriger werdende Fortführung des passiven Widerstandes im Ruhrgebiet und die sich rasant entwickelnde Inflation der Mark dürften bei der saarländischen BAV-Leitung zur Einsicht geführt haben, dass mit einer Fortsetzung des Streiks nicht mehr viel zu gewinnen sei. Auf Wunsch des BAV-Vorsitzenden Julius Schwarz bat Max Braun (SPD) den Direktor des Internationalen Arbeitsamtes um Vermittlung, die tatsächlich zur Beendigung des Streiks führte. Am 15.05.1923 fuhren die Bergleute wieder an.[254] Der erlangte Lohnzuwachs lag nur um 50 Centimes über dem von den *Mines Domaniales* gemachten Angebot vom 03.02.!

Der Bergarbeiterstreik von 1923 mit seiner Verzahnung von natio-

---

252 StadtA PÜ Wiedergutmachungsakt, Schreiben vom 13.05.1948.
253 LA SB LRA SB Nr. 2058.
254 Zum Streikende vgl. Völklinger Volksfreund vom 15.05.1923.

nalen und sozialen Motiven verschärfte das schon vorher bestehende Feindbild »Frankreich und seine Erfüllungsgehilfer«, wozu auch die Regierungskommission gezählt wurde, die unter ihrem ersten Präsidenten Victor Raoult eher eine profranzösische Politik als eine neutrale treuhänderische Verwaltung betrieb. Diejenigen, die als Streikbrecher oder Saarbundmitglieder aus der Einheitsfront gegen die »welsche Fremdherrschaft« ausgeschert waren, hatten fortan bis zum Ende des Zweiten Weltkriegs mit dem Odium der patriotrischen Unzuverlässigkeit und der Frankophilie zu leben.

Kleinere Streiks im Bergbau

Von den späteren Streiks im Saargebiet erreichte keiner auch nur annähernd die Dimension des huderttägigen Bergarbeiterstreiks von 1923. Arbeitsniederlegungen der folgenden Jahre hatten geringere Ursachen und überstiegen nicht den lokalen Rahmen.
In den letzten Maitagen 1925 kündigte die Grubenverwaltung fünf Püttlinger Bergleuten der Grube Viktoria, nämlich Peter Dörr (KP), Jakob Mathis, Peter Altmeyer (KP), Nikolaus Haag und Mathias Edlinger. Als mutmaßlicher Kündigungsgrund soll vorgelegen haben *Arbeitsminderleistung und Aufwiegelung der Arbeiter, weniger zu arbeiten, um eine Gedingeerhöhung herbeizuführen.* Die BAV-Zahlstelle Püttlingen und der GCB beriefen eine Belegschaftsversammlung für 28.05. in das Püttlinger Arbeiterheim ein. Ein großer Teil der anwesenden 600 Personen zeigte sich in der stürmisch verlaufenden Versammlung bereit, in den Streik zu treten, doch konnten die Gewerkschaftssekretäre Michely, Altenkessel, und Müller-Prümm, Püttlingen, beruhigend auf die Leute einwirken[255].
Bei einer Versammlung am 22.07.1925 in Püttlingen rief Georg Schorr (KP) alle Arbeiter auf, sich am kommenden Montag (27.07.) an dem Streik zur Durchsetzung der Lohnforderungen der Bergarbeiter zu beteiligen, und kritisierte das Verhalten der Gewerkschaften, der Maschinist Emil Meyer, Püttlingen, verteidigte die Haltung der Gewerkschaften. Am Morgen des 27.07.1925 traten die Bergarbeiter auf den Grubenanlagen der Bürgermeisterei Sellerbach in den Streik. Auf den Bergwerksanlagen in Engelfangen waren nur 24 Mann eingefahren,

---

255 Bericht von Weiler vom 28.05.25 (LA SB LRA SB Nr. 305).

teils Jugendliche und Bergbeschädigte. Am 03.08. wurde die Arbeit auf sämtlichen Anlagen wieder aufgenommen.[256] Am 22.08.1925 bedauerte Lorenz in einer Versammlung in Engelfangen unter Vorsitz von Wilhelm Groß (KP) Engelfangen, dass Metaller und Eisenbahner sich am Streik nicht beteiligt hatten.[257]

Am 30.09.1926 streikte die Frühschicht der Inspektion Von der Heydt, rund 1.500 Bergleute, sie forderten die Entfernung eines Steigers, der auf der Grube einen Arbeiter misshandelt haben sollte, am folgenden Tag wurde die Arbeit wieder aufgenommen.[258]

Am 03.01.1927 legten 669 Bergleute der Grube Viktoria die Arbeit nieder wegen der Entlassung eines Bergmannes, der eine Auseinandersetzung mit einem Steiger hatte.[259]

Aussperrung bei Röchling – Völklingen

Eine größere Anzahl von Arbeitnehmern aus Püttlingen und den Talgemeinden war in den 1920er Jahren bei den Röchling'schen Eisen- und Stahlwerken A.G. und den Edelstahlwerken Röchling A.G. beschäftigt, im Volksmund kurz »Völklinger Hütte« genannt. Im Herbst 1924 kam es hier zu einer rund sechswöchigen Aussperrung, bedingt durch eine Vermischung politischer und wirtschaftlicher Motive, die in der wissenschaftlichen Literatur noch keine gründliche Aufarbeitung gefunden hat. Sie soll auch hier nicht versucht werden, sondern ihr Ablauf nur kurz skizziert werden.

Ende August 1924 teilten die Leitungen beider Firmen ihren Belegschaften mit, dass eine Stilllegung der Werke nicht zu vermeiden sei ohne eine bedeutende Ermäßigung der Kohlenpreise bei gleichzeitiger Verringerung der Löhne. Diese Formulierung lässt schon die beiden Fronten des anstehenden Konfliktes erkennen, einmal in einer Vermengung von wirtschaftlichen und nationalpolitischen Motiven die Auseinandersetzung mit der französischen Verwaltung der Saargruben um niedrigere Kohlenpreise, zum anderen mit den Belegschaften und Gewerkschaften um Lohnkürzung und Arbeitszeitverlängerung. Die

---

256 Berichte in LA SB LRA SB Nr. 1846, vgl. auch Sperling, Bergbau Bd. 2, S. 31 u. 38.
257 Polizeiberichte in LA SB LRA SB Nr. 305.
258 Ortschonik Riegelsberg, S. 177, LA SB LRA SB Nr. 1846.
259 Bericht des Bürgermeisters an den Landrat am 03.01.1927 (LA SB LRA SB Nr. 1846).

politische Komponente des Konfliktes, der von Hermann Röchling mit der *Administration des Mines Domaniales* ausgefochten und in den auch die Regierungskommission und das Sekretariat des Völkerbundes in Genf einbezogen wurden, interessiert hier weniger, mehr die soziale Komponente, weil sie Teile der Köllertaler Bevölkerung betraf. Die von den Firmenleitungen formulierten und von Hermann Röchling öffentlich vertretenen Bedingungen für den Weiterbetrieb der Werke beinhalteten:
- Die achtstündige Arbeitszeit bleibt bestehen für die Feuerarbeiter in den durchgehenden Betrieben der Koksanlage, des Hochofens, der Feinstraßen und der Drahtstraßen, es muss aber ein Lohnabbau von 15% in Kauf genommen werden und es müssen nach den Erfordernissen des Betriebes Überstunden ohne Aufschläge auf den Stundenlohn geleistet werden.
- Die Arbeiter an allen anderen Stellen der Werke müssen sich einverstanden erklären entweder mit einem Lohnabbau von 25% oder einer Erhöhung der Achtstundenschicht um 2 Stunden.
- Die Gesamtsumme der sozialen Zulagen wird um 25% abgebaut und neu geregelt.

Dass Röchling mit dem drohenden Verlust von 7.000 bis 7.500 Arbeitsplätzen auf die *Mines Domaniales* Druck zur Senkung der Kohlenpreise und auf die Regierungskommission zur Gewährung von Krediten ausüben wollte, ist schon damals vermutet worden. Da er bei beiden zunächst kein Entgegenkommen fand und sowohl die Gewerkschaften als auch SPD und KPD die Lohnsenkungen ablehnten, wurden beide Werke am 15.09. stillgelegt, alle Arbeiter und Angestellten bis auf eine Notbereitschaft entlassen und auf Ansuchen Röchlings die Werke unter Polizeischutz gestellt. Nachdem wochenlang Gespräche hinter verschlossenen Türen geführt, in der Öffentlichkeit die eigenen Positionen gerechtfertigt, gegen die der Gegenseite heftig polemisiert worden war, zeichnete sich Ende Oktober durch Vermittlung des Saarbrücker Oberbürgermeisters Neikes in dem Arbeitskampf eine Lösung ab. Die Röchling'schen Werke erklärten sich zur Wiederingangsetzung ihrer Betriebe ab 03.11. unter folgenden Bedingungen bereit:
- Die Wiedereinstellung der Arbeiter erfolgt sobald wie möglich in vollem Umfang, jedoch nach betriebsbedingten Möglichkeiten, d.h. nicht alle Arbeiter werden schon zum 03.11. wieder eingestellt.

- Maßregelungen von Arbeitern finden nicht statt-
- Die Stilllegung der Werke gilt nicht als Unterbrechung des Arbeitsverhältnisses.
- Für die Arbeitsverhältnisse und die Löhne sind maßgebend der derzeit geltende Manteltarifvertrag und Lohntarif für die Mitglieder des Arbeitgeberverbandes der saarländischen Eisenindustrie.

Auf einer Zusammenkunft der Funktionäre des Deutschen Metallarbeiterverbandes, des Christlichen Metallarbeiterverbandes, des Gewerkvereins der Metallarbeiter und verschiedener kleinerer Arbeitnehmerverbände stimmten von 52 anwesenden Funktionären 51 für die Aufnahme der Arbeit zu den genannten Bedingungen. Am folgenden Tag, dem 03.11., wurden die Werkstore für die ersten Arbeiter wieder geöffnet, damit war die Aussperrung beendet.[260]
In den späteren Jahren gab es kürzere Streiks in einzelnen Betrieben der Völklinger Hütte, z.B. im April 1932 zwei Tage im Elektrowalzwerk.[261]

Politische Aktivitäten und Manifestationen

Nationale Grundeinstellung

Das nationale Element war bestimmend für das gesamte öffentliche Leben.[262] Parteien, Verbände, Vereine, Presse ließen keine Gelegenheit aus, die enge Verbundenheit der Saarbevölkerung mit dem deutschen Vaterland zu bekunden.
Schon im August 1919 war in Berlin mit Unterstützung des Auswärtigen Amtes eine Geschäftsstelle des Saarvereins zur Betreuung und Interessenvertretung der Saarländer im Reich eingerichtet worden. In der Folge entwickelte sich ein das gesamte Reichsgebiet überziehendes

---

260 Dargestellt anhand von Berichten in verschiedenen zeitgenössischen Tageszeitungen, vgl. auch Bericht von Bürgermeister Georg bei Sperling, Bergbau Bd. 2, S. 37.
261 LA SB LRA SB Nr. 1848.
262 Ausführlich hierzu Ludwig Linsmayer, Politische Kultur im Saargebiet 1920-1932. Symbolische Politik, verhinderte Demokratisierung, nationalisiertes Kulturleben in einer abgetrennten Region, St. Ingbert 1991 (= Saarland Bibliothek Bd. 2).

Netz von Ortsvereinen, die organisatorisch im »Bund der Saarvereine« zusammengefasst waren. Unter Leitung des aus dem Saargebiet ausgewiesenen nationalliberalen Bergbeamten Theodor Vogel entfaltete der Bund bis 1933 mit staatlicher und privater Unterstützung ein breites Programm von kulturellen Veranstaltungen und Gruppenreisen ins Reich, meist verbunden mit Empfängen durch Politiker, Träger kommunaler und staatlicher Funktionen oder durch befreundete Verbände und Vereine, um die Verbundenheit zwischen der reichsdeutschen Bevölkerung und den »Brüdern und Schwestern« im abgetrennten Saargebiet zu pflegen.[263]
Gedächtnistage der deutschen Geschichte wurde im Saargebiet nicht nur mitgefeiert, sondern zu großen nationalen Demonstrationen ausgebaut. In saarländischen Städten und Dörfern wurde im Juni 1925 wie im gesamten linksrheinischen Reichsgebiet bei der »Rheinischen Jahrtausendfeier« der 1.000-jährigen Zugehörigkeit zum Deutschen Reich in eindrucksvoller Demonstration des deutschen Nationalbewusstseins mit Aufmärschen und Kundgebungen gedacht.[264] Anknüpfungspunkt war die Verbindung Lotharingiens mit dem damaligen ostfränkischen, späteren Deutschen Reich durch König Heinrich I. im Jahr 925. Gerade die Abtrennung vom deutschen Vaterland gab Anlass, das Jubiläum in besonders eindrücklicher Weise zu feiern. Die Häuser prangten im Festschmuck, geflaggt wurde »natürlich nicht« mit der erst 1920 geschaffenen schwarz-weiß-blauen Saargebietsfahne, denn das hätte ja eine Anerkennung des derzeitigen Sonderstatus des Saargebietes bedeutet, sondern meist mit Schwarz-Weiß-Rot, aber auch mit Schwarz-Rot-Gold[265]. In Püttlingen marschierte die Mehrzahl der Teilnehmer am Festgottesdienst in geschlossener Formation unter Begleitung einer Blaskapelle zur Kirche. Am Nachmittag führte

---

263 Vgl. dazu Vogel, Theodor (Hg.), Der Saarbefreiungskampf im Reich 1918-1935, Berlin 1935, Wettmann-Jungblut, Peter, Theodor Vogel. Das Sprachrohr für die deutsche Saar, in: Linsmayer, Der 13. Januar, S. 236-247, neuerdings sehr ausführlich: Frank G. Becker »Deutsch die Saar. Immerdar!«. Die Saarpropaganda des Bundes der Saarvereine 1919-1935, Saarbrücken 2007.
264 Sperling, Bergbau Bd. 2, S. 39f.
265 Nach den Beobachtungen des Landesratsmitglieds Dr. Sender (SPD) seien in der Stadt Saarbrücken mehr schwarz-weiß-rote Fahnen gezeigt worden als auf dem Land, wo man sich durch Schwarz-Rot-Gold zur Republik bekannt habe (Zenner, Parteien und Politik, S. 185).

der Turnverein 1890 unter freiem Himmel Volkstänze auf. An Schulkinder wurden Würstchen und Weck verteilt.[266]
Wie anderenorts wurde auch in Püttlingen in der Nacht vom 30.06. zum 01.07.1930 eine Sympathiekundgebung zur Räumung des Rheinlandes durch die alliierten Truppen veranstaltet und dabei der Wunsch nach baldiger Heimkehr ins Vaterland artikuliert.[267] Die Veranstaltung war von der Regierungskommission nur unter der Auflage genehmigt worden, damit keine Fackelzüge zu verbinden. Eine kommunistische Gegendemonstration, wie sie in Dudweiler vorgesehen war,[268] war in Püttlingen nicht geplant.

Die Versammlungen der DSVP schlossen häufig mit einem dreifachen Hoch auf das deutsche Vaterland und dem Deutschlandlied.

Auch kirchliche Großveranstaltungen, wie der Saarländische Katholikentag am 03.06.1923 mit etwa 70.000 Teilnehmern, boten Gelegenheit, ein Treuebekenntnis zu den Mutterdiözesen Trier und Speyer abzulegen[269]. Speziell für Püttlingen wurde die enge Verbindung mit dem Bistum Trier betont durch einen Besuch von Bischof Rudolf Bornewasser im Juni 1923.[270]

Der Aufrechterhaltung der lebendigen Verbindung zum deutschen Mutterland diente auch die Organisation der meisten Parteien als Bezirks- oder Landesgruppe der Schwesterpartei im Reich, ebenso persönliche Mitgliedschaften von Saarländern in reichsdeutschen Parteien und Verbänden, ja sogar im Reichstag und Preußischen Landtag. Sie wurden durch die Hilfskonstruktion des doppelten Wohnsitzes – im Reich und im Saargebiet – ermöglicht. Fritz Kuhnen,[271] Bezirksleiter des Gewerkvereins Christlicher Bergleute, gehörte dem Vorstand der preußischen Zentrumspartei an, seit 1930 als Zentrumsabgeordneter

---

266 Fotos von Fritz Schweitzer, Püttlingen in: Rheinische Jahrtausend-Feier im Saargebiet, Saarbrücken 1925, S. 65f.
267 LA SB LRA SB Nr. 308.
268 Genehmigung des Landratsamtes (LA SB LRA SB Nr. 308).
269 Zenner, Parteien und Politik, S. 158f.
270 Völklinger Volksfreund vom 13.06.1923.
271 Kurzbiographie bei Mallmann/Paul, Das zersplitterte Nein, S. 149-155.

dem Reichstag, der Bergarbeitersekretär Karl Hillenbrand der gleichen Partei im preußischen Landtag.[272]

Größere Veranstaltungen reichsdeutscher Organisationen wurden bewusst ins Saargebiet gelegt, um damit Nicht-Vergessen-Sein und Zusammengehörigkeit zu manifestieren. Zu nennen sind hier die große Kundgebung der Windthorstbünde am 13.04.1930 und der 3. Rheinische Ev. Kirchentag 1930.
Einige Grade weniger pathetisch ging es zu bei den vielen gegenseitigen Besuchen von Vereinen, vornehmlich Sport- und Musikvereinen. Die Teilnahme an solchen Veranstaltungen war mitunter so groß, dass die Eisenbahnverwaltungen Sonderzüge bereitstellten. Aus der Beherbergung der saarländischen Gäste in reichsdeutschen Familien und umgekehrt entstanden das Tagesereignis überdauernde zwischenmenschliche Verbindungen. Als Beispiel aus unserem lokalen Raum sei genannt ein Sängerfest in Engelfangen am 27./28.06.1931, zu dem rund 130 Sänger und Sängerinnen des Volkschores Oberstein/Nahe gekommen waren.[273]

Pflege militärischer Traditionen
Die Erinnerung an das gemeinsame Erleben im Weltkrieg, vor allem an die Opfer und Leiden, wurde wachgehalten durch Feiern am Volkstrauertag, die auch als Kriegergedächtnisfeiern deklariert wurden, durch Vorträge über Kriegserlebnisse in den Krieger- und Militärvereinen und durch die Errichtung von Kriegerdenkmälern.
In Püttlingen wurden in den beiden Kirchen Kriegergedächtniskapellen eingerichtet. Eine in den ersten Nachkriegsjahren angesparte Summe zur Errichtung eines Kriegerdenkmals schmolz in der Inflation dahin. Im Jahr 1926 bildeten die Püttlinger Vereine einen paritätisch zusammengesetzten Denkmalausschuss und riefen die Bevölkerung zum Eintritt in den Denkmalsverein auf. Rund ein Jahr später, nachdem eine größere, aber noch nicht ausreichende Summe zusammengekommen war, setzte die Krise im Bergbau ein. Der Denkmalverein wollte nun von den kargen Einkünften seiner Mitglieder nicht auch noch Beiträge und Spenden einfordern, stellte daher seine Sammlungen ein.

---

272 Zenner, Parteien u. Politik S. 170, Zur Mühlen, Schlagt Hitler, S. 66.
273 LA SB LRA SB Nr. 308.

Im Frühjahr 1928 wurde der Ortsinteressen- und Verkehrsverein initiativ, um das Denkmalprojekt wieder zu beleben. Der »Völklinger Volksfreund« schrieb: *Das Ehrenmal soll keine Verherrlichung des Krieges sein, nein, dem Frieden wollen wir dienen! Das Werk soll sein die Abstattung des schuldigen Dankes der Heimat an ihre gefallenen Söhne, ein Ehrenmal für alle Opfer des größten aller Kriege.* Die an derselben Stelle veröffentlichte Würdigung der Gefallenen entsprach dem patriotischen Denken und Fühlen der Mehrheit der Bevölkerung: *Für die Heimat haben unsere Helden in heiliger Pflichttreue gekämpft, geblutet und ihr Leben geopfert, damit die Kriegsgreuel nicht über unser Grenzland hereinbrachen. Sie haben ihr Werk vollbracht, die Grenzen des Vaterlandes verteidigt. Söhne und Töchter der Grenzmark danken ihnen, daß wir nicht heimat- und obdachlos die Väter-Scholle verlassen und in der Fremde Zuflucht suchen mußten.*[274] Trotz der wirtschaftlichen Flaute kamen die Gelder zusammen. Am 02.08.1931 fand die *Denkmalenthüllungsfeier* vor dem Rathaus in Püttlingen statt.[275]

In Riegelsberg wurde am 17.06.1934 unter Beteiligung von elf Vereinen und fast 1.000 Männern, Frauen und Kindern der Grundstein für das später »Hindenburgturm« genannte Denkmal an weithin sichtbarer Stelle gelegt.[276]

Verhältnis zu Frankreich

Das Verhältnis der Saarbevölkerung zu Frankreich war nicht nur durch die seit dem frühen 19. Jh. propagierte Ideologie der Erbfeindschaft, durch die Fronterlebnisse im Ersten Weltkrieg und durch die Erfahrungen mit der französischen Besatzung, wo sich infolge des Einsatzes von Kolonialtruppen[277] nationalistische Aversionen mit rassistischen vermengt hatten, bedingt, sondern auch aus dem Spannungsverhältnis zwischen Arbeiterschaft und Unternehmertum; denn die *Mines Domaniales françaises de la Sarre* waren der größte Arbeitgeber an der Saar, und an vier der fünf Saarhütten hatten in den ersten Nach-

---

274 Völklinger Volksfreund vom 01.05.1928.
275 Erwähnt in LA SB LRA SB Nr. 309, Sperling, Bergbau Bd. 2, S. 44.
276 Bericht in LA SB LRA Nr. 314. Zum Bau des »Hindenburgturm« genannten Denkmals vgl. Ortschronik Riegelsberg, S. 183f. mit Bild.
277 Vgl. S. 70.

kriegsjahren französische Gesellschaften mit kräftiger Nachhilfe der französischen Regierung die Kapitalmehrheit erworben.
So waren schon in den ersten Nachkriegsmonaten tief sitzende nationale Ressentiments gegen die neuen Herren in Gruben und Hütten und gegen ihre Vertreter in den einzelnen Betrieben erwachsen, im Lauf der Jahre nicht abgebaut, sondern eher verstärkt worden. Die Verquickung nationaler und sozialer Konflikte gab den Arbeitskämpfen im Saargebiet eine Prägung, die im Reich allenfalls in den Monaten des Ruhrkampfes eine Parallele hatte.
Das Scheitern des Saarbundes hatte gezeigt, dass die damals entstandenen Schranken kaum übersteigbar waren. Auch in den Diskussionen um Ursachen und Wirkung des wirtschaftlichen Niedergangs an der Wende der 1920er/1930er Jahre wurde immer wieder die nationale Frage mit der sozialen verquickt.
Besonders empfindlich reagierte die saarländische Öffentlichkeit auf alle Initiativen, die eine gezielte Ausbreitung französischer Sprache und Kultur erkennen oder vermuten ließen. Versuche, Saarländer mit Werken französischer Kultur bekannt zu machen, wurden als Aktion einer *pénétration culturelle* eingestuft und daher als Mittel einer Werbung für einen Anschluss an Frankreich bei dem 1935 anstehenden Plebiszit abgelehnt. Sie lösten unverzüglich als Reaktion die lautstarke Artikulierung der Verbundenheit der Bewohner des Saargebiets mit Kultur und Geschichte des Deutschen Reiches aus. Die Reserve gegenüber französischer Kultur ging so weit, dass Studenten und Lehramtskandidaten der französischen Philologie den für ihren späteren Beruf nützlich erscheinenden Aufenthalt in frankophonem Ausland lieber in der romanischen Schweiz als in Frankreich absolvierten.
Ein Stein besonderen Anstoßes waren die Domanialschulen (vgl. S. 41). Während alle Parteien sie aus nationalen Motiven bekämpften, lehnten Zentrumspartei und Klerus sie auch als laizistische Schule ab.[278] Von seiten der *Mines Domaniales* als Träger dieser Schulen wurde aufmerksam vermerkt, welche Schule die Kinder ihrer Belegschaftsmitglieder besuchten. Manche Steiger- und Bergarbeiterfamilie geriet dabei in eine Zwickmühle, einige fanden einen Ausweg dadurch, dass sie, wenn es ihnen finanziell möglich war, ihre Kinder in katholische

---

278 Zenner, Parteien und Politik, S. 159.

Privatschulen außerhalb des Saargebiets schickten.[279] Noch kritischer wurde die Lehrtätigkeit an Domanialschulen gewichtet, Bergmann Johann Kiefer, der dort Gesangsunterricht erteilte, bekam dies nach der Rückgliederung zu spüren.

Veranstaltungen, Kundgebungen, Aufmärsche
Öffentliche Veranstaltungen aller Art – Versammlungen, Aufmärsche, Festzüge – bedurften einer vorherigen Genehmigung, sie musste bei dem zuständigen Bürgermeisteramt beantragt werden. In der Regel wurde der Antrag an den Landrat oder sogar an die Abteilung des Innern der Regierungskommission zur Entscheidung weitergeleitet. Dieses Verfahren galt nicht nur für Veranstaltungen mit politischem Einschlag, sondern für alle öffentlichen Veranstaltungen. Ein gemeinsamer formierter Kirchgang eines katholischen Arbeitervereins am St. Josefstag war in gleicher Weise genehmigungspflichtig wie der Ausflug eines Wandervereins in Begleitung einer kleinen Musikkapelle. Politische Veranstaltungen wurden in der Regel von einem Polizisten oder Gendarmen besucht, der über den Verlauf schriftlich zu berichten hatte. In den Altakten des Landratsamtes Saarbrücken, die im Landesarchiv aufbewahrt werden, findet sich eine Vielzahl solcher Berichte. Sie informieren über den Verlauf der Veranstaltung, über Inhalt von Reden und Diskussionen, freilich nur in der Weise, wie der überwachende Polizist das Gehörte aufgenommen hatte und dann schriftlich zusammenfasste. Sie ersetzen nicht die Manuskripte der Redner. Infolgedessen stellen die Niederschriften der Polizeibeamten sekundäre Quellen dar, deren Zuverlässigkeit mit der gleichen Skepsis, wie sie gegenüber allen Sekundärüberlieferungen angebracht ist, bewertet werden muss. Manches kann bewusst falsch oder einseitig, anderes in seiner Wertigkeit verschoben dargestellt und einiges gar nicht erwähnt sein. Doch sind die Berichte aus der Zeit vor 1933 im Gegensatz zur Berichterstattung der damaligen Presse parteipolitisch noch neutral. Als Beispiel für Formen politischen Lebens sollen hier die Maifeiern, wie sie in den Polizeiberichten beschrieben werden, vorgestellt werden. Sie wurden von den sozialistischen Parteien und den Freien Gewerkschaften genutzt zur öffentlichen Selbstdarstellung, auch

---

279 Z.B. in den Konvikt nach Prüm (Interview mit Norbert und Gertrud Scherer).

um Kritik an der Lage der Arbeiterschaft und sozialpolitische Forderungen öffentlichkeitswirksam zu artikulieren. Zugleich eröffnen die Berichte Einblicke in die Festkultur der Arbeiterschaft und in das vor Ort bestehende Verhältnis von Sozialdemokraten und Kommunisten, Christlichen Gewerkvereinen und Freien Gewerkschaften.
Maifeiern fanden schon im Jahr 1919 statt. Über die Feier des 01.05.1920 blieb ein Bericht erhalten:[280] *Die Feier des 1. Mai 1920 von Seiten der sozialdemokratischen Parteiverbände und Gewerkschaften wurde in den einzelnen Ortschaften getrennt abgehalten. Die Verbände von Püttlingen und Ritterstraße traten vormittags mit Musik an und marschierten nach dem in der Nähe des Rathauses gelegenen Platz am Hexenturm. Dort hielt Peter Becker eine längere Rede. Dann bewegte sich der Festzug geschlossen durch die Hauptstraßen des Ortes. Im Festzug wurden Fahnen mit der Inschrift USP und SPD sowie Bilder von Liebknecht und anderen Parteiführern getragen. Beim Abmarsch über die Brücke wurden 129 Glieder zu vier bzw. drei Personen gezählt, so daß man die Zahl der Teilnehmer auf höchstens 500 Personen annehmen kann. In dieser Zahl sind auch die Jugendlichen enthalten, die kaum dem Knabenalter entwachsen sind. Frauen waren nicht im Zuge. Nach der Rückkehr wurden noch mehrere Reden von den einzelnen Parteiführern gehalten. Dann löste sich die Versammlung auf. Die einzelnen Führer gaben nach der Feier die Zahl der Teilnehmer auf 11-1200 an; sie begründen ihre Angaben damit, daß sie diese Zahl von roten Bändchen im Laufe des Vormittags verkauft haben....Die Tanzvergnügungen in Püttlingen, die in 3 Sälen abgehalten wurden, zeigten eine stärkere Beteiligung, als man erwartet hatte. Die Feier ist überall ohne Zwischenfälle verlaufen.*
In der Bürgermeisterei Sellerbach wurde die Maifeier 1920 von dem Freien Gewerkschaftskartell zusammen mit den sozialistischen Parteien organisiert. Die Gruppe I traf sich morgens um 7 Uhr in Buchenschachen, marschierte mit Musik über Hixberg – Engelfangen – Kölln – Sellerbach – Etzenhofen – Walpershofen nach Hilschbach, vereinigte sich dort mit der Gruppe II und zog gemeinsam zur Abschlusskundgebung in die Wirtschaft Volz in der Saarbrückerstraße in Riegelsberg, ungefähr gegenüber der heutigen Mozartstraße. Der Tag

---

280 Ediert von Dostert.

endete mit Tanzveranstaltungen in verschiedenen Gaststätten, u.a. in Engelfangen.[281]

Die Beteiligung an der Maifeier 1926 war schwächer als in den Vorjahren. BAV, SPD und KP organisierten in Püttlingen einen gemeinsamen Umzug, 216 Personen nahmen teil, mitgeführt wurden 2 rote und 1 schwarz-rot-goldene Fahne und Schilder mit den Aufschriften »*Trotz alle dem*«, »*Es lebe die organisierte Arbeiterschaft*«, »*Wir kämpfen für den 8-Stundentag der Welt*« und »*Proleten schützt eure Knochen*«. Gewerkschaftssekretär Michely aus Sulzbach hielt eine Ansprache, der Tag schloss mit Tanz im Arbeiterheim.[282]

Ein Bericht des Saarbrücker Landrates mit Teilnehmerzahlen an den Umzügen am 01.05.1928 in den Bürgermeistereien seines Landkreises gibt indirekt Aufschluss über den Grad der Organisation der Arbeiterschaft in den Linksparteien. Freilich sind die genannten Zahlen vor dem Hintergrund der jeweiligen Einwohnerzahl zu sehen.[283]

Brebach	1.400	Personen	Ludweiler	650	Personen
Dudweiler	1.100		Püttlingen	290	
Friedrichsthal	200		Quierschied	99	
Gersweiler	260		Riegelsberg	440	
Heusweiler	100		Sulzbach	450	
Kleinblittersdorf	100		Völklingen	1.800	

Am 01.05.1929 feierten Kommunisten und Sozialdemokraten nicht zusammen. Der Rot-Frontkämpfer-Bund marschierte zusammen mit der KP-Ortsgruppe Püttlingen/Ritterstraße/Altenkessel nach Völklingen. Der Musikkapelle und drei roten Fahnen folgten 44 erwachsene männliche Personen, 8 Frauen und 4 Kinder. Die BAV-Ortsgruppe Püttlingen veranstaltete in Püttlingen vor dem Arbeiterheim in der Völklingerstaße nachmittags ein Platzkonzert unter Beteiligung des gemischten Massenchors der Arbeitergesangvereine Püttlingen und Engelfangen. Nach einer Ansprache des Gewerkschaftssekretärs Josef Berg aus Fraulautern marschierten die Teilnehmer nach Engelfangen. Der Polizeibericht spezifiziert die Teilnehmer: Musikkapelle von 11

---

281 Herrmann, in: Ortschronik Riegelsberg, S. 174.
282 Bericht von Polizeioberinspektor Weiler vom 02.05.1926 (LA SB LRA SB Nr. 305).
283 Zusammenstellung ebenda Nr. 307.

Mann, 16 Radfahrer, 250 männliche Erwachsene, 130-140 Frauen und Mädchen, etwa 120 Kinder, mitgeführt wurden 14 Fahnen und 6 Wimpel. *Schilder mit irgendwelchen Aufschriften fehlten. Von abends 8 Uhr bis 2 Uhr nachts veranstaltete die Ortsgruppe Tanzlustbarkeiten in 3 Sälen. Sämtliche innerhalb der Bürgermeisterei veranstalteten Umzüge und Kundgebungen verliefen in schönster Ruhe und Ordnung.*[284]

Am 01.05.1930 sammelten sich die Mitglieder der Zahlstellen Engelfangen, Etzenhofen und Sellerbach vor bzw. in der Wirtschaft Schmidt, Engelfangen, marschierten um 13 Uhr nach Püttlingen zum Platzkonzert, das die BAV-Ortsgruppe Püttlingen und Ritterstraße unter Beteiligung des gemischten Massenchores der Arbeitergesangvereine Püttlingen und Engelfangen arrangiert hatte. Anschließend zogen die Teilnehmer (Musikkapelle von 12 Mann, 7 Radfahrer, 148 erwachsene männliche Personen, 60 bis 70 Frauen und Mädchen, 48 Kinder mit 4 Fahnen und 2 Wimpel) in Püttlingen durch die Völklinger-, Markt- und Engelfangerstraße und weiter bis zur Wirtschaft Schmidt in Engelfangen, die Püttlinger dann wieder zurück zum Volkshaus. In zwei Sälen in Püttlingen wurde bis morgens 2 Uhr getanzt.[285] Auch in diesem Jahr gestaltete die KP-Ortsgruppe Püttlingen ihr eigenes Fest. Ihre Mitglieder versammelten sich in der Wirtschaft Josef Baltes auf der Ritterstraße und formierten sich zu einem Umzug, unter den Teilnehmern (52 Erwachsene, 20 Kinder) befanden sich 24 Ortsfremde, vermutlich aus Ludweiler. Während des Umzugs sprach der Kommunist Ulrich aus Ludweiler zum Sinn des Tages. Mitgeführt wurden Schilder mit Bild oder/und Text: »*Kapitalistische Großwut*«, »*Arbeiter schützt den 8 Stunden-Tag*« und ein Tuch mit Abbildungen des Berliner Polizeipräsidenten Karl Zörgiebel, des Gründers des Reichsbanners Otto Hörsing und des Reichskanzlers Hermann Müller.[286]

In Altenkessel veranstaltete das *Ortskartell der freien Vereine* (so der Polizeibericht) einen Umzug durch den Ort mit Musikkapelle, 2 roten Fahnen, 94 Erwachsenen und 15 Kindern. Die mitgeführten Schilder trugen die Aufschriften: »*Wir fordern die Einheitsschule*«, »*Wir fordern ein Jugendschutzgesetz*«, »*Wir fordern das Betriebsräte-*

---

284 Polizeibericht vom 2.05.1929 (ebenda Nr. 307)
285 Polizeibericht vom 2.05.1930 (ebenda Nr. 307)
286 Genehmigung in LA SB LRA SB Nr. 307.

gesetz«,[287] *»Wir fordern die baldige Rückgliederung des Saargebiets«, »Wir fordern die Rückgabe der Saargruben an den früheren Besitzer«.* Die Rede zur Bedeutung des Tages hielt das Landesratsmitglied Anton Betz (SPD) aus Völklingen.[288]

Im Jahr 1931 waren die Maifeiern und -umzüge schwach besucht. Die von der BAV-Zahlstelle Engelfangen organisierten Veranstaltungen in Engelfangen und Kölln hatten keinen starken Zulauf. In Altenkessel hatte man auf einen Umzug wegen der schwachen Beteiligung in den Vorjahren ganz verzichtet. Lediglich am Abend wurde in zwei Sälen zum Tanz aufgespielt. Die KP-Ortsgruppe Püttlingen marschierte in kleiner Besetzung – 12 Männer, 2 Frauen, 1 Kind – vormittags von der Gastwirtschaft Peter Heckmann in Püttlingen nach Völklingen, um sich am dortigen Umzug zu beteiligen. Mitgeführt wurden die Parteifahne und ein Schild als Sowjetstern. Die Püttlinger Sozialdemokraten waren damals in zwei Lager gespalten. Die BAV-Zahlstellen beschränkten sich auf Tanzveranstaltungen im Volkshaus in Püttlingen und im Lokal Trenz, Ritterstraße. Das Ortskartell der Freien Gewerkschaften eröffnete seine Veranstaltung um 13.30 Uhr mit einem Platzkonzert auf dem Püttlinger Marktplatz. Danach sprachen der 1. Vorsitzende Thomas Blank über die Bedeutung des Tages und der Gewerkschaftssekretär Schwaninger aus Saarbrücken über die Entstehung des internationalen Sozialismus in Paris vor 63 Jahren. Gegen 14.45 Uhr begann der Abmarsch nach Engelfangen, an dem sich insgesamt 120 Männer, 70 Frauen, 75 Kinder und 12 Radfahrer beteiligten. Sechs rote Fahnen wurden mitgetragen.[289]

Im Jahr 1932 marschierte eine Gruppe der KP-Ortsgruppe Riegelsberg/Sellerbach, bestehend aus 40 Männern, 25 Frauen und 15 Kindern, mit einer Sowjetfahne mit Sichel und Hammer nach Saarbrücken, von Püttlingen aus in zwei Zügen, bestehend aus Mitgliedern der KP und des BAV, zusammen 100 Männer und 30 Frauen, aber keine Kinder.[290]

---

287 Zum im Saargebiet fehlenden Betriebsrätegesetz vgl. H.-C. Herrmann, Entwicklungsbedingungen, S. 309ff.
288 Bericht von Polizeoberinspektor Weiler vom 02.05.1930 (ebenda Nr. 307).
289 Bericht des Polizeioberinspektors Weiler vom 02.05.1931 (ebenda Nr. 308).
290 Bericht der Landjägerabteilung vom 02.05.1932 (ebenda Nr. 310).

Abb. 14 Gruppenaufnahme vor dem Püttlinger Rathaus anlässlich der ersten proletarischen Hochzeit am 22.02.1927 Ludwig Friedrich Küpper (geb. 1900 in Niederbonsfeld), Hüttenarbeiter, Mitglied des Rot-Front-Kämpferbundes, mit Johanna Ludwig (geb. 1906 in Heimersdorf), beide wohnhaft in Püttlingen.

Die Themen der Parteiveranstaltungen betrafen oft politische Ereignisse und Zustände im Reich, z.B. Kritik an der Sozialpolitik der Kabinette Luther und Müller, an den Beerdigungskosten des Reichspräsidenten Ebert, an der Entschädigung der deutschen Fürsten für die Enteignungen 1918/19, oder die internationale Lage. Von kommunistischer Seite wurde ein bewaffnetes Vorgehen gegen die Sowjetunion befürchtet und Deutschland könne als Aufmarschgebiet dienen.[291] In ähnlicher Weise standen in den Zeitungen deutschland- und weltpolitische Fragen auf den ersten Seiten, Landesnachrichten erst auf S. 3 ff. Die sekundäre Rolle der Landespolitik erklärt sich daraus, dass in der Kardinalfrage der Saarpolitik – Rückkehr ins Deutsche Reich, Angliederung an Frankreich oder Beibehaltung der Völkerbundsverwaltung (*Status quo*) – ja bis zum Frühjahr 1933 die hiesigen Parteien keine konträren Ansichten vertraten und dass, verursacht durch das

---

291 Bericht über KP-Versammlung in Ritterstraße am 15.03.1925 (ebenda Nr. 305).

Fehlen eines Parlaments, – man erinnere sich an die eingeschränkten Befugnisse des Landesrates – die Parteien kaum Möglichkeiten einer aktiven Mitwirkung an der Gestaltung der Landespolitik hatten. Infolgedessen blieben nur Proteste gegen die Politik der Regierungskommission oder Propagierung von Projekten oder Forderung nach Übernahme neuer gesetzlicher Regelungen im Reich, vornehmlich im Bereich der Sozialpolitik.

Die Beteiligung an Versammlungen von KPD und SPD ließ zu wünschen übrig, was auch von den Veranstaltern mitunter öffentlich bedauert wurde, z.B. von Altmeyer (SPD) am 06.07.1925 in Püttlingen beim Dank an den Referenten Max Gärtner aus Hannover: Es sei eine gewisse *Schlafmützigkeit unter den Püttlinger Bergleuten eingerissen*. Auch müssten die Frauen und die jüngeren Kameraden ein größeres Interesse zeigen und die Versammlungen mehr besuchen.[292] Den schwachen Besuch einer SPD-Versammlung in Püttlingen am 08.11.1925 versuchte man mit der *in letzter Zeit stattgefundenen Mission* zu begründen, aus der Partei ausgetreten seien aber nur drei Männer.[293]

Gerade in den Versammlungen der Linksparteien wurden Gegensätze kräftig betont, durch Zwischenrufe die Redner unterbrochen, die Stimmung angeheizt. Die KP beendete ihre Versammlungen öfter mit einem dreimaligen Hoch auf die 3. Internationale.[294]

Nachrichten über Versammlungen der Ortsgruppen der Zentrumspartei sind seltener, dies kann mit der Vernetzung zwischen Zentrumspartei, katholischer Kirchengemeinde und katholischen Vereinen erklärt werden. Weltanschauliche Grundsätze der Zentrumspartei und Stellungnahmen zur Tagespolitik ließen sich von der Kanzel und über die verschiedenen Vereine der Pfarrgemeinden an die potentielle Wählerschaft herantragen, dazu bedurfte es nicht einer Parteiversammlung.

Erhebliche Unruhe löste die von der katholischen Kirchengemeinde angestrebte Erhöhung der Kirchensteuer, um den Bau einer Kirche in Ritterstraße und eines Alters- und Siechenheimes realisieren zu können, aus. In Verbindung damit sah man die von Pfarrer Hess betriebene

---

292 Bericht der Landjäger Schmitt IX u. Schwarz II vom 07.07.1925 (LA SB LRA SB Nr. 305).
293 Bericht über Verlauf dieser Versammlung (ebenda SB Nr. 305).
294 Z.B. am 08.02.1925 (LA SB LRA SB, S.13, Nr. 305).

Erhebung von Bengesen zur selbständigen Pfarrei. Am 29. November 1925 wurden diese Pläne in einer von der SPD einberufenen öffentlichen Volksversammlung im Saal Jakob Pabst-Roth, Püttlingen, diskutiert. Das einleitende Referat hielt Lehrer Zimmer, anwesend waren 500 Personen, darunter 10 Frauen. Bei einer Abstimmung vertraten zwei Drittel der Anwesenden die Ansicht, die Errichtung eines Altersheimes sei Sache der Zivilgemeinde, nur ein Drittel sah darin eine kirchliche Aufgabe. Mit dem zum Bau vorgesehenen Betrag könne man 30 Arbeiterwohnungen errichten. Bei der Diskussion fielen auch Äußerungen über die ortsansässigen Nicht-Katholiken: die kapitalkräftigeren Mitglieder der Zivilgemeinde seien die Israeliten und die Protestanten, auch sie sollten zu den Baukosten des Altenheims beitragen. Pastor Hess habe sich in Anbetracht des Stimmenverhältnisses geäußert, für ihn sei nun die Sache erledigt, er werde keinen weiteren Schritt in dieser Angelegenheit tun. Umso aufgebrachter reagierte ein Teil der Bevölkerung, als bekannt wurde, dass Pastor Hess in einer geheimen Sitzung der Kirchengemeindevertretung gegen drei Stimmen die Erhöhung der Kirchensteuer durchgedrückt hatte. Für 17.01.1926 wurde eine neue öffentliche Bürgerversammlung ins Püttlinger Arbeiterheim einberufen, rund 700 Katholiken aus Püttlingen und Ritterstraße nahmen daran teil, geleitet wurde sie von dem Bergmann Emil Meyer (SPD), Referent war wieder Lehrer Zimmer. Mit einer einzigen Gegenstimme wurde eine Resolution gefasst, wonach die Versammlung gegen die Erhöhung der Kirchensteuer protestiere und alle maßgebenden Stellen ersuche, die Bewilligung der Erhöhung zu versagen. Lehrer Zimmer, Emil Meyer, Georg Altmeyer und Wilhelm Warken wurden beauftragt, als Delegierte die Angelegenheit der Regierungskommission vorzutragen. In der schriftlichen Begründung heißt es: *In der heutigen bitter ernsten Zeit, wo die Arbeiterschaft nicht mehr soviel hat, um das nackte Leben bestreiten zu können, an eine Anschaffung von Kleidungsstücken und Schuhwerk ist überhaupt nicht mehr zu denken, muss es gerade als eine Herzlosigkeit bezeichnet werden, wenn man der Arbeiterschaft neue Steuerlasten auferlegen will. Diese Mehrausgaben müssen in der Familie des Arbeiters auf das unange-*

nehmste empfunden werden, zumal der Lohn der Arbeiterschaft sich durch die sinkende Kaufkraft des Franken verringert.[295]

Wirtschaftliche Not und sozialer Abstieg

Die Jahre 1920 bis 1922 waren für die Saarbergleute relativ gute Jahre gewesen. Sie waren als erste in den Genuss der höheren Kaufkraft und Stabilität des französischen Franken gekommen, andere Berufssparten hatten nachgezogen, so dass der saarländischen Bevölkerung die letzte Phase der Mark-Inflation erspart blieb. Der Hunderttage-Streik hatte die wirtschaftliche Lage der Bergarbeiter und der vom saarländischen Steinkohlenbergbau abhängigen Berufssparten spürbar verschlechtert. In der Folgezeit verteuerte der seit 1924 inflationäre Franken, der sich erst Mitte 1926 wieder stabilisierte, die Lebenshaltungskosten. Die Lohnerhöhungen liefen der Teuerung hinterher, der Reallohn sank von 1923 bis 1926 im Vergleich zur Vorkriegszeit um 6 bis 8%. Etwa gleichzeitig gingen die *Mines Domaniales* dazu über, nicht mehr Baudarlehen und -prämien zu gewähren, sondern den Bau von Werkswohnungen zu verstärken. Die daraus resultierende Koppelung des Mietverhältnisses an das Arbeitsverhältnis gab ihnen als größtem Arbeitgeber im Saargebiet ein weiteres Druckmittel in die Hand. Für den Bergmann drohte bei Verlust seines Arbeitsplatzes nun auch die Wohnungskündigung. Da auch die öffentlichen Kassen nur in verschwindend geringem Umfang Baudarlehen bewilligten, kam die private Bautätigkeit fast völlig zum Erliegen.
Die Situation wurde noch kritischer, als der Bedarf an Arbeitskräften im Steinkohlenbergbau sich rückläufig entwickelte. Gründe dafür waren:
- der hohe Kohlenbedarf der ersten Nachkriegsjahre war gedeckt,
- neue Energieträger wie Wasserkraft, Braunkohle und Erdöl konkurrierten auf den europäischen Märkten mit der Steinkohle,
- die Nachfrage nach Saarkohle verringerte sich wegen ihrer Qualitätsnachteile,
- infolge fortschreitender Mechanisierung und Rationalisierung so-

---

295 Versammlungsberichte und Text der Resolution mit Begründung in LA SB LRA SB Nr. 305.

wie der Reduzierung und Konzentrierung der Betriebspunkte stieg die bergmännische Pro-Kopf-Leistung, die Zahl der Arbeitsplätze aber ging drastisch zurück.
Im Jahr 1924 hatte die Zahl der Beschäftigten im Saarbergbau mit 74.908 Arbeitern den Höchststand erreicht, bis Ende 1928 war sie auf 59.912 gefallen. Der Püttlinger Gemeinderat richtete am 29.03.1928 eine Resolution an die *verantwortlichen Stellen,* unverzüglich wirksame Schritte zur Verbesserung der bedrängten Lage der Arbeitnehmerschaft und der trostlosen Finanzlage der Gemeinden zu unternehmen.[296]
Hinzu kam eine deutliche Zurückhaltung der *Mines Domaniales* bei Investitionen; denn voraussichtlich würde sich die Saarbevölkerung in der im Versailler Vertrag festgeschriebenen Volksabstimmung im Jahr 1935 mehrheitlich für die Wiedereingliederung ins Deutsche Reich entscheiden. Daher richtete die französische Grubenverwaltung ihre Betriebe nicht auf längere Sicht aus, hielt die Förderung auf einem relativ hohen Niveau, unterließ aber größere Investitionen. In frankophoben Kreisen nannte man dieses Verhalten *Raubbau.* Das verstärkte Auftreten von Bergschäden und auch das Maybacher Grubenunglück vom 25.10.1930 (98 Tote) wurden damit in ursächlichen Zusammenhang gebracht.[297]
Zwei Monate nach dem die Weltwirtschaftskrise auslösenden »Schwarzen Freitag« hielt sich die Arbeitslosenquote im Saargebiet mit 3,53% noch in Grenzen, allerdings waren dabei die außerhalb des Saargebietes wohnenden Einpendler nicht mitgezählt, auch nicht die Jugendlichen, die wegen des seit März 1926 bei den Saargruben bestehenden Einstellungsstops nach ihrer Schulentlassung überhaupt noch keine Arbeitsstelle gefunden hatten.
Nur noch wenige Bergleute erreichten die Höhe des Vorkriegslohnes, mindestens 2/3 lagen darunter. Bürgermeister Georg sprach in seinem Bericht vom September 1930 von einer Arbeitslosigkeit bisher nicht gekannten Ausmaßes. Die vier bis fünf Feierschichten pro Monat hätten empfindlich spürbare Lohnausfälle gebracht. Für Bergmannsfamilien, die ein monatliches Darlehen von 300 bis 400 Franken abzahlen müssten, blieben zum Leben nur 400 bis 500 Franken übrig. In man-

---

296 Ediert bei Sperling, Bergbau Bd. 2, S 4.
297 Mallmann/Steffens, Lohn der Mühen, S. 175-179.

chen Fällen sei das Einkommen so weit abgesunken, dass der Schuldendienst nicht mehr erfüllt werden könne und das beliehene Haus aufgegeben werden müsse. Schulärztliche Untersuchungen hätten bei manchen Kindern Unterernährung ergeben.
Parteien und Verbände forderten in öffentlichen Veranstaltungen Abhilfe. Schlosser Friedrich Kassel aus Altenkessel berief eine Versammlung des Rotfrontkämpferbundes für 23.07.1931 in den Saal Weber, Altenkessel, ein. Vor 68 Personen, darunter 5 Frauen, sprach Otto Lauer aus Saarbrücken über die wirtschaftliche Lage im Saargebiet und im Reich, kritisierte die Tätigkeit von Sozialdemokraten, Nationalisten und Zentrum im Reichstag, hob die KP als die einzig richtige Partei für den Arbeiter hervor, stellte die Sowjetunion als Muster in den Vordergrund und erklärte, *wir kämpfen für ein Sowjetdeutschland!*[298]
Doch noch war der Tiefpunkt nicht erreicht, immer spürbarer wirkte sich hierzulande die Weltwirtschaftskrise aus. Im Jahr 1931 wurden die Grube Dilsburg (Gde. Heusweiler) und der Josephaschacht in Altenkessel stillgelegt. Am 12.02.1932 berichteten die Zeitungen von der beabsichtigten Einstellung des Betriebes der gesamten Inspektion III mit den Amelung-Schächten in Von der Heydt und den Steinbach-Schächten zum 01.03. Der Sellerbacher Bürgermeister Ahrens richtete am folgenden Tag einen dringenden Hilferuf an den Saarbrücker Landrat. Voran stellte er die Bitte, der Landrat möge einer Delegation seiner Bürgermeisterei Audienzen bei dem Präsidenten und dem saarländischen Mitglied der Regierungskommission Bartholomäus Kossmann sowie dem Direktor der *Administration des Mines Domaniales* vermitteln. Dann schilderte er ausführlich die Lage in seiner Bürgermeisterei und beschrieb die zu erwartenden Folgen der Stilllegung. Am stärksten betroffen würden die Orte Güchenbach, Hilschbach, Überhofen und Walpershofen, bei den übrigen Gemeinden fielen die Mehraufwendungen für Erwerbslosenunterstützung und die Mindereinnahmen an Lohnsteuern in geringerem Maße ins Gewicht, weil in ihnen verhältnismäßig wenig im Bereich der Inspektion III Beschäftigte wohnten. Der Püttlinger Bürgermeister schilderte dem Landrat ausführlich die zu erwartenden Auswirkungen der Massenentlassung

---

298 Versammlungsbericht von Oberlandjäger Berrang vom 24.07.1931 (LA SB LRA SB Nr. 309).

von Bergleuten auf seine beiden Gemeinden Püttlingen und Altenkessel.[299] Er führte aus, dass durch den bisherigen Personalabbau auf den Bergwerken in beiden Gemeinden die dadurch bedingten Ausfälle an Grubensteuern einerseits und das sprunghafte Ansteigen der Wohlfahrtslasten andererseits schon 1930 in den Gemeindehaushalten Fehlbeträge entstanden seien, von 600.000.- Frs. für Püttlingen und von 500.000.- Frs. für Altenkessel. Das Jahr 1931 habe eine Verschärfung der Situation gebracht durch Arbeiterentlassungen infolge der Stilllegung der Schächte Mathilde, Josepha, Anna und Rudolf, weil die in seinen beiden Gemeinden wohnhaften Bergleute vornehmlich auf Mathilden-, Josepha- und Anna-Schacht beschäftigt waren. Die Zahl der Bergarbeiter der Gemeinde Püttlingen sei von 2.609 im Jahr 1927 auf 1.457 im Jahr 1932 zurückgegangen, habe sich also um 1.152 Mann = 44% vermindert. Dies habe sich auch in einem erheblichen Steuerausfall in beiden Gemeinden niedergeschlagen. *Wenn diese ungewöhnlich hohe finanzielle Belastung an sich kaum mehr tragbar ist, so wird sie vollends unmöglich, wenn die beabsichtigten Entlassungen auf Grube Viktoria, Grube Calmelette und Von der Heydt zur Wirklichkeit werden sollten. Dem Vernehmen nach sollen von Grube Viktoria 300 Püttlinger Bergleute, von Grube Calmelette circa 120 Altenkesseler Bergleute, von Grube Von der Heydt 57 Püttlinger und 56 Altenkesseler Bergleute entlassen werden.* Er legte sodann dar, dass dies einerseits den Ausfall am Lohnsteueranteil der Gemeinden von 533 Bergarbeitern in beiden Gemeinden bedeute, andererseits aber Mehraufwendungen in der Erwerbslosenfürsorge. Die *Gemeindeumlagenhundertsätze* für 1931 wurden für Püttlingen auf 285% und für Altenkessel auf 260% erhöht. *Diese Sätze werden aber, soweit sich bis jetzt übersehen läßt, durch die weit über die ursprüngliche Annahme hinausgehenden Steuerausfälle infolge der verringerten Einkommen bei fast sämtlichen Steuerzahlern in der schon jetzt unerträglich hohen Gemeindeumlage eine noch erhebliche Steigerung erfahren und somit für die Eingesessenen völlig untragbar werden. Die Folge wird sein, daß von 90% der Steuerpflichtigen auch bei schärfster Anwendung aller gesetzlichen Handhaben zur Zwangsvollstreckung die Gemeindeumlagen nicht mehr beigetrieben werden können. Dazu kommt, daß ein großer Teil dieser Leute Besitzer von Kleinwohnungsbauten*

---

299 LA SB LRA SB Nr. 1847.

ist, für deren Darlehensbeleihung die Gemeinden die selbstschuldnerische Bürgschaft übernommen haben. Diese werden für den Fall der Durchführung der vorerwähnten Maßnahmen restlos zur Zwangsversteigerung kommen. Bei den erfahrungsgemäß dann erfolgenden niedrigen Geboten werden kaum die Gläubiger der 1. Hypotheken voll befriedigt, sodaß fast in allen Fällen die Gemeinden als die Bürgen herangezogen werden. Daß diese Ereignisse eintretendenfalls die beiden Gemeinden vollständig ruinieren würden, dürfte jedem Einsichtigen klar sein. Aus eigener Kraft können die Gemeinden den ihnen bevorstehenden Ruin nicht aufhalten.

Die Bemühungen der beiden Bürgermeister Ahrens und Georg blieben erfolglos. Gewerkschafter unterstrichen die desolate Lage. Ernst Peter, der Vorsitzende der BAV-Zahlstelle Ritterstraße, informierte am 18.02.1932 in der Wirtschaft Trenz, Ritterstraße, in einer von ihm einberufenen Bürgerversammlung, dass die Ausgaben der Gemeinde Püttlingen sich 1931 auf 6 Millionen Franken belaufen hätten, von denen 600.000 ungedeckt seien. Eine Deckung sei wohl durch Erhöhung der Gemeindeumlagen beabsichtigt. Richard Kirn (SPD) als zweiter Redner legte dar, dass die Stilllegung von Von der Heydt eine weitere Überlastung der schon sehr in Anspruch genommenen Erwerbslosenfürsorge bringe. Die Belegschaft der *Mines Domaniales*, die von 75.000 Mann in 1925 auf 30.000 in 1931[300] heruntergefahren worden sei, dürfe nicht weiter reduziert werden. Das könne dadurch verhindert werden, dass Frankreich mehr Kohlen aus dem Saargebiet importiere statt aus England. Von zwei Diskussionsrednern wurde bedauert, dass *nur auf der Straße kritisiert wird und in der Versammlung niemand seine Meinung zur Abwendung der drohenden Gefahr zum Ausdruck bringt.* Einer regte an, dass *bei den Verwaltungen prozentual wie im Bergbau ein Abbau an Angestellten vorzunehmen sei um bessere Verhältnisse zu schaffen.* Alle 70 Anwesenden stimmten einer Entschließung zu,[301] die ein anschauliches Bild der wirtschaftlichen Lage Püttlingens und der Stimmung in den Mittel- und Unterschichten vermittelt. Sie wird deshalb nachstehend in vollem Wortlaut mitgeteilt.

---

300 Die von Kirn genannten Zahlen differieren von denen der amtlichen Statistik (vgl. S. 46, Anm. 70).
301 Bericht von Landjäger Seibert in LA SB LRA SB Nr. 309.

Die heute den 18. Februar 1932 in Ritterstraße in der Wirtschaft Trenz tagende öffentliche Bürgerversammlung nimmt Kenntnis von den katastrophalen Finanzverhältnissen der Gemeinde, insbesondere von den Maßnahmen der Aufsichtsbehörde, die anordnet, dass unbedingt durch Erhöhung der Gemeindeumlagen ein Ausgleich geschaffen werden soll, ohne dabei die finanzielle Lage der Steuerzahler zu berücksichtigen. Lohn- und Gehaltsempfänger sowie Kleingewerbetreibende werden ins uferlose belastet und stehen schon jetzt vor dem Ruin. Die Schwerindustrie sowie die Großverdiener hat man in weitgehendstem Maße schonend behandelt, was in der Bevölkerung des Saargebiets große Enttäuschung und Empörung hervorgerufen hat. Die schlechten finanziellen Verhältnisse sind einzig und allein auf die Wirtschaftskrise und die damit verbundene Erwerbslosigkeit zurückzuführen. Die dadurch bedingten Einkommensausfälle wirken sich auf die Steuereinnahmen der Gemeinde und damit auf die Gemeindehaushalte geradezu verheerend aus. Der bis jetzt entstandene Fehlbetrag soll auf Grund einer Anordnung der Aufsichtsbehörde in diesem Rechnungsjahr durch einen unerträglichen Umlagesatz in Höhe von 285% abgedeckt werden. Obschon bis zu nicht allzulanger Zeit die Regierungskommission alles daran setzte, die Gemeindeumlagen niedrig zu halten, verpflichtet sie jetzt in um so entschiedener Form die Gemeindeumlagen in enorm hohen Sätzen zu erheben.

Die Versammlung protestiert ganz entschieden gegen den von der Aufsichtsbehörde für die Gemeinden festgesetzten Umlagesatz von 285 % und lehnt jede Mitarbeit an einer Wiederberatung des Etats ab, wenn die Aufsichtsbehörde nicht dazu übergeht, einen erträglichen Umlagesatz vorzuschlagen. Sie verlangt, daß zur Deckung der ausschließlich durch die Wirtschaftskrise entstandenen Defizite die finanzkräftigen Teile des Saargebiets – Schwerindustrie und Großverdiener – herangezogen werden.

In der Gemeinde Püttlingen haben sich die wirtschaftlichen Verhältnisse allgemein und über das gewöhnliche Maß hinaus besonders ungünstig gestaltet.

1. Zur Zeit sind in Püttlingen 410 Erwerbslose, welche für die Zeit vom 1.4.31 bis Ende Januar 32 an Unterstützungen 771.800 Frs. erhielten. An Kurzarbeiterunterstützungen wurden in der gleichen Zeit 37.000 Frs. gezahlt. Für Ausgesteuerte sind im Rechnungsjahre ca. 380.000 Frs. aufzubringen.

2. Das ausgedehnte Straßennetz der Gemeinde Püttlingen befindet sich in einem denkbar schlechten Zustand, da Mittel für die Instandsetzung nicht aufzubringen sind.
3. Durch die Verhältnisse gezwungen und auf Anordnung der Aufsichtsbehörde hat die Gemeinde das Wassergeld auf 2,50 Frs. pro Kubikmeter erhöht.
4. Die nötig gewordene und fast durchgeführte Umstellung des Elektrizitätswerkes belastet nicht nur die Gemeinde ganz enorm, sondern auch durch Umstellung der Installationen die Hausbesitzer mit durchschnittlich 250.-Frs.
5. Auf Anordnung der Aufsichtsbehörde mußte die Gemeinde vom 1.4.32 ab Kanalgebühren in beträchtlicher Höhe einführen.
6. Die katholischen Kirchengemeinden erheben eine Kirchenumlage von 35% für 1931.
7. Infolge der finanziellen Schwierigkeiten, in die der hiesige Spar- und Darlehenskassenverein geriet und dem fast jede Familie angehört, müssen die 1100 Genossen mindestens 1.200 – 1.500 Frs als Geschäftsanteil in bar aufbringen.
Alle diese Belastungen treffen die Bürgerschaft umsomehr, als es in der Gemeinde an einem gesunden Mittelstande und besseren Steuerpflichtigen überhaupt fehlt. Dazu kommt, daß durch die inzwischen in Kraft getretene Notverordnung der Regierungskommission betr. der Sozial- und Kriegsrenten die Ärmsten der Armen gerade katastrophal betroffen werden und sie zwingt die öffentliche Fürsorge in noch höherem Masse in Anspruch zu nehmen
Die Versammlung fordert daher:
1. Arbeitsbeschaffung für Erwerbslose und Ausgesteuerte durch zur Verfügung gestellte billige Kredite, größere Abnahme von Saarkohle durch den französischen Staat als Besitzer der Saargruben, Förderung des gemeindlichen Wegebaues durch Leistung namhafter Wegebaubeihilfen sowie wertschaffender Arbeitslosenfürsorge in Gemeinschaft der Reg.Kommission, Kreis und Gemeinde.
2. Stärkung der Finanzen der Gemeinde, um sie vor dem drohenden Zusammenbruch zu bewahren, insbesondere durch Übernahme der Versorgung der Erwerbslosen auf den Etat der Regierungskommission, Umschuldung der Gemeinden, Änderung der saarländischen Steuergesetzgebung zugunsten der Gemeinden und schärfste steuerliche

Erfassung des Großbesitzers und der großen Vermögen und Einkommen.

3. Sicherung des Mindestreallohnes für die Arbeiter, größerer Schutz der Arbeitskraft, Abwendung der sozialen Leistungsverschlechterung, Maßnahmen gegen die durch Zollerhöhung und Einfuhrbeschränkung hervorgerufene Lebensverteuerung und schärfere steuerliche Verpflichtung der französischen Staatsgruben im Saargebiet.
4. Rücksichtslose Kürzung der hohen Einkommen und Pensionen in Wirtschaft und Verwaltungen, da diese die allgemein schlechte wirtschaftliche Lage gebieterisch verlangt. Die zur Zeit erlassene Gehaltssenkung der Beamtenschaft ist in höchstem Maße unsozial. Die höheren Gehälter hätten unbedingt schärfer erfaßt werden müssen, während die unteren Gehälter einer größeren Schonung bedurft hätten, um so eine möglichst annehmbare soziale Staffelung in dem vorgenommenen Gehaltsabbau zu ermöglichen. Die bestehenden, oftmals über alle Maßen krass in Erscheinung tretenden unterschiedlich hohen Einkommen in der Wirtschaft, in den freien Berufen und in der Verwaltung geben berechtigten Anlaß zu Ärgernis und Verbitterung innerhalb der Bevölkerung und tragen in hohem Maße dazu bei, daß das gesellschaftliche Leben zersetzt und vergiftet wird.
5. Ebenso eindeutig wie sich die Versammlung über die Kürzung der überhöhten Einkommen und Gehälter ausspricht, wendet sie sich gegen die bestehenden Abbaumaßnahmen der Löhne, geringen Pensionen und Renten und tritt dafür ein, dass die Kaufkraft innerhalb der Bevölkerung durch Erhaltung und Steigerung der Einkommen der Arbeiter und der niederen und mittleren Gehälter auf einen menschenwürdigen Mindestlohn gehoben und erhalten bleibt.
6. Die Notlage der Neuhausbesitzer ist in den meisten Fällen katastrophal geworden. Durch die noch immer nicht verminderten hohen Zinssätze, die Verdienstausfälle der Eigentümer und die vielfach eingetretene Unmöglichkeit der Vermietung können die Hausbesitzer ihren Verpflichtungen zur Zahlung der Zinsen und Tilgung nicht mehr nachkommen. Die Versammlung fordert daher auch auf diesem Gebiete von der zuständigen Behörde sofortige durchgreifende Maßnahmen um einer weiteren Verschleuderung des Eigentums Einhalt zu tun. Dazu dürften insbesondere gehören: erhebliche Senkung der geltenden Zinssätze, Stundung der Tilgungsraten und Erlaß von Bestimmungen zur Verhütung von Zwangsvollstreckungen.

7. *Die Versammlung hält des ferneren die z.Zt. bestehenden Gebührensätze für Vermessungen und notarielle Beurkundungen von Grundstücken, die Grundbuchgebühren und die Eintragungen bei Objekten namentlich für Kleinwohnungsbau für den wirtschaftlichen Verhältnissen entsprechend sehr hoch und beantragt auch hier eine wesentliche Herabsetzung vorzunehmen.*
Alle die sowohl die Gemeinde wie die Allgemeinheit treffenden Erwägungen veranlassen, den geforderten Umlagesatz abzulehnen und die Regierungskommission zu bitten, denselben auf einen für die Steuerpflichtigen unter den gegebenen Verhältnissen noch einigermaßen tragbaren Satz herabzusetzen.
Der Saarbrücker Landrat unterrichtete die Regierungskommission von der gedrückten Stimmung der Bevölkerung im Köllertal, bei der sich Sorgen wegen der allgemein schlechten Wirtschaftslage mit Ängsten über die Stilllegung der Grube Von der Heydt und in deren Gefolge zu erwartende Entlassungen und Verlegungen auf andere, vom Wohnort weiter entfernte Bergwerke verbinden.[302]
Für 13.03. standen Wahlen zum Landesrat an. Der Püttlinger Bürgermeister berichtete, dass die Wahlbewegung außerordentlich ruhig sei, Umzüge und Kundgebungen auf öffentlichen Straßen und Plätzen fänden gar nicht statt[303]. Die Wahlbeteiligung war erheblich größer als 1928: 5.928 statt 4.972: Daher werden hier für Püttlingen auch die jeweils gültigen Stimmen, nicht die Prozentzahlen gegenübergestellt.[304] Das Zentrum konnte einen erheblichen Zugewinn von von 1.972 auf 3.140 Stimmen verbuchen, der vornehmlich zu Lasten der Christlich-Sozialen ging, die statt 1.505 nur noch 514 Stimmen erhielten. Bei DSVP, DNVP und SPD ergaben sich Veränderungen nur im zweistelligen Bereich, die KP legte zu: von 765 auf 1.155 Stimmen. Die für die drei erstmals angetretenen Parteien abgegebenen Stimmen (SAP 59, KPO 124, NSDAP 106) berechtigten diese nicht, sich als Sammelbecken aller Unzufriedenen zu verstehen.
Trotz der Bittgesuche und Proteste stellten die *Mines Domaniales* unter dem Druck der wirtschaftlichen Flaute am 10.04.1932 die Förderung auf den Amelung- und Steinbachschächten ein.[305] Der Christliche

---

302 Bericht vom 10.03.1932 (ebenda Nr. 310).
303 Berichte vom 02.02. u. 09.03.1932 (ebenda Nr. 310).
304 Für die kleinen Talgemeinden vgl. die Ergebnisse auf S. 133 f.
305 Sperling, Bergbau Bd. 2, S. 45.

Gewerkschafter Peter Kiefer mutmaßte, dass die Steinbachschächte nur deshalb stillgelegt worden seien, weil die Belegschaft zu deutsch gewesen wäre.[306]
Von der 2.293 Mann zählenden Belegschaft von Von der Heydt wurden 900 Mann entlassen, 1.393 auf andere Gruben, vorwiegend Viktoria und Jägersfreude verlegt.[307] Rund 1.200 Mann wohnten in der Bürgermeisterei Sellerbach. Ihr entstanden durch die Stilllegung nicht nur Ausfälle an Grubensteuer, sondern auch Mindereinnahmen aus dem Betrieb der Straßenbahn zwischen Heusweiler und Saarbrücken, die von vielen Bergleuten auf der Fahrt zwischen Grube und Wohnort benutzt worden war.
Die Zahl der Erwerbslosen wurde weiter hochgetrieben durch die Stilllegung der einzigen Möbelfabrik in Püttlingen (Firma Stein) und durch mit Entlassungen verbundene Betriebseinschränkungen bei den Röhrenwerken in Bous, der Burbacher Hütte und bei einigen Kleinbetrieben in Saarbrücken, die dadurch verursacht waren, dass die Inhaber der Betriebe infolge des zu erwartenden Ausgangs der Volksabstimmung für Deutschland ihre Absatzgebiete im Elsass und in Lothringen nach und nach aufgaben.[308]
Im Saargebiet hatte die Arbeitslosenquote im Dezember 1930 mit 5,24% noch deutlich unter der des Deutschen Reiches (13,11%) gelegen, bis Ende 1932 stieg sie auf 30,17% an und hatte die fürs Reich geltende Zahlen (29,9%) leicht überrundet. Zu diesem Zeitpunkt waren 43.007 Menschen im Saargebiet arbeitslos, auf Berufe verteilt waren 31,8% davon Bauarbeiter, 16% in der Metallerzeugung und -verarbeitung Beschäftigte und 13% Bergleute.[309] In der Bürgermeisterei Püttlingen betrug im Januar 1933 die Zahl der Erwerbslosen 307 männliche und 29 weibliche Personen, dazu kamen 345 männliche Ausgesteuerte, insgesamt also 681. Es steigerten sich die Fälle, in denen die Gemeinden armenrechtlich eingreifen mussten, weil die betreffenden Personen schon mehrere Jahre erwerbslos waren und beim Eintreten besonderer Umstände (Krankheit, Todesfälle, Geburten usw.) ohne Hilfe der Armenverwaltung, die meistens in Naturallei-

---

306 Mallmann/Steffen, Lohn der Mühen, S. 195.
307 Ortschronik Riegelsberg, S. 178-181.
308 Verwaltungsbericht der Bürgermeisterei Püttlingen 1933/34, S. 23 (StadtA PÜ).
309 Mallmann/Steffens, Lohn der Mühen, S. 178.

stungen (Milch, Wäsche, Kleider, Schuhe, Arznei) bestand, mit der Erwerbslosenunterstützung allein nicht auskommen konnten. Die Gemeinde versuchte die Not der Erwerbslosen etwas zu lindern, indem sie ihr gehörendes Brachland sowie abgeholztes Waldland in kleinere Parzellen aufteilte und Erwerbslosen zur Bewirtschaftung überwies; denn nebenberuflich betriebene Landwirtschaft zur Deckung des Familienbedarfs war zwischen den beiden Weltkriegen nicht mehr in dem Maße wie vor dem Ersten Weltkrieg betrieben worden, m.a.W. der saarländische Bergmannsbauer war seltener geworden.[310]

	Zeit	Erwerbslose		Ausgesteuerte		
		männl.	weibl.	männl.	weibl.	insgesamt
Januar	1933	307	29	345	–	681
Juli	1933	523	15	530	22	1.090
Januar	1934	614	23	637		
Juli	1934	530	22	552		
Dez.	1934	581	22	603		

Die bis zum 30.06.1933 getrennt durchgeführte Betreuung der Erwerbslosen und der Ausgesteuerten (sogen. *Wohlfahrtserwerbslose*) wurde durch eine Verordnung der Regierungskommission neu geregelt, indem die Ausgesteuerten unter gewissen Voraussetzungen in die Erwerbslosenfürsorge aufgenommen wurden, zu der die Gemeinde Zuschüsse der Regierungskommission erhielt. Kleinhandwerker und Kleingewerbetreibende, die ebenfalls Opfer der wirtschaftlichen Verhältnisse geworden waren, erfüllten diese Voraussetzungen jedoch nicht, ihre Unterstützung musste allein aus Mitteln der Gemeinde getragen werden.[311]

Mit der wachsenden Arbeitslosigkeit stieg auch die Obdachlosigkeit der sich nach Arbeit umsehenden Wanderarbeiter. Ohne Beschäftigung und ohne Geldmittel suchten sie fast ausschließlich bei amtlichen Stellen Obdach und Verpflegung. Da eine Fremdenherberge in Püttlingen nicht vorhanden war, konnten sie nur in den *polizeilichen Verwahrlokalen* der Gemeinde untergebracht werden. Ihre Beherbergungszahl

---

310 Ebenda, S. 179.
311 Verwaltungsbericht der Bürgermeisterei Püttlingen 1933/34 (StadtA PÜ).

stieg in der Bürgermeisterei Püttlingen, also einschließlich Altenkessel, von 200 im Jahr 1930 auf 813 im Jahr 1933.[312]

Der wirtschaftliche Niedergang und die steigende Arbeitslosigkeit hatten natürlich Rückwirkungen auf die Gemeindefinanzen. Das Steueraufkommen der physischen Personen entwickelte sich seit 1931 deutlich rückläufig, dadurch verringerte sich der finanzielle Spielraum der Gemeinden. Nach Erfüllung der gesetzlichen und vertraglichen Verpflichtungen verblieben nur noch geringe Mittel zur Durchführung anderer im Interesse der Allgemeinheit liegenden Aufgaben, insbesondere im Straßenbau und der Verbesserung des Verkehrswesens.[313]

Die Verarmung der Bevölkerung führte zum Anstieg der Kleinkriminalität, dies wird besonders deutlich in der Zahl der Anzeigen wegen unbefugten Betretens von Bergehalden und Grubenanlagen zu unerlaubtem Kohlensammeln, Kohlenschürfen,[314] sogar Graben von *wilden Stollen*[315] und wegen Zuwiderhandelns gegen Feld- und Forstpolizeigesetze:[316]

- 1933 wurden 225 Personen angezeigt wegen Verstoßes gegen Feld- u. Forstpolizeigesetze.
- 1934: 184 wegen der gleichen Delikte.
- 1933 wurden 2.850 Personen angezeigt wegen unbefugten Betretens von Bergehalden etc., im Jahr 1934 sogar 6.480.

Die Regierungskommission reagierte auf die wirtschaftliche Notlage, indem sie inhaltlich die Notverordnungen der Brüning-Regierung im Reich für das Saargebiet übernahm, aber ohne mildernde Bestimmungen, z. B. Preissenkung, vorzusehen, und reduzierte gleichzeitig die Leistungen der Sozialversicherung: Abbau der Unfallversicherung und des Krankengeldes, Eigenbeteiligung von 10% an den Arzneikosten, keine Zahlung von Kindergeld für Stiefkinder. Weitere Einschnitte verschlechterten die Situation von Kriegsopfern, Arbeitsinvaliden und Witwen. Großer Unmut herrschte darüber, dass der Präsident des Landesrates Scheuer diesen nicht, wie gewünscht, ein-

---

312 Ebenda.
313 Ebenda.
314 Sperling, Bergbau Bd. 2, S. 47-53.
315 Verschiedene Anzeigen in LA SB LRA SB Nr. 322 u. 323.
316 Verwaltungsbericht (wie Anm. 311), S. 19.

berufen habe. Die politischen Parteien und die Gewerkschaften äußerten harsche Kritik daran, dass Bartholomäus Kossmann als saarländisches Mitglied der Regierungskommission sich nicht widersetzt hatte. Sie artikulierten ihren heftigen Protest in zahlreichen Versammlungen, die zuweilen als *Versammlung von Erwerbslosen* oder *Bürgerversammlungen* firmierten. Die Akten des Saarbrücker Landrats enthalten keine Hinweise auf solche Veranstaltungen in Püttlingen, wohl aber in Völklingen und im Sulzbachtal. Dabei wurde angeprangert, dass die rücksichtslose Kürzung von Löhnen und Sozialrenten die Bevölkerung in eine Notlage gebracht habe. Alle Rentenempfänger, deren Erwerbsbeschränkung unter 20% liege, erhielten überhaupt nichts mehr, ebenso die Waisen über 15 Jahre, es sei denn, sie seien infolge körperlicher Gebrechen nicht in der Lage, sich zu ernähren. Johann Alles als Vertreter des Einheitsverbandes der Kriegsopfer und Daniel als Vertreter des Reichsbundes der Kriegsopfer und des Zentralverbandes der Arbeitsinvaliden stimmten überein: *Wer seinem Staat seinen Dienst erwiesen und seine Knochen geopfert habe, könne nicht im Stich gelassen werden.* Die SPD sah sich als Vorkämpferin der Sozialversicherung, nach dem Krieg sei sie erst richtig ausgebaut worden, heute beginne der Streit dieselbe wieder zu zerschlagen.[317] Weil die Regierungskommission durch ihre Notverordnungen die Not noch vermehrt habe, forderte die Partei deren Aufhebung.[318]

Polarisierung

Im Reich verlief die Auseinandersetzung zwischen den politischen Gruppierungen in den späten 1920er und frühen 1930er Jahren härter als heute. Hitzige Debatten und Diskussionen konnten schnell in Handgreiflichkeiten und Schlägereien ausarten. Zwischenrufer wurden nicht nur niedergebrüllt, sondern aus dem Saal geworfen. Daher hatten vornehmlich die rechten und linken Flügelparteien einen »Saalschutz« aufgestellt und dessen Mitglieder paramilitärisch ausgebildet, die SPD das Reichsbanner, die KP den Rotfrontkämp-

---

317 Bericht über SPD-Versammlung in Sulzbach am 18.01.1932 (LA SB LRA SB Nr. 309).
318 SPD-Ortsverein Völklingen am 17.01.1932.

ferbund, die NSDAP die SA und SS. Die Aufgabe bestand nicht nur darin, wie das Wort »Saalschutz« vermuten lassen könnte, defensiv für einen ungestörten Ablauf einer politischen Veranstaltung zu sorgen, sondern aktiv die Agitation der gegnerischen Partei zu behindern, z. B. durch Zerstörung von Schaukästen, Abreißen von Plakaten und Spruchbändern, Überpinseln von Propagandaparolen und Symbolen auf Häuserwänden etc. Wenn zwei Trupps gegnerischer Parteien aufeinandertrafen, kam es nicht selten zu brachialen Auseinandersetzungen. Zuweilen wurden bekannte Treffpunkte der gegnerischen Partei – meist Gastwirtschaften – aufgesucht, in der Absicht dort Handgreiflichkeiten zu provozieren. Um das Übergreifen solcher Formen politischer Auseinandersetzung vom Reich ins Saargebiet zu hemmen oder gar zu unterbinden, legte die Regierungskommission dem Landesrat im August 1928 den Entwurf einer Verordnung zum Verbot militärischer Übungen, wie sie damals von der SA und anderen Rechtsverbänden (Stahlhelm, Wehrwolf) betrieben wurden, vor. Die im Landesrat vertretenen Parteien sprachen sich grundsätzlich gegen die paramilitärischen Gruppen und Verbände aus, mit Ausnahme der Kommunisten, die ein Verbot des Rotfrontkämpferbundes befürchteten. Motiviert aus ihrer grundsätzlichen Frontstellung gegen die Regierungskommision lehnten die Abgeordneten des Landesrates jedoch den Entwurf ab, die bestehenden Gesetze und die Polizei würden ausreichen, um der Ausschreitungen Herr zu werden. Die Regierungskommission erließ die Verordnung dennoch.[319]
Die innenpolitische Lage im Saargebiet war nicht so brisant wie im Reich, im Vordergrund stand die nationale Frage, sie würde nach Ablauf der fünfzehnjährigen Verwaltung durch den Völkerbund in einem Plebiszit entschieden werden, und hinter dieser nationalen Frage traten Stellungnahmen über Beibehaltung oder Änderung der derzeitigen politischen Struktur des Deutschen Reiches – Demokratie, Räterepublik, Ständestaat, Restaurierung der Monarchie – wie sie im Reich heiß diskutiert wurden, zurück. Die Entscheidung für oder gegen die Rückgliederung ins Reich war für eine starke Mehrheit der Bevölkerung vor Hitlers Regierungsantritt keine Frage. Über die künftige Staatsform des Deutschen Reiches gingen die Vorstellungen der Parteien auseinander, stellten aber zunächst noch kein größeres Konflikt-

---

319 Zenner, Parteien und Politik, S. 252f.

potential dar, die Beendigung der Völkerbundsverwaltung und die Wiedereingliederung ins deutsche Vaterland hatten Priorität.
Daher kam es im Saargebiet zunächst noch nicht zu »Frontbildungen« in der Art, wie sie im Reich im Herbst 1931 erfolgt waren: die Deutschnationalen, der Stahlhelm und die NSDAP hatten sich in der »Harzburger Front« zu einer nationalistischen Opposition gegen den Kurs Brünings zusammengeschlossen. Darauf reagierten wenige Wochen später der unter dem Namen »Reichsbanner« schon bestehende republikanische Schutzbund, der ADGB und Arbeitersportverbände durch ihren Zusammenschluss zur »Eisernen Front«.
Um der auch hierzulande immer offensiver auftretenden NSDAP Widerpart zu bieten, entschlossen sich im Januar 1932 der SPD-Landesvorstand, das Bezirkskartell des ADGB und das Landeskartell für Arbeitersport und Körperpflege analog zum Reich eine »Eiserne Front« aus SPD, ADGB, DDP, Reichsbanner, Allgemeinem Deutschen Beamtenbund, saarländischem Afa-Bund und Arbeitersportkartell zu bilden. Die Führung übernahm der ehemalige BAV-Funktionär Jakob Frank, der 1925 das Reichsbanner aufgebaut hatte.[320] In den folgenden Monaten fanden entsprechende Veranstaltungen auf Ortsebene statt, im Juli und August 1932 auch in Kölln und Engelfangen.[321]
Am Ende dieses Kapitels über das politische Leben sollen Auszüge aus Polizeiberichten veranschaulichen, wie die wirtschaftliche Notlage mit nationalpolitischen Argumenten begründet, welch hohes Maß an Verantwortung, – um nicht zu sagen Schuld – der französischen Grubenverwaltung zugewiesen wurde und welchen Grad die Gewaltbereitschaft in Püttlingen im Laufe des Jahres 1932, schon vor Hitlers Machtübernahme, erreicht hatte:

Bericht über eine gemeinsame Versammlung des BAV und des Gewerkvereins der Christlichen Bergleute im Püttlinger Volkshaus am 24.09.1932:[322] Versammlungsleiter Peter Konrad, Püttlingen, Referenten: Sekretär Klein vom BAV und Gewerkschaftssekretär Ruffing

---

320 Paul/Mallmann, Milieus und Widerstand, S. 190.
321 Genehmigung vom 15.07.1932 zu einer Veranstaltung in Kölln und Engelfangen am 17.07. und vom 12.08. zu einer Veranstaltung in Sellerbach am 14.08. (LA SB LRA SB Nr. 310), Wahlkundgebung mit Eiserner Front in Püttlingen am 15.11.1932 (Dostert).
322 Bericht von Oberlandjäger Grobler (LA SB LRA SB Nr. 1847).

vom Christlichen Gewerkverein, Teilnehmerzah. ca. 500 Personen, wegen Überfüllung des Saales mussten mehrere hundert Personen die Versammlung von der Treppe bzw. der Straße aus anhören, andere waren fortgegangen. Klein ging im Einzelnen auf die derzeitige wirtschaftliche Lage ein, schilderte die Not der Arbeiterschaft in den besiegten sowie in den Siegerstaaten. *Die Not in Deutschland besonders durch den Vertrag von Versailles und durch Abtretung großer Gebietsteile, welche zur Lebensnotwendigkeit des deutschen Volkes erforderlich seien. Indem er die weltpolitische Lage in kurzen Zügen streifte kam er auf den eigentlichen Zweck der Versammlung zu sprechen. Er führte in großen Zügen das Lohndiktat und die bereits hierüber geflogenen (!) Verhandlungen zwischen Centralgewerkschaften* (gemeint sind BAV und Christl. Gewerkverein) *und Bergwerksdirektion aus. Wobei die Belegschaft sich über das schroffe Verhalten sehr erregt zeigte. Insbesondere erläuterte er die großen Missgriffe die von einem gewissen Teil der Beamtenschaft gegen die Belegschaftsmitglieder an den Tag gelegt werden. Der Redner kennzeichnete auch den Standpunkt der Gewerkschaften, die bei den Verhandlungen zeigten, dass die Bergwerksdirektion leicht in der Lage sei, das Lohndiktat zu verhindern oder doch sehr stark zu mässigen. Besonders bitter empfand es die Belegschaft, dass die französische Regierung als Nutzniesser der Saargruben das Kontingent für polnische und englische Kohle bedeutend erweiterte und für die Notlage der Saarbevölkerung hierbei kein Verständnis zeige. Auch andere Massnahmen die das Lohndiktat verhindern könnten wenn die Bergwerksdirektion als Förderer für die französische Schule und die Mittel für den Saarbund zum Wohle der Belegschaft verwenden würde. Alle diese Ausführungen wurden mit Beifall aufgenommen. Redner erwähnte noch, die bedeutenden Überschüsse die die franz. Bergwerksdirektion in der Jahren 1920-1928, die nach Schätzung der franz.saarl. Handelskammer fast 146.000.000 R.Mark betrage und trotzdem kein Verständnis für die jetzige Notlage hätte. Er ermahnte zum Schlusse seiner Ausführungen der Parole der Centralgewerkschaften zu folgen und sich nicht den Einflüsterungen der franz. Kartellträger, mit denen er Saarbund und R.G.O. bezeichnete, Gehör zu schenken.*
Gewerkschaftssekretär Ruffing *unterstrich die Ausführungen seines Vorgängers und wies nach, dass nicht allein das Lohndiktat der Bergwerksdirektion die Belegschaft in Erregung gebracht, sondern*

andere Belange, wie schikanöse Behandlungen, die Kürzung der Pensionen und Renten der Bergmannspensionäre, Witwen und Waisen. Bei gutem Willen könne die Bergwerksdirektion aus den gewaltigen Überschüssen zu den sozialen Lasten einen grösseren Beitrag leisten. Diese Ausführungen wurden von der Belegschaft als Angehörige der betreffenden mit besonderem Beifall begrüsst. Redner führte auch die Notlage auf die übergroße Rationalisierung und Mechanisierung der Betriebe zurück. Die Vorteile dieser Massnahme sollten nicht allein dem Unternehmertum, sondern auch der Arbeiterschaft zugute kommen. Redner ermahnte zur gewerkschaftlichen Disziplin und nur allein der Parole der Centralgewerkschaften Folge zu leisten. Die Versammlung verabschiedete eine Resolution, alle Mittel zu ergreifen und nichts zu scheuen um das Lohndiktat zu vermeiden bez. zu bekämpfen und auch von dem letzten Mittel nicht zurück zu schrecken. Zwei Tage später, am 26.09., fand eine ähnliche Versammlung im überfüllten Saal Kockler statt, einberufen von Bergmann Peter Meyer aus Püttlingen, es referierte der Gewerkschaftssekretär Dreher (BAV).[323] Bei einem *Sprechabend* der NSDAP im Saal der Witwe Eckle in Püttlingen am 08.07.1932 wandte sich Georg Schorr, der Vorsitzende der KPD-Ortsgruppe Püttlingen, *in scharfer Form gegen den Nationalsozialismus und die Regierung Papen. Er verurteilte insbesondere die Stellungnahme der Reichsregierung zum Nationalsozialismus. Weiter sprach er über die beabsichtigte Arbeitsdienstpflicht die im Hitlerprogramm vorgesehen ist sowie die Stellungnahme der Arbeiterschaft gegen dieselbe. Dann sprach Schorr noch über die glänzenden Verhältnisse in Rußland und schilderte dieses als das Paradis des Proletariats und dass Deutschland ohne die Aufträge Russlands schon längst verhungert wäre. Da dem Diskussionsredner eine Rededauer von nur 20 Minuten gewährt und Schorr diese Zeit bereits überschritten hatte, wurde er wiederholt von [dem Versammlungsleiter] Auler aufgefordert, endlich zum Schluss seiner Rede zu kommen. Diese Aufforderung wurde von Seiten der Komunisten, die gut 2/3 der Besucher ausmachten mit Johlen und Schreien und Drohungen beantwortet. Nachdem Schorr seine Rede beendet hatte wurde von den anwesenden Komunisten die Internationale gesungen. Die anwesenden S. A. Leute versuchten die singenden Kommunisten mit Gewalt aus*

---

323 Ebenda.

dem Saal zu entfernen. Hierbei kam [es] zu heftigen Auseinandersetzungen und Drohungen, welche in Tätlichkeiten auszuarten drohten. Durch das Dazwischtreten der anwesenden Landjägerbeamten.... wurde die Ruhe für kurze Zeit wiederhergestellt. Als nun Schlemmer das Schlusswort ergriff und betonte, dass die Arbeitsdienstpflicht den anwesenden arbeitslosen Kommunisten, die ja bekanntlich nicht gerne arbeiten wollten, nicht gefallen würde, wurde er nieder geschrieen und die anwesenden Komunisten erhoben sich und drangen auf die Nazis ein. Der Sprechabend wurde sofort von Polizeioberinspektor Weiler als aufgelöst erklärt und gelang es uns durch energisches Dazwischentreten die Ruhe herzustellen und die Komunisten aus dem Saal zu drängen. Desgleichen wurde um 23 Uhr, da Unruhen in der Wirtschaft und auf der Straße zu befürchten waren, Feierabend geboten und das Lokal geräumt. Auf der Straße hatten sich ausser den Komunisten eine große Menschenmenge angesammelt die zum grössten Teil eine drohende Haltung gegen die noch im Saale zurück gebliebenen Nazis einnahmen. Die Straße wurde von den hier stationierten und den von der Abteilung kommandierten Landjägerbeamten.... geräumt. Nachdem die Straße von der Menschenmenge frei war, wurden die anwesenden Nazis etwa 50 Mann aus Völklingen auf einem Umwege über Grube Mathildeschacht nach Völklingen von uns geleitet, da bekannt war, dass ein großer Teil der Komunisten aus den umliegenden Ortschaften auf der Straße von Püttlingen nach Völklingen, an der Banngrenze im Walde sich hinterstellt hatten um die heimkehrenden Nazis zu überfallen. Es wäre noch zu erwähnen, dass die Straßenbeleuchtung seit mehreren Wochen aus Sparsamkeitsgründen nicht mehr eingeschaltet wird. Durch die herrschende Dunkelheit war die Dienstleistung der Beamten sehr erschwert.[324]

NSDAP-Sprechabend Ritterstraße Herbst 1932
Während des Referates versuchten mehrere sich auf der Straße vor dem Lokal Baldes befindlichen Kommunisten mit Gewalt in das Sprechlokal einzudringen. Als die Ordnungsmannschaft die Einlasskarten verlangte wurden mehrere der S. A. von den Kommunisten Peter Dörr, Richard Dörr und Julius Pohl, alle in Püttlingen wohnhaft angegriffen und misshandelt. Die Arbeiter (S.A.) Ferdinand Baldes aus

---
324 Bericht von Oberlandjäger Schmitt IX vom 09.07.1932 (ebenda Nr. 310).

Püttlingen und der Karl Becker aus Ritterstraße leicht verletzt. Beide haben leichte Verletzungen an den Händen und Kopf davon getragen. Ärztliche Hilfe war nicht erforderlich. Die Täter Dörr und 2 Genossen werden angezeigt. Ebenso ein anderer Kommunist Peter Guckenbiel aus Püttlingen wegen Verüben groben Unfugs. Dieser hatte versucht, die vor dem Sprechlokal anwesenden Neugierigen aufzureizen, wurde aber dann von mir und dem Oberlandjäger Schmitt IX-Püttlingen von der Straße verwiesen. Da zu befürchten war, dass Unruhen entstehen würden benachrichtigte ich die hiesige Polizei-Verwaltung und die in Püttlingen stationierten Landjägerbeamte. Von der Polizei-Verwaltung wurden noch die in Altenkessel stationierten Landjäger in Kenntnis gesetzt, die auch bald erschienen. Da auch die Nazis einen Überfall befürchteten wurden von diesen die einzelnen Sturmtrupps angefordert, die dann mit einem Omnibus und einem Lastwagen ankamen. Die Straße wurde dann bei unserem Dazwischenkommen von den Kommunisten geräumt. Es hatten sich ungefähr 150-200 Kommunisten aus den umliegenden Ortschaften vor der Wirtschaft und in dem der Wirtschaft gegenüber liegenden Walde angesammelt. Zum Schluss des Referates meldeten sich noch der Eisenbahner Johann Gräsel, der Bergmann Ernst Peter (Sozialisten) und der Kommunist Hermann Niklas, Ritterstraße zu Wort. Diese versuchten ihre Parteien als die allein richtigen hinzustellen, die nur für das Wahl des bedrückten Proletariates kämpfen.
Schluss des Sprechabends war 23,20 Uhr. Die anwesenden Nazis fuhren mit ihren Kraftwagen ruhig wieder in ihre Heimatorte zurück. Zu weiteren Zwischenfällen ist es nicht gekommen.[325]
Die beiden letzten Berichte belegen nicht nur den Versuch massiver Störungen von Versammlungen des politischen Gegners, sondern auch das Funktionieren eines überlokalen Einsatzes der Saalschutzorganisationen. Die Auseinandersetzung mit der erstarkenden NSDAP war Fakt. Eine weitere Eskalation der parteipolitischen Gegensätze im Reich würde wie in der Vergangenheit Auswirkungen auf das Saargebiet haben. Freilich war im Herbst 1932 noch nicht zu erwarten, dass wenige Monate später der Reichspräsident Hitler mit der Bildung eines neuen Kabinetts beauftragen würde.

---

325 Bericht von Landjäger Seibert (ebenda Nr. 310).

Versuch einer Charakterisierung der politischen Struktur

Am Ende dieses Kapitels soll versucht werden, spezifische Züge des politischen Lebens in Püttlingen, wie es sich in Versammlungen, Kundgebungen, Aufmärschen und Wahlergebnissen der 1920er und frühen 1930er Jahren äußerte, im Vergleich mit anderen Orten des Landkreises Saarbrücken aufzuzeigen. Wenn auch nur für wenige Orte Aufarbeitungen der Quellen in einer vergleichbaren Breite vorliegen, lassen sich doch beim Vergleich der Wahlergebnisse einige Püttlinger Besonderheiten erkennen sowohl gegenüber den großen Industriegemeinden Dudweiler, Sulzbach und Völklingen, als auch zu den Gemeinden an der oberen Saar (Bürgermeistereien Brebach und Kleinblittersdorf), den Warndtdörfern und auch den angrenzenden Bürgermeistereien Heusweiler und Quierschied.

Betrachten wir das Parteienspektrum, wie es sich im Wählerverhalten spiegelt, dann fällt eine starke Anhängerschaft an die beiden vorwiegend den katholischen Bevölkerungsanteil ansprechenden Parteien auf, nämlich das Zentrum und die Christlich-Sozialen.

Das erstaunt bei der fast rein katholischen Gemeinde Püttlingen weniger als bei den Talgemeinden mit einem höheren protestantischen Anteil an der Wohnbevölkerung.

Die hohen Prozentsätze für die beiden christlichen Parteien in Rittenhofen und Sellerbach sollte man nicht überbewerten, weil sie infolge der geringen Größe der beiden Dörfer auf relativ wenigen Stimmen basieren (144 in Rittenhofen und 333 in Sellerbach).

Gegenüberstellung der Ergebnisse der Landesratswahl 1932 in Prozent

Gemeinde	Zentrum	Christl.-Soz.	zus.	Lib. Part.	SP	KP
Püttlingen	53,0	8,7	61,7	5,0	8,0	19,5
Engelfangen	37,2	13,5	50,7	8,0	16,6	21,4
Etzenhofen	40,6	11,2	51,8	13,8	3,6	7,7
Herchenbach	43,8	9,2	53,0	-	0,7	22,2
Kölln	51,5	5,8	57,3	21,7	4,5	8,6
Rittenhofen	68,4	14,4	82,8	-	5,2	7,5
Sellerbach	55,3	15,5	70,8	9,1	5,1	9,6

Eine deutliche Abweichung vom Landesdurchschnitt belegt die Resonanz, die die Christlich-Sozialen bei den Landesratswahlen von 1928 und 1932 fanden. Die nachfolgende Tabelle zeigt, dass sie in Püttlingen und den Talgemeinden relativ viele Stimmen einfahren konnten, während sie in einigen anderen Köllertalgemeinden kaum Wähler gefunden hatten.

Gemeinde	1928	1932	Gemeinde	1928	1932
Schwarzenholz	42,7 %	27,0 %	Wemmetsweiler	15,8 %	16,3 %
Rittenhofen	41,8 %	14,4 %	Dillingen	13,5 %	11,7 %
Etzenhofen	36,3 %	11,2 %	Obersalbach	10,1 %	12,6 %
Kutzhof	33,5 %	40,7 %	Niedersalbach	9,4 %	9,2 %
Püttlingen	30,3 %	8,7 %	Völklingen	5,8 %	0,9 %
Sellerbach	30,0 %	15,5 %	Güchenbach	5,7 %	4,8 %
Lummerschied	28,3 %	30,3 %	Hilschbach	4,6 %	2,8 %
Engelfangen	25,3 %	13,5 %	Heusweiler	4,3 %	5,2 %
Herchenbach	24,4 %	9,2 %	Überhofen	3,2 %	5,3 %
Quierschied	20,7 %	3,6 %	Altenkessel	1,9 %	0,3 %
Jabach	19,6 %	13,3 %			

Es sei noch einmal darauf hingewiesen, dass in den kleinen Dörfern bei einer relativ geringen Zahl gültiger Stimmen schnell ein hoher Prozentsatz zustande kommen konnte. In Püttlingen jedoch entsprachen die 30,3 % der Wahl von 1928 immerhin 1.505 Stimmen.

Aus der Landesratswahl von 1932 ging die KPD als zweitstärkste Partei hervor mit 22,2 % in Herchenbach, 21,4 % in Engelfangen, 19,5 % in Püttlingen und 9,6 % in Sellerbach. Klaus Michael Mallmann hat davor gewarnt, solche Zahlen als Belege für einen »Siegeszug« der KP zu werten. »Diese Erfolge auf parlamentarischer Ebene führten bereits damals zu ständiger Selbsttäuschung über die eigene Stärke, kompensierten die Instabilitäten der kommunistischen Basis und bestätigten immer wieder die Hoffnung der KPD auf eine revolutionsbereite Klasse, obwohl in diesem Votum lediglich das Verlangen der Massen nach einer grundlegenden Verbesserung ihrer Situation zum Ausdruck kam.«[326] Anders ausgedrückt, man hat das Wahlergebnis nicht einem größeren, von kommunistischer Ideologie durchdrungenen Wähleranteil zuzuschreiben, sondern darin eher ein Potential

---

326 Paul/Mallmann, Milieus und Widerstand, S. 340.

von Protestwählern zu sehen, die ihre Unzufriedenheit mit den wirtschaftlichen und sozialen Zuständen ausdrücken wollten. Ein solches Verhalten ist uns nicht fremd. Die Quellen zu den Gemeindewahlen, – sowohl die Liste der KP-Kandidaten von 1929 als auch die Wahlergebnisse von 1929 und 1932 – dürften meiner Ansicht nach die tatsächliche Stärke der KP besser ausdrücken als das Ergebnis der Wahlen zum Landesrat 1932.

Auffällig ist der geringe Anklang, den die liberalen Parteien fanden. Das prozentual gute Abschneiden bei den Landesratswahlen 1928 und 1932 in Etzenhofen und Kölln kann schon deshalb nicht als Gegenbeweis herangezogen werden, weil es auf einer geringen Stimmenzahl basiert. Symptomatisch für den geringen Zuspruch, den DSVP, DDP und Deutsche Wirtschaftspartei in den uns interessierenden Orten fanden, ist, dass hier die liberalen Parteien bei den Kommunalwahlen meist gar keine Kandidaten aufstellten. Damit korrespondiert ihr geringer Organisationsgrad vor Ort. Meines Wissens bestanden in Püttlingen und den meisten Talgemeinden keine Geschäftsstellen oder Ortsgruppen der drei genannten Parteien.
Unter den Parteien, die sich 1932 zur Landesratswahl stellten, rangierte die SPD in Engelfangen an 3. Stelle, in Püttlingen, Rittenhofen und Herchenbach an 4. Stelle, in Etzenhofen und Kölln an 5. Stelle.
Gegenüber der NSDAP war Püttlingen ausweislich des Ergebnisses der Landesratswahl vom März 1932 resistent geblieben. Der Prozentsatz von 1,8% liegt deutlich unter dem des Landes und des Landkreises Saarbrücken. In den umliegenden Dörfern lag er etwas höher: Heusweiler 2%, Altenkessel 2,5%, Güchenbach 3,4%, Überhofen 4,2%. Unter dem Prozentsatz von Püttlingen blieben Niedersalbach mit 1,5%, Eiweiler mit 1,2%, Kutzhof mit 0,6%. In Hirtel, Kurhof, Hellenhausen und Kirschhof hatte die NSDAP überhaupt keine Stimme erhalten. Dagegen hebt sich Walpershofen mit 9,5% deutlich ab und Hilschbach mit 23,8% passt nicht in das Bild der übrigen Köllertaldörfer. Die größeren Industrieorte des Landkreises Saarbrücken liegen alle deutlich über dem Püttlinger Prozentsatz: Dudweiler 4,1%, Friedrichsthal 5,1%, Sulzbach 5,8%, Völklingen 8,8%.

Als weitere Besonderheit der Püttlinger Parteienstruktur zur Zeit der Völkerbundsverwaltung sind die relativ starken autonomistischen

bzw. frankophilen Tendenzen in der Mitte der 1920er Jahre zu nennen, wie sie sich in der Aktivität Püttlinger Bürger in den diesbezüglichen Organisationen und in den Ergebnissen der Landesratswahl von 1924 äußerten, bei der die »Saarländische Arbeitsgemeinschaft« erstmals und auch letztmals kandidierte. Sie erreichte im Landesdurchschnitt 3,1 %, im Landkreis Saarbrücken 4 %. Das Ergebnis der Bürgermeisterei Püttlingen machte das Doppelte des Landesdurchschnitts aus und war das höchste im Landkreis:
- Bürgermeisterei Püttlingen 6,9 %
  (Gde. Püttlingen 7,8 %, Altenkessel 4,5 %)
- Bürgermeisterei Sulzbach 5,1 %
- Bürgermeisterei Dudweiler 4,9 %
- Bürgermeisterei Quierschied 3,0 %
- Bürgermeisterei Ludweiler 2,4 %
- Bürgermeisterei Völklingen 1,4 %
- Bürgermeisterei Bischmisheim 0,8 %
- Bürgermeisterei Brebach 0,8 %

Für die Bürgermeistereien Heusweiler und Sellerbach liegen keine Zahlen vor. Einen höheren Prozentsatz als Püttlingen erreichten in den anderen Kreisen die Bürgermeistereien Haustadt (Kreis Merzig) 14,2 %, Reinheim (Kreis St. Ingbert) 9,3 % und die Gemeinde Hülzweiler (Kreis Saarlouis) 7,9 %.

Der Vergleich der Wahlergebnisse ergibt also, dass Püttlingen und die Talgemeinden ein eigenes parteipolitisches Profil hatten, das einmal durch starke Anteile des Zentrums und der KPD gekennzeichnet ist, zum anderen durch eine Anfälligkeit für aus dem klassischen Parteienspektrum ausscherende Neugründungen wie die Christlich-Soziale Partei und die Saarländische Arbeitsgemeinschaft, schließlich durch ein schwaches Interesse an den Parteien auf dem äußersten rechten Flügel, nämlich DNVP und NSDAP.

Es wird in den kommenden Kapiteln zu zeigen sein, inwieweit sich aufgrund der bis 1932 erkennbaren parteipolitischen Präferenzen Selbstbehauptung, Mitläufertum und Anpassung gegenüber einer Einparteiendiktatur, resistentes oder gar oppositionelles Verhalten gegenüber der NS-Gewaltherrschaft aus den erhalten gebliebenen Quellen feststellen lassen.

Kapitel III

Der Abstimmungskampf 1933-1935

Radikale Veränderungen im Reich

Am 30.01.1933 ernannte Reichspräsident Paul von Hindenburg den Vorsitzenden der Nationalsozialistischen Deutschen Arbeiterpartei Adolf Hitler zum Reichskanzler und beauftragte ihn mit der Bildung eines neuen Kabinetts. Es war seiner Zusammensetzung nach eine Koalitionsregierung. Die Nationalsozialisten stellten nur drei Minister: Wilhelm Frick als Innenminister, Hermann Göring zunächst als Minister ohne Geschäftsbereich, seit 28.04.1933 Minister für Luftfahrt, Dr. Joseph Goebbels als Chef des neu geschaffenen Ministeriums für Volksaufklärung und Propaganda. Neben diesen wenigen Nationalsozialisten gehörten dem Kabinett an der Großindustrielle Alfred Hugenberg als Wirtschaftsminister, Franz von Papen als Vizekanzler mit vier Ministern aus seinem letzten eigenen Kabinett, nämlich Franz Gürtner für Justiz, Konstantin Freiherr von Neurath für Auswärtiges, Graf Lutz Schwerin von Krosigk für Finanzen und Paul Freiherr von Eltz-Rübenach für Post und Verkehr. Arbeitsminister wurde der Stahlhelmführer Franz Seldte, das Reichswehrministerium erhielt Werner von Blomberg, bisher Befehlshaber im ostpreußischen Wehrbereich. In der Öffentlichkeit galt in diesen ersten Tagen nicht Hitler, sondern Hindenburg als der Mann, dem die Kraft und das Verdienst zugesprochen wurden, alle nationalen Kräfte, die die Weimarer Republik nie voll bejaht und in ihr nur eine Übergangserscheinung gesehen hatten, nun in einem Kabinett des »Nationalen Zusammenschlusses« vereinigt zu haben. In der öffentlichen Meinung schien die von Konservativen und bürgerlichen Nationalisten, vom Reichspräsidenten und vom Stahlhelm repräsentierte Tradition sich verbündet zu haben mit dem Erneuerungswillen der NSDAP Hitlers. Das Kräfteverhältnis beider politischen Komponenten glaubte man ausgedrückt zu sehen in der Gestik beim Staatsakt in Potsdam am 21.03.: Hitler barhäuptig verneigte sich tief vor dem seine Generalfeldmarschallsuniform tragenden greisen Reichspräsidenten. Die Illusion dieser Tage ist bewusst und viele Gutwillige irreführend von der geschickten Propaganda eines Joseph Goebbels weitergeführt worden. In Wirklichkeit hatte sich schon vor der Vereidigung des neuen Reichskanzlers am 30.01. gezeigt, dass er der stärkere war. Im Widerspruch zum Ergebnis der bisher geführten Koalitionsverhandlungen hatte Hitler in letzter Minute vor seiner Vereidigung gefordert und erreicht, dass Neuwahlen stattfinden sollzen. Schon am nächsten Tag, dem 01.02., wurde der Reichstag aufgelöst und Neuwahlen für den 05.03. ausgeschrieben. Am 27.02. brannte das Reichstagsgebäude. In der Öffentlichkeit wurde den Kommunisten Brandstiftung unterstellt, in Wahrheit war sie von den Nazis veranlasst, um die Kommunisten auszuschalten und der Regierung durch Erteilung von Sondervollmachten den Weg zu öffnen, ihre Maßnahmen der parlamentarischen Kontrolle zu entziehen. Am 28.02. erließ Hitler aufgrund des § 48 der Weimarer Verfassung eine *Verordnung zum Schutze von Volk und Staat* und eine *Verordnung gegen Verrat am deutschen Volk und hochverräterische Umtriebe,* die eine Aufhebung der Grundrechte bedeuteten. Die Kommunistische Partei wurde verboten und zugleich die Sozialdemokraten in ihren Wahlkampfaktivitäten empfindlich dadurch geschwächt, dass ihre Presse das Erscheinen einstellen musste. Neben vielen kommunistischen Funktionären wurden auch sozialdemokratische verhaftet. Die Verordnungen vom 28.02.1933 sind bis zum Zerfall der NS-Herrschaft gültig geblieben. Anklagen und Todesurteile gegen die Widerstandskämpfer in der Endphase des Krieges stützten sich auf diese Verordnungen.

Die Reichstagswahlen vom 05.03.1933 ergaben mit 288 Sitzen für die NSDAP und 52 für deutschnationale Abgeordnete bei insgesamt 647 Sitzen eine Mehrheit für das Koalitionskabinett. Die liberalen Parteien mussten erhebliche Stimmenverluste hinnehmen, das Zentrum und die SPD behaupteten sich, die KPD erlitt trotz des gegen sie entfachten Terrors verhältnismäßig geringe Verluste. Hitler hätte bei diesem Wahlergebnis die Möglichkeit gehabt, in parlamentarischer Weise zu regieren und die Gesetzgebung verfassungsgemäß durchzuführen. Bei der damaligen parlamentarischen Situation wäre ein Ermächtigungsgesetz nicht notwendig gewesen. Wenn Hitler es dennoch anstrebte, so lässt sich darin bereits seine Absicht erkennen, die Möglichkeiten eines solchen Gesetzes zur Aushöhlung der Verfassung zu missbrauchen. Für ein solches Gesetz war eine Zwei-Drittel-Mehrheit im Reichstag erforderlich. Es gehört zu den verhängnisvollsten Ereignissen der jüngeren deutschen Geschichte, dass es Hitler gelang, nicht nur die Stimmen der in seinem Kabinett vertretenen Deutschnationalen, sondern auch der bürgerlichen Mittelparteien und des Zentrums zu gewinnen. Das dem Reichstag am 23.03.1933 vorgelegte Gesetz sah vor, dass der Regierung auf vier Jahre das Recht gegeben werden solle, ohne Beteiligung des Reichstags und des Reichsrats Gesetze zu erlassen.

Die Erteilung besonderer Ermächtigung an die Regierung war hin und wieder in den 1920er Jahren erfolgt; aber der jetzige Entwurf ging über frühere Ermächtigungsgesetze wesentlich hinaus, insofern die Gesetzgebungsbefugnisse der Regierung auf solche Gebiete ausgedehnt wurden, die unter besonderer Verfassungsgarantie standen. Zudem sollte der Reichstag verzichten, über völkerrechtliche Verträge zu entscheiden. Gegen den Gesetzesentwurf wurden von allen Parteien, natürlich mit Ausnahme der NSDAP, schwere Bedenken vorgetragen, aber bei der Abstimmung doch die Zweidrittel-Mehrheit erreicht, von 538 anwesenden Abgeordneten stimmten 444 der Regierungsvorlage zu, nur die 94 anwesenden sozialdemokratischen Abgeordneten stimmten dagegen. Damit war für Hitler die Bahn frei zur Errichtung der nationalsozialistischen Einparteienherrschaft und der Auflösung der rechtsstaatlichen Ordnung.

Dem Verbot der KPD im März folgte das Verbot der SPD am 22.06.1933. Die übrigen Parteien warteten gar nicht, bis ein Verbot ausgesprochen wurde, sondern lösten sich selbst auf, die Deutsche Staatspartei am 28.06., das Zentrum am 05.07., zehn Tage später als letzte die Arbeiter- und Bauernpartei Deutschlands. Schon vorher war die Gleichschaltung der Gewerkschaften erfolgt. In der Hoffnung, sozialpolitische Errungenschaften sichern zu können, hatte der Bundesvorstand des Allgemeinen Deutschen Gewerkschaftsbunds am 20.03.1933 Hitler seine Loyalität versichert. Die Freien Gewerkschaften kündigten ihre bisherige enge Verbindung mit der SPD auf und bekannten sich zu einer Verpflichtung gegenüber ihren sozialen Aufgaben gleichviel welcher Art das Staatsregime sei. Weder dieses Bekenntnis noch die Bereitschaft sich an den nationalsozialistischen

Maifeiern zu beteiligen, schützte sie vor dem Untergang. Am 02.05. wurden die Häuser der Freien Gewerkschaften besetzt. Christliche, liberale und nationale Gewerkschaften unterstellten sich am nächsten Tag (03.05.) der Führung Hitlers. Sie alle wurden aufgelöst, an ihre Stelle trat die Deutsche Arbeitsfront (DAF) als ein der NSDAP angeschlossener Verband.

Die Monopolstellung der NSDAP wurde durch das Gesetz zur Sicherung der Einheit von Partei und Staat vom 01.12.1933 zementiert. Die NSDAP wurde als alleiniger politischer Willensträger eine Körperschaft des öffentlichen Rechts mit eigener Disziplinargerichtsbarkeit. Der Reichstag wurde zu einem bloßen Instrument für die Akklamation der Regierungsmaßnahmen, indem er praktisch aller legislativen Befugnisse entkleidet wurde. Der Reichsrat als bisheriges Organ der Ländervertretung war schon durch das Gesetz der Gleichschaltung der Länder vom 31.03.1933 entmachtet, ehe er durch Gesetz vom 14.02.1934 förmlich aufgelöst wurde. So war das Wesen der im Jahre 1919 entstandenen deutschen Republik innerhalb weniger Monate radikal verändert.

Reaktionen im Saargebiet

Die Maßnahmen der Regierung Hitler zur Aufhebung der parlamentarischen Demokratie und ihre Ersetzung durch einen Einparteienstaat diktatorischen Gepräges hatten keine unmittelbare Auswirkung auf die besondere Verwaltung des Saargebiets, d.h. die durch den Versailler Vertrag geschaffene fünfzehnjährige Abtrennung vom Reich und die Verwaltung durch eine vom Völkerbund ernannte und allein ihm, nicht der Saarbevölkerung verantwortliche fünfköpfige international besetzte Regierungskommission blieb bestehen.

Die Maßnahmen der Regierung Hitler und ihre zunehmende Stabilisierung führten aber auch im Saargebiet zur Veränderung der Parteienlandschaft
- durch Erstarken der NSDAP-Saar unter dem Eindruck des im Reich erzwungenen Aufstiegs der NSDAP zur den Staat allein beherrschenden Partei,
  - durch Zusammenschluss von Parteien (»Fronten«) unter dem Eindruck der Auflösung der Parteien im Reich,

• durch neue Aussagen in der Abstimmungsfrage und durch Bildung neuer Parteien im Saargebiet unter dem Eindruck des rigorosen Vorgehens Hitlers und seiner NSDAP gegen politisch Andersdenkende.
Die vorstehend genannten Geschehensabläufe verliefen zeitlich parallel und waren ineinander verwoben, sie werden im Folgenden primär thematisch und nicht chronologisch dargestellt.
Über das politische Leben in den Monaten zwischen der Installierung des NS-Regimes im Reich und der Volksabstimmung im Saargebiet sind wir relativ gut unterrichtet durch die Berichterstattung der Bürgermeister von Püttlingen und Sellerbach/Riegelsberg an den Saarbrücker Landrat[1], die ihrerseits auf den Berichten der örtlichen Polizeiorgane über die Überwachung aller Veranstaltungen mit politischem Einschlag aufbauten. Je nachdem wie der Bürgermeister den einzelnen Vorfall gewichtete, ging der Bericht dem Landrat in vollem Wortlaut zu oder wurde in den Wochenbericht eingearbeitet. Die meist zwei- bis dreiseitigen Berichte über Referate und Diskussionen der Versammlungen enthalten eine subjektive Auswahl dessen, was dem Berichterstatter wichtig erschien, transferieren also Inhalte durch zweite Hand und haben daher nicht die Quellenqualität eines Rednermanuskriptes oder einer wörtlich stenographierten Mitschrift. Die persönliche Einstellung des berichtenden Polizisten oder Landjägers zur Abstimmungsfrage, zur veranstaltenden Organisation und zur Person des Einberufers wird umso deutlicher erkennbar, je näher der Abstimmungstag rückte, nicht selten zeigt sich Parteilichkeit für die Befürworter der Rückgliederung.

Erstarken der NSDAP-Saar

Der Zuwachs von Mitgliedern und Sympathisanten und die stufenweise Bildung der Deutschen Front liefen teilweise parallel, daher hier zunächst ein Rückblick ins Jahr 1932. Die NSDAP hatte bei den Wahlen zum Landesrat am 15.03.1932 erstmals kandidiert und in den Gemeinden, die 1973 in der Stadt Püttlingen aufgegangen sind, 151 Stimmen erhalten, und zwar 106 in Püttlingen und 45 in den wenige Wochen später zur Gemeinde Köllerbach zusammengefassten

---

1 LA SB LRA Nr. 997.

Talgemeinden, das entsprach 1,89% der abgegebenen gültigen Stimmen. Bei den Wahlen zum Kreistag am 13.11.1932 gaben aus demselben Bereich 152 Wähler und Wählerinnen der NSDAP ihre Stimme, also eine einzige Stimme mehr als bei den Landesratswahlen im Frühjahr. Obwohl seit Juli 1932 eine NSDAP-Ortsgruppe Püttlingen bestand unter Leitung von Lehrer Grünwald (vgl. S. 127, 222 ff.) und es im November 1932 auch einige SA-Leute in Püttlingen gab, trat die NSDAP nicht zu den Gemeinderatswahlen 1932 an. Dies kann so gedeutet werden, dass die Veranwortlichen die Chance, Sitze in den beiden Gemeinderäten zu gewinnen, nur gering einschätzten, daher lieber keine Wahlvorschläge einreichten als das Risiko der Blamage einzugehen, keinen einzigen Sitz zu erringen.

Einen starken Auftrieb erhielt das Ansehen der Partei durch Hitlers Beauftragung mit der Regierungsbildung am 30.01.1933. Im Februar 1933 wird eine NSDAP-Ortsgruppe Ritterstraße genannt (vgl. S. 128). Es ist möglich, dass sie mit der Ortsgruppe Püttlingen identisch ist. Das schnelle Anwachsen der Sympathie mit dem Nationalsozialismus lässt sich auf der uns interessierenden Ortsebene nur lückenhaft nachzeichnen. Die nach dem Zweiten Weltkrieg angelegte Liste der NSDAP-Mitglieder der Gemeinde Püttlingen gibt bei 518 Personen das Eintrittsdatum an, davon bei 68 Männern und einer Frau das Jahr 1933. Bemerkenswert ist, dass die Liste bei niemandem eine frühere Zeit nennt, obwohl aus anderen Quellen Eintritte im Jahr 1932 bekannt sind. Zu den im Jahr 1933 Eingetretenen gehörten auch die beiden Lehrer Heinrich Contier und Johann Schneider (1899-1979), die in den kommenden Jahren bei der Vorbereitung und Durchführung von Veranstaltungen mitwirkten. Beide traten im Sommer 1933 auch in den NS-Lehrerbund ein. Schneider blieb bis zum 01.01.1935 Mitglied im Kath. Lehrerverein, dem er 1924 beigetreten war.

Hinsichtlich der Püttlinger Ärzte berichtete Bürgermeister Georg, Dr. Lang, Sellerbach sei *NSDAP-Kreisleiter*, Dr. Plassmann trete politisch gar nicht hervor.[2]

Eine Hitlerjugendgruppe entstand in Püttlingen unter Leitung von Christian Koch (Hüttenarbeiter, geb. 26.03.1915) und Jakob Gehl,

---

2 An Landrat Saarbrücken am 13.12.1933 (LA SB LRA SB Nr. 325, S. 22). Ich habe Zweifel, dass Dr. Lang »Kreisleiter« im Sinne des Aufbaues der NSDAP gewesen ist, seine diesbezügliche Titulierung habe ich nur in dem hier genannten Schreiben gefunden.

ihre erste Erwähnung fand ich für September 1933[3], in Köllerbach für November 1933.[4]
Etwa zur gleichen Zeit entstanden auch die ersten Ortsgruppen der NS-Frauenschaft. Die Ortsgruppe Walpershofen wurde im September 1933 polizeibekannt durch einen Marsch nach Völklingen.[5] Die Gründung der Frauenschafts-Ortsgruppe Köllerbach scheiterte beim ersten Anlauf, wie sich aus dem Bericht des Landjägers Stöhr ergibt: Der NSDAP-Ortsgruppenleiter von Köllerbach, Hüttenarbeiter Alois Altmeyer aus Engelfangen, hatte durch Handzettel, die an Parteimitglieder bzw. deren Frauen verteilt worden waren, zur Gründung einer Ortsgruppe der NS-Frauenschaft in die Wirtschaft Theodor Schneider in Sellerbach für 10.09.1933 eingeladen. Als Rednerin sollte die Kreisleiterin der NS-Frauenschaft Fräulein Gräser aus Völklingen fungieren. Landjäger Stöhr belehrte die ca. 50 anwesenden Frauen, dass eine solche Versammlung ohne Genehmigung verboten sei, sie entschuldigten sich mit Unkenntnis und entfernten sich.[6] Die Püttlinger Ortsgruppe feierte am 23.11.1943 ihr zehnjähriges Bestehen,[7] hatte sich demnach im Herbst 1933 gebildet.
Ein weiteres schnelles Anwachsen des Mitgliederbestandes der NSDAP-Saar stoppte ihr Verzicht auf Eigenständigkeit bei der Gründung der »Dritten Deutschen Front« im März 1934, verbunden mit der Ausbootung des Landesleiters Spaniol. Dementsprechend nennt die oben erwähnte Mitgliederliste nur 5 Parteieintritte im Jahr 1934. Für nationalsozialistische Weltanschauung und Machtpolitik konnte aber trotzdem weiter geworben werden, einmal unter dem Firmennamen der »Deutschen Front«, die vorbehaltlos die Stimmabgabe beim Plebiszit für die Rückgliederung in das von der NSDAP beherrschte Deutsche Reich propagierte, und zum andern durch HJ und NS-Frauenschaft,[8] die nicht in die Auflösungsverfügung der Regierungskommission einbezogen waren. Wie schnell die Bevölkerung NS-Symbolik

---

3 Bericht der Verwaltungspolizei vom 17.09.1933 (LA SB LRA SB Nr. 311).
4 Bericht von Landjäger Six I vom 18.11.1933 (ebenda Nr. 312).
5 Bericht von Landjäger Stöhr vom 08.09.1933 (ebenda Nr. 311).
6 Bericht vom selben Tag (ebenda Nr. 311).
7 Bericht des Amtsbürgermeisters für November 1943 (StadtA Pü).
8 Die NS-Frauenschaftsgruppe Püttlingen war beteiligt an einer Kundgebung auf der Cloef bei Mettlach im Mai 1934 (Kühn, Nationalsozialismus im Köllertal, S. 3).

wie Hakenkreuzfahne, Hitler-Gruß und Parteihymne (= Horst-Wessel-Lied) adaptierte, wird im Verlauf der Darstellung noch zu zeigen sein.
Parallel zum Anwachsen der NSDAP und zur Festigung der Deutschen Front liefen Erosionserscheinungen im sozialdemokratischen und kommunistischen Lager. Sie setzten schon Ende März 1933 ein, als vier KP-Mitglieder des Walpershofer Gemeinderates ihren Übertritt zur NSDAP erklärten.[9] Im Herbst 1933 (?) legte ein Mitglied der kommunistischen Fraktion im Püttlinger Gemeinderat sein Amt nieder. Als einen *Zusammenbruch der kommunistischen Partei des Ortes* bezeichnete Bürgermeister Georg in einem Bericht vom 19.02.1934 an den Saarbrücker Landrat den Rücktritt zweier weiterer Mitglieder, *darunter der langjährige Führer Georg Schorr, mit dessen Ausscheiden die Partei ihren »Kopf« verloren* [habe] *und bedeutungslos geworden* sei. Vier Ersatzleute der kommunistischen Vorschlagsliste zur Gemeinderatswahl hätten ihm bereits im Voraus erklärt, die Mandate nicht anzunehmen. Weiterhin legten drei KP-Mitglieder ihre Ämter in verschiedenen Kommissionen (Ausschuss des Wasserwerkszweckverbandes usw.) nieder. In demselben Bericht teilt er mit, dass auch im Gemeinderat Altenkessel eine Verschiebung dadurch eingetreten sei, dass nach der Mandatsniederlegung eines KP-Mitgliedes der nächste Ersatzmann das Amt nicht annahm und der weiter folgende Anwärter zwar annahm, aber der Deutschen Front beitrat.[10]
Im März 1934 war im Zuge der Neuorganisation der DF die NSDAP-Saar auch in Püttlingen aufgelöst, ihre Mitglieder hatten sich der DF angeschlossen.[11]

Bildung der Deutschen Front[12]

Von den führenden Politikern des Saargebiets hatte der Großindustrielle und zeitweilige Vorsitzende der Deutsch-Saarländischen Volkspar-

---

9 Bericht von Bürgermeister Ahrens am 28.03.1933 an den Landrat (ebenda Nr. 323, S. 269).
10 Bericht vom 19.02.1934 (LA SB LRA SB S. 13 Nr. 996).
11 Beiläufige Bemerkung von Oberlandjäger Schwarz in einem Bericht vom 21.03.1934 (ebenda Nr. 326, S. 305).
12 Vgl. dazu ausführlich Zenner, Parteien und Politik, S. 105f., Bies, Klassen-

tei (DSVP) Hermann Röchling all die Jahre gute Beziehungen zu den Reichsregierungen unterhalten und in engem Informationsaustausch mit dem Auswärtigen Amt in Berlin gestanden. Er war der erste saarländische Politiker, der den direkten Kontakt mit dem neuen Reichskanzler suchte, und agierte bald als Motor einer Aktionsgemeinschaft aller nicht-sozialistischen Parteien im Saargebiet. Am 23.03.1933 schrieb er an Hitler, dass *m.E. im Interesse unserer politischen Lage im Saargebiet von unabweisbarer Notwendigkeit ist, daß eine Verständigung mit dem Zentrum im Reich getroffen wird. Bitte betrachten Sie es nicht als eine Einmischung in Dinge, die mich nichts angehen, wenn ich dies mit aller Deutlichkeit ausspreche. Ich habe mit dem Zentrum nichts zu tun als hier meine Politik mit ihm zu machen. Aber wenn schon ein Kriegszustand mit den Sozialdemokraten und den Kommunisten besteht, der hier auf unsere Verhältnisse abfärben muß, so können wir uns hier unter gar keinen Umständen einen Zustand, wie er jetzt mit dem Zentrum besteht, leisten.*[13] In demselben Brief bat er um einen Termin für ein Gespräch. Es fand schon am 31.03. statt. Dabei wurde eine weitere Unterredung vorgesehen, an der der damalige Vorsitzende der DSVP Schmelzer, einige Herren von der NSDAP-Saar und vom Zentrum beteiligt werden sollten. Am 20.04. erörterten die beiden Zentrumsleute Rechtsanwalt Franz Levacher und Gewerkschaftssekretär Peter Kiefer mit Vizekanzler von Papen ein gemeinsames Vorgehen, lehnten aber Röchling als Verhandlungsbeauftragten ab. Am 28.04. bat er Hitler, ihn allein zu empfangen, damit er einige Gedanken, *wie eine enge Zusammenarbeit der drei nicht marxistischen Parteien des Saargebietes (NSDAP, Zentrum und DSVP) durchzuführen ist,* vortragen könne.[14] Vier Tage später schrieb er erneut an Hitler und schlug nun eine Besprechung mit Vertretern aller nicht marxistischen Parteien des Saargebiets vor. Sie fand am 15.05. in der Reichskanzlei statt. Es nahmen teil von Seiten der Reichsregierung Hitler, Vizekanzler von Papen, Außenminister von Neurath, der Präsident des Preußischen Staatsrats Dr. Ley und Staatssekretär Lammers, von saarländischer Seite der Leiter der NSDAP-Saar Spaniol, Kommerzienrat Dr. h.c. Hermann Röchling und Malermeister

---

kampf, S. 82-86, Gestier, Christuskreuz, S. 154-166.
13 Zitiert nach zur Mühlen, S. 71.
14 Brief ediert von Kunkel, Für Deutschland – gegen Hitler, S. 122.

Schmelzer (beide DSVP), Rechtsanwalt Levacher, die Gewerkschafter Kiefer, Hillenbrand und Kuhnen (alle Zentrum), Regierungsrat Spring und Direktor Deubert (beide Deutsch-Nationale Front) und Architekt Schmoll (Bürgerliche Mitte). Der Chefredakteur der »Saarbrücker Landeszeitung« Johannes Hoffmann (Zentrum) war mit der saarländischen Delegation angereist, aber kurz vor dem Empfang wurde ihm mitgeteilt, dass Hitler seine Teilnahme ablehne, weil er ihn kürzlich in einer Rede beleidigt habe.

Das Fortbestehen der Parteien im Saargebiet wurde von Röchling befürwortet, von Hitler dahingehend abgeschwächt, sie nur dann bestehen zu lassen, soweit sie selber die Lebenskraft aufbrächten, bestehen zu bleiben. Hitler räumte ein, wenn sich für die Rückgliederung an Deutschland mehrere Verbände und Parteien gleichmäßig einsetzten, so würde dadurch eine starke psychologische Wirkung ausgeübt. Um eine möglichst nahe bei 100% liegende Entscheidung für die Rückkehr des Saargebiets ins Deutsche Reich zu erreichen, sollte in drei Kolonnen gearbeitet werden – politische Parteien, Christliche Gewerkschaften und kulturelle und überparteiliche Verbände. Es sollte versucht werden, die Freien Gewerkschaften von der SPD zu lösen und für die gemeinsame nationale Einheitsfront zu gewinnen, von der Sozialisten und Kommunisten von vornherein ausgeschlossen bleiben sollten.

Spaniol meldete den Führungsanspruch der NSDAP an, eine Zusammenfassung der Deutschtumsarbeit im Saargebiet solle möglichst unter nationalsozialistischer Leitung erfolgen.[15]

Am 14.07. wurde eine Arbeitsgemeinschaft gebildet zwischen der DSVP, der DNVP, der Bürgerlichen Mitte (Wirtschaftspartei), dem Zentrum und der NSDAP zur gemeinsamen Vorbereitung der Abstimmung. Jede Partei behielt ihre Selbständigkeit, verpflichtete sich aber zur Konzeption einer gemeinsamen Politik. Sofern die Parteien im Landesrat vertreten waren, sollten sie unter der Bezeichnung »Deutsche Front« eine Aktionsgemeinschaft bilden. Koordinierung und Zusammenarbeit wurden einem Ausschuss übertragen, bestehend aus Aloys Spaniol (NSDAP-Saar), Peter Kiefer (Zentrum) und Hermann Röchling (DSVP). Am folgenden Tag wurde in Presse und Rundfunk bekannt gegeben: *Am 14. Juli 1933 haben sich folgende Parteien des*

---

15 Niederschriften der Sitzung ediert von Kunkel, S. 125-137.

Saargebietes zur Deutschen Front zusammengeschlossen: Deutschnationale Front an der Saar, Deutsch-Saarländische Volkspartei, Deutsch-Bürgerliche Mitte, NSDAP Saargebiet und Zentrumspartei des Saargebietes. Diese Deutsche Front hat sich die Aufgabe gestellt, alle Kräfte der Saarbevölkerung für den Endkampf um die Heimführung des Saargebietes ins deutsche Vaterhaus zusammen zu schließen. Im Hinblick auf dieses große Ziel sind die genannten Parteien einig darin, daß jeder kleinliche Hader, jeder persönliche, berufliche oder örtliche Zwist beendet ist. Jede Partei behält ihre Selbständigkeit. Die in der Deutschen Front zusammengeschlossenen Parteien haben keinen größeren Wunsch als alle deutschen Volkskreise an der Saar für die große nationale Aufgabe, die wir zu lösen haben, zusammenzuführen. Wer sich zu Deutschland bekennt, gehört in unsere Reihen. Wir teilen die deutsche Schicksalsgemeinschaft. Wir wollen heim ins Reich. Es lebe Deutschland.[16]
Zunächst entstand also nur eine Aktionsgemeinschaft aller die Rückkehr des Saargebiets befürwortenden Parteien, ähnlich wie sie in den frühen 1920er Jahren schon einmal, damals aber unter Einbeziehung der Sozialdemokraten, zur Durchsetzung gemeinsamer Ziele bestanden hatte. Die Tendenz der NSDAP-Saar ging aber in Parallelität zum Reich dahin, auch im Saargebiet die Auflösung der Parteien zu erreichen. Dies gelang ihr im Herbst. Am 30.09. ließ der Vorsitzende der Deutschnationalen Volkspartei Regierungsrat Spring publizieren, dass er mit ausdrücklichem Einverständnis der Mehrheit seiner politischen Freunde und im Einvernehmen mit der Landesführung der NSDAP die Deutschnationale Volkspartei für aufgelöst erkläre. Wenige Tage später, am 06.10., veröffentlichten die Deutsch-Saarländische Volkspartei unter Führung von Hermann Röchling und die Bürgerliche Mitte (Saarländische Wirtschaftsvereinigung) unter Führung von Gustav Schmoll gen. Eisenwerth[17] Erklärungen, dass sie dem Beispiel der DNVP gefolgt seien. Spaniol drängte nun die Zentrumspartei, dass auch sie ihre Selbständigkeit aufgeben solle. Hier einige Sätze aus der ihr zugeleiteten Denkschrift: *Um alle Zweifel und innere Unruhen jedes Deutschen an der Saar, der sein ganzes Leben für den Rückglie-*

---

16 Druck bei Spaniol, Das neue Deutschland und die Saar, in: Kampf um die Saar, S. 384.
17 Die diesbezüglichen Erklärungen sind bei Spaniol, S. 386ff. gedruckt.

derungskampf einsetzen soll, restlos zu beseitigen, sowie denjenigen Volksgenossen an der Saar, die nicht in den zur »Deutschen Front« gehörenden Parteien stehen, den Zutritt in dieselbe zu erleichtern und um damit endlich zu der lebendigen Verwirklichung der Not-, Schicksals- und Kampfgemeinschaft des Saarvolks zu kommen,......sollen..... die Parteien sich als solche auflösen und in der großen Organisation »Deutsche Front« aufgehen....Schwer wird es der Landesführung der Zentrumspartei des Saargebietes angesichts ihrer alten Tradition und als ehemals stärkste Partei des Saargebietes sein, die Auflösung der Partei auszusprechen. Aber auch hier dürften alle individuellen Bedenken die Verwirklichung dieser bedeutungsvollen und eines Tages doch unvermeidlichen Mission nicht verhindern....Es ist selbstverständlich, daß bei der Auflösung der Partei diejenigen, die bisher durch die Organisation derselben ihren Lebensunterhalt verdienten... niemals Arbeit und Brot verlieren. Ich denke mir, daß es den Klerikern, die Mitglieder und Führer der Zentrumspartei gewesen sind, schwer sein wird, der Auflösung der Zentrumspartei zuzustimmen. Ich glaube aber, daß mit dem Abschluß des Konkordates[18] sich bei ihnen die Bejahung der Auflösung als eine Selbstverständlichkeit auslöst. Es bestehen bei mir nicht die geringsten Bedenken, daß der katholische Geistliche durch die Auflösung der Zentrumspartei sich weniger aktiv für die Deutscherhaltung unserer Heimat einsetzen würde. Ich bin überzeugt, daß wir im Saargebiet...Priester haben, die bereit sind, ähnlich wie in den Tiroler Freiheitskriegen kämpfend und aneifernd im Entscheidungskampf in vorderster Linie zu stehen. Es muß jedem Führer der alten Parteien das den Entschluß leicht machen, daß wir mit der wirklichen Schaffung der Front aller Deutschen ohne Unterschied des Standes, der Geburt, der Konfession und Klasse nicht nur unsere kleine Gruppe von Gegnern und Demagogen vernichtend schlagen, wir setzen damit das endgültige unüberwindbare Bollwerk.... Die Auflösung der Parteien zusammengeschweißt in unzerstörbarer Einheit, in einer Front... ist von so entscheidender Wichtigkeit, daß wir die ganze Welt aufhorchen lassen.

Nach mehrtägigen Verhandlungen unterzeichneten dann am 11.10.

---

18 Am 22.07.1933 war zwischen der Reichsregierung und dem Vatikan ein Vertrag (= Konkordat) unterzeichnet worden, der der katholischen Kirche gegen den Verzicht auf politische Tätigkeit erhebliche Rechte in der Schulfrage und im kirchlichen Vereinswesen gewährte.

Pfarrer Bungarten als Vorsitzender der Zentrumspartei, Landesratsmitglied Richard Becker, Saarbrücker Großkaufmann, Peter Scheuer,[19] Präsident des Landesrats, von Haus aus Journalist, und Ludwig Meijer, der Geschäftsführer der Partei, eine Vereinbarung mit Spaniol. Gleich am Anfang stand der Kernsatz: *Die Zentrumspartei des Saargebiets geht in der Deutschen Front auf. Die Deutsche Front ist die organisatorische Zusammenfassung der Saardeutschen zu dem alleinigen Zweck, die Rückgliederung des Saargebietes zu fördern und zu sichern.*
Eine harsche Antwort formulierte der Sozialdemokrat Max Braun in einer Rede am 23.11.1933: *Meine Herren von der Deutschen Front: Sie haben jedes Recht verloren, sich über irgendeine Maßnahme zu beschweren, seitdem sie zu der unmenschlichen und bestialischen Unterdrückung aller Freiheit, Gleichberechtigung, Gerechtigkeit und Wahrheit in Hitlerdeutschland Beifall geklatscht und Ja und Amen gesagt haben. Sie haben sich selbst das beste und stärkste Argument des Selbstbestimmungskampfes des Saarvolkes aus der Hand geschlagen. Solange Ihr Führer und seine Despotie nicht Demokratie, Gleichberechtigung, Gerechtigkeit, Wahrheit und Recht im eigenen Land den eigenen Volksgenossen zu geben bereit ist, solange ist Ihr Geschrei nur eine Dreistigkeit ohne moralischen Boden und ohne jede innere Berechtigung.... »!*[20]
In den folgenden Wochen wurde von Seiten Spaniols diese Vereinbarung nicht immer beachtet. Er löste die NSDAP-Saar in Analogie zu den bürgerlichen Parteien nicht auf und erregte dadurch Verstimmungen im Führungskreis der aufgelösten bürgerlichen Parteien. Er setzte sich damit auch in Gegensatz zu der politischen Konzeption des Saarbeauftragten der NSDAP im Reich, des pfälzischen Gauleiters Josef Bürckel,[21] wonach die »Deutsche Front« die eine große Sammelorganisation aller die Rückgliederung des Saargebiets Befürwortenden sein soll, alles sei zu vermeiden, was Differenzen zwischen

---

19 Zu seiner Person vgl. Peter Wettmann-Jungblut, Peter Scheuer – Katholisches Kredo und nationale Kommunitas, in: Linsmayer (Hg.), Der 13. Januar, S. 249-261.
20 Kunkel, Für Deutschland, S. 40 u. 139.
21 Eine ausführliche Biographie steht immer noch aus, vgl. Gerhard Paul, Josef Bürckel – Der rote Gauleiter, in: Die Braune Elite I, hrsg. von Ronald Smelser, Enrico Syring und Rainer Zitelmann, Darmstadt 1993, S. 51-65.

den verschiedenen die Rückgliederung befürwortenden Gruppen aufkommen oder in der Öffentlichkeit erkennen lassen könnte. Spaniols unüberlegte Äußerungen in der Öffentlichkeit, Defizite in seiner Organisationsfähigkeit, seine Anlehnung an Gustav Simon, den Leiter des NSDAP-Gaues Trier-Koblenz, einen Rivalen Bürckels, führten schließlich zu seiner Ausbootung. Das Fass zum Überlaufen brachte sein Interview mit einem schwedischen Journalisten, in dem er Hitler als »den neuen Messias« bezeichnet hatte. Am 24.02.1934 rief Bürckel den Führerrat der Deutschen Front in Kaiserslautern zusammen, gab in Abwesenheit von Spaniol bekannt, dieser sei als Führer der DF unmöglich geworden, und bestellte Jakob Pirro, NSDAP-Vorsitzenden in Homburg, zum Landesführer der DF. Dieser Führungswechsel ermöglichte Bürckel die zentrale Koordination und Kontrolle der bislang noch mehrgleisig, teils sogar anarchisch verlaufenen Propagandaaktivitäten der saarländischen Nationalsozialisten; denn Pirro war nichts anderes als sein Strohmann.[22] Ihm zur Seite stand der erweiterte Führerrat der DF, bestehend aus den drei Zentrumspolitikern Franz Levacher, Peter Kiefer und Pfarrer Peter Wilhelm, den Liberalen Hermann Röchling und Gustav Schmoll, Regierungsrat Spring (DNVP) und dem ev. Pfarrer Carl Roderich Richter.

Schon bei ihrer Bildung im Sommer 1933 war die Deutsche Front konzipiert als Sammelbecken und Massenorganisation aller rückgliederungswilligen Saarländer. Um dieses Ziel zu erreichen, wurde durch eine offensive Mitgliederwerbung in Form von Hausbesuchen und persönlichem Zureden der Beitritt und das Unterschreiben folgender Erklärung angestrebt: *Ich erkläre hiermit meinen Eintritt in die »Deutsche Front« Püttlingen und verpflichte mich, für die Rückgliederung der Saarheimat ins deutsche Vaterland mich jederzeit voll einzusetzen. Ich bin deutscher Volksgenosse(in). Den monatlichen Beitrag von 0,25 Frs., Notbeitrag von 0,10 Frs. werde ich jeweils im Voraus zahlen.* Konfliktsituationen, die bei dieser Art der Mitgliederwerbung entstehen konnten, soll ein Fall exemplarisch veranschaulichen.[23] Der Eisenbahner Jakob Becker, 39 Jahre alt, in der Bengeserstraße wohnhaft, erstattete am 20.12.1933 Anzeige beim Landjägeramt Püttlingen gegen den Steiger i. R. Mathis Barth wegen Zuwiderhandlung

---

22 Paul, NSDAP des Saargebietes, S. 71ff., Kunkel, Für Deutschland, S. 43f.
23 Niederschriften in LA SB LRA SB Nr. 325, S. 95-102.

gegen die Verordnung der Regierungskommission vom 28.11.1933 und sagte dazu aus: *Gegen Ende vergangener Woche, es mag der Donnerstag oder auch Freitag gewesen sein, als der Steiger Mathias Barth aus Püttlingen gegen 18 Uhr zu mir in die Wohnung kam. Barth sagte Guten Abend und fragte mich dann, ob ich gewillt sei, der »Deutschen Front« beizutreten. Barth erklärte gleichzeitig, dass bis jetzt alle sich der deutschen Front angeschlossen hätten, mit Ausnahme der Sozialisten und Kommunisten. Ich erklärte Barth hierauf, dass ich Sozialist sei und den Beitritt zur«Deutschen Front« entschieden ablehne. Hierauf sagte Barth:«Herr Becker, sie sind doch verheiratet, denken Sie an ihre Familie wenn wir 1935 zurückkommen.« In diesem Ausdruck des Steigers Barth erblicke ich eine versteckte Drohung, dass ich nach 1935 mit Nachteil zu rechnen habe. Die weitere Unterhaltung mit dem Steiger Barth, erstreckte sich auf die momentanen Zustände bezw. die jetzige deutsche Regierung, mit der ich in keiner Weise zufrieden bin. Steiger Barth verliess nach etwa 10 Minuten meine Wohnung und war sein Gesamtverhalten korrekt und anständig.*
Barth wurde für den folgenden Tag (21.12.) vorgeladen und gab folgende Darstellung: *Die Angaben des Zeugen Becker sind mir bekannt gegeben worden. Sobald ich Becker den Werbungsantrag vortrug, wie bereits in meiner gestrigen Vernehmung erwähnt fing dieser in gemeiner Weise über Reichsregierung und Reichsminister zu schimpfen an. Becker ließ mich nicht mehr zu Worte kommen und sprach mit einer derartigen Leidenschaft, dass ich einen zweiten Versuch ihn zum Beitritt zur Deutschen Front zu bewegen nicht mehr unternahm. Die Schimpfereien des Becker auf die Reichsregierung waren etwa wie folgt: Nie zurück zu einem Hitlerdeutschland. Hitler ist ein Slowake, der schon hunderte von Arbeitern hat abschlachten lassen. Sogar ist kürzlich ein Richter von seinem Amt zurückgetreten, weil er diese Sauerei nicht mehr mitmachen will. Göring ist ein grosser Bluthund, während Göbbels ein Morphinist ist. Diese Schimpfereien des Becker währten etwa 10 Minuten. Meine Einwendung, Becker möge doch an seine Familie denken, insbesondere bei der Rückkehr nach 1935, waren von mir gut gemeint und wollte ich damit zum Ausdruck bringen, dass Becker die vorerwähnten Schimpfereien nicht noch bei anderen Personen vorbringt und dadurch später evtl. Nachteile hat. Ich erkläre nochmals dass mir eine Drohung absolut fern lag.*
Vermutlich auf Anregung Barths wurde auch die Witwe Heisel, 64

Abb. 15 Plakat der Deutschen Front, Entwurf: Semar, Druck: Offsetdruck F. Maas und Söhne A.G., Saarbrücken

Abb. 16   Plakat der Deutschen Front, Entwurf: Mölnir. Druck Offsetdruck F. Maas und Söhne A.G., Saarbrücken.

Jahre alt, Bengeserstr. 25, vorgeladen, um Barths Art der Werbung beschreiben zu lassen: *In der vergangenen Woche den Tag weiss ich nicht mehr, da kam der Steiger Barth in der hiesigen Krichingerstrasse wohnhaft zu mir in mein Haus und sagte: Er käme für die »Deutsche Front« zu werben. Barth erklärte dabei noch wenn 5% der Stimmen aus dem Saargebiet verloren gingen, dann wäre auch der Warndt verloren. Ich sagte wir sind Deutsche und stimmen auch für Deutschland. Barth sprach auch meinen Schwiegersohn Edmund Lehnhof zum Beitritt in die Deutsche Front an. Dieser erklärte aber, dass solange er noch als Bergmann auf der Grube Arbeit habe, der Deutschen Front nicht beitreten könne, andernfalls er sein Brot verlieren würde. Barth gab meinem Schwiegersohn recht, indem er erklärte, er müsse zuerst für sein Brot sorgen. Ich sagte dann noch zu dem Steiger Barth, dass mein Sohn der Hüttenarbeiter Josef Heisel ruhig der Deutschen Front beitreten könne, da dieser nichts zu befürchten habe. Auf Befragen erkläre ich, dass der Steiger Barth sehr anständig in meinem Hause war und keinerlei Drohungen betr. 1935 ausgesprochen hat.*
Der Polizeiposten Püttlingen gab die Niederschriften unverzüglich an das Schnellgericht weiter, das am 22.12.1933 Barth freisprach.
Dem Gedanken der einen großen Sammlungsbewegung entsprach, dass auch ehemalige Sozialdemokraten, Kommunisten und Saarbündler Mitglieder in der DF werden konnten. In Einzelfällen erklärten sie ihren Beitritt, ohne dass damit tatsächlich ein Gesinnungswandel verbunden war.
Gegliedert war die DF in Kreise, diese unterteilt in Ortsgruppen, Zellen und Blocks, jeweils mit einem Leiter an der Spitze. Da SA und SS von der Regierungskommission im November 1932 verboten worden waren, bildete die DF einen *Ordnungsdienst*, uniformiert mit schwarzen Reithosen, hohen schwarzen Reitstiefeln, weißem Hemd und schwarzer Schirmmütze. Seine Aufgabe war im defensiven Bereich der Schutz der Veranstaltungen der DF, im offensiven Störung von Versammlungen der Rückgliederungsgegner, Unterbindung der Verteilung von gegnerischem Propagandamaterial. Es liegt auf der Hand, dass es dabei öfter zu Handgreiflichkeiten kam, die nicht selten in Schlägereien ausarteten. Gegen Ende der Abstimmungszeit maßte sich der Ordnungsdienst der DF Hilfspolizeifunktionen an.
Die Finanzierung der immensen Propagandatätigkeit der DF wurde aus Zuschüssen aus dem Reich, Beitragsaufkommen der Mitglieder,

Spenden der Bevölkerung und dem Annoncengeschäft der Zeitung »Deutsche Front« gespeist. Wer als guter Deutscher gelten wollte, trug sich in die Spendenlisten ein. Wer nicht spendete oder im Verhältnis zur vermuteten Höhe seines Einkommens wenig gab, musste damit rechnen, auf irgendeine schwarze Liste zu kommen. Die Einnahmen aus Anzeigen konzentrierten sich vornehmlich auf drei Sondernummern der »Deutsche Front«, die insgesamt 155 Seiten mit Inseraten enthielten. Auch hier gab, ähnlich wie bei der Eintragung in Spendenlisten, der Gedanke an eventuelle Folgen eines Abseitsstehens den Ausschlag. Von Anfang an arbeitete die DF systematisch darauf hin, den öffentlichen Dienst für sich zu vereinnahmen. Sich als wirksam erweisende Mittel waren Appelle an die nationale Pflicht und Hinweise, dass nach der Rückgliederung eventuell keine Übernahme in den Reichsdienst erfolgen würde.

Polarisierung im Gemeinderat Püttlingen
Die Umsetzung der Beschlüsse über die Bildung einer Arbeitsgemeinschaft der bürgerlichen Parteien bis zur Bildung der »Deutschen Front« auf Ortsebene zog sich noch einige Wochen hin.
Unmittelbar nach Eröffnung der Sitzung des Püttlinger Bürgermeistereirates am 05.12.1933 teilte Johann Scherer mit, dass die Vertreter des Zentrums, der Bürgerpartei und der Christlich-Sozialen sich zur Fraktion der Deutschen Front zusammengeschlossen hätten.[24]
In den Gemeinderäten Altenkessel und Püttlingen gaben die Vertreter von Zentrum, DSVP, Bürgerpartei und Christlich-Sozialen eine gleichlautende Erklärung im Januar 1934 ab. Schon Ende November/Anfang Dezember 1933 wechselte ein Mitglied der KP-Fraktion des Püttlinger Gemeinderates, vermutlich Friedrich Ott, zur DF.[25]
In der Sitzung des Püttlinger Gemeinderates vom 11.01.1934 markierten die Führer der Fraktionen in den nachstehend wörtlich wiedergegebenen Erklärungen[26] ihren politischen Standort.
Die Erklärung des DF-Fraktionsvorsitzenden Scherer war kurz: *Die Mitglieder der Zentrumspartei, der christlich-sozialen Volkspartei, der Bürgervereinigung und der deutsch-saarländischen Volkspartei*

---
24 Beschlussbuch des Bürgermeistereirates Püttlingen (StadA Püttlingen).
25 Vgl. Schlägerei in der Wirtschaft Bies im Januar 1934 (S. 355 f.).
26 Beilagen zum Gemeinderatsprotokollbuch (StadA Püttlingen).

haben sich zu einer geschlossenen Fraktion der deutschen Front vereint. Unter Zurückstellung aller parteimässigen Gesichtspunkte hat diese Einheitsfront [der Begriff hatte um die Jahreswende 1933/34 noch nicht den späteren Bezug auf Befürwortung des Status quo] *nur das eine Ziel im Auge, Heimat und Volk zur gegebenen Zeit unserm Vaterlande wieder zurückzuführen. Wir sind für eine bedingungslose Rückgliederung und laden jeden einzelnen der noch Außenstehenden ein in unsere Reihen einzutreten, denn ein gemeinsames Wirken wird unseren Wunsch: Heim ins Reich ! ganz bestimmt zur Wirklichkeit werden lassen.*
Der Sozialdemokrat Georg Altmeyer gab zunächst den in knappen Worten gefassten Beschluss seiner Fraktion bekannt: *Die Sozialdemokratische Gemeinderatsfraktion Püttlingen lehnt es ganz entschieden ab, der sogenannten »Deutschen Front« beizutreten,* und trug dann eine ausführliche Begründung vor:
Die Sozialdemokratie an der Saar hat in den vergangenen 14 Jahren das wahre und wirkliche Deutschtum an der Saar ganz entschieden und konsequent vertreten. Wir sind überzeugt und haben es bewiesen, dass die Linie unserer Partei immer deutsch war, augenblicklich deutsch ist und auch in Zukunft deutsch bleiben wird. In dieser unserer Einstellung und Ueberzeugung lassen wir uns auch nicht durch den Terror und die Verleumdungen von seiten der Nationalsozialisten und der deutschen Front beirren. Es sei daran erinnert, dass die Sozialdemokratie an der Saar diese von uns gekennzeichnete Linie auch zu einer Zeit eingehalten hat, als die Bajonette der alliierten Truppen an der Saar standen und es noch gefährlich war, sich als Deutscher zu bekennen und dementsprechend zu handeln.. Keine in der sogenannten deutschen Front zusammengeschlossenen Parteien kann auch nur annähernd die Opfer aufweisen, die gerade die Sozialdemokratie, ihre Führer und ihre Funktionäre im Interesse des Deutschtums an der Saar gebracht haben. Wir erinnern:
- *an die Ausweisung von sechs sozialdemokratischen Redakteuren innerhalb ganz kurzer Zeit, die im Interesse des Deutschtums an der Saar gestritten haben,*
- *an die Festnahme und Ausweisung hunderter sozialdemokratischer und frei gewerkschaftlicher Führer und Funktionäre,*
- *an unseren Kampf gegen die Einführung des französischen Sprachunterrichts in unseren saarländischen Volksschulen,*

- *an den großen Bergarbeiterstreik im Jahre 1923,*
- *an den Beamtenstreik, wo sich Sozialdemokraten und freie Gewerkschaften für die damals berechtigten Forderungen der Beamtenschaft einsetzten, um im Jahre 1923, als man von den Beamten ebenfalls Solidarität verlangte, den »Lohn« dafür zu erhalten,*
- *an die Beraubung der Existenz von tausenden sozialdemokratischen und freigewerkschaftlichen Familienvätern, nicht allein durch die französische Bergverwaltung, sondern auch durch die eigenen Volksgenossen, wie Röchling-Völklingen, Eisenwerke Neunkirchen u.s.w.*

In diesem Zusammenhange erinnern wir auch an die damaligen Vorfälle in Püttlingen. Waren es nicht sechs Vertreter der Linksparteien, die damals von ihren Familien gerisssen, aus der Heimat vertrieben wurden, eben weil sie die deutschen Belange an der Saar und für die Forderungen der deutschen Arbeiterschaft mannhaft eingetreten sind.

Und wo waren damals die Vertreter der heutigen sogenannten »deutschen Front«? Ein Teil von ihnen, um objektiv zu sein, soweit sie den christlichen Gewerkschaften angehörten, hat bei einem Teil dieser von uns angeführten Kämpfe mit in unseren Reihen gestanden. Es muss aber festgestellt werden, dass ein anderer Teil dieser »deutschen Front« damals bereits mit dem neuen Machthaber an der Saar geliebäugelt hat, wie man es heute mit dem Nationalsozialismus macht. Uns mit solchen Leuten in eine Front zu stellen, lehnen wir ganz entschieden ab und halten es für unter unserer Würde, denn deutsch sein heisst frei sein, und deutsch sein heisst Charakter haben

Wir werden uns auch ausserhalb der deutschen Front nach wie vor aktiv an den Geschicken unserer Gemeinde beteiligen, wie wir uns auch noch nie negativ an der Verantwortung vorbeigedrückt haben. Unsere ganze Kraft werden wir für die Erhaltung des gemeindlichen Selbstbestimmungsrechtes, das man in Hitler-Deutschland bereits praktisch beseitigt hat, einsetzen.

Die wahre Volksgemeinschaft, von der heute so viel geredet wird und geschrieben wird,, kann aber nur durch die Gleichberechtigung aller Schaffenden und aller Stände hergestellt werden. Solange aber die heutigen Machthaber in Deutschland tausende von Marxisten, ehemaligen Zentrumsleuten, katholische Priester, neuerdings auch ihnen unbequem gewordene Nationlsozialisten in Gefängnissen und Kon-

zentrationslagern wegen ihrer Weltanschauung der Freiheit berauben, foltern und martern, solange gibt es kein freies und geeintes Deutschland.

Wir betrachten es als unsere Aufgabe die gesamte demokratisch eingestellte Saarbevölkerung vor diesem System der Vergewaltigung, Versklavung und Entrechtung zu schützen bis zu dem Tage, wo auch aus dem jetzt vergewaltigten Deutschland wieder ein Rechtsstaat geworden ist, in dem wahre Einigkeit, wahre Freiheit und wahres Recht des Glückes Unterpfand sind.

Anschließend gab Georg Schorr namens der KP-Fraktion die folgende Erklärung ab:

Wir erklären als kommunistische Gemeinderatsfraktion der Gemeinde Püttlingen, dass wir jeder Gleichschaltung der Lakaien Hitlers, Görings, Röchlings und Wolfs[27] strikte widerstehen. Wir sind auch gegen jeden Bestechungsversuch von seiten der französischen Kapitalisten. Wir sind gegen jeden imperialistischen Kapitalismus, ob er vom Rhein oder von der Seine kommt. Wir lehnen es ab, eine Front zu schliessen mit Leuten, die das Deutschtum der Kapitalisten vertreten, denn die Arbeiter haben in diesem Deutschland keine Rechte, sondern für ihre Rechtsforderung wie in allen kapitalistischen Staaten, nur Tod, Zuchthaus, Gefängnis und Konzentrationslager zu erwarten. Wir wissen, dass alle diese, die sich heute der Hitlerfront angeschlossen haben, dieses nicht aus innerer Ueberzeugung für das Hitler-System, sondern nur aus reiner Kampfesfurcht gegen dieses System getan haben. Wir als Kommunisten werden dies nicht tun! Wir werden kämpfen, einzig und allein für die Interessen der Arbeiter, Bauern und der Kleingewerbetreibenden. Durch leere Phrasen ist die Not und das Elend der Werktätigen nicht zu beheben. Nur durch den Kampf gegen den Kapitalismus, den Faschismus und Separatismus kann eine Besserstellung der Arbeiterschaft garantiert werden. Wir sind keine Franzosen, wir sind noch immer Deutsche, jedoch keine Hitler-Deutsche sondern sind für ein freies Räte-Deutschland, in dem die Arbeiter die Regierung in die Hand nehmen und nicht die Kapitalisten und ihre Stiefellecker. Wir kämpfen für ein rotes Saargebiet im Anschluss an ein freies Räte-Deutschland.

---

27 Otto Wolff war seit 1926 Mehrheitsaktionär der Neunkircher Hütte.

Um den Wünschen der Werktätigen Rechnung zu tragen, fordern wir:
- *1. Erhöhung der Unterstützungssätze für die Erwerbslosen, sowie ausreichende Winterhilfe. Oeffnung der Speicher und Hallen.*
- *Als zweites: Höhere Lohnsätze für die Arbeiterschaft, Erhöhung der Gedinge- und Akkordsätze, Abschaffung oder Bezahlung der Feierschichten, ausreichende Sicherheitsmassnahme für die Gruben- und Hüttenarbeiter!*
- *Als drittes: Aufhebung des Demonstrations- und Versammlungsverbotes*

Dieses ist das Ziel. Der Weg und die Aufgabe der kommunistischen Gemeinderatsfraktion und unter dieser Parole werden und müssen wir siegen.

Mit diesen Erklärungen waren die Positionen der verbliebenen drei Fraktionen im Gemeinderat abgesteckt. Die drei Forderungen am Ende von Schorrs Erklärung waren rein deklaratorischer Art; denn ihre Erfüllung lag außerhalb der kommunalen Zuständigkeit.

Übrigens zog sich Schorr bald darauf aus der KP-Fraktion zurück, seine Gründe wurden mir nicht bekannt. Im Fraktionsvorsitz folgte ihm Ernst Pistorius. Schorr betätigte sich nach dem Zweiten Weltkrieg an der Neuorganisation der KP.

Im März 1934 trat ein Mitglied der Kommunistischen Fraktion des Gemeinderates Altenkessel zur Deutschen Front über.[28]

Die Leitung der DF-Ortsgruppe Püttlingen lag im Januar 1934 in Händen von Alfred Stein, Sekretär im Bürgermeisteramt. Sein Gebaren bei Propagandaaktionen und seine geringe Körpergröße trugen ihm bei seinen politischen Gegnern den Spitznamen »Püttlinger Goebbels'chen« ein.[29] Im Herbst 1934 erscheint dann Schreinermeister Josef Weber als Vorsitzender der Ortsgruppe Püttlingen. Propagandawart war Konrektor Hör. Als Einberufer und Leiter von Versammlungen sowie als ortsansässige Redner bei Veranstaltungen der DF begegnen in Püttlingen der Bauunternehmer Emil Weber, die Lehrer Heinrich Contier, Heinrich Grünwald, Johann Schneider, Buchdrucker Alois Balzert, Tabakgroßhändler Paul Rössner und Frau Ludwig Kunkel, in Ritterstraße Bezirksvorsteher Peter Hubertus. Als

---

28 Verwaltungsbericht 1933/34, S. 5 (StadtA PÜ).
29 Volksstimme vom 10. u. 16.01.1934.

öffentlich hervorgetretenen Werber für die DF nennt die sozialdemokratische »Volksstimme« den Steiger Barth. (vgl. S. 243)
DF-Ortsgruppenleiter in Köllerbach war Fritz Michler aus Herchenbach, die Ortsgruppe war im Herbst 1934 unterteilt in Sektionen:
• Sektion Engelfangen geleitet von Joachim Jost,
• Sektion Etzenhofen geleitet vonAugust Feld,
• Sektion Kölln geleitet von Ernst Geiß,
• Sektion Sellerbach geleitet vonAlois Meyer aus Engelfangen.
Als Einberuferin und Leiterin von Frauenversammlungen erscheint Klara Feld, Kölln.
Nur ein Teil der genannten Männer war im politischen Leben bisher hervorgetreten. Die Lehrer Grünwald, Contier und Schneider waren frühe Nationalsozialisten, ebenso Alois Meyer, der Landwirt Michler hatte bei den Kreistagswahlen 1929 für die DNVP kandidiert, August Feld 1932 als Kandidat der DSVP für den Köllerbacher Gemeinderat. Aloys Balzert und Peter Hubertus waren bekannte Zentrumsleute, Paul Rössner hatte bei der Kommunalwahl 1929 sich um einen Sitz auf der Liste der Wirtschaftlichen Arbeitsgemeinschaft beworben.
Über den Grad der Erfassung der Bürger in der DF berichteten die Bürgermeister dem Landrat. Ein Bericht der Landjägerinspektion Saarbrücken-Land vom Frühjahr 1934 nennt folgende Prozentsätze:[30]

• Bürgermeisterei Völklingen   88,0
• Bürgermeisterei Ludweiler

Ludweiler	75,0	2.400	Stimmberechtigte
Lauterbach	75,0	1.200	
Karlsbrunn	91,0	150	
St. Nikolaus	95,0	380	
Naßweiler	95,0	435	
Emmersweiler	80,0	510	
Großrosseln	80,0	2.000	

• Bürgermeisterei Gersweiler

Gersweiler-Ottenhausen	80,0	3.850
Klarenthal-Krughütte	90,0	1.800

• Bürgermeisterei Püttlingen

Püttlingen-Ritterstraße	90,0	7.500

---

30 LA SB LRA SB Nr. 326, S. 416f.

- Bürgermeisterei Heusweiler
  17 Gemeinden   90,0%
- Bürgermeisterei Quierschied
  Quierschied   85,0   4.889
  Fischbach   96,2
- Bürgermeisterei Riegelsberg
  Güchenbach   70,0
  Hilschbach   95,0
  Überhofen   85,0
  Köllerbach   75,0
  Walpershofen   100,0
- Bürgermeisterei Brebach
  Brebach   90,0
  Neufechingen   90,0
  Fechingen   88,4
  Bliesransbach   93,0
  Bübingen   80,0
  Güdingen   70,0
  Bischmisheim   93,0
  Schafbrücke   98,0
  Neuscheidt   90,0
  Scheidt   94,5
  Rentrisch   96,0
- Bürgermeisterei Dudweiler
  Dudweiler   85,0
- Bürgermeisterei Sulzbach
  Sulzbach   77,3   7.046
  Altenwald   86,5   3.730
  Neuweiler   74,8   762
  Hühnerfeld mit Brefeld   66,6   2.253
- Bürgermeisterei Friedrichsthal
  Friedrichsthal   70,0   4.000
  Bildstock   75,0   3.000
- Bürgermeisterei Kleinblittersdorf
  Kleinblittersdorf   89,4   1.900
  Auersmacher   94,0   950
  Hanweiler   80,0
  Rilchingen   93,0

Die Verlässlichkeit der Zahlen darf nicht hoch angesetzt werden, weil die exakte Zahl der Abstimmungsberechtigten im Frühjahr 1934 ja noch nicht vorlag, sondern erst im Herbst 1934 nach Überprüfung und Korrektur der Liste der Stimmberechtigten. Dort wo die Zahl der Stimmberechtigten nicht angegeben ist, liegt die Unsicherheitsmarge noch höher. Interessant ist der Satz im Bericht: *Der größte Teil der Bergarbeiter hat eine Anmeldung zur »Deutschen Front« aus Furcht brotlos zu werden vorläufig noch unterlassen.* Er bestätigt einmal die schon erwähnten Befürchtungen des Schwiegersohnes der Witwe Heisel und lässt andererseits erkennen, dass mit der Vertraulichkeit der Eintragung in die Mitgliederliste der DF nicht gerechnet werden durfte.

Die Wochenberichte des Püttlinger Bürgermeisters aus November/Dezember 1934 und Januar 1935 enthalten noch höhere Prozentsätze der DF-Mitgliedschaft der Stimmberechtigten:

- 05.11.1934   97, 8%, diese Zahl wurde schon in einer DF-Versammlung im Kaiserhof am 19.10. genannt[31]
- 12. u. 19.11.1934   98,0%
- 26.11.1934   98,2%,
- 03.12.1934   98,5%
- 10., 17. und 31.12.1934 sowie 07.01.1935 jeweils 98,6%.

Der Riegelsberger Bürgermeister meldete am 21.10.1934: Güchenbach 99%, Hilschbach 100%, Überhofen 98%, Walpershofen 100%, Köllerbach 95%.

Es ist zu vermuten, dass die Zahlen von den jeweiligen Ortsgruppenleitern der DF stammen und die Ergebnisse der Mitgliederwerbung durch Hausbesuche darstellen, und dass gerade in den kleinen Gemeinden, wo jeder jeden kannte, eventuelle Rückgliederungsgegner gut daran taten, ihre Gesinnung zu kaschieren und, wenn sie von DF-Werbern aufgesucht wurden, nur selten das Risiko eingingen, den Beitritt zur DF abzulehnen. Es ist auch nicht auszuschließen, dass die Zahlen »geschönt« sind, um einen möglichst hohen Organisationsgrad vorzutäuschen. Jedenfalls liegen sie über den Prozentsätzen der

---

31 Bericht von Oberlandjäger Birkelbach vom 29.10.1934 (LA SB LRA SB Nr. 315, S. 267).

tatsächlich bei der Abstimmung abgegebenen Stimmen für die Rückgliederung (vgl. S. 398f.).
Eintritte und Austritte in die DF waren ein beliebtes Thema der Presse. So wurde Ende Juli 1934 berichtet, die Püttlinger Kommunisten Viktor Becker, Werner Becker und Johann Karrenbauer seien in die DF eingetreten. Am 02.08. veröffentlichte die »Arbeiterzeitung« ein Dementi. Knapp zwei Wochen später prangerte sie die Werbemethoden der DF an und erwähnte Austritte in Engelfangen, allerdings ohne Namensnennung.[32]

Gleichschaltung von Verbänden

Ein effizientes Mittel der Gleichschaltung saarländischer Parteien, Verbände und anderer Vereinigungen hätte die bisher bestehende, meist vereinsrechtlich abgesicherte Struktur der saarländischen Parteien, Verbände etc. als Landes- oder Bezirksgruppen von Reichsparteien und -verbänden sein können. Die Regierungskommission erkannte die Möglichkeit, dass auf diesem Weg alle im Reich verfügten Änderungen auf Struktur und Leitungsgremien der saarländischen Filialorganisationen hätten übertragen und diese schnell in nationalsozialistischem Sinne umgestaltet werden können. Durch eine Änderung des Reichsvereinsgesetzes vom 19.04.1908[33] versuchte sie, Einwirkungen aus dem Reich in der beschriebenen Art zu unterbinden, indem sie saarländische Parteien, Verbände und Vereinigungen von ihren bisherigen Bindungen zu reichsdeutschen Zentralorganisationen löste und für selbständig erklärte. Politische Vereinigungen an der Saar durften fortan nur unter der Leitung von Saareinwohnern stehen, sie mussten sich innerhalb von zwei Wochen unter Angabe ihrer Satzungen und der Vorstandsmitglieder polizeilich anmelden. Damit war der reichsdeutsche Einfluss über die Vereinsschiene zwar nicht gekappt, aber doch spürbar geschmälert. Von der Reichsregierung getroffene Maßnahmen gegenüber Verbänden und Vereinen galten künftig nicht

---

32 Arbeiterzeitung vom 12./13.08.1934.
33 Verordnungen vom 31. 05. u. 28.11.1933 (Amtsbl. d. Regierungskommission, S. 210f. u. 508f.)

automatisch für die bisherigen saarländischen Zweig- oder Tochterorganisationen.

Gewerkschaften

Das rasche Ende der Freien und Christlichen Gewerkschaften im Reich wurde schon erwähnt (vgl. S. 231 f.). Darauf reagierten als erste unter den freien Gewerkschaften die Buchdrucker, die allerdings im Köllertal kaum Mitglieder hatten, am 06.05. mit der Erklärung, künftig als selbständige Gewerkschaft zu firmieren. Am folgenden Tag fasste der BAV als größte Gruppe innerhalb der freien Gewerkschaften den gleichen Beschluss, alle anderen freigewerkschaftlichen Organisationen schlossen sich im Laufe des Monats Mai an und erreichten ihre Aufnahme in den Internationalen Gewerkschaftsbund (CGT). Damit war die Strategie Hitlers, der bei dem Empfang der saarländischen Delegation am 15.05. in der Reichskanzlei sich geäußert hatte, den Führern der Freien Gewerkschaften im Saargebiet müsse auseinandergesetzt werden, welche Vorteile sich für sie ergeben würden, wenn sie sich schon jetzt in die nationale Einheitsfront einfügen würden, gescheitert. Durch die von der Regierungskommission verfügte Änderung des Vereinsgesetzes wurden auch die organisatorischen Bindungen der anderen Arbeitnehmerorganisationen zu den Verbänden im Reich gelöst und die bisherigen saarländischen Landesgruppen der ehedem reichsdeutschen Gewerkschaften verselbständigt. Die saarländischen Gewerkschaftsführer waren betroffen von Hitlers brüskem Vorgehen gegen die parallelen Verbände im Reich und gegen verdiente Funktionäre, aber noch mehr darüber, dass die Reichsregierung den Zugriff auf die im Reich deponierten Gelder der saarländischen Gewerkschaften sperrte. In der Arbeiterschaft löste diese Maßnahme Verstimmungen und Befürchtungen aus, nicht mehr in den Genuss der Gegenleistung für früher gezahlte Mitgliedsbeiträge zu kommen. Die Einstellung der saarländischen Gewerkschaftsfunktionäre zur neuen Reichsregierung war geteilt, nicht alle folgten dem Kurs der politischen Partei, der sie sich ideologisch verbunden fühlten.[34] Peter Kiefer, Sekretär im GCB, zeigte weitestgehendes Verständnis für die Umwälzungen im Reich,

---

34 Das Folgende, soweit nichts anderes angegeben, nach Mallmann/Steffens, Lohn der Mühen, S. 193-208.

betrieb den Zusammenschluss aller nicht sozialistischen Gewerkschaften und opferte diesem Ziel auch bisherige Kollegen. Fritz Kuhnen,[35] der langjährige Bezirksleiter des GCB, der stärksten Gewerkschaft im Saargebiet, wurde beschuldigt, die Verluste einer gewerkvereinseigenen Firma, in deren Aufsichtsrat er saß, mit verschuldet zu haben, und unter Mitwirkung des NSDAP-Landesleiters Spaniol zum Rücktritt gezwungen. Eine außerordentliche Generalversammlung wählte Kiefer am 10.10. zum Vorsitzenden. Am folgenden Tag schlossen sich unter seiner Leitung die Christlichen Gewerkschaften, die Hirsch-Dunker'schen Gewerkschaften und die Nationalen Gewerkvereine, – insgesamt 11 Arbeiterverbände, 7 Angestelltenverbände, 3 Staatsbedienstetenverbände und 2 Frauenverbände, darunter der Katholische Frauenberufsverband – zur »Deutschen Gewerkschaftsfront Saar« zusammen und erklärten sich bedingslos für die Rückgliederung.[36] Mit der Aufnahme Peter Kiefers in den Führerrat der Deutschen Front war die Gleichschaltung auch im personellen Bereich vollzogen. Auf einer Versammlung am 10.12.1933 im Püttlinger Turnerheim erläuterte er Zweck und Ziel der Deutschen Gewerkschaftsfront, betonte deren Unabhängigkeit und wies den Vorwurf, dass sie vom Reich aus gesteuert würde, entschieden zurück.[37] Opposition gegen diesen Kurs kam mehr von einigen Funktionären als von der Basis. Fritz Kuhnen wurde schon genannt, er wurde unterstützt von dem langjährigen Vorsitzenden des Gesamtverbandes der Christlichen Gewerkschaften Deutschlands Heinrich Imbusch, der ins Saargebiet emigriert war, dann auch von Otto Pick, dem Bezirksleiter des CMV. Von Seiten der Deutschen Front wurde versucht, ihn durch den Vorwurf von Unterschlagungen bei seinen Anhängern zu diskreditieren. Eine Generalversammlung des CMV vom 14./15.10.1933 bestätigte ihn im Amt des Vorsitzenden. In der Folge entwickelte sich zwischen ihm und Peter Kiefer eine persönliche Gegnerschaft.
Der Deutschen Gewerkschaftsfront gelangen große Einbrüche in den CMV, seine Mitgliederzahl war bis Herbst 1934 spürbar geschrumpft.
Julius Schwarz, Vorsitzender des BAV und damit des größten ge-

---

35 Biographische Skizze in Mallmann/Paul, Das zersplitterte Nein, S. 149-155.
36 Im Einzelnen aufgelistet bei Muskalla, NS-Politik, S. 385.
37 Bericht von Oberlandjäger Schwarz II vom 11.12.1933 (LA SB LRA SB Nr. 312).

werkschaftlichen Verbandes hierzulande, vermied bewusst eine klare Aussage zur Volksabstimmung und bremste die Politisierung der Verbandsarbeit unter Berufung auf ihre genuin soziale Verpflichtung. Seine persönliche Entscheidung für die Rückgliederung stand wohl außer Zweifel. Inzwischen änderte sich das bisherige Grundmuster der Zugehörigkeit zu einer Gewerkschaft mehr und mehr. Die nationale Entscheidung für oder gegen die Rückgliederung wurde das bestimmende Kriterium und nicht mehr die weltanschaulich geprägte Orientierung auf Christliche oder Freie Gewerkschaften. Durch gezielte Abwerbung von Mitgliedern, als »Aushöhlungsaktion« bezeichnet, lief beim BAV ein ähnlicher Schrumpfungsprozess wie beim CMV. Erst am 18.03.1934 sprachen sich alle dem ADGB für das Saargebiet angeschlossenen Arbeiter- und Angestelltenverbände gegen die Rückgliederung in ein Hitler-Deutschland aus.[38] Bezeichnend für das lange Ringen um eine politische Aussage zur Rückgliederungsfrage ist, dass erst Ende Oktober 1934 eine »Freie Gewerkschaftsfront« als Zusammenschluss aller die Eingliederung in ein Hitler-Deutschland ablehnender Arbeitnehmerverbände ausgerufen wurde.
Die NSBO als nationalsozialistische »Scheingewerkschaft« wurde schon am 07.06.1933 von der Regierungskommission verboten, konnte also gar nicht die Aktivitäten, die Spaniol beim Hitlerempfang vom 15.05. angekündigt hatte, entfalten.
Die Haltung des Verbandes der Saarbergleute (CGT) gegen die Rückgliederung ins Reich lag auf der Linie des alten Saarbundes, als dessen Nachfolgeorganisation er angesehen werden kann.[39] Jakob Schackmann aus Püttlingen organisierte gemeinsame Versammlungen mit der SSP und dem Vorsitzenden der Liga für Menschenrechte Max Waltz und sprach sich eindeutig gegen die Rückgliederung in ein Hitler-Deutschland aus.[40]

Stahlhelm

Im Reich war der Stahlhelm seit April 1933 in die SA eingegliedert worden. Das Fortbestehen eines Restverbandes, der im März 1934 in

---

38 Zur Mühlen, Schlagt Hitler, S. 96-102, Bies, Klassenkampf, S. 90.
39 Vgl. S. 173 ff.
40 Z.B. auf Flugblatt zur Teilnahme an einer Freiheitskundgebung in Friedrichsthal am 29.04.1934 (LA SB LRA SB Nr. 996).

»NS-Frontkämpferbund« umbenannt wurde, zeigt, dass die Gleichschaltung nicht ohne Schwierigkeiten verlief,[41] ähnlich im Saargebiet. Die bisher bekannt gewordenen Akten über den im Sommer 1933 anstehenden Wechsel im Vorsitz der Saargruppe zeigen starke Spannungen zwischen einer Gruppe, die die Neubesetzung durch Wahl der Delegierten der Ortsgruppen im Saargebiet klären wollte, vertreten durch den kommissarischen Gauführer Dr. Alwin Zirkler und Dr. Max von Vopelius (DSVP), und einer anderen, repräsentiert durch Dr. Otto Becker, die den diesbezüglichen Befehlen der Reichsleitung, also letztlich des Stahlhelm-Führers Seldte, der dem 1. Kabinett Hitler als Arbeitsminister angehörte, nachzukommen bereit war. Die Berlin hörige Gruppe setzte sich durch. Seldte beauftragte Karl Altenburg den Stahlhelm im Saargebiet aufzulösen und unmittelbar danach wieder neu zu gründen und ernannte Altenburg zum Leiter. Er führte diesen Befehl am 23.08. aus und ließ sich unmittelbar danach von 42 eilends zusammengerufenen Ortsgruppen- und Kameradschaftsführern satzungsgemäß als Gauführer bestätigen und meldete nach Berlin *Mit diesen Führern und ihrer Gefolgschaft steht bereits am 1. Tage der Neugründung die überwiegende Mehrheit der bisherigen Kameraden hinter mir.*[42] Das Vorgehen zeigt in aller Deutlichkeit, wie stark vom Reich aus Personalfragen in mitgliederstarken Verbänden des Saargebiets gesteuert wurden. Der derzeitige Stand der Quellenauswertung erlaubt noch nicht eine Aussage, inwieweit hier sich Gegensätze zwischen einer nationalen Richtung im konservativen Sinn und der nationalsozialistischen auftaten. Der Stahlhelm behielt seine organisatorische Eigenständigkeit, ging also nicht in der Deutschen Front auf. In der Abstimmungsfrage stand er fest auf Seiten der Befürworter der Rückgliederung.

Wie sich in diesem Konflikt die Püttlinger Ortsgruppe verhielt, ist nicht recht durchschaubar. Kameradschaftsleiter der Stahlhelm-Ortsgruppe Püttlingen war im Herbst 1933 der arbeitslose Bergmann Albert Schirra, als sein *Adjudant* wird Feuerstoß genannt. In einer Versammlung am 10.11. im Saal Pabst-Roth wurde nach einem Referat von Frau Schmidt von Schwind, Vorsitzende des Königin-Luisenbundes, eine Ortsgruppe Püttlingen dieses Bundes gegründet, politische Reden

---

41 Vgl. Arbeiterzeitung vom 04.01.1934 »Krach im Stahlhelm«.
42 Rundschreiben Altenburgs vom 28.08.1933, ediert bei Jacoby, S. 216-224.

wurden nicht gehalten.[43] Am 07.01.1934 veranstaltete die Ortsgruppe einen Familienabend im Saal der Wirtschaft Johann Krahs, an dem auch Mitglieder auswärtiger Ortsgruppen teilnahmen, eingeladen waren der Kriegsbeschädigtenverein Püttlingen und Ritterstraße. Der Aufmarsch der Fahnen zeigt die Vernetzung mit anderen Vereinen, dem Kavallerie- und Artillerieverein Püttlingen, NSDAP-Ortsgruppe Ritterstraße und der Scharnhorstjugend Völklingen[44]. Das gedruckte Abendprogramm trägt das Hakenkreuz, die Veranstaltung schloss mit dem Horst-Wessel-Lied – Indikatoren für eine Annäherung an die nationalsozialistische Fest-Liturgie. Am 21.01. veranstaltete der Püttlinger Kameradenbund, bestehend aus dem Kameradenverein, dem Kavallerie- und Artillerieverein sowie den hiesigen Ortsgruppen des Reichsbundes der Kriegsbeschädigten und des Kyffhäuserbundes, die Stahlhelm-Ortsgruppe Püttlingen mit Jugend und Kyffhäuserjugend anlässlich der Reichsgründungsfeier einen gemeinschaftlichen Kirchgang. Bei der Kreisversammlung am Nachmittag, an der auch Gauleiter Altenburg aus Saarbrücken teilnahm, wurde ein Kreisbefehl verlesen, in dem strikte Disziplin und Befolgung der Verordnungen der Regierungskommission verlangt wurde. Es sei kein Heldenmut und keine Tapferkeit, gegen die Gesetze und Verordnungen zu verstoßen, sondern der wahre Mut zeige sich darin, die Anweisungen des B.D.F. sowie die Verordnungen zu befolgen, weil damit dem deutschen Vaterlande der größte Dienst erwiesen sei.[45] Im Frühsommer übernahm Rektor Paul aus mir nicht bekannt gewordenen Gründen die Leitung der Püttlinger Ortsgruppe.[46]

Kriegsbeschädigte und Kriegshinterbliebene

Beim 11. Verbandstag des Einheitsverbandes am 01. und 02.04.1933 in Püttlingen führte dessen 1. Vorsitzender Johann Hermann Alles aus, der Verband *dürfe unter keinen Umständen zum Spielball politischer Parteien werden. Höchstes Ziel sei, innerhalb der politischen Strömungen im gleichen kameradschaftlichen Geiste, wie er als heiligstes Gut im Schützengraben gepflegt wurde, ausgleichend zu wir-*

---

43 Bericht Landjäger Schellkes vom 10.11.1933 (LR SB LRA SB Nr. 312).
44 Bericht des Landjägeramtes vom 08.01.1934 (ebenda Nr. 312).
45 Bericht des Oberlandjägers Schwarz II vom 21.01.1934 (ebenda Nr. 312).
46 Volksstimme vom 09.06.1934.

ken. *Die Kriegsopfer an der Saar stehen auf vorgeschobenstem Posten, mehr als sonstwo müsse hier alles vermieden werden, was auf das Deutschtum und eine gradlinige Verbandsarbeit einen störenden Einfluss haben könnte.*[47] Noch im selben Monat schied die im Reich im Vorjahr gebildete einheitliche Vertretung der Kriegsbeschädigten und Kriegshinterbliebenen aus dem Dachverband des Kyffhäuser-Bundes aus und wurde als NS-Reichsbund der Kriegsopfer (NSKOV) selbständige Organisation. Im Saargebiet, wo noch Einheitsverband und Reichsbund der Kriegsbeschädigten nebeneinander bestanden, erklärte der von Peter Baltes, NSDAP-Abgeordneter im Landesrat, geführte Reichsbund am 01.06.1933 seinen Beitritt zum NSKOV. Da am Tage zuvor die Regierungskommission durch Verordnung die organisatorische Verbindung saarländischer Parteien und Verbände mit reichsdeutschen untersagt hatte,[48] konnte der Beschluss des Reichsbundes nicht wirksam werden. Baltes betrieb nun zunächst die Angleichung des Reichsbundes in Zielsetzung und Aufbau an den NSKOV. In einer nach seinem Wohnort Merchweiler für 23.07. einberufenen Versammlung des Reichsbundes erfolgte dessen Umbenennung in »Deutsche Kriegsopferversorgung des Saargebietes e.V.« (DKOV). In den folgenden Wochen bereitete Baltes in Verhandlungen mit Alles die Einverleibung des Einheitsverbandes vor. Dieser beschloss am 08.10. bei einer Versammlung in der Saarbrücker Wartburg in einem ersten Schritt seine Auflösung und in einem zweiten den *restlosen Übertritt* in den DKOV *aus Liebe zur Heimat und zu Deutschland*. Alles wurde von Seiten des DKOV bescheinigt, dass er es in den vergangenen Jahren verstanden habe, den Einheitsverband den *schädlichen Einwirkungen des Parlamentarismus und jeder Dienstbarmachung für eine Partei zu entziehen*.[49]
Der DKOV reihte sich in die Deutsche Front ein. Als Signet führte er ein Eisernes Kreuz mit Hakenkreuz im Zentrum, aufgelegt auf ein Schwert, das von einem spitzovalen Laubkranz umgeben war.

---

47 Bericht von Oberlandjäger Schwarz II (LA SB LRA SB Nr. 312) und Saarbrücker Zeitung vom 03.04.1933.
48 Verordnung vom 31.05.1933 betr. die Abänderung und Ergänzung des Reichsvereinsgesetzes vom 14.04.1908 (Amtsblatt des Saargebiets 1933, S. 210f.).
49 Saarbrücker Zeitung vom 09. und 10.10.1933, Artikel »Kampf der deutschen Kriegsopfer« in »Deutsches Echo. Organ der Deutschen Kriegsopferversorgung des Saargebietes e.V.«, Jg. 3 Nr. 2 vom 10.01.1935.

Ganz glatt verlief die Gleichschaltung der bisherigen 166 Ortsgruppen beider Verbände aber doch nicht. Die kommunistische »Arbeiterzeitung« polemisierte gegen Alles, seinen Stellvertreter Knippel, den Landesgeschäftsführer Krämer und gegen Baltes. Aus der Ortsgruppe Saarbrücken des Einheitsverbandes scherte eine Gruppe aus und schloss sich dem Internationalen Bund der Opfer des Krieges und der Arbeit an. Der Zugang an Mitgliedern war so stark, dass ein eigener Gau Saargebiet gebildet wurde.[50]

Auch auf der Püttlinger Ortsebene gab es Schwierigkeiten, die in der Saarbrücker Wartburg proklamierte Einigkeit zu realisieren.[51] Johann Hoffmann, Laborant in Püttlingen, berief eine Versammlung für 05.11.1933 in die Bürgerhalle Püttlingen ein. Bei der Eröffnung stellte er sich als der seitens der NSDAP-Landesführung bestimmte Obmann für Püttlingen vor. Anschließend rief Alles, der frühere Vorsitzende des Einheitsverbandes, auf zur Einheit im Rahmen der Deutschen Front und startete verbale Angriffe gegen Max Braun und Waltz. Bezirksobmann Albert unterstrich die Notwendigkeit der Einheit, gab *einige kleine Unstimmigkeiten innerhalb einiger kleiner Ortsgruppen* zu und ermahnte zu Einigkeit und Disziplin. Landesgeschäftsführer Mathias Krämer wurde hinsichtlich der Einigkeit präziser, es ginge nicht an, die Zusammenarbeit mit Alles abzulehnen, *weil er früher einer linksgerichteten Partei angehört habe*. Unter erneutem Appell an Disziplin und Ordnung forderte er Gehorsam gegenüber dem neu ernannten provisorischen Obmann Hoffmann. In der Diskussion erklärte der frühere Vorsitzende der Ortsgruppe Püttlingen, der erwerbslose Bergmann und Kriegsinvalide Eduard Seibert (41 Jahre), dass er in allem dem Führer gehorche, er wolle aber den neuen Obmann Hoffmann nicht anerkennen. Die anwesenden Mitglieder schlossen sich Seibert an und es kam zu mehreren Zwischenrufen. Seibert trat am 13.12. aus dem Verband aus, weil er *es nicht mehr länger ansehen konnte, dass die Ortsgruppe von Leuten geführt wurde, die das Vertrauen der Mitglieder nicht hatten*. Er lud nun mündlich alle diejenigen Mitglieder, die mit der neuen Führung der Ortsgruppe nicht einverstanden waren, für 31.12. in den Saal der Wirtschaft Kockler, Völklingerstraße 5,

---

50 Arbeiterzeitung vom 02. u. 03.02.1934.
51 Bericht von Oberlandjäger Schwarz II vom 05.11.1933 (LA SB LRA SB Nr. 312).

zu einer Besprechung über einen geschlossenen Übertritt der DKOV-Ortsgruppe in den Deutschen Kyffhäuser-Bund, der 1921 aus dem Zusammenschluss verschiedener Organisationen entstanden war. Noch bevor die Besprechung begonnen hatte, erschienen Lehrer Grünewald (NSDAP), der Stellvertreter der Landeskriegsopferversorgung Knippel[52] aus Saarbrücken und der Püttlinger Ortsgruppenobmann Hoffmann, *um die Sache zu zerschlagen*. Die drei wurden von Seibert des Saales verwiesen, weil es sich nicht um eine politische und nicht eine öffentliche Besprechung handele. Sie kamen dieser Aufforderung nach, legten aber Beschwerde bei der Püttlinger Polizeiverwaltung ein, dass Seibert nicht befugt sei, im Namen des Deutschen Kriegsopferverbandes eine Versammlung einzuberufen. Polizeioberinspektor Weiler und Oberlandjäger Birkelbach hielten Rücksprache mit Seibert, fanden die Angaben der drei nicht zutreffend, veranlassten aber dennoch Seibert, die Besprechung abzuschließen.[53] Am Abend des 06.01. sprach Lehrer Grünewald (NSDAP) auf einer Versammlung der Kriegsbeschädigten und Kriegsopfer im Kaiserhof in Püttlingen über die Eingliederung in die Kriegsopferversorgung der NSDAP, anwesend waren etwa 40 Personen, darunter 3 Frauen, das war nur rund ein Drittel der 130 Mitglieder starken Ortsgruppe Püttlingen.[54] Es bleibt offen, ob diese geringe Beteiligung als Zurückhaltung oder gar Ausdruck der Unzufriedenheit mit der neuen Organisation zu bewerten ist.
Auf der Ritterstraße gab es solche Schwierigkeiten nicht, wie die sehr harmonisch verlaufene nachträgliche Weihnachtsfeier am 08.01.1934 mit einer Ansprache des DKOV-Landesgeschäftsführers Krämer vermuten lässt.[55]
In Köllerbach übernahm Johann Jungmann den Vorsitz der DKOV-Ortsgruppe.

---

52 Variierende Schreibweise Knüppel, Knüpper.
53 Bericht von Oberlandjäger Birkelbach vom 31.12.1933, Aussage von Seibert vom selben Tag, Bericht von Bürgermeister an Landrat vom 02.01.1934 (LA SB LRA SB Nr. 312).
54 Bericht des Landjägeramtes vom 08.01.1934 (ebenda Nr. 312).
55 Ebenda.

Bauernschaft

Der landwirtschaftliche Gaufachberater der NSDAP des Saargebietes Diplomlandwirt Hermann Groß nahm im Sommer 1933 mit den beiden großen Bauernorganisationen – Trierischer Bauernverein und Freie Bauernschaft – Verhandlungen auf mit dem Ziel der Bildung einer Einheitsorganisation der saarländischen Landwirtschaft. Eine für den 27.09. nach Saarbrücken einberufene Versammlung beschloss die Auflösung der bisherigen berufsständischen Organisationen der Landwirtschaft und die Bildung einer Gesamtvertretung »Bauernschaft der Saar«. Groß wurde einstimmig (!) zum Führer gewählt. Innerhalb weniger Wochen konnte er weitere Verbände und Vereine, teilweise unter Beibehaltung bisheriger Vereinsstrukturen zum Eintritt in die »Bauernschaft der Saar« bewegen, nämlich die Bäuerinnen- und Jungbäuerinnenschaft, die Jungbauernschaft, die Vereinigung der ehemaligen Landwirtschaftsschüler, den Bund saarländischer Forstbeamten und Waldarbeiter, die landwirtschaftlichen Lokalabteilungen und Bezirksvereine, den Landesverband der Gartenbaubetriebe, die Arbeitsgemeinschaft akademisch gebildeter Landwirte, die Tierzuchtverbände, den Fischereiverein für das Saargebiet und einige Genossenschaften. Die neue Organisation gliederte sich in sieben Kreisbauernschaften und etwa 200 Ortsbauernschaften, jede von einem *Ortsbauernführer* geleitet.[56] Damit dürfte der Großteil der saarländischen Landwirte in dem von dem Nationalsozialisten Groß geführten Dachverband zusammengeschlossen worden sein.

Selbstschutzorganisationen

Wie eine unterschiedliche Haltung in der Abstimmungsfrage Zwietracht in Selbstschutzorganisationen tragen konnte, zeigen die Vorgänge in der Freiwilligen Feuerwehr Köllerbach. Oberbrandmeister Georg Serf erregte bei einigen Männer seiner Wehr Anstoß mit seinem Vorschlag, Adolf Hitler als obersten Führer der Feuerwehr anzuerkennen, und einige Wochen später erneut, als er einen Familienabend im Lokal Theodor Schneider als *deutschen Abend* deklarierte und mit *Heil Hitler* schloss. Als einige der Wehr angehörende Männer, die zum

---

56 Groß, Saarländische Landwirtschaft, S. 264f.

Status quo tendierten, in der Generalversammlung vom 07.01.1934 ihre Kritik vortrugen, wurde von anderen der Ausschluss sämtlicher Status-quoler beantragt und angenommen. Dabei wurde auf die Bestimmung im »Rheinischen Feuerwehrmann« Augustheft 1933 hingewiesen, wonach die Wehr keine Kommunisten, Sozialdemokraten und freie Gewerkschaftler innerhalb ihrer Reihen dulden durfte. Es wurden also im Reich geltende Vorschriften auf eine saarländische Wehr angewendet – ein Beispiel für NS-konformes Denken und Handeln auf Verbands- und Vereinsebene oder anders ausgedrückt für »vorauseilenden Gehorsam«. Rund ein Jahr später berichtete der »Völklinger Volksfreund«: *Daran störten sich die Herren vom Status quo nicht, sondern erreichten bei Behörde und Regierungskommission bis zur Abstimmung in der Wehr verbleiben zu können. In der untergegangenen Volksstimme mußten die beiden führerden Feuerwehrmänner H. Serf und A. Meyer in den Nummern vom 07.1.1934 und 4.10.1934 die bei unseren Akten liegen, schandlose (!?) Beschimpfungen erfahren, auch hagelte es in den Artikeln nur so mit Spottausdrücken gegen das dritte Reich.*[57]

Haltung der Kirchen

Evangelische Kirche

Der Saarbrücker Superintendent Hubert Nold, der als Führer der saarländischen Protestanten galt, stand Hitler und seinem Kurs anfangs positiv gegenüber. Auf der Synode in Saarbrücken am 16.05.1933 formulierte er pathetisch: *Da kam uns ein Starker und zerriß die Nebel. Wir sahen wieder Weg und Ziel und vor uns tat sich der Blick auf in ein neues Deutschland, in neue deutsche Zukunft. Das ist ein Wendepunkt – eine Gottesstunde. Der Führer des deutschen Volkes hat es wunderbar verstanden, der Kleinstaaterei das Ende zu bereiten und doch jedem Teil sein geschichtlich gewordenes Recht zu geben. Sollten*

---

57 Kurzer historischer Abriss unter dem Titel »Zur Neugründung der freiwilligen Köllerbacher Amtsfeuerwehr«, gez. M – i, in: Volksfreund vom 12.09.1935.

wir es auf dem Boden der Kirche nicht auch können? Wir brauchen eine starke evangelische Kirche, die mehr als bisher im Stande ist, die Durchdringung des ganzen Volkes mit den Aufbaukräften des Evangeliums zu gewährleisten und die vergiftenden Einflüsse des Materialismus, Bolschewismus, des würdelosen Pazifismus und anderes Teufelswerk von innen heraus zu überwinden.[58]

Doch der Konflikt zwischen einem Teil der deutschen Protestanten, Regierung und NSDAP war schon angelaufen. Noch bevor Hitler Reichskanzler geworden war, hatten sich Nationalsozialisten angeschickt, die in Struktur, Größe und Bekenntnisstand unterschiedlichen evangelischen Landeskirchen Deutschlands gleichzuschalten und ihr antisemitisches und rassepolitisches Programm in die Kirchen hineinzutragen. Sie verstanden sich als Vorreiter einer nationalsozialistischen Infiltration der einzelnen Landeskirchen unter der Bezeichnung »Glaubensbewegung Deutsche Christen«, abgekürzt im damaligen Sprachgebrauch DC, und propagierten die Preisgabe größerer Teile des Alten Testamentes und der Paulusbriefe und die Schaffung einer einzigen Evangelischen Deutschen Kirche mit einer zentralistischen Verfassung anstelle der überkommenen presbyteral-synodalen Strukturen. Ein bekanntes Schlagwort wurde entsprechend abgewandelt: »Ein Volk, ein Reich, eine Evangelische Kirche«. Diesem Ziel sollten Neuwahlen für die Presbyterien der Gemeinden und die Synoden der einzelnen Landeskirchen dienen. Dass solche Wahlen nicht durch die Kirchenleitungen, sondern durch den NS-Staat ausgeschrieben wurden, stellte einen schweren Eingriff in die Selbstverwaltungsrechte der Kirchen dar. Dennoch wurde er nicht einmütig von Kirchenleitungen, Pfarrern und Gemeinden abgewehrt. Es gab in der Pfarrerschaft eine Anzahl aktiver DC Anhänger, es gab nicht wenige, die die staatliche Initiative zur Schaffung einer einheitlichen, allgemeinen großen Evangelischen Kirche Deutschlands anstelle der vorhandenen kleinen und mittleren Landeskirchen begrüßten, es gab andere, die diesen Eingriff scharf ablehnten und als Rechtsbruch anprangerten und sich zunächst in der Pfarrbruderschaft, dann in der Bekennenden Kirche (BK) zusammenschlossen, und es gab nicht wenige, die ohne sich selbst zu exponieren, die weitere Entwicklung abwarten wollten.

Die kirchenpolitische Haltung der saarländischen Pfarrer und ihrer

---

58 Protokoll der Synode 1933, S. 5f.

Gemeinden unterschied sich nur wenig von der im Reich.[59] Auch hierzulande wurden die staatlichen Eingriffe in die Kirchenverfassung und die Aufnahme antisemitischen Gedankenguts der DC von manchen abgelehnt, von anderen begrüßt und in Wort und Schrift vertreten und befürwortet. Im Juni und Juli 1933 unterzeichneten rund zwei Dutzend evangelischer Pfarrer der beiden Saarsynoden Protesterklärungen gegen die vom Staat ausgeschriebenen Kirchenwahlen und gegen die verleumderischen Anschuldigungen der Glaubensbewegung DC. Diese Erklärungen eröffneten die kirchenpolitischen Auseinandersetzungen, kurz »Kirchenkampf«, genannt, in den evangelischen Gemeinden des Saargebiets. Er erhielt eine besondere Note dadurch, dass die Ablehnung der kirchenpolitischen Ambitionen des NS-Regimes und des Ansinnens, Teile der Bibel aus Predigt und Unterricht künftig auszuklammern, von den Wortführern der Glaubensbewegung DC als Vorbehalt oder sogar als Ablehnung des NS-Regime interpretiert und daraus resultierend die nationale Zuverlässigkeit der betreffenden Pfarrer in Frage gestellt wurde.

Im Kirchenkreis Saarbrücken tat sich damals der Klarenthaler Pfarrer Schönfeld als Werber für die Glaubensbewegung DC hervor. Er sondierte Interesse in den einzelnen Gemeinden und warb um Beitritt zur Glaubensbewegung DC. In der evangelischen Kirchengemeinde Kölln sprach er nicht auf Einladung des Gemeindepfarrers Rug, sondern des NSDAP-Ortsgruppenleiters Eduard Huppert im Juli 1933 im Saal Fritz Feld in Walpershofen. Schönfeld unternahm am 24.08.1933 eine zweite Werbeaktion bei einem Sprechabend in Selcerbach. Pfarrer Rug lehnte die Thesen der Deutschen Christen ab. Er war bei beiden Versammlungen anwesend, setzte sich sachlich und kritisch mit Schönfeld auseinander und trat der Aussage entgegen, jeder rückgliederungswillige saarländische Protestant müsse Mitglied der Glaubensbewegung DC werden.

In den folgenden Wochen und Monaten informierte er in Predigten und Gemeindeversammlungen Presbyter und Kirchenvolk über den weiteren Verlauf der innerkirchlichen Auseinandersetzungen, trat selbst der der DC Widerpart bietenden Pfarrbruderschaft bei und erreichte, dass seine Gemeinde sich im Frühjahr 1934 zur Barmer Theologischen Erklärung bekannte und der Freien Bekenntnissynode des

---

59 Vgl. dazu H.W. Herrmann, Saarsynoden.

Rheinlandes, somit der Bekennenden Kirche (BK), unterstellte. Die acht Presbyter seiner Kirchengemeinde blieben verlässliche Glieder der BK.[60]

Trotz seiner Anhängerschaft an die BK gab es für ihn keine Zweifel in der Abstimmungsfrage, sondern eine öffentlich eindeutig bekundete Ablehnung des Status quo. Dies zeigte sich in aller Deutlichkeit bei der Beerdigung der 27-jährigen Berta Faust geb. Kattler aus Engelfangen, aktives Mitglied in der SP und dem Arbeitergesangverein Engelfangen, am 14.10.1934. Im voraufgegangenen Trauergespräch mit der Familie hatte er gewünscht, sich auf das Mitführen einer einzigen Fahne zu beschränken. Auf den Wunsch der Familie, dass jeder SP-Ortsverein mit seiner eigenen Fahne auftreten könne, hatte er schriftlich geantwortet: *Man kann es keinem deutschfühlenden und für das Deutschtum kämpfenden Menschen zumuten mit einem Zug zu gehen, der dem äußeren Bilde nach einer Demonstration der sozialistischen Partei gleicht. Ich selber muß es ablehnen in einem solchen Zug mit zum Friedhof zu gehen.* Am Tag der Beerdigung versammelten sich Vertreter der SP-Ortsgruppen Engelfangen, Püttlingen, Ritterstraße, Völklingen und Wehrden und viele *Arbeitersänger* mit zwei Sowjetfahnen und 5 Fahnen der Arbeiter-Gesangvereine in der Wirtschaft Schmidt, zogen von dort zum Sterbehaus und weiter zur Köllner Martinskirche zur Trauerfeier. Sie wurde von Pfarrer Rug gehalten. Als er beim Verlassen der Kirche *hart an der Kirchentür mehr als sechs rote Fahnen* sah, weigerte er sich, nach ortsüblichem Brauch den Trauerzug zum Friedhof zu geleiten. So zog die Trauergesellschaft dann ohne ihn zum alten Friedhof an der Bahnhofstraße in Kölln, der der Ev. Kirchengemeinde gehörte. Am Grab sprachen Georg Meyer aus Dillingen, Kultur- und Sportwart des ADGB und Albin Weiß, KP Völklingen, vor etwa 500 Personen. Die Familie der Verstorbenen reagierte auf das Verhalten des Pfarrers mit 11 Kirchenaustritten. Die sozialdemokratische »Volksstimme« polemisierte gegen Rug.[61]

Pfarrer Geuther in Altenkessel-Neudorf, zu dessen Gemeinde die Evangelischen von Ritterstraße und dem jenseits des Bahndammes

---
60 Rug, Geschichte der Ev. Gemeinde Kölln (LA SB Nachl. Rug Nr. 310, S. 166-170).
61 Bericht der beiden Landjäger Six I und Stöhr vom 14.10.1934 (LA SB LRA SB Nr. 316, S. 114), Volksstimme vom 13. u. 19.10 1934.

gelegenen Teil von Püttlingen gehörten, exponierte sich weder bei den Deutschen Christen noch bei der Bekennenden Kirche.

Katholische Kirche

Vorherrschende Meinung bei nationalen und internationalen Kennern der saarländischen Verhältnisse war, dass das Abstimmungsverhalten der katholischen Bevölkerung[62] ausschlaggebend sein würde.
Innerhalb der Zentrumspartei hatte seit der Mitte des Jahres 1933 eine Polarisierung eingesetzt, die durch zwei Persönlichkeiten repräsentiert wurde. Über die ungleich stärkere Hausmacht verfügte Peter Kiefer, Sekretär des Christlichen Gewerkvereins, den Gegenpol verkörperte Johannes Hoffmann, Chefredakteur der »Saarbrücker Landeszeitung«, er war wegen kritischer Äußerungen über Hitler und die NSDAP zum Empfang in der Reichskanzlei am 15.05.1933 nicht zugelassen worden. Im Laufe der kommenden Monate war der ebenfalls nicht vorbehaltlos auf dem neuen Kurs liegende bisherige Vorsitzende Franz Steegmann durch den Malstatter Pastor Franz Bungarten ersetzt worden.
Die Führungsgruppe der Partei hatte ausgehandelt, dass jegliche Diffamierung der vom Zentrum im Reich und im Saargebiet betriebenen Politik unterbleiben müsse, dass den Mitgliedern der Partei aus ihrer bisherigen politischen Haltung kein Nachteil entstehen dürfe, dass die katholische Presse selbständig und frei bleibe in der Darstellung und Verteidigung katholischer Grundsätze und Einrichtungen und keinem katholischen Schriftleiter aus seiner bisherigen politischen Haltung ein Vorwurf gemacht werden dürfe.[63] Die Führungsgruppe bestand aus Laien und Klerikern, letztere waren durch die mit ihrem geistlichen Stand wesenhaft verbundene Gehorsamspflicht gegen ihre kirchlichen Oberen eingebunden in die Politik der Römisch-Katholischen Kirche gegenüber dem NS-Staat.
Vor Hitlers Beauftragung mit der Regierungsbildung hatten einzelne ihrer Vertreter sich scharf ablehnend über den Nationalsozialismus geäußert. Nach der »Machtübernahme« war die Kirche bestrebt, durch

---

62 Vgl. dazu Markus Gestier, Christuskreuz oder Hakenkreuz?
63 Spaniol, S. 390f.

vertragliche Vereinbarungen sich ihren Wirkungskreis zu sichern. Dies schien mit der Unterzeichnung des Konkordates am 22.07.1933 gelungen. Es gewährte der Kirche gegen den Verzicht auf politische Betätigung Rechte in der Schulfrage und im kirchlichen Vereinswesen. Die Auflösung der saarländischen Zentrumspartei und ihr Aufgehen in der Deutschen Front hatte nicht volle Zustimmung aller Mitglieder gefunden, Geistliche und Laien beobachteten Maßnahmen gegen Amtsträger der katholischen Kirche im Reich mit Angst und Sorge und waren betroffen von der prononciert antichristlichen Blut- und Bodenmystik in Alfred Rosenbergs Buch »Mythus des 20. Jahrhunderts«. Er war ja nicht irgendein Publizist, sondern einer der NS-Chefideologen. Alois Spaniol, der Landesleiter der NSDAP-Saar, ließ jegliches Gespür für christliche Glaubensinhalte vermissen. Die größte Entgleisung leistete er sich bei einem Interview mit dem schwedischen Journalisten Vinde. Johannes Hoffmann publizierte den Inhalt in der »Saarbrücker Landeszeitung« und löste damit einen Wirbelsturm aus, der ihn seine Stellung als Chefredakteur kostete. Hier einige Zitate: *Hitler ist ein neuer, ein größerer, ein gewaltiger Christus...Ich bin selbst Katholik aber ich glaube, daß die römische Kirche innerhalb 30 Jahren nicht mehr in ihrer jetzigen Form bestehen wird. Sie wird dann Nationalsozialismus heißen. Ihr Prophet, ihr Papst, ihr Christus wird Adolf Hitler sein.* Im katholischen Milieu gingen die Wogen hoch und lösten in Berlin Zweifel an der Verlässlichkeit der Führung der saarländischen Katholiken aus. Sie spiegeln sich in einem Gestapobericht vom 21.02.1934:[64] *Die Zentrumspartei, offiziell aufgelöst, besteht im Geheimen weiter. Der Einfluß der Geistlichkeit hat zugenommen. Sie und die Zentrumspresse unter Führung der »Saarbrücker Landeszeitung« erzeugen künstlich eine Kulturkampfstimmung gegen das Reich. Diese ist, besonders in den katholischen Dörfern zu einer gefährlichen Höhe angewachsen. In geschickter Weise benutzt auch die ausgesprochene Separatistenpresse diese Stimmung, indem sie sich zum Vorkämpfer des Katholizismus macht. Der Vorstoß der Zentrumspresse soll die Einleitung sein zu einer großen Gesamtaktion des gesamten Katholizismus gegen das Dritte Reich, in unmittelbarer Verbindung mit führenden geistlichen Kreisen im Reich und mit der Kurie in Rom.*

---

64 Boberach, Berichte des SD und der Gestapo, S. 43ff.

Führend dabei sind Prälat Schlich[65] *und Pfarrer Bungarten.*[66] *Die katholischen Geistlichen predigen offen auf der Kanzel gegen das Dritte Reich. Hitler stütze sich auf den Protestantismus, trage die protestantische Bibel in der Tasche, gepredigt wird ferner gegen Rosenberg*[67], *Reventlow* [68](*Deutschland solle heidnisch werden*), *ferner über den deutschen Kulturkampf gegen den Katholizismus, über das Sterilisierungsgesetz.........Der große Teil der Geistlichen wartet auf das Signal von Rom. Es wird offen davon gesprochen, im Spätherbst würde der Papst das Konkordat kündigen und etwaige Gegenmaßnahmen der Reichsregierung mit der Verhängung des Interdikts über Deutschland beantworten....Die ganze Saargeistlichkeit würde dann geschlossen vor das Saarvolk treten und es zum äußersten Widerstand auffordern. Dann ist die Abstimmung für Deutschland verloren.*

Es muss offen bleiben, inwieweit dieser Bericht die tatsächliche Stimmung wiedergibt oder Gerüchten bzw. aufgebauschten Informationen aufsitzt. Doch hatten damals nicht wenige katholische Geistliche im Saargebiet den inneren Konflikt mit sich auszutragen, wie sie die herkömmliche Treue zum deutschen Vaterland mit den antikirchlichen und neuheidnischen Tendenzen der jetzt dort herrschenden Partei in Einklang bringen könnten. Ihr Diözesanbischof blieb auf seiner alten Linie, immer wieder wies er auf die nationale Zugehörigkeit der Saarländer zum deutschen Volk und Vaterland hin. Schon im April 1933 hatte er sich gegenüber dem Saarbrücker Pastor Dr. Johann Ludger Schlich, Pfarrei Christkönig, in diesem Sinn geäußert: Die katholische Treue zum deutschen Volk und Vaterland dürfe keine Bedingungen stellen, sie müsse bedingungslos sein und auf Gott vertrauen. Die Ban-

---

65 Dechant Dr. Johann Ludger Schlich, Saarbrücken.
66 Franz Bungarten, Kath. Pfarrer in Saarbrücken-Malstatt, letzter Vorsitzender der inzwischen aufgelösten Zentrumspartei.
67 Alfred Rosenberg (1893-1946), NS-Ideologe, bekannteste Veröffentlichung »Mythos des 20.Jhs.«, vom Nürnberger Militärtribunal als einer der Urheber des Rassenhasses zum Tode verurteilt, vgl. Dominik Burkhard, Häresie und Mythus des 20. Jahrhunderts. Rosenbergs nationalsozialistische Weltanschauung vor dem Tribunal der Römischen Inquisition, Paderborn 2004.
68 Ernst Graf zu Reventlow (1869-1943), politischer Schriftsteller, seit 1927 Mitglied der NSDAP, zwischen 1933-1936 führend in der achristlichen Deutschen Glaubensbewegung tätig.

de von Blut und Volkstum seien gottgegeben und müssten auch in schwerer Zeit beachtet werden.[69]

Mitte März 1934 hielt sich Bornewasser im Saargebiet auf, um seinen Klerus zum Beitritt in die DF zu bewegen und aufgebrachte Pastöre zu beschwichtigen. Die schon zu diesem Zeitpunkt vorgesehene Herausgabe einer antinationalsozialistischen katholischen Zeitung soll durch sein Wirken zurückgestellt worden sein.[70] Während das ehemalige Zentrumsorgan, die nach dem Ausscheiden des Chefredakteurs Hoffmann gleichgeschaltete »Saarbrücker Landeszeitung«, auf der Linie der DF lag, zeigte das Verhalten der katholischen Geistlichen ein breites Spektrum von der engagierten Mitarbeit in der DF des Wehrdener Pfarrers Wilhelm[71] über ein starkes Mittelfeld der über die antikirchlichen und neuheidnischen Tendenzen der NS-Kulturpolitik Beunruhigten bis zu öffentlicher Kritik einiger mutiger Pfarrer. Der saarländische Klerus stand keineswegs geschlossen hinter seinen beiden Bischöfen, die nicht nur besorgt die Entwicklung im Reich beobachteten, sondern auch ihre Kritik dem Vizekanzler von Papen vortrugen, aber dennoch an der Aufforderung zur Stimmabgabe für die Rückgliederung aus unterschiedlichen Motiven festhielten, u.a. deshalb weil sie durch gegenteilige Äußerungen Repressalien für die gesamte katholische Kirche im Reich befürchteten.

Bezeichnend für die Einstellung von Pfarrer Lermen zum NS-Staat ist, dass er im Februar 1934 Kränze mit Hakenkreuzschleifen bei Beerdigungen zurückwies.[72]

In Püttlingen traten zuweilen, z. B. am Volkstrauertag (25.02.1934) und bei der Sonnwendfeier, katholische Geistliche und NSDAP-Organisationen gemeinsam auf. Graduelle Unterschiede in der Betonung von Vaterlandsliebe und Kirchentreue spiegeln sich in einem Vergleich der Ansprachen von Kaplan Raskop[73], Püttlingen-St. Sebastian, und

---

69 Zitiert nach Haupert/Schäfer, Klerus zwischen Anpassung und Widerstand, S. 123, zur Person Bornewassers vgl. ebenda insbesondere S. 149-152 mit weiteren Literaturangaben.
70 Gestier, Christuskreuz, S. 168.
71 Peter Wilhelm, 1905-1909 Pfarrer in Berglicht, 1909-1947 Pfarrer in Wehrden, gest. 20.10.1947 im Alter von 70 Jahren (Handbuch Trier 1952, S. 210, 844 u. 1073).
72 Hinweis von Frau Wilhelmine Sehn in Wiedergutmachungsakt (LA SB LEA Nr. 5878).
73 Josef Raskop, geb. 27.05.1904 in Monzel, Kaplan in Püttlingen-St.Sebastian

Kaplan Gerlach[74], Völklingen, bei den Sonnwendfeiern in Püttlingen und Völklingen. Raskop führte aus, es sei *besonders die Jugend, die den alten Brauch der Väter im neuen Deutschland zu neuem Leben erweckt habe. Er mahnte sodann die Jugend, gleich dem Feuer ihren Glauben rein zu bewahren und wie die Väter treu zu ihrer Religion und Kirche zu stehen. In begeisternden Worten sprach Raskop über die Liebe und Anhänglichkeit der Katholiken des Saargebietes zu ihrem angestammten deutschen Vaterlande. Er ermahnte alle, ohne Hurrapatrioten zu sein, ihre Pflicht zu erfüllen gegenüber der Kirche und dem Vaterlande.* Nun als Kontrast die Rede von Kaplan Gerlach vor rund 1.200 Personen bei der Sonnwendfeier der kath. Jungschar des Dekanats Völklingen auf dem Dicksberg (Gemarkung Völklingen) nach dem Protokoll des Oberlandjägers Berrang[75]: *Wir haben uns heute hier versammelt um nicht nur die Johannesfeier zu begehen, sondern um auch erneut unsere Treue zum heiligen Stuhl in Rom zu bekennen. Wir geloben hier auf[s] neue unsere unverbrüchliche Treue zu unserem Vater, dem Papst in Rom, auch unsere Treue zu unseren kath. Jugendverbänden, zu unserer Mutter der hl. Kath. Kirche und zuletzt auch zu unserem geliebten Vaterland. Unseren Brüder und Schwestern jenseits der Grenze ist es heute nicht gestattet, ein derartiges Fest zu feiern. Umsomehr wollen wir unseren Brüdern und Schwestern jenseits der Grenze gedenken und auch zugleich gegen die Unterdrückung der kath. Jugendverbände protestieren. Herr Baldur von Schirach[76] und Herr Oberpräsident: Wir protestieren hier an dieser Stelle feierlich gegen die Unterdrückung der katholischen Jugendverbände. Die kath. Kirche besteht schon 1900 Jahre und war früher da als ihr. Wir rufen euch auch zu, dass wir nicht wanken werden und treu zu unserer kath. Kirche halten, wir lassen uns nicht unterkriegen und werden nach wie vor für unseren hl. Vater eintreten. Eine Lostrennung von Rom gibt es nicht und wir werden auch jederzeit dafür eintreten, dass dies nicht geschieht.* –Diese Worte und ähnliche mehr

---

19.02.1934 bis Februar 1937, dann Pfarrverweser in Bachem, 1942 Pfarrer in Manderscheid (Handbuch Trier 1952, S. 1025).
74 Wilhelm Gerlach, geb. 29.04.1903 in Saarbrücken-Malstatt, 24.03.1930 bis Juli 1937 Kaplan in Völklingen, dann Pfarrer in Seffern (Handbuch Trier 1952, S. 990).
75 Protokoll vom 24.06.1934 (LA SB LRA SB Nr. 314).
76 Im Protokoll verballhornt: *Badua von Schirrag.*

wurden von den Anwesenden mit Begeisterung aufgenommen. Bei Erwähnung der Unterdrückung bezüglich der kath. Jugendverbände wurden auch Pfuirufe ausgestoßen. Unterschiedlich waren nicht nur die Reden der beiden Kapläne, sondern auch die Regie der Veranstaltungen. Die Feier in Püttlingen war ausgerichtet worden zusammen mit mehreren parteipolitisch nicht gebundenen Vereinen, aber auch mit dem Sprechchor der HJ, die Völklinger Veranstaltung allein von der Jungschar des Dekanats, die Püttlinger Feier schloss mit der deutschen Nationalhymne, die Völklinger mit der Nationalhymne, die von allen, einschließlich der Geistlichkeit, *mit erhobener Rechte mitgesungen wurde,* und einem Kirchenlied (»*Fest soll mein Taufbund immer stehen*«).

Der Bekenntnistag der katholischen Jugend in Saarbrücken am 29.07.1934,[77] an dem 50.000 Jugendliche teilnahmen, erbrachte zwei wichtige politische Aussagen. Gefordert wurde die Gleichberechtigung der katholischen Jugendverbände in dem Maße, wie es Papst und deutsche Bischöfe für die Sendung der jungen Kirche für notwendig erachteten. Indirekt war dies die Forderung nach einem Fortbestehen der katholischen Jugendverbände neben der Hitler-Jugend und nach einer Jugendarbeit gemäß kirchlichen, nicht staatlichen Richtlinien. Andererseits erklärte Bornewasser scharf und eindeutig, dass die »Neue Saarpost« nicht mit seinem Einverständnis publiziert werde. Das war eine deutliche Absage an die katholische Opposition unter Führung von Johannes Hoffmann, die eine Status quo-Lösung der Unterstellung unter die NS-Diktatur vorzog.

In den Presse- und Redeschlachten des Abstimmungskampfes wurde die Frage nach dem künftigen Schicksal der katholischen Kirche von beiden Seiten instrumentalisiert. Die Befürworter des Status–quo sagten eine Unterdrückung der katholischen Kirche bei einer Eingliederung in den NS-Staat voraus. Die Verfechter der Rückgliederung drehten den Spieß um, verwiesen auf die grundsätzlich laizistische Einstellung der sozialistischen Parteien, die jetzt die separatistischen seien und untermalten ihre Befürchtungen mit Berichten über die Situation der Kirchen in der Sowjetunion. Auch die in der DF aktiven Pastöre versuchten Bedenken und Befürchtungen über Einengungen

---

77 Katholische Saar-Jugend bekennt. Eine Bilderfolge vom Bekenntnistag der kath. Saar-Jugend am 29. Juli 1934, Saarbrücken 1934.

des kirchlichen Betätigungsfeldes nach der Rückgliederung zu zerstreuen und zu widerlegen. Bei einer Versammlung im Kaiserhof in Püttlingen am 24.09.1934 bezeichnete Pfarrer Wilhelm aus Wehrden entsprechende Artikel in der separatistischen Presse als *Greuelnachrichten*. Es wäre unwahr, dass Hitler gegen die katholische Kirche kämpfe, Hitler würde niemals die Religion antasten. Anders käme es aber, wenn der Status quo im Saargebiet eintreffen würde, dann stände der Untergang der katholischen Kirche fest. Er als katholischer Geistlicher würde den Schutz, den die Einheitsfront der Kirche bieten wolle, ablehnen, weil nach der Abstimmung für den Status quo das Gegenteil bestimmt eintreten würde.[78]

Problematisierung der Abstimmungsfrage

Bis zum Frühjahr 1933 hatte es im Saargebiet keine größeren Diskussionen um die Stimmabgabe bei dem im Versailler Vertrag vorgesehenen Plebiszit nach Ablauf der 15-jährigen Völkerbundsverwaltung gegeben. Der Vertrag hielt zwar drei Möglichkeiten offen:
• Rückkehr des Saargebietes ins Deutsche Reich,
• Angliederung an Frankreich,
• Fortbestehen der Völkerbundsverwaltung (sogenannte Status quo-Lösung).

Für die überwiegende Mehrheit der Bevölkerung stellte sich aber gar nicht die Frage, für welche der drei Optionen man sich entscheiden sollte, vielmehr war Ziel einer starken Mehrheit die Rückkehr ins deutsche Mutterland. Fast alle Parteien und Verbände hatten bisher die Rückkehr befürwortet, auch wenn nicht alle die demokratisch-parlamentarische Form der Weimarer Republik bejaht hatten. Erst die Berufung Hitlers zum Reichskanzler und die bald einsetzende Gleichschaltung von Parteien und Verbänden, die brutale Unterdrückung jeder Opposition durch Terror und Verfolgung und die immer deutlicher werdende Tendenz zur Errichtung einer Diktatur ließen in manchen Kreisen Zweifel und Furcht aufkommen, so dass die Antwort auf die Abstimmungsfrage nach dem 30.01.1933 durchaus nicht

---

78 Bericht von Oberlandjäger Birkelbach vom 25.09.1934 (LA SB LRA SB Nr. 315).

mehr so eindeutig wie bisher erschien. Die liberalen Parteien, das Zentrum und die Rechtsparteien hatten sich zusammengeschlossen in der »Deutschen Front« als großem Sammelbecken aller Befürworter der Rückgliederung und erreicht, dass die meisten Verbände und Vereine auf diesem Kurs blieben. Sozialdemokraten und Kommunisten entschlossen sich in Anbetracht von Verbot und Verfolgung ihrer Schwesterparteien im Reich durch die NS-Regierung zur Ablehnung einer Rückkehr des Saargebiets in ein nationalsozialistisch beherrschtes Deutschland. Sie hofften zunächst auf ein baldiges Scheitern der Regierung Hitler und brauchten längere Zeit, um ein neues Konzept zu entwickeln, das ihrer Wählerschaft vermittelbar war. In die Phase ihres Suchens nach einem politischen Konzept, das der geänderten Situation im Reich Rechnung trug, fällt die Gründung neuer Parteien. Auch in Kreisen des Zentrums und des katholischen Klerus wuchsen Bedenken und Ablehnung gegenüber der braunen Diktatur, wurden aber in ihrer publizistischen Artikulierung und ihrer Organisation gebremst durch den Trierer Bischof Dr. Franz Rudolf Bornewasser, der einem Bekenntnis zum angestammten Vaterland den Vorrang gab gegenüber jeglicher parteipolitisch motivierter Ablehnung der Rückgliederung. Auch die evangelische Pfarrerschaft vertrat diese Ansicht und empfahl in ihrer überwiegenden Mehrheit die Stimmabgabe für die Rückkehr, obwohl sie staatlichen Eingriffen stärker als die katholische Kirche ausgesetzt war.

Gründung neuer Parteien

Saarländische Sozialistische Partei (SSP)

Allenthalben mit Überraschung und Erstaunen wurde in den ersten Maitagen 1933 die Gründung einer neuen Partei, der Saarländischen Sozialistischen Partei, die sich selbst als autonomistische Linkspartei verstand, zur Kenntnis genommen. Im Gegensatz zu den bisher im Saargebiet bestehenden Parteien war sie weder Tochter- noch Schwesterpartei, weder Landes- noch Bezirksverband einer auf Reichsebene agierenden Partei. Laut ihres Parteiprogramms erstrebte sie die Beseitigung der kapitalistischen Gesellschaft, die Errichtung einer sozialistischen Planwirtschaft und einer demokratischen klassenlosen Gesellschaft nach dem Vorbild der Sowjetunion, die sie stets vor Kritik in Schutz nehmen wolle. Sie erachtete den revolutionären Klassenkampf als geeignetes Mittel zur Durchsetzung dieser Ziele. Sie forderte die Verstaatlichung der im Eigentum des französischen Staats stehenden Saargruben und trat konsequenterweise außenpolitisch nicht für eine Angliederung des Saargebiets an Frankreich ein, sondern forderte politische Selbständigkeit als geeigneten Schutzwall gegen ein Vordringen des Nationalsozialismus. Sie könne weder eine Unterwerfung unter den deutschen Faschismus noch unter den französischen Imperialismus empfehlen. Hinsichtlich der Volksabstimmung lehnte sie einen Anschluss an Deutschland oder Frankreich ab, solange beide Länder kapitalistisch seien. Die SSP war zweifelsfrei eine Arbeiterpartei, aber doch ein Sammelbecken für Außenseiter und Einzelgänger, die in anderen Linksparteien keine Heimat fanden oder sich mit ihnen überworfen hatten. Vorsitzender war Max Waltz, eine schillernde Persönlichkeit, der sich zuvor schon auf verschiedenen politischen Bühnen zu profilieren versucht hatte. Er hielt am 14.08.1933 eine Mitgliederversammlung im Kasino der Grube Viktoria ab.[79] Differenzen im Parteivorstand über den einzuschlagenden Kurs – autonomistisch oder frankophil – gaben in den letzten Oktobertagen 1933 Anlass zu seinem Ausschluss aus der SSP. Die dadurch ausgelöste parteiinterne Krise führte dazu, dass von den bisher vorhandenen 16 Ortsgruppen vier geschlossen zu der Saarwirtschaftsvereinigung (SWV) übertraten, darunter auch die Ortsgruppe Püttlingen. Doch gelang im Frühjahr 1934 der neuen Parteileitung unter Wilhelm Kramer, Karl Krämer und Gustav Pistorius eine Stabilisierung, die Herausgabe der parteieigenen Zeitung »Saar-Fackel«[80] und die Bildung neuer Ortsgruppen, u.a. Altenkessel.[81] Die Leitung der Ortsgruppe Püttlingen übernahm zunächst der frühere Vorsitzende der Saarbund-Ortsgruppe Rudolf Baltes (1889-1964). Im November 1934 wird der erwerbslose Bergmann Paul Baldauf als Vorsitzender der SSP Ortsgruppe Püttlingen genannt.[82] Die beiden großen sozialistischen Parteien hatten erheb-

---

79 Vgl. S. 306, Veranstaltungskalender.
80 Ein Exemplar des 1. Jahrganges Nr. 2 vom 27.02.1934 in LA SB LRA SB Nr. 326, S. 144-147.
81 Zur Mühlen, Schlagt Hitler, S. 141-149.
82 Bericht des Oberlandjägers Schwarz II vom 12.11.1934 (LA SB LRA SB Nr. 997).

liche Vorbehalte gegen die SSP, in Einzelfällen kam es auf kommunaler Ebene zu gemeinsamen Aktionen, nicht aber auf Landesebene.

Saarwirtschaftsvereinigung (SWV)

Die am 21.10.1933 von Jakob Hector, ehemaligem saarländischen Mitglied der Regierungskommission (1920-1923), gegründete Saarwirtschaftsvereinigung sprach im Gegensatz zu der stärker auf die Arbeiterschaft ausgerichteten, sich selbst als marxistisch verstehenden SSP autonomistische Kreise des Mittelstandes an, deren wirtschaftliche Existenz von den Saargruben oder von dem Fortbestehen einer Zollunion des Saargebiets mit Frankreich abhängig war. Dazu kamen einige französischstämmige oder frankophile Personen, denen die SWV näher lag als die SSP. Hector konnte einige Mitglieder der SSP zu sich herüberziehen. Er selbst und sein Sohn Dr. Edgar Hector, der spätere saarländische Innenminister (1952-1955), hielten Verbindung zur *Association Française de la Sarre*. Als potentielles Mitgliederreservoir der SWV galten Mitglieder und Anhänger von Vorläuferorganisationen – der Saarländischen Arbeitsgemeinschaft und der Unabhängigen Arbeiter- und Bürgerpartei – sowie Leser der als frankophil geltenden Presse.
Die SWV sprach sich gegen die Rückgliederung an Deutschland aus. Ein Artikel im »Saarlouiser Journal« vom 18.06.1934 formulierte das Parteiprogramm in knapper aber einprägsamer Weise: *Die SWV kämpft ehrlich für ein freies unabhängiges Saargebiet (gleich dem Großherzogtum Luxemburg) in dem eine demokratische Verfassung eingeführt wird und alle Rechte in der Hand des Volkes liegen...Sie kämpft für ein Verbleiben des Saargebietes in dem jetzigen Wirtschafts- und Zollgebiet, damit die Hüttenwerke ihre Erze aus dem benachbarten Lothringen beziehen können und damit die Gruben und die gesamte Industrie ihre Absatzgebiete behalten können.* Einige Gruppen hatten die Vision, dass aus dem Saargebiet, dem Großherzogtum Luxemburg, dem von Frankreich wieder abzutrennenden Elsass-Lothringen, vielleicht auch der Schweiz der Kern eines künftigen Pan-Europa entstehen könnte. Die Agitation der SWV mag der Polizeibericht über eine Veranstaltung auf Grube Viktoria veranschaulichen. Redakteur Weber aus Saarbrücken sprach über die wirtschaftliche

Lage. *Er geisselte mit scharfen Worten den Multimillionär Röchling in Völklingen, der bei einer Gelegenheit zum Ausdruck gebracht habe, dass das Saargebiet zu Deutschland zurückkehren würde und wenn alle trockenes Brot essen müssten. Er führte sodann aus, dass wohl Röchling in seinem Leben noch kein trockenes Brot gegessen haben mag und wahrscheinlich auch nicht essen werde. Diese Ausführungen wurden mit Pfuirufen bekräftigt. Weiter führte Redner aus, dass es Frankreich gewesen ist, das dem Saargebiet die Kultur und Industrie, vor allem den Bergbaubetrieb gebracht habe. Ein französischer Ingenieur sei es gewesen, der in Geislautern den ersten Stollen angelegt und der auch die ersten Aufzeichnungen über die vorhandenen Kohlenfelder gemacht habe.*[83] *Frankreich nehme noch heute einen grossen Teil der saarländischen Kohle auf. Bei der Rückgliederung sei dies nicht mehr der Fall. Es sei ein Ding der Unmöglichkeit, dass dann die Saarkohle noch Absatz fände. Redner führte weiter aus, dass wenn Deutschland nach der Rückgliederung die vorhandenen 20.000 erwerbslosen Bergleute einstellen wolle, müsse es zum mindestens 20.000 Bergleute im Ruhrgebiet auf die Strasse werfen. Er schilderte sodann das Nichtzustandekommen des Saarpfalzkanalprojektes, das die preussische Regierung hintertrieben habe. Das Saargebiet sei wohl in der Lage sich auf eigene Beine zu stellen, dies sehe man am besten an dem kleinen Luxemburg. Sodann kam der Redner auf die Reichszuschüsse für Sozialrentner zu sprechen und erklärte, dass Deutschland vor wie nach verpflichtet sei, die laufenden Zuschüsse zu zahlen, auch wenn das Saargebiet nicht mehr zu Deutschland falle. Das Gerede, dass Deutschland im vorgenannten Falle nicht mehr zahlen würde, sei ein Märchen, denn das Reich an und für sich habe mit diesen Zahlungen nicht das geringste zu tun, sondern sei es Sache der jeweiligen Versicherungsgesellschaften das zu zahlen, was den Leuten zustehe. Redner kam sodann auf die Keramikfabrik Mettlach zu sprechen, die von alters her ein rein französisches Unternehmen sei. Weiter nehme Frankreich 90% der Fertigwaren des Fraulauterner Werkes*

---

[83] Gemeint ist Jean Baptist Duhamel, der an der Berg- und Hüttenschule in Geislautern in napoleonischer Zeit lehrte. Er hat weder den ersten Stollen noch den ersten Schacht im Saarbergbau angelegt. Stollen gab es schon lange im Saarbergbau auf Steinkohle, der erste Schacht ist für Grube Hostenbach im Jahr 1808 nachgewiesen (H.W. Herrmann, Der Siegeszug der Dampfmaschine in der Saarindustrie, in: Ztschr. f. d. Gesch. d. Saargegend 29 (1981), S. 176.

auf. Die Rückgliederung des Saargebietes zu Deutschland wäre der grösste Fehler, denn die Industrie des gesamten Saargebietes sei auf Frankreich eingestellt und auch auf Frankreich angewiesen. Das Saargebiet, Elsass-Lothringen und Frankreich gehörten wirtschaftlich zusammen. Nach einigen Musikstücken sprach Dr. Feien, Saarlouis über die kommende Abstimmung und ihre Folgen für die Saarbevölkerung. Er bezeichnete Deutschland als ein grosses Zuchthaus, in dessen [Mauern?] *Geistliche beider Confessionen schmachten würden, ausserdem Frauen und Kinder. Die Geistlichkeit lediglich darum, weil sie Hitler nicht als ihren Gott anerkenne. Zum Schluss sprach Jakob Schackmann, Püttlingen über die Rassenfrage in Deutschland, die er als Rassenschande bezeichnete.*[84]

Wie groß die Abhängigkeit der neuen Partei von französischen Geldgebern war und wie eigenständig sie saarländische Belange vertrat, ist schwer abzuschätzen.

Über die Mitgliederstärke liegen nur spärliche und widersprüchliche Angaben vor. Die von Hector genannte Zahl von 10.000 Anhängern und Sympathisanten dürfte zu hoch gegriffen sein. Das Deutsche Auswärtige Amt, das seine Informationen aus einem Netz von V-Männern bezog, schätzte Ende 1933 die Mitgliederzahl auf 1.000, im März 1934 auf 980, darunter 180 naturalisierte Franzosen. Nach einem V-Mann-Bericht vom Frühjahr 1934 war die SWV in Bezirke eingeteilt, an deren Spitze ein Bezirksleiter stand. Der Bezirk, über den er berichtete, gliederte sich in Ortsgruppen mit Geschäftsstellen. Die Nennung der Ortsgruppen lässt deutlich den Schwerpunkt der SWV im Kreis Saarlouis erkennen, in der dortigen Kreishauptstadt war auch die Hauptgeschäftsstelle eingerichtet worden. Die Mitgliederstärke der einzelnen Ortsgruppen beziffert er zwischen 5 und 40.[85] Stellvertretender Vorsitzender war Dr. Otto Marx. Zuständiger Bezirksleiter für das Köllertal war zunächst der Franzose Robin, Ingenieur bei den *Mines Domaniales*, er wurde Ende September von Pater Hugolin Dörr abgelöst, der zu den Gründungsmitgliedern gehörte.

In Püttlingen gab es seit Frühjahr 1934 eine Geschäftsstelle des SWV, die einem Gestapobericht zufolge von einem Sozialdemokraten ge-

---

84 Bericht des Oberlandjägers Schwarz II vom 10.06.1934 (LA SB LRA SB Nr. 314).
85 Zur Mühlen, Schlagt Hitler, S. 149ff.

leitet wurde. Landjäger Schwarz V nennt in einem Bericht vom Mai 1934 Hildebrand Becker als Geschäftsführer.[86] Nachdem Theo Sehn arbeitslos geworden war, richteten er und seine agile Frau Wilhelmine, Schwester von Ernst Pistorius, im Juni 1934 aufgrund eines Angebotes von Dr. Jakob Hektor, Saarlouis, die Geschäftsstelle in ihrer Wohnung am Marktplatz in Püttlingen ein und führten sie bis zum Abstimmungstag.[87] Geleitet wurde die Ortsgruppe Püttlingen, deren Stärke für März 1934 mit 34 Mitgliedern angegeben wird, von Jakob Schackmann, der auch überörtliche Funktionen wahrnahm. Einer der führenden Vertreter in Püttlingen war Benedikt Hoffmann, bis zu seiner Entlassung durch die französische Bergbauverwaltung Kanzleiangestellter auf Grube Viktoria.[88] Die Ortsgruppe Ritterstraße hatte nur 8 Mitglieder, der Name ihres Leiters ist nicht bekannt. Die Liste der Ortsgruppen nennt aus dem Köllertal nur noch Niedersalbach mit 3 Mitgliedern.[89] Ein Schreiben des Berliner Auswärtigen Amtes bezeichnet den auf Grube Mellin tätigen Fahrsteiger Lauer als Hauptagitator in Engelfangen.[90] Im November 1934 wurde analog zu anderen Parteien auch von der SWV eine Schutzstaffel aufgestellt, in Püttlingen wurde sie von Michael Alberts geleitet, auch Theo Sehn gehörte ihr an.[91]
Das bis heute bekannteste Mitglied der SWV aus dem Köllertal war Pater Hugolinus Dörr. Er war am 24.07.1895 in Sellerbach als Bergmannssohn geboren worden. Von seinem 13. Lebensjahr an hatte er das Gymnasium im St. Wendeler Missionshaus der *Societas verbi Divini* besucht. Wie viele andere Absolventen des Gymnasiums hatte auch er sich für den Priesterberuf entschieden und ein Theologiestudium an der Philosophisch-theologischen Hochschule des Ordens in Mödling bei Wien begonnen. 1916 war er zum Wehrdienst einberufen und als Lazarettschreiber eingesetzt worden. 1919 hatte er, an die Hochschule zurückgekehrt, sein erstes Ordensgelübde, 1922 das ewige Gelübde abgelegt, ein Jahr später die Priesterweihe empfangen und war damit ordentliches Mitglied der Steyler Missionsgesellschaft geworden, de-

---

86 Bericht vom 26.05.1934 (LA SB LRA SB Nr. 323, S. 9 ff.).
87 Entschädigungsantrag von Sehn vom 05.06.1947 (LA SB LEA Nr. 5878).
88 Volk, S. 58.
89 Lempert, S. 308 ff.
90 Lempert, S. 197.
91 Aussage von Sehn im November 1935, vgl. auch Lempert, S. 304.

ren vorwiegendes Arbeitsfeld die Mission in Übersee war. Im Frühjahr 1923 war er in die chinesische Provinz Südschantung gereist, aber bereits ein Jahr später zurückgekehrt, weil er weder physisch noch psychisch den dortigen Aufgaben gewachsen und überdies an Malaria erkrankt war. Er hatte sich anschließend einer psychiatrischen Behandlung unterziehen müssen und war für den Missionsdienst nicht mehr tauglich. 1928 war er aus gesundheitlichen Gründen beurlaubt worden und zu seinen Eltern nach Sellerbach[92] zurückgekehrt und arbeitete seitdem gelegentlich als Aushilfsgeistlicher in den umliegenden Pfarreien und auch als Heilkundiger. Sein besonderes Interesse galt sozialhistorischen und sexualethnologischen Fragestellungen. All dies passte schlecht in das landläufige Bild eines katholischen Geistlichen der späten zwanziger Jahre an der Saar. Wie die Regierungskommission des Saargebiets später erfuhr, habe sich Dörr *seit der Zeit seines ständigen Aufenthaltes im elterlichen Haus....bei der überwiegenden Mehrheit der Bevölkerung des Köllertales unbeliebt gemacht, einmal weil er, der doch nur von Almosen studiert hat, hier untätig herumsaß und nur ab und zu als Aushilfsgeistlicher in den benachbarten Pfarreien fungierte, dann aber auch, weil er sich des öfteren, zum Ärgernis der Leute, in gemeindepolitische Angelegenheiten einmischte.* Schon vor 1933 hätten Bewohner des Köllertales den Steyler Missionsorden um die Abberufung Dörrs gebeten. Pater Dörr übernahm die Leitung des SWV-Bezirks Köllertal, innerhalb der Partei betätigte er sich als Leiter der »Saarländischen Arbeiterhilfe«.[93]

Seine Brüder Johann Heinrich (geb. 23.06.1882)[94] und Peter (geb. 14.08.1886),[95] beide Bergleute, spätere Friseure waren bekannt als Mitglieder des autonomistischen Saarbundes. Auch Hugolins Neffe Hugo Dörr (geb. 15.08.1913), Sohn des Johann Heinrich Dörr, seit 1930 Bergmann auf Grube Viktoria, war Mitglied der SWV[96]. Mitgliedschaften in der SWV ergeben sich aus den Meldungen der Bür-

---

92 Sein Vater Heinrich Dörr (geb. 30.05.1855) starb am 24.04.1932, das im Handbuch der Emigration Bd. 1 angegebene Todesjahr 1936 ist zu berichten.
93 Mallmann/Paul, Zersplittertes Nein, S. 50f.
94 LA SB LEA Nr. 1114.
95 LA SB LEA Nr. 1115.
96 LA SB LEA Nr. 5.

germeisterämter über die Emigration nach der Volksabstimmung, ein weiteres Mitglied war Peter Fecht, Püttlingen.⁹⁷

Die Partei hatte auch eine »Arbeiterhilfe« als sozialkaritative Organisation aufgezogen, in der Pater Dörr und Schackmann mitarbeiteten.⁹⁸ Zur Verbesserung ihrer politischen Breitenarbeit hatte die SWV Sportvereine gegründet, in Püttlingen im Sommer 1934 den Fußballverein »Blau-Weiß-Schwarz« – das waren die von der Bevölkerung kaum akzeptierten Farben der Saargebietsflagge. Neben SWV-Mitgliedern gehörten ihm auch reichsdeutsche Emigranten an. Vorsitzender wurde Peter Bettendorf. Die französische Grubenverwaltung hatte einen ausgetrockneten Schlammweiher zur Anlage als Übungsplatz zur Verfügung gestellt. An der feierlichen Einweihung am 18.11. beteiligten sich auch andere die Rückgliederung ablehnende Vereine.⁹⁹ Es ist noch zu klären, ob dieser Verein selbständig war oder eine Sparte innerhalb des antifaschistischen Sportclubs Blau-Weiß-Schwarz, in dem Sehn Mitglied war, darstellte.

Saarländische Friedensgesellschaft und Liga für Menschenrechte

Wenig bekannt ist über die »Liga für Menschenrechte« und die »Saarländische Friedensliga«. Patrick von zur Mühlen tituliert sie »Sammelbecken unterschiedlicher Richtungen«¹⁰⁰, deren Verbindung zu reichsdeutschen oder französischen Vorbildern oder Parallelorganisationen beim bisherigen Forschungsstand weder bejaht noch verneint werden kann. Max Waltz hatte schon am 06.03.1933 den Zusammenschluss beider Organisationen und ihre Kooperation mit der SSP erreicht, die aber ein halbes Jahr später mit seinem Ausschluss aus der SSP zerbrach. Den Vorsitz in der »Liga« behielt er und arrangierte u.a. eine »Saarfreiheitskundgebung« am 24.03.1934 im Püttlinger Volkshaus. Erschienen waren etwa 70 Personen. In seinen Begrüßungsworten drückte Waltz sein *Missfallen* über den schwachen Besuch aus:

---
97 Bericht der Landjägerabteilung Püttlingen (LA SB LRA SB Nr. 326, S. 590).
98 Lempert, S. 299 u. 322.
99 Berichte von Oberlandjäger Schwarz II vom 18.11.1934 (LA SB LRA SB Nr. 316, S. 488 u. 495).
100 Zur Mühlen, Schlagt Hitler, S. 154f.

Anstelle dass 1000 Proleten von Püttlingen zur Stelle seien, stehen nun vor ihm leere Stühle. Es scheine dass die Arbeiter von Püttlingen wenig Verständnis für die Saarfreiheitsbewegung hätten. Er sprach zunächst über Wirtschaftsfragen, Frankreich nähme z.Zt. 61% der Saarkohlenförderung auf, während nur 25% nach dem übrigen Ausland gingen. Deutschland sei nicht in der Lage, Absatzmöglichkeiten für die Saarkohle zu schaffen. Die Folge sei, dass 30.000 Bergleute entlassen würden. *Um diesem Übel entgegenzusteuern habe Röchling seiner Zeit den Bau des Saar-Pfalzkanals vorgeschlagen, der den entlassenen Bergleuten für etwa 5 Jahre Arbeitsgelegenheit biete. Dieses Projekt sei aber nur vorgesehen, eine billigere Transportmöglichkeit der Eisenerze für Röchling zu schaffen.* Hinsichtlich der Volksabstimmung trug er vor, *dass im Saargebiet die allgemeine Auffassung herrsche, dass der Stimmzettel 1935 entscheide, wohin das Saargebiet falle. Diese Ansicht sei irrig, sondern die allgemeine Wirtschaftslage und sonst nichts würde über diese Frage entscheiden. Die Einigkeit des Proletariats an der Saar müsse mit allen Mitteln erstrebt werden, damit nun man endlich zu dem ersehnten Ziel der »Roten Saar-Arbeiterregierung« komme.*[101]

Deutscher Volksbund für christlich-soziale Gemeinschaft

Im Frühjahr 1934 hatte sich die katholische Opposition um den entlassenen Chefredakteur der Saarbrücker Landeszeitung Johannes Hoffmann gruppiert. Gegen den Willen Bischof Bornewassers gab er ab 06.05.1934 die »Neue Saarpost« als Tageszeitung der katholischen Opposition heraus mit französischer finanzieller Unterstützung. Kernsätze ihres Programms waren die Kampfansage an diejenigen, die an *Stelle des überlieferten Christentums eine neuheidnische und durch Blut und Rasse bestimmte Nationalkirche setzen* wollten. Man werde deutsche Interessen vertreten, aber einen *übersteigerten engherzigen der großen deutschen Vergangenheit nicht gerecht werdenden Nationalismus* lehne man ab.
Am 03.06. nahm die Zeitung erstmals eindeutig Stellung zur Abstim-

---

101 Bericht des Oberlandjägers Schwarz II vom 24.03.1934 (LA SB LRA SB Nr. 313).

mungsfrage. Die Rückgliederung müsse im Augenblick abgelehnt werden, damit die Saar auch weiterhin christlich und deutsch bleibe. Der Kampf gegen den Naziterror und das Neuheidentum müsse fortgesetzt werden. *Wir wollen zu Deutschland, wenn Deutschland wieder frei ist.* Die damals gängige Gleichsetzung von Deutschland und Nationalsozialismus wurde zurückgewiesen. Dass das deutsche Volkstum an der Saar auch außerhalb der Grenzen des Deutschen Reiches bewahrt werden könne, habe die Zeit seit 1919 gezeigt.[102] Den ganzen Sommer 1934 über liefen Gespräche über die Gründung einer die Rückkehr in ein NS-beherrschtes Deutsches Reich ablehnenden christlichen Partei. Hoffnungen, infolge der bekannt gewordenen Ermordung von hohen Funktionären katholischer Verbände in Zusammenhang mit dem sogen. Röhm-Putsch am 30.06. und der fortschreitenden Einengung der kirchlichen Vereinsarbeit im Reich könnte Bischof Bornewasser mindestens zu einer stillschweigenden Duldung bewogen werden, gingen nicht in Erfüllung, sondern das Gegenteil trat ein. Er distanzierte sich klar und eindeutig von der »Neuen Saarpost«. Als Ende Oktober sich bei einer Versammlung in St. Ingbert die Organisation einer katholischen Opposition konkretisierte, verbot Bornewasser gemeinsam mit seinem Speyerer Amtskollegen am 12.11. dem Klerus, von der Kanzel politische Zeitungen, Zeitschriften oder Bücher zu empfehlen, überhaupt Politik in Kirche und Seelsorge hineinzutragen. Die daraus zu folgernde Neutralität des Klerus in der Abstimmungsfrage wurde aber durch den Zusatz wieder aufgehoben, dass nämlich diese Anweisung nicht die sittliche Pflicht der Liebe zum angestammten Volkstum und der Treue zum Vaterland berühre. Diese Liebe und Treue seien vielmehr nach katholischer Lehre sittliche Tugenden.[103] Auf die Abstimmungsfrage bezogen und pointiert ausgedrückt, bedeutete dies: Werbung zur Stimmabgabe für Status quo oder Anschluss an Frankreich ist verboten, Stimmabgabe für die Rückgliederung wird nicht nur empfohlen, sondern ist sittliche Tugend gemäß katholischer Lehre. Damit wurde jegliche Aktivität von Pfarrern bei der seit Monaten anstehenden Gründung einer katholischen Oppositionspartei abgeblockt. Die Verpflichtung der Geistlichen zu Gehorsam und Disziplin gegenüber ihren Bischöfen erlaubte keine Initia-

---

102 Gestier, Christuskreuz, S. 171.
103 Ebenda, S. 182ff.

tiven, die im Gegensatz zu den bischöflichen Anweisungen standen. Einen gewissen oppositionellen Spielraum hatten nur die Laien, von ihnen ging dann auch die Parteigründung aus. Am 30.11. wurde im katholischen Vereinshaus in Alt-Saarbrücken die katholische Oppositionspartei unter dem Namen »Deutscher Volksbund für christlich-soziale Gemeinschaft« ins Leben gerufen. Ein Aufruf vom selben Tag präzisierte das Programm:

Fußend auf dem ehernen Fundament des Christentums und erfüllt von heißer Liebe zum wahren deutschen Volkstum, wollen wir nichts anderes als dies:
1. Dem Klassen- und Rassenhaß stellen wir entgegen das Evangelium der christlichen Liebe und Gemeinschaft;
2. Der Herrschaft und Willkür und dem schrankenlosen Parteirecht stellen wir entgegen die Forderung nach Recht und Gerechtigkeit für alle deutschen Menschen;
3. Dem jede wahre Kultur tötenden Gewalt – und Zwangssystem gegenüber erheben wir laut und feierlich den Ruf nach Freiheit, einer Freiheit, die ihre einzige Beschränkung erfährt durch die selbstverständliche Beachtung der christlichen Sittenlehre;
4. Dem Terror und der Gewalt stellen wir entgegen den Mut zum Bekenntnis der eigenen Meinung;
5. Der Lüge, die niemals das deutsche Volks- und Staatsleben so vergiftete, wie in unseren Tagen, setzen wir den Willen und Mut zur Wahrheit entgegen;
6. Gegen die Unterdrückung der christlichen Kirchen setzen wir uns zur Wehr und verlangen die Entfaltungsmöglichkeit des Christentums in Staat, Gesellschaft und Wirtschaft.
Wir wollen kämpfen für das Deutschland des Rechtes und der Gerechtigkeit und der Menschenwürde, für das Deutschland, in dem Raum ist für alle, die die gleiche Sprache mit uns sprechen.
»Für Christus und Deutschland – gegen Nationalsozialismus und Neuheidentum« – das ist unsere Parole![104]

Die wenigen Wochen bis zur Abstimmung waren zu knapp, als dass der Volksbund eine größere Breitenwirkung hätte entfalten können. Zudem hatten die Bischöfe ihrem Klerus eine aktive Mitarbeit versagt. Dem Volksbund schlossen sich Mitglieder und Sympathisanten

---

104 Druck bei Kunkel, S. 147.

der ehemaligen Zentrumspartei, Christliche Gewerkschafter wie Kuhnen, Imbusch und Pick an, aber auch frühere Mitglieder der Christlich-Sozialen Partei, darunter Sylvester Rupp aus Engelfangen, der zu den Gründern des Volksbundes gehörte.[105]

Das neue Programm der SP-Saar

Je straffer das organisatorische Gefüge der Deutschen Front wurde, umso dringlicher wurde eine Stellungnahme von SP und KP zur Abstimmungsfrage, zumal sich die Regierung Hitler keineswegs als so kurzlebig, wie manche zunächst angenommen hatten, erwies und die neu gegründeten Parteien sich gegen die Rückgliederung in ein Hitler-Deutschland ausgesprochen hatten.

Im August 1933 verkündete der SP-Vorsitzende Max Braun öffentlich, *die Saar dürfe niemals zu Hitler-Deutschland zurück*. Im Oktober legte er ein Programm vor, das der veränderten Situation im Reich angepasst war. Er strebte an, die Volksabstimmung, die gemäß Versailler Vertrag 15 Jahre nach dessen Inkrafttreten stattfinden sollte, bis nach dem Zusammenbruch oder Sturz des NS-Regimes zu verschieben, gedacht war an fünf bis zehn Jahre. Der Völkerbundsrat, der sich bisher buchstabengetreu an das Versailler Saarstatut gehalten hatte, ließ sich auf eine solche Verschiebung nicht ein. Dem Präsidenten der Regierungskommission war an einer möglichst reibungslosen Beendigung der im Versailler Vertrag festgelegten fünfzehnjährigen Verwaltung gelegen. Auch die französische Regierung sprach sich dagegen aus, weil sie meinte, gerade als Folge der braunen Diktatur im Reich auf Chancen für eine autonome Saarlösung hoffen zu dürfen.[106] Die veränderte wirtschaftliche Situation, die durch die Devisengesetzgebung der NS-Regierung und durch die schon angelaufene Abwanderung französischen Kapitals entstanden war, ließ an eine baldige und endgültige Regelung der Saarfrage denken. Der Rat des Völkerbundes beschloss am 04.06.1934, die Volksabstimmung am Sonntag den 13.01.1935

---

105 LA SB LEA Nr. 9997.
106 Zenner, Parteien und Politik, S. 282-288, Paul/Mallmann, Milieus und Widerstand, S. 210-218.

durchzuführen. Damit waren die Bemühungen der SP-Saar zu einer Aufschiebung des Abstimmungstermines oder anders ausgedrückt zur Verlängerung der Völkerbundsverwaltung über fünfzehn Jahre hinaus gescheitert. Zwei Tage später, am 06.06., publizierte die »Volksstimme« einen von achtzehn führenden saarländischen Sozialdemokraten unterzeichneten Aufruf:
Wir wollen eine freie deutsche Saar, die der letzte Zufluchtsort der Freiheit und freien deutschen Geistes auf deutschem Boden sein soll bis zu dem Tag, an dem ein wieder frei gewordenes Deutschland in ehrlicher und dauernder Verständigungsbereitschaft mit einem eben solchen Frankreich eine endgültige politische und wirtschaftliche Einordnung der Saar zwischen beiden Völkern ermöglicht.[107]
Die Landeskonferenz formulierte am 15.06. als Ziel *eine freie deutsche Saar im freien deutschen Staate, sobald er wieder bestehen wird, oder im Rahmen der bestehenden Rechtsordnung an der Saar, solange das deutsche Volk im Reich von Hitler und seinen Banden vergewaltigt wird,* also keine Rückgliederung in ein von Hitler beherrschtes Deutschland, sondern Fortbestand der Völkerbundsverwaltung bis zum Zusammenbruch oder Sturz des NS-Regimes, kurz gesagt: Stimmabgabe für Status quo, sofern das NS-Regime noch besteht.

Festhalten der KP-Saar am alten Kurs

Die KP/Saar hielt nach dem 30.01.1933 an ihren traditionellen Feindbildern fest und blieb bei ihrer Agitation gegen Hitlerfaschismus und Separatismus, gegen Völkerbund und gegen Frankreich als kapitalistische Systeme, gegen die Führer der saarländischen Sozialdemokratie als politische Agenten des französischen Ausbeutertums.[108] Sie warb zwar schon im Sommer 1933 für ein gemeinsames Vorgehen kommunistischer, sozialdemokratischer und christlicher Arbeiter *für ausreichende Löhne und Unterstützungen, gegen die kapitalistischen Ausbeuter in den Hütten und Gruben, gegen die Drahtzieher der faschistischen Mörder bzw. des Separatismus*[109], wollte dieses Ziel aber

---

107 Vollständiger Druck bei Kunkel, Für Deutschland – gegen Hitler, S. 141.
108 Zur Haltung der KP vgl. Zur Mühlen, Schlagt Hitler, S. 51ff., Paul/Mallmann, Milieus und Widerstand, S. 362-377, Bies, Klassenkampf, S. 87ff.
109 Bies, Klassenkampf, S. 93, 169-172.

durch einen Zusammenschluss von unten, nicht durch Kooperation auf der Leitungsebene der Parteien und Verbände erreichen. Mit der Erneuerung der Kampfansage an die *Drahtzieher.... des Separatismus* erteilte sie dem Fortbestand der Völkerbundsverwaltung (= status quo) eine klare Absage. Die Mitglieder der neu gegründeten SWV wurden abgelehnt als *separatistische Agenten des französischen Imperialismus. Kein Arbeiter dürfe auf die Phrasen dieser Leute hereinfallen.*[110] Ebenso setzte sie ihre Polemik gegen die Führung der saarländischen Sozialdemokratie, vor

Abb. 17 Plakat der Einheitsfront

allem gegen deren Vorsitzenden Max Braun, fort, z.B. wurde er in der »Arbeiterzeitung« vom 17.01.1934 als *Volksbetrüger* tituliert, die sozialdemokratischen Arbeiter dagegen umworben.[111] Abgelehnt wurde auch die Status quo-Lösung. Die Arbeiterzeitung formulierte am 14.02.: *Nicht status-quo, nicht Hitler nur Rätemacht befreit die Saar.* In diese Phase fällt die Verteilung eines Flugblattes »Der rote Beobachter«, das sich direkt an die Bewohner des Ortsteils Ritterstraße wendet und deutlich die damalige Frontstellung der KP spiegelt:[112]
Arbeiter und Werktätige von Ritterstrasse!
Nachdem die in der ersten Nummer des »Roten Beobachters«[113] *gemachten Enthüllungen über Korruptionsfälle innerhalb der NSDAP Ritterstrasse, die Entlarvung ihrer gemeinbetrügerischen Führer, den politischen Bankrott dieser kapitalistischen Interessenpartei zeigte und die Zustimmung aller ehrlichen und rechtdenkenden Arbeiter fand, setzt der »Rote Beobachter« seine Berichte fort.*

---

110 Arbeiterzeitung vom 20.01.1934.
111 Arbeiterzeitung vom 18.01.1934.
112 Ein Exemplar des hektographierten Schreibmaschinentextes in LA SB LRA SB Nr. 326, S. 390-391.
113 Sie konnte ich nicht auffinden.

Arbeiter, Werktätige, Katholiken und Protestanten von Ritterstrasse! Während die Hitler- Göring u. Göbbels unter der Maske des »nationalen Sozialismus« das deutsche Volk mit den abscheulichsten, brutalsten und barbarichsten Mitteln unterdrücken und knechten, Tausende ehrliche unschuldige Arbeiter und Intellektuellen ins Konzentrationslager schleppen und auf das schlimmste mißhandeln, ja zu Tode foltern, hunderte ermorden, betreiben unter derselben Maske des sogenannten deutschen Sozialismus die Agenten und Büttelträger der Röchling – Papen – Otto Wolff und Co. unter Anwendung aller möglichen und heuchlerischen Mittel im Interesse dieser ausbeutenden Schwerfinanz eine Werbeaktion für die »Deutsche Front«.
Arbeiter und Arbeiterinnen!
Ebenso wie Hitler und Konsorten den Arbeiter statt soziale Fortschritte und Befreiung brutalste Unterdrückung und soziale Verelendung brachten, wird die Saararbeiterschaft von der »Deutschen Front« als Interessenpartei der saarländischen Schwerindustrie brutalste Ausbeutung und weitere soziale Verelendung zu erwarten haben.
Darum heraus Arbeiter und Werktätige von Ritterstrasse aus der kapitalistischen Interessenpartei, die sich «Deutsche Front« nennt. Reiht euch ein in die antifaschistische Front und kämpft mit der Führung der Kommunistischen Partei für ein freies besseres Deutschland, für Arbeit und Brot, für nationale und soziale Befreiung.
Um das nationale Ehrgefühl der »Deutschen Front« in Ritterstrasse ins rechte Licht zu rücken, seien etliche »Heldentaten treudeutscher Herosgestalten« erwähnt, denen der »Rote Beobachter« und das klassenbewusste Proletariat ein dauerndes, aber nicht ehrendes Andenken bewahrt.
Arbeiter und Werktätige, Augen auf ! Ehemalige Verräter, Streikbrecher und Saarbündler gehören mit zum eisernen Bestand der sogenannten »Deutschen Front« und suchen hier ihre persönlichen Vorteile zu ergattern, die sie schon einmal durch ihren schnöden Verrat an deutschen Arbeitern erreicht hatten. Wir übergeben hiermit diese armseligen Kreaturen zur Aburteilung dem Gericht der Öffentlichkeit.
Wir fragen: Babtist Fecht und Alois Fecht. Wo war euer »National«gefühl, als ihr im Streik 1923 den deutschen Arbeitern im Interesse der französischen Grubenverwaltung in den Rücken gefallen seid. Wo war euer Ehrgefühl als ihr durch diesen Verrat den Kindern

das Brot vom Tische stahlt? Glaubt ihr armselige Geschöpfe, die Arbeiterschaft hätte es euch vergessen, ihr sollt euch geirrt haben.
Wir fragen: Wo war euer »nationales« Ehrgefühl Georg Altmeyer und Speicher genannt Ludendorf, glaubt ihr es sei vergessen, dass ihr einst mit französischen Autos im Saargebiet herumgefahren seid und im Auftrage der französischen Grubenverwaltung, das schreiende Elend der Bevölkerung ausnutzend, Streikbrecher zu werben. Vor zehn Jahren »Bürgerschreck«, heute anerkannte Mitglieder der »Deutschen Front«. Wir fragen: Wo war dein »Nationales Ehrgefühl« Emil Messinger, als du Mitglied und eifriger Werber des berüchtigten Saarbundes warst. Wer sollte das glauben, das ja, wo vor Jahren ebensogut ein Werbeschild des Saarbundes hätte hängen können, heute ein Werbeschild der sogenannten »Deutschen Front« glänzt. Aber du hast nie etwas gegolten, weil du immer ein Schmarotzer und Stiefellecker warst. Aber als Werber und Mitglied der »Deutschen Front« scheinst du trotz diesen Eigenschaften noch würdig zu sein.
Wir fragen: Wo war die »Deutsche »Ehre« Wilhelm Grecken, als du wegen Separatismus das Deutsche Reich fluchtartig verlassen musstest und das Saargebiet sich deiner hilfreich annehmen musste. Wahrhaft ein edles Gemisch in der deutschen Front hat seine Verschmelzung gefunden.
Weg von der deutschen Korruptionsfront, her zur Kommunistischen Partei!
Achtung Nationalsozialisten!
Was sagt ihr dazu: Der Nationalsozialsist Arnold Zeitz ist zum Doppelverdiener geworden, er ist Wirt und betreibt aber sein Handwerk immer noch weiter. Oder sollte sich eure Auffassung gegen früher geändert haben, da ja auch Thyssen, Krupp und Co. Millionendoppelverdiener sind und zugleich auch Nazi-Wirtschaftsminister.
Arbeiter, leset, hört und urteilt. Kehrt dieser Sippschaft den Rücken und kämpft mit uns gegen Faschismus und Unterdrückung. Abonniert und lest die »Arbeiter-Zeitung« das Organ des schaffenden Volkes!
Darum Arbeiter und Werktätige ist kein Platz in den Reihen dieser »Deutschen Front« für euch da, in der käufliche Subjekte und Kapitalisten ihr Unwesen treiben. Kämpft mit der Kommunistischen Partei für Freiheit und Brot gegen den deutschen wie den französischen Kapitalismus, gegen Faschismus und imperialistischen Krieg!

Brecht den Terror der »Deutschen Front« kämpft mit den Kommunisten für ein rotes Saargebiet in einem Räte-Deutschland.

Bildung einer antifaschistischen Front

Erste Vorschläge, der Deutschen Front einen Block der Parteien, Verbände und Vereine, die eine Eingliederung des Saargebiets in ein von der NSDAP beherrschtes Deutschland ablehnten, gegenüberzustellen, machte Max Waltz, der Gründer der SSP. Er regte im August 1933 die Bildung einer »Antifa-Saarfront« an und einer »Union aller autonomistischen Organisationen Frei Saar«, eine Realisierung scheiterte an den gegen seine Person bestehenden Vorbehalten.

Durch die Einschaltung von Führungskräften der französischen Grubenverwaltung wurde dann im Dezember 1933 die in der zweiten Hälfte der 1920er Jahre eingegangene »Arbeitsgemeinschaft zur Wahrung saarländischer Interessen« wieder belebt. Die Leitung übernahm Artur Rossenbeck, leitender Ingenieur der Grube Calmelet in Klarenthal. Er war einer der wenigen preußischen höheren Grubenbeamten, die sich in den Dienst der *Mines Domaniales* gestellt und die französische Staatsbürgerschaft erworben hatten. In dem von ihm vorgesehenen Vorstand sollten alle frankophilen Organisationen vertreten sein. Jakob Schackmann aus Püttlingen sollte den Verband der Saarbergleute vertreten. In einer von der Gestapo im Oktober 1934 erstellten Übersicht der Mitgliedsorganisationen erscheint als Vertreter des Verbands der Saarbergleute aber nicht Schackmann, sondern Karl Krämer aus Saarbrücken. Die deutlich frankophile Ausrichtung der Arbeitsgemeinschaft war nicht geeignet, um stärkere Akzeptanz bei der Saarbevölkerung zu finden, zu stark waren die nationalen Vorbehalte gegen Frankreich und seine Repräsentanten im Lande, vor allem in den leitenden Positionen der *Mines Domaniales*. Die Arbeitsgemeinschaft verteilte im Mai 1934 in der Bürgermeisterei Heusweiler ein von Josef Lonsdorfer, Lisdorf verfasstes Flugblatt, das die Existenzgrundlage der saarländischen Landwirte nach der Rückgliederung problematisierte und unter dem Titel *Das Schicksal aller Nichterstgeborenen wird furchtbar sein* die Auswirkungen des nati-

onalsozialistischen Erbhofgesetzes in düsteren Farben malte.[114] Die Arbeitsgemeinschaft beteiligte sich an der Veranstaltung im Püttlinger Espenwald am 10.06.1934.
Beide Ansätze der Blockbildung fanden wenig Echo. Jegliche Bildung eines politisch wirksamen Gegengewichtes zur Deutschen Front musste die beiden sozialistischen Parteien einbeziehen. Wie schon berichtet, war ihr gegenseitiges Verhältnis auch ein Jahr nach Hitlers Machtübernahme beeinträchtigt durch unterschiedliche Konzeptionen von Staats- und Gesellschaftsform und durch eine über ein Jahrzehnt praktizierte, fast schon traditionelle Gegnerschaft. Dass es schließlich doch zu einer Aktionsgemeinschaft kam, entsprang weniger der Führung der KP des Saargebietes, sondern einer Entscheidung auf höherer Ebene, verbunden mit einem Wechsel auf der Führungsebene. An die Stelle des bisherigen Vorsitzenden Paul Lorenz trat Fritz Pfordt.[115] Bisher hatte die KP-Saar nur auf Ortsebene die Zusammenarbeit mit Sozialdemokraten angepeilt und teilweise auch erreicht, zu verstehen als unmittelbare Reaktion auf die Bildung der Deutschen Front. In Püttlingen war es Peter Dörr – kein Verwandter von Pater Hugolin Dörr – schon Ende August 1933 gelungen, einen gemeinsamen Marsch von Sozialdemokraten und Kommunisten von der Pikardstraße über Ritterstraße nach Luisenthal zu organisieren.[116]

Am 30.05.1934 verabschiedete das Politbüro von KPD und KPF in Paris eine gemeinsame Erklärung zur Aufrechterhaltung des Status quo im Saargebiet. Sie wurde in der Arbeiterzeitung veröffentlicht.[117] Am 03.06. sprach sich die »Arbeiterzeitung« gegen den Anschluss an Hitler-Deutschland aus. Jetzt wurde mit personeller Unterstützung des Politbüros der KPD die Bildung einer Einheitsfront aller Gegner einer Rückgliederung in das »Dritte Reich« angegangen, Herbert Wehner (alias Kurt Funk) wurde ins Saargebiet entsandt und wirkte

---

114   Ein Exemplar des Flugblattes in LA SB LRA SB Nr. 328, S. 128f.
115   Pfordt stammte aus Landsweiler, war Eisenbahnschlosser gewesen, hatte seit 1929 als Redakteur bei der »Arbeiterzeitung« gearbeitet und war dann als Organisationssekretär in die Bezirksleitung aufgerückt, hatte auch von 1929-1932 die KPD-Fraktion im Landsrat geleitet. Nun »baute ihn Wehner in der Folgezeit zur kommunistischen Gallionsfigur auf« (Paul/Mallmann, Milieus und Widerstand, S. 364).
116   Anzeige gegen Dörr durch Landjäger Schelkes vom 28.08.1933 (LA SB LRA SB Nr. 311).
117   Ediert von Bies, Klassenkampf, S. 172-176.

hier in diesem Sinn.[118] Das Bekanntwerden eines Abstimmungstermins schon im Januar 1935 erzeugte Zeitdruck. Am 03.07. fanden die Abschlussbesprechungen statt, am 04.07. wurde ein Aufruf mit den Unterschriften der Parteivorsitzenden veröffentlicht, von Max Braun für die SP/Saar und von Fritz Pfordt für die KP/Saar, und zugleich zu einer gemeinsamen Kundgebung eingeladen. Im Aufruf heißt es:
Um Hitler an der Saar zu schlagen, rufen die Kommunistische Partei und die Sozialdemokratische Partei des Saargebiets die Arbeiter und das ganze Saarvolk zur Durchführung von gemeinsamen Aktionsmaßnahmen, gemeinsamen Kundgebungen, Versammlungen und Demonstrationen gegen den Faschismus für die Befreiung aller antifaschistischen Gefangenen, insbesondere Thälmann,[119] Torgler[120], Mierendorf[121], Ossietzky[122], Klüß usw. auf.
Bildet im Saargebiet einheitliche Kampfkomités gegen den Anschluß an ein Hitlerdeutschland!
Vereinigt Euch zum Selbstschutz aller Antifaschisten für die Sicherung von Leben, Wohnung und Eigentum gegen den Terror der Hitlerbanden.
Die Sozialdemokratische und Kommunistische Partei erklären, dass sie ungeachtet ihres Willens die Aktionseinheit der sozialdemokratischen und kommunistischen Arbeiter herzustellen, ihre prinzipielle Auffassung über das Ziel und die Taktik der sozialistischen Arbeiterbewegung und ihre organisatorische Selbständigkeit aufrecht erhalten.[123]
Eine Agitations- und Kampfgemeinschaft von Sozialdemokraten und Kommunisten war in der deutschen Parteiengeschichte ein Novum.

---

118 Zenner, Parteien u. Politik, S. 279-282, zur Mühlen, Schlagt Hitler, S. 51ff., Paul/Mallmann, Milieus und Widerstand, S. 352-357, Bies, Klassenkampf, S. 106-114.
119 Ernst Thälmann, geb. 16.04.1884, 1924-1933 Vorsitzender der KPD, MdR, am 03.03.1933 verhaftet, in verschiedenen Lagern gefangen gehalten, am 16.08.1944 im KZ Buchenwald ermordet.
120 Ernst Torgler (1893-1963), Vorsitzender der KPD-Fraktion im Reichstag, wegen angeblicher Beteiligung an der Reichstagsbrandstiftung verhaftet, nach gerichtlichem Freispruch Schutzhaft bis Dezember 1936.
121 Carlo Mierendorf, 1930-1933 Mitglied der SPD-Reichstagsfraktion, 1933-1938 Inhaftierung in KZ-Lager, gest. 1943 bei Luftangriff.
122 Carl von Ossietzky, Publizist, 1933-1936 Inhaftierung in KZ-Lager, gest. 1938 an den Folgen der Haft.
123 Auszugsweiser Druck bei Kunkel, Für Deutschland, S. 142.

Jetzt wurde der Volksfrontgedanke im Saargebiet in die Praxis umgesetzt. Die Leitung der SP/Saar geriet dadurch in Gegensatz zum nach Prag emigrierten Vorstand der SPD.

Die beiden Parteien vereinbarten auch die Kooperation von Rotfrontkämpferbund (RFB) und Sozialistischem Schutzbund (SSB) in einem Massenselbstschutz. Die Jugendverbände SAJ und KJV bildeten schon am 12.07. eine Aktionseinheit,[124] andere der SP bzw. KP zugehörigen oder nahestehenden Organisationen schlossen sich in den nächsten Wochen und Monaten zusammen, am 23.10. vereinigten sich die Arbeitersportvereine.[125]

Abb. 18   Plakat der Einheitsfront

Im Gewerkschaftsbereich lehnte Julius Schwarz, der einflussreiche Vorsitzende des mitgliederstarken BAV, den Schwenk zur Einheitsfront ab. Von den Christlichen Gewerkschaften konnte zwar Otto Pick als Vorsitzender des Verbandes der Metallarbeiter gewonnen werden, aber sein Anhang war infolge allerlei Rankünen dezimiert. Die Christlichen Bergarbeiter waren gespalten, die weitaus größere Gruppe unter Führung von Peter Kiefer hielt sich zur Deutschen Gewerkschaftsfront. Der Anhang von Fritz Kuhnen als Befürworter des Status quo war gering. Die Anmeldung einer Versammlung der Ortsgruppe Ritterstraße des Christlichen Bergarbeiterverbandes für 04.11. löste auf dem Bürgermeisteramt Befürchtungen *politischer De-*

---

124   Druck des Aufrufs bei Bies, Klassenkampf, S. 131f.
125   Volksstimme vom 06./07.10.1934.

batten und Unruhen aus. In der Freien Gewerkschaft der Bergarbeiter (= BAV) seien Bestrebungen im Gange, zum Gesamtverband der deutschen Arbeitnehmer geschlossen überzutreten.[126] Daher wurden mehrere Landjäger dorthin kommandiert, es kam aber zu keinerlei Zwischenfällen.[127]

Beide Parteien konnten nur einen Teil ihrer Mitglieder und Sympathisanten, die sie vor 1933 organisatorisch in Parteien, Verbänden und Vereinen erfasst hatten, von der Richtigkeit und Notwendigkeit des jetzt vollzogenen Kurswechsels überzeugen. Nicht wenige taten sich schwer mit einer Stimmabgabe für den Status quo, nachdem bis tief ins Jahr 1933 herein die Rückgliederung ins Deutsche Reich, unabhängig von dessen Staatsform, propagiert, der Kampf gegen französische Kapitalisten in saarländischen Gruben und Hütten und die Ablehnung der landfremden, vom Völkerbund eingesetzten Regierungskommission proklamiert worden war.
Ressentiments gegen die auf jeder Grube vorhandenen französischen Führungskräfte der *Mines Domaniales*, die jahrelang aus den sozialen und nationalen Gegensätzen erwachsen waren, bestanden fort, ließen sich nicht von einem Tag auf den andern überwinden und würden bei einer Entscheidung für den Status quo wohl auf unabsehbare Zeit bestehen bleiben.

Die Einheitsfront war weitaus lockerer gefügt als die DF. SP/Saar und KP/Saar hatten sich ja nicht aufgelöst, sondern ihre organisatorische Selbständigkeit behalten und das Festhalten an den jeweils eigenen Prinzipien von Ziel und Taktik der Arbeiterbewegung betont. Die Einheitsfront hatte kein der DF vergleichbares zentrales Führungsgremium, sie war auch nicht das große Sammelbecken aller die Rückgliederung in ein Hitler-Deutschland ablehnenden Parteien und Organisationen. Die Befürworter des Status quo aus dem bürgerlichen Lager, vor allem die SWV, fanden sich nur gelegentlich zur Zusammenarbeit bereit. Die katholische Opposition konnte nicht in die Einheitsfront eingebunden werden. In manchen Orten kooperierten zwar

---
126 Wochenbericht des Bürgermeisters von Riegelsberg vom 29.10.1934 (ebenda Nr. 997).
127 Wochenbericht des Bürgermeisters von Riegelsberg vom 05.11.1934 (LA SB LRA SB Nr. 997).

Mitglieder der Vitus-Heller-Bewegung (= Christlich Soziale), aber die von Johannes Hoffmann geleitete katholische Opposition, die sich erst im November 1934 als Partei konstituierte, gehörte nicht zur Einheitsfront. Die Mitwirkung von Pater Dörr, den die kommunistische »Arbeiterzeitung« als *Freiheitskämpfer gegen Druck und Glaubensnot* rühmte,[128] in Veranstaltungen der Einheitsfront kann nicht als Beleg einer Kooperation der katholischen Opposition gewertet werden; denn Dörr war parteipolitisch in der SWV und nicht in dem von Johannes Hoffmann und Fritz Kuhnen geführten Deutschen Volksbund für Christlich-soziale Gemeinschaft beheimatet.

Die Nachrichten über den Röhmputsch am 30.06., dem auch in der katholischen Verbandsarbeit an zentraler Stelle stehende Männer zum Opfer fielen, über die Ermordung des österreichischen Kanzlers Dollfuß bei einem nationalsozialistischen Putschversuch in Wien am 25.07. und Nachweise über die Finanzierung des Saarabstimmungskampfes durch deutsche Stelle, die bei einer Haussuchung in der Geschäftsstelle der Deutschen Front in Saarbrücken am 19.07. bekannt geworden waren, ließen bei der Einheitsfront Hoffnungen auf Zustrom erwachsen. Am 26.08.1934, am Tag der großen Saarkundgebung mit Hitler in Koblenz, organisierte die Einheitsfront eine Gegenkundgebung in Sulzbach.[129] Die Teilnahme von lediglich 12.000 Menschen – unter ihnen viele Nichtabstimmungsberechtigte, Kinder und Elsass-Lothringer – zeigte nach Ansicht von Klaus-Michael Mallmann, dass der Einfluss der Einheitsfront »kaum über den Dunstkreis der beiden Arbeiterparteien hinausreichte«.

Die Entwicklung auf örtlicher Ebene lief nicht überall und immer parallel mit der auf der Ebene der Landesleitungen, es gab auch nach der Bildung der Einheitsfront nicht überall nur Zustimmung. Es waren Mitglieder aus der KP ausgetreten, manche hatten sich der DF angeschlossen, andere in »Privatheit und parteipolitische Indifferenz« zurückgezogen. Entsprechende Fälle aus Püttlingen und Altenkessel wurden schon erwähnt.[130]

---

128 Arbeiterzeitung vom 04.09.1934.
129 Vorankündigung und Berichte in der Arbeiterzeitung vom 24. bis 28.08.1934.
130 Vgl. S. 247, 251.

Die Leitung des Aktionscomités in Püttlingen übernahm Thomas Blank (SP). Die zur Einheitsfront gehörenden Püttlinger Gruppen demonstrierten ihre Zusammengehörigkeit in einem Marsch am 05.08.1934 zum Arbeitersportfest in Völklingen. Daran nahmen teil die Ortsgruppen von SP und KP, das Ortskartell der Freien Gewerkschaften und BAV, der Freie Wassersportverein, der Touristenverein Naturfreunde und der Gesangverein Freiheit. Rund einen Monat später, am 09.09., referierten Luise Schiffgens (SP) und Lilly Hermann (KP) auf einer Frauenversammlung der Einheitsfront in Püttlingen.

In Köllerbach vereinbarten am 14.07. Georg Becker (KP) und Jakob Faust (SP) die Bildung eines gemeinsamen Kampfcomités.[131] Faust wird von der »Volksstimme« als Vorsitzender der Einheitsfront-Ortsgruppe Köllerbach tituliert.[132] Organisationsleiter in Engelfangen wurde der Bergmann Mathias Görgen.[133] Am 21.10. beschlossen sämtliche Vereine des Kultur- und Sportkartells Köllerbach im Lokal Wilhelm Schmidt ihren Beitritt zur Einheitsfront.[134]

Die Verbindung auf lokaler Ebene von der Einheitsfront zur SWV belegt die Beteiligung an der Einweihung des Sportplatzes des Fußballvereins Blau-weiß-schwarz.[135]

Abb. 19
Pater Hugolin Dörr SVD

Zusammen mit seiner 80-jährigen Mutter warb Pater Dörr seit Frühjahr 1934 für die von Johannes Hoffmann begründete katholische Oppositionszeitung »Neue Saarpost« und forderte zusammen mit seinen beiden Brüdern öffentlich zur Stimmabgabe für Status quo auf. Obwohl die Bischöfe von Trier und Speyer am 30.07.1934 auf einer Massenversammlung in Saarbrücken den Klerus ihrer Diözesen auf die Befürwortung der Rückgliederung eingestimmt und die öffentliche Verbreitung gegenteiliger Ansichten untersagt hatten, fand Dörr, der ja nicht dem Trierer Bischof

---

131 Volksstimme vom 18.07.1934.
132 Ebenda vom 09.11.1934.
133 LA SB LRA SB Nr. 330.
134 Volksstimme vom 27.10.1934.
135 Vgl. Veranstaltungskalender zum 18.11.1934.

unterstand, den Mut, bei der großen Kundgebung der Einheitsfront am 26.08.1934 in Sulzbach neben dem Sozialdemokraten Max Braun und dem Kommunisten Fritz Pfordt als Redner aufzutreten. Von dem Leiter der Veranstaltung Gewerkschaftssekretär Richard Kirn wurde er namentlich nicht vorgestellt, sondern als *ein katholischer Geistlicher, welcher als Abstimmungsberechtigter im Namen der Katholiken des Saargebietes sprechen würde*, begrüßt. Im Polizeibericht sind seine Ausführungen wie folgt zusammengefasst: er sei *der Einladung des Vorredners Pfordt an der heutigen Kundgebung im Interesse der katholischen Bevölkerung des Saargebietes zu sprechen, mit Freuden gefolgt. Sein Erscheinen bedeute für ihn als katholischer Geistlicher ein grosses Risiko. Sein Gewissen habe ihn jedoch hierher geschickt, zumal er seine echt religiöse Gesinnung seiner Mutter, einer saarländischen Frau, verdanke. Als er das Flugblatt, welches Pfordt ihm in die Hand gegeben, durchgelesen habe, sei er zur Überzeugung gekommen, dass der Kommunist Pfordt sein Wort eher halten würde als Hitler inbezug auf das Konkordat. Er gehöre seit einigen Wochen der Freiheitsfront an und bedauere, dass an seiner Stelle kein besserer Redner stehe, da er nur ein Notstock und Stümper im Reden sei. Redner erwähnte, dass einen grossen Teil der Schuld am Kommunismus die Geistlichkeit trage, denn manche derbe Arbeiterfaust sei kommunistisch geworden, weil sie zu wenig und herzlich von der Hand eines Geistlichen gedrückt worden wäre. Dann sprach er der kommunistischen und sozialistischen Presse seinen Dank aus, weil sie sich so freimütig für die katholische Sache eingesetzt habe. Weiteren dreimaligen Dank zollte er dem Versailler Friedensvertrag, der ihn vor den Segnungen des Nationalsozialismus im Dritten Reich verschont habe. An den Strassburger Sender richtete er die Bitte in den kommenden Wochen seine Tätigkeit noch mehr wie bisher im Sinne des Status quo zu entfalten. In Bezug auf die Tätigkeit des Pfarrers Wilhelm aus Wehrden gab er diesem die gute Ermahnung die katholische Bevölkerung des Saargebietes dahin aufzuklären, dass sie nach der Rückgliederung im dritten Reich eine Stiefmutter vorfinden [werde]. Die Vorgänge des 30. Juni in Deutschland verurteilte er aus schärfste. Auch er agitierte für ein freies deutsches Saargebiet, das nie zu Hitler dürfe.*[136]

---

136 Bericht von Nitzschke vom 26.08.1934 (LA SB LRA SB Nr. 315).

Er kritisierte die Politik der Bischöfe, die oppositionellen Pfarrern eine politische Betätigung der Saar verböten. *In unseren Tagen berühren sich aber infolge des Nationalsozialismus Glauben und Politik so stark, dass zur Politik zu schweigen, für mein Gewissen gleichbedeutend wäre mit schwerer Sünde.* Es gehe nicht um eine Entscheidung zwischen Deutschland und Frankreich, wie die Gegenseite propagiere. In den Händen der Saarländer liege vielmehr die Entscheidung über christliche Kultur und Frieden in Europa. Während Bischof Bornewasser es zur sittlichen Pflicht erkläre, für das deutsche Vaterland einzutreten, sehe er, Dörr, es als Pflicht des Christen an, für den Status quo zu votieren. Unter lang anhaltendem Beifall formulierte er abschließend: *Darum niemals zu Hitler! Frei für die Saar!* Gegenüber der französischen Wochenschau wiederholte er seine Argumente und seine Aufforderung, sich gegen eine Rückgliederung an Hitler-Deutschland zu entscheiden. In den kommenden Wochen trat er häufig in schwarzer Soutane unter den roten Fahnen der Einheitsfront auf. Da ihm politische Stellungnahmen nicht gestattet waren, richtete er seine öffentlichen Angriffe gegen das vom Nationalsozialismus geförderte Neuheidentum und widmete sich primär kirchlich-theologischen Fragen. Seinen Warnungen bei einer Versammlung in St. Ingbert, der Nationalsozialismus werde eines Tages das Christenkreuz durch das Hakenkreuz ersetzen und an die Stelle der Religion werde die neue Blut- und Bodenmystik treten, muss aus unserer Retrospektive prophetische Qualität zuerkannt werden. Als außer Dienst gestellter Ordensbruder hatte er den Mut, seine Befürchtungen deutlich und öffentlich auszusprechen und nicht wie der deutsche Epikopat aus taktischen Überlegungen in gewundenen Formulierung zu kaschieren. Aufrüttelnd postulierte er: *Rafft Euch auf, ihr lieben Katholiken und bekennt Farbe....Dadurch helft Ihr unseren Glaubensbrüdern im Reich.* Der Nationalsozialismus wolle *alles ausrotten, was nicht arisch ist. Christliche Landsleute wacht auf, denn es ist höchste Zeit.* Einige Tage später trat er zusammen mit den Kommunisten August Hey und Heinrich Sommer in Altenwald auf, dann mit der ehemaligen Reichstagsabgeordneten Luise Schiffgens und der Kommunistin Luise Herrmann bei einer Kundgebung der Einheitsfront in Altenkessel. Er war auch bereit, im Ausland die nationalsozialistische Gewaltherrschaft anzuprangern. Seit seinem Auftreten auf der großen Sulzbacher Status quo-Kundgebung am 26.08.1934 war Pater Dörr der in der gleichgeschalteten Öffentlichkeit neben Max Braun am heftigsten angegriffene Befürworter des Status quo. Eine publizistische Schmutzlawine ergoss sich über den Priester, an der sich sämtliche gleich geschaltete Zeitungen an der Saar und selbst die reichsdeutsche Presse beteiligten. Das »Saarbrücker Abendblatt« klärte seine Leser auf, bei Dörr handele es sich um einen nicht abstimmungsberechtigten Pater. Zweifel an Dörrs Abstimmungsberechtigung wurden darauf gestützt, dass er am Stichtag 28.06.1919 sich nicht im Saargebiet, sondern zum Studium an der Hochschule des Steyler Ordens im österreichischen Mödling aufgehalten habe. Das »Saarbrücker Abendblatt« sagte Dörr nach, er sei schon *verschiedentlich mit der Polizei in engere Berührung* gekommen und auch zur Untersuchung seines Geisteszustandes für einige Zeit in eine Irrenanstalt gesteckt worden. Seit seiner Rückkehr ins Saargebiet habe er sich im *separatistischen Sinne* betätigt. Seinen Aufrufen für den Status quo wurde die Glaubwürdigkeit abgesprochen, indem man auf seine psysichiatrische Behandlung verwies. Das »Saarbrücker Abendblatt« ging über den Rufmord hinaus. Es postulierte die physische Vernichtung Dörrs: *Er müßte ja eigentlich in den Kerker* hieß es da, *vielmehr, er müßte aufgehangen werden.* Unter der Überschrift *Reklamegeistlicher von Sulzbach ein nicht abstimmungsberechtigter Irrer* diffamierte der »Völkische Beobachter« Dörr als »nervenkranken Geistlichen« und trat dessen Auffassung, wonach es sittliche Pflicht sei, für den Status quo einzutreten, entschieden entgegen. Die Krönung der Diffamierung war die Veröffentlichung der Lesekarte Dörrs aus einer Saarbrücker Bücherei in dem Schmutzblatt »Der Rufer im Warndt«, das mit Unterstützung reichsdeutscher Ministerien von drei ehemaligen Kommunisten herausgegeben wurde. Die Auflistung der von Dörr entliehenen sexualethnologischen Schriften sollte negative Assoziationen freisetzen und Zweifel an der moralischen Integrität des Paters in der katholischen Saarbevölkerung auslösen. Im begleitenden Text wurde Dörr als geisteskrank und sexuell pervers veranlagt bezeichnet und der Lächerlichkeit preisgegeben.[137]

---

137 Mallmann/Paul, Das zersplitterte Nein, S. 53f.

Formen und Mittel des Abstimmungskampfes

Zur Aufrechterhaltung von Ruhe und Ordnung erließ die Regierungskommission eine Fülle von Verordnungen, um die Konfrontation der politischen Gegner in der Öffentlichkeit zu vermeiden oder mindestens einzudämmen. Dazu zählten das Tragen von Uniformen und von politischen Abzeichen, nicht genehmigte Versammlungen, Umzüge und Märsche, paramilitärische Übungen wie z.B. Geländespiele.
Das Instrumentarium der öffentlichen Verbreitung politischer Ansichten und Meinungen war im Abstimmungskampf das gleiche, wie es sich in den zwanziger Jahren herausgebildet hatte: Versammlungen, Feiern, Umzüge und Propagandamärsche, breiter Einsatz von Printmedien (Zeitungen, Plakate, Flugblätter). Wie schon im vorhergehenden Kapitel will ich durch Zitate aus Berichten, Pressemitteilungen, Zeugenaussagen, autobiographischen Aufzeichnungen und Erinnerungen von Angehörigen verschiedener politischer Lager Eindrücke von Form und Inhalt der politischen Agitation vermitteln.
Voranstellen möchte ich einen »Veranstaltungskalender«, den ich aus Nachrichten in der Presse, aus Berichten der Bürgermeister und der Landjäger und anderen Quellen rekonstruiert habe. Er soll die Vielfalt und Dichte der Veranstaltungen wie auch die unterschiedlichen Veranstalter und Einberufer belegen.
Die Nennung der Veranstaltungsorte liefert Hinweise auf die von den einzelnen Parteien bevorzugten Lokale, die Teilnehmerzahlen lassen das Echo bei der Ortsbevölkerung erkennen, zeigen auch, in welchem Maße Frauen am politische Leben teilnahmen, manchmal auch wie die Teilnehmerzahl durch die Mobilisierung auswärtiger Parteifreunde oder Gesinnungsgenossen erhöht werden konnte.

Veranstaltungskalender Februar 1933 bis Januar 1935

Der von mir erstellte Veranstaltungskalender lässt die zunehmende Vernetzung der Deutschen Front mit den lokalen Vereinen erkennen, wobei der Eindruck besteht, dass sowohl Veranstalter als auch Bürgermeister Georg den Begriff der »nicht politischen Veranstaltung« großzügig handhaben. In Georgs Befürwortung zur Genehmigung des Erntefestes der landwirtschaftlichen Lokalabteilung Püttlingen durch den Saarbrücker Landrat steht: *Die Veranstaltung dient der Pflege des Heimatgedankens und soll das Interesse der Bevölkerung für die Landwirtschaft und den Bauernstand wecken. Sie hat keinen politischen Einschlag.* In der beigefügten Liste der Ausrichter der einzelnen für den Umzug vorgesehenen Wagen erscheinen neben der Landwirtschaftlichen Lokalabteilung die Sänger der Turnerschaft, die kath. Jugendvereine Liebfrauen und St. Sebastian, der Kirchenchor Liebfrauen, der Turnverein Püttlingen 1890, der Geflügelzucht-, Kaninchenzucht-, Zither-, Kavallerie- und Pfälzerwaldverein, der Schützenverein «Ruhig Blut« und der Radfahrerverein »Weiße Rose«, aber auch der BDM, die NS-Organisation der weiblichen Jugend, ähnlich die Festfolge für die Veranstaltung auf dem Sportplatz am 30.09., hier gestalteten Musik-, Gesang- und Turnvereine, die vereinten Kirchenchöre und katholischen Jugendvereine das Programm zusammen mit der *Frauenschaft*, die zwei von insgesamt 16 Programmpunkten übernahm. Genau das gleiche Bild ergibt sich für die Parallelfeier in Ritterstraße, von elf Wagen wird einer von der *Frauenschaft der Deutschen Front* gestellt, ein anderer vom *Bund deutscher Mädchen*. Bei der Veranstaltung auf dem Platz neben der Kirche wirkten zusammen die landwirtschaftliche Lokalabteilung, die Jugendkapelle Püttlingen, der Kirchenchor, HJ und BDM. Bürgermeister Georg befürwortet den Genehmigungsantrag mit demselben Satz wie den Püttlinger Antrag – *kein politischer Einschlag*. Das mag für Gestaltung der Wagen und Texte der Lieder und Festreden zugetroffen haben; aber die Aktionsgemeinschaft mit Gruppierungen der Deutschen Front und mit NS-Jugend- und -Frauenorganisationen zeigt, dass die Verantwortlichen die Eigenart nationalsozialistischer Herrschaftspraxis von der früherer deutscher Regierungen nicht zu unterscheiden vermochten oder zugunsten einer patriotischen Entscheidung hinzunehmen bereit waren.

1933
- 23.02. Ritterstraße, Sprechabend der NSDAP-Ortsgruppe im Lokal Theis, Einberufer und Leiter war der arbeitslose Bahnarbeiter und Nationalsozialist Jakob Gregorius, Bilchenstraße. Redner waren zwei Mitglieder der NSDAP-Ortsgruppe Völklingen mit Namen Kreis und Bläsy[138], letzterer sei Landesratsmitglied, Thema: *Wirt-*

---

138 Die Person konnte von mir nicht identifiziert werden, die beiden NSDAP-

schaftsprogramm der Nationalsozialisten. Während Kreis sich in antijüdischen Äußerungen erging (vgl.S. 361), sprach »Bläsy« über das Regierungsprogramm Hitlers und polemisierte gegen die *Novemberparteien.*[139] *Er machte keinen Hehl daraus, dass wenn die Wahl am 5. III. (Neuwahl zum Deutschen Reichstag) nicht die absolute Mehrheit bringe, Hitler nach wie vor Reichskanzler bleibe und keiner in Deutschland könne ihn von seinem Platze bringen* – ein wahrhaft prophetischer Satz! Die A*nkurbelung der Wirtschaft sei nur möglich wenn dem Arbeiter ein auskömmlicher Lohn bezahlt würde. Die sogenannte internationale Krise habe mit Deutschland nichts zu tun. Deutschland sei in der Lage, sich auf der eigenen Scholle zu ernähren und sei gar nicht auf das Ausland angewiesen. Der Bedarf an Hausrat und an allem Nötigen sei in fast 90% aller deutschen Familien riesengroß. Die Herstellung dieser Gegenstände allein würde dem grössten Teil der Erwerbslosen Arbeit und Verdienstmöglichkeit bringen ... Unter der Regierung Adolf Hitlers würde auch nicht ein Zoll deutschen Bodens an Frankreich fallen. Mit allen die sich heute gegen eine Rückgliederung an Deutschland aussprechen und für Frankreich agitieren, würde 1935 gründlich abgerechnet werden Als erster Diskussionsredner meldete sich der Eisenbahner Gräsel aus Ritterstrasse, Mitglied der SPD-Ortsgruppe Püttlingen. Er legte entschieden Verwahrung gegen die Anschuldigungen und Verdächtigungen der S. P.D. ein. Letztere könne nicht verantwortlich gemacht werden da man bekanntlich 1918 nichts weiter zurückgelassen habe als 156 Milliarden Schulden und einen Trümmerhaufen. Heute sei es wieder soweit, dass man die Urheber dieses Unglücks zum großen Teil in der Regierung sitzen habe. Während er versuchte, Beweise für das Gesagte zu bringen, wurde er von den N.S.D.A.P. Leuten niedergeschrieen und konnte sich nicht mehr durchsetzen. Gräsel brachte dann zum Ausdruck, dass er kein Handswurst (!) sei und sich von diesen Lausbuben aneklen lasse und verliess demonstrierend das Lokal. Als zweiter Diskussionsredner meldete sich der Kriegsbeschädigte und Kommunist Kockler aus Ritterstraße. Dieser bedauerte, dass man den Vorredner*

Landesratsabgeordneten waren Peter Baltes, Merchweiler, und Karl Brück, Saarbrücken.
139 Gemeint sind die im November 1918 die erste republikanische Regierung bildenden Mehrheitssozialisten und die USPD.

hinausgeekelt habe. Er kam sodann auf die bis jetzt geleistete Arbeit der Hitlerregierung zu sprechen, insbesondere über die Erhöhung der Zollsätze und die damit verbundene Verteuerung der Lebenshaltung. Er geiselte weiter die papen-schen Notverordnungen.[140] *Der Kampf der Marxisten gelte vor allem dem Kapitalismus den die N.S.D.A.P. in ihren Reihen züchte. Als dritter Diskussionsredner meldete sich der angeblich parteilose Grubenangestellte Sieg aus Ritterstrasse und stellte die Frage, ob die Hoffnungen die man in den neuen Reichskanzler setze, nicht evtl. aoch getäuscht würden. In dem Cabinett seien Männer die noch nie für das schaffende Volk zu haben waren. Papen sei der Mann, der mit unerbittlicher Strenge für die Kürzung der Pensionen und Renten eingetreten sei, weiter auch für die Kürzung der Kriegsrenten. Die Not der Ärmsten sei durch diese Mahsnahme ins unerträgliche gestiegen. Hugenberg sei Grossgrundbesitzer und von jeher ein scharfer Gegner der Gewerkschaften und gegen eine Besserung der Löhne gewesen. Unter der jetzigen Regierung mit diesen Männern sei es Hitler unmöglich, sein Programm zur Ausführung zu bringen. Referent Kreis verteidigte nochmals die Regierung Hitler und bat sodann die Erschienenen sich von ihren Plätzen zu erheben und nach dreimaligen gemeinsamem Ruf »Heil Hitler« und Absingen des Horst-Wessel-Liedes wurde der Sprechabend geschlossen.*[141]

- 01./02.04. Püttlingen, 11. Verbandstag des Einheitsverbandes der Kriegsopfer des Saargebietes, Leitung hatte der 1. Vorsitzende des Verbandes Johann Alles. Teilnehmer ca. 210 Delegierte und Bewohner aus Püttlingen, gemeinschaftliche Gefallenenehrung am Kriegerdenkmal beim Rathaus, Gedächtnisrede hielt die Kriegerwitwe Maria Mohr aus Saarlouis.[142]
- 01.05. Die Regierungskommission hatte schon am 24.04. für den 01.05. alle öffentlichen Aufzüge und Veranstaltungen verboten,

---

140 Gemeint sind Verordnungen, die 1930-1932 aufgrund der Weimarer Verfassung Art. 48 Abs. 2 der Reichspräsident auf Vorschlag der Reichskanzler erließ unter Umgehung des üblichen Gesetzgebungsverfahrens im Reichstag. Der Reichstag war von Notverordnungen sofort zu unterrichten, auf sein Verlangen mussten die Notverordnungen außer Kraft gesetzt werden.
141 Bericht von Oberlandjäger Schwarz II vom 24.02.1933 (LA SB LRA SB Nr. 310).
142 Bericht von Oberlandjäger Schwarz II vom 03.04.1933 (ebenda Nr. 310).

nachdem in den Tageszeitungen vom 22.04. der Beschluss der Freien Gewerkschaften veröffentlicht worden war, sich an der Feier des von der Reichsregierung zum Festtag der Arbeit erklärten 01.05. zu beteiligen, zugelassen waren nur geschlossene Veranstaltungen.[143]
- 14.08. Püttlingen, Kasino der Grube Viktoria, Mitgliederversammlung der SSP, Einberufer und Leiter: Redakteur Mathias Walz, Saarbrücken, etwa 120 Personen, darunter 10 Frauen, ungefähr 70-80 Männer waren NSDAP-Mitglieder aus Püttlingen, Völklingen und Riegelsberg, auch Sozialisten und Kommunisten waren anwesend sowie Jakob Schackmann, der Vorsitzende des frankophilen Verbandes der Saarbergleute. Als die anwesenden Landjäger bemerkten, dass die im Saal anwesenden Nazis aufstanden und mit erhobener rechter Hand das Deutschlandlied sangen, lösten sie die Versammlung auf, um eine Schlägerei zu verhindern. Während sie die Nazis aus dem Lokal drückten, stimmten diese das Horst-Wessel-Lied an, einige verbrannten dann auf der Straße demonstrativ den »Generalanzeiger«.[144]
- 27.08. Püttlingen, Marsch von Kommunisten und Sozialisten in geschlossenem Zug, darunter 38 Radfahrer und etwa 15 Frauen und Kinder von der Pickardstraße über Ritterstraße nach Luisenthal unter Absingen *eines politischen Kampfliedes, in dem die Worte vorkamen« Er het den Arbeiter geschänd, son Lump«*. Der Marsch war genehmigt, aber nicht Singen sowie Mitführen von Fahnen und Transparenten. Der Chauffeur Peter Dörr (geb. 01.05.1896) wurde deshalb wegen Verstoßes gegen die Polizeiverordnung zur Aufrechterhaltung öffentlicher Ruhe und Sicherheit vom 20.05.1933 angezeigt.[145]
- 02.09. Püttlingen. Leichenzug des Steuerberaters Hans Hardt, 24 Jahre, von der Kirche durch die Pickardstraße – Völklingerstraße zum Friedhof. *Da Hardt Mitglied der N.S.D.A.P.-Ortsgruppe Püttlingen war, beteiligte sich die Ortsgruppe geschlossen unter Mitführung von acht Mann Musik, die Ortsgruppe war mit ungefähr 100 Personen vertreten. Darunter zirka 16 Mädchen und 12 Jungens. Eine Parteifahne wurde mitgeführt. Ungefähr 5-6 Jungens trugen*

---

143 LA SB LRA SB Nr. 310.
144 Bericht der beiden Oberlandjäger Birkelbach und Schmitt IX vom 14.08.1933 (ebenda Nr. 311).
145 Anzeige von Landjäger Schelkes vom 28.08.1933 (ebenda Nr. 311).

weißes Hemd mit geknotetem schwarzem Halstuch und kurze Zivilhose. Die übrigen Teilnehmer der N.S.D.A.P. trugen Zivilkleidung (schwarzer Anzug und Cilinder). Nach Beendigung........ marschierten die Mitglieder der N.S.D.A.P. geschlossen vom Friedhof mit vorerwähnter Musikkapelle durch den Ort nach dem Vereinslokal [Gastwirtschaft Nikolaus Müller in der Bahnhofstraße], *hier lösten sich die Teilnehmer zum Teil auf.* Da Peter Dörr (KP) bei der Ortspolizei den Zug, insbesondere die Teilnahme von Uniformierten beanstandete, hielt Oberlandjäger Birkelbach in einem Vermerk fest: *Es ist hier ortsüblicher Brauch, bei jedem Verein und jeder Partei, dass diese nach Beerdigung ihrer Toten geschlossen mit Musik Wirtschaften von Mitgliedern besuchen. Auch bei dieser Beerdigung gaben die Teilnehmer beim Hin-Rückmarsch zum und vom Friedhofe zu keinerlei Klagen Anlass. Diese haben sich lediglich an die ortsüblichen Gebräuche gehalten.*[146]

- 07.09. Marsch der NS-Frauenschaft Ortsgruppe Walpershofen durch Etzenhofen, Sellerbach, Engelfangen, Püttlingen nach Völklingen, etwa 30 Frauen in geschlossenem Zug, einheitlicher brauner Kleidung mit Abzeichen der N.S.Frauenschaft und mit Hakenkreuzwimpel, Führerin: Ehefrau Katharina Falkowsky, Lehrerin Walpershofen.[147]
- 02.10. Püttlingen, Volkshaus, Elternabend der proletarischen Internationalen Arbeiterhilfe, Einberufer: Georg Schorr, Vorsitzender der KP-Ortsgruppe Püttlingen. *Der proletarische Volksdichter und Emigrant Meinert*[148] *rezitierte aus seinen eigenen Werken, die er in einem* satirischen *und einem* tragischen *Teil zusammenstellte, dann sprach er über Gründe und Umstände seiner Emigration und wies darauf hin, dass ihm die Redeerlaubnis durch die Regierungskommission nur unter der Bedingung erteilt worden sei, dass seine vorgetragenen Rezitationen ohne jeglichen Einschlag sein müßten.* Auf

---

146 Vermerk vom 02.09.1933 (ebenda Nr. 310).
147 Bericht von Landjäger Stöhr vom 08.09.1933 (ebenda Nr. 311).
148 Bericht von Landjäger Schwarz II vom 03.10.1933 (ebenda Nr. 311). Der Name ist verschrieben, es handelt sich um Erich Weinert (1890-1953), er schrieb agitatorische Lyrik und Prosa, Vorstandsmitglied des Bundes proletarisch-revolutionärer Schriftsteller, emigrierte 1933 ins Saargebiet, nahm 1937-1939 am spanischen Bürgerkrieg teil, 1943-1945 in der UdSSR Präsident des Nationalkomités Freies Deutschland.

Veranlassung von Schorr wurde die Veranstaltung geschlossen mit dem gemeinsam gesungenen Lied *Brüder zur Sonne* und mit *Rot-Front-Rufen*, 250 Besucher, darunter 60-70 Frauen und etwa 100 auswärtige Teilnehmer aus Altenkessel, Rockershausen, Köllerbach und Riegelsberg.

- 05.10. Ritterstraße, Beerdigung des Steigers i. R. Karl Kurtz, Mitglied der NSDAP-Ortsgruppe Ritterstraße. *Die Mitglieder der Ortsgruppen Püttlingen und Ritterstraße der NSDAP sowie des Stahlhelms fanden sich um 15 ¾ Uhr am Sterbehaus in der Hengstwaldstraße ein. Die Teilnehmer der obengenannten Korporationen bestanden aus 85 Personen und waren alle bekleidet mit schwarzer Hose, weisses Hemd mit schwarzer Kravatte. Bei dem Leichenzug befand sich eine Musikkapelle von 12 Mann und zwei Hackenkreuzfahnen (!) und eine Stahlhelmfahne. Von den Mitgliedern des Stahlhelms sowie der NSDAP wurde eine Kopfbedeckung nicht getragen. Der Leichenzug bewegte sich durch die Hengstwaldstrasse durch Strasse zum Bildchen nach dem Friedhof, ohne jeglichen Zwischenfall. Auf dem Wege vom Friedhof nach dem Ort spielte die Musikkapelle einen Marsch nach der Melodie des Argonnerwaldliedes,*[149] *worauf mehrere junge Leute der obengenannten Ortsgruppen anfingen mitzusingen. Oberlandjäger Schwarz und der Unterzeichnete schritten sofort ein, worauf der Gesang verstummte. Der Zug bewegte sich ohne jeden weiteren Zwischenfall nach dem Lokal der NSDAP in Ritterstraße und nach einem Aufenthalt von ¾ Stunden nach dem Lokale der NSDAP in Püttlingen.* Neben den beiden genannten Landjägern waren sieben weitere aus Püttlingen, Sellerbach, Riegelsberg, Altenkessel, Rockershausen zur Verstärkung zugewiesen worden.[150]
- 09.10. Püttlingen Lokal Pabst-Roth Ecke Völklinger- und Derlerstraße, öffentliche Versammlung der Notgemeinschaft der Kleinwohnungsbau-Hypothekenschuldner. In der Einladung heißt es: *Arbeitendes Volk erwache!*
Da nun die Zeit herangerückt ist, wo das französische Kapital, welches sich auf 60 bis 80 Millionen Frs. beläuft aus dem Saargebiet

---

149 Das im Ersten Weltkrieg entstandene Soldatenlied »Argonner Wald um Mitternacht, ein Pionier steht auf der Wacht, ein Sternlein hoch am Himmel stand, das sandt´den Gruß von fernen Heimatland ...«.
150 Bericht von Landjäger Seibert vom 05.10.1933 (LA SB LRA Nr. 312).

*herausgezogen wird, entsteht eine ausserordentliche Geldknappheit, die sich besonders im arbeitenden Stand schwer auswirken wird. Darum rufen wir in schwerer Stunde auf:
Arbeiter, Bergleute, Bauern, Handwerker schliesst euch in Massen zusammen, um durch euere Blokade den Kampf gegen den einsetzenden Zinswucher aufzunehmen und besonders harten Zwangsvollstreckungen entgegenzutreten.
Wir wollen eine unbedingte Zinssenkung bis zu dem Betrage, der sich mit dem schlechten Einkommen der Arbeiterschaft vereinbart. Wir erkennen die Senkung der Hypothekenzinsen auf 7 % durch Herrn Bankdirektor Nessle in einer seinerzeitigen Versammlung in St. Wendel nicht an, da dieser Satz noch weit über das Erträgliche hinausgeht. Ein Zinsfuss der den heutigen Verhältnissen ungefähr entspricht, kann nur der von 4% sein, damit uns die Möglichkeit gegeben sei, unser schwer erschafftes Gut vor einer Zwangsvollstreckung zu retten. Ferner wollen wir die Niederschlagung der Unkosten, die durch Kapitalumschreibungen, Abschätzungen etc. entstehen. Dann wollen wir ein zinsfreies Jahr d.h. zur finanziellen Erholung sollen die laufenden Zinsen auf die Dauer eines Jahres gestrichen werden, wie das im Reich schon länger durchgeführt ist. Zum Schluss wollen wir die Vermeidung von ungerechten Kapitalkündigungen.
Um dieses Ziel zu erreichen, muss ein Zusammenschluss, eine Kampffront geschaffen werden. Nur so in fester Einheit können wir dem Schwarzwucher die Stirne bieten, wie es der Einzelne allein nicht kann. Werdet deshalb Mitglied der Notgemeinschaft, die euere Interessen wirkungsvoll vertreten wird. Auskunft erteilt bereitwilligst und kostenlos die Geschäftsstelle Es folgen dann Zeit und Ort der Versammlung und der Schlußsatz: Wir haben als Redner einen massgebenden Wirtschafter eingeladen, der uns über die heutigen Verhältnisse vollständige Klarheit geben wird und der uns den Weg zur Bekämpfung der drohenden Gefahr zeigt. Gezeichnet ist Notgemeinschaft der Kleinwohnungsbau-Hypotkenschuldner Sitz Püttlingen/Saar.*[151]

- 15.10. Püttlingen Volkshaus, Mitgliederversammlung der SPD-Ortsgruppe, Anzeige von Oberlandjäger Wahlmann gegen Max

---

151 Ein Exemplar der Einladung in LA SB LRA SB Nr. 312.

Braun und Thomas Blank wegen Nichtbefolgung polizeilicher Anordnungen.[152]
- 18.10. Püttlingen, Umzug des Handwerkervereins. Dass einzelne Wagen mit schwarz-weiß-roten und Hakenkreuzfähnchen geschmückt waren, wertete der berichtende Polizeibeamte als *sichtbares Gepräge der Verbundenheit zu der deutschen Heimat.*[153]
- 05.11. Püttlingen Bürgerhalle, Reichsbund der Kriegsbeschädigten, Thema: Reichsversorgungsgesetz und Zusammenschluss der Kriegsopfer in der Deutschen Front, 120 Personen, darunter 50 Frauen.[154]
- 08.11. Püttlingen, Wirtschaft Pabst-Roth, Elternabend der DJV-Ortsgruppe Püttlingen, Leiter: Jungvolkführer Christian Koch aus Püttlingen, *Während der Veranstaltung wurden von den Teilnehmern das Horst-Wessel- und das Deutschlandlied gesungen. Politische Reden wurden nicht gehalten.* Teilnehmer ca. 350 Personen, darunter etwa 60 Kinder.[155]
- 10.11. Püttlingen, Saal Pabst-Roth, Gründungsversammlung des Königin-Luisenbundes, ca. 250 Personen, darunter ca.. 100 weibliche.[156]
- 18.11. Kölln, Wirtschaft Peter Altmeyer, Elternabend der HJ-Ortsgruppe Köllerbach, Referent Dr. Lang Saarbrücken, etwa 400 Teilnehmer, Abschluss mit Horst-Wessel-Lied.[157]
- 18.11. Sportwerbeveranstaltung des Fußballvereins Püttlingen 08, Vorsitzender Lehrer Heinrich Contier. Der Referent Dr. Schlemmer führte aus, *die Behauptung der Sport sei international, sei ein Unding. Der Sport müsse vor allem national sein. Die DT und der Fußballsport seien die Hauptträger der deutschen Volksgesundheit.* Der Vorsitzende begrüßte die anwesenden Vertreter der NSDAP und schloss die Versammlung mit »Heil Hitler« und dem Horst-Wessel-Lied. 400 Teilnehmer, darunter 100 Frauen[158].

---

152 Kunkel, Für Deutschland, S. 149.
153 Bericht des Oberlandjägers Schwarz II vom 20.10.1933 (LA SB LRA SB Nr. 325, S. 263).
154 Bericht des Oberlandjägers Schwarz II vom 05.11.1933 (ebenda Nr. 312).
155 Bericht des Oberlandjägers Birkelbach vom 08.11.1933 (ebenda Nr. 312).
156 Bericht des Landjägers Schelkes vom 10.11.1933 (ebenda Nr. 312).
157 Bericht des Oberlandjägers Six I vom 18.11.1933 (ebenda Nr. 312).
158 Bericht des Oberlandjägers Schwarz II bald nach 18.11.33 (ebenda Nr. 312).

- 19.11. Püttlingen, Volkshaus, Revue-Abend der SPD »Rote Rebellen«. Es kam nicht zu einer Störung durch Nazis in der erwarteten Intensität (vgl. S. 354 f.), dennoch Festnahme einiger Nazis auf Anordnung eines aus Saarbrücken angereisten Kriminalbeamten.[159]
- 11.12. Püttlingen, Turnerheim, Kundgebung der Deutschen Gewerkschaftsfront, Teilnehmer 350 Personen, darunter 2 Frauen, Einberufer: Gewerkschaftssekretär Ruffing, Fraulautern, Redner: Gewerkschaftsführer Peter Kiefer, Saarbrücken.[160]
- 31.12. Engelfangen, Wirtschaft Wilhelm Schmidt, Familienfeier der Ortsgruppe der Arbeiterwohlfahrt.[161]

1934
- 06.01. Ritterstraße, Wirtschaft Trenz, Weihnachtsfeier der Ortsgruppe der Kriegsopferversorgung, Teilnehmer ca. 280 Personen, je zur Hälfte Männer und Frauen, Ansprache des Landesführers der Kriegsopferversorgung Krämer, Theaterstück »Das Grab in Sibirien«, Verlosung, Abschluss mit den Liedern *Deutschland, Deutschland über alles,* Horst-Wessel-Lied, *O Tannenbaum, wie treu sind deine Blätter.*[162]
- 06.01 Püttlingen, öffentlicher Kirchgang des Jungmännervereins der Pfarrei St. Sebastian von seinem Vereinslokal Wirtschaft Kockler zur Kirche, ca. 200 Personen mit Trommler- und Musikkorps.
  Püttlingen, Kaiserhof, kleiner Saal, Versammlung der Kriegsopfer, Redner Grünwald, anwesend ca. 40 Personen, darunter 3 Frauen.
- 07.01. Püttlingen, öffentlicher Kirchgang des Jungmännervereins der Pfarrei Liebfrauen von dem Vereinslokal (Wirtschaft Geibel) zur Kirche unter Vorantritt der Bergkapelle Louisenthal, am Abend Familienabend mit Theater und musikalischen Darbietungen.
  Püttlingen, Wirtschaft Johann Krahs, Espenstraße, Familienabend der Stahlhelm-Ortsgruppe, Espenstraße, Festansprache Kaufmann Werner de Freen aus Saarbrücken, Einakter »Heimat«, Auf- und

---

159 Aussage verschiedener Landjäger, alle in LA SB LRA SB Nr. 312, Bericht des Bürgermeisters vom 25.11.1933 (ebenda Nr. 325 S. 297), Volksstimme vom 21.11.1933.
160 Bericht des Oberlandjägers Schwarz II vom 11.12.1933 (ebenda Nr. 312).
161 Bericht des Landjägers Stöhr vom 01.01.1934 (ebenda Nr. 312).
162 Bericht des Landjägers Seibert vom 07.01.1934 (ebenda Nr. 312).

Abmarsch der Fahnen, Abschluss mit Deutschland- und Horst-Wessel-Lied, anwesend 300 Personen, darunter etwa 100 Frauen.[163]
- 14.01. Püttlingen, Volkshaus, Liedertag des Gaues Völklingen des Arbeitersängerbundes, Ansprache von Gauvorsitzendem Weiß, Darbietung von Kompositionen von Johann Sebastian Bach, Uthmann und Fleming, Mitwirkende: Massenchöre geleitet von Johann Kiefer und Heinrich Speicher, Arbeitergesangvereine Püttlingen und Altenkessel.[164]
- 21.01. Püttlingen, gemeinschaftlicher Kirchgang des Kameradenbundes anlässlich der Reichsgründungsfeier. Die Vereine marschierten mit einem Spielmannszug, zwei Musikkapellen, 6 Fahnen und etwa 60 Mann vom Sammelpunkt Wirtschaft Jakob Bies Bengeserstraße zur Pfarrkirche St. Sebastian, am Kirchgang beteiligten sich 547 Personen, darunter 190 Jugendliche im Alter von 6-16 Jahren.
Nachmittags im Turnerheim Püttlingen Kreisversammlung der Stahlhelm-Ortsgruppen Püttlingen, Kölln, Heusweiler, Eppelborn und Quierschied, Leiter: Gewerbelehrer Karl Ries, Heusweiler, Teilnehmer etwa 300.[165]
- 28.01. Püttlingen, Volkshaus, Versammlung der SP, Einberufer: Paul Baldauf, Leiter: Thomas Blank, Redner: Max Braun »Was kommt 1935?«, Mitwirkende: Trommler- und Fanfarenkorps des Ortskartells Püttlingen, Volkschor, »Rote Rebellen«, anwesend. 450 Personen, darunter 120 Frauen und viele Auswärtige.[166]
- 03.02. Püttlingen, Volkshaus, *Familienabend* der Ortsgruppe der »Roten Hilfe«, Einberufer: Schlosser Ernst Pistorius, Leiter: Landesratsmitglied Pink, Bous. Vorgesehen war ein Auftritt der reichsdeutschen Emigrantin Witwe Stenzer, deren Ehemann am 22.08.1933 im KZ Dachau ermordet und die selbst eine Zeitlang in Haft gehalten worden war. Sie sollte über die Unterstützung, die ihr und ihren drei Töchtern (6-10 Jahre) durch die »Rote Hilfe« zuteil geworden war, berichten. Einige Tage vorher war mit Handzetteln sowohl für

---

163 Bericht des Landjägeramtes Püttlingen (ebenda Nr. 312).
164 Volksstimme 1934 Nr. 8, 13 u. 14, ausführlicher Bericht in Volksstimme vom 17.01.1934.
165 Bericht des Oberlandjägers Schwarz II vom 21.01.1934 (ebenda Nr. 312).
166 Bericht in LA SB LRA SB Nr. 312, Bericht in Volksstimme vom 29.01.1934 nennt 700 Teilnehmer.

den Besuch der Veranstaltung als auch für den Beitritt zur »Roten Hilfe« geworben worden.[167] Da das Auftreten von Frau Stenzer von der Regierungskommission nicht genehmigt worden war, wurde der Abend gestaltet mit Vortrag von Kampf- und Freiheitsliedern, Rezitationen »Der Tod, die Hinrichtung und der Spartakus«, Resolution zur Freilassung Thälmanns, der drei Bulgaren[168] und der weiteren politischen Gefangenen, Abschluss mit der Internationalen und dem dreifachen Ruf »Rot Front«, 280 Teilnehmer, 120 Frauen und 170 Auswärtige.[169]

- 25.02. Püttlingen, Veranstaltung sämtlicher Ortsvereine zum Volkstrauertag *mit Ausnahme der linksgerichteten Korporationen,* Marsch von den Vereinslokalen zum Sportplatz, von dort gemeinsam zum Gefallenendenkmal vor dem Rathaus, dort Gefallenenehrung mit Ansprache des NSDAP-Führers Grünwald, ungefähr 1.500 Teilnehmer, 3 Musikkapellen, 17 Fahnen, 4 Standarten, 3 Wimpel, dann weiter zur Kirche St. Sebastian, wo ein Gottesdienst zu Ehren der Gefallenen stattfand, Weitermarsch zum Ehrenfriedhof, wo Pastor Lermen die Totengedenkrede hielt. Die Gesangvereine Fidelio, Heiterkeit und der Männergesangverein sangen gemeinschaftlich ein Trauerlied, die Musik spielte das Lied vom guten Kameraden. Während des Singens wurden von einer Abordnung des Artillerievereins Püttlingen, außerhalb des Friedhofs, Böllerschüsse abgegeben, beim 2. Schuss wurde der pensionierte Bergmann Ludwig Altmeyer aus Püttlingen durch Explosion eines Böllers getötet. Sofort wurde das Abgeben der Böllerschüsse eingestellt. Die im Umzug marschierende Fahnendeputation der NSDAP-Ortsgruppe bestehend aus Schlosser Adolf Meyer, Bergmann Peter Breinig und Bergmann Richard Albert wurde angezeigt, weil sie einheitliche Kleidung – schwarze Stiefel, schwarze *Bretscheshose,* weißes Hemd mit Kragen, schwarze Krawatten und schwarze Mützen - trugen.[170]
- 25.02. Püttlingen, *Familienunterhaltungsabend* der Jugendgruppe des Einheitsverbandes der Bergarbeiter, Ortsgruppe Püttlingen. Einberufer und Leiter waren Josef und Julius Kurtz, Weihersberg-

---

167 Bericht von Bürgermeister Georg an Landrat vom 31.01.1934 (ebenda Nr. 325, S. 573f. u. 579f.).
168 Vermutlich die der Brandlegung im Reichstag [fälschlich] Beschuldigten.
169 Bericht in LA SB LRA SB Nr. 312.
170 Bericht von Oberlandjäger Birkelbach vom 25.02. 1934 (ebenda Nr. 313).

straße, 70-80 Teilnehmer, darunter 20-30 Frauen und Kinder, Eröffnung durch eine Schalmeienkapelle, ein 8jähriges Mädchen trug ein *kommunistisches Gedicht* vor, 12 Kinder zwischen 8 und 10 Jahren führten das *gegen den Faschismus gerichtete Kinderspiel »Der kleine Trompeter«* auf. Thomas Blank legte Beschwerde gegen die polizeiliche Überwachung ein, weil es sich um eine genehmigte geschlossene Veranstaltung handele.[171] Es sprach ein früherer katholischer Geistlicher aus dem Reich.[172]

- 04.03. Unterhaltungsabend der NS-Frauenschaft Ortsgruppe Ritterstraße im Saal der Wirtschaft Trenz, Programm: Musikstücke, Frauenschaftslied, Begrüßungsansprache, Theaterstück, Verlosung, Schlussansprache und Saarlied.[173]
- 17.03. Die angekündigte »Saarfreiheitskundgebung« der Liga für Menschenrechte im Volkshaus Püttlingen fand nicht statt.[174]
- 23.03. Bergarbeiterversammlung in Engelfangen.
- 24.03. Püttlingen, Volkshaus, Liga für Menschenrechte, Redner: Waltz, *Zeitbilder*, Gesangsvorträge und Sprechchöre, anwesend etwa 70 Personen, darunter etwa 20 Frauen und etwa 20 Emigranten.[175]
- 15.04. Püttlingen, Volkshaus, Kabarettabend des Freien Ortskartells, Begrüßung durch Nikolaus Schreiner, Altenkessel, die Veranstaltung war besucht von 86 Personen, darunter 30 Frauen und 25 fremde Personen.[176]
- 30.04. Püttlingen, Volkshaus, Versammlung, wobei man die Klänge der französischen Nationalhymne (Marseillaise) gehört hatte.[177]
- 01.05. Püttlingen, Turnerheim, Feier der Ortsgruppe der Deutschen Gewerkschaftsfront, etwa 450 Personen. Der 01.05. wurde im Jahr 1934 mit viel stärkerer Beteiligung als früher gefeiert. War er bisher

---

171 Bericht von Oberlandjäger Schmitt IX (ebenda Nr. 313).
172 Mitteilung von Eisenlauer an Hermann Röchling, erwähnt von Theo Sehn in seinem Wiedergutmachungsverfahren (LA SB LEA Nr. 5878).
173 Programm in LA SB LRA SB Nr. 313.
174 Bericht von Oberlandjäger Schwarz II vom 21.03.1934 (ebenda Nr. 326, S. 305f.), dazu auch Volksstimme Nr. 67 vom 20.03.1934.
175 Bericht des Oberlandjägers Schwarz II vom 24.03.1934 (ebenda Nr. 313), vgl. auch S. 334.
176 Bericht der Landjäger Birkelbach und Blum vom 15.04.1934 (ebenda Nr. 313).
177 Berichte des Oberlandjägers Schwarz II vom 01.05. u. des Bürgermeisters vom 02.05.1934 (ebenda Nr. 313).

von den nicht-sozialistischen Parteien und Verbänden ignoriert worden, so wurde er nun, nachdem die Reichsregierung ihn im Vorjahr zum Tag der Deutschen Arbeit erklärt hatte, zu einer Demonstration des Rückgliederungswillens genutzt.[178]
Köllerbach, Kundgebung der Ortsgruppe der Deutschen Gewerkschaftsfront, etwa 100 Personen. Infolge der Abwesenheit der Ortsgruppenleiter der DF und der Deutschen Gewerkschaftsfront war eine ausreichende Propaganda für diesen Abend unterblieben.[179]
Püttlingen, Volkshaus, antifaschistische Kundgebung, etwa 40 Personen.[180]
- 06.05. Püttlingen, Volkshaus, Versammlung der SPD, Redner M. Braun, ca. 150 Teilnehmer, fast nur Leute aus Völklingen und dem Köllertal, nur wenige aus Püttlingen.[181]
- 20./21.05. Püttlingen, Saal der Witwe Papst, Stahlhelm-Ortsgruppe, rund 600 Personen, darunter ca. 150 Frauen.[182]
- 10.06. Die vorgesehene Veranstaltung mit Max Braun im Volkshaus Püttlingen fand nicht statt, er war zwar gekommen, fuhr aber nach kurzem Aufenthalt wieder zurück.[183]
- 10.06. Püttlingen, Kundgebung der SWV unter Beteiligung der Arbeitsgemeinschaft zur Wahrung saarländischer Interessen in der umzäunten Festanlage der Grube Viktoria im Espenwald, Leiter: Gewerkschaftssekretär Jakob Schackmann, Püttlingen. Redakteur Weber aus Saarbrücken referierte über wirtschaftliche Perspektiven. Als Symbol der SWV wurde eine Saargebietsfahne auf dem höchsten Baum gehisst. Beendigung mit dem Ruf »Frei Saar«, anwesend etwa 350 Personen, darunter etwa 150 Frauen und Kinder.[184]

---

178 Berichte des Oberlandjägers Schwarz II vom 01.05. und des Bürgermeisters vom 02.05.1934 (ebenda Nr. 313).
179 Meldung des Bürgermeisters von Riegelsberg an den Landrat vom 02.05.1934 (ebenda Nr. 313).
180 Berichte des Oberlandjägers Schwarz II vom 01.05. u. des Bürgermeisters vom 02.05.1934 (ebenda Nr. 313).
181 Bericht des Bürgermeisters vom 07.05.1934 (ebenda Nr. 996).
182 LA SB LRA SB Nr. 314.
183 Meldung von Landjäger Keller II vom 10.06.1934 (ebenda Nr 314).
184 Bericht von Landjäger Schwarz II vom 10.06.1934 (ebenda Nr. 314), besonderer Bericht des Landjägers Seibert über Stichverletzung (ebenda Nr. 328, S. 192f.). Ein Gestapobericht vom 29.06.1934 spricht von ca. 800 Besuchern (Lempert, Saarland, S. 363).

- 23.06. Püttlingen, Jungenwald, Sonnwendfeier veranstaltet vom Turnverein unter Mitwirkung von Ortsvereinen, genannt werden Jugendorchester Püttlingen, Massenchor der Püttlinger Gesangvereine, Sprechchor der HJ, Sprechchor der Sturmschar St. Sebastian, Festredner: Kaplan Raskop, St. Sebastian, Abschluss mit Deutschlandlied und Horst-Wessel-Lied. Gegenüber der Feier im Vorjahr hatte die *diesjährige Veranstaltung riesige Ausmaße angenommen*, über 2.000 Männer, Frauen und Kinder.[185]
- 24.06. Püttlingen, vormittags Platzkonzert vor dem Rathaus unter Mitwirkung des Jugendorchesters Püttlingen und des Massenchores der hiesigen Gesangvereine, die rund 300 anwesenden Personen sangen abschließend Deutschland-Lied, Horst-Wessel-Lied und Saarlied.[186]
- 24.06. Kölln, Wirtschaft Peter Altmeyer, *Kreisappell* der Stahlhelm-Ortsgruppe Köllerbach, verbunden mit Fahnenweihe, Redner: Landesführer Altenburg aus Saarbrücken, etwa 800 Personen, darunter Mitglieder der Ortsgruppen aus der Umgegend. Landjäger Stöhr notierte: *keine politischen Reden.*[187]
- 29.06. Kölln, Wirtschaft August Altmeyer, DF-Ortsgruppe Köllerbach, Leiter: Alois Altmeyer, Engelfangen, Redner: Dr. Schieder, Saarbrücken, zum Thema »Zweck und Ziel der Deutschen Front«, 300 Teilnehmer, darunter 50 Frauen.[188]
- 09.07. Ritterstraße, Saal Trenz, DF-Versammlung, Vorsitzender Leo Altmeyer, Redner: Fromm aus Dudweiler, ca. 200 Teilnehmer, 2/3 Männer, 1/3 Frauen.[189]
- 12.07. Püttlingen, Volkshaus, Kampfgemeinschaft deutscher Freiheitssänger im Saargebiet, Ortsgruppe Püttlingen, 200 Personen, davon mindestens 170 Frauen und Kinder, mehrheitlich aus Altenkessel und Rockershausen, aus Püttlingen nur ca. 20 Personen, meist Emigranten, Leitung: Komponist P. Arma.[190]
- 15.07. Püttlingen, Beisetzung von Heinrich Grün, verstorben in einem FAD-Lager, Mitglied des Stahlhelm, Zug vom Trauerhaus in

---

185 Bericht von Oberlandjäger Schwarz II vom 24.06.1934 (ebenda Nr. 314).
186 Dito.
187 Bericht vom 24.06.1934 (ebenda Nr. 314).
188 Bericht des Oberlandjägers Six I vom 29.06.1934 (ebenda Nr. 314).
189 Bericht von Landjäger Seibert vom 10.07.1934 (ebenda Nr. 314).
190 Arbeiterzeitung vom 10.07.1934 und Bericht (ebenda Nr. 315).

der Sprengerstraße zum Friedhof mit zwei Musikkapellen, einem Trommlerkorps, 7 Fahnen des Bundes der Frontsoldaten, 6 Hakenkreuzfahnen, 6 weiteren Fahnen sowie mehreren Wimpeln, Ansprache des Führers des FAD-Lager Gießen, Kranzniederlegung am Grab, Horst-Wessel-Lied.[191]
- 22.07. Püttlingen, Marsch des kath. Bergmannsvereins St. Barbara und der kath. Arbeitervereine der Pfarreien Liebfrauen und St. Sebastian unter Vorantritt eines Trommlerkorps und eines Blasorchesters nach Völklingen zur Teilnahme an dem 75-jährigen Stiftungsfest des St. Barbara-Vereins Völklingen, voraussichtliche Teilnehmerzahl 300 Mann.[192]
- 22.07. Püttlingen, Volkshaus, Versammlung der Einheitsfront, Agitationsbezirk Völklingen mit Max Braun und Fritz Pfordt.[193]
- 23.07. Püttlingen, Kaiserhof, geschlossene Versammlung der DF-Ortsgruppe, Leiter: Schreinermeister Josef Weber, Püttlingen, Referent Dr. Savelkouls und Kreisleiter Welter, Saarbrücken, zum Thema Volksabstimmung, 900 Personen, davon rund 300 Frauen. *Da der Saaleingang mit dicken Plüschvorhängen versehen ist, war die Rede nach außen nicht vernehmbar.*[194]
- 23.07. Püttlingen, Bürgerhalle, geschlossene Versammlung der DF-Ortsgruppe Püttlingen, Leiter: Bauunternehmer Emil Weber, Püttlingen, Referenten: Savelkouls und Scherer, beide Saarbrücken, Lehrer Schneider, Püttlingen, anwesend ca. 800 Personen, davon 200 Frauen. Personen ohne Mitgliedskarten wurden am Saaleingang zurückgewiesen.[195]
- 30.07. Kölln, Wirtschaft Peter Altmeyer, DF-Ortsgruppe Köllerbach, Einberufer: Fritz Michler, Herchenbach, Leiter: Alois Jungmann, Sellerbach, Redner: Pfarrer Wilhelm, Wehrden, und Kreisleiter Welter, Thema »Wesen und Ziele der Deutschen Front«, ca. 1.000 Teilnehmer davon 200 Frauen.[196]
- 05.08. Püttlingen, Marsch des Ortskartells der Freien Gewerkschaften unter Führung des Vorsitzenden Thomas Blank nach

---

191 Bericht von Oberlandjäger Schwarz II vom 15.07.1934 (ebenda Nr. 315).
192 Antrag auf Genehmigung vom 09.07.1934 (ebenda Nr. 315).
193 Angekündigt in Arbeiterzeitung vom 18.07.1934.
194 Bericht von Landjäger Blum vom 24.07.1934 (ebenda Nr. 315).
195 Bericht Oberlandjäger Schwarz II vom 24.07.1934 (ebenda Nr. 315).
196 Bericht von Landjäger Stöhr vom 30.07.1934 (ebenda Nr. 315, S. 298).

Völklingen zwecks Teilnahme an dem dort stattfindenden Arbeitersportfest, die Teilnehmer (110 Männer, 50 Frauen, 69 schulpflichtige Kinder) setzten sich zusammen aus dem BAV, dem Freien Wassersportverein Püttlingen, dem Touristenverein Naturfreunde, dem Gesangverein Freiheit, der SP und KP sowie aus Leuten aus anderen Ortschaften des Köllertales und einer Anzahl von in Püttlingen wohnenden politischen Flüchtlingen. Aus dem Zug heraus erschallten Rufe »*Nieder mit Hitler*«, »*Rot Front*«, »*Frei Heil*«. Der berichtende Beamte sah in den Rufen eine Provokation, die geeignet sei, die Ruhe und Ordnung zu gefährden.[197]

- 06.08. Püttlingen, Kranzniederlegung am Kriegerdenkmal durch den HJ-Führer Christoph Koch anlässlich der Beisetzung des Reichspräsidenten Paul von Hindenburg (gest. 02.08.1934), bewusst ohne Ansprache und mit geringem Gefolge (50-60 Personen).[198]
- 19.08. Püttlingen, Festzug des Schützenvereins »Kernschuss« anlässlich des Schützenfestes, vom Turnerheim in der Weiherbachstraße durch die Marktstraße zum Gefallenendenkmal vor dem Rathaus, dort Kranzniederlegung. Mit Ansprache von Peter Gehl, Mitglied des ausrichtenden Vereins, durch die Marktstraße zum Festplatz hinter der Wirtschaft Kaiserhof, wo der Landesschützenführer Heinz Weber die Standartenweihe vornahm, Teilnehmer ca. 250 Personen aus den Schützenvereinen Saarbrücken, Sellerbach, Heusweiler, Hilschbach, Numborn, Mangelhausen, Lebach, z.T. in Schützentracht.[199]
- 09.09 Püttlingen, Volkshaus, Versammlung der Frauen der antifaschistischen Einheitsfront, Einberuferin: Ehefrau Johann Quinten, Leiter: Thomas Blank, Rednerinnen: Luise Schiffgens (SP) und Lilli Hermann, Mitglied der KP-Fraktion im Landesrat, Thema »Nie zu Hitler«, anwesend 180 Personen, darunter 90 Männer.[200]
- 10.09. Sellerbach, Wirtschaft Johann Himbert, geschlossene Versammlung der DF-Sektion Sellerbach, Einberufer: Aloys Meyer,

---

197 Bericht von Oberlandjäger Schwarz II vom 06.08.1934 (ebenda Nr. 315, S. 335f. u. 360), Ankündigung und Bericht.
198 Meldung von Oberlandjäger Birkelbach vom 07.08.1934 (ebenda Nr. 327, S. 103f.).
199 Bericht von Oberlandjäger Schwarz II vom 20.08.1934 (ebenda Nr. 315).
200 Bericht von Landjägerinspektor Kliehs und Oberlandjäger Schwarz II vom 09.09.1934 (ebenda Nr. 315).

Redner: August Blass, beide Sellerbach, anwesend 180 Personen, davon 50 Frauen.[201]
- 13.09. Püttlingen, Kaiserhof, geschlossene Versammlung der DF-Frauenschaft, Ortsgruppe Püttlingen mit Kontrolle der Mitgliedskarten, Einberuferin und Leiterin Frau Ludwig Kunkel, Rednerin: Landesleiterin Hauser, Heusweiler, Thema «Rückgliederung», ca. 1.100 Frauen.[202]
- 16.09. Ritterstraße, Wirtschaft Trenz, Versammlung der DF-Ortsgruppe Ritterstraße, Leiter der Versammlung und der Ortsgruppe: Bezirksvorsteher Hubertus, Redner: Dr. Christmann, Heusweiler, ca. 200 Teilnehmer.[203]
- 17.09. Püttlingen, geschlossener Kirchgang des Bergmannsvereins St. Barbara angeführt von einem Trommlerkorps und einem Blasorchester anlässlich des 82-jährigen Stiftungsfestes. Von der Pfarrkirche Liebfrauen durch die Markt-, Völklinger- und Steinkreuzstraße nach der Kirche St. Sebastian, von dort durch die Derlerstraße zum Vereinslokal Gasthaus Pabst Ecke Derler- und Völklingerstraße, etwa 700-800 Teilnehmer wurden erwartet.[204]
- 23.09. Kölln, Wirtschaft Josef Raber, geschlossene Versammlung der Ortsbauernschaft Köllerbach, Einberufer und Leiter Josef Himbert, Redner Diplomlandwirt Kessler, Saarbrücken, Thema «Bedeutung der Bauernschaft für den ständigen (!) Aufbau unseres Volkes», 55 Teilnehmer.[205]
- 24.09. Püttlingen, Kaiserhof, geschlossene Versammlung der DF-Ortsgruppe Püttlingen, Redner: Pfarrer Wilhelm, Wehrden, Themen «Abtrennung und Ausbeutung des Saargebiets, Katholizismus und Volksabstimmung», 1.400 Teilnehmer, darunter 600 Frauen.[206]
- 29./30.09. Püttlingen, Erntefest der landwirtschaftlichen Lokalabteilung in Verbindung mit der landwirtschaftlichen Ein- und Verkaufsgenossenschaft und anderen landwirtschaftlichen Organisationen mit Platzkonzert, Choralblasen, Kirchgang, Umzug, Erntedankfeier

---

201 Bericht von Oberlandjäger Six I vom 10.09.1934 (ebenda Nr. 315, S. 576).
202 Bericht von Landjäger Keller II vom 14.09.1934 (ebenda Nr. 315).
203 Bericht von Landjäger Lang vom 17.09.1934 (ebenda Nr. 315).
204 Antrag auf Genehmigung von Pfarrer Schommer als Vereinsvorsitzender vom 04.09.1934 (ebenda Nr. 315).
205 Bericht von Oberlandjäger Six I vom 25.09.1939 (ebenda Nr. 315, S. 664).
206 Bericht von Oberlandjäger Birkelbach vom 25.09.1934 (ebenda Nr. 315).

und Familienabenden, Festredner: Lehrer Johann Schneider, Püttlingen,[207] geschätzte Teilnehmerzahl 20 Wagen, 2 Gruppen, Mitwirkung der HJ und katholischer Jugendvereine und Kirchenchöre, Abschluss mit Deutschland- und Horst-Wessel-Lied.[208]
- 30.09. Ritterstraße, Erntedankfest der Landwirtschaftlichen Lokalabteilung, Dankgottesdienst und Historischer Festzug.[209]
- 30.09. Josefa-Schacht, Großkundgebung des Arbeitersängerbundes.[210]
- 03.10. Geschlossene Veranstaltungen der DF in Püttlingen: in der Bürgerhalle Leiter der DF-Ortsgruppe Josef Weber, in Wirtschaft Jakob Mathieu, Völklingerstraße, Leiter Lehrer Contier, in der Turnhalle Weiherbachstraße, Leiter Lehrer Schneider, im Kaisersaal, Marktstraße, Lehrer Grünwald, in der Wirtschaft Johann Krahs Espenstraße Konrektor Hör. Alle Veranstaltungen bezogen sich auf die Erklärungen des französischen Außenministers Barthou, insgesamt rund 1.800 Personen.[211]
- 07.10. Kölln, Saal August Altmeyer Deutsche Gewerkschaftsfront, Einberufer: Wilhelm Müller, Engelfangen, Redner: Alois Lenhard, Saarbrücken, über Aufgabe, Zweck und Ziele der DF, 600 Personen, davon 120 Frauen.[212]
- 07.10. Ritterstraße, Wirtschaft Christian Strauss, DF, Einberufer und Leiter: Peter Hubertus, Redner: Jakob Jung aus Sulzbach, Führer der DF-Fraktion im Saarbrücker Kreistag, (später von Mai 1938 bis Kriegsende Amtsbürgermeister in Püttlingen) »Geschichte des Saargebiets und Folgen wirtschaftlicher Bedeutung bei eventuellem Eintreten des Status quo«, ca. 300 Personen, davon rund 100 Frauen, Mitwirkung des Kirchenchores Ritterstraße, Abschluss mit Saarlied und Deutschlandlied.[213]

---

207 Antrag auf Genehmigung vom 18.09. 1934 mit beiliegendem Programm (ebenda Nr. 315).
208 Bericht von Oberlandjäger Schwarz II vom 03.10.1934 (ebenda Nr. 316, S. 13f.).
209 Antrag auf Genehmigung vom 21.09.1934 mit beiliegendem Programm (ebenda).
210 Michalik, S. 290.
211 Bericht von Oberlandjäger Schwarz II vom 03.10.1934 (LA SB LRA SB Nr. 316, S. 15).
212 Bericht von Oberlandjäger Six I vom 07.10.1934 (ebenda Nr. 316, S. 56).
213 Bericht vom 07.10.1934 (ebenda Nr. 316, S. 70).

- 13.10. Püttlingen, Volkshaus, Konferenz der Einheitsfront, Teilnehmer waren die Mitglieder des Einheitskomités und die *antifaschistischen Wahlhelfer.*[214]
- 14.10. Bestattung von Berta Faust, geb. Kattler, in Köllerbach unter Beteiligung auswärtiger SPD-Ortsgruppen, ca. 500 Personen. [215]
- 15.10. Kölln, Saal August Altmeyer, Ortsgruppe der DF-Frauenschaft, Einberufer DF-Ortsgruppenleiter Michler, Leiterin: Klara Feld, Kölln, Redner: Kreisleiter Welter, Saarbrücken, Thema: Winterhilfswerk und Abstimmung, 800 Frauen.[215]
- 22.10. Die Ortsgruppe Püttlingen der Internationalen Arbeiterhilfe beabsichtigte im Volkshaus die beiden Filme »Das Ende von St. Petersburg« und »100.000 in Sulzbach« zu zeigen. Da eine Zulassung der Filme durch die Filmprüfstelle nicht vorlag, wurde die Aufführung verboten, die 50-60 Teilnehmer verließen das Volkshaus.
- 26.10. Püttlingen, Kaiserhof, geschlossene Versammlung der DF-Frauenschaftsortsgruppe, Einberufer: Josef Weber, Leiterin: Ehefrau Ludwig Kunkel, Püttlingen, Redner: Kreisleiter Welter zum Thema »Volksaufbau des deutschen Staates«, ca. 1.000 Teilnehmerinnen.[217]
- 27.10. Püttlingen, Turnerheim, Elternabend der Ortsgruppe Püttlingen des Deutschen Jungvolks, wozu die Mitglieder der DF eingeladen waren. *Die Veranstaltung hatte rein familiären Charakter und bestand aus gesanglichen, theatralischen und musikalischen Darbietungen.*
- 28.10. Püttlingen, Volkshaus, geschlossene Versammlung der Einheitsfront, Leiter: Richard Dörr (KP), Redner: ein katholischer Geistlicher, der aus München gewesen sein soll, August Hey, Richard Pfaff, Fritz Pfordt, Max Braun, Mitwirkung des Dichters Erich Weinert, 300 Personen, davon 100 Frauen und 150 auswärtige Teilnehmer.[218] Die Arbeiterzeitung berichtete am 03.11.: *Das Volkshaus vermochte die Massen kaum zu fassen. Die Massen un-*

---

214 Arbeiterzeitung.
215 Vgl. S. 268.
216 Bericht von (ebenda Nr. 316, S. 116).
217 Wochenbericht des Bürgermeisters vom 29.10.1934 (ebenda Nr. 997).
218 Bericht von Oberlandjäger Schwarz II vom 29.10.1934 (ebenda Nr. 316, S. 257f.).

terbrachen immer wieder die Redner mit stürmischen Beifallskundgebungen.[219]
- 28.10. Kölln, Saal Theodor Schneider, Fahnenweihe des Kriegervereins Köllerbach.[220]
- 29.10. Kölln, Saal Altmeyer, Bunter Abend des Verbandes der deutschen Rundfunkteilnehmer an der Saar, Einberufer und Leiter: Karl Volkmann, Engelfangen, Musikvorträge, gesangliche und humoristische Darbietungen, rund 1.000 Teilnehmer.[221]
- 29.10. Püttlingen, je eine geschlossene Veranstaltung der DF, Einberufer Josef Weber,
  im Kaiserhof, Leiter: DF-Propagandaleiter Hör, Redner: Landesgeschäftsführer Schaub, Neunkirchen, zum Abstimmungskampf, rund 1.000 Personen, darunter ca. 360 Frauen
  in der Bürgerhalle, Redner Landespropagandaleiter Paul Theissen, Mitwirkende: Jugendorchester Püttlingen und Kirchenchor St. Sebastian, rund 1.000 Teilnehmer, darunter 300 Frauen.[222]
- 30.10. Kölln, Saal Altmeyer, geschlossene Versammlung der DF, Leiter: Ernst Geiß, Redner: Hofmann, Arbeiter der Sprengstoffwerke Saarwellingen, zum Thema: Saargebiet – jetzt und nach der Rückgliederung, Abschluss mit Deutschland- und Horst-Wessel-Lied, ca. 700 Personen, darunter 200 Frauen.[223]
- 04.11. Kölln, Saal August Altmeyer, geschlossene Versammlung der Einheitsfront, Einberufer Jakob Faust, Ortsgruppenvorsitzender der Einheitsfront in Engelfangen, Hauptredner: Max Braun und Fritz Pfordt, weitere Referenten Hugo Brück aus Völklingen und Fritz Bäsel, musikalische Umrahmung durch Trommler- und Fanfarenkorps des Freien Gewerkschaftskartells,[224] Teilnehmer 550-600 Personen, darunter ca. 200 Frauen, nach Ansicht des Bürgermeisters in

---

219 Wochenbericht des Oberlandjägers Schwarz II vom 29.10.1934 u. des Bürgermeisters vom 05.11.1934 (ebenda Nr. 997), Ankündigung und Bericht in Arbeiterzeitung vom 12. u. 30.10.1934.
220 Wochenbericht des Oberlandjägers Steinmetz vom 29.10.1934 u. des Bürgermeisters vom 05.11.1934 (ebenda Nr. 997).
221 Bericht in LA SB LRA SB Nr. 316, S. 256.
222 Ebenda, S. 263-270.
223 Bericht von Oberlandjäger Six I vom 30.10.1934 (LA SB LRA SB Nr. 316, S. 271).
224 Bericht in Volksstimme vom 09.11.1934.

der Hauptsache Leute aus der nahen und weiteren Umgebung von Köllerbach.
- 04.11. Engelfangen, Saal Georg Kunz, *Deutscher Kulturabend* der DF-Sektion Engelfangen, Einberufer: Joachim Jost, DF-Sektionsleiter, Redner: Kreispropagandaleiter Dr. Schiefer, 600 Personen, der Saal musste wegen Überfüllung geschlossen werden.[225]
- 04.11. Ritterstraße, Wirtschaft Baldes, Versammlung der Ortsgruppe des Christlichen Bergarbeiterverbandes, Redner Peter Michely aus Sulzbach, etwa 30 Teilnehmer.[226]
- 11.11. Köllerbach, Festzug mit ca. 800 Teilnehmern zur Einweihung des Kriegerdenkmals im alten Köllner Friedhof an der Bahnhofstraße, Festredner: Peter Baltes, Vorsitzender der Deutschen Kriegsopferversorgung im Saargebiet und Mitglied der DF-Fraktion des Landesrates. Um 20 Uhr Fortsetzung der Feier im Saal August Altmeyer, Kölln, weitere Redner: Pfarrer Hennes, Pfarrer Rug, Johann Jungmann, Ortsvorsitzender von DKOV, Fritz Michler DF-Ortsgruppenleiter, *erhebender Verlauf*, Theaterstück »Die Mutter, Heldin des Weltkrieges«, dazu Musik- und Gesangvorträge des *Massenchors*, Abschluss mit Deutschland- und Horst-Wessel-Lied.[227]
- 11.11. Ritterstraße, Wirtschaft Wilhelm Trenz, Familienabend des B.d.F.-Gruppe Ritterstraße, Veranstaltung hatte *rein familären und unpolitischen Charakter.*[228]
- 12.11. Püttlingen, Filmabend der Einheitsfront, bei dem die Filme »Kundgebung in Sulzbach« und »Schatten der Manege« vorgeführt wurden, etwa 80 Personen.
- 12.11. Püttlingen, Veranstaltung der kulturellen Arbeitsgemeinschaft der DF, Vortrag über die *Geschichte der Saarheimat*, dazu gesangliche und musikalische Darbietungen durch den Gesangverein

---

225 Bericht von Landjäger Stöhr vom 04.11.1934 (LA SB LRA SB Nr. 316, S. 319) und Wochenbericht des Bürgermeisters von Riegelsberg vom 05.11.1934 (ebenda Nr. 997).
226 Wochenbericht des Bürgermeisters von Püttlingen vom 05.11.1934 (ebenda Nr. 997).
227 Bericht der Landjäger Six I und Stöhr vom 11.11.1934 (ebenda Nr. 316, S. 387f.), Wochenbericht des Bürgermeisters von Riegelsberg vom 12.11. 1934 (ebenda Nr. 997), Kühn, Nationalsozialismus im Köllertal, S. 31.
228 Wochenbericht von Oberlandjäger Schwarz II vom 12.11.1934 (ebenda Nr. 997), Neue Saarpost vom 22.11.1934.

Fidelio und die Feuerwehrkapelle Püttlingen. Im Bericht wurde auf den *unpolitischen Charakter* der Veranstaltung hingewiesen.
- 18.11. Püttlingen, Einweihung des Sportplatzes des Fußball-Vereins »Blau-weiß-schwarz«, Einberufer: Peter Bettendorf, Vereinsvorsitzender. Anschließend zogen einheimische und auswärtige Gruppen der Freien Arbeiterverbände, 35 Musiker und etwa 400 Personen, darunter etwa 100 Frauen, weiterhin 300 Auswärtige zu einer Veranstaltung der Einheitsfront ins Volkshaus, dort sprachen Rechtsanwalt Eduard Lehmann, Saarbrücken, Heinrich Sommer und Pater Dörr.[229]
- 18.11. Püttlingen, Bürgerhalle, Ortsgruppe des Bunds der Frontsoldaten, Vorführung des Films »Tannenberg« in zwei Vorstellungen für Kinder und Erwachsene.[230]
- 18.11. Engelfangen, Saal Kunz, Mitgliederversammlung des Gesamtverbandes deutscher Arbeitnehmer an der Saar, Einberufer: Ortsgruppenleiter Johann Spaniol, Engelfangen, 100 Teilnehmer.[231]
- 18.11. Saal Altmeyer, Werbeabend des vaterländischen DRK-Frauenvereins-Ortsgruppe Köllerbach, Redner Dr. Kalefeld, Saarbrücken, und Frau von Vopelius, rund 1.000 Teilnehmer.[232]
- 19.11. Kölln, Saal Raber, geschlossene Versammlung der DF-Ortsgruppe Köllerbach, Einberufer Anton Kiefer, Sellerbach, Redner: Kurt Seidel, Saarbrücken, rund 600 Teilnehmer.[233]
- 21.11. Kölln, Saal August Altmeyer, Versammlung des Christlichen Bergarbeiterverbandes, Einberufer und Leiter Ignaz Martin, Engelfangen, Redner Bezirksleiter Andreas Klahn, Saarbrücken, 300 Teilnehmer.[234]
- 24.11. Engelfangen, Saal Erich Dörr, geschlossene Versammlung der

---

229 Bericht von Landjäger Schwarz II vom 18.11.1934 (LA SB LRA SB Nr. 316, S. 488) u. Wochenbericht des Bürgermeisters vom 19.11.1934 (ebenda Nr. 997).
230 Wochenbericht des Oberlandjägers Schwarz II vom 19.11.1934 (ebenda Nr. 997).
231 Bericht von Landjäger Stöhr vom 18.11.1934 (LA SB LRA SB Nr. 316, S. 476).
232 Wochenbericht des Oberlandjägers Schwarz III vom 18.11.1934 (ebenda Nr. 997).
233 Bericht von Landjäger Stöhr vom 19.11.1934 (ebenda Nr. 316, S. 507).
234 Bericht von Landjäger Six I vom 21.11.1934 (ebenda Nr. 316, S. 531).

DF-Ortsgruppe Sellerbach, Einberufer und Redner Alois Meyer, 150 Teilnehmer, darunter ca. 50 Frauen.[235]
- 24.11 Kölln, Saal Altmeyer, Christlicher Metallarbeiterverband, 300 Teilnehmer.[236]
- 25.11 Püttlingen, Volkshaus, Werbe- und Elternabend der *roten Einheitsjungfront*, Ortsgruppe Püttlingen, Redner Fritz Nikolay über das Thema »Ein Jahr in der Mörderhölle Dachau«, und Heinrich Krächan, ehemaliger HJ-Scharführer und FAD-Mitglied aus Wemmetsweiler, umrahmt von Liedern und Rezitationen *mit politischem Einschlag*, 200-220 Personen, einschließlich Frauen und Kinder.[237]
- 26.11. Ritterstraße, Frauenabend der Frauenschaft der DF.
- 26.11. Kölln, Saal Josef Raber, Filmabend der DF-Sektion Rittenhofen, Aufführung des Films »Der Rebell«.
- 28.11. Kölln, Saal August Altmeyer, Filmabend des Kriegervereins Köllerbach, 300 Teilnehmer.
- 29.11. Kölln, Saal Josef Raber, geschlossene Versammlung der Deutschen Bauernschaft, Ortsgruppe Köllerbach, Einberufer: Josef Himbert, Köllerbach, Redner Kreisbauernführer Baller, Saarbrücken zu den Themen Reichserbhofgesetz, Reichsnährstandsgesetz, 200 Teilnehmer.[238]
- 30.11. Kölln, Saal Josef Raber, streng geschlossene Amtswaltertagung der DF, Einberufer: Friedrich Michler, Herchenbach, Redner Kreisleiter Welter. Besprochen wurde die Tätigkeit der Amtswalter während der Abstimmungsperiode, rund 600 Teilnehmer, etwa zur Hälfte Frauen.[239]
- 02.12. Engelfangen, Saal Georg Kunz, Filmabend der DF-Sektion Engelfangen, 500 Teilnehmer.[240]
- 02.12. Püttlingen, Turnerheim, Kundgebung der Deutschen Gewerkschaftsfront, Ortsgruppe Püttlingen, Gewerkschaftssekretär

---

235 Bericht von Landjäger Stöhr vom 24.11.1934 (LA SB LRA SB Nr. 316, S. 553).
236 Wochenbericht des Oberlandjägers Schwarz III vom 26.11.1934 (ebenda Nr. 997).
237 Wochenbericht des Oberlandjägers Schwarz II vom 26.11.1934 (ebenda Nr. 997), Bericht in Arbeiterzeitung vom 25./26.11.1934.
238 Bericht von Landjäger Stöhr vom 29.11.1934 (ebenda Nr. 316, S. 619).
239 Bericht von Landjäger Six I vom 30.11.1934 (ebenda Nr. 316, S. 632).
240 Wochenbericht von Oberlandjäger Schwarz III vom 03.12.1934 (ebenda Nr. 997).

Hillebrand sprach über Ziel und Aufbau der Deutschen Gewerkschaftsfront sowie über die Vorteile der Arbeiterschaft nach erfolgter Rückgliederung, etwa 350 Teilnehmer. [241]
- 03.12. Kölln, Saal Josef Raber, Kundgebung der Frauenschaft der DF-Ortsgruppe Köllerbach, Einberuferin und Leiterin: Klara Feld, Kölln, 600 Teilnehmerinnen.[242]
- 03.12. Püttlingen, Volkshaus, Filmabend der Naturfreunde.[243]
- 03.12. Ritterstraße, Wirtschaft Wilhelm Trenz, Versammlung der DF, Redner: der frühere Kommunist Ulrich aus Ludweiler zum Thema »Zurück zum Reich«, 350 Personen, darunter ein Drittel Frauen.[244]
- 04.12. Püttlingen, Kaiserhof, Veranstaltung der DF, Redner: Dr. Schiefer, Saarbrücken, etwa 1.100 Teilnehmer, davon 300 Frauen. Püttlingen, Bürgerhalle, Veranstaltung der DF, Einberufer und Leiter: Buchdrucker Alois Balzert, Püttlingen, Redner: Schmitt, Saarbrücken, 800 Personen, darunter 200 Frauen.[245]
- 05.12. Etzenhofen, Wirtschaft Eduard Krauß, Sektionsversammlung der DF, 150 Teilnehmer.
- 08.12. Ritterstraße, Wirtschaft Arnold Zeitz, Familienabend des Gesamtverbandes Deutscher Arbeitnehmer an der Saar, Ortsgruppe Ritterstraße, Redner: Verbandskreiswalter Banf, Völklingen, über Ziel und Aufbau der Deutschen Gewerkschaftsfront, umrahmt von gesanglichen, theatralischen und musikalischem Darbietungen, 250 Teilnehmer.[246]
- 09.12. Püttlingen, Wirtschaft Jakob Mathieu, vormals Eckle-Bos, Veranstaltung der DF, Redner: Philipp Reinhard, Ludweiler, 400 Personen, darunter etwa 100 Frauen.
- 09.12. Püttlingen, Wirtschaft Johann Schmidt, Veranstaltung der DF, Redner: Ernst Becker, Ludweiler und Blum, Stadtverordneter, Saarbrücken, 250 Personen, darunter 50 Frauen.
- 09.12. Ritterstraße, Saal der Wirtschaft Christian Strauss »Deutsches

241 Wochenbericht von Oberlandjäger Schwarz II vom 03.12.1934 (ebenda Nr. 997).
242 Bericht von Landjäger Six I vom 03.12.1934 (ebenda Nr. 316, S. 669).
243 Wochenbericht des Bürgermeisters (ebenda Nr. 997).
244 Bericht von Landjäger Seibert vom 04.12.1934 (LA SB LRA SB Nr. 316, S. 672).
245 Bericht von Landjäger Birkelbach (LA SB LRA SB Nr. 316, S. 678).
246 Wochenbericht von Oberlandjäger Schwarz II vom 10.12.1934 (ebenda Nr. 997).

Haus«, durch die Abstimmungskommission beschlagnahmt für Veranstaltung der Einheitsfront, Einberufer und Leiter: Hermann Nickless, Ritterstrasse, Redner: Max Braun, Fritz Pfordt, Baumann/Altenkessel, Hock/Völklingen, von den etwa 260 Teilnehmern waren nur 20 Einheimische.[247]

- 09.12. Engelfangen, Saal Wilhelm Schmitt (heute Uhrmacherhaus), Versammlung der *Frauenschaft der Einheitsfront*, einberufen von Georg Becker und Jakob Faust als Vertreter der Einheitsfront in Engelfangen, Rednerinnen: Meta Modarscak und Lilli Hermann, Thema: Die Vorzüge des Staates von Weimar gegenüber dem Dritten Reich, 50 Teilnehmerinnen und 20 Auswärtige.[248]
- 09.12. Kölln, Saal Altmeyer, Kundgebung der DF-Ortsgruppe Köllerbach, Redner: Ulrich, Ludweiler, 600 Personen, darunter 250 Frauen.[249]
- 10.12. Kölln, Saal Altmeyer, Filmabend der kulturellen Arbeitsgemeinschaft der Ortsvereine, Einberufer und Leiter: Paul Altmeyer, Sellerbach, 600 Teilnehmer, darunter 300 Frauen[250].
- 12.12. Etzenhofen, Saal Krauß, Filmabend der DF-Sektion Etzenhofen mit Vorführung des Filmes »Die letzte Kompanie«, 300 Teilnehmer, darunter 100 Frauen.
- 16.12. Engelfangen, Saal Kunz, Familienabend des Gesamtverbandes deutscher Arbeitnehmer, Ortsgruppe Engelfangen, 300 Teilnehmer.[251]
- 17.12. Sellerbach, Saal Johann Himbert, Filmabend der DF-Ortsgruppe Sellerbach mit 500 Personen.[252]
- 29.12. Püttlingen, Lokal Geibel, Deutscher Volksbund, Redner: Heinrich Imbusch und Fritz Kuhnen.[253]

---

247 Wochenbericht von Oberlandjäger Schwarz II vom 10.12.1934 (ebenda Nr. 997).
248 Bericht von Landjäger Stöhr vom 09.12.1934 (ebenda Nr. 316, S. 762), Wochenbericht von Oberlandjäger Schwarz III vom 10.12.1934 (ebenda Nr. 997), die Schreibung des Namens der Rednerin variiert, auch *Wodarscak*.
249 Wochenbericht von Bürgermeister Ahrens vom 10.12.1934 (ebenda Nr. 997).
250 Bericht von Landjäger Six I vom 10.12.1934 (ebenda Nr. 316, S. 781).
251 Wochenbericht des Oberlandjägers Schwarz III vom 18.12.1934 (ebenda Nr. 998).
252 Wochenbericht von Oberlandjäger Schwarz II (ebenda Nr. 998).
253 Ankündigung in Neue Saarpost vom 22.12.1934.

1935
- 07.01. Püttlingen, Kaiserhof, Bürgerhalle, Turnerheim und Wirtschaft Johann Krahs, geschlossene Veranstaltungen der DF-Ortsgruppe, ca. 3.500 Teilnehmer.[254]
- 08.01 Sellerbach, Saal Theodor Schneider, DF, 450 Teilnehmer, darunter ca. 100 Frauen, Redner: Sarg, Scheidt.
- 08.01. Kölln, Saal August Altmeyer, DF, 400 Teilnehmer, darunter ca. 150 Frauen, Redner: Gewerkschaftssekretär Peter Schmitt.
- 08.01. Engelfangen, Saal Georg Kunz, DF, 500 Teilnehmer, darunter ca. 180 Frauen, Redner: Kreisleiter Welter und Gewerkschaftssekretär Peter Giehr.
- 08.01. Herchenbach, Saal Fritz Diehl, DF, 500 Teilnehmer, darunter 200 Frauen, Redner Dr. Passo, Völklingen.[255]

Versammlungen, Sprechabende, Kundgebungen

Die Modalitäten zur Durchführung von politischen Versammlungen und von allen öffentlichen Versammlungen unter freiem Himmel waren durch eine Verordnung der Regierungskommission vom 20.05.1932 geregelt. Sie mussten spätestens sechs Tage zuvor der Ortspolizeibehörde gemeldet werden unter Angabe, wer die Versammlung leitete, wer als Redner auftrat, wer den Raum zur Verfügung stellte, mit wie vielen Teilnehmern ungefähr zu rechnen war. Wer die Anmeldung unterließ, machte sich strafbar. Gemäß einer ergänzenden Verordnung vom 30.09. musste auch das vorgesehene Programm gemeldet werden. Nicht genehmigte Abweichungen vom Programm waren von den Polizeiorganen zu unterbinden, wenn sie den Charakter der Veranstaltung veränderten.[256] Im Sommer 1934 verordnete die Regierungskommission, dass zu den politischen Veranstaltungen nur Zutritt hatte, wer im Besitz einer Einladung oder einer Mitgliedskarte der veranstaltenden Organisation war. Kurz vor der Kundgebung vor Ort ausgegebene Einladungszettel galten nicht als Einladung im Sinne

---
254 Bericht des Landjägeramtes vom 14.01.1935 (ebenda Nr. 998).
255 Wochenbericht des Bürgermeisters Ahrens vom 14.01.1935 (ebenda Nr. 998).
256 Landrat Saarbrücken an Bürgermeister Püttlingen am 31.07.1934 (ebenda Nr. 315).

der Verordnung.[257] Die kommunistische »Arbeiterzeitung« betrachtete diese Verfügung als eine unerhörte Knebelungsmaßnahme.[258] Mag diese Verfügung auch gedacht gewesen sein, Streitereien zwischen politischen Gegner einzuschränken oder zu vermeiden, so verbaute sie doch die Möglichkeit, durch Versammlungen Einfluss auf all diejenigen zu nehmen, die in ihrer Entscheidung der Rückgliederungsfrage noch schwankten; denn wer nicht im Besitz einer Einladung oder einer Mitgliedskarte war, hatte ja keinen Zutritt.

Leitlinie der Versammlung der Deutschen Front war der Appell an die Gemeinsamkeit in Sprache, Kultur und Geschichte, je nach Redner verbunden mit einem mehr oder minder großen Maß von Anerkennung, auch Lob für Hitlers Politik der nationalen Erneuerung. Dem stellten die Gegner der Rückgliederung in ein NS-beherrschtes Deutsches Reich entgegen ihre Kritik an der Abschaffung der parlamentarisch-demokratischen Staatsform und der gewaltsamen Ausschaltung jeglicher Opposition. Viel wurde auf die persönliche Überzeugungskraft der Redner, ihr Auftreten, ihr rhetorisches Geschick und ihre Schlagfertigkeit in der Diskussion gesetzt.
Mitunter wurde der Schwerpunkt einer Veranstaltung auf Detailbereiche gelegt, z. B. auf wirtschaftliche oder kirchenpolitische Fragen. Die schlechte wirtschaftliche Lage wurde von fast allen Parteien, besonders aber von NSDAP und KP, der Regierungskommission, dann auch den *Mines Domaniales* angelastet. NS-Propagandaschriften enthielten Hinweise, dass bei der Reduzierung der Belegschaft wegen ihrer deutschen Gesinnung bekannte Bergleute benachteiligt worden seien.[259] Ähnlich äußerte sich Peter Kiefer bei einer Versammlung in Riegelsberg am 01.11.1934: die Steinbach-Schächte seien nur deshalb stillgestellt worden, weil die Belegschaft so prodeutsch gewesen sei.[260] Die Rückgliederungsgegner artikulierten ihre Befürchtungen einer starken Reduzierung des Warenvolumens im Handel zwischen Saargebiet und Frankreich und als daraus erwachsende Folge eine Zunahme der jetzt schon bestehenden Arbeitslosigkeit.
Ein zweiter großer Themenkomplex waren die Zustände im »Dritten

---

257 Weisung an Oberlandjäger Schwarz II vgl. seinen Bericht vom 09.09.1934.
258 Arbeiterzeitung vom 09./10.09.1934.
259 Verwaltungsbericht 1933/34, S. 5 (StadtA Pü).
260 LA SB LRA SB P-V 8.

Reich«, wobei oft Kirchenpolitik und *Terror* die Aufhänger waren. Die Redner der Deutschen Front bemühten sich, die Glaubwürdigkeit von Nachrichten über religions- oder kirchenfeindliche Tendenzen des Nationalsozialismus zu widerlegen oder mindestens herunterzuspielen. Dieses Thema war Schwerpunkt zweier Veranstaltungen in Püttlingen am 29.10.1934. Die diesbezüglichen Passagen aus den Landjägerberichten seien hier zitiert:
Paul Theisen kam in der Versammlung in der Bürgerhalle *sodann auf den gewesenen Kirchenstreit in Deutschland zu sprechen und führte aus, dass dies nur darauf zurückzuführen sei, dass die Geistlichkeit sich bisher in die politischen Angelegenheiten im Reich eingemischt hätte. Diese Missstände seien heute vollends zur Zufriedenheit der Geistlichkeit einerseits wie auch des Staates geregelt. Nach der Machtübernahme durch Adolf Hitler seien allein in Deutschland 2 000 000 Menschen zur Kirche zurückgekehrt. Dies sei ein Beweis, dass im neuen Reich die Religion geschützt und gefördert wird, da sie Grundlage für einen gesunden Staat bedeutet.*[261]
Peter Schaub, Funktionär der nationalsozialistischen Arbeitsgemeinschaft der Beamten im Saargebiet, versuchte am selben Tag in der Versammlung im Kaiserhof, Meldungen, wonach die Religion in Gefahr sei, zu widerlegen. *Redner.... erklärte, [Johannes] Hoffmann sei ein Mann der in der rechten Hand das Kreuz und in der linken Hand den Judas tragen würde. Hitler habe der Kirche den grössten Schutz gewährt und würde einen jeden streng bestrafen, der die Religion und Kirche angreift. Er habe Kirche und Staat getrennt. Der Geistliche habe nichts mit Politik zu tun und der Staat nichts mit Religion. Bei den früheren Gottlosendemonstrationen während der marxistischen Regierung habe Hoffmann und auch das Zentrum nicht geschrien, Religion sei in Gefahr. Hitler habe der Gottlosenbewegung ein Ende gemacht und der Kirche Friede und ihren Schutz gegeben und, erklärt er weiter, dass ein jeder der die Saarpost* [das von der katholischen Opposition herausgegebene Blatt »Neue Saarpost«] *beziehe ausser unsern Reihen stünde. Er forderte die Versammelten auf, bei Aushändigung eines solchen Schmierblattes dieselbe zu zerreisen, denn es sei eines Deutschen unwürdig ein solches Schmierblatt zu lesen, welches*

---

261 Bericht der Landjäger Schelkes und Keller II vom 29.10.1934 (LA SB LRA SB Nr. 316, S. 269f.).

durch seine Lügenmärchen das Deutsche Reich zu verunglimpfen suche. Schaub kam auch auf die Greuelmärchen über den herrschenden Terror in Deutschland zu sprechen. Er erklärte, dass in Deutschland nicht alles gut sei. Ein jeder müsse dort arbeiten, wer nicht arbeite, würde auch nicht unterstützt. Braun und Hoffmann würden Arbeit mit Terror verwechseln[...]. Er erklärte dass der deutsche Arbeiter vor und nach dem Kriege bis zum Regierungsantritt Hitlers ein Mensch 2. Klasse gewesen sei. Das sei heute verschwunden. Der Arbeiter sei gleich dem höchsten Beamten und Fabrikanten. Der Kastengeist sei begraben. Ein fleissiger Arbeiter habe so viele Rechte wie ein fleissiger Beamter und ein fauler Beamter habe nicht mehr Rechte wie ein fauler Arbeiter.[262]

Neben der Kundgebung mit vorrangig politischem Charakter wurde in Familienabenden und Volksfesten, wie z.B. Sonnwendfeiern, geschickt verpackt und wohl dosiert für das *neue Deutschland* geworben. In Predigten und Verlautbarungen kirchlicher Oberer, z.B. Hirtenbriefe, klang immer wieder die Pflicht der Liebe und Treue zum Vaterland an.

Beerdigungen verdienter Parteimitglieder, die damals meist mit dem Trauerzug vom Sterbehaus zur Kirche oder zum Friedhof begannen, nutzten DF und Einheitsfront gerne zur Manifestation ihrer politischen Maximen (vgl. S. 268, 306, 308, 316).
Die Veranstaltungen in Püttlingen hatten überwiegend lokalen Charakter, gelegentlich kamen Besucher aus dem zur selben Bürgermeisterei gehörigen Altenkessel, aus Völklingen oder aus Gemeinden im Köllertal, Veranstaltungen mit regionalem Einzugsbereich, wie z. B. ein »Weltsportarbeitertag« am 06.08.1933 in Sulzbach mit rund 2.400 Teilnehmern,[263] fanden hier nicht statt. Die Polizeiberichte lassen erkennen, dass in den letzten Wochen vor der Abstimmung gerade bei den Veranstaltungen der Rückgliederungsgegner die Zahl Auswärtiger anstieg. Dies kann damit erklärt werden, dass man am fremden

---

262 Bericht von Oberlandjäger Birkelbach vom 29.10.1934 (ebenda Nr. 316, S. 265ff.).
263 Bericht dazu in LA SB LRA SB Nr. 311.

Ort weniger schnell als in der Wohngemeinde erkannt wurde. Indirekt ergibt sich daraus die Befürchtung gegenseitiger Bespitzelung. Vordergründig unpolitische Veranstaltungen konnten durch das Umfeld zu einer Aussage zur Abstimmungsfrage genutzt werden. So veranstaltete der Handwerkerverein Püttlingen unter Mitwirkung der Handwerkerinnung Völklingen am 18.10.1933 einen *Werbeumzug mit etwa 300 Teilnehmern.* Den Hauptanteil stellte die Metzgerinnung mit etwa 80 Gesellen und Lehrlingen in ihrer Berufskleidung. Auch das Schreinerhandwerk war stark vertreten. Allein aus der Möbelfabrik Stein/Püttlingen waren rund 40 Mann gekommen. Weiter waren vertreten Bäcker, Konditoren, Schlosser, Schmiede, Zimmerer, Dachdecker, Schneider, Schuster, Klempner, Maurer, Gärtner und Buchbinder. Der Zug marschierte, angeführt von einer Kapelle, durch die Völklinger-, Markt-, Pickardstraße wieder zurück in die Völklingerstraße. Der zur Berichterstattun abgestellte Landjäger schreibt: *Die Veranstaltung wurde in keiner Weise zu politischen Zwecken missbraucht.* In dem Faktum, dass die *Ortsstrassen reichlich mit schwarz-weiss-roten Fahnen beflaggt* waren,[264] sah er keinen Ausdruck einer bestimmten politischen Gesinnung, sondern *ein sichtbares Gepräge der Verbundenheit zu der deutschen Heimat.*[265]

Kabarett und Theater

Etwas aus dem Rahmen der üblichen politischen Veranstaltungen mit Eröffnung und Begrüßung durch den Einberufer, zwei oder drei Referenten, Diskussion, Schlusswort und Lied fielen politische Kabarettabende oder Theateraufführungen. Diesen besonderen Programmtyp soll ein Polizeibericht über den Kabarettabend des Freien Gewerkschaftskartells im Püttlinger Volkshaus am 15.04.1934 veranschaulichen:[266]

1. Antikriegsszene mit Vorspiel
2. Dichtung: Verfluchter Krieg
3. Drei Minuten Gehör (Bildliche Darstellung eines Kriegerfried-

---

264 Bericht von Oberlandjäger Schwarz II vom 18.10.1933 (ebenda Nr. 312).
265 Bericht desselben vom 20.10. 1933 (ebenda Nr. 325, S. 263).
266 Oberlandjäger Birkelbach und Landjäger Blum berichteten am 15.04.1934 (LA SB LRA SB Nr. 313).

hofes mit auferstandenen Toten). Letztere richteten Fragen an die Jugend, welche 1914 in den Krieg zogen, Vater und Mutter zurück liessen und endete mit dem Ausruf »Nie wieder Krieg«.
4. Sprechchor : Toten klagen an.
5. Szene: Packt euch nicht alle das Grauen (Eine Erzählung vom Gaskrieg).
6. Das von der Regierung, Abteilung Polizeiwesen verbotene Gesangstück »Ach wär das schön im Dritten Reich« (Ach ist das schön im Dritten Reich, da kann man stechen, schiessen, schlagen, zurück zum Marmeladenreich), aufgeführt von 7 Personen.
7. Sprechbewegungschor: Arbeitslose.
8. Sprechbewegungschor: Das Krisenlied.
9. Das von der Regierung, Abteilung Polizeiwesen verbotene Stück »Doktorexamen im Dritten Reich« (Frage: Was bekommt derjenige, der sich beschwert, wenn er von einem Hitler überfallen und beraubt wird ? Antwort: 150 auf den Hintern, ins Gefängnis, ein Fusstritt und dann heisst es: auf der Flucht erschossen. Beide ärztliche Prüflinge erhielten für diese Antwort den Titel).
10. »Hinter Fensterscheiben« Sprechchor.
11. »Der Arbeitslose« Theaterstück.
12. »Der Lumpensammler« (von der Reg.Kommission verboten). Es wurde vorgeführt – ein Bild von Hitler, begleitet mit den Worten »Würde man Göring und Göbbels hängen, wäre es besser« – ein Messer mit Hakenkreuz und abgebrochener Spitze, vorgezeigt mit den Worten »Ich werde einmal einen Schutzbündler fragen, ob er die Spitze vielleicht im Rücken hat«. Weiter zeigte der Lumpensammler ein Korsett und bezeichnete dieses als die Justiz im Saargebiet (*scheppe Justiz*).
13. Gesangsvortrag der »Roten Rebellen« unter Leitung von Erich Becker.

Zwischen jedem Programmpunkt folgte ein Musikstück, durchweg wurden internationale Märsche und Musikstücke gespielt. Der technische Leiter bedankte sich hauptsächlich bei den beiden überwachenden Landjägerbeamten für ihre rege Aufmerksamkeit. Sie verstanden aber keinen Spaß und zeigten den erwerbslosen Erich Becker aus Püttlingen wegen Aufführens verbotener Theater- und Gesangstücke an.

Waltz ließ bei der Veranstaltung der Liga für Menschenrechte am 24.03.1934 im Püttlinger Volkshaus *Zeitbilder* oder *Zeitreportagen* einspielen. Der die Veranstaltung überwachende Landjäger beschreibt sie so: *Auf der Bühne an einem Tisch sitzt scheinbar ein Ehepaar. Der Mann liest aus einer Zeitung einen Abschnitt aus einer Rede des Reichsminister Göbels vor und freut sich sichtlich, dass nunmehr wieder Ruhe und Zucht in Deutschland herrsche. Die Jungens müssten wieder Soldat werden, so wie es früher gewesen sei, der Führer würde dies schon alles zum Besten erledigen. Es wurde sodann das Licht verlöscht und im Scheinwerferlicht erschien auf der Bühne ein grosses weisses Hakenkreuz mit einem Totenkopf und Waffen bemalt. Nachdem das Licht nochmals eingeschaltet war, las der Mann aus der Zeitung weiter, indem er zum Ausdruck brachte, dass die Reichsregierung grossmütig einige Hundert Häftlinge aus den Konzentrationslagern entlassen habe, die die Gewähr dafür bieten würden, dass sie nicht gegen den neuen Staat arbeiten würden. Nach Verlöschung des Lichtes erschienen nun im Scheinwerferlicht seitlich aus den Kulissen mehrere Personen, die mit verbundenen Gliedmaßen an Stöcken und Krücken über die Bühne humpelten. Nachdem das Licht nochmals brannte, las der Mann aus der Zeitung weiter über Frauenfragen im neuen Reich und führte aus, dass die Frau nur noch ins Haus gehöre und für die Familie da sei. Das Licht verlöschte und im Scheinwerferlicht sah man ein grosses Schild mit der Aufschrift »Eintopfgericht«. Seitlich am Boden kniete eine Frau, davor stand ein Mann in brauner Uniform ohne Schulterriemen. Die Mütze glich derjenigen eines Fremdenlegionärs in Kakiuniform. Deutlich war dies nicht zu erkennen. Auch waren an der Mütze keine Abzeichen. Der Mann in Uniform entfernte sich nun und lief die Frau ihm nach hinter die Kulissen. Das 4te Bild im Scheinwerferlicht waren zwei Personen mit vorbezeichneter Uniform, von denen die eine in der Hand einen grossen nachgebildeten Dolch, die andere eine schwere Reitpeitsche in der erhobenen Hand trug. Beide Personen senkten langsam die in ihrer Hand befindliche Waffe gegen ein am Boden liegendes Schild mit der Aufschrift »Saar«. Scheinbar sollte diese letzte Bild den angeblichen Terror der N.S.D.A.P. im Saargebiet dokumentieren......Der Leiter der Veranstaltung Waltz führte sodann noch aus, dass die Zeitbilder »Nachtspuk, Tot und Ausklang« nicht zur Aufführung gelangen könnten, da diese seitens der Reg.Kommission verboten worden seien. Auch seien die Ersatzzeitbilder »Kriegs-*

bilder«, die anstelle der »Feme« zur Aufführung gelangen sollte am heutigen Nachmittag von der Regierungskommission verboten worden.[267]

Musikalische Umrahmung

Versammlungen, Aufmärsche und Umzüge wurden umrahmt und begleitet von Gesang und Musik. Das gemeinsame Singen programmatisch aussagekräftiger Lieder sollte die politische Gesinnungsgemeinschaft ausdrücken und dem einzelnen das Gefühl des Eingebundenseins in ein Kollektiv Gleichgesinnter vermitteln.
Fester Bestandteil im Liedgut der Befürworter der Rückgliederung war das Deutschlandlied. Das Saarlied von Hans Maria Lux »Deutsch ist die Saar«[268] wird in den Polizeiberichten weniger oft erwähnt. Im Hinblick auf die Übernahme nationalsozialistischen Liedgutes durch die Bevölkerung ist das Horst-Wessel-Lied aussagekräftig, besonders dann, wenn es in nicht von der NSDAP organisierten Veranstaltungen angestimmt wurde. Als bisher früheste Belege für das Absingen in nicht-politischem Rahmen wurde mir eine Veranstaltung der Musikvereinigung Püttlingen am 06.08.1933,[269] und dann eine im November 1933 beim Püttlinger Fußballvereins 08 bekannt, vielleicht schon »halbpolitisch« bei Zusammenkünften der Kriegsopfer und des Stahlhelm um die Jahreswende 1933/34. Der Grad seiner Adaptation durch die Bevölkerung wurde eklatant bei der Püttlinger Sonnwendfeier am 23.06.1934, bei der auch die katholische Sturmschar St. Sebastian aktiv beteiligt war und Kaplan Raskop, St. Sebastian, die Festrede hielt. Am nächsten Tage ertönte das Horst-Wessel-Lied im Programm eines Konzerts des Massenchores der Püttlinger Gesangvereine und des Jugendorchesters vor dem Püttlinger Rathaus.[270]

---

267 Bericht von Oberlandjäger Schwarz II vom 24.05.1934 (ebenda Nr. 313).
268 Vgl. dazu Michalik, Hans-Ulrich, Untersuchungen zum Chorgesangswesen im Saargebiet in der Zeit der Verwaltung durch den Völkerbund, phil. Diss. Saarbrücken 1987, S. 166-175 u. Hannig, Jürgen, »Deutsch ist die Saar«, das Saarlied von Hans Maria Lux, in: Mallman/Paul/Schock/Klimmt (Hgg.), Richtig daheim, S. 117-122.
269 LA SB LRA SB Nr. 311.
270 Einzelnachweise im Veranstaltungskalender S. 303-328.

Die gleichgeschalteten Gesangvereine benutzten 1934 veröffentlichte Liedersammlungen, »Deutsch ist die Saar« und »Saarvolk singt«, deren Liedgut ein deutliches Bekenntnis zum »Dritten Reich« enthielt.[271]
Veranstaltungen der KP wurden geschlossen mit Singen der Internationalen »Brüder höret die Signale, auf zum letzten Gefecht. Die Internationale erkämpft das Menschenrecht« oder mit dem Lied »Brüder zur Freiheit, zur Sonne«. Auch die Rückgliederungsgegner hatten ihre Saarlieder. Vor dem Nazi-Terror ins Saargebiet geflüchtete Schriftsteller hatten politische Saarlieder geschrieben, z.B. Hanns Eisler, der nach dem Krieg die Hymne der DDR komponierte, ein »Einheitsfrontlied« In den von mir eingesehenen Berichten über Versammlungen in Püttlingen ist keines dieser Lieder erwähnt. Geschlossen wurden die Veranstaltungen öfter mit einer gemeinsam gerufenen Parole, z.B. einem dreimaligen »Rot Front«.[272]
Vorbereitung und Durchführung der musikalischen Umrahmung lag in Händen sachkundiger Männer. Peter Gillet (gest. 07.01.1941) war Ausbilder der Kapelle des Sozialistischen Schutzbundes und fungierte als Tambourmajor bei Veranstaltungen der Einheitsfront. Das SPD-Mitglied Johann Kiefer dirigierte zwei Arbeitergesangsvereine und erteilte Musikunterricht an der Domanialschule, beides Tätigkeiten, die 1937 bei seiner Entlassung durch die Saargruben eine Rolle gespielt haben dürften.
Auch eine Schalmeienkapelle, in jenen Jahren typisch für kommunistische Veranstaltungen, trat gelegentlich in Püttlingen auf.[273]

Uniformen, Abzeichen, Grußformeln

Es war damals üblich durch einheitliche Kleidung und/oder Abzeichen die politische Anhängerschaft sichtbar zu machen und damit gleichzeitig eine Art politischen Bekenntnisses abzulegen. Die Regierungskommission versuchte durch ein Uniformverbot gegenzusteuern. Infolgedessen war es Aufgabe der Ordnungshüter, Verstöße zu

---

271 Michalik, Saarsängerbund u. Arbeitersängerbund, S. 394.
272 Z.B. bei dem Familienabend der »Roten Hilfe« in Püttlingen am 03.02.1934.
273 Z.B. am 25.02.1934, siehe Veranstaltungskalender S. 314.

melden, aber auch Anhänger der beiden »Fronten« denunzierten sich gegenseitig.
Die Farbe Braun, vor allem braune Hemden, signalisierte die NSDAP-Anhängerschaft.[274] Die Deutsche Front ersetzte die in den Augen der Ordnungshüter »belastete« braune Kleidung durch weißes Hemd, schwarze Stiefelhosen, schwarze Krawatte und schwarze Schirmmütze. Die KP trat auf in langen oder kurzen Hosen, schwarzem Hemd, rotem Schlips, Schirmmütze mit Sturmband und Schulterriemen.[275]
Das Tragen einheitlicher, d.h. uniformähnlicher, Kleidung war strafbar. Am Volkstrauertag 1934 wurden deswegen beispielsweise die beiden Bergleute Richard Albert und Peter Breinig und der Schlosser Alfred Mayer mit einer Geldstrafe von je 100,- Franken belegt.[276] Einen größeren Schriftwechsel löste im Dezember 1933 das Tragen von Abzeichen des Bundes der Frontsoldaten aus, am häufigsten wurden erwähnt eine schwarz-weiß-rote Kokarde umgeben von einem goldenen bzw. silbernen Eichenlaubkranz, Variation war eine Hakenkreuzkokarde mit Eichenlaubkranz. Albert Schirra, Amtsträger im Bunde der Frontsoldaten, trug am Rockaufschlag einen Stahlhelm. Die Bedeutung unterschiedlicher Abzeichen als Ausdruck der Mitgliedschaft in derselben Organisation bedarf noch der Klärung.[277] Das Tragen des FAD-Abzeichens war ebenso wenig gestattet[278] wie das KP-Abzeichen (roter Stern mit Sichel und Hammer).[279] Bei nicht-politischen Veranstaltungen, z.B. des Püttlinger Fußballvereins, aber auch schon im persönlich gesellschaftlichen Umgang wurde der Hitler-Gruß verwendet – Indikatoren einer schnell vollzogenen, vielleicht unreflektierten, rasch fortschreitenden Akzeptanz nationalsozialistischer Ausdrucksformen und somit Zeugnisse einer freiwilli-

---

274 Anzeige gegen den Anstreicher Josef Steffes wegen Tragens einer braunen Uniform (ebenda Nr. 325, S. 184).
275 Meldung des Landjägeramtes Altenkessel bei Beerdigung des KP-Gemeinderatsmitglieds Rudolf König am 30.03.1934 (ebenda Nr. 326, S. 342).
276 LA SB LRA SB Nr. 326, S. 389.
277 Anzeigen verschiedener Landjäger gegen verschiedene Personen (LA SB LRA SB Nr. 325, S. 34-44, 51-55, 102, 420ff.), Generalanzeiger u. Volksstimme vom 12.01.1934.
278 Ebenda Nr. 325, S. 88.
279 Meldung von Landjäger Seibert vom 02.01.1934 betr. Alois Dräger (ebenda Nr. 325, S. 253).

gen Anpassung größerer Teile der Bevölkerung des Saargebiets schon vor der Abstimmung.

Fahnen

Fahnen waren und sind Symbole, sie wurden in den zwanziger und dreißiger Jahren häufiger gezeigt als heute. Die Beflaggung von Privathäusern war ebenso üblich wie das Mitführen von Fahnen oder Wimpeln beim Marsch in geschlossener Formation. Die Fahne, herausgehängt, aufgezogen oder vorangetragen, manifestierte die Gesinnung der Hausbesitzer, der Teilnehmer an einer Veranstaltung, einem Umzug oder Aufmarsch. Die offizielle Fahne des Saargebietes war Schwarz-Weiß-Blau, die Grundfarben des 1920 geschaffenen Saargebietswappens,[280] sie konnte auch als Kombination der früheren preußischen Landesfarben (schwarz-weiß) und der bayerischen (blau-weiß) verstanden werden. Sie war, abgesehen von den Amtsgebäuden der Regierungskommission und ihrer nachgeordneten Behörden, selten zu sehen. Verbände, Vereine oder Privatpersonen, die sie zeigten, galten als Befürworter der Saarabtrennung, damit auch als Befürworter des Versailler Vertrags, im Jargon gesprochen »Separatisten«. Eine Verordnung der Regierungskommission erlaubte die Beflaggung mit Fahnen der völkerrechtlich anerkannten selbständigen Staaten und der verfassungsmäßigen deutschen Regierungen, übrigens auch die der Sowjetunion. Vor 1933 war die amtliche Flagge des Deutschen Reiches, d.h. der Weimarer Republik, Schwarz-Rot-Gold, sie wurde im Saargebiet vorzugsweise von Sozialdemokraten gesetzt. Die Kommunisten zeigten Rot mitunter auch mit Hammer und Sichel. Wie im Reich wurde auch im Saargebiet Schwarz-Weiß-Rot zum Ausdruck nationaler Gesinnung bevorzugt. Damit verbanden sich die Erinnerung an das 1918 untergegangene Kaiserreich und die Tradition erlebter Kampfgemeinschaft im Ersten Weltkrieg.

Im Abstimmungskampf wurde Flaggezeigen noch stärker Mittel zum Ausdruck der politischen Gesinnung. Auch jetzt sah man Schwarz-Weiß-Rot am meisten. Es drückte in aller Deutlichkeit den politischen

---

280 Zum Wappen des Saargebietes vgl. Hermann Lehne/Horst Kohler, Wappen des Saarlandes. Landes- und Kommunalwappen, Saarbrücken 1981, S. 11.

Willen der Rückkehr des Saargebietes ins Reich aus. In zunehmendem Maße wurde nun auch die Hakenkreuzflagge gezeigt. Seit sie offizielle Flagge des Deutschen Reiches geworden war, war ihr Hissen an Privathäusern nicht verboten. Sozialdemokraten und Kommunisten, die ja auch die Rückkehr ins deutsche Mutterland wünschten, aber nicht in ein Hitler-Deutschland, zeigten jetzt lieber rote Fahnen als das Schwarz-Rot-Gold der untergegangenen Weimarer Republik.
Die Saargebietsflagge Schwarz-Weiß-Blau wurde im Abstimmungskampf vornehmlich von den nicht sozialistischen Befürwortern des Status quo gezeigt. Momentane Aufregung löste das plötzliche Verbrennen der blau-weiß-schwarzen Fahne am Mast auf dem Püttlinger Rathaus am 01.05.1933 um die Mittagszeit aus. Da keine Spuren einer Brandstiftung erkannt wurden, erreichte man eine allgemeine Beruhigung mit der Erklärung, dass die Fahne wahrscheinlich durch Funkenflug aus einer vorbeifahrenden Dampflokomotive in Brand geraten sei.[281]
Der Püttlinger Bürgermeister meldete, dass an Hitlers Geburtstag (20.04.) 1934 so stark geflaggt worden sei wie noch nicht in diesem Frühjahr, auffallend stark seien Hakenkreuzfahnen ausgehängt gewesen.[282] Anstoß erregte eine Hakenkreuzfahne auf einem Baum im Hof des Schulhauses in der Hengstwaldstraße, also in einem zu einem öffentlichen Gebäude gehörigen Grundstück. Lehrer Grünwald, damals schon als NSDAP-Führer hervorgetreten, lehnte ab, die Fahne herunterzuholen, als Oberlandjäger Birkelbach ihn diesbezüglich ansprach, weil sie weder ihm gehöre noch er ihre Anbringung an besagtem Baum veranlasst habe.[283]
Der Saarbrücker Landrat berichtete anlässlich der Beflaggung zum 01.05.1934: *Im Gesamtbilde haben relativ die Hakenkreuzfahnen zugenommen, doch überwiegt noch meistens die schwarz-weiß-rote Fahne. Kommunistische Fahnen waren verhältnismäßig selten. Auffallend waren fünf Stück im kleinen Engelfangen.*[284] Nach Einschätzung des Püttlinger Bürgermeisters sei seit der Jahrtausendfeier (1925) nie

---

281 Schriftwechsel in LA SB LRA SB Nr. 323, S. 501ff.
282 Berichte vom 20. u. 23.04.1934 (ebenda Nr. 325, S. 444 u. Nr. 996).
283 Vermerk von Birkelbach vom 20.04.1934 (ebenda Nr. 326, S. 483).
284 Zitiert nach Volk, S. 59.

mehr in so großem Umfang geflaggt worden.[285] In seiner Bürgermeisterei seien nur 5 rote Fahnen gehisst worden, eine Sowjetfahne war an Bäumen festgemacht, eine rote Fahne an einer Akazie am Damm der Grubenbahn. Nur eine einzige *Fahne in den Saarfarben* sei gezeigt worden und zwar an einem Haus in Altenkessel.[286] Auch Köllerbach war am 01.05.1934 stark beflaggt, unter 212 Fahnen waren 3 Sowjetfahnen und 12 *ebenfalls nichtzulässige rote Fahnen*. Die Leute, die rote Fahnen ausgehängt hatten, wurden angezeigt.[287]

Fahnen von Parteien oder deren Gliederungen durften nicht öffentlich gezeigt werden. Als Katharina Altmeyer, die Verwalterin und Wirtin des Volkshauses, im Mai 1934 einmal die Fahne der Eisernen Front (3 weiße Pfeile in rotem Feld) am Volkshaus gehisst hatte, sorgte die Ortspolizei dafür, dass sie eingezogen wurde, und erstattete Anzeige.[288]

Aus besonderen Anlässen erließ die Regierungskommission Flaggenverbote, die von der Bevölkerung nicht immer eingehalten wurden. Am 10. Todestag von Leo Schlageter (26.05.1933), der wegen Sabotageakten während des Ruhrkampfes von einem französischen Militärgericht zum Tode verurteilt worden war, zeigten in der Bürgermeisterei Püttlingen 9 Personen schwarz-weiß-rote Fahnen, darunter die beiden Knappschaftsärzte Dr. Müller und Dr. Plassmann und zwei – Zahnarzt Dr. Hell und Hüttenwächter Albrecht Serf – die Hakenkreuzfahne. In der Bürgermeisterei Riegelsberg wurden keine Verstöße wahrgenommen.[289] Verboten wurde auch die Trauerbeflaggung (Fahne auf Halbmast) am 14. Jahrestag der Unterzeichnung des Versailler Vertrages (27.06.1919). Aus der Bürgermeisterei Püttlingen wurden 19 Verstöße gemeldet, aus der Bürgermeisterei Riegelsberg keine.[290] Die blau-weiß-rote Trikolore wehte auf Gebäuden und Fördertürmen der *Mines Domaniales*, dokumentierte damit die Ausbeutung saarländischer Bodenschätze durch eine fremde Macht und provozierte den

---

285 Berichte des Oberlandjägers Schwarz II vom 01.05. u. des Bürgermeisters vom 02.05.1934 (LA SB LRA SB Nr. 313).
286 Bericht vom 07.05.1934 (ebenda Nr. 996).
287 Meldung des Bürgermeisters von Riegelsberg an den Landrat vom 02.05.1934 (ebenda Nr. 313 u. Nr. 326, S. 588).
288 LA SB LRA SB Nr. 326, S. 600ff.
289 Bericht des Oberlandjägermeisters Wahlmann an Landrat (ebenda Nr. 323).
290 LA SB LRA SB Nr. 323, S. 682 u. 685.

Wunsch nach Revision des Versailler Vertrags. Als an einem Novembermorgen 1934 die Trikolore auf einem Schachtgerüst der Grube Viktoria auf Halbmast hing – üblicherweise Ausdruck von Todestrauer – maß Bürgermeister Georg dem eine solche Bedeutung bei, dass er sofort den Saarbrücker Landrat informierte.[291]

Printmedien

In dem Maße wie sich die Organisation der »Deutschen Front« verfestigte, wurden die saarländischen Tageszeitungen gleichgeschaltet, die meisten bezeichneten sich in der Titelleiste als Organ der Deutschen Front. Das traditionsreiche Zentrumsorgan »Saarbrücker Landeszeitung« hielt einen kritischen Kurs, solange Johannes Hoffmann, der erste saarländische Ministerpräsident der Nachkriegszeit, Chefredakteur war. Nach seinem erzwungenen Ausscheiden aus der Redaktion wurde auch hier die Gleichschaltung vollzogen. So blieben als nicht gleichgeschaltete Tageszeitungen nur noch die sozialdemokratische »Volksstimme«, die kommunistische »Arbeiterzeitung« und der von der Saarwirtschaftsvereinigung (SWV) herausgegebene »Generalanzeiger«. Im Mai 1934 kam als weiteres Blatt hinzu die von Johannes Hoffmann neu herausgegebene »Neue Saarpost« als Organ der damals noch nicht fester formierten katholischen Opposition.
Die Zeitungen akzentuierten und frisierten ihre Berichterstattung über politisch motivierte Handlungen jeweils im Sinne der von ihnen repräsentierten »Front«. Aus heutiger Retrospektive ist es oft unmöglich Verursacher und Umfang der Streitigkeiten zu bestimmen und die Glaubwürdigkeit der Berichterstattung zu bewerten.

Im Schaukasten vor dem Püttlinger Volkshaus war regelmäßig die »Volksstimme« ausgehängt, mitunter auch einzelne Flugblätter. Ein Plakat gegen die NS-Sterilisationsgesetze erregte nach Aussage der Akten öffentliches Ärgernis, weil die zugehörige Karikatur den Versuch zeigte, einem Mann mit einer Heckenschere die Geschlechtsteile abzuschneiden. Es ist der einzige mir bekannt gewordene Hinweis, die

---

291 LA SB LRA SB Nr. 329, S. 140.

Köllertaler Bevölkerung auch über diesen Sektor der »NS-Erb- und Rassenlehre« zu informieren.[292]
Die Verteilung nicht genehmigter Zeitschriften, Flugblätter etc. war von der Regierungskommission verboten, auch das *Ankleben von Handzetteln* politischen Inhalts.
Für großes Aufsehen sorgte das kommunalpolitisch brisante KP-Flugblatt über den *riesigen Korruptionsskandal im hiesigen Elektrizitätswerk*. Es wurde in der Nacht zum 11.01.1934 verbreitet.[293]
Die Bergleute Viktor Becker und Josef Breuer, beide KP, verteilten in der Nacht vom 03./04.02.1934 in Püttlingen Flugblätter »gegen die faschistischen Mörder und Verbrecher, an alle Werktätigen, gegen die Hitlerpartei an der Saar«. Wegen des Straftatbestandes der Hetze gegen die deutsche Regierung wurden beide zu 6 Wochen Gefängnis verurteilt.[294] Ein Privatmann zeigte Peter Quinten (KP) wegen Flugblattverteilung an.[295]
Den Polizeiapparat beschäftigte wochenlang die Verteilung einer Druckschrift »Der Rote Kurier« im März 1934 im Köllertal. Die Landjäger-Inspektion Saarbrücken-Land berichtete, darin würden besonders Behörden und Beamte beschimpft und die Bevölkerung aufgehetzt. Hersteller und Verbreiter könnten bisher nicht gefasst werden, trotz einiger Festnahmen in Güchenbach[296], wo die Herausgeber bzw. Hersteller vermutet wurden. Nach längerer Pause wurde die illegale Druckschrift in der letzten Novemberwoche wiederum verteilt,[297] anscheinend jetzt beschränkt auf Güchenbach, Hilschbach und Überhofen. Belege für die Verteilung in den Gemeinden Köllerbach und Püttlingen habe ich nicht gefunden.
Johann Altmeyer, Paul Baldauf und einige namentlich nicht genannte Sozialdemokraten verbreiteten nachts Flugblätter und sonstiges Material gegen den Anschluss an Hitler-Deutschland, auch in den um-

---

292 Anzeigen vom März 1934 in LA SB LRA Nr. 326, S. 256-259.
293 Meldung von Landjäger Seibert vom 11.01.1934 (LA SB LRA SB Nr. 325, S. 378f.).
294 Volk, S. 58.
295 Anzeige vom 09.06.1934 (LA SB LRA SB Nr. 328, S. 172).
296 Bericht vom 17.03.1934 u. Bericht des Bürgermeisters von Riegelsberg vom 26.03.1934 (ebenda Nr. 996), vgl. auch Arbeiterzeitung vom 14.07.1934.
297 Wochenbericht von Oberlandjäger Schwarz III vom 03.12.1934 (ebenda Nr. 997).

liegenden Ortschaften.[298] Umgekehrt wurde mit Flugblättern zum Besuch auswärtiger Veranstaltungen geworben, z.B. für eine große Freiheitskundgebung am 29.04.1934, zu deren Organisatoren Jakob Schackmann aus Püttlingen gehörte, und zu der Versammlung in Sulzbach am 26.08.1934, bei der Pater Dörr sprach.[299] Der Text seiner Rede erschien in der «Arbeiterzeitung» und wurde als »Sonderdruck für die katholischen Leser« in großer Zahl im Köllertal verteilt.[300] Hin und wieder kam es auch zur Beschmierung von Hauswänden und Gartenmauern mit Emblemen oder wenig geistreichen Texten, z.B.
Sie haben nichts im Kopf wie Heu und Stroh
und wählen dennoch Status quo.[301]
Es fällt auf, dass keine Polizeiberichte über Verteilung von Propagandamaterial der Deutschen Front in den Akten des Saarbrücker Landratsamtes vorhanden sind. Vermutlich war dies aus Sicht des Bürgermeisters und der örtlichen Ortspolizisten nicht anstößig.

Rundfunk und Film

Im Vergleich mit der heutigen politischen Propaganda ist zu beachten, dass es das Medium Fernsehen nicht gab und dass erst wenige Haushalte Rundfunkgeräte besaßen. Es wurde aber im Abstimmungskampf viel getan, um den über Radiosendungen erreichbaren Personenkreis zu vergrößern. Die Rede des Reichsministers Dr. Goebbels bei der Saarkundgebung in Zweibrücken am 06.05.1934 wurde aus Lautsprechern in Wirtschaften und Privathäusern gehört. Manche Wirtschaften waren infolgedessen gedrängt voll.[302]
Untersagt war, bei Versammlungen Lautsprecher aufzustellen, die außerhalb des Lokales zu hören waren, *denn dadurch dass die Reden oder Darbietung aus einer geschlossenen Veranstaltung heraus durch*

---

298 Herrmann, H.W., Georg Altmeyer.
299 Meldung des Bürgermeisters Püttlingen (LA SB LRA SB Nr. 327, S. 51ff.).
300 Exemplare eingeheftet in LA SB LRA SB Nr. 327 nach S. 405 u. nach S. 436.
301 Meldung von Oberlandjäger Six am 12.10.1934 (ebenda Nr. 329, S. 41)
302 Bericht des Bürgermeisters von Püttlingen vom 07.05.1934 (LA SB LRA SB Nr. 996).

Lautsprecher nach außen übertragen oder verbreitet werden, wird die Veranstaltung zu einer öffentlichen und durch draußen der Übertragung Zuhörenden obendrein zu einer Veranstaltung unter freiem Himmel.[303]

Der Südwestfunk Stuttgart stellte gelegentlich Übertragungswagen zur Verfügung, Landrat Vogeler sah bei einem Rundgang in Püttlingen am 18.10.1934 einen solchen Wagen, dessen Ausstrahlung sich zu diesem Zeitpunkt auf Musik aus »Lohengrin« beschränkte.[304]

Der Film als Medium zur Verbreitung politischen Gedankengutes kam im Püttlinger Abstimmungskampf erst spät zum Einsatz. Die Ortsgruppe der Internationalen Arbeiterhilfe beabsichtigte am 22.10.1934 einen Filmbericht über die Sulzbacher Großkundgebung vom 26.08.1934 zu zeigen. Da an dem für die Aufführung vorgesehenen Tag noch keine Genehmigung der Filmprüfstelle vorlag, wurde sie auf den 12.11. verschoben.

Ende November 1934 wurden durch eine in den Akten nicht genannte Filmgesellschaft Aufnahmen vom Betrieb auf Grube Viktoria gedreht. Der Film soll am 02.12. bei einer Veranstaltung der Einheitsfront im Püttlinger Kulturhaus gezeigt worden sein.[305] Das Programm eines Filmabends der Naturfreunde am 03.12. wurde mir nicht bekannt.

Der Bund der Frontsodaten (= Stahlhelm) zeigte am 18.11. den Film »Tannenberg«. Die Deutsche Front veranstaltete zwischen dem 26.11. und dem 17.12. Filmabende in Kölln, Engelfangen, Etzenhofen und Sellerbach. Soweit in den Berichten Titel oder Inhalte genannt sind, betrafen sie mehr das Fronterlebnis des Ersten Weltkriegs als direkt die Abstimmungsthematik, doch können im Beiprogramm durchaus, modern ausgedrückt, »Wahlspots« gelaufen sein.

---

303 Landrat Saarbrücken an Bürgermeister Püttlingen am 31.07.1934 (ebenda Nr. 315).
304 Bericht des Landrates an die Regierungskommission vom 21.10.1933 (ebenda Nr. 325, S. 257f.).
305 Wochenbericht des Oberlandjägers Schwarz vom 03.12.1934 (ebenda Nr. 997).

Einbeziehung von Frauen, Jugendlichen und Kindern

Frauen hatten sich am politischen Leben in den 1920er Jahren selten beteiligt (vgl. S. 158). Im Abstimmungskampf dagegen ist deutlich ein größeres Interesse des weiblichen Bevölkerungsteiles festzustellen. Dies mag einmal damit erklärt werden, dass die nationale Frage die Frauen mehr interessierte als weltanschauliche, sozialrechtliche oder wirtschaftspolitische Themen der zwanziger Jahre, andererseits mit dem Bestreben beider »Fronten«, das weibliche Wählerpotential zu aktivieren. Abgesehen von Versammlungen der Kriegsopfer mit bis zu 50% Frauen, bei denen auch versorgungsrechtliche Probleme angesprochen wurden, lag der Anteil der Besucherinnen meist zwischen einem Viertel und einem Drittel, erreichte gelegentlich sogar 36-43% und fiel nicht unter 16%.

Auch spezielle Frauenversammlungen wurden organisiert, die beiden größten von der DF in Püttlingen am 13.09. und am 26.10.1934 mit jeweils über 1.000 Teilnehmerinnen. Eine Frauenversammlung der Einheitsfront am 19.08.1934 besuchten je 90 Frauen und 90 Männer,[306] eine Veranstaltung der SWV in Engelfangen am 09.12.1934 50 Frauen.

Auch eine Berlin-Reise von Mitgliedern des Vaterländischen Frauenvereins vom Roten Kreuz im Juni 1934 zu einer arrangierten Begegnung mit Hitler ist in politischem Kontext zu sehen.[307]

Frauen engagierten sich aktiv im Abstimmungskampf. Dabei erwies sich für die DF als günstig, dass die NS-Frauenschaft nicht unter das Verbot der NSDAP und ihrer Gliederung durch die Regierungskommission fiel. Als Organisatorin von Veranstaltungen betätigte sich in Püttlingen die Ehefrau von Ludwig Kunkel. Einen Propagandamarsch von Walpershofen nach Völklingen inszenierte im September 1933 Lehrerin Falkowsky (vgl. S. 307).

Die erste Frauenversammlung der antifaschistischen Einheitsfront in Püttlingen wurde von der Ehefrau von Johann Quinten einberufen am 09.09.1934. Elisabeth Scharl, die Frau des Kassierers der KP-Ortsgruppe, gründete in Püttlingen und in Nachbarorten Frauencomités.[308]

---

306 Die genauen Zahlen sind im Veranstaltungskalender S. 303-328 mit Quellenangabe enthalten.
307 Vgl. S. 365
308 Volk, S. 59.

Emma Jakob aus Völklingen übernahm Transporte von illegalem Material, Martha Ney verteilte zusammen mit ihrem Mann Jakob (KP) Flugblätter.[309] Nachdem Dora Zeitz (KJVD) aus ihrer Haft im Reich entlassen worden und ins Saargebiet zurückgekehrt war, beteiligte sie sich aktiv bei der Einheitsfront. Flugblätter schreiben und verteilen, Parolen malen, Sprechchöre einüben, Versammlungen organisieren waren ihre Aufgaben.[310] Frau Sehn unterstützte ihren Mann in der SWV-Geschäftsstelle in Püttlingen.

Die Instrumentalisierung von Kindern im politischen Kampf war kein Novum. Erinnert sei an die von Kindern aufgeführte »Blechmusik«[311] bei der Begleitung von heimkehrenden Streikbrechern. Sozialdemokraten und Kommunisten hatten in den 1920er Jahren bei Ausflügen oder Umzügen am 01.05. Kinder mitgenommen. Im Abstimmungskampf stieg die Beteiligung von Kindern und Jugendlichen an, nicht nur bei umfunktionierten Brauchtumsveranstaltungen, wie z.B. Sonnwendfeiern. Unter den 350 Besuchern eines Elternabends der Püttlinger Ortsgruppe des Deutschen Jungvolks am 08.11.1933 wurden 60 Kinder gezählt. Von den 547 Teilnehmern am Kirchgang anlässlich der Reichgründungsfeier am 21.01.1934 waren 190 zwischen 6 und 16 Jahre alt.
Fast alle Kinder, soweit ihre Eltern nicht eine Rückkehr in das NS-beherrschte Reich ablehnten, organisierten sich in der Hitlerjugend oder dem Bund Deutscher Mädchen (BDM). Sie wirkten bei Kundgebungen und Aufmärschen durch Vortrag von Sprechchören und vaterländischen Liedern mit, halfen beim Verteilen von Flugblättern.[312] Kleinere Gruppen von Jungvolk, HJ und BDM marschierten öfter durch den Ort, meist mit Gesang. Man darf vermuten, dass sie bewusst eingesetzt wurden, um NS- Präsenz zu demonstrieren, gerade weil sie neben der NS-Frauenschaft die einzigen Gliederungen der NSDAP waren, die weder unter das Verbot der Regierungskommission fielen noch in der DF aufgegangen waren.
Am Abend des 17.05.1934 marschierten ca. 60-70 Hitlerjungen von

---

309 StadtA Püttlingen Wiedergutmachungsakten.
310 Bies, Zeitz, S. 9 f.
311 Vgl. Kapitel II S. 188
312 Anzeige gegen zwei 16-jährige Mitglieder des KJVD am 23.04.1934 (LA SB LRA SB Nr. 326, S. 506).

der Bürgerhalle in Püttlingen geschlossen durch die Völklinger- und Pickardstraße bis vor das Lokal Kaiserhalle unter Absingen von Kampfliedern. Als Oberlandjäger Schwarz II eintraf, hatte sich die Gruppe schon aufgelöst.[313] Schon einige Wochen vorher war eine BDM-Gruppe auf dem Weg vom Püttlinger Bahnhof zur Ortsmitte durch ihre antisemitischen Parolen aufgefallen (vgl. S. 361 f.). Symptomatisch für die politische Sensibilität ist, dass eine Notiz in der »Volksstimme«, am Ersten Weihnachtsfeiertag 1933 seien zwei Kinder im Alter zwischen 4 und 6 Jahren in der Völklingerstraße in Püttlingen in SA-Uniform gesehen worden, eine polizeiliche Untersuchung auslöste, die allerdings ohne Ergebnis blieb.[314]

Paramilitärische Ausbildung

Die beiden Jungvolkführer Christoph Koch und Jakob Gehl (geb. 14.12.1905), arbeitsloser Bergmann, wurden von dem SP-Mitglied Hildebrand Becker angezeigt, sie hätten am 15.09.1933 hinter der Gastwirtschaft Kaiserhof mit ca. 50-60 8-13-jährigen Püttlinger Jungen eine Geländeübung durchgeführt. Die Beschuldigten deklarierten die Übungen als solche, wie sie in Turn- und Sportvereinen üblich seien.[315]
Auf dem Dickenberg, schon auf Völklinger Bann, dicht an der Grenze zu Püttlingen-Ritterstraße, beobachtete ein Landjäger am 05.09.1933 gegen 20 Uhr eine Geländeübung, an der sich 30-40 Personen beteiligten. Als er von den in Schützenlinie Ausgeschwärmten bemerkt wurde, flüchteten sie in den Wald. In der nahe dabei gelegenen Sandgrube stieß er dann auf 40-60 Personen, die er an dem an der Mütze getragenen Zeichen als Kommunisten erkannte. Als er sie auf das Verbot, ohne Genehmigung Veranstaltungen unter freiem Himmel durchzuführen, hinwies, erklärte ihm einer, dass die Kommunisten kein Versammlungslokal bekommen konnten und sich deswegen unter freiem Himmel treffen müssten. Der arbeitslose Bergmann Jakob

---

313 Meldung von Oberlandjäger Schwarz vom 18.05.1934 (LA SB LRA SB Nr. 314).
314 Bericht von Oberlandjäger Schmitt IX vom 30.12.1933 (LA SB LRA SB Nr. 325, S. 184).
315 Bericht der Verwaltungspolizei vom 17.09.1933 (ebenda Nr. 311).

Pabst aus Püttlingen, 36 Jahre alt, sagte: *Gestern haben die Nazis hier geübt und auch geschossen und wir sind heute Abend aus dem Grunde hierher gekommen und wenn die Nazis dagewesen wären, hätten wir ihnen die Fresse verschlagen.* Landjäger Clemann erstattete Anzeige gegen Papst, den arbeitslosen Bergmann Franz Dörr, Schmied Anton Schwarz, beide aus Püttlingen, sowie gegen einen arbeitslosen Arbeiter aus Rockershausen.[316]
Öftere Übungen der Stahlhelmer im Hengstwald kritisierte die sozialdemokratische »Volksstimme«.[317]

Umgang mit dem politischen Gegner

Der Umgang mit dem politischen Gegner nahm immer gröbere Formen an. Alles was geeignet schien, den politisch Andersdenkenden einzuschüchtern oder auszuschalten, wurde eingesetzt: Beleidigung, Verleumdung, Androhung von Repressalien, Sachbeschädigung, Boykott, Handgreiflichkeiten, die bis zur Körperverletzung eskalierten. Der Schutz von Veranstaltungen der jeweiligen Partei durch schon vor 1933 ausgebildete Trupps, die anfangs unter den Namen »Saalschutz« oder »Schutzstaffeln« auftraten, dann als »Ordnungsdienst der Deutschen Front« und als »Sozialistischer Schutzbund« (SSB) firmierten, erwies sich als notwendig. Ihre Mitglieder gingen mit Zwischenrufern und Störenfrieden bei Versammlungen nicht zimperlich um. Der Saalverweis steigerte sich nicht selten zu handfesten Prügeleien. Die Regierungskommission versuchte der wachsenden Ausbreitung eines Gewaltpotentials mit dem Verbot paramilitärischer Organisationen und Ausbildungsformen entgegenzuwirken.

Denunziationen und Anzeigen

Die Anhänger beider »Fronten« beobachteten argwöhnisch, wie sich Mitglieder oder Gruppen des gegnerischen Lagers verhielten, und erstatteten Anzeige, sobald sie einen Verstoß gegen Verordnungen der

---

316 Anzeige vom 08.09.1933 (ebenda Nr. 311).
317 Volksstimme vom 31.10.1934.

Regierungskommission zu erkennen glaubten. Ein frühes Beispiel ist eine Anzeige, die Johann Speicher, Ritterstraße, direkt an den für die innere Sicherheit verantwortlichen Ministerialdirektor Heimburger am 07.05.1933 richtete: *Seit mehreren Wochen wird unser Ort von Nationalsozialistischen belästigt. Abends ziehen sie durch die Strassen und singen aufreizende Lieder. Nach Eintritt der Dunkelheit beschmutzen sie die Häuser mit Hakenkreuzabzeichen u. bemalen ganze Häuserfronten mit aufreizenden Schriften. Die Polizei des Ortes stört sich nicht daran, sie unterstützt die Sache auch noch. Urheber dieser Aufreizungen ist der protestantische Lehrer d.Ortes Hch. Grünwald. Dieser ist Ortsgruppenleiter d. Nat.Soz. unseres Ortes. Jeden Abend gehen 15-18 junge Leute in seine Wohnung (Schulhaus der protest. Schule) wo sie die Anweisung durch Lehrer Grünwald erhalten. Seit dem Verbot der Versammlungen und Sprechabende in öffentl. Lokalen werden diese in der Wohnung des Lehrers abgehalten. Die Sitzungen dauern meist bis in die Nacht, dann ziehen sie unter Absingen des Horst-Wessel-Liedes nach Hause. Auch Flugschriften aller Art werden von hier durch geheime SA-Leute verteilt. Täglich sieht man junge Männer, die unter dem Rock das Braunhemd tragen u. auf dem Rock ein grosses Hakenkreuzabzeichen stecken haben, mit Fahrrädern kommend ins Schulhaus gehen. Im Schulhaus selbst unterhält der Lehrer in einer der Dachkammern ein regelrechtes Büro, wo auch das gesamte Material aufbewahrt wird. Ich bitte Sie, Herr Min.Direktor, die ehrlich gesinnte Bevölkerung vor diesen Männern zu schützen.*[318] Bürgermeister Georg spielte die Angelegenheit herunter. Die Angaben Speichers, der *nicht gut beleumundet* sei, seien stark übertrieben. Im Ortsteil Ritterstraße äußere sich die Bewegung der NSDAP nicht anders als in Püttlingen. Lehrer Grünwald *übe sehr vornehme Zurückhaltung.* In Ritterstraße seien fast alle politischen Parteien vertreten, es sei gegenseitige Duldung und Achtung sehr anzuerkennen.[319]
Im Laufe der Wochen und Monate wuchs Argwohn auf beiden Seiten.[320] Ende Oktober 1934 erstattete ein Klempnermeister aus der Pickardstraße in Püttlingen Anzeige gegen Max Braun, weil er bei ei-

---
318 Abschrift in LA SB LRA SB Nr. 323, S. 534.
319 Ebenda.
320 Z.B. Artikel in Volksstimme vom 20.10.1933 »Stahlhelmer und Nazis bewachen das Volkshaus«, dazu Bericht von Oberlandjäger Schwarz vom 21.10.1933 (LA SB LRA SB Nr. 325, S. 262).

ner Kundgebung am 28.10. im Volkshaus geäußert habe, *Hitler muss sterben, dass Deutschland leben kann* und *Hitler ist ein Schurke und die Kugel für ihn ist schon gegossen*.[321]
Nicht nur Aktivitäten des gegnerischen Lagers wurden beobachtet, sondern auch das allgemeine Verhalten einzelner Personen. Theo Sehn (SWV) erwähnt einen derartigen Bericht des bei Röchling beschäftigten Gestapo-Vertrauensmannes Eisenlauer über sein eigenes Verhalten und das des Pastors Lermen vom Februar 1934.[322]

Beleidigungen, Verleumdungen, Einschüchterungen

In der aufgeheizten Stimmung der letzten Monate vor der Abstimmung stieg die Sensibilität der Bevölkerung gegenüber politisch auslegbaren Wörtern und Begriffen.[323]
Eine in Lothringen geborene Püttlinger Bürgerin wurde von einem NSDAP-Mann *Franzosenschixe* tituliert. Sie war der Ansicht, dass diese Beleidigung *ins Politische einschlage* und erstattete Anzeige.[324]
Der Bergmann Jakob Schackmann und der erwerbslose Organist Benedikt Hoffmann wurden angezeigt *wegen öffentlicher Beleidigung, übler Nachrede und Geschäftsschädigung, weil sie behauptet hatten, der Tabakhändler Paul Rössner sei naturalisiert und Franzose*, eine ähnliche Anzeige erfolgte wegen einer inhaltsgleichen Äußerung über drei Püttlinger Geschäftsleute.[325]
Als Beleidigung gewertet wurden alle auf eine frühere Verbindung zum frankophilen Saarbund hindeutenden Äußerungen, *Saarbündler* galt als Schimpfwort[326].

---

321 Wochenbericht des Bürgermeisters von Püttlingen vom 05.11.1934 (ebenda Nr. 997).
322 LA SB LEA Nr. 5878.
323 Bericht von Oberlandjäger Birkelbach vom 02.02.1934 (ebenda Nr. 325, S. 596).
324 Ebenda Nr. 325, S. 447.
325 Wochenbericht von Oberlandjäger Schwarz II vom 03.12.1934 (ebenda Nr. 997), weitere Fälle in LA SB LRA SB Nr. 329, S 248f., 512ff. u. 628.
326 Anzeige beim Landjägeramt Püttlingen am 10.12.1933 (LA SB LRA SB Nr. 325, S. 7).

Das krasseste Beispiel einer Infragestellung der Glaubwürdigkeit und der moralischen Integrität war die Polemik gegen Pater Dörr.³²⁷
Stark verbreitet war die Ansicht, dass nach der Rückgliederung diejenigen, die sich kritisch oder abfällig über Hitler, Reichsminister oder NSDAP-Führer äußerten, die DF gar nicht oder nicht in einem ihren persönlichen Verhältnissen angemessen erscheinenden Maße unterstützten, sich für die Einheitsfront engagierten oder gar die Beibehaltung der Verwaltung des Saargebietes durch den Völkerbund über die im Versailler Vertrag genannte fünfzehnjährige Frist hinaus propagierten, nach der Rückgliederung zur Rechenschaft gezogen würden und/oder mit Nachteilen zu rechnen hätten. Solche Ängste bestanden fort, obwohl im Juli und im Dezember 1934 die Reichsregierung auf Veranlassung des Völkerbundes Garantieerklärungen abgegeben hatte, dass niemand wegen seiner Haltung in der Abstimmungsfrage benachteiligt würde. Der an anderer Stelle mitgeteilte Wortwechsel zwischen einem Werber der DF und einem Sozialdemokraten³²⁸ lässt das politische Klima spüren.
Dennoch kursierten Gerüchte über bei der DF geführte »schwarze Listen«, und gar nicht so selten waren von einzelnen Befürwortern der Rückgliederung diesbezügliche Drohungen zu hören. Es versteht sich, dass dies von der Status quo-Seite aufgegriffen wurde. Ende Juli 1934 behauptete die kommunistische Arbeiterzeitung, nach der Rückgliederung sollten 2.800 Personen verhaftet bzw. erschossen werden, darunter 275 Pastoren.³²⁹ Nachdem ähnliche »Säuberungsaktionen« im Reich (»Röhmputsch«) bekannt geworden waren, wurden solche Gerüchte nicht von allen als »Greuelmärchen« abgetan. Äußerungen mancher Partei- oder Verbandsfunktionäre, wie z.B. von Johann Alles, DKOV, *Drüben wurde gehobelt und sind Späne gefallen, aber wenn bei uns gehobelt wird, fallen Klötze«*³³⁰ wirkten nicht gerade besänftigend.

---

327 Vgl. S. 301.
328 Vgl. S. 243.
329 Arbeiterzeitung vom 29./30.07 1934, allgemeiner ebenda vom 07.09.1934.
330 Arbeiterzeitung vom 21.08.1934.

Sachbeschädigungen

Über die Demolierung eines Schaukastens vor dem Volkshaus berichtete der Fraktionsführer der SP-Gemeinderatsfraktion Georg Altmeyer:[331] *In der Zeit vom Jahre 1933 bis zur Saarabstimmung 1935 haben im Saale Volkshaus Versammlungen und Kundgebungen gegen den Nationalsozialismus und gegen die Rückgliederung der Saar an Hitler-Deutschland stattgefunden. ....Das Volkshaus Püttlingen ist zentral gelegen. Auf Grund dessen hat die Sozialdemokratische Partei zwei grosse Aushängekästen anbringen lassen, in welchen täglich die Zeitungen der antifaschistischen Front, Sozialdemokratischen Partei, Kommunistischen Partei, Neue Saarpost und der Saarländischen Wirtschaftsvereinigung ausgehängt wurden. Diese Kästen wurden eines Nachts im Jahre 1934 von den Nazis, denen sie schon längst ein Dorn im Auge waren, mit Gewalt abgerissen und gestohlen* [im Polizeibericht: *mit Brecheisen ausgehebelt*.[332]] *Es war eine helle Sommernacht und konnte meine Frau den Täter erkennen, wie er mit einem der Kästen davon gegangen ist. Daraufhin erstattete die Ortsgruppe gegen den Täter Anzeige wegen Diebstahls und Sachbeschädigung. Die Gerichtsverhandlung, zu welcher meine Frau als Zeugin geladen war, hat den Täter als solchen festgestellt und bestraft.*
Peter Dörr (KP), der sich 1930-1934 als Taxi-Unternehmer betätigte, wurde der Wagen durch Mitglieder der DF völlig demoliert. Sein Bruder Richard Dörr (geb. 1907) betrieb, nachdem er seit 1929 als Bergmann nicht mehr arbeiten konnte, eine Verkaufsstelle für Tabakwaren, Obst, Süßigkeiten und alkoholfreie Getränke Ecke Weiherbachstraße/Schlenderweg. Da bekannt war, dass er der KP nahe stand, wurde die Verkaufsstelle wiederholt beschädigt, so dass er sie Anfang September 1934 an Familie Jenal verkaufte.

Am 28.11.1934 wurde eine Fensterscheibe am Büro der SWV in Kölln eingeworfen, Anzeige gegen Unbekannt erstattet.

---

331 Beilage zu einem Antrag an das Wohnungsamt Püttlingen vom 30.05.1945 (StadtA Pü), ediert von H.W. Herrmann, Georg Altmeyer, dazu auch Meldung des Landjägers Birkelbach vom 21.06.1934 (LA SB LRA SB Nr. 328, S. 349).
332 Bericht von Landjäger Birkelbach vom 21.10.1934 (LA SB LRA SB Nr. 328, S. 349).

Boykott

In der »Waldschänke« auf der Ritterstraße verkehrten Antifaschisten. Gastwirt Johann Baltes berichtet, wie es ihm 1934 erging, als er der Aufforderung, den Antifaschisten das Lokal zu verbieten, nicht nachkam: *Daraufhin provozierten sie* (Nazis) *fast täglich Schlägereien im Lokal. Als ich die nationalsozialistischen Störenfriede hinauswarf, organisierten die einen Boykott gegen mich und bedrohten jeden, der bei mir verkehrte. Eines Tages brachte mir einer ein Hitlerbild, das ich im Lokal aufhängen sollte, ich schlug es entzwei. Erst Boykott und dann noch die Zumutung, ihren OSAF*[333] *aufzuhängen. In dem kleinen Ort Ritterstraße brachten diese Rabauken es fertig durch Terror und Bedrohungen, daß ich im April 1934 das Lokal schließen mußte und somit meine Existenz verlor. Und damit auch meine Wohnung. Als ich die Wohnung räumen mußte, die zum Geschäft gehörte, fand ich eine Notunterkunft im Emigrantenheim von der Heydt.*[334]
Der Riegelsberger Bürgermeister meldete am 03.09.1934 nach Saarbrücken, die Empörung gegen Pater Hugolin Dörr sei so stark, dass die Friseurgeschäfte seiner beiden in Sellerbach wohnenden Brüder, die politisch die Einstellung Hugolins teilten, boykottiert würden.
Die Verkaufsbude, in der Wilhelm Karrenbauer (geb. 15.04.1877 in Knausholz) vor seinem Haus in der Kreuzbergstraße Brot, Süßigkeiten und Tabakwaren anbot, wurde zwar nicht demoliert, aber von immer weniger Käufern besucht, also boykottiert, so dass er zum Jahresbeginn 1935 den Verkauf einstellte.
Georg Gehl wurde mit einer Strafe von 200 Franken, ersatzweise 8 Tage Haft bestraft, weil er zum Boykott des Händlers Josef Heit aufgerufen hatte[335].

Schlägereien und Körperverletzung

Der politische Gegner wurde provoziert mit dem Gruß *Heil Hitler* oder *Rotfront* oder *Heil Moskau* und schon war die Konfrontation da. Vom

---

333 Vermutlich Abkürzung für »Oberster SA-Führer«.
334 Wiedergutmachungsakten (StadtA PÜ).
335 Volksstimme vom 01.12.1934.

Austausch von Verbalinjurien war nur eine kleine Spanne zu Handgreiflichkeiten. Im Februar 1934 grüßte in einer Schlange von Männern, die sich vor dem Püttlinger Rathaus zum »Stempeln« gebildet hatte, einer mit *Heil Hitler*, ein anderer antwortete mit *Drecksack* – schon war der Krach da.
Einige Nationalsozialisten hatten abfällige Bemerkungen gemacht über die im Volkshaus aufgehängten Bilder führender Sozialdemokraten. Einige Tage später am 03.04.1933 kam eine Gruppe von Mitgliedern der Eisernen Front[336] in die Gaststätte Kaiserhof (sogen. *Braunes Haus*). Nach einem politischen Wortwechsel mit dem Zäpfer zerschlug einer von ihnen einen Wandteller mit Hakenkreuzornament. Das anschließende Gerangel steigerte sich zu einer Schlägerei, die zunächst in der Gaststätte, dann auf der Marktstraße ausgetragen wurde. Dabei wurden Zaunlatten herausgerissen und als Schlaginstrumente benutzt. Mehrere Personen wurden verletzt, zwei Stühle und Glasscheiben in der Wirtshaustür zertrümmert.
In der Nacht vom 08./09.04.1933 wurde der KP-Mann Dörr beim Verlassen der Wirtschaft Theis angegriffen.[337]
Im Anschluss an einen Revue-Abend der »Roten Rebellen« am 19.11.1933 kam es zu einer Schlägerei, die Bürgermeister Georg als *an sich unbedeutend* bezeichnete.[338] Die sozialdemokratische »Volksstimme« berichtete aber am folgenden Tag in großer Aufmachung über einen *Attentatsversuch* auf Max Braun. Bereits mehrere Tage vor der Veranstaltung hätten sich Nationalsozialisten in Püttlingen geäußert: *Wenn niemand an der Saar es fertig bringt, diesen Landesverräter um die Ecke zu bringen, werden wir in Püttlingen ihm das Lebenslicht ausblasen.* Es folgte dann ein ausführlicher Bericht: *Bereits gegen 7 Uhr abends wurde... festgestellt, dass die Völklinger SA und SS unter der Leitung ihres Sturmführers Fritz Leber in einer Stärke von 30 Mann in Püttlingen eingetroffen war. Der Polizeioberinspektor Weiler erklärte, dass ihm gegen 7.30 Uhr gemeldet worden ist, daß Fritz Leber aus Völklingen mit seinen Leuten angekommen sei und daß man beabsichtige, das Volkshaus auszuheben. Von 7.30 Uhr ab wurde*

---

336 In den Akten genannt werden Erich Becker, Paul Becker, Johann Blass, Josef Lammel, Emil Meyer, Josef Müller, Bernhard Speicher (LA SB LRA SB Nr. 323, S. 295f.).
337 Bericht des Bürgermeisters vom 10.04.1933 (ebenda Nr. 325, S. 391).
338 Bericht an den Landrat vom 23.11.1933 (LA SB LRA SB Nr. 325, S. 297).

im Volkshaus selbst am Büfett des Restaurants ein Nationalsozialist, dessen Namen feststeht, beobachtet, der als Horchposten dorthin geschickt worden war, um die Situation im Volkshaus auszuspionieren und der sich solange dort aufhielt, bis der Referent des Abends Max Braun erschien. Die Nazis selbst hatten sich während der Rede Brauns in vier Abteilungen folgendermaßen verteilt: Die eine drang ins Volkshaus ein und verschwand in den Aborten und Pissoirs, der zweite Teil begab sich hinter die dem Volkshaus gegenüberstehende Verkaufshalle, ein dritter Trupp nahm vor dem Verkehrslokal des Stahlhelms, das dem Volkshause schräg gegenüber liegt, Aufstellung und ein vierter begab sich in das Volkshausrestaurant. Alle diese Mannschaften waren auswärtige, während die Püttlinger Nazis in einer Entfernung von 70 bis 80 Meter sich in einer benachbarten Straße zur eventuellen Hilfsstellung aufhielten, in der sie auch nach dem Vorfall noch festgestellt wurden..........Braun sollte beim Verlassen des Lokals, während das übrige Programm der Veranstaltung weiterlief, von drei Seiten zugleich umstellt werden, während der in den Toiletten des Hauses versteckte Teil der Nazis die Treppe und das im 1. Stock gelegene Versammlungslokal abriegelten, um Zuzug von Hilfe für Braun zu verhindern. Im Notfall sollten die in der Nebenstrasse postierten Püttlinger Nazis noch herangeholt werden. Es ist lediglich der Wachsamkeit einiger Kameraden des sozialistischen Schutzbundes, die rechtzeitig die Polizei informierten, zu verdanken gewesen, dass die Nazis ausgehoben., zum Teil [11 Personen] verhaftet wurden, zum anderen Teil die Flucht ergriffen, bevor das Referat Brauns zu Ende war.
In Engelfangen gerieten in der Neujahrsnacht 1934 nach einer Sylvesterfeier Mitglieder der Ortsgruppe der Arbeiterwohlfahrt mit Nazis aneinander, dabei erlitt der Hüttenarbeiter Karl Bick eine leichte Verletzung am Kopf.[339]
Im Januar 1934 steigerte sich in der Gaststätte Jakob Bies in der Bengeserstraße eine heftige Diskussion zwischen den Kommunisten Josef Breuer, Viktor Becker und Jakob Mathis und dem Hüttenarbeiter Friedrich Ott über den Übertritt eines Mitglieds der KP-Fraktion im Gemeinderat Püttlingen zur DF-Fraktion zu Handgreiflichkeiten. Die beiden Stahlhelmer Schirra und Feuerstoß griffen zugunsten von Ott ein und das Ehepaar Bies wohl eher schlichtend. Als Stühle als Schlag-

---

339 Bericht des Landjägers Stöhr vom 01.01.1934 (ebenda Nr. 312).

waffen benutzt wurden, floss Blut. Das Ehepaar bekam Schläge ab, Feuerstoß wurde mit einem Stuhl bewusstlos geschlagen. Die Landjäger nahmen einige Personen fest, von einem Schnellrichter wurden Jakob Mathis und Viktor Becker, jeweils zu 2 Monaten Gefängnis verurteilt, Josef Breuer zu 4 Wochen.[340]

Ein Revolverschuss bei einem Wirtshausstreit am 05.02.1934 ließ die Stimmung eskalieren und löste im Lager der Rückgliederungsgegner Zweifel an einer unparteiischen Untersuchung durch die örtliche Polizei aus. Vier Kommunisten hatten zunächst das »Braune Haus«, dann das Stammlokal der Stahlhelmer (Wirtschaft Schmidt) aufgesucht. Nach dem Bericht von Bürgermeister Georg kam es in der Wirtschaft Schmidt *wegen Bezahlung eines zerbrochenen Bierglases zu einem Wortwechsel zwischen dem Sohn des Wirtes Schmidt und vier betrunkenen Erwerbslosen (die der kommunistischen Partei angehören). Im Verlauf des Streites warfen und schlugen die Betrunkenen mit Stühlen und kleinen Tischen nach dem jungen [Matthias] Schmidt und dessen herbeigeeilten Vater. Schmidt Sohn wurde zu Boden geschlagen und schoss, in knieender Stellung, auf den Angreifer Werner Becker, der gerade wieder mit einem Stuhl auf Schmidt einschlagen wollte. Becker wurde in die Brust getroffen und stürzte zu Boden. Als Schmidt Sohn nun auch die übrigen Angreifer mit dem Revolver bedrohte, liessen sie von weiteren Tätlichkeiten ab. Nach einigen Minuten trafen die telephonisch benachrichtigten Polizeibeamten ein. Der Verletzte Becker wurde sofort in ein Krankenhaus geschafft, die übrigen Täter wurden festgenommen und später dem Amtsgericht Völklingen zugeführt. Schmidt Sohn war schwer verletzt; nach einem vorliegenden Attest liegt er an einer Gehirnerschütterung darnieder. Nach den noch in der Nacht vorgenommenen Feststellungen und Vernehmungen hat Schmitt Sohn zweifellos in Notwehr gehandelt. Obwohl das Vorkommnis keine politische Ursache hatte, sammelte sich doch in den Abendstunden eine große Anzahl Kommunisten vor der Wirtschaft Schmidt und nahm drohende Haltung an. Das herbei gerufene Landjägerkommando griff ein. Die Ruhe war in ganz kurzer Zeit wieder hergestellt.*

Schnell kamen Zweifel an einem unpolitischen Grund des Wirtshausstreites und an der Art, wie die Ortspolizei den Fall untersuchte,

---

340 Berichte ebenda Nr. 325, S. 472-511 u. 520.

auf. Daher bildete sich ein *Untersuchungsausschuss zur Klärung der Strafsache gegen Schmidt und Genossen*, bestehend aus drei Kommunisten, dem erwerbslosen Schlosser Ernst Pistorius, dem erwerbslosen Arbeiter Hermann Nickles und dem Kaufmann Wilhelm Jungmann, den drei *Sozialisten* Zäpfer Georg Altmeyer, seinem Sohn, dem erwerbslosen Bürogehilfen Josef Altmeyer, beide wohnhaft Köllnerstr. 1, und dem Bürogehilfen Hildebrand Becker. Das 7. Mitglied, der Bergmann Jakob Pohl, wurde von der Ortspolizei als Sympathisant von SPD und KPD eingestuft. Der Ausschuss lud verschiedene Bürger für 07.02. morgens ins Volkshaus zur Vernehmung als *Zeugen*. Tatsächlich erschienen mehrere Geladene im Laufe des Vormittags. Bürgermeister Georg sah in der Bildung des Ausschusses ein Vergehen nach § 132 Reichsstrafgesetzbuch und verständigte die Staatsanwaltschaft in Saarbrücken, auf deren Anordnung die Mitglieder des Untersuchungsausschusses vorläufig festgenommen und die bei ihnen vorgefundenen Protokolle beschlagnahmt wurden.[341] Die Kommunisten gaben dem Vorfall einen eindeutig politischen Anstrich und zogen in einem Flugblatt gegen die Interessengemeinschaft von Schwerindustriellen und Nationalsozialisten in selten deftiger Art vom Leder. Sie riefen auf zur Bildung einer effizienten Schutzorganisation und einer Einheitsfront. Der nachstehend vollständig edierte Text ist der schärfste mir aus Püttlingen bekannt gewordene.
Nieder mit der bestialischen Mordpest Hitlers, Röchlings u. Spaniols!
Rächt die ruchlose Tat an unserem Genossen Becker, rächt die Blutopfer der braunen Bestien, organisiert sofort den wehrhaften Massenselbstschutz in kämpfender Einheitsfront.
Arbeiter, Werktätige, Antifaschisten der Tat!
Die braunen Mordbestien, aufgewiegelt von den Knechten der Röchling, Wolff und Konsorten, den Spaniol und Gesellen haben ein neues viehisches Verbrechen begangen. Am Montag haben sie einen tapferen antifaschistischen Arbeiter, unseren Genossen Becker wie einen Hund niedergeknallt und zwei weitere Genossen verletzt. Mehrere Schüsse hat der Nazi-Verbrecher Math. Schmidt auf die unbewaffneten, wehr-

---

341 Berichte des Bürgermeisters und des Oberlandjägers Schwarz II vom 07.02.1934 (ebenda Nr. 325, S. 618-622) u. Volksstimme vom 06., 08. u. 09.02.1934. Die Arbeiterzeitung vom 06. u. 07.02.1934 meldete auch Verletzungen von Johann Karrenbauer.

losen Arbeiter abgegeben und dann den am Boden Liegenden noch mit den Füssen bearbeitet.
Im Beisein des Landjägers Schwarz hat dann der Bruder des Verbrechers Toni Schmidt noch weitere Morddrohungen ausgestossen.
Die faschistische Polizei hat die wehrlos Überfallenen noch verhaftet, weil sie sich verteidigten gegen die mit Arbeiterblut besudelte, erbärmliche Landsknechtskreatur des arbeiterfeindlichen Hitlerfaschismus. Lange haben die Banditen unserem Genossen Becker aufgelauert um ihn abzukillen. Jetzt führten sie ihren Schurkenstreich aus und wollen noch wie immer ihre Hände in Unschuld waschen. Ihre dauernden Provokationen gegen die Arbeiter sind bekannt, ihre feige Mordsucht noch gesteigert durch das Verhalten der faschistischen Püttlinger Polizei und Landjägerbeamten. Wofür morden sie, vergiessen sie kostbares Blut ehrlicher antifaschistischer Kämpfer? Für die kapitalistischen Räuberinteressen der Röchling, Thyssen, Krupp, der rücksichtslosen Ausbeuter der Arbeiter an der Saar und im Reich, für den Schutz von deren Millionenprofiten, deren Kriegsrüstungen, die sie hinter ihrer nationalistischen Hetze, hinter ihrem demagogischen schamlosen Volksbetrug eifriger den je betreiben.
Soll das so weiter gehen? Nein! Sollen die Lohnräuber und ihre hitlerfaschistischen Mordknechte an der Saar ihr blutiges Handwerk ungestört üben können? Nein!
Deshalb Arbeiter, Werktätige, Antifaschisten: Schluss mit dem Terror! Schluss mit dem Hitlerfaschismus an der Saar! Schluss mit der Faschistisierung der Völkerbundspolizei. Nieder mit der faschistischen Mordregierung Hitlers. Nieder mit dem Hitlerfaschismus an der Saar! Nieder mit den Ausbeutern der Arbeiter und Werktätigen! Schliesst fester die Reihen der kämpfenden Einheitsfront in den Betrieben, an den Stempelstellen, in den Häuserblocks. Führt Demonstrationen gegen die fasch. Mordpest und ihre Auftragsgeber durch. Fasst in den Betrieben Beschlüsse für Proteststreiks gegen den fasch. Mordterror.- Heraus mit den Verhafteten und eingekerkerten Antifaschisten. Fordert die Verhaftung aller Schuldigen und die Schliessung des Mordlokals. Schafft den wehrhaften roten Massenselbstschutz!

Heraus zur antifaschistischen Kampfkundgebung am Mittwoch, den 14.2. abends 7 ½ Uhr im Volkshaus Püttlingen.[342]
In der Nacht vom 08./09.04. wurde der KP-Mann Dörr beim Verlassen der Wirtschaft Theis, Püttlingen, angegriffen.[343]
Der Maurer Jakob Mathis (KP) aus Püttlingen zeigte Alois Kockler an, er habe in der Nacht vom 04./05.05.1934 mit einer Schusswaffe den Rudolf Koch bedroht. Daraufhin durchsuchte der Landjäger Schmidt IX die Kockler'sche Wohnung. Er berichtete, er habe keine Schusswaffe gefunden, und fügte hinzu: *Kockler ist Mitglied der Deutschen Front, während der Anzeiger Mathis und der Rudolf Koch hier als gewalttätige Kommunisten bekannt sind.*[344]
In der Nacht vom 06./07.05.1934 trafen die Brüder Peter, Richard und Franz Dörr (alle KP) in der Weiherbachstraße den pensionierten Bergmann Raubuch, der mit drei Männern von der Kundgebung in Zweibrücken zurückkehrend ein *Hitlerlied* sang, er wurde von den Brüdern Dörr geschlagen, zu Boden geworfen und erlitt Hautabschürfungen.[345]
Am 10.06. erlitt Leo Hubertus in einem Streit mit Theo Sehn nach einer Versammlung der SWV auf Grube Viktoria eine Stichverletzung.[346]
Am 18.07. wurde der Arbeiter Kleinbauer (RFB) auf dem Heimweg von sechs *Nazis angefallen und erheblich verletzt*.[347]
Nach dem Bericht von Georg Altmeyer[348] *wurden wenige Wochen später in einer Samstagnacht mehrere Kommunisten von Püttlingen aus den Betten heraus von der Polizei verhaftet, sie wurden von den Nazis beschuldigt, einen jungen Nazi verprügelt zu haben und wurde die Sache am nächsten Tage, Sonntagmorgen vor dem Schnellgericht in Saarbrücken verhandelt. Zu diesem Termin mußten mein Sohn und ich als Zeugen auftreten und der Wahrheit entsprechend unter Eid aussagen, dass zwei von den Beschuldigten z.Zt. der Tat bei uns*

---

342 Exemplare des Flugblattes im Format Din A 4 mit hektographiertem Text in LA SB LRA SB Nr. 325, S. 632 u. Nr. 326, S. 58.
343 Ebenda Nr. 325, S. 391.
344 Ebenda Nr. 326, S. 630.
345 Ebenda Nr. 326, S. 627.
346 Bericht von Landjäger Seibert (ebenda Nr. 328, S. 192f.).
347 Arbeiterzeitung vom 22.08.1934.
348 Beilage zu einem Antrag an das Wohnungsamt Püttlingen vom 30.05.1945, ediert von H.W. Herrmann, Georg Altmeyer.

im Lokale waren und nicht wie die Nazis angaben, vor dem braunen Haus, wo die Schlägerei stattgefunden haben soll, anwesend sein konnten.
Oberlandjäger Schwarz II erstattete Anzeige gegen den Chauffeur Richard Dörr (KP), Püttlingen, Sprengerstraße, er habe am 05.08.1934 bei dem geschlossenen Rückmarsch vom Sportfest der Einheitsfront im Stadion in Völklingen in der Völklingerstraße in Püttlingen nach Kindern geworfen, weil diese *Heil Hitler* riefen. In der Hauptverhandlung beim Amtsgericht Völklingen wurde Dörr mit 10 Tagen Gefängnis bestraft. In der Verhandlung wurden die Zeugen Johann Kleinbauer und Jakob Kurtz, beides Kommunisten aus Püttlingen, wegen Verdachts des Meineides in Haft genommen, Richard Dörr wegen Verleitung zum Meineid.[349]
Die publizistischen Angriffe gegen Pater Dörr stachelten geradezu zu Handgreiflichkeiten auf. Morddrohungen wurden nicht nur gegen ihn, sondern auch gegen seine Verwandten ausgestoßen. Vor seiner Wohnung versammelten sich wiederholt junge Anhänger der Deutschen-Front, sangen Nazi-Lieder und verspotteten Dörr und den Status quo.
Ein Bericht in der sozialdemokratischen »Volksstimme« vom 11.09. über den Überfall auf Johann Altmeyer, den Sohn des Pächters des Volkshauses in Püttlingen, in der Nacht vom 09./10.10.1934 war zufolge der Stellungnahme des Landjägerpostens in Püttlingen aufgebauscht.[350]
Am 20.10. begegnete Josef Schackmann, Sohn des ortsbekannten SWV-Funktionärs, einem Trupp von ca. 20 Stahlhelmer unter Führung von Albert Schirra. Mit den Worten *die Franzosenmützen werden alle auf dem Scheiterhaufen verbrannt*, zog ihm Schirra die Mütze aus. Als Schackmann sie zurückholen wollte, bedrohte Schirra ihn mit einem Revolver und ein anderer Stahlhelmer schlug ihn *wahrscheinlich mit einem Gummiknüppel* auf den Kopf.[351]

---

349 Bericht von Schwarz vom 05.11.1934 (LA SB LRA SB Nr. 997).
350 Ebenda Nr. 327, S. 458-462, dazu auch Bericht in der Arbeiterzeitung vom 09./10.09.1934.
351 Volksstimme vom 21.10. 1934.

Parteilichkeit von Verwaltung und Justiz

Gewaltanwendung im Abstimmungskampf wurde von Behörden und Presse unterschiedlich gewichtet. Je näher der Abstimmungstermin rückte, desto deutlicher wurde die Tendenz der kommunalen Behörden erkennbar, agressive Aktivitäten der DF herunterzuspielen, von Kommunisten und Sozialdemokraten angezeigte Vorfälle zu bagatellisieren,[352] dagegen das Verhalten ortsbekannter Anhänger der Einheitsfront kritischer zu beobachten und schärfer zu beurteilen. Beispiele dafür finden sich in den vorstehenden Abschnitten. Die Arbeiterzeitung sah in einer Anordnung des Püttlinger Bürgermeisters Georg, keine Unterstützungen an reichsdeutsche Emigranten auszuzahlen, Zeichen einer Parteinahme für das »Dritte Reich«.[353]

Die internationale Regierungskommission wünschte ein neutrales Verhalten der Richter, der Angestellten und Beamten der Landes- und Kommunalverwaltungen. Diese aber agierten so, dass ihnen nach der zu erwartenden Rückgliederung von ihren neuen Dienstherren im Reich nicht ein national unzuverlässiges oder gar Antifaschisten und Status-quoler begünstigendes Handeln vorgeworfen und damit Maßregelungen und Benachteiligungen begründet werden könnten.

Antijüdische Aktionen

Über den jüdischen Bevölkerungsanteil und seine Erwerbstätigkeit wurde in dem einführenden Kapitel kurz berichtet.[354] Über antisemitische Strömungen im Köllertal vor 1933 wurde mir nichts bekannt. Aber die von der NSDAP im Reich entfachte Judenfeindlichkeit schwappte bald über ins Köllertal. Antijüdische Hasstiraden ließ der NSDAP-Redner Kreis aus Völklingen bei einem NSDAP-Sprechabend auf der Ritterstraße am 23.02.1933 los. Im Polizeibericht heißt es: *Er geißelte ganz besonders das Judentum und die Knechtschaft der internationalen Finanzmacht. Diese hätten die Vormachtstellung in der Welt. Die Inflation, die Parteizersplitterung und der Parteihader*

---

352 Beispiele in LA SB LRA SB Nr. 327, Volksstimme vom 11.09.1934.
353 Arbeiterzeitung vom 18./19.02.1934.
354 Vgl. S. 43 f.

seien ihr Werk. Als besondere Kennzeichnung des Judentums nannte er deren aalglattes Benehmen und ihre gewandten gesellschaftlichen Umgangsformen. Bis heute habe man nicht wahrgenommen, dass ein Jude tatsächlich körperlich schwer arbeite. Sie lebten von der Volksausbeutung durch unreellen Handel und dies manchmal sogar unter der Maske der Religion. Weiter kam Redner zu sprechen auf die Verhetzung des Volkes durch die jüdische Presse. Weiter brachte Redner einen Auszug aus dem jüdischen Volksgesetz zur Verlesung, wonach allen andersgläubigen jede Daseinsberechtigung abgesprochen wird. Letztere seien nach dem genannten Gesetz mit dem Tier auf eine Stufe gestellt. Es sei sogar Pflicht und Ehrensache andersgläubige zu töten. Weiter sei es für einen Juden nicht entehrend, wenn er eine christliche Frau oder Mädchen schändet. Dem Juden sei alles verächtlich was uns heilig ist. Er führte dann weiter aus, was der Jude Dr. Jakob Katzlin selber über das Judentum aussagt. In einem Lande wo die sittliche Verwahrlosung sich ausbreite und die Zwietracht immer grösser werde, dort fühle der Jude sich wohl. Diese Sorte von Menschen habe in Deutschland keine Daseinsberechtigung und es sei da höchste Zeit, dass der Befreier Adolf Hitler, der Retter Deutschlands diesen Zuständen ein Ende mache.[355]

Im Mai 1933 tat sich ein Riegelsberger Buchhändler durch das Angebot antisemitischer Druckschriften so hervor, dass ihm dies eine Anzeige eintrug.[356]

Ende November 1933 erhielt der Kaufmann Robert Salomon einen Brief mit Beleidigungen und Bedrohungen, die für ihn solches Gewicht hatten, dass er Anzeige erstattete. Über die Angelegenheit berichtete das Mitglied der Regierungskommission für Justiz in der Sitzung vom 03.12.[357]

In der Nacht vom 18./19.12.1933 wurden jüdische Geschäftshäuser mit Plakaten beklebt »Deutsche kauft in deutschen Geschäften! Wer

---

355 Bericht des Oberlandjägers Schwarz II vom 24.02.1933 (LA SB LRA SB Nr. 310).
356 H.W. Herrmann in Ortschronik Riegelsberg, S. 182.
357 Inventar der Quellen zur Geschichte der jüdischen Bevölkerung Teil 5 Nr. 3311.

beim Juden kauft, versündigt sich an Volk und Vaterland.«[358] Dies wiederholte sich Anfang Februar 1934.[359]
Im März 1934 marschierte eine Gruppe von BDM-Mädchen, die einen Ausflug nach Völklingen unternommen hatten, vom Püttlinger Bahnhof im Gänsemarsch durch den Ort und sangen »Juda verlasse unser deutsches Haus«. Die aufmerksam gewordene Polizei stellte die Personalien von elf Mädchen zwischen 13 und 23 Jahren fest.[360]
Die zitierten Fälle belegen, dass in Püttlingen genauso wie in anderen Städten und Dörfern des Saargebiets gegen Juden polemisiert wurde. Zu Ausschreitungen kam es noch nicht, aber die Saat war ausgestreut.
In realistischer Einschätzung der Situation verkaufte Max Neumark sein Geschäft im Dezember 1934 an Jakob Jungmann. Dieser versicherte nach dem Kriege, er habe erreicht, dass Neumark den ihm gezahlten Kaufpreis von der Saargenossenschaftsbank (Gersweiler Sparkasse) nach Luxemburg, wohin er seinen Wohnsitz noch vor der Abstimmung verlegt hatte, transferieren konnte.[361]

Unterstützung aus dem Reich

Die Parteien und Verbände im Saargebiet waren meist Tochterorganisationen der entsprechenden Parteien und Verbände im Reich. Daraus hatten sich Möglichkeiten ergeben, vom Reich aus die Aktivitäten der saarländischen Tochterverbände zu steuern und finanziell zu unterstützen und auf die Besetzung der Führungspositionen (Vorstände) Einfluss zu nehmen. Der Regierungskommission war dies schon immer ein Dorn im Auge gewesen, in Einzelfällen war sie dagegen eingeschritten. Nachdem im Frühjahr 1933 der Umbau des parlamentarischen Systems der Weimarer Republik zum »Nationalsozialistischen Führerstaat« – sprich Einparteien-Diktatur – von Woche zu Woche deutlicher wurde, verfügte sie am 31.05.1933 durch eine Verordnung zur Änderung des Vereinsgesetzes von 1904 die Verselbständigung der bisher im Saargebiet bestehenden Bezirksverbände, Landesgruppen etc.

---

358 Ebenda Nr. 3312.
359 Volksstimme vom 03.02.1934.
360 LA SB LRA SB Nr. 313, Inventar (wie Anm. 357) Nr. 3315.
361 Wiedergutmachungsakt Jungmann StadtA Pü.

und ihre Abkoppelung von reichsdeutschen Parteien und Verbänden. Bestehen blieben jedoch die mehr oder weniger latenten persönlichen Beziehungen, über die auch weiterhin erhebliche Finanzmittel flossen. Das dichte Netz organisatorischer und persönlicher Verbindungen, das der »Bund der Saarvereine« als bisheriges Koordinierungsorgan gewebt hatte, wurde von der NSDAP seit der Machtübernahme intensiv genutzt.[362]

Großveranstaltungen

Um Saarländern und Saarländerinnen zu demonstrieren, dass sie von ihren Brüdern und Schwestern im Mutterland nicht vergessen seien, wurde die vom Bund der Saarvereine begründete Tradition der Großveranstaltungen fortgesetzt, bei denen sich Reichsdeutsche und Saarländer in geschickt inszenierten Begegnungen der gegenseitigen Treue versicherten. Die angereisten Saarländer wurden durch die Fest-Kultur des »Dritten Reichs« in ihren Bann gezogen und beeindruckt.[363] Genannt werden müssen hier die vier großen Saarkundgebungen am 27.08.1933 am Niederwalddenkmal mit Hitler, die Grenzlandkundgebung am 05.11.1933 in Trier mit Hermann Göring, der Tag der Saar am 06.05.1934 in Zweibrücken mit Reichspropagandaminister Dr. Josef Goebbels, an der eine große Anzahl von Leuten aus Püttlingen teilnahm,[364] und die Kundgebung am 26.08.1934[365] auf dem Ehrenbreitstein bei Koblenz mit Hitler. Zusteigemöglichkeiten in die Sonderzüge gab es in den Bahnhöfen Etzenhofen und Püttlingen.
Bei der Kundgebung am Niederwalddenkmal hatte Hitler die Verbundenheit zwischen dem Reich und dem Saargebiet in einprägsamen Sätzen bekundet, die in den folgenden Monaten immer wieder als Ausdruck des gegenseitigen Treuverhältnisses zitiert wurden:
Das Reich kann nicht auf das Saargebiet verzichten, ebenso wenig wie das Saargebiet auf das Reich verzichten kann. Wir sind zusammen ein Volk, das nicht voneinander zu lösen ist. Die Menschen können nicht trennen, was Gott zusammengeführt hat. Es wird für Deutsch-

---

362 Wettmann-Jungblut, Theodor Vogel.
363 Zenner, Parteien und Politik, S. 258.
364 Erwähnt in Polizeibericht (LA SB LRA SB Nr. 326, S. 627).
365 An demselben Tag wurde in Köln eine große Saarausstellung eröffnet.

land keine glücklichere Stunde geben, als wenn das Saargebiet mit Deutschland vereint ist.[366]
Im Juni 1934 organisierte Frau von Vopelius, Vorsitzende des Saarbrücker Kreisverbandes des Vaterländischen Frauenvereins vom Roten Kreuz, mit Unterstützung reichsdeutscher Stellen eine mehrtägige Fahrt nach Berlin. Rund 2.100 Frauen wurden in Sonderzügen, die in Dudweiler, Heusweiler, Völklingen und Großrosseln ihre Ausgangsbahnhöfe hatten, nach Berlin gebracht. Schon die aufwendige Begrüßung am Anhalter Bahnhof mit Musik durch SA und in der Reichshauptstadt ansässig gewordene Saarländer übertraf die Erwartungen der Frauen, erst recht das Programm der folgenden Tage mit Stadtbesichtigungen, wahlweisem Besuch von Festkonzerten, Theater, Varieté oder Kino, Dampferfahrt auf der Havel, Ausflügen nach Potsdam, Rostock und Warnemünde. Es versteht sich, dass Propagandareden in das Programm eingebaut waren, Ansprachen der Führerin der NS-Frauenschaft Gertrud Scholz-Klink, des Vizekanzlers Franz von Papen und seiner Frau. Das Programm erreichte seinen propagandistischen Höhepunkt in einer Begegnung mit Hitler im Hof der Reichskanzlei. *Er weilte mitten unter den Frauen, drückte vielen die Hände und wurde selbst bewegt, als er die Ergriffenheit und in vielen Augen die Tränen sah.* «So wie Ihr heute zu mir kommt, so werde ich im nächsten Jahr zu Euch kommen» sagte er ihnen unter anderem.[367] Die »Volksstimme« vom 18.07.1934 erwähnte die Teilnahme von Frauen aus Püttlingen.
Beim Reichsparteitag in Nürnberg waren die einheitlich mit weißem Hemd bekleideten Hitler-Jungen aus dem Saargebiet so aufgestellt worden, dass das Wort »SAAR« deutlich erkennbar war.
Eine Delegation der Saarbauernschaft feierte am 01.10. das Reichs-Erntedankfest in Bückeburg mit. Neun Tage später empfing Hitler in Berlin Bürgermeister und Stadtverordnete aus dem Saargebiet. Ob Köllertaler Vertreter dabei waren, konnte ich nicht in Erfahrung bringen.
Zahlreich waren die Begegnungen auf sportlicher Ebene. Der Turnverein Püttlingen fuhr am 05.05. mit 245 Mitgliedern nach Groß-Gerau

---

366 Hier zitiert nach Rehanek/König, Sieg an der Saar, S. 33.
367 Berichte in »Nachrichten des Vaterländischen Frauenvereins vom Roten Kreuz« 9. Jg. Nr. 7, S. 1-4 u. Nr. 8, S. 1-4.

bei Mainz auf Einladung des dortigen Turnvereins[368]. In demselben Monat spielte der Püttlinger Fußballverein 08 hier gegen den S. C.04 Neuwied.[369]
Einige Mitarbeiter aus dem Püttlinger Polizei- und Steuerbüro und dem Elektrizitätswerk beteiligten sich an einer Rheinfahrt des Verbandes der Büroangestellten und Beamten am 02. und 03.06.1934.[370]

Kindererholungsreisen[371]

Im März 1934 fuhren etwa einhundert Schulkinder von Püttlingen und Ritterstraße, meistens Knaben, zur Erholung in die Provinz Hannover, *um die Not der vielen Tausend arbeitslosen Familien an der Saar zu lindern.*[372] Günter Altmeyer (geb. 1925) erinnert sich an seinen Aufenthalt in Odenkirchen-Rheydt bei Mönchengladbach im selben Jahr.[373] In die Organisation der Erholungsreisen für Püttlinger Kinder waren der NSDAP-Ortsgruppenleiter Grünwald und Jakob Britten aus Ritterstraße eingebunden.[374]
Ähnliche Reisen wurden auch von der Internationalen Arbeiterhilfe angeboten. Die »Arbeiterzeitung« berichtete von Fahrten nach La Rochelle, ins Großherzogtum Luxemburg und in die Schweiz.[375]

Freiwilliger Arbeitsdienst

Unter dem Druck der wachsenden Arbeitslosigkeit hatte die Reichsregierung im Juni 1931 einen Freiwilligen Arbeitsdienst (FAD) einge-

---

368 Bericht des Bürgermeisters vom 07.05.1934 (LA SB LRA SB Nr. 996), dazu auch kurzer Kommentar in der »Volksstimme« vom 02.06.1934.
369 LA SB LRA SB Nr. 314.
370 Bericht des Angestellten Zimmer an den Bürgermeister vom 09.06.1934 (LA SB LRA SB Nr. 326, S. 108f.).
371 Dazu allgemein Zenner, Parteien u. Politik, S. 260.
372 Heiß, Saarbuch, 1. Aufl., S. 227.
373 Mitteilung vom 18.07.2006.
374 Zur Einbeziehung Püttlinger Kinder vgl. Bericht des Oberlandjägers Schwarz II vom 21.03.1934 LA SB LRA SB Nr. 326, S. 305 u. Aussage von Peter Fecht, Blockwart der DF, am 19.05.1934 (ebenda Nr. 328, S. 69f.).
375 Arbeiterzeitung vom 02. u. 17.08 1934 u. 08.11.1934.

richtet, anknüpfend an die einige Jahre früher entstandenen Arbeitslager, wo Jugendliche freiwillig unter Verzicht auf volles Entgelt im Straßen- und Wegebau und in der Kultivierung von Ödland für einige Monate gearbeitet hatten.
Die Nationalsozialisten formten den FAD um zum Reichsarbeitsdienst (RAD). Die früher in manchen Lagern schon praktizierte vormilitärische Ausbildung wurde nun verstärkt und mit einer intensiven Infiltration der NS-Ideologie verbunden. Der Beitritt zum FAD stand auch jungen Saarländern offen.[376] Das Leben in den FAD-Lagern war streng reglementiert, die Unterkunft spartanisch, das Essen nicht so, wie von der mütterlichen Küche her gewohnt. Es erstaunt nicht, dass die Status quo-Presse nicht nur ihr bekannt gewordene Unzufriedenheiten und Enttäuschungen herausstrich, sondern vor allem die Ursachen der relativ hohen Anzahl von Unfällen und Krankheiten saarländischer FAD-Männer mit Todesfolge, darunter auch der aus Püttlingen stammenden Heinrich Grün, kritisch hinterfragte.[377] Berichte von Heimkehrern aus dem FAD sollen laut »Arbeiterzeitung« 25 Jungen zum Austritt aus der HJ veranlasst haben.[378]
Die Regierungskommission beobachtete dies mit wacher Aufmerksamkeit und verlangte von den Bürgermeistern ab 01.02.1934 Angaben über die Zahl der jungen Männer aus der Ortsbevölkerung, die im Reich beim Arbeitsdienst tätig waren, und Meldung der Zurückgekehrten.

Datum des Berichts	Bürgermeisterei Püttlingen		Bürgermeisterei Sellerbach	
	beim FAD	zurückgekehrt	beim FAD	zurückgekehrt
	205	2	117	–[379]
05.10.1934			290	2
29.10.1934	gemeldet 116			
	tatsächlich ca. 210		292	7
05.11.1934	gemeldet 120			
	tatsächlich ca. 205			
12.11.1934	etwa 205			

---

376 Vgl. dazu Muskalla, NS-Politik, S. 399.
377 Arbeiterzeitung vom 26.08., 09. 10., 13. 11. U.U-J.d 21.11. 1934. In ihrer Ausgabe vom 04./05.11.1934 spricht sie von 77 Toten.
378 Arbeiterzeitung vom 29.11.1934.
379 LA SB LRA SB Nr. 324, S. 15.

19.11.1934	gemeldet 133		
	tatsächlich 190	287	
03.12.1934		287	
10.12.1934	etwa 200	287	
17.12.1934	etwa 200	279	8
27.12.1934	etwa 200	79	200
31.12.1934	17		

Reichsdeutsche Emigranten

Das Saargebiet wurde bald nach Hitlers Regierungsantritt ein Aufnahmeland für reichsdeutsche Emigranten. Gemäß Anweisung der Regierungskommission waren sie umgehend zu erfassen. In Püttlingen meldete sich als erster Emigrant am 13.04.1933 der sechsundzwanzigjährige Bergmann Heinrich Szesni aus Bochum, Sozialdemokrat, der wegen Beleidigung des Reichskanzlers und wegen Plakateklebens strafrechtlich verfolgt wurde. Er wurde im Volkshaus untergebracht.[380]

Die kritische Einstellung von Behörden gegenüber Emigranten spricht ganz deutlich aus einem Bericht des Landjägeramtes Riegelsberg vom Herbst 1933: *Seit einiger Zeit macht sich in Püttlingen ein gewaltiger Zuzug von Emigranten und politischen Flüchtlingen bemerkbar. So wurden am gestrigen Tage dem 16. Oktober 1933 allein wiederum 5 Flüchtlinge polizeilich angemeldet mit der Bestimmung ihren Wohnsitz in Püttlingen zu nehmen. Diese Anweisung ist nach Aussage der politischen Flüchtlinge, die von dem Burbacher Flüchtlingslager kamen, diesen von der Leitung des Flüchtlingslagers erteilt worden. Gründe hierzu werden von den sich jeweils polizeilich meldenden Personen verweigert. Des weiteren verweigern neuerdings alle von Burbach zuziehenden Flüchtlinge ihre frühere Tätigkeit anzugeben, mit der Begründung, dass sie befürchten von saarländischen Stellen im Reiche* [muss wohl heißen »von saarländischen Stellen an Stellen im Reich«] *gemeldet zu werden. Es ist in Püttlingen bereits der Fall, wo selbst Familien, die selbst mit vier Personen nur eine Wohnung von 1 Küche und zwei Zimmern innehaben, sogar 4 bis 5 Flücht-*

---

380 Ebenda Nr. 323, S. 469 u. 496.

linge bei sich eingemietet bzw. untergebracht haben. Alles in allem ein skandalöser Zustand. Desgleichen bietet die Grubenverwaltung den Flüchtlingen die Möglichkeit, sich bei ihren Werksleuten einzumieten und zwar in obig gesetzwidrigem Zustand. In einer Werkswohnung der Grubenverwaltung gehörig am Espenwald in Püttlingen hausen ebenfalls 4 Flüchtlinge mit einer Familie von 4 Personen ebenfalls auch nur in drei Wohnräumen. Anbetracht des verschiedenen Geschlechts der Familienangehörigen dürfte sich auch hier bei der Unterbringung der Flüchtlinge, die ausnahmslos Männer sind, auch eine bestimmte Gesetzwidrigkeit ergeben. Beide vorerwähnte Fälle werden nach Rücksprache mit dem Herrn Bürgermeister zu Püttlingen bearbeitet. Die hierselbst zugezogenen Flüchtlinge betreiben grösstenteils eine verkappte politische Tätigkeit und zwar in dem Sinne, die Mitglieder der S. P.D. und K.P.D. wie S. S.P. zu Reibereien und Stänkereien aufzuwiegeln. So ist der Flüchtling Heyne, früher Redakteur für politische Druck- und Zersetzungsschriften der Hauptagitator. Heyne wohnt im Volkshaus mit anderen Flüchtlingen zusammen und hat ein ungehindertes Arbeitsfeld im Volkshaus selbst, weil er von niemanden gestört wird. Eine Durchsuchung allein im Volkshaus würde meines Erachtens grössere Mengen illegalen Materials hervorbringen, sobald seitens einer Behörde bzw. Verwaltung diesbezüglich weitere Anordnungen erlassen würden. Zweckmässig erschiene es ebenfalls zu gleicher Zeit bei führenden K.P.D.Mitgliedern eine Aktion herbeizuführen, die schon öfters wegen Verstoss gegen die Verordnung der Regierungskommission vom 20.5.1933 bestraft sind, z.B.Peter und Richard Dörr in Püttlingen, Johann Dörr, Ludwig Kneip und Ludwig Dörr in Güchenbach und letzten Endes Bernarding und Blass Eduard in Hixberg bzw. Pflugscheid. Anbetracht dessen, dass seitens dieser plötzlich im Uebermass zuziehenden Flüchtlinge gerade für Püttlingen eine grössere Unsicherheit zustande kommt und auch hierbei bestimmt eine politische Aktion im Stillen geplant ist, wäre es angebracht, wenn der Zuzug gerade für Flüchtlinge verboten würde und die bereits zugezogenen Flüchtlinge an ihre früheren Wohnsitze verwiesen würden, in diesem Fall Flüchtlingslager Burbach.[381] Der Bericht war aufgebauscht sowohl hinsichtlich der Zahl der Emigranten in Püttlingen – am 17.10.1933 meldete der Bürgermeister 27 Männer

---

381 Bericht von Wahlmann vom 17.10.1933 (ebenda Nr. 325, S. 251f.).

(12 in Püttlingen, 1 in Ritterstraße, je 7 in Altenkessel und Rockershausen), 1 Ehefrau und 3 Kinder[382] – als auch hinsichtlich geplanter politischer Aktionen. Immerhin veranlasste er den Landrat, sich persönlich am Abend des 18.10. bei einem Rundgang mit dem 1. Kreissekretär durch den Püttlinger Ortskern einen Eindruck von der Situation zu verschaffen, wobei ihm aber nichts Ungewöhnliches auffiel.[383]

Die französische Grubenverwaltung hatte reichsdeutsche Emigranten in Gebäuden stillgelegter Gruben untergebracht, u.a. auch in Von der Heydt. Diese »Emigrantenlager« galten als Agitationszentren der Einheitsfront und waren Zielpunkte von Verdächtigungen. Gerüchte liefen um, dass Männer für den Widerstand im Reich ausgebildet würden. Beweise dafür wurden mir nicht bekannt.
Georg Altmeyer, der Fraktionsführer der sozialdemokratischen Gemeinderatsfraktion, hatte einige Emigranten in das damals von ihm verwaltete Volkshaus in Püttlingen, das dem Bergarbeiterverband gehörte, aufgenommen.[384] Andere Emigranten kamen in Privatquartieren unter:[385] Theo Sehn gewährte Anfang 1934 Emigranten Unterstützung und Unterkunft in seiner Wohnung in Püttlingen.[386] Ludwig Brader wurde von Familie Nalbach aufgenommen und heiratete später die Tochter. Georg Becker hatte in seinem Hause in Engelfangen den Emigranten zwei Zimmer überlassen, in denen sie Mahlzeiten zubereiten und zu sich nehmen konnten. Der örtlich zuständige Landjäger inspizierte *die Emigrantenküche* und berichtete, dass sie von 30-35 Personen frequentiert werde.[387]
Fritz Diehl, Engelfangen, wurde später vorgeworfen, Emigranten auf-

---

382 Namentliches Verzeichnis in LA SB LRA SB Nr. 325, S. 253ff.
383 Konzept seines Berichts an die Regierungskommission Direktion des Innern vom 21.10.1933 (ebenda Nr. 325, S. 257f.).
384 Beilage zu Altmeyers Antrag an das Wohnungsamt Püttlingen vom 30.05.1945 (StadtA PÜ, H.W. Herrmann, Georg Altmeyer).
385 Mitteilung des Landrates an Regierungskommission am 14.05.1934 (LA SB LRA SB Nr. 996).
386 Erwähnt in seinem Entschädigungsantrag vom 05.06.1947 (LA SB LEA Nr. 5878).
387 Bericht vom 01.03.1934 (LA SB LRA SB Nr. 328, S. 214).

genommen zu haben.[388] Die Bürgermeister hatten regelmäßig über den Zuzug von Emigranten zu berichten.[389]

Zeitpunkt	Bgrm. Püttlingen			Bgrm. Sellerbach/Riegelsberg		
30.01.1934	39, davon	37 Zuschuss gewährt		7, davon 6 Zuschuss gewährt		
12.09.1934	57 Männer 10 Frauen 14 Kinder					
01.10.1934				39	2 Frauen	1 Kind
29.10.1934	59	9	13	39	2	1
12.11.1934	55	8	11	21	3	3
26.11.1934	55	8	11	21	3	3
10.12.1934	54	8	11			
31.12.1934	53	8	11	21	3	3
07.01.1935	54	8	11	21		

Diese Zahlen differieren mit namentlichen Listen der reichsdeutschen Emigranten, die die Bürgermeisterämter auf Veranlassung der in Saarbrücken neu eingerichteten Stapo-Stelle Ende März 1935 erstellten.[390] Die Liste des Bürgermeisteramtes Püttlingen enthält 66 Namen für die Gemeinde Püttlingen und 45 für die Gemeinde Altenkessel, zugehörige Familienmitglieder sind nicht eigens aufgeführt. Die Differenz kann damit erklärt werden, dass nicht wenige Emigranten schon vor der Abstimmung weggezogen waren, sei es ins Ausland oder in einen anderen Ort im Saargebiet.
Die Liste des Bürgermeisteramts Sellerbach/Riegelsberg enthält 187 Namen, davon haben sich einer in Engelfangen und drei in Sellerbach aufgehalten, alle anderen in Von der Heydt, wo die französische Grubenverwaltung Quartiere bereitgestellt hatte. Der Bürgermeister von Heusweiler meldete für seinen Bereich einen einzigen Namen.
Der Püttlinger Verwaltungsbericht 1933/35 erwähnt, dass durch die *politischen Flüchtlinge* eine spürbare Belastung der Wohlfahrtspflege eingetreten sei.[391]

---

388 LA SB LEA Nr. 5867.
389 Meldungen in LA SB LRA SB Nr. 327, S. 147, 296, 308, 471ff., 515, 771f.
390 LA SB LRA SB Nr. 331, S. 438-448, 459-470, 488-494.
391 Die Zahlen der im Verwaltungsbericht von 1933/35 genannten Emigranten und die Meldungen in den Wochenberichten des Püttlinger Bürgermeisters stimmen nicht überein, der Verwaltungsbericht nennt zum Ende des Jahres 1934 für Püttlingen 30 und für Altenkessel 13 Emigranten, teilweise mit Familien.

Die Regierungskommission hatte den reichsdeutschen Emigranten jegliche politische Betätigung im Saargebiet untersagt, namentlich wurden genannt: Anfertigung und Verteilung nicht genehmigter Flugblätter, Anbringung unerlaubter Plakate, Beteiligung an nicht erlaubten Aufzügen und Sprechchören. Ein Zuwiderhandeln konnte die Zurückziehung der Aufenthaltserlaubnis zur Folge haben.
Der Püttlinger Bürgermeister Georg ließ das Verhalten der reichsdeutschen Emigranten in der Öffentlichkeit beobachten. Hans Doll, der seit 01.01.1934 in Püttlingen gemeldet war, wurde am 01.05. wegen Beteiligung an einer nicht genehmigten Demonstration festgenommen und vom Schnellgericht in Saarbrücken mit einer Woche Gefängnis bestraft.[392] Gegen den seit Oktober 1933 sich in Püttlingen aufenthaltenden Christoph König wurde ein Strafverfahren eingeleitet, weil er im April 1934 in der Moltkestraße in Saarbrücken Druckschriften angeboten, betitelt *Im Mörderlager Dachau* und *Achtung! Hier sprechen deutsche Kumpels über die Sowjetunion*, und sich am 01.05. in Völklingen an einem nicht genehmigten Umzug beteiligt und eine Waffe mitgeführt hatte. Das Schnellgericht in Saarbrücken verurteilte ihn zu einer Gefängnisstrafe von 3 Monaten und 1 Woche.[393] Ob die Verteilung des von der SWV herausgegebenen »General-Anzeigers« schon als politische Tätigkeit zu betrachten sei, wagte Bürgermeister Georg nicht selbst zu entscheiden und fragte deshalb beim Saarbrücker Landrat an.[394]
Ein beträchtlicher Teil der Bevölkerung hielt Distanz zu den Emigranten. Daher erreichten Berichte ihrer Erfahrungen mit Nazi-Terror meist nur die Befürworter des Status quo und die Leser der nicht gleichgeschalteten Presse.

---

392 Meldung des Bürgermeisters an den Landrat am 03.05.1934 (LA SB LRA SB Nr. 328, S. 293).
393 Bürgermeister an Landrat am 02.05.1934 (LA SB LRA SB Nr. 326, S. 582) und am 28.05.1934 (ebenda Nr. 328, S. 134).
394 Anfrage vom 06.03.1934 (ebenda Nr. 325, S. 609).

Unterstützung des Widerstandes im Reich

Das Saargebiet wurde bereits 1933 logistische Basis für die KPD im Kampf gegen das NS-Regime, wiederholt hielten sich Mitglieder des Politbüros hierzulande auf. Die Verbindungen saarländischer KP-Mitglieder zu ehemaligen Parteifreunden, Gleichgesinnten, Bekannten, Verwandten usw. im Reich wurden nicht nur für nachrichtendienstliche Tätigkeiten, Kurierfahrten und Schleuserdienst, sondern auch zur direkten Unterstützung des antifaschistischen Widerstands im Reich gegen die NS-Herrschaft genutzt.[395] In diesem Rahmen betätigten sich Theo Sehn aus Püttlingen und Dora Zeitz aus Engelfangen.

Sehn berichtet dazu selbst:[396] *Anfang des Jahres 34 machte ich verschiedene Fahrten nach Worms zugunsten emigrierter Genossen. Durch Verrat des Nazi-Kommissars Krancher und dessen Helfershelfer Adolf Gemeinder aus Püttlingen wurde ich in Worms im Februar 34 von der geheimen Staatspolizei verhaftet, als ich die Frau und Kinder eines Genossen von dort nach Püttlingen holen wollte. Man legte mir Spionage zu Gunsten Frankreichs zur Last. Trotz aller Schikanen konnte man die Anklage nicht aufrecht erhalten und so entliess man mich wieder, nachdem ich 4 Monate im Gefängnis war. Leider verlor ich durch diese Inhaftierung meine Arbeit als Betriebselektriker der Gemeinde Püttlingen.*[397]

Dora Zeitz, die ihren Vater schon 1921 verloren hatte, war von Onkel und Großonkel Georg Becker und August Faust in kommunistisches Gedankengut eingeführt worden. Seit 1929 war sie aktives Mitglied des KJVD. Nach der Machtübernahme der NSDAP im Reich schickte der KJVD sie nach Mannheim, um dort beim Widerstand gegen die Nazis zu helfen. Nachdem der Saarländer Fritz Nickolay als Leiter des KJVD-Bezirks Baden-Pfalz verhaftet worden war, hatte im Juli 1933 die Münchnerin Berta Carola Karg seine Nachfolge übernommen. Auch Dora Zeitz wurde bei einer Verhaftungswelle im Juni in Mannheim festgenommen, nach zweimonatiger Haft aber ins Saargebiet abgeschoben. Sie betätigte sich hier aktiv bei der Einheitsfront.[398]

---

395 Paul/Mallmann, Milieus und Widerstand, S. 357-361.
396 Entschädigungsantrag vom 05.06.1947 (LA SB LEA Nr. 5878).
397 Nach eigenen Angaben vom 05.06.1947 in seinem Wiedergutmachungsantrag (LA SB LEA Nr. 5878).
398 Bies, Zeitz, S. 9f.

Fritz Nickolay, der ins KZ Dachau eingeliefert worden war, berichtete nach seiner Freilassung bei einer Veranstaltung der Jugendorganisation der Einheitsfront am 25.11.1934 in Püttlingen über Leiden und Erlebnisse in Dachau.[399]

Die Abstimmung

Vorbereitung

In der Sitzung des Völkerbundsrates vom 04.06.1934 wurde der 13.01.1935 als Tag der Volksabstimmung festgelegt, ein Comité zur Vorbereitung der Abstimmung unter dem Vorsitz des Italieners Baron Aloisi gebildet und ein Abstimmungsgericht gebildet und seine Kompetenzen festgelegt.
Anfang Juli 1934 wurde der Termin offiziell bekanntgegeben,[400] wenige Tage später die Wahlordnung vom 07.07.1934 publiziert.[401] Stimmberechtigt ohne Unterschied des Geschlechts und der Staatsangehörigkeit war jede Person, die zum Zeitpunkt der Abstimmung volle 20 Jahre alt sein würde, am 28.06.1919 die Eigenschaft eines Einwohners des Saargebiets besaß, d.h. hier ihren gewöhnlichen Wohnsitz hatte. Für verheiratete Frauen galt der Wohnsitz des Ehemannes, sofern inzwischen keine gesetzliche Trennung erfolgt war. Eine solche Festlegung der Abstimmungsberechtigung bedeutete, dass zum Zeitpunkt der Abstimmung außerhalb des Saargebiets Wohnende abstimmungsberechtigt waren, wenn sie am 28.06.1919 hier gewohnt und einen Antrag auf Stimmberechtigung gestellt hatten. In Ausführung dieser Bestimmung setzte wenige Tage vor dem Abstimmungstermin ein starker Reiseverkehr ins Saargebiet ein. Ausgeschlossen von der Teilnahme an der Abstimmung waren Entmündigte, in Irrenanstalten untergebrachte Personen und durch rechtskräftige Entscheidung zum Verlust der bürgerlichen Ehrenrechte Verurteilte. Der St. Wendeler

---

399 Wochenbericht des Oberlandjägers Schwarz III vom 26.11.1934 (LA SB LRA SB Nr. 997).
400 Saarbrücker Kreisblatt 60. Jg. (1934) Nr. 26, S. 77.
401 Ebenda, Nr. 28, S. 87-92, Amtsblatt der Regierungskommission 1934, S. 271-287.

Gerichtsassessor Dr. Groten schrieb einen Kommentar zu den Abstimmungsvorschriften, der unter dem Titel »Abstimmungsführer« im Oktober 1934 veröffentlicht wurde.[402]
Richtlinien zur Vorbereitung der Abstimmung waren schon im Oktober 1923 erlassen worden. Ein erstes großes Arbeitsfeld war die Erstellung der Listen der Abstimmungsberechtigten, dazu wurden Unterlagen der Standesämter und Meldeämter der Bürgermeistereien gesichtet. Die internationale Abstimmungskommission unter Vorsitz von E. A. Rohde hatte die Aufstellung der Listen der Abstimmungsberechtigten zu überwachen, Einsprüche zu bearbeiten und für eine freie, geheime und unbeeinflusste Stimmabgabe zu sorgen.[403] Jede Bürgermeisterei erhielt einen Abstimmungskommissar, in der Bürgermeisterei Sellerbach war es der Däne Dr. Erik Hoff,[404] in Püttlingen Le Comte aus Visp im Wallis.
Die Einheitsfront benannte sachkundige Personen, die Auskünfte zu Abstimmungsfragen erteilen konnten, nämlich Paul Baldauf, Püttlingen, Schlehbachstraße, Heinrich Kattler, Engelfangen, Jakob Frank, Altenkessel.[405] Als die Listen der Abstimmungsberechtigten ab 26.09.1934 für die Dauer eines Monats im Flur des Püttlinger Rathauses öffentlich ausgehängt waren, ergaben sich mancherlei Beanstandungen, eine nicht geringe Anzahl von Personen war nicht eingetragen, andere doppelt, andere waren schon verstorben.[406] Die Einheitsfront reagierte durch die Einrichtung eines Büros im Volkshaus, wo Paul Baldauf und Josef Altmeyer, der Sohn des Führers der sozialdemokratischen Gemeinderatsfraktion, Einsprüche entgegennahmen und weiterverfolgten. Altmeyers Vater berichtete, beide hätten Unrichtigkeiten festgestellt und an die zuständigen Stellen zur Korrektur weitergeleitet. Nach kritischer Durchsicht der Listen für

---

402 LA SB LRA SB Nr. 1767.
403 Über die Tätigkeit der Abstimmungskommission und über Eindrücke während ihres Aufenthaltes im Saargebiet berichtete die der Kommission angehörende Kanadierin Sarah Wambaugh: The Saar Plebiscite with a collection of official documents, Cambridge/Massachusets 1940.
404 Genannt in dem Bericht des Bürgermeisters vom 21.01.1935 (LA SB LRA SB Nr. 998).
405 Arbeiterzeitung vom 22.08.1934.
406 Volksstimme vom 21./22. u. 24.10.1934.

den Wahlbezirk Püttlingen wurde Josef Altmeyer von der SWV mit der gleichen Aufgabe in Saarlouis betraut.[407]

6	Bourgogne Lina geb.Zinke	22.6.79. Altenk.		"	Alleestr.94
7	Bourgogne Luise geb.Glase	23.7.66. ~~Garldorf~~ Neudorf		"	Moltkestr.18
8	Bourgogne Luise	16.10.03. Altenk., Neudorf		"	Saarbrücken,Mainzer 5
9	Bourgogne Martha	20.10.00. ~~Garldorf~~ Neudorf		"	Altenk. Moltke 18
~~10~~	~~Böhm Anna geb.Kiefer~~	~~21.12.11. Püttl.~~	Doppel(t) a.Nr. 2157	~~Püttl.~~	~~Püttl. Duponstr.49~~
~~1~~	~~Böllig Elsa geb.Gomes~~	~~22.10.11. Altenk.~~	Doppelt a.Nr. 14114	~~Altenk.~~	~~Saarbrücken I,Talstr.~~ 2
2	Boes Elisabeth geb.Schneider	5.3.12. Püttl.		Püttl.	Völklingen,Luisen 17
3	Brader Maria geb.Nalbach	27.11.07. Püttl.		"	Ritterh. Ihm Büchh. ~~Püttl. Mühlenberg 7~~
4	Brakel Gertrud geb.Duchstein	27.12.88. Saarbrücken		Altenk.	B.D.F.Saarbrücken 3, Kaiserstr.9.
5	Brakel Liselotte	19.8.13. Saarlouis II	Haust.	"	" "
6	Brand Angela geb.Düppre	21.3.66. Saarbrücken		"	Altenk.Neudorferstr.3
7	Brand Gertrud geb.Puhl,	24.6.64 Düppenweiler		Püttl.	Rektor Prümm,Püttl. Bahnhofstr.
8	Brand Jakob	21.7.65. Dudeldorf	Pens,	Altenk.	Altenk.Neudorferstr.3
~~9~~	~~Brand Jakob~~	~~6.8.95. Altenk.~~	~~Bergm.~~	"	~~Provinzialstr.4~~ † am 26.5.30. Dimmingen
10	Brand Konrad	6.4.92. Rockershausen	Bürogeh.	"	Ehefr.Trina Horbach, Altenk.Neudorferweg 20
1	Brand Peter	10.8.53. ~~Landscheid~~	Lehrer i.R.	Püttl.	Rektor a.D.Prümm, Püttl.Bahnhofstr.
2	Brand Rosalie	9.8.90. Quierschied	Lehrerin	"	Friedrichsthal, Kaiserstr.63
3	Brand Theodor	10.7.97. Rockershausen	Bergm.	Altenk.	Mr.Lanrezac,Saarbr. Bismarckstr.19.
4	Brandenburg Alois Peter	2.9.98. Altenk.	"	"	Altenk.Jakobstr.28

Abb. 20

Auszug aus der Liste der Abstimmungsberechtigten in der Gemeinde Püttlingen mit Korrekturen. Die erste Spalte von rechts gibt die derzeitige Adresse im Saargebiet an, die 2. Spalte den Wohnort, an dem die betreffende Person am Stichtag 28.06.1919 Einwohnerschaft besessen hatte (Stadt A Püttlingen).

---

407 H.W. Herrmann, Altmeyer, S. 295, zu Einsprüchen gegen die Listen vgl. Lempert, Saarland, S. 358ff.

Neben Streichungen und Korrekturen ergaben sich auch 131 Nachträge, so umfasste der Entwurf der Liste der Wahlberechtigten im Bereich der Bürgermeisterei Püttlingen, also mit Altenkessel, schließlich 14.183 Namen, die Stimmberechtigung wurde aber nur 13.898 Personen zuerkannt.
Über die Einschätzung der Abstimmungskommission durch die Bevölkerung berichtete Bürgermeister Georg dem Landrat am 17.12., sie habe *kein absolutes Zutrauen*, und am 31.12. sprach er von *einem allgemeinen Mißtrauen*, das nicht nur gegenüber der Abstimmungskommission, sondern gegen alle Ausländer, die für die Abstimmung herangezogen wurden, bestehe.[408]

Internationale Schutztruppe

Seit bei einem nationalsozialistischen Putschversuch in Österreich am 25.07.1934 Bundeskanzler Engelbert Dollfuß ermordet worden war, hielten die Regierungskommission und die Gegner der Rückgliederung in ein Hitler-Deutschland einen vom Reich aus gesteuerten Putsch für möglich.[409] Um dem frühzeitig entgegenzusteuern, beantragte die Regierungskommission beim Völkerbund die Entsendung neutraler Truppen für die zu erwartende heiße letzte Phase des Abstimmungskampfes.[410] Die Bürgermeister von Püttlingen und Sellerbach berichteten am 05.11. übereinstimmend, dass in der abgelaufenen Woche sich eine starke Erregung in der Bevölkerung breit gemacht habe, weil der Einmarsch französischer Truppen ins Saargebiet bevorstehen solle. Die Bevölkerung könne keinen Grund hierfür einsehen, *da es noch nie zu Störungen gekommen* sei und sie *nach wie vor gewillt sei, den Abstimmungskampf mit äusserster Disziplin zu Ende zu führen und bedarf dazu keines militärischen Schutzes*.[411] Tatsächlich war in den vorhergehenden Wochen von beiden Fronten her immer wieder gemahnt worden, *Disziplin und Ruhe zu bewahren*. Die Stationierung internationaler Truppen wurde auch von der KP abgelehnt.[412]

---
408 Bericht an den Landrat vom 31.12.1934 (LA SB LRA SB Nr. 998).
409 Zu Putschgerüchten siehe Arbeiterzeitung vom 22. u. 23./24.09.1934.
410 Zenner, Parteien u. Politik, S. 265.
411 LA SB LRA SB Nr. 997.
412 Arbeiterzeitung vom 29.09.1934.

Dem Ersuchen der Regierungskommission wurde entsprochen, ab 15.12. kam eine insgesamt 4.000 Mann starke Truppe ins Land, jeweils 1.500 britische und italienische und jeweils 500 niederländische und schwedische Soldaten. Obwohl in den Bürgermeistereien des Köllertales keine Einheiten der internationalen Schutztruppe stationiert wurden, spiegeln die Berichte der hiesigen Bürgermeister die Distanz der Bevölkerung: *Wenn die Bevölkerung auch allgemein die Anwesenheit einer Polizeitruppe für überflüssig hält, so wird die Tatsache selbst doch gelassen hingenommen. Man empfindet Genugtuung darüber, daß nicht französische Truppen kommen, sympathisiert mit der Schweiz, weil diese die Beteiligung abgelehnt hat und lächelt und macht Witze über die von der Polizeitruppe mitgeführten Tanks und bezweifelt, dass die Polizeitruppe bald wieder abzieht. Ernster ist schon die Mißstimmung über die Art und Weise, wie und wo das endgültige Resultat der Abstimmung festgestellt werden soll. Es besteht – ich gebe lediglich die allgemeine Stimmung wieder – kein absolutes Zutrauen zu der Abstimmungskommission.»Man« sagt, der Herr Präsident der Regierungskommission sei Sozialist und schon deshalb gegen die jetzige Deutsche Regierung voreingenommen. Er , der Präsident, habe schon dafür gesorgt, daß bei der Abstimmungskommission usw. in der Mehrzahl sich Herren der gleichen politischen Richtung befänden. Als Beweis für die angeblich nicht ganz objektive Haltung der Abstimmungskommission wird auf die Behandlung des bekannten Falles Rossenbeck/Hilt hingewiesen, der in meinem Bezirk, besonders in der Gemeinde Altenkessel, deshalb mehr Gesprächsstoff als sonstwo bildet, weil sowohl Rossenbeck*[413] *wie Hilt in der Gemeinde Altenkessel wohnen.*[414]

Die letzten hundert Tage

Für die Medien begann die letzte Phase des Abstimmungskampfes am 05.10.1934, genau einhundert Tage vor dem festgelegten Abstimmungstermin.

---

413 Rossenbeck war Steiger in der Grube Luisenthal und galt als frankophil.
414 Wochenbericht des Bürgermeisters von Püttlingen vom 11.12.1934 (LA SB LRA SB Nr. 998).

Auf reichsdeutscher Seite wünschte man eine hochprozentige Entscheidung für die Rückgliederung. Im Auswärtigen Amt war man im Sommer 1934 davon noch nicht so ganz überzeugt. Von vier verschiedenen Seiten könne ein solches Ergebnis beeinträchtigt werden, nämlich von
- den ausgesprochenen Separatisten
- dem *auf seine materiellen Vorteile bedachten und wohl auch infolge der Darstellung der Vorgänge vom 30. Juni und 1. Juli* [»Röhm-Putsch«] *in der separatistischen und ausländischen Presse verängstigenden Bürgertum*
- der kommunistisch-sozialdemokratischen Freiheitsfront
- und der katholischen Opposition.[415]

Auf Seiten der Einheitsfront hegte man durchaus Hoffnungen auf einen beträchtlichen Anteil an Stimmen für den Status quo, was den Völkerbund veranlassen könnte, die endgültige Entscheidung über den künftigen Status des Saargebiets aufzuschieben. Dahin gehende Andeutungen des französischen Außenministers Barthou bei einer Sitzung des Völkerbundsrates in Genf wurden von der DF in einer Fülle von Veranstaltungen als unrealistisch abgetan. Die DF-Ortsgruppe Püttlingen organisierte am 03.10. Kundgebungen in fünf verschiedenen Lokalen: in der Bürgerhalle, in der Turnhalle, im Kaisersaal und in den Gastwirtschaften Jakob Mathieu und Johann Krahs.[416]
Aufsehen erregten in diesen Tagen die Ermittlungen der Landeskriminalpolizei wegen des Diebstahls französischer Flaggen von den Viktoriaschächten in der Nacht vom 19./20.10.. Die Wohnung von Dr. Plassmann wurde durchsucht, der Bergmann Valentin Schäfer und der Posthelfer Alois Kockler wurden festgenommen, aber bald wieder

---

415 Schreiben des Saarreferenten des AA Legationsrat Voigt an Karl Barth, damals Berater des bayer. Ministerpräsidenten in Saarfragen, vom 08.08.1934 (Polit. Archiv des Auswärtigen Amtes, Abt. II Akten betr. polit. Angelegenheiten des Saargebiets Bd. 66), zu Barth, der später eine einflussreiche Stellung in der Behörde des Reichskommissars für das Saarland inne hatte, vgl. »Dienst mit vollem Einsatz in der jeweiligen Ordnung seines Volkes«. Der 1946 geschriebene Lebenslauf des Karl Barth (1896-1962), Oberkirchenrat, Regierungspräsident und Landrat, kommentiert und herausgegeben von Bernhard H. Bonkhoff, Hans-Walter Herrmann u. Friedhelm Hans, in: Blätter für pfälz. Kirchengesch. u. religiöse Volkskde. 66/67 (1999/2000), S. 159-196.
416 Vgl. Veranstaltungskalender S. 320.

freigelassen, weil sich herausstellte, dass der erwerbslose Bergmann Georg Schwarz die Tat ausgeführt hatte.[417]
Das Eintreten von Pater Dörr für den Status quo war der DF ein Dorn im Auge, folglich versuchte sie ihn kaltzustellen durch Diffamierung, Isolierung oder Abschiebung. Angesichts der immer stärker in der Öffentlichkeit ausgetragenen Gegensätze hatte die Steyler Mission eine Woche nach Dörrs Auftreten in Sulzbach eine dreiköpfige Delegation nach Sellerbach geschickt, die ihn nach Steyl oder in eines ihrer Missionshäuser nach Kaldenkirchen an der deutsch-niederländischen Grenze bringen sollte, da er vermutlich einer vorhergegangenen schriftlichen Zurückbeorderung keine Folge geleistet hatte. Da die Delegation ihn nicht angetroffen und seine Mutter seinen Aufenthaltsort nicht bekannt gegeben hatte und Pfarrer Hennes von Kölln, der die drei Steyler Patres begleitete, fernmündlich nur in Erfahrung bringen konnte, dass Dörr sich in Saarlouis aufhielt, aber nicht bei wem, war die Delegation wieder abgereist. Der in Engelfangen stationierte Landjäger Stöhr hatte über den Vorfall berichtet und nachträglich in Erfahrung gebracht, dass Dörr sich bei dem Bischof von Metz aufhalte und von dort aus die beschleunigte Bearbeitung seines Naturalisationsantrages betreibe.[418] Der Orden wollte sich offiziell von Dörr durch Ausschluss distanzieren. Dörr fühlte sich in den letzten Wochen des Abstimmungskampfes im Saargebiet nicht mehr sicher. Ende September 1934 verzog er nach Forbach, wo ihm gemeinsam mit seiner hochbetagten Mutter Unterkunft im Marien-Magdalenen-Spital gewährt wurde. Zugleich unterstellte er sich der geistlichen Jurisdiktion des Bischofs von Metz und nahm die französische Staatsbürgerschaft an, was sich im Saargebiet schnell herumsprach und negativ kommentiert wurde.[419] Im Oktober 1934 begleitete er die beiden führenden Repräsentanten der Einheitsfront Max Braun und Fritz Pfordt nach Paris, um dort vor dem internationalen »Untersuchungsauschuss über den NS-Terror an der Saar«, den das »Welthilfskomitee für die Opfer des Hitlerfaschismus« unter der Leitung des Briten Lord Marley gebildet hatte, auszusagen. Er schilderte die Bedrängnisse, denen sich oppositionelle Saar-Katholiken durch ihre Bischöfe ausgesetzt sahen.

---

417 Wochenbericht des Bürgermeisters Georg vom 24.12.1934 (LA SB LRA SB Nr. 998).
418 Bericht vom 05.09.1934 (LA SB LRA SB Nr. 998).
419 Mallmann/Paul, Zersplittertes Nein, S. 53.

Im November trat er von Forbach aus als Redner bei Veranstaltungen der Einheitsfront meist gemeinsam mit Sozialdemokraten und Kommunisten, in Schwalbach, Fürstenhausen, Saarlouis-Picard und Saarlouis-Beaumarais, Wallerfangen, Rehlingen, Nalbach, Besseringen, Wiebelskirchen, St. Wendel, Oberthal, Hassel auf.[420] Seine Gegner stellten seine Einbindung in die Kirche infrage. Darauf reagierten er oder seine Freunde damit, dass sie Pfarrer Hennes zur folgenden Erklärung veranlassten, die die Arbeiterzeitung in der Wochenendausgabe vom 11./12.11. publizierte: *Auf Wunsch bescheinige ich folgendes: Herr Pater Dörr wurde infolge unklarer Berichterstattung von seinen kirchlichen Oberen suspendiert für den Fall, daß er sich nicht in seinem Mutterhause zum Bericht stellen würde. Da Herr Pater Dörr aber dem Wunsche seiner Oberen gern nachgekommen ist, trat natürlich die Suspension nicht ein. Herr Pater Dörr ist ein durchaus unbescholtener Priester, der in jeder Weise makellos da steht. Bis zur vollständigen Regelung seiner kirchlichen Verhältnisse hält er sich mit Erlaubnis seiner Oberen im Auslande auf.*

Wichtigstes Ereignis im Hinblick auf die Abstimmung war im Spätjahr 1934 die lang erwartete Gründung einer katholischen Oppositionspartei, die die Rückkehr in ein von der NSDAP beherrschtes Deutschland ablehnte. Am 30.11. wurde die lange schon erwartete katholische Oppositionspartei unter dem Namen »Deutscher Volksbund für christlich-soziale Gemeinschaft« gegründet (vgl. S. 284 ff.), zu spät und von Anfang an durch Bischof Bornewassers strikte Ablehnung belastet. Die Werbung für die Partei im Köllertal übernahm Sylvester Rupp aus Etzenhofen. Im Dezember erschien fast in jeder Nummer des Parteiorgans »Neue Saarpost« der Hinweis, dass Anmeldungen zum Eintritt in die neue Partei an Rupp als Leiter für den Bereich Köllerbach zu richten seien. Rupp hatte in der zweiten Hälfte der 1920er Jahre den Christlich-Sozialen angehört, war dann der Deutschen Front beigetreten und wurde nun wegen seines Engagements für den Deutschen Volksbund aus der DF ausgeschlossen.[421]

---

420 Handschriftlicher Vermerk vom 23.11.1934 auf einem zur Wiedervorlage verfügten Konzept vom 10.09.1934 (LA SB LRA SB Nr. 998), Arbeiterzeitung vom 18./19., 23., 24. u 28.11.1934, Volksstimme vom 03./04., 07., 14. u. 29.11.1934.
421 Neue Saarpost vom 09.12.1934.

Für die Befürworter des Status quo wurde es immer schwieriger, Räume für Veranstaltungen anzumieten,[422] weil die Gastwirte befürchteten, sie könnten als Sympathisanten der Einheitsfront und somit als Befürworter des Status quo angesehen werden und ihnen dadurch Nachteile erwachsen. Eine Verordnung der Regierungskommission vom 28.09.1934 versuchte diesem Trend entgegenzuwirken.[423] Dennoch wurden weiterhin Säle an Rückgliederungsgegner nicht vermietet oder gegebene Zusagen zurückgezogen. Bald hatte man dafür einen neuen Begriff geprägt, man sprach von *Saalabtreibung*. Wenn es dann doch zur Überlassung eines Saales an die Rückgliederungsgegner kam, musste die Drapierung der Wände mit Fahnen und Emblemen der Rückgliederungsbefürworter verdeckt oder mit Fahnen ihrer Gegner verhängt werden.
Um ein wenig unabhängiger bei der Findung eines Veranstaltungsortes zu werden, wurde im stillliegenden Josefa-Schacht bei Altenkessel im September 1934 ein »Arbeiter- und Sängerheim« eingerichtet.[424] Als der Deutsche Volksbund vortrug, dass ihm die Abhaltung einer Versammlung nicht möglich sei mangels geeigneter Räume, ordnete der Inspektor der Abstimmungskommission für den Kreis Saarbrücken-Land an, den Saal der Wirtschaft Geibel in Püttlingen für eine solche Veranstaltung zu beschlagnahmen. Bürgermeister Georg spielte herunter: Es stünden dem Volksbund sicher das Volkshaus und der Saal im Kasino der französischen Grubenverwaltung zur Verfügung.[425] Die Versammlung fand dann tatsächlich bei Geibel statt, war aber kein großer Erfolg. Sie wurde nur von *etwas mehr als 100 Leuten* besucht, davon zwei Drittel Auswärtige, und dauerte nur 1 ½ Stunden.

In der Diskussion um die anstehende Volksabstimmung hatten Befürworter des Status quo wiederholt behauptet, die am 13.01.1935 anstehende Entscheidung über die staatliche Zugehörigkeit des Saargebiets müsse nicht endgültig sein, sondern könne in einer zweiten Abstimmung nach Sturz der Hitler-Regierung im Reich wiederholt

---

422 Arbeiterzeitung vom 02.10.1934.
423 Lempert, Saarland, S. 358, vgl. auch Arbeiterzeitung vom 02.10.1934, Saarbrücker Kreisblatt 1934, S. 132.
424 Michalik, S. 390.
425 Schreiben von Bürgermeister Georg an Landrat vom 29.12.1934 (LA SB LRA SB Nr. 998).

werden. Sie sahen sich in den ersten Dezembertagen darin bestätigt, als zunächst von dem französischen Außenminister, dann vom Völkerbund aus Genf verlautbart wurde, dass eine von der Saarbevölkerung bei der Abstimmung getroffene Entscheidung für die Fortdauer der Völkerbundsverwaltung, also Status quo, nicht für alle Zeiten fortgelten müsse, sondern nach geänderten Verhältnissen durch eine zweite Abstimmung revidiert werden könne.[426] Das Bekanntwerden dieser Verlautbarung wurde von der Status quo Presse als die *Große Wende im Saarkampf* gefeiert[427] und heizte die politische Auseinandersetzung weiter an.

In der ersten Dezemberdekade traten die drei ehemaligen Ludweiler Kommunisten Philipp Reinhard, Ernst Becker und Karl Ulrich auch in Püttlingen auf. Sie waren im Spätherbst 1933 »umgedreht« worden, also zum Übertritt in die DF bewogen, aus ihrer bisherigen Partei ausgeschlossen worden und kämpften nun für die Eingliederung in Hitler-Deutschland mit Auftritten in Kundgebungen und der Herausgabe des auflagenschwachen Hetzblattes »Der Rufer im Warndt«. Dass sie in drei getrennten Veranstaltungen in Püttlingen eingesetzt wurden, lässt vermuten, dass dort die Einheitsfront von ihren Gegnern noch nicht ganz abgeschrieben war.[428]

Die »Volksstimme« klagte über die Beschriftung von Häusern in Püttlingen mit Parolen *Wir wollen zurück zum Reich* oder *Unser Vaterland ist Deutschland* und über Schilder mit ähnlichen Texten in den Schaufenstern einiger Geschäfte.[429]

Die Bürgermeister hatten nun wöchentlich über das politische Leben in ihrem Amtsbereich zu berichten. Georg schreibt über die zweite Dezemberwoche: *Die verflossene Woche war wieder verhältnismäßig ruhig. Die Anhänger der »Einheitsfront« halten sich in der letzten Zeit sehr still (wenigstens öffentlich). Auffallend ist, dass die Angriffe der Presse der Einheitsfront – besonders tat sich darin die »Volksstimme«*

---

426 Volksstimme vom 04. u. 14.12.1934 »Zweite Abstimmung ist gesichert«.
427 Deutsche Freiheit. Einzige unabhängige Tageszeitung Deutschlands Nr. 273 vom 07.12.1934.
428 Zu ihren Auftritten auf Versammlungen vgl. den Veranstaltungskalender zum 03. und 09.12.1934, zum Seitenwechsel Zur Mühlen, Schlagt Hitler, S. 161, Paul/Mallmann, Milieu, S. 355f.
429 Ausgaben vom 07. u. 28.11.1934.

Abb. 21   Hausbeschriftung in Püttlingen

hervor – gegen die hiesigen Polizeibeamten und mich fast ganz aufgehört haben (was für die Polizeibeamten und mich Veranlassung sein muß, zu prüfen, ob wir noch gewissenhaft unseren Pflichten nachkommen).[430] In der Nacht vom 15./16.12. wurden von Unbekannten in der Wiese bei der Kreuzkapelle in Püttlingen 20 gekalkte Holzkreuze aufgestellt, auf deren Querbalken die Namen General Schleicher, Frau Schleicher, Klausner, Probst standen. Um die Kreuze und um die Kapelle herum war eine Unmenge kleiner Handzettel verstreut, die auf der einen Seiten dieselben Namen trugen, auf der anderen Seite drei Kreuze.[431] Gemeint waren hiermit Personen, die beim sogen. Röhmputsch am 30.06.1934 ermordet worden waren: General Kurt von Schleicher (1882-1934), Reichskanzler 1932/33, und seine Frau, Erich Klausner, Vorsitzender der katholischen Aktion in Berlin, erklärter Gegner der NS-Kirchen- und Rassenpolitik, und Adalbert Probst, Reichsführer der DJK.

In der zweiten Dezemberhälfte erhielten einige Pensionäre in Püttlingen, ehemalige Gründer der christlichen Gewerkschaft, einen von einem gewissen Franz Spicker aus Schwalbach unterzeichneten Brief, in dem sie zu Protestversammlungen wegen der Ausschliessung der Gewerkschaftssekretäre Kuhnen und Imbusch[432] aus der Gewerkschaft aufgefordert wurden. Verdruss erregte auch die Anordnung der Abstimmungskommission, dass vom 23.12.1934 an bis zur Bekannt-

---

430   Wochenbericht vom 11.12.1934 (LA SB LRA SB Nr. 998).
431   Wochenbericht des Bürgermeisters von Püttlingen vom 17. 12.1934 (ebenda Nr. 998).
432   Zu ihm vgl. Michael Schäfer, Heinrich Imbusch, christlicher Gewerkschaftsführer und Widerstandskämpfer, München 1991.

gabe des Abstimmungsergebnisses nicht geflaggt werden dürfe. Aus Protest flaggte die Bevölkerung am 22.12. in den Reichsfarben.[433]
Die Haltung der katholischen Kirche zur Abstimmungsfrage drückten die Bischöfe der Kölner Kirchenprovinz durch einen Hirtenbrief vom 26.12. in aller Deutlichkeit aus. Er ist sowohl als klare Anweisung an die Saarkatholiken zu verstehen als auch als Ausdruck der nationalen Zuverlässigkeit des deutschen Episkopates:
Sonntag, den 13. Januar 1935, wird im Saargebiet die Volksabstimmung stattfinden über die Frage, ob dieses deutsche Land und seine Bewohner in der durch den Versailler Gewaltfrieden aufgezwungenen Trennung vom Deutschen Reich verbleiben solle oder nicht. Der für die Zukunft unseres Vaterlandes so folgenschwere Entscheidung, die in einigen Tagen an der Saar fallen wird, kann kein wahrhaft Deutscher gleichgültig gegenüberstehen. Als deutsche Katholiken sind wir verpflichtet, für die Größe, die Wohlfahrt und den Frieden unseres Vaterlandes uns einzusetzen. Unsere wirksamste Hilfe ist das Gebet. Deshalb verordnen wir, daß am genannten Sonntag in allen Kirchen nach dem allgemeinen Gebet drei Vaterunser und Ave-Maria mit den Gläubigen gebetet werden, um einen für unser deutsches Volk segensreichen Ausgang der Saarabstimmung zu erflehen.
Über die letzte Dezemberwoche berichtete Bürgermeister Georg, dass die Deutsche Front sich an den vereinbarten Burgfrieden gehalten habe, die Einheitsfront und der Deutsche Volksbund nachts Flugblätter und Zeitungen in die Häuser geworfen und unter den Haustüren durchgeschoben hätten. Jakob Nalbach (KP) verteilte am 28.12. in Püttlingen unentgeltlich an Passanten die kommunistische »Arbeiterzeitung« und Broschüren. Oberlandjäger Schmitt IX sah darin *politische Hetzschrift*, zog die Zeitungen und Druckschriften ein und erstattete Anzeige gegen Nalbach wegen unerlaubter unentgeltlicher Verteilung von Druckschriften auf öffentlichen Straßen.[434]
Am Abend des 30.12. wurde der *Radio-Empfang* durch einen *Störsender* beeinträchtigt *Er setzte zwischen 20 und 22 Uhr so stark ein, dass der größte Teil der vom Reichssender Stuttgart übermittelten Saarnachrichten nicht zu verstehen war. Festgestellt ist, dass der Stör-*

---

433 Wochenbericht 24.12.34 (LA SB LRA SB Nr. 998).
434 Bericht von Schmitt vom gleichen Tag (ebenda Nr. 998).

sender einen Wirkungskreis von etwa 1 ½ Kilometer hat und sein Standort im Ortsteil Bengesen ist.[435]

In der Neujahrsnacht kam es gegen 4.30 Uhr morgens in der Wirtschaft Jakob Mathieu, Völklingerstraße zu einer Schlägerei, die auf der Straße fortgesetzt wurde. Anlass war ein Streit zwischen dem erwerbslosen Bergmann Bernhard Speicher und dem Schreiner Peter Haberer, in den sich mehrere Personen von der Deutschen Front und der Einheitsfront einmischten. Die Einheitsfrontler wurden aus der Wirtschaft gedrängt und zogen sich zurück in das in der Nähe gelegene Haus des Friseurs Becker. Haberer wurde auf dem Nachhauseweg von sechs oder sieben Männern zusammengeschlagen. Die herbeigerufene Polizei verschaffte sich Zugang in das Haus Becker und nahm dort die Gebrüder Alfred und Richard Scholtes, Paul und Willibald Becker fest zur Vernehmung auf der Polizeiwache und beschlagnahmte in der Wohnung Becker vorgefundene Schlagwerkzeuge (Gummiknüppel, Stahlstock, Kartoffelhacke).[436] Für die Polizei hatte dieser Einsatz ein Nachspiel.

Die nach der Vernehmung Entlassenen hatten umgehend Thomas Blanc, den Leiter der Einheitsfront in Püttlingen, unterrichtet und behaupteten, sie seien auf der Wache von den offenbar betrunkenen Polizisten misshandelt worden. Über den weiteren Verlauf berichtet Blanc:[437] *Ich setzte mich telefonisch mit dem Inspekteur der saarländischen Polizei Herrn Major Hennessy in Verbindung. Herr Hennessy bat mich, ihn zu erwarten, da er persönlich nach Püttlingen kommen wolle. Nach einer Stunde ließ er mich durch seinen Adjudanten und den in Püttlingen dienst tuenden Oberlandjäger Birkelbach zu sich auf das Rathaus rufen. Nachdem ich nochmals die Vorfälle geschildert hatte, trat er sofort in eine Vernehmung der im Rathaus anwesenden Personen ein. Während dieser Vernehmung zog ein Trupp Landjägerbeamte,*[438] *die betrunken waren, in die Wirtschaft Kockler, die vor dem Rathaus liegt. Da sich unter diesen Beamten auch solche befanden, die sich an den Mißhandlungen der Festgenommenen beteiligt hatten, benachrich-*

---

435 Bericht von Bürgermeister an Landrat vom 31.12.1934 (ebenda Nr. 998).
436 Bericht der beiden Oberlandjäger Birkelbach und Schwarz II vom 01.01.1935 (ebenda Nr. 998).
437 Bericht an den Obersten Abstimmungsgerichtshof vom 04.06.1935, zitiert nach Volk, S. 58.
438 Die Namen der Beamten in LA SB LRA SB Nr. 331, S. 111ff.

tigte ich sofort Herrn Hennessy, damit er sich davon überzeugen könne, daß ich ihm die Wahrheit gesagt habe. Herr Hennessy holte die Beamten heraus. Sie wurden mittels eines herbeigerufenen Überfallwagens nach Saarbrücken gebracht. Vermutlich wurden sie inhaftiert, denn sie kamen erst nach drei Tagen nach Püttlingen zurück. Von diesem Zeitpunkt an machten sie in Püttlingen keinen Dienst mehr. Bürgermeister Georg hielt anscheinend die Reaktion von Hennessy für überzogen. Dem Saarbrücker Landrat teilte er mit: *Die Erregung in Püttlingen über den Vorfall hält an, besonders nachdem bekannt geworden ist, dass Polizeimajor Hennesy vor seiner Maßnahme eine lange Unterredung mit Agenten der Status-quo-Front Thomas Blank von hier hatte.*[439]

In Anbetracht der Eingriffe der braunen Machthaber in innerkirchliche Angelegenheiten formulierte der evangelische Pfarrer Rug in Kölln wohl nicht leichten Herzens seine Empfehlung zur Stimmabgabe für die Rückkehr ins Reich. In seiner Predigt zum Neujahrstag 1935 führte er aus: *Es sind doch in dieser unserer Zeit zwei solcher alles andere überragenden Anliegen. Das erste, das dringlichste ist das Anliegen unseres Vaterlandes. Wir empfinden das alle, daß wir in ganz entscheidenden Stunden leben. In zwei Wochen wird sich entscheiden, ob dies Land für ewig deutsch bleiben darf und damit alle frevelhaften Gelüste der Feinde zurückgewiesen werden, vielleicht für viele Jahrhunderte. Aber wir haben noch ein zweites Anliegen, es ist das religiöse. Und wenn wir dies Anliegen als das zweite und nicht als das erste nennen, so nicht darum, weil es uns minder wichtig erscheine, sondern nur darum weil wir wissen, daß in zwei Wochen der vaterländische Kampf entschieden sein wird und darum der dringlichere ist, während das Ringen um den rechten christlichen Glauben weitergehen wird. Und auch in diesem Kampf, der uns verordnet ist, dreht es sich nicht nur um geringfügige Zänkereien irgendwelcher hartnäckigen Theologen, sondern ebenso um eine Frage von weltweiter Bedeutung, um die Frage, wie denn die Botschaft von Jesus Christus, die unserm deutschen Volk von Gott vor so langer Zeit überbracht wurde, weitergetragen werden soll in die Zukunft hinaus und ob sie uns wirklich auch ferner eine Kraft bedeuten darf oder nicht.*[440]

---

439 Bericht von Bürgermeister an Landrat vom 07.01. und von Oberlandjäger Schwarz II vom selben Tag (ebenda Nr. 998), vgl. auch Bericht in Neuer Saarpost vom 03.01.1935.
440 H.W. Herrmann, Rug, S. 23.

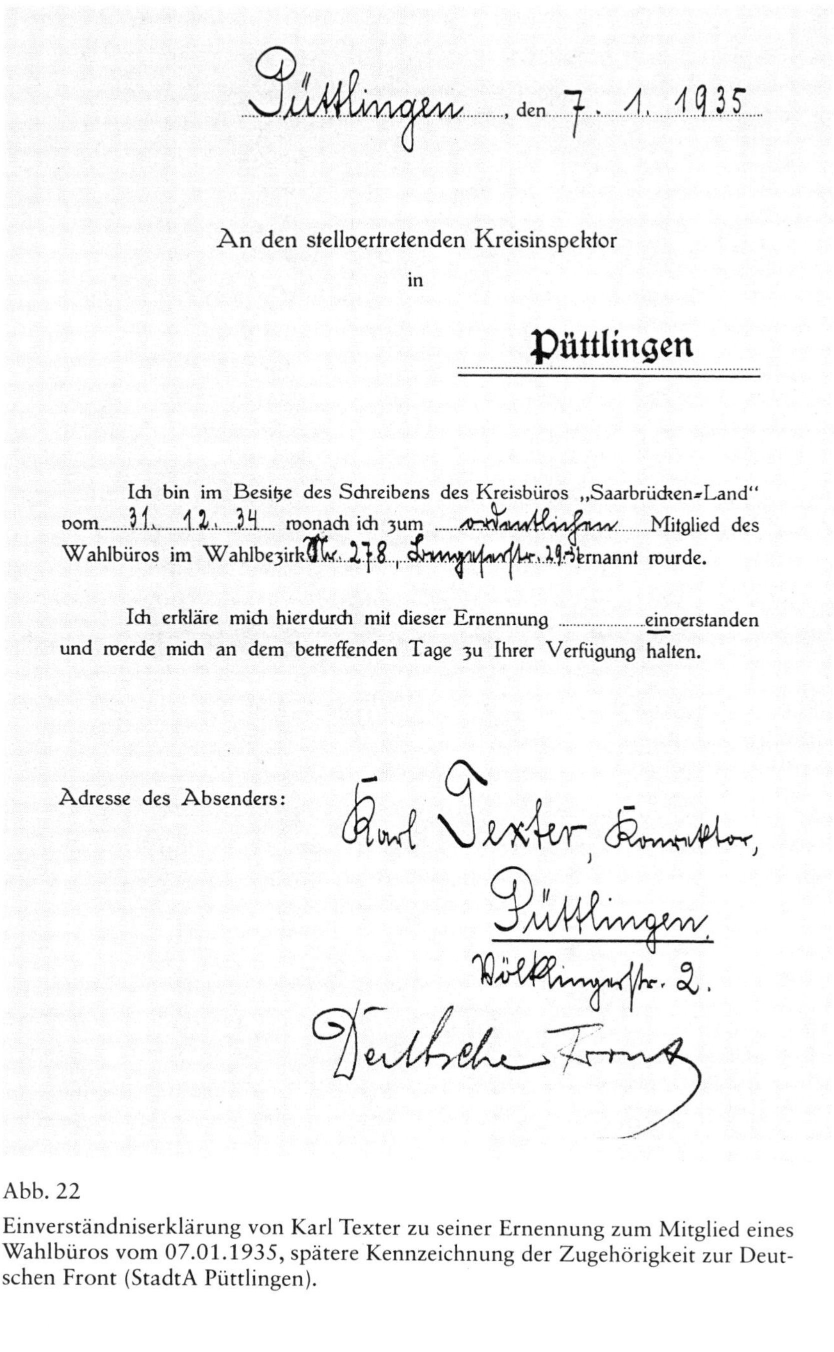

Püttlingen, den 7. 1. 1935

An den stellvertretenden Kreisinspektor

in

Püttlingen

Ich bin im Besitze des Schreibens des Kreisbüros „Saarbrücken=Land" vom 31. 12. 34 wonach ich zum ~~stellvertr.~~ Mitglied des Wahlbüros im Wahlbezirk Nr. 278 „~~Sängerhalle~~ 24."ernannt wurde.

Ich erkläre mich hierdurch mit dieser Ernennung einverstanden und werde mich an dem betreffenden Tage zu Ihrer Verfügung halten.

Adresse des Absenders: Karl Texter, Konrektor, Püttlingen Völklingerstr. 2.

Deutsche Front

Abb. 22
Einverständniserklärung von Karl Texter zu seiner Ernennung zum Mitglied eines Wahlbüros vom 07.01.1935, spätere Kennzeichnung der Zugehörigkeit zur Deutschen Front (StadtA Püttlingen).

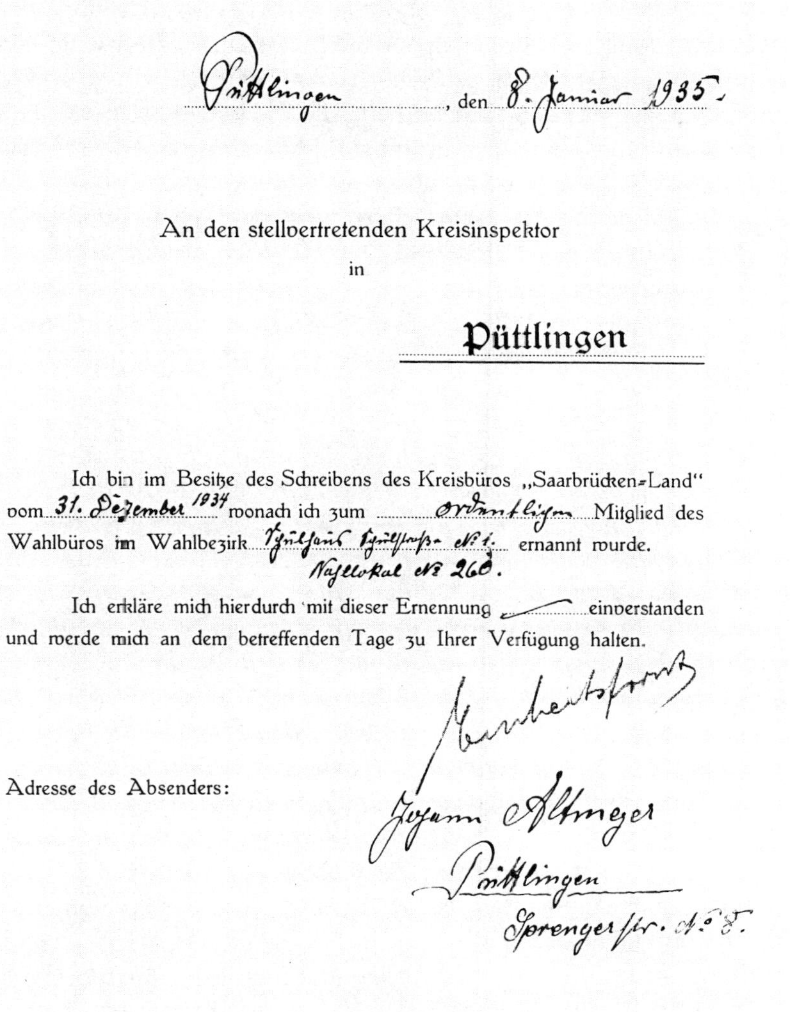

Püttlingen, den *8. Januar 1935*.

An den stellvertretenden Kreisinspektor

in

Püttlingen

Ich bin im Besitze des Schreibens des Kreisbüros „Saarbrücken=Land" vom *31. Dezember 1934* wonach ich zum *ordentlichen* Mitglied des Wahlbüros im Wahlbezirk *Schulhaus Schulgasse N° 1.* ernannt wurde.
Wahllokal N° 260.

Ich erkläre mich hierdurch mit dieser Ernennung einverstanden und werde mich an dem betreffenden Tage zu Ihrer Verfügung halten.

Adresse des Absenders:

Einheitsfront
Johann Altmeyer
Püttlingen
Sprengerstr. N° 5.

Abb. 23
Einverständniserklärung von Johann Altmeyer zu seiner Ernennung zum Mitglied eines Wahlbüros vom 08.01.1935, spätere Kennzeichnung der Zugehörigkeit zur Einheitsfront (StadtA Püttlingen).

Für 06.01.1935, den letzten Sonntag vor der Abstimmung, riefen Deutsche Front und Einheitsfront noch einmal zu zwei Großkundgebungen in Saarbrücken auf. Die Rückgliederungsbefürworter versammelten sich auf dem Wackenberg, die Rückgliederungsgegner auf dem Kieselhumes, wo Max Braun (SP), Fritz Pfordt (KP) und Pater Dörr (SWV) sprachen. Beide Bürgermeister meldeten eine starke Beteiligung. Bürgermeister Georg, Püttlingen berichtete: *Teilnahme an der Kundgebung der Deutschen Front in Saarbrücken war sowohl aus Püttlingen wie aus Altenkessel ungeheuer stark obwohl gerade in Püttlingen der 6. Januar (Dreikönigstag) von den Organisationen der katholischen Jugend kirchlich gefeiert wird. Die Teilnehmer aus beiden Gemeinden lassen sich nicht schätzen, da sehr viele Leute zu Fuß usw. nach Saarbrücken reisten. Jedenfalls fiel der sehr schwache Kirchenbesuch auf. Zur Kundgebung der »Roten Front« marschierte etwas nach 10 Uhr ein geschlossener Trupp von 140-150 Männern und hauptsächlich Frauen – die Emigranten fehlten dabei nicht, und auch die Anhänger der Roten Front aus Engelfangen waren dabei – vom Volkshaus nach dem Bahnhof und zwar trotz des Verbotes mit Musik. Als die Polizei einschritt verstummte zwar die Musik, doch wurde ein Kampfgesang angestimmt. Mit dem 9 Uhr Zug trafen die Roten Frontler hier ein. Sie marschierten nicht mehr mit Musik oder Gesang. Auch nicht mehr geschlossen, obwohl einer der bekannten Führer vor dem Bahnhof wiederholt zum Sammeln aufrief.*[441] Anhand der am Bahnhof Püttlingen gelösten Fahrkarten wurde festgestellt, dass an der Kundgebung der Deutschen Front 2500 Personen teilnahmen und dass die Einheitsfront 270 Karten gelöst hatte.[442]
Bürgermeister Ahrens, Riegelsberg differenzierte die Beteiligung nach Fronten und Gemeinden:
Deutsche Front: Ortsgruppe Riegelsberg 1.560 Männer und 60 Frauen, Ortsgruppe Hilschbach 95 Männer und 15 Frauen, Ortsgruppe Köllerbach 1.400 Männer und 400 Frauen, Ortsgruppe Überhofen 80 Männer und 10 Frauen, Ortsgruppe Walpershofen 280 Männer und 60 Frauen
Einheitsfront aus Güchenbach 40 Männer und 30 Frauen, aus Hilsch-

---

441 Bericht des Bürgermeisters vom 07.01.1935 an Landrat (LA SB LRA SB Nr. 998).
442 Bericht von Oberlandjäger Schwarz II vom 07.01.1935 (ebenda).

bach niemand, aus Köllerbach 25 Männer und 15 Frauen, aus Überhofen 1 Mann und 1 Frau, aus Walpershofen 3 Männer und keine Frau.[443]
Die von beiden Bürgermeistern gemeldeten Zahlen sind bezeichnend für den Grad der Überwachung des politischen Verhaltens der Ortsbewohner!
In Berlin wurde am selben Tag, dem 06.01., ein »Tag der Saar« inszeniert. Reichspropagandaminister Goebbels eröffnete eine Saarausstellung in der Krolloper, am Abend sprach Rudolf Hess im Sportpalast, die Reichssender übertrugen Reden und Berichte beider Veranstaltungen. *Die Rede von Hess habe laut Bürgermeister Ahrens die Zuhörer stark ergriffen.* Drei Tage später, am 09.01., sprach Bürckel in Kaiserslautern beim »letzten Appell vor der Abstimmung«.[444]
In den letzten Tagen vor dem Abstimmungstag stellte die Einheitsfront auf gemeindeeigenem und privatem Gelände Plakattafeln ohne Genehmigung auf. Bürgermeister Ahrens ließ solche Tafeln in Köllerbach entfernen.[445] In Püttlingen rissen Mitglieder der Deutschen Front in der Nacht vom 11./12.01. die Tafeln vor dem Püttlinger Rathaus, im Hof des Schulhauses in der Pickardstraße aus dem Boden und schafften sie weg. Bürgermeister Georg meldete Gerüchte: *Man befürchtet, daß von radikaler Seite am Abstimmungstag..... die Alarmsirenen in Tätigkeit gesetzt oder mißbräuchlich Feuer gemeldet wird um damit eine Panik hervorzurufen und die Stimmberechtigten zurückzuhalten. Es soll beabsichtigt sein, die in den Isolierzellen befindlichen schwarzen Bleistifte durch buntfarbige Stifte zu ersetzen, um dadurch viele ungültige Stimmen zu erzielen. Von kommunistischer Seite sollen Abstimmungsberechtigte beauftragt werden, beim Verlassen der Abstimmungslokale mit Kalk und Wasser gefüllte Flaschen, die nach kurzer Zeit explodieren, niederzulegen.*[446] Derlei Gerüchte belegen die aufgeheizte Stimmung in den letzten Tagen vor dem Volksentscheid.
Am Vormittag des Abstimmungstages klebte die Einheitsfront am Volkshaus und am Schulhaus Derlerstraße eine *Bekanntmachung über die Möglichkeit der 2. Abstimmung.* Weil die Plakate nicht ge-

---

443 Bericht vom 07.01.1934 (ebenda).
444 Heiss, Saarbuch, 2. Auflage 1935, S. 298-301 u. 318 mit Auszügen aus den Reden, Bericht von Bürgermeister Ahrens vom 07.01.1934
445 Bericht vom 14.01.1935 (LA SB LRA SB Nr. 998).
446 Bericht vom 07.01.1935 (ebenda).

nehmigt waren, wurden sie entfernt und dem Abstimmungsgericht vorgelegt.[447]

Ablauf des Abstimmungstages

Für den Abstimmungstag, Sonntag, den 13.01.1935, waren in der Bürgermeisterei Püttlingen 22 Abstimmungslokale eingerichtet worden. Die Zuweisung der Stimmberechtigten zu einem Wahllokal erfolgte aber nicht nach dem Wohnort, sondern nach dem Alphabet der Familiennamen (vgl. Abb. 24). Um den Wahlberechtigten nicht zu weite Fußmärsche zuzumuten, wurden besondere Bus-Verbindungen zu den Wahllokalen angeboten und zwar im Bereich der heutigen Stadt Püttlingen
Altenkessel – Püttlingen
Rittenhofen – Kölln – Sellerbach – Pflugscheid – Riegelsberg
Herchenbach – Walpershofen – Hilschbach – Riegelsberg.[448]
Jegliche öffentliche Empfehlung zur Stimmabgabe hatte zu unterbleiben. Das Sprechen in den Wahllokalen war verboten. Als Ausdruck der Missbilligung des als übertrieben empfundenen Sprechverbotes hatten sich manche Menschen einen Pflasterstreifen über den Mund geklebt.
Von allen Seiten war für eine hohe Wahlbeteiligung geworben worden, die Ortsgruppenleiter beider »Fronten« überboten sich in der Mobilisierung der Wahlberechtigten. Mit eigens organisierten Fahrdiensten wurden Gehbehinderte zu den Wahllokalen gebracht; denn Briefwahl gab es nicht. Den Ablauf in Püttlingen beschreibt ausführlich Oberlandjäger Schwarz II:
Der Tag der Volksabstimmung in Püttlingen verlief ohne jeden Zwischenfall. Bereits in den letzten Tagen der Vorwoche hatten alle Einwohner von Püttlingen, Ritterstrasse, Altenkessel und Rockershausen ihre Häuser mit Tannengrün geschmückt. Infolge des Flaggenverbotes hatten die Anwohner der Strassen ihre Fahnenstangen ohne Fahnen ausgesteckt und an deren Enden Tannengrün und Kränze angebracht.

---

447 Bericht von Landjäger Ludwig Schmidt vom 14.01.1935 (ebenda Nr. 331, S. 65).
448 LA SB Best. Plakatsammlung Nr. 212/20.

Verzeichnis
der Abstimmungslokale in Püttlingen.

Stimm-lokal Nr.	Befindet sich in dem Gebäude	Es stimmen darin ab			
		Die Nr. der Liste		nach den Anfangsbuchstaben der Familiennamen	
		von	bis	von	bis
258	Schulhaus Schulstraße 1	1—	640	A	- Ba
259	„ Schulstraße 1	641—	1274	Ba	- Be
260	„ Schulstraße 1	1275—	1908	Be	- Bl
261	„ Wilhelmstraße	1909—	2549	Bl	- Br
262	„ Wilhelmstraße	2550—	3186	Br	- El
263	„ Derlerstraße 12-14	3187—	3830	El	- Ge
264	„ Derlerstraße 12-14	3831—	4469	Ge	- Haag
265	„ Derlerstraße 12-14	4470—	5119	Haas	- Ho
266	Pfarrheim Köllnerstraße 6	5120—	5782	Ho	- Ka
267	„ Köllnerstraße 6	5783—	6431	Ka	- Kl
268	Französische Schule Völklingerstraße 6	6432—	7076	Kl	- La
269	Kleinkinderschule Marktstraße 4	7077—	7721	La	- Ma
270	Schulhaus Pickardstr. 33	7722—	8363	Ma	- Mü
271	„ Pickardstr. 33	8364—	9009	Mü	- Pe
272	„ Pickardstr. 33	9010—	9648	Pech	- Re
273	„ Marktstr. 58 (Hofseite)	9649—10296		Re	- Sche
274	„ Marktstr. 58 (Hofseite)	10297—10937		Scherer	- Schne
275	„ Marktstr. 58 (Straßenseite)	10938—11587		Schnei	- Seyf
276	„ Marktstr. 58 (Straßenseite)	11588—12230		Sick	- Spe
277	„ Marktstr. 58 (Straßenseite)	12231—12991		Spie	- Tre
278	Schulhaus Bengeserstr. 29-31	12992—13433		Tre	- Wi
279	„ Bengeserstr. 29-31	13434—14183		Wi	- Müller

Abb. 24
Verzeichnis der Abstimmungslokale (StadtA Püttlingen)

In den Abendstunden des 12.1.1935 gegen 21 Uhr waren fast alle Häuser festlich illuminiert. Bereits am frühen Vormittag des 13.1. 35 setzte reger Verkehr ein.
Die Wähler von Altenkessel und Rockershausen wurden mittels 3 grossen Omnibussen der Reichspost[449] (30 Sitzer) sowie mit zwei Omnibussen von Altenkessel nach Püttlingen gebracht. Ein grosser Teil der dortigen Abstimmungsberechtigten ging zu Fuß über Ritterstrasse. Ordnungsdienst der Deutschen Front, freiwillige Feuerwehr, Sanitäter und Helferinnen vom Roten Kreuz wetteiferten im Heranbringen hilfsbedürftiger Personen zur Abstimmung. In dieser Hinsicht hat der seitens der Deutschen Front gebildete freiwillige Motordienst hervorragendes geleistet. Die Wahlbeteiligung im hiesigen Bürgermeistereibezirk betrug annähernd 99%. Von insgesamt 14000 Stimmberechtigten haben 172 Personen von ihrem Stimmrecht keinen Gebrauch gemacht. Nach Beendigung des Wahlaktes nach 20 Uhr, wurden die Wahlurnen unter dem Schutz von Landjägerbeamten, die mit Karabinern versehen waren, zum Sitzungssaal des Rathauses verbracht. Begleitet wurden die Urnen von dem jeweiligen Wahlvorsteher und den Beisitzern der beiden politischen Organisationen. Um 1,40 Uhr nachts erschien aus Richtung Heusweiler kommend ein italienisches Truppenkommando[450] mittels vier Lastkraftwagen. Einer der Lastwagen trug einen Kurzwellensender. Die im Sitzungssaal des Rathauses untergebrachten Wahlurnen wurden durch Landjägerbeamte nach den Wagen der italienischen Truppen verbracht und verladen. Es erfolgte sodann der Abtransport nach dem hiesigen Bahnhof, woselbst die Urnen in einen Sonderzug verladen wurden. Als Begleiter der Abstimmungsurnen waren seitens des stellvertretenden Kreisinspektors der Abstimmungskommission Le Comte der Verwaltungssekretär Alfred Stein (Deutsche Front) und der Bergmann Valentin Baldauf (Einheitsfront) beide aus Püttlingen bestimmt worden. Der Offizier des Sonderzuges lehnte die Mitfahrt der genannten Personen ab, desgleichen

---

449 Dieser Begriff ist auffällig, denn das Saargebiet hatte eine eigene Postverwaltung, die »Reichspost« war erst ab 01.03.1935 für das Saargebiet wieder zuständig. Liegt schon eine vorauseilende Angleichung im Wortschatz vor?
450 Kühn bezeichnet in einer Bildunterschrift die Soldaten als französische, dies ist schon deshalb falsch, weil bei der Abstimmung vom 13.01.1935 eine Stimmabgabe für Frankreich zur Wahl stand, die französischen Truppen also nicht neutral waren.

die Mitfahrt des Herrn Le Comte selbst. Weiter muss erwähnt werden, dass sowohl der Offizier des italienischen Kommandos wie auch der Offizier der den Sonderzug begleitete die Abgabe einer Quittung über die in Empfang genommenen Wahlurnen verweigerten. Auf Grund dessen hat Herr Le Comte die Begleitpapiere nicht an den Offizier des Sonderzuges ausgehändigt. Dieses sonderbare Verhalten der Offiziere der Abstimmungstruppen wie auch die Art des Transportes haben das Befremden des stellvertretenden Kreisinspektors Le Comte wie auch der Vertreter der beiden Parteien hervorgerufen und sich geeignet ein gewisses Mißtrauen zu erwecken. Ein Vertreter der Deutschen Front angeblich aus Schiffweiler der im Sonderzug anwesend war, wollte auf hiesiger Station den Zug verlassen, da er bereits mehrmals Auseinandersetzungen mit der Zugbesatzung hatte und dies nicht mehr länger mitmachen wollte.

Abb. 25 Wahlurnen im Sitzungssaal des Püttlinger Rathauses, 1. Reihe rechts sitzend Bürgermeister Georg und Vorsitzender der Abstimmungskommission Dr. Lecomte aus Visp (Wallis), 3. von links Verwaltungsekretär Stein.

Schwarz verschweigt in seinem Bericht, dass auch die Einheitsfront einen Fahrdienst eingerichtet hatte. Johann Altmeyer, Sohn des SP-Fraktionsvorsitzenden Georg Altmeyer, fuhr per Auto kranke und

Abb. 26 Abtransport der Wahlurnen mit Stimmzetteln der Volksabstimmung am 13.01.1935 abends durch italienischen Soldaten, vor dem Rathaus saarländische Polizisten.

gehbehinderte wahlberechtigte Status quo-Anhänger von auswärts und auch innerhalb des Ortes selbst in ihr zuständiges Abstimmungslokal.[451]

Auch Bürgermeister Ahrens konnte den reibungslosen Ablauf der Abstimmung in seinem Amtsbereich berichten. Drei Stimmen wurden für ungültig erklärt, die Gründe nennt Ahrens nicht. Die Wahlbeteiligung beziffert er mit 99,5%, von insgesamt 10.008 Personen seien rund 50 der Abstimmung ferngeblieben, darunter Personen aus dem Ausland und Nicht-Transportfähige. Hier traf italienisches Militär schon um 8.30 Uhr ein, übernahm die Urnen bei den einzelnen Wahllokalen, transportierte sie ins Riegelsberger Rathaus bis gegen 10 Uhr, eine halbe Stunde später erfolgte der Weitertransport nach Heusweiler. *Bei der Abfahrt grüssten die Truppen mit dem Deutschen Gruss, der von der Bevölkerung – etwa 1500 Leuten – spontan erwidert wurde. Ei-*

---

451 Bericht Altmeyers in seinem Wiedergutmachungsantrag (StadtA PÜ), ediert von H.W. Herrmann, Altmeyer.

ner der Wahlkommissare, der beim Abtransport der Urnen im Kreise einer Anzahl saarländischer Männer stand, erklärte dass er wirklich angenehm überrascht sei, die oft gerühmte eiserne Disziplin der Saarbevölkerung nun selbst festgestellt zu haben.[452]
Die Wahlurnen aus dem gesamten Saargebiet wurden nach Saarbrücken in die »Wartburg«, das große Gemeindehaus der Ev. Kirchengemeinde St. Johann, das auch für weltliche Veranstaltungen verwendet wurde, gebracht, dort die Stimmen ausgezählt und das Ergebnis zwei Tage später am 15.01.1935 bekannt gegeben.

Ergebnis

Am 13.01.1935 entschieden sich 88,43 % der Stimmberechtigten und 90,76 % der gültig Abstimmenden für die Rückgliederung.
Dass sich eine deutliche Mehrheit für die Rückgliederung aussprechen würde, war erwartet worden. Das hatte die unterschiedlich starke Beteiligung an den Veranstaltungen von Deutscher Front und Einheitsfront schon Wochen vorher erkennen lassen. Der hohe Prozentsatz überraschte dann doch. Nach den Untersuchungen von Klaus-Michael Mallmann hatten die Führungskräfte der KP eine Minderheit von 25 % für Status quo für möglich gehalten.
Die Abstimmungsergebnisse wurden leider nur für die einzelnen Bürgermeistereien bekannt gegeben. Es ist nicht bekannt, ob die Ergebnisse aus den einzelnen Wahllokalen bzw. Wahlbezirken aufgezeichnet wurden. Damit entfällt die Möglichkeit zu Aussagen über ein differenziertes Ergebnis für die Gemeinden Altenkessel, Püttlingen und Köllerbach und erst recht für die früheren kleinen Talgemeinden. Daher lässt sich auch ein Ergebnis für die Bevölkerung im Bereich der heutigen Stadt Püttlingen nicht errechnen. Wir müssen uns mit den für die beiden Bürgermeistereien Püttlingen und Sellerbach veröffentlichten Zahlen begnügen. Das Ergebnis für die Bürgermeisterei Püttlingen enthält auch die Stimmen aus Altenkessel, das für die Bürgermeisterei Sellerbach neben denen von Köllerbach auch die von Güchenbach, Hilschbach, Überhofen und Walpershofen.

---

452 Bericht vom 14.01.1935 (LA SB LRA SB Nr. 998).

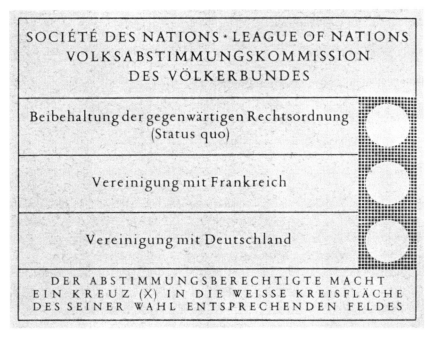

Abb. 27 Formular des Stimmzettels der Volksabstimmung vom 13. Januar 1935.

Vergleich der Ergebnisse für die Bürgermeistereien im Köllertal:

	Bürgermeistereien				Saargebiet
	Püttlingen	Sellerbach	Heusweiler	Quierschied	insgesamt
Stimmberechtigt	13.898	9.723	8.165	8.661	539.541
Gültige Stimmen	13.481	9.576	8.040	8.503	527.005
Für Deutschland	12.206	8.938	7.702	8.184	477.119
in %	90,51%	93,34%	95,8%	96,26%	90,76 %
Für Status-quo	1.230	610	315	222	46.613
Für Frankreich	50	28	23	27	2.124

Die ungültigen Stimmen und Enthaltungen sind in ihrer großen Mehrheit als Stimmen gegen die Rückgliederung zu werten. Bei den Anstrengungen, die von beiden Seiten gemacht worden waren, alte und kranke Menschen in die Wahllokale zu bringen, ist nur an wenige Nicht-Transportfähige zu denken, die für Deutschland votiert hätten, wenn sie abgestimmt hätten.

Bezieht man die Stimmen für die Rückkehr zum Deutschen Reich nicht auf die abgegebenen gültigen Stimmen, sondern auf die Stimmberechtigten, also unter Berücksichtigung der abgegebenen ungültigen Stimmen und der Enthaltungen, so ergeben sich folgende Prozentsätze für die Rückgliederung

Püttlingen	Sellerbach	Heusweiler	Quierschied	Saargebiet
87,8%	82,85%	94,38%	95,64%	88,43%

Die Prozentsätze für die Rückgliederung zeigen in den vier Bürgermeistereien deutliche Unterschiede. Die Reihenfolge bleibt beim Bezug der gültigen Stimmen für Deutschland auf die gültigen Stimmen und auf die Stimmberechtigten gleich. Der jeweils geringste Prozentsatz 90,51% bzw. 87,8% entfällt auf die Bürgermeisterei Püttlingen. Sie liegt jeweils leicht unter dem Landesdurchschnitt, 90,51% zu 90,76% beim Bezug auf die gültigen Stimmen, 87,88% zu 88,4% beim Bezug auf die Stimmberechtigten. Die Prozentsätze bezogen auf die gültigen Stimmen liegen für Völklingen (89,6%), Saarbrücken und Ludweiler (beide 87,4%) noch deutlicher unter dem Landesdurchschnitt. Aufgrund der Differenz von 1.697 Personen zwischen Stimmberechtigten und für die Rückgliederung Stimmenden ergibt sich, dass ungefähr jeder 8. Stimmberechtigte (12,2%) der Bürgermeisterei Püttlingen nicht für die Rückgliederung gestimmt hatte.

Die Abstimmungsergebnisse differieren erheblich von den Meldungen der Bürgermeister über den Prozentsatz der Mitgliedschaft in der Deutschen Front. Die letzten Meldungen von Bürgermeister Georg vom 10., 17. und 31.12.1934 sowie vom 07.01.1935 hatten bei 98,6% gelegen.[453] Allerdings ist zu berücksichtigen, dass der Personenkreis nicht identisch ist. Die Mitgliedschaft in der DF war nicht an die Voraussetzung der Stimmberechtigung gebunden. Alle nach dem 29.06.1919 ins Saargebiet Zugezogenen waren nicht stimmberechtigt, konnten aber politischen Organisationen beitreten. Dennoch bestärkt mich die Differenz zwischen DF-Mitgliederzahlen und für die Rückgliederung Stimmenden in meinen Bedenken gegen die Zuverlässigkeit der Meldungen der DF-Mitgliederzahlen.

Nach Bekanntgabe des Ergebnisses wurden in Püttlingen sofort viele

---

453 Vgl. S. 254.

Häuser mit den *Fahnen der Reichsfarben* beflaggt. *Ungeheuerer Jubel bemächtigte sich der Bevölkerung, der bis zu den Abendstunden immer noch anschwoll. Bei Einbruch der Dunkelheit hatten die Bewohner ihre Häuser festlich illuminiert. Gegen 18.30 Uhr setzte sich ein Fackelzug, der in der Schlehbach- und Hohbergstrasse Aufstellung genommen hatte, in Bewegung. An diesem Fackelzug nahm die gesamte Bevölkerung teil. Im Zuge selbst spielten mehrere Musikkapellen. Die Teilnehmer sangen abwechselnd das Deutschland- und das Saarlied. Gegen 21 Uhr war der Fackelzug beendet und ist es nirgends zu Zwischenfällen gekommen.*[454] Die Teilnehmerzahl an einem Fackelzug in Köllerbach ebenfalls am Dienstag Abend (15.01.) schätzte Bürgermeister Ahrens auf ca. 4.000.

Das Trierer Generalvikariat hatte schon am 13.01. angeordnet, die Glocken aller Kirchen mit regelmäßigem Gottesdienst am Tag der Veröffentlichung eines günstigen Wahlergebnisses von 12.00 Uhr bis 13.00 Uhr läuten zu lassen. Allerorts wurden Dankgottesdienste gefeiert. Auf Anregung der Arbeitsgemeinschaft kultureller Vereine sollten sich daran möglichst alle Vereine beteiligen.[455] Pfarrer Rug eröffnete seine Predigt mit den Sätzen: *Liebe Gemeinde ! Nun ist es erreicht, was wir so lange erbeten und erhofft haben, für das wir uns eingesetzt haben mit Wort und mit Tat und mit unserer Entscheidung am Abstimmungstage. Was ist erreicht ? Daß wir als Deutsche wieder frei unter deutschen Brüdern leben dürfen, daß unser Vaterland und unser Heimatland hier an der Saar nun von den Übergriffen unerer Feinde gesichert ist. Zum dritten Male seit 250 Jahren hat der Feind im Westen diese unsere Heimat mit Gewalt und List an sich gerissen. Die erste Fremdherrschaft unter dem raubgierigen Ludwig dem 14ten dauerte 17 Jahre. Die Herrschaft der französischen Revolution und Napoleon des ersten währte 22 Jahre, die Fremdherrschaft, die wir miterleben mußten, dauerte 16 Jahre. Tausend Jahre lang durften wir in Freiheit das sein, was wir nach unserer Art und unserem Blut und unserer Sprache sein müssen: Deutsche. 55 Jahre lang haben Fremde über dies Land geherrscht. Nun haben wir mitten im Frieden diese Schlacht schlagen dürfen um unseres Volkes und unserer Heimat*

---

454 Bericht des Landjägeramtes vom 21.01.1935 (LA SB LRA SB Nr. 998).
455 Bericht des Landjägeramtes Riegelsberg vom 21.01.1935 (ebenda Nr. 998).

Freiheit und der Sieg wurde unser. Wie er unseren Vätern in ihren Prüfungszeiten geholfen hat, so hat Gott uns geholfen in unserer Prüfungsstunde. So ist es unsere Pflicht, dem Herren, der die Herzen lenken kann, unsern Dank darzubringen.[456]
Das Abstimmungsergebnis war so eindeutig, dass der Rat des Völkerbundes in seiner Sitzung vom 17.01.1935 die Rückgabe des ganzen Saargebiets an das Deutsche Reich beschloss und den 01.03.1935 als Tag des Regierungswechsels festsetzte.
Die Atmosphäre in den ersten Tagen nach Bekanntgabe des Ergebnisses war gespannt. Am Mittwoch (16.01.) arrangierte die örtliche DF-Leitung wie in vielen anderen Orten des Saargebiets »Trauerzüge« zu einem »Begräbnisplatz«, wo skurrile Leichenpredigten gehalten wurden[457] und/oder mit »Status quo« bezeichnete Strohpuppen aufgehängt oder verbrannt wurden., z. B. an einem Baum in der Derlerstraße 38[458] oder gegenüber dem Dörr'schen Haus in der Riegelsbergerstraße in Engelfangen.[459] Noch makabrer war es, wenn bei diesen symbolischen Hinrichtungen die Puppen Namen von Personen trugen, die sich im Abstimmungskampf exponiert hatten, z.B. in Etzenhofen den Namen von Sylvester Rupp.[460]
Ortsbekannte Status quo-Befürworter mussten Anpöbeleien und Bedrohungen einstecken.[461]
Das Eindringen in die Wohnung des Grubenaufsehers Emil Meyer, der selbst im Krankenhaus lag, und die Bedrohung seiner Ehefrau und seiner fünfzehnjährigen Tochter mit einer Pistole[462] muss mindestens als Hausfriedensbruch gewertet werden. Dem bisherigen SP-Fraktionsvorsitzenden Georg Altmeyer und seiner Familie widerfuhr Ähnliches (vgl. S. 411). Verdächtigungen, Status quo gewählt zu haben, wurden als persönliche Beleidigung empfunden und in einigen Fällen Anzeige erstattet.[463] Johann Blaes, Eisenbahnassistent, und Nikolaus Baldauf, Bergmann, beide Vorstandsmitglieder des Schützenvereins Ruhig Blut,

---

456 Text der Predigt in LA SB Nachl. Rug Nr. 120.
457 Interview mit Leni Konrad am 18.11.1996.
458 Abbildung bei Kühn, S. 6 Nr. 11.
459 Mitteilung von Familie Alban Dörr am 01.12.2006.
460 Interview.
461 LA SB LRA SB Nr. 331, S. 201-203.
462 Vernehmungsprotokoll vom 21.01.1935 (ebenda, S. 201ff. u. 216f.).
463 Ebenda. S. 245, 319f.

Abb. 28 Fingierte Todesanzeige für Status quo, ab 15.01.1935 weit verbreitet.

empörten sich, dass dem Verein zu seiner Mitgliederversammlung am 20.01. eine Status quo-Todesanzeige zugeschickt worden war. Sie sahen darin eine *unerhörte politische Verdächtigung der anwesenden Vereinsmitglieder und der Vereinsführerschaft die geeignet ist, die nationale Ehre und Zuverlässigkeit gröblich zu verletzen*[464].
Politische Flüchtlinge aus dem Reich, die in den beiden Bürgermeistereien Unterkunft gefunden hatten, setzten sich wenige Tage nach der Bekanntgabe des Ergebnisses ab. Auch die im Saargebiet bisher tätigen französischen Staatsangehörigen, vornehmlich bei den *Mines Domaniales* und bei der Zollverwaltung, bereiteten ihre Abreise vor.
In der zweiten Januarhälfte wurde Amnestie für politisch motivierte Straftaten gewährt. Daraufhin wurden die Kommunisten Johann Kleinbauer, Richard Dörr und Josef Kurtz aus Untersuchungshaft entlassen.[465]

---

464 Ebenda, S. 223.
465 Bericht von Oberlandjäger Schwarz II vom 28.01.1935 (LA SB LRA SB Nr. 998).

Interpretation des Ergebnisses

Von nationalsozialistischer Seite wurde das Ergebnis der Volksabstimmung am Tag seiner Bekanntgabe am 15.01.1935 und in den folgenden zehn Jahren der NS-Diktatur propagandistisch ausgewertet als deutliche Willenserklärung für das Deutsche Reich unter Hitlers Führung und als Hitlers erster außenpolitischer Erfolg gewürdigt. Eine gegenteilige Ansicht öffentlich zu vertreten war innerhalb des NS-Machtbereichs nicht möglich und auch in privatem Kreis mit Risiken verbunden. Sie konnte nur im Ausland artikuliert werden und konnte relativ leicht als bewusste Fehlinterpretation von Reichsfeinden abgetan werden. Nach der Zerschlagung der NS-Diktatur, vor allem nach dem Bekanntwerden des vollen Unrechtscharakters des NS-Regimes, wurde das Ergebnis als ein Votum »Für Deutschland, trotz Hitler« oder »Für Deutschland, nicht für Hitler« gedeutet. Im ersten Nachkriegsjahrzehnt wurde die Diskussion des Abstimmungsergebnisses verquickt mit der Stellungnahme zum damaligen Sonderstatus des Saarlandes, das als halbautonomer »Staat« in einer Wirtschafts- und Währungsunion mit Frankreich verbunden, in den Augen nicht weniger erneut durch die Siegermächte vom deutschen Mutterland abgetrennt war. Zum Teil waren ja die Befürworter und Ablehner des am 23.10.1955 zur Entscheidung anstehenden sogenannten Europäischen Saarstatuts dieselben Männer, die schon beim Abstimmungskampf von 1934/35 unterschiedliche Positionen vertreten hatten, wobei die Gegner der Rückgliederung in ein NS-beherrschtes Reich nun nach dem Erleben der Katastrophe, in die Hitler das deutsche Volk geführt hatte, die Richtigkeit ihrer Entscheidung vom 13.01.1935 bestätigt sahen.

Jüngere Historiker,[466] meist erst nach dem Zweiten Weltkrieg geboren, haben sich bemüht, das Ergebnis multikausal zu erklären. Dennoch hat das Ergebnis der Volksabstimmung vom 13.01.1935 bis heute keine allseits akzeptierte Bewertung erfahren. Es wird immer wieder kritisch hinterfragt und kontrovers beantwortet. Gerade aus der Retrospektive einiger Jahrzehnte wurde und wird die Frage gestellt, warum die Saarländer sich damals so entschieden haben, obwohl ihnen

---

466 Vgl. die im Literaturverzeichnis genannten Arbeiten von Ludwig Linsmayer, Klaus-Michael Mallmann, Gerhard Paul, Dieter Muskalla, Maria Zenner, Patrick von Zur Mühlen, Alexander von Wegener.

doch nicht verborgen geblieben sein konnte, dass das »Dritte Reich« mit Ermächtigungsgesetz und Gleichschaltung die parlamentarisch-demokratische Staatsform der Weimarer Republik innerhalb kurzer Zeit abgeschafft, mit Terror und Verfolgung seine politischen Gegner ausgeschaltet, ja sogar umgebracht hatte.
Der Historiker soll Ereignisse und Verhaltensweisen der Vergangenheit nicht allein nach heutigen Wertkategorien und nach erst später bekannt gewordenen oder aufgedeckten Manipulationen beurteilen, sondern auch die damaligen Vorgänge in Beziehung setzen zu Informationsstand, Denkweisen und Wertmaßstäben der damaligen Zeitgenossen.
Fünf Gründe möchte ich anführen zur Erklärung des Ergebnisses der Volksabstimmung vom 13.01.1935:
1. Die patriotisch-nationale Grundeinstellung der saarländischen Bevölkerung,
2. die starken Einwirkungen aus dem Reich auf alle Bereiche des politischen und gesellschaftlichen Lebens im Saargebiet,
3. die Schwierigkeiten, ein akzeptables Konzept gegen die Rückgliederung zu entwickeln und den Abstimmungsberechtigten begreifbar zu machen,
4. den tatsächlichen Informationsstand über die Zustände im Reich,
5. die geringe Unterstützung der saarländischen Rückgliederungsgegner durch andere Gegner des NS-Regimes.

Die patriotisch-nationale Grundeinstellung
In Ausführung des Versailler Vertrags, der das besiegte Deutsche Reich trotz des Regimewechsels von der wilhelminischen Monarchie zur parlamentarischen Demokratie härter belastete und stärker schwächte, als die Öffentlichkeit erwartet hatte, war eine Bevölkerung, an deren Deutschstämmigkeit und Deutschsprachigkeit nicht gezweifelt werden konnte, aus ihrer über ein Jahrhundert alten Bindung an Preußen und Bayern herausgelöst und für die Dauer von fünfzehn Jahren der Mandatsverwaltung des neu geschaffenen Völkerbunds unterstellt worden, ohne dass diese Bevölkerung die Möglichkeit erhalten hatte, sich für oder gegen die temporäre Abtrennung auszusprechen. Die vom Völkerbund ernannte Regierungskommission des Saargebiets gerierte sich, gerade in den ersten sechs Jahren unter dem Vorsitz des

Franzosen Victor Rault, eher als Vertretung französischer Interessen denn als neutrale Treuhänderverwaltung. Der Nationalismus, der sich zu einem guten Teil nährte aus der Ablehnung der politischen Rahmenbedingungen, wie sie der Versailler Vertrag durch Gebietsverluste und Reparationen, Reduzierung der Streitkräfte und Zuweisung der Kriegsschuld geschaffen hatte, war im Saargebiet eher noch ausgeprägter als im Reich, denn die Saarländer sahen sich gefordert, sich immer wieder aufs Neue als Deutsche gegenüber Abtrennungs- und Verfremdungsversuchen behaupten und bewähren zu müssen. Auch diejenigen politischen Parteien, die weniger oder gar nicht in der Tradition der zusammengebrochenen Monarchien standen, also Zentrum, Sozialdemokraten und Kommunisten, lagen auf der nationalen Linie, insofern auch für sie vor Hitlers Machtübernahme die Stimmabgabe für eine Rückgliederung ins Reich kein Diskussionsstoff, sondern eine Selbstverständlichkeit war. In welcher Form und von welcher Partei das Deutsche Reich regiert werden sollte, darüber stritt man sich, aber dass das Saargebiet mit ihm wieder vereinigt werden sollte, stand vierzehn Jahre lang außer Frage. Diese nationale Grundeinstellung wurde von den Kirchen nicht nur mitgetragen, sondern zur sittlichen Pflicht erhoben.

Mannigfaltige Verbindungen zum Reich
Seit Beginn der Völkerbundsverwaltung war es Ziel der deutschen Regierungen auf Reichs- und Landesebene gewesen, die organisatorischen und persönlichen Verbindungen der politischen Parteien, der großen Verbände und vieler kleiner Vereine zu ihren saarländischen Tochterorganisationen nicht nur zu halten, sondern auszubauen und dadurch das ihre zur Abwehr von Verfremdungsversuchen beizutragen. Die reichsdeutschen Regierungen, Parteien und Verbände hatten an allen wichtigen Stellen im Saargebiet Vertrauensleute, die regelmäßig über Vorgänge und Zustände berichteten. Solche Leute mussten nicht eingeschleust werden, sondern es war für die saarländischen Amtsträger eine Selbstverständlichkeit, der bisher vorgesetzten Behörde oder der Mutterpartei oder dem Dachverband im Reich über Vorkommnisse und Verhältnisse im Saargebiet Nachrichten zukommen zu lassen und durch gegenseitige Besuche die Verbindung aufrechtzuerhalten. Die Nationalsozialisten konnten dieses schon seit den frühen 1920er Jahren bestehende Netz von Vertrauensleuten bei ihrem Machtantritt

1933 in seiner Effizienz dadurch erhöhen, dass es auf eine zentrale Führung ausgerichtet war und nicht auf seiner politischen Linie liegende Vertrauensleute durch Parteigenossen ersetzt wurden. Größter Erfolg in diesem Bereich war die Gründung der »Deutschen Front« als vom Reich aus gesteuerte Aktionsgemeinschaft aller die Rückkehr befürwortenden Parteien und Verbände.

Das schwer vermittelbare Konzept der Verlängerung der Völkerbundsverwaltung
Nicht nur bis zu Hitlers Berufung als Reichskanzler, sondern ein gutes Jahr darüber hinaus, hatten die sozialdemokratische und die kommunistische Partei grundsätzlich an der Rückkehr des Saargebiets ins Deutsche Reich festgehalten, in ein »Hitler-Deutschland« allerdings abgelehnt. So kam es zunächst zu dem Slogan »Für Deutschland – gegen Hitler«, der vordergründig eine Stimmabgabe für die Rückkehr ins Reich suggerieren musste. In dem Maße wie sich Hitlers Macht stabiler erwies, als von seinen politischen Gegnern zunächst angenommen worden war, und mit dem Näherrücken des Abstimmungstermins vollzogen sie einen Schwenk in ihrer bisherigen Haltung zur Rückgliederungsfrage und befürworteten nun eine Verlängerung der Völkerbundsverwaltung, eben der Verwaltung, gegen die sie über ein Jahrzehnt lang wie die anderen saarländischen Parteien polemisiert hatten. Es war schwer, diese neue politische Konzeption den Abstimmungsberechtigten plausibel zu machen. In einer ersten Phase versuchten sie eine Verschiebung des Abstimmungstermins zu erreichen, aber der Völkerbund hielt sich wie in der Vergangenheit eng an den Wortlaut des Versailler Saarstatuts und das sah eine Abstimmung nach 15 Jahren vor, gerechnet ab dem Inkrafttreten des Vertrages. Also blieb den Gegnern der Rückgliederung in ein Hitler-Deutschland nur die Empfehlung einer Stimmabgabe für Status quo, also für die Beibehaltung der Völkerbundsverwaltung. Um die Akzeptanz dafür zu steigern, wurden einmal eine Verbesserung der derzeitigen Verwaltungspraxis angestrebt, zum anderen die Endgültigkeit der Abstimmung nach 15 Jahren in Frage gestellt. Während über eine Veränderung der Verwaltung, etwa in der Form vermehrter Rechte des Landesrats aus Genf gar keine Antwort kam, wurde im Dezember 1934, also wenige Wochen vor dem Plebiszit, im Falle einer Mehrheit für Status quo am 13.01.1935 die Möglichkeit einer zweiten Abstimmung, zu einem

späteren Zeitpunkt, wobei wohl alle Beteiligten an die Zeit nach Sturz oder Zusammenbruch des NS-Regimes dachten, offen gelassen – ein Fall, der aus der politischen Situation bei Entstehung des Versailler Saarstatuts im Frühjahr 1919 nicht vorgesehen war.
Es war weitaus schwieriger, Abstimmungsberechtigte für dieses mit Unsicherheitsfaktoren belastete »neue« Saarkonzept zu gewinnen als für die viel einfacher erscheinende Rückkehr ins deutsche Vaterland, zumal der Unrechtscharakter des dort herrschenden Regimes noch nicht in der Deutlichkeit wie aus der Retrospektive der Nachkriegszeit zu erkennen war. Damit sind wir bei einem weiteren Punkt der Erklärung des Abstimmungsergebnisses angekommen, nämlich dem Informationsstand über die Zustände im Reich.

Informationsstand über die Zustände im Reich
Im Saargebiet bestand Informationsfreiheit. Gekauft werden konnten reichsdeutsche und ausländische Zeitungen und saarländische Blätter, die eine der drei im Versailler Vertrag vorgesehenen Abstimmungsfragen befürworteten. Doch hatten die die Rückgliederung empfehlenden Medien ein starkes Übergewicht. Die NS-Regierung hatte durch finanzielle Unterwanderung und durch personelle Veränderung der Redaktionen die Gleichschaltung des Großteils der Saar-Presse erreicht. Bis Sommer 1934 war die Gleichschaltung im Medienbereich so weit vollzogen, dass von den 50 saarländischen Tageszeitungen 44 Organe oder Sprachrohr der Deutschen Front waren. Sie alle zeichneten ein positives Bild von Hitler-Deutschland. Die Gegenseite wurde nur vertreten durch zwei sozialdemokratische Zeitungen, eine kommunistische, eine der katholischen Opposition und zwei frankophile. Keines dieser sechs Blätter erreichte in seiner Auflagenhöhe auch nur annähernd die »Saarbrücker Zeitung« oder »Saarbrücker Landeszeitung«.
Ein noch stärkeres Ungleichgewicht herrschte beim Rundfunk. Während die Reichssender ein eigenes Saarprogramm ausstrahlten, hatten die Rückgliederungsgegner nur geringe Möglichkeit, über den französischen Sender Strasbourg zu Wort zu kommen.
Die persönlichen Eindrücke vom »Dritten Reich« waren gerade bei Gruppenreisen meist positiv. Die NSDAP besaß großes Geschick, Veranstaltungen und Empfänge so zu inszenieren, dass sie bei den Teilnehmern einen lang anhaltenden positiven Eindruck hinterließen. Die

Einbeziehung in eine singende, musizierende, applaudierende, »Heil«-Rufe skandierende Menschenmenge zog die saarländischen Gäste in den Bann und vermittelte den Eindruck, dass wirklich die Zeit eines »Neuen Deutschland« angebrochen sei. Gelegentlich negative Erfahrungen bei FAD und Kinderlandverschickung wurden als bedauerliche Einzelfälle nicht stärker gewichtet.
Eine weitere Informationsquelle, nämlich der unmittelbare Gedanken- und Erfahrungsaustausch mit reichsdeutschen Emigranten und im Reich zurückgezogen lebenden Gegnern des NS-Regimes, wurde von der Mehrzahl der Saarländer nicht genutzt. Zu weit fortgeschritten war schon die Polarisierung der politischen Lager im Saargebiet, als dass man bei einem bekannten NS-Gegner sich erkundigt hätte. Den Emigranten begegneten Behörden und Einzelpersonen meist mit Skepsis und Zurückhaltung. So war es für Emigranten sehr schwierig, ihre Erlebnisse und Erfahrungen mit dem NS-Regime dem national gesinnten saarländischen Durchschnittsbürger zu vermitteln. Schon aus dem Faktum, dass Emigranten in Lagern lebten, die die französische Grubenverwaltung eingerichtet hatte, ergaben sich Vorbehalte gegen ihre nationale Zuverlässigkeit. Sie wurden dadurch verstärkt, dass Emigranten meist in Lokalen verkehrten, die von Befürwortern des Status quo frequentiert wurden.
Nachrichten über Internierungen, Ausschreitungen und Übergriffe von Polizei, NSDAP und ihrer Gliederungen wurden als Übertreibung oder bewusste Falschmeldungen abgetan oder als Kompetenzüberschreitungen untergeordneter Instanzen heruntergespielt. Die Vorfälle beim sogen. »Röhm-Putsch« am 30.06./01.07.1934 rüttelten nur wenige auf, wurden von vielen als Trennung bzw. Säuberung der NSDAP von radikalen, rabaukenhaften Elementen, von denen sich einige nach den damaligen Moralvorstellungen sittliche Verfehlungen hatten zuschulden kommen lassen, bewertet, wie ja überhaupt die Anwendung von Brachialgewalt bei politischen Auseinandersetzungen in viel größerem Maße als in der 2. Hälfte des 20. Jhs. akzeptiert wurde.
In der Endphase des Abstimmungskampfes wurde auch beobachtet, welche Informationsquellen genutzt wurden – einer der Reichssender oder Radio Strasbourg, die Blätter der Deutschen Front oder der Einheitsfront bzw. die Neue Saarpost, die Versammlungen der Deutschen Front oder der Status quo-Befürworter, und immer wieder fielen Bemerkungen, dass man sich dieses oder jenes merken wolle für die

Zeit nach der Rückgliederung. Ein gewisses Maß an Bespitzelung und auch Denunziation bestand und wurde von der Status quo-Minderheit stärker empfunden als von den Mitgliedern der DF.

Geringe Unterstützung der saarländischen Rückgliederungsgegner durch andere Gegner des NS-Regimes
Die Gegner der Rückgliederung benötigten zur Durchsetzung ihres politischen Konzeptes moralische und materielle Unterstützung, wenn sie einen ähnlichen Propaganda-Apparat wie die Deutsche Front aufziehen wollten. Sie konnte nicht aus dem Saargebiet kommen, sondern nur von außen. Potentielle Helfer hätten sein können die katholische Kirche und Frankreich.
Die Haltung des deutschen Episkopats, insbesondere der beiden für das Saargebiet zuständigen Bischöfe von Trier und Speyer, dürfte von drei Faktoren bestimmt worden sein:
- der persönlichen Einstellung zu Volk und Nation,
- der Überschätzung der Vertragstreue der NS-Regierung bei der Handhabung des Konkordates,
- von Ängsten, durch das Abraten einer Stimmabgabe für die Eingliederung in »Hitler-Deutschland« den NS-Machthabern Gründe für ein repressives Vorgehen gegen die katholische Kirche im ganzen Reich zu liefern.

So kam es zur klaren Absage an die von Johannes Hoffmann geführte katholische Opposition und zu dem Maulkorberlass für den Klerus. Auch die evangelischen Geistlichen aller Gruppierungen, nicht nur die der Glaubensbewegung Deutsche Christen, empfahlen die Stimmabgabe für die Rückgliederung ins deutsche Mutterland. Die NS-Kirchenpolik der folgenden Jahre zeigte, dass alle Hoffnungen, die Rückgliederungsempfehlung werde sich günstig auf das Verhältnis des NS-Staates zu den Kirchen auswirken, nicht in Erfüllung gingen. Dafür lieferte die Aufhebung der Konfessionsschule im Frühjahr 1937 einen eklatanten Beweis.
Für Frankreich war die Aufrechterhaltung der Mandatsverwaltung des Völkerbundes im Saargebiet ein Stück Sicherheitspolitik. Es bildete eine Pufferzone an einem verkehrsgeographisch wichtigen Abschnitt der deutsch-französischen Grenze. Die französische Regierung war durch ihre Erfahrungen beim Betrieb der saarländischen Steinkohlenbergwerke, der Ablehnung der von ihr eingerichteten Domani-

alschulen, dem geringen Zustrom zum Saarbund und zu anderen frankophilen Organisationen zu der realpolitischen Einsicht gekommen, dass das Saargebiet für Frankreich nicht zu gewinnen sei.
Daher blieb die materielle und ideelle Unterstützung der die Eingliederung des Saargebiets in den NS-Staat Ablehnenden weit hinter den Leistungen der NS-Regierung für die Deutsche Front zurück. Bezeichnend für die Einschätzung des Abstimmungsergebnisses durch die französische Regierung ist, dass schon am 03.12.1934, also noch bevor die Abstimmung stattgefunden hatte, der französische Außenminister Laval ein Abkommen mit der Reichsregierung über die wirtschaftlichen Modalitäten der Rückgliederung des Saargebietes, über sein Ausscheiden aus dem französischen Zoll- und Währungsbereich und über den Rückkauf der Steinkohlenbergwerke und der Eisenbahnen links der Saar unterzeichnet hatte. Dies musste auf die Abstimmungsberechtigten wie eine vorgezogene Erklärung des Scheiterns des Status-quo wirken.

Der Weg in die Emigration

Obwohl die Reichsregierung in einer Note vom 02.06.1934[467] erklärt hatte, sich jedes mittelbaren und unmittelbaren Druckes, der die Freiheit und Aufrichtigkeit der Stimmabgabe bei der Volksabstimmung beeinträchtigen könne, und jeder Verfolgungsmaßnahme, Vergeltung oder Schlechterstellung wegen der politischen Haltung eines Abstimmungsberechtigten bezüglich der Volksabstimmung zu enthalten, und am 04.12.1934 eine entsprechende Erklärung in das römische Abkommen aufgenommen worden war,[468] hegten die Befürworter des Status quo starke Zweifel, inwieweit man sich auf solche Garantieerklärungen verlassen könne. Nachrichten über Terrorakte im Reich und Gerüchte über »schwarze Listen« förderten Ängste, Misstrauen, Unsicherheit. Nicht selten waren während des Abstimmungskampfes den Befürwortern des Status quo-Repressalien für die Zeit nach der Abstimmung angedroht worden. Äußerungen einzelner Amtsträger der Völkerbundsverwaltung und der französischen Grubenverwal-

---

467 Reichsgesetzbl. 1934 II, S. 737 u. 1935 II, S. 125.
468 Zu diesen sogen. Garantien vgl. Herrmann, Juden, S. 270-276.

tung nach Bekanntgabe des Abstimmungsergebnisses, dass sie nun die Sicherheit einzelner exponierter Rückgliederungsgegner nicht garantieren könnten, und die symbolischen Hinrichtungen von mit Namensschildern versehenen Strohpuppen steigerten die seit Monaten schwelenden Ängste.

Georg Altmeyer berichtete: *Ein Tag nach Bekanntwerden des Abstimmungsergebnisses waren mehrere Funktionäre der antifaschistischen Front, darunter auch der Führer derselben Thomas Blank sowie mein Sohn Josef, Johann Becker, Paul Baldauf und noch andere, nach Frankreich emigriert. Am 16. nachmittags kamen zwei Landjäger in der Absicht zu erfahren, wo oben genannte hin seien, in die Küche des Volkshauses, dort selbst waren ausser meiner Frau die Frau des Führers Thomas Blank sowie die Frau Johann Becker anwesend. Denen gegenüber äusserte einer der Landjäger die Drohung »wenn Thomas Blank mir vor den Lauf kommt dann ist er drann«... Am 16. Januar abends kamen mehrere Nazis in unser Lokal, einer davon drohte meinem Sohn Johann in meiner Gegenwart, aus ihm würde »Haxel« gemacht werden, unter der falschen Anschuldigung, er hätte ein deutsches Sanitätsauto, welches kranke Abstimmungsberechtigte zur Abstimmung gefahren hatte, gerammt. Mein Sohn hat die Stelle, wo das geschehen sein sollte, überhaupt nicht passiert und auch kein Auto gerammt. Daraufhin frug derselbe Mann meine Tochter Maria, damals 18 Jahre alt, welche ihn bedient hatte, was er zu bezahlen hätte. Als sie ihm sagte, was er zu zahlen hätte, nahm er in meiner Gegenwart einen Browning aus der Tasche,*

Abb. 29 Püttlingen Obere Steinkreuzstraße im Flaggenschmuck nach Bekanntgabe des Abstimmungsergebnisses.

hielt ihn meiner Tochter vor mit den Worten »oder soll ich mit dem bezahlen«.
In der folgenden Nacht (vom 16./17.01.) wurden am Püttlinger Volkshaus neun Fensterscheiben eingeschlagen. Im Bericht des Landjägeramtes wurde vorsichtig formuliert: *Es scheint sich um einen Racheakt aus politischen Motiven zu handeln.*[469] Maria Altmeyer präsierte im Interview, dass am Tage zuvor ihr Vater die Aufforderung von Angehörigen der Deutschen Front, zu flaggen, abgelehnt hatte.
Ein weiterer Nazi sagte mir [Altmeyer] *am selben Tag* [17.01.] *ins Gesicht »Du bist ein Vaterlandsverräter und wirst als solcher behandelt werden«. Diese und noch andere Drohungen haben mich veranlasst, noch am selben Tage den Betrieb einzustellen und das Haus zu verlassen. Nachdem ich meine privaten Möbel herausgeholt hatte, habe ich alles ordnungsgemäß abgeschlossen und habe die Schlüssel und die Verantwortung im Einverständnis der Verbandsleitung an Polizei-Oberinspektor Herrn Weiler, abgegeben. Habe mit meiner Familie notdürftig bei Verwandten Wohnung genommen, da in meinem Hause Derlerstrasse 43, das vermietet war, kein Platz war. Einige Wochen später hat ein Mieter in meinem Hause die Möglichkeit geschaffen, dass ich dort wohnen konnte und glaubte nun endlich dort zur Ruhe zu kommen. Aber auch dort wurde ich noch täglich mit Drohungen belästigt. Man verlangte von mir Rechenschaft über Dinge, über die ich keine Rechenschaft ablegen konnte. So verlangte man unter anderem, von mir die Herausgabe der Fahnen der Partei sowie Arbeitergesangvereins-Fahnen und Bibliothek usw. Auch suchte man im Volkshaus nach Sprengstoff und Waffen, das (!) jedoch nicht vorhanden war. So kam bei mir die Vermutung auf, da das Haus um diese Zeit noch unbewohnt war, es könnte ein » Van der Lubbe«*[470] *ein Sprengstoffattentat hervorzaubern, um mir einen Strick zu drehen. Um diesen Dingen vorzubeugen und den Drohungen endlich mal zu entgehen und die ganze Familie auf Grund der neuen politischen Verhältnisse ohne Existenzmöglichkeit war, gingen wir am 18. Februar 1935 über die Grenze nach Frankreich.*

---

469 Bericht des Landjägers Ludwig Forsch (LA SB LRA SB Nr. 331, S. 74).
470 Der Niederländer Marinus Van der Lubbe (gest. 10.01.1934) wurde beschuldigt, das Reichstagsgebäude in Berlin in Brand gesteckt zu haben.

Auch Rudolf Baltes gibt an, dass seine persönliche Sicherheit auf der Grube nicht mehr gewährleistet gewesen sei.
In der Nacht vom 17./18.01. gegen 2.30 Uhr fand im Hengstwald/Ritterstraße in der Nähe der evangelischen Schule eine Schießerei statt, wobei etwa 15 Schuss gefallen sein sollen. Laut Polizeibericht wurde niemand verletzt.[471]
In der Nacht zum Sonntag (20.01.) drangen mehrere Personen, die sich durch Vorbinden von Taschentüchern unerkennbar gemacht hatten, in die Wohnung des Grubenaufsehers Emil Meyer (Mitglied der Einheitsfront), der infolge eines Arbeitsunfalles im Völklinger Krankenhaus lag, ein und durchsuchten sie nach Waffen. Einer der Täter hielt Frau Meyer, die sich mit ihrer 15-jährigen Tochter allein im Hause befand, eine Pistole vor und drohte mit Erschießen, falls sie über den Vorgang irgendwelche Mitteilungen mache.[472]
Für den jüdischen Kaufmann Neumark war die Konsequenz aus dem Abstimmungsergebnis, dass er einen Total-Ausverkauf ankündigte. Dass versucht wurde, seine diesbezüglichen Plakate abzureißen,[473] entsprach antisemitischem Denken.
Die Funktionärskader der Status quo-Parteien (Sozialdemokratische Partei, Kommunistische Partei, Saarländische Sozialistische Partei, Saarwirtschaftsvereinigung, Deutscher Volksbund für christliche und soziale Kultur) und Verbände (freie Gewerkschaften, Liga für Menschenrechte, Saarbund) und die ins Saargebiet geflüchteten reichsdeutschen Emigranten setzten sich schon in den auf die Bekanntgabe des Abstimmungsergebnisses folgenden Tagen ab.[474] Andere warteten die Entwicklung in den nächsten Wochen ab, verließen aber das Land, nachdem ihre Befürchtungen auf Verfolgung und Benachteiligung sich eher verstärkt hatten als beschwichtigt worden waren, obwohl blutige Ausschreitungen unterblieben. In den letzten Tagen vor der Eingliederung des Saargebiets ins Deutsche Reich (01.03.1935) wuchs die Emigrantenwelle noch einmal an, weil manche die letzte Gelegenheit zu einem relativ unkomplizierten Grenzübertritt nach Frankreich nutzen wollten.
Die Polizeibehörden beobachteten die Abwanderungen und gaben die

---

471 Bericht des Landjägeramtes vom 21.01.1935 (LA SB LRA SB Nr. 998).
472 Ebenda.
473 Ebenda Nr. 331, S. 74.
474 Ebenda Nr. 331, S. 88.

Abb. 30 Püttlinger Sozialdemokraten an einem französischen Grenzübergang auf dem Weg in die Emigration. Außer Thomas Blank, in der Bildmitte im Regenmantel, sind aus seiner Begleitung bekannt seine beiden Cousins Josef und Nickel Blank sowie Paul Baldauf und Karl Becker, aber im Einzelnen nicht identifiziert.

Ergebnisse ihrer Ermittlungen an den Landrat weiter. So meldete das Landjägeramt Riegelsberg, dass mehrere Mitglieder der KP sich ohne ihre Familien nach Frankreich begeben hatten, offenbar um Quartier zu machen.[475] Über das Schicksal emigrierter Familien aus dem Köllertal im Exil wird in einem eigenen Kapitel berichtet.

Auf Empfehlung von Baron Aloisi, des Vorsitzenden des vom Völkerbund gebildeten Saarausschusses, beschloss der Rat des Völkerbundes am 18.01. die Vereinigung des gesamten Saargebiets mit dem Deutschen Reich mit Wirkung ab 01.03.1935. Am 18.02. begann der Umtausch der französischen Franken in Reichsmark zum Kurs von 1 Franken = 0,1645 RM. Die Einheiten der internationalen Schutztruppe rückten nach und nach zwischen dem 16. und 28.02. ab. Am Nachmittag des 28.02. übertrug der Präsident der Regierungskommission des Saargebiets die Regierungsgewalt an Baron Aloisi, den Vorsitzenden des vom Völkerbund eingesetzten Abstimmungscomités. Er übergab am folgenden Tag, dem 01.03., um 9.30 Uhr morgens, im Kreisständehaus am Schlossplatz in Saarbrücken (heute Museum der Stiftung Saarlän-

---

475 Bericht vom 21.01.1935 (LA SB LRA SB Nr. 998).

discher Kulturbesitz) das Saargebiet an das Deutsche Reich, vertreten durch Reichsinnenminister Wilhelm Frick.
Am Vortag, dem 28.02.935, hatten sich die Gemeinderäte von Püttlingen und Altenkessel zur einer Festsitzung versammelt. Die Mitglieder der sozialdemokratischen und kommunistischen Fraktionen hatten schon vorher ihre Ämter niedergelegt und waren daher nicht erschienen. Bürgermeister Georg als Leiter der Sitzung führte aus, es erübrige sich der Bevölkerung dafür zu danken, dass sie *trotz der hier besonders starken Gegenagitation der Einheitsfrontanhänger doch noch mit 90,5 % sich für das deutsche Vaterland entschieden habe, zumal »Deutschsein« für uns alle doch eine absolute Selbstverständlichkeit gewesen sei.* Dank sagen wolle er aber für *die beispiellos gute Disziplin und mustergültige Ruhe und Ordnung...in den kritischen Tagen der Abstimmung.* Er sprach dann anstehende kommunale Aufgaben und Probleme an und warnte vor *einem allzu grossen Optimismus.* Der Vorsitzende der DF-Fraktion Johann Scherer-Zimmer gab dann aus seiner Sicht einen Rückblick auf die Zeit seit der Bildung seiner Fraktion um die Jahreswende 1933/34: *Die damals von uns abgegebene Erklärung* [vgl. S. 247 f.] *hatten wir absichtlich so gehalten, dass jede Spitze gegen irgendeinen Volksgenossen vermieden wurde, da wir als einziges Ziel nur noch unser Deutschland kannten und wir bestrebt sein mußten, auch die noch bei den Linksparteien stehenden Volksgenossen zu uns zu bringen. Unser Vorschlag wurde aber brüsk zurückgewiesen und die Erklärung der deutschen Front mit Spott und Hohn beantwortet. Als Antwort auf die angestrebte Sammlung aller Volksgenossen in der deutschen Front wurde eine für den sogenannten »Status quo« sich einsetzende »Einheitsfront« gebildet. Ihre Führer und Presse versuchten im Bund mit dem Präsidenten der Regierungskommission Knox und seinem Kabinettschef Heimburger alles um uns unsere Rückkehr nach Deutschland zu erschweren, wenn nicht unmöglich zu machen. Im Vertrauen auf ihre heilige Sache arbeitete die deutsche Front ruhig und zielbewußt an ihrer großen Aufgabe weiter. Ihre Haltung war diktiert von der Stimme unseres deutschen Blutes und unserer Abstammung, demgemäß war auch der Sieg des 13. Januar 1935.*
Unter Punkt 2 der Tagesordnung stellte er den Antrag auf Umbenennung von Straßen: *Wenn wir es bisher konsequent immer wieder abgelehnt hatten, unseren Straßen marxistische Namensbezeichnungen zu geben, so freuen wir uns jetzt besonders, daß wir in dankbarem*

Gedenken an gewisse große Männer unseres Volkes, die es uns möglich machten in ein freies und geeintes Vaterland heimzukehren, Straße und Plätze unseres Ortes nach ihnen benennen zu dürfen. Der Gemeinderat beschloss daraufhin den bisherigen Sportplatz an der Bahnhofstraße als *Adolf-Hitler-Platz,* die Markstraße als *Hindenburgstraße,* den Teil der Weiherbachstraße von der Bengeserstraße bis zur Abzweigung der Auenerstraße als *Jahnstraße* und die Hauptstraße im Ortsteil Ritterstraße als *Adolf-Hitler-Straße* zu benennen. Der Gemeinderat folgte einstimmig dem Antrag – ein Akt vorauseilenden Gehorsams. Die Sitzung schloss der Püttlinger DF-Ortsgruppenleiter mit den Worten *Ich spreche Ihnen für diese Ihre vaterländische Tat den besten Dank aus und verbinde damit gleichzeitig in Euer alle Namen das Gelöbnis unverbrüchlicher Treue zu unserem Volk und Vaterland und unser aller Führer Adolf Hitler. Ich fordere Sie auf dieses Gelöbnis dadurch zu bekräftigen, daß Sie einstimmen in den Ruf: Dem deutschen Volke und unserem Führer Adolf Hitler Sieg Heil Sieg Heil Sieg Heil!*

So begann eine neue Periode der Püttlinger Geschichte.

Abb. 31   Plakat (Treuegelöbnis), Frühjahr 1935, Druck: Westmark-Propaganda-Institut F. Klein, Saarbrücken.

Kapitel IV
Die ersten vier Jahre unter NS-Herrschaft 1935-1939

Rückgliederungsfeiern

Außer der großen Rückgliederungsfeier in Saarbrücken, bei der Hitler begleitet von seinem Saarbevollmächtigten, dem pfälzischen NSDAP-Gauleiter Bürckel, vor dem Rathaus den Vorbeimarsch verschiedener NS-Verbände abnahm, fanden in den meisten saarländischen Städten und Dörfern lokale Festlichkeiten statt, in Püttlingen eine große Versammlung auf dem Rathausplatz. In Köllerbach hatte der ehemalige Engelfanger Ortsvorsteher Peter Gleßner, dann Bürgermeister von Köllerbach (1932-1935), einen Umzug arrangiert, er selbst trug die Fahne des Kyffhäuserbundes an der Spitze des Kriegervereins, natürlich marschierte auch die SA mit[1]. Allerorts prangten die Häuser im Schmuck von Hakenkreuz- und schwarz-weiß-roten Fahnen, Girlanden und schwarz-weiß-rote Wimpel, aufgereiht an Schnüren, waren von Haus zu Haus quer über die Straßen gespannt.[2]
Am Tage zuvor war auf Grube Viktoria die letzte Schicht unter der französischen Grubenverwaltung verfahren worden.[3]
Den meisten Menschen, die diesen Tag in ihrer saarländischen Heimat erlebten, bedeutete er den Anbruch einer neuen Zeit. Hoch oben in der Skala der Gefühle, Wünsche und Hoffnungen stand die Freude über die Wiedervereinigung mit dem deutschen Vaterland. Dass die Staatsform des damaligen Deutschen Reiches nicht die einer parlamentarischen Demokratie war, sondern ein Einparteienstaat mit einem Diktator an der Spitze, ummäntelt mit dem vagen Begriff »Führerstaat«, dürfte die meisten Saarländern nicht belastet haben; denn

---

1 Kühn, Abb. 19 und 20.
2 Ebenda, Abb. 14-18.
3 Sperling, Bergbau Bd. 2, druckt einen Bericht aus der Werksztschr. »Der Saarbergmann« nach.

Abb. 32   Befreiungsfeier am 1.03.1935 vor dem Püttlinger Rathaus

die Völkerbundsverwaltung hatte ja auch nicht nach den Spielregeln einer Demokratie funktioniert, man denke nur an den Landesrat, das Zerrbild einer echten Volksvertretung, ohne legislative Befugnisse, beschränkt auf Beratung, nach deren Inhalt sich aber die Mitglieder der Regierungskommission weder richten noch gegenüber dem Landesrat verantworten mussten. An eine Rechtsetzung durch Verordnungen ohne parlamentarische Kontrolle war man gewohnt. Das Funktionieren des Apparates zur Durchsetzung der obrigkeitlichen Befehle, Anweisungen und Richtlinien und seine Zwangsmittel kannten die meisten bisher nur vom Erzählen. Terror und Repression hatten bisher nur wenige zu spüren bekommen. Gehört hatte man zuweilen schon von Gewalt, Verfolgung, Benachteiligung, doch Rückgliederungsgegnern und aus dem Reich geflohenen Emigranten nicht alles geglaubt, manches für übertrieben gehalten. Die »Volksgemeinschaft«, der man von nun an angehörte und in die man sich einzufügen hatte, musste erst noch erfahren und erlebt werden. Würde der NS-Staat sich an

die Garantieerklärungen halten? Ängste und Zweifel bestanden hinsichtlich der wirtschaftliche Entwicklung. Wie würde sich eine Reduzierung der Erz- und Kohlenmengen im Handel zwischen Frankreich und Deutschland auswirken? Würden durch große staatliche Investitionen neue Arbeitsplätze geschaffen werden? Würde der Staat seine Eingriffe in kirchliche Strukturen fortsetzen, kirchliches Leben in der Öffentlichkeit einengen, die Konfessionsschule bestehen lassen oder abschaffen?
Solche Bedenken, Zweifel, Ängste bestanden bei vielen Saarländern, auch wenn sie auf den Fotos der jubelnden Massen nicht erkennbar sind und diesbezügliche Gespräche von den Klängen der Marschmusik übertönt wurden.

Staatliche Neuordnung

Ein Gesetz vom 30.01.1935, schon im Spätjahr 1934 konzipiert, regelte die Verwaltung des Saargebiets, das von nun an offiziell »Saarland« hieß. Als Reichsland unterstand es unmittelbar den Reichsministerien. Die seit 1920 ruhende Zugehörigkeit zu Preußen und Bayern wurde damit beendet. Verwaltungsspitze war ein Reichskommissar. Inhaber dieses Amtes wurde Josef Bürckel, Leiter des NSDAP-Gaues Pfalz und bisheriger Saarbeauftragter der Reichsregierung und der NSDAP. Er blieb bis in den Herbst 1944 die wichtigste politische Persönlichkeit im Lande. Die geographische und materielle Erweiterung seiner Befugnisse durch Ernennung zum Chef der Zivilverwaltung in Lothringen (Juni 1940) und zum Reichsverteidigungskommissar in der Westmark hatte für seine Stellung gegenüber den Kommunen nur geringe Auswirkung und wird daher hier nicht behandelt.[4]

Kommunale Neuordnung

Am 08.04. trat der Püttlinger Gemeinderat zu seiner ersten Sitzung nach der Rückgliederung zusammen. Die Mitglieder der sozialdemo-

---

4 Dazu ausführlich Muskalla, NS-Politik an der Saar, dort auch die ältere Literatur.

— U r k u n d e. —

Am 1. März (Lenzing) 1935, dem Tag der Rückkehr des deutschen Saarlandes zum geliebten Vaterlande nach 15jähriger drangsalschwerer Fremdherrschaft unter dem vom Völkerbund eingesetztem Regieme einer fremden Regierung, im dritten Jahre des Bestehens des neuen Nationalsozialistischen Staates, als Adolf Hitler Führer und Reichskanzler des deutschen Volkes und Reiches war, wurde zum Gedenken an diesen Freudentag diese deutsche Eiche in nunmehr wieder deutsch gewordenen und ewig deutsch bleibenden Boden gepflanzt. Sie soll dem deutschen Volke ein Denk - und Mahnzeichen sein an die im Exil verlebten 15 Jahre der Trennung vom deutschen Volk und Vaterland, ein Erinnerungszeichen aber auch an das treue Ausharren des deutschen Saarvolkes in dieser schicksalsschweren Zeit. Sie sei ferner beredter Künder des herrlichen treuen Bekenntnisses der Saardeutschen an dem denkwürdigen Abstimmungstag 13ter Januar 1935, als 91 % der Abstimmungsberechtigten ihre Stimme dem deutschen Vaterlande gaben und damit die Tore aufstiessen, zur endlichen Heimkehr des Saarlandes ins Deutsche Reich.

Diese deutsche Eiche sei ferner den nachkommenden Geschlechtern das Symbol der deutschen Treue ihrer Vorfahren und der Liebe zu Volk und Heimat, und mahne stets ihr Gewissen, in gleicher Treue dieses schöne Stück deutscher Erde unentwegt auch für alle Zeiten gegen jeden welschen Eroberungsanspruch mit Gut und Blut zu verteidigen.

Ritterstrasse, den 1. im Lenzing 1935.

Die Deutsche Front.

gez. Hubertus.

Ortsgruppenleiter.

Abb. 33   Urkunde über die Pflanzung einer Eiche in Ritterstraße zur Erinnerung an Volksabstimmung und Rückgliederung 1935 (StadtA Püttlingen)

kratischen und kommunistischen Partei hatten ja schon vorher ihre Ämter niedergelegt. Jetzt wurden alle, die nicht der Deutschen Front angehört hatten, von gemeindlichen Kommissionen und anderen Ehrenämtern ausgeschlossen.
Der Bürgermeistereirat Püttlingen bestand nach dem Ausscheiden der SPD- und KP-Abgeordneten noch aus den Gemeindevorstehern Hirschmann und Michels und den Herren Johann Scherer-Zimmer, Georg Rinmark (Altenkessel), Aloys Balzert, Heinrich Meyer, Josef Backes, Hermann Josef Bruch (Rockershausen) und Theodor Becker, sie kamen letztmals zu einer Sitzung am 25.06.1935 zusammen.[5] Dann erfolgte die grundlegende Neugestaltung dadurch, dass durch Verordnung des Reichsministers des Innern die Deutsche Gemeindeordnung vom 30.01.1935 mit Wirkung ab 01.08.1935 für das Saarland rechtskräftig wurde. Gemäß dem Grundsatz des Führerprinzips erweiterte sie die Befugnisse des Bürgermeisters, der künftig nicht mehr gewählt, sondern ernannt wurde, und schränkte die Befugnisse des Gemeinderates ein[6].
In geradezu brutaler Offenheit stellte der »Volksfreund« vom 12.08.1935 die kommunale Neuordnung vor: *Der Nationalsozialismus hat die Demokratie, das Prinzip der Zahlen, der Majorität und damit der Verantwortungslosigkeit abgelöst und hat den Führergedanken, die Qualität des Einzelmenschen, den Persönlichkeitswert und damit die Verantwortlichkeit zum Staatsprinzip erhoben......Der nationalsozialistische Staat wird ein totaler und autoritärer sein. Unter einer starken Führung wird die politische Einheit des staatlichen Lebens garantiert. Es gibt nur eine Herrschaftsordnung einer zentralen Willensbildung. Aber der nationalsozialistische Staat wird kein zentralistischer Staat sein. Unter der starken Staatsgewalt erfolgt eine weitgehende Dezentralisation mit dem Recht der Wahrung kultureller, wirtschaftlicher und sozialer Verhältnisse, um alle im Volkstum wurzelnden Kräfte dem Gesamtvolk dienstbar zu machen. ....Nationalsozialistische Männer mit nationalsozialistischem Geist sollen das Schicksal der saarländischen Kommunen meistern.*[7]

---

5 StadtA PÜ Beschlussprotokoll 1932-1935.
6 Ausführlich zur Neuordnung der Gemeindeverwaltung im Saarland Muskalla, S. 269-293 u. Schommer, Bd. 1, S. 169-177.
7 Der »Volksfreund« veröffentlichte am 13. u. 19.08.1935 Erläuterungen zu der Deutschen Gemeindeordnung von Gauamtsleiter Knissel unter dem Titel »Die

Die Einführung der Deutschen Gemeindeordnung brachte neue Amtsbezeichnungen und neue Männer in die kommunalen Räte. Die Bürgermeisterei hieß jetzt *Amt*, dementsprechend der Bürgermeister jetzt *Amtsbürgermeister* und die Beigeordneten *Amtsbeigeordnete*, die Mitglieder des Bürgermeistereirates wurden *Amtsälteste*, der Gemeindevorsteher fungierte nun unter dem Titel *Ortsbürgermeister* und der Gemeinderat als *Ortsgemeinderat*.

Die Neuberufung von kommunalen Amtsträgern erfolgte in der Weise, dass der NSDAP-Ortsgruppenleiter Personen vorschlug, ein Beauftragter der NSDAP beriet darüber mit den Amtsältesten und gab dann die positive oder negative Entscheidung weiter an den Landrat.

Die Beamten und Angestellten der Kommunalverwaltung hatten einen Amtseid auf Hitler abzulegen: *Ich schwöre, daß ich dem Führer des Deutschen Reiches und Volkes, Adolf Hitler, treu und gehorsam sein, die Gesetze beachten und meine Amtspflichten gewissenhaft erfüllen werde, so wahr mir Gott helfe.*[8]

Die Kompetenzen des Amtsrates und des Gemeinderates waren sehr beschränkt. Die damals übliche Organisation nach dem Führerprinzip sah keine Mehrheitsentscheidungen vor, sondern wie es die Amtsbezeichnung ausdrückte, nur eine Beratung. Der Amtsbürgermeister war nicht gebunden, dem Ergebnis der Beratung zu folgen. Die meisten wichtigen Entscheidungen wurden auf höheren Ebenen – Landratsamt oder Behörde des Reichskommissars/Reichsstatthalters – getroffen, so dass von einer kommunalen Selbstverwaltung in der NS-Zeit nicht gesprochen werden kann. Dementsprechend fanden nur wenige Sitzungen des Gemeinderates statt, in Püttlingen die letzte protokollierte am 03.11.1941, dann erst wieder am 27.02.1946.[9]

---

kommunale Neuordnung an der Saar. Erläuterung zur Einführung der Reichsgemeindeordnung im Saarland«.
8 Zitiert nach Schommer, Bd. 1, S. 169.
9 Ebenda, vgl. auch Kühn, Nr. 24.

Bürgermeisterei und Gemeinde Püttlingen

Die neu berufenen Amtsältesten und Gemeinderäte wurden Anfang September im Sitzungssaal des Püttlinger Rathauses von NSDAP-Kreisleiter Wetter in ihr Amt eingeführt.
Der bisherige Bürgermeister Ludwig Georg blieb als *Amtsbürgermeister* bis 1938 im Amt. Sein Nachfolger Jakob Jung wurde am 03.05.1938 eingeführt. Jung (geb. 27.10.1895 in Rückweiler im damaligen Kreis St. Wendel) hatte zunächst als Hüttenangestellter gearbeitet und im Sommer 1926, als die NSDAP im Saargebiet noch verboten war, Verbindung zur Münchner Parteileitung gehalten. Als Eintrittsdatum in die NSDAP nennt er selbst den 29.11.1926,[10] ein früher Termin, der ihm später das Goldene Parteiabzeichen eintrug. Am 01.01.1927 war er der erste Leiter der NSDAP im Saargebiet geworden, er hatte dieses Amt bis zum 30.06.1929 bekleidet,[11] dann vom 01.01.1930 bis 15.10.1936 als Angestellter auf dem Bürgermeisteramt Brebach gearbeitet, ehren- oder nebenamtlich 1933-34 bei der DF im Amt für Kommunalpolitik und 1934 die DF-Fraktion im Saarbrücker Kreistag geführt. Solche Tätigkeiten qualifizierten ihn in den Augen der NS-Führung als Amtsbürgermeister, zunächst in Gersweiler (16.10.1936 – 30.04.1938), dann in Püttlingen. In seinem persönlichen Verhalten soll er *kein Scharfmacher* gewesen sein, sich *verhältnismäßig human* und charakterlich *anständig* verhalten haben.[12] Nachkriegsbürgermeister Zimmer bescheinigte im März 1947: *Jung ist allen seinen Mitbürgern, ob Parteigenosse oder Antifaschist, stets in menschenwürdiger Weise begegnet. Es sind hier keine Tatsachen*

Abb. 34 Jakob Jung, Amtsbürgermeister von Püttlingen (1938-1945), Foto aus dem Jahr 1957.

---

10 LA SB StKpolS Nr. 228, zu den organisatorischen Anfängen der NSDAP im Saargebiet und zu den teils widersprüchlichen Eintrittsdaten vgl. Paul, NSDAP Saargebiet, S. 45ff.
11 Dieses Datum enthält sein Entnazifizierungsakt (vgl. Anm. 10), zu den organisatorischen Veränderungen im Sommer 1929 vgl. Paul, NSDAP, S. 50ff.
12 Interview mit Dr. Norbert Scherer und Ehefrau Gertrud am 18.11.1996.

bekannt geworden, nach denen irgend jemand durch ihn aus politischen Gründen gemassregelt oder geschädigt wurde.[13] Dem Amtsbürgermeister zur Seite stand Verwaltungsobersekretär Alfred Stein, wegen seiner geringen Körpergröße im Volksmund »Steinchen« genannt.

Die neu berufenen Amtsbeigeordneten waren:[14]
- 1. Amtsbeigeordneter Franz Ballas aus Altenkessel,
- 2. Amtsbeigeordneter Jakob Baldauf aus Püttlingen, als er im Dezember 1941 schwer erkrankte, wurde Ballas mit Führung der Geschäfte beauftragt, Baldauf verstarb am 21.02.1942, Nachfolger wurde der bisherige Amtsälteste Gustav Speicher, ehrenamtlich, am 10.12.1942 vom Landrat in sein Amt eingeführt.

1935 berufene Amtsälteste:
- Bruch, Josef, Fabrikant, Rockershausen
- Brücker, Peter, Steiger, Altenkessel
- Casper, Julius, Steiger, Püttlingen
- Grünwald, Heinrich, Lehrer, Püttlingen, NSDAP-Ortsgruppenleiter
- Meyer, August, Eisenbahnassistent, Rockershausen,
- Michels, Jakob, Grubenschmied, Altenkessel
- Pink, Mathias (geb. 09.05.1897), Bergmann, Püttlingen, Pg., gest. 06.04.1943,[15] Nachfolger Pg. Gustav Meyer, Maschinensteiger, im August 1943 berufen, eingeführt am 02.11.1943.
- Plaßmann, Dr. Wilhelm (geb. 18.07.1874 in Hamm, Westf., gest. 27.11.1941), Arzt, Püttlingen,[16] Pg., Nachfolger Pg. Alois Becker, Bergmann, im August 1943 berufen, eingeführt am 02.11.1943
- Schmeer, Fritz, Bergmann, Ritterstraße, DAF-Ortsgruppenwalter
- Speicher, Gustav, Bergmann, Püttlingen, im November 1942 zum 2. Amtsbeigeordneten ernannt, im Amt des Amtsältesten folgte ihm Pg. Peter Maas, Bergmann, im August 1943 berufen, am 02.11.1943 eingeführt
- Strauß, Josef, Bergmann, Püttlingen

---

13 Im Entnazifizierungsakt (LA SB Best. StKpolS Nr. 228).
14 Die Namen der 1935 ernannten Amtsträger sind veröffentlicht im Volksfreund vom 12.08.1935, die späteren Veränderungen wurden von mir zusammengestellt aus den Monatsberichten des Amtsbürgermeisters (StadtA PÜ)
15 Altmeyer, Einwohnerbuch, Nr. 5131, 8.
16 Ebenda Nr. 5165.

- Wunn, Heinrich, Angestellter, Altenkessel.
- Nur Jakob Michels und Josef Bruch, beide aus der Gemeinde Altenkessel, hatten dem alten Bürgermeistereirat angehört.
- Durch die Berufung eines Amtsbürgermeisters kam das Amt des früheren Gemeindevorstehers in Wegfall.
- Gemeindebeigeordnete: Fritz Schmeer, Bergmann, Dr. Ludwig Kunkel, Arzt
- Pg. Heinrich Contier (geb. 20.02.1897, gest. 16.02.1972),[17] am 26.11.1941 genannt.

1935 berufene Mitglieder des Püttlinger Gemeinderates:
- der Amtsbeigeordnete Jakob Baldauf, Nachfolger Grubenunfallsteiger Pg. Hermann Neu, eingeführt 02.11.1943
- die Amtsältesten Grünwald, Gustav, Speicher, Strauß und Dr. Plaßmann. Nachdem letzterer am 27.11.1941 verstorben war, wurde Pg. Arthur Baldes im Mai 1942 als Nachfolger ernannt. Auf ihn folgte Pg. Konrad Peter, Kaufmann, am 02.11.1942 eingeführt.

Weitere 1935 berufene Mitglieder:
- Blum, Ewald, Bergmann
- Brauch, Rudolf (geb. 19.08.1905),[18] Dentist
- Breinig, Peter, Bergmann, NSDAP-Zellenleiter
- Enbarth, Karl, Pensionär, NSDAP-Zellenleiter
- Kiefer, Gustav, Bergmann, gest. Betriebsunfall Mai 1941, Nachfolger wurde im September 1941 Pg. Heinrich Köhl, Hüttenangestellter, gefallen am 30.09.1943, als sein Nachfolger wurde im Januar 1944 vorgeschlagen Pg. Andreas Baldes-Speicher.
- Kurtz, Fritz, Steiger, legte im Februar 1943 wegen Umzugs nach Klarenthal sein Amt nieder, Nachfolger Pg. Peter Scherer, eingeführt am 02.11.1943
- Leidinger, Alfons, Lehrer
- Louis, Josef, Hüttenarbeiter
- Maas, Peter, Bergmann
- Müller, Kaspar, Hüttenarbeiter
- Speicher, Al., Bergmann

---

17 Ebenda Nr. 3678, 10.
18 Ebenda Nr. 3569, 3.

- Steffes, Josef, Anstreicher
- Wenneis, Wilhelm, Steiger, legte im Juli 1941 sein Amt nieder wegen Umzugs nach Lothringen, Nachfolger wurde im September 1941 der Schneidermeister Pg. Clemens Krämer

Weitere Namen aus anderen Quellen
- Backes, Josef
- Balzert, Alois
- Becker, Theodor
- Meyer, Heinrich.

Bürgermeisterei Sellerbach/Riegelsberg und Gemeinde Köllerbach

Die Bürgermeisterei Sellerbach erfuhr bald eine Umbenennung, die dem tatsächlichen Verwaltungssitz gerecht wurde. Sie hieß seit 1936 »Amtsbürgermeisterei Riegelsberg in Riegelsberg-Güchenbach«. Zwei Jahre später erfolgte die Vereinigung der drei bisher selbständigen Gemeinden Güchenbach, Hilschbach und Überhofen zur Gemeinde Riegelsberg. Damit schrumpfte die Zahl der Gemeinden innerhalb der neuen Amtsbürgermeisterei auf drei, nämlich Riegelsberg, Köllerbach und Walpershofen.

Bürgermeister Heinrich Ahrens blieb nach der Rückgliederung zunächst im Amt, geriet aber bald in Differenzen zu der NSDAP. Der Saarbrücker NSDAP-Kreisleiter Welter erreichte, unter Umgehung des Landrates, dass der Reichskommissar für das Saarland am 11.01.1936 einen Stellenwechsel zwischen Ahrens und dem bisherigen Bouser Bürgermeister Fritz Wüsten verfügte. Die Gründe für den Amtswechsel sind nicht ganz durchsichtig. Kreisleiter Welter hielt Ahrens *politisch für nicht zuverlässig,* aber sein Amtsnachfolger Wüsten war keineswegs ein strammer Nazi, nicht einmal Parteigenosse. Sein Antrag auf Aufnahme in die NSDAP wurde 1937 ohne Angabe der Gründe abgelehnt. Die sich in dieser Ablehnung ausdrückenden Vorbehalte der NSDAP dürften ihn bestimmt haben, am 15.07.1937 seine Versetzung in den Ruhestand zu beantragen, obwohl er erst 55 Jahre alt war. Die schnelle Entscheidung über seinen Antrag lässt vermuten, dass dieser den vorgesetzten Stellen gerade recht kam. Mit Wirkung zum 1. November erfolgte seine Ruhestandsversetzung. Die Amtsältesten schlugen nun unter mehreren Bewerbern Diplomkaufmann Dr. Ernst Christmann (geb. 12.03.1906 in Marnheim) vor, Pg. seit 1931, bisher Betriebsprüfer beim Finanzamt Saarbrücken, ehrenamtlicher *Wirtschaftsberater, Kreisfachberater im NS-Rechtswahrerbund*. Er hatte nach Abschluss des Studiums zunächst bei der Württembergischen Treuhandgesellschaft in Stuttgart gearbeitet, von April 1931 bis März 1935 als Betriebsprüfer bei der Steuerverwaltung in Saarbrücken, seit April 1935 bei der Reichsfinanzverwaltung in Saarbrücken. Der Reichskommissar beauftragte ihn rückwirkend zum 01.09.1937 mit der Führung des Amtes Riegelsberg. Er behielt sie bis zu seiner Einberufung zum Wehrdienst im September 1943. Im Jahr 1938 war er zeitweise nach Wien abgeordnet, daraus darf geschlossen werden, dass er in der Gunst des Gauleiters Josef Bürckel stand, der ja Reichkommissar für die Eingliederung der *Ostmark* (bisheriges Österreich) war.[19]

Abb. 35 Dr. Ernst Christmann, Amtsbürgermeister von Riegelsberg (1938-1943)

Ortsbürgermeister in Köllerbach: Jakob Feld bis Kriegsende
Gemeindebeigeordnete: Fritz Michler und Alois Meyer, beide waren NSDAP-Ortsgruppenleiter, dann Fritz Klein, Schlosser und Gastwirt, Etzenhofen[20].
1935 berufene Gemeinderäte:
- Bick, Karl
- Kläs, August
- Geiß, Ernst, früher DF-Sektionsleiter
- Krebs, Oskar

Abb. 36 Jakob Feld, Ortsbürgermeister von Köllerbach

---

19 LA SB StkpolS. Nr. 1133, zur Amtseinführung »Volksfreund« vom 07. u. 09.09.1937, vgl. auch Herrmann, in: Ortschronik Riegelsberg, S. 213f.
20 Volksfreund vom 05.08.1937.

- Himbert, Jakob
- Mergen, Johann
- Himbert, Josef
- Müller, Alois
- Hochscheid, Peter[21]
- Schneider, Theodor
- Jost, Joachim, früher DF-Sektionsleiter
- Weiland, Bernhard.[22]

Später hinzugekommen:
- Bitsch, Zellenleiter
- Kraus, Etzenhofen.[23]

Aufbau der NSDAP und ihrer Gliederungen

NSDAP

Die seit Herbst 1933 in der saarländischen NSDAP aufgekommenen Spannungen und Rivalitäten zwischen Spaniol und Bürckel hatten zur Auflösung der NSDAP-Saar und ihrem Aufgehen in der Deutschen Front im März 1934 beigetragen. Formell gesehen bestand bei der Rückgliederung keine NSDAP im Saargebiet/Saarland. Deshalb wurde nun eine förmliche Neugründung vorgenommen.[24] Ein Erlass von Rudolf Heß hatte klar gestellt, dass aus der Mitgliedschaft in der NSDAP des Saargebiets sich kein Anspruch auf die Aufnahme in die NSDAP des Reiches ableiten lasse. Keinesfalls dürfe damit gerechnet werden, dass alle Mitglieder der Deutschen Front nach der Rückgliederung in die NSDAP übergeleitet würden. Gauleiter Bürckel erstellte Richtlinien für eine stufenweise Aufnahme von Bewerbern:
1. Ehemalige Parteigenossen, die nachweisbar vor dem 30.01.1933 in der NSDAP waren,

---

21 Zur Amtseinführung vgl. Volksfreund vom 07. u. 09.09.1937.
22 Volksfreund vom 08.09.1935.
23 Völklinger Zeitung vom 21.07.1941.
24 Dazu ausführlich Muskalla, S. 337-359, Mallmann/Paul, Herrschaft u. Alltag, S. 89-97.

2. Bewerber, die bis zur Gründung der dritten Deutschen Front (01.03.1934) Mitglied waren bzw. einen Aufnahmeantrag gestellt hatten,
3. Führer der Deutschen Front, soweit sie nicht zur Stufe 1 oder 2 gehörten.

Erst nach Aufnahme der Bewerber dieser drei Stufen sollten weitere Mitglieder aufgenommen werden, wobei ihr Verhalten im Abstimmungskampf schärfstens überprüft wurde. Auch in den späteren Jahren stand der Eintritt in die NSDAP nicht jedem jederzeit offen. Zweifel an seiner politischen Zuverlässigkeit und Einsatzbereitschaft für die *Volksgemeinschaft* konnten ebenso hemmend wirken wie die von Zeit zu Zeit verfügten generellen Sperrungen von Neuaufnahmen.

Eine Mitgliederkartei der NSDAP für Püttlingen und Köllerbach ist nicht erhalten. Für die Gemeinde Püttlingen in ihrem Umfang vor der Gebietsreform von 1973 wurde in der frühen Nachkriegszeit von der Gemeindeverwaltung ein Mitgliederverzeichnis rekonstruiert.[25] Vorgesehen war die Eintragung von Name, Vorname, Geburtsdatum, Wohnort, Eintritt in die Partei, Funktion, Zugehörigkeit zu einer NS-Formation und besondere Bemerkungen in der letzten Spalte. Es wurde erstellt teils nach den Angaben der meldepflichtigen ehemaligen Parteimitglieder, teils nach Ergebnissen amtlicher Ermittlungen. Daraus erklärt sich, dass die Spalten Geburtsdatum, Parteieintritt, Funktion und Zugehörigkeit zu einer Formation meist dort, wo die betreffenden Angaben nicht persönlich gemacht wurden, fehlen. Hinter dem Vornamen sind mitunter handschriftlich Beruf oder Arbeitsplatz nachgetragen. Bei der Beurteilung der Zuverlässigkeit und Vollständigkeit sind Art und Weise der Entstehung der Liste zu berücksichtigen.

Die Liste enthält 930 Mitglieder, einschließlich der Verstorbenen, Gefallenen, Verzogenen, Ausgetretenen und Ausgeschlossenen.[26] Die Parteizugehörigkeit von vier Personen wurde infrage gestellt.[27] Der

---

25 Mitgliederverzeichnis der N.S.D.A.P Ortsgruppe Püttlingen-Ritterstraße, maschinenschriftlich mit handschriftlichen Nachträgen, StadtA PÜ Signatur 13/2001,1.
26 Die Namen sind nummeriert von 1-927, nachgetragen sind Nr. 153a und eine nicht nummerierte Person nach Nr. 548, doppelt vergeben wurde die Nr. 182, die Nr. 257 wurde gestrichen.
27 Nr. 40, 112, 599 und 797.

Zusatz *ausgetreten* findet sich bei 4 Personen, eine am 11.02.1938, die drei anderen im September, November und Dezember 1944, darunter der SA-Oberscharführer Jakob Raubuch.[28] Ausgeschlossen wurden zwei Männer, einer *wegen falscher Angaben*, bei dem anderen nennt die Liste keine Gründe.[29] Die Parteimitgliedschaft von nur 35 Frauen entspricht der bekannten Charakterisierung der NSDAP als einer Männergesellschaft. In nur 18 Fällen waren beide Ehepartner Parteimitglieder.

Das Geburtsdatum ist angegeben bei 538 Personen (= 57,9%), das Eintrittsdatum in die Partei bei 518 (= 55,7%), eine Funktion in der Partei bei 519 (= 55,8%). Die Frage nach Zugehörigkeit zu einer Formation ist in 512 Fällen (= 55,1%) positiv oder negativ beantwortet. Das bedeutet also, dass die aus der Liste zu entnehmenden Angaben über die Zahl der Amtsträger (Inhaber von Funktionen) und der Mitglieder einer Gliederung der NSDAP unter den tatsächlichen Zahlen liegen. Ich trage aber Bedenken Hochrechnungen vorzunehmen etwa in der Art: Wenn bei 512 Personen 55 SA-Mitgliedschaften angegeben sind, dann wäre bei 930 Personen 99 SA-Mitgliedschaften anzusetzen.

Die folgenden Zahlen sind also Mindestzahlen, die tatsächlichen Werte liegen höher, die Mindestzahlen lassen aber gewisse Trends erkennen.

Jahr des Eintritts in die NSDAP:

1933	68 Männer,	1 Frau
1934	5 Männer	
1935	90 Männer,	1 Frau
1936	85 Männer,	1 Frau
1937	44 Männer,	2 Frauen
1938	16 Männer,	1 Frau
1939	3 Männer	
1940	9 Männer,	1 Frau
1941	72 Männer,	3 Frauen
1942	61 Männer,	2 Frauen
1943	25 Männer,	3 Frauen
1944	14 Männer,	6 Frauen

---

28 Nr. 295, 352, 448 , 528.
29 Nr. 808 u. Nachtrag nach Nr. 548.

Es fällt auf, dass keine Eintrittsjahre vor 1933 angegeben sind, obwohl aus den Akten der späteren Entnazifzierungsverfahren sich Mitgliedschaften ab Sommer 1932 ergeben und NSDAP-Aktivitäten in Püttlingen ebenfalls schon für 1932 belegt sind (vgl. S. 127 f.).
Die Unterschiede in den einzelnen Jahren lassen sich teilweise erklären. Im Frühjahr 1934 musste die NSDAP-Saar ihre Selbständigkeit aufgeben und in der Deutschen Front aufgehen. Wie schon erwähnt, wurden nach der Rückgliederung keineswegs alle Mitglieder der Deutschen Front automatisch in die NSDAP übernommen, sondern es musste das im Reich übliche Aufnahmeverfahren durchlaufen werden. In den Jahren 1939 und 1940 hemmte nach meiner Ansicht mehr die Evakuierung neue Eintritte als der Kriegsausbruch. Beachtlich finde ich den Rückgang von Eintritten im Kriegsjahr 1943. Hierin könnte sich in Anbetracht der deutschen Niederlagen in Stalingrad und in Nordafrika eine Skepsis am »Endsieg« ausdrücken. Bei den noch im Jahr 1944 Eingetretenen handelt es sich vorwiegend um ältere Hitlerjungen und BDM-Mädel.
Nicht in allen Fällen war eine überzeugte Bejahung des »Dritten Reiches« Motiv zum Eintritt in die NSDAP, auch Hoffnung auf materielle Vorteile oder Nachgeben gegenüber einer drängenden Werbung durch Nachbarn, Arbeitskollegen oder Verwandte konnten Beweggründe sein.
Die Geschäftstelle der NSDAP-Ortsgruppe Püttlingen befand sich in dem Parteiheim in der Völklingerstr. 6 oder 8, die Hausnummer wird in den Quellen unterschiedlich angegeben. Im selben Haus saß auch die Amtsleitung der NSV.
Ortsgruppenführer blieb bis in den Krieg der evangelische Lehrer Heinrich Grünwald, wohnhaft in der Hengstwaldstraße. Er galt als eifriger Nationalsozialist, der *immer in Parteiuniform herumlief*. Bei seinem öffentlichen Auftreten wirkte er als fanatischer Nationalsozialist.[30] Sein engagierter Einsatz für die Gemeinschaftsschule soll ihm 1938 die Rektorenstelle der größten Püttlinger Schule (System II im Ortsteil Bengesen) eingetragen haben. Als er am 26.08.1939 zur Wehrmacht einberufen wurde, übernahmen seine Vertretung kürzere Zeit Pg. Fritz Schmeer, DAF-Ortsgruppenwalter, und NSV-Amtsleiter Andreas Raubuch (geb. 26.11.1891), der erst im Mai 1937 in

---

30 Aussage von Günther Altmeyer am 18.07.2006.

die NSDAP eingetreten war und der SA angehörte. Als Pressewart fungierte der Bauhilfsarbeiter SA-Mann Wilhelm Trenz, Pg. seit September 1933, als Propagandawart zunächst Speicher, als Schulungsleiter der Lehrer Heinrich Contier, Pg. seit Sommer 1933, der schon in der DF-Ortsgruppe die gleiche Funktion wahrgenommen hatte[31], als Kulturwart und Kreissachwalter für Sippenkunde der Lehrer Johann Schneider (geb. 1899), Pg. seit August 1933[32], zusammen mit dem Verwaltungsangestellten Willibald Meyer war er bei der Erstellung des »Ariernachweises« behilflich.[33] Aus der Doppelfunktion von Alfred Stein im Kommunaldienst als Sekretär der Bürgermeisterei Püttlingen und im Parteidienst als Leiter des NSDAP-Personalamtes[34] ergab sich eine enge Verquickung personenbezogener Angelegenheiten.

Jede NSDAP-Ortsgruppe war unterteilt in *Zellen* und diese wiederum in *Blocks*.
Die Ortsgruppe Püttlingen-Ritterstrasse bestand aus 14 Zellen mit insgesamt 76 Blocks

Zelle 1 – 7 Blocks	Völklingerstraße, 91 Mitglieder .
Zelle 2 – 8 Blocks	Derler-, Kirchgarten-, Steinkreuz-, Kreuzbergstraße, 92 Mitglieder
Zelle 3 – 6 Blocks	Wilhelm-, Karl-, Schul-, Josef-, Friedrichstraße, Mathildenschacht, Jungenwald, Hirtenberg, 50 Mitglieder
Zelle 4 – 5 Blocks	Sprengerstraße, 63 Mitglieder
Zelle 5 – 3 Blocks	Köllnerstraße, 32 Mitglieder
Zelle 6 – 4 Blocks	Marktplatz, Markt-, Hermannstraße, 62 Mitglieder
Zelle 7 – 7 Blocks	Sportplatz, Bahnhof-, Auenerstraße, Hölzerner Steg, Pickardstraße
Zelle 8 – 5 Blocks	Ismerter-, Engelfangerstrße, Geisberg, 56 Mitglieder
Zelle 9 – 4 Blocks	Jahn-, Weiherbach-, Heinrich-, Weiherbergstraße, 35 Mitglieder
Zelle 10 – 5 Blocks	Espen-, Bengeser-, Marien-, Kriechingerstraße, 71 Mitglieder
Zelle 11 – 5 Blocks	Espen-, Viktoria-, Bengeserstraße, 73 Mitglieder

---

31 Volksfreund vom 08.07.1935.
32 Volksfreund vom 12.05.1939.
33 Mitteilung von Günter Altmeyer am 18.07.2006.
34 Unterschrift mit Amtsbezeichnung auf Schriftstück vom 12.08.1936 (LA SB LRA SB Nr. 317, S. 236).

Zelle 12 – 6 Blocks Schlebach-, Eisenbahn-, Hohbergstraße, Siedlung, 50 Mitglieder
Zelle 13 – 6 Blocks Hengstwald-, Bildchenstraße, Siedlung, 81 Mitglieder
Zelle 14 – 5 Blocks Bildchen-, Ritter-, Vitus-, v.d.Heydt-, Schacht, Riegelsberger-, Hengstwaldstraße, Hohberg-Neubau, 76 Mitglieder.

Das rekonstruierte Mitgliederverzeichnis enthält die Namen von 90 Blockleitern und 11 Zellenleitern. Das bedeutet, dass im einen oder anderen Block ein Personalwechsel, eventuell bedingt durch Einberufung zur Wehrmacht, stattfand. Warum beim Bestehen von 14 Zellen nur 11 Zellenleiter genannt werden, vermag ich nicht zu klären. Da in derselben Zelle mitunter mehrere Zellenleiter genannt werden, ist anzunehmen, dass der Zellenleiter nicht in der Zelle, deren Leitung ihm aufgetragen war, wohnen musste. Gleiches gilt für die Blockwarte. Bei sechs Blockleitern ist in der Mitgliederliste das Datum des Parteieintritts nicht eingetragen, von den verbleibenden 84 waren 25 vor dem 01.03.1935 der NSDAP beigetreten.

Zellenleiter der Ortsgruppe Püttlingen-Ritterstrasse

Name	Beruf	geboren	gestorben	Parteimitgl. seit
Andreas Baldes	Grube			1936
Johann Biewer				Sept. 1935
Peter Breinig	Bauhilfsarb.			August 1933
Albert Eckle		1890		Sept. 1935
Karl Engbart		1889		März 1933
Nikolaus Geber		1885		April 1934
Gustav Kiefer			Mai 1941[35]	
Alois Kockler		1903		Juni 1933
Gustav Meyer				Sept. 1933
Hermann Neu				
Ludwig Rimbach	Grube	1890		1935
Matthias Schneider	Post	1892		Juli 1936

---

35 Volksfreund vom 22. und 27.05.1941.

Abb. 37
Politische Leiter vor der Burg Bucherbach

Die Geschäftstelle der NSDAP-Ortsgruppe Altenkessel wurde eingerichtet in der Adolf-Hitler-Str. 5, die der NSDAP-Ortsgruppe Köllerbach in der Hauptstraße 68, dort waren auch die Geschäftsstellen der DAF, KdF, NSV und NS-Frauenschaft untergebracht.[36]
In Köllerbach wurde 1936 Aloys Meyer Ortsgruppenleiter, aber auf Betreiben von Kreisleiter Weber im Januar 1937 schon wieder entlassen. Nach den Auslassungen von Meyer lagen die Gründe darin, dass er mit der katholischen Kirche nicht gebrochen hatte und daher als *politisch unsicher* galt.[37] Sein Nachfolger wurde Fritz Michler, Pg. seit 1932,[38] Schulungsleiter war Pg. Krieger und Ortspropagandaleiter der Lehrer Maximini.[39] Die einzelnen Ortsteile bildeten jeweils eine Zelle. Zur Ortsgruppe Köllerbach gehörte auch die Zelle Walpershofen mit eigener Geschäftsstelle,[40] hier deckten sich also nicht die Grenzen der Kommunalverwaltung und der Parteiorganisation.

Für die Ortsgruppen Altenkessel und Köllerbach wurden mir keine Mitgliederlisten der NSDAP bekannt. Parteilokal in Herchenbach war das Gasthaus Diehl (*Henze*).

Die Amtsträger der NSDAP und ihrer Gliederungen fungierten als Politische Leiter (PL) und traten bei Veranstaltungen meist als geschlos-

---

36 Einwohnerbuch 139, S. 861.
37 Erklärung vom 01.12.1946 in seinem Entnazifizierungsverfahren (LA SB Best. StKpolS Nr. 3883).
38 Völklinger Zeitung vom 20.12.1941.
39 LA SB Nachl. Rug Nr. 117.
40 Volksfreund vom 19.04.1941, die Völklinger Zeitung vom 05.12.1941 berichtet von einer Weihnachtsfeier der Ortsgruppe »Sellerbach-Walpershofen«.

sene uniformierte Gruppe auf (mittelbraune Uniform, Stiefel, Tellermütze mit Schild), im Volksmund wurden sie *Goldfasane* genannt.

Nach der Verordnung zur Durchführung des Gesetzes der Einheit von Partei und Staat vom 29.03.1935 galten die SA, SS, das Nationalsozialistische Kraftfahrerkorps (NSKK), HJ, BDM, der NS-Deutsche Studentenbund und die NS-Frauenschaft als Gliederungen der NSDAP. Sie besaßen keine eigene Rechtspersönlichkeit und kein eigenes Vermögen und bildeten zusammen mit der NSDAP eine Körperschaft des öffentlichen Rechts.

Dies galt nicht für die angeschlossenen Verbände Deutsches Frauenwerk, NS-Volkswohlfahrt (NSV), NS-Kriegsopferversorgung (NSKO), NSD-Ärztebund, Nationalsozialistischer Lehrerbund (NSLB), NS-Beamten- und NS-Juristenbund, die jedoch der Finanzaufsicht des Reichsschatzmeisters der NSDAP unterstanden.

Da die Regierungskommission des Saargebiets im November 1932 sämtliche militärähnliche Organisationen der NSDAP verboten hatte, war nach der Rückgliederung eine Neugründung notwendig.

SA

Sie war als Ordnungstruppe gegründet worden und hatte sich bald unter der Führung von Ernst Röhm zu einer gefürchteten Schlägertruppe und zum bewaffneten Wehrverband entwickelt. Zum Zeitpunkt der Rückgliederung des Saargebiets hatte sie erheblich an Bedeutung verloren. Röhm wurde ein Opfer der Mordserie vom 30.06.1934 (sogen. »Röhm-Putsch«), seine Truppe wurde aus ihrer Spitzenstellung innerhalb der Hierarchie der NS-Organisationen durch die SS verdrängt.[41] Auf Reichsebene war die SA in landsmannschaftliche Gruppen gegliedert. Das Saarland wurde dem Einzugsbereich der SA-Gruppe Kurpfalz, die bisher die Regierungsbezirke Pfalz und Rheinhessen umfasst hatte, zugeteilt. Je nach Bevölkerungsdichte unterstanden einer SA-Gruppe 2 bis 7 Brigaden, jede Brigade untergliederte sich in mehrere Standarten, eine Standarte umfasste 3 bis 6 Sturmbänne, jeder Sturmbann 3-10 Stürme und jeder Sturm 3-5 Scharen. Acht bis

---

41 Allgemein zur SA vgl. Peter Longerich, Geschichte der SA, München 2003.

sechzehn SA-Männer bildeten eine Schar. Die SA war zusätzlich noch in Altersklassen gegliedert. In der aktiven SA dienten die Mitglieder zwischen 18 und 35 Jahren. Die aktive SA-II wurde von den 35-45-Jährigen und den körperlich Schwächeren der jüngeren Jahrgänge gebildet. Die älteren Jahrgänge gehörten der SA-Reserve an. Der Aufbau der SA im Saarland erfolgte recht schnell, er war bis Juli 1935 abgeschlossen, zu diesem Zeitpunkt gehörten ihr ungefähr 12.000 Mann an. Am 12.10.1935, einem Sonntag, fand auf dem Befreiungsfeld in Saarbrücken, einem neu angelegten Aufmarschgelände gegenüber der ehemaligen Ulanenkaserne in der oberen Mainzerstraße, die feierliche Vereidigung der saarländischen SA-Männer durch den Stabschef der SA Viktor Lutze statt. Die SA-Männer aus der Großstadt Saarbrücken und dem Landkreis Saarbrücken bildeten die Standarde 70 mit 36 Stürmen.[42]

Merkwürdigerweise enthalten die Adressbücher des Landkreises Saarbrücken von 1938 und 1939 keinen Hinweis auf SA-Stürme in den Gemeinden Püttlingen und Köllerbach, sondern nur den Sturm 11/70 in Altenkessel, Geschäftsstelle in der Großwaldstraße 89. Zur Hochzeit eines SA-Mannes aus Köllerbach im Juli 1935 gratulierten die Kameraden aus dem Sturm 4/70.[43] Im Juni 1939 erscheint ein Sturm 25/70 Püttlingen,[44] zu dem im April 1941 auch die SA-Leute aus Köllerbach gehörten.[45] Der Sitz seiner Dienststelle wird unterschiedlich angegeben, Adolf-Hitler-Platz und Straße des 13. Januar.[46] Er veranstaltete im Februar 1941 in Püttlingen eine Feierstunde, es sprach SA-Obersturmführer Kreis.[47] Ob er der Führer von Sturm 25/70 war, geht aus einer Zeitungsnotiz nicht eindeutig hervor.[48]

Als SA-Standortführer werden genannt Wildberger im Dezember 1937,[49] im März 1943 *Blum, Hengstwaldsiedlung*.[50]

---

42 Muskalla, NS-Politik, S. 364ff., Mallmann/Paul, Herrschaft u. Alltag, S. 100ff.
43 Volksfreund vom 06.07.1935.
44 Volksfreund vom 21.06.1939.
45 Die Völklinger Zeitung vom 21.04.1941 nennt als zugehörig die SA-Männer aus Püttlingen, Köllerbach, Herchenbach und Etzenhofen.
46 Völklinger Zeitung vom 04.10.1941 und vom 09.11.1941.
47 Monatsbericht des Amtsbürgermeisters für Februar 1941 (StadtA PÜ).
48 Völklinger Zeitung vom 29.08.1942.
49 Völklinger Volksfreund vom 24.12.1937.
50 Schreiben des Bürgermeisters vom 20.03.1943, abgebildet bei Sperling, S.

Abb. 38 Reiter-SA vor dem Gasthaus Gabriel in Riegelsberg von links nach rechts Jakob Arweiler, Albert Feld, Herbert Klein, Erich Michler

Treffpunkt der Püttlinger SA war das Schlosshotel Kockler gegenüber vom Rathaus.[51]
Standort von Sturm 26/70 war Heusweiler, Führer 1941 SA-Truppführer Drokur.[52]
Das Mitgliederverzeichnis der NSDAP führt auf Oberscharführer Jakob Raubuch (geb. 1893), Bergmann, der im September 1944 aus der NSDAP austrat, die sechs Scharführer Heinrich Breuer, Anton Burgard, Kaspar Müller, Peter Pistorius, Valentin Schmeer und Edmund Schwarz, 48 SA-Männer und 5 Mann in der SA-Reserve. Es gab auch einen SA-Reitersturm, ihm gehörten u.a. Scharführer Johann Kartes, von Beruf Bergmann, Püttlingen, und einige Männer aus Köllerbach und Riegelsberg an.[53]

226, er war vielleicht identisch mit dem Gemeinderatsmitglied Ewald Blum.
51 Interview mit Frau Leni Konrad am 18.11.1996.
52 NSZ-Westmark vom 05.02.1941
53 LA SB Best. StKpolS Nr. 1825.

SS

Ein Lagebericht der Stapo-Stelle Saarbrücken vom 04.07.1935 bezeichnete den Aufbau der SS im Saarland im Wesentlichen als abgeschlossen, 1.850 Männer bildeten die Standarte 85, die am 16.11.1935 in Saarbrücken auf dem Rathausplatz vereidigt wurde. Ihr Führer war zunächst SS-Obersturmbannführer Hans Burkhart, vom 01.01.1939 bis Kriegende der aus Schwaben stammende Willi Stemmler. Er wurde wegen der Beteiligung an der Erschießung amerikanischer und britischer Piloten 1948 hingerichtet.[54]
Die Anfänge der SS im Köllertal sind schwer zu fassen. Eine Gruppe von SS-Leuten beteiligte sich Anfang Juli 1935 an dem Propagandamarsch im Rahmen der Großveranstaltung der NSV in Püttlingen.[55] Ende Juli 1935 tagte der Zug 2 Heusweiler des Sturms 10/85 unter Führung von Hans Schikofsky im Lokal Altmeyer in Kölln.[56] Später war Führer der Püttlinger SS Leo Krancher, hauptberuflich beim Amt Püttlingen beschäftigt, er saß also im Rathaus und erfuhr von allen wichtigen Angelegenheiten. Im Gegensatz zu Bürgermeister Jung sei er *verschlagen* gewesen und *hätte einem nicht gerade in die Augen sehen* können. Er war kein gebürtiger Püttlinger.[57]
Das Mitgliederverzeichnis der NSDAP-Ortsgruppe Püttlingen nennt nur vier SS-Leute. Die von mir eingesehenen Entnazifizierungsakten sagen nichts aus über die Motivation, gerade dieser Formation beizutreten, und lassen keine Aktivitäten zur Ausbreitung und Durchsetzung des Nationalsozialismus erkennen.
Während die Bedeutung der SA zurückging, wurde die SS unter der Leitung von Heinrich Himmler in Verbindung mit der politischen Polizei (Gestapo)[58] eines der schärfsten Instrumente nationalsozialistischen Terrors.

---

54 Muskalla, S. 366-369, Mallmann/Paul, Herrrschaft u. Alltag, S. 109ff..
55 Völklinger Volksfreund vom 03.07.1935.
56 Völklinger Volksfreund vom 24.07.1935.
57 Interview mit Dr. Norbert Scherer und Ehefrau Gertrud am 18.11.1996.
58 Vgl. S. 602 f.

NSKK

Das Nationalsozialistische Kraftfahrerkorps war hervorgegangen aus der Motor-SA.[59] Im Saarland wuchs es innerhalb von drei Monaten auf über 3.500 Mann an, die Mitte Juni 1935 organisiert als NSKK-Motorstandarde Saar vereidigt wurden, sie untergliederte sich in Staffeln und Stürme.[60] Das NSDAP-Mitgliederverzeichnis nennt 13 Mitglieder, darunter den Scharführer Jakob Werron, der schon 1933 der NSDAP beigetreten war. Im Mai 1939 wird Boßmann als Scharführer genannt.[61]

NSFK

Das NSDAP-Mitgliederverzeichnis nennt 10 Mitglieder des Nationalsozialistischen Fliegerkorps aus Püttlingen. Eine eigene Einheit für das Köllertal gab es nicht; aber der in Völklingen stationierte Sturm 11/81 des NSFK (Sturmführer Beckmann) nutzte Grundstücke am Galgenberg in Püttlingen und «Am Püttlinger Wald» westlich der Straße von Püttlingen nach Völklingen vom Ende der Erntezeit bis zum 01.04. des folgenden Jahres als Übungsplatz für Segel- und Gleitflugzeuge.[62] Der Saarbrücker Landrat hielt seine Genehmigung noch solange zurück, bis das Luftamt in Frankfurt/Main seine Zustimmung am 10.03.1937 erteilt hatte und ein Haftpflichtversicherungsnachweis vorgelegt worden war.[63] Im Sommer 1937 legten sieben Püttlinger eine Prüfung mit dem selbst gebauten Segelflugzeug »Lilienthal« ab.[64]
Der Sturm 11/81 gehörte zur Gruppe 16 Südwest.

---

59 Allgemein zu dieser Organisation vgl. Dorothee Hochstetter, Modernisierung und »Volksgemeinschaft«. Das Nationalsozialistische Kraftfahrerkorps (NSKK) 1931-1945, München 2004.
60 Muskalla, S. 369.
61 Volksfreund vom 08.05.1939.
62 Vereinbarung mit Ortsbauernführer Wilhelm Kiefer im Juli 1937 (LA SB LRA SB Nr. 334).
63 LA SB LRA Nr. 334, S. 239-246.
64 Volksfreund vom 09.09.1937.

NS-Frauenschaft

Obwohl die Mitgliedschaft von Frauen in der NSDAP grundsätzlich möglich war, wurde doch eine eigene Organisation geschaffen, die NS-Frauenschaft. Im Herbst 1935 wurden dann im Zuge der Gleichschaltung alle Frauenverbände im »Deutschen Frauenwerk« unter Leitung der Reichsfrauenführerin Gertrud Scholtz-Klink zusammengeschlossen. Somit gehörte jede Frau, die Mitglied in einer Frauenorganisation war, automatisch dem Frauenwerk an. NS-Frauenschaft und Deutsches Frauenwerk sahen ihre Aufgabe in der Schulung der Frauen im Haushalt, der Kindererziehung, Krankenpflege und Handarbeit. Wenn dies die gängige Vorstellung von der Beschränkung der Frau im NS-Regime auf »Kinder und Küche« zu bestätigen scheint, so wurde doch schon in den wenigen Vorkriegsjahren begonnen, unverheiratete Frauen stärker in den Arbeitsprozess einzubinden, was sich dann in den Kriegsjahren infolge der Einberufung der Männer zum Wehrdienst hochgradig steigerte.[65]

Eine Ortsgruppe der NS-Frauenschaft war in Püttlingen im November 1933 gegründet worden, am 23.11.1943 feierte sie ihr 10-jähriges Bestehen,[66] Leiterin war Pgn. Kunkel,[67] Stellvertreterin Frau Becker.[68]

Zellenleiterinnen in Püttlingen:[69]
- Maria Ebert (geb. 1903), Parteieintritt Oktober 1942
- Anna Gehl (geb. 1897), Parteieintritt Oktober 1940,
- Auguste Speicher (geb. 1901), Parteieintritt September 1942,
- Elisabeth Trenz (geb. 1908), 1943 aus der NSDAP ausgetreten.

Innerhalb der Frauenschaft bestand eine »Jugendgruppe« für die 20- 30-Jährigen, deren Mitglieder im Krieg u.a. Besuche im Reservelazarett Rastpfuhl machten.[70]

Ortswalterin für Köllerbach war Frau Gerhard aus Riegelsberg,[71]

---

65 Muskalla, S. 378f.
66 Monatsbericht des Amtsbürgermeisters.
67 Volksfreund vom 23.07.1935, Völklinger Zeitung vom 23.12.1941.
68 Volksfreund vom 09.08.1935.
69 Mitgliederliste NSDAP, vgl. S. 429f.
70 Völklinger Zeitung vom 27.07.1942.
71 Volksfreund vom 13.08.1935.

Schulungsleiterin Frau Wollmeringer, Treffpunkt das Gasthaus Feld in Kölln. Die Geschäftsstelle saß in Köllerbach, Hauptstraße 68.[72]

Jugendorganisationen[73]

Im Deutschen Reich waren bis Anfang 1934 die meisten Jugendorganisationen unter Verlust ihrer Eigenständigkeit in die NS-Jugendorganisationen integriert worden.[74]
Ein nach Geschlecht und Altersstufe gegliedertes System sollte die sportliche und weltanschauliche Erziehung der gesamten Jugend in »nationalsozialistischem Geist« gewährleisten durch sportliche Wettkämpfe, Märsche, Geländespiele, Tagesfahrten, Zeltlager, Schulungen, Heimabende. Umgangsformen und Umgangston orientierten sich an militärischer Disziplin, dazu gehörten auch Uniformen, Fahnen, Wimpel, Trommeln, Fanfaren und vormilitärische Ausbildung im Landjahr.[75] Organisiert waren die 10-14-Jährigen im »**Deutschen Jungvolk**« bzw. den »**Jungmädel**«, die 14-18-jährigen männlichen Jugendlichen in der »**Hitlerjugend**« (HJ), die 14-21-jährigen Mädchen bzw. unverheirateten jungen Frauen im »**Bund Deutscher Mädel**« (BDM). Jungmädel und BDM wurden neben der ideologischen Indoktrination unterwiesen in Hand- und Hausarbeit und Kinderpflege.
Während die Mitgliedschaft in diesen beiden Organisationen seit 1939 Pflicht war, stand der Beitritt zu dem 1938 gegründeten *Mädchenwerk »Glaube und Schönheit«* den 17-21-Jährigen frei. Im Herbst 1942 entfalteten BDM und DAF gemeinsam eine große Werbekampagne zum Eintritt in »Glaube und Schönheit« im Bereich des Bannes 146.[76] Nachrichten über das Ergebnis liegen nicht mehr vor. Die noch nicht

---

72 Volksfreund vom 26.07.1937, Völklinger Zeitung vom 20.07 u. 21.12.1941.
73 Muskalla, S. 369-377, Mallmann/Paul, Herrschaft u. Alltag, S. 102ff.
74 Über die Haltung der zahlreichen, ideologisch sehr heterogenen Jugendorganisationen zu der von der NSDAP angestrebten Sammlung in einer einzigen Staatsjugendorganisation vgl. Matthias von Hellfeld, Bündische Jugend und Hitlerjugend. Zur Geschichte von Anpassung und Widerstand 1930-1939, Köln 1987.
75 Kühn, Abb. 41.
76 Völklinger Zeitung vom 28.09.1942.

10-Jährigen sollten die »Kinderscharen« als Vorstufe von Jungvolk und Jungmädel aufnehmen.
Der ideologischen Durchdringung dienten Jugendzeitschriften, die reichsweit erschienen, z. B. »Hilf mit«, oder regional, wie z.b. »Junge Westfront« und »Das Mädel in der Westmark«.
Die Aufnahme neu Eintretender erfolgte jeweils am 20.04. (= Hitlers Geburtstag), im November jeden Jahres die Überführung der inzwischen 18 Jahre alt Gewordenen in die NSDAP.
Ein Hauptanliegen der regionalen NS-Machthaber war die Zurückdrängung oder gar Ausschaltung der konfessionellen Jugendarbeit. Die evangelischen Jugendgruppen zeigten eine geringere Resistenz gegenüber den nationalsozialistischen Gleichschaltungsversuchen als die katholischen. Die im Dezember 1933 von dem Reichsbischof Müller verfügte Eingliederung der evangelischen Jugend in die HJ war hierzulande ohne größere Wirkung geblieben, weil sich die Pfarrer der Bekennenden Kirche nicht an Weisungen des DC-Reichsbischofs gebunden fühlten.
Das erste Haus der Jugend zur allgemeinen Ausbildung der HJ im Saarland wurde am 02.06.1935 in Von der Heydt eingeweiht.
Dass die Mitgliedschaft in den NS-Jugendorganisationen schon von vielen akzeptiert wurde, bevor sie obligatorisch wurde, wenn auch aus unterschiedlicher Motivation und wohl nicht immer ohne Druck von verschiedenen Seiten, ergibt sich daraus, dass im Herbst 1936 bereits 90% der Schüler der Engelfanger Schule der HJ angehörten. Als sichtbares Zeichen für diesen hohen Mitgliederstand wurde der Schule am 30.10.1936 von der HJ-Gebietsleitung die Berechtigung zuerkannt, die HJ-Fahne aufzuziehen, Rechtsgrundlage war eine Anordnung des Reichsjugendführers.[77]
Weil die HJ im Saargebiet, im Gegensatz zu anderen Gliederungen der NSDAP, 1932 von der Regierungskommission nicht verboten worden war, erübrigte sich nach der Rückgliederung eine Neugründung. Es bedurfte nur einer Einfügung in das vorhandene Organisationsschema.
In Parallele zu den anderen NS-Gliederungen bildeten auch hier Pfalz und Saarland eine Organisationseinheit, nämlich das HJ-Gebiet 25 bzw. den BDM-Obergau 25, jeweils mit dem Zusatz *Saarpfalz*. Das

---

77 Kühn, S. 34 nach Schulchronik Detzler.

Gebiet war unterteilt in Bänne, ein *Bann* in vier Stämme, ein *Stamm* in vier *Gefolgschaften* (beim Jungvolk *Fähnlein*), jede Gefolgschaft in vier *Scharen* (beim Jungvolk *Jungzug*), jede Schar in mehrere *Kameradschaften* (beim Jungvolk *Jungenschaften*).
Püttlingen gehörte zum Bann Saar-Mitte 146 mit dem Sitz in Völklingen. Er umfasste die Hitler-Jungen in Völklingen, Obervölklingen, Altenkessel, Püttlingen, Köllerbach, Riegelsberg, Dilsburg, Holz, Wahlschied, Heusweiler, Gersweiler, Klarenthal, Fenne, Geislautern, Ludweiler und den übrigen zum Landkreis Saarbrücken gehörenden Warndtdörfern.[78] Bei großen Appellen musste die Püttlinger HJ nach Völklingen marschieren. Bannführer war im Sommer 1939 Szielasko.[79] Nach der Wiedereinräumung im Sommer 1940 wurde Albrecht Rixecker aus Fürstenhausen kommissarisch im Ehrenamt mit der Bannführung beauftragt. Aus beruflichen Gründen gab er diese Funktion im Herbst 1942 ab, sein Nachfolger wurde der wegen seiner Verwundung nicht mehr frontdienstfähige SS-Untersturmführer Hermes Langkitsch, zwar auch nur kommissarisch, aber hauptamtlich.[80]
Die Püttlinger HJ bildete die Gefolgschaften 11, 12 und 15, sie hatte ihren Dienstsitz in der Bengeserstraße 20 im umgebauten alten Rathaus wie die BDM-Gruppe,[81] die HJ-Gefolgschaft Ritterstraße 1938 in der Hengstwaldstraße 57.
Gefolgschaftsführer war 1935 Schröder. In das Mitgliederverzeichnis der Püttlinger NSDAP-Ortsgruppe wurden HJ-Führer nur aufgenommen, soweit sie Parteimitglied waren.
Im Frühjahr 1939 wurde eine Spielschar der HJ zur Pflege der Volksmusik gebildet,[82] 1941 ein HJ-Spielmannszug, dessen Mitglieder rot-weiß gestreifte Schulterklappen, sogen. *Schwalbennester*, trugen, und eine HJ- und BDM-Singgemeinschaft.[83]
In Püttlingen gab es eine Motor-HJ, die von Kurt Martini, gefallen im Zweiten Weltkrieg, geführt wurde,[84] und eine Flieger-HJ, die ihre

---

78 Volksfreund vom 24.05.1939.
79 Volksfreund vom 19.06.1939.
80 Völklinger Zeitung vom 29.09.1942.
81 Volkfreund vom 12.09.1940.
82 Volksfreund vom 03.04.1939.
83 Völklinger Zeitung vom 05.12.1941.
84 Mitteilung von Herrn Günther Schwinn, Schlesische Str. 6, Püttlingen

Abb. 39 Hitlerjungen in Winteruniform 1938

Modellflugzeuge auf dem Galgenberg in der Nähe des heutigen Startplatzes erprobte.[85]
Die Köllerbacher HJ-Angehörigen bildeten die Gefolgschaft 13.[86]

Jungvolk:
Jungstammführer war Zeller[87], später Jakob Gauer[88]. Der Jungstamm hatte einen Fanfarenzug, der bei Veranstaltungen des Bannes 146 auch außerhalb von Püttlingen mitwirkte.[89]
Fähnlein 21, Ortsteil Berg, geführt von Oberjungzugführer Hans Schmidt, Antrittsplatz war der Schulhof in der Püttlinger Schulstraße.
Fähnlein 22, Ortsteil Bengesen, Heim im alten Rathaus, Bengeserstraße 20.

---

85 Mitteilung von Herrn Dr. Gerold Kratz vom 12.10.2005 und von Günter Altmeier am 18.07.2006.
86 Für die HJ in Köllerbach enthalten die Adressbücher 1938 und 1939 keine Angaben.
87 Volksfreund vom 28.06. u. 01.07.1935.
88 Volksfreund vom 14.04.1939.
89 Volksfreund vom 25.06.1935.

Abb. 40   Fähnlein 22 des Püttlinger Jungvolks auf dem Marsch zum Treffen des Jungbannes in Heusweiler 1942.

Fähnlein 23, Ortsmitte (zuletzt aufgestellt).
Für die Ritterstraße gab es ein eigenes Fähnlein.
Als Fähnleinführer wurden mir genannt Hans Schmidt, Heinz Balzert, Gerold Kratz, Rudi Matthies, Gerhard Hoffmann, Hans Kiefer. Die drei letztgenannten sind im Zweiten Weltkrieg an der Ostfront gefallen.[90] Der im Bahnhof Etzenhofen wohnende Erwin Büch war Führer des Jungvolk-Fähnleins in Walpershofen.[91]

Bund Deutscher Mädel (BDM) und Jungmädel [92]
Gebietsmädelführerin war Carola Limbach[93], Obergauführerin Else Stork.[94]

---

90 NSZ-Westmark 05.02.1941 u. Mitteilung von Herrn Dr. Gerold Kratz am 12.10.2005.
91 LA SB Nachl. Rug Nr. 117, S. 107.
92 Allgemein zur Entwicklung vgl. Birgit Jürgens, Zur Geschichte des BDM (Bund Deutscher Mädel) von 1923 bis 1939, Frankfurt 1994.
93 Völklinger Zeitung vom 21. u. 25.09.1942.
94 Völklinger Zeitung vom 29.01.1942.

Auch die Püttlinger weibliche Jugend war im Bann 146 Völklingen organisiert, Bannmädelführerin war 1942 Erika Jörg.[95]
Die Dienststelle der BDM-Gruppe Püttlingen befand sich 1938 in der Hindenburgstraße 10, 1939 dann wie die der HJ im alten Rathaus, Bengeserstraße. Treffpunkt war das Turnerheim in der Weiherbachstraße. Gruppenführerin in Püttlingen war Emmy Heckmann, (geb. 27.07.1923), Sprechstundenhilfe, Scharführerinnen Erna Junglas (geb. 1921) und Anneliese Rau.[96] Im Jahre 1941 wurde eine BDM-Spielgruppe in Püttlingen gegründet.[97]
Zur BDM in Köllerbach enthalten die Adressbücher 1938 und 1939 keine Angaben. BDM-Führerin in Herchenbach war Hildegard Jochum.[98]

Reichsarbeitsdienst

Der freiwillige Arbeitsdienst (FAD), der 1931 im Deutschen Reich für arbeitslose Jugendliche eingerichtet worden war, wurde vom NS-Regime zum Reichsarbeitsdienst als einer Gliederung der NSDAP umgeformt.[99] Am 26.06.1935 wurde eine halbjährliche Arbeitsdienstpflicht für alle jungen Männer und Frauen zwischen 18 und 25 Jahren eingeführt. Während die RAD-Männer zumeist mit Landeskulturarbeiten beschäftigt, zugleich auch vormilitärisch ausgebildet wurden, wurden die jungen Frauen (*Arbeitsmaiden*) vorwiegend mit sozialen Aufgaben (Landhilfe) beschäftigt. Die Unterbringung in Lagern war mit paramilitärischem Drill verbunden und setzte die jungen Menschen der Infiltration nationalsozialistischen Gedankengutes aus.
Der neu errichtete Arbeitsgau 27a Saarpfalz (später Arbeitsgau 32) bestand aus vier Arbeitsgruppen, das westliche Saarland gehörte zur Gruppe 323 Merzig, die in Abteilungen untergliedert war. Im Köllertal war keine RAD-Einheit stationiert. Am nächsten gelegen war die Abteilung 6/323 Schwalbach.[100]

---

95 Völklinger Zeitung vom 20.03.1942.
96 Mitgliederliste NSDAP.
97 Völklinger Zeitung vom 05.12.1941.
98 Klein, Herchenbach, Nr. 136.
99 Muskalla, S. 398-409.
100 Amtshandbuch Saarpfalz 1937, S. 30.

Ein Lager des weiblichen RAD befand sich in Bietschied[101].
Gelegentlich waren auswärtige RAD-Einheiten im Püttlinger Stadtgebiet eingesetzt, z.B. zu Regulierungsarbeiten an Bachläufen.

Der NSDAP angeschlossene Verbände

Deutsche Arbeitsfront (DAF)

Die »Deutsche Arbeitsfront« war im Reich im Mai 1933 als Nachfolgeorganisation der Gewerkschaften verschiedener politischer und weltanschaulicher Richtungen gegründet worden. Sie war die größte Massenorganisation des NS-Staates, die Mitgliedschaft war formell zwar freiwillig, doch war es schwer, nicht mitzumachen. Ihre Tätigkeit war vornehmlich ausgerichtet auf
- die arbeits- und sozialrechtliche Betreuung und die berufliche Erziehung der Arbeitnehmer,
- die politische Schulung der Arbeitenden im Geiste der NSDAP und ihre Überwachung,
- Propagierung einer Leistungssteigerung unter Schlagworten wie *Erzeugungsschlacht*, *Arbeitsschlacht* und durch den regelmäßig stattfindenden Reichsberufswettkampf.

Zu ihren Aufgaben gehörte auch die rechtliche Vertretung der Arbeitnehmer, doch tat sie dies nur da, wo nicht die Interessen des Staates oder der NSDAP verletzt wurden.

Sie war keine Arbeitnehmervertretung im heutigen Sinn. Lohntarife, Arbeits- und Urlaubszeiten wurden nicht von ihr mit den Arbeitgebern ausgehandelt, sondern von den vom Staat eingesetzten Treuhändern der Arbeit festgelegt, die Tarifautonomie war also beseitigt worden.[102]

In ihren Händen lag auch die Organisation und Durchführung des *Feiertages der nationalen Arbeit* = 1. Mai.

In analoger Gliederung zur NSDAP gehörte das Saarland zum DAF-Gau Saarpfalz, er war unterteilt in Kreisverwaltungen, diese wiederum in Ortsgruppen, Zellen und Blöcke.[103]

---

101 LA SB LRA SB Nr. 335 (Beschwerde über Schabernack Jugendlicher).
102 Muskalla, S. 381-397.
103 Saarbrücker Bergmannskalender 1937, S. 242.

Der Aufbau der DAF-Organisation sollte im Saarland bis Anfang April 1935 abgeschlossen sein. Mit der Durchführung wurde der frühere stellvertretende Leiter der Deutschen Front Nietmann beauftragt. Die Einrichtungen der früheren Gewerkschaften ganz gleich welcher Richtung wurden nun genau wie zwei Jahre zuvor im Reich aufgelöst. Am 15.05. stellten die bisherigen Arbeitgeber- und Arbeitnehmerverbände im Saarland ihre Tätigkeit ein. Am 26.05. verabschiedete Peter Kiefer, nun Stellvertreter des DAF-Gauleiters Saarpfalz, bei einer Großkundgebung im Saarbrücker Johannishof die »Deutsche Gewerkschaftsfront Saar«. Die DAF-Funktionäre versuchten der arbeitenden Bevölkerung beizubringen, dass die Zeit des Klassenkampfes überholt sei, an die Stelle des Dualismus von Unternehmer und Arbeitnehmer sei nunmehr die Betriebsgemeinschaft der DAF getreten.
In der DAF gingen berufsständische und berufsbildende Vereine auf, z. B. die Ortsgruppen der Deutschen Stenografenschaft, Püttlingen, Führer: Josef Müller, Sprengerstr. 32, und Köllerbach, Führer: Rudolf Leinenbach, dann Alois Altmeyer, Hauptstr. 23.
Die mit der SPD und KP verbundenen Arbeitervereine waren schon seit Frühjahr 1935 aufgelöst. Die konfessionellen Arbeitervereine waren meist keine eigenen juristische Personen im Sinne des Vereinsrechts, sondern Gruppierungen innerhalb der Kirchengemeinden, z. B. der kath. Arbeiterverein Kölln mit 300 Mitgliedern, geleitet von Matthias Haag, und der Bergmannsverein Sellerbach mit 376 Mitgliedern, geleitet von Wilhelm Müller, jeweils unter Pfarrer Kolling als Präses. Andere Vereine bestanden fort unter dem Dach der DAF, z.B. der Bergmanns- und Handwerkerverein Etzenhofen mit 304 Mitgliedern im Jahr 1936, geleitet von Wilhelm Klaes.[104]
Zur Umsetzung der propagandistischen Aufgaben der DAF diente ein in seinen Dimensionen bislang unbekanntes Freizeitwerk. Unter dem Titel »Kraft durch Freude« bot es Konzerte- und Theateraufführungen, Tanzveranstaltungen, Vorträge, Wanderungen und Urlaubsreisen an zu für den Arbeiter erschwinglichen Preisen, vornehmlich ins Inland, aber auch auf See. Programme und Zielorte entsprachen natürlich der NS-Ideologie.[105]
Der »Völklinger Volksfreund« meldete am 17.07.1935, dass der Auf-

---

104 Verzeichnis bestehender Vereine vom 31.08.1935 (LA SB Dep. Riegelsberg Nr. 17).
105 Schommer, S. 310-326.

bau der DAF innerhalb der Bürgermeisterei Püttlingen durchgeführt sei, die Ortsgruppe zähle annähernd 6.000 Mitglieder, sie gliedere sich in die vier Stützpunkte Püttlingen, Ritterstraße, Altenkessel und Rockershausen, diese wiederum in 56 Zellen und 296 Blocks.
Ortsgruppe Püttlingen:
Ortsgruppenwalter war Fritz Schmeer (Juli 1935), Geschäftsstelle Völklingerstr. 8, [106] Betriebswalter Hirschmann[107], Organisationsleiter Peter Schorr, Amtswalter Daniel Kiefer,[108] Zellenleiter in Püttlingen Pg. Aloys Becker (geb. 1897) und Pg. Peter Gehl.
Die Ortsgruppe Riegelsberg-Sellerbach umfasste anscheinend den gesamten Bereich des Amtes Riegelsberg-Sellerbach.[109]
Die zugehörige NS-Gemeinschaft »Kraft durch Freude«, geleitet von Pg. Krebs, ist schon für Herbst 1935 belegt.[110]

Nationalsozialistische Volkswohlfahrt (NSV)[111]

Mit einem Aufruf des stellvertretenden Gauleiters Leyser wurde am 15.05.1935 die NSV im Saarland eingeführt.[112] In Püttlingen stellte sie sich vor am 03.07.1935 mit einer öffentlichen Kundgebung und einem Propagandamarsch unter Beteiligung sämtlicher NS-Formationen. Die Ansprachen des örtlichen NSV-Leiters Pg. Pink und des NSDAP-Ortsgruppenleiters Grünwald auf dem Adolf-Hitler-Platz wurden mit einer *Großlautsprecheranlage* übertragen. Grünwald apellierte an die noch Abseitsstehenden: *Immer wieder zeige es sich, daß wohl die Arbeiterschaft in den Reihen der NSV stehe, nicht aber jene Kreise, von*

---

106 Völklinger Zeitung vom 06.08.1942, Einwohnerbuch, S. 805.
107 Volksfreund 02.08. u. 05.09.1935.
108 Mitgliederverzeichnis NSDAP.
109 Volksfreund vom 07.09.1935, Veranstaltung einer Amtswaltertagung im Lokal Müller in Rittenhofen.
110 Völklinger Zeitung vom 29.11.1941.
111 Vgl. Herwart Vorländer, Die NSV. Darstellung und Dokumente einer nationalsozialistischen Organisation, Boppard 1988 (Schriften des Bundesarchivs Bd. 35).
112 Über Aufgabenbereich und Aufbau vgl. Muskalla, S. 379-381 und Mallmann/Paul, Herrschaft und Alltag, S. 143f., zur Person von Leyser vgl. Dieter Wolfanger, Ernst Ludwig Leyser, Stellvertreter Gauleiter, in: Jahrbuch f. westdt. Landesgesch. 14 (1988), S. 209-217.

denen tatkräftige Unterstützung in allererster Linie erwartet werden müßte.[113]
Auch die NSV war analog zur NSDAP aufgebaut in Ortsgruppen, Zellen und Blocks. Ortsgruppen bestanden in Köllertal, Püttlingen und Altenkessel. Die Püttlinger Ortsgruppe hatte Geschäftsräume im Rathaus.[114] Im August 1935 zählte sie 1.400 Mitglieder,[115] die Zelle Köllerbach 295 Mitglieder (= mehr als 1/20 der Bevölkerung).[116] Stellvertretender NSV-Ortsgruppenleiter in Püttlingen war Pg. Andreas Raubuch.
Als NSV-Zellenleiter in Püttlingen wurden mir bekannt Pg. Nikolaus Schnur und Pg. Johann Speicher (geb. 1890), als Blockwalterinnen begegnen auch Frauen.[117]
Von der NSV wurden zahlreiche Haus- und Straßensammlungen unterschiedlicher Form organisiert, häufig wurden kleine Abzeichen zum Anstecken verkauft, mal in Verbindung mit den *Eintopfsonntagen* Lebensmittel als *Pfundspenden* erbeten, mal Kleider gesammelt, immer wieder auch Geldbeträge. Die Spende wurde oft bewertet nach den geschätzten Einkommens- und Vermögensverhältnissen des Spenders und daraus wurden Rückschlüsse auf den Grad seiner positiven Einstellung zur *Volksgemeinschaft* gezogen.
Die wichtigsten Werke der NSV waren das Winterhilfswerk (WHW) und das Hilfswerk Mutter und Kind.
Angegliedert war der Reichsbund deutscher Schwestern, im Volksmund »Braune Schwestern« genannt. Die NS-Schwesternschaft wird im Organisationshandbuch der NSDAP 1938 tituliert als *Kampftruppe der nationalsozialistischen Bewegung zur Sicherstellung und Gesundheitsförderung des Volkes.* Ihre Mitglieder sollten vornehmlich in der Gemeindepflege neben der Gesundheitskontrolle helfen, NS-Ideologie zu verbreiten und zu vertiefen.[118] Einige Püttlinger Mädchen

---

113 Bericht im Völklinger Volksfreund vom 04.07.1935.
114 Einwohnerbuch 1939, S. 805.
115 Volksfreund vom 25.08.1935.
116 Volksfreund vom 13.08.1935.
117 Mitgliederverzeichnis NSDAP. (vgl. S.429 f.)
118 Vgl dazu ausführlich Birgit Breiding, Die Braunen Schwestern, Stuttgart 1998.

wurden »Braune Schwestern«, waren aber nicht in ihrer Heimatgemeinde eingesetzt.[119]

Nationalsozialistische Kriegsopferversorgung (NSKOV)

Schon im Februar 1935 hatte der Deutsche Kriegsopferverband des Saargebiets sein Aufgehen im NSKOV beschlossen.[120] Dabei war die Zahl der Ortsgruppen von 175 auf 102 reduziert worden, die bisherigen Ortgruppen Etzenhofen, Rittenhofen und Sellerbach gingen in der Ortsgruppe Köllerbach auf. Sie wurde geführt von Johann Jungmann, Rittenhofen, und Lehrer Maximini als Propagandaleiter,[121] die Ortsgruppe Püttlingen von Friedrich Loeb, sie traf sich monatlich zu Appellen im Turnerheim,[122] im Mai 1942 geleitet von Serf.

NS-Lehrerbund (NSLB)

Die ersten Beitritte waren schon im Sommer 1933 erfolgt, örtlicher Leiter war Heinrich Contier. Der Mitgliedschaft konnten sich kein Lehrer und keine Lehrerin entziehen.

Reichsnährstand[123]

Der Aubau dieser Organisation war im Reich durch Verordnung vom 08.12.1933 geregelt worden. Ihre Zuständigkeit erstreckte sich nicht nur auf Landwirtschaft, sondern auch auf Gartenbau, Forstwirtschaft, Jagd und Fischerei, sie war Körperschaft des Öffentlichen Rechts und gliederte sich in Landes-, Kreis- und Ortsbauernschaften. Schon vor der Rückgliederung hatte Hermann Groß nach reichsdeutschem Vorbild eine Saarbauernschaft gebildet (vgl. S. 264f.). Sie ging jetzt auf in der Landesbauernschaft Saarpfalz mit Sitz in Kaiserslautern. Ende Juli

---

119 Interview mit Dr. Norbert Scherer und Ehefrau Gertrud am 18.11.1996.
120 Deutsches Echo, Organ des DKOV Saargebiet, 3. Jg. Nr. 2.
121 Völklinger Zeitung vom 09.02.1942.
122 Völklinger Volksfreund vom 07.08. 1935 und 14.08.1937.
123 Schommer, S. 208.

1935 wurden kommissarische Kreisbauernführer berufen, für den Landkreis Saarbrücken wurde dies Willi Schneider.[124]
Ortsbauernführer:
In Püttlingen: 1937 Wilhelm Kiefer,[125] dann Franz Lang, zuletzt Pg. Albert Scherer (geb. 1902), Parteimitglied seit November 1942.
- In Engelfangen: Kläs.[126]
- In Rittenhofen: Josef Himbert (*Diewels Sepp*).[127]
- In Sellerbach: Josef Schmitt (*Sepps Josef*).
- In Herchenbach: Fritz Michler.[128]

Gelegentlich wurden von der Kreisbauernschaft Vorträge angeboten u.a. zur Steigerung der landwirtschaftlichen Produktion *im Rahmen der deutschen Erzeugungsschlacht*.[129]
Integriert waren die älteren landwirtschaftlichen Kasinovereine, Landwirtschaftlichen Lokalabteilungen, Obst- und Gartenbauvereine und Tierzuchtvereine:
- Landwirtschaftlicher Kasinoverein Ritterstraße, Vorsitzender: Georg Hubertus, Ritterstraße, Riegelsbergerstr. 27
- Landwirtschaftlicher Kasinoverein Etzenhofen, 36 Mitglieder, Führer: Eduard Kraus[130]
- Landwirtschaftliches Kasino Rittenhofen, 72 Mitglieder, Führer: Johann Detzler[131]
- Landwirtschaftliche Lokalabteilung, Ortsgruppe Püttlingen, Vorsitzender: Jakob Scherer, Derlerstr. 21.
- Obst- und Gartenbauvereine:
  - Püttlingen, Vorsitzender: Lehrer Müller, Weiherbergstraße
  - Etzenhofen, Sommer 1935 45 Mitglieder, Vereinsführer: Georg Schäfer, später Alois Latz, Hauptstr.[132]
  - Kölln, Vereinsführer: Jakob Weiland, Bärenberg.[133]

---

124 Volksfreund vom 01.08.1935.
125 Belegt für Juli 1937 (LA SB LRA SB Nr. 334).
126 Volksfreund vom 23.04.1941.
127 Ebenda.
128 Sperling-Müller, S. 158.
129 Z.B. Februar 1941 (SZ-Westmark vom 05.02.1941).
130 Wie Anm. 104.
131 Wie Anm. 104.
132 Wie Anm. 104.
133 Noch am 31.12.1941.

- Bienenzuchtverein Püttlingen, Vorsitzender: Johann Becker, Hermannstr. 13
- Brieftaubenverein Heimatliebe, Vorsitzender: Ludwig Schmitt, Püttlingen, Bengeserstr. 30
- Brieftaubenverein Sturmvogel, Vorsitzender: Albert Geber, Püttlingen, Josephstr. 7
- Geflügelzuchtverein Püttlingen, Vorsitzender: Wilhelm Heckmann, Friedrichstr. 14[134]
- Kaninchenzuchtverein Einigkeit, Vorsitzender: Michel Bär, Püttlingen, Hirtenberg 9,[135]
- Polizei- und Schutzhundeverein Püttlingen, Vorsitzender: Johann Speicher, Jahnstr. 9
- Fachschaft für das Schutz- und Dienstgebrauchshundewesen e.V. Ortsgruppe Püttlingen, Führer: Johann Speicher[136]
- Hundeverein Engelfangen[137]
- Reichsverband Deutscher Kleintierzüchter e.V., Vorsitzender: Josef Lackes, Püttlingen, Kreuzbergstr. 9
- Brieftaubenverein »Liebe Heimat« Kölln, 1935: 13 Mitglieder, Vereinsführer: J. Altmeier[138]
- Geflügelzuchtverein Köllerbach[139]
- Geflügelzuchtverein Engelfangen, August 1935: 48 Mitglieder, Vereinsführer: Matthias Haag[140]
- Kaninchenzuchtverein Köllerbach[141]
- Ziegenzuchtverein, Vereinsführer: Johann Bär, Köllerbach, Bärenberg[142]

---

134 Aktiv noch im Juli 1942 (Völklinger Zeitung vom 23.07.1942).
135 Noch im November 1941.
136 Meldung am 03.08.1935 (LA SB LRA SB Nr. 320, S. 121).
137 Meldung am 03.08.1935 unter Hinzufügung *Nicht Mitglied des Deutschen Schäferhundevereins e.V.* (LA SB LRA SB Nr. 320, S. 122).
138 Wie Anm. 104 u. Bericht über Preisflug in Volksfreund vom 08.09.1935 und über Ausstellung im Saal Münchener Kindl (Völklinger Zeitung vom 06.01.1942).
139 Versammlung am 01.08.1937 (Volksfreund vom 30.07.1937).
140 Wie Anm. 104.
141 Ankündigung einer Ausstellung im Saal Alois Feld in Köllerbach am 10./11.01.1942 (Volksfreund vom 09.01.1942).
142 Aktiv noch im Sept. 1942 (Völklinger Zeitung vom 12. u.19.09.)

- Viehversicherungsverein Köllerbach[143]
- Viehversicherungsverein Etzenhofen, August 1935: 106 Mitglieder, Vereinsführer: Peter Feld[144]
- Imker-Ortsfachgruppe Kölln, August 1935: 20 Mitglieder, Führer: Josef Kiefer[145].

Freiwillige Feuerwehr

Das Inkrafttreten des Feuerlöschgesetzes vom 15.12.1933 im Saarland mit Wirkung zum 01.08.1935 änderte die bisherige Struktur. Anstelle der freiwilligen Feuerwehren in den einzelnen Dörfern trat eine einzige Amtsfeuerwehr für den gesamten Amtsbezirk,[146] in unserem Falle also die Feuerwehr Püttlingen und die Feuerwehr Riegelsberg. Bei einer Hauptversammlung sämtlicher Löschzüge der Freiwilligen Feuerwehr der Bürgermeisterei Püttlingen am 31.08.1935 im Saal Trenz, Ritterstraße wurde die Umorganisation vollzogen. Führer der Wehr war am 05.09.1943 Pg. Nolte.[147]
Die Parallelveranstaltung für Köllerbach fand am 12.09. statt, Amtswehrführer wurde dort Baumeister Schahn, der langjährige Oberbrandmeister Georg Serf sein Stellvertreter.[148]

Technische Nothilfe

In der Retrospektive wird sie gesehen als ein »Machtmittel des NS-Staates zur Beseitigung von öffentlichen Notständen«, ihr Einsatz im Einzelnen war in Richtlinien vom 19.10.1933 festgelegt. Bis zu einem gewissen Grad kann sie als Vorgängerorganisation des heutigen Technischen Hilfswerkes (THW) angesehen werden. Eine Ortsgruppe Ritterstraße sollte schon im September 1935 gegründet werden, An-

---

143 Volksfreund vom 30.07.1937.
144 Wie Anm. 104.
145 Wie Anm. 104.
146 Schommer, S. 182f.
147 Sperling-Müller, S. 228.
148 Volksfreund vom 31.08. u. 12.09.1935.

sprechpartner war Pg. Krecken.[149] Die Gruppe Püttlingen, geführt von Pg. Ingenieur Hans Meyer, NSDAP-Mitglied seit April 1933, stellte sich im Dezember 1937 vor.

Deutsches Rotes Kreuz (DRK)

Sanitätskolonnne Püttlingen, Führer Pg. Dr. Plassmann bis November 1941,[150] Nachfolger Bereitschaftsführer Johann Becker.[151] DRK-Vaterländischer Frauenverein, 1934 mit 47 Mitgliedern gegründet, bis Sommer 1935 auf annähernd 500 Mitglieder angewachsen[152]. Führerin 1938/39 Frau Wilhelmine Plassmann, geb. Mainzer, gest. 1970).
Sanitätskolonne Köllerbach, Vereinsführer Johann Jost, Bärenberg, August 1935: 46 Mitglieder.[153]
Frauenverein vom Roten Kreuz, Köllerbach, Geschäftsstelle Sprengerstr. 3.[154]

Reichsbund der Kinderreichen Deutschlands zum Schutz der Familie[155]

Ortsgruppe Püttlingen, Vors.: Johann Geibel, Kreuzberg 53.
Ortsgruppe Ritterstraße, Vors.: Josef Ludwig, Schlehbachstr. 44.
Ortsgruppe Köllerbach, Vereinsführer: Oskar Krebs, Saarlauternerstr. 10, im August 1935 87 Mitglieder.[156]

---

149 Volksfreund vom 04.09.1935.
150 Nachruf in Völklinger Zeitung vom 01.12.1941.
151 Völklinger Zeitung vom 10.02.1942.
152 Volksfreund vom 06.07.1935.
153 Wie Anm. 104.
154 Volksfreund vom 19.09.1935.
155 Über die Zielsetzung »Dienst am Volk, Dienst an der Gemeinschaft« vgl. Volksfreund vom 29.07. u. 29.08.1935.
156 Wie Anm. 104.

Gleichschaltung im Sport und Vereinsleben

Die Mehrzahl der Vereine blieb bestehen. Zunächst verlangte die neue Landesverwaltung von den Amtsbürgermeistern eine Auflistung der in ihrem Bereich bestehenden Vereine. Dann mussten alle Vereine für ihre weitere Betätigung bis 20.08.1935 eine neue Zulassung beantragen unter Vorlage der Mitgliederlisten und unter Angabe des Vereinszwecks.[157] Die meisten wurden gleichgeschaltet, das bedeutete nicht nur die Ausrichtung auf die nationalsozialistische Weltanschauung und die Organisation nach dem Führerprinzip, sondern auch die Zusammenlegung von Vereinen mit gleichem Zweck bzw. ihre Zusammenfassung in einem Ortsverband.

Die meisten der bisher selbständigen Vereine wurden Teil von »Reichsverbänden« oder anderen reichsweiten Dachorganisationen, die ihrerseits der Richtlinienkompetenz und Kontrolle von Staat undoder Partei unterlagen. Alle wurden sie im »nationalsozialistischen Geist« geführt, alle dienten sie mehr oder weniger erkennbar der Indoktrinierung des gesamten Volkes mit der NS-Ideologie. Außer den Kirchen gab es keine Institutionen oder öffentlich wirksame Gruppierungen mit anderer weltanschaulicher Ausrichtung.

Der durch seine Gründlichkeit und seine knappe Durchführungszeit beeindruckende Gleichschaltungsprozess im Saarland war nur möglich aufgrund zweier Voraussetzungen, einmal dass im Deutschen Reich bereits ein funktionierendes Organisationsschema bestand, in das die saarländischen Organisationen und Vereine nur eingefügt werden mussten, oft in der Weise, dass der Arbeits- oder Zuständigkeitsbereich der entsprechenden schon länger bestehenden Gliederungseinheit der Pfalz aufgeweitet wurde, und zweitens dadurch, dass die Deutsche Front im Saargebiet schon viel Vorarbeit im Hinblick auf die einheitliche ideologische Ausrichtung geleistet hatte.

Die auf das Arbeitermilieu bezogenen und sich aus ihm rekrutierenden Arbeiter-Sport-, -Musik- und -Gesangvereine hatten in der neuen *Volksgemeinschaft* keinen Raum mehr. Auch die Raucherclubs und anderen Geselligkeitsvereine gingen ein.

Die konfessionellen Vereine, die meist keine »Eingetragenen Vereine« und damit keine selbständigen juristischen Personen waren, sondern

---

157 Volksfreund vom 09.08.1935.

Gruppierungen innerhalb der Kirchengemeinden, blieben bestehen, wurden aber in ihrer Aktivität streng auf den kirchlichen Bereich beschränkt.
Charakteristisch für die Neuordnung des Vereinswesen war die Ersetzung der bisher üblichen Wahlen durch Berufung der Leitungspersonen. In Angleichung an den Sprachgebrauch der Zeit wurde das bisher übliche Wort »Vorsitzender« ersetzt durch *Vereinsführer*.

Reichsbund für Leibesübungen (NSRL/RfL)

Turn- und Sportvereine waren mindestens seit 1937 im Reichsbund für Leibeserziehung (abgekürzt RfL, mitunter auch NSRL) zusammengefasst. Die Organisation gliederte sich in Sportgaue und Sportbezirke. Er veranstaltete die jährlichen Reichssportwettkämpfe.
Für das Saarland zuständiger Führer des Sportgaues war der Saarbrücker Oberbürgermeister Schwitzgebel, Püttlingen gehörte zum Sportbezirk 14 – Saarbrücken, dortiger Führer war L. Minke. Die erste Sitzung der Ortsgruppe Püttlingen fand am 19.09.1935 unter Leitung von Ortsgruppenführer Erich Becker statt, sein Stellvertreter war Benno Pistorius, Willy Both war Verbindungsmann zwischen Partei und Ortsgruppe des RfL.[158]
Für die einzelnen Sparten gab es jeweils Fachwarte für Turnen, Fußball, Leichtathletik, Schwimmen, Schießen, Radfahren, Kegeln, für Frauen und Jugend. Die Fachwarte für Sommerspiele, Handball, Boxen und Ringen waren im Oktober 1937 noch nicht bestellt.[159]
Ortsgruppenführer des RfL in Köllerbach war A. Kiefer, er schied zum 01.10.1937 aus diesem Amt aus.[160]
Die Akzeptanz des Reichsbundes auf örtlicher Ebene dürfte nicht allzu groß gewesen sein. Ich folgere dies daraus, dass das erste Treffen nach der Rückführung aus der Evakuierung in Püttlingen erst am 12.04.1942 stattfand.[161] Die Anwesenheit Schwitzgebels könnte darauf hindeuten, dass Irritationen vor Ort zu bereinigen waren.

---

158 Volksfreund vom 19.09.1935 u. 18.09.1940.
159 Volksfreund vom 19.10.1937.
160 Volksfreund vom 23.09.1937.
161 Völklinger Zeitung vom 10., 12. u. 14.04.1942.

Nachweisbare Sportvereine in der NS-Zeit:
- Sportverein »Rotweiß 1922 e.V.« Püttlingen, Vorsitzender: Johann Müller, Völklingerstr. 1935 (nur Adressbuch 1938).
- Fußballverein Püttlingen 08, der Vorsitzende Heinrich Contier trat im Juli 1935 wegen Unvereinbarkeit mit seinem Amt als Schulungsleiter der NSDAP-Ortsgruppe zurück,[162] Nachfolger wurde Nikolaus Becker, Völklingerstr. 17.[163]
- Turnverein Püttlingen 1890, Heinrich Contier legte den Vorsitz nieder im Juli 1935,[164] Nachfolger waren Dr. Plassmann, 1938 Peter Lackes, Ismertstr. 3, 1939 bis 1942: Pg. Johann Serf, Schlehbachstr. 35, 1941 Bildung einer Wanderabteilung, 1942 auch Tischtennisabteilung vorhanden.[165]
- Reichsbahn-Turn-u.-Sportverein Völklingen, Ortsgruppe Püttlingen.[166]
- Turnverein Köllerbach, Vereinslokal Gasthaus A. Altmeyer, Kölln, im Sommer 1935 138 Mitglieder, Vereinsführer: Matthias Schwarz.[167]
- KKS »Kernschuß« Püttlingen, Vorsitzender: Nikolaus Geber, Espenstraße 20.[168]
- Schützenverein »Ruhig Blut« 1908 Püttlingen, Vorsitzender: Jakob Ruloff, Hindenburgstr. 57.

NS-Reichskriegerbund Kyffhäuser

Schon in den frühen zwanziger Jahren war im Reich der Kyffhäuserbund, dessen Anfänge in die Zeit vor dem Ersten Weltkrieg zurückreichten, unter dem Titel »Deutscher Reichskriegerbund Kyffhäuser« Dachorganisation aller deutschen Kriegervereine geworden. Er gliederte sich in Kreis- und Ortskameradschaften, die die verschiedenen Traditions- und Militärvereine umfaßten. Zu Zeiten der Weimarer

---

162 Volksfreund vom 24.07.1935.
163 Ebenda vom 31.07.1935, aktiv noch im Sommer 1942.
164 Ebenda vom 24.07.1935.
165 Völklinger Zeitung vom 13.01.1942.
166 Volksfreund vom 02.09.1937.
167 Ebenda vom 24.07.1935 u. Auflistung der im Amt Riegelsberg bestehenden Vereine (wie Anm. 104).
168 Ebenda vom 24.09.1935, Einwohnerbuch.

Republik unterschied er sich deutlich vom Wehrverband »Stahlhelm«. Die Gleichschaltung im nationalsozialistischen Sinne drückte sich zunächst in einer Satzungsänderung vom September 1933 aus, wonach Kommunisten, Sozialdemokraten und Juden von der Mitgliedschaft ausgeschlossen wurden. Im März 1938 erklärte Hitler ihn zur alleinigen Vereinigung ehemaliger Soldaten. Die Gliederung in *Kameradschaften* auf den verschiedenen Verwaltungsebenen blieb bestehen. Leiter der Kriegerkameradschaft Püttlingen waren im Juli 1935 Peter Blaß, im Jahr 1942 Heinrich Speicher, Treffpunkt bzw. *Bundeslokal* Wirtschaft Heckmann.[169]
Führer der Kameradschaft Köllerbach waren 1935 Dr. Lang, 1941 Müller (kommissarisch), Propagandaleiter Lehrer Maximini, Vereinslokal Gasthaus Theodor Schneider, August 1935: 286 Mitglieder.[170]

Zugehörige Kriegervereine bzw. -kameradschaften in Püttlingen und Köllerbach:
- Kameradschaft der Artilleristen und Verkehrstruppen Püttlingen, Führer: Jakob Speicher, Jahnstraße 9.
- Kavalleriekameradschaft Püttlingen, Führer: Josef Mertens, Derlerstr. 101.
- Marinekameradschaft Püttlingen, stellvertretender Führer: Hans Pohl, Ritterstraße, Riegelsbergerstr. 5.
- Reichsvereinigung ehemaliger Kriegsgefangener, Führer: Pg. Wilhelm Speicher, Püttlingen Derlerstr. 68.
- Vereinigung ehemaliger Kriegsfreiwilliger Deutschlands e.V. Der Reichsminister des Innern hatte am 08.02.1935 die Auflösung dieser Organisation im Reich verfügt. Auf Vorstelligwerden saarländischer Vertreter am 18.03. teilte er am 03.04. mit, dass von einer Auflösung im Saarland vorerst abzusehen sei, weil dort die Verhältnisse anders gelagert seien.[171]

Bei der Gleichschaltung der soldatischen Traditions- und Interessenverbände gab es Schwierigkeiten mit dem »Stahlhelm«. Er war im Reich im März 1934 umbenannt worden in »Nationalsozialistischer Deutscher Frontkämpferbund« (NSDFB). Sein von der politischen

---

169 Völklinger Zeitung vom 14.07. u. 21.11.1941, 10.07., 06. u. 22.08.1942.
170 Liste der im August 1935 bestehenden Vereine (wie Anm. 104) u. Völklinger Zeitung vom 04.08.1941.
171 LA SB LRA SB Nr. 320, S. 67.

Führung als unzeitgemäß beurteilter Wunsch nach Eigenständigkeit brachte ihn in Misskredit. Reichsinnenminister Frick behauptete bei einer Kundgebung in Essen am 04.08.1935, der Stahlhelm sei gegen den Willen der Bundesführung zum Sammelbecken staatsfeindlicher oder die NSDAP ablehnender Elemente geworden. Seine Aufgabe sei mit der Einführung der allgemeinen Wehrpflicht eigentlich erfüllt, es sei zu wünschen, dass er sich selbst auflöse oder in einen allgemeinen Soldatenbund überführe. Zu diesem Zeitpunkt war er bereits in Sachsen verboten und in Mecklenburg Häuser bzw. Wohnungen einiger führender Stahlhelmmitglieder durchsucht worden.[172] Der Aufforderung zur Selbstauflösung kam der Verband im Reich im November 1935 nach. Doch wurde danach eine gewisse Traditionswahrung, vornehmlich bei Beerdigungen ehemaliger Mitglieder festgestellt, worauf die Gestapo im Juni 1937 mit der Anweisung reagierte, es sei keinesfalls wünschenswert, die Erinnerung an die alten Stahlhelmer wieder wachzurufen, und daher jede demonstrative Handlung ehemaliger Angehöriger zu vermeiden, und ordnete Nachforschungen nach dem Verbleib der Stahlhelm-Fahnen an. Der Püttlinger Bürgermeister erstattete Fehlanzeige, der Riegelsberger Bürgermeister teilte mit, er habe erfahren, dass drei Fahnen dem Steiger Engel in Dilsburg, ehemaliger Kreiskämmerer des Stahlhelm, übergeben worden seien.[173]

NS-Kulturgemeinde

Die kulturell tätigen Vereine wurden der NS-Kulturgemeinde als Dachverband unterstellt.[174] Eine NS-Kulturgemeinde Saarbrücken-Land bestand bereits im September 1935. Ihr Kreisobmann Oberlehrer Eich teilte stolz mit, dass sie in 63 Ortsgruppen und Ringe eingeteilt sei. Der Ortskulturring Köllerbach wurde von Lehrer Maximini geführt, sein Vertreter war Anton Kiefer, Ortskulturwart in Sellerbach.[175] Für

---

172 Volksfreund vom 31.07. u. 05.08.1935.
173 LA SB LRA SB Nr. 334, S. 268f., 689, 695 u. 793.
174 Über Aufbau und Ziele informierte ein Artikel im Volksfreund vom 29.09.1935.
175 LA SB Nachl. Rug Nr. 117.

größere Aktivitäten fehlten aber die Geldmittel. Im Oktober 1936 war geplant, den Sitz nach Völklingen zu verlegen.[176] Im gesamten Reich wurde sie im Spätsommer 1937 in die NS-Gemeinschaft KdF (Kraft durch Freude) übergeleitet.[177] Der »Volksfreund« schrieb dazu: *Damit ist die einheitliche kulturelle Großorganisation geschaffen worden, die das gesamte Kulturleben im nationalsozialistischen Sinne beeinflussen wird.* Vorsitzender in Püttlingen war Dr. Plaßmann.[178] Heinrich Contier wurde mit der Liquidation der NS-Kulturgemeinde und der kommissarischen Leitung der KdF auf Ortsebene beauftragt.[179] Die Änderung war schon Anfang Oktober 1937 vollzogen. Der bisherige Theater-, Konzert- und Vortragsring blieb bestehen, *Gastspiele des Landestheaters Saarpfalz, Laienspiel- und Liederabende, Konzerte, Kolonialvorträge, Filmveranstaltungen sowie volkstümliche Unterhaltungsabende mit Gesang, Volksmusik und Humor werden alle Ringmitglieder für wenig Geld eine Fülle schöner und kulturell wertvoller Abende miterleben lassen.*[180] In Köllerbach übernahm der bisherige Leiter der NS-Kulturgemeinde (= Ortskulturwart) Pg. Anton Kiefer die gleiche Aufgabe im Rahmen der Ortsgruppe KdF Riegelsberg-Sellerbach.[181] Eine NS-Gemeinschaft »Kraft durch Freude« in Köllerbach, geleitet von Pg. Krebs, ist schon für Herbst 1935 belegt.[182]

Gesang- und Musikvereine:
- Gesangverein »Fidelio« Püttlingen, Vorsitzender: Erich Becker, Geisbergstr. 4
- Gesangverein »Heimatliebe«, Vorsitzender: Wilhelm Müller, Ritterstraße, Zum Bildchen 36
- Männergesangverein »Heiterkeit« Püttlingen, Vorsitzender: Nikolaus Pistorius, Kreuzbergstr. 53
- Männergesangverein »Liederkranz«, Vereinsführer: August Altmeyer, Köllerbach, Bahnhofstr. 15

---

176 LA SB LRA SB Nr. 428.
177 Mallmann/Paul, Herrschaft u. Alltag, S. 141.
178 Volksfreund vom 13.11.1937.
179 Ebenda vom 06. und 10.11.1937.
180 Ebenda vom 07.10.1937.
181 Volksfreund vom 19.09.1935 und 20.12.1937.
182 Völklinger Zeitung vom 29.11.1941.

- Mundharmonika-Orchester der kath. Volksschule Kölln, 60 Mitglieder, Leiter im Sommer 1935 Ewen, Etzenhofen[183]
- Musikverein »Harmonie« Püttlingen, Vorsitzender: Peter Gehl, Jahnstr. 11[184]
- Männergesangverein »Heimatliebe« Köllerbach[185]
- Musikverein »Harmonie« Köllerbach, Vereinsführer: Jakob Altmeyer, Hauptstr. 73[186]
- Musikverein Sellerbach[187]
- Tambourverein Sellerbach, im August 1935 20 Mitglieder, Führer: Nikolaus Deidt[188]
- Zitherverein Püttlingen 1894, Vorsitzender: Leo Latz, Völklingerstr. 54, Dirigent Franz Becker[189]
- Theaterverein «Deutsche Bühne«1911, Vorsitzender: Ignatz Kiefer, Püttlingen, Derlerstr. 5.[190]

Weitere Vereine bzw. Ortsgruppen:
- Reichsbund für Vogelschutz, Ortsgruppe Püttlingen, Führer: Michael Bär, Hirtenberg 9[191]
- Reichskolonialbund, örtlicher Leiter in Püttlingen: Pg. Scherer[192]
- Reichsverband der Jugendherbergen, Ortsgruppe Püttlingen, Vorsitzender: Anton Bläs, Derlerstr. 47
- Saarwaldverein, Ortsgruppe Püttlingen Vorsitzender: Wilhelm Becker, Sprengerstr. 61
- Schachtclub Steinitz von 1922 gehörte nun der Fachschaft des Großdeutschen Schachverbandes an[193]

---

183 Wie Anm. 104.
184 Ein Bericht über die Fahnenweihe am 28.06.1935 (LA SB LRA SB Nr. 317, S. 59ff.) nennt Johann Blum als Vorsitzenden.
185 Ebenda vom 18.07.1935.
186 Volksfreund vom 19.09.1935.
187 Völklinger Zeitung vom 31.10.1941.
188 Wie Anm. 104.
189 Berichte in Volksfreund vom 23.12.1937.
190 Volksfreund vom 07.05.1937.
191 Ebenda vom 09.11.1937.
192 Völklinger Zeitung vom 19.07.1941.
193 Volksfreund vom 09.11.1937.

- Verkehrs- und Verschönerungsverein Püttlingen, Vorsitzender: Bürgermeister Pg. Jung[194]
- Volksbund für das Deutschtum im Ausland (VDA), Ortsgruppe Püttlingen[195]
- Verband deutscher Rundfunkteilnehmer, Ortsgruppe Püttlingen[196]
- Haus- und Grundbesitzerverein Püttlingen, Vorsitzender: Rektor Schneider, Pickardstr. 19
- Bergmanns- und Handwerkervereinigung Etzenhofen.[197]

Der Überblick über Verbände und Vereine soll veranschaulichen, wie alle Bereiche und Sparten des beruflichen, sportlichen, kulturellen und gesellschaftlichen Lebens in das NS-System eingebunden wurden. Leider standen mir nicht genügend Quellen zur Verfügung, um die personelle Vernetzung zwischen Mitgliedschaft in der NSDAP bzw. einer ihrer Gliederungen und Führungsposition in einem oder mehreren Vereinen zu belegen. Es ist zu vermuten, dass sie häufig bestand. Die NSDAP-Mitgliedschaft von Vereinsführern war gern gesehen, aber nicht unerlässlich.

Wichtiger als der personelle Aspekt der Gleichschaltung der Vereine war der thematisch-weltanschauliche. Es gab kaum einen Verein, dessen praktische oder theoretische Arbeit den Interessen des Regimes zuwider lief. Es gab wohl Bereiche, die im Vereinsleben gepflegt wurden, aber für den Nationalsozialismus wenig interessant waren, es gab aber keine Vereine, die sich konträr zum NS-System betätigen konnten. Durch eine aktive systemkonforme Mitarbeit, z. B. in einem Gartenbauverein, erst recht in einem Sportverein, konnte man sich aktiv in die Volksgemeinschaft einbringen, somit indirekt am »Aufbauwerk des Führers« beteiligen. Manche versuchten durch Engagement in Vereinen die Mitgliedschaft in der NSDAP zu umgehen und dennoch aktiv in der »Volksgemeinschaft« mitzuarbeiten.

---

194 Ebenda vom 29.09.1935, Völklinger Zeitung vom 16.09.1940.
195 Volksfreund vom 18.07. u. 25.09.1937, Völklinger Zeitung vom 10.11.1941.
196 Mitgliederversammlung am 18.07.1935 (Völklinger Volksfreund vom selben Tag).
197 Versammlung im Aug. 1935 (Volksfreund vom 07.08.1935).

Verhältnis zu den Kirchen[198]

Nach Gleichschaltung aller Verbände und Vereine und nach Ausschaltung jeglicher organisierten Opposition boten nur die Kirchen Nischen, um sich der Vereinnahmung durch Staat und Partei mindestens in Teilbereichen zu entziehen. Staat und Partei waren sich dessen voll bewusst und versuchten daher, deren Aktionsfeld immer mehr einzuengen und den Kirchen möglichst wenig Spielraum zur öffentlichen Selbstdarstellung zu belassen.

Im vorhergehenden Kapitel wurde geschildert, dass die katholischen Bischöfe und die Repräsentanten der Protestanten im Abstimmungskampf ein klares Bekenntnis ihrer nationalen Zuverlässigkeit vor ihre Bedenken gegen die braunen Machthaber im Reich gestellt, sich in der Öffentlichkeit vorbehaltlos für eine Rückkehr des Saargebiets ins Deutsche Reich ausgesprochen und den ihnen unterstehenden Geistlichen gegenteilige öffentliche Stellungnahmen untersagt hatten. Sie hatten damit Anteil an dem hochprozentigen Ergebnis für die Rückgliederung. Ob sie sich dafür kirchenpolitische Zugeständnisse der Reichsregierung erhofft hatten, ist sowohl damals als auch nach dem Zusammenbruch der NS-Herrschaft vermutet worden.

Es spricht einiges dafür, dass Gauleiter Josef Bürckel als Reichskommissar für das Saarland zu einer Art Stillhalteabkommen mit den für das Saarland zuständigen Bischöfen von Trier und Speyer und den beiden evangelischen Superintendenten kommen wollte, aber von Führungspersönlichkeiten auf Reichsebene zurückgepfiffen wurde.[199] Schon in den ersten Monaten nach der Rückgliederung begann die Überwachung der Gottesdienste beider Konfessionen. Auf Weisung der Stapo-Stelle Saarbrücken war besonders auf Kanzelabkündigungen, Hirtenbriefe und andere Verlautbarungen von Seiten des Bischofs oder der Bekennenden Kirche zu achten. Sie durften in der Kirche verlesen, aber nicht in Form von Flugblättern verteilt oder in der allgemeinen kirchlichen Presse veröffentlicht werden.[200] Kollekten

---

198 Das Verhältnis der katholischen Kirche zum Nationalsozialismus ist vielfach untersucht worden, einen Überblick gibt neuerdings Hubert Gruber, Nationalsozialistisches Regime und katholische Kirche, Paderborn 2004.
199 Muskalla, S. 508ff.
200 Einschlägiger Schriftverkehr zwischen Landratsamt Saarbrücken und dem Bürgermeister von Püttlingen in LA SB LRA SB Nr. 332, 335, 336.

durften nur erbeten werden, soweit sie nicht die öffentlichen Sammlungen der Wohlfahrtspflege beeinträchtigten, das bedeutete in der Praxis ein totales Verbot in Zeiten, zu denen für das Winterhilfswerk (WHW) gesammelt wurde.[201] Anträge zur Genehmigung kirchlicher Veranstaltungen waren zunächst an den Amtsbürgermeister zu richten, der sie meist an den Landrat weiterleitete. Im Laufe des Jahres 1936 wurde das Verfahren dadurch kompliziert, dass eine Stellungnahme des NSDAP-Ortsgruppenleiters beigefügt sein musste und durch Einmischung der Stapo-Stelle Saarbrücken eine restriktivere Auslegung der Bestimmungen erfolgte. Aus ihren Anordnungen ergab sich eine zunehmende Einengung und Beschränkung auf rein kirchliche Veranstaltungen in kircheneigenen Gebäuden und ein Verbot gesellschaftlicher Zusammenkünfte.

Relativ häufig waren in den ersten Jahren Verstöße gegen die staatlichen Vorschriften zur Beflaggung (vgl. S. 474-476).

Zur katholischen Kirche

Die NS-Regierung hatte mit dem Vatikan am 22.06.1933 das Reichskondordat geschlossen. Es beließ der katholischen Kirche gegen den Verzicht auf politische Tätigkeit Rechte im Schul- und Vereinswesen. Da zu diesem Zeitpunkt die Hoheitsrechte des Reiches im Saargebiet geruht hatten, blieb die automatische Ausdehnung seiner Gültigkeit auf das ab 01.03.1935 wieder zum Reich gehörende Saarland strittig.[202]

Vier Wochen nach der Abstimmung veröffentlichte Bischof Bornewasser ein Dankschreiben an die Abstimmungsberechtigten seiner Diözese, in dem er seine Hoffnung ausdrückte, dass *die Rechte Gottes und seiner heiligen Kirche mit den Rechten des Staates in harmonischem Neben- und Miteinander zum Wohle des ganzen deutschen Volkes sich auswirken* könnten.

Der seit 1930 in der Püttlinger Pfarrei Liebfrauen tätige Pastor Lermen hatte eine *starke Aufbruchsstimmung* ausgelöst, die sich in regem Kir-

---

201 Ebenda Nr. 318, S. 29 u. 37.
202 Faber, Bernd Joachim, Kirche und Staat im Saarland, eine staatskirchenrechtliche Untersuchung, Freiburg 1981, Orywall, Klaus, Die Geltung der neuen Konkordate und Kirchenverträge im Saarland, Diss. Köln 1969.

chenbesuch äußerte. Er war Anhänger der neuen Liturgie und führte sie in der Gemeinde ein. Seine politische Gesinnung charakterisierten Interviewpartner mit den Worten: Er war ein *nationaler, aber keineswegs ein nationalsozialistischer Mann.* Es gelang ihm, den starken Besuch der Gottesdienste zu halten, trotz der restriktiven Maßnahmen von Staat und Partei.[203]
Am 23.06.1935 ließ Bürckel seine Forderung, dass alle Jugendlichen der HJ angehören sollen, veröffentlichen, verbot aber noch nicht die kirchlichen Jugendverbände.
Noch konnten kirchliche Veranstaltungen in nicht-kirchlichen Gebäuden arrangiert werden, wie der Bericht einer Feierstunde der Pfarrei St. Sebastian im Saal Pabst am 05.07.1935 erkennen lässt. *Ein Fanfarenmarsch leitete die Feierstunde ein, in deren weiterem Verlauf Sprechchöre, Lesungen und Lieder, vorgetragen von der Jugend, folgten. Die mittels Schallplatte vorgetragene Rede des Generalpräses Wolker über »Unser Deutschland« sowie das Lied »Wenn alle untreu werden« bildeten den Abschluß des 1. Teiles, dem inhaltlich die Treue der katholischen Jugend gegenüber Kirche und Vaterland zu Grunde lag. Das »Tellspiel der Schweizer Bauern« leitete den 2. Teil der Feierstunde ein. Die jugendlichen Spieler entledigten sich ihrer Aufgabe vorzüglich. Die Aufführung klang aus mit dem Deutschlandlied, in das die Anwesenden begeistert einstimmten. Der Präses, Pfarrer Schommer, richtete zum Schluß herzliche Worte an die Versammelten, in denen er u.a. darlegte, daß dort wo Glaube im Herzen ruht, auch die echte und wahre Treue gegen Kirche und Vaterland vorherrsche. Wer treu zu Gott steht, ist auch treu zu seinem Vaterland. Redner richtete dann auch einige Worte an die Eltern, in denen er ausführte, daß es ihre Pflicht sei, den Kindern jene Grundlagen zu geben, die sie zu den besten Stützen der Volksgemeinschaft machen und aus ihnen feste Charaktere bilden, die das Erbe der Väter zu erhalten imstande sind, um so die treuesten Stützen von Volk und Vaterland zu werden und zu bleiben. Mit dem gemeinschaftlichen Lied »Heiligem Kampf sind wir geweiht« fand die Feier ihren Abschluß.*[204]
Wenige Wochen später wurde das Tätigkeitsfeld der konfessionellen

---

203 Interview mit Dr. Norbert Scherer und Frau Gertrud am 18.11.1996.
204 Bericht in Völklinger Volksfreund vom 10.07.1935.

Jugendverbände auf das rein Religiöse begrenzt und ein Uniformverbot erlassen.²⁰⁵
Im Oktober untersagte Bürckel den Lehrern und Lehrerinnen die Mitarbeit in katholischen Jugendbünden und verlangte die listenmäßige Erfassung von Schülern, die solchen Bünden angehörten. In der Folgezeit kam es häufig zu Überschneidungen von HJ-Veranstaltungen mit kirchlichen. Mitunter wurde HJ-Dienst sonntags zur Zeit der üblichen Gottesdienste angesetzt, *um zu sehen wer kam oder nicht*.²⁰⁶
Ein Püttlinger Gendarmeriehauptwachtmeister berichtete über die Verlesung eines Hirtenbriefes der deutschen Bischöfe vom 28.08.1935 in den Gottesdiensten in beiden katholischen Kirchen in Püttlingen am darauf folgenden Sonntag (= 01.09.1935)²⁰⁷: *Der Brief wurde von den hiesigen Geistlichen ohne jeglichen Zusatz vorgelesen. Nach dem Hirtenbrief zu urteilen, wäre die katholische Religion aufs stärkste gefährdet, ebenso die Bekenntnisschule und die religiösen Vereine und Verbände in Deutschland. Die Mahnung im Hirtenbrief lautete dahin, dass die katholische Jugend trotz Verfolgung treu und fest an ihrem Glauben und an ihren Geistlichen halten solle. Ferner sollen die Katholiken nicht Böses mit Bösem vergelten, sondern für ihre Verfolger beten und der Obrigkeit in allem, was das Wohl des Deutschen Volkes und Staates anbetreffe, Folge leisten. Weiter brachte der Hirtenbrief Bemerkungen über die Rassepolitik der deutschen Regierung in ablehnenden Äusserungen, der Wortlaut konnte aber nicht richtig verstanden werden, da der Geistliche diese Stellen etwas zu schnell und undeutlich vorlas. Dann folgte eine Aufforderung und Ermahnung an die katholischen Eltern unter allen Umständen an der Bekenntnisschule festzuhalten, denn nur diese Schule könne dem Kind das geben, was unbedingt für das Leben notwendig sei: Glaube, Gottesfurcht und Achtung vor den Gesetzen des Staates. Es bestehe nämlich die Gefahr, dass in absehbarer Zeit die Behandlung des Alten Testamentes in den Bekenntnisschulen untersagt würde, dann wäre es Pflicht der Eltern, ihre Kinder zuhause in der Lehre des Alten Testamentes zu unterrichten.*
In seinem Bericht hatte der den Gottesdienst überwachende Beamte vier Konfliktpunkte herausgearbeitet: die Einschränkung der katho-

---

205 Völklinger Volksfreund vom 23.07.1935.
206 Interview mit Dr. Norbert Scherer und Ehefrau Gertrud am 18.11.1996.
207 LA SB LRA SB Nr. 333.

lischen Vereinsarbeit, insbesondere in der Arbeit an der Jugend, die Kritik an der NS-Rassenpolitik, Furcht um den Fortbestand der Bekenntnisschule und um die Herausnahme des Alten Testamentes aus den Lehrplänen für den Religionsunterricht der Schulen. Interessant ist, wie die Formulierung des Hirtenbriefes auf ihn selbst wirkte: *Der ganze Hirtenbrief mutet einen eigentümlich an, denn er enthielt Sätze von Anklagen gegen die deutsche Regierung. Die Anklagen die scharf formuliert waren, wurden dann in den Nachsätzen der Bischöfe aber wieder gemildert und die Katholiken ermahnt trotz allem sich ruhig zu verhalten und den staatlichen Anordnungen Folge zu leisten. Aber die scharfen Anklagen sind m. E. auch wenn sie in den Nachsätzen der Bischöfe etwas gemildert werden, geeignet das Ansehen und die Autorität der regierenden Personen zu untergraben und so Misstimmung in die katholische Bevölkerung zu bringen. Aus dem ganzen Hirtenschreiben kann man mit aller Deutlichkeit entnehmen, dass es den Bischöfen nicht darum geht endlich Frieden zwischen Staat und katholischer Kirche herbeizuführen, sondern die Unruhe und Misstimmung gegen den Staat und die regierenden Persönlichkeiten unter allen Umständen weiter zu fördern und wachzuhalten.* Wenn er am Ende des Berichts schreibt, dass es beim deutschen Episkopat liege, endlich Frieden zwischen Staat und katholischer Kirche herbeizuführen, erhebt sich die Frage, ob dies tatsächlich seine Ansicht war oder er seine Loyalität gegenüber seinem Dienstherrn bekunden wollte.
Auch die Enzyklika Papst Pius XI. »Mit brennender Sorge«, die einen klaren Trennungsstrich zwischen katholischer Kirche und NS-Staat zog, wurde in Püttlingen von der Kanzel verlesen.[208]
Trotz der Verbote der Gestapo, Rundbriefe, Mitteilungs- oder Informationsblätter herauszugeben oder zu verteilen,[209] wurde im September 1936 ein kleines Heftchen mit drei Hirtenbriefen zu den Themen »Kirche im Kampf gegen den Bolschewismus«, »Zum Schutz der Bekenntnisschule« und »Über sittliche Verfehlungen von Ordensbrüdern«, das das Generalvikariat Trier in Druck gegeben hatte, unter die Leute gebracht. Zum Preis von 10 Pfennig war es in Püttlingen schnell vergriffen, auch in den beiden Pfarreien der Bürgermeisterei Riegelsberg war die Nachfrage groß.[210]

---

208 Interview mit Dr. Norbert Scherer und Ehefrau Gertrud am 18.11.1996.
209 Verfügung vom 19.19.1936 (LA SB LRA SB Nr. 335).
210 LA SB LRA SB Nr. 335, S. 185ff., dort auch mehrere beschlagnahmte Ex-

Am 19.10.1936 untersagte das Staatspolizeiamt Saarbrücken dem Pastor Braun in Kölln die weitere Herausgabe jeglicher Rundbriefe oder Mitteilungsblätter für seine Pfarrgemeinde.[211]
In der zweiten Septemberhälfte 1935 folgte über ein Drittel der Rekruten, die im Oktober zum Wehrdienst einrücken mussten, einer Einladung ins katholische Pfarrhaus, um *vor ihrer Einberufung noch eine gründliche Einkehr zur Festigung für die Militärzeit zu halten.*[212]
Auch für Herbst 1937 lud die Kirche Rekruten wieder zu Exerzitien ein.[213]

Wie schon gesagt, zielte die staatliche Kirchenpolitik darauf ab, kirchliche Veranstaltungen sachlich auf religiöse Themen und örtlich auf kircheneigene Gebäude zu beschränken und ihre öffentliche Wirkung so gering wie möglich zu halten. Außer Gottesdiensten und Wallfahrten[214] waren Prozessionen erlaubt. Gesellschaftliche und kulturelle Veranstaltungen, auch in Verbindung mit religiösen, wurden abgeblockt.
Genehmigt wurden die Fronleichnamsprozessionen, nach Angabe von Günther Schwinn sogar bis 1943. In den ersten Jahren nach Gründung der Pfarrei Liebfrauen fand eine gemeinsame Prozession beider Kirchengemeinden statt. Sie ging im jährlichen Wechsel jeweils von der Kirche – St. Sebastian oder Liebfrauen – aus durch die untere Völklingerstraße, Markt-, Weiherbach-, Auenerstraße, Hölzerner Steg, Völklingerstraße, Steinkreuzstraße, dann wurde sie auf den jeweiligen Pfarrsprengel beschränkt. Die Bengeser Prozession ging durch die Bengeser-, Weiherbach-, Auener-, Bahnhofstraße, die Pickardstraße herunter, die Marktstraße wieder hoch bis zur Kirche. Die meisten Häuser waren mit Kirchenfahnen und Blumen geschmückt. Aus ver-

---

emplare.
211 Ebenda Nr. 335, S. 223.
212 Völklinger Volksfreund vom 25.09.1935.
213 LA SB LRA SB am 12.11.1937 (ebenda Nr. 334, S. 642).
214 Johann Fexmer organisierte 1935 und 1936 wie in den vorhergehenden acht Jahren eine Wallfahrt nach Blieskastel mit einem von Püttlingen ausgehenden Sonderzug, die Teilnehmer schätzt er auf 800, darunter 50-70 Männer, sonst Frauen, jeweils ungefähr 180 von Püttlingen, 70 von Kölln, 50 von Heusweiler, 60 von Eiweiler, Zusteigemöglichkeit in Völklingen (Antrag vom 28.05.1936 LA SB LRA SB Nr. 317, S. 220). Gesuch von Frau Friedrich Kurz vom 10.10.1936 mit nicht genanntem Wallfahrtsziel (ebenda S. 256).

kehrstechnischen Gründen wurde die Route dann in Nebenstraßen verlegt: von der Kirche durch die Marien-, Bengeser-, Kriechinger- und Espenstraße hinunter, die Marktstraße hoch durch die Bengeser- und Marienstraße zurück zur Kirche.[215] Im Bereich von St. Bonifatius, Ritterstraße, wurde noch 1942 und 1943 die Prozession außerhalb der Kirche erlaubt.[216] Auch in Köllerbach zog die Prozession durch den Ort.[217]

Abb. 41 Domvikar Dr. Wilhelm Schwickerath, früher Kaplan in Püttlingen, Festredner bei der Männerwallfahrt in Püttlingen 1936 und 1937

Genehmigt wurde zum 23.06.1935 die große traditionelle Männerwallfahrt der kath. Arbeiter- und Männervereine des Bezirkes Saar in der herkömmlichen Art: Prozession mit Beten und kirchlichen Gesängen vom Adolf-Hitler-Platz (heute Burgplatz) zur Kreuzkapelle, dort Predigt, dann zur St. Sebastianskirche, dort Abschluss ähnlich auch für 28.06.1936. In diesem Jahr hielt der Trierer Domvikar Schwickerath die Festpredigt vor ungefähr 1.650-1.700 Teilnehmern, vornehmlich aus den Kreisen Saarbrücken-Land und Saarlouis, darunter 80-100 Jugendliche im Alter von 14-18 Jahren, drei Musikkapellen (60 Mann), 20 katholische Vereinsfahnen.[218] Auch im folgenden Jahr (1937) durfte an Mariae Himmelfahrt (15.08.) eine Prozession von der Pfarrkirche Liebfrauen zur Kreuzkapelle ziehen, wo wiederum Domvikar Schwickerath predigte. Die Zahl von etwa 600 Teilnehmern lag aber deutlich unter der des Vorjahres. Die Veranstaltung wurde von Gendarmeriemeister Klemmer, nach eigenen Worten *in Zivilkleidung*, überwacht.[219]

---

215 Interview mit Eheleuten Scherer am 18.11.1996.
216 Katzenmaier, Vom KZ ins Kloster, S. 21.
217 Foto der Prozession in der Pfarrei Köllerbach 1938 vor dem Wegkreuz und dem Wasserbehälter Rittenhofen in der Sprenger Straße bei Kühn, Abb. Nr. 56.
218 LA SB LRA Nr. 317, S. 47, 205, 212.
219 Ebenda Nr. 317, S. 324f.

Genehmigt wurde auch der geschlossene Kirchgang des kath. Arbeitervereins St. Josef der Pfarrei St. Sebastian am 03.05.1936.[220] Die von Jahr zu Jahr wachsende Einschränkung des Auftretens kirchlicher Vereine in der Öffentlichkeit, aber auch die geringer werdende Beteiligung der Bevölkerung mögen die Berichte über das traditionelle Fest des Bergmannsvereins St. Barbara in den Jahren 1936 und 1937 veranschaulichen. Am 21.09.1936 zogen die Teilnehmer von der Liebfrauenkirche zur Kirche St. Sebastian mit Bergkapelle, 4 Fahnen und 318 Bergleuten. Der zur Überwachung abgestellte Polzeihauptwachmeister schrieb dazu: *Viele Personen begleiteten den Zug auf dem Bürgersteig, anscheinend haben dieselben sich aus irgendeinem Grund gescheut, sich in den Zug einzureihen, auch diese Personen nahmen aber am Gottesdienst teil. Die Stimmung der Festteilnehmer war gedrückt, weil die weltliche Feier im Lokale Papst nicht genehmigt worden war.*[221] Beim Fest des Bergmannsvereins im nächsten Jahr (20.09.1937) war vorgesehen, dass die Bergleute von der Ritterstraße geschlossen nach der Liebfrauenkirche marschieren sollten, von dort weiter mit Musikkapelle durch die Hindenburg-, Völklinger- und Steinkreuzsrtraße nach St. Sebastian, wo ein feierliches Hochamt für die verstorbenen Bergleute gehalten werden sollte. Mit einem *gemütlichen Beisammensein* in der »Bürgerhalle« (Papst-Roth) sollte das Fest ausklingen. Ortsgruppenleiter Grünwald begründete seine Ablehnung: *Da es sich um einen kirchlichen Verein handelt, ferner um eine kirchliche Veranstaltung, kann ein öffentlicher Umzug mit Musik nicht genehmigt werden. Die Feier hat sich auf die Kirche zu beschränken. Daran kann auch nichts ändern, dass die vorgesehene Feier schon seit 86 Jahren stattfand.*[222]
Nicht genehmigt wurden der Ausflug des Elisabethenvereins der Pfarrei Liebfrauen[223] und eine *Gesellschaftsfahrt* des Kirchenchores Caecilia, Ritterstraße, mit Autobussen am 13.09.1936 nach Neunkirchen. Gendarmeriehauptwachmeister Seibert unterrichtete die schon in der

---

220 Ebenda Nr. 317, S. 178.
221 Bericht vom 21.09.1936 (ebenda Nr. 317, S. 239), Name des Beamten nicht lesbar.
222 Ebenda Nr. 317, S. 314 u. 317.
223 Ebenda Nr. 317, S. 184.

Wirtschaft Trenz versammelten Teilnehmer, dass die Fahrt nicht genehmigt sei. Die beiden Busse fuhren daraufhin leer zurück.[224]
Wirbel wurde ausgelöst durch den Mütter- und Elisabethenverein der Pfarrei Liebfrauen. Seine Vorsitzende Frau Margarethe Kurz hatte die Genehmigung für eine Generalversammlung am 01.02.1937 im Saale Kraß, verbunden mit der Aufführung von zwei Theaterstücken und einer Sammlung für das WHW, beantragt. NSDAP-Ortsgruppenleiter Grünwald genehmigte die Versammlung, aber nicht die Aufführung der Theaterstücke. Die Stapostelle Saarbrücken dagegen verweigerte die Genehmigung, weil es eine rein weltliche Veranstaltung im Sinne des Erlasses des Reichsministers des Innern vom 12.05.1935 sei. Frau Kurz erhielt dann in letzter Minute von der Stapo doch noch die Erlaubnis, im Pfarrheim die Versammlung abhalten zu dürfen, ausschlaggebend dafür war dessen Charakter als *kircheneigenes* Gebäude. Die Püttlinger Gendarmerie stellte nachträglich fest, dass außer der Versammlung u. a. Singspiele und humoristische Vorträge gehalten und Kaffee gereicht worden war, sie sah darin eine Überschreitung des genehmigten Rahmens. Für die am 01.02.1937 verhinderten Vereinsmitglieder sollte die Veranstaltung tags darauf (02.02.) wiederholt werden, was von der Stapo-Stelle untersagt wurde. Gendarmeriemeister Klemmer wurde beauftragt, die Versammlung aufzulösen. Als er eintraf, saßen rund 120 Mitglieder schon bei Kaffee und Kuchen. Er erklärte die Versammlung für aufgelöst und forderte zum Verlassen des Gebäudes auf. *Es gab eine allgemeine Unruhe, dann folgte eine gedrückte Stimmung.* Erst nachdem auch der eilends herbei gerufene Pfarrer Lermen entgegen der Hoffnung der Frauen nichts erreichen konnte, verließen sie das Pfarrheim, besprachen aber auf den Straßen in Gruppen den Vorfall. *Einige aufgebrachte Frauen glaubten ihrem Empfinden dadurch Ausdruck verleihen zu müssen, indem sie bedenkliche Äusserungen taten, u.a. meinten sie der Führer hätte bestimmt nichts gegen eine harmlose Zusammenkunft, sie wären doch gute Deutsche.* Über die Stimmung im Ort berichtete Bürgermeister Georg an die Stapo: *Da der Elisabethen-Verein Püttlingen rund 1900 Mitglieder zählt, trat natürlich eine allgemeine Erregung ein.* Pastor Lermen begründete seine Beschwerde damit, dass eine Genehmigung der Versammlung nicht notwendig gewesen sei, weil sie in

---

224 Ebenda Nr. 317, S. 244, 247f.

einem kircheneigenen Gebäude vorgesehen war und weil gleiche Veranstaltungen in Völklingen und anderen Nachbarorten ungehindert stattgefunden hätten. Daraufhin ermittelte Klemmer, dass am 27. und 28.01. im Pfarrheim der Mütter- und Elisabethenverein der Pfarrei St. Sebastian eine Mitgliederversammlung *mit anschliessendem lustigem Beisammensein und Kaffeeklatsch* abgehalten hatte, ohne die erforderliche Genehmigung eingeholt zu haben. Die Vorsitzende Frau Katharina Blank gab beim Verhör an, sie habe nicht gewusst, dass eine Genehmigung erforderlich sei, irgendwelche politische Reden seien nicht gehalten, überhaupt von Politik nicht gesprochen, Vorträge mit religiösem Einschlag hingegen gehalten worden. Die Stapo-Stelle erfuhr, dass am 04.02. der Elisabethenverein Köllerbach in der Wirtschaft Altmeyer *ein Kaffekränzchen* ohne Genehmigung durch den Ortsbürgermeister veranstaltet hatte. Sie rügte in einem Schreiben an den Saarbrücker Landrat, dass in letzter Zeit von den katholischen Vereinen *in erhöhtem Umfang versucht werde, weltliche Veranstaltungen unter Umgehung der Anmeldung bei der Ortspolizeibehörde abzuhalten.* Für die Bedeutung, die man seitens der Stapo-Stelle der Angelegenheit beimaß, spricht, dass deren Leiter Anton Dunckern[225] das Schreiben persönlich unterzeichnete. Gegen die Vorsitzenden der drei Elisabethenvereine der Pfarreien St. Sebastian, Liebfrauen und Köllerbach wurden Strafverfahren eingeleitet, zum Verdruss der Stapo-Stelle aber von der Staatsanwaltschaft bald eingestellt, weil kein politischer Einschlag vorliege und aufgrund des Gesetzes zum Schutze des deutschen Volkes vom 04.02.1933 ausdrücklich Versammlungen nicht-politischer Art nicht strafbar waren.[226] Die Entscheidung ist ein Beispiel für das restriktive Vorgehen der politischen Polizei gegen kirchliche Vereine ohne gesicherte gesetzliche Grundlage. In der Praxis brachten die Vorgänge um die Elisabethenvereine weitere Einschränkung des kirchlichen Vereinslebens.
Als im folgenden Jahr der Köllerbacher Pastor Kolling den *althergebrachten Kaffee* des Frauen- und Müttervereins für 24.02.1938 an-

---

225 Zu ihm vgl. Dieter Wolfanger, Anton Dunckern. Der erste Gestapochef des Saarlandes und spätere Befehlshaber der Sicherheitspolizei und des SD in Lothringen-Saarpfalz, in: Jb.f. westdt. Landesgesch 18 (1992), S. 303-324.
226 LA SB LRA SB Nr. 317, S. 270ff,, 273-282, 311-313, Schriftwechsel des Landrats mit Bürgermeister Georg vom Februar 1937 (LA SB LRA SB Nr. 334), vgl. auch Kühn, Nr. 54.

meldete, wurde die Genehmigung als *rein weltliche Feier im Sinne des Erlasses vom 12.05.1935* von der Stapostelle versagt.[227]
Ende März 1937 beantragte Peter Gehl bei dem Püttlinger Ortsgruppenleiter und dem Bürgermeister die Genehmigung zu einem öffentlichen Kirchgang des katholischen Männervereins St. Josef innerhalb der Pfarrei Liebfrauen anlässlich des alljährlichen Stiftungsfestes. Beide lehnten den *Auf- und Abmarsch von und zur Kirche* ab.[228]
Im Juli 1937 ergaben sich Probleme mit den Proben des Kirchenchors von Liebfrauen. Der Bürgermeister hatte Pastor Lermen mitgeteilt, dass die Proben nicht mehr in profanen Gebäuden abgehalten werden dürfen. Lermen richtete nun eine Bitte um eine Ausnahmegenehmigung an die Kirchen- und Schulabteilung des Reichskommissars, weil außer der Kirche, dem Schwesternhaus und dem Pfarrhaus keine kircheneigenen Gebäude vorhanden seien. Pfarrhaus und Schwesternhaus hätten keine geeigneten Räume. Ein Proben in der Kirche vertrage sich nicht *mit der Weihe des sakralen Raumes.*[229] Die Entscheidung der Behörde ist nicht bekannt.

Abgelehnt wurde im November 1935 auch die seit Jahrzehnten übliche Haussammlung in den beiden Püttlinger Pfarreien zugunsten der hier tätigen katholischen Ordensschwestern, obwohl der Amtsbürgermeister den Antrag der beiden Pastoren mit Hinweis auf die anerkennenswerte gemeinnützige Tätigkeit der Ordensschwestern befürwortet hatte.[230]

Ein besonderes Problem war die Beflaggung kirchlicher Gebäude. Im Rahmen der Zurückdrängung öffentlich erkennbarer kirchlicher Präsenz verbot der Staat das Zeigen von Kirchenfahnen und anderen kirchlichen Symbolen im außerkirchlichen Bereich, dann aber auch das Beflaggen kirchlicher Gebäude mit Kirchenfahnen, verordnete aber, dass an weltlichen Fest- oder Gedenktagen Hakenkreuzfahnen auch an Kirchen zu hissen seien.[231] Im Oktober 1935, wenige Wochen nach

---

227 Ebenda Nr. 317, S. 339ff.
228 Schriftwechsel zwischen dem 30.03. u. 19.04.1937 in LA SB LRA SB Nr. 335.
229 Schreiben vom 20.07.1937 (LA SB LRA SB Nr. 334).
230 LA Schreiben vom 19.11.1935 (ebenda Nr. 319, S. 205 u.211).
231 Anordnung des Reichsministers d. Innern vom 04.10.1935 (RMBl. 1935, S.

Inkrafttreten der entsprechenden Verordnung ermittelte die Generalstaatsanwaltschaft in Saarlouis gegen zahlreiche saarländische Pfarrer beider Konfessionen wegen unvorschriftsmäßiger Beflaggung, darunter auch gegen Pastor Braun, Kölln. Das Verfahren wurde eingestellt, interessant die dabei erfolgte Beurteilung Brauns: *Er bemüht sich im allgemeinen dem Programm der NSDAP und den Anordnungen der Regierung gerecht zu werden.*[232] In den folgenden Monaten wurden die drei katholischen Pfarrer unseres Untersuchungsraumes erneut wegen des Beflaggens belangt. In der Pfarrei Liebfrauen/Püttlingen fiel auf, dass am Jahrestag der Volksabstimmung (13.01.), am Jahrestag der Machtergreifung (30.01.) und am Heldengedenktag (07./08.03.) 1936 zwar die Liebfrauenkirche in Püttlingen, nicht aber St. Bonifazius auf der Ritterstraße beflaggt war. Pastor Lermen versuchte dies damit zu erklären, dass St. Bonifaz als Filialkirche *keine vollgültige Kirche* sei und er bei Beflaggung der Pfarrkirche die der nachgeordneten Filialkirche nicht für notwendig erachtet habe. Der Generalstaatsanwalt verfügte, dass Pastor Lermen durch die Staatspolizei über die Beflaggungspflichten *aufgeklärt* werden solle.[233] Pastor Braun, Köllerbach, musste sich verantworten, warum am Tage der Beisetzung von Wilhelm Gustloff, NSDAP-Landesgruppenleiter der Schweiz,[234] an der Filialkirche Walpershofen keine Fahne gehisst worden sei. Braun brachte vor, der Küster habe sich geweigert, weil die Anbringung der Fahne am Turm lebensgefährlich sei. Staatlicherseits wurde dies nicht akzeptiert, aber doch das Setzen eines Fahnenmastes neben der Kirche

Abb. 42 Pfarrer Jakob Schommer, 1927-1955 Pastor von Püttlingen-St.Sebastian

---

373), Erläuterungen des Präsidenten des Konsistoriums der Rhein. Kirchenprovinz zur Durchführung des Flaggengesetzes, Dez. 1935 (Abdruck in LA SB Nachl. Rug Nr. 117).
232 LA SB Best. Generalstaatsanwalt Nr. 237 Bl. 101.
233 Ebenda Nr. 237 Bl. 229.
234 Gustloff (geb. 1895) wurde am 04.02.1936 von einem jüdischen Studenten in Davos erschossen. Hermann Heiß (Hg.), Biographisches Lexikon zum Dritten Reich, Frankfurt/Main 1998.

geduldet. Auch St. Sebastian in Püttlingen war an diesem Tag ohne Hakenkreuzbanner geblieben. Pastor Schommer entschuldigte dies damit, dass er erst am Tag darnach von der kurzfristig ergangenen Anordnung erfahren habe. Alle drei Verfahren wurden aufgrund eines Straffreiheitsgesetzes eingestellt, weil keine höhere Strafe als ein Monat Gefängnis zu erwarten gewesen sei.[235]

Das Zeigen von Kirchenfahnen in der Öffentlichkeit, z.b. bei bei kirchlichen Feiern, wurde von den staatlichen und kommunalen Organen argwöhnisch beobachtet. So verfolgte Bürgermeister Georg aufmerksam die Primizfeier von Aloys Grün aus Ritterstraße am 08.08.1937. Der von ihm entsandte Beamte berichtete: *von dem Pastor Lermen in Püttlingen [war] angeordnet, dass an der Kirche und vor der Kirche nur kirchliche Fahnen anzubringen sind. Es waren am Kirchturm nach drei Seiten je eine Kirchenfahne (blauweiss, gelbweiss und violettweiss) angebracht. Vor dem Kircheneingang waren links und rechts je zwei Fahnen (gelbweiss und violettweiss) an Fahnenmasten angebracht. Über dem Kircheneingang waren Wimpelgirlanden in den Kirchenfahnen angebracht. Hakenkreuzfahnen waren nirgends angebracht. An den Privathäusern zwischen der Kirche und der Wohnung des Primizianten fehlte jeglicher Flaggenschmuck. Der pensionierte Bergmann Albert Nussbaum aus der Vitusstr.Nr.9 erklärte, dass Pastor Lermen ausdrücklich diese Beflaggung angeordnet habe mit dem Zusatz, dass er (Lermen) für die Kirche in Ritterstraße verantwortlich sei. Auf Grund dieser Anordnung habe er sich ebenfalls bei der Anbringung der Fahnen beteiligt.*[236]

Das Verhalten der Pastoren in der Flaggenfrage entsprach der allgemeinen Linie, den kirchlichen Raum möglichst frei zu halten von nationalsozialistischer Symbolik. Die Zurückweisung von Kränzen mit Hakenkreuzschleifen, wie dies Pastor Lermen im Februar 1934 während des Abstimmungskampfes getan hatte,[237] war freilich nicht mehr möglich. Kirchliche Trauungen in Partei-Uniform kamen gelegentlich vor.[238]

Eine deutliche Demonstration der Verbundenheit vieler Püttlinger mit

---

235 LA SB Best. Generalstaatsanwalt Nr. 46, S. 64-73.
236 Bericht von Gendarmeriehauptwachtmeister Seibert vom 09.08.1937 (LA SB LRA SB Nr. 334).
237 LA SB LEA Nr. 5878 Anlage Wilhelmine Sehn.
238 Unser Interviewpartner Dr. Norbert Scherer erinnerte sich an Fotos.

ihrer Kirche war die große Beteiligung bei der Beisetzung des ehemaligen Pfarrers Josef Heen am 01.09.1937. In seiner Amtszeit war der »Köllertaler Dom« – die Pfarrkirche St. Sebastian – entstanden, er war 1919 versetzt worden und hatte nach seinem Weggang zuletzt die Pfarrstelle in Polch versehen.

Die Franziskanerinnen blieben bis nach dem Kriege als Krankenschwestern tätig. An eine Erschwerung der konfessionellen Krankenpflege konnten sich meine Interviewpartner nicht erinnern. Im Entnazifizierungsverfahren gegen Amtsbürgermeister Jung wurde zu seiner Entlastung eingebracht, dass er kirchliche Festtage, Prozessionen und Leichenbegängnisse nicht beeinträchtigt habe. *Sein persönliches Verhältnis zu den hiesigen Pfarrämtern war immer gut, sodaß die örtlichen Parteifunktionäre keine nennenswerten Übergriffe gegen unsere Geistlichkeit sich zu erlauben getrauten.*[239]

Zur evangelischen Kirche

Pfarrer Rug, sein Presbyterium und die Mehrheit seiner Gemeinde hielten die einmal getroffene Entscheidung für die Bekennende Kirche durch. Bei der 2. Saarländischen Bekenntnissynode in Saarbrücken am 03.05.1936 vertraten er und Presbyter Jakob Kläs die Kirchengemeinde Kölln. Im Januar 1937 unterschrieb Rug den Protest gegen die kirchenordnungswidrig erfolgte Einsetzung eines Superintendenturverwalters für den Kirchenkreis Saarbrücken. Seit 1935 lässt sich aus seinen Predigten eine wachsende Distanz zum NS-Regime erkennen.

Anknüpfend an Texte des Propheten Jeremia, über Johannes den Täufer und von Martin Luther mahnte er immer wieder:

Abb. 43 Karl Ludwig Rug (1901-1985), Pfarrer der Ev. Kirchengemeinde Kölln 1928-1968, Foto aus der Nachkriegszeit

---

239 Stellungnahme von Gemeinderentmeister Leidner, Vorsitzender der CVP-Ortsgruppe Püttlingen vom 08.11.1950 (LA SB StK polS Nr. 328).

»Kehrt um, tut Buße, ändert Euren Sinn, haltet Euerer Kirche die Treue«. Doch gab es immer noch recht patriotische Passagen in seinen Predigten. Im Frühjahr 1936 rühmte er Hitler in einer Ansprache an seine Konfirmanden: *Der Führer hat sein Volk vor die Entscheidung gestellt und es gebeten, zu seinen Entschließungen, die er für unser Volk getan hat, sein »Ja« zu geben. Und sicherlich, wer unsern Führer kennt in seinen reinen und idealen Absichten und wer ein rechter deutscher Charakter ist, der weiß, daß er heute diesem Führer seine Treue nicht verweigern kann. [....] Ich meine es sind zwei Dinge, die unbedingt not sind. Das erste ist ein fester Charakter, das zweite aber ist ein Wissen. Wo die beiden zusammen sind, da kann es nicht fehlen. Man muß erstens aus tiefster Seele sein Volk lieb haben und muß Dankbarkeit im Herzen haben, das ehrlich anzuerkennen, was unser Führer für sein Volk getan hat, wer dies hat, der hat Charakter. Und wer sein Volk nicht liebt und den Taten unseres Führers nicht dankt, der hat keinen Charakter. Man muß aber auch etwas wissen, man muß hineinsehen in die Geschichte unseres Volkes, wie es geworden ist [...] um dann zu verstehen, wie es diesen Weg hat gehen müssen.* Antichristlichen und neuheidnischen Parolen und Strömungen trat er beherzt entgegen, etwa in einer Predigt vom 20.12.1936: *Vielleicht habt ihr in den letzten Monaten gehört von dem neuen Buch, das Erich und Mathilde Ludendorff*[240] *herausgegeben haben »Das große Entsetzen« ist es überschrieben und dieser Titel ist so gemeint, daß wohl alle frommen bibelgläubigen Christen in großes Entsetzen gestürzt werden sollen, wenn sie in diesem Buche lesen. Daß die Bibel gar nicht Gottes Wort sei und daß sie vor allem nicht so alt sei, wie sie zu sein vorgibt. Ja das Haus Ludendorff will uns sogar belehren, die Bibel sei ein durch und durch gefälschtes Machwerk, von Juden und Priestern erst lange Jahrhunderte nach Christus zusammengeschrieben. [...] Daß Ludendorff im Kriege ein großer Feldherr war, wird jeder von uns gerne anerkennen. Deutschland weiß, was es ihm*

---

240 Erich Ludendorff (1865-1941) als Generalquartiermeister einflussreicher Mitarbeiter Hindenburgs in der Obersten Heeresleitung von August 1916 bis Oktober 1918, Teilnehmer am Kapp-Putsch (März 1920) und am Hitler-Putsch (09.11.1923), Mai 1924 Führer der NSDAP-Reichstagsfraktion. Gemeinsam mit seiner Frau bekämpfte er in Printmedien Freimaurer und Jesuiten und propagierte in der von ihnen geleiteten »Deutschen Gotterkenntnis« eine *deutsch-germanische Religionsgemeinschaft.*

zu danken hat. Daß er ein großer Altertumsforscher und Religionswissenschaftler sei, hat man bisher noch nicht gehört und mit jedem neuen Buch [...] aus dem Haus Ludendorff [...] wird nun klarer, daß beide das Christentum vom Grund ihrer Seele hassen und daß dieser Haß ihre Augen blind gemacht hat und ihren Sinn unfähig, ein gerechtes Urteil über dies unser Bibelbuch zu fällen.[241]

Auf einige seiner Gemeindeglieder hat Rug als Gegner des NS-Regimes gewirkt. Am 24.03.1937 schrieben ihm der Presbyter Fritz Michler, NSDAP-Ortsgruppenleiter, und Oskar Krebs, Mitglied der größeren Gemeindevertretung: *Auf Ihr Verhalten als Pfarrer unserer Gemeinde in der letzten Zeit in Bezug auf Nationalsozialismus müssen wir es als Parteigenossen, die wir unserm Führer die Treue geschworen haben und denen die Zukunft unseres Volkes am Herzen liegt, ablehnen, weiter in der Vertretung unserer Gemeinde zu bleiben. Wir stellen unsere Ämter mit dem heutigen Tage zur Verfügung.*[242]

Rugs feste Verbundenheit mit der Bekennenden Kirche und seine offenen Worte gegen staatliche Kirchenpolitik, gegen von der Partei geförderte Kirchenaustritte und gegen die mehr oder weniger offen gezeigte akirchliche oder sogar antikirchliche Haltung von Mitgliedern der NSDAP und ihrer Gliederungen hatten zur Folge, dass seine Gottesdienste überwacht wurden, vornehmlich bei besonderen Anlässen. So berichtete Gendarmeriehauptwachtmeister Friedrich Six: *Am 11. Juli 1937 fand in der evgl. Kirche zu Köllerbach und Walpershofen durch den Pfarrer Karl Rug, wohnhaft in Köllerbach eine Kanzelabkündigung statt, wonach Pfarrer Martin Niemüller oder Riemüller*[243] *aus Berlin wegen angeblich fortgesetzter staatsfeindlicher Betätigung verhaftet und in das Gefängnis Moabit eingeliefert worden sei. Da er jedoch nur im Interesse der Kirche gehandelt habe, er lieber leiden als stillschweigen wolle.*[244] Am 14.08.1937 ordnete die Staatspolizeistelle Saarbrücken per Funkspruch eine Überwachung der evangelischen Gottesdienste am kommenden Sonntag an. Die Predigt solle inhaltlich

---

241 Zitiert nach H.W. Herrmann, Rug, S. 24.
242 Abschrift in LA SB Nachl. Rug Nr. 117 S. 108f.
243 Es handelte sich um Pfarrer Martin Niemöller (1892-1984), engagierter Gegner der Glaubensbewegung DC und frühes Mitglied der BK, am 01.07.1937 verhaftet, zu 7 Monaten Haft verurteilt, auf Befehl Hitlers jedoch bis Kriegsende in verschiedenen KZ-Lagern gefangen gehalten.
244 Bericht in LA SB LRA SB Nr. 334.

genau wiedergegeben werden, weiterhin sei darauf zu achten, zu wessen Gunsten eine Kollekte erhoben, ob Kirchenaustritte namentlich genannt und ein Bittgottesdienst für den Abend angekündigt werde. Über den Verlauf des Gottesdienstes in der Köllner Martinskirche am 15.08.1937 berichtete Six noch am selben Tag: *Der Predigt lag der Bibelspruch Römer 6 Vers 3 zu Grunde. Sie begann mit den Worten »Wir sind Christen und wollen Christen bleiben«. Es genüge jedoch nicht innerlich Christ zu sein, wie dies bei vielen Menschen der Fall sei, die nur aus Angst vor Unannehmlichkeiten sich äußerlich nicht als solcher bekennen. Der Mensch habe sein Wissen und auch den Leib als Werkzeug von Gott geschenkt bekommen und müsse deshalb ihm Wissen und Leib als Waffe für die Gerechtigkeit gegeben werden. Am Schluß des Gottesdienstes wurde eine Kollekte für die Pastoralhilfsgemeinschaft im Rheinland durchgeführt. Kirchenaustritte wurden keine bekanntgegeben. Auch fand am Abend kein Bittgottesdienst statt.*[245]
Es ist nicht einfach, mit Rugs deutlich wachsender Distanz zum NS-Staat seine Freiwilligmeldung zur Wehrmacht in Einklang zu bringen. Zwischen Frühsommer 1936 und August 1939 nahm er wiederholt an Wehrübungen teil. Im Mai 1940 wurde er als Unteroffizier einberufen, war auf verschiedenen Kriegsschauplätzen eingesetzt, wurde mit dem EK 2 und 1 ausgezeichnet, in der Ukraine schwerverwundet. Zuletzt war er als stellvertretender Bataillonskommandeur mit dem Aufbau einer Divisionskampfschule in den Weißen Karpaten (Slowakei) beauftragt. Das Rätsel liegt für mich nicht darin, dass er Wehrdienst leistete und die damit verbundenen Kampfaufgaben mit Bravour erfüllte, sondern dass er sich freiwillig zur Wehrmacht meldete zu einem Zeitpunkt, als er mindestens der NS-Kirchen- und Schulpolitik schon ablehnend gegenüber stand. Man könnte daran denken, dass für ihn wie für manche anderen latenten Gegner des NS-Regimes die Wehrmacht einen Nischen-Charakter hatte. Andererseits muss man auch seine patriotischen Jugenderlebnisse in Rechnung stellen: im Sommer 1918 als noch nicht-wehrdienstfähiger Sechzehnjähriger hatte er freiwillige Ernthilfe bei einem Jungmannen-Etappenkommando in den Ardennen geleistet, 1923 eine paramilitärische Ausbildung in einem studentischen Freicorps erhalten, zu dessen vorgesehenem Einsatz im Ruhrkampf es allerdings nicht mehr gekommen war.

---

245 Bericht in LA SB LRA SB Nr. 334.

Otto Geuther, Pfarrer der Kirchengemeinde Neudorf-Altenkessel, zu der die Evangelischen von Ritterstraße und im Wohnviertel bis herunter zum Damm der Grubenbahn gehörten, engagierte sich nicht in den kirchlichen Auseinandersetzungen, er gehörte weder der Bekennenden Kirche noch der Glaubensbewegung Deutsche Christen an, exponierte sich also nicht auf einem der Flügel, sondern hielt sich zum »Block der Mitte«, der trotz Vorbehalten in manchen Bereichen den Anweisungen des dem NS-Regimes gehorsamen Konsistoriums folgte. Bald nach Kriegsausbruch wurde er Wehrmachtspfarrer, sein Nachfolger in der Neudorfer Pfarrstelle wurde Max Susewind, der kirchenpolitisch die Linie seines Amtsvorgängers beibehielt.

Die Veröffentlichung von Namenslisten der Konfirmanden wurde von der Stapo als unerwünschte kirchliche Propadanda empfunden und deshalb untersagt.[246]

Kirchenaustritte

Werbung und Druck von Staat und Partei zum Kirchenaustritt hatten in unserem Untersuchungsbereich nur geringen Erfolg, wie eine von Pfarrer Rug überlieferte Statistik aus dem Frühjahr 1946[247], bevor in stärkerem Maße Wiedereintritte eingesetzt hatten, ausweist. Demnach gab es in der Zivilgemeinde Püttlingen neben 11.619 Katholiken, 449 Protestanten und 30 Mitgliedern anderer Glaubensbekenntnisse (darunter 2 griechisch-katholische) nur 15 Gottgläubige und 27 Glaubenslose. Die beiden letzten Zahlen sprechen deutlich dafür, dass die antikirchliche Propaganda und die Werbung für das Neuheidentum in Püttlingen so gut wie wirkungslos geblieben waren, wenn auch die Teilnahme an den Gottesdiensten und am übrigen kirchlichen Leben zurückgegangen war.

Rug überliefert auch Zahlen für seine Kirchengemeinde Kölln, die bekanntlich die gesamten Zivilgemeinden Köllerbach und Walpershofen und den größeren Teil der Zivilgemeinde Püttlingen umfasste. Zwischen 1933 und 1940 traten 14 Menschen aus der Kirchengemeinde

---

246 Mitteilung Stapo an Landrat vom 16.03.1938 (LA SB LRA SB Nr. 334, S. 798).
247 Ebenda Nr. 117, S. 114.

Kölln aus. Diese Zahl erhält erst im Vergleich mit ungefähr gleich großen Nachbargemeinden ihr volles Gewicht. In der gleichen Zeit musste die Kirchengemeinde Altenkessel-Neudorf 45 Austritte verbuchen, Güchenbach 47, Schwalbach 59.

Behandlung anderer Glaubensgemeinschaften

Während die beiden großen christlichen Kirchen durch Konkordat und Kirchenverträge bis zu einem gewissen Grade geschützt waren, waren die Mitglieder der kleinen Religionsgemeinschaften, die nicht öffentlich-rechtliche Körperschaften waren, dem rigorosen Vorgehen des NS-Staates schutz- und hilflos ausgesetzt, darunter auch einige Püttlinger Bürger.
Der Neuapostoliker Johann Speicher (geb. 23.12.1899 in Püttlingen) lebte mit seiner Frau und zehn Kindern in einem primitiven Haus abseits des Ortes am Rand des Gemeindewaldes, hatte zwischen 1915 und 1924 auf der Grube gearbeitet, war seit 1929 arbeitslos. Nach eigenen Angaben im Jahr 1948 war er in früheren Jahren langjähriges Mitglied der Pfadfinderbewegung und sympathisierte mit der sogenannten «Neudeutschen Bewegung». Er war Rückgliederungsgegner und hat nicht abgestimmt. Aus Sicht der NS-Machthaber war sein Lebenswandel auffällig oder sogar *asozial,* wobei ihm angekreidet wurde, dass er nicht der Deutschen Front angehört hatte. In der zweiten Januarhälfte 1936 saß er im Gefängnis Lerchesflur wegen Heimtücke. Opfer stärkerer repressiver Maßnahmen wurde er während des Krieges.[248]
Gleicher Konfession war der aus Passau stammende Dentist Rudolf Maier, der seit Mai 1935 mit seiner Familie in Püttlingen, Bahnhofstr. 12 wohnte. Da damals in Püttlingen auch ein Zahnarzt praktizierte, war Maiers Einkommen so gering, dass er öffentliche Fürsorge in Anspruch nehmen musste. Politisch übte er größte Zurückhaltung, war aber aktiv in seiner Glaubensgemeinschaft.[249]

---

248 LA SB LEA MdI Nr. 3084., vgl. Kap. VII, S. 621.
249 LA SB LEA Nr. B 1013.

Zur Schulpolitik

Zum Zweck der Durchdringung des gesamten deutschen Volkes mit nationalsozialistischem Ideengut betrieben Staat und Partei eine frühzeitige Indoktrination der Jugend. Dafür erschien der Schulunterricht das beste aller einsetzbaren Mittel, effizienter als die weltanschauliche Schulung in den NS-Jugendorganisationen. Wichtiger als die neu gestalteten Lehrpläne und Schulbücher war die Gewinnung der Lehrerschaft für den »neuen Geist«. Dieses Ziel wurde in konzertierter Aktion von Staat und Partei angegangen, der Staat erstellte die neuen Unterrichtspläne, setzte fest, welche Schulbücher zu verwenden und welche Werke der deutschen Literatur als Pflicht- oder Wahllektüre zu lesen seien. Die Partei baute im NS-Lehrerbund (NSLB) eine eigene Organisation zur Schulung, mancherorts auch zur »Umschulung« der Lehrkräfte auf. Der NSLB hatte sich im Saargebiet schon unter der Völkerbundsverwaltung etabliert und konnte, da er nicht zu den verbotenen NS-Organisationen gezählt hatte, kontinuierlich weiterarbeiten. Leiter der Püttlinger Ortsgruppe war seit Sommer 1933 Heinrich Contier. Das erwünschte Ziel, nämlich alle Lehrer und Lehrerinnen zum Eintritt in die NSDAP zu bewegen, wurde nicht erreicht; denn nicht alle stellten sich vorbehaltlos in den Dienst der NS-Politik. Wie in anderen Berufsgruppen gab es auch hier Aktivisten, Mitläufer und Frauen und Männer, die die NS-Richtlinien nur soweit umsetzen, dass ihnen keine Desavouierung vorgeworfen werden konnte, ansonsten an ihrer bisherigen Weltanschauung festhielten. Durch Engagement in Vereinen oder Verbänden wurde zuweilen versucht, fehlende Aktivität in der NSDAP und ihren Gliederungen zu kompensieren.

Nach Ansicht von Pfarrer Rug zeigten katholische Lehrkräfte mehr Resistenz als evangelische. In der Nachkriegszeit schrieb er: »Leider lässt sich nicht verschweigen, dass gerade die evangelische Lehrerschaft zu einem sehr großen Prozentsatz in der Partei liiert war, während sich in der katholischen Lehrerschaft weniger Parteimitglieder finden«.[250] Einige Lehrpersonen taten sich in der Öffentlichkeit so hervor, dass sie nach Kriegsende in Haft genommen und von ihrer Lehrtätigkeit solange suspendiert wurden, bis die Entnazifizierungs-

---

250 LA SB Nachl. Rug Nr. 117 (Stoffe zu den Annalen und zur Gemeindechronik).

organe über ihre Weiterverwendung im Schuldienst befunden hatten. Nach derzeitiger Aktenlage trat aus der Lehrerschaft im öffentlichen Leben neben dem evangelischen Rektor Grünwald als Püttlinger NSDAP-Ortsgruppenleiter der katholische Heinrich Contier, Rektor am System Püttlingen/Ritterstraße, am stärksten hervor. Aus Aussagen von 32 Lehrern und Lehrerinnen in seinem Entnazifizierungverfahren ergibt sich das Bild eines Mannes, dessen *Geltungsbedürfnis* die Anhäufung von Ehrenämtern in Vereinen und Organisationen entsprach, der sich während des Abstimmungskampfes mit Verve für die Eingliederung des Saargebiets in Hitler-Deutschland eingesetzt hatte und in den ersten Jahren nach der Rückgliederung als NS-Schulungsleiter nationalsozialistische Ideologie verbreitete. Ein innerer Zwiespalt scheint aber auf, wenn ehemalige Lehrkräfte seiner Schule schrieben: *Es wird allgemein anerkannt, dass er eher alles andere als ein radikaler Nationalsozialist war. Dafür spricht schon, dass viele in ihrer Not, in der(!) sie durch die Partei kamen, bei ihm Rat und Hilfe fanden. Wenn in den Reihen des grossen kath. Püttlinger Kollegiums keine Versetzungen und Massregelungen wie an anderen Orten stattfanden, dann dürfte das zum größten Teil ihm zu verdanken sein. Als Schulleiter war er in jeder Beziehung tolerant. Es wurde niemand in religiöser Beziehung gehemmt. Die Messdiener bekamen Urlaub, das Cruzifix blieb in den Sälen. Die konfessionellen Gebete wurden gesprochen, trotz entgegenstehender Verfügungen.*[251] Die Beurteilung seiner Einstellung zum NS-Regime teilten Kollegen und Nachbarn: *Wir wussten um seine Stellung zur Partei. Wir kannten die persönliche Unfreiheit, Er litt seelisch sehr unter den Zwiespälten. Oft bedauerte er in bitterer Klage, daß ihm seit seinem Eintritt in die Partei, langsam aber stetig, alle Schaffenskraft, alle Freiheit und Schwungkraft [...] geschwunden sei. Das erkannte er als persönlichen Verlust und litt schwer, ohne sich aufraffen zu können, mit der Partei zu brechen. Er fürchtete um sein Brot.*[252]

Außerhalb des schulischen Bereiches engagierten sich als Schulungsleiter und Vortragsredner Johann Schneider und Maximini. Auch Lehrerin Detzler galt als »stramme Nationalsozialistin«. Die Distanz

---

251 Erklärung vom 17.06.1948 (LA SB Best. StKpolS Nr. 1494).
252 Diese und ähnliche Erklärungen im Entnazifizierungsakt (ebenda).

des katholische Lehrers Georg Götz (1886-1957) zum NS-System war auch für Schüler erkennbar.[253]

Schon während des Abstimmungskampfes hatten Äußerungen mancher Nazigrößen Bedenken aufkommen lassen, ob das im Saargebiet traditionell konfessionelle Volksschulwesen beibehalten werden könne.[254] An Beschwichtigungsversuchen hatte es nicht gefehlt, aber die Erfahrungen mit dem Leben im NS-Staat ließen die Befürchtungen wachsen. Beide Kirchen ermahnten ihre Mitglieder immer wieder, an der Bekenntnisschule festzuhalten.[255] Im Herbst 1936 bestand Anlass zu Befürchtungen, dass die bisherige konfessionelle Trennung aufgehoben und eine Gemeinschaftsschule eingeführt würde. Der Trierer Bischof Bornewasser warnte in zwei Hirtenbriefen vom 28.09. und 21.12.1936, die in den Gottesdiensten am 24.01.1937 verteilt wurden.[256] Er erinnerte Hitler, er habe bei der Saarkundgebung in Koblenz am 24.08.1934 vor aller Welt gesagt, dass die Regierung an der Bekenntnisschule festhalte. Pastor Lermen wies darauf hin, dass die Einführung der Gemeinschaftsschule dem Reichskonkordat widerspreche.

Der evangelische Pfarrer Rug warnte davor, den Religionsunterricht aus den Lehrplänen der Schulen herauszunehmen und ihn ausschließlich in die kirchliche Sphäre zu verweisen. In einer Predigt im Mai 1936 führte er aus: *Wer nun den Deutschglauben kennt, der weiß daß diese Schule nicht nur eine nichtchristliche sein wird, sondern direkt eine antichristliche. Der weiß, daß in dieser Schule nicht etwa dasselbe gelehrt wird wie bisher, nur daß die Religionsstunden ausfallen, sondern daß in dieser Schule in allen Gesinnungsfächern, in Deutsch, in Geschichte und in der Biologie immer wieder das Christentum und der Christenglaube als Vergiftung unseres deutschen Wesens hingestellt werden wird. Das zur Charakterisierung der radikalsten Art. Aber diese radikale Art wirkt in ihren Ausläufern hinein in alle anderen Forderungen, die sich weniger radikal gebärden. Nehmen wir*

---

253 Mitteilung von Günter Altmeyer am 18.07.2006.
254 Das Folgende nach Muskalla, S. 514-535.
255 Vgl. auf S. 467f. den Polizeibericht über die Verlesung des Hirtenbriefs der deutschen Bischöfe vom 28.08.1935.
256 Im Druck in den Gottesdiensten am 24.01.1937 verteilt (LA SB LRA SB Nr. 333, S. 390ff, dabei ein Belegexemplar).

wieder ein Beispiel heraus. Mir sind vor einigen Wochen die Grundsätze für den Religionsunterricht zugesandt worden, wie er von den Lehrern des NSLB gehalten werden soll. Ich kann nur sagen, wer seine evangelische Kirche lieb hat, der kann nur mit tiefem Erschrecken diese Grundsätze lesen. Wie da aus der Judengegnerschaft heraus, die gewiß in unserm Volk ihre triftigen Gründe und Berechtigung haben mag, sofort die bekannte deutschchristliche und deutschgläubige Forderung gestellt wird, daß das alte Testament zu verschwinden habe. Wie da an Stelle des alten Testaments die deutschen Märchen gesetzt werden, wie die Evangelien an maßgebenden Stellen verkürzt werden, wie von Paulus überhaupt geschwiegen wird. Nein hier sind wir auf einem Abweg.[257]

Indessen wuchsen im Frühjahr 1937 bei beiden Konfessionen die Befürchtungen infolge von zwei Vorkommnissen. Im Januar 1937 hatte der kommissarische Leiter der katholischen Volksschule in Frankenholz angeordnet, das herkömmlicherweise an der Stirnwand des Klassenzimmers im Blickfeld der Kinder aufgehängte Kruzifix abzunehmen und ein Hitlerbild an dessen Stelle zu hängen. Das Kruzifix sollte einen anderen, weniger zentralen Platz im Klassenzimmer finden. Die Mehrheit der Eltern protestierte und hielt ihre Kinder vom Unterricht zurück, von anderen wurde der Ortspfarrer angefeindet, eine Elternversammlung polizeilich aufgelöst. Als die Kohlenförderung der Frankenholzer Grube zurückging, wurden 14 Familienväter auf Anweisung der Parteileitung von der Grube entlassen, fünf Personen in Schutzhaft genommen. Die Frankenholzer Vorfälle wurden im Zusammenhang mit laizistischen Tendenzen gesehen, erhielten überregionale Bedeutung und erregten in hohem Maße Ärger bei Gauleiter Bürckel.[258]
Mitte Februar war in einer Versammlung der NS-Amtswalter im Sulzbacher Ortsteil Altenwald die Einführung der Gemeinschaftsschule als Erfordernis der Zeit hingestellt und anschließend bei den Eltern eine Werbeaktion gestartet worden, die einige Tage später in Neunkirchen eine Parallele fand.
In der zweite Märzhälfte vollzog sich die Einführung der Gemein-

---

257 Zitiert nach H.W. Herrmann, Rug, S. 23f.
258 Vgl. dazu Gerhard Paul, Christuskreuz oder Hakenkreuz. Der Frankenholzer Schulstreik 1937, in: Richtig daheim, S. 183-186.

schaftsschule »schlagartig und generalstabsmäßig innerhalb kürzester Zeit« (Muskalla). Eine ursprünglich für den 13./14.03. angesetzte Gautagung des NSLB in Kaiserslautern wurde kurzfristig auf den 19./20.03. verschoben. Am Mittag des 19.03. wurden sämtliche Schriftleiter des Saarlandes nach Kaiserslautern beordert und ihnen die Rede des Gauleiters sowie bestimmte Texte für am folgenden Tag zu veröffentlichende Artikel über die Gemeinschaftsschule ausgehändigt. Am selben Abend nahm Bürckel in einer Rede in der Kaiserslauterner Fruchthalle den Frankenholzer Schulstreit zum Anlass, eine Abstimmung über die Gemeinschaftsschule in seinem Gau anzuordnen, ließ Lehrer und Lehrerinnen in die NSDAP-Büros bestellen und durch Handschlag oder Unterschrift auf die Gemeinschaftsschule verpflichten. Bereits am Abend des folgenden Tages (20.03.), noch bevor in allen Gemeinden die Elternbefragung durchgeführt worden war, telegraphierte er Hitler ein Ergebnis von 97% für die Gemeinschaftsschule. Bei einer Parteiveranstaltung am 23.03. abends ließ er eine Proklamation verlesen, wonach es vom neuen Schuljahr an in seinem Gau nur noch Schulen gebe, in denen sich die katholische und protestantische Jugend zum Gebet vereinige.

Die Art und Weise der Elternbefragung ist Berichten an die Bischöfe von Trier und Speyer zu entnehmen. Darin wird Klage geführt über Repressalien gegen Beamte, Ängste bei Lehrpersonen, Unterschriftenaktion von politischen Leitern, SA- und SS-Leuten in Uniform, Ausnutzen von Abhängigkeitsverhältnissen, Furcht vor wirtschaftlichen Nachteilen bei Beschäftigten und Geschäfsleuten, namentlich bei Bergleuten, offene und versteckte Drohungen usw.[259] Pastor Lermen sprach sich gegen die Art und Weise der Elternbefragung aus.[260]

Recht aufschlussreich für die Befragungsaktion ist ein Bericht über den »Besuch« des NSDAP-Blockwarts Albert Eckle zusammen mit der Lehrerin Schmidt bei dem pensionierten Grubenwächter Georg Speicher und dessen Ehefrau. Beide berichteten, sie seien *in einem ganz frechen Tone* empfangen worden. Speicher habe eine Unterschrift für die Gemeinschaftsschule abgelehnt, wurde von Eckle angezeigt und ließ sich bei seiner polizeilichen Vernehmung wie folgt aus: *Als Vater des Kindes* (Junge von 11 Jahren) *habe ich ein Interesse und ein*

---

259 Muskalla, NS-Politik, S. 528.
260 Interview mit Eheleuten Scherer am 18.11.1996.

Recht, dass mein Kind eine religiöse Erziehung in der Schule erhält. Dieses Recht ist allen, auch mir durch das abgeschlossene Konkordat, welches vom Führer unterzeichnet wurde, zuerkannt. Auch das Gesetz von 1906 über die Einrichtung der katholischen Schule besteht auch heute noch zu recht. Auch dieses Gesetz spricht von der religiösen Erziehung der Kinder in der Schule. Die rechtlich fundierten Darlegungen Speichers lassen erkennen, dass er sich auf die Ablehnung der Gemeinschaftsschule sorgfältig vorbereitet hatte.

Am 01.04. brachte der Saarbrücker Landrat den Amtsbürgermeistern seines Kreises einen Funkspruch der Stapostelle Saarbrücken zur Kenntnis, wonach in verschiedenen Orten Beauftragte der katholischen Aktion mit Listen von Haus zu Haus gingen, in die sich die Gegner der Gemeinschaftsschule eintragen sollten. Diese Listen seien zu beschlagnahmen und die Personalien der Unterschriftensammler polizeilich festzustellen. Georg Speicher erklärte dazu: *Ich gebe zu heute am 20.3.1937 in Püttlingen in etwa 19 bis 20 Häusern gewesen zu sein. Die von mir besuchten Familien waren alle katholischen Glaubens. Den Leuten habe ich den Standpunkt der katholischen Kirche in der Schulfrage klar gelegt und dabei gesagt, dass für die Katholiken vom kirchlichen Standpunkt gesehen, nur die Bekenntnisschule in Frage kommt.* Auch Philipp Balzert, der selbst keine schulpflichtigen Kinder mehr hatte, wurde nachgewiesen, mindestens zwei Familien in der Völklingerstraße angeraten zu haben, sich für die Bekenntnisschule einzutragen. Er räumte dies ohne Umschweife ein, berief sich darauf, dass die Wahl ja frei wäre und erklärte ausdrücklich, aus eigenem Antrieb zu den Leuten gegangen und von niemandem geschickt worden zu sein.[261]

Die Abstimmung ergab in Püttlingen 94,6% und in Altenkessel 96% für die Gemeinschaftsschule.[262] Unter dem Lehrpersonal tat sich NSDAP-Ortsgruppenleiter Grünwald bei der Propagierung der »Christlichen Gemeinschaftsschule« besonders hervor. Dies soll ihm die Beförderung zum Rektor eingetragen haben.[263] Bürgermeister Georg musste in seinem Lagebericht vom 06.04.1937 zugeben, dass die Einführung der Gemeinschaftsschule und die Einengung des kirchlichen Lebens sich negativ auf die Stimmung der Püttlinger auswirkten.

---

261 Unterlagen in LA SB LRA SB Nr. 333.
262 Lagebericht des Bürgermeisters vom 06.04.1937 (LA SB LRA SB Nr. 999).
263 Interview mit Eheleuten Scherer am 18.11.1996.

Einige Monate später meldete er, dass am 22.08.1937 in den katholischen Kirchen ein Schreiben des Trierer Bischofs verlesen worden sei, wonach im Regierungsbezirk Köln den katholischen Geistlichen die Erteilung von Religionsunterricht in den Schulen untersagt wurde und befürchtet werde, dass ähnliche Anordnungen im Saarland getroffen werden könnten.[264] Dies trat dann tatsächlich ein.

Propagierte Volksgemeinschaft

In den vorhergehenden Abschnitten wurde der Aufbau der NSDAP, ihrer Gliederung und angeschlossenen Verbände auf Ortsebene und die Gleichschaltung der Vereine geschildert.
Ziel von Staat und Partei war, möglichst alle deutschen Volksgenossen durch Einsatz von Medien aller Art eine politische Geschlossenheit des deutschen Volkes zu suggerieren und nationalsozialistisches Ideengut breit und nachhaltig zu vermitteln. *Volksgemeinschaft* war das Schlagwort, mit dem vom einzelnen Einsatz und Opfer für die von Staat und Partei gesteckten Ziele verlangt wurden. Eingängige Formeln sollten das Gemeinschaftsbewusstsein immer wieder vergegenwärtigen, wie z.B.: *Einer für Alle, alle für einen, Gemeinnutz geht vor Eigennutz, ein Volk, ein Reich, ein Führer.*
Der steten ideologischen Durchdringung der Menschen mit nationalsozialistischem Gedankengut dienten die gleichgeschalteten Medien Presse und Funk, gelenkt und kontrolliert vom Reichspropagandaministerium unter Führung von Goebbels. Es war Zentrale der geschickt gesteuerten reichsweiten Informationspolitik und zugleich Wächter des linientreuen Verhaltens aller Medien. Eine oppositionelle oder auch nur regierungskritische Presse wurde nicht geduldet.
Der NS-Staat griff nach dem ganzen Menschen und formte ihn nach seinen Vorstellungen, wobei er sich nicht auf das Verhalten des Einzelnen zum Staat und der ihn damals allein tragenden NSDAP beschränkte, sondern auf das berufliche und private Leben Einfluss nahm, die körperliche und geistige Leistungsfähigkeit zu steigern suchte durch geschickt inszenierte Veranstaltungen mancherlei Art.

---

264 Meldung von Bürgermeister Georg vom selben Tag an Landrat (LA SB LRA SB Nr. 334, S. 511).

Veranstaltungen

Aufmärsche, Umzüge, Versammlungen, Kranzniederlegungen an Denkmälern, Schulungsabende, Musik- und Theateraufführungen wurden genutzt, um die »Leistungen von Staat und Partei« herauszustellen und ihre Akzeptanz durch die Masse der Bevölkerung zu sichern. Schulungsleiter Heinrich Contier trat wiederholt als Referent in Veranstaltungen auf. Sein Themenkreis umfasste :»Das Jugendproblem im neuen Deutschland«, »Die Judenfrage«, »Bodenständigkeit, Rasse und Vererbung«, »Ordnungsprinzipien des Nationalsozialismus einerseits, von Liberalismus und Marxismus andererseits«.[265]
Dazu kamen Pflichtveranstaltungen (*Appelle*) für die Mitglieder der NSDAP und ihrer Gliederungen zum Zwecke der Einschwörung auf die nationalsozialistische Ideologie, ihr öffentliches Bekenntnis und ihre Weitergabe und Ausbreitung.
Für diejenigen, denen ein solcher Veranstaltungsbetrieb nicht lag, blieb als Alternative nur der Rückzug in die Privatsphäre als eine Art innerer Emigration. Freilich mussten sie damit rechnen, dass ihr Abseitsstehen vermerkt wurde und ihnen daraus Nachteile erwachsen konnten.

NS-Rituale

Der Nationalsozialismus hatte seine eigenen Rituale. Hitler-Gruß und Horst-Wessel-Lied wurden schon angesprochen.
Ganz oben in der NS-Festliturgie stand der Führerkult, dem sich keiner entziehen konnte. Die Erhebung des ausgestreckten Armes bei gleichzeitigem Aussprechen von »Heil Hitler« war der im täglichen Umgang übliche Gruß. Männer und Frauen, die sich der alten Weise des Zeitbietens – »Guten Morgen«, »Guten Abend« – bedienten, fielen auf. Pastor Lermen berichtet, dass manche Kinder ihn mit »Gelobt sei Jesus Christus« grüßten[266]. *Mit deutschem Gruß* oder *Heil Hitler* waren die üblichen Grußformeln im amtlichen und geschäftlichen Briefverkehr. Auch bei Begegnung mit der Hakenkreuzfahne war die

---

265 Volksfreund vom 09.08., 25.08., 18.07. und 06.09.1935.
266 Lermen, S. 19.

Hand zum Gruß zu heben. Vernachlässigung der Grußpflicht konnte schnell als Zeichen der Ablehnung des Regimes gedeutet werden. Hitlerbilder hingen nicht nur in allen Amtsstuben, Schulsälen, Gastwirtschaften, sondern auch in vielen Wohnungen. Bejahung des NS-Staates und Zugehörigkeitsbekenntnis wurden ausgedrückt durch Beflaggen von Haus oder Wohnung und durch das Tragen von Uniformen. Die meisten Familien besaßen mindestens eine Hakenkreuzfahne, nicht wenige auch einige an einer Schnur aufreihbare dreieckige Hakenkreuzwimpel, die an Häuserfassaden befestigt oder quer über die Straße gespannt wurden.

Jede Parteiorganisation hatte ihre eigene Uniform, aber fast immer gehörte das Braunhemd dazu. Eine über dem linken Ärmel getragenen Armbinde oder die Form der Kopfbedeckung konnten Unterscheidungsmerkmal einzelner Gliederungen sein. Auch bei Trauungen wurde gelegentlich Uniform getragen. Die erste SA-Hochzeit in der Gemeinde Köllerbach war dem Völklinger Volksfreund eine Meldung wert: *Die erste SA-Hochzeit in der Gemeinde Köllerbach beging dieser Tage der SA-Mann Karl Becker wohnhaft in Engelfangen am Bärenberg.*[267]

NS-Festkalender

Die NSDAP entwickelte einen eigenen Festkalender,[268] herkömmliche Feiertage wurden umgeprägt, andere neu eingeführt:
- Jahrestag der Gründung der NSDAP (05.01.1919)
- Jahrestag der Volksabstimmung (13.01.1935)
- Jahrestag der *Machtergreifung* (30.01.1933)
- Heldengedenktag am 2. oder 3. Märzsonntag
- Hitlers Geburtstag (20.04.)
- Muttertag an einem Maisonntag. Die festliche Verleihung des Mutterkreuzes[269] in drei Stufen ab der 4. Geburt band Mutterschaft in die NS-Bevölkerungspolitik ein und sollte zum Ansteigen der Geburtenziffer beitragen.

---

267 Volksfreund vom 06.07.1935.
268 Dazu einiges bei Schommer, Bd. 1, S. 201f., 204, 208, 210 , 215, 333ff., 422.
269 Ebenda S. 335f.

- Sonnwendfeier
- Erntedankfest[270]
- Jahrestag des Marsches auf die Feldherrnhalle (09.11.1923).

Einen Höhepunkt in den periodisch wiederkehrenden Parteiveranstaltungen stellte die Verabschiedung der Teilnehmer an dem jeweils im September stattfindenden Reichsparteitag in Nürnberg und ihr feierlicher Empfang bei der Rückkehr dar. Die Heimgekehrten berichteten meist enthusiastisch von der Massenveranstaltung, wobei der *Vorbeimarsch am Führer* als besonders beeindruckendes Erlebnis herausgestrichen wurde.[271]

Sportfeste und Sonnwendfeiern sollten besonders die Jugend ansprechen. Die erste Püttlinger Sonnwendfeier im NS-Staat stand am Ende eines *Jugendfestes*, bei dem sich Mannschaften von Volksschulen, HJ, Jungvolk, BDM und Jungmädel in sportlichen Wettkämpfen gemessen hatten. Neu eingebracht in den Festkalender wurde die Wintersonnwendfeier. Auch sie fand im Jungenwald statt. Der nachfolgende Bericht aus dem »Völklinger Volksfreund« soll sowohl die beeindruckende Inszenierung veranschaulichen als auch den Versuch, durch eine stimmungmachende Berichterstattung dieses Stück neuer Festkultur für die Bevölkerung, insbesondere die Jugend attraktiv zu machen: *Mit Musikbegleitung waren mehrere Kolonnen den Berg heraufmarschiert und hatten sich um einen hohen Holzstoß aufgestellt. Über ihnen wehten die Hakenkreuzbanner. Fest und bestimmt durchschneidet der Feuerspruch eines SA-Mannes die winterliche Stille der Nacht. Jetzt erklingt das Lied »Flamme empor«. Der mächtige Holzstoß flammt auf. Riesige Feuerzungen erhellen die stille Winternacht. Nur noch das Knistern der brennenden Balken ist vernehmbar, als der Standortführer SA-Truppführer Wildberger die Feuerrede hält. Nach den sinnvollen Worten werfen die Sprecher der einzelnen Formationen zur Ehre all der Helden unseres großen Volkes grüne Tannenzweige in die weithin leuchtende Glut. Nach dem gemeinsamen Lied »Heilig Vaterland« wird das Licht der Jugend übergeben. Die Fackeln leuchten hell auf, deren Licht die Fackelträger in die deutschen Familien, in*

---

270 Kühn, Abbildungen 34-37, Auszüge aus der Schulchronik von Rosalie Detzler zum 6. Erntedankfest am 06.10.1935 (Kühn, S. 33).
271 Bericht von Contier in Völklinger Volksfreund vom 20.09.1935, weiterhin vom 07.09.1937.

die Gemeinden hineintragen. Nachdem das die Feier abschliessende Deutschland- und Horst-Wessel-Lied verklungen ist, bewegte sich ein eindrucksvoller Fackelzug wieder durch die schöne winterliche Landschaft den Berg hinab, während ihn hoch von der Höhe des Jungenwaldes noch die weithin leuchtende Flamme grüßt.[272]
Auch jetzt zogen Veranstaltungen in Püttlingen selten auswärtige Besucher an. Als Ausnahmen sind zu nennen das Gauturnfest 1937 in Püttlingen[273] und das Freundschaftstreffen des Püttlinger Fußballvereins 08 mit der italienischen Mannschaft OND am 29.08.1937 auf dem Sportplatz im Jungenwald.[274]

Sammelaktionen

Besondere Anstrengungen unternahmen Staat und Partei zur aktiven Einbeziehung der Jugend in die Volksgemeinschaft, damit verbunden zur Schärfung des Bewusstseins für Gemeinschaftsaufgaben und die Bereitschaft, an deren Lösung mitzuhelfen im Verband der Schulklasse oder der HJ- oder Jungvolk-Einheit (vgl. auch S 541, 545).

Umbenennung von Straßen und Plätzen

Dem Zeitgeist entsprechend wurden Straßen nach im Dritten Reich besonders hoch geschätzten Personen benannt bzw. umbenannt. Es wurde schon berichtet, dass der Püttlinger Gemeinderat in seiner letzten Sitzung vor der Rückgliederung »Adolf- Hitler-Straße« und »Adolf-Hitler-Platz«, »Hindenburg-« und »Jahnstraße« neu einführte (vgl. S. 416). Bald kamen »Platz der Deutschen Front« vor dem Rathaus und die Umbenennung der Bahnhofstraße in »Straße des 13. Januar« hinzu.
Ausweislich des Einwohnerbuches gab es in Köllerbach eine »Straße des 13. Januar«.

---

272 Volksfreund vom 24.12.1937.
273 Kühn, Abb. Nr. 29.
274 Volksfreund vom 29.08.1937.

Ausgrenzung aus der Volksgemeinschaft

Nicht jede Frau und nicht jeder Mann wurden als Glied der »Deutschen Volksgemeinschaft« akzeptiert. Wer Kritik an Maßnahmen von Staat oder Partei übte, schloss sich selbst aus. Ausgegrenzt wurden nicht nur politisch Andersdenkende, sondern auch Einzelpersonen und Personengruppen unter dem Vorwand, dass sie aus rassistischen oder erbbiologisch konstruierten Gründen nicht in den deutschen Volkskörper passten oder pathetisch ausgedrückt die »Reinerhaltung des deutschen Blutes gefährdeten«. Zwar hatte die Reichsregierung gegenüber dem Völkerbund am 03.12.1934 eine Garantieerklärung abgegeben, dass im Saargebiet ansässige Personen aufgrund ihrer politischen Betätigung im Abstimmungskampf, ihrer Religion oder Rassenzugehörigkeit innerhalb eines Jahres nach der Rückgliederung nicht benachteiligt oder verfolgt werden dürften, und ein eigens eingerichtetes international besetztes Gericht wachte über die Einhaltung dieser Garantieerklärung (sogen. Römisches Abkommen); aber es beendete nach kurzer Verlängerung am 31.03.1936 seine Tätigkeit.[275] Zudem galt die Garantieerklärung nur für Personen, die am 28.02.1935 bereits ihren Wohnsitz im Saargebiet hatten, nicht für später Zugezogene.

Im Folgenden wird die Benachteiligung und Verfolgung von Männern und Frauen aus unserem Untersuchungsraum aus nicht-politischen Gründen angesprochen, gegliedert nach der zeitgenössischen Systematisierung des NS-Regimes.

Arbeitsscheue

Richtlinien der künftigen Sozialpolitik veröffentlichte die »Saarbrücker Zeitung« vom 18.04.1935, also in den ersten Wochen nach der Rückgliederung: *Während der nationalsozialistische Staat einerseits alles nur mögliche tut, um den Aermsten der Volksgenossen, die ohne ihr Verschulden in Not geraten sind, zu helfen, wie dies das entschlossene Handeln zur Beseitigung der Elendswohnungen in Saar-*

---

275 Jacoby, Herrschaftsübernahme, S. 184f.

brücken[276] *beweist, geht er mit rücksichtsloser Härte gegen asoziale Elemente vor, die ihre Pflichten gegen Familie und Volksgemeinschaft gröblichst mißachten und bei denen Verwarnungen nichts mehr fruchten.* Es schließt sich die Meldung an, dass ein mit vollem Namen genannter Mann aus Saarbrücken, der seine vom Wohlfahrtsamt gewährte Unterstützung vertrinke und seine Familie hungern lasse, in *Schutzhaft* genommen worden sei. Mit dem Satz *Es wird ihm Gelegenheit gegeben werden, unter Aufsicht zu arbeiten, sich zu bessern und wieder ein anständiger Mensch zu werden,* wird seine Einweisung in ein Arbeitslager umschrieben.

Im Juni 1938 verfügte die Kriminalpolizeistelle Saarbrücken die Erfassung »asozialer Elemente«.[277] Der Gendarmerieamtsbereich Püttlingen meldete daraufhin Jakob Mathis. Er hatte früher als Bergmann gearbeitet, übte den Beruf seit längerer Zeit nicht mehr aus, bezog Wohlfahrtsunterstützung für sich und seine fünf Kinder. Mathis selbst hielt sich für einen Dichter, er hatte ein Bändchen mit Gedichten publiziert. Die Gendarmerie Püttlingen beurteilte ihn als *ausgesprochenen Faulenzer, der sich um das Wohl und Wehe seiner Familie kaum kümmere. Handarbeit brauche er nach seiner Darstellung nicht mehr zu verrichten, weil er dichterische Kenntnisse besitze. Auch sonst kann er sich in die Volksgemeinschaft nicht einfügen. Durch sein schuldhaftes Verhalten ist seine Familie in eine grosse Notlage geraten. Er versteht es auch, sich von Arbeit, die ihm durch die Ortspolizeibehörde bzw. durch das Arbeitsamt vermittelt wurde, zu drücken. Sein ganzes Wesen zeugt nur von Arbeitsscheu und gilt als asozial.* Mathis wurde verhaftet und in das Arbeitslager Sachsenhausen bei Oranienburg eingewiesen. Am 21.04.1939 teilte die Kriminalpolizeistelle Saarbrücken dem Püttlinger Amtsbürgermeister mit, Mathis solle entlassen werden, und verlangte Bericht, ob Mathis nun *gewillt* sei, *ein ordentliches Leben zu führen und zu arbeiten.* Ausweislich der Wiedergutmachungsakten der Nachkriegszeit wurde er aber nicht aus dem KZ entlassen. Während des Krieges erhielt seine Ehefrau die Nachricht, er sei verstorben. Die *Urne mit seinen sterblichen Überresten* wurde der Püttlinger Gemeindeverwaltung zur Beisetzung auf dem Friedhof übersandt.

---

276 Gemeint ist das öffentliche Niederbrennen von Wohnbaracken auf dem Breitenbacher Platz im Stadtteil Malstatt im April 1935, darüber berichtete die NSZ vom 17.04. u. 23.05.1935.
277 Mallmann/Paul, Herrschaft und Alltag, S. 282.

Vermutlich bei derselben Aktion wurde auch Nikolaus Schröder (geb. 26.02.1899), früher tätig im Möbel- und Polstereigeschäft seiner Mutter in der Pickardstraße, dessen häufige öffentliche Trunkenheit polizeibekannt war, als *arbeitsscheue, asoziale Person* in einem Arbeitslager untergebracht.[278]
In diese Gruppe einzureihen ist auch ein Herr Heinrich, der bei Alex Folz in Herchenbach wohnte, er soll wegen Vernachlässigung seiner Familie in ein KZ gekommen sein. Als ehemaliger Baltikumskämpfer[279] sei er dort zum Vorarbeiter gemacht worden.[280] Sein weiteres Schicksal wurde mir nicht bekannt.

Homosexuelle

Frau Wupper erinnert sich an einen Fall: Der Inhaber eines Lebensmittelgeschäftes, verheiratet, ein Kind, sei angeblich homosexuell gewesen, ein Hitler-Junge, bei dem er eine Bemerkung über Sexualität gemacht hatte, habe ihn angezeigt, *jedenfalls kam er durch die Partei weg und ist gestorben, es war* [19]42 *oder* [19]43.[281]

Erbkranke

Unfruchtbarmachung (Sterilisation) aufgrund *rassenhygienischer oder erbbiologischer* Überlegungen gegen den Willen der Betroffenen war schon vor dem Ersten Weltkrieg erörtert worden. Die NS-Regierung legalisierte durch das Gesetz zur Verhütung erbkranken Nachwuchses vom 14.07.1933 die zwangsweise Sterilisierung von als *erbkrank* geltenden Menschen und schuf durch anschließende Maßnahmen die Voraussetzungen für eine radikale Durchführung. Im Sinne der NS-Erbbiologie sollten Männer und Frauen, die an einer vererbbaren

---

278 StadtA PÜ Wiedergutmachungsakten.
279 Im Jahr 1919 waren Freikorps und Reste des kaiserlichen Heeres unter dem Kommando des General von der Goltz in Litauen und Lettland in Kämpfe verwickelt, die als Sicherung deutsch-baltischer Interessen gegen das *bolschewistische* Rußland deklariert wurden.
280 Klein, Nr. 228.
281 Interview am 28.11.1996.

physischen oder psychischen Krankheit litten, durch einen chirurgischen Eingriff an der Fortpflanzung gehindert werden. Die Sterilisation wurde von den staatlichen Gesundheitsbehörden angeordnet, bei einem Erbgesundheitsgericht konnte Widerspruch eingelegt werden. Wenn dem Einspruch nicht stattgegeben wurde, konnte der oder die Betroffene zwangsweise dem Eingriff im Landeskrankenhaus Homburg zugeführt werden.[282]
Im Verwaltungsbericht der Gemeinde Püttlingen für die Jahre 1933/34 wird die Zahl der Personen in Anstaltspflege mit 31 angegeben und unterteilt in 23 Geisteskranke, 4 Epileptiker, je 2 Blinde und *Krüppel*. Die Akten über Sterilisationen sind nur noch fragmentarisch erhalten. Aus Püttlingen wurden mir die Namen von 2 sterilisierten Männern und 3 sterilisierten Frauen bekannt, aus Herchenbach 2 Frauen wegen *Schwachsinn* und 1 Jugendlicher wegen *Geistesschwäche*, aus Sellerbach 2 Männer wegen *Schwachsinn*, aus Rittenhofen 1 Mann wegen Schizophrenie, aus Köllerbach 2 Frauen und 1 Mann ohne diagnostische Angaben.[283] Vermutlich dürfte die Zahl der Püttlinger Bürger und Bürgerinnen, die Opfer solcher Eingriffe wurden, höher liegen. Im Jahr 1936 stellte das Gesundheitsamt Saarbrücken 278 Anträge auf Sterilisation, wie viele ausgeführt wurden, ist nicht bekannt, wie es überhaupt nicht mehr möglich ist, die exakte Zahl der Sterilisationen im Saarland zu bestimmen.
Im November 1936 startete die Beratungsstelle für Erb- und Rassenpflege in Saarbrücken über die Landräte des Saarlandes eine Rundfrage nach *farbigen Bastarden aus der Zeit der fremdländischen Besatzung* – gemeint waren Kinder saarländischer Mütter von Soldaten der französischen Kolonialtruppen, die 1918/19 in manchen Orten stationiert gewesen waren. Eine Rundfrage des Landrates bei den Amtsbürgermeistern ergab, dass Kolonialtruppen in Heusweiler, Dilsburg, Güchenbach und Holz stationiert gewesen waren.[284] Bekannt gewordene Kinder aus solchen Verbindungen wurden sterilisiert. Nach dem

---

282 Christoph Braß, Zwangssterilisierung und »Euthanasie« im Saarland 1935-1945, Paderborn 2004, Thomas Gerber, Alles wirkte wie eine normale Evakuierung: Auch saarländische Psychiatrie-Patienten wurden von den Nazis vergast, in: Arbeitnehmer Heft 2 (1988), S. 85-88.
283 LA SB Dep. Riegelsberg Nr. 31.
284 LA SB LRA SB Nr. 333, S. 373-386.

Kriege wurden zwei maßgeblich daran beteiligte Ärzte strafrechtlich verfolgt.
Hatte der NS-Staat zunächst durch die Zwangssterilisierung die Fortpflanzung *erbkranker* Menschen unterbunden, so ging er im Herbst 1939 einen erschreckenden Schritt weiter, in dem der Fortbestand *lebensunwerten* Lebens in Frage gestellt wurde, im Klartext gesprochen: für unheilbar erachtete Männer, Frauen und Kinder wurden planmäßig ermordet.[285] Eine »physische Vernichtung« von *geistig Toten* war in Fachkreisen schon in den 1920er Jahren diskutiert worden. Jetzt wurden solche Überlegungen verbunden mit Hinweisen auf die finanzielle Belastung der öffentlichen Haushalte durch Unterstützung und Pflege solcher »unheilbarer Kranken«. In einer reichsweit angelegten staatlichen Aktion wurden unter dem Stichwort *Euthanasie*, die eindeutiger und treffender »klinische Vernichtung« genannt werden sollte, Tausende von Menschen umgebracht. Anfang Oktober 1939 unterzeichnete Hitler einen Erlass, zurückdatiert auf den 01.09., wonach nach menschlichem Ermessen unheilbar Kranken bei kritischer Beurteilung ihres Gesundheitszustandes der Gnadentod gewährt werden könne. Daraufhin lief die Massentötung mittels Gas oder Injektionen in den großen Heil- und Pflegeanstalten an, im internen Sprachgebrauch als *Aktion T 4* bezeichnet. Als Vernichtungszentren wurden die bisherigen Heil- und Pflegeanstalten Grafeneck, Brandenburg, Bernburg, Hadamar, Hartheim in Österreich und Sonnestein bestimmt.
Bei Kriegsbeginn gab es in den beiden saarländischen Heil- und Pflegeanstalten Homburg und Merzig zusammen zwischen 1.150 und 1.260 Psychiatrie-Patienten. Im Rahmen der Evakuierung wurden bei Kriegsbeginn 843 Patienten aus Merzig in hessische Anstalten verlegt. Von ihnen überlebten nach Angaben von Zeitzeugen nur etwa 80.
Als die Aktionen staatlich angeordneten Mordens bekannt wurden, protestierten öffentlich kirchliche Amtsträger beider Konfessionen, z. B. der katholische Bischof von Münster von Galen und der Bischof der Ev. Kirche Württembergs Theophil Wurm. Daraufhin wurde die *Aktion T 4* im August 1941 gestoppt, von Mitte 1942 an wieder aufgenommen, indem die Kranken entweder durch Injektion von Luft oder überdosierte Schlafmittel ermordet oder durch gezielte Unterernährung und bewusst unzureichende medizinische Versorgung zu

---

285 Vgl. die Arbeit von Braß (wie Anm. 282).

Tode gebracht wurden. Die Zahl der saarländischen Euthanasie-Opfer ließ sich bisher nicht genau ermitteln. Christoph Braß konnte mehr als 1.250 namentlich belegen.

Ein Fall aus Kölln konnte recherchiert werden: Frau NN, geb. 1900 in Riegelsberg, heiratete 1930 einen aus Kölln stammenden verwitweten Bergmann. Er brachte aus seiner ersten Ehe einen sechsjährigen Sohn und eine Tochter mit, die Mutter einen fünf (?) Jahre alten vorehelichen Sohn, gezeugt bei einer Vergewaltigung, die der Frau schweren psychischen Schaden zugefügt hatte. Während der Ehe wurden zwei weitere Kinder geboren. Sie wurde am 17.09.1936 in die Anstalt Merzig eingewiesen, am 11.03.1937 wieder in den ehelichen Haushalt beurlaubt, doch musste sie schon am 13.04.1937 erneut nach Merzig gebracht werden. Am 28.04.1938 wurde sie in die Pflegeanstalt Hadamar in Hessen verlegt. Ihre Ehe wurde 1940 durch ein Urteil des Landgerichtes Halberstadt geschieden, weil sie nach einem Gutachten des staatlichen Gesundheitsamtes an einer Erbkrankheit im Sinne des Gesetzes litt. Sie wurde am 23.03.1941 in der Anstalt Hartheim bei Linz/Oberdonau Opfer der 1. Phase der T 4-Aktion.[286]

Juden

Aufgrund der von der Reichsregierung zugesagten Garantien waren die vor der Volksabstimmung im Saargebiet ansässigen Juden im ersten Jahr nach der Rückgliederung nicht dem Druck ausgesetzt wie ihre Glaubensbrüder im Reich. Unmittelbar nach der Rückgliederung wies der Reichsminister des Innern eindringlich darauf hin, dass aufgrund des Römischen Abkommens gesetzliche Bestimmungen und Verwaltungsmaßnahmen, die Sonderbehandlungen aus Gründen der Sprache, Rasse oder Religion vorsehen, bis zum 29.02.1936 keine Anwendung im Saarland finden.[287] Auch die Erhebung der Reichsfluchtsteuer hatte bis zu diesem Termin zu unterbleiben.[288] In beschränktem Maße blieb das koschere Schlachten während desselben Zeitraums erlaubt.[289] Auch die im September 1935 erlassenen berüchtigten »Nürn-

---

286 Schriftwechsel mit einem Sohn der Frau (StadtA Püttlingen) aus 1997/98.
287 Herrmann, Juden Dok. Nr. 50, S. 390ff..
288 Ebenda Dok. Nr. 48, S. 388.
289 Ebenda Dok. Nr. 58, S. 398.

berger Gesetze« – Reichsbürgergesetz und Gesetz zum Schutze des deutschen Blutes und der deutschen Ehre – sollten im Saarland vor dem 01.03.1936 keine Anwendung finden.[290] Ein eigens gebildetes, international besetztes Oberstes Abstimmungsgericht in Saarbrücken konnte im ersten Jahr nach der Rückgliederung bei Verstößen gegen die Schutzbestimmungen angerufen werden.[291]
Die saarländischen Juden konnten ihren Besitz veräußern, allerdings unter dem Druck der Verhältnisse – anstehende Emigration, bevorstehender Ablauf der Geltungsdauer der Garantien – oft zu Preisen, die unter dem Verkehrswert lagen. Daher wurden die damals gezahlten Preise nach Kriegsende kritisch hinterfragt. Die verhältnismäßig hohe Zahl von Juden als Rekurserheber am Obersten Abstimmungsgericht (77 von insgesamt 571, also gut ein Fünftel) wirft ein Schlaglicht auf die keineswegs immer korrekte Beachtung des Römischen Abkommens durch deutsche Behörden.

Zufolge einer vom Saarbrücker Landrat veranlassten Erhebung bestanden im Herbst 1935 in Püttlingen noch die jüdischen Geschäfte von Max Hirsch, Ida Baer Wwe., Hilde Baer, Robert Salomon und David Jakubowitsch.[292] Noch im Laufe des Jahres 1935 verkaufte Max Hirsch sein Geschäft an Bremerich und emigrierte mit seiner Familie nach Luxemburg, später in die USA, das Geschäft Hertz in der Picardstraße ging an Ronellenfitsch über.
Frau Baer emigrierte nach Lothringen. Der Bürgermeister von Sellerbach meldete keine Geschäfte im Bereich der heutigen Stadt Püttlingen. Bei einer anderen Rundfrage des Landratsamtes speziell nach jüdischen Schuhhändlern erstatteten die Bürgermeister von Püttlingen und Riegelsberg für ihre Amtsbezirke Fehlanzeige, das bedeutet, dass das Geschäft von Ida Baer inzwischen geschlossen worden war. Zwei Wochen später erstatteten die beiden Bürgermeister Fehlanzeige auf eine Rundfrage nach dem Anteil von Juden am Viehhandel.[293] Der Viehhändler Jakob aus der Derler Straße muss also schon vorher Pütt-

---

290 Ebenda Dok. Nr. 55, S. 397.
291 Jacoby, Nationalsozialistische Herrschaftsübernahme, S. 174.
292 Meldung des Bürgermeisters von Püttlingen am 27.9.1935 an Landrat, von ihm weiter an 15.10.1935 an Gestapo (LA SB LRA SB Nr. 332).
293 Rückmeldungen auf beide Anfragen in LA SB LRA SB Nr. 332.

lingen verlassen haben, sein Sohn Siegfried kam nach dem Krieg als amerikanischer Soldat einmal nach Püttlingen.[294]
Zur Pogromnacht notierte Pfarrer Rug in der Chronik der Gemeinde Kölln, was ihm LL. am 06.06.1964 erzählt hatte:[295] *Die Mitglieder der Partei hatten sich im Lokal oder der Bürgermeisterei (?) versammelt und warteten auf Ortsgruppenleiter, den Bauern Fritz Michler aus Herchenbach, der ließ mitteilen, er komme später, man solle aber beisammen bleiben. Als er dann kam, teilte er mit, daß in dieser Nacht eine Aktion gegen die Juden geschehe. Er wolle aber nicht, daß im Köllertal in seinem Amtsbezirk etwas unternommen werde und verbiete es hiermit durch seinen Befehl. Er schickte auch Nachricht an die SS. Es lebte damals in Köllerbach nur eine Jüdin, die Frau des Schlossers Gottfried Groß. Michler sandte 2 Leute ab zur Wohnung des Gottfried Groß in der Hauptstraße. Es waren nur die beiden Brüder zu Hause. Es wurde ihnen gesagt, daß ihre Mutter, die sich damals in Saarwellingen aufhielt, sich solle eine zeitlang verborgen halten. Es ist auch Frau Gottfried Groß hier nichts geschehen.* Ein Eintreten für Frau Groß wird als einer der Gründe der Entlassung von Alois Meyer als NSDAP-Ortsgruppenleiter in Köllerbach angeführt, die aber schon am 12.01.1937, also rund 21 Monate vor dem Pogrom, erfolgte.[296]

Zigeuner

Die heute üblichen differenzierenden Bezeichnungen Sinti und Roma lassen sich für die NS-Zeit kaum anwenden, weil sowohl im amtlichen Sprachgebrauch als auch in der Umgangssprache das Wort *Zigeuner* pauschal verwendet wurde.
Zigeuner hatten in den 1920er Jahren gelegentlich in Püttlingen kampiert,[297] z. B. an der Wackenmühle.
Der Reichskommissar für das Saarland verfügte schon im Frühsommer 1935, dass im Saarland angetroffene ausländische *Zigeuner* festzunehmen und auszuweisen seien. Bei inländischen *Zigeunern* sei da-

---
294 Kühn, S. 16, Interview mit Leni Konrad am 25.11.1996.
295 LA SB Nachl. Rug Nr. 315, die Sigle L.L. löst er nicht auf.
296 LA SB Best. StKpolS Nr. 3883.
297 Z.B. im September 1922 am Ausgang der Luisenstraße an einer Schuttabladestelle (Meldung vom 09.09.1922 LA SB LRA SB Nr. 2069).

für zu sorgen, dass sie an einem bestimmten Ort sesshaft werden und nicht im Umherziehen der Bevölkerung zur Last fallen. Um letzteres zu vermeiden, wurden die Gemeindevorsteher *eindringlich gebeten, Zigeunern keinerlei Bescheinigungen, insbesondere nicht für Aufenthaltsberechtigung in der Gemeinde auszustellen. Wenn also alle die es angeht, ihre Pflicht tun und mithelfen, dann wird die lästige Zigeunerplage bald beseitigt sein.*

Am Rande des Sprengener Waldes, an der Backsteinfabrik und an anderen Stellen des Dorfes [Köllerbach] rasteten öfter durchziehende Zigeuner. *Während dieser Zeit werden die Ortsbewohner durch die Zigeunerbettler zu jeder Tageszeit, ja bis in die späte Nacht hinein heimgesucht. Zigeunerweibchen betteln sich alles zusammen, was Essen, Kleider und Futter für Tiere angeht. Der Ort atmet auf, wenn die unliebsamen Gäste wieder einen Nachbarort mit ihrem Besuch beehren.*

Anfang Juni 1935 waren 4 Familien (4 Ehepaare, die Männer Pferdehändler, eine angeblich 100 Jahre alte Frau, und 13 Kinder) mit 5 Wagen und 13 Pferden angekommen und hatten mit den Inhabern der Gastwirtschaft Gauer ausgehandelt, dass sie in der dortigen Gartenanlage eine Hochzeit feiern wollten. Die Ortspolizeibehörde gab nicht die Erlaubnis, verfügte ihre Abschiebung nach Heusweiler und eskortierte sie bis nach Engelfangen.[298]

Am 17.07.1935 meldete der »Völklinger Volksfreund«, dass, nachdem die Gemeinden des Köllertales *wochenlang verschont geblieben* seien, in der vergangenen Woche sich *ein Zigeunervolk in Ritterstraße niederließ, das sogar die Dreistigkeit besaß, die Pferde an der Kirche anzupflocken und die Kirche zu umlagern. Beamte des Gendarmeriepostens Püttlingen machten diesem Zustand alsbald ein Ende und gaben den Zigeunern Geleite bis zur Gemeindegrenze.*

In Herchenbach lagerte jahrelang dieselbe Sippe immer am Sportplatz (Sauwasen) und besuchte von dort aus die umliegenden Ortschaften.[299]

---

298 LA SB LRA SB Nr. 2069.
299 Klein, Nr. 257.

Ehemalige politische Gegner

Bald nach der Bekanntgabe des Termins der Volksabstimmung im Sommer 1934 durch das Sekretariat des Völkerbundes in Genf waren von verschiedenen Seiten Bemühungen angelaufen, zum Zweck einer unbeeinflussten Stimmabgabe von der Reichsregierung Zusagen zu erhalten, dass die Gegner einer Rückgliederung des Saargebiets in Hitler-Deutschland keine Nachteile zu befürchten hätten. Die Reichsregierung hatte im Juli 1934 erklärt, sich jeden mittelbaren oder unmittelbaren Druckes, der die Freiheit und Aufrichtigkeit der Stimmabgabe beeinträchtigen könnte, und jeder Verfolgungsmaßnahme oder Schlechterstellung wegen der politischen Haltung eines Abstimmungsberechtigten bezüglich der Volksabstimmung zu enthalten. Am 04.12.1934 war ein entsprechender Passus in das Römische Abkommen übernommen worden (vgl. S. 410). Diese Garantie galt nur für die Haltung zur Abstimmungsfrage. Aktivitäten gegen die NS-Regierung vom Saargebiet aus (z.B. Kurierdienste, Einschleusen von Propagandamaterial, Fluchthilfe für Emigranten) und Ablehnung von NSDAP und Reichsregierung in Wort oder Tat nach der Abstimmung fielen nicht darunter.

Gauleiter Bürckel verkündete zwar vollmundig, dass auch diejenigen, die bisher nicht auf der Linie der Deutschen Front gelegen hätten, in seinem »Aufbauwerk« Platz finden könnten. Die tägliche Praxis sah aber anders aus. Die Garantien gewährten nur unzureichenden Schutz. Das Verhalten der ehemaligen Befürworter des Status quo und der Mitglieder der Sozialdemokratischen und Kommunistischen Partei wurde argwöhnisch beobachtet. Es gab Formen der Benachteiligung, die nicht beim Obersten Abstimmungsgerichtshof anhängig gemacht werden konnten. Anhand von Einzelfällen soll gezeigt werden, welchem Druck Männer und Frauen aus Püttlingen und Köllerbach trotz der Garantien, besonders nach der Auflösung des Obersten Abstimmungsgerichtshofes, ausgesetzt waren.

Nach Ablauf des ersten Schutzjahres wurden auf Veranlassung Bürckels mit Zustimmung Berliner Stellen verschiedene Sparten der Wirtschaft von Männer und Frauen, die als Gegner der Rückgliederung oder als frühere Mitglieder des Saarbundes bekannt waren, *gesäubert*, d.h. sie wurden entlassen. Voraus gingen mitunter typische Formen sozialer Deklassierung wie lohn- und arbeitsplatzmäßige Rückstufung,

Anordnungen zum Umzug in Werkswohnungen geringerer Qualität, Vorenthaltung von Jubiläumsgaben. Offiziell sollten arbeitsorganisatorische Gründe angegeben werden und, um Unruhen zu vermeiden, die Entlassungen jeweils wöchentlich in kleinen Gruppen erfolgen. Die Püttlinger Bevölkerung bekam aufgrund ihrer Berufsstruktur besonders die Maßnahmen der Saargruben[300] zu spüren, aber auch Beschäftigte im öffentlichen Dienst und in der Privatwirtschaft wurden davon betroffen.

Rückstufung
Der Bergmann **Johann Fecht** (geb. 02.06.1893), wohnhaft in der Weiherbachstraße, war nach eigenen Angaben einen Monat vor der Volksabstimmung der Deutschen Front beigetreten, hatte aber ungültig abgestimmt. Wegen seiner früheren Mitgliedschaft im Saarbund und seiner Nichtbeteiligung am großen Bergarbeiterstreik 1923 wurde er als *Verräter und Franzosenfreund* angesehen. Darauf führte er seine Rückstufung in eine niedrigere Lohngruppe bei den Saargruben im Mai 1935 zurück.[301]

Verschlechterung der Arbeitsstelle
Verlegung vom Übertragebetrieb in den Untertagebetrieb der Grube: Ernst Pistorius. (vgl. S. 608).

Verlust der Arbeitsstelle
Bei den Saargruben:
Katharina Balzert, Ehefrau des Berginvaliden Heinrich Balzert (geb. 05.07.1893), ehemaliges Mitglied des BAV und des Saarbundes, wohnhaft in Püttlingen, hatte bei den *Mines Domaniales* als Putzfrau gearbeitet. Nach der Rückgliederung wurde sie entlassen. Es kann angenommen werden, dass die Ehefrau und die übrige Familie die gleiche politische Auffassung wie der Ehemann vertreten hatten. Das Ehepaar hatte seine Kinder in die Domanialschule geschickt.[302]
Bernhard Breunig (geb. 1880), ehemals Mitglied im Saarbund, wurde nach der Abstimmung wegen seiner passiven Haltung gegenüber dem

---
300 Volk, S. 59f.
301 StadtA PÜ Wiedergutmachungsakten.
302 StadtA PÜ Wiedergutmachungsakten.

Nationalsozialismus aus seiner langjährigen Arbeitsstelle als Wegewärter entlassen.
Georg Kockler (geb. 14.09.1936), Bergmann, früher SP, entlassen zum 01.02.1936.[303]
Oswald Müller (geb. 05.08.1901), Steiger, wurde im April 1936 zum 01.10. d.J. gekündigt wegen seiner früheren Mitgliedschaft im Saarbund, obwohl er kurz vor der Volksabstimmung Mitglied der DF geworden war. Er blieb bis Juli 1938 arbeitslos und fand dann Beschäftigung beim Westwallbau.[304]
Der Bergmann **Johann Speicher** (geb. 26.04.1886), seit April 1934 in Engelfangen wohnhaft, konnte wegen Erkrankung die geplante Emigration nicht realisieren. Er wurde zum 01.09.1936 auf Grube Viktoria entlassen und fand erst 1941 wieder eine feste Anstellung bei der Handelskammer.[305]

Unter dem Datum von 14.06.1937 erhielt eine größere Zahl bekannter Rückgliederungsgegner, auch solche die inzwischen Mitglied der DAF geworden waren, von der Saargruben A.G. folgendes knappes Schreiben – mit Anschrift, aber ohne persönliche Anrede: *Im Zuge einer durch die Lage des Arbeitsmarktes im Saarland und im übrigen Reich notwendig gewordenen Umschichtung von Facharbeitskräften sehen wir uns veranlaßt, Ihnen das Arbeitsverhältnis zum 15.7.1937 zu kündigen. Das zuständige Arbeitsamt wird Ihre Unterbringung in eine andere Arbeitsstelle sofort veranlassen.*
Diese Aktion[306] traf:
Nikolaus Backes (geb. 23.09.1888 in Metz), wohnhaft in Köllerbach, ehemaliges Mitglied in SP und im BAV, bei seiner Entlassung soll besonders gewichtet worden sein, dass er bei der Volksabstimmung im Wahllokal als Beisitzer der Status quo-Befürworter fungiert hatte.[307]
Peter Blank, Rückgliederungsgegner, Bergmann, bis 1938 arbeitslos.[308]

---

303 LA SB LEA Nr. 2179.
304 StadtA PÜ Wiedergutmachungsakten.
305 LA SB LEA Nr. 3248.
306 Allgemein zur Kündigungsaktion der Saargruben vgl. Mallmann/Paul, Herrschaft und Alltag, S. 50ff.
307 LA SB LEA Nr. 5859.
308 StadtA PÜ Wiedergutmachungsakten.

Nikolaus Conrad (geb. 06.03.1894), ehemaliges SP-Mitglied, längere Zeit arbeitslos.
Jakob Darm (geb. 05.10. 1904 Engelfangen), ehemaliges SP-Mitglied, konnte nach Entlassung (31.05.1937) erst im Jahr 1940 auf der Grube wieder anfahren.[309]
Peter Darm, ehemaliges SP-Mitglied, Engelfangen, bis Juli 1938 arbeitslos.[310]
Fritz Diehl (geb. 13.08.1907) Engelfangen, Rohrschlosser, ehemaliges Mitglied der SP und Freien Gewerkschaft. Ihm wurde auch angelastet, dass er reichsdeutsche Emigranten verköstigt habe. Nach seiner Entlassung verlegte er seinen Wohnsitz nach Wahlschied, den Heimatort seiner Ehefrau Lydia. Er wurde 1941 zum Wehrdienst einberufen und ist seit August 1944 in Rumänien vermisst.[311]
Franz Dörr (15.04.1889), Sellerbach, Bruder von Peter und Richard Dörr, Engelfangen, KP-Mitglied seit 1919/20[312]. Eine Verlegung nach Westfalen lehnte er nach seiner Entlassung im Sommer 1937 ab, obwohl ihm gesagt worden war, er solle froh sein, dass er noch frei herumlaufen dürfe und nicht hinter Schloss und Riegel sei.[313]
Hugo Dörr (geb. 1913), Neffe von Pater Hugolinus Dörr, Bergmann auf Grube Viktoria, ehemaliges Mitglied der SWV, am 31.05.1937 entlassen, arbeitslos bis 1938, dann ins Ruhrgebiet verlegt.[314]
Friedrich Franz (geb. 16.06.1892), Bergmann, wohnhaft in Köllerbach, ehemaliges Mitglied des BAV, konnte zum 01.08.1940 wieder anfahren.[315]
Peter Gillet (geb. 11.02.1893), ehemaliges Mitglied der SP und der Freien Gewerkschaft, Ausbilder der Kapelle des SSB, Kündigung zum 31.05.1937, Pensionierung im Oktober 1937, gestorben 07.01.1941.[316]
Peter Grün (geb. 10.02.1893), ehemaliges Mitglied des BAV, hatte als Lokomotivführer auf Grube Viktoria gearbeitet. Am 20.11.1934 trat

---

309 LA SB LEA Nr. E 5860.
310 Ebenda Nr. E 5861.
311 Ebenda Nr. 5867.
312 Erwähnt im Wiedergutmachungsakt seines Bruders (LA SB LEA Nr. 8901).
313 LA SB LEA Nr. 282.
314 LA SB LEA Nr. D 5.
315 Ebenda Nr. 5857.
316 StadtA PÜ Wiedergutmachungsakten.

er als Rückgliederungsgegner in den Dienst der Abstimmungspolizei, die nach Bekanntgabe des Abstimmungsergebnisses aufgelöst wurde. Durch Vermittlung des ehemaligen BAV-Vorsitzenden Julius Schwarz wurde er am 21.02. wieder eingestellt, aber auf eine schlechter bezahlten Stelle, im Juni 1937 dann entlassen. Er verdiente fortan als Hilfsarbeiter seinen Lebensunterhalt, ab Oktober 1942 erhielt er Invalidenrente. In seinem Antrag auf Wiedergutmachung schreibt er: *Meine Arbeitsunfähigkeit beruhte im wesentlichen auch auf seelischen Depretionen (!), die ich nach der Saarrückgliederung über mich ergehen lassen musste.*[317]
Willi Jung (geb. 22.03.1907), Etzenhofen, ehemals Jugendobmann der BAV-Zahlstelle Köllerbach, Mitglied der SP 1926-1935, beschäftigt auf Grube Viktoria.[318]
Wilhelm Karrenbauer (geb. 23.05.1898), vor der Abstimmung SP-Funktionär.[319]
Jakob Kattler (geb. 15.01.1903), Bergmann aus Köllerbach.[320]
Johann Kiefer (geb. 10.09.1898), ehemaliges SP-Mitglied, bekannt als Dirigent zweier Arbeitergesangvereine, hatte an der Domanialschule Gesangsunterricht erteilt, wurde 1940 bei den Saargruben wieder eingestellt, 1944 zur Wehrmacht eingezogen, Heimkehr aus russischer Kriegsgefangenschaft im Februar 1948.[321]
Wilhelm Lydorf (geb. 23.06.1894), Bergmann aus Engelfangen, früher Mitglied der SP und des SSB, Kassierer der Zahlstelle Köllerbach des BAV, fand Arbeit bei Firma Lenhard, konnte im September 1940 wieder auf der Grube anfahren.[322]
Oskar Messinger (geb. 1888), Gründer der BAV-Zahlstelle Ritterstrasse, seit 1918 SPD-Mitglied, vor der Abstimmung stellvertretender Vorsitzender der SP-Ortsgruppe Ritterstraße.[323]
Rudolf Müller (geb. 17.09.1908), vermählt mit Änne Pistorius, Schwager von Ernst Pistorius und Theo Sehn, ehemaliges Mitglied der KP, wohnte in Püttlingen, arbeitete in der Kaffeeküche der Grube Ensdorf

---

317 Ebenda.
318 LA SB LEA Nr. E 5856.
319 StadtA PÜ Wiedergutmachungsakten.
320 LA SB LEA Nr. E 5864.
321 StadtA PÜ Wiedergutmachungsakten.
322 LA SB Best. LEA Nr. 5847.
323 StadtA PÜ Wiedergutmachungsakten.

und agitierte dort im Sinne der Einheitsfront. Nach seiner Entlassung bei den Saargruben wurde er dienstverpflichtet, zunächst ins Ruhrgebiet (Zeche Gneisenau bei Dortmund), dann nach Salzgitter.[324]

Fritz Nickles, Bergmann, wurde nach seiner Entlassung bei den Saargruben im Ruhrbergbau dienstverpflichtet und konnte erst im Juli 1945 wieder nach Püttlingen zurückkehren.[325]

Wilhelm Schmidt (geb. 24.10.1901), Engelfangen, ehemaliges Mitglied der SP und des SSB, arbeitete nach seiner Entlassung als Bauhilfsarbeiter, bis er am 06.08.1940 wieder auf der Grube anfahren konnte.[326]

Peter Schramm (geb. 02.09.1899 in Engelfangen), ehemaliges Mitglied des SSB, arbeitete nach seiner Entlassung gelegentlich als Hilfsarbeiter, dann in zunehmendem Maße in der von seiner Ehefrau betriebenen Gärtnerei. Die Gefahr, dass durch die Landesbauernschaft ihre Schließung verfügt würde, konnte abgewehrt werden.[327]

Abb. 44 Peter Zimmer, bis 1937 Verwaltungssekretär in Püttlingen, dann entlassen, nach dem Krieg Bürgermeister

Peter Zahler (geb. 03.03.1906), ehemaliges Mitglied der Sozialistischen Arbeiterpartei und SSB, nach Entlassung durch Saargruben als Hilfsarbeiter tätig.[328]

Aus dem öffentlichen Dienst wurden entlassen:

Peter Zimmer (späterer Bürgermeister), beschäftigt bis 1937 als Verwaltungssekretär beim Bürgermeisteramt Püttlingen, dann als Gegner des Nationalsozialismus entlassen.[329]

Johann Weisgerber (geb. 12.11.1879), Zentrumsanhänger, Gelderheber bei den Betriebswerken der Gemeinde Püttlingen, am 28.02.1937 als Gegner des National-

---

324 Volk S. 59f. u. Mitteilung seiner Nichte Ruth Hertel.
325 StadtA PÜ Wiedergutmachungsakten.
326 LA SB Best. LEA Nr. 5855.
327 Ebenda Nr. 5849.
328 StadtA PÜ Wiedergutmachungsakten.
329 StadtA PÜ Angabe im Wiedergutmachungsakt Franz Müller.

sozialismus betrachtet, weil er sich weigerte der NSDAP beizutreten.[330]
Martha Becker (geb. 17.05.1910), Schwester von Alois und Georg Becker, war vom 01.09.1933 bis 31.12.1936 Schulkehrfrau bei der Gemeinde Püttlingen. Ihre Entlassung führte sie darauf zurück, *weil unsere Familie bei der NSDAP als politisch unzuverlässig galt. Meinem Bruder Alois wurde im gleichen Jahr die Berginvalidenrente entzogen, mein jüngster Bruder erhielt bei seiner Verheiratung 1936 kein Ehestandsdarlehen.* Beide Brüder waren Anhänger der SP gewesen und galten daher als Rückgliederungsgegner.[331]
Margarethe Huber (geb. 03.05.1885), Witwe aus Köllerbach, war bisher als Saisonarbeiterin von der Stadt Saarbrücken mit gärtnerischen Arbeiten auf den städtischen Friedhöfen beschäftigt worden. Mit Beginn der Sommersaison 1937 wurde ihre Weiterbeschäftigung abgelehnt, weil sie vor der Abstimmung aktiv in der SP mitgearbeitet habe, Austrägerin des sozialdemokratischen Blattes »Volksstimme« gewesen sei und *ihre Abneigung zum Nationalsozialismus auch nach 1935 beibehalten und zur Schau gestellt habe.*[332]
Jakob Becker, wohnhaft in Püttlingen, verheiratet mit Martha geb. Kaczmarek, ehemaliges Mitglied der SP und Rückgliederungsgegner, wurde am 28.02.1937 bei der Reichsbahn entlassen wegen politischer Unzuverlässigkeit und bekam vor seinem Tod (29.01.1942) keine Arbeit mehr.
Wilhelm Kiefer (geb. 02.12.1878), auf seiner Arbeitsstelle, der Eisenbahnwerkstätte in Burbach, als Gegner der Rückgliederung bekannt, entlassen und inhaftiert.[333]
Matthias Pabst (geb. 07.03.1899), wohnhaft Püttlingen, als ehemaliges SP-Mitglied und Rückgliederungsgegner von der Reichsbahn entlassen.[334]
Heinrich Speicher (geb. 25.02.1893 in Püttlingen), ehemaliges Mitglied der SP und der Einheitsfront, Dirigent mehrerer Arbeiterge-

---

330 StadtA PÜ Wiedergutmachungsakten
331 StadtA PÜ Wiedergutmachungsakten. Ein Verwaltungsangestellter der Gemeinde Püttlingen hielt wirtschaftliche Verhältnisse eher für einschlägig als politische Gründe.
332 LA SB Best. LEA Nr. 624 u. 634.
333 StadtA PÜ Wiedergutmachungsakten.
334 StadtA PÜ Wiedergutmachungsakten.

sangvereine in Völklingen und im Warndt, verlor 1935 seine Stelle als Vollziehungsbeamter der AOK-Saarbrücken – Land und blieb bis 1938 arbeitslos, wurde dann bei einer Baufirma angestellt. Noch im Frühjahr 1945 wurde er zur Wehrmacht eingezogen, kam in russische Gefangenschaft und starb dort am 26.07.1945.[335]

Aus der Privatwirtschaft wurden entlassen:
Jakob Altmeyer (geb. 11.02.1911), Anhänger des Status quo, nicht Mitglied der SP, Eltern und Geschwister hatten die gleiche Einstellung. Von »Arbeitskameraden« der Völklinger Hütte wurde er politisch diffamiert und wegen *beleidigender Äußerungen über führende Männer der NS-Formationen* am 23.08.1939 entlassen. Am Evakuierungsort Waldeck wurde er im März 1940 zum Wehrdienst einberufen.[336]
Wilhelm Karrenbauer (geb. 15.04.1877)
Jakob Ney (geb. 09.11.1908), Schneidergeselle, hatte sich als Mitglied der KP im Abstimmungskampf zusammen mit seiner Frau Martha auf Seiten der Einheitsfront, u.a. durch Verteilung von Flugblättern beteiligt. Er war schon vor der Abstimmung erwerbslos geworden, fand 1936 wieder Arbeit bei Schneidermeister Krämer in Püttlingen, wurde aber wegen seiner politischen Einstellung entlassen und blieb erwerbslos bis zum Tod (24.08.1941).[337]

Abgelehnte Wiedereinstellungen
Jakob Baldauf (geb. 04.04.1907), Bergmann, Mitglied der SP und des BAV, war 1932 entlassen worden. Als Mitglied des SSB hatte er beim Saalschutz von Veranstaltungen der Einheitsfront mitgewirkt. Bemühungen, nach der Rückgliederung Arbeit zu finden, wurden durch die NSDAP vereitelt, weil er als politisch missliebig und unzuverlässig galt, wie die beiden Püttlinger Ortsgruppenleiter Grünwald und Baldes ihm wiederholt sagten. Erst im Herbst 1938 fand er Arbeit beim Westwallbau.
Emil Meyer, Grubenmaschinist, ehemaliges SP-Mitglied und Rückgliederungsgegner, war wegen der Erkrankung seiner Frau im November 1936 aus der Emigration zurückgekehrt. Über sein Leben in den

---
335 StadtA PÜ Wiedergutmachungsakten.
336 StadtA PÜ Wiedergutmachungsakt, Antrag von Ehefrau Maria gestellt.
337 Antrag seiner Witwe in StadtA PÜ Wiedergutmachungsakten.

folgenden Jahren berichtet er selbst[338]: *Nach meiner Rückkehr aus der Emigration.[.....].war es mir unmöglich, in meinem früheren Beruf bei der Grube wieder unterzukommen. Mein Bruder [Aloys Meyer, NSDAP-Ortsgruppenleiter in Köllerbach 1936/37] stellte mich in seinem Betrieb als Kraftfahrer ein, um mir zu Arbeit und Verdienst zu verhelfen. Infolge der ständigen Bespitzelung durch die NSDAP und den SD der SS sah ich mich auch genötigt, meine hiesige Wohnung [in Püttlingen] zu verlassen und bei meinem Bruder in Köllerbach mich niederzulassen. Ich verblieb im Betrieb meines Bruders bis vor der Offensive gegen Frankreich im Frühjahr 1940. Bis dahin hatte ich auch während der ersten Evakuierungsmonate weiter für meinen Bruder gefahren. Es kam dann eine Aufforderung an meinen Bruder, mich sofort zu entlassen, da ich als politisch Unzuverlässiger nicht länger geduldet werden könne. Schon eine Zeitlang vorher durfte ich auf Veranlassung des SD-Leiters Krancher Püttlingen nicht mehr am Westwall fahren... Mit der vorerwähnten Entlassungsaufforderung an meinen Bruder war gleichfalls die Auflage verbunden, dass ich das Saargebiet umgehend verlassen müsse. Ich begab mich sodann nach Neumagen a. d. Mosel, wo meine beiden Töchter sich während der Evakuierung aufhielten. Nach der Wiederbesiedlung im Sommer 1940 kehrte ich mit meinen Kindern nach hier zurück und war dann im Geschäft meiner verheirateten Tochter, deren Ehemann inzwischen zum Militär einberufen worden war, tätig. Nach Beginn der Russland [-Offensive] wurde mein Bruder mit seinen Kraftwagen als selbständiger Unternehmer dort eingesetzt.* Meyer war dann als Kraftfahrer von Februar 1941 bis November 1944 im Betrieb seines Bruders in Litauen tätig.

Dienstverpflichtung in andere Teile des Reiches

Bei einigen, die als Rückgliederungsgegner galten oder durch ihr Verhalten während der Völkerbundsverwaltung aus Sicht der neuen Machthaber negativ aufgefallen waren, sollte es nicht bei der Entlassung aus dem bisherigen Arbeitsverhältnis bleiben. Sie wurden in Arbeitsstätten außerhalb des Saarlandes verpflanzt, weil ihr Verbleiben aus allgemein politischen oder speziell wehrpolitischen Gründen für das Reich eine Gefahr bedeuten würde. Offiziell wurden diese Dienst-

---

338 StadtA PÜ Wiedergutmachungsakten.

verpflichtungen in andere Teile Deutschlands als notwendige *Umschichtungen von Facharbeitskräften* bezeichnet, von den Betroffenen wurden sie als Disziplinierungsmaßnahme und bewusste Lösung aus ihrem bisherigen beruflichen und persönlichen Umfeld empfunden.[339] Mindestens anfangs wurden sie auch an ihrem neuen Wohnort kritisch beobachtet oder überwacht. Ihre Familien ließen sie nachkommen, sobald eine geeignete Unterkunft gefunden war. In Bochum hielten die dienstverpflichteten Saarländer miteinander Verbindung. Einige kehrten im Herbst 1940, die meisten erst nach Kriegsende in die Köllertaler Heimat zurück.[340]
Schon im vorhergehenden Abschnitt wurden solche Verlegungen angesprochen bei Jakob Altmeyer, Hugo Dörr, Emil Meyer, Rudolf Müller, Fritz Nickles.
Josef Blank (geb. 27.12.1899), Bergmann auf Grube Viktoria, war 1935 emigriert und 1936 zurückgekehrt, dienstverpflichtet nach Bochum.
Nikolaus Blank, Bergmann, dienstverpflichtet nach Bochum-Langendreer.[341]
Jakob Gauer (geb. 04.12.1900) wurde als Rückgliederungsgegner von der Reichsbahn nach Leipzig versetzt und kehrte erst nach Kriegsende wieder zurück.[342]
Peter Hirschmann (geb. 1899) hatte vom 03.11.1936 bis 29.01.1937 in der Saarbrücker Haftanstalt Lerchesflur wegen eines Passvergehens gesessen, wurde dann nach Eschweiler bei Aachen verlegt. 1940 konnte er ins Saarland zurückkehren und fand Arbeit auf Grube Viktoria. Er verleugnete nicht seine frühere Mitgliedschaft in der KPD und nahm Verbindung mit Gegnern des NS-Regimes auf. Auf der Ritterstraße war allgemein bekannt, dass er die NS-Ideologie ohne Einschränkung ablehnte. Er ließ sich von *gut gesinnten Nachbarn, die der NSDAP sogar als Funktionäre angehörten, nicht überreden wenigstens zum Schein einen Gesinnungswandel zu vollziehen.*[343] *Am 1. September 1944 wurde er zum Wehrdienst einberufen. Am 14. Mai 1945, also nach der Kapitulation, wurde er von einem deutschen Of-*

---

339 Volk, S. 59f.
340 Mitteilung von Wilhelm Blank am 09.05.2006.
341 Mitteilung von Wilhelm Blank am 09.05.2006
342 StadtA PÜ Wiedergutmachungsakten.
343 Aussage von Oskar Messinger nach dem Krieg (LA SB LEA Nr. 7151).

fizier bei Drontheim/Norwegen erschossen. Gründe und nähere Umstände sind nicht bekannt.[344]
Wilhelm Jungmann (geb. 24.10.1902), Bergmann, vor 1935 Mitglied des BAV, Rückgliederungsgegner, aber keine aktive politische Betätigung, 1937 ins Reichsinnere verlegt, Rückkehr nach Püttlingen am 26.05.1945.[345]
Fritz Kuhn (vgl. S. 620)
Jakob Kurtz, Bergmann, ehemaliges Mitglied der KJVD, wurde im Herbst 1936 nach Mecklenberg, Kreis Lüneburg, als Landarbeiter zwangsverpflichtet. Am 21.12.1936 wurde er in Celle verhaftet. Aus dem Urteil des OLG Hamburg vom 25.05.1937, das ihn »wegen Vorbereitung zum Hochverrat« mit 3 Jahren Zuchthaus bestrafte, geht hervor, dass er auch weiterhin antifaschistisch aktiv war. Nach der Verbüßung eines Teiles der Strafe kehrte er 1940 nach Püttlingen zurück, arbeitete 1942/43 auf Grube Viktoria und wurde im Juni 1943, obwohl er als »wehrunwürdig« erklärt war, zur Strafeinheit 999 auf den Heuberg einberufen, aber schon einen Monat später wegen Mangels an qualifizierten Bergleuten wieder nach Püttlingen entlassen, wo er bis Kriegsende auf Grube Viktoria tätig war.[346]
Vermutlich ebenfalls zwangsverpflichtet war der Bergmann **Jakob Mathis** (geb. 24.09.1900), er musste auf dem Flughafen Göttingen arbeiten, wurde dort verhaftet, kam als politischer Häftling am 30.07.1942 im KZ Wewelsburg/Niedersachsen ums Leben.[347]
Friedrich Pech (geb. 22.02.1906) war im Januar 1935 emigriert, am 02.03. wieder zu seiner Familie nach Püttlingen zurückgekehrt. Er fand keine Arbeit, bis er im Juli 1937 nach Drewer in Westfalen, dann nach Recklinghausen dienstverpflichtet wurde. Im Februar 1938 ließ er seine Familie nachkommen
Ernst Peter (geb. 30.06.1892), Bergmann, war vor der Rückgliederung Mitglied der SP-Fraktion im Püttlinger Gemeinderat und BAV-Zahlstellenleiter in Ritterstraße, wurde im Sommer 1937 nach Rheinhausen/Westfalen dienstverpflichtet und blieb dort bis April 1948.[348]

---

344 Ebenda, Paul/Mallmann, Milieus, S. 498.
345 StadtA PÜ Wiedergutmachungsakten.
346 LA SB LEA Nr. 7293.
347 Volk, S. 60.
348 StadtA PÜ Wiedergutmachungsakten.

Abb. 45
Ernst Pistorius († 1955)

Ernst Pistorius (geb. 03.02.1899), vermählt mit Martha geb. Lydorf (geb. 20.05.1910), einer der aktivsten Kommunisten in Püttlingen, letzter Vorsitzender der KP-Fraktion im Gemeinderat, konnte nach der Rückgliederung vorerst als Grubenschlosser in Viktoria weiterarbeiten, wurde dann aber am 31.07.1937 entlassen und am 01.10. dienstverpflichtet nach Blumberg im Schwarzwald, wo im Rahmen der Autarkie anstrebenden NS-Wirtschaftspolitik eisenarme Doggererze abgebaut und auf Initiative Röchlings in Völklingen verhüttet wurden. Pistorius kehrte im Dezember 1937 aus gesundheitlichen Gründen zurück. In den folgenden Jahren war er bei verschiedenen saarländischen Stahlbaufirmen beschäftigt.[349]

Josef Schneider (geb. 29.11.1906) hatte von 1924-1932 die Bergvorschule in Luisenthal besucht, um sich zum Steiger ausbilden zu lassen, wurde bei der Reduzierung der Belegschaft 1932 entlassen. Die von ihm im Herbst 1935 beantragte Fortsetzung seiner Ausbildung wurde von der Vorlage eines politischen Führungszeugnisses abhängig gemacht. In dem von der NSDAP-Ortsgruppe ausgestellten Papier stand, dass er nicht der DF angehört habe und ein eifriger Förderer der Status quo-Bewegung gewesen sei. Die Fortsetzung seiner Ausbildung an der Bergschule wurde daraufhin abgelehnt. Im Sommer 1937 wurde er als Bergmann nach Westfalen dienstverpflichtet, im Juli 1939 dann zur Grube Luisenthal, wo er bis zur Einberufung zur Wehrmacht im Oktober 1944 tätig war.[350]

Erst spät, während der Evakuierung wurde **Jutta Speicher** (geb. 25.08.1921), die Tochter des ehemaligen Dirigenten von Arbeiter-Gesangvereinen Heinrich Speicher, dienstverpflichtet als Fabrikarbeiterin bei den Wiga-Werken in Braunschweig. Sie war achtjährig dem Arbeiter-Turn- und Sportverein beigetreten und hatte sich politisch wie die ganze Familie nach dem Vater ausgerichtet. Folge war, dass

---

349 LA SB LEA Nr. 7591, ebenda.
350 StadtA PÜ Wiedergutmachungsakten.

sie 1935 keine Lehrstelle bekam. Im August 1944 wurde sie an ihrem Arbeitsort aus nicht genau bekannten Gründen festgenommen, im November 1944 in das KZ Lager Ravensbrück eingewiesen, dort verstarb sie am 02.03.1945.[351]
Matthes Weiland, Bergmann, nach Bochum-Mühlheim dienstverpflichtet.[352]
Peter Weisgerber (geb. 23.11.1887), Steiger, hatte 1923 dem Saarbund angehört, dann Anhänger der SPD, galt als Rückgliederungsgegner, beteiligte sich aber nicht aktiv am Abstimmungskampf. Dennoch wurde ihm schon im Mai 1935 eine schlechtere Wohnung zugewiesen und noch im selben Jahr die Jubiläumsgabe für 25-jährige Tätigkeit im Bergbau vorenthalten. Im März des folgenden Jahres wurde er entlassen, rund zwei Jahre später dienstverpflichtet nach Salzgitter.[353]

Andere Formen wirtschaftlicher Benachteiligung
Georg Becker (geb. 19.03.1880), Rückgliederungsgegner, war nach Frankreich emigriert und im Herbst 1935 wieder zurückgekommen. Die gewerbepolizeiliche Genehmigung zur Wiederaufnahme seines Speiseeisbetriebs, den er vor der Emigration betrieben hatte, wurde ihm nicht mehr erteilt.[354]
Nikolaus Blass, Anhänger der SP und Rückgliederungsgegner, musste aufgrund seiner politischen Einstellung 1937 sein Milchgeschäft schließen. Sein Sohn, der 1939 in die NSDAP eintrat, konnte das Geschäft weiter führen.[355]
Heinrich Blum (geb. 31.07.1901), Schlosser, hatte mit seiner eigenen Dreschmaschine Lohndrescharbeiten ausgeführt. Er war Mitglied des BAV gewesen, aber nicht der DF, und nach der Rückgliederung auch nicht der NSDAP oder einer ihrer Gliederungen und *dadurch schon unangenehm aufgefallen*, wie er in seinem Wiedergutmachungsantrag schrieb: *Im Jahre 1938 war ich eines Sonntags abends in der Gastwirtschaft Schmidt-Heckmann, hier, Völklingerstraße. In der Gastwirtschaft hielten sich führende Männer der damaligen Ortsgruppe*

---
351 LA SB LEA Nr. 8479.
352 Mitteilung von Wilhelm Blank am 09.05.2006.
353 StadtA PÜ Wiedergutmachungsakten zu seiner Person vgl. auch Sperling, Bergbau Bd. 2, S. 25-36 u. 214.
354 StadtA PÜ Wiedergutmachungsakten.
355 Ebenda.

der NSDAP–Püttlingen auf und stimmten plötzlich das Horst-Wessel-Lied an. Ich sang nicht mit. Da ordnete der damalige Ortsgruppenleiter Arthur Baldes[356] *an, dass ich kein Bier mehr bekommen sollte. Ich zahlte und wollte gehen. In der Tür fassten mich mehrere dieser Männer und schlugen mich nieder. Ich raffte mich auf und schleppte mich nach Hause. Am 6. Dezember 1942 wurde ich zur Wehrmacht einberufen und zwar auf Veranlassung der damaligen Ortsgruppenleitung. Vorher wurde mir immer schon gesagt, sie würden mich nach Dachau schaffen.* Blum kehrte erst im Januar 1949 aus jugoslawischer Gefangenschaft zurück. Er betrachtete sich als politisch geschädigt, weil seines Wissens kein anderer Dreschmaschinenbesitzer zur Wehrmacht einberufen worden war und an seiner Dreschmaschine Schaden entstanden sei, weil sie während seiner längeren Abwesenheit nicht gewartet worden war.[357]

Edgar Bremerich (geb. 15.04.1911 in Saarbrücken) wurde erst 1935 in Püttlingen Marktstraße 32 ansässig. Über seine politische Einstellung schrieb Bürgermeister Zimmer i.J. 1948: *darf angenommen werden, dass er früher Anhänger der Zentrumspartei war.* Seinen Antrag auf Wiedergutmachung wegen wirtschaftlicher Beeinträchtigung stützte Bremerich auf folgenden Sachverhalt: *In den Jahren 1935/36 nahm ich in mehreren Briefen an die NS- Zeitungen »Das schwarze Korps« und »Völkischer Wille« in scharfer Form Stellung gegen die Art der Jugenderziehung im 3. Reich und gegen die verantwortungslose Berichterstattung der beiden Blätter. Von den Redaktionen erhielt ich keine Antwort, bis auf ein Schreiben des Verlages »Völkischer Wille«, worin mir mitgeteilt wurde, dass ich mich durch meine Einstellung selbst aus der Volksgemeinschaft ausschliesse. Wenige Tage später verhängte der damalige Ortsgruppenleiter Grünewald in einer Versammlung der Zellenleiter den wirtschaftlichen Boykott über mein Geschäft. Kreisleiter Weber gab diese Massnahme in einer Parteiversammlung im hiesigen »Turnerheim« bekannt. Der Verwaltung der Grube Viktoria wurde der Abschluss von damals anlaufenden grösseren Geschäften mit mir untersagt. Der Bürgermeister entzog mir die Genehmigung zur Annahme von Ehestandsdarlehen- und Kinderbeihilfen-Scheinen, die damals einen nicht unwesentlichen Teil meines*

---

356 1938 war nicht Baldes, sondern Grünwald Ortsgruppenleiter.
357 StadtA PÜ Wiedergutmachungsakten.

Umsatzes ausmachten. Mitte 1939 wurde mir von der Kreisleitung Saarbrücken angedroht, dass mir die Erziehung meiner Kinder vom 9. Lebensjahr an aus der Hand genommen werde, wenn ich meine Einstellung vom Nat.Soz., nicht durch eine öffentliche Erklärung revidiere. Ich habe diese Erklärung abgelehnt.[358] Seine Angaben wurden durch die Gemeinde Püttlingen 1948 im Wesentlichen bestätigt.

Boykottiert wurden auch die von den Brüdern des Paters Hugolinus Dörr – **Heinrich Dörr** (1882-1973) und **Johann Heinrich Dörr** – betriebenen Friseurgeschäfte[359] und ihre Schwestern Anna Stiel (1883-1944), Margarethe Heilig und Maria Zimmer.

Gegen die Erteilung einer Schankkonzession an **Christian Meyer**, Püttlingen, bestanden bei der Gestapo Bedenken wegen seiner früherer Mitgliedschaft in der KP.[360]

Die Schließung der Gastwirtschaft von **Wilhelm Schmidt** (geb. 09.03.1895) in Sellerbach, ehemaliges Stammlokal des SP-Ortsvereins, wurde 1943 angeblich aus kriegswirtschaftlichen Gründen verfügt. Schmidt aber sah die Gründe in seiner Einstellung zur Rückgliederung.[361]

Wilhelm Schülbe (geb. 31.10.1895), Lebensmittelhändler, sagt von sich selbst, dass er sich weder vor der Rückgliederung noch darnach *irgendwie politisch betätigt* habe. Er sei weder Mitglied der DF noch der NSDAP gewesen. *Meiner grundsätzlichen politischen Auffassung nach war ich stets ein Gegner des Nationalsozialismus und habe mich während dessen Herrschaft vollständig von demselben distanziert. Diese meine Auffassung ist aufgrund meiner passiven Haltung der Öffentlichkeit und auch den Funktionären der NSDAP nicht verborgen geblieben, dann und wann habe ich in meinen Geschäft im Beisein mir vertrauenswürdig erscheinenden Kunden am Regime und seinen Massnahmen Kritik geübt.* Darauf führte er zurück, dass im Dezember 1940 sein Behelfslieferwagen, der für den Transport von Gemüse vom Großmarkt in Saarbrücken zu seinem Laden in Püttlingen unerlässlich war, nicht mehr zugelassen wurde, wodurch dieser Zweig seines Geschäftes zum Erliegen kam. *Als einer der Momente, die mich bei der NSDAP als Gegner erscheinen liessen und die Parteifunktionäre*

---

358 Ebenda.
359 LA SB LEA Nr. D 1114 und D 1115.
360 Schriftverkehr von November 1936 LA SB LRA SB Nr. 335.
361 LA SB LEA Nr. 3411.

mir zum Feind machten, ist auch der Umstand anzusehen, dass ich im
Jahr 1940 den Ankauf und Aushang des von der Partei vertriebenen
nationalsozialistischen Wochenspruches abgelehnt habe. Dies führte
nach seiner Ansicht dazu, dass 1943 Ortsgruppenleiter Baldes in einer
Parteikundgebung dazu aufforderte, nicht mehr bei ihm zu kaufen.[362]

Auch die Kündigung von Grubenwohnungen konnte seitens des Arbeitgebers politisch motiviert sein, jedenfalls wurde sie von Michel
Albert, Michel Fecht und Johann Messinger so aufgefasst.[363]

Gesellschaftliche Ausgrenzung
In den vorgestellten Fällen gingen die benachteiligenden Maßnahmen
vom Staat, der Gemeinde, der NSDAP oder dem Arbeitgeber aus. Das
Gefühl, gar nicht oder noch nicht richtig zur deutschen Volksgemeinschaft zu gehören, wurde aber auch durch das Verhalten von Nachbarn und Arbeitskollegen ausgelöst. Im gesellschaftlichen Verkehr
waren im Abstimmungskampf offen zutage getretene Gegnerschaften
zwischen Befürwortern und Gegnern einer Eingliederung des Saargebietes in ein von der NSDAP beherrschtes Deutsches Reich nicht von
einem Tag auf den andern beendet und konträre politische Ansichten
nicht vergessen. In Satzungen mancher Vereine gab es Passagen, die
Kommunisten und Sozialdemokraten die Mitgliedschaft verweigerten. So wie Staat und Partei die »Status-quoler« kritisch beäugten, so
taten es auch Mitbürger. Denunziationen aus dem engeren Bekanntenkreis waren keine Seltenheit. Kühle Distanzierung überwog versöhnliche Annäherung. Sie traf nicht nur diejenigen, die gelegentlich
Kritik oder Enttäuschung äußerten, sondern auch diejenigen, die jetzt
bemüht waren, sich unauffällig oder gar angepasst zu verhalten.
Ein Beispiel dafür ist die Beerdigung der Mutter von Pater Hugolin
Dörr. Sie war im Lauf des Jahres 1935 aus Lothringen, wohin sie
mit ihrem Sohn emigriert war, krank nach Engelfangen zurückgekehrt
und starb dort am 23.01.1936. Entgegen dem ortsüblichen Brauch
fand sich aus der Nachbarschaft und der Kirchengemeinde niemand
bereit, die Leiche vom Sterbehaus zum Friedhof zu transportieren,
so dass ihre Familie dies selbst übernehmen musste. Das Trauergeleit

---

362 Aussage vom 23.03.1949 vor dem Ausschuss (ebenda).
363 LA SB LRA SB Nr. 337, S. 1-7, 266 u. 273.

beschränkte sich konträr zur Regel auf wenige ältere Frauen aus der Nachbarschaft. So wurde mehr als ein Jahr nach der Abstimmung die Ausgrenzung der Familie durch die Ortsbevölkerung eklatant demonstriert.[364]
Im Alltagsleben boten sich genügend Möglichkeiten, Männer und Frauen die gegen sie bestehenden Animositäten, die Zweifel an ihrer »politischen Zuverlässigkeit« spüren zu lassen.

Wirtschaftliche Lage

Während des Abstimmungskampfes hatte die Propaganda für eine Rückgliederung ins Reich Erwartungen eines baldigen wirtschaftlichen Aufschwungs erweckt, insbesondere hinsichtlich einer baldigen Senkung der Arbeitslosenzahlen. Sie gingen zunächst nicht zurück, im Gegenteil im Landesdurchschnitt stiegen sie an. Dies verzögerte die wirtschaftliche Stabilisierung und zunächst auch die Teilhabe an dem in anderen Gegenden des Reichs erkennbaren konjunkturellen Aufschwung. Die NS-Regierung versuchte entgegenzusteuern
• durch kommunalpolitische Arbeitsbeschaffungsprogramme,
• durch die Verhängung einer Zuzugssperre ins Saarland,
• durch die Vermittlung saarländischer Arbeitskräfte in andere Teile des Reiches,
• durch die Einführung der Wehrpflicht und durch die zunächst halbjährige, dann auf zwei Jahre aufgestockte Arbeitsdienstpflicht für Männer zwischen 18 und 25 Jahren.
Die Gemeinde Püttlingen erhielt Regierungszuschüsse zur Schaffung neuen Wohnraums, zum Wegebau, zur Regulierung des Köllerbachs durch Begradigung und Tieferlegung des Bachbettes zwecks Verminderung der Überschwemmungsgefahr.[365] Durch diese Baumaßnahmen konnte eine vollständige Beschäftigung sämtlicher ortsansässigen Architekten und Bauleute und damit eine Minderung der Gemeindewohlfahrtslasten erreicht werden.[366]
Gegenüber dem Stand vor der Rückgliederung ging bis Anfang Juli

---

364 Mitteilung von Familie Alban Dörr am 01.12.2006.
365 »Püttlinger Rundschau« im Volksfreund vom 17.07.1935, vgl. auch Volksfreund vom 16.10.1937.
366 Verwaltungsbericht, S. 23.

1935 die Zahl der Erwerbslosen in der Bürgermeisterei Püttlingen um 300 auf 1.155 zurück, von denen 970 unterstützt wurden.[367] In der Gemeinde Püttlingen ergab sich zur gleichen Zeit ein Rückgang von 652 auf 486.[368] Allerdings ist hier auch die Emigration meist erwerbsloser Befürworter des Status quo zu berücksichtigen. Zum Jahresende 1936 betrug die Zahl der Arbeitslosen in der Bürgermeisterei Püttlingen 699, in der Bürgermeisterei Riegelsberg 540, im 1. Quartal 1937 sanken die Zahlen auf 596 bzw. 464.[369]

Für den bergmännischen Teil der Bevölkerung wechselte der Arbeitgeber. Die durch den Versailler Vertrag Frankreich als Eigentum zugesprochenen Steinkohlenbergwerke wurden vom Reich zurückgekauft, aber nicht die Eigentumsverhältnisse des Jahres 1918 wiederhergestellt, sondern alle Steinkohlenbergwerke zunächst als Sondervermögen des Reiches geführt, 1936 dann als eine der Aufsicht des Reichswirtschaftsministeriums unterstehende Aktiengesellschaft (*Saargruben A.G.*) organisiert. Bei der Neuorganisation wurde die Grube Viktoria dem Steinkohlenbergwerk Ensdorf zugeteilt, es gehörte zur Gruppe West und umfasste die Gruben Saarschacht, Viktoria und Göttelborn. Die Grube Luisenthal, die lange Zeit mit Viktoria verbunden gewesen war, gehörte nun wie auch Grube Velsen zum Steinkohlenbergwerk Geislautern.[370]

Zunehmende Mechanisierung und Rationalisierung im Kohleabbau setzte Arbeitskräfte frei, die zum Teil in das westfälische Steinkohlenrevier, zum Teil in die neuen Erzbergwerke in Mittel- und Süddeutschland verlegt wurden, wo Röchling in Blumberg eine Art saarländischer Kolonie gründete. Die eisenerzeugende und eisenverarbeitende Industrie des Saarlandes partizipierte schneller an der deutschen Rüstungskonjunktur, dementsprechend stellte sich ihre Beschäftigungslage besser dar. Ähnlich positiv gestaltete sich die Situation im Baugewerbe. Viehzucht und Milchwirtschaft waren in Püttlingen rückläufig, wenn man die Zahl der deckfähigen Rinder als Maßstab ansetzen darf. Sie sank von 373 Stück am 01.03.1935 auf 290 am 01.03.1937.[371]

---

367 »Quer durch das Köllertal« in Volksfreund vom 06.07.1935.
368 Volksfreund vom 08.08.1935.
369 LA SB LRA SB Nr. 999.
370 Zur Entwicklung der Grube Viktoria 1935-1945 ausführlich Sperling, Bergbau Bd.,2, S. 147-172.
371 Wie Anm. 369.

Ein Grundzug der NS-Wirtschaftspolitik war eine extensive Nutzung der landeseigenen Ressourcen, um Importe aus dem Ausland zu reduzieren. Daher wurde der verstärkte Anbau heimischer Pflanzen propagiert, z.B. Walnussbäume und Flachs. Bei der Flachsernte wurde der Einsatz der Frauenschaft gelobt. Da das Abernten ziemlich schwierig sei, habe die hiesige [= Püttlinger] Ortsgruppe der Frauenschaft sich in den Dienst der Landwirtschaft gestellt.[372]
Unter dem Motto *Kampf dem Verderb* wurde Fallobst aufgerafft und zu besonders eingerichteten Sammelstellen gebracht.[373] Die Jugend wurde eingesetzt zum Absuchen von Kartoffelfeldern und Tomatenkulturen nach dem Kartoffelkäfer,[374] zur Sammlung von Heilkräutern und Altmaterial (Papier, Lumpen, Metalle). Diesbezügliche Pressemeldungen können heute Schmunzeln auslösen, z.B. wenn der »Volksfreund« berichtet, dass im Sommer 1937 schon bis Anfang August in den Kreisen Saarlouis und Merzig 7.000 Wühlmäuse und 270 Zentner Maikäfer gefangen wurden.[375] Rosalie Detzler listet in ihrer Schulchronik die Sammelergebnisse der Köllerbacher Schüler im Jahr 1936 auf: 50 kg Altblech, 30 kg Alteisen, 20 kg Altpapier, 20 kg Aluminium und Altmessing. Von dem vom Altmändler gezahlten Betrag sollte Schreibmaterial für Kinder arbeitsloser Eltern gekauft werden, auch dies ein Akt zur Vermittlung von Gemeinschaftsbewusstsein. Die Bucheckernsammlung derselben Schule erbrachte 1936 60 kg, die nach Lebach zur Ölmühle gebracht wurden, der Erlös wurde zum Kauf von Werkstattmaterial verwendet.[376]
Im Sinn der gern praktizierten Entlehnung militärischer Begriffe wurde nicht zu erhöhter Produktion aufgerufen, sondern zur *Erzeugungsschlacht*.
Mit der Rückgliederung hatte das Saarland Lothringen als agrarisches Hinterland verloren. Durch die Angleichung der Preise an das deutsche Niveau verteuerte sich die Lebenshaltung binnen weniger Wochen um 20 bis 25%. Die Bevölkerung klagte über Erhöhung der Lebensmittelpreise und Wohnungsmieten. Noch zum Jahresende 1937 konstatierte der Treuhänder der Arbeit, dass die Konsumkraft der Saarbevölkerung

---

372 Volksfreund vom 12.08.1937.
373 Volksfreund vom 23.08.1937.
374 Volksfreund vom 27.08.1937.
375 Volksfreund vom 12.08.1937.
376 Kühn, S. 33f. nach Schulchronik Detzler.

hinter dem Reichsdurchschnitt zurückbleibe. Die Notlage einzelner erwerbsloser Volksgenossen äußerte sich darin, dass Kohlendiebstähle, Schürfen am Ausgehenden der Flöze und Entnahme von Schlamm aus den Absinkweihern nicht deutlich zurückgegangen waren[377] und Schwarzschlachten, Wildern und Lebensmittelschmuggel über die deutsch-französische Grenze zunahmen.

Die Arbeits- und Lebensverhältnisse verschlechterten sich nicht generell, sondern stiegen oder sanken in dem Maße, wie die hauptsächlichen Erwerbsquellen einer Ortsbevölkerung in Hitlers Aufrüstungsprogramm einbezogen waren. Dementsprechend entwickelten sich die Löhne und Einkommen der verschiedenen Beschäftigungsgruppen uneinheitlich. Gerade in Gemeinden mit einem hohen Bergarbeiteranteil an der Wohnbevölkerung ließ der versprochene wirtschaftliche Aufschwung zunächst auf sich warten, bis durch das Aufholen des Modernisierungsrückstaus und mit dem Bau des Westwalls der Konjunkturaufschwung auch sie erreichte.[378]

Den großen Boom erlebte das Land mit dem Baubeginn des Westwalls. Nicht nur die örtlichen Erwerbslosen fanden wieder Anstellung, sondern aus anderen deutschen Landen strömten Arbeitskräfte, vornehmlich Bauarbeiter, ins Land, um das Arbeitskräftedefizit zu decken. Behinderte und Fürsorgezöglinge wurden zum Arbeitseinsatz mobilisiert.

Im Herbst 1938 wurde die Arbeitsdienstpflicht für Mädchen und junge Frauen eingeführt und dadurch der Mangel an weiblichen Arbeitskräften in der Land- und Hauswirtschaft ausgeglichen.

»Dem Katzenjammer der Rückgliederungszeit folgte die Aufbruchsstimmung eines neuen Goldrausches ... Propaganda und Realität klafften nicht länger auseinander. Die »deutsche Mutter« löste ihre Versprechen ein.«[379]

Es stiegen aber nicht nur die Löhne, sondern auch die Zahl der Arbeitsstunden, der Krankmeldungen und der Arbeitsunfälle.[380]

---

377 Völklinger Volksfreund vom 03.08.1935.
378 Mallmann/Paul, Herrschaft und Alltag, S. 39-49.
379 Ebenda S. 64.
380 Ebenda S. 57-63.

Kriegsgefahr und Westwallbau

Wiedereinführung der Wehrpflicht

Teil der NS-Propaganda war die Pflege der »nationalen Ehre«. Unter diesem Schlagwort wurde die Verurteilung des Versailler Vertrages, die Wiederherstellung der vollen Wehrhoheit des Deutschen Reiches, die Abwehrbereitschaft gegen äußere Feinde subsumiert und die Möglichkeit eines Waffenganges zur Revision mancher Bestimmungen des Versailler Vertrages (Verlust von Reichsgebiet im Westen und Osten, Verlust der Kolonien, Rüstungsbeschränkungen) der Bevölkerung nahe gebracht. Solche außenpolitischen Ziele entsprachen dem Gedankengut vieler national gesinnter Bürger, auch solcher, die nicht Mitglied der NSDAP oder ihrer Gliederungen waren, die Niederlage von 1918 nicht verkraftet hatten und eine Wiederherstellung von »Deutschlands Größe« ersehnten. Daher fanden auf eine künftige militärische Auseinandersetzung hindeutende oder sogar konkret hinführende Regierungsmaßnahmen eher Zustimmung, als dass sie Ängste auslösten. Ein Bericht über die im Saarland im Juli 1935 seit 17 Jahren zum ersten Mal wieder durchgeführte Musterung spiegelt diese Gesinnung: *Eine alte aber durchaus nicht vergessene Volkssitte fand am vergangenen Dienstag im Köllertal wieder ihre Erneuerung. Die Gestellungsfreiwilligen für die Rekrutierung zur Wehrmacht aus den Gemeinden des oberen Köllertales zogen der alten Sitte getreu von der Musterung in Saarbrücken zurückkommend, singend und musizierend durch das Köllertal. Bunte Bänder, Blumen und Schärpen schmückten die nach den einzelnen Köllertalgemeinden getrennt anmarschierenden Kolonnen, Freude strahlte aus den Augen der Alten, die beim Anblick der Kolonnen gerne daran zurückdachten, daß auch sie einmal diese Wege gehen durften, an dem Tage, da ihnen ihre Militärtauglichkeit in der Musterung bestätigt worden war. Am Abend trafen sich die »Ziehungsbuwe« im Saale Altmeyer in Kölln zu einer Kameradschaftsfeier bei Musik, Bier und Tanz, die von wahrem Kameradschaftsgeist getragen war.*[381]

---

381 Volksfreund vom 06.07. u. vom 13.08.1935.

Wehrertüchtigung

Der Wehrertüchtigung dienten vermehrte Schießübungen, die nicht auf die Schützenvereine beschränkt blieben. Den Mangel an größeren Schießständen suchte die NSDAP-Ortsgruppenleitung zu beheben durch die Anlage neuer Schießstände in Gemeinschaftsarbeit im Etgentalerwald. Für die Mitglieder der Partei und ihrer Formationen war die Teilnahme Pflicht. Im »Volksfreund« erschienen wöchentlich Anweisungen, welche Einheiten Dienst zu leisten hätten. Der langsame Fortschritt der Arbeiten und die wiederholten Hinweise auf die Pflicht zur Teilnahme sprechen allerdings nicht für eine begeisterte Einsatzfreudigkeit der Püttlinger Parteigenossen.[382]
Ein neuer Olympia-Schießstand wurde am Püttlinger Grubenbahnhof angelegt zum Gruppenschießen der SA mit *militärischer Anschlagsart*. Die Eröffnung einer geschlossenen Schießhalle zum Kleinkaliberschießen im Schlosshotel Kockler wurde begrüßt als Ergänzung der offenen Anlage beim Kaisersaal.[383]
Gefechtsmäßiges Üben stand auf dem Ausbildungsplan der DRK-Kreisgruppe. Die DRK-Kolonne Köllerbach nahm teil an einem manöverähnlichen Einsatz am 29.08.1937. 120 Mann übten mit Gasmasken zwischen Dilsburg und Holz die Bergung und erste medizinische Versorgung zahlreicher Schwerverwundeter.[384]
In einem Bericht über vom Püttlinger Brieftaubenverein »Heimatliebe« veranstaltete Preisflüge wurde die Bedeutung der Zucht von Brieftauben für die Wehrmacht herausgestrichen.[385]

Luftschutz

Die Unterrichtung der Bevölkerung über ihr Verhalten bei feindlichen Luftangriffen wurde dem Reichsluftschutzbund als neu gegründeter Organisation übertragen. In ihrem Aufbau folgte sie dem Gliederungsschema anderer NS-Organisationen von der *Gaugruppe* bis herunter

---

382 Volksfreund vom 13., 19. u. 22.07., 13. u. 21.8., 01.09., 19.10. u. 08.11.1937 u. öfter.
383 Volksfreund vom 28.12.1937.
384 Volksfreund vom 29.08.1937.
385 Volksfreund vom 21.12.1937.

zum *Block*. Die Orientierungsmöglichkeiten feindlicher Flugzeuge an beleuchteten Siedlungen wurde ebenso erläutert wie die Verdunkelung und die Bekämpfung von Brandbomben.[386] Präventivmaßnahmen waren die Entrümpelung von Speicher und Dachboden, vor allem von leicht entzündlichem Material,[387] und die Bedienung von einfachen Löschgeräten wie Handpumpen zum Einstellen in Wassereimer, Bereithalten von Sand und *Feuerpatschen*. Der Kauf der *Volksgasmaske* zum Schutz vor Rauch und Gas wurde der Bevölkerung zwar nicht zur Pflicht gemacht, aber immer wieder empfohlen.[388] Die Teilnahme an Luftschutzkursen und -schulungsabenden war Pflicht. Verdunkelung wurde nicht nur eingeschärft, sondern auch eingeübt. Bei einer großen Übung am 19.01.1938 mussten alle Häuser in Püttlingen vom Einbruch der Dunkelheit bis um 22 Uhr so verdunkelt sein, dass kein Lichtschein nach außen fallen konnte.[389]
Mitglieder der Technischen Nothilfe und des Deutschen Roten Kreuzes wurden als sogenannte »Hydrantentrupps« in der Feuerbekämpfung ausgebildet.
Man hat den Eindruck, dass nicht nur in den Vorkriegsjahren, sondern auch in den ersten beiden Kriegsjahren die Einhaltung der Luftschutzvorschriften mehr als Planspiele denn als ernst zu nehmende Schutzmaßnahmen aufgefasst wurden. Im folgenden Kapitel wird über den langen Weg bis zur Erkenntnis ihrer Notwendigkeit berichtet.

Westwallbau

Mit der »Wiederherstellung der Wehrhoheit des Reiches« auf dem linken Rheinufer durch Einmarsch einiger Verbände der Wehrmacht am 07.03.1936 stellte sich auch die Frage der Sicherung der Reichsgrenze gegen Frankreich, Luxemburg und Belgien. Der Versailler Vertrag (Artikel 42 und 180) verpflichtete das Deutsche Reich, keine Befestigungen westlich einer Linie, die 50 Kilometer östlich des Rheins verlief, anzulegen. Im Vertrag von Locarno (16.10.1926) hatte

---

386 Vgl. dazu Sperling-Müller, S. 203-213.
387 Beispiele für Aufrufe an die Bevölkerung in Volksfreund vom 28.07. u. 08.08.1937.
388 Volksfreund vom 18.11.1937.
389 Volksfreund vom 27. u. 28.12.1937.

die Reichsregierung gegenüber Frankreich, Großbritannien, Belgien und Italien diese Verpflichtung ausdrücklich anerkannt. Dennoch liefen bald Planungen für den Bau einer nach neuesten strategischen Überlegungen konzipierten Befestigungslinie an. Sie wurden nach Amtsantritt der NS-Regierung intensiviert unter Einbeziehung der linksrheinschen Gebiete. Am 28.05.1938 befahl Hitler den verstärkten Ausbau der Westbefestigung, für die bald der Name *Westwall* aufkam. Schon wenige Wochen später waren die ersten Kampfstände fertig. Mit Planung und Durchführung wurde die *Organisation Todt* beauftragt, eine nach ihrem Leiter Fritz Todt (1891-1942) benannte Spezialeinheit für militärisches Bauwesen.[390]

Im Saarland verlief die Hauptkampflinie auf dem rechten Flussufer mit einem Brückenkopf um Saarbrücken auf dem linken Ufer, dahinter lag ein breiter, für gegnerische offensive Kampfhandlungen hinderlicher breiter Waldgürtel und dann als zweite Linie die Hilgenbachstellung, die von Holz über Hilschbach, Berschweiler, Reisweiler nach Körprich an der Prims zog. Das Stadtgebiet von Püttlingen lag zwischen beiden Linien, daraus erklärt sich, dass hier relativ wenige Bunker und keine Panzerangriffe hemmende Höckerlinie gebaut wurden, sondern vornehmlich Mannschaftsunterstände, armierte Beobachtungsstände und Munitionsdepots. Paul Sperling und Michael Müller haben sie im Einzelnen aufgelistet.[391]

Das gigantische Bauprogramm hatte große gesamtwirtschaftliche Auswirkungen. Baugewerbe und Transportgewerbe boomten.[392] Da die Kapazitäten der heimischen Unternehmen bei weitem nicht ausreichten, gingen nicht wenige Aufträge an Firmen im Reichsinnern. Der Bedarf im Festungsbau führte zur Verknappung von Baumaterial und Transportraum im privaten Sektor.

Innerhalb kurzer Zeit veränderte sich die Lage auf dem Arbeitsmarkt, anstelle des Überschusses an Arbeitskräften entstand großer Bedarf. Aus dem Faktum, dass bei der Erhebung des Lehrmittelbeitrages in den Köllerbacher Schulen am 15.09.1938 keine Befreiungen beantragt wurden, schließt Pfarrer Rug, dass es zu diesem Zeitpunkt in der Gemeinde Köllerbach keine Arbeitslosen mehr gab. Die meisten

---

390 Zum Westwall liegt inzwischen umfangreiche Literatur vor., vgl. auch Sperling-Müller, S. 7-22.
391 Ebenda S. 15.
392 Mallmann/Paul, Herrschaft und Alltag, S. 55-63.

der aus politischen Gründen in den Jahren 1936 und 1937 Entlassenen wurden jetzt wieder in den Arbeitsprozess eingegliedert, zwar nicht auf ihren alten Arbeitsstellen, sondern meist als Hilfsarbeiter im Bau- und Transportgewerbe. Damit konnte aber die Nachfrage nach Arbeitskräften nicht gedeckt werden, deshalb wurden in größerem Maße Männer aus den rückwärtigen Teilen des Gaues Saarpfalz und aus anderen Gauen zum Bau am Westwall dienstverpflichtet. Der Westwallbau änderte das gewohnte Alltagsleben. Da es nicht möglich war, alle von auswärts herangeschafften Dienstverpflichteten in Privatquartieren oder Beherbergungsbetrieben unterzubringen, wurden Säle von Gaststätten zu Massenquartieren umfunktioniert. Paul Sperling und Michael Müller nennen die Säle von Kraß, Gauer, Pabst und Münchener Kindl.[393] Somit waren sie für Versammlungen und kulturelle Veranstaltungen nicht mehr verfügbar. Folgeerscheinungen der kasernierungsähnlichen Form der Unterbringung und das Bedürfnis nach Entspannung von körperlicher Schwerarbeit beeinträchtigten Sicherheit und Sittlichkeit. Die Wirtschaften hatten starken Zulauf, Handgreiflichkeiten zwischen zugeführten Westwallarbeitern und Einheimischen blieben keine Einzelfälle, anderseits wurden Freundschaften und auch Ehen geschlossen.

Die Bauarbeiten ließen den Kraftfahrzeugverkehr sprunghaft ansteigen, leider auch die Unfälle. Am 08.09.1938 wurde der Bergmann Johann Müller vor seinem Haus von einem schweren LKW überfahren und starb kurz darauf: Wenig später wurden zwei Mädchen in Walpershofen ebenfalls durch ein am Westwall eingesetztes Fahrzeug tödlich verletzt.

Der Westwallbau wurde propagandistisch aufgeputzt und ausgeschlachtet, sowohl reißerische Zeitungsartikel und Rundfunkreportagen als auch seriös aufgemachte Broschüren sollten das Bauvorhaben popularisieren, als eine der ganz großen Leistungen nationalsozialistischer Politik feiern und zugleich bei der Bevölkerung Verständnis wecken für unvermeidbare tägliche Unbilden.

---

393 Ebenda S. 10.

Dem Krieg entgegen

Hitler hatte bereits wenige Tage nach der Machtübernahme vor Befehlshabern des Heeres und der Marine sein außenpolitisches Expansionsprogramm und den dazu notwendigen Ausbau der Reichswehr zur »Wehrmacht« unter Sprengung der »Fesseln von Versailles« umrissen. Schritt für Schritt setzte er dieses Programm um, Stationen auf diesem Weg waren die »Heimholung der Saar«, die Wiedereinführung der Wehrpflicht, die Besetzung der entmilitarisierten Rheinlande, der Bau des Westwalls, der Anschluss Österreichs, die Zerschlagung der Tschechoslowakei.

Für die einen bedeutete dies die erfolgreiche Wiederherstellung der Größe Deutschlands, für die anderen ein kontinuierliches Anwachsen der Kriegsgefahr. Die Zuspitzung der Sudetenkrise Ende September 1938 ließ nicht wenige Menschen einen unmittelbar bevorstehenden Kriegsausbruch befürchten. Manche Familien im saarländischen Grenzgebiet trafen Vorbereitungen für eine eventuell notwendig werdende rasche Abreise aus dem Grenzland, das bei einem Eingreifen Frankreichs wohl Kampfgebiet werden würde. Als bekannt wurde, dass in der Nacht vom 29./30.09. ein Viermächteabkommen in München die Kriegsgefahr noch einmal gebannt hatte, ging ein großes Aufatmen durch die Bevölkerung.[394]

Die Zerschlagung der Tschechoslowakei in das deutscher Verwaltung unterstehende Protektorat Böhmen-Mähren und den Satellitenstaat Slowakei im Frühjahr 1939 und die wenige Monate später rasch eskalierende Propaganda gegen Polen machten einen Krieg immer wahrscheinlicher, zumal Nachrichten durchsickerten, dass Staat, Wehrmacht und Partei sich mit der detaillierten Planung der Räumung eines Streifens längs der deutschen Westgrenze befassten.[395]

Am 22.08.1939, am Tag vor der Unterzeichnung des Paktes mit Stalin, erklärte Hitler vor den Oberbefehlshabern der Wehrmacht und den Kommandierenden Generälen seinen Entschluss zum Angriff auf Polen. Am 31.08.1939 befahl er den Einmarsch im Morgengrauen des nächsten Tages. Damit war der Zweite Weltkrieg entfesselt.

---

394 Rug, Gemeindechronik Kölln (LA SB Nachl. Rug Nr. 315).
395 Vgl. dazu H. W. Herrmann, Freimachung der Roten Zone 1939/40, vornehmlich S. 64-71.

Kapitel V
Die Kriegsjahre 1939-1945

Im Vorwort wurde bereits angesprochen, dass die Auswirkungen des Zweiten Weltkriegs auf Püttlingen von Paul Sperling und Michael Müller im Band 7 der »Beiträge zur Geschichte des Köllertals« ausführlich dargestellt und in den größeren Rahmen des Kriegsverlaufs eingebettet wurden[1]. Die beiden Autoren haben nicht nur die Erdkämpfe und Luftangriffe im Raum Püttlingen und Köllertal detailreich beschrieben unter Einschub zahlreicher Erlebnisberichte und unter Einflechtung waffentechnischer Angaben, sondern auch die Auswirkungen auf die Bevölkerung durch Einquartierungen und Evakuierung. In einem eigenen Teil, betitelt »Der ganz normale Alltag« (S. 149-189), schildern sie die Wohnverhältnisse, die Versorgung mit Lebensmitteln und Wirtschaftsgütern, die gesundheitliche Entwicklung, die Energie- und Brennstoffversorgung. All dies soll hier nicht noch einmal ausgebreitet werden, interessierte Leserinnen und Leser seien auf Sperlings und Müllers ausführliche Darstellung verwiesen. Entsprechend der Akzentuierung des vorliegenden Bandes auf das politische Leben werden einige Abschnitte aus dem Buch von Sperling und Müller nur dort referiert, wo es mir zum Verständnis meiner Ausführungen notwendig erschien.
Johann Peter Lermen, der Pastor von Liebfrauen-Püttlingen, hinterließ Aufzeichnungen aus der Kriegszeit, die er tagebuchartig in kurzem zeitlichen Abstand zu den Ereignissen niedergeschrieben hatte, ein Schwerpunkt liegt auf dem ersten Kriegsjahr, in dem er wie viele seiner Amtsbrüder versuchte, Verbindung mit seinen durch die Rückführung auf viele Orte verstreuten Gemeindegliedern zu halten. In einem Anhang hat er die Namen der gefallenen Soldaten aus seiner Pfarrei und, wenn möglich, die näheren Umstände ihres Todes an Hand der offiziellen Todesnachricht oder ergänzenden Mitteilungen ihrer Kameraden zusammengestellt. Der ehemalige Püttlinger Stadt-

---

1 Sperling/Müller, Die Kriegsereignisse 1939-1945.

archivar Hans-Joachim Kühn und Norbert Scherer haben die sogen. »Kriegschronik« bearbeitet und unter dem Titel »Die Geschichte der Pfarrei Unserer Lieben Frau (Püttlingen) im Kriege« im Jahr 1988 veröffentlicht[2].

Evakuierung

Bei der Planung zur Freimachung eines Streifens längs der Westgrenze des Reiches waren die Zuständigkeiten so abgegrenzt worden, dass die Dienststellen des Heeres die Freimachung leiten und die NSDAP die Rückführung der Bevölkerung aus dem zur Räumung vorgesehenen Gebietsstreifen, für den bald die Bezeichnung »Rote Zone« üblich wurde, in die Bergungsgebiete und ihre dortige Unterkunft und Betreuung übernehmen sollte.[3] Freimachungskommissar im Bereich des Wehrkreises XII, zu dem Saarland und Pfalz gehörten, wurde Gauleiter Bürckel. Er beauftragte mit der Detailplanung und Durchführung seinen Stellvertreter Ernst Leyser. In jedem Kreis wurde ein Freimachungsstab gebildet, bestehend aus dem Leiter der Kreispolizeibehörde als Führer, Offizieren der Polizei oder Gendarmerie, dem Vertreter des NSDAP-Kreisleiters und dem Fahrbereitschaftsleiter. Die Kommunalverwaltung war also nicht in die Vorbereitung eingebunden, sondern hatte lediglich die ihr zugehenden Weisungen auszuführen. Frühzeitig wurde unterschieden zwischen *Marschfähigen* und *Nichtmarschfähigen*. Als Transportmittel für die Nichtmarschfähigen wurden Lastkraftwagen und Autobusse vorgesehen. Der Einsatz von Eisenbahnzügen blieb offen, weil sie vorrangig für Truppenbewegungen bereit gehalten werden sollten. Anfang Mai wurden auf Wunsch der Wehrmacht die Ortsbürgermeister und die NSDAP-Ortsgruppenleiter in die im Ernstfall auf sie zukommenden Aufgaben eingewiesen. Es wurde inkauf genommen, dass dadurch *in der Bevölkerung – deren allgemeine Unterrichtung sich der Führer persönlich vorbehalten hat – über die bisher umlaufenden Gerüchte hinaus dies oder jenes über die Freimachung bekannt wird, was übrigens wohl durchweg eher beruhigend als beunruhigend wirken dürfte.*

---

2 Lermen, Geschichte der Pfarrei Unserer Lieben Frau (Püttlingen) im Kriege.
3 H.W. Herrmann, Freimachung der Roten Zone 1939/1940.

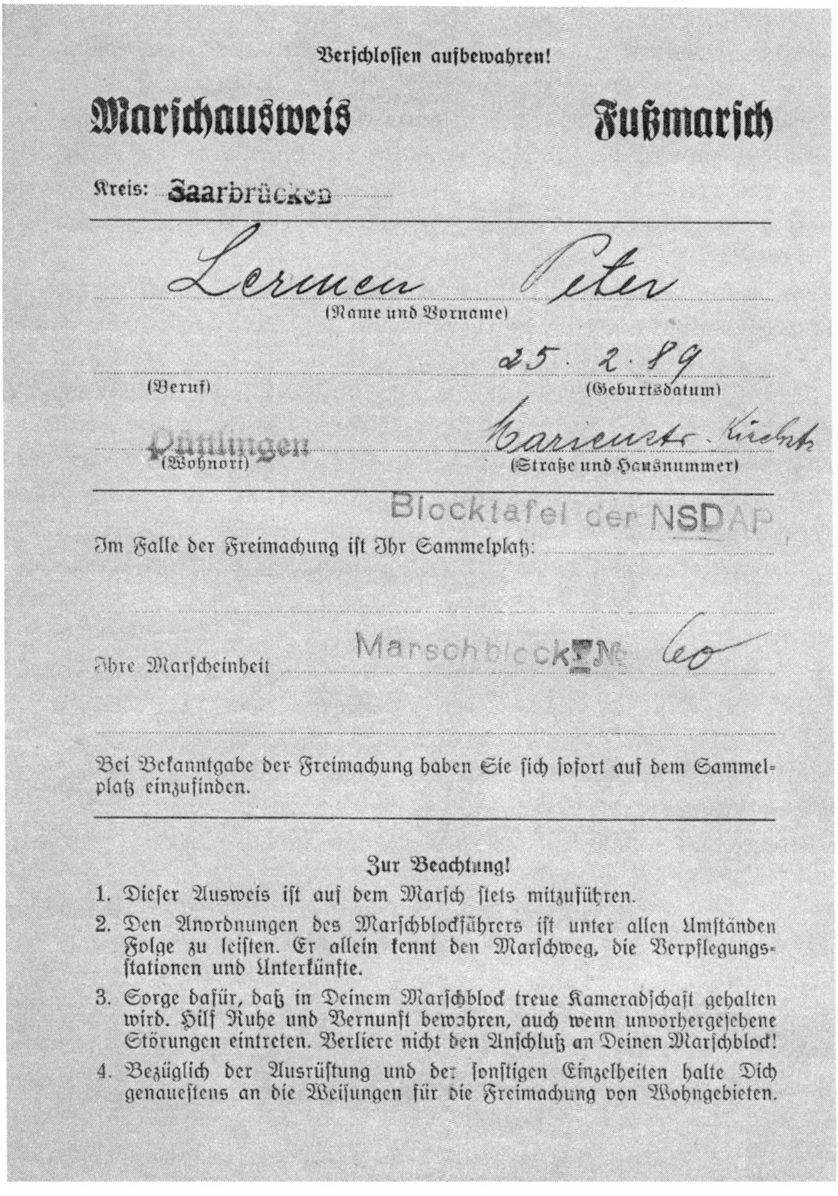

Evakuierung

Verschlossen aufbewahren!

Marschausweis   Fußmarsch

Kreis: Saarbrücken

Lermen Peter
(Name und Vorname)

(Beruf)   25. 2. 89
                           (Geburtsdatum)

Püttlingen   Marienstr. Kirche
(Wohnort)   (Straße und Hausnummer)

Im Falle der Freimachung ist Ihr Sammelplatz: Blocktafel der NSDAP

Ihre Marscheinheit: Marschblock Nr. 60

Bei Bekanntgabe der Freimachung haben Sie sich sofort auf dem Sammelplatz einzufinden.

Zur Beachtung!

1. Dieser Ausweis ist auf dem Marsch stets mitzuführen.
2. Den Anordnungen des Marschblockführers ist unter allen Umständen Folge zu leisten. Er allein kennt den Marschweg, die Verpflegungsstationen und Unterkünfte.
3. Sorge dafür, daß in Deinem Marschblock treue Kameradschaft gehalten wird. Hilf Ruhe und Vernunft bewahren, auch wenn unvorhergesehene Störungen eintreten. Verliere nicht den Anschluß an Deinen Marschblock!
4. Bezüglich der Ausrüstung und der sonstigen Einzelheiten halte Dich genauestens an die Weisungen für die Freimachung von Wohngebieten.

Abb. 46
Marschausweis für Pfarrer Peter Lermen, Sommer 1939 (StadtA Püttlingen)

Im Frühsommer 1939 war der Freimachungskalender als Teil des Mobilmachungskalenders fertiggestellt. Für Anlaufen und Ablauf waren Kennworte festgesetzt. Beim Kennwort *Adventskranz* waren die Kuriere sowie die Marschblock- und Marschgruppenführer in Bereitschaft zu halten, die Namenslisten bzw. die Einzelmarschbefehle und Fahrtausweise zu überprüfen und auf den neuesten Stand zu bringen und die Rückführung der wichtigsten Akten der NSDAP-Dienststellen vorzubereiten.

Beim Kennwort *Beleuchtung* hatte die Einweisung der Marschblock- und Marschgruppenführer zu erfolgen, bei *Geduldspiel* die Rückführung Nichtmarschfähiger mit der Bahn, bei *Vorgarten* die Freimachung der Roten Zone vor der Hauptkampflinie des Westwalls, verbunden mit der Bekanntgabe der Abmarschzeit für die einzelnen Marschblocks.

Am 25.08. befahl Hitler den Sicherheitsaufmarsch West, weil bei dem geplanten Angriff auf Polen aufgrund der Bündnislage mit einem Eingreifen Großbritanniens und Frankreichs gerechnet werden musste. Am 31.08. gab das Oberkommando des Heeres (OKH) dem Kom-

Abb. 47
Evakuierung bei Kriegsbeginn, Verladung Nicht-Marschfähiger in Püttlingen

mando der 1. Armee unter Generaloberst von Witzleben, zu dessen Befehlsbereich das Saarland gehörte, freie Hand zur Räumung der vordersten Ortschaften der Roten Zone und befahl am selben Tag den Abtransport der Kinder unter 14 Jahren aus der gesamten Roten Zone, am folgenden Tag auch die der alten Menschen – es war der Tag des deutschen Einmarsches in Polen.
In Püttlingen wurde an diesem Tag gegen 11 Uhr bekannt gegeben, dass sich alle Frauen mit ihren Kindern unter 16 Jahren gegen 14 Uhr auf dem Marktplatz einzufinden hatten, auch Männer über 60 Jahre sollten sich dorthin begeben, um aus dem vermutlichen Kampfgebiet in rechtsrheinische Bergungsorte transportiert zu werden. Damit begann die Evakuierung der Roten Zone, sie wurde in den nächsten Tagen fortgesetzt.
Der größere Teil der Bevölkerung der freizumachenden Köllertalorte wurde in den Regierungsbezirk Kassel zurückgeführt.[4] Auch Wirtschaftsbetriebe wurden stillgelegt, in der Grube Viktoria blieb nur der Betriebsobmann mit einer Notbelegschaft von 28 Mann.[5]

Wiedereinräumung

Mit Beendigung des Frankreichfeldzuges wuchs bei den evakuierten Saarländern die Hoffnung, möglichst bald in die Heimat zurückkehren zu können. Die Rückführung aus den Bergungsgebieten lag wiederum in Händen der NSDAP. Alle Rückkehrer mussten im Besitz eines Rückkehrerscheins sein, der von der Parteidienststelle im Bergungsgebiet nach Kontaktnahme mit den zuständigen Parteidienststellen des Gaues Saar-Pfalz ausgestellt wurde. Die *Wiedereinräumung der Roten Zone*, wie es offiziell hieß, erfolgte in mehreren Stufen, zunächst durften die Handwerker zurückkehren, die mit der Behebung der Schäden, die durch das monatelange Leerstehen der Häuser in dem besonders kalten Winter 1939/40 entstanden waren, eingesetzt wurden, in einer zweiten Stufe die übrigen Berufstätigen in der Reihenfolge, wie ihre Betriebe wieder eröffneten und die Evakuierten von den Betrieben in

---

4 Über die Evakuierung ausführlich mit zahlreichen Erlebnisberichten Sperling/Müller (wie Anm. 1).
5 Volksfreund vom 24.08.1940.

den Bergungsgebieten freigegeben wurden. So erklärt sich auch, dass von den 2.700 Bergleuten der Grube Viktoria zunächst nur 1.500 Mann zurückkehrten, der Rest wurde noch einige Wochen im Ruhrbergbau weiterbeschäftigt.[6] Schließlich wurden die nicht erwerbstätigen Familienmitglieder zurückgeführt, das waren meist Mütter mit Kindern und alte Männer und Frauen.

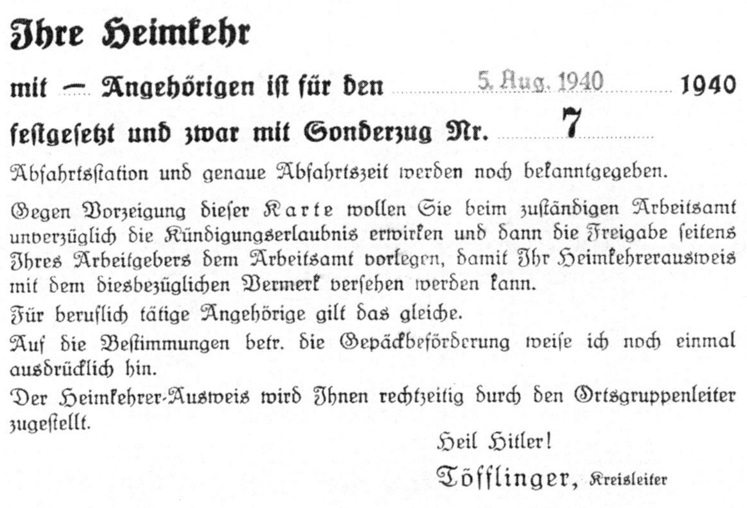

Ihre Heimkehr

mit — Angehörigen ist für den   5. Aug. 1940   1940
festgesetzt und zwar mit Sonderzug Nr.   7

Abfahrtsstation und genaue Abfahrtszeit werden noch bekanntgegeben.

Gegen Vorzeigung dieser Karte wollen Sie beim zuständigen Arbeitsamt unverzüglich die Kündigungserlaubnis erwirken und dann die Freigabe seitens Ihres Arbeitgebers dem Arbeitsamt vorlegen, damit Ihr Heimkehrerausweis mit dem diesbezüglichen Vermerk versehen werden kann.

Für beruflich tätige Angehörige gilt das gleiche.

Auf die Bestimmungen betr. die Gepäckbeförderung weise ich noch einmal ausdrücklich hin.

Der Heimkehrer-Ausweis wird Ihnen rechtzeitig durch den Ortsgruppenleiter zugestellt.

Heil Hitler!

Töfflinger, Kreisleiter

Abb. 48 Benachrichtigung von Pfarrer Lermen, z. Zt. Volkmarsen, über Heimkehr ins Saarland durch den NSDAP-Kreisleiter von Wolfhagen, Gau Kurhessen vom 05.08.1940, Postkarte, Anschrift auf Rückseite (StadtA Püttlingen)

Die »Völklinger Zeitung« berichtete von der ersten Geburt[7], der ersten Trauung[8] und dem ersten Wochenmarkt (20.08.) in Püttlingen nach der Rückkehr, von der Wiederaufnahme sportlichen Spielbetriebes[9] am 25.08. und der gemeindlichen Müllabfuhr am 01.09.1940.

---

6 Bericht in Volksfreund vom 24.08.1940 »Die Grube Püttlingen wieder in Betrieb«.
7 Hans Joachim Adolf Houch, geb. 12.08.1940.
8 Helmut Albert Balnat und Anneliese Zimmer am 15.08.1940.
9 Am 25.08. spielte der FV Püttlingen 08 gegen eine Mannschaft des in Püttlingen einquartierten Militärs (Volksfreund vom 26.08.1940).

Die Situation nach der Rückkehr aus der Evakuierung schildert der Püttlinger Amtsbürgermeister in einem Bericht vom 28.08.1940:[10]

Die Wiederbesiedelung der Gemeinden Püttlingen und Altenkessel hat im Laufe dieses Monats gute Fortschritte gemacht. Für Püttlingen kann diese bis zum Ende des Monats als abgeschlossen und für Altenkessel als fast abgeschlossen zu betrachten sein. Bis jetzt sind zurückgekehrt in die Gemeinde Püttlingen rund 12.000 Personen, in die Gemeinde Altenkessel rund 6.200 Personen, zusammen 18.200 Personen.

Im Zuge der Wiederbesiedelung ergaben sich Mängel auf allen Gebieten, die aber nach Möglichkeit abgestellt wurden. Die Lebensmittelversorgung gilt allgemein als gesichert und geordnet. Besondere Schwierigkeiten bietet die Milchversorgung hauptsächlich verursacht in dem grossen Bedarf und der unregelmässigen Anlieferung. Um diese einigermassen sicherzustellen, musste die Anfuhr gemeindeseitig übernommen werden. Der Milchhof in Eppelborn ist mangels geeigneter Transportmittel und Personals nicht dazu in der Lage. Erheblicher Mangel besteht auch an Dosenmilch. Die Geschäfte werden nicht ausreichend damit beliefert, weil die Umsätze vor dem Kriege im hiesigen Bezirk damit nicht so bedeutend waren. Vor dem Kriege waren im hiesigen Bezirk noch sehr viele Milchselbstversorger, z.Zt fehlt diese ganz, da bis jetzt weder den Viehhaltern vor dem Kriege weder Kühe noch Ziegen geliefert wurden. Die Kartoffel-, Gemüse- und Obstversorgung ist ausreichend. Mängel treten zeitweilig durch ungenügende Anfuhr, verursacht durch Personal- und Transportmittelmangel auf. Ferner ist die Fleischversorgung noch verknappt. Die Ursachen hierfür sind einerseits auf zu geringe Zuweisungen, andererseits auf die Nichteröffnung verschiedener Metzgereien zurückzuführen.

Die Weiterbewilligung der RFU wird durchweg von allen Heimkehrern beantragt. Bis jetzt wurden schon über 1500 Anträge auf Weiterbewilligung des RFU und FU entgegen genommen.

Die Berg- und Hüttenarbeiter können durchweg sofort ihre früheren Arbeitsplätze wieder einnehmen. Die Unterbringung Jugendlicher in Lehrstellen verzögert sich etwas. Beim Wirtschaftsamt werden Schuhbezugsscheine in grossem Ausmasse beantragt. Der grösste Teil der Anträge ist durchaus begründet. Bei Eintritt des nasskalten Wetters

---

10 StadtA Pü.

wirkt sich die Schuhzuteilung katastrophal aus, da die monatlichen Zuweisungen viel zu gering sind.
Für die Ingangsetzung der kleinbäuerlichen Betriebe ist bis jetzt von den zuständigen Stellen noch nichts veranlasst. Gross- und Kleinvieh wurde bis jetzt noch nicht ersetzt. Es wäre wünschenswert, wenn in allernächster Zeit damit begonnen würde, besonders in der Gemeinde Püttlingen, in der immer noch ein nennenswerter Viehbestand vorhanden war.
Die Instandsetzungsarbeiten sind in vollem Gange. Handwerker und Materialmangel lassen jedoch den Fortschritt der Arbeiten in wünschenswerter Weise nicht zu. Die Stromversorgung klappt in beiden Gemeinden. Die einwandfreie Wasserversorgung ist in allen Wohnhäusern gesichert. Rund 1/3 aller Häuser ist bezüglich der Wasserversorgung bereits vollständig instand gesetzt.
Die baldige Erfassung aller Sachschäden, deren Feststellung und Entschädigung würde zur Zufriedenstellung der Bevölkerung wesentlich beitragen.
Über die Stimmung der Bevölkerung ist wesentliches nicht zu berichten. Im allgemeinen ist man zufrieden, dass man wieder zu Hause ist und seiner gewohnten Beschäftigung nachgehen kann. Das Leben stellt sich im allgemeinen teurer als vor dem Kriege, da man aus Garten und Feld keinen Nutzen ziehen kann. Man wünscht für diesen Ausfall entsprechende Entschädigung. Besonderheiten in politischer Hinsicht sind keine zu verzeichnen. Die Entwickelung der wirtschaftlichen Lage kann z.Zt. noch nicht übersehen werden.

In den ersten Wochen nach der Wiedereinräumung wurde das 1932 errichtete Kriegerdenkmal in der Nähe des Rathauses am »Platz der Deutschen Front« umgestaltet. Diesbezügliche Pläne hatten schon 1939 bestanden, waren wegen des Kriegsausbruchs zurückgestellt worden. Sie wurden nun inmitten der Wiederbesiedlungsarbeiten nach Entwürfen des Püttlinger Amtsbauamtes realisiert. *Ein Hoheitszeichen der NSDAP in Bronze ziert nun den schlichten Gedenkstein. In einer Höhe von 1,10 Meter und bei einer Flügelspannweite von 0,90 Meter erhebt sich der aufsteigende deutsche Adler über dem Ehrenmal, gleichsam symbolisch bedeutend »Euerem Opfer verdankt Deutschland seinen stolzen Wiederaufstieg«. Weiter fand auch das Eiserne Kreuz an der Stirnseite des Ehrenmals seine Erneuerung durch eine Bronzeplatte, während die Bodenplatte in rotem Sandstein nach gleichzeitiger Umänderung nunmehr die Inschrift trägt:«Den Helden von 1914/18«.*[11]

Kommunalverwaltung

Im Kriege wuchsen den Amtsbürgermeistereien neue Aufgaben zu. Neu errichtet wurden Ernährungsamt, Wirtschaftsamt, Sachschädenabteilung zur Bearbeitung der Anträge auf Kriegssachschäden, in erster Linie die während der Evakuierung im ersten Kriegsjahr entstandenen. Vermehrter Arbeitsanfall in Verbindung mit Einberufungen zum Wehrdienst führte zu personellen Engpässen. Amtsbürgermeister Jung schrieb dazu am 25.02.1941: *Die Bewältigung dieser und auch der auf allen übrigen Verwaltungsgebieten durch den Krieg bedingten Mehrarbeit kann naturgemäss nur durch von Fall zu Fall neu einzustellende Aushilfskräfte ermöglicht werden. Da diese Hilfskräfte aber erst eingearbeitet und in Ermangelung besserer Kräfte und geeigneter Vorbildung den zu stellenden Anforderungen nur selten gerecht werden, ist neben der Erhöhung der Zahl der Beschäftigten auch eine bedeutende Erschwerung der gesamten Verwaltungstätigkeit festzustellen.*
Jung wurde am 10.11.1941 zur Führung der Stadtverwaltung Pfalzburg/Lothringen abgeordnet unter gleichzeitiger Beibehaltung der Amtsgeschäfte in Püttlingen. Während seiner Abwesenheit wurden die Dienstgeschäfte durch die beiden Amtsbeigeordneten Ballas und Baldauf geführt. Jungs Abordnung wurde durch den Gauleiter zum 21.12.1941 aufgehoben, sodass er mit Beginn des Jahres 1942 wieder die Leitung des Amtes Püttlingen übernehmen konnte.

Örtliche Parteileitung

Ortsgruppenleiter Grünwald war im August 1939 zum Wehrdienst einberufen worden, wurde im Spätjahr 1940 im Rang eines Feldwebels entlassen und übernahm Aufgaben in dem annektierten Mosel-

---

11 »Neugestaltung des Ehrenmales« in Volksfreund vom 16.09.1940.

departement, jetzt amtlich »Lothringen« genannt, insbesondere beim Aufbau der »Deutschen Volksgemeinschaft«, die als eine Art von Überleitungsorganisation in die NSDAP gedacht war. Von 01.09.1943 bis 01.09.1944 war er ehrenamtlicher Bürgermeister in *Metz-Martinsbann*[12] Er ist in den letzten Kriegsmonaten gefallen, nähere Angaben konnte ich nicht erlangen.

Mit der Ortsgruppenleitung wurde kommissarisch Peter Simon Arthur Baldes (geb. 15.03.1888 in Dortmund), Spitznamen *Tuter*, beauftragt, beruflich bisher tätig als Amtssekretär der Amtsbürgermeisterei Weiskirchen. Das Jahr seines Eintritts in die Partei konnte ich nicht feststellen. Sein Ansehen in der Ortsgruppe krankte daran, dass seine Ehefrau seine politischen Ansichten nicht teilte.[13] Baldes unterschrieb noch am 05.09.1943 über dem Stempelaufdruck *mit der ständigen Vertretung des Ortsgruppenleiters beauftragt*[14], am 19.11.1944 *k*[ommissarischer] *Ortsgruppenleiter* und am 22.01.1945 *Ortsgruppenleiter* ohne jeglichen Zusatz.

In Köllerbach blieb Ortsgruppenleiter Fritz Michler bis Kriegsende im Amt.

Alltagsleben im Krieg[15]

Trotz aller Wiederherstellungsarbeiten in den ersten Monaten nach der Rückkehr der Bevölkerung aus den Bergungsgebieten kehrte der normale Alltag nicht wieder zurück. Die Schadensbehebung zog sich länger hin als erwartet. Neue Schäden verursachte der Luftkrieg. Die zum Wehrdienst einberufenen Ehegatten, Väter und Söhne fehlten in den Familien und in den Betrieben. Frauen traten an ihre Stelle, muss-

---

12 Ban St.Martin, Teil der Gemeinde Moulins/*Mühlen*.
13 Da sie nach dem Krieg Versorgungsbezüge bensspruchte, musste auch sie sich einem Entnazifizierungverfahren unterziehen, im Aktenstück findet sich eine Äußerung der Püttlinger Polizei vom 24.02.1948: *Infolge Verschiedenheit der politischen Ansichten der Ehegatten bestand ein Zwiespalt, der zur Trennung führte* (LA SB StKpolS Nr. 1658). Damit wurde auch erklärt, dass sie keine Angaben über die politischen Aktivitäten ihres Gatten machen konnte.
14 Schriftstücke abgebildet bei Sperling, S. 250 u. 256f.
15 Vgl zur Versorgungslage ausführlich die Darstellung bei Sperling/Müller, S. 149-192.

ten ein weit größeres Maß an Verantwortung für Kinder, Haus und Garten übernehmen, die Verbindung beruflicher Tätigkeit mit den familiären Pflichten meistern. Das wurde grundlegend für die Änderung des Rollenverständnisses der Frau. Jugendlichen, vor allem den 14-18-Jährigen, wurden für ihr Lebensalter ungewöhnliche Aufgaben aufgebürdet. Wehrdienst der Väter und Berufstätigkeit der Mütter ließen manchen Jugendlichen mehr Freiraum als bisher und setzten sie Versuchungen aus. Das Instrumentarium des Jugendschutzes und der NS-Jugendorganisationen erwies sich nicht immer als wirksam.

Die Arbeitsplätze der zum Wehrdienst Einberufenen wurden vornehmlich in der Schwerindustrie und in der Landwirtschaft mit Kriegsgefangenen und mit meist zwangsweise rekrutierten *Fremdarbeitern* besetzt. Aus der angeordneten strengen Abgrenzung zwischen deutschen Volksgenossen und *Fremdvölkischen* ergaben sich Probleme.

Mit dem Andauern des Krieges vermehrten sich die Mangelerscheinungen in allen Lebensbereichen, durch Sammlung von allerlei Ersatzstoffen und Altmaterialien wurde versucht, die Rohstoffverknappung teilweise zu kompensieren. Die Versorgung mit Lebensmitteln, Kleidung, Schuhwerk und Brennstoffen blieb während des Krieges jedoch deutlich über den Kontingenten der ersten Nachkriegsjahre.

Kriegsbedingte Einschränkungen und Umnutzungen, vor allem die anderweitige Verwendung der bisherigen Veranstaltungslokale, reduzierten das kulturelle Angebot.

Im Krieg war es für die Staatsführung noch wichtiger als in Friedenszeiten, möglichst umfassend über alle Vorkommnisse und Zustände, die die Haltung der Bevölkerung beeinträchtigen konnten, informiert zu sein. Neben den vertraulichen Berichten der fast in jedem Ort vorhandenen V-Leute des Sicherheitsdienstes (SD) wurden die Amtsbürgermeister verpflichtet, über den Landrat dem zur NSDAP-Kreisleitung gehörigen Amt für Kommunalpolitik regelmäßig zu berichten.[16] Diese Berichterstattung war schon im Juli 1939 angeordnet worden, aber in den von der Zivilbevölkerung geräumten Grenzstreifen zunächst nicht zur Ausführung gekommen. Ab 01.11.1940 wurde sie vom Amt für Kommunalpolitik monatlich eingefordert. Ein vorgegebenes Raster gewährleistete einen einheitlichen Aufbau der Berichte, ermöglichte Vergleiche zwischen den einzelnen Gemeinden und er-

---

16 Diese Berichte sind im StadtA Püttlingen erhalten.

leichterte die Erstellung eines Berichtes für das gesamte Kreisgebiet. Zu berichten war über:

I. *Allgemeines:* Personalveränderungen an wichtigen Stellen der Gemeinde,

II. *Gemeindliche Verfassungs- und Rechtspolitik,* als Unterpunkte Personal-, Polizei- und Luftschutzangelegenheiten,

III. *Gemeindliche Volkspflege,* zu untergliedern in Gesundheitspflege, Wohlfahrts- und Fürsorgeeinrichtungen, Wohnungs- und Siedlungspolitik,

IV. *Gemeindliche Kulturpolitik,* zu untergliedern in *Dorfgestaltung* (hierunter auch Veränderung des Dorfbildes durch neue Hochbauten, Verbesserung der Verkehrsführung, Schul- und Erziehungswesen),

V. *Gemeindliche Wirtschaftspolitik,* z. B. Energiewirtschaft, Öffentliche Einrichtungen,

VI. *Gemeindliches Finanz- und Steuerwesen.*

VII. Im letzten Abschnitt *Sonstiges* war über Ernährung und Kriegswirtschaft zu berichten, seit März 1941 auch die allgemeine Stimmung der Bevölkerung zu charakterisieren.

Vom Frühjahr 1944 an wurden die Monatsberichte durch Vierteljahresberichte ersetzt, in denen auch die Auswirkungen des Luftkriegs zu melden waren.

Im Zusammenhang mit einer Neuregelung polizeilicher Zuständigkeiten war eine Reihe von Aufgabenfeldern auf die staatliche Polizei übergegangen. Der Beaufsichtigung durch die gemeindliche Polizei unterblieben die Einhaltung gewisser gewerbepolizeilicher Vorschriften, polizeiliche Zuführung zu Schulen, laufende Überwachung der Jugend, Gesundheits-, Wohnungs-, Veterinär-, Bau-, Feuer- und Verkehrspolizei, aber keine kriminal- oder sicherheitspolizeiliche Zuständigkeiten, so dass über politisch motivierte Vorfälle in den Berichten des Amtsbürgermeisters kaum etwas zu finden ist.

Bei der Behebung von Schäden nach Luftangriffen wurde auch die Frauenschaft eingesetzt. Für Püttlingen ist ein solcher Einsatz erstmals nach dem Angriff vom 16./17.04.1943 belegt. Sie arbeitete zusammen mit der freiwilligen Feuerwehr, einer Einsatzhundertschaft der Partei,

Technischer Nothilfe, Deutschem Rotem Kreuz und NSV, um die 32 obdachlos gewordenen Familien zu verpflegen, bei anderen Familien unterzubringen und mit Hausrat wieder auszustatten[17].

Luftschutz[18]

Vorkehrungen gegen gegnerische Luftangriffe waren schon vor Kriegsbeginn getroffen worden und eine neue NS-Organisation, der Reichsluftschutzbund (RLB), gegründet worden mit der Aufgabe, die Bevölkerung im Verhalten bei Luftangriffen und in der Schadensbekämpfung zu schulen. Ein Netz von Luftschutzwarten, analog zum Blockwartsystem der Partei war aufgebaut worden. Nach der Wiedereinräumung der Roten Zone wurden nicht nur die Ausbildung von Luftschutzhelfern und -helferinnen und die Unterweisung im Selbstschutz intensiviert, sondern auf sorgfältige Verdunkelung geachtet, damit Wohngebiete von gegnerischen Flugzeugen aus nicht so leicht erkannt werden konnten. Zur Kontrolle der Einhaltung der Verdunkelungsvorschriften wurden seit Dezember 1942 neben Polizei und Gendarmerie in Püttlingen 48 Amtsträger des RLB, 24 Diensttätige der NSDAP und 10 Angehörige der HJ eingesetzt. Die Kontrollen bezogen sich nicht nur auf eine effiziente Verdunkelung, sondern auch auf Bereithaltung der Brandbekämpfungsmittel. Die Püttlinger Bevölkerung nahm die Anweisungen und Richtlinien für Luftschutz trotz der immer wieder erneuerten Hinweise, trotz Kontrollen und Strafen lange Zeit nicht ernst.[19] Meldungen und Klagen über ein nicht luftschutzgerechtes Verhalten der Bevölkerung ziehen sich durch die Berichte des Amtsbürgermeisters bis ins Frühjahr 1944. Immer wieder werden Verstöße gegen die Verdunkelungsvorschriften aufgelistet: z.B. im März 1941 10 Personen, im Mai 31, im Oktober 1941 immer noch, obwohl ein Merkblatt die Bevölkerung über die Gefährdung des eigenen Lebens und das anderer Volksgenossen und über die Schädigung des gesamten Volksvermögens aufgeklärt und erhöhte Geldstrafen und *sonstige Maßnahmen* bei Verstößen gegen die Verdunke-

---

17 Bericht des Amtsbürgermeisters vom 29.04.1943.
18 Vgl. dazu Sperling/Müller, S. 199-258 mit vielen technischen Einzelheiten.
19 Bericht des Amtsbürgermeisters vom 23.12.1942.

lungsvorschriften angekündigt hatte. Im folgenden Monat wurde am Hause eines *Verdunkelungssünders* der in einem Runderlass des RF SS vom 26.09.1941 *vorgesehene Rügezettel* angebracht, also sein die Volksgemeinschaft gefährdendes Verhalten öffentlich angeprangert.
Im Februar 1942 wurden 5 Personen wegen nicht vorschriftsmäßiger Verdunkelung bestraft, bei zwei Rückfälligen *Rügezettel* angebracht. Die Schulleiter wurden gebeten, die ordnungsgemäße Verdunkelung im Unterricht der älteren Jahrgänge zu behandeln und diesbezügliche Aufsatzthemen zu stellen. Mit dem Besitzer des Lichtspielhauses wurde vereinbart, vor den Filmvorführungen *geeignete Diapositive mit entsprechendem Text betreffend pünktliche und sorgfältige Verdunkelung der Wohn- und Betriebsräume jedes Volksgenossen* zu zeigen. Dennoch hielt die Nachlässigkeit an: im März 1942 8 Fälle von Übertretung der Luftschutzvorschriften, geahndet mit Geldstrafe, in einem Fall zusätzlich *Rügezettel,* im Mai 15 Personen mit Polizeistrafe belegt und 6 Verwarnungen erteilt, im Juni 12 Bestrafungen, im September 24 Übertretungen trotz des schweren Angriffs auf Saarbrücken am 29.07. Er mag zusammen mit der offiziellen Freigabe von Westwallbunkern als Schutzräume für die Zivilbevölkerung bei manchen dann doch Verständnis für die Notwendigkeit eines Luftschutzes geweckt haben. Einem Teil der Bevölkerung machte er die Gefahren des Luftkrieges und die Notwendigkeit von Schutzmaßnahmen plausibel.
Schutz vor Bombenabwürfen alliierter Flugzeuge konnten bieten Wehrmachtsbunker, Grubenstollen und eigens angelegte Luftschutzräume. Die Benutzung von Westwallbunkern und von im ersten Kriegsjahr durch die Wehrmacht angelegten Stollen wurde im Herbst 1942 freigegeben. Die Saargruben A.G. lehnte eine Nutzung von Bergwerksstollen – in Betracht kamen der Viktoriastollen und der Veltheimstollen – vorerst ab, ließ aber im nächsten Jahr (1943) neben dem Viktoriastollen einen mit ihm verbundenen neuen Luftschutzstollen für die Bevölkerung graben.[20] Auch in den Ortsteilen von Köllerbach wurden Luftschutzstollen von der Bevölkerung in Gemeinschaftsarbeit angelegt.[21]
Während der Amtsbürgermeister in seinem Bericht vom 28.11.1942 schreiben konnte: *Die Verdunkelungsdisziplin war in letzter Zeit*

---

20 Sperling, Bergbau Bd. 2, S. 167ff.
21 Für Herchenbach Hinweise bei Klein, Nr. 280f.

gut. Es wurde nur 1 Person wegen Verstoß gegen die Vorschrift angezeigt u. bestraft, klagte er wieder im April 1943 und äußerte im August seinen Frust in einer längeren Passage: *Aus Anlaß der beiden Fliegeralarme am Tage mußte leider festgestellt werden, daß die Bevölkerung trotz aller Belehrungen sich wider alle Vorschriften des Luftschutzes unbekümmert weiter auf den Straßen, in den Geschäften usw. aufhielt und z.T. den sie in die Luftschutzkeller oder Deckungsräume verweisenden Beamten noch mit frechen Bemerkungen begegnete. Dazu trägt die sehr stark verbreitete Auffassung mit bei, daß die Fliegerangriffe am hellen Tage weniger gefährlich seien, als in der Nacht. Häufig begegnet man auch der Meinung, daß die in Presse und Rundfunk gegebenen Anweisungen und Aufklärungen in der Hauptsache für die Bevölkerung in den Städten bestimmt seien und für die Dorfbevölkerung nicht inbetracht kommen könnten. Es erscheint mir daher notwendig, gelegentlich zukünftiger Ausführungen über luftschutzmäßiges Verhalten in Presse und Rundfunk auf diese irrigen Auffassungen und die sie bergenden Gefahren für die in den Randgemeinden der Städte wohnende Bevölkerung mit besonderer Betonung hinzuweisen.* Die vorgeschlagenen Maßnahmen brachten nicht viel, denn am 28.09.1943 berichtete er: *Das luftschutzmäßige Verhalten der Bevölkerung ließ bei den Tagesalarmen auch jetzt wieder sehr zu wünschen übrig. Trotz aller Belehrungen und Ermahnungen werden am Tage die Luftschutzräume insbesondere von den Straßenpassanten nur dann aufgesucht, wenn sie durch die Luftschutzpolizei dazu gezwungen werden.*
Im November 1943 ist das Verhalten bei Alarm am Tage immer noch lau und gerade bei den Alarmen am frühen Abend wird von manchen die Verdunkelung trotz der mehrfach erteilten Verwarnungen und z. T. verhängten hohen Geldstrafen gänzlich unterlassen. Eine neue Variante luftschutzwidrigen Verhaltens erscheint in seinem Bericht vom 28.01.1944: *Zufolge einer Luftschutzanordnung sind bereits bei dem Signal Öffentliche Luftwarnung die Theater- und Kinovorstellungen abzubrechen und das Publikum aus den Versammlungsräumen zu entlassen. Nach Durchführung dieser Maßnahmen wurde in letzter Zeit beobachtet, daß ein Teil des Publikums sich nach Auflösung der Vorstellung weder nach hause noch in den Luftschutzraum begibt sondern in die Gastwirtschaften und Kaffee's. Es wäre zu erwägen, ob diese Bestimmung nicht dahin abgeändert werden kann, daß entweder*

alle öffentlichen Lokale bei Öffentlicher Luftwarnung schließen müssen oder dass in den ländlichen Gemeinden wenigstens die Film- und Theatervorführungen erst dann unterbrochen werden müssen wenn das Signal »Luftalarm« gegeben wird. Noch im ersten Vierteljahresbericht 1944 steht lapidar, *das luftschutzmäßige Verhalten läßt nach wie vor viel zu wünschen übrig.*

Schulversäumnisse

Im Jahr 1943 häuften sich die Anzeigen gegen Eltern wegen *Nichtanhaltens ihrer Kinder zum regelmäßigen Schulbesuch*. Im März 1943 gingen beim Bürgermeisteramt Püttlingen 15 Anzeigen ein, im Juli sogar 31 aus Volks- und Berufsschulen. Im Monatsbericht des Bürgermeisters vom 28.07.1943 heißt es dazu: *Die Lehrpersonen klagen allgemein darüber, daß sich Eltern und Kinder immer mehr in der leichtfertigsten Weise über den Schulbesuch hinweg setzen. Für jede Kleinigkeit und aus den fadenscheinigsten Gründen werden die Kinder dem Unterricht fern gehalten und dem Lehrpersonal oft Tage nachher erst Mitteilung gemacht, wenn überhaupt eine solche noch erfolgt. Bezeichnend für die Lage ist, daß allein im letzten Berichtsabschnitt wieder 31 Strafverfügungen wegen Versäumnisses der Volks- und Berufsschule erlassen werden mußten, die in vielen Fällen bis zur Anordnung der Haftverbüßung durchgeführt werden müssen. Eine Besserung wurde dadurch nicht erreicht.* Im August gingen wieder 19 Anzeigen ein, im Oktober 29. In seinem Bericht für September 1943 erläutert der Amtsbürgermeister: *Schuld daran tragen zum großen Teil die Mütter, die ihre Kinder vielfach nicht nur nicht zum regelmäßigen Schulbesuch anhalten, sondern sie offensichtlich in ihren Haushalten verwenden. Daß dadurch die Schuldisziplin bei den übrigen Schülerinnen nachteilig beeindruckt wird, ist nicht von der Hand zu weisen.*
Resignierend klingen seine Worte in den beiden nächsten Berichten: *Die Nachlässigkeit hält an. Schuld liegt an den Eltern, die kaum Interesse daran haben. ihre Kinder über das 13./14. Lebensjahr hinaus zur Schule zu schicken*[22] *und es handelt sich dabei nachweisbar so ziem-*

---

22 Bericht vom 28.10.1943.

*lich um ein und dieselben Familien, die sich nur ungern in Ordnung und Gebote fügen können.*²³

Die Schulveräumnisse betrafen vornehmlich die Berufsschulen. Neben den schon bestehenden gewerblichen und kaufmännischen Berufsschulen hatte in der letzten Aprilwoche 1941 eine landwirtschaftliche Berufsschule für Knaben im Bengeser Schulhaus den Lehrbetrieb aufgenommen, kurz danach eine hauswirtschaftliche Berufsschule anstelle der bisher von der Grubenverwaltung unterhaltenen.²⁴

Jugendschutz

Auch hier sah der Amtsbürgermeister Handlungsbedarf. Unter dem Datum vom 26.02.1943 berichtet er: *Auf dem Gebiet des Jugendschutzes mußte in letzter Zeit mehrfach durchgegriffen werden. Eine verschärfte Überwachung der Jugend stellt sich immer mehr als notwendig heraus. Die Fälle unentschuldigten Versäumens des HJ-Dienstes, das Umhertreiben Jugendlicher nach eingetretener Dunkelheit, das Aufsuchen von Wirtschaften und Kinos durch Jugendliche unter 18 Jahren, verbotenes Rauchen durch Jugendliche im volksschulpflichtigen Alter treten in letzter Zeit immer häufiger auf. In 2 Fällen mußte wieder das Fürsorgeerziehungsverfahren durchgeführt werden und zwar wegen Umherstreichens und Arbeitsverweigerung und Diebstahls. Es ist unter den gegebenen Verhältnissen bestimmt angebracht, daß die in der Jugenderziehung tätigen Erzieher und Führer der HJ. und des BDM. erneut darauf hingewiesen werden, durch Belehrungen, Ermahnungen und nötigenfalls durch einen ständigen Streifendienst auf die Jugendlichen einzuwirken und sie unter Aufsicht zu halten.* Im folgenden Monatsbericht legt er nach: *Eine verschärfte Überwachung der Jugend wird umso notwendiger, als durch den infolge der Einberufungen herrschenden Lehrermangel häufig Unterrichtsstunden ausfallen und die Jugendlichen über erhöhte Freizeiten verfügen, die in sehr vielen Fällen die Erziehungsberechtigten nicht zu nützen wissen, wodurch die Jugendlichen sich selbst überlassen sind. Neben allem möglichen groben Unfug und mutwilligen Zerstö-*

---

23 Berichte vom 29.11. u. 23.12.1943.
24 Volksfreund vom 08.04. u. 24.04.1941.

rungen passierte 1 Fall, in dem ein im Garten arbeitender alter Mann durch einen von Jugendlichen abgegebenen Schuß aus einem Kleinkaliber-Übungsgewehr der HJ-Einheit verletzt wurde. Die weiteren Ermittlungen in dieser Sache führten zur Aufdeckung von Diebstählen durch mehrere junge Burschen. Dabei waren wieder Jungen beteiligt, die kurz vorher mehrerer Fahrraddiebstähle überführt worden waren. Die Fahrräder, die ausschließlich Werktätigen gehören, wurden auseinander montiert, gegenseitig vertauscht, durch lackieren unkenntlich gemacht und teilweise so beschädigt, daß sie nicht mehr benutzt werden können. So wie die Dinge z.Zt. liegen, ist es unbedingt notwendig, daß die in der Jugenderziehung stehenden Lehrer und Lehrerinnen, HJ-Führer und Führerinnen und die sonstigen Erziehungsberechtigten mehr als bisher zu einer verschärften und dringend notwendigen Aufsicht über die Jugendlichen angehalten und Mittel und Wege gefunden werden, die den Jugendlichen verbleibende Freizeit, etwa durch Zuweisung von Arbeiten im Garten und Feld, zum eigenen und zum Nutzen der Allgemeinheit zu verwenden. Der Frage der Betreuung und Beaufsichtigung unserer Jugend wird in Zukunft auch deswegen ganz besondere Aufmerksamkeit zu widmen sein, weil durch den zu erwartenden Einsatz auch der verheirateten Frauen in der Kriegswirtschaft manche schulpflichtige Jugendliche ohne jede Aufsicht sein werden.[25] Auch hier wurde anscheinend keine Besserung erzielt, denn am 28.01.1944 fordert der Bürgermeister regelmäßige verschärfte Kontrollen der Polizeiorgane gemeinsam mit älteren interessierten HJ-Führern und zwar hauptsächlich an Samstagen und Sonntagen in den Lichtspieltheatern und Gastwirtschaften, wenn nicht die mit dem Jugendschutzgesetz gewollten Schutzmaßnahmen illusorisch bleiben sollen.

Sonstige Straffälle

Während laut bürgermeisterlicher Aussage bisher verhältnismäßig wenig kriminelle Fälle auftraten, war seit Sommer 1942 eine Häufung der Eigentumsdelikte zu beobachten, insbesondere Diebstähle

---

25 Bericht vom 26.03.1944.

von Lebens- und Genussmitteln, von Kaninchen und Hühnern.[26] Andererseits hatte die stark angestiegene Haltung von Kleintieren, wodurch die Ernährungsgrundlage der Familien verbessert werden sollte, eine Zunahme der Delikte gegen das Feld- und Forstpolizeigesetz zur Folge; denn viele Kleintierhalter hatten nicht genügend Garten- oder Kulturland, dem sie das notwendige Futter für die Tiere entnehmen konnten, und versuchten daher, es sich durch Felddiebstähle zu beschaffen.

Gemeindliches Kulturleben

Die Entfaltung eines kulturellen Lebens nach der Wiedereinräumung stieß in Püttlingen auf erhebliche Schwierigkeiten, weil die vor dem Krieg vorhandenen Säle nun mit Kriegsgefangenen und den meist in den Röchling'schen Eisen- und Stahlwerken in Völklingen beschäftigten *Fremdarbeitern* belegt waren. Der Amtsbürgermeister sprach in seinen Monatsberichten immer wieder die Notwendigkeit an, wenigstens einen brauchbaren Saal zur Verfügung zu haben, um dem kulturellen Bedürfnis der Bevölkerung Rechnung tragen zu können. Am ehesten ließe sich der Saal des Turnerheims instandsetzen,[27] er könne auch für die praktische Turnarbeit, die jetzt ruhe, genutzt werden. Ganz in seinem Sinne mahnte die »Völklinger Zeitung«: *In anbetracht der großen Bedeutung körperlicher Ertüchtigung von Männern und Frauen nicht zuletzt der Jugend sollte die Übungsstätte bald wieder benutzbar sein*[28], es ging dennoch nicht voran.

So blieben nur die beiden Kinos. Die Neugestaltung der Kaisersaal-Lichtspiele war schon 1941 abgeschlossen worden. Das Lichtspielhaus Schmidt, das seit zwanzig Jahren bespielt wurde, wurde im Frühjahr 1942 renoviert, seine Bühne erweitert und die Zahl der Sitzplätze auf 250 vergrößert.[29] Beide Kinos waren ständig überfüllt, zumal sie auch von den Bewohnern des oberen Köllertales viel besucht wurden.

Im Bericht des 2. Quartals 1944 heißt es optimistisch, es sei *mit einer Wiederaufnahme der Kulturarbeit in Bälde zu rechnen, da die Arbei-*

---
26 Bericht vom 28.05.1942.
27 Bericht vom 27.08. u. 23.12.1942.
28 Völklinger Zeitung vom 17.12.1941.
29 Völklinger Zeitung vom 24.11.1941 u. 17.04.1942.

ten zur Wiederherrichtung des früheren Turnerheims zu einem würdigen Raum...... in Angriff genommen und trotz allen auftretenden, nicht geringen Schwierigkeiten vorwärts getrieben werde.[30]
Auch die Sportstätten waren vorerst nicht benutzbar. Der Püttlinger Turnverein 1890 konnte erst im Juni 1942 nach notdürftiger Instandsetzung seiner Turnstätten den Turnbetrieb wieder aufnehmen.[31]
Im ersten Jahr nach der Wiedereinräumung war es nicht nur der Mangel an Räumlichkeiten, der Veranstaltungen und Zusammenkünfte von NS-Organisationen und von Vereinen hemmte, sondern auch aus den Akten erkennbare organisatorische Schwierigkeiten. Zur ersten Schulung der Amtswalterinnen der Frauenschaft im Landkreis Saarbrücken wurde erst im Juni 1941, fast ein Jahr nach der Wiedereinräumung nach Völklingen, eingeladen.[32]
In Köllerbach hatte der Kriegsausbruch die gesamte Kulturarbeit lahmgelegt. Von einer Amtswalterbesprechung der DAF ging im Herbst 1941 die Initiative zu einer Neubelebung aus durch die Gründung einer *Dorfgemeinschaft*. Sie wurde am 30.11.1941 in Sellerbach im Saal Schneider in Beisein des Kreiskulturwartes Heinen aus der Taufe gehoben und eine enge Zusammenarbeit mit der am selben Tage gegründeten Dorfgemeinschaft Walpershofen vorgesehen.[33]

Öffentliche Tanzveranstaltungen durften in den ersten Kriegsjahren nur in eingeschränktem Maße stattfinden. Am 06.04.1941 verbot der Reichsführer-SS und Chef der deutschen Polizei Heinrich Himmler mit sofortiger Wirkung alle *öffentlichen Tanzlustbarkeiten*.[34] Im Januar 1942 dehnte er *im Hinblick auf die schweren Abwehrkämpfe an der Ostfront* das Verbot auf nicht-öffentliche Tanzveranstaltungen von Vereinen und ähnlichen Zusammenschlüssen aus. Tanzschulen hatten sich rein auf den Unterricht zu beschränken.[35]

Die Klagen des Amtsbürgermeisters über das Fehlen von Sälen, aber

---

30 Bericht vom 26.06.1944.
31 Völklinger Zeitung vom 03.06.1942.
32 Volksfreund vom 19.06.1941.
33 Vorankündigung in Völklinger Zeitung vom 29.11.1941.
34 Volksfreund vom 07.04.1941.
35 Völklinger Zeitung vom 23.01.1942.

auch die Nachrichten über überfüllte Kinos[36] zeigen das große Bedürfnis der Bevölkerung nach vom Kriegsalltag ablenkenden sportlichen und kulturellen Veranstaltungen. Solche Darbietungen wurden immer offen oder hintergründig mit nationalsozialistischer Propaganda befrachtet, sie endeten mit der Erklärung des Durchhaltewillens, dem Treuegelöbnis und einem *Hoch auf den Führer,* ganz gleich ob Träger der Veranstaltung Gruppen der NSDAP, der DAF, der Wehrmacht oder örtliche Vereine waren. Einen Eindruck von den Angeboten soll wiederum eine rekonstruierter »Veranstaltungskalender« vermitteln, auch er erhebt keinen Anspruch auf Vollständigkeit.

Veranstaltungen in Püttlingen und Köllerbach[37]

- 01.04.1941 Verpflichtung der HJ Jahrgang 1926/27, Ansprache des Ortsgruppenleiters, Lied »Heilig Vaterland«. Standkonzert der Werkskapelle Luisenthal am Kriegerdenkmal vor dem Rathaus zur 7. Reichsstraßensammlung, Tanzabend im Schlosshotel Kockler, alle Veranstaltungen zugunsten des Kriegswinterhilfswerkes.[38]
- Am 10.04.1941 ehrte der NSDAP-Ortsgruppenleiter im Rahmen einer Feierstunde Volksgenossen, die sich beim Westwallbau hervorgetan hatten, durch Verleihung des *Westwallehrenzeichens.*[39]
- 20.04.1941 Morgenfeier der NSDAP.
- 13.05.1941 Einladung der Soldatenfrauen und -mütter zu einer Feierstunde ins Münchener Kindl durch die NSDAP und die Frauenschaft.[40]
- 18.05.1941 Muttertagsfeier mit Verleihung von Mutterkreuzen im Lichtspielhaus Schmidt in Püttlingen.[41]

---

36 Bericht vom 28.07.1943 Die Filmtheater in beiden Gemeinden sind fast zu jeder Vorstellung vollständig ausverkauft. Bei gelegentlichen Kontrollen wurde festgestellt, dass eine Reihe der Besucher sogar in den Gängen Stehplätze eingenommen hatte.
37 Die kursiv gesetzten Angaben sind wörtlich den Monatsberichten des Amtsbürgermeisters entnommen.
38 Volksfreund vom 03.04.1941.
39 Volksfreund vom 10.04.1941.
40 Volksfreund vom 14.05.1941.
41 Volksfreund vom 19.05.1941.

- 24.08.1941 Mitgliederversammlung der NSDAP-Ortsgruppe Püttlingen in den Kaisersaal-Lichtspielen.
- 27.08.1941 *Die von der Partei veranstaltete Morgenfeier war verhältnismäßig gut besucht. Die Ausführungen des Hauptredners erstrecken sich in der Hauptsache auf die Ursachen und Notwendigkeiten des Kampfes mit dem Bolschewismus und die Pflichten der Heimatfront zum Durchhalten in diesem dem deutschen Volk aufgezwungenen Kampf.*
- 13.09.1941 Schulungsnachmittag der Kreisfrauenschaftsleitung im Kaffee Bitsch, Themen: Bedeutung des Mütterdienstes und Ziele der Jugendgruppe (20-30-Jährige).[42]
- 30.09.1941 Großkundgebung im Schlosshotel Kockler, Redner: Pg. Kurtz, Saarbrücken.[43]
- 09.11.1941 *Heldengedenkfeier – Kranzniederlegung an Kriegerehrenmal und anschließende Morgenfeier. Der Saal war durch die Mitglieder der einzelnen Gliederungen und Verbände und der übrigen Volksgenossen bis zum letzten Platz besetzt.*
- Anfang November 1941 gut besuchte Arbeitstagung der NSDAP-Ortsgruppe Püttlingen mit Vortrag des örtlichen Schulungsleiters über den deutschen Bauern-, Arbeiter- und Soldatenstand. *Die Ausführungen beschäftigten sich insbesondere mit dem Soldaten des nationalsozialistischen Deutschland der im derzeitigen großdeutschen Schicksalskampf dank seiner auserlesenen Erbanlagen den Soldaten anderer Nationen in jeder Beziehung weit überragt..... Die Versammlung wurde geschlossen mit einer Erneuerung des Treuegelöbnisses zum Führer.*[44]
- 13.11.1941 Feierstunde in den Kaisersaal-Lichtspielen anlässlich der Überweisung der Angehörigen der HJ und des BDM in die NSDAP.[45]
- 23.12.1941 Vorweihnachtliche Feier der Frauenschaft Püttlingen im Saal des Schlosshotels Kockler, Vortrag *Sinn und Bedeutung des Wintersonnwendfestes*, abschließend Gelöbnis der Frauen, ihre

---

42 Völklinger Zeitung vom 13.09.1941.
43 Völklinger Zeitung vom 30.09.1941.
44 Völklinger Zeitung vom 07.11.1941.
45 Völklinger Zeitung vom 13.11.1941.

Pflicht jeweils dort zu erfüllen, wo sie der Führer im großen Geschehen unserer Zeit hingestellt hat.[46]
- 26. und 28.12.1941 Weihnachtsfeier der NSDAP-Ortsgruppe Sellerbach-Walpershofen, *Ortsgruppenführer Michler sprach über Mißstände in der Ortsgruppe,* leider berichtete die »Völklinger Zeitung« darüber keine Einzelheiten.[47]
- 27.12.1941 Appell der Püttlinger Amtswalter der NSDAP und der örtlichen NS-Formationen und Gliederungen.[48]
- 18.01.1942 im von den örtlichen Handwerkern notdürftig hergerichteten Schmeer'schen Saal in Ritterstraße erster Dorfgemeinschaftsabend in Püttlingen nach der Wiedereinräumung, veranstaltet von der NSDAP-Ortsgruppe unter Mitwirkung des BDM, des Werkschores Viktoria, des Vereins für Leibesübungen Ritterstraße und der neu gegründeten Volksbühnenspielgemeinschaft unter Leitung von Leo Altmeyer.[49]
- 19.01.1942 Veranstaltung des NSRL, die Soldatenfrauen von Mitgliedern haben freien Eintritt.[50]
- 24.01.1942 Jahresversammlung der Kriegerkameradschaft Köllerbach, Propagandaleiter Maximini referierte über die *Ziele des Weltjudentums.*[51]
- 24./25.01.1942 Wehrmachtskonzerte im Saal Schmeer auf der Ritterstraße und im Münchner Kindl in Püttlingen.[52]
- 11.02.1942 Bunter Abend im Gasthaus Schneider, Köllerbach.
- 12.02.1942 Bunter Abend im Gasthaus Feld, Walpershofen.[53]
- 15.02.1942 Morgenfeier im Bergmannsheim der Grube Viktoria anlässlich des 230. Geburtstages des Preußenkönigs Friedrichs des Großen (geb. 24.01.1712).
- 15.02.1942 Platzkonzert einer Luftwaffenkapelle am alten Marktplatz in Püttlingen und an der Kreuzung Völklinger-/Köllnerstraße, abends Wunschkonzert im Saal Münchner Kindl zugunsten des

---

46 Völklinger Zeitung vom 23.12.1941.
47 Völklinger Zeitung vom 28.12.1941.
48 Völklinger Zeitung vom 28.12.1941.
49 Völklinger Zeitung vom 16. u. 21.01.1942.
50 Völklinger Zeitung vom 19.01.1942.
51 Völklinger Zeitung vom 24.01.1942.
52 Ankündigung in der Völklinger Zeitung vom 23.01.1942.
53 Beide Veranstaltungen angekündigt in Völklinger Zeitung vom 09.02.1942.

Kriegswinterhilfswerks. *Überaus reger Zuspruch zu beiden Veranstaltungen. Die Sammlung erbrachte einen Reinerlös von 3.221,36 RM.*[54]
- Februar 1942 Werbeveranstaltung der Frauenschaft im Schlosshotel Kockler, Püttlingen.[55]
- 24.02.1942 Schlosshotel Kockler, Püttlingen, Feier aus Anlass der Gründung der NSDAP vor 22 Jahren.[56]
- 04.03.1942 Gemeinschaftsveranstaltung der Frauenschaft in den Kaisersaal-Lichtspielen mit Filmvorführung und Ansprache der Kreisschulungsleiterin.[57]
- 07.03.1942 Hermann-Löns-Abend, veranstaltet von der NSDAP-Ortsgruppe Püttlingen.[58]
- 11.03.1942 Referat von Pg. Linke über die Wirtschaftspolitik der Feindstaaten im Bergmannsheim.[59]
- 15.03.1942 *Heldengedenktag in würdiger Form begangen, Aufmarsch mit Kranzniederlegung am Ehrenmal der Gefallenen des 1. Weltkriegs unter dem Kommando des Führers der hier z. Zt. liegenden Flakeinheit, anschließende Gedenkfeier mit Beteiligung der Bergkapelle Luisenthal im Kaisersaal unter starker Teilnahme der Bevölkerung.*[60]
- 22.03.1942 *Verpflichtung von 125 Jungen und 130 Mädchen auf den Führer und ihre Übernahme in die HJ und den BdM durchgeführt in einem besonders würdig hergerichteten Saal, stark besucht.*
- 27.03.1942 Elternabend der Jungmädel Püttlingen im Saal Schmeer, Ritterstraße, Märchenspiel, Komödie, Musik, Ansprache der Bannführerin Erika Jörg.[61]
- 15.04.1942 Gemeinschaftsnachmittag der Frauenschaft in den Kaisersaal-Lichtspielen.[62]
- 19.04.1942 *Am Vortage des Geburtstages des Führers hatte die*

---

54 Völklinger Zeitung vom 12. u. 17.02.1942 u. Monatsbericht des Bürgermeisters vom 27.02.1942.
55 Völklinger Zeitung vom 21.02.1942.
56 Völklinger Zeitung vom 23.01. u. 28.02.1942.
57 Völklinger Zeitung vom 04.03.1942.
58 Ebenda.
59 Ebenda.
60 Monatsbericht und Völklinger Zeitung vom 12. u. 18.03.1942.
61 Völklinger Zeitung vom 27.03.1942.
62 Völklinger Zeitung vom 14.04.1942.

Ortsgruppenleitung der NSDAP zu einer Feierstunde aufgerufen, die sich in einem besonders von der Jugend überfülltem Saale in würdiger schlichter Form abwickelte. Am gleichen Tag vormittags fand die Aufnahme der 10 Jährigen in das Jungvolk statt.
- 22.05.1942 Gastspiel der Saarländischen Puppenbühne in der Bürgerhalle, Püttlingen.[63]
- 23.05.1942 Gründungsappell der Kameradschaft ehemaliger Feldeisenbahner innerhalb des NS-Reichskriegerbundes.[64]
- 24.05.1942 Treffen des BDM-Rings im Püttlinger Jungenwald: Scharaden, Volkstänze, sportliche Wettkämpfe.[65]
- 28.05.1942 Wehrmachtskonzert.
- 29.05.1942 Mütterfeierstunde der Frauenschaft in den Kaisersaal-Lichtspielen: Ansprache, Filmvorführung, Musik, Lieder, Gedichte.[66]
- 31.05.1942 Morgenfeier der NSDAP-Ortsgruppe Püttlingen mit Schulung im Bergmannsheim Viktoria,[67] anschließend Mitgliederversammlung und Amtswalterappell in den Kaisersaal-Lichtspielen in Anwesenheit des Saarbrücker Oberbürgermeisters Schwitzgebel.[68]
- 31.05.1942 NSKOB-Appell im Schlosshotel Kockler, Püttlingen, unter Leitung von Kameradschaftsführer Serf.[69]
- 26.06.1942 *KDF veranstaltete in dem notdürftig hergerichteten Saal Pabst einen bunten Abend, zu dem schon mehrere Tage vorher die ca. 800 Plätze ausverkauft waren.*[70]
- 29.06.1942 Heldenehrung durch SA-Sturm 25/70 am Kriegerdenkmal beim Püttlinger Rathaus.[71]
- 10.10.1942 *Konzert der Kapelle einer Fliegereinheit aus Kaiserslautern sehr gut besucht.*[72]
- 23.12.1942 *Von der Laienspielgruppe Püttlingen-Ritterstraße wur-*

---

63 Völklinger Zeitung vom 22.05.1942.
64 Völklinger Zeitung vom 23.05.1942.
65 Völklinger Zeitung vom 23.05.1942.
66 Völklinger Zeitung vom 29.05.1942.
67 Völklinger Zeitung vom 22.05.1942.
68 Völklinger Zeitung vom 30.05. u. 02.06.1942.
69 Völklinger Zeitung vom 30.05.1942.
70 Bericht vom 26.06.1942.
71 Völklinger Zeitung vom 26.06.1942.
72 Bericht vom 27.10.1942.

Abb. 49 Gruppenbild auf der Treppe des Püttlinger Rathauses anlässlich des Besuches des Ritterkreuzträgers Friedrich Zempel in Püttlingen im Juni 1944. 1. Reihe von links Mutter Zempel, er selbst, Ehefrau Zempel, NSDAP-Ortsgruppenleiter Baldes, hinter Frau Zempel der Amtsbürgermeister Jung

de am 6.12. die Operette »Das Strandmädel« aufgeführt, die jedoch durch den einsetzenden Fliegeralarm vorzeitig abgebrochen werden mußte. Der Andrang zu der Veranstaltung war so stark, daß fast die Hälfte der interessierten Volksgenossen wegen Platzmangels nicht mehr zugelassen werden konnte. Dieser außergewöhnliche Andrang war wiederum ein besonderer Beweis, wie stark das kulturelle Bedürfnis und der Wille nach etwas Ausspannung und Ablenkung in der allgemein schwer arbeitenden Bevölkerung ist.

- 27.01.1943 Wiederholung »Strandmädel« zum 2. und 3.Mal, wiederum fand ein Teil keinen Einlass wegen Platzmangels, erneutes Ersuchen, Säle für solche Veranstaltungen zur Verfügung zu stellen.
- 30.01.1943 Von NSDAP durchgeführte Veranstaltung aus Anlass des 10. Jahrestages der *Machtübernahme*, Ort nicht genannt.
- Die zum Geburtstag des Führers und zur Aufnahme der Schulentlassenen in die HJ angesetzten Feiern wurden wegen der aus Anlass des Luftangriffs in der Nacht vom 16./17.04.1943 notwendig gewor-

denen Einspannung aller verfügbaren Partei- und Verwaltungskräfte zur Behebung der dringendsten Notstände nicht durchgeführt.[73]
- 21.11.1943 *gut besuchte Mitgliederversammlung der NSDAP-Ortsgruppe.*
- 23.11.1943 *eindrucksvolle Feier des 10 jährigen Bestehens der NS-Frauenschaft, Ortsgruppe Püttlingen.* In beiden Veranstaltungen nahm der *Kreisleiter zu den aktuellen Fragen unseres Kriegs- und Tagesgeschehens Stellung.*
- 11.06.1944 Die NSDAP hatte die Bevölkerung *zu einer gemeinsamen Feier aufgerufen, in der* [Ritterkreuzträger] *Leutnant Friedrich Zempel (im Zivilberuf Lehrer) sehr interessante Ausführungen über den Verlauf und die Härte der Kämpfe gegen den Bolschewismus machte und in der er die gesamte Bevölkerung aufrief, es unseren tapferen Soldaten gleich zu tun und noch härter im Aus- und Durchhalten zu werden, als es bis jetzt der Fall war.*[74]
- 17.06.1944 *Weitere Parteiveranstaltung.*

Die knappen Notizen über Veranstaltungen veranschaulichen einmal die Tendenz der ideologischen Indoktrination der Bevölkerung, andererseits deren Bedürfnis nach Zerstreuung und leichter Unterhaltung im Kriegsalltag.

Volksbücherei

Durch die Evakuierung im Jahre 1939 und die Wegnahme der Bücher für die Truppe waren die beiden Volksbüchereien in den Gemeinden Püttlingen und Altenkessel geschlossen worden. Nach vielfachen Bemühungen gelang es, die notwendigen Räume für die Neueinrichtung der Volksbücherei wieder herzurichten, für die Gemeinde Püttlingen in dem früheren Raum in der Schule Bengeserstraße mit vorläufig 2.400 Büchern, für die Gemeinde Altenkessel in der Schule Großwaldstraße mit vorläufig 1.600 Bänden. Die Eröffnung war für den 01.04.1943 vorgesehen, gelang aber erst zum 21.10.1943. In Altenkessel konnten die Wiederinstandsetzungsarbeiten im Herbst abgeschlossen und die

---

73 Monatsbericht vom 29.04.1943.
74 Monatsbericht vom 26.06.1944, über Zempel vgl. Sperling/Müller, S. 431.

Bücherei am 18.11.1943 wieder eröffnet werden. Die Benutzerfrequenz belegt den Lesehunger der Bevölkerung: bis Jahresende 1943 hatten über 600 eingetragene Leser 2.000 Bücher ausgeliehen.[75]

Totaler Krieg

Jeder Volksgenosse hat seine Kräfte für den Sieg einzubringen, entweder im Wehrdienst oder an der *Heimatfront* – diese und ähnliche Durchhalteparolen wurden der Bevölkerung immer und immer wieder eingehämmert und von ihr der volle uneingeschränkte Einsatz zur Niederringung des » Feindes« – das waren nicht nur die Alliierten, sondern jeder, der sich von Hitlers Hegemonialambitionen distanzierte oder ihnen skeptisch gegenüberstand – gefordert. Zur Erringung des *Endsieges* waren alle Mittel recht, nicht nur militärische, auch ideologische und propagandistische. Moralische Bedenken wurden beiseite geschoben. Alle materiellen und personellen Ressourcen im Reichsgebiet und in den von der Wehrmacht besetzten Staaten wurden der deutschen Kriegswirtschaft zugeführt.

Für den Kleinraum der beiden Gemeinden Püttlingen und Köllerbach waren die Auswirkungen des totalen Krieges nicht spektakulär, aber sie trafen alle Bewohner und veränderten deren Lebensumstände.

In den durch die Einberufung der Männer zur Wehrmacht frei gewordenen Arbeitsplätzen rückten Frauen nach oder nur noch bedingt arbeitsfähige Männer, Kriegsgefangene und *Fremdarbeiter*, die in den besetzten Gebieten meist zwangsrekrutiert worden waren.

Hitler-Jungen, die noch nicht das wehrdienstpflichtige Mindestalter erreicht hatten, wurden herangezogen, um einer Anordnung über die Vergrößerung der Freiwilligen Feuerwehr auf 120% der Friedenssollstärke nachzukommen. Im September 1941 wurde mit der Aufstellung einer Feuerwehrtruppe der HJ begonnen und dazu in Püttlingen 37, in Altenkessel 20 Jungen *bereit gestellt*. Die angesetzten Übungen wurden aber so schwach besucht, dass eine Ausbildung nicht möglich war. Eine stärkere Teilnahme an den Übungen konnte weder durch eine persönliche Fühlungnahme zwischen Amtsbürgermeister und zuständigem HJ-Führer noch durch schriftliche Mitteilungen unter

---

75 Monatsberichte vom 26.02., 28.10. u. 23.12.1943.

Beifügung der jeweiligen Anwesenheitslisten erreicht werden, so dass im Sommer 1942 mit einer Verstärkung der Wehr durch Hitlerjungen schon nicht mehr gerechnet wurde. Die Versuche liefen aber weiter, im Juni 1943 berichtete der Amtsbürgermeister, dass der Einsatz der HJ zur Verstärkung der Freiwilligen Feuerwehr auch dadurch beeinträchtigt würde, dass ausgebildete und interessierte Jugendliche *immer wieder für die Wehrmacht oder sonstige noch kriegswichtigere Aufgaben in Anspruch genommen wurden.*[76] Dabei ist insbesondere an den Einsatz als Luftwaffenhelfer zu denken, in dem Oberschüler ab Obertertia standen, auch einige Püttlinger, die das Völklinger Realgymnasium besuchten.

Auch zur Kontrolle der Verdunkelungsvorschriften wurden Hitler-Jungen seit Dezember 1942 herangezogen. Kleinere Gruppen von Hitlerjungen und BDM-*Maiden* wurden zum Ernteeinsatz nach Lothringen geschickt.[77]

Pferde und Hunde wurden gemustert. Bei einer Vormusterung im Juli 1942 wurden in Püttlingen 12 Pferde und in Altenkessel 2 als *einstweilen truppenuntauglich zurückgestellt.*[78]

Bei der Erfassung und Ausmusterung sämtlicher Hunde im November 1943 wurden 96 Tiere vorgeführt, 4 Hunde als für Zwecke der Wehrmacht brauchbar befunden.[79]

Schon einige Jahre bevor durch den Reichspropagandaminister Goebbels der *Totale Krieg* proklamiert wurde, war die Bevölkerung zur Sparsamkeit im Umgang mit Kleidung, Lebensmitteln, Brennstoffen, Energie usw. angehalten worden und wie schon in den Vorkriegsjahren immer wieder zu besonderen Sammelaktionen (Altpapier, Schrott, aber auch Heilkräuter) aufgerufen worden, meistens wurden Jugendliche über Schule oder die NS-Jugendorganisation dazu eingeteilt.

Im ersten Winter des Russlandfeldzugs wurde Winterkleidung für Soldaten gesammelt und von der Frauenschaft die gespendeten Stücke durchgesehen, sortiert, zweckentsprechend umgearbeitet. Starkes Interesse soll die Ausstellung eines Teiles der gespendeten und bearbeiteten Stücke in einem Geschäft in der Pickardstraße bei der Bevölke-

---

76 Dito vom 26.06. u. 26.07.1942, vom 26.03. u. 28.06.1943 (StadtA PÜ).
77 Völklinger Zeitung vom 21.08.1941, achtzehn Hitlerjungen und BDM-Maiden aus Püttlingen.
78 Monatsbericht vom 26.07.1942.
79 Wochenbericht vom 29.11.1943.

rung gefunden haben. Die Presse rühmte das Ergebnis der Aktion als Ausdruck der *Opferfreudigkeit*.[80]
Zur Annahme nicht mehr benötigter Textilien, *Spinnstoffe* wurden sie damals genannt, richtete die Frauenschaft Annahmestellen in den Schulen in der Derlerstraße, der Hindenburgstraße und im Ortsteil Ritterstraße ein.[81]
Zur Verbesserung der Ernährungslage der einzelnen Familien ergingen wiederholt Aufrufe, alle Grundstücke zu bewirtschaften[82], kein Quadratmeter dürfe unbebaut liegen bleiben.[83]
Ebenso wurde die Vernichtung tierischer Schädlinge, vor allem der Kartoffelkäfer propagiert.

Kriegsgefangene und Zwangsarbeiter[84]

Während des Krieges wurden Millionen von Kriegsgefangenen und unter Druck angeworbene, später zwangsweise deportierte Arbeitskräfte aus den besetzten europäischen Staaten in der deutschen Kriegswirtschaft eingesetzt, um die durch die Einberufung deutscher Männer zum Wehrdienst unbesetzten Arbeitsplätze auszufüllen und darüber hinaus die Erzeugung von Rüstungsgütern zu steigern.[85] Insgesamt standen zwischen 1939 und 1945 8,4 Millionen ausländische Zivilarbeiter und 4,6 Millionen Kriegsgefangene im zwangsweisen Arbeitseinsatz (etwa 4,7 Millionen Sowjetbürger, 1,6 Millionen Polen, 1,7 Millionen Franzosen, fast eine Million Italiener und knapp 500.000 Niederländer).[86]
Der Einsatz der ausländischen Arbeitskräfte lässt sich in fünf Phasen untergliedern, die sich quantitativ und qualitativ voneinander unter-

---

80 Völklinger Zeitung vom 06.01.1942.
81 Völklinger Zeitung vom 31.07.1941.
82 Volksfreund vom 07.05.1941.
83 Völklinger Zeitung vom 08.04.1943.
84 Vgl. dazu Sperling/Müller. S. 373-430 mit zahlreichen Zeitzeugenaussagen.
85 Einen guten Überblick über die derzeitige Forschungslage gibt Fabian Lemmes in der Einleitung zu seiner Arbeit »Zwangsarbeit in Saarbrücken«.
86 Spoerer, Zwangsarbeit. S. 49f. u. 221f.

scheiden,[87] sie spiegeln sich auch in den lokalen Püttlinger Verhältnissen.
Die 1. Phase, die den Einsatz polnischer Kriegsgefangener betrifft, entfällt für Püttlingen, weil es im ersten Kriegsjahr von der Zivilbevölkerung geräumt war.
Die ersten Nachrichten über Kriegsgefangene in Püttlingen fallen in die 2. Phase (1940/41), sie wird in der Fachliteratur als »Ausländereinsatz im Zeichen der Blitzkriegerfolge« tituliert.
Der »Volksfreund« berichtet in seiner Ausgabe vom 17.08.1940, dass *der Gemeinde zur Durchführung öffentlicher Arbeiten auch Kriegsgefangene aus Frankreich zur Verfügung stehen.* Paul Sperling gibt ihre Zahl mit 30-40 an.[88]
Die Jahreswende 1941/42 stellte für die Politik des Ausländereinsatzes in der deutschen Kriegswirtschaft eine tiefe Zäsur dar. Die militärischen Rückschläge verlangten die Einberufung bisher zurückgestellter wehrdienstfähiger Männer und die Steigerung der Rüstungsproduktion. Die Einbeziehung ausländischer Arbeitskräfte in dieser 3. Phase wurde systematisch ausgeweitet durch die Herbeischaffung von Ostarbeitern, durch verschärftes Vorgehen in Polen und durch eine forcierte Rekrutierung in den besetzten westeuropäischen Ländern. Hitler ernannte den thüringischen NSDAP-Gauleiter Fritz Sauckel zum *Generalbevollmächtigten für den Arbeitseinsatz*. Maßgeblichen Anteil an ihrem Einsatz in der deutschen Eisen- und Stahlindustrie hatte Hermann Röchling in seiner Eigenschaft als *Vorsitzer der Reichsvereinigung Eisen*. Die von ihm erwartete Erhöhung der deutschen Eisen- und Stahlproduktion verband er mit der Forderung nach Erhöhung der Zahl der Arbeitskräfte, die aus den besetzten Ländern zuzuführen seien unter Missachtung des Haager Abkommens.
Im Jahr 1942 kamen die ersten sowjetischen Kriegsgefangenen (ca. 30) hierher.[89] Bürgermeister Jung schrieb in seinem Monatsbericht vom 27.08.1942, der größere Teil der in Püttlingen untergebrachten ausländischen Zivilarbeiter arbeite bei den Röchling'schen Eisen- und Stahlwerken in Völklingen.
Die 4. Phase ist geprägt durch die Schwenkung in der Propaganda. In

---

87 Lemmes, Zwangsarbeit. S. 57-71.
88 Sperling. S. 373.
89 Ebenda.

Anbetracht von militärischen Niederlagen an allen Fronten ließ sich der Bevölkerung die Erwartung eines baldigen siegreichen Kriegsendes nicht mehr vermitteln, sondern sie musste darauf eingestimmt werden, dass durch Einsatz aller Kräfte – Propagandaschlagwort *Totaler Krieg* – ein deutscher Endsieg doch noch möglich sei, wenn eben alle Kräfte mobilisiert, alle Ressourcen an *Menschen und Material* ausgeschöpft würden. Infolge des Frontenwechsels Italiens – Sturz Mussolinis, Waffenstillstandsvertrag der neuen Regierung mit den Alliierten – kamen nun auch italienische Militärinternierte im Deutschen Reich zum Einsatz, auch in Püttlingen.

In der 5. und letzten Phase wurde zwar einerseits versucht, aus den ausländischen Arbeitskräften »das Letzte herauszuholen«, andererseits bewirkten das Näherrücken der Front im Spätherbst 1944 und das Ausdünnen des Aufsichtspersonals, dass Einzelne oder Gruppen untertauchen und sich bis zum Einmarsch der Alliierten versteckt halten konnten. Ihr Verhalten in den ersten Wochen nach dem Einmarsch der US-Truppen war die Reaktion auf die Brutalität, der sie jahrelang ausgesetzt gewesen waren.

Eingesetzt waren die ausländischen Arbeitskräfte an verschiedenen Stellen, davon abhängig war auch ihre Situation und das Maß der Kontaktmöglichkeiten mit der Bevölkerung. Die französischen Kriegsgefangenen waren meist in der Landwirtschaft tätig, sie wurden häufig von den Familien, denen sie zugeteilt waren, verpflegt, mitunter schliefen sie auch in Privatquartieren. Ähnlich war es mit den relativ wenigen Ostarbeiterinnen, die als Haushaltshilfen arbeiteten. Die holländischen Zivilarbeiter schafften in der Völklinger Hütte, die russischen ebenfalls in der Völklinger Hütte und in der Grube Viktoria, wo auch die italienischen eingesetzt waren.[90] Die Zahl der in der Völklinger Hütte eingesetzten ausländischen Zwangsarbeiter belief sich Mitte des Jahres 1944 auf 2.772 Männer und 1.579 Frauen, die der Kriegsgefangenen auf 1.272, zusammen also 5.623 Menschen.[91] Auf das Püttlinger Alltagsleben hatte der Einsatz von Kriegsgefangenen und *Fremdarbeitern* Auswirkungen vornehmlich in zwei Bereichen, einmal bei ihrer Unterbringung, zum anderen im Verhalten ihnen gegenüber.

---

90 Differenzierung der Unterbringungs- und Einsatzorte bei Sperling.
91 Krämer-Plettenberg, S. 48-55.

Räumliche Unterbringung

Auf die Unterbringung von Kriegsgefangenen und ausländischen Arbeitern waren die Gemeinden Püttlingen und Köllerbach genauso wenig vorbereitet wie alle anderen deutschen Städte und Dörfer, und es wurde hier genauso verfahren wie anderenorts, nämlich Massenquartiere in Sälen, Hallen und Schulen eingerichtet und behelfsmäßige Lager gebaut. Bekannt sind Wohnlager und Massenunterkünfte für ausländische Arbeitskräfte[92] in

Altenkessel	Lager Josefa Schacht	italienische Militärinternierte
	Lager am Marktplatz	französische Kriegsgefangene
	Lager Eisenbahnwerkstätte	Ostarbeiter
Engelfangen	Lager Aspenschacht (903)	Kriegsgefangene
Etzenhofen	Bahnhof	franz. Kriegsgefangene
	Arbeitserziehungslager, belegt von März 1943 – Dezember 1944, vorher Jugenderziehungslager (?)	
Herchenbach	Keller des Schulhauses	Russen
Köllerbach	Lager (952)	Kriegsgefangene
Püttlingen	Bahnhof, ältestes Lager	franz. Kriegsgefangene
	Saal Kraß, Espenstraße	albanische Zivilarbeiter und italienische Militärinternierte
	Saal Geibel, heute Weiherbachstr.	ca. 100 holländische Zivilarbeiter
	Saal Gauer, heute Köllertalstraße	ca. 100 holländische Zivilarbeiter
	Saal Mathieu, heute Völklingerstr.	ca. 100 holländische Zivilarbeiter
	Saal Papst, heute Völklingerstraße	ca. 140 holländische Zivilarbeiter, belegt bis Ende November 1944
	Altmeyer Völklingerstr. 6, Schmitt /Hotel Kockler, Schule Picardstraße	
	Lager Erbachtal	ukrainische Zwangsarbeiter / sowjetische Kriegsgefangene, Mai 1943-1944
	Lager Erbachtal (2032)	800 italienische Militärinternierte, Okt. 1943

---

92 Entnommen der Liste in Krämer/Plettenberg, S. 305-318.

Von den genannten Massenquartieren und Lagern, die auf die Schnelle in primitivster Weise zum Wohnen und Schlafen der ausländischen Männer und Frauen hergerichtet worden waren, hebt sich das Lager Etzenhofen als Straflager ab.[93]
Seine Besonderheit liegt darin, dass dort die »Disziplinierung« und Bestrafung von auf der Völklinger Hütte eingesetzten Ostarbeitern, die in irgendeiner Weise gegen Anweisungen und Richtlinien verstoßen hatten, so durchgeführt wurden, dass sie nicht aus dem Arbeitsprozess ausscheiden, sondern weiterhin dem Werk als Arbeitskräfte dienen sollten.[94] Andere Firmen schoben die bei ihnen »straffällig gewordenen« an ein Lager, u.a. Goldene Bremm, ab und forderten dafür neue Arbeitskräfte an. Nur die Saargruben A.G. verfuhr in ähnlicher Weise wie die Leitung der Völklinger Hütte, indem sie ein Straflager im Gelände der Grube Mellin, Sulzbach, einrichtete.[95]
In den Röchling'schen Eisen- und Stahlwerken war schon in der Vorkriegszeit ein Werksschutz, dem der aus dem Abstimmungskampf bekannte Albrecht Serf angehörte, eingerichtet worden. In Erweiterung seines Aufgabenbereiches übernahm er im Krieg auch die Bestrafung von ausländischen Arbeitskräften bei Nachlässigkeit, Bummelei oder Arbeitsverweigerung. Im Frühjahr 1943 wurde vom Reichssicherheitshauptamt in Abstimmung mit der Werksleitung ein Schnellgericht in der Hütte eingerichtet.[96] Von wem die Initiative ausging, konnte bisher nicht eindeutig geklärt werden. Doch kann dies nur erfolgt sein im Zusammenwirken von staatlichen Organen und der Direktion der Röchling'schen Eisen- und Stahlwerke.
Eine ähnliche Abstimmung der beiderseitigen Interessen führte zur Errichtung des Arbeitserziehungslagers Etzenhofen. Die immer wieder gehörte Behauptung, Hermann Röchling habe von den Vorgängen in und um das Lager Etzenhofen gar nichts oder kaum etwas gewusst, erscheint mir als eine im Rastatter Kriegsverbrecherprozess vorgebrachte Schutzbehauptung mit seltener Langlebigkeit. In Anbetracht der vielfach gerühmten Agilität Hermann Röchlings in den letzten Kriegsjahren ist es nicht glaubhaft, dass er nichts von der Art der

---

93 Sperling, S. 385f.
94 Horch, Hans, Röchlings Verbrechen oder: Der deutsche Imperialismus vor Gericht, in: Saarbrücker Hefte 92 (Herbst 2004), S. 15-28.
95 Seidel, Zwangsarbeiter und Ausländerbeschäftigung, S. 230.
96 Krämer-Plettenberg, S. 82.

»Erziehung« in Etzenhofen gewusst haben soll. Die Leitungsstruktur in den Röchling'schen Firmen, nicht nur der Hütte, schließt aus, dass Angelegenheiten von der Schwere Etzenhofens nie dem »Chef« bekannt geworden und eigenmächtig vom Leiter des Werkschutzes SS-Obersturmbannführer Erich Rassner ohne Rückversicherung bei der Firmenleitung entschieden worden seien.

Die Einweisung in das Lager erfolgte durch das Schnellgericht. Die Freiheitsstrafen lagen zwischen 6 und 56 Tagen, oberhalb einer Strafe von 56 Tagen erfolgte die Überstellung in das KZ-Lager Natzweiler bei Schirmeck im Elsass. Nach anderen Angaben soll schon bei Strafen von mehr als 28 Tagen eine Abschiebung in ein Polizei- oder KZ-Lager eingetreten sein. Wenn die Häftlinge nach 12-stündiger Schicht ins Lager zurückkehrten, mussten sie zum Strafexerzieren antreten. Misshandlungen waren keine Seltenheit. Die Ernährung im Lager war so schlecht, dass sich die Häftlinge nach Verbüßung ihrer Strafe in einem katastrophalen Gesundheitszustand befanden. Einzelne Todesfälle sollen vorgekommen sein. Angstschreie, besonders der russischen Frauen, waren so laut zu hören, dass sich die Menschen aus der Umgebung von Etzenhofen auf der Anhöhe von Herchenbach versammelten, um die Wachtmänner zu beschimpfen.[97]

Für die Belegung des Lagers sind einige Zahlen bekannt:

2. Quartal 1943	160	Häftlinge
3. Quartal 1943	276	
4. Quartal 1943	80	
1. Quartal 1944	247	
2. Quartal 1944	271	
3. Quartal 1944	287	
4. Quartal 1944	283	

Verhältnis Ortsbevölkerung – Kriegsgefangene/Zwangsarbeiter

Die fast tägliche Begegnung mit Kriegsgefangenen und Zwangsarbeitern war für die Zivilbevölkerung neu. Der »Völklinger Volksfreund« verband gleich seine erste Nachricht über den Einsatz französischer

---

97 Ebenda S. 83-85.

Kriegsgefangener in Püttlingen mit dem Hinweis, dass *uns nichts mit diesen Kriegsgefangenen verbindet und daß daher schon der geringste Verstoß im Verhalten gegenüber den Kriegsgefangenen als Verrat an der deutschen Volksehre gedeutet werden muß, denn »Feind bleibt Feind«*.[98]

Die Nachrichten aus den folgenden Jahren über den Umgang mit ausländischen Arbeitskräften zeigen eine deutliche Differenzierung nach der Herkunft aus west- und südeuropäischen Ländern einerseits, osteuropäischen andererseits. Unter den »Westeuropäern« genossen die Holländer das größte Maß an Freiheit. Nach Sperling sollen sie sich an Sportveranstaltungen beteiligt und Zugang zu Tanzabenden gehabt haben. Der »ausländischer Zivilarbeiter« Johannes de Rooy, geb. 1922 in Dordrecht/Niederlande berichtet über seine Zeit in Püttlingen: *Er wurde am 25.05.1942 zur Arbeit in Deutschland dienstverpflichtet, binnen einer Woche in einem Sammeltransport ins Reich gebracht und den Röchling'schen Eisen- und Stahlwerken zugewiesen. Nach einer mehrmonatigen Ausbildung in der Werkzeug- und Maschinenfabrik Gebr. Kreis in Kusel nahm er seine Tätigkeit in Völklingen im Dezember 1942 auf. Untergebracht waren er und etwa 140 Landsleuten in einem Massenquartier im Saale Papst. Ihr Nachtlager bestand aus Strohsäcken und Pferdedecken. Die Qualität der Verpflegung verschlechterte sich deutlich im Lauf der Zeit. Bis Herbst 1944 konnten sie sich relativ frei bewegen nicht nur auf der Fahrt zwischen Arbeitsplatz und Unterkunft, sondern auch an den arbeitsfreien Wochenenden, die er und seine Kameraden zu Fahrten in die weitere Umgebung bis nach Trier und Metz nutzten. Über Kontakte mit der Püttlinger Bevölkerung berichtet er nichts. Seit September 1944 wurden sie unter SS-Bewachung gestellt und ihre Bewegungsfreiheit stark eingeschränkt. Ende November 1944 wurden sie unter SS-Aufsicht nach Homburg verlegt. Dort konnte er sich mit einigen Kollegen von der Gruppe entfernen und auf verschlungenen Wegen schließlich seine Heimat erreichen.*[99]

Die Art des Umgangs von Püttlinger Bürgerinnen und Bürger mit Kriegsgefangenen und Zwangsarbeitern wurde bestimmt

---

98 »Püttlingen meldet...« in Volksfreund vom 17.08.1940.
99 Auszüge seiner gedruckten Memoiren im StadtA Püttlingen

- durch das Maß ihrer ideologischen Durchdringung mit rassenpolitischer Propaganda, gerade Menschen aus der Sowjetunion wurden deklassiert als Barbaren, Untermenschen, Verbrecher, Subjekte ohne Kultur und Zivilisation,[100]
- durch die Furcht denunziert zu werden und
- durch die mentale Einstellung in Not geratenen fremden Menschen gegenüber.

Das Verhalten reichte von dem systemkonformen hohen Arbeitsdruck über eine dünkelhafte Distanzierung und das gelegentliche Zustecken von Lebensmitteln bis zur Übertretung der einschlägigen Vorschriften aus Verständnis und Mitleid.

Gegensätze trafen vor allem am gemeinsamen Arbeitsplatz aufeinander, sie wurden bestimmt durch die Herkunft aus unterschiedlichen Lebensräumen, mitunter auch unterschiedlicher Zivilisationsstufen und unterschiedlichen technischen Kenntnissen und durch Sprachschwierigkeiten. Von deutscher Seite wurde nicht immer Geduld gezeigt, sondern versucht durch Schelte, auch durch Prügel mehr Sorgfalt oder eine Leistungssteigerung zu erreichen. Inwieweit von der anderen Seite durch bewusste Bummelei oder fehlerhafte Arbeit »Sabotage« betrieben wurde, konnte ich für den Kleinraum Püttlingen nicht in Erfahrung bringen.

Das zweite Problemfeld war die ortsbekannte Unterernährung der Kriegsgefangenen und Zwangsarbeiter. Obwohl die Weitergabe von Lebensmitteln streng verboten war, wurde gelegentlich mit ihnen das Schichtenbrot geteilt oder ihnen beim Vorbeigehen etwas Essbares zugesteckt. Sperling berichtet auch von Tausch von Lebensmitteln gegen aus Holz gebastelte Spielzeuge. Quantitative Aussagen lassen sich hier nicht machen. Auffällig erscheint mir aber, dass in den Monatsberichten von Bürgermeister Jung nur einmal eine Anzeige in dieser Hinsicht erwähnt wird.[101]

Bei den in der Landwirtschaft eingesetzten französischen Kriegsgefangenen und bei den in Privathaushalten beschäftigten Zwangsarbeiterinnen ergab sich zuweilen ein Konnex mit der Familie. Bei

---

100 Krämer-Plettenberg, S. 77.
101 Monatsbericht vom 27.10.1942.

gelegentlichen Kontrollen wurden Übertretungen des Verbotes der Tischgemeinschaft festgestellt und gerügt.
Intime Beziehungen zu Kriegsgefangenen und Zwangsarbeitern waren unter strenge Strafe gestellt, dennoch kam es hin und wieder dazu. Mir wurde eine Frau aus Herchenbach genannt, die ein Kind von einem französischen Kriegsgefangenen bekam.

Sicherheitspolizeiliche Probleme

Für Bürgermeister und Ortspolitzei schuf die große Zahl von Kriegsgefangenen und ausländischen Zivilarbeitern auch Sicherheitsprobleme.
Im März 1943 waren im Ortspolizeibezirk Püttlingen vorhanden 2 Polizeiexekutivbeamte der Gemeinde, 1 Gendarmeriemeister und 1 Gendarmeriewachtmeister der Reserve. Zur gleichen Zeit waren in Püttlingen anwesend 400 ausländische Arbeiter, 50 russische Kriegs- und Zivilgefangene. In nächster Zeit sollten noch 1.500 russische Kriegsgefangene in einem bei Grube Viktoria zu bauenden Lager untergebracht werden. Amtsbürgermeister Jung klagte über die unzulängliche Ausrüstung der Gendarmerie: Bei einem Großalarm aus *Anlaß des Ausbruchs von Kriegsgefangenen aus einem Kriegsgefangenenlager im Reich (!) ergaben sich insofern Schwierigkeiten als die zu den Nachtpatrouillen eingesetzten Wachmänner der Landwacht, Feuerwehr und technischen Nothilfe in keinem Falle mit einer Waffe versehen werden konnten, weil solche nicht zur Verfügung stehen. Es kann aber billigerweise diesen Leuten nicht zugemutet werden, sich bei derartigen Maßnahmen mit Erfolg und restlos einzusetzen, weil sie etwaigen bewaffneten Widerstand dieser Elemente, mit denen in solchen Fällen stets gerechnet werden muß, nahezu wehrlos gegenüberstehen und unter Umständen sogar mit dem Verlust ihres Lebens rechnen müssen. Den Gemeinden stehen nicht einmal zur Ausrüstung ihrer beiden Polizeibeamten die erforderlichen Karabiner oder Gewehre zur Verfügung. Diese sind nur mit Pistolen bewaffnet. Ich erachte es deshalb als für unbedingt notwendig, daß die zur Durchführung dieser Art Alarm aufgerufenen Männer, mindestens aber jeder*

2. Mann mit einer Schußwaffe – am besten Gewehr oder Karabiner – ausgerüstet werden.[102]
Im Herbst 1943 war der Personalbestand unverändert, es waren nach wie vor nur zwei Schutzpolizeibeamte der Gemeinde und zwei Gendarmeriebeamte in Püttlingen anwesend. Drei Viertel des Sollbestandes war im auswärtigen Einsatz. Verstärkt waren aber jetzt die Polizeiexekutivkräfte durch die aus 56 Zivilisten bestehende Landwacht zum Einsatz bei *grösseren politischen Unternehmungen*[103] und durch die im August 1943 aus den nicht zum Wehrdienst einberufenen Männern der Geburtsjahrgänge 1900 bis 1923 gebildete SA-Wehrmannschaft.[104]
Vorfälle mit Kriegsgefangenen und ausländischen Zivilarbeitern erwähnt der Bürgermeister nur spärlich in seinen Monatsberichten, z.B. im Bericht über Januar 1944 – 3 ukrainische Zivilarbeiter wurden wegen Entfernung von ihrer Arbeitsstätte und Umherstreichens festgenommen. Entwichene Fremdarbeiter wurden in das Lager Neue Bremm[105] in der Nähe des Saarbrücker Zentralfriedhofs überstellt. Drei italienische Militärangehörige wurden am 07.11.1943 auf der Flucht erschossen.[106]
Interessant ist ein Passus in dem Bürgermeisterbericht für das 2. Quartal 1944,[107] wonach Unruhen unter den Kriegsgefangenen und Zwangsarbeitern auf die Nachrichten von der gelungenen Invasion der Alliierten in der Normandie im Juni 1944 für möglich gehalten, wenn nicht sogar befürchtet worden waren, aber nicht eingetreten seien.

---

102 Wochenbericht vom 26.03.1943.
103 Bericht des Amtsbürgermeisters vom 29.11.1943.
104 Völklinger Zeitung vom 21.08.1941.
105 Dazu Elisabeth Thalhofer, Neue Bremm – Terrorstätte der Gestapo. Ein erweitertes Polizeigefängnis und seine Täter 1943-1944, 2. erweiterte Auflage St. Ingbert 2003.
106 Dazu ausführlich Sperling, S. 382.
107 StadtA Püttlingen.

Feindpropaganda

Auch die Bevölkerung des Köllertals wurde von alliierter Propaganda durch abgeworfene Flugblätter und Radiosendungen erreicht. Die mir bekannt gewordenen Hinweise reichen weder aus, um etwas über den Umfang der sogenannten *Feindpropaganda* noch ihre Wirkung auf die Bevölkerung auszusagen. Ich beschränke mich daher auf die Wiedergabe von Einzelnachrichten.

Staat und Partei waren bestrebt, die Bevölkerung gegenüber gegnerischen Nachrichten abzuschirmen. Flugblätter sollten eingesammelt und ungelesen bei der Polizei aufgeliefert werden. In der Nacht vom 15/16.09.1941 wurden beim Überfliegen des Püttlinger Gemeindegebiets von feindlichen Fliegern größere Mengen Flugblätter abgeworfen, die in der Morgenfrühe durch Einsatz aller verfügbaren Polizeiorgane und der Schulen eingesammelt und der Stapo übergeben wurden. Im Dezember desselben Jahres wurde ein einzelnes Flugblatt ausländischer Fliegerpropaganda aufgefunden und an die Stapo weitergeleitet. In der Nacht vom 28.04.1942 wurden erneut Flugblätter abgeworfen, am anderen Tag eingesammelt und an die Stapo abgeliefert.[108]

Die Allierten versuchten durch Rundfunksender auf die Stimmung der deutschen Bevölkerung Einfluss zu nehmen. Die Regierung konterte mit dem strikten Verbot Feindsender überhaupt zu hören. In welchem Maße es von der Bevölkerung eingehalten wurde, lässt sich nicht mehr feststellen. Wenn es in Bürgermeister Jungs Monatsbericht von Dezember 1943 heißt: *Außerdem scheint ein in letzter Zeit aufgetauchter sogenannter Deutscher Soldatensender Calais durch seine Nachrichten ziemlich starke Verwirrung und Unruhe in den Bevölkerungskreisen zu stiften. Es dürfte zweckmäßig sein, durch Presse und Rundfunk oder in sonst geeigneter Weise über diesen Sender die nötige Aufklärung für die Allgemeinheit zu geben,* so darf daraus geschlossen werden, dass nicht nur einige wenige die Sendungen von Radio Calais gehört hatten. Es handelte sich um einen von England aus unter dem oben genannten Decknamen arbeitenden Sender, der in deutscher Sprache politische und militärische Nachrichten und Kom-

---

108 Bericht des Amtsbürgermeisters vom 28.04.1942.

mentare aus Sicht der Alliierten ausstrahlte und in ganz West- und Mitteleuropa empfangen werden konnte.
Einzelfälle von Abhören der *Feindsender* wurden während des Krieges bekannt, in größerem Maß erst nach Kriegsende, auch von NSDAP-Mitgliedern (vgl. S. 626). Die von den Alliierten beabsichtigte Wirkung, nämlich den Durchhaltewillen der Bevölkerung spürbar zu reduzieren, ist für Püttlingen und Köllerbach in den erhalten gebliebenen Quellen nicht erkennbar. Die Niederlagen der Wehrmacht an allen Fronten, die deutlich spürbare Beherrschung des Luftraumes über dem Reich durch die Alliierten, die Berichte von Soldaten auf Heimaturlaub über ihre Erfahrungen an der Front dürften bei Frauen und Männern in der Heimat das Vertrauen in die Führung viel mehr geschwächt und die Einstimmung auf eine unabwendbare Niederlage viel stärker gefördert haben als die (verbotene) Lektüre der abgeworfenen Flugblätter und das Hören der von den alliierten Sendern ausgestrahlten Nachrichten.

Die letzten Kriegsmonate

Am 01.08. durchbrachen die US-Truppen bei Avranches die deutschen Stellungen, durch die fast zwei Monate lang die Halbinsel Cotentin abgeriegelt worden war, und stießen innerhalb weniger Wochen bis ins westliche Lothringen vor, sie überschritten die Mosel bei Pont-à-Mousson, wurden aber auf den Höhen westlich von Metz aufgehalten. Das Köllertal geriet immer mehr in den Aktionsradius der alliierten Streitkräfte. Täglich erschienen gegnerische Flugzeuge, seit 30.11. lag Püttlingen auch unter Beschuss von US-Artillerie.
Paul Sperling und Michael Müller referieren in ihrem mehrfach zitierten Werk ausführlich Zeitzeugenberichte aus den letzten Kriegsmonaten und beschreiben die Operationen der deutschen und amerikanischen Streitkräfte an der Saarfront anhand der militärgeschichtlichen Literatur. Daher erübrigt sich hier eine detaillierte Darstellung.
Abgesehen von den direkten Kriegseinwirkungen – Einquartierungen deutscher Einheiten, gegnerische Bombenabwürfen, Jagdfliegerangriffe, Artilleriebeschuss – legten drei staatliche Anordnungen der Bevölkerung neue schweren Bürden auf:
• der Einsatz zu Schanzarbeiten,

- die Bildung des Volkssturmes,
- die erneute Evakuierung.

Seit Ende August 1944 wurden zunächst Männer zwischen 15 und 65 Jahren, dann auch Mädchen und Frauen (ohne Kleinkinder) zwischen 16 und 40 Jahren zu Schanzarbeiten herangezogen, anfangs im lothringischen Grenzgebiet und im Großraum Saarbrücken, dann auch in Quierschied und im Köllertal.[109] Den Schanzeinsatz beschreibt Amtsbürgermeister Jung in seinem letzten erhaltenen Vierteljahresbericht mit markigen Worten: *Dem Rufe des Reichsverteidigungskommissars mit Hacke und Spaten die Grenzen des Reiches gegenüber dem aus dem Westen anstürmenden Feind durch Ausbau von Befestigungen und Feldstellungen schützen zu helfen, leistete die heimische Bevölkerung in allen ihren Schichten freudig Folge. Tausende von Volksgenossen Berufstätige aller Betriebe und der Verwaltung und die Hausfrauen in großer Zahl stehen seit Tagen an den ihnen zugewiesenen Stellen zum Schanzen. Zur Zeit befinden sich einschließlich der Berg- und Hüttenarbeiter aus den beiden Gemeinden Püttlingen und Altenkessel circa 3000 Männer und Frauen im Einsatz.*[110]

Am 18.10. wurde der Erlass über die Bildung des Volkssturms vom 25.09.1944 veröffentlicht und auch im Köllertal unverzüglich mit der Aufstellung dieses »letzten Aufgebotes« begonnen. Über die NSDAP-Ortsgruppen wurden Jugendliche und Männer, die bisher wegen ihres Alters oder Gesundheitszustandes nicht zum Wehrdienst einberufen worden waren, erfasst. Es ist verständlich, dass die Mehrzahl alter und jugendlicher Volkssturmmänner nur widerwillig dem Aufruf Folge leisteten. Für eine einheitliche Uniformierung und effiziente Bewaffnung reichten die Vorräte der militärischen Magazine und Depots nicht mehr aus. Daher hatten die Volkssturmmänner Kleidung, Decken etc. mitzubringen, eine Armbinde sollte ihren Combattantenstatus kennzeichnen. Ihre Bewaffnung bestand vorwiegend aus Beutewaffen und den in ihrer Bedienung nicht ungefährlichen Panzerabwehrraketen, »Panzerfaust« genannt. Die Vereidigung erfolgte durch Parteiführer.[111]

---

109 Sperling/Müller, S. 450-454.
110 Bericht vom 27. 09.1944.
111 Sperling/Müller, S. 469-472.

In die Befehlsstruktur des Püttlinger Volkssturms war auch Amtsbürgermeister Jung integriert. Der Herchenbacher Volkssturm wurde zunächst von Dr. Lang, dann von Fahrsteiger Müller geführt.[112] In der Leitung des Gaues Westmark war inzwischen eine Änderung eingetreten. Gauleiter Bürckel war unter bis heute nicht restlos geklärten Umständen aus dem Leben geschieden.[113] Zu seinem Nachfolger war Willi Stöhr[114] ernannt worden.

Das Näherrücken der Front warf wieder die Frage nach Rückführung der Bevölkerung aus der Kampfzone auf, also einer erneuten Evakuierung.[115] Die Zeitumstände erlaubten nicht, sie in ähnlich gut organisierter Form wie in den ersten Septembertagen 1939 durchzuführen. An die Stelle der zwangsweisen Rückführung der Bevölkerung trat die Freiwilligkeit. Amtsbürgermeister Jung berichtete am 27. 09., dass ca. 300 Personen aus Püttlingen und ca. 490 aus Altenkessel in rückwärts gelegene Landesteile abgereist seien. Auch einige Herchenbacher Familien verließen zu dieser Zeit schon das Grenzgebiet.[116] Anfang Dezember wurde die Räumung von Amts wegen organisiert. Für die Rückführung aus der Freimachungszone, die von Völklingen bis Walpershofen reichte, galt Freiwilligkeit. Wer aus Furcht, das Köllertal könnte zum Kampfgebiet werden, sich zum Ausweichen in rechtsrheinische Reichsgebiete entschloss, setzte sich der Gefährdung durch alliierte Jagdbomber aus. Bei einem ihrer Angriffe auf einen Flüchtlingszug starben am 16.12. 16 Frauen und Kinder aus Püttlingen.[117] Ein Teil der Bevölkerung blieb in den Heimatorten trotz sich steigernder Feindeinwirkung und immer größer werdenden Schwierigkeiten der Versorgung mit Wasser, Strom und Lebensmitteln. Zu den vor Ort Gebliebenen gehörten Pastor Lermen und Kaplan Hommer,[118] auch

---

112 Klein, Nr. 224 u. 225.
113 Selbstmord ist nicht auszuschließen.
114 Willi Stöhr zog sich im März 1945 mit dem Stab der NSDAP-Gauleitung nach Süddeutschland zurück und tauchte dort unter, lebte eine Zeitlang in Übersee und verstarb in hohem Lebensalter nach November 1995 (Mitteilung von Dr. Dieter Wolfganger).
115 Sperling/Müller, S. 479-483.
116 Klein, Nr. 117.
117 Klein, Nr. 29 u. 75, Sperling, Bergbau Bd. 2, S. 185.
118 Geboren 24.01.1901 in Kettig, Kaplan in Püttlingen-ULF seit 24.02.1939, im April 1946 auf Expositur in Gonnesweiler (Handbuch Trier 1952, S. 999).

Ostarbeiter und -arbeiterinnen.[119] Leute aus den Warndtdörfern und aus Völklingen hatten sich nach Püttlingen geflüchtet. Im Schulhaus in der Pickardstraße wurde ein Feldlazarett eingerichtet und der Herrensalon des Friseurs Redezki in eine Rot-Kreuz-Station umfunktioniert und von Rot-Kreuz-Helfern und -Helferinnen betreut.
Indessen wuchs die Zahl der in den Köllertalorten einquartierten Truppen. Artilleriefeuer und Luftangriffe forderten immer wieder Opfer unter der Zivilbevölkerung von Püttlingen und Köllerbach,[120] obwohl sie sich meist in Schutzräumen aufhielt. Katastrophal wirkte sich die Beschädigung eines Wassersammelbehälters (»Eindicker«) vor dem Veltheimstollen der Grube Viktoria am 13.12.1944 aus. Die dadurch freigesetzten Wassermassen schossen in den Stollen, rissen sowohl die dort campierenden Menschen mit sich als auch abgestellte Kohlenwagen, wodurch die Zahl der Verletzten und Toten erhöht wurde.[121]

Die Verwaltung brach in den letzten Kriegswochen nicht ganz zusammen. Quartiergelder wurden von Wehrmachtseinheiten ordnungsmäß abgerechnet,[122] Anfang März noch einem gerade 16-Jährigen ein Stellungsbefehl zugestellt, dem er aber nicht Folge leistete, sondern sich bis zum Einmarsch der Amerikaner versteckte. Dass bis in die letzten Tage, auch bei aussichtsloser militärischer und politischer Lage mit grausamer Strenge Disziplin aufrechterhalten wurde, beweist das standgerichtliche Todesurteil gegen zwei junge Soldaten und deren Erschiessung am 03.03. in einem Köllerbacher Steinbruch.[123]
Bis zur Gegenwart hat sich in Püttlingen eine mündliche Überlieferung gehalten, es sei damals eine Liste erstellt worden mit den Namen von Männern und Frauen, die aus Sicht der NSDAP als unzuverlässig oder missliebig galten und vor Einrücken der US-Truppen liquidiert werden sollten. Auf der Liste sollen gestanden haben die Namen der Frauen Adele Faust, Leinenbach und Scholtes, der »gut katholische alte Faust aus der Espenstraße«, Peter Gehl und Alois Meyer genannt

---

119 Sperling-Müller, S. 520f.
120 Das Buch von Sperling/Müller enthält auch einige Aussagen zum Beschuss von Köllerbach und dessen Opfer.
121 Die detaillierte Schilderung des Zeitzeugen Josef Gauer bei Sperling/Müller, S. 495-498.
122 Abbildungen bei Sperling/Müller, S. 537ff.
123 Sperling/Müller, S. 507-509 u. 549f.

Schrinner Peter. Im Interview mit Frau Hertel geb. Pistorius erfuhr ich,[124] dass ihr Vater Ernst Pistorius von einem Bekannten informiert worden war, dass auch er auf dieser Liste stehe. Das habe ihn veranlasst, im Dezember 1944 Püttlingen zu verlassen. Welchen Personen oder welchen Umständen es zu verdanken ist, dass die Liquidationen nicht erfolgten, konnte ich nicht erfahren. Herr A.M. Scholtes, Enkel von Frau Scholtes, nannte den Zellenleiter Peter Breinig, der öfter beschwichtigend gewirkt habe.

Am 18.03. begann der Angriff der US-Streitkräfte gleichzeitig von dem Brückenkopf auf dem rechten Ufer um Fraulautern – Ensdorf saaraufwärts und aus dem Raum Losheim - Hermeskeil – Lebach in südöstlicher Stoßrichtung in der Absicht, den Westwall von hinten her aufzurollen bzw. den deutschen Truppen den Rückzug durch die Südpfalz zum Rheinübergang bei Germersheim abzuschneiden. Am 19.03. verließen die letzten Wehrmachtseinheiten Püttlingen. Brücken, deren Zerstörung im Winter vorbereitet worden war, wurden gesprengt. Eine Zerstörung der Bergwerke und Eisenhütten des Saarreviers unterblieb glücklicherweise.[125] Kämpfe um die Besetzung der Köllertalorte fanden nicht statt. Bürgermeister Jakob Jung blieb bis in die letzten Tage in Püttlingen. Gemeinderentmeister Leidner schrieb später: *Er hat in den besonders kritischen Tagen vor der Kapitulation die Zivilbevölkerung und auch Kriegsgefangene unter Mißachtung gegenstehender Befehle der Partei und der früheren deutschen Wehrmacht durch persönlichen Einsatz und Mut vor schweren wirtschaftlichen und gesundheitlichen Schäden bewahrt.* Im einzelnen hebt er hervor, dass Jung auf Wunsch von Besitzern bzw. Bewohnern der Häuser bei den Panzersperren, die der Volkssturm am Ortseingang angelegt hatte, die Sperrbalken nicht einlegen ließ. Dadurch habe er ein gewaltsames Öffnen der Sperren vermieden, bei dem gewiß auch die in der Nähe gelegenen Häuser beschädigt oder gar zerstört worden wären.[126] Am 20.03. rückten US-Truppen kampflos über die Derlerstraße und die Engelfangerstraße in Püttlingen ein. Amtsbürgermeister Jung und Ortsgruppenleiter Baldes hatten sich gleichzeitig mit den letzten deutschen Gruppen abgesetzt. Jung wurde

---

124 Interview am 10.07.2006.
125 Sperling/Müller, S. 515.
126 Schreiben seines Rechtsanwalts Szepan an den Staatskommissar für politische Säuberung vom 04.12.1950 (LA SB StKpolS Nr. 228).

am 29.04., also noch vor dem formellen Kriegsende, in der britischen Besatzungszone interniert. Auch Baldes wurde festgenommen, er starb am 06.02.1946 in einem Lager in Carentan (Dép. Manche, Nordfrankreich). Die vor Ort gebliebenen Volkssturmmänner wurden in ein US-Gefangenenlager bei Chalon-sur-Saône gebracht.[127]
In Herchenbach war eine Panzersperre zwischen den Häusern von Schmitz und Schampel angelegt und auch geschlossen worden. Die dortigen Volkssturmmänner hatten sich aber »verkrümelt«. Zwei Männer hissten weiße Fahnen, als sich die Amerikaner aus Richtung Sprengen näherten.[128] Die US-Truppen veranlassten unter Androhung von Strafmaßnahmen den Abbau der Sperre durch die Bevölkerung.[129]

»Stunde Null«

Die in den Medien späterer Zeit viel zitierte Stunde NULL fiel in Püttlingen und Köllerbach auf den 20.03.1945. Der Tag des Einmarsches der US-Truppen bedeutete das definitive Ende der NS-Herrschaft im Köllertal. Zwanzig Tage länger als zehn Jahre hatte sie gedauert. Ihre Bilanz war schrecklich, gemessen an den Verlusten an Menschenleben und an der Zerstörung materieller Werte in der Geschichte des Saarlandes nur vergleichbar mit dem Dreißigjährigen Krieg. Die Zukunft war völlig unsicher, aber randvoll mit Sorgen, Ängsten, Unsicherheit. Zwar brachte der 20.03. Aufatmen und Erleichterung, die tägliche Gefährdung durch Luftangriffe und Artilleriebeschuss war vorbei, mit deutschen Gegenangriffen war nicht zu rechnen, ein kritisches Wort, ein politischer Witz, eine noch deutlichere Äußerung gegen das NS-System würden nicht mehr zu einem Strafverfahren oder ins KZ-Lager führen.
Aber die Menschen waren erfüllt von Ängsten nach dem Schicksal der Ehemänner, Söhne und Brüder im Wehrdienst und der in rückwärtige Gebiete Ausgewichenen und Evakuierten, von Sorgen nach einer Minimalversorgung mit Gütern des täglichen Bedarfs, nach der

---

127 Breinig, Bd.2, S. 241.
128 Klein, Nr. 30, 36.
129 Klein, Nr. 37.

Unterkunft derer, deren Häuser beschädigt, zerstört oder von der Besatzungsmacht beschlagnahmt waren, nach den Möglichkeiten der Wiederaufnahme von Arbeit vornehmlich in den Steinkohlenbergwerken und der Völklinger Hütte. Viele fürchteten die Rache der durch das zusammengebrochene NS-Regime Verfolgten und Unterdrückten, mehr der vor Ort verbliebenen *Fremdarbeiter* als von Antifaschisten und zurückkehrenden Emigranten. Angst vor Bestrafung quälte all diejenigen, die sich aktiv im Dienst des NS-Systems hervorgetan und auf verschiedenen Ebenen Leitungsfunktionen wahrgenommen hatten. Hinzu kam die Unsicherheit über das Schicksal des Saarlandes. Stände eine erneute Abtrennung von Deutschland oder gar eine Umsiedlung der Bevölkerung an, ähnlich der in den ostdeutschen Gebieten laufenden Vertreibungen? So war das Leben in den ersten Nachkriegswochen und -monaten belastet mit Wohnungsnot und Hunger, Angst, Sorge und Unsicherheit.

Die Besatzungsmacht beauftragte August Herb aus Saarbrücken mit der Wahrnehmung der bürgermeisterlichen Funktionen in Püttlingen[130] und installierte eine Militärverwaltung für das Saarland in Saarbrücken, die im Juli nach Bildung der französischen Besatzungszone von einer französischen Militärregierung abgelöst wurde.

Die Darstellung der Aufarbeitung der Kriegsschäden, der langsamen Normalisierung des Alltagslebens, der Bildung neuer Verwaltungen auf Landes-, Kreis- und Ortsebene, des Entstehens eines neuen politischen Umfeldes, all das stellt einen Abschnitt der Püttlinger Geschichte dar, der noch zu schreiben ist.

---

130 Sperling, Bergbau Bd. 2, S. 268.

Kapitel VI
Anpassung und Widerstand

Akzeptanz des NS-Regimes

Jede landes- oder ortsgeschichtliche Darstellung sollte versuchen, die Frage nach Akzeptanz oder Ablehnung des NS-Regimes durch die Bevölkerung zu beantworten. Die allgemeine Forschung über die NS-Zeit hat nach jahrzehntelanger Beschäftigung mit diesem Thema zu einer differenzierenden Betrachtungsweise gefunden und begriffliche Unterscheidungen für ganz oder nur teilweise zustimmende Haltung der Bevölkerung, für selbst gewählte Isolation («innere Emigration») und für die verschiedenen Formen ablehnenden Verhaltens von der Nichtbefolgung oder Verweigerung einzelner Anordnungen bis zur Fundamentalopposition gegen das NS-Regime und zu seiner Bekämpfung in unterschiedlichen Formen und mit unterschiedlichen Mitteln erarbeitet. Der Grad der Nuancierung, den man bei der Übertragung einer solchen differenzierten Betrachtungsweise auf einen Kleinraum erhält, hängt ab von der Qualität und der Quantität der verfügbaren Quellen. Sind sie nur lückenhaft überliefert oder von fragwürdiger Aussagekraft und Verlässlichkeit, wird man nicht nur ein unvollständiges, sondern auch ein von Verzeichnungen nicht freies Bild erhalten.

Wie bei den meisten größeren Siedlungen ist es auch im Falle Püttlingen schwierig, ein annähernd zuverlässiges Bild von der tatsächlichen Einstellung der Püttlinger Bevölkerung zu entwerfen; denn die Mehrheit der einschlägigen Akten der Überwachungs- und Verfolgungsbehörden der NS-Zeit ist verloren. Die in der frühen Nachkriegszeit bei den Behörden der politischen Säuberung (»Entnazifizierung«) und Wiedergutmachung entstandenen Akten enthalten meist nicht eine objektive, sondern eine ihrem jeweiligen Zweck entsprechende Darstellung der Sachverhalte, außerdem ist ein Teil aus datenschutzrechtlichen Gründen noch nicht zugänglich. Die noch lebenden Zeitzeugen standen damals meist im Jugend- oder Kindesalter. Ihre Erinnerung an Verhalten oder Äußerungen von Eltern und Verwandten, Nachbarn oder älteren Kameraden sind heute überlagert und beeinflusst von Informationen, die ihnen seit Kriegsende von unterschiedlichen Medien in großer Menge und breit gefächerter Aufarbeitung zugeflossen sind.

Wenn hier von der »Bevölkerung« gesprochen wird, dann sollte man bedenken, dass zwischen der Volksabstimmung vom 13.01.1935 und dem Kriegsende sich einige Veränderungen ergeben hatten. Abwanderungen waren veranlasst unmittelbar nach der Abstimmung durch die Emigration, dann im Jahr 1937 durch Dienstverpflichtungen in andere Reichsgebiete und schließlich im Krieg durch Übernahme von Funktionen und Arbeitsplätzen in dem annektierten Moseldepartement, das unter der Bezeichnung »Lothringen« zusammen mit der Pfalz und dem Saarland die »Westmark« unter Bürckels Führung bildete.

Die stärkste Zuwanderung, allerdings nur temporär, brachte der Westwallbau. Zahlenmäßig weitaus geringer, auch niedriger als die Abwanderung durch Emigration, war die zwangsweise Rückführung von nach Frankreich emigrierten Einzelpersonen und Familien in den Jahren 1941/42.

Die erste Evakuierung (1939/40) brachte kaum demographische Veränderungen, weil fast alle Familien bei der Wiedereinräumung der Roten Zone im Laufe des zweiten Halbjahres 1940 zurückkehrten. Zuwanderungen aus Lothringen und Abwanderung nach Lothringen im Rahmen von Bürckels Siedlungsprogramm hielten sich ungefähr die Waage.

Auf Alltagsleben und Erscheinungsbild wirkten sich im Laufe des Krieges die Einberufungen zur Wehrmacht und der wachsende Einsatz von ausländischen Arbeitskräften[1] aus. Die Verschiebungen in der Bevölkerungszahl verknappten den verfügbaren Wohnraum, zumal er durch Bombenabwürfe der gegnerischen Luftstreitkräfte reduziert wurde.

Die Mehrheit der Saarländer hatte die Rückgliederung ins Deutsche Reich mit den Erwartungen eines nationalen Erstarkens und einer Verbesserung der wirtschaftlichen und sozialen Lebensumstände ver-

---

1 Sperling/Müller, S. 152, vgl. auch Kapitel V, S. 558-566.

bunden. Im ersten Punkt, in der zeitgenössischen Propaganda oft mit »Sprengung der Fesseln von Versailles« umschrieben, tat sich Einiges. Schon zwei Wochen nach der Rückgliederung, am 16.03.1935, wurde die allgemeine Wehrpflicht verkündet (vgl. S. 523), ein Vierteljahr später (18.06.1935) in einem Abkommen mit Großbritannien die 1919/20 Deutschland auferlegten Einschränkungen im Bau von Kriegsschiffen, besonders U-Booten, gelockert. Am 07.03.1936 marschierten deutsche Truppen in das entmilitarisierte Rheinland ein, einige Einheiten auch in Saarbrücken. Die als schmählich empfundene Schmälerung der Wehrhoheit des Deutschen Reiches war damit beseitigt. Im Sommer 1936 wurden in Berlin in geschickt und eindrucksvoll organisierter Weise die Olympischen Spiele mit großem internationalen Beifall ausgetragen. Die außenpolitische Annäherung an Italien fand ihren sichtbaren Ausdruck in dem wiederum imposant aufgezogenen Staatsbesuch des italienischen Staatschefs Mussolini in Berlin im September 1937. Im Frühjahr 1938 erfolgte der Anschluss Österreichs und im Herbst desselben Jahres die *Heimholung* des Sudetenlandes. Die *Feindmächte* des Ersten Weltkriegs reagierten auf diese deutsche Revisions- und Expansionspolitik, bei der internationale Verträge gebrochen wurden, zunächst nur mit lahmen Protesten. Die Mehrheit des deutschen Volkes feierte die Wiederherstellung von Deutschlands Größe, die Saarbevölkerung machte da keine Ausnahme.

Anders war es im zweiten Punkt. Die von den Befürwortern des Status quo vorhergesagten Schwierigkeiten bei der wirtschaftlichen Umorientierung vom französischen auf den deutschen Markt traten ein und konterkarierten die Versprechungen der Befürworter der Rückgliederung. Es stiegen die Arbeitslosenzahlen, die Preise und die Mieten, es sanken die Löhne. Wirtschaftlich gesehen waren die beiden ersten Jahre nach der Rückgliederung Krisenjahre.[2] Hinzu kamen Unzufriedenheit mit der Personalpolitik der neuen Landesverwaltung, aber auch mit der NS-Kirchen- und Schulpolitik.

Als Zeichen einer gesunkenen Stimmungslage kann gewertet werden, dass man in Betrieben, in denen zur Zeit der Rückgliederung nur der

---

2 Dazu ausführlich Mallmann/Paul, Herrschaft und Alltag, S. 39-54.

Hitler-Gruß gebraucht worden war, diesen im Sommer 1935 kaum noch hörte.[3]
Zur Veranschaulichung dessen, was damals von subalterner Stelle offiziell berichtet werden konnte und was tunlichst ungesagt blieb, sollen hier Abschnitte aus den Berichten des Püttlinger Amtsbürgermeisters zitiert werden. Sie sind behutsam formuliert, lassen aber doch Unzufriedenheiten und Ängste erkennen.
Bericht vom 10.10.1936 an den Landrat in Saarbrücken:[4]
Eine Änderung ist in der allgemeinen Stimmung nicht eingetreten. Besondere Mißstimmung ist in Püttlingen entstanden durch Verbote von Veranstaltungen in kirchlichen Vereinen, so besonders das Verbot der seit vielen Jahren üblichen Feier des Bergmannsvereines, die am 21. September stattfinden sollte.
Allgemein ist die Klage über Lebensmittelpreise.
Die Grube Püttlingen konnte die Belegschaft etwas erhöhen und brauchte keine Feierschichten einzulegen, während die auf den Fettkohlenschächten beschäftigten Bergleute monatlich durchschnittlich 3 Tage feiern mussten.[5]
Von den am 1. März 1935 gezählten Arbeitslosen sind z.Zt. in der Gemeinde Püttlingen 70%, in der Gemeinde Altenkessel 60% in Arbeit, vorübergehend in den Monaten Juli und August war der Stand etwas günstiger.
In beiden Gemeinden besteht Mangel an Kleinwohnungen. In Püttlingen wird eine merkbare Besserung eintreten, wenn die Volkswohnungen und Siedlungen fertig sind.
Die Lebensmittelversorgung bietet abgesehen von der zeitweisen Verknappung von Fett und Eiern keine Schwierigkeiten. In Püttlingen ist ein langsamer aber ständiger Rückgang der kleinen Landwirtschaftsbetriebe festzustellen.

Bericht vom 06.04.1937:[6]
Die Beteiligung an den Kundgebungen und Versammlungen der NSDAP hat sich ganz erfreulich gebessert. Eine Besserung in der allge-

---

3 Gestapobericht vom 05.06.1935, zitiert nach Muskalla, S. 397.
4 LA SB LRA SB Nr. 999.
5 Über den Betrieb in Grube Viktoria 1935/38 vgl. Sperling, Bergbau Bd. 2, S. 147-163.
6 LA SB LRA SB Nr. 999.

meinen Stimmung ist nicht eingetreten, man kann, besonders was die Gemeinde Püttlingen angeht, eher von einer Verschlechterung reden, die herbeigeführt wurde einmal durch die Verbote von weltlichen Veranstaltungen katholisch-kirchlicher Vereine[7] und durch die Abstimmung über die Einführung der Gemeinschaftsschule am 20.v.Mts..
Die Bergleute der Grube Püttlingen und der benachbarten Zechen haben volle Beschäftigung, Feierschichten brauchten in den letzten Monaten nicht eingelegt zu werden.
Allgemein sind die Klagen über die allmählich gestiegenen Preise der Lebensmittel.
Von den am 1. März statistisch erfassten Arbeitslosen sind z. Zt. in der Gemeinde Püttlingen 51%, in der Gemeinde Altenkessel 57% in Beschäftigung. Dieser für die Jahreszeit nicht günstige Stand ist in der Hauptsache wohl auf die anhaltend schlechte Witterung zurückzuführen.
Die private Bautätigkeit ist gering, weil es an Eigenkapital fehlt und Baudarlehen kaum zu bekommen sind.

Die Reichstagswahl vom 29.03.1936 kann nicht als Stimmungsbarometer genutzt werden; denn sie war zu einer Farce verkümmert. Es ging nicht mehr darum, Personen in Leitungsgremien zu wählen, sondern eine von der NSDAP erstellte Liste der Reichstagsabgeordneten zu billigen. Es bestand auch keine Möglichkeit, eine Auswahl zwischen verschiedenen NSDAP-Mitgliedern zu treffen. Wahlrecht wurde gleichgesetzt mit Wahlpflicht, daher die Wahlbeteiligung genau beobachtet. Der Hüttenarbeiter Johann Metzger, der bis zur Volksabstimmung aktiv im Rotfrontkämpferbund und der KPD mitgearbeitet hatte, wurde von drei SA-Leuten aus seiner Wohnung zum Wahllokal geschleppt.[8] Auf solche Weise wurde eine 100% Wahlbeteiligung erreicht. Das Wahlgeheimnis war nicht gewahrt. Die Wahlleiter in den Wahlbüros waren verlässliche Parteigenossen. Nur in fünf der sechs Wahllokale der Gemeinde Köllerbach waren Isolierzellen oder Wahlzellen aufgestellt. Genutzt wurden sie selten. In Köllerbach wurden

---

7 Vgl. S. 615
8 Volk, S. 60.

2.988 Stimmen abgegeben, keine einzige war ungültig, in Püttlingen 7.745 gültige und zwei ungültige.[9]
Ein Bericht von Theo Sehn,[10] dem auf Anordnung des Köllerbacher Ortsbürgermeisters Feld das Wahlrecht entzogen worden war, vermittelt einen Eindruck der Atmosphäre: *Meine Frau* [Wilhelmine geb. Pistorius] *ist damals als einzige Person im Stimmbezirk 1 Wahllokal Kläs in die Wahlzelle gegangen, während alle anderen Wähler öffentlich am Tisch ihre Stimme abgegeben haben und hat mit »Nein« gewählt mit der Begründung »Eine Regierung, die meinen Mann nicht anerkennt, wähle ich nicht«. Am Abend des Wahltages traten die ganze SS und SA des Bezirks Köllerbach an unserer Wohnung Sommerbergstr. 21 an, um meine Frau und mich zu lünchen. Zum Glück waren wir nicht zu Hause. Auf Anweisung der Nazi bekam meine Frau in keinem Geschäft etwas zu kaufen. Meinen Hausmann Herrn Heinrich Becker hat man gezwungen mir die Wohnung zu kündigen. Es wurde uns jede Lebensmöglichkeit in der Gemeinde Köllerbach abgeschnitten.*
Sehn verlegte im März 1939 seinen Wohnsitz nach Saarbrücken, Talstrasse und wurde erst wieder 1947 in Püttlingen ansässig, wo er am 21.08.1957 verstarb.
Wie schon ausgeführt gab seit 1938 der Westwallbau der Saarindustrie kräftige Impulse. Die Arbeitslosenzahlen näherten sich null. Doch darf dabei nicht vergessen werden, dass die Wiedereingestellten meistens nicht auf ihre früheren Arbeitsplätze zurückkehrten, sondern mit geringeren Löhnen im Bau- und Transportgewerbe zufrieden sein mussten.
Die wachsende Kriegsgefahr beunruhigte die Bevölkerung im Grenzgebiet in besonderer Weise. Der Einmarsch in Polen war von Staat und Partei propagandistisch so geschickt vorbereitet worden, dass große Teile der Bevölkerung ihn, nicht zuletzt wegen der immer wieder gemeldeten Ausschreitungen gegen *Volksdeutsche*, für gerechtfertigt hielten.
Das Zusammenleben der in die innerdeutschen Bergungsgebieten evakuierten Saarländer mit Menschen anderer Mentalität brachte manchen Verdruss; gedämpft wurde er durch die schnelle Niederwerfung Polens und durch das Ausbleiben größerer Kampfhandlungen im

---

9 LA SB LRA SB Nr. 1753-1755.
10 Eigenhändige Niederschrift vom 05.06.1947 (LA SB LEA Nr. 5878).

Herbst, Winter und Frühjahr 1939/40 an der Westfront, die die Evakuierten natürlich besonders interessierte. Als dann in einem sechswöchigen Blitzkrieg die Beneluxstaaten und große Teile von Frankreich besetzt wurden und sich die Aussicht auf baldige Rückkehr in die Heimat eröffnete, wuchs bei der Mehrheit der Bevölkerung das Vertrauen in Staatsführung und Wehrmacht. Die *Wiedereinräumung* der Roten Zone beeinträchtigte nicht die positive Einstellung zur Führung trotz persönlicher Unzufriedenheiten und Verärgerungen über Einzelfallregelungen der Kriegsschäden.

Für die folgenden Kriegsjahre liegt eine annähernd vollständige Serie der Monatsberichte des Bürgermeisters im Stadtarchiv Püttlingen vor, denen die folgenden Passagen über die Stimmung der Bevölkerung entnommen sind.

25.03.1941:
Zusammenfassend kann die allgemeine Lage zufriedenstellend bezeichnet werden. Die jüngsten politischen Ereignisse [Verschärfung des Konfliktes zwischen Griechenland und Italien] *haben allgemein die zuversichtliche Stimmung in der Bevölkerung und die Spannung in allen Volkskreisen auf das höchste gesteigert. Die in den letzten Wochen stattgefundenen Versammlungen und Veranstaltungen der NSDAP haben dazu aufklärend und festigend mitgewirkt.*

25.05.1941:
Die politischen und Kriegsgeschehnisse der letzten Wochen [Staatsstreich in Belgrad, Bündnis Jugoslawiens mit der Sowjetunion, Angriff Italiens und Deutschlands auf Jugoslawien und Griechenland unter Beteiligung Ungarns und Bulgariens, Kapitulation der jugoslawischen und griechischen Armee am 17. bzw. 21. 04.] *haben eine erkennbare Spannung in der Bevölkerung verursacht, mit der man allseits den kommenden Ereignissen entgegensieht. Zusammenfassend kann die allgemeine Lage als zufriedenstellend und die Stimmung als zuversichtlich bezeichnet werden.*

26.06.1941:
Die jüngsten politischen Ereignisse [22.06. Angriff auf die Sowjetunion] *wurden von der Bevölkerung durchweg gefasst hingenommen. Die kommende Auseinandersetzung mit dem bolschewistischen Ruß-*

land war schon seit den letzten Wochen das Unterhaltungsthema, zumal die Angehörigen von an der Ostfront stehenden Soldaten von diesen in Briefen über diese Möglichkeit unterrichtet worden waren. In der Bevölkerung macht sich allgemein eine ruhig ernste, durchaus zuversichtliche Haltung bemerkbar. Die durch die OKW-Berichte angedeuteten, noch in der Entwicklung befindlichen grossen Erfolge der Heeresoperationen haben eine bis aufs Höchste gesteigerte Spannung bei allen Volksgenossen ausgelöst. Zusammenfassend kann die allgemeine Lage als zufriedenstellend bezeichnet werden.

25.07.1941:
Das weitere Kriegsgeschehen insbesondere die Auseinandersetzungen mit dem Bolschewismus wird in der Bevölkerung mit einer aufatmenden Befriedigung hingenommen. Die allgemeine Haltung und Stimmung ist nach wie vor durchaus zuversichtlich und wird durch die knappe Berichterstattung durch die OKW-Berichte nur noch gefestigt. Hat sich doch allgemein die Erkenntnis bei den Volksgenossen durchgesetzt, daß dieses Verhalten unserer Obersten Heeresleitung im Interesse eines erfolgreichen Fortganges der Heeresoperationen angebracht und richtig ist.

27.08.1941:
Die Haltung und Stimmung der Bevölkerung kann im Allgemeinen gesehen und im Hinblick auf die Ereignisse an der russischen Front als zufriedenstellend und zuversichtlich gelten.

26.09.1941:
Das weitere Kriegsgeschehen, insbesondere die jüngsten Ereignisse mit ihren großen und bedeutsamen Erfolgen im Kampf gegen den Bolschewismus und in der Atlantikschlacht [erfolgreiche deutsche Angriffe auf alliierte Geleitzüge mit Kriegsmaterial zur Unterstützung der Sowjetunion]*, wird in allen Bevölkerungskreisen mit regstem Interesse verfolgt. Haltung und Stimmung der Bevölkerung können nach wie vor als durchaus zuversichtlich bezeichnet werden.*

28.10.1941:
Die allgemeine Stimmung ist zuversichtlich und zufriedenstellend.

26.11.1941:
Das weitere Kriegsgeschehen wird in allen Bevölkerungskreisen nach wie vor mit regem Interesse verfolgt. Starke Anteilnahme löste allgemein der Verlust der beiden großen Helden der Luftwaffe des Generalflugzeugmeisters Udet [sein Freitod am 17.11.1941, weil Hitler und Göring ihn verantwortlich machten, dass die deutsche Luftwaffe die ihr gestellten Aufgaben im Mehrfrontenkrieg nicht leisten konnte, wurde erst später bekannt] *und des Obersten Mölders* [Jagdflieger, abgestürzt am 22.11.1941] *aus. Haltung und Stimmung der Bevölkerung können nach wie vor als zuversichtlich und zufriedenstellend bezeichnet werden.*

24.12.1941:
Haltung und Stimmung in der Bevölkerung können als zuversichtlich und zufriedenstellend bezeichnet werden.
Eine Reaktion der Bevölkerung auf die Kriegserklärung Deutschlands und Italiens an die USA (11.12.1941) wird nicht angesprochen.

28.01.1942:
Die allgemeine Stimmung und Haltung der Bevölkerung kann als zuversichtlich und zufriedenstellend bezeichnet werden. Dies kann [verschrieben statt kam] *ganz besonders bei der vom Führer angeordneten Woll- und Wintersachensammlung für unsere Soldaten im Osten und gelegentlich der letzten gaueigenen Straßensammlung für das KWHW zum Ausdruck, die alle bisherigen Sammlungen weit übertraf.*
Da die Ausrüstung der deutschen Truppen an der Ostfront für den russischen Winter völlig ungenügend war, wurde versucht, durch Kleiderspenden der Zivilbevölkerung eine rasche Verbesserung zu erreichen.

27.02.1942:
Das weitere Kriegsgeschehen wird in allen Bevölkerungskreisen mit regstem Interesse verfolgt. Stolz und Befriedigung lösten neben dem heldenhaften Durchhalten unserer Truppen in den harten unvergleichlichen Winterabwehrkämpfen im Osten, die ruhmreichen Kämpfe unter Generaloberst Rommel in Nordafrika [Rückeroberung von Gebieten in Lybien] *und die beachtenswerte Erfolge unserer U-Bootwaffe im Kampf gegen die englische und nordamerikanische Schiffahrt aus.*

Auch dem erfolgreichen Vordringen der japanischen Verbündeten im Stillen-Ozean und an der Indischen Küste begegnet man allgemein mit freidiger (!) Anerkennung. Im Übrigen ist die Stimmung zuversichtlich und zufriedenstellend.

27.03.1942:
Im Hinblick auf die inzwischen bekannt gegebenen neuen Lebensmittelrationssätze ist fest zu stellen, daß allenthalben schon jetzt sich eine besorgniserregende Stimmung bemerkbar macht.
Das weitere Kriegsgeschehen wird allgemein mit dem größten Interesse verfolgt. Mit Zuversicht sieht die Bevölkerung den kommenden Ereignissen entgegen in dem Bewußtsein, daß auch für die Heimat noch große und schwerste Anstrengungen im laufenden Jahr zu gewärtigen sind, um der Front das zu geben, was sie zur erfolgreichen Beendigung dieses in der Weltgeschichte bisher einmaligen Kampfes benötigt.

28.04.1942:
Die Kirchenglocken sind bis auf je die kleinste Bronzeglocke abmontiert und zu Kriegszwecken eingezogen worden. Diese kriegsbedingte Maßnahme wurde durch die Bevölkerung in völliger Ruhe und mit vollem Verständnis für die Notwendigkeit hingenommen. Das weitere Kriegsgeschehen wird mit großem Interesse in allen Bevölkerungskreisen verfolgt. Die Stimmung ist im Allgemeinen zuversichtlich und ernst.

28.05.1942:
Allenthalben tauchen Beschwerden von Bergarbeitern über die Höhe der Schichtlöhne, insbesondere bei den Übertagearbeitern auf. Auch sollen die Gedingelöhne kaum noch an früher gezahlte Löhne heranreichen. Nähere Einzelheiten hierzu konnten nicht ermittelt werden. Die Spannung über die weitere Entwickelung des Existenzkampfes des deutschen Volkes, insbesondere gegen den Bolschewismus wächst immer mehr an. Die allgemeine Stimmung ist nach wie vor zuversichtlich.

26.06.1942:
In Bergarbeiterkreisen macht sich ein verständlicher Unwille darüber

bemerkbar, daß seitens der Saargruben A.G. das Verfahren von Sonntagsschichten verlangt wird, während in letzter Zeit in vielen Fällen diese Schicht durch Feiern einer Werktagsschicht wieder ausgeglichen worden ist. Die jüngsten Ereignisse auf den einzelnen Kriegsschauplätzen haben in allen Volksgenossen freudige Überraschung und Zuversicht in einen glücklichen Fortgang der Kriegsereignisse ausgelöst [Rommels Vorstoß nach Ägypten, Wiedergewinnung im Winter verlorener Gebiete an der Ostfront, Einnahme von Sewastopol, Vorstoß in den Kaukasus]. *Andererseits ist man sich allseits nach wie vor der Schwere und Größe der noch bis zum Endsieg zu überwindenden Schwierigkeiten bewußt. Zusammenfassend kann die allgemeine Lage als zufriedenstellend und zuversichtlich betrachtet werden.*

26.07.1942:
wie letzter Satz von 26.06.1942.

27.08.1942:
Seit dem letzten Fliegerüberfall auf die Stadt und Umgebung von Saarbrücken [Erster schwerer Luftangriff auf Saarbrücken durch die britische Luftwaffe in der Nacht vom 29./30.07.[11]] *hat sich der Bevölkerung von Püttlingen eine gewisse Beunruhigung bemächtigt, weil eine Warnung durch die Luftschutzsirene nicht erfolgen darf, da Püttlingen als Luftschutzort III. Ordnung nicht an das Luftschutzwarnnetz angeschlossen ist. Die diesbezüglich bei den zuständigen Dienststellen unternommenen Schritte hatten keinen Erfolg. Im Allgemeinen ist die Stimmung in der Bevölkerung sonst zuversichtlich und zufriedenstellend.*

25.09.1942:
Besondere erwähnenswerte Vorkommnisse außer den (!) im Bericht bereits erwähnten Fliegerüberfall am 19./20.9.1942 sind nicht zu berichten. Dabei legte die Bevölkerung allgemein eine gefaßte und tapfere Haltung an den Tag. Der Einsatz aller Herangezogenen und Betroffenen war beispielhaft und so, daß der größte Teil der im Ent-

---

11 Näheres dazu bei Werner Eckel, Saarbrücken im Luftkrieg 1939-1945, Saarbrücken 1985, S. 25-51, Dieter Gräbner, Über uns Feuer und Verderben. Der Bombenkrieg an der Saar, Saarbrücken 2004.

stehen begriffenen Schäden verhindert wurde. Haltung und Stimmung der Bevölkerung können nach wie vor als zufriedenstellend bezeichnet werden. Bei dem Angriff wurden Spreng- und Brandbomben auch über Püttlingen abgeworfen und verursachten Gebäudeschäden.[12]

27.10.1942:
wie 26.06.1942.

28.11.1942:
Besondere erwähnenswerte Vorkommnisse sind nicht zu berichten.
Es erstaunt, dass die Reaktion der Bevölkerung auf Ereignisse, die aus der Retrospektive als kriegsentscheidend gewertet werden, hier überhaupt nicht angesprochen werden: 05.11. Rückzug Rommels aus Ägypten, 07./08.11 Landung britischer und US-Streitkräfte in Marokko und Algerien, in Zusammenhang damit 19.11 Einmarsch der Wehrmacht in die bisher unbesetzte Zone Frankreichs, Einkesselung der deutschen 6. Armee in Stalingrad.

23.12.1942:
Besondere Vorkommnisse sind nicht zu berichten. Die allgemeine Stimmung ist nach wie vor zuversichtlich.

27.01.1943:
Besondere erwähnenswerte Vorkommnisse sind nicht zu berichten. Die Stimmung ist mit Rücksicht auf die jüngsten Ereignisse im Osten [bevorstehende Kapitulation der 6. Armee in Stalingrad] *und in Nordafrika* [Räumung von Tripolis durch deutsche Truppen, Rückzug nach Tunesien] *ernst aber doch ruhig und gefaßt.*

26.02.1943:
(Blatt fehlt)

26.03.1943:
Allgemeine bemerkenswerte Vorkommnisse sind nicht zu berichten. Die Ereignisse der letzten Wochen und die angekündigten (!) und zum

---

12 Vgl. Sperling/Müller, S. 293.

Teil in Angriff genommenen (!) Durchführung der totalen Kriegsmaßnahmen haben eine nicht zu unterschätzende Spannung ausgelöst.

29.04.1943:
Abgesehen von dem in der Nacht vom 16./17.April 1943 erfolgten Bombenabwurf anglo-amerikanischer Flieger auf den Ortsteil Ritterstraße, über dessen Auswirkung unter den einzelnen voraufgegangenen Abschnitten ausführlich berichtet wurde[13], sind keine bemerkenswerte Ereignisse zu verzeichnen. Das Schreiben anonymer Briefe und kleiner Handzettel, deren Inhalt offensichtlich aus einem gewissen Konkurrenzneid unter Geschäftsleuten aus Anlaß der vor einigen Wochen durchgeführten Geschäftsschließungen und aus sonstigen persönlichen Gehässigkeiten resultieren dürfte, macht sich in letzter Zeit wieder bemerkbar. Zusammenfassend ist festzustellen, daß die Schließungsaktion in den hiesigen Gemeinden sehr viel unnütze Beunruhigung, gegenseitige Verdächtigungen und Gehässigkeiten in weiten Bevölkerungskreisen hervorgerufen hat, ohne daß dem beabsichtigten Zweck auch nur in etwa gedient worden wäre.
Im Übrigen ist ein gewisser Stimmungswechsel in der Bevölkerung zu beobachten, der je nach dem günstigen oder ungünstigen Inhalt der übermittelten Nachrichten bestimmt wird.

28.05.1943:
Besondere bemerkenswerte Vorkommnisse sind nicht zu berichten. Im Allgemeinen ergeht man sich in allen möglichen Vermutungen über den Fortgang des Krieges und die kommenden Ereignissen auf den Kriegsschauplätzen. Der Verlust Tunesiens [Kapitulation der dort stehenden deutschen und italienischen Truppen am 13.05.], mit dem nach den letzten Geschehnissen wohl allgemein gerechnet wurde, hat die allgemeine Stimmung doch nachteilig beeinflußt.

28.06.1943:
Bemerkenswerte Ereignisse waren im Berichtsabschnitt nicht zu verzeichnen.

---

13 Vgl. Sperling/Müller, S. 295.

28.07.1943:
Die in den letzten Wochen besonders in den letzten Tagen eingetretenen Ereignisse auf den Kriegsschauplätzen [Landung der Alliierten in Sizilien am 10.07., Scheitern der deutschen Offensive im Raum Kursk am 12.07.] *und die politischen Begebenheiten* [Sturz des faschistischen Regimes in Italien, Gefangensetzung des bisherigen Staatschefs Mussolini, Bildung einer neuen Regierung unter Marschall Badoglio] *lassen eine gewisse Niedergeschlagenheit in Erscheinung treten und geben anscheinend auch die Veranlassung zu den umlaufenden Gerüchten über erneute Räumung des hiesigen Gebiets, bevorstehende Angriffe durch feindliche Flieger und Luftlandetruppen. Trotz gegenteiliger Aufklärungen über die Abwegigkeit dieser Gerüchte durch Verwaltung und Partei stößt man doch immer wieder auf dieselben oder ähnliche Redereien* (Der untere Teil des Blattes mit ca. 3-4 Zeilen Text ist abgeschnitten).

26.08.1943:
Die militärischen Ereignisse der vergangenen Wochen auf den Kriegsschauplätzen, die Bombardierung gewisser Großstädte und die politischen Geschehnisse in Italien haben der Gerüchtemacherei wieder starken Auftrieb gegeben. Besondere Erregung bemächtigte sich der Bevölkerung in der hiesigen Gemeinde, als den Bewohnern der Stadt Saarbrücken durch Ausgabe eines roten Merkblattes der Kreisleitung anheim gegeben wurde, Frauen und Kinder und die wertvollsten Teile ihrer Habe in auswärtige Gebiete in Sicherheit zu bringen. Im Allgemeinen sieht man mit großem Ernst und einer erkennbaren Unruhe den kommenden Ereignissen entgegen.

28.09.1943:
Besondere erwähnenswerte Vorkommnisse sind nicht zu verzeichnen. Die politischen und militärischen Ereignisse in Italien [Landung der Alliierten am 03.09. in Kalabrien, Abschluß eines Waffenstillstandsvertrages Italiens mit den Alliierten, als deutsche Reaktion Besetzung Italiens durch die Wehrmacht] *und die Nachrichten von der Ostfront* [Räumung des Kubanbrückenkopfes, Rückeroberung Charkows durch die Rote Armee] *haben die allgemeine Stimmung stark nachteilig beeindruckt.*

28.10.1943:
Besondere erwähnenswerte Vorkommnisse sind nicht zu berichten. Die politischen und militärischen Ereignisse der vergangenen Wochen haben in allen verantwortungsbewußten Kreisen der Bevölkerung tiefen Ernst ausgelöst. Ein nicht geringer Teil steht dagegen dem Kriegsgeschehen mit Gleichgültigkeit gegenüber.

29.11.1943:
Besondere erwähnenswerte Vorkommnisse sind nicht zu berichten. Die politischen und militärischen Ereignisse, insbesondere die Nachrichten von der Ostfront und über die fortgesetzten Terrorangriffe des Feindes auf unsere Städte und Dörfer, werden von den verantwortungsbewußten Teilen der Bevölkerung mit würdigem Ernst aber auch mit einer nicht zu verkennenden Besorgnis aufgenommen, während ein nicht geringer Teil seinem äußeren Verhalten nach erkennen läßt, das er sich auch jetzt noch nicht der Forderungen des totalen Krieges an ihn und seine Lebenshaltung bewußt ist.

23.12.1943:
Besonders erwähnenswerte Vorkommnisse waren nicht zu verzeichnen. Allgemein ist ein gewisser Druck in der Stimmung der Bevölkerung zu beobachten, der dadurch verursacht sein dürfte, daß allseits bei den Fliegeralarmen nach längerer Pause auch mit einem neuen Terrorangriff auf die engeren Heimatgebiete gerechnet wird. Im Übrigen wird die Stimmung durchweg durch den Ernst der derzeitigen Lage bestimmt.

28.01.1944:
Besondere erwähnenswerte Vorkommnisse waren nicht zu verzeichnen. Im Übrigen wird die allgemeine Stimmung durch den Ernst der derzeitigen Lage bestimmt.

27.03.1944:
Besonders bemerkenswertes ist nicht zu berichten.

26.06.1944: (von hier ab Vierteljahresberichte)
Die Zahl der bisher als gefallen gemeldeten Angehörigen der Wehrmacht nach dem Stand vom 31.5.1944 beträgt in Püttlingen 262

Soldaten (im 1. Weltkrieg 272), in Altenkessel 186 (im 1. Weltkrieg 188).
Nicht enthalten sind die durch feindliche Luftangriffe gefallenen Volksgenossen. Die Zahl der Vermißten war nicht einwandfrei zu ermitteln.
Zusammenfassend darf die Stimmung allgemein als gut und zuversichtlich bezeichnet werden. [obwohl inzwischen die Alliierten in der Normandie gelandet waren ?]

27.09.1944:
Das Vorrücken der Invasionsarmee im Westen und ihr schneller Vormarsch bis zur Reichsgrenze löste unter der Bevölkerung eine allgemeine nervöse Stimmung aus, die durch eine starke Niedergeschlagenheit noch vergrößert wurde, als deutsche Truppenteile in kleineren Gruppen und in unverantwortlicher Haltung durch die hiesigen Ortschaften marschierten und sich zum Teil in den Häusern einquartierten und dort manche übertriebenen Gerüchte von der Front verbreiteten. Nachträglich haben die Aufregung und Niedergeschlagenheit sich wieder gelegt und einer allgemeinen Spannung Platz gemacht. Dabei kommt immer wieder die Sorge zum Ausdruck, ob man die Heimat wieder verlassen muß und soll oder ob die Bevölkerung hier bleiben soll und darf. Aus diesen Erwägungen heraus sind bis jetzt in Püttlingen ca.300, in Altenkessel ca. 490 Personen, meist Frauen mit Kindern in weiter rückwärts gelegene Landesteile abgereist. Ob mit dem Näherrücken der Front sich die Abreisen wesentlich mehren, läßt sich z.Zt. noch nicht beurteilen. Jedenfalls ist den Unterhaltungen der Volksgenossen hierüber zu entnehmen, daß die meisten ihre Heimat ein zweites Mal nicht mehr verlassen wollen.
Im Übrigen muß die allgemeine Stimmung als gedrückt bezeichnet werden.
In diesem letzten erhaltenen Bericht sind weder die Vorfälle des 20. Juli (gescheitertes Attentat auf Hitler und anschliessende große Verhaftungswelle) noch der Tod des Gauleiters Bürckel erwähnt.

Bei der Lektüre der Berichte fällt die bis Dezember 1943 stereotyp wiederkehrende Aussage, die Stimmung sei *zufriedenstellend* und *zuversichtlich*, auf. Fast grotesk erscheint aus der Retrospektive, dass diese Formulierung auch nach der Landung der Alliierten in der Normandie, den schweren Niederlagen an der Ostfront, der Befreiung Italiens durch die Alliierten südlich der Linie Pisa-Florenz und der nicht mehr wegzuleugnenden alliierten Luftherrschaft immer noch verwendet wurde. Sie muss als unglaubwürdig gewertet werden. Doch ist verständlich, dass ein Amtsbürgermeister die Stimmung der Bevölkerung in seinem Amtsbereich möglichst positiv darstellen wollte und bestrebt war, Andeutungen von Pessimismus, von Zweifel am Endsieg oder von nachlassendem Durchhaltewillen zu vermeiden; denn solches hätte ihm den Vorwurf des Defätismus eintragen, vielleicht sogar Kopf und Kragen kosten können. Der Stimmungsumschwung von der Siegeszuversicht zur Einsicht, dass am Ende des von Hitler entfesselten Zweiten Weltkriegs die deutsche Niederlage unausweichlich sein würde, wird allgemein für Herbst 1942 angesetzt. In den Berichten des Amtsbürgermeisters wird dies erst ein Jahr später fassbar: *Niedergeschlagenheit* (28.07.1943), am 27.09.1944 noch gesteigert *starke Niedergeschlagenheit, Besorgnis* und mangelndes Bewusstsein der *Forderungen des totalen Krieges* (29.11.1943), *starke nachteilige Beeindruckung der Stimmung* (28.09.1943). Nehmen wir die mehrfachen Hinweise auf umlaufende Gerüchte über erneute Räumung, über mögliche Aktionen feindlicher Luftlandetruppen (28.07.1943) und die Wirkung der Äußerungen auf dem Rückzug befindlicher Wehrmachtseinheiten (27.09.1944) hinzu, dann darf gefolgert werden, dass trotz der immer wieder angesprochenen Zuversichtlichkeit die Mehrheit der Püttlinger Bevölkerung seit Herbst 1943 die politische und militärische Lage realistisch einschätzte, nicht mehr mit einem deutschen Sieg rechnete. Das bedeutet aber nicht, dass anstelle der bisherigen Akzeptanz des NS-Regimes durch die Mehrheit der Bevölkerung nun eine öffentlich sich äußernde Ablehnung mit deutlicher Verweigerungshaltung getreten wäre, sondern nur eine je nach der persönlichen Einstellung zum herrschenden Regime mehr oder weniger ausgeprägte resignierende Passivität. Es gab aber auch die »Einhundertfünfzigprozentigen«, die im Glauben an den Einsatz der *Neuen Waffen* eine Wende für möglich hielten oder blind *dem Führer* vertrauten, die bereit waren, selbst *bis zur letzten Patrone zu kämpfen* und ihren Durchhaltewillen anderen unter Androhung von Repressalien aufzwangen.

In dem Jahrzehnt von 1935 bis 1945 gab es in Püttlingen und Köllerbach eine größere Anzahl von Menschen, wohl mehr Männer als Frauen, die dem NS-Regime grundsätzlich positiv gegenüber standen. Zu denken ist hier in erster Linie an die Parteigenossen – 930 Mitglieder weist die kurz nach dem Krieg erstellte Liste aus – aber auch unter denjenigen, die nicht in die Partei eingetreten waren, befanden sich solche, die dem NS-Regime grundsätzlich positiv gegenüberstanden. Andererseits dürfen die 7.745 Stimmen der Reichstagswahl vom 29.03.1936[14] auf keinen Fall als volle Zustimmung zum System gewertet werden. Eine auch nur annähernd verlässliche quantifizierende Aussage über den Prozentsatz einer solchen Zustimmung ist nicht möglich.

Die Akzeptanz des NS-Regimes äußerte sich nicht nur im Eintritt in die Partei, ihre Gliederungen und angeschlossenen Verbände, sondern auch in der aktiven Beteiligung an Aktionen und Veranstaltungen mancherlei Art und an der Adaptierung nationalsozialistischer Grußformeln und Riten. Es ist zwischen vorbehaltloser oder kritischer Akzeptanz zu differenzieren, grundsätzliche Akzeptanz konnte durchaus mit Vorbehalten und/oder Kritik an manchen Maßnahmen verbunden sein.

Ablehnung des NS-Regimes

Der Akzeptanz des NS-Systems stand seine Ablehnung gegenüber. In gleicher Weise wie bei der Akzeptanz ist auch hier zu differenzieren zwischen einer partiellen und einer totalen Ablehnung, zwischen passivem Verharren und aktivem Handeln. Unterschiedlich zu bewerten sind gelegentliche Einzelfälle von Nichtbefolgung oder Verstoß gegen Vorschriften einerseits und grundsätzliche Ablehnung des Regimes andererseits und bei der grundsätzlichen Ablehnung wiederum die Form, wie sie sich äußerte – als Rückzug in die Privatsphäre unter zähneknirschendem Schweigen oder in aktiven Widerstand.

Der Begriff »Widerstand« im politischen Sinn wird verwendet für vielfältige Formen gesellschaftlicher Verweigerung aus geistiger, politischer oder moralischer Motivierung, meist gegenüber einer tota-

---

14 Vgl. S. 581.

litären Staatsführung (Diktatur), die keine Opposition zulässt. Nicht jede kritische oder abfällige Äußerung über das System und/oder seine Führungskräfte und nicht jeder bewusste Verstoß gegen seine Anordnungen sollte gleich mit dem Wort »Widerstand« qualifiziert werden, es sollte Taten vorbehalten sein, die auf den Sturz des NS-Regimes oder mindestens seine Schwächung abzielten, also ein aktives Gegenhandeln beinhalteten.

Zu unterscheiden vom Widerstand ist das passive Verharren in der Ablehnung, die geistige Abwehr der NS-Ideologie, mitunter verbunden mit Verweigerung und Unterlassungen und mit dem Festhalten an alten Traditionen. Ein solches Verhalten wurde in der Forschung längere Zeit als »Resistenz« bezeichnet, heute eher als »loyale Widerwilligkeit«.[15] Sie äußerte sich in Kritik am Regime schlechthin, an einzelnen Führungspersönlichkeiten oder einzelnen Maßnahmen, als ziviler Ungehorsam in Form von Fernbleiben von NS-Veranstaltungen, Nichtbeteiligung an Sammelaktionen und Beflaggung, als bewusste Unterlassung des Hitler-Grußes, als Verstoß gegen die rassistischen Gesetze und Verordnungen (Umgangsverbote mit Juden, Kriegsgefangenen und Zwangsarbeitern), als individuelle Arbeitsverweigerung (z.B. von Sonderschichten während des Krieges).

In unserem Untersuchungsraum war dieses Verhalten am stärksten und deutlichsten ausgeprägt bei den Männern und Frauen, die trotz akirchlicher und antikirchlicher NS-Propaganda sich weiterhin zu ihrer Kirche hielten. Beide Kirchen setzten dem Hegemonialanspruch des NS-Systems ihren Selbstbehauptungswillen entgegen, doch hatte die straff organisierte katholische Kirche dabei mehr Erfolg als die in ihrer Einstellung zum NS-System in mehrere Lager gespaltene evangelische Kirche. Im protestantischen Bereich kann wohl nur die Bekennende Kirche für sich in Anspruch nehmen, dem Regime mit »loyaler Widerwilligkeit« gegenübergestanden zu haben, während die Amtskirche und die rechts davon stehenden Gruppierungen der Glaubensbewegung Deutsche Christen und der Nationalkirche eine graduell unterschiedliche systembejahende Haltung einnahmen.

Gemessen an der Zahl der Kirchenaustritte (vgl. S. 481) gelang dem

---

15 Mallmann/Paul, Resistenz oder loyale Widerwilligkeit.

NS-System kein Einbruch in die beiden kirchlichen Milieus. Doch spricht aus den Teilnehmerzahlen an kirchlichen Veranstaltungen eine zunehmende Zurückhaltung. Während im Jahr 1936 am Bergmannsfest 1.650-1.700 Personen teilgenommen hatten, waren es im folgenden Jahr nur noch 600, also eine Schrumpfung von gut zwei Dritteln. Symptomatisch ist auch die Art der Beteiligung am gemeinsamen Kirchgang des Bergmannsvereins St. Barbara am 21.09.1936. In dem genehmigten Zug marschierten 318 Personen, eine größere Anzahl begleitete ihn auf den Bürgersteigen und wohnte der anschließenden Messe bei. Das Begleiten auf dem Bürgersteig statt des Mitmarschierens im Festzug auf der Straße muss wohl als ein gemindertes Bekenntnis zu dieser Form öffentlicher Demonstration kirchlicher Zugehörigkeit gewertet werden. Auch die Mitteilung von Irene Schäfer, wonach 1942/43 manche Eltern aus Angst vor den Nazis nicht mehr trauten, ihre Kinder zum Katechismusunterricht zu schicken, bezeugt nicht ein mutiges Festhalten an kirchlicher Tradition.[16]

Wenn Katharina Katzenmaier in ihrer Autobiographie rückblickend schreibt *Die Mehrzahl der Gläubigen ließ sich nicht von dem Nazi-Regime einschüchtern und stand treu zur Kirche,*[17] so kann diese Aussage allenfalls mit der Einschränkung, dass das Wort »Gläubige« im Sinne von »damals praktizierenden Katholiken« zu verstehen ist, akzeptiert werden, keinesfalls für die Mehrzahl der »Taufschein-Katholiken«.

Die Katholische Kirche und die evangelische Bekennende Kirche versuchten ihre traditionellen Rechte zu verteidigen, übten auch Kritik an staatlichen Maßnahmen (Abschaffung der Bekenntnisschule, *Rassepolitik*, Euthanasie). Die Enzyclica Papst Pius XI. »Mit brennender Sorge« markierte deutlich die Trennung; dennoch begegnet immer wieder die Formel von der »Treue zu Kirche und Vaterland«. Trotz aller Unzufriedenheit mit der Einschränkung ihrer Breitenarbeit und mit der ihnen aufgezwungenen Adaption nationalsozialistischer Symbole kündigten die Kirchen nicht generell ihre Loyalität auf. Auch sollte nicht übersehen werden, dass in beiden kirchlichen Milieus nicht in allen Bereichen Dissens zur NS-Politik bestand, sondern mitunter auch Übereinstimmung. Sie wird bei den in Püttlingen wirkenden

---

16 Schäfer, S. 228.
17 Katzenmaier, S. 21.

Geistlichen beider Konfessionen besonders deutlich bei Pfarrer Rug (vgl. S. 477f.) im Bereich der Wiederherstellung des Ansehens und der Stärke des Deutschen Reiches. Die katholische Kirche generell war sich mit dem Nationalsozialismus einig in der Abwehr des *Bolschewismus*. Folglich unterblieb von beiden Institutionen der Aufruf zu einer Fundamentalopposition und auch die Püttlinger Pastoren enthielten sich derartiger Äußerungen im Gegensatz zu der Pfarrhelferin von St. Bonifatius Katharina Katzenmayer. Klaus-Michael Mallmann und Gerhard Paul nennen ein solches Verhalten »Ambivalenz zwischen Dissens und Zustimmung, von Widerwilligkeit und Loyalität«.

Distanzierung von der NSDAP

Nicht alle, die sich mit Wort und Tat für die Eingliederung des Saargebiets in den NS-Staat eingesetzt und dementsprechend am 13.01.1935 gestimmt hatten, blieben in den folgenden zehn Jahren Anhänger des Regimes. Manche sahen ihre schon früher gehegten Vorbehalte bestätigt, andere sahen sich in ihren Erwartungen enttäuscht, gingen auf Abstand zum NS-Regime und den es tragenden Organisationen, zogen sich zurück, soweit dies ohne größere Nachteile möglich war.

Nur wenige gaben ihrer Enttäuschung dadurch Ausdruck, dass sie Ämter niederlegten. Zu letzteren gehörte **Alois Meyer** aus Köllerbach. Er war einer der ersten Zellenleiter seines Wohnortes und wurde 1936 NSDAP-Ortsgruppenleiter von Köllerbach. Nach eigenen Auslassungen in seinem Entnazifizierungsverfahren nahm er dieses Amt *hauptsächlich an*, um für seine Gemeinde *das Beste tun zu können*. Seine Erfahrungen in den nächsten Monaten hätten einen totalen Stimmungsumschwung ausgelöst. *Wenn ich geglaubt hatte, dass die Partei auf dem Boden des positiven Christentums stehe, so mußte ich bald erkennen, dass ich mich gründlichst getäuscht hatte. Die Steigerung eines Kirchenstuhls* trug ihm harschen Tadel von Kreisleiter Weber, einem *Katholikenhasser*, ein. Ebenso wurde missbilligt, dass er in seinem Betrieb arbeitslose Antifaschisten eingestellt hatte. Durch das Abhören von *Auslandssendern [ ] wuchs mein Haß ins Unermeßliche als ich die ganze Falschheit dieser Verbrecher an mir selbst erkennen mußte. So wurde ich durch den Kreisleiter aufgefordert wegen Ge-*

sundheitsrücksichten oder Geschäftsüberlastung mein Amt niederzulegen. Dies lehnte ich ab, forderte aber meine Entlassung.[ ] Als ich nämlich erkannt hatte, wie die Wirklichkeit aussah, war ich froh, mich zurückziehen zu können.[18] Freilich sind diese Äußerungen aus der geänderten Situation des Spätjahres 1946 zu sehen, inhaltlich wurden sie durch Erklärungen von Zeugen bestätigt. Meyer wurde tatsächlich 1937 als Ortsgruppenleiter entlassen.

Die aus seinen Worten sprechende Enttäuschung über das NS-Systems war keine singuläre Entscheidung, sondern auch von anderen ehemals begeisterten Rückgliederungsbefürwortern erlebt. Bemerkenswert erscheint auch der Austritt von SA-Oberscharführer **Jakob Raubuch** (geb. 1893) aus der NSDAP im September 1944, Motive und nähere Umstände wurden mir nicht bekannt.

Überwachung, Bespitzelung, Denunziation

In den ersten Wochen nach der Rückgliederung wurden die Kompetenzen im Polizeibereich verändert. Der schon länger bestehende Bezirk des Saarbrücker Polizeipräsidenten, nun unter Leitung von SS-Oberführer Schmelcher, wurde auf den industriellen Ballungsraum ausgedehnt. Der Polizeipräsidialbezirk Saarbrücken umfasste nicht nur die Großstadt Saarbrücken, sondern auch die Bürgermeistereien Gersweiler, Völklingen, Dudweiler, Sulzbach, Friedrichsthal und Bischmisheim (außer der Gemeinde Bliesransbach) und die Gemeinde Altenkessel. Letzteres bedeutete, dass in Polizeisachen der Amtsbürgermeister von Püttlingen je nach Lokalisierung der anstehenden Fälle zwei verschiedene vorgesetzte Dienststellen hatte: in Altenkesseler Polizeiangelegenheiten den Polizeipräsidenten in Saarbrücken, in Püttlinger Angelegenheiten den Saarbrücker Landrat, der seine bisherige Zuständigkeit in Polizeisachen für die gesamte Bürgermeisterei Sellerbach/Riegelsberg behielt.

Über die zwischen 1935 und 1945 in Püttlingen tätigen Polizeibeamten konnte ich nicht viel in Erfahrung bringen.[19] Während des Krieges

---

18 Niederschrift vom 01.12.1946 (LA SB StKpolS Nr. 3883).
19 Namentlich wurden mir bekannt: Gendarmeriehauptwachtmeister Seibert, Gendarmeriehauptwachtmeister Theis, Klemmer, Polizist Altmeyer.

waren in Püttlingen zwei Schutzpolizisten der Gemeinde und zwei Gendarmeriebeamte stationiert. Ihre Ausrüstung ließ zu wünschen übrig.[20]
Mit Wirkung zum 01.04.1936 wurde Polizeihauptwachmeister Franz Müller der Püttlinger Ortspolizei zugewiesen. Er war vorher in Ottweiler tätig gewesen und vom Tag der Rückgliederung bis Ende März 1936 in den Wartestand versetzt worden, weil er sich nach eigenen Worten als Rückgliederungsgegner und Anhänger der Status quo-Bewegung bekannt hatte. Der Püttlinger Bürgermeister Zimmer stellte ihm am 13.03.1948 ein politisches Leumundszeugnis aus: *Während seiner hiesigen beamteten Tätigkeit unter dem nationalsozialistischen Regime hat Müller sich gegenüber der nationalsozialistischen Bewegung passiv verhalten. Er wurde nur Mitglied in denjenigen angeschlossenen Verbänden, denen er nicht ausweichen konnte. Der Partei oder einer ihrer Gliederungen ist er nicht beigetreten. Insbesondere hat er es verstanden, der SS, zu deren Eintritt die Polizeibeamten ständig unter Druck gesetzt waren, fernzubleiben. Dem Unterzeichneten gegenüber, der Gegner des Nationalsozialismus war und als solcher im Jahre 1937 aus dem öffentlichen Dienst entfernt wurde, hat Müller sich alsbald nach seinem Dienstantritt in Püttlingen als entschiedener Gegner des Nationalsozialismus offenbart und diese seine Gesinnung im Laufe der Jahre bis zur Einberufung des Unterzeichneten am 31. Juli 1944 stets beibehalten. Auch nach seiner Dienstentlassung hat der Unterzeichnete mit Müller einen ständigen Kontakt unterhalten, mit ihm sich öfters getroffen und hierbei viele Vorgänge und Umtriebe innerhalb der Partei-Ortsgruppe der NSDAP und innerhalb der Verwaltung erfahren. Hierbei waren die Stellungnahmen des Unterzeichneten gegen das Regime stets so massiv, dass Müller ihm im Falle einer Denunziation die schlimmsten Weiterungen hätte verschaffen können. Dass dies nicht geschah, bürgt m.E. für eine überzeugte Gesinnungsgemeinschaft. Hier sind keine Umstände bekannt geworden, die Müller als Anhänger oder Verfechter der nationalsozialistischen Ideologie kennzeichnen. Auch hinsichtlich der Verurteilung des nationalsozialistischen Angriffskrieges und des negativen Ausgangs desselben für das deutsche Volk haben die Anschauungen des Polizeimeisters Müller und des Unterzeichneten immer übereingestimmt. In der Püttlinger Bevöl-*

---

20 Vgl. S. 566 f.

kerung war aber ein Vorfall bekannt, zu dem Bürgermeister Zimmer erst in einem Nachtragsschreiben vom 18.04.1948 Stellung nahm und der schon im März 1945 und im November 1946 die amerikanische und die französische Militärregierung jeweils zu einer mehrwöchigen Inhaftierung Müllers veranlasst hatte. Als am Pfingstsamstag 1944 die abgesprungene Besatzung eines angeschossenen US-Bombers durch Ortsansässige aufgebracht und den Vorschriften entsprechend der Polizei im Püttlinger Rathaus übergeben wurde, ohrfeigte Müller einen der Flieger. Zimmer berichtet, Müller habe dies ihm gegenüber einige Tage später damit entschuldigt, dass *der betreffende Flieger ihn bei der Ablieferung spöttisch angelacht habe und er durch dieses Verhalten erregt, infolge der vielen nächtlichen Unruhe die Nerven verloren habe.*[21] Dass die örtliche US-Kommandantur schon im März 1945, also wenige Tage nach der Besetzung Püttlingens, von diesem Vorfall wusste, deutet auf Denunziation hin. Was wiederum darauf schließen lässt, dass Müller nicht bei allen Püttlingern einen so guten Leumund hatte wie bei Zimmer.

Von der Ortspolizei zu unterscheiden ist die politische Polizei. Sie war im Reich bald nach der Machteinsetzung Hitlers straff organisiert worden und wurde zu einem der meist zitierten Repressionsinstrumente des Regimes. Die seit 1934 bestehenden Staatspolizeistellen wurden als selbständige Behörden dem bei dem Berliner Gestapoamt eingerichteten »Zentralbüro des Politischen Polizeikommandeurs der Länder« unterstellt. Die politische Polizei geriet in zunehmendem Maße unter den Einfluss Himmlers, der 1936 Chef der deutschen Polizei im Reichsinnenministerium wurde und in den nächsten Jahren die Verbindung der politischen Polizei mit der SS immer enger knüpfte, wie es auch seine Amtsbezeichnung »Reichsführer SS und Chef der deutschen Polizei« ausdrückte. Im Saarbrücker Schloss wurde am 01.03.1935 eine Stapo-Stelle eingerichtet, die ihre Kompetenzen im Bereich der Sicherheitspolizei und der Abwehr zügig ausbaute und sich von Ordnungspolizei, Gendarmerie- und Polizeidienststellen der Amtsbürgermeistereien zuarbeiten ließ.[22]

Der auf den Einzelnen von Seiten des Staates und der Partei ausge-

---

21 StadtA PÜ Wiedergutmachungsakten des Polizeimeisters Franz Müller. Der Vorfall wird auch bei Sperling/Müller, S. 298 geschildert.
22 Ausführlich Mallmann/Paul, Herrschaft und Alltag, S. 175-245.

übte Druck ist in der Literatur zuweilen überbewertet worden und in Verbindung damit auch die tatsächliche Effizienz der Überwachungsorgane von Staat und Partei. Jahrzehntelang wurde das NS-Regime als »weitgehend widerspruchsfreies, effizientes, allseits mächtiges und alle Lebensbereiche durchdringendes politisches System« dargestellt, und von ihm das Bild eines totalen Überwachungsstaates gezeichnet. Gewiss, kritisch beobachtet wurde viel: der Besuch von Veranstaltungen der NSDAP und ihrer Gliederungen einerseits, der Gottesdienste und anderer kirchlicher Zusammenkünfte andererseits, das Fernbleiben bei Wahlen, die verwendete Grußformel, das Beflaggen des Wohnhauses, die Spende bei öffentlichen Sammlungen, sogar die Beachtung des Eintopfsonntags, all dies wurde als Symptom der Zustimmung oder Ablehnung gewertet. Dabei waren ortsbekannte Rückgliederungsgegner, ehemalige Funktionäre der SP und KP und ihnen nahestehender Verbände und rückkehrende Emigranten Objekte einer besonders intensiven Beobachtung.

Neuere Untersuchungen haben das Bild der Gestapo als überaus wirksames Repressionsinstrument relativiert. Für das Saarland haben Klaus Michael Mallmann und Gerhard Paul herausgearbeitet,[23] dass die Stapo-Stelle Saarbrücken weder personell noch technisch so ausgestattet war, dass sie die ihr gestellten Aufgaben voll erfüllen konnte. Es fehlte weitgehend an einem detektivisch geschulten Personal, stattdessen werkelten »Amateurdetektive«. Der Rückgang intelligenter polizeilicher Aktionen förderte aber die Ersetzung herkömmlicher Polizeimethoden durch gewaltsam erpresste Geständnisse.[24] Die Zahl einsetzbarer V-Leute war begrenzt. Innerhalb weniger Jahre waren die meisten enttarnt.

Die Zahl der Außendienst-Mitarbeiter war gering. Verbindungsmann in Püttlingen war Leo Krancher, hauptberuflich im Bürgermeisteramt Püttlingen beschäftigt, Mitglied der SS. Sein Name begegnet weniger in Akten als in der Erinnerung von Zeitzeugen. Er hatte eine Reihe von Informanten an der Hand, die ihm Beobachtungen und Verdachtsmomente zuspielten.

Marin Bormann, Leiter der Parteikanzlei, verfügte 1944, für jeden Kreis bewährte Parteigenossen zur ehrenamtlichen Tätigkeit in der Si-

---

23 Mallmann/Paul, Allwissend, allmächtig, allgegenwärtig.
24 Dazu Einzelfälle bei Mallmann/Paul, Herrschaft u. Alltag, S. 234ff.

cherheitspolizei zu benennen, d.h. das relativ weitmaschige Netz von Spitzeln durch Politische Leiter, die sogen. *Goldfasanen,* zu verdichten.
Die Zusammenarbeit von staatlichen Organen (Geheime Staatspolizei, Sicherheitsdienst, Ordnungspolizei), NSDAP und ihren Gliederungen ergab keine lückenlose flächendeckende Überwachung. Häufig wurden die Überwachungsorgane erst durch Denunziationen von Nachbarn, Arbeitskollegen, ja sogar Verwandten, aufmerksam gemacht auf nicht konformes Verhalten, abfällige Äußerungen, Verstöße gegen staatliche Vorschriften. Klaus Michael Mallmann und Gerhard Paul haben errechnet, daß in 87,5% aller überlieferten Heimtückefälle die Stapo-Stelle Saarbrücken erst nach Anzeigen von Gastwirten und Wirtshausgästen, Arbeitskollegen, Straßenpassanten und Familienangehörigen tätig wurde, nur 8% gingen auf Formen institutionalisierter Kontrolleinrichtungen der Post, Bahn und örtlichen Polizeidienststellen zurück. Auch 69,5% aller Fälle, die der Saarbrücker Oberstaatsanwalt 1936-1938 als Vorbereitung zum Hoch- oder Landesverrat einstufte, basierten auf Denunziation.[25] Auch aus unserem Untersuchungsraum gibt es dafür Belege (vgl. die Fälle Jakob Altmeyer, Adam Baumeister, Jakob Becker, Katharina Katzenmaier, Richard Schneider). Man darf unterstellen, dass die Mehrzahl der Denunzianten das NS-System grundsätzlich bejahte, wenn auch im Einzelfall nicht immer oder nicht nur eine linientreue nationalsozialistische Gesinnung den Ausschlag gegeben hatte, einen Arbeitskollegen, einen Nachbarn, einen Verwandten zu denunzieren, sondern auch aus beruflichen, geschäftlichen, nachbarlichen, ehelichen Querelen herrührende Verärgerungen mitspielten.
Bei der Bewertung bekannt gewordener Kritik am NS-Regime wurde die politische Vergangenheit der Betreffenden – Einstellung zur Rückgliederung, Mitgliedschaft in der DF oder den damaligen Parteien, Besuch der Domanialschulen – durchleuchtet, dabei bis auf Verbindungen zum Saarbund in der Mitte der 1920er Jahre und auf das Verhalten beim großen Bergarbeiterstreik von 1923 zurückgegriffen. Besonders genauer Beobachtung unterlagen die aus dem Exil Zurückgekehrten oder im Krieg amtlicherseits Zurückgeführten.

---

25 Mallmann/Paul, Allwissend, allmächtig, allgegenwärtig, S. 992f.

Berufliche Benachteiligung, Überwachung, Bespitzelung konnten psychosomatische Folgen haben. Peter Grün spricht dies an und Ernst Pistorius schreibt darüber:[26] *Durch diese Maßregelung, dazu Kränkungen, Demütigungen und Entrechtung, die zu seelichen Depressionen und einer gefährlichen Nerfenzerrüttung führten, trat ein heimtückisches Magenleiden auf, welches chronisch wurde. Auch andere Krankheitserscheinungen waren die Folgen der erlittenen Schikanen. Ich musste in der Grube, weder meinen Fachkenntnissen noch meiner körperlich schwachen Konstitution entsprechende schwere ungewohnte Arbeiten verrichten, die mein Leiden verschlimmerten. Der Objektivität des Herrn Dr. Müller verdanke ich es, daß ich 1935 im Knappschaftskrankenhaus Völklingen eine fünf wöchentliche Kur machen konnte, 1936 musste ich die Kur wiederholen [...]. Das Wohnungsproblem war für mich als Antifaschisten auch ein sehr schweres. Die größte Zeit verbrachte ich in einer Kellerwohnung, weil es niemand wagte mich mit meiner Familie aufzunehmen.*
Das Zitat veranschaulicht, wie schnell Menschen aus der viel beschworenen und hochgelobten *Volksgemeinschaft* ausgeschlossen werden konnten, denen aufgrund ihrer früheren Betätigung oder Mitgliedschaft in den aufgelösten Parteien politische Unzuverlässigkeit nachgesagt wurde oder die in ihrem persönlichen Verhalten Vorbehalte oder gar Kritik am herrschenden Regime erkennen ließen. Nicht konformes Verhalten konnte Maßnahmen unterschiedlichen Härtegrades nach sich ziehen von der manchmal gut gemeinten Vermahnung über berufliche Benachteiligung, wirtschaftliche Boykottierung und kürzere oder längere Untersuchungshaft zu Gerichtsverfahren mit einer bis zum Tode reichenden Skala von Strafen.
Die von Denunzianten, V-Leuten und Zuträgern gelieferten Informationen allein reichten in der Regel nicht zur Einleitung eines Strafprozesses aus, sondern sie mussten durch gerichtlich verwertbares Beweismaterial untermauert werden. Gerade dies zu beschaffen fiel der Stapo infolge ihrer schon angesprochenen Strukturschwächen schwer und führte in zunehmendem Maße dazu, dass die Stapo die Fälle nicht an die Staatsanwaltschaft weitergab, sondern eigenmächtig Schutzhaft und Abschiebung in ein Konzentrationslager verfügte. Dadurch erübrigte sich die mühsame Sammlung von Beweisen, und es wurde

---

26 Lebenslauf im Besitz seiner Tochter Frau Hertel, Püttlingen.

möglich, jemanden bereits beim Verdacht einer »staatsfeindlichen Betätigung« in ein KZ-Lager einzuweisen.

Widerstand gegen das NS-Regime

Die Einschränkung des Begriffes »Widerstand« auf ein Verhalten, das auf den Sturz des NS-Regimes oder mindestens seine Schwächung abzielte, wurde schon angesprochen. Getragen wurde der Widerstand von organisierten Gruppen oder Einzelpersonen, die sich gelegentlich zu gemeinsamen Aktionen zusammenfinden konnten. Bei den Gruppen ist zu unterscheiden, ob sie einen ausschließlich lokalen Einzugsbereich hatten oder Verbindung zu gleichgesinnten Gruppierungen oder Personen im Saarland oder im übrigen Reichsgebiet oder im Ausland unterhielten. Widerständisches Handeln von Gruppen wurde von den Verfolgungsbehörden als konspirativ angesehen und als *Hoch- und Landesverrat* bezeichnet.

Unmittelbar nach Bekanntgabe des Abstimmungsergebnisses am 15.01.1935 hatte die Emigration der meisten Funktionäre und Aktivisten der die Rückgliederung in ein Hitler-Deutschland ablehnenden Parteien und Verbände eingesetzt. Damit zerfiel deren bisherige Organisation und Gliederung in Bezirks- und Ortsgruppen. Für die im Lande gebliebenen Rückgliederungsgegner war ein Untertauchen nicht möglich, dafür waren die Verhältnisse zu kleinräumig, in den Dörfern kannte man sich gegenseitig und wusste meistens, welcher politischen Gruppierung der andere bisher angehört hatte. Die Mitglieder der früheren Linksparteien wurden besonders kritisch beäugt. Ein Beitritt zur Deutschen Front in den letzten Wochen vor der Volksabstimmung ergab noch lange nicht ein »sauberes« politisches Führungszeugnis.

Nicht alle Rückgliederungsgegner und Status quo-Wähler und nicht alle aktiven Mitglieder der SPD und KPD wahrten nach der Rückgliederung Zusammenhalt, nur wenige wagten in irgendeiner Weise auf den Sturz des »Dritten Reiches« hinzuarbeiten. Die Mehrheit der im Lande gebliebenen Sozialdemokraten und Kommunisten versuchte sich unauffällig zu verhalten und passte sich mehr der Not als der Überzeugung gehorchend den neuen Verhältnissen an.

Gruppen und Kreise

Zusammenkünfte konnten nur im kleinsten Kreis stattfinden und mussten mit großer Behutsamkeit arrangiert werden. Mitunter ließen sie sich als Familientreffen deklarieren.
Den nach Frankreich geflüchteten Funktionären der Sozialdemokratischen Partei des Saargebietes und der KP-Saar gelang es, in kurzer Zeit in Forbach Beratungsstellen für Saarflüchtlinge einzurichten.[27] Ihre Hauptaufgabe lag zunächst in der Betreuung der auf verschiedene Lager in Frankreich verteilten Emigrierten. Bald aber trat dieses primäre Anliegen zurück hinter dem Bestreben, vom lothringischen Grenzgebiet aus Verbindung mit den im Saarland gebliebenen Parteifreunden und Gesinnungsgenossen zu halten, ihnen nicht nur Informationen und Propagandamaterial, sondern auch materielle Unterstützung zukommen zu lassen und von ihnen Nachrichten über die Zustände und Vorgänge im rückgegliederten Saarland zu erhalten.[28] Zu belegen sind solche Verbindungen nur selten, weil die Betreffenden bestrebt waren, im Interesse ihrer eigenen Sicherheit nichts aufzubewahren, was sie eventuell hätte belasten können. Unsere spärlichen Kenntnisse beruhen entweder auf Aussagen, die von den in die NS-Verfolgungsmaschinerie Geratenen erpresst wurden, oder auf Berichten Überlebender aus der Nachkriegszeit. Sie erlauben nicht eine Art von Verteilersystem für antifaschistische Flugschriften zu rekonstruieren.
Fritz Klein aus Engelfangen und **Thomas Blank** aus Püttlingen gehörten der SPD-Grenzstelle in Forbach an. Fritz Klein kam heimlich über die Grenze, brachte Informationen mit, die deutsche Staatsbürger aus den gleichgeschalteten Medien nicht erfuhren, auch Propagandamaterial und Geld für Familien Inhaftierter. Seine Eindrücke über die Stimmung an der Saar gab er weiter an interessierte Stellen im Exil.
Einbezogen in die Verbindungen zur Grenzstelle Forbach war auch **August Müller** (geb. 13.03.1894 in Bettingen heute Gde. Schmelz), seit 1926 in Püttlingen wohnhaft. Er hatte bis 1928 als Bergmann gearbeitet, 1928-1932 beim Röhrenwerk Bous, war dann ein rundes

---

27 Zu den Grenzstellen von SPD und KP vgl. Bies, Widerstand an der Grenze und Paul/Mallmann, Milieus u. Widerstand.
28 Vgl. dazu Paul/Mallmann, Milieus, S. 264-275, 386-389, Bies, Widerstand an der Grenze.

Jahr arbeitslos, 1933 vorübergehend als Bauhilfsarbeiter beschäftigt, 1934/35 wieder arbeitslos, 1935/1939 wieder Bauhilfsarbeiter. Er war Sympathisant der KP gewesen, aber einige Tage vor der Volksabstimmung der Deutschen Front beigetreten. Sein Bruder, KP-Mitglied, war gleich nach der Abstimmung nach Frankreich emigriert. Seine Tätigkeit beschrieb er selbst in seinem Wiedergutmachungsantrag[29]: *Ich selbst hatte dauernd Fühlung mit den Kommunisten in meinem Heimatort Bettingen auch nach der Machtübernahme Hitlers. Ich habe illegal mit denen dort zusammengearbeitet, habe verbotenes Material (Druckschriften usw.) befördert, aufgehoben und an zuverlässige Leute verteilt. Im Jahr 1936 wurden die Bettinger Kommunisten – 7 oder 8 Personen verhaftet. Einer von ihnen hat ausgesagt, daß er mir Material und eine Liste der illegal arbeitenden Personen übergeben habe. Da ich rechtzeitig gewarnt wurde, habe ich die bei mir liegenden Sachen sofort verbrannt.* Einige Tage später wurde Müller festgenommen und verdächtigt in Verbindung zu stehen mit einer KP-Gruppe in Saarbrücken, die von dem lothringischen Stieringen aus geführt werde. In der Literatur erscheint sie als »Johänntgen-Gruppe«. Obwohl die Hausdurchsuchung ergebnislos verlaufen war, saß er seit dem 26.11.1936 auf der Lerchesflur in Untersuchungshaft, bis der Generalstaatsanwalt in Hamm das Verfahren gegen ihn am 09.06.1937 einstellte.[30] Sein Bruder wurde in Frankreich verhaftet und kam im KZ um. Im Zusammenhang mit dem Johänntgen-Prozess geriet **Karl Hofmann** (geb. 17.08.1912 in Riegelsberg), wohnhaft in Etzenhofen, in Verdacht und wurde inhaftiert vom 13.09.1935 bis 20.03.1937 zunächst in Saarbrücken, dann in Frankfurt/Main und zuletzt in Wolfenbüttel. Ihm wurde vorgeworfen, Material von Friedrich Kunz aus Heusweiler empfangen und verteilt zu haben. Der war schon am 01.08.1935 verhaftet und in der Folge zu 5 ½ Jahren Zuchthaus verurteilt worden. Kaum war Hofmann zu seiner Familie zurückgekehrt, wurde er in den Erzbergbau nach Goslar dienstverpflichtet. Dort fiel er auf, weil er an der Abstimmung über den Anschluss Österreichs nicht teilnahm. Am 10.12.1938 wurde er auf seiner Arbeitsstelle in Goslar festgenommen, drei Monate in Haft gehalten, dann in das KZ-Lager Buchenwald überstellt und von dort im April 1942 entlassen. Inzwi-

---

29 LA SB LEA Nr. 2784 u. GenStAnw. Nr. 218, S. 149.
30 LA SB GenStAnw. Nr. 45/1 u. Nr. 218, S. 96 u.149.

schen war seine Ehe geschieden worden. Wegen der Verweigerung von Sonderschichten verließ er Goslar ohne polizeiliche Abmeldung und begab sich nach Riegelsberg, wo er schon am 27.04. wieder verhaftet wurde. Für einige Wochen wurde er dem Sonderlager 21 bei Hildesheim zugewiesen, am 16.10.1942 als *rückfälliger politischer Häftling* wieder nach Buchenwald gebracht, wo er im April 1945 durch die Alliierten befreit wurde.[31]

Auch **Peter Hirschmann** wurde am 23.10.1936 verhaftet unter dem Verdacht, Flugschriften eingeführt zu haben. Nachgewiesen werden konnte ihm nur der illegale Grenzübertritt.[32] Dafür erhielt er eine Haftstrafe.

Diese wenigen punktuellen Erwähnungen belegen, dass Flugschriften eingeschleust und verteilt wurden, aber wie die dafür aufgebaute Organisation solcher Gegner des NS-Regimes im Köllertal funktionierte, bleibt unbekannt. Hinsichtlich einer überörtlichen Vernetzung bleiben unsere Kenntnisse auf die spärlichen Hinweise auf die Grenzstellen in Forbach und auf Bettingen (heute Ortsteil von Schmelz) beschränkt. Mit der Auflösung der Stellen in Forbach wurden die Kontakte zu saarländischen Emigranten spärlicher, bei Kriegsbeginn brachen sie ab.

Die emigrierten Brüder **Alfred** und **Richard Scholtes** hielten Verbindung mit ihrer in Püttlingen gebliebenen Mutter Maria Scholtes, geb. Leinenbach (geb. 10.10.1885). Vermutungen, dass sie die Mutter heimlich in Püttlingen besucht hätten, wurden von der Familie nicht bestätigt.[33]

Inwieweit Püttlinger und Köllerbacher Bergleute zu den rund 3.000 saarländischen Grenzgängern gehörten, die in lothringischen Bergwerken arbeiteten und politische Informationen schriftlich oder mündlich von dort mitbrachten,[34] wurde mir nicht bekannt.

Ich konnte keine Anhaltspunkte finden, dass während des Krieges konspirative Verbindungen aus dem Köllertal zu Widerstandsgruppen in Frankreich bestanden.

---

31 LA SB LEA Nr. 7167, LA SB LRA SB Nr. 333, Vermerk vom 18.09.1936.
32 LA SB GenStAnw. Nr. 218, S. 131-137.
33 Äußerung ihres Enkels Rechtsanwalt Scholtes.
34 Vgl. Bies, Widerstand an der Grenze, Paul/Mallmann, Milieus, S. 264ff. und 386ff.

Ein kleiner Kreis um **Ernst Pistorius** (vgl. Abb. 45) bekam 1943 Kontakt zu einer KP-Gruppe in Berlin durch Vermittlung der Ärztin Dr. Maria Lobe, die sein Schwager Theo Sehn 1942 bei einem Aufenthalt im Bürgerhospital auf dem Reppersberg in Saarbrücken kennen gelernt hatte. Sie war im April 1933 der damals schon illegalen KPD beigetreten, als Kontaktperson zu emigrierten Mitgliedern des KPD-Zentralkomites in Prag eingesetzt, im November 1934 festgenommen worden. Im September 1935 war sie zu neun Monaten Haft verurteilt worden, die durch die Untersuchungshaft als abgesessen galten. Sie hatte dann in Schweidnitz/Schlesien als Ärztin gearbeitet und im Februar 1942 eine Stelle als Assistenzärztin in Saarbrücken angetreten. Aus Gesprächen mit ihrem Patienten Sehn ergaben sich weltanschaulich übereinstimmende Ansichten. Sehn führte sie in seine Familie ein und machte sie mit seinem Schwager Ernst Pistorius aus Püttlingen bekannt. Man traf sich in der Sehn'schen Wohnung in der Talstraße in Saarbrücken und im Hause Pistorius in Püttlingen, Geisbergstraße 12, das inzwischen einem Neubau gewichen ist. In die Gespräche über Kriegsverlauf, Stimmung der Bevölkerung, Luftangriffe usw. wurde auch die sozialdemokratisch orientierte Familie Wilhelm Speicher einbezogen. Nach dem Krieg (1947) schrieb Frau Dr. Lobe, inzwischen SED-Funktionärin und Mitglied des Sächsischen Landtages:[35] *Ich konnte mich bald davon überzeugen, dass Gen. Ernst Pistorius trotz fehlender Verbindung zu einer zentralen Parteileitung einen Kreis von Genossen um sich gesammelt hatte, der häufiger zu politischen Diskussionen zusammenkam und Gen. P. durch seine ideologische Klarheit die unbedingte Führung in diesem Kreis hatte und sich jederzeit für die Ziele der KPD eingesetzt hatte. 1943 bekam ich Verbindung zu einer Berliner Parteiorganisation der KPD. Von dieser Organisation wurden mir Anweisungen und politisches Material übermittelt das ich vor allem an Gen. Pistorius weitergegeben habe, weil er sich am intensivsten für diese Arbeit eingesetzt hat und ich mich überzeugen konnte, dass durch ihn ein grösserer Kreis von Genossen direkt beeinflusst wurde. Durch die Verbindung der Organisation in Berlin wurde die Gruppenbildung in Saarbrücken und Püttlingen verstärkt, wobei*

---

35 Unter dem Datum von 12.11.1947 beglaubigte Kopie einer Bescheinigung in LA SB LEA Nr. 7591, S. 5, zu Dr. Lobe vgl. auch Bies, Sie machten Gebrauch von ihrem Kopf und riskierten ihn.

wir hauptsächlich die Aufgabe hatten, die ideologische Einheit dieser Parteigruppen wiederherzustellen. Ich habe während meines Aufenthaltes in Saarbrücken bis Herbst 1944 Gen. Pistorius nur als zuverlässigen und überzeugten Marxisten kennen und schätzen gelernt. An weiteren Mitgliedern der Gruppe wurde mir nur noch Franz Dörr genannt.[36] Besondere Beachtung verdient die von Dr. Lobe hergestellte Verbindung zu einer Berliner KPD-Gruppe. Es ist dies die einzige mir bekannt gewordene Verbindung von oppositionellen Püttlingern zu Gleichgesinnten im Reich, abgesehen von den Dienstverpflichteten im westfälischen und niedersächsischen Bergbau. Die Zusammenkünfte im Haus am Geisberg blieben nicht unbeobachtet. Pistorius schreibt in seinem Lebenslauf dazu *Mein letzter Wohnungswechsel während der Nazizeit erfolgte wegen einer Drohung eines Mitmieters. Der scheinbar Verdacht bezüglich meiner illegalen Propagandatätigkeit und Organisierung von Zusammenkünften Gleichgesinnter schöpfte, wodurch meine Lage einen gefährlichen Charakter angenommen hat und ich mich gezwungen sah, mich der Beobachtung und Abhängigkeit des betreffenden zu entziehen, um dem Zugriff der Partei beziehungsweise der Erfassung von der Wehrmacht zu entgehen.* Seine Tochter Ruth präzisierte, dass ihm eine Drohung des Ortsgruppenleiters Baltes und der Hinweis, dass auch sein Name auf einer Liste missliebiger Personen stehe, die liquidiert werden sollten, bekannt geworden war. Er reiste zu seinem Schwager Rudolf Müller nach Salzgitter, wohin sich seine Ehefrau und seine Tochter einige Wochen vorher wegen des Näherrückens der Front geflüchtet hatten, und kehrte im Sommer 1945 nach Püttlingen zurück. Er starb am 16.09.1955.

Einzelpersonen

Detailreicher als die knappen Angaben über Kleingruppen sind die Nachrichten über einzelne das NS-Regime ablehnende Männer und Frauen. Wie in anderen Dörfern des Saarlandes waren auch in Püttlingen einige ortsbekannt, z. B. Wilhelm Blank, Peter Gehl, Peter Hirschmann, Nikolaus Hubertus, Johann Metzger, Ernst Pistorius, Theo

---

36 Mitteilung von Frau Ruth Hertel, geb. Pistorius am 10.07.2006.

Sehn, Johann Weisgerber, Peter Zimmer, Margarethe Huber, Katharina Katzenmaier.
Maria Scholtes geb. Leinenbach machte trotz vieler Ermahnungen von Bekannten keinen Hehl aus ihrer Ablehnung des NS-Regimes. Sie soll auf der Liste derer gestanden haben, die vor dem Einmarsch der US-Truppen liquidiert werden sollten. NS-Zellenleiter Peter Breinig soll sie vor Disziplinierungsmaßnahmen bewahrt haben.[37]
Andere, die in der Regel mit Kritik zurückhielten, ließen dann doch einmal unter Alkoholeinfluss oder im Kreis für vertrauenswürdig gehaltener Bekannter oder Arbeitskollegen Luft ab, was ihnen ein Heimtückeverfahren eintragen konnte.

Formen des Widerstandes

Einen bewaffneten Widerstand gab es in den Köllertalorten nicht, er war auch weitgehend gewaltfrei. Bekannt gewordene absichtliche Sachbeschädigungen beschränkten sich auf das Abreißen von Plakaten durch die Pfarrhelferin von St. Bonifatius, Frau Katzenmaier. Auch ein öffentlich erkennbares konsequent nonkonformes Verhalten, m.a.W. eine quasi-Total-Verweigerung gegenüber dem NS-Regime mag es gegeben haben, ist aber nicht exakt zu belegen. Selten lassen sich Motivation und Ziel widerständischen Handelns fassen.
Unmutsäußerungen über einzelne Maßnahmen oder Ereignisse überwogen gegenüber auf den Sturz des NS-Regimes ausgerichteter Betätigung.
Im Folgenden werden Männer und Frauen vorgestellt, die tatsächlich oder angeblich in Wort oder Tat sich oppositionell gegen das NS-Regime betätigten. Als Grobraster dient der damals übliche Katalog politischer Straftaten.

Staatsfeindliche Äußerungen
Abfällige oder ironische Äußerung über Staat, Partei oder führende Personen, auch wenn sie in Form des politischen Witzes gekleidet oder unter Alkoholeinfluss erfolgt waren, wurden als *heimtückische Angriffe auf Partei und Staat* gewertet und nach dem sogen. Heimtü-

---

37 Mitteilung ihres Enkels Rechtsanwalt Scholtes.

ckegesetz vom 20.12.1934 geahndet. Das Heimtückegesetz war die universelle Rechtskonstruktion zur Erzwingung einer rückhaltlosen Bejahung des nationalsozialistischen Staates. Es stellte alle Artikulationsformen unter Strafe, die geeignet schienen, das Wohl des Reiches, das Ansehen der Reichsregierung und der NSDAP und ihrer Gliederungen zu schädigen bzw. das Vertrauen des Volkes zur politischen Führung zu untergraben. Dennoch betrachtete die Justiz intern die Heimtückedelikte keineswegs als Bestandsdrohung des Systems, sondern eher als aus bestimmten Ausnahmesituationen erwachsene Unmutsäußerungen.[38]

Einige Fällen sollen veranschaulichen, wie schnell man zum Objekt eines Heimtückeverfahrens werden konnte:

Wilhelm Blank (geb. 20.06.1880), früher Mitglied der SP und der Freien Gewerkschaft, Schwiegervater des zeitweise (1935/36) emigrierten Josef Blank, verhehlte auch nach der Rückgliederung nicht seine Abneigung gegen das NS-Regime. Am 17.08.1935 sprach er in der Wirtschaft Kläs in Engelfangen kräftig dem Alkohol zu und ließ sich aus, dass er nach wie vor für die Freiheit des Proletariats kämpfe, auch wenn man ihm deswegen heute oder morgen einen Strick um den Hals lege, die Arbeitervertreter seien arme Kerle, aber andere würden sich in Berchtsgaden Villen bauen. Letzteres wurde auf Hitler bezogen und trug Blank eine Haftstrafe von 5 Monaten ein unter Anrechnung der U-Haft.[39]

Theo Sehn (geb. 18.08.1896 Güchenbach), der sich vor der Rückgliederung bei der SWV engagiert hatte, emigriert und im Juli 1935 zurückgekehrt war, berichtet selbst nach dem Kriege: *Auf die verleumderische Anzeige des S-A.Mannes .... aus Püttlingen hin wurde ich am 22.11.1935 von der Gestapo verhaftet wegen des dringenden Verdachtes, ein hochverräterisches Unternehmen vorbereitet zu haben. Weil man mir dieses Vergehen nicht nachweisen konnte, so wurde ich im März 36 wegen Vergehen gegen das Heimtückengesetz zu 8 Monaten Gefängnis verurteilt. Während dieser Zeit hatte meine Frau kein Einkommen. Man versagte ihr jede Unterstützung und überliess sie ihrem Schicksal. Nachdem ich meine Strafe verbüsst hatte,*

---

38 Ausführlicher zum »Heimtücke«-Delikt vgl. Mallmann/Paul, Resistenz oder loyale Widerwilligkeit, S. 105ff., Dieselben, Herrschaft u. Alltag, S. 332ff.
39 LA SB Best. Staatsanwaltschaft Nr. 95, LEA Nr. 68714. Paul/Mallmann, Milieus, S. 237.

Abb. 50 Familienfoto Sehn-Pistorius, 1. Reihe sitzend von links nach rechts Mathias Pistorius, Frau Sehn geb. Pistorius, Frau Pistorius, dahinter stehend Theo Sehn und sein gleichnamiger Sohn.

wurde ich im Juli 36 entlassen. Als politisch Verfehmter konnte ich erst zwei Jahre später durch Fürsprache einer Geschäftsfrau, die Anti-Nazi war, bei der Firma [unleserlich] Arbeit finden. Immer noch gab man meine Verfolgung nicht auf. Man übte auf meinen Arbeitgeber Druck aus, dass er mich wieder entlassen solle, da ich doch Deutscher zweiter Klasse sei. Dieser aber führte den Kampf durch, bis zu einer höheren Nazi-Instanz in Berlin und so erwirkte er, dass er mich weiter beschäftigen konnte.[40] Die Anstoß erregenden Äußerungen Sehns gab der Pächter der Wirtschaft, in der sie gemacht worden waren, zu Protokoll: *die Butter- und Schweinefleischknappheit, das sei die echte Volksverbundenheit, dass das Arbeitervolk noch nicht einmal Butter zu essen hätte aber die Männer, die dem Volke die Volksgemeinschaft beibringen sollten, hätten Butter genug. Wenn das so weiter geht, ist es mit dem Nationalsozialismus bald zu Ende. Weiter stellte er mir die Frage: Was Deutschland in der italienisch-abessinischen Frage bezw. Konflikt zu erwarten hätte. Ich erwiderte ihm, wir haben mit*

---

40 Eigenhändige Niederschrift vom 05.06.1947 (LA SB LEA Nr. 5878)

uns in Deutschland genug zu tun. Darauf erwiderte er: Litwinov [sowjetischer Volkskommissar des Äußeren 1930-1939] *wird es schon schaffen in ganz Europa. In Deutschland wird es nicht eher besser, bis die Braunhemde rot geworden sind und der Bolschewismus da ist.* Bei den gegen Sehn laufenden Ermittlungen stellte der Püttlinger Bürgermeister ein schlechtes Leumundszeugnis aus: *Seine Angaben sind mit der allergrößten Vorsicht aufzunehmen. Wenn Sehn jetzt erklärt, er werde bemüht sein, ein brauchbares Mitglied der deutschen Volksgemeinschaft zu sein, so ist das für jeden, der Sehn genauer kennt, als Schwindel zu bewerten. Sehn war und ist kriminell und politisch ein gefährlicher Mensch, der die Verbindung mit seinen Gesinnungsgenossen aufrecht erhalten wird.*[41]

Matthias Görgen (geb. 21.08.1898 Sellerbach), Bergmann, seit 1932 arbeitslos, ehemals Mitglied der SP und Vorsitzender der BAV-Zahlstelle Köllerbach, Organisationsleiter des Aktionscomités der Einheitsfront in Engelfangen, wurde am 17.11.1935 inhaftiert wegen Verstoßes gegen das Heimtückegesetz, am 11.02.1936 durch das Sondergericht Saarbrücken zu 5 Wochen Gefängnis verurteilt, in Erwartung der Strafhöhe und bei Anrechnung der Untersuchungshaft schon am Tage vorher (10.02.1936) entlassen.[42]
Ende Juni oder Anfang Juli 1936 suchte der 52-jährige **Jakob Becker** (geb. 20.01.1884), Reichsbahnbeamter i.R., seinen Sohn Paul auf, der mit einem SS-Mann zusammen an einem Neubau in Püttlingen arbeitete. Als das Gespräch auf die politischen Verhältnisse kam, sagte Jakob Becker: *Hitler hat die längste Zeit regiert, dann kommen die »ganz Roten« oder die »Schwarzen«. Tausende von SA-Leuten wollen sich für Röhm*[43] *rächen. Die SS wird dann mit Karabiner gegen die SA vorgehen.* Der SS-Mann zeigte Becker an, und das Sondergericht Saarbrücken urteilte: *Der Angeklagte hat gehässige, hetzerische und von niedriger Gesinnung zeugende Äusserungen über leitende Persönlichkeiten des Staates, deren Einrichtungen und Anordnungen getan, die geeignet sind, das Vertrauen des Volkes zur politischen Füh-*

---

41 Schriftstück im Wiedergutmachungsakt LA SB LEA Nr. 5878.
42 LA SB Gen. StAnw. 163 u. LEA Nr. 5451.
43 Ernst Röhm, seit 1931 Stabschef der SA, unter dem Vorwurf, einen Putsch geplant zu haben, ließ Hitler ihn in der Nacht vom 30.06./01.07.1934 verhaften und erschießen.

rung zu untergraben [....] Unter diesen Umständen musste gegen den Angeklagten, um auch abschreckend auf ihn einzuwirken, auf eine empfindliche Strafe erkannt werden. Wenn nur (!) auf eine Gefängnisstrafe von sieben Monaten erkannt worden ist, so hat das Gericht dabei zu Gunsten des Angeklagten berücksichtigt, dass er sich bis zu seinem Alter von 54 Jahren straffrei geführt hat. In der Urteilsbegründung wurde darauf hingewiesen, dass Becker nicht Mitglied der DF, sondern Rückgliederungsgegner gewesen sei und *bis in die letzte Zeit hinein häufig Übertragungen der Sender von Luxemburg, Strassburg und Prag* gehört habe.[44] Dieser Zusatz ist in doppelter Hinsicht bemerkenswert, einmal weil das Hören ausländischer Sender angeführt wird, obwohl es damals noch nicht unter Strafe stand – das erfolgte erst bei Kriegsbeginn –, zum anderen weil dies dem Gericht bekannt war. Der Verdacht einer Denunziation aus dem engsten Umfeld liegt nahe. Becker war nach dem Krieg Vorsitzender der SPS-Fraktion im Gemeinderat Riegelsberg.

Josef Schmidt (geb. 27.04.1905 in Püttlingen) hatte bis 1928 als Bergmann auf der Grube Viktoria gearbeitet, anschließend zwei Jahre als Hilfsarbeiter im Röhrenwerk Bous, dann wurde er arbeitslos. Als ehemaliges Mitglied der KP unterlag er besonderer Beobachtung, er wurde am 05.09.1936 festgenommen und auf der Lerchesflur in Haft gehalten. Am 23.02.1937 wurde er wegen Heimtückevergehens zu fünf Monaten Gefängnis verurteilt. Nach seiner Entlassung fand er Arbeit als Bauhilfsarbeiter und seit 1940 als Hilfsmaschinist im Kraftwerk Wehrden.[45]

Im September 1936 wurden **Alois Jung** (geb. 15.07.1903) und **Peter Naumann** (geb. 25.10.1886), beide aus Püttlingen, wegen der Äußerung *Der Führer kann mich am Arsch lecken* von der Ortspolizei angezeigt und von der Gestapo verhaftet, wenige Tage später wurde **Herbert Becker** (geb. 12.05.1915) aus Püttlingen festgenommen, weil er sich verächtlich über den Reichsarbeitsdienst, die NSV und das Winterhilfswerk geäußert haben sollte.[46]

Am 13.05.1937 wurde der erwerbslose Bergmann **Richard Schneider** angezeigt, ein Nachbar hatte gehört, wie Schneider in der eigenen

---

44 LA SB Best. Staatsanwaltschaft Nr. 225.
45 LA SB LEA Nr. 8336.
46 Schriftwechsel vom September 1939 (LA SB LRA SB Nr. 335, S. 119, 135, 137).

Wohnung zu seiner Frau sagte, Hitler könne ihn am Arsch lecken.[47] Bezeichnend ist, dass eine in den eigenen vier Wänden gemachte Äußerung von einem außerhalb des Hauses sich Befindenden angezeigt wurde.
Der pensionierte Bergmann und Flaschenbierhändler **Mathias Heinz** aus Köllerbach, früher KP-Mitglied, wurde von zwei Mitgliedern des SD zwischen Mai und Juli 1936 mehrfach mit der Fangfrage *Wie ist die Lage?* in Gespräche verwickelt und aufs Glatteis geführt. Als ihm die Äußerung entschlüpfte *Der heutige deutsche Staat ist der größte Verbrecherstaat der je existiert hat*, trug ihm dies eine Anklage wegen Verstoßes gegen das Heimtückegesetz ein.[48] Wegen staatsfeindlicher Äußerungen wurde auch **Konrad Schwindling** angezeigt.[49]
Johann Metzger, früher Mitglied im Rotfrontkämpferbund, der von SA-Leuten zur Teilnahme an der Reichstagswahl 1936 gezwungen worden war, machte auch später aus seiner Abneigung gegen das NS-Regime keinen Hehl. Entsprechende Äußerungen an seinem Arbeitsplatz auf der Völklinger Hütte hatten zur Folge, dass ihn die Gestapo am 03.03.1939 festnahm, ins Gefängnis auf der Lerchesflur in Saarbrücken einwies, von wo er bald danach in das KZ Dachau überstellt wurde. Als »politisch unbelehrbarer« Nazigegner wurde er im Alter von 39 Jahren am 02.12.1939 in Mauthausen ermordet[50].
Adam Baumeister (geb. 25.08.1887 in Recklinghausen) war als Micumsteiger ins Saargebiet gekommen, wegen einer tätlichen Auseinandersetzung mit drei anderen Grubenangestellten im Mai 1934 entlassen worden. Nach seinen eigenen Angaben unterblieb seine Wiedereinstellung bei den Saargruben auf Veranlassung der NSDAP-Ortsgruppe. Politisch hatte er sich vor 1935 nicht betätigt, war als Zugezogener nicht abstimmungsberechtigt, auch kein Mitglied der Deutschen Front. In seinem Wiedergutmachungsantrag berichtet er: *Dort [in Engelfangen] sollte ich in der Nacht vom 25. auf den 26. August 1937 durch SS-Leute, die unter dem Befehl des SD-Leiters Krancher aus Püttlingen standen, wegen angeblicher staatsfeindlicher Äußerungen in einer Püttlinger Wirtschaft verhaftet werden. Auf Intervention des SS-Mannes Albert Schwarz aus Püttlingen ist die Ver-*

---

47 LA SB LRA SB Nr. 334, S. 94-97.
48 LA SB GenStAnw. Nr. 218, S. 10-12.
49 Ebenda.
50 Volk, S. 60.

haftung unterblieben. Krancher legte mir aber einen vierwöchigen Hausarrest auf. Bei seiner Verhaftungsaktion gab Krancher mir gegenüber an, im Auftrag der Gestapo Saarbrücken zu handeln. Wie er mir später sagte, war die Anzeige gegen mich durch den Bauunternehmer .... aus Püttlingen erfolgt. [51]

Der Bergmann **Johann Meyer** (geb. 24.06.1900 in Püttlingen), seit 1930 in Köllerbach wohnhaft, Mitglied im Rotfrontkämpferbund, arbeitete nach der Rückgliederung als Arbeiter auf der Völklinger Hütte. Am 04.04.1939 wurde er von seiner Arbeitsstätte weg verhaftet, nach kurzem Aufenthalt im Gefängnis Saarbrücken-Lerchesflur am 08.04. in das KZ Dachau überstellt, von dort am 27.09. in das KZ Mauthausen, wo er am 02.10.1939 nach amtlicher Angabe an *Herz- und Kreislaufschwäche* verstarb[52]. Die Aktenlage erlaubt keine eindeutige Aussage über den Verhaftungsgrund. Von der Kripo war AZR (= Arbeitszwang Reich) angegeben worden, im Entschädigungsakt werden »staatsfeindliche Äußerungen« genannt.

Am 27.08.1941 meldete der Amtsbürgermeister zwei Fälle staatsfeindlicher Äußerungen, die Betreffenden *wurden aufgegriffen und die notwendigen Maßnahmen eingeleitet*. In seinem Bericht vom 28. Januar 1944 erwähnt er eine weitere Anzeige wegen staatsfeindlicher Äußerungen,[53] Namen werden in beiden Berichten nicht genannt.

Hier einzuordnen ist auch der Fall eines 72-jährigen Bergmanns aus Püttlingen, der im Frühjahr 1938 handgeschriebene Zettel mit oppositionellem Inhalt an Bäumen im Wald zwischen Riegelsberg und Altenkessel befestigte. Er wurde dafür zu einer einjährigen Gefängnisstrafe verurteilt.[54]

Auch das Verhalten von **Katharina Katzenmaier** gehört hierher. In ihrem Fall ist die Quellenlage günstig, weil sie Lebenserinnerungen publiziert hat, die zwar wie die meisten Autobiographien eine sehr subjektive Betrachtungsweise spiegeln, aber doch über die Motivation ihres Verhaltens Aufschluss geben. Sie war am 24.04.1918 in Heppenheim an der Bergstraße geboren, schon als Kind in jungen Jahren mit einem Freund ihres Vaters, dem jüdischen Philosophen und Theologen

---

51 StadtA PÜ Wiedergutmachungsakten.
52 LA SB Best. LEA Nr. 8226.
53 Bericht des Amtsbürgermeisters.
54 Mallmann/Paul, Herrschaft u. Alltag, S. 351f. (dort falsch »im Wald zwischen Riegelsberg und Altenwald«)

Martin Buber, der damals an der Universität Frankfurt am Main lehrte, bekannt geworden. Ihr ursprünglicher Berufswunsch, Missionsärztin oder Missionsschwester in Afrika zu werden, ließ sich nicht verwirklichen. Begegnungen und Gespräche als medizinische Assistentin im Bensheimer Krankenhaus mit im Frankreichfeldzug verwundeten Soldaten ließen in ihr den Entschluss reifen, sich mehr der Sorge um die Seele des Menschen als um den Leib zuzuwenden. So begann sie im Seminar für Seelsorge in Freiburg eine Ausbildung, die sie im Frühjahr 1942 erfolgreich abschloss. Sie wurde Anfang Mai 1942 in der Pfarrei St. Bonifatius, Ritterstraße, angestellt. Ihr Aufgabengebiet umfasste nicht nur Katechismusunterricht, Vorbereitung auf Erstkommunion und Firmung, weitere Jugendarbeit, Erwachsenenbildung und pastoralen Familiendienst, der mit vielen Hausbesuchen verbunden war, sondern auch die Ausfüllung kriegsbedingt vakanter Stellen als Pfarrsekretärin und im Küster-, Organisten- und Kantorendienst. Die Art der von Frau Katzenmaier gestalteten Jugendarbeit beschreibt Elisabeth Baltes aus der Retrospektive des Jahres 1995: Gruppengespräche und -spiele, Kirchenchor, Martinsfest, Adventsfeiern, Singkreise, Pflege alten Brauchtums. Während die Pastoren es vermieden, sich öffentlich kritisch oder ablehnend gegenüber dem NS-Regime zu exponieren, vertrat sie nach eigenen Worten, *ohne Scheu und Angst die Sache der Kirche [ ] an Mütterabenden, bei heranreifenden Jugendlichen, in den Familien, bei Gesprächen auf der Straße mit Gemeindegliedern. [ ] Ich nahm es nicht hin, dass Nazi-Veröffentlichungen an Bäumen, die auf Kirchengrundstücken standen, angeschlagen wurden. Ich riß die Plakate, die auf Veranstaltungen der NSDAP hinwiesen oder Treffen der Hitlerjugend bekanntgaben, vor den Augen neugieriger Zuschauer einfach von den Baumstämmen ab.* Auf Fragen von Kindern im kirchlichen Unterricht nach der Tötung von Geisteskranken und nach antisemitischen Passagen in Alfred Rosenbergs »Mythos des 20. Jahrhunderts« fühlte sie sich *verpflichtet vor den Kindern klare Stellung zur Euthanasie zu beziehen und sie als Tötung menschlichen Lebens zu brandmarken.*
Nicht alle Bewohner des Ortsteiles Ritterstraße billigten Frau Katzenmaiers Handeln und Reden, von dem natürlich auch die örtliche Parteileitung erfuhr. Der sich aus ihrer Berufstätigkeit ergebende Kontakt mit relativ vielen Menschen unterschiedlicher Altersgruppen ließ sie in den Augen der örtlichen Nazis zu einer gefährlichen Multipli-

Abb. 51 Katharina Katzenmaier, Mai 1942 – Juli 1943 Seelsorgehelferin in St. Bonifatius, Ritterstraße, seit 1949 Schwester Theodolinde OSB, Foto aus dem Jahr 1943.

katorin oppositioneller Gesinnung werden. *Da ich immer wieder vor Spitzeln gewarnt wurde, habe ich in jener Zeit nie eine Religionsstunde gehalten, die nicht schriftlich vorbereitet war. Vorsicht und Klugheit waren geboten, dennoch durfte ich den aktuellen Fragen junger Menschen nicht ausweichen, sondern mußte nüchtern und präzise Antworten geben. Dazu war ich vor Gott und meinem Gewissen verpflichtet.* Frau Katzenmaier erfuhr von einigen Schülerinnen und deren Eltern, dass die Mädchen von zwei Männern, vermutlich Gestapo-Leuten aus Saarbrücken, eingehend befragt worden waren, ob sie in ihrem Unterricht Euthanasie als Mord bezeichnet und Zweifel am Endsieg Adolf Hitlers geäußert hätte. Sie selbst schreibt 1996 dazu: *Daß ich im Religionsunterricht Euthanasie mit deutlichen Worten als Mord bezeichnet habe, ist unbestritten. Die zweite Anschuldigung, die die Zweifel am Endsieg des Führers betraf, entsprach zwar damals meiner inneren Auffassung, und ich habe sie auch im privaten kirchlichen Freundeskreis vertreten, aber im Religionsunterricht habe ich diese Äußerungen bewußt nicht gemacht, wohl wissend, wie gefährlich eine solche Aussage gewesen wäre. Aber durch meine eineinhalbjährige Tätigkeit in der Pfarrei in Püttlingen war es keinem unbekannt geblieben, welche Einstellung ich insgesamt gegenüber dem Nationalsozialismus hatte.*[55] Sie bereitete sich *innerlich auf eine Verhaftung vor*. Es scheint, dass zunächst daran gedacht war, sie durch eine Dienstverpflichtung an die Ostfront aus Püttlingen abzuschieben – jedenfalls gingen ihr diesbezügliche Formulare zu Doch als sie darauf formell korrekt antwortete, dass bei einer Beschäftigung von wöchentlich 48 Arbeitsstunden laut Gesetz ihre Versetzung an die Ostfront nicht möglich war, entschloss sich die Gestapo, ihre Wirkungsmöglichkeiten in Püttlingen in anderer Weise zu beenden. Sie wurde um die Mittagszeit des 21.07.1943 in Püttlingen verhaftet,

---

55 Katzenmeier, S. 22-24.

gleichzeitig ihre Wohnung intensiv durchsucht. Arbeiter auf dem Weg zur Mittagsschicht, Frauen und Schulkinder beobachteten teils neugierig, teils zutiefst erschrocken, wie sie abgeführt wurde.
In den auf die Verhaftung folgenden Tagen fuhren einige Mädchen aus ihrer Püttlinger Gruppe zweimal nach Saarbrücken und versuchten Frau Katzenmaier vor dem Gefängnis auf der Lerchesflur durch Rufen, Winken, einmal auch durch Flötenspiel einen Gruß zu übermitteln. Sie baten sogar um Besuchserlaubnis, die mit der formelhaften Begründung »nur mit polizeilicher Genehmigung und nur für Verwandte« abgelehnt wurde.[56]
Die Eltern und der Großvater von Irene Schäfer suchten in den folgenden Tagen verschiedene Parteileute in Püttlingen auf und bemühten sich sogar in Saarbrücken und in Neustadt (Sitz der Gauleitung Saarpfalz) vergebens um eine Freilassung.[57] Frau Schäfer beschrieb im Jahr 1995 ihr eigenes emotionales Verhalten als Zehn-/Elfjährige und das ihrer ungefähr gleichaltrigen Freundinnen: Unter uns Kindern *gab es damals ein Schwanken zwischen tiefer Traurigkeit, Hilflosigkeit einerseits und einer agressiven Wut gegen die Nazis andererseits. Wir weinten und wir wetterten. Einmal saßen wir bei uns auf der Vorgartenmauer und schimpften auf alle Nazis, die wir aus unserer Straße und auch aus dem Dorf kannten oder auf die, von denen wir annahmen, dass sie dazu gehörten. Ein Nachbar kam zu uns und sagte »Ihr Kinder müßt still sein, ihr bringt eure Familien in Bedrängnis«.*[58]
Nach drei Monaten Einzelhaft in Saarbrücken wurde Schwester Katharina über Leipzig in das KZ Ravensbrück in Mecklenburg überstellt, wo sie in der Nacht vom 21./22.10.1943 ankam. Das Vorgehen gegen sie ist typisch für die Spätphase des NS-Regimes. Die Stapo leitete nur noch selten Gerichtsverfahren ein, mit denen eine Beweisaufnahme verbunden gewesen wäre, sondern wiesen den oder die Beschuldigte oder Verdächtige ohne Urteil in ein KZ-Lager ein. Frau Katzenmaier gehört zu den wenigen Frauen, die die Qualen des KZ-Lagers Ravensbrück und die am 26.04.1945 beginnende Flucht vor der Roten Armee, aber immer noch bewacht von SS-Mannschaften überstanden. Unter Meisterung mancher gefährlichen Situation er-

---

56 Ebenda S. 241.
57 Kindheitserlebnisse von Irene Schäfer, niedergeschrieben am 02.09.1995, abgedruckt in Katharina Katzenmaier, a.a.O., S. 227-229.
58 Schäfer, S. 231.

reichte sie ihr Elternhaus in Heppenheim schließlich in der Nacht vom 14./15.09.1945.

Eine Steigerung des Heimtückevergehens bedeutete das Delikt der »Volksverhetzung«, wegen der der 1943 in Frankreich verhaftete emigrierte **Benedikt Hoffmann** zu zwei Jahren Zuchthaus verurteilt wurde (vgl. S. 655).

Hoch- und Landesverrat

Auf den inneren Bestand des Staates gerichtete Angriffe galten als »Hochverrat«, als »Landesverrat« waren definiert Angriffe, die auf die Schwächung der äußeren Macht des Staates und seine internationale Stellung abzielten. Beide Tatbestände wurden als Verbrechen angesehen und mit Zuchthaus oder Todesstrafe geahndet. Dieses Schicksal ereilte den im Oktober 1943 in Südfrankreich verhafteten emigrierten **Fritz Klein** aus Engelfangen (vgl. S. 605).

Wegen der Verbreitung »illegalen Materials« unbekannter Herkunft wurde am 01.08.1935 **Fritz Kuhn** aus Etzenhofen verhaftet und am 20.06.1936 wegen Vorbereitung zum Hochverrat zu 1 ½ Jahren Haft verurteilt. Nach seiner Entlassung war er zunächst arbeitslos, wurde im Herbst 1937 in eine Erzgrube in der Nähe von Goslar dienstverpflichtet. Illegales Material hatte er von dem Schreiner **Karl Hofmann** (vgl. S. 606) erhalten.

Der Bergmann **Konrad Schwindling** aus Köllerbach, früher KP, wurde 1936 wegen Vorbereitung zum Hochverrat verhaftet.[59] Im Mai 1937 verurteilte das Oberlandesgericht Hamburg den Püttlinger Bergmann **Jakob Kurtz** wegen Vorbereitung zum Hochverrat.[60]

Wegen Hoch- und Landesverrat verurteilt wurden auch die emigrierten **Jakob Becker** (geb. 1883), **Ludwig Bracher, Jakob** und **Margarethe Nalbach** (vgl. S. 660 f.).

Abb. 52   Jakob Kurtz, Foto aus der Nachkriegszeit

---

59 LA SB Generalstaatsanwalt Nr. 218
60 Vgl. S. 513

Dienst in der französischen Armee galt als »landesverräterische Waffenhilfe«, dafür wurden **Johann Baltes** und die Brüder **Johann** und **Josef Altmeyer** mit Zuchthaus, **Fritz Klein** aus Engelfangen mit dem Tode bestraft.[61]

Leistungsverweigerung
Ein renitentes Verhalten gegenüber der aufgetragenen oder zugewiesenen Arbeit war schon in Friedenszeiten geahndet worden. Ganz im Sinne der Mobilisierung aller Kräfte für einen »deutschen Endsieg« wurden während des Krieges Bummelei am Arbeitsplatz oder gar unerlaubtes Fernbleiben härter bestraft. Der Püttlinger Bürgermeister meldete am 26.09.1941, dass zwei Arbeiter durch die Stapo festgenommen worden seien, weil sie fortgesetzt der Arbeit fern blieben,[62] sie befänden sich noch in Haft. Einer der beiden dürfte **Johann Speicher** (geb. 23.12.1899 in Püttlingen) gewesen sein. Ausweislich der nach dem Krieg entstandenen Akten des Landesentschädigungsamtes wollte er sich nicht nach Frankreich dienstverpflichten lassen. Daraufhin wurde er zwei Wochen in Haft genommen, dann zur »Umerziehung« ins SS-Lager Hinzert im Hunsrück vom 24.09.-27.10.1941 eingewiesen. Vom 03.-21.05.1943 war er erneut in Haft in Saarbrücken, weil er auf seiner derzeitigen Arbeitsstelle, der Völklinger Hütte, sogen. *Panzerschichten* (= Überstunden zur Unterstützung der kämpfenden Truppe) verweigert hatte. Er wurde auf der Hütte entlassen, vorübergehend als Gemeindearbeiter beschäftigt, bis er am 12.11.1943 zur Wehrmacht eingezogen wurde. Auch hier kam er bald mit den Dienstvorschriften in Konflikt und wurde am 29.02.1944 wegen unerlaubter Entfernung von der Truppe zu vier Monaten Gefängnis verurteilt, die er in Brunsbüttel an der Elbe absaß. Sein Verhalten entschuldigte er damit, dass er eben einmal schnell in Püttlingen vorbeigefahren sei, weil seine Frau ihn dringend gebraucht hätte. Wenige Wochen nach Ablauf seiner Haftstrafe erhielt er »Bombenurlaub«. Da er anschließend nicht zu seiner Truppe zurückkehrte, wurde er zwangsweise zugeführt, konnte aber auf der Reise in Frankfurt am

---

61 Siehe die Nachweise in Kap. VII. S. 663 f.
62 Bericht des Amtsbürgermeisters vom 26.09.1941.

Main seinen Bewachern entkommen und versteckte sich in Püttlingen bis zum Einmarsch der Amerikaner.[63]
Meldungen über Verhaftung wegen Arbeitsverweigerung ohne Namensnennung finden sich auch in späteren Monatsberichten des Püttlinger Bürgermeisters:[64]
28.01.1942 eine Person wegen Arbeitsverweigerung festgenommen
25.09.1942 eine Festnahme wegen Arbeitsverweigerung
29.04.1943 eine Person wegen dauernden Fernbleibens von der Arbeit festgenommen
29.11.1943 zwei Personen festgenommen wegen Arbeitsverweigerung.

Verweigerung in einem anderen Bereich wurde dem Dentisten **Rudolf Maier** vorgeworfen, er hatte Sicherheits- und Luftschutzdienst abgelehnt, wurde am 28.05.1942 verhaftet und bis Kriegsende zwischen den KZ-Lagern Dachau, Ravensbrück und Sachsenhausen »verschubt«.[65]

Wehrkraftzersetzung

Delikte, die vor dem Krieg als Heimtücke verfolgt worden waren, bekamen während des Krieges ein stärkeres Gewicht, wenn sie Skepsis am deutschen »Endsieg« erkennen ließen. Sie wurden als »Verbrechen der Zersetzung der Wehrkraft« hochstilisiert und drakonisch bestraft.

Albert Herrmann (geb. 20.08.1920 in Püttlingen) wurde wegen seiner Äußerung, weitere Blutopfer seien sinnlos, der Krieg könne nicht gewonnen werden, im Sommer 1944 durch ein Kriegsgericht zum Tode verurteilt, im August desselben Jahres zu 12 Jahren Zuchthaus begnadigt[66].

Cornelius Gehl (geb. 16.09.1888), Landwirt aus Püttlingen, Rückgliederungsgegner, wurde am 12.11.1943 zur Wehrmacht einberufen, schon am 14.08.1944 wegen Zersetzung der Wehrkraft verurteilt.

---

63 Paul, Ungehorsame Soldaten, S. 66f., Mallmann/Paul, Herrschaft und Alltag, S. 387, LA SB Best. LEA MdI Nr. 3084 u 3571.
64 Berichte vom 28.01.1942, 25.09.1942, 29.04.1943, 29.11.1943.
65 LA SB LEA Nr. B 1013.
66 StadtA Püttlingen, Wiedergutmachungsakten.

Nach Kriegsende wurde er aus der Haft entlassen und kehrte nach Püttlingen zurück.[67]
Wilhelm Kiefer (geb. 11.10.1890) hatte sich bis zur Rückgliederung politisch nicht betätigt, wurde danach Mitglied der NSDAP und war zeitweise Ortsbauernführer in Püttlingen. Nach dem Frankreichfeldzug ging er als Siedler nach Lothringen im Zuge der Ansiedlung deutschen Bauerntums. Auch ihn brachte eine Äußerung in den Verdacht der Zersetzung der Wehrkraft, er kam glimpflich davon, denn er wurde »nur« in ein Arbeitslager eingewiesen[68].
Hugo Ruf (geb. 21.11.1910 in Riegelsberg), wohnhaft in Püttlingen, vermählt mit Käte, geb. Heib (geb. 24.09.1914), Kraftfahrer, Mitglied der NSDAP seit 1933 und der SS, war seit 1941 Soldat. Er wurde am 22.12.1943 durch das Reichskriegsgericht wegen Vorbereitung von Hochverrat und Zersetzung der Wehrkraft zum Tode verurteilt und am 11.02.1944 in Halle hingerichtet.[69] Gründe seines politischen Sinneswandels wurden mir nicht bekannt.

Wehrdienstverweigerung und Fahnenflucht
Als Ablehnung der politischen und militärischen Ambitionen des Nationalsozialismus kann auch Fernbleiben bei der Musterung gewertet werden. Der Püttlinger Amtsbürgermeister berichtete am 25.01.1941, dass bei der Erfassung der Dienstpflichtigen des Jahrganges 1922 bei 10 jungen Männern weder Aufenthaltsort noch Beschäftigungsort festgestellt werden konnten und daraufhin Ermittlungsverfahren eingeleitet wurden. Fünf Monate später berichtete er stolz über die Erfassung des Geburtsjahrgangs 1923: *Das Ergebnis wurde im Durchschnitt als gut bezeichnet. Die Wehrfreudigkeit war durchweg festzustellen. Es erfolgten auch verhältnismäßig viele Freiwilligen-Meldungen zu Panzer, Marine und Luftwaffe.*[70]
Im März 1942 wurden 124 männliche Dienstpflichtige der Gemeinde Püttlingen erfasst, wiederum hob der Bürgermeister Freiwillig-Meldungen zur Panzerwaffe hervor[71]. Zur Musterung des Geburtsjahr-

---

67 Ebenda.
68 Ebenda.
69 LA SB LEA Nr. 2065 (MdI).
70 Bericht vom 26.06.1941.
71 Bericht vom 27.03.1942.

gangs 1925 waren von 120 Dienstpflichtigen fünf nicht erschienen,[72] im Juni 1943 bei Erfassung des Jahrgangs 1926 sechzehn.[73] Die zur Fahndung notwendigen Unterlagen wurden jeweils dem Polizeipräsidenten zugeleitet. Das Fehlen bei der Musterung könnte im einen oder anderen Fall durch das Versäumnis einer Entschuldigung oder auch durch eine Ungenauigkeit in den Meldeunterlagen des Bürgermeisteramts erklärt werden. Auch können die Fehlenden Kinder von Emigranten gewesen sein, die mit ihren Eltern im Frühjahr 1935 ohne förmliche Abmeldung das Saarland verlassen hatten. Doch ist auch ein Untertauchen, um sich bewusst dem Wehrdienst zu entziehen, nicht auszuschließen.

Im Oktober und im November 1943 wurde je ein Soldat wegen unerlaubten Entfernens von der Truppe festgenommen.[74]

Die Brüder **Josef Heinz** (geb. 17.06.1918) und **Hermann Heinz** aus Engelfangen, beide aus einer katholischen Arbeiterfamilie stammend, waren nicht bereit, ihr Leben für Hitler-Deutschland einzusetzen. Zwei Jahre nach seiner Einberufung zur Wehrmacht entfernte sich Josef Heinz, ledig, von Beruf Former, 1942 in der Nähe von Sewastopol (Ostfront) »unerlaubt« von der Truppe. Ein Kriegsgericht verurteilte ihn zu einer fünfjährigen Haftstrafe und überstellte ihn einer Strafgefangenenabteilung. Ein dort gewagter erneuter Fluchtversuch misslang, weil ein Wachhabender ihn ins Knie schoss. Er wurde in ein Lazarett nach Marburg gebracht, nachdem er dort einigermaßen wiederhergestellt war, verurteilte ihn ein Kriegsgericht am 06.05.1943 zum Tode. Das Urteil wurde in Frankfurt am Main am 22.06.1943 durch Enthauptung vollstreckt.[75]

Sein jüngerer Bruder Hermann erhielt im September 1944 einen Stellungsbefehl, folgte ihm aber nicht und konnte sich bis zum Einmarsch der US-Truppen versteckt halten.[76]

Josef Esch (geb. 1918 in Püttlingen) war schon 1941 an der Ostfront übergelaufen. Er hatte Anschluss an das Nationalkomité gefunden und rief 1944 über den Moskauer Sender zum Sturz Hitlers auf. Zur

---

72 Berichte vom 27.08. u. 29.09.1943 über die Musterung am 10.08.
73 Bericht vom 28.06.1943.
74 Bericht des Amtsbürgermeisters vom 28.10. u. 29.11.1943.
75 Paul, Ungehorsame Soldaten, S. 56f. u. 59, Mallmann/Paul, Herrschaft u. Alltag, S. 388..
76 Paul, Ungehorsame Soldaten, S. 46, LA SB LEA 8365.

Vergeltung nahm die Saarbrücker Gestapo seine Eltern am 19.08. fest und internierte sie zwei Monate lang im Lager Neue Bremm.[77] Dies ist der einzige Fall von Sippenhaft, der mir aus unserem Untersuchungsbereich bekannt wurde. Esch ist später gefallen.
Bernhard Baldauf (geb. 15.05.1926) war im Februar 1935 mit seinen Eltern nach Lothringen emigriert. Nach der Besetzung Lothringens arbeitete er bei den Dingler-Werken in Zweibrücken, bis er im März 1944 zu einer Luftwaffeneinheit einberufen wurde. Während der Ausbildung in Angoulême desertierte er und schloss sich dem französischen Widerstand an.[78]

Spionage
Die von mir ermittelten Angaben über die beiden folgenden Fälle sind fragmentarisch und lassen Fragen offen.
Die aus Püttlingen stammende **Martha Philipp** geb. Altmeyer (geb. März 1914), Tochter von Maria Altmeyer (geb. 12.01.1890), war seit 1941 mit Arthur Philipp verheiratet und lebte in Berlin. Nach eigenen Angaben war sie für den Geheimdienst einer ausländischen Macht tätig. Sie wurde Mitte Mai 1943 in Plötzensee hingerichtet. Kurz vor ihrem Tod soll sie Verbindung mit ihrem Onkel Otto Altmeyer und der Schwester ihrer Mutter Gertrud Altmeyer, beide wohnhaft in Püttlingen, gehabt haben.

Regina Margarethe Brück, geb. Blum (geb. 1906 in Püttlingen, gest. 1981)[79], lebte mit ihrem Ehegatten, dem Ingenieur **Nikolaus Peter Brück** (geb. 1900 in Niedersaubach), in Paris. Als Mitarbeiter der von Admiral Wilhelm Canaris geleiteten Auslandsabwehr des OKW habe er sich, vor allem aufgrund der Befürchtungen seiner Ehefrau, nicht bereit gefunden, nach England (London?) eingeschleust zu werden. Daraufhin wurde die Familie zwangsweise von Frankreich ins Reich zurückgeführt. Er wurde umgehend ins KZ Dachau eingewiesen, wo er 1941 verstarb, Ehefrau und Tochter kamen nach Püttlingen. Dank der Fürsprache von Heinrich Contier wurde sie wieder im Schuldienst eingestellt.[80]

---

77 Mallmann/Paul, Herrschaft u. Alltag, S. 391.
78 LA SB LEA Nr. 5497 (MdI).
79 Altmeyer, Einwohnerbuch Nr. 3518, 4.
80 Mitteilung von Günter Altmeyer am 21.07.2006.

Verstöße gegen kriegswirtschaftliche Bestimmungen

Verstöße wie z.b. Schwarzschlachten, Nichterfüllung der amtlicherseits vorgeschriebenen Abgabemengen von Getreide, Milch, Eiern, Fleisch, Kartoffeln etc., Manipulationen mit Lebensmittelkarten und Bezugsscheinen wurden streng geahndet, daher zu vertuschen versucht. Es ist zu vermuten, dass es im Köllertal wie überall zu Verstößen gegen die geltenden Bestimmungen kam. Einschlägige Strafakten blieben nicht erhalten.

Kenntnisnahme von Feindpropaganda

Das Abhören ausländischer Sender[81] wurde erst mit Kriegsausbruch unter Strafe gestellt. Die wenigen bekannt gewordenen Fälle dürften nur die »Spitze des Eisberges« darstellen. Die Denunzierung von Regina Altmeyer (geb. 1894) lief noch glimpflich ab. Sie wurde am 19.05.1943 auf die Gestapo vorgeladen, am 14.12.1943 fand die Verhandlung vor dem Sondergericht statt, anschließend wurde sie in Freiheit gesetzt.[82] Adolf Pfeiffer, ehemaliges Mitglied der KP und Rückgliederungsgegner, seit November 1937 in Püttlingen wohnhaft, während des Krieges Hilfsmeister in der Völklinger Hütte, und sein Vermieter beschuldigten sich gegenseitig, Feindsender gehört zu haben. Pfeiffer wurde deswegen und wegen staatsfeindlicher Äußerungen von der Saarbrücker Gestapo dreimal verhört.[83]

Nach dem Kriege berichtete Oskar Messinger, ehemals stellvertretender Vorsitzender der SPD-Ortsgruppe Ritterstraße, er und Peter Hirschmann hätten 1942/43 Schwarzsender gehört.[84]

Unerlaubter Umgang mit Kriegsgefangenen und Zwangsarbeitern

Gegen die Anordnungen über die Behandlung der in unterschiedlichen Bereichen eingesetzten Kriegsgefangenen und Zwangsarbeiter[85] wurde wiederholt verstoßen. Eine strafrechtliche Verfolgung von Männern und Frauen aus Püttlingen und Köllerbach wurde mir nicht bekannt.

---

81 Vgl. Kap. V, S. 568.
82 StadtA Püttlingen Wiedergutmachungsakten.
83 Ebenda.
84 LA SB Best. LEA Nr. 8395.
85 Vgl. Kap. V, S. 564 ff.

Strafmaßnahmen aus nicht bekannten Gründen
Anstreicher **Peter Groß** aus Püttlingen (geb. 21.06.1872) wurde am 22.08.1942 verhaftet, saß zuerst in Saarbrücken-Lerchesflur, wurde am 28.09. als »polizeilicher Vorbeugehäftling« ins KZ Dachau überstellt und starb dort am 30.12. desselben Jahres.[86]

Konrad Schütz, Engelfangen (geb. 01.06.1914) wegen Verstoßes gegen § 134 b (=Böswilliges Beschädigen oder Abreißen öffentlicher Anschläge, Befehle, Bekanntmachungen etc.) 1 Monat.

Unklar ist der Fall von **Großmann**, Ehegatte der Antonia Bies, geb. Schneider, das Ehepaar zog 1937 von Altenkessel nach Püttlingen, der Ehemann wurde bei der Wehrmacht standrechtlich erschossen. Der Bürgermeister von Püttlingen konnte in der Nachkriegszeit keine Angaben über eine eventuelle antifaschistische Tätigkeit machen.[87]

Opfer des NS-Regimes

Am Ende dieses Kapitels seien die Namen derjenigen Männer und Frauen aus Püttlingen und Köllerbach zusammengestellt, die wegen ihrer bekannt gewordenen Ablehnung des NS-Regimes Strafen an Leib und Leben hinnehmen mussten. Vermerkt ist jeweils die höchste verhängte Strafe, vorausgehende Untersuchungshaft ist nicht berücksichtigt. Aufgrund der mehrmals angesprochenen lückenhaften Überlieferung kann die Liste keinen Anspruch auf Vollständigkeit erheben.

Gefängnisstrafen

Becker, Jakob (geb. 17.09.1883)
Bettendorf, Peter Heinrich
Fecht, Michel
Görgen, Matthias
Hubertus, Nikolaus
Meyer, Emil

Becker, Jakob (geb. 20.01.1884)
Blank, Wilhelm
Gehl, Cornelius
Hirschmann, Peter
Kuhn, Fritz
Nalbach, Margarethe

---
86 Die Toten von Dachau, S. 43.
87 StadtA Püttlingen Wiedergutmachungsakten.

Quinten, Elisabeth
Schütz, Konrad
Sehn, Theo
Thielen, Wilhelm

Schmidt, Josef
Schwindling, Konrad
Speicher, Johann

Zuchthausstrafen

Altmeyer, Johann
Baltes, Johann
Brader, Ludwig (> KZ)
Hoffmann, Benedikt
Müller, Erich Max

Altmeyer, Josef
Blanc, Thomas
Herrmann, Albert
Kurtz, Jakob
Nalbach, Jakob (> KZ)

KZ-Lager, Arbeitslager, Polizeilager

Auschwitz:	Brader, Ludwig, Schicksal ungeklärt
Buchenwald:	Hofmann, Karl
	Quinten, Peter
Dachau:	Brück, Nikolaus Peter, gest. 1941
	Groß, Peter, gest. 30.12.1942
	Maier, Rudolf > Ravensbrück
	Metzger, Johann > Mauthausen
	Meyer, Johann > Mauthausen
	Nalbach, Jakob
Hinzert:	Schwarz, Rudolf (wahrscheinlich) > Karlsruhe > Gieslau
	Speicher, Johann
Mauthausen:	Metzger, Johann, gest. 02.12.1939
	Meyer, Johann, gest-. 02.10.1939
Ravensbrück	Katzenmaier, Katharina
	Maier, Rudolf > Sachsenhausen
	Speicher, Jutta, gest. 02.03.1945
Saarbrücken, Neue Bremm	Eltern von Josef Esch
Sachsenhausen	Maier, Rudolf
Wewelsburg	Mathis, Jakob, gest. 30.07.1942
Lager namentl. nicht bekannt	Heinrich
	Kiefer, Wilhelm
	Schröder, Nikolaus

Vollstreckte Todesurteile

Großmann, Ehemann von Antonia geb. Schneider, standrechtlich erschossen
Heinz, Josef, gest. 08.03.1943 Frankfurt/Main
Jungmann, Willi Philipp, wahrscheinlich standrechtlich erschossen
Klein, Fritz, gest. 22.09.1944 Bruchsal
Philipp, Martha, geb. Altmeyer, gest. Mai 1943 Plötzensee
Ruf, Hugo, gest. 11.02.1944 Halle.

Schlussbemerkung

Das Verhalten der Püttlinger und Köllerbacher Bevölkerung zum NS-Staat und der ihn tragenden Partei zeigt ein breites Spektrum von der vorbehaltlosen Befürwortung bis zur totalen Ablehnung und innerhalb der Ablehnung die ganze Palette von widerwilliger Loyalität bis zu aktivem widerständischen Handeln. Bewaffneten Widerstand gab es in den Köllertalorten nicht, er blieb auf einige Püttlinger und Köllerbacher Emigranten beschränkt, die sich der französischen Resistance angeschlossen hatten. Auch Sabotageakte in Industrie- und Verkehrsanlagen als Widerstandshaltung wurden weder von den eingesessenen Arbeitern noch von den hier eingesetzten Kriegsgefangenen und Zwangsarbeitern bekannt.
Unmöglich ist es, prozentual Akzeptanz und Ablehnung zu schätzen. Ebenso wenig lassen sich graduell widerwillige Loyalität und Verweigerungshaltung klar voneinander unterscheiden. Belege einer Fundamentalopposition in Verbindung mit widerständischem Handeln sind zahlreicher belegbar für Personen aus dem ehemaligen sozialdemokratischen und kommunistischen Milieu als für Personen der beiden kirchlichen Milieus, von denen das katholische offensichtlich mehr Konsistenz als das evangelische wahren konnte. Generell gilt für die Bevölkerung unseres kleinen Untersuchungsraumes das, was für große Teile des deutschen Volkes zutrifft: Es kam nicht zur massenhaften Aufkündigung der politischen Loyalität gegenüber Hitler und seinem »Dritten Reich«, selbst in den letzten Kriegsmonaten nicht.
Im Mai 1998, dreiundfünfzig Jahre nach Zerschlagung der NS-Herrschaft, wurden alle Nazi-Unrechtsurteile formal aufgehoben. Ein von der damaligen Koalition (CDU/CSU und FDP) und der SPD verabschiedetes Gesetz legte fest, dass alle Urteile, *die unter Verstoß gegen*

elementare Gedanken der Gerechtigkeit nach dem 30. Januar 1933 zur Durchsetzung oder Aufrechterhaltung des NS-Unrechtsregimes aus politischen, militärischen, rassischen, religiösen oder weltanschaulichen Gründen ergangen sind, aufgehoben werden. Ausweislich der Begründung der Gesetzesvorlage gehören dazu auch Deserteure, Homosexuelle und Zwangssterilisierte. Für noch lebende Verurteilte oder Angehörige von Hingerichteten ergab sich daraus aber kein Entschädigungsanspruch, weil die Wiedergutmachung bereits in früheren Gesetzen geregelt worden war.[88]

---

88 Bundesgesetzbl. 1998, Teil I, S. 2501-2504.

Kapitel VII
Emigrantenschicksale

Eine umfassende Darstellung der saarländischen Emigration liegt bisher noch nicht vor. Nach den älteren Arbeiten von Dieter Marc Schneider[1] und von mir[2] haben Gerhard Paul und Klaus-Michael Mallmann die politische Tätigkeit von Exilanten in den Aufnahmeländern Frankreich und Luxemburg einbezogen in ihre ausführliche Verhaltensgeschichte der Saarländer gegenüber dem NS-Regime: Teilnahme am spanischen Bürgerkrieg, aktive Mitarbeit in deutschen antifaschistischen Büros oder Comités und Anschluss an Widerstandsorganisationen in den besetzten Staaten, jeweils getrennt für das katholische, sozialdemokratische und kommunistische Milieu.[3] Ergänzungen für die Zusammenarbeit antifaschistischer Kräfte im ostlothringischen Grenzstreifen legte Luitwin Bies vor.[4]

In den genannten Veröffentlichungen tritt hinter der Schilderung des politischen Engagements und den daraus sich ergebenden Reaktionen der Verfolgungsapparate, an deren Ende oft Tod oder gesundheitlicher Ruin standen, die soziale Komponente des Lebens im Exil zurück, die Probleme des Lagerlebens, der Wohnraumbeschaffung und Mobiliarausstattung, die unglückliche Verkettung von Aufenthaltsgenehmigung und Arbeitsnachweis, bei Kriegsausbruch Internierung und Rekrutierung junger saarländischer Emigranten in die französische Armee, die Flucht vor der vorrückenden Wehrmacht, Untertauchen in den besetzten Gebieten, zwangsweise Rückführung ins Reich und schließlich die Rückkehr nach Kriegsende ins Saarland, die neue Probleme aufwarf, weil Häuser und Wohnungen veräußert

---

1 Schneider, Saarpolitik und Exil.
2 H.W. Herrmann, Beiträge zur Geschichte der saarländischen Emigration.
3 Paul/Mallmann, Milieus und Widerstand, S. 78-88 (katholisches Milieu), S. 254-316 (sozialdemokratisches), S. 372-378 u. 508-514 (kommunistisches Milieu), vgl. auch Ralph Schock, »Denk ich an Deutschland in der Nacht ...« Saarländer im Exil, in: Richtig daheim, S.172-177.
4 Bies, Widerstand an der Grenze.

oder zerstört, Mobiliar und Hausrat konfisziert und zerstreut waren und eine Existenzgrundlage in der alten Heimat erst wieder geschaffen werden musste. Die sozialen und familiären Aspekte werden in den genannten Arbeiten nur gestreift. Mehr Beachtung finden sie in den von Klaus-Michael Mallmann und Gerhard Paul[5], von Luitwin Bies und Horst Bernard[6] verfassten biograpischen Skizzen. Schon bei der Entscheidung, sich dem Zugriff der NS-Schergen durch die Emigration zu entziehen, stellte sich die Frage, ob Ehefrau und Kinder mitgehen sollten. Fiel die Entscheidung für das Zusammenbleiben der Familie, so erhielt die Frage nach Bestreitung des Lebensunterhaltes, nach Wohnung und Schule gleich größeres Gewicht.

Die Emigration aus dem Saargebiet/Saarland weist einige Eigenheiten auf, die sie von der Emigration aus dem Reichsgebiet unterscheidet, nämlich
- das abgesehen von einigen Einzelfällen zeitlich verzögerte Einsetzen in der zweiten Januarhälfte 1935 infolge der bisherigen Verwaltung durch den Völkerbund,
- die Gewährung eines – zwar nicht immer voll wirksamen und zeitlich befristeten – Minderheitenschutzes für die im Saarland verbleibenden Gegner einer Rückgliederung ins Deutsche Reich und für aus rassepolitischen Gründen Verfolgte und Diskriminierte,
- die Bereitschaft des Völkerbundes zur Anerkennung einer Verantwortlichkeit für die Menschen, die fünfzehn Jahre lang seiner Mandatsverwaltung unterstanden hatten und sich nun nach der Volksabstimmung vom 13.01.1935 in ihrer materiellen und physischen Existenz bedroht und gefährdet fühlten.

---

5 Mallmann/Paul, Das zersplitterte Nein; Vorgestellt werden Hugolinus Dörr, Martha und Hermann Drumm, Käthe Frey, Jakob Frank, Wilhelm Frisch, August Hey, Emil Jacob mit Familie, Willi Kiefer, Karl Kuhn, Fritz Kuhnen, Guy Kurt Lachmann, Artur Mannbar, Barbara und Otto Niebergall, Julius Schneider, Marie Louise und Peter August Stern, Kurt Thomas, Wilhelm Trapp, Jakob Welter.
6 Bies, Bernard (Hgg.), Saarländerinnen gegen die Nazis, vorgestellt werden Maria Baltes, Leo u. Irene Bernard, Martha Drumm, Cora Varena Eppstein, Lilli u. Willi Herrmann, Käthe Koch, Maria Loersch, Else Merkel, Maria Pink, Luise Schiffgens, Lydia Schlosser, Josef Wagner mit Lena u. Maria W., Lenchen Weber, Dora Zeitz.

Die vom Ausland beobachtete Praxis des Vorgehens des NS-Regimes gegen seine politischen Gegner hatte den Rat des Völkerbunds bewogen, in Verhandlungen mit der Reichsregierung verbindliche Zusagen für einen Minderheitenschutz zu verlangen. Ein erster Erfolg war damit erreicht worden, dass die Reichsregierung erklärte, sich jeder Verfolgungsmaßnahme, Vergeltung oder Schlechterstellung wegen der politischen Haltung der Abstimmungsberechtigten bezüglich der Volksabstimmung zu enthalten.[7] Unter dem Gewicht des Druckes internationaler jüdischer Organisationen hatte die Reichsregierung dann am 03.12.1934 einen allerdings nur auf Dauer eines Jahres befristeten Schutz für sprachliche, rassische und religiöse Minderheiten zugesagt.[8] Es stand diesen Personen frei, das Saarland zu verlassen, ihren dortigen Grundbesitz zu behalten oder zu verkaufen und ihr bewegliches Vermögen abgabenfrei mitzunehmen, wenn sie das Saarland bis zum 29.02.1936 verlassen würden.

Am Ende des Kapitels III wurde geschildert, dass Familien aus Püttlingen und anderen Köllertalorten durch den Ausgang der Volksabstimmung trotz dieser Garantien sich in ihrer Sicherheit, ja sogar ihrem Leben bedroht fühlten, sich eventuellen Racheaktionen und Repressalien der neuen Machthaber wegen ihrer politischen Aktivitäten vor der Volksabstimmung nicht aussetzen wollten und sich deshalb entschlossen, die Heimat zu verlassen, m.a.W. zu emigrieren. Als Fluchtland bot sich zunächst nur Frankreich an, weil es der einzige Staat war, der unmittelbar an das Saargebiet grenzte, so dass zur Ausreise aus dem Saargebiet die Reichsgrenze nicht überschritten werden musste und die damit verbundene Gefahr einer Festnahme entfiel. Die direkte Grenze zum Großherzogtum Luxemburg an der Mosel zwischen Perl und Nennig entstand erst durch Gebietsveränderungen des Jahres 1946, sie bestand 1935 noch nicht. Für einige war Frankreich nur Durchgangsland, die meisten Saaremigranten aber versuchten, sich dort eine neue Existenz aufzubauen. In dem kommenden Jahrzehnt, bis zum Kriegsende 1945, verlief ihr Leben in anderen Bahnen als das der im deutschen Staatsgebiet verbliebenen Saarländer. Zur politischen Geschichte einer Stadt in der NS-Zeit gehört auch die Schilderung des Lebens der Emigranten, bis es aufgrund neuer poli-

---

7 Veröffentlicht im Reichsgesetzblatt 1934 II, S. 737.
8 Veröffentlicht ebenda 1935 II, S. 125, abgedruckt bei Herrmann, Juden, S. 381f.

tischer Rahmenbedingungen nach Kriegsende in das der ortsansässig gebliebenen Familien wieder einmünden konnte.
Der vor mehr als zehn Jahren von Gerhard Paul markierte »große weiße Flecken auf der Landkarte der Exilforschung« besteht heute immer noch, nämlich die Beschreibung des Exils der kleinen Leute, der Partei- und Gewerkschaftssekretäre, der Arbeiter und insbesondere der Frauen. Gerade diese Gruppe kann etwas stärker als bisher ins Licht gerückt werden, wenn versucht wird, das Schicksal möglichst vieler Emigranten aus einem überschaubaren Bereich, hier also der Stadt Püttlingen, zu schildern. Es handelt sich dabei meist um Menschen, die politisch nicht im ersten Glied standen. Landespolitisch sind nur wenige hervorgetreten: Hugolin Dörr, Jakob Schackmann und Fritz Kuhnen, meist blieb ihr Wirkungskreis auf das Köllertal beschränkt. Anerkennung haben sie sich dadurch verdient, dass sie ihre einmal getroffene Entscheidung der Ablehnung des NS-Regimes konsequent durchhielten, sich dazu in der Öffentlichkeit bekannten, aus Furcht vor Verfolgung und Disziplinierung den Weg in die Emigration mit all ihren Unsicherheiten wählten und dort wirtschaftliche Not, Internierung und erneute Verfolgung hinnahmen

Die genaue Zahl der saarländischen Emigranten ist nicht bekannt, sie wird auf 8.000 geschätzt.[9] Die nachfolgende Auflistung von Emigranten aus dem Bereich der heutigen Stadt Püttlingen kann keinen Anspruch auf Vollständigkeit erheben. Sie ist entstanden durch die Auswertung der Literatur und der zugänglichen Quellen aus der NS-Zeit und den ersten Nachkriegsjahrzehnten. Eine systematische Aufarbeitung der erhaltenen Akten kann erst erfolgen, wenn jetzt noch laufende Datenschutzfristen erloschen sind.
Auf Veranlassung des Reichskommissars für das Saarland verlangte der Saarbrücker Landrat von den Bürgermeisterämtern seines Kreises Namenslisten der Emigrierten.[10] Die daraufhin erstellten Listen sind uneinheitlich im Aufbau, insbesondere differieren sie hinsichtlich der Angaben über die den Ehemann begleitenden Familienmitglieder. Beim Abgleich mit anderen Quellen ergaben sich Lücken. Rückkehr vor der Erstellung der Listen ist nicht vermerkt.

---

9 Divergierende Zahlen bei Herrmann, Emigration, S. 380-383.
10 Sie sind erhalten in LA SB LRA SB Nr. 331.

Zahl der Emigrierten nach den Meldungen der Bürgermeisterämter vom 22./23.03.1935:

Orte	Männer ledig/gesch./verw.	verheiratet ohne	verheiratet mit Ehefr.	emigriert minderj. Kinder	insg.
Altenkessel	5 1 1	1	18	34	78
Püttlingen	12	18	28	66	162
Köllerbach	3	4	6	9	28
Walpershofen		1	1	2	5
Güchenbach		1			1
Pflugscheid	1	1			2
Von der Heydt	1*	1*	1* 12	35	62
Holz	1		4	7	16
Sulzbach		39**	46	66	151

* es handelt sich um Frauen
** hier ist eine emigrierte Frau ohne Ehemann einbezogen.

Für Emigranten aus Püttlingen vor dem 22.03.1935 kam ich auf 158 Personen, namentlich 81 Männer, 30 Frauen (meist Ehefrauen) und mindestens 47 Kinder. Gerade deren Zahl ist ungenau, weil die Namen der Kinder nicht angegeben wurden, ja nicht einmal immer die genaue Zahl. Zudem fand ich keine präzise Angabe über die Abgrenzung der Minderjährigkeit (18 oder 21 Jahre?). Für Köllerbach kam ich auf 25 Männer, 8 Frauen und 8 Kinder.

Die Liste für die Bürgermeisterei Völklingen nennt 114 Erwachsene und 74 Kinder, also insgesamt 191 Personen, ohne Angaben des Personenstandes. Eine am 20.11.1935 im Landratsamt gefertigte Zusammenstellung[11] zeigt geringe Abweichungen, die sich mit weiteren Abwanderungen und Rückkehr und aus der Beschränkung der Novemberliste auf Frankreich als Aufnahmeland erklären lassen:

Brebach	emigriert 24 Personen	zurückgekehrt 0
Heusweiler	16	0
Kleinblittersdorf	8	0
Ludweiler	91	25

11 LA SB LRA SB Nr. 335. Die zum Amtsbezirk des Saarbrücker Polizeipräsidenten (vgl. S. 636) gehörenden Bürgermeistereien sind in dieser Zusammenstellung nicht einbegriffen.

Püttlingen   168   20
Quierschied   44   3
Riegelsberg   103   6

Auch für Dudweiler wurden inzwischen Zahlen bekannt. Bis Ende Oktober 1935 waren aus dieser Bürgermeisterei 164 Männer und 33 Frauen emigriert, darunter 3 Juden und 18 französische Staatsangehörige.[12] In den genannten Zahlen sind weder die bisher im Saargebiet lebenden reichsdeutschen Emigranten, deren Zahl auf 800 geschätzt wurde, enthalten noch die mehrere tausend geborenen und naturalisierten Franzosen (ausgenommen für Dudweiler), die zum größeren Teil bei den *Mines Domaniales*, den unter französischer Verwaltung stehenden Eisenbahnen links der Saar und der Zollverwaltung gearbeitet hatten. Sie wurden von vornherein von den Saaremigranten getrennt. Wenn ihnen nicht entsprechend ihrer beruflichen Vorbildung und Eignung Arbeitsstellen zugewiesen werden konnten, wurden sie in die Gegend von Rennes in der Bretagne gebracht. Aus dem Püttlinger Bereich kann ich unter den rückwandernden Franzosen nur Albert Aubry, den Lehrer der Domanialschule, namhaft machen, zu denken ist auch an einige Personen der französischen Grubenverwaltung. Gezielte Recherchen in den erhaltenen Akten der Gerichte, die mit Anklagen des Hoch- und Landesverrates und anderer damals strafbarer politisch motivierter Tatbestände befasst waren, dürften sowohl weitere Namen von emigrierten Püttlingern als auch weitere Details über das Schicksal der hier genannten ergeben.
Während die Zahlen in beiden Listen für die Bürgermeisterei Sellerbach/Riegelsberg dicht beieinander liegen – in der Liste vom März hat man die Zahlen für Güchenbach, Pflugscheid, Von der Heydt, Köllerbach und Walpershofen zu addieren – klaffen sie bei Püttlingen weit auseinander. Ich vermute, dass die Zahl in der Novemberliste nicht für die Bürgermeisterei Püttlingen, sondern nur für die Gemeinde gilt, was sich damit erklären ließe, dass Altenkessel von der Polizeiorganisation her nicht zum Bereich des Saarbrücker Landrats, sondern des Polizeipräsidenten gehörte. Die Püttlinger Zahlen beider Listen liegen deutlich höher als die der anderen Gemeinden. Bezogen auf die

---

12 Ralf Hoffmann, Hermann Schon, Politische Schicksale Anfang der 30er Jahre in Dudweiler, Historische Beiträge aus der Arbeit der Dudweiler Geschichtswerkstatt, Dudweiler 1989, S. 79-83.

1934 fortgeschriebene Einwohnerzahl von 13.043 hat die Emigration 1,24% betragen. Ziehen wir von der Zahl der Emigranten aus der Bürgermeisterei, also Gemeinden Püttlingen und Altenkessel insgesamt (240), die Zahl der emigrierten Kinder (100) ab, dann verbleiben 140 Personen. Man darf wohl annehmen, dass die meisten von ihnen stimmberechtigt waren. 1.697 Männer und Frauen haben sich bei der Volksabstimmung nicht für die Eingliederung in Hitler-Deutschland ausgesprochen (ungültige Stimmen, Stimmenthaltung, Stimmabgabe für Status quo und für Frankreich). Setzen wir beide Zahlen zu einander in Beziehung, so ergibt sich, dass 8,24% derjenigen, die nicht für die Eingliederung stimmten, emigrierten, also ungefähr jeder Zwölfte.

Die meisten Saaremigranten verließen das Saargebiet schon in den ersten Tagen nach Bekanntgabe des Abstimmungsergebnisses (15.01.1935), viele folgten in den nächsten Wochen, manche verließen das Saargebiet erst in den letzten Februartagen, also kurz vor der Rückgliederung. Nur wenige wagten danach, nun unter Inkaufnahme der Strafverfolgung wegen unerlaubten Verlassens des Reichsgebiets, den Weg ins Exil.

Von französischer Seite her waren schon in den letzten Wochen des Jahres 1934 Vorkehrungen zur Aufnahme von Saaremigranten getroffen worden. Mittellose Flüchtlinge sollten in vier *Centres d'Hébergement* in Saargemünd, Forbach, Bouzonville/Busendorf und Teterchen untergebracht und nach eingehender Prüfung ihrer Identität von dort aus nach Südfrankreich weitergeleitet werden. So ging es auch dem 23-jährigen Rudolf Peter. Er war am 18.01.1935 abends in Forbach angekommen. Über die nächsten Tage und Wochen berichtete er:[13] *Drei Tage später ging ich mit einem zusammengestellten Transport ab nach Meraude*[14] *Kreis Tulouse (!). Dortselbst wurden wir in einer Kaserne untergebracht. Wir lagen dortselbst mit 12 Mann zusammen. Die Verpflegung und Unterkunft war nur notdürftig. Unterstützung an Geld wurde uns nicht gewährt. Die ledigen Personen waren in Gemeinschaftszimmer untergebracht. Die Verheirateten hatten je Familie 1 Zimmer. In der ersten Zeit blieben wir durch Anträge verschont. In letzter Zeit wurden jedoch fortgesetzt Antragsscheine zur Natu-*

---

13 Bei dem Verhör in Püttlingen am 23.07.1935 (LA SB LRA SB Nr. 333).
14 Vermutlich verschrieben, eventuell Merville oder Merenville oder Mirepoix, alle im Arrondissement Toulouse. (vgl. S. 642, Anm. 20)

ralisation verteilt. Versprochen wurde jedoch nichts beim Falle einer Naturalisation. Da ich mich nicht naturalisieren lassen wollte, ging ich zum Präfeckt (!) und liess ich mir einen Freifahrtschein zur Rückreise ins Saargebiet ausstellen. Derselbe wurde mir auch, nachdem ich eine Erklärung, dass ich französischen Boden nicht mehr betreten dürfe, unterschrieben hatte, ausgestellt. Am 22. 7. 1935 gegen 22 Uhr kamen wir an der Grenze an. Hier wurden wir festgehalten und von der Staatspolizei vernommen.
Nicht alle waren mit einem schnellen Abtransport nach Innerfrankreich einverstanden, sondern wollten sich lieber in Grenznähe aufhalten, um von sicherer Warte aus das Geschehen in ihrer Heimatgemeinde zu beobachten. Sie versuchten in Lothringen, Arbeit zu finden. Nach den ersten Tagen einer unbeschränkten Einreise der Saarflüchtlinge begrenzte Frankreich ab 25.01. die Genehmigung auf folgende Kategorien:
- Personen, die Eltern, Geschwister oder sonstige Verwandte in Frankreich haben,
- Personen, die über ausreichende Mittel verfügen,
- Personen, die nachweislich gefährdet sind,
- Personen, die den Antrag auf Einbürgerung in Frankreich gestellt haben und eine diesbezügliche Bescheinigung beibringen,
- Eltern, deren Kinder die französischen Schulen im Saargebiet besucht haben,
- frühere Fremdenlegionäre.

In ihrem Kampf gegen die aus ihrem Machtbereich geflohenen Männer und Frauen ging die Reichsregierung dazu über, ihnen die deutsche Staatsangehörigkeit abzuerkennen und sie damit zu Staatenlosen zu machen mit der Begründung, dass *sie durch ein Verhalten, das gegen die Pflicht zur Treue gegen Reich und Volk verstößt, die deutschen Belange geschädigt haben.* Mit dem Ablauf des »Garantiejahres« (28.02.1936) wendete sie dieses Mittel auch gegen Saarländer an. Listen der Ausgebürgerten wurden im »Deutschen Reichsanzeiger« veröffentlicht. Der Verlust der deutschen Staatsbürgerschaft wurde auf die Familienangehörigen ausgedehnt.

Nach der Staatsangehörigkeit sind daher drei Gruppen von Saaremigranten zu unterscheiden:
- solche mit im Exil fortdauernder deutscher Staatsangehörigkeit,

- solche mit aufgrund besonderen Antrages vor oder nach der Abstimmung erworbener französischer Staatsangehörigkeit,
- Personen ohne Staatsangehörigkeit, also »Staatenlose«.

Die Zuweisung aller mir namentlich bekannt gewordenen Püttlinger Emigranten zu einer dieser drei Gruppen war nicht möglich.

Baldige Rückkehr

Schon nach Ablauf weniger Tage oder Wochen erfolgten Rückwanderungen, und zwar aus unterschiedlichen Gründen. Die Erfahrungen mit dem Leben in den französischen Auffanglagern und die Schwierigkeiten bei der Suche nach Erwerbsmöglichkeiten ließen manchen eine Rückkehr ins Saargebiet wagen, zumal sich die Befürchtung einer großen Abrechnung der Nazis mit ihren bisherigen Gegnern weder in den ersten Tagen nach der Volksabstimmung noch nach der Übernahme der Verwaltung des Saarlandes durch Reichskommissar Bürckel und seine Behörden bestätigt hatten.

In manchen Fällen hatte sich zunächst nur der Familienvater nach Frankreich abgesetzt, um dort abzuwarten, wie sich die Dinge im Saarland entwickeln würden, oder um zu erkunden, welche Möglichkeiten es in Frankreich zur Ausübung des erlernten Berufs oder einer anderweitigen Sicherung der materiellen Lebensgrundlage für die Familie gab. Man vergleiche dazu die Spalte »verheiratete Männer ohne Ehefrauen« in der Tabelle auf S. 635 In anderen Fällen wurden den emigrierten Männern Nachrichten über Erkrankung naher Familienangehöriger zugespielt und sie dadurch zur Rückkehr veranlasst (vgl. die Fälle Viktor Becker, Michel Fecht, Emil Meyer, Reinhold Schwarz).

Ein Erlass des Reichsinnenministers vom 09.03.1935 verfügte, dass sämtliche in das Reichsgebiet zurückkehrende Emigranten festzunehmen und in KZ-Lager zu bringen seien. Aufgrund der Garantieerklärungen vom 02.06. und 03.12.1934 sah sich Heydrich als stellvertretender Chef der Gestapo jedoch veranlasst, für Saaremigranten eine Ausnahmeregelung zu treffen. Ausdrücklich legte er aber fest, dass den Schutz der Garantien jedoch Personen nur genießen würden für ihre etwaige politische Tätigkeit für den Status quo und/oder den Anschluss an Frankreich und auch nur insoweit als diese Tätigkeit in die

Zeit der Verwaltung des Völkerbundes fiel. *Sollten sich jedoch diese Personen während ihres Aufenthaltes im Saargebiet in anderer Weise staatsfeindlich betätigt haben – Mitarbeit im illegalen Aufbau der KPD, SPD und sonstiger staatsfeindlicher Organisationen im Reich, insbesondere Verrichtung von Kurierdiensten zwischen dem Saargebiet und dem Reich – so stehen ihrer Überführung in ein Schulungslager die Garantiererklärungen nicht entgegen.*
Der international besetzte Oberste Abstimmungsgerichtshof in Saarbrücken wurde beauftragt, im ersten Jahr nach der Rückgliederung die Einhaltung der Garantien zu überwachen. Da innerhalb eines Jahres nach der Rückgliederung, d.h. bis 29.02.1936, nicht alle anhängigen Fälle entschieden werden konnten, wurde seine Tätigkeit um einen Monat, also bis zum 31.03.1936, verlängert. Eine Initiative der saarländischen Emigranten zu einer weiteren Verlängerung wurde von der Rechtsabteilung des Völkerbundes nicht aufgegriffen.[15]

Hier einige Fälle früher Rückkehr von Püttlinger und Köllerbacher Emigranten:

Der Bergmann **Valentin Baldauf** (geb. 23.06.1905), Mitglied der SPD und Bezirksjugendleiter des BAV, vor der Abstimmung politisch aktiv als Rückgliederungsgegner, war am 15.01. nach Frankreich emigriert, aber schon Ende April wieder zurückgekehrt. Im Juni 1937 wurde er nach Wattenscheidt verlegt. Im Dezember 1940 konnte er wieder auf Grube Viktoria anfahren, am 01.10.1944 wurde er zur Wehrmacht einberufen und kehrte erst am 17.09.1949 aus russischer Gefangenschaft zurück.
Georg Becker (geb. 19.03.1880), Rückgliederungsgegner, emigrierte nach Frankreich, kam im Herbst 1935 wegen Krankheit seiner Frau wieder zurück. Vor der Abstimmung hatte er einen Speiseeisbetrieb unterhalten, nach der Rückkehr wurde ihm die für den Weiterbetrieb notwendige gewerbepolizeiliche Genehmigung nicht mehr erteilt.
Der Bergmann **Viktor Becker** (geb. 25.02.1906), öffentlich bekannt als KP-Mitglied und aktiver Rückgliederungsgegner, emigrierte am 15.01.1935 nach Frankreich, seine Ehefrau und sein Kind blieben in Püttlingen. Die Mitteilung, dass seine Frau krank und mittellos sei

---

15 Herrmann, Emigration, S. 384.

und ihr jede Unterstützung aus öffentlichen Mitteln versagt würde, veranlasste ihn am 27.02.(?)1935 zur Rückkehr. Er fand zunächst keine Arbeit und wurde erst im Jahre 1938 wieder in den Arbeitsprozess eingegliedert.

Die beiden Chauffeure aus Püttlingen **Albert Blahs** (geb. 16.07.1910) und **Peter Dörr** hatten sich zwischen dem 21. und 27.01.1935 ins lothringische Grenzgebiet abgesetzt, kamen aber bald wieder zurück.[16]

August Faust (geb. 23.12.1889), bisher aktives Mitglied der KP und des BAV, emigrierte am Tag der Bekanntgabe des Abstimmungsergebnisses und wurde schon am folgenden Tag ins Lager Montauban (Dép. Garonne) gebracht, am 18.03. nach Salies-du-Salat verlegt, aus familiären Gründen kehrte er am 20.04. nach Engelfangen zurück.[17]

Der pensionierte Bergmann **Jakob Faust** (geb. 27.11.1881) aus Köllerbach, Vorsitzender der dortigen SP-Ortsgruppe und der BAV-Zahlstelle Sellerbach, verließ mit seinen beiden Söhnen am selben Tag das Saargebiet. Der Vater kam in das Lager Salies-du-Salat (Dép. Haute-Garonne), er betrieb von dort aus seine Verlegung ins Lager Carcassonne (Dép. Aude), um mit seinen Söhnen zusammen zu sein, kehrte aber am 17.03. mit seinem Sohn Oskar (geb. 07.04.1915), Mitglied der SAJ, zu seiner in der Heimat gebliebenen Frau zurück. Oskar fand keine Anstellung in seinem Beruf als Autoschlosser, wurde 1937 eingezogen und leistete Wehrdienst bis Kriegsende. Sein Bruder blieb in Frankreich.[18]

Auch der pensionierte Bergmann **Michel Fecht** (geb. 05.07.1888), wohnhaft in der Hengstwaldstraße, Sozialdemokrat, emigrierte gleich nach Bekanntgabe des Abstimmungsergebnisses. Anfang April ging ihm die fingierte Nachricht zu, sein Schwiegersohn sei tödlich verunglückt. Als er daraufhin zurückkehrte, wurde er eine Woche in Haft genommen, dann ihm die Invalidenrente, die er seit 1928 erhalten hatte, entzogen und im Juli desselben Jahres auch die Grubenwohnung.[19]

Wilhelm Groß (geb. 27.05.1888) aus Engelfangen, KP-Mitglied, emigrierte am 15.01., kehrte wegen schwerer Erkrankung seiner Frau

---

16 Meldung des Landjägeramts Püttlingen vom 28.01.1935 (LA SB LRA SB Nr. 998).
17 Ebenda Nr. 379 u. 1868.
18 LA SB LEA Nr. 1869 und 1870.
19 Volk, Heimatgeschichtlicher Wegweiser, S. 59, LA SB Best. LEA Nr. 331.

Ende April 1935 aus Mirepoix-sur-Tarn bei Toulouse (Dép. Haute Garonne) aus familiären Gründen zurück. In seinem Beruf als Bergmann wurde er nicht wieder eingestellt, blieb arbeitslos bis Februar 1936. Sein Antrag auf Frühpensionierung wurde abgelehnt, weil er *zur Verrichtung bergbaulicher Arbeiten noch tauglich sei*, dennoch bekam er keine Arbeit, sondern hielt sich als Bauhilfsarbeiter über Wasser.[20]

Peter Hirschmann (geb. 08.10.1899), bis 1934 in Ritterstraße wohnhaft, dann bis 1937 in Engelfangen, zeitweise Gemeindearbeiter, gelegentlich beschäftigt als Waldarbeiter, Mitglied der KP, früher auch im Saarbund, emigrierte am 15.01.1935 ohne seine Frau und seine drei Söhne, im Mai 1935 kehrte er wieder zurück.[21] Über sein weiteres Schicksal vgl. S. 512 und 607.

Nikolaus Hubertus (geb. 18.05.1881), pensionierter Bergmann, Ritterstraße, Mitglied der SPD, hatte sich als aktiver Rückgliederungsgegner betätigt, emigrierte allein, kehrte nach drei Monaten zu seiner Familie nach Püttlingen zurück, behielt seine gegnerische Einstellung zum Nationalsozialismus, wurde 1940 im Bergungsgebiet verhaftet und fünf Monate in Schutzhaft gehalten.[22]

Heinrich Kattler (geb. 12.05.1893) aus Engelfangen war seit 1918 Mitglied der SPD und der Freien Gewerkschaft, zeitweise Vorsitzender der BAV-Zahlstelle Kölln, langjähriges Mitglied des Gemeinderates und 1929-1932 des Saarbrücker Kreistages, in der Abstimmungszeit technischer Leiter des SSB, gearbeitet hatte er als Vorarbeiter bei einer Baufirma in Roden. Auch er emigrierte gleich bei Bekanntgabe des Abstimmungsergebnisses am 15.01., kehrte aber am 01.05. aus Toulouse aus Sorge um seine Frau und seine sechs Kinder wieder zurück. Schon am 10.05. konnte er bei einer anderen Baufirma wieder anfangen, wurde aber auf Weisung der Arbeitsverwaltung schon am 29. desselben Monats entlassen und blieb bis 1938 ohne festes Arbeitsverhältnis.[23] Werner Britz, Hilschbach erinnert sich, dass er unter dem Vorarbeiter Heinrich Kattler kurz vor dem Krieg beim Ausbau

---

20 LA SB LEA Nr. 514, den Exilort gab er 1968 an mit *Myroe (Département Toulouse)*, vermutlich eine Verballhornung des Ortsnamens.
21 LA SB LEA Nr. 7151, Mallmann/Paul, Widerstand und Verweigerung, S. 498.
22 StadtA PÜ Wiedergutmachungsakten.
23 LA SB LEA Nr. 851.

der Forststraße Riegelsberg-Neuhaus-Fischbachtal beschäftigt war.[24] Im November 1942 war Kattler als (Hilfs-)Schachtmeister bei der Organisation Todt (OT) im Osten (Dubrievka) eingesetzt, er bat von dort die Firma Dr. Hermann Christmann, Asphalt- und Teerstraßenbau K.G. Heusweiler, um Ablösung.[25] Nach dem Krieg war er Leiter der SPS-Ortsgruppe Köllerbach.
Der Bergmann **Johann Meiser** kehrte schon vor dem 21.01.1935 wieder nach Köllerbach zurück.[26]
Der Grubenmaschinist **Emil Meyer** (geb. 13.08.1885) aus Püttlingen emigrierte im April 1935 als ehemaliges SPD-Mitglied und Rückgliederungsgegner nach Frankreich, kehrte aber am 31.10.1936 wegen der schweren Erkrankung seiner Ehefrau mit ihr und der Tochter zurück. Er meldete sich bei seiner Ankunft in Saarbrücken bei der Passkontrollstelle, wurde daraufhin in Haft genommen und am 02. oder 03.11.1936 nach Püttlingen entlassen mit der Auflage, sich bei der dortigen Polizeidienststelle zu melden. Seine Frau starb am 01.07.1937.[27]
Der Bergmann **Werner Michels**, wohnhaft im Ortsteil Ritterstraße, war früheres Mitglied des Saarbundes (1923 »Streikbrecher«), emigriert am 18.02.1935 mit seiner Ehefrau Veronika, geb. Becker (geb. 04.09.1899 in Püttlingen) und ihren drei Kindern. Sie fanden Unterkunft in Folschwiller (Dép. Moselle), kehrten aber am 25.02.1936 zurück, weil der Ehemann dort keine Arbeit finden konnte.[28]
Friedrich Pech (geb. 22.02.1906) wohnhaft in Ritterstraße, emigrierte allein im Januar 1935. Seine Frau blieb mit den drei Kindern vorerst bei ihrem Vater, dem aus dem Abstimmungskampf bekannten KP-Mann Johann Kleinbauer. Pech kam am 02.03.1935 wieder zurück,

---

24 Kühn, 75 Jahre Ortsverein Köllerbach, S. 29, Artikel »Dora Zeitz, eine Frau aus dem Köllertal« in: Der Köllertaler Bote Nr. 7, Dez. 1999.
25 Photokopierte Unterlagen im Besitz von Herrn Werner Ludwig Klein, Riegelsberg, dem ich für die Möglichkeit der Einsichtnahme danke.
26 Meldung des Bürgermeisters von Riegelsberg vom 21.01.1935 an Landrat Saarbrücken (LA SB LRA SB Nr. 998).
27 Mitteilung des Gendarmeriemeisters Klemmer an Amtsbürgermeister Püttlingen vom 04.11.1936 (LA SB LRA SB Nr. 333, S. 269) u. StadtA PÜ Wiedergutmachung, über sein Schicksal nach seiner Rückkehr vgl. S. 510.
28 StadtA PÜ Wiedergutmachungsakten.

blieb in Püttlingen bis Anfang Juli 1937 arbeitslos, wurde dann nach Drewer/Westfalen dienstverpflichtet.[29]

Rudolf Peter (vgl. S. 637f.)

Sylvester Rupp emigrierte am 15.01., dem Tag der Bekanntgabe des Abstimmungsergebnisses, als in seinem Wohnort Etzenhofen eine mit seinem Namen versehene Strohpuppe symbolisch hingerichtet wurde, kehrte aber laut Bericht des Bürgermeisters von Riegelsberg schon vor dem 21.01.1935 wieder zurück. Er wurde anfangs von vielen geschnitten, arbeitete als Bauhilfsarbeiter, bis er 1937 ein Transportunternehmen eröffnete und bis Kriegsende für die Organisation Todt fuhr.[30]

Der Bergmann **Reinhold Schwarz** (geb. 26.12.1911) war am 14.01.1935 aus politischen Gründen auf der Grube Viktoria entlassen worden und emigrierte noch am selben Tag nach Frankreich. Anfang April erreichte ihn in Südfrankreich eine telegraphische Nachricht, wonach seine Mutter schwer erkrankt sei. Daraufhin kam er am 17.04.1935 nach Püttlingen zurück. Weil er bis Mitte März 1936 keine Arbeit im Saarland erhalten hatte, emigrierte er erneut[31] (vgl. S. 658).

Theo Sehn (geb. 18.08.1896 in Güchenbach), verheiratet mit Wilhelmine Pistorius, seit 1918 in Püttlingen wohnhaft, Mitglied der SWV, emigrierte am 17.01.1935, weil er sich *von verschiedenen Seiten bedroht fühlte*. Mit anderen Saaremigranten wurde er nach Toulouse gebracht, kehrte am 25.05. wieder zurück, zog im September 1935 um nach Engelfangen. Auf Fürsprache des Blockwartes Lydorf wurde er in die DAF aufgenommen, doch Misstrauen, ja Feindseligkeit seitens der NSDAP dauerten fort. Er verlegte daher im März 1939 erneut seinen Wohnsitz, jetzt nach Saarbrücken, Talstraße, erst nach 1947 wurde er wieder in Püttlingen ansässig.[32]

---

29 StadtA PÜ Wiedergutmachungsakten.
30 LA SB LEA Nr. 9997, Paul/Mallmann, Milieus u. Widerstand, S. 68, 78, 80.
31 StadtA PÜ Wiedergutmachungsakten.
32 LA SB LEA Nr. 5878.

Arbeitsmöglichkeit und Niederlassung im Grenzgebiet

Wie schon erwähnt tendierte die Politik der französischen Regierung zu einer Unterbringung der Saarflüchtlinge in Innerfrankreich. Infolgedessen wurden die meisten Emigrierten in die im südwestlichen Frankreich eingerichteten Auffanglager abgeschoben. Als im September 1935 die Einschränkungen der Bewegungsfreiheit der Emigranten aufgehoben wurden, blieb die Niederlassung in den drei unmittelbar an das Deutsche Reich angrenzenden Departements Moselle, Bas-Rhin und Haut-Rhin, die in ihrer Ausdehnung dem ehemaligen Reichsland Elsass-Lothringen entsprachen, an eine besondere Erlaubnis des zuständigen Präfekten gebunden. Manche konnten in Lothringen bleiben, wenn sie auf einem der Steinkohlenbergwerke Arbeit gefunden hatten.

Mit Unterstützung der französischen Gewerkschaft CGT und unter Duldung durch die französischen Behörden hatten emigrierte saarländische Sozialdemokraten und Kommunisten in Forbach Anlaufstellen für ihre emigrierten Parteigenossen eingerichtet, sie sollten einerseits den Saaremigranten bei Suche nach Unterkunft und Arbeit und beim Verkehr mit französischen Behörden behilflich sein, andererseits Verbindung mit den im Saarland gebliebenen Gegnern des NS-Regimes halten.

So stellte die Abschnittsleitung der KP eine Mischung von Emigrantenbetreuungsstelle und logistischer Basis des kommunistischen Untergrundes im Saargebiet dar. Otto Niebergall,[33] vom KP-Politbüro offiziell mit der Leitung der Grenzarbeit beauftragt, wurde unterstützt von Wilhelm Frisch, früher Landsweiler-Reden,[34] und Josef Wagner, ehemals Lockweiler.[35] Ihre Aufgabe bestand darin, illegal Agitationsmaterial ins Saarland einzuschleusen, dort in Not geratene Parteifreunde bzw. deren Familien materiell zu unterstützen, aber auch Nachrichten zu sammeln und an die im Ausland sitzenden Führungs-

---

33 Mallmann/Paul, Das zersplitterte Nein, S. 197-207.
34 Ende August 1940 in St. Dizier (Dép. Marne) verhaftet, Tod in der Haft in Saarbrücken im Oktober 1940, in der Literatur (Mallmann/Paul, Das zersplitterte Nein, S. 74-81, Bies, Widerstand an der Grenze, S. 19) unsicher, ob Totschlag oder Freitod.
35 1941 von der Vichy-Polizei verhaftet, im Juni 1942 den deutschen Behörden überstellt, am 21.04.1943 zum Tode verurteilt (Bies, Widerstand an der Grenze).

gremien weiterzuleiten. Die Arbeit der KP-Abschnittsleitung Forbach wurde von der Gestapo als effizient bewertet.[36]
Die Beratungsstelle der SP wurde geleitet von Max Braun, unterstützt von erfahrenen Politikern (z. B. die aus dem Reich geflüchteten Emil Kirschmann und Johanna Kirchner), Gewerkschaftssekretären (z.b. Heinrich Hünnekens, Richard Kirn) und Funktionären der Arbeiterwohlfahrt. Zum weiteren Mitarbeiterkreis gehörten Thomas Blanc aus Püttlingen und Fritz Klein aus Engelfangen. Die Beratungsstelle musste auf behördliche Anordnung im April 1936 geschlossen werden, die Arbeit konnte aber vom Büro der CGT aus weitergeführt werden.[37] Max Braun verlegte im Frühherbst 1936 seinen Wohnsitz nach Paris und konnte dort das mit Zustimmung der französischen Regierung geschaffene *Office Sarrois* eröffnen, von wo aus er neben seinem Kampf gegen Hitler-Deutschland sich kontinuierlich für die Verbesserung der Lebensumstände der Saaremigranten einsetzte, sowohl bei der französischen Regierung als auch bei dem Sekretariat des Völkerbundes, wobei er dessen besondere Verantwortung unter Bezugnahme auf die fünfzehnjährige Verwaltung des Saargebiets durch den Völkerbund immer wieder ansprach.[38]
Die beiden Emigrantenbetreuungsstellen in Forbach setzten die im Sommer 1934 im Saargebiet begonnene Zusammenarbeit im Sinne einer »Einheitsfront« oder »Volksfront« fort. Max Braun bemühte sich in persönlichen Gesprächen in Prag, den Exilvorstand der SPD (SOPADE) für diesen Kurs zu gewinnen, was ihm aber nicht gelang. Daraus erwuchsen immer deutlicher erkennbare Divergenzen, die in den mindestens bis zum Kriegsende anhaltenden »Sonderweg der saarländischen Sozialdemokratie«mündeten. Zu den Gesprächen in Prag hatte er ein Papier saarländischer Sozialdemokraten mitgenommen, das den dringenden Wunsch nach einer baldigen Verständigung zwischen SPD und KPD beinhaltete. Zu seinen Unterzeichnern gehörten Thomas Blank und Emil Meyer.[39]

---

36 Paul/Mallmann, Milieus und Widerstand, S. 386-390.
37 Ebenda S. 255-275.
38 Zu seiner Tätigkeit im Exil vgl. ausführlich Gerhard Paul, Max Braun - eine politische Biographie, St. Ingbert 1987.
39 Paul/Mallmann, Milieus u. Widerstand, S. 254, Paul, Max Braun, S. 236 Anm. 61.

Der Bergmann **Heinrich Altmeyer** (geb. 23.08.1896 in Griesborn), seit Februar 1934 in Püttlingen wohnhaft, aktiver Befürworter des Status quo, hatte schon 1934 die französische Staatsangehörigkeit erworben. Am 23.02.1935 emigrierte er nach Falkenberg/Faulquemont (Dép. Moselle). Im Dezember 1945 kehrte er nach Püttlingen zurück.[40]
Josef Altmeyer (geb. 20.05.1879) wohnhaft in Köllerbach, Bahnhofstraße, Rentner, SP-Mitglied, emigrierte mit Ehefrau Johanna (geb. 06.04.1879 in Püttlingen) und vier Kindern nach Odenhofen bei Bouzonville/Busendorf (Dép. Moselle).[41]
Die jüdische Geschäftsinhaberin **Baer** aus Püttlingen – unklar ob Hilde oder Ida – war im Herbst 1935 bereits nach Lothringen emigriert.[42]
Nikolaus Baldauf (geb. 26.05.1884 in Püttlingen) war aktives Mitglied im Saarbund und Gegner der Rückgliederung, er emigrierte am 16.02.1935 zusammen mit seiner Ehefrau und seinen drei Kindern. Er und sein Sohn Bernhard (geb. 15.05.1926) besaßen seit November 1934 die französische Staatsangehörigkeit, sie lebten zunächst in Longeville bei St. Avold (Dép. Moselle). Nach der Besetzung Lothringens arbeitete der Sohn von 1940/41 bis 1943 als Dienstverpflichteter bei den Dingler-Werken in Zweibrücken, wurde im März 1944 zu einer Luftwaffeneinheit der Wehrmacht einberufen. Aus seiner militärischen Ausbildung in Angoulême desertierte er, fand dann Anschluss an die französische Widerstandsbewegung. Erst 1948 kehrte er nach Püttlingen zurück, wo sein Vater schon wieder seit 1945 wohnte.[43]
Der Fahrhauer **Rudolf Baltes** (geb. 17.04.1894 in Quierschied), Vorsitzender der Saarbund-Ortsgruppe Püttlingen, später der SSP-Ortsgruppe Püttlingen, emigrierte am 14.02.1935 mit Ehefrau, nachdem die Grubenverwaltung ihm mitgeteilt hatte, sie könne keine Garantie mehr für sein Leben leisten. Bis zum Kriegsausbruch schaffte er als Bergmann in Folschwiller bei St. Avold, 1939/40 war er französischer Soldat, von März 1940 bis Mai 1945 arbeitete er als Bergmann in St. Etienne, dort schloss er sich den FFI an, schon am 09.05.1945 kehrte

---

40 StadtA PÜ Wiedergutmachungsakten.
41 Meldung des Bürgermeisters von Sellerbach/Riegelsberg vom 21.01.1935 (LA SB LRA SB Nr. 998).
42 Vgl. Kapitel IV, S. 500.
43 LA SB LEA MdI Nr. 5497.

er nach Püttlingen zurück, seit 1948 arbeitete er wieder als Fahrhauer.[44]

Der Bergmann **Peter Heinrich Bettendorf** (geb. 03.06.1890 in Schwarzenholz) hatte von Juli 1906 bis Februar 1935 auf Grube Viktoria gearbeitet und in Püttlingen in der Hohbergstraße gewohnt. Er war dort als langjähriges Mitglied (seit 1918/19) des Sozialistischen Einheitsverbandes und Mitglied der SWV bekannt und fühlte sich nach der Abstimmung, obwohl er keine Funktion ausgeübt hatte, nicht mehr sicher, emigrierte daher am 17.02.1935 mit seiner Frau und zwei Kindern nach Creutzwald (Dép. Moselle). Nach vier Monaten bekam er Arbeit bei dem Bergwerksbetrieb Sarre-Moselle. Bei Kriegsausbruch wurde er evakuiert nach Lens (Dép. Pas de Calais), fand dort nach drei Monaten Arbeit im Bergbau. Nach Beendigung des Frankreichfeldzuges kehrte er nach Lothringen zurück. Über sein weiteres Schicksal berichtete er dem Püttlinger Bürgermeister Zimmer: *In Lothringen wurde ich zum Wiederaufbau herangezogen. Nach ungefähr vier bis fünf Monaten wurde ich durch die Gestapo verhaftet und auf den Lerchesflur nach Saarbrücken gebracht. Dort verblieb ich fünf Tage und wurde dann zu meiner Familie zurückgeschickt. Ich erhielt Grenzverbot. Dieses wurde am 7. Mai 1941 aufgehoben. Ich arbeitete weiter auf der Grube in Kreuzwald und wurde 10 Tage später nach der Grube Ensdorf versetzt. Nach einem Jahr wurde ich wieder nach Kreuzwald zurückversetzt, kam dann nach Grube Sulzbach und wieder zurück nach Kreuzwald. Von 1944 bis 1947 arbeitete ich wieder auf Grube Kreuzwald, wo auch meine Familie wohnte und wurde dann pensioniert wegen Krankheit. Am 4. Juli 1948 kam ich mit meiner Familie wieder nach Püttlingen zurück.*[45]

Der Angestellte **Thomas Blanc** (geb. 16.04.1895, gest. 27.07.1967), Leiter des SP-Agitationsbezirks Völklingen, emigrierte bereits am Tag nach Bekanntgabe des Abstimmungsergebnisses. Im April 1935 hielt er sich in Montauban auf, war dann bei der sozialdemokratischen Grenzstelle in Forbach tätig, in dieser Zeit ließ er seine Ehefrau und seinen Sohn Willi nachkommen, 1943 wurde er in Montpellier (Dép. Herault) verhaftet, zu drei Jahren Zuchthaus verurteilt, in Landsberg/

---

44 LA SB LEA Nr. C 12.
45 Aussage vor Bürgermeister Zimmer, Püttlingen am 15.11.1948 (StadtA Püttlingen Wiedergutmachungsakten).

Lech von US-Truppen befreit, Anfang September 1945 kehrte er mit seiner Familie nach Püttlingen zurück.[46]
Josef Breining (geb. 18.03.1882 in Mondorf), Bergmann, emigrierte nach Folschviller.[47]
Peter Bock (geb. 16.09.1899 in Buchenschachen), Bergmann, emigrierte nach Cocheren,
Georg Dörr (geb. 04.02 1905), Bergmann, nach Folschviller.[48]
Peter Dörr (geb. 31.05.1896 in Püttlingen), Bruder von Franz und Richard D., arbeitete von 1919-1925 als Bergmann auf Grube Viktoria, 1925-1929 als Dreher, 1930-1934 als Taxi-Unternehmer. Er gehörte seit 1923 der KP und dem Rotfrontkämpferbund an und war bekannt als aktiver Rückgliederungsgegner. Er war in den ersten Tagen nach Bekanntgabe des Abstimmungsergebnisses emigriert, aber zwischen dem 21. und 27.01. wieder zurückgekehrt.[49] Er wohnte, ohne polizeilich gemeldet zu sein, im Saarbrücker Stadtteil Malstatt. Als er gewarnt wurde, wegen Vorbereitung zum Hochverrat festgenommen zu werden, flüchtete er am 10.10.1935 nach Falkenberg/Faulquemont (Dép. Moselle) und fand auf dem dortigen Bergwerk Arbeit als Lokführer. 1939/40 wurde er interniert, kehrte nach dem Frankreichfeldzug nach Falkenberg zurück, trat dort der NSKK bei, wo er zuletzt den Rang eines Oberscharführers inne hatte. Seine Gründe für diesen Schritt – scheinbarer oder tatsächlicher Ausgleich mit dem NS-Regime (?) – sind nicht bekannt. Der Rang in der NSKK trug ihm nach dem Krieg eine Verhaftung durch die französische Gendarmerie und mehrere Monate erneuter Internierung ein.[50]
Richard Dörr (geb. 1907), wohnhaft Hengstwaldstraße, Bruder von Peter und Franz D., er hatte bis 1929 als Bergmann gearbeitet, dann eine Verkaufsstelle für Tabakwaren, Obst und Süßigkeiten betrieben. Da er als der KP nahestehend galt, war sie im Jahr 1934 mehrmals beschädigt worden. Daraus erwuchsen seine Ängste für die Zeit nach

---

46 LA SB LEA Nr. 6053, Volk, Heimatgeschichtlicher Wegweiser, S. 59, Paul/Mallmann, Milieus u. Widerstand, S. 265, 267, 321-323.
47 LA SB LRA SB Nr. 331, S. 461f.
48 Ebenda.
49 Bericht des Landjägeramtes Püttlingen vom 28.02.1935 (LA SB LRA SB Nr. 998).
50 LA SB MdI Nr. 2894.

der Abstimmung, so emigrierte er im Februar 1935. Bis Februar 1940 hatte er seinen Wohnsitz in Lothringen.[51]

Heinrich Dupont (geb. 01.09.1903 in Zinsingen/Dép. Moselle), wohnhaft in Köllerbach, emigrierte mit Ehefrau Else geb. Leinebach und zwei Kindern nach Merlebach (Dép. Moselle).[52]

Eduard Grün (geb. 09.10.1885) verkaufte sein Wohnhaus und Mobiliar und meldete sich zusammen mit seiner Frau, geb. Altmeyer, am 16. Februar 1935 ab nach Morsbach (Dép. Moselle).[53]

Leo Hubertus (geb. 14.05.1907 in Püttlingen), wohnhaft in Von der Heydt, Mitglied des Saarbundes, emigrierte mit Ehefrau Paula geb. Bambach und 2 Kindern nach St. Avold.[54]

Fritz Klein (geb. 18.12.1898 in Hilschbach) wuchs in Engelfangen auf und arbeitete auf Grube Viktoria, Mitglied von BAV seit 1919, SPD und SSB, seit 1932 war er Vorsitzender des SP-Ortsvereins Engelfangen, er vertrat öffentlich die Stimmabgabe für Status quo. Bald nach Bekanntgabe des Abstimmungsergebnisses emigrierte er mit seiner Frau Jettchen geb. Becker nach Forbach, arbeitete zeitweise in Südfrankreich als Hilfsarbeiter, wohnte im September 1937 wieder in Forbach und fuhr Anfang 1937 auf Grube Falkenberg/Faulquemont als Hauer an. Er gehörte zu den Mitarbeitern der SPD-Grenzstelle und zu dem Arbeitsausschuss, der die Bildung einer Volksfront im Saargebiet ins Leben rief. Er schlich sich zuweilen über die grüne Grenze, suchte Verbindungsleute der SP und des Arbeitsausschusses freigewerkschaftlicher Bergarbeiter im Saarland auf, brachte Flugschriften und Geld für die Angehörigen Verhafteter und sammelte Nachrichten, die er an die Grenzstelle Forbach weitergab, wurde Mitglied der CGT. Auch er wurde bei Kriegsausbruch interniert, meldete sich freiwillig zum Eintritt in die französische Armee, wurde aber als nicht tauglich befunden. Nach dem Waffenstillstand vom Juni 1940 wich er in den unbesetzten Teil Frankreichs aus und fand Arbeit in Blaye-des-Mines (Dép. Aveyron). Am 09.10.1943 wurde er von deutschen Feldgendarmen in Carmaux bei Albi festgenommen, zunächst in Toulouse in Haft gehalten, dann ins Reich gebracht. Der Volksgerichtshof verur-

---

51 StadtA PÜ Wiedergutmachungsakten.
52 Nachweis der Emigrierten durch Bütgermeisteramt Riegelsberg (LS SB LRA SB Nr. 331)
53 StadtA PÜ Wiedergutmachungsakten.
54 LA SB LRA SB Nr. 331, S. 491f.

teilte ihn am 29.06.1944 zum Tode wegen Vorbereitung zum Hochverrat, landesverräterischer Waffenhilfe und Feindbegünstigung. Das Urteil wurde am 22.09.1944 in Bruchsal vollstreckt.[55]
Ausweislich einer Zusammenstellung der Emigrierten durch das Bürgermeisteramt Püttlingen am 23.03.1935 hatten sich abgemeldet **Peter Meijer** (geb. 19.12.1898 in Neuweiler) nach Folschviller, die Bergleute **Johann Philippi** (geb. 14.01.1893) mit Ehefrau und sieben Kindern nach Falkenberg/Faulquemont und **Berthold Pohl** (geb. 03.07.1911), Bergmann, ledig, nach Cocheren, **Felix Riß** (geb. 23.09.1907 in Saarbrücken) mit Ehefrau und Kind nach Château-Salins. Bei allen dreien wird die Zugehörigkeit zur SWV vermerkt.[56]
Fahrsteiger **Adolf Römer** (geb. 24.04.1879 in Schalke) war einer der ersten, der nach Bekanntgabe des Abstimmungsergebnisses mit Ehefrau Elise geb. Schröder nach Forbach flüchtete.[57]
Für **Jakob Schackmann** (geb. 08.04.1886), Bergmann, bekannter Funktionär der SWV, war die Emigration nach eigener Ansicht unvermeidlich. Er verließ Püttlingen vor dem 19.01.1935. Nach Monaten des Suchens fand er eine Wohnung in der Cité Créhange bei Faulquemont/Falkenberg, wurde 1939/40 nach Innerfrankreich evakuiert und kehrte im Mai 1945 nach Püttlingen zurück.[58]
Jakob Scherer (geb. 18.09.1890), Mitglied der SWV, emigrierte mit Ehefrau und sieben Kindern nach Folschviller.[59]
Peter Scherer (geb. 16.09.1887), Bergmann, Mitglied der SWV, nach eigenen Worten ein *Kämpfer für den status quo*, hatte seine Kinder in die Domanialschule geschickt, emigrierte am 21.02.1935, er wohnte noch 1949 in Créhange (Dép. Moselle).[60]
Peter Schmeer (geb. 07.06.1888 in Ritterstraße), Bergmann, Mitglied der SWV, verzog mit Ehefrau und Kind nach Lubeln/Longeville-lès-St. Avold.
Der als frankophil geltende Bergmann **Johann Peter Schwarz** (geb.

---

55 LA SB LEA Nr. 9439, Mallmann/Paul, Das zersplitterte Nein, S. 135-136. Vgl. auch Kühn, NS Köllertal, S. 16f., Kühn-Briel, S. 35, Bies, Zeitz, S. 11.
56 Nachweis Bürgermeisteramt Püttlingen (ebenda).
57 Meldung des Bürgermeisters von Sellerbach /Riegelsberg vom 21.01.1935 (LA SB LRA SB Nr. 998).
58 StadtA PÜ Wiedergutmachungsakten.
59 Nachweis Bürgermeisteramt.
60 StadtA PÜ Wiedergutmachungsakten.

20.01.1893) verließ Püttlingen am 23.02.1935 mit seiner Frau und fünf Kindern. Seine Söhne Peter und Richard hatten die Domanialschule besucht. Die Familie wohnte zunächst in Falkenberg/Faulquemont, wo der ältere Sohn Peter als Bergmann arbeitete, bei Kriegsausbruch flüchteten sie nach Villars (Dép. Loire).[61]
Fritz Speicher (geb. 29.04.1884 in Ritterstraße), wohnhaft in Köllerbach, Riegelsbergerstr., Bergmann, emigrierte mit Ehefrau Luise, geb. Paulus und Sohn Fritz (geb. 1922) nach Forbach.[62]

Unterbringung in innerfranzösischen Départements

Die Aufnahmelager für Emigranten in den südfranzösischen Departements wurden im September 1935 aufgelöst. Die Saaremigranten erhielten nun den Nansenpass als international anerkannten Flüchtlingsausweis, damit offiziellen Asylantenstatus und die Möglichkeit zur Erteilung einer Arbeitsbewilligung und Reisefreiheit innerhalb Frankreichs.
Um Erwerbsmöglichkeiten mussten sie sich aus eigener Initiative bemühen, was bei dem damaligen Mangel an freien Arbeitsplätzen in Frankreich keine einfache Sache war, mitunter dazu zwang, einen anderen Beruf als den erlernten auszuüben. Es versteht sich, dass die Bergleute und Hüttenarbeiter unter den Emigranten vornehmlich Arbeit in den Revieren der französischen Schwerindustrie suchten. Von den Püttlinger Emigranten sind anscheinend mehr in den südfranzösischen Industriegebieten als in den westlothringischen (Dép. Meurthe-et-Moselle) und nordfranzösischen (Dép. Pas de Calais) untergekommen.

Georg Altmeyer (geb. 27.12.1883), ehemaliger Beigeordneter, SP-Fraktionsvorsitzender, emigrierte am 18.02.1935 mit seiner Ehefrau Katharina, seinen Söhnen Josef (geb. 18.10.1911), schon am 16.01.1935 emigriert, und Johann und den Töchtern Agnes und Maria, fand Unterkunft in Tours (Dép. Indre-et-Loire). Josef verheiratete sich dort

---

61 Vgl. auch die Angaben zu den Söhnen Peter und Richard Schwarz S. 672.
62 Nachweisung der Emigrierten durch Bürgermeister Riegelsberg vom 23.03.1935 (LA SB LRA SB Nr. 331, S. 493f.)

mit Frau oder Fräulein Morel aus St. Symphorien-lès-Tours, sie starb im Sommer 1940.
Philipp Bär (geb. 17.03.1894), Engelfangen, Bergmann, aber damals erwerbslos, KP, nach Ansicht des Bürgermeisteramtes Riegelsberg vermutlich nach Toulouse.[63]
Erich Becker (geb. 03.07.1910), Friseur, Mitglied der SP, war mit seinem Vater Jakob und seinem Bruder Willibald am 16.01.1935 emigriert, 1935-1937 beschäftigt in einer Lederfabrik im Dép. Hautes Pyrenées, 1937-1939 wohnte er in Mancieulles bei Briey (Dép. Meurthe-et-Moselle), wo relativ viele Saaremigranten sich hatten ansiedeln können, und arbeitete als Former im Eisenwerk Hayange (Dép. Moselle), 1939/40 war er französischer Soldat, sein Aufenthalt bis 1943 ist unklar. Nach der Verhaftung seines Vaters im Juli 1943 schloss er sich dem französischen Widerstand an, arbeitete seit Oktober 1943 als Landarbeiter in Sambrun (Dép. Hautes Pyrenées).[64]
Fritz Becker, Arbeiter und ehemaliges SP-Mitglied aus Köllerbach, starb in einem französischen Internierungslager an Lungenentzündung.[65]
Georg Becker (geb. 28.11.1898 in Engelfangen), wohnhaft Köllerbach, Bergmann auf Grube Viktoria 1914-1925, Kranführer auf der Völklinger Hütte bis 1929, dann arbeitslos, Vorsitzender der KP-Ortsgruppe Köllerbach und Mitglied des Rotfrontkämpferbundes, emigrierte am 16.01.1935 mit Ehefrau Margarethe, geb. Schulz, im August 1935 Aufenthalt in Montauban (Dép. Tarn-et-Garonne), dann Hüttenarbeiter in der Usine de Perigord in Fumel, am 06.12.1938 in der Nähe von Paris an Tbc verstorben.[66]
Jacques Becker (geb. 31.10.1912 in Püttlingen), entstammte einer alten sozialdemokratischen Familie, trat früh der SAJ bei und wurde 1927, mit 15 Jahren, Parteimitglied. Von 1932-1935 arbeitete er als Angestellter bei der Regierungskommission und den *Mines Domaniales*, er emigrierte 1935 noch unverheiratet. Nach einem Aufent-

---

63 Meldung des Bürgermeisters von Sellerbach/Riegelsberg vom 21.01.1935 (LA SB LRA SB Nr. 998).
64 LA SB LEA Nr. 3641, Kühn, NS Köllertal, S. 16, der Ortsname wird mitunter falsch als »Lembrun« angegeben.
65 Kühn-Briel, S. 34.
66 LA SB LEA Nr. 9437 u. LRA SB Nr. 331, S. 222 (Anzeige durch Landjäger Stöhr).

halt im Flüchtlingslager Montauban war er bis Kriegsausbruch als Industriearbeiter tätig, erwarb die französische Staatsangehörigkeit, leistete französischen Wehrdienst bis August 1940. 1943 tauchte er ab in den Untergrund, schloss sich der FFI an und wurde mit dem *Croix de Guerre* ausgezeichnet. Im April 1945 kehrte er nach Püttlingen zurück.[67]

Jakob Becker (geb. 17.09.1883), Friseur, aktiver Rückgliederungsgegner und Mitglied der SP, emigrierte am 16.01.1935 mit seinen beiden Söhnen Erich und Willibald nach Mancieulles (Dép. Meurthe-et-Moselle), er wurde im Juli 1943 verhaftet, 1944 vom Oberlandesgericht Stuttgart wegen Hochverrats zu einem Jahr Gefängnis verurteilt, am 17.12.1945 kehrte er nach Püttlingen zurück.

Werner Becker (geb. 23.12.1909), nach Einschätzung des Püttlinger Bürgermeisters vom 13.06.1950 »sehr aktives Mitglied der KP«, am 18.01.1935 nach Frankreich emigriert, erst im Mai 1950 von Château-Chinon (Dép. Nièvre) zurückgekommen.[68]

Willibald Becker (geb. 07.07.1912), seit 1929 Bergmann auf Grube Luisenthal, Mitglied in SAJ, SPD und SSB, emigrierte mit Vater Jakob und Bruder Erich am 15. Januar 1935, arbeitete bis 1937 als Schwimm- und Sportlehrer in Tarbès (Dép. Hautes Pyrenées), 1937/38 als Forstaufseher in Mancieulles (Dép. Meurthe-et-Moselle), 1938/39 als Maschinist in Falkenberg/ Faulquemont, wurde 1939 französischer Soldat, geriet im Juni 1940 in deutsche Gefangenschaft, flüchtete im November 1940 nach Frankreich, lebte bis Dezember 1943 illegal in Mancieulles, schloss sich dem französischen Widerstand an, kehrte im Juli 1945 ins Saarland zurück und betätigte sich beim MLS.[69]

Bruno Bernetti (geb. 05.04.1899 in Cesana/Italien), wohnhaft Köllerbach, Riegelsbergerstraße, erwerbslos, widersprechende Angaben über Parteimitgliedschaft (SP oder KP), Kassierer der BAV-Zahlstelle

---

67 LA SB BEG Nr. 703, u. Best. Schneider-Becker A II 5, Paul/Mallmann, Milieus u. Widerstand, S. 323-325, Volk, Heimatgeschichtlicher Wegweiser, S. 59, Handbuch der Emigration, Bd. 1, S. 43, Schneider, Saarpolitik und Exil, S. 553, Mehringer-Schneider, S. 280.
68 StadtA Püttlingen Wiedergutmachungsakten.
69 LA SB LEA Nr. 6036 und Paul/Mallmann, Milieus u. Widerstand, S. 321, vgl. auch Nachweis für seinen Bruder Erich B.

Köllerbach, emigrierte vor dem 22.03.1935 nach Vermutung des Bürgermeisteramtes Püttlingen nach Toulouse.[70]
Josef Blank (geb. 27.12.1899), Bergmann auf Grube Viktoria, Mitglied des SP und des SSB, emigrierte gleich nach Bekanntgabe des Abstimmungsergebnisses ohne seine Familie, lebte eine Zeitlang in einem Lager in Toulouse und kehrte 1936 ins Saarland zurück, nachdem rückkehrenden Emigrierten Straffreiheit in Aussicht gestellt worden war.[71]
August Faust (geb. 23.12.1889), Köllerbach, vermutlich nach Toulouse.[72]
Benedikt Hoffmann (geb. 03.10.1898 in Schwarzenholz), Kanzleiangestellter auf Grube Viktoria, führender Vertreter der SWV in Püttlingen, emigrierte Ende Januar 1935[73], 1943 in Frankreich verhaftet, wegen Volksverhetzung zu zwei Jahren Zuchthaus verurteilt, in Ulm von den Alliierten befreit.[74]
Karl Marmann, Grubenschlosser, Rückgliederungsgegner, nach der Abstimmung deshalb in Untertage-Betrieb verlegt, erst 1937 aufgrund des auf ihn ausgeübten Drucks nach Frankreich emigriert, nach Besetzung Frankreichs zurückgekehrt.[75]
Jakob Karl Müller, bekannt als Verteiler kommunistischer Flugblätter, flüchtete am 26.02.1935 mit seiner Frau Katharina geb. Mathis, der Schwester von Margarethe Hirschmann, und 3 Kindern, darunter Sohn Erich Max (vgl. S. 641), nach Frankreich und fand in Nordfrankreich ein Unterkommen, zog nach Kriegsende nach Kleinrosseln /Petite Roselle, wo er am 13.05.1946 verstarb. Seine Familie kehrte nach seinem Tod nach Püttlingen zurück.[76]
Peter Quinten (geb. 11.11.1893 in Außen), Bergmann, KP-Mitglied, fand nach seiner Emigration 1935 mit seiner Ehefrau Elisabeth, die selbst KP-Mitglied war, und ihren sechs Kindern eine neue Bleibe in

---

70 Nachweis des Bürgermeisteramtes Sellerbach/Riegelsberg (LA SB LRA SB Nr. 331 S. 489f).
71 Mitteilungen seines Sohnes Wilhelm Blank am 09.05.2006.
72 Liste des Bürgermeisters von Sellerbach/Riegelsberg vom 22.03.1935 (LA SB LRA SB Nr. 331, S. 489f.)
73 Enthalten im Wochenbericht vom 28.01.1935 (LA SB LRA SB Nr. 998).
74 Volk, Heimatgeschichtlicher Wegweiser, S. 58f., als Emigrant gemeldet am 28.01.1935 (LA S B LRA SB Nr. 998).
75 StadtA PÜ Wiedergutmachungsakten.
76 StadtA PÜ Wiedergutmachungsakten.

Bayonne (Dép. Basses Pyrenées). Dort wurde er Mitglied des Internationalen Comités. In dieser Funktion unternahm er verschiedene Reisen nach Spanien: Ende 1936 nach Barcelona, im Januar 1937 in die Gegend von Madrid. Im Jahr 1943 wurde er in Frankreich verhaftet, in mehrere Gefängnisse verschubt, schließlich ins KZ Buchenwald überstellt, dort von den Alliierten befreit. Seine Frau wurde am 15. Januar 1944 vorübergehend in Haft genommen, dann zum Arbeitseinsatz in den Hermann-Göring-Werken, Salzgitter, dienstverpflichtet, sie kehrte erst am 09.03.1946 nach Püttlingen zurück.[77] Unklar ist das Schicksal der Tochter Rosa, sie soll am 19.07.1944 von den FFI hingerichtet worden sein.[78]

Abb. 53
Jakob Scharl, Foto aus dem Jahr 1957

Jakob Scharl (geb. 17.01.1905 Amberg oder Ebermannsdorf/Oberpfalz, gest. 07.07.1980) wurde 1924 im Saargebiet ansässig, seit 1925 Gewerkschafter und Mitglied der KP, Kassierer der KP-Ortsgruppe Püttlingen, war am 18.01.1935 emigriert und ließ seine Ehefrau Elise mit den Kindern einen Monat später nachkommen. In Perpignan (Dép. Pyrenées Orientales) fand er eine Beschäftigung als Hilfsarbeiter, meldete sich bald nach Kriegsausbruch freiwillig zur französischen Armee und schloss sich Ende 1943 der Résistance im Département Arriège an. Am 20.11.1945 kehrte er nach Püttlingen zurück und wurde Mitglied in der neu gegründeten KP-Saar und der VVN.[79]

Alfred Scholtes (geb. 13.11.1910, gest. Juni 1980), Dreher, Sohn von Johann und Maria Sch., Bruder von Richard Sch., Mitglied in SP und SSB, aktiver Rückgliederungsgegner, emigrierte im Frühjahr 1935 mit seinem Bruder Richard, bekam einen Arbeitsplatz in einer Fabrik in Nantes (Dép. Loire Inférieure), Erwerb der französischen Staatsangehörigkeit, französischer Militärdienst 1939/40, dann *Aufseher* in dem

---

77 StadtA PÜ Wiedergutmachungsakten
78 Mitteilung des Franz. Konsulates in Saarbrücken an den Bürgermeister von Püttlingen am 16.06.1948 (ebenda).
79 LA SB Best. LEA Nr. 7720, Volk, S. 59, Kommunisten in Püttlingen, S. 45.

Internierungslager Rivesaltes (Dép. Pyrenées Orientales), Rückkehr nach Püttlingen im September 1945, später Wohnsitz nach Frankreich verlegt.[80]
Richard Scholtes (geb. 30.07.1908), Buchhalter, emigrierte mit seinem Bruder Alfred im Frühjahr 1935, Arbeiter in Château-Chinon (Dép. Nièvre). Die beiden Brüder trafen sich vor Kriegsbeginn gelegentlich mit ihrer Mutter Magdalena Scholtes geb. Leinenbach (geb. 11.10.1885, gest. 23.12.1972) in Kleinrosseln. Besuche in Püttlingen mit illegalem Grenzübertitt sind nicht nachgewiesen, ausgebürgert, daher staatenlos, dennoch 1940 in Albi interniert, 1942 Unterschlupf als Landarbeiter im Département Alpes Maritimes, dann in Montluçon (Dép. Allier). Rückkehr nach Püttlingen im August 1945, im Oktober 1945 Heirat mit Anna Maria Dietrich, die er 1940 im Exil kennen gelernt hatte. Sie war im Januar 1935 mit ihren Eltern und ihrem Bruder emigriert, 1941 zwangsweise nach Saarbrücken rückgeführt, hatte sie nach ihrer Ausbombung am 05.10.1944 Unterkunft in Püttlingen gefunden.[81]

Spanienkämpfer

Unter den rund 5.000 Deutschen, die sich freiwillig zum Kampf gegen Franco gestellt hatten,[82] befanden sich mindestens 300, höchstens 500 Saarländer, durchweg Emigranten, darunter
Johann Blass (geb. 02.07.1908 in Hülzweiler). Er trat mit 16 Jahren der SAJ bei, wurde drei Jahre später Mitglied der SPD, arbeitete als Schneider in Püttlingen, gehörte dem SSB an, emigrierte am 17.01.1935, hielt sich eine Zeitlang in Carcassonne (Dép. Aude) auf und kämpfte vom 26.07.1936 bis 15.08.1938 im spanischen Bürgerkrieg, 1940 wurde er in Frankreich vorübergehend interniert.

---

80 Interview von Frau Krebs mit Anna Maria Scholtes, geb. Dietrich, Schwiegertochter von Maria Scholtes, geb. Leinenbach am 27.03.1997.
81 Ebenda.
82 Allgemein über die deutschen Spanienkämpfer vgl. Patrik von zur Mühlen, Spanien war ihre Hoffnung. Die deutsche Linke im spanischen Bürgerkrieg 1936-1939, 1985, Klaus-Michael Mallmann/Ralph Schock, Unsere Heimat ist heute vor Madrid. Saarländer im spanischen Bürgerkrieg, in: Richtig daheim, S. 178-183. Paul/Mallmann, Milieus u. Widerstand, S. 442.

Als Landarbeiter auf einem abgelegenen Hof bei Laure (Dép. Aude) konnte er den NS-Häschern entgehen. Er kehrte im Juli 1946 nach Püttlingen zurück.[83]

Fremdenlegionäre

Albert Faust (geb. 19.04.1910) aus Engelfangen, KP-Mitglied, soll nach Mitteilung des Bürgermeisteramtes Riegelsberg zur Fremdenlegion gegangen sein.[84]

Rudolf Schwarz (geb. 18.11.1910) Sohn von Peter Schwarz (gest. 1939), Hüttenarbeiter, wurde als bekannter Rückgliederungsgegner von den Röchling'schen Eisen- und Stahlwerken Anfang März 1936 entlassen. Zusammen mit seinem Nachbarn **Reinhold Schwarz** aus der Hengstbachstraße, der schon am 14.01.1935 nach Frankreich emigriert war, aber am 17.04. auf die Nachricht von der schweren Erkrankung seiner Mutter zurückgekommen und seitdem arbeitslos war, machte er sich auf nach Frankreich, um dort Arbeit zu finden – eine unrealistische Einschätzung der Situation; denn in Frankreich bestand kein Mangel an Arbeitskräften, was viele deutsche Emigranten erfahren mussten. Beide dürften wohl bald an einen Werber der Fremdenlegion geraten sein; denn schon am 26.03.1936 verpflichteten sich beide zum Dienst in der Legion. Bis September 1937 waren sie zusammen in derselben Einheit, dann wurden sie getrennten Truppenteilen zugewiesen. Rudolf Schwarz wurde 1941 entlassen, nach der Entlassung aber sofort festgenommen und in das Lager *Hiensert/Westerwald*[85] eingewiesen, dort blieb er 13 Wochen, dann kam er für drei Wochen in ein SS-Lager Karlsruhe und von dort in das Arbeitshaus Gieslau. Im November 1941 wurde er nach Püttlingen entlassen, fand Arbeit bei der Burbacher Hütte, wurde aber schon am 01.02.1942 zur Wehrmacht eingezogen und geriet in russische Kriegsgefangenschaft, aus der er erst Anfang April 1949 zurückkehrte. Reinhold Schwarz gibt an, 1949 von der Legion zurückgekommen zu sein.[86]

---

83 LA SB LEA Nr. 8274, Paul, Ungehorsame Soldaten, S. 71.
84 LA SB LRA SB Nr. 331, S. 491f.
85 Es dürfte eine Verwechslung mit dem Lager Hinzert im Hunsrück vorliegen.
86 StadtA PÜ Wiedergutmachungsakten.

Veränderungen seit Kriegsausbruch

Der Ausbruch des Zweiten Weltkrieges und der Frankreichfeldzug brachten die Saaremigranten in neue Schwierigkeiten. Die im lothringischen Grenzgebiet wohnenden wurden zusammen mit der französischen Bevölkerung aus dem vor und zwischen der Maginotlinie liegenden Grenzstreifen, in dem es voraussichtlich zu schweren Kämpfen kommen würde, ins westliche Frankreich evakuiert.[87]
Der Ausbruch des Zweiten Weltkriegs weckte in Frankreich Vorbehalte und Misstrauen gegen alle Deutschen, ganz gleich ob sie Befürworter und Anhänger des NS-Regimes oder dessen Gegner waren. Aus Furcht vor Spionage- und Sabotageakten wurden fast alle sich in Frankreich aufhaltenden Deutschen in den ersten Tagen nach Kriegsausbruch interniert, ohne Rücksicht auf eine regimehörige oder oppositionelle Einstellung zu Hitler-Deutschland. Die meisten wurden nach einigen Wochen wieder freigelassen, aber beim Vormarsch der Wehrmacht im Mai 1940 erneut interniert. Frauen wurden in das Lager Gurs in den Pyrenäen gebracht, das als Auffanglager für Flüchtlinge aus Spanien nach dem Sieg Francos eingerichtet worden war.[88]
Da die französischen Behörden auch jetzt nicht nach Gründen und Motiven des Aufenthaltes in Frankreich unterschieden, waren in den Internierungslagern Deutsche aller politischen Richtungen vom überzeugten Nazi über den politisch weniger engagierten Monteur oder Handelsvertreter bis zum emigrierten aktiven Gegner des NS-Regimes zusammen eingesperrt. Für letztere bedeutete die Übernahme eines Internierungslagers durch die vorrückende Wehrmacht nicht Befreiung, sondern neue schärfere und längere Haft, je nach Lage der Dinge sogar Gefahr für Leib und Leben. Daher versuchten sie sich dem Zugriff deutscher Exekutivorgane, die der vorrückenden Wehrmacht folgten, durch Flucht zu entziehen, zunächst in das noch unbesetzt bleibende Frankreich, von dort, wenn möglich, weiter nach Übersee.

---

87 Zur Evakuierung der lothringischen Zivilbevölkerung vgl. Ruée vers l'Ouest avec 30 kg de Bagages....il y a 50 ans, l'évacuation. Catalogue du cinquantenaire de l'évacuation (27 août – 3 septembre 1989), Sarreguemines 1989.
88 Das Lager Gurs wurde später dadurch bekannt, dass im Oktober 1940 die von den NSDAP-Gauleitern Bürckel und Wagner ins unbesetzte Frankreich abgeschobenen badischen, pfälzischen und saarländischen Juden von der Vichy-Regierung hier untergebracht wurden.

Ludwig Brader (geb. 01.10.1907 in München), Schreiner, KP-Mitglied, war von seinem Arbeitsort Freiburg im Breisgau zunächst nach Basel, dann nach Püttlingen emigriert und wurde dort im Oktober 1933 von Familie Nalbach aufgenommen. Er beteiligte sich am Abstimmungskampf als Verteiler von Flugschriften, heiratete Maria Nalbach (geb. 27.11.1907) und emigrierte im Frühjahr 1935 mit seiner Frau und seinen Schwiegereltern. Er wurde am 15.08.1940 verhaftet und vom Oberlandesgericht Stuttgart wegen Vorbereitung zum Hochverrat zu 2 ½ Jahren Zuchthaus verurteilt. Nach Verbüßung eines Teils der Haft wurde er in das KZ Auschwitz überstellt. Das letzte Lebenszeichen, das seine Frau von ihm erhielt, datiert vom 03.12.1944. Nach Volk soll er in Auschwitz ermordet worden sein. Nach Feststellung des Bürgermeisteramts Püttlingen sei er nicht in Auschwitz umgebracht worden, sondern einer SS-Einheit zugewiesen worden und dann verschollen.[89]

Jakob Nalbach (geb. 08.01.1886, gest. 06.01.1963), Bergmann, seit 1912 Mitglied des BAV, seit 1930 Mitglied der KP-Fraktion des Gemeinderats Püttlingen, emigrierte mit seiner Frau Margarethe, geb. Schneider (geb. 06.05.1887) und seiner Tochter Rosa (geb. 20.11.1910)[90] am 16.01.1935, er fand Arbeit als Hüttenarbeiter in Homécourt (Dép. Meurthe-et-Moselle). Ihm wurde die deutsche Staatsangehörigkeit aberkannt[91]. Er wurde 1939/40 interniert, im August 1940[92] wurde das Ehepaar von der Gestapo in St. Dizier (Dép. Marne) verhaftet. Jakob N. wurde am 28.01.1941 vom Oberlandesgericht Stuttgart wegen Vorbereitung zum Hochverrat zu zwei Jahren Zuchthaus verurteilt, nach Verbüßung der Strafe in Frankfurt-Preungesheim bis 05.10.1942 dem KZ Dachau, Kommando Friedrichshafen zugewiesen, wo er von den Alliierten am 23.04.1945 befreit wurde, im Juli 1945 konnte er nach Püttlingen zurückkehren. In seinem Wiedergutmachungsverfahren 1952 äußerte er sich: *Ich bin heute ein gebrochener Mann, der durch die Haftzeit sein Augenlicht, seine Zähne, sein Gehör, seine Nerven zum grössten Teil verloren hat.* Margare-

---

89 LA SB LRA SB Nr. 331, S. 22-24, Volk, Heimatgeschichtlicher Wegweiser, S. 60.
90 Altmeyer, Einwohnerbuch Nr. 5036.
91 LA SB Dep. Riegelsberg Nr. 130.
92 Das Datum wird unterschiedlich angegeben, im Wiedergutmachungsakt von Margarethe N. der 18.08, in dem von Jakob N. der 20.08.1940.

the N. wurde aus dem gleichen Grund wie ihr Mann von demselben Gericht zu 2 ½ Jahren Gefängnis verurteilt, die sie jedoch nur bis 25.07.1942 in Rothenfeld absitzen musste. Ihre geistig zurückgebliebene Tochter Rosa wurde Anfang September nach Püttlingen gebracht, 1942 in die Heil- und Pflegeanstalt Lorquin/Lörchingen (Dép. Moselle) eingewiesen und dort sterilisiert, gest. 04.06.1954.[93] Auch die Tochter Maria (geb. 27.11.1907), vermählt mit Ludwig Brader (siehe oben), war emigriert.

Pater **Hugolin Dörr** hatte schon im Herbst 1934 mit seiner Mutter Margarethe geb. Römbel seinen Wohnsitz ins lothringische Grenzgebiet verlegt. Als seine Mutter erkrankte, kehrte sie zu ihren anderen Kindern nach Püttlingen zurück und starb dort am 23.01.1936. Pater Hugolin fand Arbeit und Unterkunft bei dem Bischof von Nizza. Art und Dauer seiner dortigen Beschäftigung wurden nicht bekannt. Es gibt keine Hinweise auf eine politische Betätigung. Die Umstände seines Todes sind nicht eindeutig geklärt. Ich zitiere nachstehend die Ergebnisse der Nachforschungen von Gerhard Paul und Klaus-Michael Mallmann: »Obwohl Dörr bereits 1934 die französische Staatsbürgerschaft erworben hatte, blieb ihm zu Kriegsbeginn 1939 die Internierung nicht erspart. Man brachte ihn in das zu einem provisorischen Internierungslager umfunktionierte Fort Asnières in der Nähe von Dijon im Département Côte d'Or, das dem französischen Militär unterstand. Dort kam Dörr am 06.06.1940 – dem Tag der Besetzung Asnières durch deutsche Truppen – ums Leben, wie der kommandierende französische Leutnant dem Bürgermeister anzeigte. Wer letztlich Dörr auf dem Gewissen hat, muß offen bleiben. Während ein Rundschreiben der *Union des Réfugiés sarrois en France* vom Juni 1945 meldete, der Pater sei von der Gestapo ermordet worden, berichteten Verwandte Dörrs später, das französische Wachpersonal des Lagers sei am Tag der Ankunft der deutschen Besatzer sehr ruppig gewesen und habe die Internierten angewiesen, daß niemand den Saal verlassen dürfe, auch nicht um die Notdurft zu verrichten. Dörr habe daraufhin aus Protest in eine Blechdose uriniert, worauf ihn die Mitglieder des Wachpersonals zusammengeschlagen, in einen Sack gesteckt und aus

---

93 LA SB LEA Nr. 7525 und Nr. 7526, Volk, Heimatgeschichtlicher Wegweiser, S. 59.

dem Fenster des Forts in den Fluß geworfen hätten«.[94] Diese Version hat ein Mitinternierter in Asnières in der frühen Nachkriegszeit Pater Hugolins Neffen Alban Dörr berichtet. Dazu ist kritisch zu bemerken: 1) Das Fort Asnières liegt auf einer Anhöhe nördlich von Dijon. Einen Fluss gibt es dort nicht, es könnte sich nur um einen Graben gehandelt haben, eher einen trockenen oder versumpften als einen wassergefüllten. 2) Gravierender sind meine Bedenken gegen die Gleichsetzung von Todestag mit Ankunft der deutschen Truppen. Am 07.06. stand die später nach Burgund vorstoßende Heeresgruppe A noch bei Rethel in der nördlichen Champagne, am 14.06. noch nördlich von Langres, Dijon wurde am 17.06. besetzt. Das bedeutet aber, dass am 06.06. noch keine besondere Stresssituation der Wachmannschaften, ausgelöst durch einen unmittelbar bevorstehenden deutschen Angriff, bestanden haben kann. Am 06.06. war die Maginotlinie noch nicht durchstoßen, Paris noch nicht besetzt,[95] ein baldiger Zusammenbruch der französischen Verteidigungskraft innerhalb weniger Tage war zu diesem Zeitpunkt noch nicht zu erwarten. Kompliziert wird die Sache durch das einzige bisher bekannt gewordene Dokument, nämlich die Sterbeurkunde. Sie gab ursprünglich den 25. Juni als Todesdatum an, es wurde durch mehrfaches Durchstreichen getilgt und durch 6. *Juni* ersetzt. Der 25. Juni war der dritte Tag nach Unterzeichnung des Waffenstillstandsvertrages (22.06.1940). Da zu diesem Zeitpunkt Fort Asnières nicht mehr eine französische Wachmannschaft gehabt haben kann, erscheint die Version einer Tötung Pater Hugolins durch die Gestapo – oder mindestens auf deutsche Veranlassung, wie sie im Juni 1945 von der Union de Refugiés sarrois behauptet wurde, in anderem Licht. Es ist bekannt, dass in den französischen Lagern internierter Deutscher schroffe Gegensätze zwischen Gegnern und Anhängern des NS-Staates bestanden. So gehört der Tod von Hugolin Dörr zu den Fällen ungeklärter Todesumstände internierter Deutscher während des Westfeldzuges.

Bei der Steyler Mission gilt inzwischen Pater Hugolin Dörr als Märtyrer.

---

94 Mallmann/Paul, Das zersplitterte Nein, S. 54.
95 Hans Adolf Jacobsen (Hg.), Dokumente zur Geschichte des Westfeldzuges, Göttingen 1960, S. 215 u.223.

Dienst in der französischen Armee

Deutsche Emigranten, die die französische Staatsangehörigkeit erworben hatten, wurden, wenn sie wehrdienstfähig waren, bei Ausbruch des Krieges zur französischen Armee einberufen. Unter denjenigen, die ihre deutsche Staatsangehörigkeit behalten oder durch Ausbürgerung staatenlos geworden waren, fanden sich Freiwillige zum Kampf gegen Hitler-Deutschland. Die mir zugänglichen Unterlagen erlauben nicht bei allen nachstehend genannten Personen eine klare Aussage über Einberufung oder Freiwilligmeldung.
Johann Altmeyer (geb. 03.05.1913), Sohn von Georg Altmeyer, wurde im Spätjahr 1941 von der Gestapo in Tours verhaftet, 1942 wegen landesverräterischer Waffenhilfe zu 5 Jahren Zuchthaus und zu Wehrunwürdigkeit verurteilt, aber dennoch im folgenden Jahr zum Wehrdienst herangezogen. Er geriet im November 1943 in Italien in amerikanische Gefangenschaft, 1945 kehrte er nach Püttlingen zurück.[96]
Josef Altmeyer, (geb. 18.10.1911), Sohn von Georg Altmeyer, war im Herbst 1934 im Auftrag der SWV in Püttlingen und Saarlouis mit der Überprüfung der Liste von Abstimmungsberechtigten beschäftigt, emigrierte schon vor seinen Eltern am 16.01.1935, bei Kriegsausbruch französischer Soldat, nach dem Frankreichfeldzug zu den Eltern nach Tours entlassen, am 19.10.1941 von der Gestapo verhaftet, vom Reichskriegsgericht zu 5 Jahren Zuchthaus und Wehrunwürdigkeit verurteilt, nach 2 Jahren zur Wehrmacht überstellt, im November 1943 an der Ostfront, in 2. Ehe 1944 vermählt in Püttlingen, seit Juni 1944 vermisst.
Johann Baltes (geb. 08.10.1908 in Altenkessel) war als Gastwirt der »Waldschänke« in Ritterstraße schon 1934 Boykott und Drohungen ausgesetzt, weil er der Aufforderung, sein Lokal Antifaschisten zu verschließen, nicht nachgekommen war. Am 18.01.1935 verließ er mit seiner Familie das Saargebiet. Nach einem Aufenthalt 1936 in Carcassonne (Dép. Aude) arbeitete er seit Mai 1937 als Kellner in Poitiers (Dép. Vienne), 1939/40 wurde er französischer Soldat. Am 15.06.1941 wurde er verhaftet, nach Haft in Saarbrücken/Lerchesflur und Berlin/Moabit wurde er am 20.02.1942 wegen landesverräterischer Waffenhilfe zu 5 Jahren Zuchthaus verurteilt. Schon im

---
96 LA SB LEA MdI Nr. 74.

Dezember desselben Jahres wurde er begnadigt, aus der Strafanstalt Torgau entlassen, aber sofort zur Wehrmacht einberufen. Nach dem Krieg kehrte er ins Saarland zurück[97].
Rudolf Baltes, 1939/40 französischer Soldat, arbeitete von März 1940 bis Mai 1945 als Bergmann in St. Etienne (Dép. Loire), am 09.05.1945 nach Püttlingen zurückgekehrt.[98]
Erich Becker (vgl. S. 653)
Jacques Becker (vgl. S. 653)
Willibald Becker (vgl. S. 654)
Willi Blanc, Sohn von Thomas Blanc, war mit seinen Eltern im Alter von 14 Jahren emigriert. Nach eigenen Angaben diente er 14 Monate freiwillig bei der französischen Armee, kehrte im Dezember 1945 nach Püttlingen zurück.
Willi Philipp Jungmann (geb. 16.02.1913 in Püttlingen), Kaufmann, KP, verheiratet mit Hildegard geb. Baltes, beide betrieben als Pächter eine Gastwirtschaft im Hause der Schwiegermutter Salome Baltes, geb. Koch, in der Richardstraße. Er gab die Gastwirtschaft auf und verzog nach von der Heydt am 15.04.1934, kehrte aber wieder am 26.10. desselben Jahres in das Haus Richardstraße zurück, er emigrierte allein im Januar 1935, seine Frau folgte am 18.04.1935. Das Ehepaar hielt sich zunächst in Montauban auf, dann in Poitiers (Dép. Vienne), wo er als Kellner, dann als Textilreisender eine Erwerbsmöglichkeit gefunden hatte. Er meldete sich freiwillig zur französischen Armee und ist seit Juni 1940 bei Epernay (Dép. Marne) vermisst. Nach dem Krieg wurde er gerichtlich für tot erklärt, sein Sterbedatum auf den 13.06.1940 angesetzt. Medardus Lex, Püttlingen erklärte am 03.08.1961, er habe gehört, Jungmann sei in deutsche Gefangenschaft geraten, als Deutscher erkannt und von einer Wehrmachtseinheit standrechtlich erschossen worden. Hildegard Jungmann wurde am 27.11.1942 zwangsweise nach Deutschland rückgeführt[99].
Fritz Klein (vgl. S. 605 und 650)
Erich Max Müller (geb. 01.03.1918), Sohn von Jakob Karl M. und. Katharina Mathis, mit den Eltern am 26.02.1935 emigriert. Er selbst berichtete am 06.09.1948 über sein Schicksal: *In Frankreich angekommen, arbeitete ich wie vorher zu Hause auf der Grube bis zum*

---

97 LA SB LEA Nr. 6812, Volk, Heimatgeschichtlicher Wegweiser, S. 59.
98 LA SB LEA Nr. C 12.
99 Paul/Mallmann, Milieus und Widerstand, S. 480, LA SB LEA Nr. 7237.

Jahre 1938. Dann wurde ich zur französischen Armee eingezogen und diente bis zum Mai 1940. Ich kam in deutsche Kriegsgefangenschaft und wurde sechs Monate später als angeblicher Elsaß-Lothringer wieder entlassen. Ich begab mich nach Elsaß-Lothringen zu meiner Schwester, die dort verheiratet ist. Meine Eltern befanden sich damals in Nordfrankreich. Ich meldete mich sofort wieder als Bergmann und arbeitete von Dezember 1940 bis Januar 1942 auf der Grube in Petite Roselle. Zu diesem Zeitpunkt bekam ich meinen Stellungsbefehl zur deutschen Wehrmacht, nachdem bekannt geworden war, dass ich die deutsche Staatsangehörigkeit habe. Dem Stellungsbefehl leistete ich nicht Folge sondern flüchtete nach Frankreich. Ich wollte zu meinen Eltern, wurde aber unterwegs von dem deutschen Sicherheitsdienst aufgespürt und nach Darmstadt verbracht. Dort kam ich vor ein Schnellgericht und wurde zu fünf Jahren Zuchthaus verurteilt. Von dem Zuchthaus aus wurde ich nach Eberstadt in ein Munitionswerk geschickt und verweilte dort bis zum Einmarsch der alliierten Truppen (15.März 1945). Durch diese wurde ich frei gelassen, wurde nach Paris transportiert, nochmals überprüft und nach dem 6 Monate zu einem Bauern in Erholung gebracht.[100]
Jakob Scharl (vgl. S. 656), freiwillig gemeldet.
Alfred Scholtes (geb. 20.11.1910) vgl. S. 607 und 656.
Bernhard Speicher, der junge unverheiratete Bergmann emigrierte vor dem 19.01.1935, wurde französischer Soldat, kam in deutsche Gefangenschaft, entfloh im April 1942 aus einem Lager bei Braunschweig, schlug sich zu seinen Schwiegereltern nach Südfrankreich durch und versteckte sich bis zum Einmarsch der Alliierten, 1945 kehrte er nach Püttlingen zurück.[101]

Zwangsweise Rückführung ins Reich

Schon die Waffenstillstandsbedingungen vom 19.06.1940 enthielten die Forderung nach Auslieferung der deutschen Emigranten. Sie wurden trotz der Einwendungen des französischen Außenministeriums nach und nach durchgesetzt. Bald nach Beendigung des Frankreich-

---

100 StadtA PÜ Wiedergutmachungsakten.
101 Paul/Mallmann, Milieus und Widerstand, S. 303, LA SB LEA Nr. 6036 u. MDI 3971.

feldzuges wurden die deutschen Emigranten erfasst und zur Rückkehr ins Reichsgebiet aufgefordert. Das betraf zunächst nur diejenigen, die vor der Wehrmacht nicht geflohen waren bzw. auf der Flucht von ihr überrollt worden waren, nun also im besetzten Teil Frankreichs lebten, also diesseits der sogenannten »Demarkationslinie«. Diejenigen, die der Aufforderung zur Rückwanderung ins Reichsgebiet nicht nachkamen, wurden in zunehmendem Maße unter Druck gesetzt und schließlich zwangsweise »rückgeführt«. Begründet wurde dies mitunter mit dem wachsenden Bedarf der deutschen Rüstungsindustrie an Arbeitskräften. Die Arbeitsvermittlungsstelle beim Militärbefehlshaber Frankreich wurde beauftragt, nicht nur Franzosen zur Arbeit in Deutschland anzuwerben, sondern auch deutsche Emigranten der reichsdeutschen Industrie zuzuführen. Nachdem seit der Besetzung Restfankreichs im November 1942 die Fahndung nach deutschen Emigranten auf ganz Frankreich ausgedehnt worden war, setzte eine zweite Rückführungswelle im Frühjahr 1943 ein. Die Mehrzahl der Rückgeführten waren Frauen, Kinder und Gebrechliche, gesunde Männer wurden meist in Haft genommen oder zur Wehrmacht eingezogen. Sie kamen durchweg mittellos in Saarbrücken an. Da dem Rückwandereramt der NSDAP Finanzmittel zur Deckung der dringendsten Bedürfnisse nur in geringem Maße zur Verfügung standen, war nach geltendem Fürsorgerecht die Heimatgemeinde verpflichtet, für Unterbringung und Unterstützung zu sorgen. Hinsichtlich des neuen Wohnortes der Rückgeführten vertraten Reichsstatthalter Bürckel und die Polizeibehörden unterschiedliche Ansichten. In einem von ihm persönlich unterzeichneten Schreiben an den Befehlshaber der Sicherheitspolizei legte Bürckel dar, dass die Ansiedlung rückgeführter Saaremigranten, unter denen sich Leute bedenklicher Vergangenheit befänden, zu schweren Unzuträglichkeiten und Erregungen geführt hätte. Es sei klar, dass es die Volksgenossen empöre, wenn sie solche Personen, von denen sie früher wegen ihres Deutschtums verhöhnt oder beschimpft worden seien, nunmehr wieder in ihrer Gemeinschaft dulden sollten. Er beantragte beim Reichsinnminister, die rückgeführten Saaremigranten in das Reichsinnere zu befördern. Dieser vertrat aber die Ansicht, dass *die Überwachung der Saaremigranten an ihrem früheren Wohnort in größerem Maße gewährleistet sei, als an einem anderen Ort des Reiches, wo sie weit eher in der Masse untertauchen* könnten. Besonders *prominente oder gefährliche Emigranten*

könnten in Zusammenarbeit mit dem Reichssicherheitshauptamt in das Innere des Reichs verwiesen werden. In der Folgezeit verhielt sich Bürckels Behörde restriktiv gegenüber Anträgen auf Rückwanderung, indem sie fürsorgerechtliche Schwierigkeiten und die Verknappung des Wohnraumes vorschützte.[102] In diesem Sinn äußerte sich auch der Püttlinger Bürgermeister: *Der Wohnungsmangel wird immer größer zumal jetzt auch noch die ehemaligen Emigranten aus der Zeit der Saarabstimmung durch das Rückwandereramt der NSDAP dem Geburtsort zugewiesen werden, selbst dann, wenn sie vor ihrer Emigrierung nie einen Aufenthalt in der Gemeinde begründet hatten.*[103]
Schwere Nachteile erwuchsen den Rückgeführten, wenn nachgewiesen werden konnte, dass sie sich während der Emigration gegen das Deutsche Reich staatsfeindlich betätigt hatten oder beim französischen Militär gedient hatten. Letzteres galt als *landesverräterische Waffenhilfe* und zog automatisch Haft und Strafverfolgung nach sich.
Die Schicksale einer »rückgeführten Emigrantenfamilie« schilderte anschaulich der frühere Vorsitzende der SP-Fraktion im Püttlinger Gemeinderat **Georg Altmeyer** [104] und ergänzend seine Tochter Maria.[105] *Nachdem im Mai 1940 die Offensive Hitlers im Westen begonnen hatte, wurden auf Anordnung der französischen Regierung alle Deutschen vom 16.-20. Lebensjahr interniert. Ich persönlich wurde auf Grund meines Gesundheitszustandes mit meiner Frau verschont. Meine beiden Söhne [Josef und Johann] wurden auf Grund eines Gesetzes bei Ausbruch des Krieges in die Französische Armee eingereiht. Meine beiden Töchter [Maria und Agnes] wurden interniert. Meine Frau und ich wohnten in der Stadt Tours – Departement Indre et Loire – und ging der Krieg über uns hinweg, ohne dass wir besonderen persönlichen Schaden erlitten. Über das Schicksal unserer vier Kinder waren wir im Ungewissen, sie kamen nach dem Waffenstillstand nacheinander zurück. Die beiden Söhne wurden nach dem Waffenstillstand zwischen Frankreich und Deutschland demobilisiert und die beiden*

---

102 Herrmann, Emigration, S. 386-390.
103 Bericht vom 27.02.1942, auch zitiert bei Sperling/Müller, Kriegsereignisse, S. 152.
104 Bericht vom Ende Mai 1945 (StadtA PÜ Wiedergutmachungsakten), Herrmann, Georg Altmeyer.
105 Interview mit ihr am 18.11.1996.

Töchter kamen im August 1940 aus der Internierung zurück. Das Departement war von den Deutschen besetzt.
Einige Wochen nach der Rückkehr unserer Kinder wurden sie von den deutschen Behörden erfasst und bei einer militärischen Stelle als Dolmetscher beschäftigt. Um diese Zeit wurde jedem Deutschen in Frankreich ein Aufruf Hitlers zugestellt mit der Aufforderung, unverzüglich ins Reich zurückzukehren. Diesen Aufruf liessen wir unbeachtet. Die Folge davon war, dass am 18.10.1941 mein ältester Sohn von der Deutschen Gestapo auf der Arbeitsstelle verhaftet wurde, wenige Tage später kam die Gestapo zu mir in die Wohnung um mich zu verhaften. Nachdem sie von meinem Gesundheitszustand Kenntnis genommen hatten, liess mich der Führer der Gestapo unter Bewachung zurück und ging, einen Arzt zu holen. Bald darauf kam er mit noch zwei Uniformierten und einem Militärarzt, letzterer, scheinbar kein 100% Nazi, untersuchte mich, wahrscheinlich auf meine Haftfähigkeit. Daraufhin liess man mich in meiner Wohnung zurück und wurde [ich] nicht verhaftet. Einige Wochen später wurde auch mein Sohn Johann von der Gestapo verhaftet.
Im Januar 1942 bekam ich von einer Deutschen Stelle in Paris erneut die Aufforderung, ins Reich zurückzukehren. Dieser Stelle teilte ich mit, dass ich auf Grund meines Gesundheitszustandes bei der derzeitigen Jahreszeit ihrer Aufforderung nicht nachkommen könne. Am 10.2.1942 wurden meine beiden Töchter ebenfalls von der Deutschen Gestapo auf der Arbeitsstelle verhaftet. Nachdem sie mehrere Tage im Gefängnis von Tours waren, hat sich ein deutscher Flieger Oberst Rentsch bemüht zu erfahren, weshalb die Töchter eingesperrt seien. Weder in Tours noch in Paris konnte er den Grund der Verhaftung erfahren und wurde er an das Reichskriegsgericht in Berlin verwiesen. Dort wurde ihm der Bescheid, es läge Fluchtverdacht vor. Oberst Rentsch, der scheinbar kein guter Nazi war, hat bei der Berliner Stelle seinen Kopf verbürgt, dass kein Fluchtverdacht vorläge. Daraufhin erhielt er die Erlaubnis, meine Töchter aus dem Gefängnis heraus zu holen, unter der Bedingung, dass wir die sofortige Rückkehr ins Reich in die Wege leiten.
So sind wir denn am 2.3.1942 wieder ins Reichsgebiet, Püttlingen/Saar zurückgekehrt. Bei unserer Ankunft am Bahnhof Saarbrücken wurde meine Tochter Maria durch das dortige Rückwandereramt nach Gersweiler zu dem dortigen Amtsbürgermeister und S.A.Offizier »Jacob«

in den Haushalt dirigiert und sollte dortselbst Deutsche Volksgemeinschaft kennen lernen. Meine Tochter Agnes wurde nach Völklingen zu einem Beamten in den Haushalt dirigiert.
Über das Schicksal meiner beiden Söhne habe ich nach ihrer Verhaftung nichts mehr gehört. Diese selbst waren auch über unser Schicksal im Unklaren, bis ich eines Tages von meinem Sohn Josef und einige Wochen später auch von meinem Sohn Johann die Nachricht erhielt, dass sie vom Reichskriegsgericht in Berlin zu je 5 Jahren Zuchthaus und 5 Jahren Wehrunwürdigkeit verurteilt seien. Einige Wochen später kam ein Püttlinger Bürger zu mir und teilte mir mit, dass er meine Söhne Josef und Johann in Saarbrücken auf dem Bahnhof gesehen hätte. Mehrere Gefangene seien dort ausgeladen worden und waren meine beiden Söhne an den Händen aneinander gefesselt. Wieder einige Wochen später erhielten wir die Nachricht, dass sie im Zuchthaus in Zweibrücken gelandet seien, um dort ihre Strafe zu verbüssen. Nachdem mein Sohn Johann ein Jahr seiner Strafe verbüßt hatte, wurde er aus dem Zuchthaus Zweibrücken nach einer Kaserne in Kaiserslautern zur militärischen Ausbildung eingeliefert. Nach seiner Ausbildung kam er an die Front nach Italien. Am 3. November 1943 kam er in Amerikanische Gefangenschaft nach Algier, im Mai 1944 kam er nach Amerika, von wo aus er uns im Juli 1944 zum letzten Mal geschrieben und teilte er uns von dort aus mit, dass er bis dorthin noch keinerlei Nachricht von uns erhalten hat.
Mein Sohn Josef ist ebenfalls, nachdem er zwei Jahre seiner Strafe verbüsst hatte, aus dem Zuchthaus Zweibrücken in die Wehrmacht überführt worden und kam unausgebildet im November 1943 an die Front im Osten, wo er bei der Sommeroffensive im Mittelabschnitt der Ostfront als vermisst gemeldet wurde Über sein derzeitiges Schicksal sind wir im Unklaren.
Ergänzend möchte ich noch erwähnen, dass meine Frau und ich, sowie meine Tochter Maria, nachdem wir wieder einige Monate in unserer alten Heimat ansässig waren, auf Betreiben der Gestapo als grenzverdächtigt aus der Westmark ausgewiesen werden sollten. Doch hat uns mein persönlicher Gesundheitszustand von dieser Massnahme bewahrt....Mit den angeführten Massnahmen wollte man uns als Vaterlandsverräter behandeln, wirtschaftlich ruinieren, unsere Ehre und Ansehen untergraben.

Als weitere mehr oder weniger zwangsweise rückgeführte Emigranten aus Püttlingen wurden mir bekannt:

Anton Gauer (geb. 13.02.1911 in Irlich/Rhein) war 1915 mit seinen Eltern nach Püttlingen zugezogen. Nach mehrmaligem Wechsel des Wohnorts wurde er 1932 wieder in Püttlingen ansässig und bezog hier Unterstützung bis zum 23.02.1935, dann emigrierte er mit Ehefrau Sophie und dem vierjährigen Sohn Karl. Im Mai oder Juni 1940 wurde er von der Wehrmacht aus einem französischen Gefängnis befreit, er wohnte im Juli 1940 wieder in Püttlingen, verzog dann an einen unbekannten Ort im Reichsgebiet, wurde im Januar 1942 auf Anordnung des Reichskriegsgerichtes aus dem Wehrmachtsuntersuchungsgefängnis in Berlin-Moabit entlassen. Die Gründe seiner Inhaftnahme sind nicht bekannt. Die Ehefrau mit drei Kindern war in Frankreich geblieben, bis sie im August 1941 zwangsweise zurückgeführt wurde. Im April 1942 übersiedelte die gesamte Familie nach *Arnsdorf*/Arraincourt, Kreis St. Avold. Nach eigenen Angaben wurde die Ehefrau mit ihren Kindern am 15.09.1944 von SS-Männern mit Gewalt auf einem LKW nach Püttlingen transportiert.

Hildegard Jungmann (vgl. S. 664)

Karl Marmann (vgl. S. 655)

Wilhelm Thielen (geb. 28.01.1904), aktives KP-Mitglied, 1935 emigriert, 1941 bei Rückkehr ins Saarland verhaftet, nach vierwöchiger Untersuchungshaft freigelassen, erneute Festnahme, 1942 vom Sondergericht Stuttgart zu 15 Monaten Gefängnis verurteilt.[106]

Dienst in der Wehrmacht

Die seit dem Frankreichfeldzug in den Zugriff der deutschen Behörden geratenen Emigranten im wehrdienstfähigen Alter wurden häufig als *wehrunwürdig* erklärt, d.h. im Jargon der Zeit gesprochen, sie waren unwürdig »mit der Waffe in der Hand am Abwehrkampf des deutschen Volkes« teilzunehmen. Dies kam dem »Ausschluss aus der Volksgemeinschaft« gleich. Infolge der im Kriegsverlauf rasch steigenden Verluste wurden dann doch »Wehrunwürdige« zur Wehrmacht oder zur Waffen-SS einberufen, nicht selten Strafbataillonen

---

106 StadtA PÜ Wiedergutmachungsakten.

zugeteilt. Auch Püttlinger Emigranten traf dieses Schicksal, einige fielen im Dienste des NS-Regimes, das sie frühzeitig abgelehnt, sogar bekämpft hatten, aber dessen Zugriff sie sich letzlich nicht hatten entziehen können.

Zu nennen sind hier die Brüder **Johann Altmeyer** und **Josef Altmeyer** (seit Juni 1944 vermisst), **Bernhard Baldauf** (vorübergehend im 2. Quartal 1944), **Johann Baltes, Ludwig Brader** (eventuell),[107] **Rudolf Schwarz**.

Verbindung zum französischen Widerstand (Résistance)

Die von den deutschen Behörden konsequent betriebene Rückführung deutscher Emigranten aus Frankreich ließ denjenigen, die sich einer solchen Maßnahme entziehen wollten, keine andere Wahl als unterzutauchen, ein Unterfangen, das um so schwieriger war, als die französischen Polizeibehörden gehalten waren, mit den deutschen Behörden zu kooperieren, was sie freilich in ganz unterschiedlichem Maße taten. Die Breite ihres Verhaltens reichte von bereitwilliger Kollaboration über widerwillige Ausführung erteilter Weisungen bis zu deren Desavouierung. Ähnlich differenziert war das Verhalten der französischen Bevölkerung. Das Suchen nach einem sicheren Versteck führte nicht selten zu Kontakten mit Personen oder Gruppen des französischen Widerstandes, manchmal auch zur aktiven Beteiligung an dessen Aktionen gegen die deutsche Besatzung.

Rund 1.000 deutsche Emigranten kämpften in dem französischen Widerstand, der erst im Laufe der Zeit eine straffere Organisation erhielt in den *Forces Françaises de l'Intérieur*, abgekürzt FFI.

Klaus Michael Mallmann ermittelte namentlich 68 emigrierte saarländische Mitglieder der KP und 17 des KJVD, dazu noch einige Mitglieder des RFB und folgerte daraus, dass die saarländischen Kommunisten gut ein Zehntel des deutschen Kontingentes ausmachten – »ein hoher Prozentsatz, der jedoch keineswegs als Indikator für übermäßige Militanz angesehen werden darf, sondern in erster Linie Ausdruck

---

107 Vgl. S. 660.

der vergleichsweise hohen Emigrationsquote war.«[108] Führungs- und Koordinationsfunktionen übernahm der aus Kusel stammende, jahrelang in Saarbrücken tätige Otto Niebergall als Mitglied des dreiköpfigen Gremiums *Travail Allemand*, das den deutschen Sektor innerhalb der Résistance leitete.

Die saarländischen Kommunisten operierten besonders in den dünn besiedelten gebirgigen Gegenden im südwestlichen Frankreich. Dies belegen auch Nachrichten über einige aus dem Köllertal stammenden Männer und Frauen.

Bernhard Baldauf (geb. 15.05.1926), Sohn von Nikolaus Baldauf, fand nach seiner Desertation von einer Ausbildungseinheit der deutschen Luftwaffe in Angoulême (Dép. Charente) Anschluss an die französische Widerstandsbewegung. Seit dem 10.06.1944 tat er Dienst bei den FFI Finistére im Bataillon Georges le Goll.[109]

Rudolf Baltes, gehörte den FFI St. Etienne an.[110]

Erich Becker gilt seit einem Gefecht der FFI am 15.07.1944 bei Sambrun (Dép. Hautes Pyrenées) als vermißt. Es wurde behauptet, er sei von einem Standgericht der FFI zum Tode verurteilt worden.[111]

Jacques Becker (vgl. S. 653)

Willibald Becker (vgl. S. 654)

Jakob Scharl (vgl. S. 656)

Peter Schwarz (geb. 30.10.1920), Sohn von Johann Peter Schwarz, schloss sich am 15.08.1944, wenige Tage nach der Landung der Alliierten in der Provence der FFI Auvergne an und blieb bis Dezember 1945 französischer Soldat. Im Januar 1946 kehrte er nach Püttlingen zurück, siedelte aber im folgenden Jahr über nach Stiering-Wendel.[112]

Richard Schwarz (geb. 26.07.1925), Sohn von Johann Peter Schw. und Bruder von Peter Schw. war mit seinen Eltern am 23.02.1935 emigriert, lebte von 1940-1944 in Villars (Dép. Loire) und arbeitete dort seit 1943 als Bergmann. Er fand Anschluss an die FFI Auvergne, wurde am 15.08.1944 französischer Soldat, kehrte im November 1945 nach Püttlingen zurück und arbeitete bei der französischen Mili-

---

108 Paul/Mallmann, Milieus u. Widerstand, S. 508-514.
109 Vgl. S. 625
110 Vgl. S. 647
111 Vgl. S. 653
112 LA SB Best. LEA Nr. 2395.

tärverwaltung (Sureté) als Dolmetscher, verlegte später seinen Wohnsitz nach Nîmes.[113]

Dora Zeitz (geb. 01.10.1913 Engelfangen), engagiertes Mitglied des KJVD, war bald nach der Abstimmung nach Frankreich emigriert, sie kam zunächst in die Nähe von Bordeaux, musste aber auf Anweisung der Präfektur die Stadt wieder verlassen und ihren Wohnsitz nach Tours verlegen, mit Arbeit in fremden Haushalten verdiente sie ihren Lebensunterhalt. Fritz Nickolay, mit dem sie befreundet war, war vorerst noch im lothringischen Grenzgebiet geblieben und hielt Kontakte zu KJVD-Genossen, die sich im Saarland noch illegal betätigen konnten. Später zog er nach Paris, war 1936 Initiator und Vorsitzender der in Paris gegründeten Freien Deutschen Jugend (FDJ).

Abb. 54 Dora Nickolay, geb. Zeitz (1913-1980)

Erst 1938 konnte auch Dora Zeitz nach Paris kommen, arbeitete auch dort als Haushaltshilfe und in der FDJ und wurde 1938 Mitglied der KPD.

Fritz Nickolay wurde im März 1940 in der Bretagne interniert, Dora Zeitz erst bei Beginn des Frankreichfeldzuges im Mai 1940 in Paris. Sie war zunächst wie andere Frauen in Veldrome d'Hiver untergebracht, wurde dann in das berüchtigte Lager Gurs (Dép. Basses Pyrenées) verlegt. Ihre kleine Tochter Karin kam in ein jüdisches Kinderheim in Limoges (Dep. Haute Vienne). Fritz Nickolay, der inzwischen freigekommen war, machte sich auf die Suche nach Dora, fand sie schließlich im Lager Gurs und bekam sie dort frei. Beide kamen unter zunächst in Toulouse (Dép.Haute Garonne), dann in Béziers, schließlich in Pézenas (beide Orte Dép. Herault) dank des Verständnisses des dortigen sozialistischen Bürgermeisters und des Polzeikommissars. Nickolay konnte in einem Steinbruch arbeiten, Frau Zeitz bei einer Marktfrau, die Mitglied der KPF war. Die Umstände ermöglichten es, die Tochter Karin wieder zu sich zu nehmen. Eines Tages wurden Fritz und Dora verhaftet, nach stundenlangen Einzelverhören aber,

---

113 LA SB Best. LEA Nr. 2398.

wie Luitwin Bies vermutet, dank des örtlichen Polizeichefs wieder entlassen. Nachdem die Wehrmacht auch im unbesetzten Frankreich eingerückt war, trafen beide deutsche Soldaten aus ihren Heimatorten Dudweiler und Köllerbach, von denen sie erkannt, aber nicht verraten wurden. Frau Zeitz machte die Bekanntschaft eines ehemaligen Arbeitersportlers aus Mannheim, der jetzt in Narbonne (Dép. Aude) in der Feldpost-Zentrale arbeitete und für sie Koffer im Zug transportierte. Nickolay wurde im Februar 1943 von der illegalen KPD-Leitung nach Lyon (Dép. Rhône) gerufen. Nachdem Frau Zeitz eine französische Familie gefunden hatte, der sie ihre Tochter Karin anvertrauen konnte, konnte sie aktiv im Widerstand mitarbeiten. In den Jahren 1943/44 reiste sie als Kurierin im Auftrag der KP-Leitung in Lyon nach Montpellier, Béziers, Toulouse, Limoges und in das Departement Lozère und transportierte Schriften, Geld und anderes für die Maquis-Kämpfer in den Cevennen.[114] Einige Male entging sie nur durch das gut funktionierende Warnsystem der Résistance der Verhaftung. Sie gab sich in dieser Zeit als Französin aus, besaß eine auf den Namen Marie Rose Ferrier, geb. Bruno lautende *Carte d'Identité* und führte wie viele Kämpferinnen und Kämpfer im Maquis einen Decknamen, nämlich »Jaqueline«. Nach der Befreiung von Paris kehrten Nickolay und Zeitz dorthin zurück und betätigten sich in der von Otto Niebergall geleiteten Bewegung Freies Deutschland für den Westen (*Comité Allemagne Libre pour l'Ouest*, abgekürzt CALPO genannt)[115]. Sie gehört zu den wenigen saarländischen Emigrantinnen, die sich aktiv an der Résistance beteiligten.

Emigration in andere Staaten

Aus den vorstehenden biographischen Notizen ergibt sich, dass weitaus die meisten emigrierenden Männer und Frauen aus dem Köllertal Frankreich als Fluchtland bevorzugten. Die jüdischen Kaufleute **Max Hirsch** und **S. Neumark** verkauften 1935 ihre Geschäfte und zogen nach Luxemburg.[116]
Die vom Völkerbund eröffnete Möglichkeit einer Ansiedlung in Süd-

---

114 Bies (wie S. 632, Anm. 6) nennt eine Reihe der von ihr aufgesuchten Orte.
115 LA SB LEA MdI Nr. 1736.
116 Brief vom 05.03.1948 im Wiedergutmachungsakt (StadtA PÜ).

amerika[117] nutzte der aus Sellerbach stammende **Peter Dörr** (geb. 04.06.1899). Er war ein Bruder von Franz Dörr, Engelfangen, und ein Schwager von Jakob Altmeyer, Köllerbach. Er hatte zunächst auf der Grube gearbeitet, dann bis 1929 auf der Völklinger Hütte, war seit 1929 arbeitslos. Als langjähriges Mitglied der KP verlegte er im September 1935 seinen Wohnsitz nach Schwalbach, was ihm ermöglichte, zunächst unerkannt illegal arbeiten zu können. Als er erfuhr, dass zwei SA-Männer aus Schwarzenholz ihn bei der NSDAP-Kreisleitung Saarlouis wegen staatsfeindlicher Umtriebe und illegalem Grenzübertritt angezeigt hatten, floh er am 01.04.1937 nach Frankreich. Er arbeitete von 14.05.1937 bis 04.06.1938 in einem Eisenwerk in Auboué (Dép. Meurthe-et-Moselle). Als er dort von der Möglichkeit einer Ansiedlung von Saaremigranten in Paraguay erfuhr, erhoffte er sich eine Chance. Er schiffte sich am 06./07.07.1938 ein zur Fahrt in die für ihn im wahrsten Sinne des Wortes »Neue Welt«. 1951 verzog er nach Argentinien, 1959 kehrte er völlig mittellos ins Saarland zurück.[118]

Unbekannte Aufenthaltsorte

Bei den folgenden Namen von Emigranten sind in den Meldungen des Bürgermeisteramtes Püttlingen[119] Ziel- oder Aufenthaltsorte gar nicht oder nur allgemein mit »Frankreich« angegeben.

Paul Baldauf, (geb. 20.04.1901), pensionierter Bergmann, Vorstandsmitglied der BAV-Zahlstelle Püttlingen, verheiratet, bisher wohnhaft Püttlingen, Schlebachstraße
Hans Baldes, (geb. 08.10.1908), Bergmann, mit Ehefrau, KP
Johann Becker, (geb. 07.04.1890) Kassierer, an anderer Stelle »Krankenkassenangestellter«, Kriechingerstraße, verheiratet, mit Sohn

---

117 Andere Beispiele für die Aufnahme von Saaremigranten in Südamerika bei Paul/Mallmann, Milieus und Widerstand, S. 257 u. 603, Anm. 30 mit Hinweis auf weitere Literatur, vgl. auch Herrmann, Emigranten, S. 376-378.
118 LA SB LEA Nr. 8901.
119 Meldungen vom 19. u. 21.01. u. 22.03.1935 (LA SB LRA SB Nr. 331, S. 88 u. 460ff. u. Nr. 998).

Hildebrand Becker (geb. 31.10.1912), ledig, Bergmann, beide SP-Mitglieder
Karl Becker (geb. 23.04.1911), ledig, Buchhalter, SP-Mitglied
Nikolaus Blank (geb. 11.05.1905) Bergmann, SP-Mitglied
Blaß, Johann (geb. in Hülzweiler), Schneider, SP
Johann Dörr (geb. 10.01.1886), Steiger, SWV
Oskar Faust, Köllerbach, SP[120]
Josef Fecht (geb. 24.04.1904 in Güchenbach), wohnhaft Püttlingen, Hohbergstraße, Bergmann, seit 1933 erwerbslos, KP[121]
Josef Heib (geb. 22.06.1877 in Altenkessel), verheiratet, Pensionär und Heringshändler, SP[122]
Adolf Karrenbauer, erwerbslos, Kreuzbergstraße, schon vor dem 21.01.1935
Johann Krames, Köllerbach, Bergmann, erwerbslos, KP[123]
Jakob Leick (geb. 23.07.1892), Bergmann, verheiratet, Espenstraße, SWV
Albin Maaser (geb. 15.08.1901 Horstermark), Bergmann mit Ehefrau und zwei Kindern
Jakob Mathis, Köllerbach, Bergmann, erwerbslos, KP[124]
Johann Meiser, Engelfangen, SP-Mitglied
Emil Meyer (geb. 29.11.1914), Schneider, ledig, SP-Mitglied
Josef Pech (geb. 20.03.1902), Bergmann, SWV
Wilhelm Pohl (geb. 01.03.1902 in Elm), Bergmann, wohnhaft Köllerbach, mit Ehefrau Elisabeth, geb. Jacoby, und Sohn Wilhelm (geb. 1933)
Matthias Reisdorf, Engelfangen, Bergmann, erwerbslos, SWV[125]
Josef Scherer (geb. 13.05.1914), Bergmann, ledig, wohnhaft Hengstwaldstraße, schon vor dem 19.01.1935, SWV.
Matthias Scherer (geb. 14.09.1895 in Hüttersdorf), Bergmann, SWV mit Ehefrau und 2 Kindern

---

120 Meldung des Bürgermeisters von Sellerbach vom 18.01.1935 (LA SB LRA SB Nr. 331, S. 79).
121 Meldung des Landjägeramtes vom 28.01.1935 (LA SB LRA SB Nr. 998).
122 Bericht des Landjägeramtes Püttlingen (LA SB LRA SB Nr. 331, S. S. 88).
123 Meldung des Bürgermeisters von Sellerbach/Riegelsberg vom 21.01.1935 (LA SB LRA SB Nr. 998)
124 Ebenda.
125 Ebenda.

Leo Schwindling, Mitglied des Arbeitersamariterbundes.[126]
Jakob Stöcker (geb. 20.04.1892 Grevenbroich?), Steiger, Ritterstraße, SWV.
Johann Thiel (geb. 24.02.1912 in Hühnerfeld), Bergmann, SWV, mit Ehefrau und zwei Kindern.
Nikolaus Weyand (geb. 14.05.1885), Wächter, mit Ehefrau und zwei Kindern.
Albert Zahler (geb. 20.04.1892), Bergmann, ledig.

Heimkehr

Die Besetzung des Saarlandes durch US-Truppen eröffnete nicht sogleich die Rückkehr in die alte Heimat. Es dauerte noch einige Wochen nach dem Waffenstillstand, bis eine legale Einreise aus Frankreich möglich wurde. Im Auftrag des Komités (CALPO) hielten Nickolay und Zeitz sich bei Kriegsende im deutsch-französischen Grenzgebiet auf, um die illegale Heimreise von Parteifreunden zu organisieren.[127] Einige Püttlinger Familien blieben in Frankreich.[128]
In den meisten Fällen hatten die emigrierenden Familien nur das Nötigste mitnehmen können, selten hatten sie einen Teil des Mobiliars verkaufen, noch seltener Haus- und Grundbesitz veräußern können, weil die Zeit bis zur Übernahme der Verwaltung durch deutsche Behörden dafür zu knapp war. Hausrat und Möbel, die nicht bei vertrauenswürdigen Bekannten oder Verwandten untergestellt werden konnten, wurden von den Behörden beschlagnahmt und teilweise zwangsversteigert. In der Regel fanden die nach Kriegsende Heimkehrenden von ihrer ehemaligen Habe nichts oder nur noch wenig vor. Bei der allgemeinen Verknappung in der frühen Nachkriegszeit taten sie sich schwer mit der Wieder- oder Neubeschaffung.[129] Die Zuweisung von

---

126 Mitteilung von Herrn René Scholtes am 26.08.2005.
127 Bies, Dora Zeitz.
128 Vgl. die Angaben zu Nikolaus Baldauf, Werner Becker, Sohn von Jakob Faust, Erich Max Müller, Peter Scherer, Alfred Scholtes, Peter Schwarz, Richard Schwarz.
129 Dazu einige Angaben über die Rückkehr von Thomas Blanc in LA SB LEA Nr. 6053.

Wohnraum, mitunter durch Beschlagnahme von Besitz exponierter Nationalsozialisten, rief lange Zeit andauernde Animositäten hervor. Anspruch auf den Arbeitsplatz vor der Emigration bestand nicht. Nur wenige derjenigen, die im Abstimmungskampf und danach ihre Existenz aufs Spiel gesetzt hatten, wurden wie Paul Baldauf,[130] Jacques Becker,[131] Thomas Blanc[132] und Jakob Schackmann[133] im öffentlichen Dienst eingestellt.

Im politischen Leben der frühen Nachkriegszeit engagierten sich nur wenige. Jacques Becker schloss sich dem Mouvement de la Libération de la Sarre (MLS) an, aus dem das MRS, eine den politischen Anschluss des Saarlandes an Frankreich befürwortenden Bewegung, hervorging. Nach dem Referendum vom 23.10.1955 verlegte er seinen Wohnsitz nach Frankreich.

Dora Zeitz wohnte seit Juni 1945 mit Fritz Nickolay in Dudweiler und befasste sich mit der Reorganisation der KP. Nickolay wurde zum Vorsitzenden der KPD/Saar gewählt und gehörte auch der 1947 berufenen Verfassungskommission an. Etwa um diese Zeit trennte er sich von Frau Zeitz. Auf Empfehlung ihrer Genossen übersiedelte sie in die Sowjetische Besatzungszone. Seit November 1947 lebte sie in Dresden, Sie bekleidete dort verschiedene Ämter, zuletzt an der Hochschule für Verkehrswesen, sie starb am 02.05.1980.[134]

Offene Fragen

Es liegt an der Lückenhaftigkeit der Erhaltung einschlägiger Quellen aus der NS-Zeit und an der eingeschränkten Zugänglichkeit von Akten aus der frühen Nachkriegszeit, dass die vorstehende Auflistung emigrierter Männer und Frauen aus dem Bereich der heutigen Stadt Püttlingen unvollständig ist und dass die Nachrichten über ihr Schick-

---

130 Im Sozialamt tätig.
131 Begleitete verschiedene Posten im öffentlichen Dienst, zuletzt als Leiter der saarländischen Grenzpolizei.
132 Handbuch der Emigration, Bd. 1
133 Leiter des Ernährungs- und Wirtschaftsamtes in Püttlingen, sein Sohn Josef war 1948 bei der saarländischen Gendarmerie tätig.
134 Bies, Dora Zeitz.

sal im Exil und die sich für sie aus der Emigration ergebenden Folgen meist nur knapp gehalten sind.

Spärlich sind die Nachrichten über die ehemals in Püttlingen ansässigen Juden. Von den Kaufleuten Hirsch und Neukam ist die Abwanderung nach Luxemburg, von Frau Baer nach Lothringen bekannt. Nachrichten über ihre dortigen Schicksale und das der anderen Püttlinger Juden fehlen. Keiner der ehemals in Püttlingen ansässigen Juden hat bei saarländischen Behörden einen Wiedergutmachungsantrag gestellt. Ihre Namen finden sich nicht in dem vom Bundesarchiv publizierten Gedenkbuch der Bürger jüdischen Glaubens,[135] das mag mit dessen Unvollständigkeit erklärt werden oder auch damit, dass die betreffenden Frauen und Männer außerhalb der Reichsgrenzen, vornehmlich in den besetzten westeuropäischen Staaten in den Zugriff der NS-Machthaber gerieten. Vermutlich sind sie im Exil verstorben oder Opfer des Holocaust geworden.

---

135 Opfer der Verfolgung der Juden unter der nationalsozialistischen Gewaltherrschaft in Deutschland 1933-1945, 2 Bde., bearbeitet vom Bundesarchiv Koblenz und dem Internationalen Suchdienst Arolsen, Frankfurt/Main 1986.

Abkürzungen

AA	Auswärtiges Amt der Reichsregierung
Abg.	Abgeordnete(r)
ADGB	Allgemeiner Deutscher Gewerkschaftsbund
AG	Arbeitsgemeinschaft
AOK	Allgemeine Ortskrankenkasse
BAV	Bergarbeiterverband, Verband der Bergbauindustriearbeiter
Bd.	Bund
BdF	Bund der Frontsoldaten
BDM	Bund Deutscher Mädel
Bedsab.	Berufsverband der saarländischen Bergbauangestellten
Best.	Bestand
Bf.	Bischof
BgmR	Bürgermeistereirat
BK	Bekennende Kirche
CALPO	Comité »Allemagne Libre« pour l´Ouest
CGT	Confédération Générale du Travail
Chr-Soz.	Christlich-Soziale Partei
CMV	Christlicher Metallarbeiterverband
DAF	Deutsche Arbeitsfront
DC	Glaubensbewegung Deutsche Christen
DDP	Deutsche Demokratische Partei
Dep.	Depositum
Dép.	Département
DF	Deutsche Front
DHV	Deutschnationaler Handlungsgehilfenverband
DJK	Deutsche Jugend Kraft
DKOV	Deutsche Kriegsopferversorgung des Saargebiets
DMV	Deutscher Metallarbeiterverband
DNVP	Deutschnationale Volkspartei
DRK	Deutsches Rotes Kreuz
DSP	Deutsche Staatspartei
DSVP	Deutsch-Saarländische Volkspartei
DT	Deutsche Turnerschaft
DWP	Deutsche Wirtschaftspartei
F.	Frankreich

FFI	Forces Françaises de l'Intérieur
GCB	Gewerkverein Christlicher Bergleute
GdeR	Gemeinderat
Gdevorst.	Gemeindevorsteher
Gestapo	Geheime Staatspolizei
Gewerksch.	Gewerkschafter
HJ	Hitlerjugend
HW	Hauptwahl
IMI	Italienische Militär-Internierte
JV	Jungvolk
KdF	Kraft durch Freude, Ferien- und Freizeitwerk der Deutschen Arbeitsfront
KJVD	Kommunistischer Jugendverband Deutschlands
kom.	kommissarisch
KP	Kommunistische Partei
KPD	Kommunistische Partei Deutschlands
KPF	Kommunistische Partei Frankreichs
KP – O	Kommunistische Partei – Opposition
KHWH	Kriegswinterhilfswerk
LA	Landesarchiv
LandesR	Landesrat
LEA	Landesentschädigungsamt
LHA	Landeshauptarchiv
LRA	Landratsamt
MdI, MI	Ministerium des Innern
MdR	Mitglied des Reichstages
MLS	Mouvement pour la Libération de la Sarre
MRS	Mouvement pour le Rattachement de la Sarre à la France
NSDAP	Nationalsozialistische Deutsche Arbeiterpartei
NSDFB	Deutscher Frontkämpferbund
NSFK	Nationalsozialistisches Fliegerkorps
NSKK	Nationalsozialistisches Kraftfahrerkorps
NSKOB	Nationalsozialistischer Kriegsopferbund
NSLB	Nationalsozialistischer Lehrerbund
NSRL	Nationalsozialistischer Reichsbund für Leibesübungen
NSV	Nationalsozialistische Volkswohlfahrt
OFD	Oberfinanzdirektion

OKW	Oberkommando der Wehrmacht
OLG	Oberlandesgericht
OSR	Oberster Säuberungsrat
ÖTV	Öffentlicher Dienst, Transport und Verkehr
Pg.	Parteigenosse, Mitglied der NSDAP
Präs.	Präsident
PÜ	Püttlingen
R	Rat, -rat
Reko	Regierungskommission des Saargebiets
RFB	Rotfrontkämpferbund
RfL	Reichsbund für Leibesübungen
RFSS	Reichsführer SS
RFU	Rückführungsunterstützung ?
RGO	Revolutionäre Gewerkschaftsorganisation
RLB	Reichsluftschutzbund
RMBl.	Reichsministerialblatt
SA	Sturmabteilung
Saarbd.	Saarbund
SAJ	Sozialistische Arbeiterjugend
SAP	Sozialistische Arbeiterpartei
SB	Saarbrücken
SD	Sicherheitsdienst des Reichsführers SS
SLS	Sozialdemokratische Landespartei Saar
SP	Sozialdemokratische Partei
SPD	Sozialdemokratische Partei Deutschlands
SPS	Sozialdemokratische Partei Saar
SS	Schutzstaffel
SSB	Sozialistischer Schutzbund
SSP	Saarländische Sozialistische Partei
StadtA	Stadtarchiv
StKpolS	Staatskommissar für politische Säuberung
StW	Stichwahl
SWV	Saarländische Wirtschaftsvereinigung
ULF	Unserer Lieben Frau
USPD	Unabhängige Sozialdemokratische Partei Deutschlands
V-Mann	Vertrauensmann
Vbd.	Verband
Ver.	Verein

VH+L   Vereinigung von Hausbesitz und Landwirtschaft
VHS   Volkshochschule
VKPD   Vereinigte Komunistische Partei Deutschlands
vorl   vorläufig(e)
Vors.   Vorsitzender
Vorst.   Vorsteher
VVN   Vereinigung der Verfolgten des Naziregimes
WHW   Winterhilfswerk
ZGSaargegend Zeitschrift für die Geschichte der Saargegend
ZK   Zentralkomité

Archivalische Quellen

Landesarchiv Saarbrücken (LA SB)
Bestände: Generalstaatsanwalt
           Landratsamt Saarbrücken
           Landesentschädigungsamt
           Ministerium des Innern
           Oberfinanzdirektion Bergbeamte
           Staatskommissar für politische Säuberung
           Stapo-Stelle Saarbrücken
           Parteidrucksachen
           Plakatsammlung
           Nachlaß Rug
           Nachlaß Schmelzer
           Depositum Riegelsberg
           Depositum Saarbergwerke

Stadtarchiv Püttlingen (StadtA PÜ)

Stadtarchiv Saarbrücken   Best. Zeitungen

Stadtarchiv Völklingen   Best. Zeitungen

Amtliche Drucksachen

Amtsblatt der Regierungskommission des Saargebietes
Amtsblatt des Saarlandes
Amtshandbuch Saarpfalz 1937
Einwohnerbuch der Stadt und des Landkreises Saarbrücken, Jahrgänge 1938 und 1939.
Reichsgesetzblatt
Saarbrücker Kreisblatt

Literatur

»ALS DER KRIEG ÜBER UNS GEKOMMEN WAR«. Die Saarregion und der Erste Weltkrieg. Katalog zur Ausstellung des Regionalgeschichtlichen Museums im Saarbrücker Schloß, Saarbrücken 1993.

ALTMEYER, Günter und ALTMEYER, Maria, Einwohnerbuch Püttlingen 1868 – 1910 (Mitteilungen der Arbeitsgemeinschaft für Saarländische Familienkunde e.V. 46. Sonderband), Saarbrücken 2004.,

ALTMEYER, Klaus, Saardiözese und Evangelische Landeskirche des Saarlandes ? Versuche zur Verselbständigung der Kirchen an der Saar nach den beiden Weltkriegen, in: DIE EVANGELISCHE KIRCHE AN DER SAAR S. 261-278.

BÄR, Max, Die Behördenverfassung der Rheinprovinz seit 1815, Bonn 1919, 2.Nachdruck Düsseldorf 1998.

BALTES, Peter, Hitlers Alte Garde an der Saar, in: KAMPF UM DIE SAAR S.420-428.

BARTZ, Karl, Weltgeschichte an der Saar, Neustadt a.d. Hdt. – Heidelberg 1935.

BIES, Luitwin, Klassenkampf an der Saar 1919-1935. Die KPD im Saargebiet im Ringen um die soziale und nationale Befreiung des Volkes, Frankfurt am Main 1978.

BIES, Luitwin, Aktiv im Widerstand. Dora Zeitz – eine Frau aus dem Köllertal, Püttlingen 1998.

BIES , Luitwin, Sie machten Gebrauch von ihrem Kopf und riskierten ihn. Maria Lobe, Ernst Pistorius und Theo Sehn in ihrem mutigen Kampf gegen die Nazis, Püttlingen 2002.

BIES, Luitwin, Widerstand an der Grenze. Des deux côtés d'une frontière. Saarländer und Lothringer gegen den Faschismus. Sarrois et Lorrains contre le fascisme 1933-1945, Saarbrücken 2002.

BIES, Luitwin, / BERNARD, Horst [Hgg.], Saarländerinnen gegen die Nazis. Verfolgt – vertrieben – ermordet, Saarbrücken 2004.

BIES, Luitwin – BERNARD, Horst (Hgg.) Für den Sturz des Naziregimes. Widerstand und Verfolgung von saarländischen Antifaschisten. Erinnerungen – biographische Skizzen – Dokumente, Saarbrücken 2007 (erst nach Abschluß meines Manuskriptes erschienen, konnte daher nicht mehr eingearbeitet werden).

BIOGRAPHISCHES HANDBUCH DER DEUTSCHSPRACHIGEN EMIGRATION NACH 1933, hg. vom Institut für Zeitgeschichte und von der Research Foundation for Jewish Emigration, München – New York-Paris 1980 – 1983.

BOST, Reinhold, Bartholomäus Koßmann. Gewerkschaftler – Politiker 1883-1952, Blieskastel 2002.

BREINING, Hans, Die Püttlinger 4 Jahreszeiten. Erzählungen, Berichte und Gedichte aus dem Köllertal, bearbeitet von Luise Reifarth, Püttlingen 1998, 3 Bde.

CONRAD, Joachim, Evangelisches Leben in Walpershofen. Festschrift zum 75jährigen Bestehen der evangelischen Kirche (=Veröffentlichungen des Presbyteriums der Kirchengemeinde Kölln Bd. 6), Püttlingen 2004.

CONRAD, Joachim [Hg.], Karl Ludwig Rug (1901-1985). Vorträge – Reden – Predigten aus dem Jubeljahr 1901, Püttlingen 2001 (=Beiträge zur Geschichte des Köllertales Bd. 10).

DER KAMPF UM DIE ZUKUNFT DES SAARGEBIETES 1934/1935. Das Einheitsfrontabkommen der KPD und SPD im Saargebiet vom 2. Juli 1934 zum gemeinsamen Kampf gegen den Hitlerfaschismus. Kolloquium der Sektion Geschichte der Humboldt-Universität zu Berlin 21. Juni 1984, Berlin 1984.

DIE EVANGELISCHE KIRCHE AN DER SAAR – GESTERN UND HEUTE, herausgegeben von den Kirchenkreisen Ottweiler, Saarbrücken und Völklingen der Evangelischen Kirche im Rheinland, Schriftleitung: Helmut FRANZ und Hans-Walter HERRMANN, Saarbrücken 1975.

DOKUMENTATION ZUR GESCHICHTE DER JÜDISCHEN BEVÖLKERUNG IN RHEINLAND-PFALZ UND IM SAARLAND VON 1800-1945, herausgegeben von der Landesarchivverwaltung Rheinland-Pfalz in

Verbindung mit dem Landesarchiv Saarbrücken, 9 Bde., Koblenz 1972-1987.

DOSTERT, Edwin, Sozialdemokraten in Püttlingen., in: 50 Jahre SPD Ortsverein Püttlingen - Festschrift, Püttlingen 1972 (unpaginiert).

ERINNERUNGSARBEIT: DIE SAAR ´33 - ´35. AUSSTELLUNG ZUR 50JÄHRIGEN WIEDERKEHR DER SAARABSTIMMUNG VOM 13. JANUAR 1935, veranstaltet von der Universität des Saarlandes Fachgebiete Landesgeschichte und Geschichtsdidaktik in Verbindung mit der Landeshauptstadt Saarbrücken Stadtgalerie, Herausgeber: Richard van DÜLMEN, Jürgen HANNIG, Ludwig LINSMAYER, St.Ingbert 1985.

FESTSCHRIFT zum 75jährigen Bestehen des SPD-Ortsvereins Köllerbach, Hg.: SPD-OV Köllerbach 1994.

GESTIER, Markus, Die christlichen Parteien an der Saar und ihr Verhältnis zum deutschen Nationalstaat in den Abstimmungskämpfen 1935 und 1955, St. Ingbert 1991.

GESTIER, Markus, »Christuskreuz oder Hakenkreuz«- Die katholische Opposition gegen Hitler im Saarabstimmungskampf 1933/35, in: ZGSaargegend 40 (1992) S. 154-188.

GILCHER, Sigurd, Aus der Arbeiterbewegung entstandene Vereinigungen, in: Festschrift zum 75jährigen Bestehen des SPD-Ortsvereins Köllerbach S. 75-82.

GROSS, Hermann, Die saarländische Landwirtschaft, in: KAMPF UM DIE SAAR, S.217-266.

HANDBUCH DES BISTUMS TRIER, 20. Ausgabe, Trier 1952.

HAUPERT, Bernhard - SCHÄFER, Franz – Josef, Saarländischer katholischer Klerus zwischen Anpassung und Widerstand 1933-1935. Studie zum politischen Verständnis und Handeln des katholischen Klerus, in: ZGSaargegend 46 (1998) S.99-157.

HEIMATGESCHICHTLICHER WEGWEISER zu Stätten des Widerstandes und der Verfolgung 1933-1945. Band 4: Saarland, hg. vom Studienkreis zur Erforschung und Vermittlung der Geschichte des deutschen Widerstandes 1933-1945, vom Bundesvorstand und vom Landesverband Saar der Vereinigung der Verfolgten des Naziregimes/Bund der Antifaschisten, Autor: Hermann Volk, Köln 1990.

HEINZ, Joachim, Zum Abstimmungskampf an der Saar 1933-1935, in: ZGSaargegend 38/39 (1990/91) S.118-137.

HEINZ, Joachim, Zwischen Widerstand und Anpassung. Freie und

Christliche Gewerkschaften an der Saar im Abstimmungskampf 1933-1935, in: Saarbrücker Bergmannskalender 1993 S.293-303.

HEINZ, Joachim, »..der Arbeiter ist beinahe vogelfrei«. Zur Geschichte der ÖTV Saar im 20. Jahrhundert von den Anfängen bis zur Neustrukturierung im Dienstleistungsbereich, Merzig 1999.

HEISS, Friedrich, Das Saarbuch. Schicksal einer deutschen Landschaft, Berlin 1.Auflage 1934, 2. veränderte Auflage (mit Volksabstimmungsteil) 1935.

HERRMANN, Hans-Christian, Sozialer Besitzstand und gescheiterte Sozialpartnerschaft. Sozialpolitik und Gewerkschaften im Saarland 1945 bis 1955, Saarbrücken 1996.

HERRMANN, Hans-Christian, Entwicklungsbedingungen gewerkschaftlicher Interessenvertretung im Kontext der besonderen politischen Verhältnisse im Saarrevier nach dem Ersten und Zweiten Weltkrieg, in: HERRMANN / HUDEMANN/ KELL S.301-332.

HERRMANN, Hans-Walter, Das Schicksal der Juden im Saarland 1920-1945, in: DOKUMENTATION ZUR GESCHICHTE DER JÜDISCHEN BEVÖLKERUNG IN RHEINLAND-PFALZ UND IM SAARLAND VON 1800-1945, Bd. 6, Koblenz 1974.

HERRMANN, Hans-Walter, Beiträge zur Geschichte der saarländischen Emigration 1935-1939, in: Jahrbuch für westdeutsche Landesgeschichte 4(1978) S.357-412.

HERRMANN, Hans-Walter, Die Freimachung der Roten Zone 1939/1940. Ablauf und Quellenlage, in: ZGSaargegend 32 (1984) S.64-89.

HERRMANN, Hans-Walter, Die beiden Saar-Synoden im Kirchenkampf, in: Günther van NORDEN [HG.], Zwischen Bekennen und Anpassen. Aufsätze zum Kirchenkampf in rheinischen Gemeinden, Köln 1985, S.462-478 (Schriftenreihe des Vereins für rheinische Kirchengeschichte 84).

HERRMANN, Hans-Walter, Karl Ludwig Rug (1901-1985) –Leben und Werk, in: CONRAD, Joachim [Hg.] Karl Ludwig Rug S.18-27.

HERRMANN, Hans-Walter, Georg Altmeyer Emigration und familiäres Schicksal, in: Linsmayer, Ludwig [Hg.], Der 13. Januar S.290-301.

HERRMANN, Hans-Walter [Hg.], Widerstand und Verweigerung im Saarland 1935-1945, 3 Bde., Bonn 1989 – 1995.

HERRMANN, Hans-Walter / HUDEMANN, Rainer, KELL, Eva [Hgg.],

Forschungsaufgabe Industriekultur. Die Saarregion im Vergleich, Saarbrücken 2004.

INVENTAR DER QUELLEN ZUR GESCHICHTE DER JÜDISCHEN BEVÖLKERUNG IN RHEINLAND-PFALZ UND IM SAARLAND VON 1800/1815 – 1945. Eine Gemeinschaftsarbeit hg. von der Landesarchivverwaltung Rheinland-Pfalz in Verbindung mit dem Landesarchiv Saarbrücken, Koblenz 1982 (= Veröffentlichungen der Landesarchivverwaltung Rheinland-Pfalz Bd. 20,1-4).

JACOBY, Fritz, Die nationalsozialistische Herrschaftsübernahme an der Saar. Die innenpolitischen Probleme der Rückgliederung des Saargebietes bis 1935, Saarbrücken 1973 (Veröffentlichungen der Kommission für saarländische Landesgeschichte und Volksforschung VI).

75 JAHRE SPD IN RIEGELSBERG. Eine Chronik. Arbeiterbewegung und Sozialdemokratie in Riegelsberg, Jubiläumsschrift zur Gründung des ersten SPD-Ortsvereins in Riegelsberg vor 75 Jahren, Riegelsberg 1993.

KAMPF UM DIE SAAR, unter Mitarbeit der Staatsräte Spaniol und Simon und der berufensten Führer und Sachkenner des Saargebietes im Kampf um seine Rückgliederung zum Reich, Stuttgart – Berlin 1934.

KATZENMAIER, Schwester Theodolinde OSB, Ein Stück Lebensgeschichte: Vom KZ ins Kloster, St.Ottilien 1996.

KLEIN, Karl, Geschichten aus Herchenbach (Manuskript)

KOPISCHKE, Hans Walter – JANSON, Karl Heinz, 150 Jahre Buchschachen – ein Riegelsberger Ortsteil und seine Geschichte, Festschrift, Riegelsberg 2007.

KRÄMER, Hans-Henning / PLETTENBERG, Inge, Feind schafft mit..., Ausländische Arbeitskräfte im Saarland während des Zweiten Weltkriegs, Ottweiler 1992.

KÜHN, Hans-Joachim, Arbeiterbewegung und Sozialdemokratie im mittleren Köllertal, in: Festschrift zum 75jährigen Bestehen des SPD-Ortsvereins Köllerbach S.17-40

KÜHN, Hans-Joachim, Dokumente, in: Festschrift zum 75jährigen Bestehen des SPD-Ortsvereins Köllerbach S. 83-96.

KÜHN, Hans-Joachim / BRIEL, Ursula / DOMMERMUTH, Hans, Nationalsozialismus im Köllertal. Katalog zur Ausstellung der

Geschichtswerkstatt Püttlingen der Volkshochschule des Stadtverbandes Saarbrücken, Saarbrücken 1990.

KUNKEL, Ernst, »Für Deutschland – gegen Hitler«. Die Sozialdemokratische Partei des Saargebietes im Abstimmungskampf 1933/1935, o.O. o.J [1985].

LEMMES, Fabian, Zwangsarbeit in Saarbrücken. Ausländische Zivilarbeiter und Kriegsgefangene 1940-1945, St. Ingbert 2004.

LEMPERT, Peter, »Das Saarland den Saarländern!«. Die frankophilen Bestrebungen im Saargebiet 1918-1935, Köln 1985.

LERMEN, Peter, Die Geschichte der Pfarrei Unserer Lieben Frau (Püttlingen) im Kriege, bearbeitet von Hans-Joachim Kühn und Norbert Scherer, Püttlingen 1988 (= Beiträge zur Geschichte des Köllertals 1).

LEXIKON ZUR PARTEIENGESCHICHTE. Die bürgerlichen und kleinbürgerlichen Parteien und Verbände in Deutschland (1789 – 1945), hg. von Dieter Fricke u.a., Köln 1983ff.

LINSMAYER, Ludwig, Politische Kultur im Saargebiet 1920-1932. Symbolische Politik, verhinderte Demokratisierung, nationalisiertes Kulturleben in einer abgetrennten Region, St.Ingbert 1992.

LINSMAYER, Ludwig [Hg.], Der 13. Januar. Die Saar im Brennpunkt der Geschichte, Saarbrücken 2005 (=Echolot. Historische Beiträge des Landesarchivs Saarbrücken Bd.1).

MAIER, Franz, Biographisches Organisationshandbuch der NSDAP und ihrer Gliederungen im Gebiet des heutigen Landes Rheinland-Pfalz, Mainz 2007 (bezieht Saarland mit ein).

MALLMANN, Klaus-Michael / PAUL, Gerhard, Das zersplitterte Nein. Saarländer gegen Hitler, Bonn 1989 (= Widerstand und Verweigerung im Saarland 1933 –1945 Bd.1).

MALLMANN, Klaus-Michael / PAUL, Gerhard, Herrschaft und Alltag. Ein Industrierevier im Dritten Reich, Bonn 1991 (=Widerstand und Verweigerung im Saarland 1935-1945 Bd. 2)

MALLMANN, Klaus-Michael / PAUL, Gerhard, Resistenz oder loyale Widerwilligkeit. Anmerkungen zu einem umstrittenen Begriff, in: Zeitschrift für Geschichtswissenschaft 41 (1993) S.99-116.

MALLMANN, Klaus-Michael / PAUL, Gerhard, Allwissend, allmächtig, allgegenwärtig ? Gestapo, Gesellschaft und Widerstand, in::Zeitschrift für Geschichtswissenschaft 41 (1993) S. 984-999.

MALLMANN, Klaus-Michael / STEFFENS Horst, Lohn der Mühen. Geschichte der Bergarbeiter an der Saar, München 1989.
MICHALIK, Hans-Ulrich, Saarsängerbund und Arbeitersängerbund im Saargebiet 1919-1935, in: Jahrbuch für westdeutsche Landesgeschichte 16(1990) S.381-398.
MÜHLEN, Patrik von zur, »Schlagt Hitler an der Saar!« Abstimmungskampf, Emigration und Widerstand im Saargebiet 1933-1935, Bonn 1979 (=Politik und Gesellschaftsgeschichte Band 7).
MUSKALLA. Dieter, NS-Politik an der Saar unter Josef Bürckel. Gleichschaltung – Neuordnung – Verwaltung, Saarbrücken 1995 (=Veröffentlichungen der Kommission für Saarländische Landesgeschichte und Volksforschung 25).
ORTSCHRONIK ALTENKESSEL, hg.vom heimatgeschichtlichen Arbeitskreis Altenkessel in der VHS, Schwalbach [1999]
ORTSCHRONIK RIEGELSBERG. Entstehung und Entwicklung einer modernen Wohngemeinde, hg. von der Gemeinde Riegelsberg, Riegelsberg 1980.
PAUL, Gerhard, »Deutsche Mutter – heim zu Dir!«. Warum es mißlang, Hitler an der Saar zu schlagen. Der Saarkampf 1933 bis 1935, Köln 1984.
PAUL, Gerhard, Die NSDAP des Saargebietes 1920-1935. Der verspätete Aufstieg der NSDAP in der katholisch-proletarischen Provinz, Saarbrücken 1987.
PAUL, Gerhard, Max Braun. Eine politische Biographie, St. Ingbert 1987.
PAUL, Gerhard, Ungehorsame Soldaten. Dissens, Verweigerung und Widerstand deutscher Soldaten (1939-1945), St. Ingbert 1994.
PAUL, Gerhard / MALLMANN, Klaus-Michael, Milieus und Widerstand. Eine Verhaltensgeschichte der Gesellschaft im Nationalsozialismus, Bonn 1995 (= Widerstand und Verweigerung im Saarland 1935-1945 Band 3).
PFARRGESCHICHTE DER PFARREI ST.SEBASTIAN PÜTTLINGEN, hg.anläßlich des 50jährigen Jubiläums der neuen Pfarrkirche St.Sebastian im Oktober1959, Püttlingen 1959.
REHANEK, Rudolf / KÖNIG, Hans, Sieg an der Saar. Die Saarabstimmung in Wort und Bild, Saarbrücken 1935.
RICHTIG DAHEIM WAREN WIR NIE. Entdeckungsreisen im Saarrevier 1815-1955, hg. von MALLMANN, Klaus-Michael, PAUL, Gerhard,

SCHOCK, Ralph, KLIMMT, Reinhard, Bonn 2. Aufl. 1995.
SCHNEIDER, Dieter Marc, Saarpolitik und Exil 1933-1955, in: Vierteljahresblätter für Zeitgeschichte 25 (1977) S.467-545.
SCHOMMER, Volkmar, Bewegte Jahre. Das Haustadter Tal während der NS-Zeit, Band I: Die Vorkriegsjahre, Merzig 1994.
SEIBOLD, Gerhard, Röchling – Kontinuität im Wandel, Stuttgart 2001.
SEIDEL Hans-Christoph, Zwangsarbeit und Ausländerbeschäftigung im Steinkohlenbergbau an Ruhr und Saar während des Zweiten Weltkrieges, in: HERRMANN / HUDEMANN/ KELL S.211-230.
SEIFERT, Maria, Ortschronik Riegelsberg. Fortschreibung 50 Jahre Gemeinde Riegelsberg. Strukturen, Entwicklungen, Hintergründe, Riegelsberg 1993.
SPERLING, Paul, Die Geschichte des Püttlinger Bergbaus, 2 Bde., Püttlingen 2004 (= Beiträge zur Geschichte des Köllertales 11).
SPERLING, Paul / MÜLLER, Michael, Die Kriegsereignisse 1939 – 1945 im Raum Püttlingen – Köllerbach, Püttlingen 1998 (=Beiträge zur Geschichte des Köllertals 7).
VOLK, Hermann siehe HEIMATGESCHICHTLICHER WEGWEISER
WEGNER, Alexander von, Die »Saarländische Sphinx«. Zur Interpretation der Saarabstimmung 1935, in: Jahrbuch für westdeutsche Landesgeschichte 20(1994) S.273-318.
WESTHOFF, Hans, Recht und Verwaltung im Saargebiet, Trier 1934.
ZEHN STATT TAUSEND JAHRE. Die Zeit des Nationalsozialismus an der Saar (1935-1945). Katalog zur Ausstellung des regionalgeschichtlichen Museums im Saarbrücker Schloss, Saarbrücken 1988.
ZENNER, Maria, Parteien und Politik im Saargebiet unter dem Völkerbundsregime 1920-1935, Saarbrücken 1966.

Weiterführende Literatur zu einzelnen Themen und Personen ist in den betreffenden Anmerkungen bibliographiert.

Interviewpartner

* Altmeyer, Maria
Altmeyer, Maria und Günter
* Baltes, Elisabeth

Dörr, Familie Alban -
Faas, Walter
Hertel, Ruth geb. Pistorius
* Katzenmaier, Katharina, Sr. Theodolinde (OSB) bei Aufenthalt in Püttlingen
Klein, Heinz, Herchenbach
Klein, Karl, Herchenbach
Klein, Werner Ludwig , Riegelsberg
* Konrad, Helene, Püttlingen
* Pistorius, Dr. Joseph, Püttlingen
* Schäfer, Irene, Püttlingen
* Scherer, Dr. Norbert und Ehefrau Gertrud, Püttlingen am 18.11.und 25.11.1996
* Scholtes, Anna Maria, Püttlingen am 27.08.1997
* Wupper, Maria Magdalena, Püttlingen am 28.11.1996.

Die Gespräche mit den mit * bezeichneten Interviewpartnern wurden unter Beteiligung oder allein von Frau Gerhild Krebs M.A. geführt.

Abbildungsnachweis

Landesarchiv Saarbrücken: Abb. Nr.7-9, 11.
Stadtarchiv Püttlingen: Abb. 1, 2, 4-6, 10, 12, 14, 20-26, 29, 32-34, 36, 39, 41, 42, 44, 46, 49.
Privatbesitz: Abb. 19, 20, 37, 38, 40, 45, 50, 52-54.
Aus vorstehend zitierter Literatur:
CONRAD, Ev. Leben: Abb. 43.
ERINNERUNGSARBEIT: Abb. 28.
HEISS, Saarbuch 2. Auflage: Abb.17, 18, 27.
KATZENMAIER: Abb.51.
ORTSCHRONIK RIEGELSBERG: Abb. 3, 35.
RICHTIG DAHEIM: Abb.15, 16, 31.

Personenregister

Vorbemerkung:
Soweit die in den von mir genutzten Quellen vorkommenden Personennamen von Berichterstattern geschrieben und nicht unter Vorlage von Personalausweis zu Protokoll genommen wurden, ist ihre Orthographie nicht immer zuverlässig., vornehmlich bei Konsonanten, nur gelegentlich habe ich die Variante vermerkt. Eine Feststellung der exakten Schreibweise war nicht möglich, weil die großen personenbezogenen Dateien, z.B. Melderegister, Einwohnerkartekartei, mir aus datenschutzrechtlichen Gründen gar nicht zugänglich und personenbezogene Einzelakten, denen sich Vornamen, Lebensdaten, Verwandschaftsverhältnisse, genauer Wohnort entnehmen ließen und die eine Identifizierung erleichtern könnten, nur in eingeschränktem Maß. Manche Personen werden in den von mir genutzten Quellen mir nur mit ihrem Familiennamen genannt. Personen mit gleichem Familiennamen und Vornamen konnte ich nicht immer feststellen, ob es sich um dieselbe Person handelt oder zwei namensgleiche, aber verschiedene. Unsicherheiten ergaben sich auch bei Personen, die mehrere Vornamen führten, weil nicht immer beide Vornamen in den von mir benutzten Quellen genannt werden, sondern nur einer, und daher ein »Johann Heinrich« dann einmal als »Johann«, an anderer Stelle als »Heinrich« erscheinen kann. Angaben über Beruf und Parteizugehörigkeit waren nur bedingt nützlich, weil wegen Arbeitslosigkeit, Berufswechsel und politischer Umorientierung Veränderungen eintraten. Die Nennung des Wohnortes brachte gerade im Bereich der ehemals selbständigen kleinen Talgemeinden eher Zweifel als Sicherheit, weil seit der Bildung der Gemeinde Köllerbach weder konsequent an den alten Namen nun als Ortsteilbezeichnung festgehalten noch generell einheitlich »Köllerbach« als Wohnort angegeben wird.

Aus den genannten Gründen musste ich bei der Erstellung des Personenregisters eine gewisse Fehlerquote hinnehmen. Mit Hilfe der Leserschaft wird sich wohl einiges klären lassen.

Dort wo ich keinen Wohnort angegeben habe, handelt es sich in der Regel um die Gemeinde Püttlingen in ihrem alten Umfang, also vor der Gebietsreform von 1973, abgesehen von Persönlichkeiten mit überörtlichem Wirkungskreis (Minister, Landräte, Partei- und Verbandsfunktionäre, Bischöfe etc.).

Ackermann, August, Bergm., SP, Etzenh. 150, 153
Ackermann, Friedrich, pens. Bergm., Engelf. 135, 181
Ackermann, Jakob, SP, Engelf. 110
Ackermann, Josef, Bedsab 169
Ackermann, Wilhelm, Bergm., SP, Engelf.110. 154
Ahrens, Heinrich, Bgrm. Sellerb. 25, 29, 153, 208-210, 236, 252, 296, 315, 323, 327f., 342, 353, 377, 390f., 396, 400, 426
Albert, Ernst, Vors. Unterbezirk Kriegsopfer 52, 180, 262

Albert, Johann, Pensionär u. Landwirt, Zentr. 142, 180
Albert, Johann, Maschinist, Chr.-Soz., GdeR Püttl. 138, 142
Albert, Johann, Bergm., Zentr., Engelf. 147f.
Albert, Michel, Arbeiter, KP, Ritterstr. 143, 518
Albert; Peter, Bergm., Zentr., GdeR 142
Albert, Richard, Schlosser, Zentr., NSDAP 142, 337
Albert, Wilhelm, Pensionär, SP 143
Albert-Altmeyer, Alois, Hüttenarbeiter, Rittenhf. 152
Albert-Reck, Maschinist, Chr.-Soz., GdeR Püttl. 141

Personenregister

Alles, Johann,Vors. Einheitsvbd. Kriegsopfer 180, 218, 260ff., 305, 351
Aloisi, Baron, Präsident der Abstimmungskommission 414
Alt, Johann, Bergm., Sellerb. 71
Alt, Matthias, Bergm., Zentr., Sellerbach 153
Altenburg, Karl, Stahlhelmf. 259f., 316
Altmeyer, Gastwirt, Kölln 325, 327, 438, 473, 523 (siehe auch Altmeyer, August und Peter)
Altmeyer, Agnes, Tochter von Altmeyer-Grün 652, 667-670
Altmeyer, Alois, NSDAP-Ortsgrpltr. Köllerb. 235, 316, 458
Altmeyer, Alois, Vors. Ortsgr. Dt. Stenographenschaft 448
Altmeyer, Alois Albert, Hüttenarbeiter, Chr-Soz., Rittenhf. 154
Altmeyer, August, Gastwirtsch. Kölln 316, 320ff., 323ff., 328, 461
Altmeyer, Georg, Bergm., SP, Engelf. 148
Altmeyer, Georg, SP- Fraktionsvors. s. Altmeyer-Grün
Altmeyer, Georg, Bergm., Zentr 135, 137.
Altmeyer, Georg, Fahrhauer, Bedsab 170, 175, 291
Altmeyer, Gertrud 625
Altmeyer, Günter 366
Altmeyer, Heinrich, Bergm. 647
Altmeyer, Jakob, Bergm., Zentr., VerVors. Sellerb. 64, 149f., 155, 462, 675
Altmeyer, Jakob (*1911), Hüttenarbeiter 510
Altmeyer, Jakob, GdeR Püttl 20, 58
Altmeyer, Johann, Postassistent, Zentr., Engelf. 147
Altmeyer, Johann, Kriegsbesch., Herchenb. 62, 150, 182
Altmeyer, Johann, Kölln, VerVors. 63, 453
Altmeyer, Johann, Bergm., SP, 143, 165
Altmeyer, Johann, SP, Bürogehilfe, Sohn von Georg Altmeyer-Grün 342, 360, 389, 411, 621, 627, 647, 652, 663, 667-670
Altmeyer, Josef, SP, Sohn von Georg Altmeyer-Grün 357, 375f., 411, 621, 627, 647, 652, 663, 667-670
- Ehefrau geb. Morel 653
Altmeyer, Josef (*1879), Rentner, Köllerb. 647
- Ehefrau Johanna 647
Altmeyer, Katharina, Ehefrau von Georg Altmeyer-Grün 340, 667-670
Altmeyer, Leo, VerVors., Ritterstr 60, 316, 551
Altmeyer, Ludwig (+ 25.02.1934), pens. Bergm. 313
Altmeyer, Maria, Tochter von Georg Altmeyer-Grün 411f., 652, 667-670
Altmeyer, Martha, verh. Philipp 625, 629

Altmeyer, Matthias, Bergm., Zentr., Engelf. 148
Altmeyer. Matthias, VerVors., Ritterstr. 58f.
Altmeyer, Nikolaus, Bergm., Sellerbach 153
Altmeyer, Nikolaus, Bergm., Zentr., VerVors. Kölln 63, 151
Altmeyer, Otto 625
Altmeyer, Paul, Sellerb. 322
Altmeyer, Peter, BAV, Etzenhf. 62, 163, 189
Altmeyer, Peter, Gastwirtsch. Kölln 310, 316f.
Altmeyer, Peter, Bahnassistent, Zentr., Kölln 151
Altmeyer, Peter, Händler, KP, GdeR Rittenhf. 193
Altmeyer, Polizist, Püttl. 598
Altmeyer, Regina 626
Altmeyer-Grün, Georg, Bergm., Beigeord., Fraktionsvors. SP GdeR Püttl. 108, 138, 143, 145 f., 165. 204f., 248, 352, 357, 359, 370, 375, 395, 401, 411, 652, 663, 667-670
- Ehefrau Katharina 340, 667-670
- Söhne Johann u. Josef
- Töchter Agnes u. Maria
Altmeyer-Kläs, Bierverleger, Zentr., GdeR Köllerb., Engelf. 148, 155
Altmeyer-Müller, Bergm., Zentr., Engelf. 147
Altmeyer- Schwarz, Peter, KP 137
Andlauer, Joseph, frz. General 73
Angel, Beigeord. Püttl. 28
Anschütz, Peter, GdeR Püttl. 20
Arma, Paul, Komponist 316
Arweiler, Jakob, Reiter-SA 437
Arweiler, Johann, Bergm., Zentr., Rittenhf. 152, 155
Aubry, Albert, Lehrer Domanialschule Püttl. 43, 636
Auler, Amtmann, Völkl. 128, 222

Bach, Johann Sebastian, Komponist, Leipzig 312
Bachmann, Rudolf, Hüttenarb., DSVP, Kölln 154
Bachmayer, Johann, VerVors. 54
Backes, Hermann Josef, BgmR. Rockershsn. 146
Backes, Jakob, Chr-Soz. 90f.
Backes, Josef. Bergm., Chr-Soz, BgmR. Riegelsberg 93f., 138, 141f.,146 (identisch mit Jakob Backes 421 ?)
Backes, Nikolaus, SP, Köllerb. 505
Backes, Peter. VerVors. 51, 168
Badoglio, Pietro, italienischer Marschall u. Politiker 590
Bär, Anna, KP, Engelf. 147f., 154, 160
Baer, Hilde 43, 500, 647, 679
Baer, Ida 43, 500, 647, 679

Bär, Jakob, VerVors. 55
Bär, Johann, VerVors. Köllerb. 453
Bär, Michael, VerVors. 58, 453, 462
Bär, Philipp, Bergm., KP, Engelf 147f., 154, 653
Bär, Wilhelm, Bergm, Chr.-Soz., Engelf. 148
Bär-Grün, Philipp, Bergm., GdeR Püttl. 142f.,, 146
Bärwinkel, Wilhelm, SPD, BgrmR 146
Bäsel, Fritz, Einheitsfr. 322
Baldauf, Polizeikommissar 72f.
Baldauf, Bernhard, Sohn von Nikolaus B. 625, 672
Baldauf, Fritz, VerVors..51
Baldauf, Heinrich, Bergm., SP 143
Baldauf, Jakob, Brandmeister 52
Baldauf, Jakob,(*1907), SPD 510
Baldauf, Jakob, Schmiedemstr., Amtsbeigeord. 143, 424f., 537
Baldauf, Johann, Pensionär 145
Baldauf, Nikolaus, Saarbd. 53, 401, 647
- Sohn Bernhard
Baldauf, Paul, Bergm.,VerVors., BAV, SP 55, 108, 143, 146, 165, 277, 312, 342, 375, 411, 675, 678
Baldauf, Valentin, Bergm., SP, BAV 165, 394, 640
Baldes (-Speicher), Andreas, GdeR Püttl., NSDAP-Zellenltr .425, 433
Baldes, Arthur, NSDAP-Ortsgruppenltr. 425, 510, 516, 518, 538, 549, 554, 573f., 609
Baldes, Ferdinand, SA 223
Baldes, Hans, KP 675
Baldes, Michael, GdeR Püttl. 20
Ballas, Franz, Amtsbeigeord. Püttl 424, 537
Baller, Kreisbauernf. Saarbr. 325
Balnat, Helmut Albert 534
- Ehefrau Anneliese geb. Zimmer 534
Baltes, Elisabeth, Ritterstr. 617
Baltes, Hildegard, Ehefrau v. Willi Philipp Jungmann 664
Baltes/ Baldes, Johann, Gastwirt »Waldschänke« Ritterstr. 128, 201,223, 323, 353, 621, 663
- Ehefrau Salome geb. Koch 664
- Sohn Rudolf
- Tochter Maria 63
Baltes, Maria 63
- Ehefrau Salome geb. Koch
Baltes, Peter, NSDAP,Abg. LandesR 126, 130, 261f., 304, 323
Baltes, Rudolf, VerVors., identisch mit Fahrhauer u. Vors.Ortsgr.Saarbd,. Bedsab, Püttl., Vors. Ortsgr. SSP 170, 176, 277, 413, 647
Baltes, Rudolf, Sohn von Johann Baltes 664, 672

Baltes, Salome, geb. Koch 664, Schwiegermutter von Willi Philipp Jungmann
Balzert, Aloys, Buchdrucker, Zentr., BgrmR Püttl. 251f., 326, 421, 426
Balzert, Heinrich, Saarbd. 141f., 145f. 504
- Ehefrau Katharina 504
Balzert, Heinrich, JVFähnleinf. 445
Balzert, Ludwig Bergm., Sellerb. 71
Balzert, Philipp GdeR Püttl. 146, 488
Balzert, Sebastian, Bergm., Chr.-Soz., Engelf.148
Bambach, Paula, verh. Hubertus 650f.
Banf, Gewerksch., Völklingen 326
Barth, Karl, Oberkirchenrat, später reg. Präs. 379
Barth, Mathis, Steiger 242f., 246, 252
Barthou, Jean Louis, franz. Außenmin. 320, 379
Bassermann, Ernst, Reichstagsabg. 95
Baum, Doris, verh. Neumark 44
Baumann, Einheitsfr., Altenkessel 327
Baumann, Peter, KP, Dillingen 115
Baumeister, Adam, Micum-Steiger 615
Baus, Johann, VerVors., Sellerb. 64
Baus, Wilhelm, Bergm., Zentr., Vers Vors. 58, 142, 146
Beck, Jakob, Schumacher, DDP, GdeR Püttl., Rockershsn. 20, 135, 141
Becker, Kaplan, Pü-St.Sebastian 35
Becker, stellvertr. Ltrin. Frauenschaft 440
Becker, Alois, Bergm., VerVors., DAF, Amtsältester 56, 59, 424, 449
Becker, Emil, Vbd. Saarbergleute 171, 187
Becker, Erich, Ingenieur, VerVors. 55, 333, 354, 457, 461
Becker, Erich (*1919), Sohn von Jakob B., Friseur, SP, 653, 672
Becker, Ernst, KPO, später DF, Ludwlr. 326, 383
Becker, Fritz, SP, Köllerb., 653
Becker, Franz, Dirigent 462
Becker, Franz, Pensionär, Zentr. 36, 51, 142
Becker, Georg, Steiger, DDP, Altenkessel 135
Becker, Georg (*1898), KP-Ortsvors. Köllerbach/Engelf 119, 138, 147f., 154, 298, 327, 370, 373, 653
- Ehefrau Margarethe geb. Schultz 653
Becker, Georg (*1880), SP, Inhaber eines Speiseisbetriebs 515, 640
Becker, Heinrich, KP, Engelf 582.
Becker, Herbert 614
Becker, Hildebrand, SWV 281, 347, 357, 676
Becker, Jacques, SAJ 107f., 653, 678
Becker, Jakob, VerVors., Ritterstr. (+1942) 57, 59

Personenregister 697

Becker, Jakob, (*1883), Friseur, KP, 143, 386, 627, 654
- Söhne Erich u. Willibald
Becker, Jakob, Eisenbahner, SP 143, 242, 509, 613
- Ehefrau Martha geb. Kaczmarek 509
- Sohn Paul
Becker, Jakob (* 1884) 627
Becker, Jakob,Wirt,GdeR 20
Becker, Johann, SPD, Angestellter AOK, VerVors. DRK Püttl. 52, 411, 455, 645
Becker, Johann, Bergm., Sellerb. 153
Becker, Johann, 107
- Sohn Jacques
Becker, Johann, VerVors. 453
Becker, Karl, SA, Engelf. 491
Becker, Karl, Pensionär, SP,Obmann »Naturfreunde« 111, 143, 224, 676
Becker, Margaretha, KP, Engelf. 147f., 154, 160
Becker, Martha, Schwester von Alois und Georg B. 509
Becker, Michael, Bergm., USPD, Sellerb. 113, 135
Becker, Nikel, VerVors., Sellerb. 64
Becker, Nikolaus, VerVors. Püttl. 458
Becker, Dr.Otto, Stahlhelmf. 259
Becker, Paul, Sohn von Jakob B.,Eiserne Front 354, 386, 613
Becker, Peter, VerVors., SP, GdeR Püttl. 55, 141,199,
Becker, Richard, Großkaufm., Zentr., Saarbr. 241
Becker, Theodor, KP, BgrmR Püttl. 146, 421, 426
Becker, Viktor, KP 255, 342, 355f., 639ff.
Becker, Werner, KP 255, 356, 654
Becker, Wilhelm, Bergm., Zentr., GdeR Köllerb., Engelf. 147, 155
Becker, Wilhelm, VerVors. 57, 462
Becker, Willibald, SAJ, SSB 386, 653f.
Becker-Debes, Ernst, Bergm., SP,GdeR Püttl., Ritterstr. 138, 141, 143
Becker-Helm, Peter, Bergm.,SP 137
Becker-Natus, Ludwig, VerVors. 57
Becker-Schmidt, Johann, Bergm., Chr-Soz. 142
Becker-Speicher, Jakob, Pensionär, SP 143
Becker-Türk, Peter, Bergm., SP 143
Becker-Weber, Gelderheber, SP 143
Beckmann, Sturmf. NSFK 439
Belken, Kommunist aus Lothringen 167
Bell, Johannes, ReichsjustizMin. 75
Bellmann, Peter, VerVors. 56
Bennecke, Friedrich, Kaufm. 145
Benzmüller, Walpersh. 69f.
Bernard, Irene 632

Bernard, Leo 632
Bernarding, Peter, SP, Hixberg 188, 369
Bernetti, Bruno, BAV, KP, Köllerb. 153, 165, 654
Berg, Josef, Gewerkschsekr., Fraultrn. 200
Berrang, Oberlandjäger, Altenkessel 273
Besch, Peter, GdeR Püttl. 20
Bettendorf, Peter Heinrich, KP 167, 283, 324, 627, 648
Betz, Anton, SP, Abg. LandesR, Völkl. 202
Bick, Karl, Hüttenarb., GdeR Köllerb. 355, 427
Bickelmann, Erich, apostol. Gde Püttl. 39
Bies, Antonia, geb. Schneider 627
Bies, Jakob, Gastwirt 247, 312, 355
Biesel, Alois, Bergm., Zentr., Etzenh. 149f.
Biewer, Johann, NSDAP-Zellenltr. 433
Birang, Kommunist, Straßburg 167
Birkelbach, Oberlandjäger 119, 159, 254, 263, 275, 306f., 310, 313f., 318f., 326, 331f., 339, 350, 352, 386
Birran, de -, Ing. Principal, Mines Domaniales 186
Bitsch, NSDAP-Zellenltr., GdeR Köllerb. 428
Bitsch, Café 550
Bläs, Anton, VerVors. 462
Blaes, Johann, Eisenbahnassistent, VerVors. 53, 56, 146, 401
Bläs, Johann, Bergm., Chr-Soz. 90, 142
Bläsius, Peter, Eisenbahnassistent 53
Blanc, Willi, Sohn von Thomas B. 648, 664
Blank, Johann, Bergm., Chr-Soz., GdeR Püttl. 141f., 146
Blank, Josef, Bergm., SP 512, 611, 655
Blank, Katharina, VerVors. 473
Blank, Ludwig, VerVors. 58
Blank, Nikolaus, Bergm., SP 512, 676,
Blank, Peter, Bergm. 505
Blank/Blanc, Thomas, SP, 105, 108, 138, 165, 202, 298, 310, 312, 314, 317f., 386, 411, 605, 646, 648, 678
- Sohn Willi
Blank, Wilhelm, GdeR Püttl. 20
Blank, Wilhelm (*1880) SP, 20, 611, 627
Blank-Sutor,Georg, Bergm., Zentr., GdeR Püttl. 142
Blahs, Albert, Chauffeur 641
Blass, August, DF, Sellerb. 319
Blass, Eduarc, KP, Pflugschrid 369
Blass, Johann, SPD, SSB 354, 657, 676
Blaß, Nikolaus, SP, Milchgeschäft 515
Blass, Peter, VersVors. 51, 459
Blomberg, Werner von-, ReichswehrMin 230
Blug, Jakob, Bergm., Zentr., Herchenb. 150
Blug, Johann, Bergm., Herchenb. 150
Blum, Landjäger 314. 317, 332

Blum, Stadtverordneter Saarbr. 326
Blum, Ewald, GdeR Püttl., 425, 436
Blum, Heinrich, Schlosser, BAV, 181, 515
Blum, Johann, VerVors. 54f., 181, 462
Blum, Regina Margarethe, verh. Brück 625
Boch, von-, saarlde. Unternehmerfamilie 96
- Alfred, saarld. Mitgl. Reko 76
Bock, Max, Vors. Dt. Metallarbeitervbd. Saar 166
Bock, Peter, Bergm. 649
Boes, Elisabeth geb. Schneider 376
Boileau, Ing. Divisionaire, Grube Viktoria 186
Bormann, Martin, Leiter der NSDAP-Kanzlei 601
Bornewasser, Dr. Franz Rudolf, Bf. v. Trier 42, 194,271f., 274, 276, 284f., 298, 300, 381, 464f., 485, 487, 489
Boßmann, NSKK-Scharf. 439
Boßmann, Philipp, VerVors. 51
Both, Josef, Eisenbahner 55
Both, Willy, RfL 457
Bourgogne, Lina geb. Zinkle, Altenkessel 376
Bourgogne, Luise, geb. Glase (* 1866), Altenkessel 376
Bourgogne, Luise, (*1903), Saarbrücken 376
Bourgogne, Martha, Altenkessel 376
Brader, Ludwig, KP, Ritterstr. 370, 628, 660
- Ehefrau Maria geb. Nalbach 376, 660
Brakel, Gertrud, geb. Duchstein, Saarbrücken 376
Brakel, Lieselotte, Saarbrücken 376
Brand, Angela, geb. Düppre, Altenkessel 376
Brand, Gertrud, geb. Puhl 376
Brand, Jakob(*21.07.1865), Pens., Altenkessel 376
Brand, Jakob (*06.08.1895), Altenkessel 376
Brand, Konrad, Bürogehilfe, Altenkessel 376
Brand, Peter, Lehrer i.R., Püttlingen 376
Brand, Rosalie, Lehrerin, Friedrichsthal 376
Brand Theodor, Bergmann, Altenkessel 376
Brandenburg, Peter Aloys, Bergm., Altenkessel 376
Brauch, Rudolf, Dentist GdeR Püttl. 425
Braun, August, Pfr. Kölln-Herz-Jesu 37, 469, 475
Braun, Max, Landesvors. SP 104, 118f., 188, 241, 262, 287, 289, 294, 299, 301, 310, 312, 315, 317, 321f., 327, 331, 349, 354f., 380, 390, 402, 646
Braun, Richard, ev. Pfr., Güchenbach 39
Braun, Viktor, Bergm., SP, Sellerbach 152f.
Breinig, Peter, Bergmann, NSDAP-Zellenltr. 313, 337, 425, 433, 573, 610
Breining, Heinrich, Bergm. 52
Breining, Josef, Bergm. 649,
Bremerich, Edgar, Kaufmann 500, 516

Breuer, Heinrich, SA-Scharf. 437
Breuer, Josef, KP 342
Breuer, Viktor KP 355
Breunig, Bernhard, Saarbd. 504
Britten, Jakob, Bergm., Zentr., GdeR Püttl., Ritterstr. 142, 366
Britz, Werner, Hilschb. 642
Brockhaus, Friedr., VerVors., Sellerb. 64
Brosse, de la -, frz. Offizier 186
Bruck, Hermann Josef, Zentr., Beigeord. Rockershsn. 145f., 421, 424f.
Brück, Hugo, Einheitsfr. Völklingen 322
Brück, Karl, Gaultr. NSDAP-Saar 125, 129, 304
Brück, Nikolaus Peter 625, 628
Brück, Regina Margarethe geb. Blum 625
Brücker, Peter, Amtsältester Altenkessel 424
Brüning, Heinrich, Reichskanzler 217, 220
Brunder, Jakob, VersVor. 58
Brunder, Matthias, Bergm., Chr-Soz., Engelf. 148
Buber, Martin, Relionsphilosoph, Frankfurt/M 617
Buchheit, Alois, Bergm., Chr-Soz. 142
Buchheit, Michel, Pensionär, GdeR Püttl. 143, 146
Buchheit, Peter, Pensionär, KP, Ritterstr. 143
Büch, Erwin, JVFähnleinf. 445
Bürckel, Josef, NSDAP-Gauleiter, Reichskom./Reichsstatthalter Saarld. 241f., 391, 417, 419, 427f., 464, 466f., 486f., 503, 530, 571, 578, 592, 639, 659, 666
Bungarten, Franz, Pfr. Malstatt St. Josef, Vors. Zentr. 87, 241, 269, 271
Burgard, VerVors. 59
Burgard, Anton, SA-Scharf. 437
Burger, Maria, KP, Ritterstr. 143, 160
Burkhart, Hans, SS-Obersturmf.438
Busse, Peter, Obersteiger, GdeR. Püttl. 20,72

Canaris, Wilhelm, Admiral 625
Carl, Obersteiger, Riegelsberg 79
Casper, Julius, Amtsältester Püttl. 424
Christ, Johann, Chr-Soz., Riegelberg 95
Christmann, Dr. Ernst, Bgrm. Riegelsberg 29, 319, 427, 643
Clemann, Landjäger 348
Contier, Heinrich, Lehrer, NS-Schulungsltr. 234, 251f., 310, 320, 425, 432, 451, 458, 461, 483f., 490, 492, 625
Conrad, Nikolaus, SP 506
Conrad, Peter s. Konrad, Peter
Cuno, Wilhelm, Reichskanzler 184

Daniel, Reichsbd.Kriegsopfer 218
Darm, Emma, SP, Engelf. 160

Darm, Jakob, SP, Engelf. 506
Darm, Karl, Bergm., KP, Herchenb. 154
Darm, Peter, SP, Engelf. 110, 506
Darm, Wilhelm, KP, Engelf. 147f., 154
Darré, Richard Walter, Reichsbauernführer
Daub, Philipp, KP 116
Deidt, Nikolaus, VerVors., Sellerb. 462
Delfau, Kabinettsrat, Sbr. 186
Derr, Peter, Ackerer, Zentr.,Rittenhf. 152, 155,
Derrenbächer, Fritz, SP 108
Detemple, Steiger, Vors.Saarbd., Velsen 175f.
Detzler, Jakob, Bergm., Zentr., GdeR Köllerb., Engelf. 155
Detzler, Johann, Bergm., Chr-Soz., Etzenh. 149, 154
Detzler, Johann, Bergm., Rittenhf. 152, 182, 452
Detzler, Rosalie, Lehrerin 484, 521
Deubert, Deutsch-Nationale Front 238
Diehl, Friedrich, Bergm., SP, Etzenh. 149f., 153
Diehl, Fritz (*1907) Rohrschlosser, SP, Engelf. 110, 148, 153, 506
- Ehefrau Lydia 506
Diehl, Fritz, Gastwirt, Herchenb. 155, 328, 434
Diehl, Peter, Bergm., SP, Sellerb. 152
Diehl, Peter, Bergm., Herchenb. 151
Dilk, Johann, Steiger, GdeR Püttl 21
Dörr, Vors. Ortsgrltr. Zentralvbd. Arbeitsinvaliden 51
Dörr, Erich, Gastwirtsch. Engelf. 324
Dörr, Franz, KP, Sellerb. 675
Dörr, Franz, Bergmann, Bruder von Peter u. Richard D. 348, 359, 506, 609, 649
Dörr, Georg, Bergm. 649
Dörr, Heinrich (+1932)
- Ehefrau Margarethe geb Römbel 518, 661
- Söhne Heinrich, Johann Heinrich, Hugolin
- Töchter Anna verh. Stiel, Margarethe verh. Heilig, Maria verh. Zimmer
Dörr, Heinrich, Bruder von P. Hugolin 282
Dörr, Hugo, Sohn von Johann Heinrich D., Neffe von P. Hugolin 282, 506
Dörr, Hugolin, Pater SVD 280-283, 297f., 324, 343, 351, 360, 380, 390, 402, 517f., 632, 634, 661
Dörr, Johann, VerVors., Sellerb. 64, 120
Dörr, Johann, Bergm., Kölln 151
Dörr, Johann, KP, Sellerb. 369
Dörr, Johann, Steiger SWV 676
Dörr, Johann Heinrich, Bruder von P. Hugolin 51, 517
- Sohn Hugo
Dörr, Johann Wilhelm, Bergm., Chr-Soz., Kölln 138
Dörr, Josef, Bergm., Chr-Soz., Sellerb.153

Dörr, Ludwig, KP, Güchenb. 369
Dörr, Margarethe, geb. Römbel, Mutter von P. Hugolin 518
Dörr, Margarethe, verehelichte Heilig, Schwester von P. Hugolin 517
Dörr, Peter, Arbeiter, KP, Ritterstr. 112, 142f., 146, 189
Dörr, Peter, Bergm., Chr-Soz. 142
Dörr, Peter (*21.05.1896), Bruder von Franz und Richard D., Taxiunternehmer, KP, RFB 118, 120f., 137f., 142, 146. 223f., 293, 306f., 352, 359, 369, 641, 649
Dörr, Peter (* 04.06.1899), Bergm., KP, Sellerb. 675
Dörr, Richard, Bruder von Franz u. Peter D., Chauffeur, KP 223f., 321, 352, 359f., 369, 402, 649
Doll, Hans, reichsdt. Emigrant 372
Dollfuß, Engelbert, österreich. Kanzler 297, 397
Dorst, Jakob, Schneidermstr., SP 143
Dräger, Alois, KP 337
Dreher, Johann, Ltr. d. BAV-Bezirks Saarlouis 165, 222
Drokur, SA-Truppf., Heuswlr. 437
Drumm, Hermann 632
Drumm, Maria 632
Duhamel, Jean Baptist, franz. Grubeningenieur 279
Dunckern, Anton, Chef d. Stapo-Stelle Saarbr. 473
Dupont, Heinrich 650
- Ehefrau Elise geb.Leinenbach 650

Eberbach, Dr. Otto, Kreisf. von Reichsbanner 106
Ebert, Friedrich, Reichspräsident 203
Ebert, Maria, Frauensch-Zellnltrin. 440
Eckel, Steiger. Vors. Saarbund 169f., 174
Eckle, Albert, NSDAP-Zellenltr. 71, 433, 487
Eckle, Johann VerVors. 58
Eckle-Bos, Christian, Gastwirt 128, 160, 222, 326
Eckler, Albert, Bgm. 71
Eder, Mathias apostol. Gde. Altenkessel 39
Edlinger, Mathias, Bergm. 189
Ehrecke, Adolf, Gauleiter NSDAP-Saar 125
Eich, Ltr. NS-Kulturgde. Krs. Saarbr. 460
Eisenbarth/Eisenhuth, Jakob, Bergm.,SP, BgmR., Neudorf 135, 141
Eisenlauer, SD ?, 314, 350
Eisler, Hanns Komponis 336t
Eltz-Rübenach, Frh.von -, ReichspostMin 230
Engbarth, Karl, GdeR Püttl., NSDAP-Zellenltr. 425, 433
Engel, Steiger, Dilsburg 460

Engel, Johann, VerVors., Ritterstr. 59
Eppstein, Cosa Varena 632
Erschens, Franz, Sparkassenltr. 53
Esch, Josef 624, 628
Ettlinger, SP, GdeR Püttl. 141
Ewen, Johann, Lehrer, DSVP, Etzenh. 138, 149, 462

Faber, Dr., Reichsbanner, Quierschied 106
Falkowsky, Katharina, Lehrerin, Walpershf. 307, 395
Faust, Adele 5782
Faust, Albert KP, Emgelf. 658
Faust, August, Bergm., KP, Engelf. 111, 147f., 154, 373, 641, 655
Faust, Berta, geb. Kattler, Engelf. 268, 321
Faust, Jakob, Bergm., SP, BAV, Engelf.110, 119, 137, 147 f. 153, 165, 298, 322, 327, 641
- Sohn Oskar
Faust, Johann, Maschinist, Zentr., Ritterstr. 142
Faust, Oskar, Sohn von Jakob F., SP, Engelf. 641, 676
Fecht, Alois, Bergm. 290
Fecht, Baptist, Bergm. 290
Fecht, Johann, Bergm., Saarbd. 504
Fecht, Josef, Bergm. 676
Fecht, Michel, SPD, Ritterstr. 518, 627, 639, 641
Fecht, Peter, SWV 283
Fecht, Peter, Blockwart DF 366
Feien, Dr. Eugen, Saarlouis SWV 280
Feld, Albert, Reiter-SA 60, 437
Feld, Alois, Gastwirt Walpershofen 551
Feld, Alois, Gastwirt Köllerbach 267, 441, 453
Feld, Artur, Hüttenarbeiter, DSVP, Blockwart DF, Etzenhfn. 154
Feld, August, VerVors., Köllerb., DSVP, Sektionsltr. DF, Ortsbürgerm. Köllerbach 149, 154, 252, 582
Feld, Benedikt, Landwirt, Zentr. GdeR Köllerb., Herchenb. 150, 155
Feld, Fritz, Gastwirt, Walpershofen 267
Feld, Jakob Ortsbgrmstr. Köllerbach 427
Feld, Johann, Bergm., Zentr., Herchenb. 150
Feld, Klara, DF, Kölln 252, 321, 326
Feld, Nikolaus. Bergm., Zentr., Sellerbach 153
Feld, Peter VerVors- Etzenhf., 454
Feld, Theodor, Berg., SP, Köllerb. 153
Feld-Groß, Kaufm., Zentr., Kölln 151
Feld-Loew, Jakob, Landwirt, Zentr., GdeR Köllerb.,Kölln 151, 155
Feldrin, Paul, Chr-Soz.
Feuerstoß, August, VerVors., Stahlhelm, Kölln 63, 179, 259, 355

Fexmer, Johann 469
Fexmer, Michael, Kaufm. 143
Fleming, Komponist 312
Folz, Alex, Herchenb. 496
Folz, Alois, Bergm., Zentr., Herchenb. 150
Folz, Aloys, VerVors., Kölln 63
Folz, Ferdinand, Bergm., Zentr., Herchenb. 150
Folz, Johann, Hüttenarb., Zentr., Herchenb. 150
Folz, Peter, Schlosser, Sellerb. 153
Forsch, Ludwig, Landjäger 412
Forsch, Martin, SP, Vbd. Kriegsopfer, Altenkessel 112, 180
Forster, Fritz, Arbeiter, KP 143
Forster, Jakob, Bergm., Zentr., GdeR 53, 141f., 146
Forster, Philipp, Maschinist, DSVP, Kölln 151, 154
Franco, Francisco, General, dann. Span. Staatsoberhaupt 659
Frank, Jakob, Reichsbanner, Eiserne Front 187, 220, 375, 632
Frank, Johann, Verwaltungssekr. 53
Franz, christl. Gewerksch. 163
Franz, Friedrich, BAV, Köllerb. 506
Franz, Jakob, KP, Engelf.147f., 154
Freen, Werner de, Kaufm., Stahlhelm, Saarbr. 311
Frey, Heinz, NSDAP-Saar, Saarbr. 129
Frey, Käthe 632
Frick, Dr.Wilhelm, ReichsinnenMin 230, 415, 460, 639, 666
Fried, Otto, Gründungsmitgl. NSDAP, Neunkirchen 130f.
Frisch, Wilhelm, RGO 168, 632, 645
Frisch, Erich, Bergm., DSVP, Etzenh. 154
Frischmann, Fritz, Bergm., Chr-Soz., Etzenh. 149
Frischmann, Valentin, Pensionär, KP 143
Fromm, Dudwlr. 316
Fuchs, Kommunist, Ruhrgebiet 167
Füldner, Wilhelm, Lehrer, DDP 135
Funk, Kurt s. Wehner, Herbert

Gärtner, Joseph, Gewerkschaftssekr., Zentr., Abg. LandesR, Güchenb. 88,93
Gärtner, Max, SP, Hannover 204
Galen, Clemens August Graf -, Kardinal, Bf. v. Münster 498
Ganser, Obersekr., Püttl. 72f.
Gapp, Hotel, Völklingen
Gauer, Gastwirtschaft 502, 527, 561
Gauer, Anton 670
- Ehefrau Sophie 670
- Sohn Karl 670

Gauer, Jakob (*1900) 512
Gauer, Jakob, Jungstammf. 444
Gauer, Josef, KP 572
Gauer, Karl, Sohn von Anton G. 670
Gauer, Michael, Pensionär, Zentr., GdeR Püttl. 21, 141
Gauer, Peter 53
Geber, Albert, VerVors. 453
Geber, Nikolaus, VerVors., NSDAP-Zellenltr. 53f., 433, 458
Gebhard, Friedrich, Lehrer, DSVP, Kölln, 63, 137, 151
Gebhardt, Nikolaus, Bergm., Etzenh. 149f.
Gehl, Anna, Frauensch.-Zellenltrin. 440
Gehl, Cornelius, Landwirt, Püttl. 622, 627
Gehl, Georg 353
Gehl, Jakob, HJ, Köllerb. 234, 347
Gehl, Johann, Püttl. 52
Gehl, Josef, Schlosser USPD 113, 116, 135, 137
Gehl, Peter, Zentr., GdeR Püttl., später DAF 141, 318, 449, 462, 474, 572, 609
Geibel, Gastwirtschaft 311, 327, 382, 561,
Geibel, Johann, VerVors. 455
Geiß, Ernst, Schulleiter, GdeR, Sektionsltr. DF, Köllerb. 60, 252, 322, 427
Gemeinder, Adolf 373
Gemmel, August, Bergm., Zentr., Kölln 151
Gemmel, Wilhelm, VerVors., Sellerb. 65
Gensheimer, Julius, Lehrer DSVP, Heuswlr. 98
Georg, Ludwig, Bgrm. Püttl. 28, 52, 207-210, 214, 234, 236 302f., 313, 323, 328, 341, 343f., 349f., 354, 356f., 361, 366, 369, 372, 377, 380, 382ff., 385, 387, 390f., 395, 399, 415, 423, 460, 472ff., 476, 488f.
Gerhard, NS-Frauenschaftswalterin Köllerb. 440
Gerlach, Wilhelm, Kaplan, Völkl. 273
Gerstner, Matthias, Bergm., SP, Engelf. 147
Geuther, Otto, ev. Pfr. Altenkessel-Neudorf 39, 268, 481
Giehr, Peter, Gewerksch. 328
Gillet, Peter, Kapellmeister, SP 336, 506
Gleßner, Adolf, VerVors., Kölln 63, 180
Glessner, Johann Peter, Bergm, Zentr., Ortsvorsteher, Engelf. 29, 148, 155, 417
Goebbels, Dr. Josef, ReichspropagandaMin. 230, 243, 290, 333f., 343, 364, 391, 489, 557
Görgen, Jakob, Bergm., SP, Kölln 138, 151
Görgen, Jakob, Bergm., SP, Rittenh. 153
Görgen, Johann, VerVors., Chr.-Soz.,Sellerb. 65, 153, 165
Görgen, Matthias, BAV, SP, Engelf.. 71, 148, 165, 298, 613, 627
Görgen, Peter, Bergm., SP, Sellerb. 110, 152f.

Göring, Hermann, ReichsluftfahrtMin. 230, 243, 250, 290, 353, 364, 585
Götz, Georg, Lehrer 485
Goltz, Rüdiger Graf von der -, General 496
Gräsel, Leiterin Arbeiterwohlfahrt Ritterstr 110, 160.
Gräsel, Peter, VerVors., Ritterstr. 60
Gräßel, Alois, VerVors., Ritterstr. 60
Gräßel, Johann. Eisenbahner, SP, Ritterstr. 108, 143, 224, 304
Gräser, Kreisltrn. Frauensch., Völkl. 235
Graf, Jakob, VerVors. 53
Grecken/Krecken, Wilhelm, Techn. Nothilfe 291, 455
Gregorius, Jakob, Kriegsopfervbd. 180, 303
Grimmer, Josef, Hüttenarb. 145
Grobler, Landjäger 129, 220
Groß, Unternehmerfamilie Riegelsbg. u. Gastwirtschaft 97
Groß, Dr., Syndicus Haus- u. Grundbesitzervbd. 102
Groß, Alois, Bergm., Rittenhfn 155.
Groß, Gottfried,VerVors., Sellerb. 64, 501
- Ehefrau 501
Groß, Hermann, Landwirt, NSDAP, Schafbrücke 264, 452
Groß, Hermann. SP, Engelf. 147
Groß, Jakob, Bergm., SP, Engelf 110, 148, 154.
Groß, Johann VerVors. 54
Groß, Johann Nikolaus, Bergm., DSVP, Kölln 154
Groß, Karl, Bergm., Herchenb. 151
Groß, Ludwig, Obersteiger, GdeR Püttl. 21
Groß, Nikolaus, Bergm., Kölln 151
Groß, Peter, Anstreicher 627f.
Groß, Peter, Steiger, Ritterstr. 145
Groß, Wilhelm, Bergm., USPD, später KP, Engelf. 113, 119f., 135, 137f., 147f., 154, 190, 641
Groß, Wilhelm, Maschinist, Kölln 151
Grosse, Georg, Landwirt, Herchenb. 151
Großmann, Ehemann von Antonia Schneider 627, 629
Groten, Dr. Curt, Gerichtsassessor 375
Grün, Aloys, Primiziant 476
Grün, Eduard 650
- Ehefrau geb. Altmeyer 650
Grün, Heinrich, FAD 316, 367
Grün, Peter (*1893), Lokführer, BAV 506
Grün, Peter, Bergm. Zentr. 142, 603
Grünewald/Grünwald, Heinrich, Lehrer, NSDAP-Orsgruppenltr., Amtsältester 127, 234, 251f., 263, 311, 313, 320, 339, 349, 366, 424f., 431, 449, 471f., 484, 488, 510, 516, 537
Guckenbiehl, Peter, KP 224

Gürtner, Franz, ReichsjustizMin. 230
Gustloff, Wilhelm, NSDAP-Landesltr. Schweiz 475

Haag, Fritz, Bäckermstr., Sellerb. 153
Haag, Matthias, Bergm., Christl-Soz., Engelf. 71, 95, 448, 453 (identisch mit Haag-Hoersel 147f.?)
Haag, Nikolaus, Bergm. 189
Habedank, christl. Gewerksch. 163
Haberer, Peter, Schreiner 386
Hammerschmidt, Nikolaus, Straßenmstr., Engelf. 149f.
Hardt, Hans, Steuerberater, NSDAP 306
Harion, Fritz, Automobilschlosser 145
Hasdenteufel, Ludwig, VerVors. 55
Hassel, Johann, Bergm., Chr-Soz., Engelf. 148
Hastenteufel, Josef, DSVP 100
Hauser, Landeslterin Frauenschaft, Heuswlr. 319
Heckler, Karl, KP, Abg. LandesR, Wiebelskirchen
Heckmann, Emmy, BDM-Gruppenführerin 446
Heckmann, Max, Bergm., Chr-Soz.142
Heckmann, Nikolaus 112
Heckmann, Peter, Wirt 52, 56, 179, 202, 459
Heckmann, Willi, VerVors. 453
Hector, Edgar 278
Hector, Dr. Jakob, saarld. Mitgl. Reko 76, 278. 280f., 402
Heen, Josef, Pastor 477
Hegmann, Karl, VerVors., Etzenhf. 62
Heib, Josef, Pensionär u. Händler 676
Heib, Käthe, Ehefrau von Hugo Ruf 623
Heib, Nikolaus, Christl.Soz., Sellerb. 94f., 153, 155
Heilig, Margarethe, geb. Dörr, Schwester von P. Hugolin 517
Heimburger, Ministerialdirektor, Sbr. 349, 415
Hein, Franz, Bergm. Herchenb. 151
Heinen, NS-Kreiskulturwart 548
Heinrich I., dt. König 193
Heinrich, Herchenb. 496, 628
Heinz, Hermann, Engelf. 624
Heinz, Josef, Engelf. 624, 629
Heinz, Mathias, pens. Bergm. Köllerb. 615
Heion, Franz, Bergm., Herchenb.
Heisel, Johann, Fuhrunternehmer, Zentr 142, 181
Heisel, Johann, Bergm., KP 143
Heisel, Johann, Bergm., Chr-Soz., Engelf. 155
Heisel, Josef, Hüttenarb. 246
Heisel, Witwe, Mutter von Josef H. 243, 246, 254
Heit, Josef, Händler 353

Hell, Dr., Zahnarzt 340
Heller, Vitus, Chr-Soz. 89-93, 297
Hennes, August, Pfr. Kölln-Herz-Jesu 37, 323, 380
Hennessy, Polizeimajor, Sbr. 386f.
Hentges, Michael, Bergm., Chr-Soz. 142
Herb, August, Bürgermstr. 575
Herber, Lehrer, VerVors. 58
Herbricht, Oskar, Hüttenarb,. Chr-Soz, Engelf. 148
Hermann, Lilli, SP, Landesrat 289, 327, 632
Hermann, Willi 632
Herres, Johann, VerVors 52.
Herrmann, Albert 622,
Herrmann, Luise, KP 300, 318
Hertal, geb. Pistorius 573
Herz, Willi 43
Heß, Johann, Pfr. Püttl.-St. Sebastian 35f., 87, 137, 204f.
Heß, Rudolf, Stellvertr. Hitlers 391, 428
Heugel, Anton, SP, Gewerkschaftssekr. 107
Hey, August, KP, Dudwlr. 300, 321, 632
Heydrich, Reinhard, SS und SD 639
Heyne, Redakteur, reichsdt. Emigrant 369
Hilger, Ewald, BergR 92
Hillebrand, Karl, christl. Gewerksch. 163f., 195, 238, 326
Himbert, August, VerVors. Rittenhf. 63
Himbert, Baptist, Rittenhf..152
Himbert, Jakob, GdeR Köllerb 61, 428
Himbert, Johann, Eisenbahner, Zentr., VerVors., Sellerb. 64, 148, 150, 327
Himbert, Johann, Wirtschaft 318
Himbert, Josef, Saarbauernsch., GdeR Köllerb., Ortsbauernf., Rittenhf.319, 325, 428, 452
Himbert, Lorenz 29, 70, 98, 119
Himbert, Nikolaus, Bergm., Zentr., Herchenb.155
Himbert, Peter, Bergm. Herchenb. 150
Himbert, Peter, Bergm., Sellerb. 153.
Himbert, Wilhelm, Bergm., Zentr., Sellerb. 152.
Himbert-Altmeyer, Johann, Bergm., Sellerb. 153
Himmler, Heinrich, Reichsführer SS 438, 458, 600
Hindenburg, Paul von -, Generalfeldmarschall, Reichspräsident 68, 177, 224, 230f., 318, 416, 478
Hirsch, Max, Kaufm. 44, 145, 500, 674, 679
Hirsch, Johann, Bergmann, Chr-Soz. 142
Hirschmann, DAF-Betriebswalter 449
Hirschmann, Jakob, Bergm., Ritterstr. 143
Hirschmann, Peter (*1899), Saarbd., KP Engelf. 512, 607, 609, 626, 642

Personenregister

- Ehefrau Margarethe geb. Mathis 655
Hirschmann, Peter, VerVors. 51
Hirschmann-Sutor, Georg, Bergm., Zentr., Gdevorsteher Püttl. 51, 87f., 137f., 141f., 145f., 421
Hirtz, Karl, VerVors. 57
Hitler, Adolf, Reichskanzler 77, 125, 172, 178, 219, 224, 230-232 234, 237f., 242f., 250, 256, 259, 262, 264ff., 269-271, 275f., 280, 287-290, 297, 300, 304f., 318, 329ff. 333, 345, 351, 353, 357f., 362, 364, 368, 382, 387, 403, 405f., 416, 420, 422, 459, 478f., 485f., 488, 522, 526, 528, 530, 532, 549, 551f., 554, 556, 585, 592, 606, 611, 613, 615, 617, 624, 629, 668
Hochscheid, Peter, GdeR. Köllerb. 428
Hock, Einheitsfr., Völklingen 327
Höllein, Reichstagsabg. 167
Hör, Konrektor, DF 251, 322
Hörsing, Otto, Gründer d. Reichsbanners 201
Hoff, Erik de-, Abstimmungskom. 375
Hoffmann, Alois, Bergm., Zentr., Herchenb. 150
Hoffmann, Benedikt, Vbd.Saarbergleute, SWV 171, 350, 550, 655
Hoffmann, Gerhard, JVFähnleinf. 445
Hoffmann, Johann, Eisenbahner, Zentr., Etzenhf. 150
Hoffmann, Johann, Ortsvors.DKOV 262f.
Hoffmann, Johannes, Redakteur, später Min-Präs. 238, 269f., 272, 274, 284, 297f., 330f., 341, 350, 402
Hofmann, Karl, Etzenhfn 606f..
Hofmann, Arbeiter, Saarwellingen 322
Holsdorfer, Johann, VerVors. 58
Hommer, Johann, Kaplan Püttl-ULF 571
Honecker, Erich, KP, Wiebelskirchen 120
Houch, Hans Joachim Adolf 534
Huber, Margarethe, Köllerb. 509, 610
Hubertus, Georg, Vors. Landwirtschaftl. Lokalabteilg, Ritterstr. 59, 181, 319, 452
Hubertus, Jakob, Bergm., SP, Ritterstr. 143
Hubertus, Leo, VerVors., Ritterstr. 59, 359
Hubertus, Leo (*1907), Saarbd., Von der Heydt 650
- Ehefrau Paula geb. Bambach 650
Hubertus, Nikolaus, SPD 609
Hubertus, Peter, Pensionär, Zentr., DF, Gde'vorsteher Ritterstr 142, 145f., 251f., 319f., 420
Hubertus-Breinig, Peter, Bergm., Zentr., Ritterstr. 141
Hünnekens, Heinrich, Gewerkschaftssekr. 646
Hüskes, Zentr. 91f.
Hugenberg, Alfred, ReichswirtschaftsMin. 230, 305

Huppert, Eduard, DSVP, später NSDAP-Ortsgrltr.Walpersh. 267
Huppert, Ernst, Monteur, Etzenh. 149f.
Huppert, Friedrich, DSVP, Bergm., Etzenh.149, 154
Huppert, Karl. Bergm., DSVP. Köllerb. 154
Huppert, Willi, Bäckermstr., DSVP, Jugendvbd. »Deutsche Saar«, Walpersh. 100.

Imbusch, Heinrich, Gewerkschafter, Sbr. 257, 287, 327, 384

Jacob, Karl Emil Rudolf, ev. Pfr., DSVP, Völkl. 98
Jacoby, Elisabeth, verh. Pohl 676
Jahn, Friedrich Ludwig, Turnvater 416
Jakob, Viehhändler 44, 500
- Sohn Siegfried
Jakob, Emil 632
Jakob, Emma. Völkl. 346
Jakob, Siegfried, Sohn des Viehhändlers J. 501
Jakubowitsch. David 44
Jenal, Familie 352
Jochum, Hildegard BDM, Herchenb., 446
Jörg, Erika, BDM-Bannführerin 446
Johänntgen, Otto, KP 606
Jost, Jakob, Bergm., Zentr., Engelf. 148
Jost, Joachim, GdeR Köllerb., DF-Sektionsltr. Engelf. 252, 323, 428
Jost, Johann, Bergm., DRK, Köllerb. 148, 154, 455
Jordans, Josef, Dr., Landesvors. Zentr. 87
Jung, Polizeioberwachtmstr. 52
Jung, Alois 614
Jung, Jakob, Gauleiter NSDAP-Saar, später Bgrm. Püttl.29, 125, 130,320, 423, 438, 463, 477, 535ff., 554, 559, 565f., 568, 570f., 573, 583, 621, 623f.
Jung, Wilhelm, Bergm., SP, Jugendobmann BAV, Rittenh. 507
Junglas, Erna. BDM-Scharf. 446
Jungmann, Alois, Bergm., Zentr., DF, Sellerb. 138, 317
Jungmann, Jakob, VerVors. 53, 363
Jungmann, Johann, VerVors.. Zentr., DKOV-Obmann, GdeR Köllerb. 149, 155, 180, 263, 323, 451
Jungmann, Johann, Bergm., Rittenh. 152
Jungmann, Peter, Hüttenarb., DSVP, Etzenh. 154
Jungmann, Wilhelm (*1902), Bergm., BAV, SP, Köllerb. 153, 513
Jungmann, Willi Philipp, Kaufm.., Zentr. 89, 357, 629, 634
- Ehefrau Hildegard, geb. Baltes 664
Jungmann-Bohr, Jakob, Beigeord. Püttl. 145

Jungmann-Kiefer, Bergm., GdeR Püttl. 142

Kaczmarek, Martha, Ehefr. von Jakob Becker 509
Kahlefeld, Dr., Saarbr. 324
Kammer, Bernhard, VerVors. 53
Kammer, Georg, Kolonnenführer DRK 52
Kapp, W., Generallandschaftsdirektor, Putschist 478
Kaps, Christian, Steiger, GdeR Püttl. 21
Karg, Berta Carola, KP, München 373
Karrenbauer, Adolf 676
Karrenbauer, Franz, VerVors. 55
Karrenbauer, Jakob, Landwirt, Zentr. 142
Karrenbauer, Johann, KP 255, 357
Karrenbauer, Wilhelm (*15.04.1877) 353, 510
Karrenbauer, Wilhelm (*23.05.1898), SP 507
Kartes, Johann, Reiter SA 437
Kartes, Matthias, Hüttenarb., Christl-Soz., Engelf. 148
Kaspar, Johann, Schneidermstr. 145
Kassel, Friedrich, RFB, Altenkessel 208
Kattler, Berta, verehelichte Faust 268
Kattler, Heinrich, Bergm., SP, Engelf. 110, 137f., 147f., 153, 165, 375, 642
Kattler, Jakob, SP, Engelf. 110, 148, 507
Kattler, Peter, Bergm., Zentr., Engelf. 148
Kattler, Wilhelm, SP, Engelf. 137, 147
Katz, Wilhelm Peter Maximilian, ev. Pfr. Altenkessel 39
Katzenmaier, Katharina/Schwester Theodolinde OSB, Seelsorgehelferin Pütt.-St. Bonifatius 610, 616-620, 628
Katzlin, Dr. Jakob, jüdischer Publizist 362
Kaul, Peter, Bäckermstr. 145
Kaupp, Wilhelm, Reichsbanner 106
Keller II, Landjäger 315
Kemmer, Ludwig, DDP, Rockershsn. 135
Kern, Johann. Trier. BauernVer., Sellerb. 181
Kern, Ludwig, Bergm., Chr-Soz. 112, 138, 142
Kern, Wilhelm, Bergm., Zentr., Etzenh. 150
Kessler, Diplomlandwirt. Saarbr- 319
Kiefer, Anton, RfL, Köllerb. 324, 457, 460f.
Kiefer, Daniel, DAF 449
Kiefer, Gustav, Bergm.,VerVors., GdeR Püttl.,NSDAP-Zellenltr. 56, 425, 433
Kiefer, Hans JVFähnleinf. 495
Kiefer, Ignatz, VerVors. 462
Kiefer, Jakob, Bergm., Chr-Soz. 142
Kiefer, Jakob, Malermstr. 145
Kiefer, Johann, VerVors. SP, Engelf. 111, 336
Kiefer, Johann (*1898), Gesangslehrer Domanialschule, SP 198, 312, 507
Kiefer, Josef, Schulleiter, Zentr., Sellerb. 152, 454

Kiefer, Peter, christl. Gewerksch.88, 164, 215, 237f., 242, 256f., 269, 295, 311, 329, 448
Kiefer, Peter, Bergm., Zentr., Kölln 151
Kiefer, Wilhelm (*02.12.1878), Eisenbahnarb. 509
Kiefer, Wilhelm (*1890), VerVors., Ortsbauernf. 58, 439, 452, 623
Kiefer, Willi 632
Kimmritz, Wilhelm, ADGB 166
Kirch, Johann, Pensionär, Zentr., GdeR 142
Kirch, Karl, Bergm., Chr-Soz. 143
Kirchner, Johanna, SPD, reichsdt. Emigrantin 646
Kirn, Richard, SP, Schiffwlr. 210, 299, 646
Kirsch, Georg, Schlosser, Chr-Soz., Ritterstr. 138, 142, 146
Kirsch, Peter, Bergm., Chr-Soz., Sellerb. 153
Kirschmann, Emil, SPD, Reichstagsabg., reichsdt. Emigrant 646
Kläs, Gastwirtschaft. Engelf. 582
Kläs, Ortsbauernf. Engelf. 452
Kläs, August, GdeR. Köllerb 427, 452
Kläs, Eduard, Bergm., SP, Kölln 69, 110, 148, 153
Kläs, Ernst, Bergm., SP, Engelf.
Kläs, Fritz, Bergm., SP, Etzenh. 150, 153, 147f., 154f., 477
Kläs, Jakob, Presb. Ev. K`gde Kölln´, Engelf. 147f., 154f., 477
Kläs, Karl, VerVors., Engelf. 61
Kläs, Wilhelm, Bergm., VerVors., SP, Etzenh. 150, 153, 448
Klahn, Andreas, Gewerksch., Saarbr. 324
Klausner, Erich, Vors. Kath. Aktion 384
Kleer, Karl, Schlosser, Güchenb. 143
Klein, BAV-Sekretär 220
Klein, Christian, Steiger, DSVP 98
Klein, Friedrich, apostol. Gde. Güchenb. 39
Klein, Fritz, Bergm., SP, Engelf. 111, 148, 153, 605, 620f., 629, 646, 650,
- Ehefrau Jettchen geb. Becker 650
Klein, Fritz, Schlosser u. Gastwirt, Etzenh., Amtsbeigeord. Riegelsbg. 427
Klein, Herbert, Reiter-SA 437
Klein, Johann, Chr-Soz., Güchenb. 95
Klein, Josef, Eisenbahner, Kölln 151, 155
Klein, Ludwig, DNVP, Hilschb. 123
Klein, Wilhelm, Bergm., VerVors. Herchenb. 62, 151
Klein, Willi, Jugendvbd. »Dt. Saar«, Hilschb. 100
Klein-Schäfer, Theodor, Landwirt, Herchenb. 151
Kleinbauer, Johann, RFB 359f., 402, 643
Kleinpeter, Fritz, Schichtmstr.,Wirtschaftspartei, Rockershsn. 136

Klemmer, Gendarmeriestr. 470, 4712f., 598, 643
Klippel, stellvertr. DKOV-Führer 262f.
Klüß 294
Knappe, Otto, Dreher, Etzenh. 150
Kneip, Ludwig, KP, Güchenbach 369
Knissel, NSDAP-Gauamtsltr. 421
Knopp, Heinrich, Rentner, GdeR Püttl, Rockershsn. 21.
Knox, Sir Geoffrey George, Präsident der Regierungskommission 415
Koch, Christian/Christoph, HJ-Führer 234, 310, 318. 347
Koch, Käthe 632
Koch, Karl, Wirt, Schloßhotel Püttl. 51
Koch, Rudolf, (*1907 + 1989), KP, Köllerbach 359
Koch, Salome, verh. Mit Johann Baltes 664
Kockler, Gastwirtschaft(=Schloßhotel) 172, 222, 262, 311, 386, 437, 524, 549f., 552f., 561
Kockler, KP., Ritterstr. 304, 433
Kockler, Alois, NSDAP-Zellenltr. 359, 379
Kockler, Georg, Bergm., SP 143, 505
Kockler, Johann, Kaufm., Zentr. 142
Kockler, Michael, VerVors. 58
Köhl, Heinrich, Hüttenangestellter, GdeR Püttl. 425
König, Christoph, reichsdeutscher Emigrant 372
König, Rudolf, KP, BgrmR 146, 337
Kohler, Karl, Kaufm. 145
Kohley, Vollziehungsbeamter 72f.
Kolling, Nikolaus, Pfr. Kölln Herz-Jesu 37, 448, 473
Konrad, Fritz, Gerichtsreferendar, VerVors. 55
Konrad/Conrad, Peter, Kaufm-., GCB, Chr-Soz., GdeR Püttl. 141f., 146, 425
Koßmann, Bartholomäus, saarld. Mitgl. Reko 76, 164, 208, 218
Krach, August, Arbeiter, KP 143
Krächan, Heinrich, HJ u. FAD, Wemmetswlr. 325
Krämer, Clemens, Schneidermeister, GdeR Püttl.426, 510
Krämer, Joseph, Tierarzt 49
Krämer, Karl, Vbd. Saarbergleute, SSP 171f., 187, 277, 292
Krämer, Matthias, Geschäftsf. DKOV 262f., 311
Kramer, Wilhelm, SSP 277
Krames, Johann, Bergm., KP 676
Krancher, Leo, SS 373, 438, 511, 601, 615f.
Krahs/Krass, Johann, Gastwirt 55, 58f., 260, 311, 320, 328, 379, 472, 527, 561
Kratz, Gerold, JVFähnleinmf. 445

Kraus, NSDAP-Zellenltr. Etzenhfn. 428
Krauss, Hauptlehrer, DSVP, Walpersh. 98
Krauß, Eduard, Gastwirt, SP, Etzenhf. 62, 153, 326f. 452
Krauß, Karl, Bergm., Etzenh. 149
Krauß, Ludwig, VerVors., Etzenhf. 62, 149
Krauß, Wilhelm, pens. Bergm., Etzenh. 149
Krauß, Theodor, Bergm., Etzenh. 150
Krebs, KdF 449, 461
Krebs, Jakob Peter, Bergm., Sellerb. 71
Krebs, Jakob, Bergm. Bürgerpartei, Engelf. 148, 155
Krebs, Oskar, VerVors., GdeR Köllerb. 63, 151, 428, 449, 461, 455, 479
Krebs, Peter, Landwirt, Sellerb. 153
Krecken, Tech n. Nothilfe siehe Grecken
Kreis, SA-Obersturmf., Völkl. 303ff., 361, 436
Kremp, Jakob VerVors, Köllr. 63
Kreutzberger, Karl, VerVors, Herchenb. 111, 151
Kreutzberger, Ludwig, Bergm , Kölln 151
Kreutzberger, Wilhelm, Bergm., Kölln 151
Kreutzer, Heinrich, Autotransporte, Engelf. 145
Krieger, NS-Schulungsltr. Köllerb. 434
Kronenberger, Georg, Pfr., Püttl.- St. Bonifatius 37
Krupp, Unternehmerfamilie 291, 358
Kühnen, Gustav Robert, ev. Pfr. Altenkessel 39
Küpper, Ludwig Friedrich, Hüttenarbeiter, RFB 203
- Ehefrau Johanna, geb. Ludwig 203
Kuhn, Fritz, Etzenh. 620
Kuhn, Karl 632
Kuhn, Peter, VerVors., Engelf.61
Kuhnen, Fritz Gewerkschafter 164, 194, 237, 257, 287, 295, 297, 327, 384, 632, 634
Kunkel, Dr. Ludwig, Arzt 49, 425
- Ehefrau 160, 319, 321, 345
Kunz, Saal in Engelfangen 324, 327
Kunz, Friedrich, Heuswlr. 606
Kunz, Georg, DF 323, 325, 328
Kurtz, NSDAP, Saarbr. 550
Kurtz, Fritz, Steiger, GdeR Püttl. 425
Kurtz, Jakob, KJVD 36, 120, 360, 513, 620
Kurtz, Josef, EP 313, 402
Kurtz, Josef, Ehefrau von –, Leiterin Arbeiterwohlfahrt Püttl. 110
Kurtz, Julius 513
Kurtz, Karl, Lehrer, Zentr., Herchenb. 150
Kurtz, Karl, NSDAP, Steiger, Ritternhf. 308
Kurz, Margarethe, VerVors. 472 (identisch mit Ehefrau vor Friedrich Kurz 469 ?)
Kutsch, Paul, Chr-Soz., Gewerksch.

Lachmann, Guy Kurt, Sbr. 632

Lackas, Kaplan, Pü-St.Sebastian 35
Lackes, Josef, VerVors. 453
Lackes, Peter, Rentmeister, VerVors. 52, 458
Lambert-Forster, Johann, Bergm., Chr-Soz., Sellerb. 154
Lammel, Josef, Eiserne Front 354
Lammers, Hans Heinrich, Staatssekr. Chef Reichskanzlei 237
Lamour, Dr. Margarethe, Ärztin, Altenkessel 49
Lamour, Dr. Robert, Arzt, Altenkessel 49
Lamour, Rudolf, Zentr., BgrmR Püttl. 146
Lampert, Nikolaus, Bergm., Sellerb. 153
Land, Julius, LandR Saarlouis, saarld. Mitgl. Reko. 76
Landes, Gustav, Bahnhofsvorsteher 145
Lang, Franz, Ortsbauernf. 452
Lang, Dr., Saarbr. 310
Lang, Dr. Joseph, Arzt, Köllerb. 49, 65, 153, 234, 459,
Lang, Landjäger 319
Langer, Julius, Bgrm. Sellerb. 29, 69, 113
Lang, Rudolf, Bergm., SP, Ritterstr. 143
Langkitsch, Hermes, SS-Untersturmf., kom. HJ-Bannf. 443
Latz, Alois, VerVors. Etzenh. 452
Latz, Jakob, Bergm., Zentr., Etzenh. 149f., 155
Latz, Leo, VerVors. 462
Latz, Michel, Pensionär, Zentr. 142
Lauer, Fahrsteiger, SWV, Engelf. 281
Lauer, Otto, KP, Sbr. 208
Laval, Pierre, franz. Außenminister 410
Leber, Fritz, SA-Sturmf.. Völkl. 354
Leblang, Johann, Kfm.,GdeR. Püttl. 21
Le Comte, Abstimmungskommissar 3785, 394f.
Lehmann, Eduard, Rechtsanwalt, SP, Saarbr. 107, 324
Lehnhof, Edmund, bergm., 246
Lehnhoff, Peter, Pensionär, Zentr. 142
Leick, Jakob, Bergm., SWV 676
Leick, Elise verh. Dupont, Köllerb.
Leidinger, Alfons, GdeR Püttl. 425
Leidner, Johann, Beamter, Zentr., GdeR Püttl. 142, 146, 477, 573
Leik, Albert, Bergm., Chr.-Soz. Etzenh. 149
Leinenbach, Maria, verh. Scholtes 572
Leinenbach, Jakob, Bäcker, Zentr.,GdeR Köllerb., Kölln 151, 155
Leinenbach, Peter, Bergm., SP, VerVors. 57, 107ff., 135, 137, 141f.
Leinenbach, Peter, Schreiner, Etzenhf. 150
Leinenbach, Rudolf, Dt. Stenographenschaft, Köllerb. 448
Lenhard, Baufirma 507
Lenhardt, Alois, Gewerksch., Saarbr. 320

Lermen, Johann Peter, Pfr. Püttl.-ULF 36f., 272, 313, 350, 465, 472, 474ff., 485, 490, 529, 531, 534, 571
Lesch, Johann, Ackerer, GdeR Köllerb., Herchenb. 155
Levacher, Franz, Rechtsanw., Zentrum, Abg. LandesR, Saarlouis 237f., 242
Ley, Dr. Robert, Staatsrat, später ReicharbeitsMin. 237
Leyser, Ernst Ludwig, stellvertr. NSDAP-Gauleiter 449, 530
Liebknecht, Karl, Spartakusführer 68, 199
Limbach, Carola, Gebietsmädel. 445
Lind, Franz, SP, Engelf. 110
Linke, NSDAP 552
Linxweiler, Fritz, Hüttenarb., USPD, Engelf. 113, 135
Litwinov, Maksim Maksimowitsch, sowjetischer Politiker 613
Lobe, Maria Ärztin, Saarbr. 608f.
Loeb, Fritz, Lagerverwalter, DHV, DSVP, NSKOV 138, 145, 172, 451
Löns, Hermann, Dichter 552
Loersch, Maria, Ärztin, Ltrin. KP-Frauenorganisationen, Saarbr. 632
Loew, Pankratius, Grubenschlosser, Chr-Soz., Engelf. 148, 154
Lonsdorfer, Josef, Lisdorf 292
Lonsdorfer, Paul, SS-Führer, Saarbr. 130
Lorenz, Paul, Bezirkssekretär KP-Saar, Redakteur, Sulzbach 116, 190, 293
Loris, Johann Peter, Bergm., Chr-Soz. 142
Louis, Josef, Hüttenarb., GdeR Püttl. 425
Lubbe, Marinus van der –, angeblicher Reichstagsbrandstifter 412
Luckhardt, Emil, Texter der Internationalen 167
Ludendorff, Erich von -, General 478f.
- Ehefrau Mathilde 478f.
Ludwig XIV., König v. Frankreich 400
Ludwig, Johanna, verh. Küpper 203
Ludwig, Josef, VerVors., Ritterstr. 455
Ludwig, Wilhelm, Hüttenarb., Zentr., GdeR Püttl. 142
Luther, Hans, Reichskanzler 118, 203
Luther, Martin, Reformator 477
Lutze, Viktor, SA-Stabschef 436
Lux, Hans Maria, Texter des Saarliedes 335
Lydorf 644
Lydorf, Fritz, Kraftfahrer, SP, Engelf. 148
Lydorf, Fritz, Hüttenarbeiter, Kölln 151
Lydorf, Hermann, SP 98, 111
Lydorf, Martha, verh. Pistorius 514
Lydorf, Peter, pens. Bergm., Engelf. 148
Lydorf, Wilhelm, Bergm., BAV u. SP, Köllerb. 110, 148, 153, 165, 507

Personenregister

Maas, Lehrer 54
Maas, Johann, Bergm., Zentr.,Herchenb. 150
Maas, Peter, Bergm. Chr-Soz., Amtsältester 55, 142, 424f.
Maas, Peter, Landwirt, Zentr., Etzenh. 150
Maaser, Albin, Lehrer 676
Maier, Rudolf, Dentist 482, 622. 628
Mannbar, Artur, KP 632
Mang, Peter, Bergm., Zentr., Engelf. 148
Maringer, Nikel, VerVors. Kölln 63
Marley, Dudley Leigh Amon, Mitgl. d. brit. Oberhauses, Comité zur Beobachtung der politischen Verhältnisse im Saargebiet 380
Marmann, Karl, Grubenschlosser 655
Martin, Ignaz, BAV 324
Martini, Kurt, Motor-HJ 443
Marx, Karl, Bierverleger 145
Marx, Otto, Dr., SWV 280
Mathieu, Jakob, Gastwirtschaft 320, 326, 379, 386, 561
Mathis, Alex, Arbeiter, KP 143
Mathis, Artur, BAV, Ritterstr. 105
Mathis, Heinrich, pens. Bergm.,GdeR Püttl. 21
Mathis, Jakob (*1900), Bergm., Chr-Soz. 142, 189, 495, 513, 628
Mathis, Jakob, Maurer, KP 112, 137, 143, 355, 359
Mathis, Jakob, Bergm., KP, Köllerb. 676
Mathis, Katharina, Ehefrau von Jakob Karl Müller 655
Mathis, Margarete, Ehefrau von Peter Hirschmann 655
Matthies, Rudi, JVFähnleinf. 445
Mattonet, Dr. Josef, Bgrm. Püttl. 28, 72f.
Maurer, Friedrich, Hüttenarbeiter, DSVP, Kölln 154
Maurer, Wilhelm, Bergm., SP, Sellerb.
Maus, Gastwirtschaft, Rockershsn. 107
Maximini, NS-Propagandaltr. Köllerb. 434, 451, 459f., 484, 551
Mayer, Alfred, Schlosser 337
Mayer, Peter, SPD, BAV 165
Meier-Rech, Johann, Bergm., Chr.-Soz. Sellerb. 153
Meijer, Ludwig, Parteisekr. Zentr., Saarbr. 241
Meijer, Peter 651
Meiser, Johann, Bergm., SP, Engelf. 643, 676
Meiß, Hauptlehrer, SP, Altenkessel 135
Melling, Conrad, pens. Bergm., GdeR. Püttl., Altenkessel 21
Mergen, Johann, GdeR Köllerb. 428
Merkel, Else 632
Mertens, Emil, SA
Mertens, Josef, VerVors. 459
Messinger, Emil, SA-Mann, Gastwirt, Ritterstr. 291

Messinger, Heinrich, Bergm., Chr-Soz., GdeR Köllerb., Etzenh. 155
Messinger, Johann, pens. Bergm. 518
Messinger, Oskar, SPD, BAV, Ritterstr. 107f., 165, 176, 507, 512, 626
Metzger, Johann, Hüttenarbeiter, RFB 581, 609, 615, 628
Meyer, Adolf, Schlosser, DF-Sektionsltr., NSDAP, Sellerb 313
Meyer, Alois, Schmiedemstr., Amtsältester Riegelsbg., NSDAP-Ortsgr.tr. Köllerb. 128, 155, 252, 265, 318, 325, 427, 434, 501, 511, 597f.
Meyer, Alois, gen. Schrinner Peter 572
Meyer, August, Amtsältester Rockershsn. 424
Meyer, Christian, KP 517
Meyer, Emil (*1885), Maschinist, SP, GdeR Püttl. 106, 141, 143, 189, 205, 354, 413, 510, 639, 643, 646
Meyer, Ernst, Bergm., SP, Engelf. 148
Meyer, Franz, VerVors. 56
Meyer, Georg. Bergm., Chr.-Soz. Engelf. 148, 154
Meyer, Georg. ADGB, Dillingen 268
Meyer, Gustav, Amtsältester, NSDAP-Zellenltr. 424, 433
Meyer, Hans, Ingenieur, Techn. Nothilfe 455
Meyer, Heinrich, Bergm., DDP, Neudorf 97, 146, 421, 426
Meyer, Heinrich, Bergm., SP, Engelf. 153
Meyer, Johann, VerVors., Engelf. 61
Meyer, Johann, Bergm., RFB 616, 628
Meyer, Johann, Bergm., Hixberg 71, 166
Meyer, Johann, pens. Bergm., Chr-Soz. 53, 142
Meyer, Johann Peter, VerVors. 153
Meyer, Nikolaus, Bergm., Zentr. Engelf. 148
Meyer, Peter, Bergm. 222
Meyer, Willibald 432
Meyer-Knapp, Johann, Bergm., Chr-Soz. Sellerb. 153
Michaely, Johann, Bergm. u. Landwirt, Chr-Soz., GdeR Püttl. 141f.
Michaely, Peter, VerVors., Sellerb. 64
Michel, Wilhelm, ev. Pfr., Kölln 39
Michels, Jakob, Zentr., Gdevorst. Altenkessel 145, 421, 424f.
Michels, Veronika, geb. Becker188, 643
Michels, Werner, Saarbd. 643
Michely, Jakob, Gewerksch., Zentr., Altenkessel 135, 189, 200
Michely, Peter, BAV-Sekretär, Sulzb. 323
Michler, Erich, Reiter-SA 457
Michler, Friedrich, Landwirt, DSVP Herchenb., Beigeord., NSDAP-Ortsgrltr. Sellerb. 100, 128, 138, 151, 252, 317, 321, 323, 325, 427, 434, 452, 479, 501, 538, 551

Mierendorf, Carlo, SPD, Reichstagsabg 294
Minke, RfL, Saarbr. 457
Modarscak, Meta 327
Mölders, Werner, Oberst 585
Mörsdorf, Helene, Wwe, VerVors., KP, Ritterstr. 60, 143, 160
Mohm, Georg, pens. Bergm., Kölln 151
Mohr, Felix, Apotheker 49
Mohr, Maria, Kriegerwitwe, Saarlouis 305
Morschhäuser, Josef, Oberlehrer, Zentr. 146
Mühlhausen, Johann, VerVors, Kölln 63
Müller, Dr. Arzt, Völkl. 603
Müller, Fahrsteiger, Herchenb. 571
Müller, Lehrer, VerVors. 452
Müller, Albert, Bergm., SP, VerVors. 108, 143
Müller, Alois, Saarbauernsch., Chr-Soz., GdeR Köllerb, Engelf. 153, 428
Müller, Dr. Aloys, Arzt 49, 340
Müller, August, Bergm. 605
Müller, Erich Max, Sohn von Jakob Karl M. 655, 664
Müller, Franz, Polizeihauptwmstr 599
Müller, Friedrich, Bergm., KP, Ritterstr. 143
Müller, Dr., Gewerksch. 92
Müller, Hermann, Reichaußenminister u. Reichskanzler 104, 201, 203
Müller, Jakob, VerVors., Sellerb. 65
Müller, Jakob, Bergm, Zentr. 142
Müller, Jakob Karl, KP 655, 664
- Ehefrau Katharina geb. Mathis, 655, 664
- Sohn Erich Max
Müller, Johann, VerVors. 146, 458
Müller, Johann, Bergm., 527
Müller, Josef, Eiserne Front 354
Müller, Josef VerVors. 448
Müller, Julius, VerVors., Engelf. 61
Müller, Julius, Steiger, Saarbd. 170, 174ff.
Müller, Kaspar, Hüttenarb.,GdeR Püttl., SA-Scharf. 425, 437
Müller, Ludwig, ev. Reichsbf. 442
Müller, Michel, Kaufm, Zentr., Sellerb. 152
Müller, Nikolaus, Gastwirtsch., Rittenh. 449
Müller, Oswald, Steiger, Saarbd. 505
Müller, Peter, Bergm., Chr.-Soz., Engelf. 137f., 148
Müller, Rudolf, KP 507, 609
- Ehefrau Änne geb. Pistorius 507
Müller, Wilhelm, Zentr., Engelf. 88, 148, 320
Müller, Wilhelm, VerVors., Ritterstr. 461
Müller, Wilhelm, Knappschaftsältester, Zentr., Sellerb. 135, 152, 448
Müller-Folz, Jakob, Ackerer, Rittenh. 152
Müller-Grün, Johann, SPD 112
Müller-Himbert, Jakob, Bergm., Zentr., Rittenh. 152, 155
Müller-Kern, Peter, Bergm., Chr-Soz. 143

Müller-Prümm, Bergm.,SP, Gewerksch. 71, 106,112, 135, 137f., 141, 143, 165, 189,
Musler, Obersteiger, Saarbd. 176
Mussolini, Benito, italienischer RegChef. 560, 579, 590

Nahlbach, Ludwig, VerVors. 53
Nalbach, Adam, Bergm.,Chr-Soz., Etzenhf. 94, 150, 154
Nalbach, Jakob, SPD, KP 117, 146, 165, 370, 385, 628, 660
- Ehefrau Margarethe, geb. Schneider 660
- Tochter Maria, Ehefrau von Ludwig Brader 661
- Tochter Rosa 660f.
Napoleon I., franz. Kaiser 400
Nassenstein, Dr. StudienR, Völkl. 91
Naumann, Peter 614
Neikes, Dr. Hans, Oberbgrm. Saarbr. 191
Nermerich, Friedrich, apostol.Gde. Pflugscheid 39
Nessle, Bankdirektor 309
Neu, Hermann, Grubenunfallsteiger, GdeR, NSDAP-Zellenltr. 425, 433
Neu, Nickel, SP, Engelf. 110
Neumark, Max, Kaufm., GdeR Püttl. 141, 145, 363, 413, 674, 679
- Ehefrau Doris, geb. Daum 44
- Kinder: Anna Mara, Jenny, Lotte, Werner 44
Neumark, Salomon 44
Neumeyer, Heinrich, VerVors. 57
Neurath, Konstantin Frh. von -, Reichsaußen-Min. 230, 237
Ney, Jakob, Schneidergeselle, KP 346, 510
- Ehefrau Martha 346, 510
Ney, Johann, Bergm., Chr.-Soz., Sellerb. 154
Ney, Nikolaus, Bergm., SP, Engelf. 148
Nickles, Fritz, Ritterstr., KP 508
Nickles (Niklass), Hermann, KP, Ritterstr., BgrmR Püttl. 146, 224, 327, 357
Nickolay, Fritz, KP 325, 373f., 673f., 677
- Ehefrau Dora geb. Zeitz 120, 346, 373, 632, 673f., 677
Niebergall, Otto, KP 632, 645, 672, 674
- Ehefrau Barbara 632
Niemöller, Martin, ev. Pfr. 479
Nietmann, Heinrich, DAF, Sbr. 448
Nitzschke, Polizeibeamter 299
Nikels, Matthis, Bergm., Zentr., Engelf. 148
Niklass s. Nickles
Ninnig, Jakob, USPD, Riegelsbg. 113
Noh, August, Bergm., Chr-Soz. 142
Nold, Hubert, Superintendent des ev. Kirchenkrs. Saarbr. 265
Noll, Christl. Gewerksch. 163

Nolte, Friedrich, Bahnhofsvorsteher, Etzenh. 149
Nolte, Baumeister u. Branddirektor 52, 454
Nußbaum, Albert, Bergm., Ritterstr. 476
Obalski, Georg, Eisenbahnassistent, DSVP, Kölln 98, 154
Ossietzky, Carl von, Publizist 294
Ott, Friedrich, VerVors. 51, 146, 247, 355
Ott, Johann, KP 118, 247
Ott, Matthias, Kriegsbesch., KP, Ritterstr. 143
Ott, Mathias, KP, VerVors., Völklingen 57
Ott, Michael, Rentner, GdeR Püttl. 21

Pabst, Jakob, Bergm., KP 143, 348
Pabst, Jakob bzw. Pabst/Papst-Roth Gastwirtschaft 51, 90, 93 159f. 205, 259, 308, 310, 315, 319, 471, 527, 553, 561, 564
Pabst, Mathias, SP 509
Papen, Franz von -, Reichskanzler 178, 222, 230, 237, 272, 290, 305, 365
Papst, Albert 56
Papst, Georg, Bergm. 145
Passo, Dr., DF, Völkl. 328
Paul, Jakob, Rektor, Vors. Stahlhelm 260
Paul, Mathias, VerVors., Kölln 63
Paulus, Apostel 266, 486
Paulus, Luise, verh. Speicher 652
Pech, Friedrich 513
Pech, Josef, Bergm., GdeR PÜttl., Vbd. Saarbergleute, SWV 676
Perizonius, Wilhelm, Studienrat, DSVP, Völklingen 100
Peter, Ernst, Bergm., SP, Zahlstellenltr. BAV Ritterstr. 146, 165, 210, 224, 513
Peter, Rudolf 637
Petri, Abg. LandesR,SP, 176
Petzinger, Fritz, DSVP, Heuswlr. 97
Pfaff, Richard, Vors. SP-Unterbezirk Saarbr.-Stadt 321
Pfeiffer, Adolf, KP 626
Pfordt, Fritz, Bezirkssekretär KP-Saar 293f., 299, 317, 321f., 327, 380, 390, 402
Pfundt, Georg, Dreher, SP, Engelf. 148
Philipp, Arthur 625
- Ehefrau Martha, geb. Altmeyer 625, 629
Philippi, Heinrich, Bergm., Herchenb. 150
Philippi, Johann, Bergm.
Philippi, Karl, Monteur, Zentr., Sellerb. 152
Philippi, Michel, Bergm., Rittenhf. 152
Pick, Otto, Bezirksltr. CMV 164, 257, 287, 295
Pink, Hans, KP, Abg., LandesR, Ltr. Rote Hilfe 312
Pink, NSV 449
Pink, Adolf, VerVors. 56

Pink, Maria 632
Pink, Matthias, Amtsältester 424
Pirro, Jakob, Landesf. DF, Homburg 242
Pistorius, Benno, RfL 457
Pistorius, Ernst, Schlosser, USPD, später KP 113, 116, 141, 143, 146, 251, 281, 312, 357, 504, 514, 573, 603, 608f.
- Ehefrau Martha geb. Lydorf 514
Pistorius, Gustav SSP 277
Pistorius, Johann 55, 57
Pistorius, Matthias, Pensionär KP 117, 137, 612
Pistorius, Nikolaus, VerVors. 55, 461
Pistorius, Peter, Bergm., Chr-Soz. 142, 437
Pistorius, Wilhelmine, Ehefrau von Theo Sehn 272, 281, 346, 582, 612
Pitz, Georg, Steiger, DDP, Herchenb. 135
Pius XI., Papst 468
Plaßmann, Dr. Wilhelm, Arzt, GdeR Püttl. 21, 49, 53, 234, 340, 379, 424f., 455, 458, 461
-Ehefrau Wilhelmine geb. Mainzer 455
Pohl, Berthold, Bergm. 651
Pohl, Hans, VerVors., Ritterstr. 459
Pohl, Jakob, Bergm. 357
Pohl, Julius KP 223
Pohl, Wilhelm, Bergm., Köllerb. 676
- Ehefrau Elisabeth geb. Jacoby 676
- Sohn Wilhelm 676
Porz, Jakob, Pfr. Kölln Herz-Jesu 37
Posth, Jakob, DSVP, Engelf. 147f., 154
Pottier, Eugène, Texter der Internationalen 167
Prinz, Johann. Ackerer, Zentr.,GdeR Köllerb., GdeVorst. Ezenh. 25, 149f., 155
Probst, Adalbert, Reichsf. DJK 384
Prümm, Rektor a.D.

Quinten, Peter Johann, Bergm., KP, Ritterstr. 109, 143, 342, 345, 628, 655f.
- Ehefrau Elisabeth 318, 655
- Tochter Rosa 656

Raber, Felix, Steinhauer, Sellerb. 155
Raber, Josef, Gastwirt, Kölln 324ff.
Raber, Peter, Gastwirt, Kölln 91, 319
Rach, Peter, VerVors. 57
Raskop, Josef, Kaplan, Püttl. St.Sebastian 89, 272, 316, 335
Rassner, Erich, SS-Obersturmbannf. 563
Rau, Anneliese, BDM-Scharf. 446
Raubuch, pers. Bergm. 359
Raubuch, Andreas, NSV-Amtsltr. 431, 450
Raubuch, Jakob, SA-Oberscharf. 430, 437, 598
Raubuch, Peter, Bergm., Zentr. 142
Rault, Victor, Vors. Reko 76f., 189, 405
Rech, August, Bergm., Sellerb. 153, 155

Rech, Peter, Arb.-u.- SoldR., später KP, Kölln 69, 154
Redezki, Friseur 572
Rehlinger, Nikolaus, VerVors., Kölln 63
Reimers, Friedrich Wilhelm Hermann, ev. Pfr., DSVP, Wahlschied 98
Reinhard, Philipp, KP-O, dann DF Ludweiler 122, 326, 383
Reisdorf, Matthias, Bergm., SWV 676
Rentsch, Oberst 668
Reventlow, Ernst Graf zu -, Dt. Glaubensbewegung 271
Richter, Carl Roderich, ev. Pfr. Saarlouis, Führerrat DF 242
Ries, Heinrich, Maschinist, Engelf. 148
Ries, Karl, Gewerbelehrer, Heuswlr. 312
Rieth, Hans, Jugendvbd. »Dt. Saar«, Etzenh. 100
Rimbach, Ludwig, NSDAP-Zellenltr. Püttl 433
Rinmark, Georg, Zentr., BgrmR Püttl., Altenkessel 145, 421
Riß, Felix, Bergm,.651
Rixecker, Albrecht, HJ-Bannf., Völkl. 443
Robin, franz. Grubening. SWV 280
Rodenhauser, Wilhelm, Direktor Röchling´sche Eisen- u.Stahlwerke, Völkl. 98
Röchling, Unternehmerfamilie 96
- Hermann Dr. h.c., Großindustrieller und Politiker, DSVP, Völkl. 25, 97f., 102f., 121, 126, 190f., 237-239, 242, 250, 279, 284, 290, 314, 357, 514, 520, 559, 562
- Karl, Berlin u. Saarbrücken 98
Röhm, Ernst, SA-Führer 285, 297, 384, 435, 613
Römer, Adolf, Fahrsteiger, Saarbd., Bedsab., Engelf. 170, 651
Rösner, Arbeiter- u. SoldatenR 69
Rösner, Paul, Kaufm., DF, GdeR Püttl. 141, 145, 251f., 350
Rohde, E.A., Vors.d. Abstimmungskommission 375
Rommel, Erwin, Generaloberst 585, 587f.
Ronellenfitsch 500
Rooy, Johannes de -, holländischer Zivilarb. 564
Roschel, Jakob, Hüttenarb., Chr-Soz., Engelf. 14
Rosenberg, Alfred, NS-Chefideologe 270f., 617
Rossenbeck, Arthur, Steiger, Ltr. der AG zur Wahrung saarld. Interessen 292, 378
Roth, Jakob, Kriegsbesch., KP, Ritterstr. 143
Royer, Rechtsanwalt, Stahlhelmf. 125, 178
Rüffler, Fritz, Bezirksvorsth. Rockershsn.145
Ruf, Hugo, Riegelsbg. 623, 629
- Ehefrau Käthe geb. Heib 623

Ruffing, Hans, Gewerksch., Fraulautern 220-222, 311
Rug, Karl Ludwig, ev. Pfr. Kölln 39, 98, 122, 267, 323, 387, 400, 477-481, 483, 485f., 526
Ruloff, Jakob, VerVors. 458
Rupp, Gustav, Gastwirt Kölln 151
Rupp, Jakob, Bergm., Chr-Soz., Etzenh. 150, 152
Rupp, Jakob Anstreichermstr. Kölln 155
Rupp, Johann, Schlosser, Etzenh. 149
Rupp, Karl, Privatsekr. von Hermann Röchling, Völkl. 98
Rupp, Leo, VerVors., Engelf. 61
Rupp, Sylvester, Bergm., Chr-Sozial, Etzenhf. 94f., 138, 149, 154, 287, 381, 401, 644

Saal, Dr. O., Apotheker 49
Salomon, Robert, Kaufm. 44, 362, 500
Samuel, Geschw. 44
Sander, Gustav, Bergm., DSVP, Etzenh. 154
Sander, Jakob, Bergm., Rittenh.
Sander, Jakob, Bergm., Chr-Soz., Sellerb. 153
Sander, Ludwig, VerVors., Etzenhf.62, 149
Sarg, NSDAP, Heusweiler/Scheidt 128, 328
Sartorius, Johann, Werkmstr., GdeR Püttl 21
Sauckel, Fritz, Generalbevollmächtigter für Arbeitseinsatz 559
Sauer. Mathias, Bergm. u. Landwirt Sellerb. 153
Savelkouls, Dr. Hermann, Wirtschaftsber. NSDAP, Saarbr.317
Schackmann, Jakob, Gastwirt, SPD, Püttl 57, 141.
Schackmann, Jakob, Vbd. Saarbergleute 100, 165, 171f., 258, 280f., 283, 292, 306, 315, 343, 350, 634, 651, 678
- Sohn Josef 360, 678
Schäfer, Georg., VerVors., Etzenh. 452
Schäfer, Irene, Ritterstr. 619
Schäfer, Jakob, Fahrsteiger, VerVors. 56
Schäfer, V., Vors. Saarwaldverein 56, 379
Schäfer, Valentin, VerVors., Ritterstr. 60, 379
Schäfer, Valentin, Landesvors. SPD 42, 104
Schahn, Baumeister, Köllerb. 454
Schaller, Christian, Sattlermstr.GdeR Püttl. 21
Schampel, Agaton, Landwirt, Herchenb. 151, 574
Schario, Hubert, Rektor, Zentr., GdeR Köllerb., Rittenh. 155
Scharl, Jakob, Hochofenarbeiter, KP 117, 656
- Ehefrau Elise Rote Hilfe 121, 160, 345, 656
Schaub, Peter, DF, Neunkirchen 322, 330f.
Scheidemann, Philipp, SPD-Fraktionsführer im Reichstag 68

Personenregister 711

Schelkes/Schellkes, Landjäger 260, 293, 306, 310, 330
Scherer, Leiter der Ortsgruppe des Reichskolonialbundes 462
Scherer, Redner, DF, Saarbr. 317
Scherer, Albert, Ortsbauernf. 452
Scherer, Jakob, VerVors. 181, 452
Scherer, Jakob (*1890) SWV 651
Scherer, Johann Karl, Bergm., Etzenh.150
Scherer, Josef, SWV 676
Scherer, Matthias, Bergm., SWV 71, 676
Scherer, Peter, GdeR Püttl. 425
Scherer, Peter (*1887) SWV 651
Scherer-Zimmer, Johann, Bergm., Zentr., BgrmR Püttl 141f., 151f., 415, 421
Scheuer, Peter, Präs.LandesR, St.Ingbert 217, 241
Schieder, Dr., Redner DF, Saarbrücken 316
Schiefer, Dr., Kreispropagandaltr. 323, 326.
Schiffgens, Luise, SP, Mitgl. des Reichstages 298, 300, 318, 632
Schikofsky, Georg, VerVors. 56
Schikofsky, Hans, SS, Kölln 128
Schikofsky, Josef, Bergm, Zentr., Sellerb. 153, 155
Schikofsky, Matthias, VerVors., Kölln 63
Schikofsky, Nikolaus, Bgrm., Zentr., Kölln 147, 151, 155
Schikofsky-Neu, Jakob., Bergm., Zentr., Kölln 151
Schille, Wilhelm, Bergm., KP, Ritterstr. 143
Schirach, Baldur von -, Reichsjugendführer 130, 273, 442
Schirra, Albert, VerVors., Kameradschaftsltr. Stahlhelm 57, 179, 259, 337, 355, 360
Schlageter, Leo, Ruhrkämpfer 340
Schlang, Johann, Hüttenarb., KP, Ritterstr., 143
Schlang, Nikolaus, Bergm., Rittenh. 155
Schleicher, Kurt von -, Reichskanzler 384
Schlemmer, Theo, Redakteur, Saarbr. 223, 310
Schlich, Dr.Johann Ludger, Dechant Saarbr. 271
Schlosser, Lydia 632
Schmeer, Gastwirtschaft, Ritterstr.551f.
Schmeer, Fritz, Bergm., DAF-Ortsgruppenwalter 424f., 431, 449
Schmeer, Peter, Pensionär, SWV, Ritterstr. 145, 651
Schmeer, Valentin, SA-Scharf. 437
Schmelcher, Willy, Polizeipräs. Sbr. 598
Schmelzer, Wilhelm, Landesvors. DSVP 237f.
Schmidt, Gastwirt, Stammlokal Stahlhelmer - Söhne Matthias und Toni 356f.
Schmidt, Lehrerin 487
Schmidt, Lichtspielhaus 549

Schmidt, Ernst, Bergm., Rittenh. 155
Schmidt, Friedrich, Steiger, DSVP, Altenkessel 98
Schmidt, Hans, JV-Oberjungzugf. 444f.
Schmidt, Heinrich, Chauffeur. Engelf. 155
Schmidt, Jakob, Bergm., Vors. SP-Ortsver., Engelf. 110, 147f., 153
Schmidt, Johann, Bergm., Etzenh. 149, 155
Schmidt, Johann Peter, Landwirt, Chr-Soz.138
Schmidt, Josef, Bergm, KP 614
Schmidt, Josef, Landwirt, Sellerb. 153, 155
Schmidt, Leo, VerVors., Etzenhf. 62
Schmidt, Ludwig, Landjäger 392
Schmidt, Mathias, Sohn des Gastwirts 356f.
Schmidt, Nikolaus, Bergm., GdeR. Püttl. 21
Schmidt, Peter, Beigeord. Altenkessel 145
Schmidt, Toni. Sohn des Gastwirts 356f.
Schmidt, Wilhelm, Wirt, SP, Engelf. 110, 148, 153, 201, 268, 298, 327, 356, 517
Schmidt, Wilhelm, (*1901) SP, SSB, Sellerb. 152f., 508
Schmidt IX, Oberlandjäger 359
Schmidt von Schwind, Frau, Vors. Königin-Luisen-Bd. 259
Schmidt-Heckmann, Gastwirtschaft 515
Schmidt-Koch, Philipp, Knappschaftsältester, Zentr. 138
Schmitt, DF, Saarbr. 326
Schmitt II, Landjäger 91
Schmitt IX, Landjäger, Püttl. 119, 128 204, 224, 314. 347, 385
Schmitt, Aloys, Chr-Soz., Gewerksch., Wiebelskirchen
Schmitt, Josef Ortsbauernf., Sellerb. 452
Schmitt, Ludwig, VerVors. 453
Schmitt, Nikolaus, Hüttenarb., KP, KP-O, Ritterstr. 113, 122, 138, 142
Schmitt, Peter Gewerksch., Saarbr. 328
Schmitt, Philipp Bergm., Zentr. 142
Schmitt, Wilhelm, Gastwirt, Engelf. 327
Schmitz, August, Hüttenschmied, KP 143
Schmoll gen. Eisenwerth, Gustav, Wirtschaftspartei Sbr. 102, 238f., 242
Schneider, Elisabeth verh.Boes 376
Schneider, Fritz, Vors. »Naturfreunde« Sulzb. 111
Schneider, Jakob, Bergm., Zentr, Sellerb. 152
Schneider, Johann, Rektor, DF, NS-Kulturwart 52f., 234, 251f., 317, 320, 432, 463, 484
Schneider, Johann, Bergm., Chr.-Soz., Sellerb. 142, 154
Schneider, Johann SP, Sellerb. 152
Schneider, Josef, Bergm. 514
Schneider, Julius 632
Schneider, Konrad, VerVors., Ritterstr. 60

Schneider, Margarethe, Ehefr. von Jakob Nalbach
Schneider, Matthias, NSDAP-Zellenltr., Riegelsbg. 433
Schneider, Otto, Arbeiter, DSVP, Sellerb. 154
Schneider, Richard, Bergm. 614
Schneider, Theodor, Gastwirt, Sellerb., GdeR Köllerb.155, 235, 264, 322, 328, 428, 459, 548, 551
Schneider, Willi, kom. Kreisbauernf. 452
Schnur, Nikolaus, NSV-Zellenltr. 450
Schönecker, August, Bergm., Chr-Soz., Engelf. 148, 154
Schönfeld, Kurt, ev. Pfarrer, Klarenthal 267f.
Schoettler, Dr., Wilhelm, Redakteur,Vors. Saarbd., Neunkirchen 176
Scholtes, Alfred, Sohn von Johann Sch.,Dreher, SP, SSB 386, 607, 656
Scholtes, Johann, Bergm., SP 143, 656
- Ehefr. Maria Magdalena Leinenbach 572, 607, 610
- Söhne Alfred und Richard
- - Enkel A.M. 573
Scholtes, Richard, Sohn von Johann Sch. 386, 607, 656f.
- Ehefr. Anna Maria, geb. Dietrich,
Scholtz-Klink, Gertrud, Reichsfrauenführerin 365, 440
Schommer, Jakob, Pfr. Püttl. St. Sebastian 35f., 87, 319, 466, 476
Schorr, Georg, KP, GdeR Püttl. 90, 116-119,137f., 142f., 146, 167, 189, 222, 236, 250f.,307f.
Schorr, Ludwig, Pensionär, wirtschaftl. Arbeitsgem. 145
Schorr, Ludwig, Maurer, KP 143
Schorr, Peter Bergm., KP 143
Schorr, Peter, Bergm., DAF 449
Schramm, Johann, Pensionär, Engelf. 155
Schramm, Peter, SSB, Engelf. 110, 508
Schreiner, Nikolaus, Gewerksch., Altenkessel 314
Schröder, HJ-Gefolgschaftsf. 443
Schröder, Edmund, SA-Scharführer 437
Schröder, Nikolaus, Kaufm. 143, 496, 628
Schülbe, Wilhelm, Kaufm. 517f.
Schuster, Lena, Ehefrau von Josef Wagner 632
Schwaninger, GewerkschSekr., Saarbr.202
Schwarz II, Oberlandjäger 59, 178f., 209, 236, 257, 260ff., 277, 280, 283f., 305, 307f., 310f., 314-318, 320-327, 329, 332, 335, 340 344, 347, 349f., 357f., 360, 366, 386f., 390, 392, 402
Schwarz III, Landjäger 324 f. 327, 342
Schwarz V, Landjäger 281

Schwarz, Albert, SS 615
Schwarz, Anton, Schmied 348
Schwarz, Edmund, SA-Scharf. 437
Schwarz, Georg, Bergm. 380
Schwarz, Dr. Hubert, Arzt, Altenkessel 49
Schwarz, Johann Peter (* 1893) 651
- Söhne Peter und Richard 652, 672
Schwarz, Julius, Vors. BAV, stellvert. Vors.SP d.Saargebiets 165, 187f., 257, 295, 507
Schwarz, Matthias, VerVors. 458
Schwarz, Peter (+1939), GdeR Püttl. 142, 658
- Sohn Rudolf
Schwarz, Reinhold 639, 644, 658
Schwarz, Richard, Sohn von Johann Peter Schw. 652
Schwarz, Rudolf, Sohn von Johann Peter Sch. (+ 1939) 628, 658
Schweitzer, Peter, Zentr., Buchenschachen 137
Schwerin von Krosigk, Graf Lutz -, ReichsfinanzMin. 230
Schwickerath, Dr. Wilhelm, Kaplan in Püttlingen, später Domvikar Trier 470
Schwindling, Konrad, Bergm., KP, Köllerb. 615
Schwindling, Leo, Arbeitersamariterbd. 110, 677
Schwitzgebel, Fritz, Oberbrgrm. Sbr. 457, 553
Sehn, Theo, Saarbd. 281, 283, 314, 350, 359, 370, 373, 507, 582, 608f., 611f., 644
- Ehefr. Wilhelmine geb.Pistorius 272, 281, 346, 582, 612
- Sohn Theo iun. 612
Sehn, Wilhelm, Engelf., VerVors. 62
Seibert, Eduard, Bergm., Chr-Soz., OrtsgrVors. DKOV 95, 141, 180, 262f.
Seibert, Gendarmeriehauptwachmstr. 129, 224, 308, 311, 315f., 326, 337, 342, 359, 471
Seidel, Kurt, DF, Saarbr. 234
Seldte, Franz, Stahlhelmf., ReichsarbeitsMin. 230, 259
Sender, Dr. Walter, SPD, Mitgl. LandesR 193
Serf, Albert/Albrecht, Hüttenwächter, DSVP, 100,146, 171, 340, 451, 553, 562
Serf, Georg, Oberbrandmstr., Sellerb. 64, 264f., 454
Serf, Heinrich, Bergm., Chr-Soz.. 142
Serf, Johann, VerVors. 458
Setz, Oskar, Wirt, KP 143
Sieg, Ludwig, VerVors., Grubenangestellter, Ritterstr. 60, 305
Siegwart, Rudolf, Arb.u.SoldR., Rittenh. 69, 113
Simon, Gustav, NSDAP-Gauleiter Trier-Koblenz, später Moselland 242
Six I, Friedrich, Gendarmeriehauptwachmstr. 62, 235268, 310, 316, 319f., 322-326, 449f.

Sommer, Heinrich, KP, LandesR. 300, 324
Sommer, Matthias, Bergm., Zentr., Engelf. 148
Sommer, Peter, VerVors., Engelf. 61
Spaniol, Alois, Landesleiter NSDAP-Saar 126, 172, 235, 237f., 241f., 257f., 270, 357, 428
Spaniol, Johann, Gesamtvbd. Deutscher Arbeitnehmer, Engelf. 324
Speicher, Propagandawart NSDAP 432
Speicher, Alois, Bergm., Chr-Soz., GdeR Püttl. 138, 142, 425
Speicher, Anna, Lehrerin, Chorleiterin 55f., 109
Speicher, Auguste, FrauenschZellenltrin. 440
Speicher, Bernhard, Eiserne Front 354, 386, 665
Speicher, Fritz, Bergm. Ritterstr. 652
- Ehefrau Luise geb. Paulus 652
- Sohn Fritz 652
Speicher, Georg, Grubenwächter 487f.
Speicher, Georg, Bergm., Chr-Soz. 143
Speicher, Gustav, Amtsältester 424f.
Speicher, Hans, KP, Engelf.
Speicher, Hans (Johann), Eisenbahner, KP, Etzenh. 150, 154
Speicher, Heinrich, Dirigent, SP 109, 312, 509, 514, 628
- Tochter Jutta 628f.
Speicher, Heinrich, Kyffhäuserbd. 459
Speicher, Jakob, Bergm., GdeR Püttl., NSV-Zellenltr. prüfen 141, 146, 432
Speicher, Jakob, Pensionär, wirtschaftl. Arbeitsgemein. 141, 145
Speicher, Jakob, VerVors. Köllerb. 459
Speicher, Johann (*1886), Engelf. 505
Speicher, Johann (*1890) NSV-Zellenltr. 450
Speicher, Johann (*1899), Bergm., KP, neuapostolisch 137, 482, 621
Speicher, Johann, VerVors. 453
Speiocher, Johann, Ritterstr. 349
Speicher, Jutta, Tochter von Heinrich Sp. 514, 628
Speicher, Karl, Herchenb. 150
Speicher, Lukas, stellvertr. Bgrm. Sellerb.29
Speicher, Mathias (Theis), Gastwirt 57
Speicher, Peter, VerVors. 51
Speicher, Rudolf VerVors. 56
Speicher, Wilhelm, Bergm., SP,VerVors.51, 110, 143, 459, 608
Speicher-Dörr, Jakob, Landwirt, SP 141
Spicker, Franz, Schwalbach 384
Spring, Heinrich, DNVP, Saarbrücken 238f., 242
Stanger, Karl, Maurer, Kölln 154
Steegmann, Franz, Rechtsanwalt, Landesvors. Zentr., Saarbr. 87, 269

- Ehefrau Klara, Vors. Kath. Frauenbd. Saar 87
Steffes, Josef, Anstreicher, GdeR Püttl. 337, 426
Stegerwald, Adam, Zentr., RverkehrsMin. 92
Steimer, Johann, Bergm., Zentr., Kölln 151, 155
Stein, Alfred, Sekretär, Bürgermeisteramt Püttl. 251, 394f., 424, 432
Stein, Johann, VerVors. 58
Stein, Möbelfabrik, Püttl.
Steinmetz, Oberlandjäger 322
Stemmler, Willi, SS-Obersturmbannf. 438
Stenzer, Wwe.. reichsdt. Emigrantin 312
Stephan, Rudolf, Bergm., USPD 113, 135
Stern, Marie Louise 632
Stern, Peter August 632
Stiel, Anna geb. Dörr, Schwester von P. Hugolin D. 517
Stockum, Phil pp, Unternehmer 145
Stöcker, Jakob,Steiger, Ritterstr. 677
Stöhr, Landjäger 235, 268, 307, 311, 316f., 323ff., 327f., 355, 380
Stöhr, Willi, NSDAP-Gaultr. Westmark 571
Stork, Else, Obergauführerin 445
Straub, Karl, Bergm. DSVP, Sellerb. 154
Straub, Mathias, Gewerksch. 188
Strauß, Christian, Gastwirt, Ritterstr. 60, 118, 159, 320, 326
Strauß, Gustav, VerVors, Etzenhf. 62
Strauß, Josef, Bergm., Amtsältester 424f.,
Strauß, Wilhelm, Bergm., Chr-Soz. 51, 142
Stuppi, Peter, Bergm., Zentr., Kölln 151
Susewind, Maximilian, ev. Pfr., Altenkessel-Neudorf 39. 481
Sutor/Suttor, Jakob, Bergm. u. Wirt, Zentr., Engelf. 141
Sutor, Matthias, Bergm., Chr-Soz. 148
Szesni, Heinrich, Bergm., SPD, Bochum, reichsdt. Emigrant 368
Szielasko, HJ-Bannf. Völkl. 443

Tabellion, Georg, Bergm., Zentr., Engelf. 148
Texter, Karl, Oberlehrer, GdeR Püttlingen, DF 141, 388
Thälmann, Ernst, Vors. KPD, Mitgl. d. Reichstages 294, 313
Theis, Gendarmeriehauptwachmstr. 598
Theis, Gastwirtschaft, Ritterstr. 303, 354, 359
Theissen, Paul, Landespropagandaltr.DF 322, 330
Theodolinde, Schwester OSB siehe Katzenmaier, Katharina
Thiel, Johann, Bergm., SWV 677
Thiel, Peter, SP, Ritterstr. 107f
Thielen, Peter, Bergm., Zentr. Sellerb. 153

Thielen, Wilhelm, KP 670
Thiery, Johann, Vors. Saarbd., Neunkirchen/ Saar 175
Thomas, Kurt 632
Thomas, Matthias, Sparkassenrendant, Zentr. 135
Thyssen, Unternehmerfamilie 291, 358
Todt, Fritz, Ltr.d.Organisation f. militär. Bauwesen 526
Töfflinger, NSDAP-Kreisltr. Wolfhagen 534
Torgler, Ernst, Vors. KP-Fraktion Reichstag 294
Trapp, Wilhelm 632
Trauden, Jakob, Bergm., Herchenb. 151
Trauden, Johann, Steinbruchbesitzer, Herchenb. 155
Trenz, Elisabeth, Frauenschaft- Zellenltrin. 440
Trenz, Wilhelm, Gastwirtsch. Ritterstr. 202, 210f., 311, 314, 319, 323, 326, 472
Trenz, Wilhelm, Bauhilfsarbeiter, SA, NSDAP-Pressewart 432
Türk, Johann, VerVors., Ritterstr. 58
Türk, Peter, Spediteur 145

Udet, Ernst, Generalluftzeugmeister 585
Ulrich, Karl, KP, DF Ludweiler 201, 326f., 383
Uthmann, Gustav Adolf, Komponist 312
Utter, Karl, Bergm., Chr-Soz. 52, 142

Vinde, schwedischer Journalist 270
Vogel, Theodor, Bd. d. Saarvereine 193
Vogeler, Dr. Friedrich, Landrat Saarbr. 21, 186, 341, 344, 370
Vogt, Josef, Hüttenarbeiter 145
Voigt, Hermann, Legationsrat, Berlin 379
Volkmann, Karl, Engelf. 322
Volz, Gastwirtsch. Riegelsbg. 168, 199
Vopelius, von-, saarlde. Unternehmerfamilie 96
- Max (DSVP) 259
- Frau v. -, Vorsitzende DRK Krsvbd. Sbr. 324, 365

Wagner, Josef, KP, Lockweiler 645
- Ehefrau Lena geb. Schuster 632
- Tochter Marie 632
Wagner, Robert, NSDAP-Gaultr. Baden u. Chef d. Zivilverwakltg. Elsaß 659
Wahl, Alois, Krankenwärter, SP 143
Wahlmann, Oberlandjägermeister 309, 340, 369
Wahlster, Ludwig, Steiger, GdeR Püttl., Altenkessel 21
Walter, Eduard, Hüttenarb., DSVP, Rittenh. 154
Waltz, Max/Mathias, Landesvors. SSP u. Liga f. Menschenrechte 258, 262, 277, 283, 292, 306, 334
Walz, Alois, Christl-Soz., Sellerb. 95, 138, 153f
Walz, Franz, Bergm., Zentr., Sellerb.
Walz, Peter, Bergm., Chr-Soz., Sellerb. 153f.
Wambaugh, Sarah, Mitgl. Abstimmungskom.
Warken, Mathias, Bergm., Chr-Soz. 51, 143
Warken, Michael, Bergm. Chr-Soz. 138
Warken, Wilhelm, SPD, BAV, GdeR Püttlingen, Ritterstr. 142, 165, 205
Waschbüsch, Franz, pens. Bergm., Zentr., Sellerb. 155
Waschbüsch, Rudolf, VerVors., Engelf. 61
Wasmuth, Heinrich, Rektor, Vors. Bergmannsver. 59
Weber, Kaplan, Kölln 35
Weber, Redakteur, SWV Saarbr. 278, 315
Weber, Emil, Bauunternehmer, Oberbrandmstr. 52, 251, 317
Weber, Heinz, Landesschützenf. 318
Weber, Jakob, Schneider, KP 143
Weber, Josef, Schreinermeister 52, 317, 320ff.
Weber, Julius, NSDAP-Kreisltr. Saarbr.-Land 434, 516, 597
Weber, Lenchen 632
Weber, Nikolaus, Zimmermstr. 145
Weber, Wilhelm, VerVors. 57
Weber, Gastwirtschaft, Altenkessel 159, 208
Weber-Schwarz, Johann, Bergm., Chr-Soz., GdeR Püttl. 141f.
Wehner, Herbert alias Kurt Funk 293
Weiland, Bernhard, Bergm., Chr-Soz., GdeR Köllerb. 148, 428
Weiland, Eugen, Bergm., Chr-Soz., Herchenb. 154
Weiland, Heinrich, Bergm., Sellerb. 71, 148
Weiland, Hermann, VerVors., Herchenb. 62, 151
Weiland, Jakob, Chr-Soz., VerVors. Engelf. 95, 148, 452
Weiland, Johann, Bergm., Zentr., GdeR Köllerb., Sellerb. 155
Weiland, Matthes 515
Weiland-Altmeyer; Johann, Bergm., Zentr., Sellerb. 152
Weiler, Polizeikommissar 200, 202, 223, 263, 354, 412
Weinert, Erich, Schriftsteller 307, 321
Weis (Weiss), Albin, Abg. LandesR, KP, dann KP-O, Völkl. 93f., 122, 173f., 268
Weisgerber, Johann, Angestellter Betriebswerke Püttl. 508f., 610
Weisgerber, Peter, Steiger, Saarbd. 515
Weiß, Gauvors. Arbeitersängerbd. 312
Welbers, Heinrich, Elektriker, Sellerb. 153
Welsch, Jakob, Hüttenarb., SP 143

Welsch, Johanna, Hausfrau, SP, Rittersh. 143, 160
Welter, Jakob, KP, Dudweiler 632
Welter, Wilhelm, SA-Führer, später NSDAP-Kreisleiter 129, 317, 321, 325, 328, 423, 426
Wenneis, Wilhelm, Steiger, GdeR Püttl. 426
Wenzel, Nikolaus, Bergm., Kölln 151
Wernet, Josef, Bergm., Chr-Soz., Etzenh. 150, 155
Werron, Jakob, NSKK-Scharf. 439
Werth, Nikolaus, Bergm.,Zentr., GdeR Pütt., Altenkessel 21f., 135
Wessel, Horst, Student, NSDAP, Berlin
Westhofen, Heinrich, VerVors. 56
Westrich, Aloys, VerVors. 57
Weyand, Arb.u.SoldR., Sellerb. 69
Weyand, Nikolaus, Wächter, Grube Viktoria 677
Weyland, Heinrich, VerVors., Sellerb. 65
Wiesen, Felix, Bergm., KP, Ritterstr. 143
Wildberger, SA- Standortführer 436, 492
Wilhelm I., Deutscher Kaiser 75
Wilhelm II., Deutscher Kaiser 68
Wilhelm, Peter, Pfr. Wehrden, DF-Führerrat 242, 272, 275, 299, 317, 319
Wilson, Thomas Woodrow, US-Präsident 67, 74
Witzleben, Erwin von -, Generaloberst 533
Wolff, Otto, Großindustrieller 250, 290, 357
Wolker, Generalpräses
Wolmeringer, Adolf, Bergm., Chr-Soz., Sellerb. 153f.
Wolmeringer, Johann BAV, Kölln 163
Wolmeringer, Peter, Zentr., Engelf. 88, 147f.
Wolmeringer, NS-Schulungslterin, Köllerb. 441
Würtz, Philipp, VerVors. 51

Wüsten, Fritz, Bgrm. Riegelsberg 29, 426
Wunn, Heinrich, Altenkessel, Amtsältester 425
Wurm, Theophil, ev. Landesbf. Württemberg 498
Zahler, Albert Bergm. 677
Zahler, Peter, SSB 508
Zeiger, Fritz, Bergm., SP, Engelf. 148
Zeiger, Georg, Bergm., Etzenh. 149,155
Zeiger, Heinrich, Bergm., Herchenb. 155
Zeitz, Arnold, NSDAP, Ritterstr. 291, 326
Zeitz, Dora, KP, Ehefr. von Fritz Nickolay, 120, 346, 373, 632, 673f, 677
Zeitz, Heinrich, pens. Bergm,. Herchenb. 151
Zeller, JV-Starmf. 444
Zempel, Friedrich, Lehrer, Ritterkreuzträger 554f.
Zenner, Johann, VerVors., Sellerbach 65
Ziegler; Fritz, Fahrsteiger, Camphausen, Saarbd. 176
Ziegler, Georg. pens. Bergm., Etzenh. 149
Zimmer, Anneliese, Ehefrau von Helmut Albert Balna: 534
Zimmer, Fritz Josef, Lehrer, SP, GdeR Püttl. Ritterstr. 10f., 112, 137, 205
Zimmer, Johann, VerVors., Sellerb. 64
Zimmer, Josef, Lehrer, SP 137
Zimmer, Maria, geb. Dörr, Schwester von Pater Hugolin 517
Zimmer, Peter, Verwaltungsangest. GdeR. Püttl., später Bürgermstr.142, 366, 423, 508, 516f. 599, 610, 648
Zirkler, Dr. Alvin, kom. Gauf. Stahlhelm 259
Zörgiebel, Karl Polizeipräs. Berlin, 201

Ortsregister

Nicht aufgenommen wurden der Ortsname Püttlingen und die Landes- oder Staatsbezeichnungen Bayern, Preußen, Rheinland, Saargebiet, Saarland., Deutschland, Deutsches Reich, Frankreich

Aachen 28
Abessinien 612
Afrika 617
Ägypten 587f.
Albi, F., Dép. Tarn 650
Algerien 588
Algier 657, 669
Alpes Maritimes Dép., F. 657
Altenkessel, Stadtteil von Saarbrücken 20ff., 26, 32, 35, 39, 43, 46, 49, 83, 87, 98, 100f., 107f., 112, 131ff., 135, 139, 141, 145, 159, 162, 176, 179, 181, 201, 208f., 217, 224, 226ff., 236, 247, 251, 268, 277, 300, 308, 316, 331, 337, 340, 370, 375, 378, 390, 392, 394, 397, 415, 420, 424f., 434, 436, 443, 449f., 535, 555-557, 561, 570f., 580f., 592, 616, 627, 635, 663
s. auch Neudorf, Rockershausen
- ev. Kirchengde. Altenkessel – Neudorf S. 37ff., 481f.
Altenwald, Stadtteil von Sulzbach 253, 300, 486,

Amberg, Oberpfalz 656
Amelungschächte (Von der Heydt) 47, 208, 214
Annaschacht 209
Angouleme, F., Dép. Arriège 625, 647, 672
Ardennen 480
Argentinien 675
Arraincourt, Dép. Moselle, F. 670
Arriège, Dép., F. 656
Asnières, F., Fort nördlich Dijon 661f.
Aspenschacht, Engelf. 186
Atlantik 584
Auboué, F., Dép. Meurthe-et-Moselle 675
Auersmacher, früher eigene Gde., jetzt Ortsteil von Kleinblittersdorf
Auschwitz, KZ-Lager 628, 660
Auvergne, F. 672
Avranches, F., Dép. Manches 569

Baltikum 496
Ban Saint-Martin Dép. Moselle 538
Barcelona, Spanien 656
Bas-Rhin, Dép., F. 645
Basel, Schweiz 660
Bayonne, F., Dép. Basses-Pyrenées 656
Belgien 526, 583
Belgrad, Jugoslawien 583
Bengesen, Stadtteil von Püttlingen 34, 37, 205, 386, 431, 469, 545
Bensheim, Hessen 617
Berchtesgaden, Bayern 611
Berlin 67f., 345, 365, 391, 579, 608, 612, 625, 668f.
- Gefängnis Moabit 479, 663, 670
- Plötzensee 625
Bernburg, Heil- u. Pflegeanstalt 498
Berschweiler, Ortsteil von Heusweiler 526
Besseringen, Ortsteil von Merzig 381
Bettingen, früher eigene Gde., jetzt Ortsteil von Schmelz, LK Saarlouis 605, 607
Béziers, F., Dép. Hérault 673f.
Bietschied, Ortsteil von Heusweiler 447
Bildstock, Stadtteil von Friedrichsthal 253
Birkenfeld, oldenburgischer Landesteil 37
Bischmisheim, früher eigene Gde., jetzt Stadtteil von Saarbrücken 228, 253
- Bürgermeisterei 598
Blieskastel, Saarpfalzkrs. 469
Bliesransbach, früher eigene Gde., jetzt Ortsteil von Kleinblittersdorf 253, 598
Blaye-les-Mines, F., Dép. Aveyron 650
Blumberg, B-W. 514, 520
Bochum 368, 512, 515
Böhmen-Mähren, Protektorat 528
Bordeaux, F., Dép.Gironde 673
Bous, LK Saarlouis 29, 116, 215, 426, 605

- Röhrenwerk 614
Bouzonville/ Busendorf, F., Dép.Moselle 637
Braunschweig, Niedersa. 665
Brebach, früher eigene Gemeinde, jetzt Stadtteil von Saarbrücken 253, 423
- Bürgermeisterei 200, 225, 228, 635
Brefeld, Stadtteil von Sulzbach 253
Brest-Litowsk, Weißrußland 67
Bretagne, F. 673
Briey, F. Dép. Meurthe-et-Moselle 653
Bruchsal, B-W. 651
Brunsbüttel, Schles-Holst. 621
Buchenschachen, Ortsteil von Riegelsberg 23f., 40, 46, 137, 166
Buchenwald, KZ-Lager 606f., 628, 656
Bübingen, früher eigene Gde, jetzt Stadtteil von Saarbrücken 253
Bückeburg 365
Bukarest, Rumänien 67
Bulgarien 583
Burbach, Stadtteil von Saarbrücken 368, 509
- Eisenbahnwerkstätte 72
- Hütte 215
Burgund, F. 662
Busendorf s. Bouzonville

Calais, Sender 568
Calmelette, Schacht bei Klarenthal 209, 292
Camphausen, Steinkohlebergwerk bei Fischbach LK Saarbr. 176
Carcassonne, F., Dép. Aude 641, 657, 663
Carmaux, F., Dép. Tarn 650
Cevennen, Gebirge in Südwestfrankr.674
Chalon- sur- Saone 574
Champagne, F. 662
Charkow, Ukraine 590
Château-Chinon, F., Dép. Nièvre 654, 657
Château-Salins, Dép. Moselle 651
China 118
Cocheren, F., Dép. Moselle 649, 651
Compiègne, F., Dép. Oise 68
Cotentin, Halbinsel in Normandie, F. 569
Créhange, F., Dép. Moselle 651
Creutzwald, F., Dép. Moselle 648

Dachau, Bayern, KZ-Lager 312, 325, 374, 516, 615f., 622, 625, 627f., 660
Darmstadt, Hessen 665
Dijon, F. Dép. Cote d´Or 661f.
Dillingen LK Saarlouis 114f., 226, 268
Dilsburg, Ortsteil von Heusweiler 69, 70, 176, 443, 460, 497, 524
- Grube 208
Dordrecht, Niederlde. 564
Dresden, Sa. 678
Drewer, Nrh-W 513, 644

Drontheim, Norwegen 513
Dudweiler, früher eigene Gde, jetzt Stadtteil von Saarbrücken 68, 71, 162, 194, 200, 225, 227f., 253, 365 227f., 253, 365, 598, 636, 674, 678
- Grube 114
Ebermannsdorf, Oberpfalz 656
Eberstadt 665
Ehrenbreitstein, Rhld-Pf 364
Eiweiler, füher eigene Gde, jetzt Ortsteil von Heusweiler 35, 227, 469
Elsaß-Lothringen 76, 215, 278, 280, 297, 645, 665
Emmersweiler, früher eigene Gde, jetzt Ortsteil von Großrosseln 252
Engelfangen, früher eigene Gde., heute Stadtteil von Püttlingen S.22ff., 25, 31, 34, 38, 40, 46, 55, 61f., 64f., 71, 83, 88, 95, 100f., 108, 110, 113, 116, 120, 131-.135, 137ff., 147f., 153-157, 160, 166, 171, 181, 186, 189f., 195, 199-202, 220, 225ff., 252, 255, 268, 281, 287, 298, 307, 311, 314, 323ff., 327f., 339, 344f, 355, 370f.,, 375. 380, 390, 401, 442, 452f., 491, 502, 505f., 508, 518, 561, 605, 611, 613, 615, 641f., 644, 646, 650, 673
England 210, 221, 625 s. auch Großbritannien
Ensdorf, LK Saarlouis 174, 507, 520, 573, 648
Epernay, F., Dép. Marne 664
Eppelborn, LK Neunkirchen 312, 535
Eschweiler bei Aachen, Nrh-W 512
Essen Nrh-W 460
Etzenhofen, früher eigene Gde, heute Stadtteil von Püttlingen S.22-25, 31, 34, 38, 46, 61f., 64f., 69, 71, 94f., 98, 100, 131-134, 138f., 149f., 153-157, 188, 199, 201, 225ff., 307, 326f., 344, 364, 381, 427, 436, 445, 448, 450, 452, 454, 463, 561, 606, 644
- Straflager 562f.
Falkenberg s. Faulquemont
Faulquemont, F., Dép. Moselle 647, 649ff, 654
Fechingen, früher eigene Gde, jetzt Stadtteil von Saarbr. 253
Fenne, Stadtteil von Völklingen 443
Fischbach, früher eigene Gde., jetzt Ortsteil von Quierschied 253
Florenz, It. 593
Forbach, F., Dép. Moselle 380, 605, 607, 637, 645f., 648, 650ff.
Folschwiller, F., Dép. Moselle 643, 647, 649
Frankenholz, Grube in Bexbach 75, 487
Frankfurt/Main 439, 606, 617, 621, 624, 660
Fraulautern, früher eigene Gde, jetzt Stadtteil von Saarlouis 200, 279, 311, 373
Freiburg, B-W 617, 660

Fremersdorf, Ortsteil von Rehlingen-Siersburg, kath. Pfarrei 37
Friedrichshafen, B-W. 660
Friedrichsthal, Stadtvbd. Saarbrücken 253, 258,
- Bürgermeisterei 200, 227, 598
Frommersbach, rechter Zufluß der Saar 20f.
Fürstenhausen, Stadtteil von Völklingen 70, 381, 443
Fumel, F., Dép. Lot-et-Garonne 653

Geislautern, Stadtteil von Völklingen 70, 279, 443, 520
Genf, Schweiz 77, 96f., 191, 379, 383, 406
Gerhard, Grube, später Luisenthal 20
Germersheim, Rhld-Pf 573
Gerolstein, Rhld-Pf 38
Gersweiler, früher eigene Gde, jetzt Stadtteil von Saarbrücken 29, 363, 423, 443, 668
- Bürgermeisterei 200, 252, 598
Gießen, Hessen, FAD-Lager 317
Gieslau, Arbeitslager 628, 658
Gneisenau, Zeche bei Dortmund 508
Göttelborn, früher eigene Gemeinde, jetzt Ortsteil von Quierschied 95, 520
Gonnesweiler, früher eigene Gde, jetzt Ortsteil von Nohfelden 571
Goslar 606, 620
Grafeneck, Heil- u. Pflegeanstalt, Gde. Dapfen, Kr. Münsingen, B-W 498
Griechenland 583
Griesborn, Ortsteil von Schwalbach, LK Saarlouis
Großbritannien 118, 526, 532 s. auch England
Großgerau, Hessen 365
Großrosseln, Stadtvbd. Saarbr. 252, 365
Großwald, Grube in Altenkessel 20, 22
Güchenbach, früher eigene Gde, dann Ortsteil der Gemeinde Riegelsberg 22-25, 35, 39f., 46, 70, 79, 95, 166, 208, 226f., 253f., 342, 390, 397, 426, 482, 497, 635f.
- ev. Kirchengde. 38
Güdingen, früher eigene Gde, jetzt Stadtteil von Saarbrücken 253
Gurs, F., Dép. Basses Pyrenées, Internierungslager 659, 673

Hadamar, Hessen, Heil- u. Pflegeanstalt 498f.
Halberstadt, Sa-Anh. 499
Halle Sachsen-Anhalt 113f., 623
Hamburg 172
- Oberlandesgericht 513
Hamm, Nrh-W, Generalstaatsanwalt 606
Hannover, preuß. Provinz 366
Hanweiler, Ortsteil von Kleinblittersdorf 253
Hartheim, Österr., Heil- u. Pflegeanstalt 498f.

Hassel, Saarpfalzkrs. 366
Haustadt 228
Haut-Rhin, F. Dép. 645
Hautes-Pyrenées, F. Dép. 653
Hayange, F., Dép. Moselle 653
Heiligenwald, früher eigene Gde, jetzt Ortsteil von Schiffweiler, LK Neunkirchen 41
Heimersdorf bei Köln 203
Hellenhausen, Ortsteil von Heusweiler 227
Heppenheim/Bergstrasse, Hessen 620
Herchenbach, früher eigene Gde, heute Stadtteil von Püttlingen S. 22, 24f.,31, 34, 38, 41, 46, 62, 64f., 98, 100f., 131-135, 138f., 150f., 154-157, 182, 225ff., 252, 328, 392, 434, 436, 446, 452, 497, 501f., 542, 561, 563f., 571, 574
Herrensohr, Ortsteil von Dudweiler 59
Heusweiler, Stadtvbd. Saarbrücken 23, 35, 56, 70, 72, 95, 97, 100, 166, 176, 186, 215, 225ff., 312, 318, 365, 371, 394, 396, 437f., 443, 445, 469, 497, 502, 606, 643
- Bürgermeisterei 24, 200, 253, 292, 398f., 635
- ev. Kirchengemeinde 38
Heuberg 513
Hildesheim, Niedersa.,Sonderlager 607
Hilgenbachstellung nördlich Heusweiler 526
Hilschbach, früher eigene Gde.,heute Ortsteil von Riegelsberg S. 22, 25 f., 40, 46, 110, 123, 199, 208, 226f.,253f., 318, 342, 390ff., 397, 426, 526, 642
Hirtel, Ortsteil von Heusweiler 227
Hinzert, Rhld-Pfr, KZ-Lager 621, 628, 658
Hixberg.Ortsteil von Riegelsberg 23ff., 46, 71, 166, 199, 349
Holz, früher eigene Gde, jetzt Ortsteil von Heusweiler 70, 443, 497, 524, 635
Homburg, Saarld. 114,564
- Heil- u. Pflegeanstalt 498
Homécourt F., Dép. Meurthe-et-Moselle 660
Hostenbach, früher eigene Gde, jetzt Ortsteil von Wadgassen 36
- Grube 75, 279
Hülzweiler, früher eigene Gde, jetzt Ortsteil von Schwalbach 228
Hüttersdorf, Stadtteil von Lebach

Italien 526, 560f., 567, 579, 583, 585, 590, 612, 663, 669

Jabach, früher eigene Gde., jetzt Stadtteil von Lebach 226
Jägersfreude, Grube 71, 215
Josephaschacht, Püttlingen 208f., 320, 382
Jugoslawien 583

Kaiserslautern, Rhld-Pf, 73, 242, 391, 451, 487, 669
Kalabrien, It. 590
Kaldenkirchen, Nrh-W 380
Kappel, Rhld-Pf, Rhein-Hunsrück-Kreis, kath. Pfarrei 37
Karlsbrunn, früher eigene Gde, jetzt Ortsteil von Großrosseln 252
Karpaten, Gebirge im südöstlichen Mitteleuropa 480
Karlsruhe, B-W, 628, 658
Kassel, Hessen 533
Kaukasus, Gebirge zwischen Schwarzem u. Kaspischem Meer 587
Kettig, Rhld-Pf, Krs. Mayen-Koblenz 571
Kirschhof, Ortsteil von Eiweiler 227
Klarenthal, früher eigene Gde, jetzt Stadtteil von Saarbrücken 39, 252, 292, 443
Kleinblittersdorf, Stadtvbd. Saarbrücken 253
- Bürgermeisterei 200, 225, 635
Kleinrosseln s. Petite-Roselle
Koblenz, Rhld.- Pf. 297, 485
Köllerbach, früher eigene Gde, heute Stadtteil von Püttlingen 25f., 29, 32, 34, 43f., 49, 60f, 98, 110, 119, 132, 138f., 153-158, 160, 178, 180, 233, 235, 252ff., 263f., 298, 308, 310, 315, 321, 323, 340, 390f., 400, 417, 426f., 429, 434, 436f., 440f., 443f., 450f., 453ff., 457-462, 470, 473, 479, 481, 493, 497, 501ff., 505, 507, 509, 524, 551, 561, 572, 574, 581f., 615, 620, 635f., 643, 647, 652-55, 674
Kölln, früher eigene Gde.,heute Stadtteil von Püttlingen 22-27,31, 34, 38, 40f., 46, 61, 63ff., 69, 83, 89, 94, 98, 110, 127, 131- 134, 135ff, 151, 153ff,m 157, 162f., 165, 174, 176, 180, 186, 199, 202, 220, 225, 227, 252, 310, 312, 317f., 321f., 325-328, 344, 352, 380f., 392, 438, 448, 453f., 462, 469, 499, 501, 642
- ev. Kirchengde 37f., 267, 477ff., 481
- kath. Kirchengemeinde 34-37
Köln, Nrh-W 364
- Regierungsbezirk 489
Körprich, Ortsteil von Nalbach, LK Saarlouis 526
Kreuzwald s. Creutzwald
Kriechingen s. Créhange
Kubanbrückenkopf 590
Kursk, Rußland 590
Kurhessen, NSDAP-Gau 534
Kurhof, Ortsteil von Heusweiler 227
Kusel, Rhld-Pf 672
Kutzhof, Ortsteil von Heusweiler 266f

Landsberg am Lech, Bayern 648

Ortsregister

Landsweiler-Reden, früher eigene Gde, jetzt Ortsteil von Schiffweiler 645
Langres, F., Dép. Haute-Marne . 662
La Rochelle, F. Dép. Charente-Maritime 366
Laure, F., Dép. Aude, 658
Lauterbach, früher eigene Gde, jetzt Stadtteil von Völklingen 252
Lebach, LK Saarlouis 44, 318, 521, 573
Leipzig, Sa. 108, 512, 619
Lembrun, F., Dép.Hautes Pyrenées
Lens, F., Dép. Pas de Calais 648
Lettland 496
Limoges, Fr., Dép. Hte.-Vienne 673f.
Linz, Österr.
Litauen 496
Lockweiler, früher eigene Gde, jetzt Stadtteil von Wadern 645
Lörchingen s. Lorquin
London 402, 625
Longeville-lès-St. Avold / Lubeln, F., Dép. 647, 651
Lorquin/Lörchingen, F., Dép. Moselle 661
Losheim LK Merzig-Wadern 573
Lothringen, meist auf Departement Moselle bezogen 167, 278, 419, 426, 500, 518, 521, 538, 557, 569, 578, 623, 625, 638, 647f., 650, 659
Lozère, F, Département 674
Lubeln s. Longeville-lès-St.Avold
Ludweiler, früher eigene Gde, jetzt Stadtteil von Völklingen 101, 201, 252, 443
- Bürgermeisterei 200, 228, 399, 635
Luisenthal, Stadtteil von Völklingen, Stadtvb. Saarbrücken 293, 311, 514, 520, 549
- Glashütte 20
- Grube 46, 169
Lummerschied, Orsteil von Heusweiler 226
Luxemburg, Großherzogtum 35, 278f., 363, 366, 500, 583, 633, 674, 679
- Sender 614
Lybien 585
Lyon, F., Dép. Rhône 674

Madrid, Span. 656
Magdeburg, Sa-Anh. 105
Malstatt, Stadtteil von Saarbrücken 20, 495, 649
Mancieulles, F., Dép.Meurthe-et-Moselle 653f.
Mangelhausen, Ortsteil von Heusweiler 318
Mannheim, B-W 373
Marburg, Hessen 624
Marokko 118, 588
Martinsbann s. Ban Saint Martin
Mathildenschacht, Püttlingen 209
Mauthausen, KZ-Lager 615f., 628
Maybach, Grube, Friedrichsthal 207

Mecklenberg, LK Lüneburg 513
Mecklenburg 460
Mellin, Straflager bei Sulzbach/Saar 562
Méraude, F, Dép. Hte. Garonne
Merchweiler 261
Merlebach Dép. Moselle
Merenville/Merville 637
Merzig 446
- Heil- u.Pflegeanstalt 498f.
Mettlach, LK Mzg-W. 235, 279
Metz, F., Dép. Moselle 564, 569
Mirepoix, F., Dép. Haute-Garonne 637, 642
Mödling, Österr. 281, 301
Montauban, F., Dép. Tarn-et-Garonne 641, 648, 653f., 664
Monte-Carlo. Monaco 402
Montluçon, F. Dép. Arriège
Montpellier F., Dép. Herault 648, 674
Morsbach, F., Dép. Moselle 650
Moseldepartement /Département de la Moselle 537,
Mülhofen, Rhld-Pf, Krs. Mayen-Koblenz 29
München, Bay. 67, 528

Nalbach, LK Saarlouis 381
Nantes, F., Dép.Loire Inférieure 656
Narbonne, F., Dép. Aude 674
Naßweiler, früher eigene Gde, jetzt Ortsteil von Großrosseln 252
Natzwiller/Natzweiler, F., Dép. Bas-Rhin, KZ-Lager 563
Neudorf, ältere Bezeichnung für einen Teil von Altenkessel 5. 21f., 83, 97, 135, 165
Neufechingen, Stadtteil von Saarbr. 263
Neumarkt, früher Reg.Bez. Breslau 29
Neunkirchen/Nahe, früher eigene Gde, jetzt Ortsteil von Nohfelden 37
Neunkirchen/Saar 37, 68, 114, 130, 174, 471, 486
- Eisenwerk 249
Neuscheidt, Stadtteil von Saarbr. 253
Neuweiler, Stadtteil von Sulzbach 253
Neuwied, Rhld-Pf, 366
Niederbonsfeld bei Hattingen, Nrh-W 203
Niederlande 558, 560f. 583
Niedersalbach, Ortsteil von Heusweiler 22, 24, 226f.
Niederwalddenkmal bei Rüdesheim 364
Nizza, F., Dép. Alpes Maritimes 402
Normandie 592
Nürnberg 492
Numborn, Ortsteil von Heusweiler 318

Obersalbach, Ortsteil von Heusweiler 226
Oberstein/Nahe, Rhld-Pf 195
Oberthal, LK St. Wendel 381

Obervölklingen, Stadtteil von Völklingen, heute meist Luisenthal genannt 21, 443
Odenhofen, Ortrsteil von Oberdorf bei Bouzonville, Dép. Moselle 647
Odenkirchen – Rheydt, Stadtteil von Mönchengladbach, Nrh-W 366
Österreich 427, 528 579, 606
Ostmark 427
Ottenhausen, Ortsteil von Gersweiler 252
Ottweiler, LK Neunkirchen 599

Paraguay 675
Paris, F., 116, 202, 293, 402, 646, 662, 668, 673
Perpignan, Dép. Pyrenées Orientales 656
Petite Roselle / Kleinrosseln, F., Dép. Moselle 655, 657, 665
Perl, LK Mzg-W 633
Pézenas, F., Dép. Hérault 673
Pfalz 435, 442, 456
Pflugscheid, Ortsteil von Riegelsberg 23f., 39f., 46, 166, 369, 392, 635f.
Phalsbourg/Pfalzburg, F., Dép. Moselle 537
Pisa It. 593
Poitiers, F., Dép. Vienne 663f.
Polen 118, 221, 528, 532f., 559, 582
Pont-à-Mousson, F., Dép.Meurthe-et-Moselle 569
Potsdam, Brandenbg. 229, 365
Prag 295, 402, 608
- Sender 614
Prüm, Rhld-Pf 198

Quierschied, Stadtvbd. Saarbrücken 36, 95, 176, 225f., 253, 312, 570
- Bürgermeisterei 200, 228, 398f., 636

Rastatt, B-W. 562
Ravensbrück, Mecklenbg., KZ-Lager 515, 619, 622, 628
Recklinghausen, Nrh-W 513
Rehlingen, LK Saarlouis 381
Reinheim, früher eigene Gde, jetzt Orsteil von Gersheim,Saarpfalzkr. 228
Reisweiler, früher eigene Gde., jetzt Ortsteil von Saarwellingen 526
Rennes, F., Dép. Ille-et-Vilaine 636
Rentrisch, Stadtteil von Saarbr. 253
Rethel, F., Dép. Ardennes 662
Rheinhausen, Nrh-W 513
Rheinhessen 435
Rheinprovinz 26f.
Riegelsberg, Ortsteil von Güchenbach, 40, 46, 79, 95, 97, 113, 166, 168, 173, 176, 186, 196, 202, 306, 308, 329, 362, 368, 390, 392, 396, 414, 427, 437, 440, 443, 461

Riegelsberg, Gemeinde, Stadtvbd. Saarbr.26, 47, 49, 607, 614, 616
Riegelsberg, Bürgermeisterei/Amt 25f., 43, 200, 340, 449, 454, 458, 468, 520, 636, 647, 650, 652
Rilchingen, Ortsteil von Kleinblittersdorf 253
Rittenhofen, früher eigene Gde, heute Stadtteil von Püttlingen 22, 24f., 31, 34, 38, 46, 63ff., 69, 113, 131-134, 152- 157, 182, 225ff., 392, 449, 451f., 454, 470, 497
Ritterstrasse, Stadtteil von Püttlingen 20f., 34, 37ff, 46, 49, 59f., 83, 100f., 110, 120, 127-130, 138, 141ff., 145, 159f., 162f., 165f., 173, 181, 199-205, 210f., 223f., 251, 260, 263, 268, 289f., 293, 303, 306, 311, 314, 316, 318, 320, 323, 325f., 349, 353, 361, 366, 370, 394, 413.420, 424, 429, 443, 445, 449, 452, 455, 461, 471, 475f., 481, 502, 507, 512f., 551ff., 558, 589, 617, 642f.
Rivesaltes, F., Dép. Pyrenées Orientales 657
Rockershausen, Ortsteil von Altenkessel 20ff., 83, 107, 135, 138, 141, 145f., 308, 316, 348, 370, 392, 394, 420, 424, 449
Roden, Stadtteil von Saarlouis 642
Rom, It. 248
Rostock, Mecklenbg.-Vorpom. 365
Rothenfeld 661
Rudolfschacht 209
Rückweiler, Rhld-Pf, Krs. Birkenfeld 29, 423
Ruhrgebiet 167, 169f., 188, 279, 340, 480, 506, 508
Rumänien 67, 506
Russland 67, 118, 222, 496, 557, 584 s. auch Sowjetunion

Saarbrücken, Großstadt 22ff.,49, 68, 75f., 78, 89, 96, 105, 114, 175, 178, 185f., 193, 202, 215, 261f., 264f., 286, 298, 301, 311, 317f., 359, 372, 387, 390, 397, 399, 414, 417, 427, 436, 438, 448, 457, 464, 469, 494f. 517, 523, 542, 570, 575, 579, 582, 587, 590, 606, 608, 613, 643ff., 657, 666, 668f., 672
- Abstimmungsgericht 500, 503, 640
- Gefängnis Lerchesflur 482, 512, 606, 614ff., 619, 621, 648, 663
- Stapo-Stelle 472f., 479, 488, 517ff., 568, 600, 602, 618, 626, 638
- Straflager Neue Bremm 562, 567, 625, 628
- ev. Kirchenkreis 267, 477
- kath. Pfarrei St. Michael
- jüdische Kultusgemeinde 43
Saarbrücken, Landkreis/Landrat 19,23, 26, 73, 134f., 176, 186, 208, 214, 218, 225, 227-233, 303, 339, 387, 436, 452, 488, 542, 580, 636
Saargemünd s. Sarreguemines

Saarlouis 76, 89, 305, 380f., 470, 663 675
- Generalstaatsanwalt 475
Saarlouis, Landkreios 176, 280
Saarpfalz, nat.-soz. Verwaltungseinheit 442, 447, 451, 533
Saarpfalzkanal 279, 284
Saarschacht 520
Saarwellingen, LK Saarlouis 501
Sachsen 460
Sachsenhausen, Krs. Oranienburg, Brandenbg., KZ-Lager 495, 622, 628
Saint-Avold, Dép. Moselle
Saint-Dizier, F., Dép. Marne 168, 645, 660
Saint-Etienne, F., Dép. Loire 647, 664, 672
Saint-Symphorien-lès-Tours, F., Dép. Indre-et-Loire 653
Salies-du-Salat, F., Dép. Haute-Garonne 641
Salzgitter, Niedersa. 508, 515, 656
Sambrun, F., Dép. Hautes Pyrenées 653
Sankt Ingbert, Saarpfalzkrs. 285, 300
Sankt Nikolaus, früher eigene Gde, jetzt Ortsteil von Großrosseln 252
Sankt Wendel 114, 281, 309, 381
Sarreguemines/Saargemünd, F., Dép. Moselle 637
Schafbrücke, früher Ortsteil von Bischmisheim, jetzt Stadtteil von Saarbr.. 253
Scheidt, früher eigene Gde., jetzt Stadtteil von Saarbrücken 253
Schiffweiler, LK Neunkirchen 395
Schnappach, Stadtteil von Sulzbach 114
Schwalbach, LK Saarlouis 55, 381, 384, 446, 482
Schwarzenholz, früher eigene Gde., jetzt Ortsteil von Saarwellingen 226, 675
Schweidnitz, Schlesien 608
Schweiz 278, 366, 378
Sellerbach, früher eigene Gde, heute Stadtteil von Püttlingen 22-25, 31, 38, 46, 61, 64ff., 69, 71, 89, 94, 100f., 127, 131- 135, 137f., 153ff., 157, 162, 165, 181, 199, 201, 220, 225f., 235, 267, 281f., 307, 317ff., 325, 327f., 344, 353, 371, 380, 392, 397, 448, 451ff., 460ff., 497, 500f., 653, 675
Sellerbach, Bürgermeisterei 22-25, 29, 31, 40, 69f., 71f., 83, 85, 110, 159, 187, 189, 199, 202, 215, 232, 367f., 371, 398, 426, 598
Sewastopol, Hafenstadt am Schwarzen Meer, Ukraine 587, 624
Simmern, kath. Pfarrei 37
Sklowakei 528
Sohren, kath. Pfarrei 37
Sonnestein, Heil- u. Pflegeanstalt 498
Sowjetunion 203, 208, 274, 277, 338, 572, 565, 583 s. auch Rußland
Spaa, Belgien 68

Spanien 631, 555, 659
Speyer, Bistum 85, 194, 409
Sprengen, Ortsteil von Schwalbach 34, 502, 574
Stalingrad 588
Steinbachschächte 47, 208, 214f., 329
Stejl, Steyl, Niederlde., Prov. Limburg 281f., 380, 662
Stiering-Wencel, F., Dép. Moselle 606, 672
Strasbourg/Straßburg, F., Dép. Bas-Rhin 167, 299
- Sender 407f., 614
Stuttgart, B-W 427, 660
- Oberlandesgericht 654, 660, 670
- Sender 344, 385
Sudetenland 528, 579
Sulzbach, Stadtvbd. Saarbrücken 89, 111, 114, 116, 200, 225, 227f., 253, 297, 299ff., 331, 343f., 380, 598, 635, 648
Sulzbachtal 218
Südamerika 675
Südchantung, chinesische Provinz 282
Südtirol 118
Syrien 118

Tarbès, F., Dép. Hautes Pyrenées 654
Teterchen, F, Dép. Moselle 637
Tirol 240
Torgau, Strafanstalt, Sa.
Toulouse, F., Dép. Hte-Garonne 637, 642, 644, 653, 655, 673
Tours, F., Dép. Indre-et-Loire 652, 663, 667f., 673
Trier, Rhld.-Pf. 23, 194, 364, 400, 409, 468, 564
- Bistum 33 37, 85 s.auch Bornewasser, Bischof
Tripolis, Lybien 588
Tschechoslowakei 118, 528
Tunesien 588

Überhofen, Ortsteil von Riegelsberg 25f., 46, 208, 226f., 253f., 342, 390f., 397, 426,
Überherrn, LK Saarlouis
Ukraine 480, 567
Ulm, B-W 655
Ungarn 583
USA 500, 585

Vatikan 240
Velsen, Bergwerk bei Großrosseln 175, 520
Versailles 75, 221, 528
Viktoria, Grube in Püttlingen 20, 45f., 72, 167, 171, 136f., 189, 209, 215. 277f., 281f., 306, 315, 341, 344, 359, 379, 417, 505ff., 511, 513f., 516, 520, 533f., 542, 551, 560,

566, 571, 578, 614, 640, 644, 648ff., 653, 655
- Veltheimstollen 542, 572
Villars, F., Dép.Loire 652, 672
Visp, Wallis, Schweiz 395
Völklingen, Stadtvbd. Saarbrücken 19, 57, 80, 89, 93, 95, 100, 114f., 176, 180, 200, 202, 218, 223, 225f., 228, 235, 268, 273, 279, 298, 303, 306f., 315, 317, 331f., 345, 354, 360, 363, 365, 399, 413, 439, 443, 458, 461, 473, 510, 514, 548, 557, 571f., 598, 603, 648, 669
- Hütte 98, 190-192, 249, 330, 510, 547, 559ff., 564, 575, 615f., 621, 626, 653, 658
Volkmarsen, Hessen 534
Von der Heydt, Stadtteil von Saarbrücken 40, 45ff., 69, 71, 166, 169, 171, 173, 186, 190, 208ff., 214f., 353, 370f., 635f, 664

Wahlschied, früher eigene Gde., jetzt Ortsteil von Heusweiler 98, 443
- ev. Kirchengde. 38
Waldeck 510
Wallerfangen, Lk Saarlouis 381
Walpershofen, früher selbständige Gemeinde, heute Ortsteil von Riegelsberg 22, 24ff., 31, 34, 38, 40f., 64f.,69, 97, 101, 199, 208, 227, 235f., 253f., 267, 297, 307, 426. 434, 445, 479, 481, 527, 548, 551, 571, 635f.

Warndtdörfer 225, 246, 443, 572
Warnemünde, Stadtteil von Rostock, Mecklenbg.-Vorpom. 365
Wattenscheidt, Stadtteil von Bochum Nrh-W 640
Wehrden, Stadtteil von Völklingen 55, 70, 268, 272, 614
Weimar, Sa-Anh. 77, 110
Weiskirchen, LK Mzg.-Wad. 538
Wemmetsweiler, früher eigene Gde, jetzt Ortsteil von Merchweiler, LK Neunkirchen 226
Wengerohr, Rhld-Pf, Krs. Bernkastel-Wittlich 37
Westfalen 506, 514
Westmark 419, 571, 578, 669
Westwall 522, 532, 542, 549, 573, 578, 582
Wewelsburg, Niedersachsen, KZ-Lager 513, 628
Wiebelskirchen, früher eigene Gde, jetzt Stadtteil von Neunkirchen 68, 114, 381
Wien 297, 427
Wolfenbüttel, Niedersa. 606
Wolfhagen, Hessen 534
Worms, Rhld-Pf. 373
Württemberg, ev. Landeskirche 498

Zweibrücken, Rhld-Pf 343, 364, 625, 647, 669.